国家出版基金项目
NATIONAL PUBLICATION FOUNDATION

宋會要輯稿

2

劉琳　刁忠民　舒大剛　尹波等校點

上海古籍出版社

宋會要輯稿　禮四

朝日夕月

【中興禮書】

1 紹興三年四月十五日，禮部、太常寺言：「司封員外郎鄭仕彥劄子奏：『恭惟陛下自即位而來，巡幸東南，郊祀、明堂，以時慶成，舉無越禮。頃因臣僚建(儀)〔議〕，如社稷、高禖之祀，悉已舉行，至于春分朝日，秋分夕月，立春、立夏、季夏、土王、立秋、立冬祀五帝于四郊，亦祀之大者，何獨廢而未舉？伏望聖慈明詔禮〔官〕講求典禮，舉而行之。』詔令禮部、太常寺討論，申尚書省。今討論，欲依本官所乞。所有合用牲牢、禮料、祭器、差官等，依儀設十二籩豆，差三獻官，兵、工部等。緣今來多事之際，難以盡依禮例，兼見今祭神州地祇，已降指揮，不用特牢，設籩豆各一，實以酒脯、鹿臡，差獻官一員行事。所有今來祀日、月、五(常)〔帝〕，欲乞省繁就簡，依神州地祇禮例施行。」詔依。

二十七年五月二十七日，禮部、太常寺言：「准勑，臣僚上言：『祭祀之禮，大祀三十有六，而今所行者二十有三，其一十三祭止作中祀，欲望命有司依舊作大祀行禮。』勘會數内春分朝日、秋分夕月，緣今來壇壝、齋宮未備，欲乞朝日權于東青門外長生院，夕月于錢湖門外惠照院行事。」詔依。

七月二十二日，禮部、太常寺言：「勘會八月九日秋分夕月[一]，係在錢湖門外惠照院望祭齋宮行禮。依儀，用酉時三刻，俟行禮畢，收胙，監察御史監視封記，光禄卿望闕再拜訖，進胙。契勘是日錢湖門并和寧門並係已閉門時刻，委是進胙不及。今省記在京日，秋分夕月，其所進胙止于太常寺言：『勘會春分朝日、秋分夕月，合用禮神真玉、奠獻胙，爲未曾製造，止奠幣行禮。近緣明堂大禮已行製造真玉，欲乞自今後依儀奠玉幣行禮。』詔依。齋宮安頓，次日(齋)〔齎〕擎赴通進司、御厨投納。欲乞依上件體例施行。」詔依。

朝日夕月儀[二]（以上《永樂大典》卷一七〇五四）

祀熒惑星

【中興禮書】[三]

2 紹興七年六月二日，禮部、太常寺言：「太常博士黄積厚劄子奏：『今大祀之未舉者，如熒惑、大蜡之類，中祀如嶽、鎮、海、瀆、農、蠶之類，小祀如司中、司命之類，或以

[一] 會：原作「合」，據《中興禮書》卷一二五改。
[二] 《中興禮書》此下爲儀注之文，此處僅録其題。
[三] 按，自此至禮四之一七均爲《中興禮書》之文。

爲國解禳，或以爲民祈報，神人相依之道，實不可廢。欲望特降睿旨，下有司條舉而行之。』詔令禮部、太常寺同共條具。今契勘：未舉大、中、小祀凡三十九，緣車駕巡幸，齋宮、祭器、祭服等並皆未備，今欲先次舉行大、中、小祀。立夏日祀熒惑，合於南方，緣今來壇壝、齋宮未備，又緣凈明寺已充同日祀赤帝，行事相妨，今欲乞權於錢湖門外惠照院齋宮行事。」

大辰

紹興七年六月二日，禮部、太常寺言：「准勑，臣僚劄子奏：『臣聞古之火正，蓋火官也，帝嚳則有祝融，陶唐則有閼伯，掌行火正，以順天時。後世尊爲火祖，配祭火星。夫祝融氏遠矣，士弱之對晉侯，公孫僑之告叔向〔一〕，皆言閼伯之居商丘。說者謂商人承閼伯之業，宋其後也，世司其占，故先知災變，修道以銷除，班固志之，可攷而知。且宋大辰之墟，而房心之野，商丘在焉，今睢陽是也。國家垂統，實感炎德，以宋建號，用詔萬世。太祖受命，陛下中興，應天順人，皆在於此。是則大火之神，發祥儲祉，佑我寶祚〔二〕，其所由來久矣。仁宗康定間，禮官建明，因古商丘，作爲壇兆，以閼伯配大火之祀，內降 3 祝詞，命陪京尹正之臣奉祠行事，牲幣籩豆，咸有品式。多事以來，祀弗克舉，殊非祐神之意。比年多災，雖緣有司不戒于火，然預防之計，亦宜無所不用其至。臣愚欲望睿慈特命曲臺，參酌舊章，即行在所，每逢辰戌出納之月，各設位望祭。如此，豈特昭炎德昌熾之福，蓋亦弭災之道也。』詔令禮部、太常寺同共討論，申尚書省。今勘會：應天府祀大火，近因臣僚陳請，季春、季秋見於行宮，設位望祭。兼昨宣和間，因臣僚陳請，以季春出火日於東郊，季秋内火日於西郊，各建壇壝，以大祠之禮祀祭大辰。近緣軍興，未曾舉行。今討論，欲依今來臣僚所請，於行在所，每建辰、戌之月，依見今舉行五方帝禮例，差官用酒脯設位望祭〔三〕。」詔依。

二十七年五月二十七日，禮部、太常寺言：「准勑，臣僚上言：『祭祀之禮，大祀三十有六，而今所行者二十有三，其一十三祭止作中祀，欲望命有司依舊作大祀。』今勘會，壇壝、齋宮未備，所有祭祀大辰，其季春出火欲乞權於東青門外長生院行事，季秋内火欲乞權於錢湖門外惠照院行事。」詔依。

乾道五年八月二十九日，禮部、太常寺言：「准都省批下太常少卿林栗、丞陳損、博士龔滂劄子：『契勘九月十四日望祭應天府大火，以商丘宣明王配；二十一日内火祀大辰，以閼伯配。大辰即大火也，閼伯即商丘宣明王也。伏

〔一〕孫：原作「叔」，據《玉海》卷一〇一改。
〔二〕寶：原作「實」，據《中興禮書》卷一二七改。
〔三〕差：原重此字，據《中興禮書》卷一二七刪。

緣國朝以宋建號，以火紀德，太祖皇帝、光堯壽聖太上皇 [4] 帝皆受命於宋〔一〕，故推原發祥儲祉之所自，崇建商丘之祠，府曰應天，廟曰光德，加封王爵，錫謚宣明，所以追嚴者備矣。今有司旬日之間舉行二祭，一稱其號，一斥其名，義所未安，恐合釐正。欲乞今後祀熒惑、大辰，其配位稱閼伯者，祝文位版並依應天府大火禮例，改稱商丘宣明王，以稱國家崇奉火正之意。』今勘當，欲依逐官所乞。」詔依。

祀大辰儀

時日、齋戒、陳設、省牲器、奠玉幣、進熟、望燎。

時日。太常寺預於隔季，以季春出火、季秋內火祀大辰，關太史局擇日。太史局以其日報太常寺，太常寺參酌訖，具時日散告。

齋戒。前祀十日，受誓戒於尚書省。其日五鼓，贊者設位版於都堂下：吏部尚書在左，刑部尚書在右，並南向。初獻、亞獻、終獻位於其南稍東，北向，西上。監察御史位於其西稍北，東向。光祿卿、兵部、工部郎中、光祿丞位於南稍西，北向，東上。光祿丞位稍却。奉禮郎、太祝、太社、太官令位於其東，西向，北上。質明，禮直官、贊者引行事、執事官就位立定，禮直官引吏部尚書由都堂降階就位。禮直官贊揖，在位者對揖。吏部尚書搢笏讀誓文云：「某月某日季春出火，某月某日季秋內火，祀大辰。各揚其職，不共其事，國有常刑。」讀訖，執笏。禮直官贊奉禮郎、太祝、太社、太官令先退，餘官對拜訖，乃退。散齋七日，治事如故。宿於正寢，不弔喪、問疾、作樂、判書刑殺文書、決罰罪人，及與穢惡。致齋三日，光祿 [5] 卿、丞、太社、太官令齋一日。二日於本司，無本司者於鄰近寺觀。質明至。唯祀事得行，其餘悉禁。前祀一日質明，俱赴祠所齋宮，官給酒饌。祀官已齋而闕者，通攝行事。

陳設。前祀三日，儀鸞司設行事、執事官次於齋宮之內，及設饌幔於殿門之東，北向。內火於殿之東南，西向。前二日，有司牽牲詣祠所。前一日，太社令帥其屬掃除殿之上下，太常設神位席，太史設神位版於殿上。凡設神位版皆太社令監視。太常設祭器，凡設祭器，皆藉以席，籩豆又加（中）〔巾〕蓋。以俟告潔。既畢權徹。有司陳牲於殿之東南，西向，祝史各位於牲後。太常設省牲位於牲西，三獻官在南，北向。光祿卿、兵部、工部郎中、光祿丞、奉禮郎、太祝、太社、太官令在北，南向，俱西上。凡設光祿丞以下位皆稍却。監察御史位於光祿卿之西，少絶。太常陳禮饌於殿之東南，西向。內火於殿之東南，南向。設省饌位版於禮饌之西。內火於禮饌之南。三獻官在西，東向，北上。內火在南，北向，西上。監察御史在北，南向。內火在西，東向。光祿卿、兵部、工部郎中、光祿丞、奉禮郎、太祝、太社、太官令在南，北向，東上。內火在東，西向，北上。太常設登歌之樂於殿上稍南，北向。祀日丑前五刻，禮直官、贊者、諸司職掌各服其服，太常設神位席，太史設神位版：大

〔一〕聖：原作「辰」，據《中興禮書》卷一二七改。

辰位於殿上北方，南向，席以藁秸；商丘宣明王於殿上東方，西向，席以莞。太常陳玉、幣於神位前之左，玉以[6]圭璧，盛以匣，配位不用玉。玉加幣上，置諸篚，幣以赤。祝版於神位之右，置於坫。次設祭器，實之，每位各左十有二籩，爲三行，以右爲上；第一行形鹽在前，魚鱐、糗餌、粉餈次之。第二行榛實在前，乾桃、乾䕩、乾棗次之。第三行菱在前，芡、栗、鹿脯次之。右十有二豆，爲三行，以左爲上。第一行芹菹在前，筍菹、葵菹、菁菹次之。第二行韭菹在前，酏食、魚醢、兔醢次之。第三行豚拍在前，鹿臡、醓醢、糝食次之。俎二：一在籩前，實以羊腥七體：兩髀〔一〕、兩肩、兩脅并脊。兩髀在兩端，兩肩、兩脅次之，脊在中。一在豆前。實以豕腥七體，其載如羊。又俎四，在俎右，爲二重，以北爲上。第一重，（一）實以羊腥，腸、胃、肺，離肺一在上端，刌肺三次之，腸三、胃三又次之。一實以豕腥膚九，橫載。第二重，一實以羊熟腸、胃、肺，一實以豕熟膚，其載如腥。皆羊在左，豕在右。若配位即以東爲（爲）上。登一，在籩豆間。實以大羹。槃一，在登前。實以毛血。簠二、簋二，在籩豆外二俎間，簠在左，簋在右。簠實以稻、粱，粱在稻前。簋實以黍、稷，稷在黍前。設著尊二，一實明水，一實醴齊〔二〕，初獻酌之。壺尊二，一實明水，一實盎齊，亞、終獻酌之。皆有罍，加勺、羃，爲酌尊。太尊二，一實泛齊，一實醴齊。山尊二，一實盎齊，一實緹齊。犧尊二，一實沈齊，一實事酒。象尊二，一實昔酒，一實清酒。皆有罍加羃，設而不酌。並在殿上稍南，北向，西上。配位即設於正位酒尊之東，每位各有爵坫。太常[7]設燭於神位前，又設俎四於饌幔內，洗二於殿東階之東，南向。盥洗在東，爵洗在西。罍在洗東，加勺；篚在洗西南肆，實以巾。若爵洗之篚，則又實以爵，加坫。執罍、篚者位於其後。又設揖位於殿之東南，如省牲之位。唯不設光禄卿、丞、太社令位。積柴於殿門之外燎所。内火於燎壇。設望燎位於其北。三獻官在北，南向，西上〔三〕；監察御史在西，東向；兵部、工部郎中、奉禮郎、太祝在東，西向，北上。又設三獻官席位於殿東階之東，西向，南上；兵部、工部郎中席位於三獻官席位之南，西向，北上。設監察御史席位於殿下，北向；奉禮郎、太祝、太官令位於其後，俱西上。光禄卿席位於監察御史之東，北向。又設監察御史位於殿上樂虡之北〔四〕，在西，東向；奉禮郎、太祝在東，西向，北上；太官令在酌尊前，俱北向。

省牲器。前祀一日〔五〕，行事、執事官集初獻齋所肄儀，太祝習讀祝文。眡玉幣及神位版訖〔六〕，次禮直官、贊者分引行事、執事官詣殿東省牲位，凡初獻〔七〕，行事禮直官引，餘官皆贊者引。立定，禮直官贊「揖」。次引監察御史升自東側階。凡行事、執事官升降階自東側階，内火並升西階。眡滌濯〔八〕，執事

〔一〕髀：原作「體」，據《中興禮書》卷一二七改。
〔二〕醴：原作「體」，據《中興禮書》卷一二七改。
〔三〕上：原作「土」，據《中興禮書》卷一二七改。
〔四〕虡：原作「虞」，據《中興禮書》卷一二七改。
〔五〕前：原作「所」，據《中興禮書》卷一二七改。
〔六〕眡：原作「眠」，據《中興禮書》卷一二七改。
〔七〕初：原作「物」，據《中興禮書》卷一二七改。
〔八〕眡：原作「眠」，據《中興禮書》卷一二七改。

者舉冪曰「潔」，降，復位。禮直官稍前，曰：「告潔畢，請省牲。」太祝出班巡牲一匝，詣初獻前，西向，躬曰「充」，退，復位；光禄丞出巡牲一匝，詣初獻前，西向，躬曰「腯」，退，復位。禮直官贊：「省牲畢，請詣省饌位。」揖訖，引行事、執事官各就位立定，禮直官[8]贊揖。所司省饌具畢，禮直官贊：「省饌畢。」揖訖，俱還齋所。光禄丞、太祝以次牽牲詣厨，授太官令。次引監察御史詣厨省鑊，及眂祭器滌溉，乃還齋所。未後一刻，太官令帥宰人以鸞刀割牲，祝史以槃取毛血，置於饌所，遂烹牲。(脯)〔晡〕後，太社令帥其屬掃除殿之上下，訖，還齋所。

奠玉幣。祀日丑前五刻，行事春用丑時七刻，秋用丑時一刻。太社令先入視設神位版訖，退。次太官令、光禄丞帥其屬實饌具，畢，光禄丞還齋所。次引光禄卿入，詣殿下席位，北向立。贊者曰「再拜」，光禄卿再拜，升殿，點禮饌，畢，退還齋所。引監察御史升，點閲陳設，糾察不如儀者。凡點視及點閲皆先詣正位。次樂正帥登歌工人升殿，各就位，餘官各服祭服。次引行事、執事官各就殿之東南揖位立定，禮直官贊揖。次引監察御史、奉禮郎、太祝、太官令入就殿下席位，北向立。次引三獻官、兵部、工部郎中各入就殿東階之東席位，西向立。禮直官稍前，贊：「有司謹具，請行事。」《高安之樂》作，六成，止。太常升煙，燔牲首。贊者曰「再拜」，在位者皆再拜。次引監察御史、奉禮郎、太祝、太官令俱升殿，各就位立定。太官令就正位酌尊所。次引初獻詣盥洗位，北向立，搢笏，盥手，帨手，執笏，升殿。《正安之樂》作。凡初獻升降行止皆作《正安之樂》。詣大辰神位前，北向立，樂止，《嘉安之樂》作。初(初)獻搢笏，跪。次引奉禮郎搢笏，西向跪。執事者以玉幣授奉禮郎，〔奉禮郎〕奉玉幣[9]授初獻，執笏，興，先詣大辰神位前〔一〕，北向立。初獻受玉幣奠訖，執笏，俛伏，興，再拜。次詣商丘宣明王神位前，東向立。酌獻詣配位准此。奠幣如上儀。樂止，奉禮郎復位。初獻將降階，樂作；復位，樂止。

進熟。祀日，有司帥進饌者詣厨，以匕羊載于一俎，肩、臂、臑在上端，肫在下端。正脊一、直脊一、横脊一、長脅一、短脅一、代脅一，皆二骨，以並在中。次升豕，如羊載于一俎，正配位羊、豕各一俎。設於饌幔內。候初獻既升，奠玉幣訖，入陳於殿東側階下，西向，西上。內火入陳於殿西階下，北向，北上。次引兵部、工部郎中詣殿東側階下，內火詣西階下。搢笏，奉俎，兵部奉羊，工部奉豕。升殿，《豐安之樂》作。詣大辰神位前，北向，跪奠，先薦羊，次薦豕。各執笏，俛伏，興。有司設於豆右，腸、胃、膚之前。羊在左，豕在右。次詣商丘宣明王神位前，東向奉俎，如上儀。樂止，俱降，復位。次引太祝詣大辰神位前，東向立。次引初獻再詣盥洗位，北向立，搢笏，盥手，帨手，執笏。次詣爵洗位，北向立，搢笏，洗爵，拭爵，以爵授執事者，執笏，升殿，樂作。詣正位酌尊所，西向立，樂止，《祐安之樂》作。

〔一〕大辰：原作「商丘宣明王」，據《中興禮書》卷一二七改。

執事者以爵授初獻，初獻搢笏跪〔一〕。執爵執尊者舉冪，太官令酌著尊之醴齊訖，先詣配位酌尊所，北向立。初獻以爵授執事者，執笏，興。詣大辰神位前，北向立，搢笏，跪。執事者以爵授初獻，初獻執爵，三祭酒，奠爵，執笏，俛伏，興。少立，樂止。太祝搢笏，跪讀祝文。讀訖，10 執笏，興，先詣商丘宣明王神位前，南向立。初獻再拜，次詣商丘宣明王神位前，酌獻並如上儀。樂止。太官令復詣正位酌尊所，太祝復位。初獻將降階，樂作，復位〔二〕，樂止。次引亞獻詣盥洗位，北向立，搢笏，盥手，帨手，執笏。次詣爵洗位，北向立，搢笏，洗爵，拭爵，以爵授執事者。執笏，升殿，詣正位酌尊所，西向立，《文安之樂》作。執事者以爵授亞獻，亞獻搢笏，跪。執爵執尊者舉冪，太官令酌壺尊之盎齊訖，先詣配位酌尊所，〔北〕向立。亞獻以爵授執事者，執笏，興。詣大辰神位前，北向立，搢笏，跪。執事者以爵授亞獻，亞獻執爵，三祭酒，奠爵，執笏，俛伏，興，再拜。次詣商丘宣明王神位前，行禮並如上儀。樂止，降，復位。次引終獻詣洗，及升殿行禮，並如亞獻之儀。降，復位。禮直官曰「賜胙」，贊者承傳曰「賜胙，再拜」，在位者皆再拜。送神《禮安之樂》作，一成，止。

望燎。初，《理安之樂》畢，引三獻官、兵部、工部郎中詣望燎位。有司各詣神位前，取幣、祝版，置於燎柴。次引監察御史、奉禮郎、太祝降階，詣望燎位立定。禮直官曰「可燎」，火燎半柴。次引初獻以下詣殿之東南揖位立，禮直官贊「禮畢」，揖訖，退。太官令帥其屬徹禮饌。監察御史詣殿上監視收徹，訖，還齋所。光祿卿以胙奉進，監察御史就位展視，訖，光祿卿望闕再拜，訖，乃退。

立夏日祀熒惑，降神奏《高安之曲》，六成。圜鍾爲宮，三奏：五緯相天，各率其職。司禮與視，則維熒惑。至陽之 11 精，屆我長嬴。于以求之，祀事孔明。夾黃仲林無林仲夾仲林南林黃無太夾南林太仲林黃無夾黃無林黃仲夾〔三〕 黃鍾爲角，一奏：有出有藏，伏見靡常。相我國家，鑒觀四方。視罔不正，終然允臧。神其格思，明德馨香。沽太南林應南太黃林南蕤沽太沽林南黃沽應南黃南太黃南林林南蕤沽 太簇爲徵，一奏：小大率禮，不愆于儀。展采錯事〔四〕，秩秩孔時。維今之故，閱我數度。修厥典常，神其來顧。南太夷蕤太應蕤沽南應太應沽蕤沽太南蕤應南南蕤沽太沽太蕤沽夷蕤應南 沽洗爲羽，一奏：於赫我宋，以火德王。永永丕圖，緊神之相。神其來矣，維其時矣。禮備樂奏，神其知矣。大夷應夷大無蕤沽沽大蕤沽沽蕤無夷夾大應夷大應夷蕤沽大蕤沽應夷夾大

初獻升殿，歌大呂宮《正安之曲》：凡升殿、降殿樂曲並同。

〔一〕初獻：原作「搢笏」，據《中興禮書》卷一二七改。

〔二〕樂作復位：原作「樂止次位」，據《中興禮書》卷一二七改。

〔三〕按此類小字，每字爲十二律之省稱（如「夾」即「夾鍾」），分别與歌詞之每字對應，其字數應相等，而《輯稿》小字與歌詞每或不等，當是有脱衍。

〔四〕采：原作「米」，據《宋史》卷一三六《紹興祀大火十二首》改。

有儼其容，有潔其衷。屹屹崇壇，伊神與同。神肯降格，嘉神之休。虔恭降登，神乎安留。大仲夷仲大無林仲夷仲無夷夷無夾
大夾大夾仲黃無林夷黃大夾仲大無夾大

初獻詣熒惑位奠玉幣，歌大呂宮《嘉安之曲》：馨香接天，肸蠁恍惚。求神以誠，薦誠以物。有藉斯玉，有篚斯幣。是用薦陳，昭茲精意。大夷林仲仲無夷夾大仲夾 **12** 夷無夾大夾
大無夷大夷仲無夷黃太夾仲黃無夾大

初獻詣商丘宣明王位奠幣，歌大呂宮《嘉安之曲》：熒惑在天，惟火與合。繄神主火，純一不雜。作配熒惑，祀功則然。不腆之幣，于以告虔。大仲夾仲大無林夷夾仲大無夷仲夾大
夾大無夷夷無黃無黃大林仲夷仲夾大

捧俎，奏黃鍾宮《豐安之曲》：火遵其令〔一〕，無物不長。視此牲牢，務得其養。豢以祀神，有腯其肥。非神之宜，其將曷歸！沽南林應南蕤林林黃太黃林沽南林太黃大沽黃南太黃
應南蕤沽南沽太黃

初獻詣熒惑〔位〕酌獻，歌大呂宮《祐安之曲》：皇念有神，介我戩穀。登時休明，有此美禄。酌言獻之，有飶其香。神兮宴娭，醉此嘉觴。大大夷仲夷仲無夷大無林仲夾仲無夷夾
大夾仲黃無林仲黃大夾仲夷無夾大

初獻詣商丘宣明王位酌獻，歌大呂宮《祐安之曲》：誰其祀神？知神嗜好。（閼）〔閼〕伯祀火，爲神所勞。睠言配食，既與火俱。於樂旨酒，承神嘉虞。大夷夾仲林仲無夷黃大仲
夷林仲無夷黃大夾仲夾仲大無大無夾仲無夷夾大

亞獻奏黃鍾宮《文安之曲》：終獻同。神既既施，嗜我飲食。申以累獻，以承靈億。神方常羊，咸畢我觴。于再于三，于誠之將。黃沽林南應南蕤林黃南太黃南太黃太沽林南林沽南林
太黃沽太黃沽應南蕤林太黃

送神奏夾鍾宮 **13**《理安之曲》：登降上下，奠璧奠斝〔二〕。音送粥粥，禮無違者。已虞至旦，神其將歸〔三〕。顧我國家，遺以繁釐。夾黃仲林仲林仲夾夾黃無黃南林黃無太夾仲林無
太夾仲林無林黃無夾無南林太黃仲夾

立夏祀熒惑文：「維某年歲次月朔日辰，（星）皇帝御名謹遣某官臣姓名敢昭告于熒惑：明視正禮，光于南方。有赫炎靈，相我皇祚。立夏氣至，盛德在火。載修祀事，用格丕貺。謹以嘉玉、量幣、牲齊、粢盛庶品，恭陳明薦，以商丘宣明王配〔神〕作主。尚饗！」

商丘宣明王配侑：稱「敢昭告于商丘宣明王」。惟神受封商丘，主司大火。德被梁宋，功施今古。爰以立夏，致祀熒惑，俾侑大神，永錫多（祐）〔祜〕。

季春出火、季秋内火，祀大辰：文三。「維某年歲次月朔日辰，嗣天子臣御名謹遣某官臣姓名（聽）〔敢〕昭告于大辰：季春之月，火始昏見，恪遵舊典，秩祀用修。嘉薦令芳，以

〔一〕火：原作「火黃」二小字，據《宋史》卷一三六《樂志》一一改。其中「黃」字當爲注文十二律之首字，誤移在此。
〔二〕奠斝：《宋史》卷一三六《紹興祀大火》之十二首作「獻斝」。
〔三〕「已虞至旦神」五字原脱，據《宋史》卷一三六《樂志》一一補。

侑明德。尚其顧饗，永佑不圖。謹以嘉玉、量幣、牲齊、粢盛庶品，恭陳明薦，以商丘宣明王配神作主。尚饗！」季秋云：「昔康定中，儒臣獻議，侈我炎德，新茲祀事。斗柄指戌，神用宿藏。爰告內火，率循舊章。」

商丘宣明王配侑：「維某年歲（月）〔次〕月朔日辰，皇（辰）帝御名謹遣某官臣姓名敢昭薦于商丘宣明王：爰以季春，祀于大辰。惟神肇自陶唐，主司火正，宜爾配食，祀于貴神。今茲季春，辰使昏見，恪修令典，以薦馨香。神其侑之，尚期孚佑。謹以量幣、牲齊、粢盛庶品，恭陳明薦，作[14]主侑神。尚饗！」季秋云：「爰以季秋，祀于大辰。惟神受封商丘，主司火正，有功厥職，配食爲宜。今茲季秋，辰伏於戌，恪修時祭，以薦馨香。神其侑之，尚其顧饗。」（以上《永樂大典》卷七八五五）〔一〕

祈雨雪

[15] 乾道四年八月六日，詔頒江陰軍繳到《祈雨雪法》。兩浙西路安撫司申：「江陰軍申：祭龍求雨，乞散之天下。」（省）〔都〕省批送禮部看詳，本部下太常寺。「勘會繳到《祈雨雪法》，具載皇祐二年六月中書門下牒。先朝曾降《祈雨法》下諸處，慮年深損墜，令再將舊敕雕板模印成册，係崇文院送都進奏院，頒下諸路州、軍、監、縣等。至今委是年深，均慮損墜不存，今欲依兩浙西路安撫司申，將江陰軍繳到皇祐二年《祭龍祈雨雪〔法〕》，內添入繪畫龍等樣制，從禮部行下臨安府鏤板，用黃紙印造成册，發納禮部，禮部行下都進奏院，頒降諸州、府、軍、監、縣等，如法收掌。（過）〔遇〕愆雨雪，嚴潔依法祈求。

一、置壇法。先擇左側有龍潭或秋濼，或水泉所出，水邊林木鬱茂，或有洞穴深邃堪畏之處，或[16]居靈祠古廟，以爲壇地，取庚、辛、（任）〔壬〕、癸及成日、滿日丑時置壇。本處刺史、縣令并官屬、耆宿、應執事人皆先齋潔。祭日，官屬並公服靴笏，餘人並常服。其日具酒、脯、白魚乾、信幣、帛繒五赤、時菓、名香，一俎、二豆、兩爵。布浄席二領，南向，以白魚乾、信〔幣〕置俎上，時菓實豆中，香爐置俎豆南。又以新幞覆箱，箱內安皁繒，置香爐南，並陳於席上。又以浄罇盛酒，陳席東。又設祀官位於席南。州則刺史親祀，縣則縣令親祀。禮生引祀官就位。執事者實一爵，置俎上，祀官再拜跪奠。執事者又實一爵，祀官又拜（殿）〔奠〕。讀祝於壇地之東南角。讀祝人，州縣各依常式。祝文曰：『維某年某月某朔某日，具官姓名，謹以清酌、脯鱐、鱐音肅，乾魚也。時菓、信幣、帛繒之奠，昭告于某處社令后土神居之靈。伏以久愆甘雨，祈雪即言久愆嘉雪。將害農功，夙夜懷憂，罔知所愬，今于此地置壇求龍。伏惟社令后土神君監此精誠，無或艱阻，俾龍克饗其祭，尚不爲災。尚饗！』讀文訖，祀官再拜。執事捧幣箱立祀官前，授爵飲酒，再拜，遂取皁繒及酒脯等于席南瘞之。坎深一尺。瘞訖，撤席。造方壇，壇用浄土築成。凡

〔一〕《大典》卷次原缺，據《永樂大典目録》卷二一補。

三級，每級高一尺。上級方闊一丈三尺，中級、下級四面各容一尺七寸，皆以净泥泥之。去壇二十步，圍以白繩，無令人入。應州縣官屬、耆宿，並于白繩外陪位，非祀官及執事者並不得輒入。

一、畫龍法。取新净絹五尺，横界爲(二)〔三〕節。於下節畫水，水有波岸。水中畫龜，左顧，口吐黑氣，初如線形，引至二三寸，漸大，散作黑白雲。又于中節畫龍，龍色隨日干，庚、辛日畫作白龍，壬、癸日畫作黑龍。若取張僧繇畫盤龍樣，尤佳也。龍口吐黑白氣成雲，黑色宜多。又於上節畫天，用朱砂點十黑爲天元龜星形，星中畫黑魚，亦左顧，勿令髻鬣太分明，亦勿令與龍所吐雲氣相接。其龍以金、銀、朱砂和黄丹作色飾之，極令鮮明。

一、祭龍法。先令一道士於壇上敕水解穢，然後祭龍。或無道士處，但焚香步虚，遶壇一匝可也。大意在屏囂雜、斷污(觸)〔濁〕。取新(行)〔竹〕二竿，各長七尺，竿頭帶少葉，植於壇上。或無竹處，以葦及楊柳代之，尺數並依竹竿。竿頭各掛一皁幡，各長二尺四寸，取龍𢅥掛兩竹之間。龍前置新席一，設俎豆、酒脯、時菓、名香，燒香以煻灰火，勿用炭。龍畏炭也。亦勿用鐵器，龍亦畏鐵器也。又取白鵝一隻，無鵝處以鳧雁代之。籠於壇南，以物束口，無令作聲。又設祀官位於其南。自置壇後，應預祭官屬、耆宿并執事者，並齋潔，絶葷辛、宴飲及弔喪問疾。祭日，以亥時集壇下，子時行事。壇之東西各設燈纂二，又於東南置罍洗。如無罍洗，代以潔器。(宿)〔官〕屬、耆宿並陪位於白繩外。禮生引祀官至罍洗盥手畢，又引就位，再拜，奠酒，再奠，再拜。讀祝文曰：『維某年某月某朔某日，具位官姓名，謹以
17 清酌、脯羞、花菓、名香，薦舒雁之牲，敢告於里社神龍。某授命大君，來祈陰貺。伏以亢陽爲沴，甘雨久愆，祈雪即云嘉雪久愆。慮害農功，莫遑夙夜。今則謀于龜筮，啓此壇場，備薦吉蠲，用求靈應。伏望即日駕雹驅風，祈雪即云召雪驅風。降爲膏澤。至誠必報，無作龍羞。伏惟尚饗！』讀文訖，祀官奠酒，再拜。授爵飲酒訖，又拜。執事者用新盤，不擇甆、漆、素、銅、錫，但新潔者。取鵝於壇南，刀割其項，三分存一，勿令斷。盤盛血，至於壇上，承之以俎。又以盤盛鵝身於壇南，取血奠之。奠訖，祀官再拜，陪位者並拜。又祝云：『五日内雨足，祈雪即云雪足。當更賽謝。』又再拜，撤席，撤俎豆，唯留血盤於壇上。別添香火。又以大盆盛净水，以楊柳枝條畧點水灑龍𢅥訖，置於水上。祀官并執事者俱出。至來日午時前，不得更令人至壇側，常數十步遣人巡邏之。

一、驗雨法。次日寅時前，刺史、縣令率官屬、耆宿等拜於壇南白繩外，遣執事者入壇，視血盤中，如無物，得雨雪疾。或有蝦蟆、蜥蜴、蜈蚣、百足之類，即有大水。所見蟲虵並送水中，不可損犯。或得飛鳥、蟻子及蟲鳥糞，即由祀官心不精潔，故禱無應。雨雪降遲，當再虔誠祈告。看訖，執事人取盤洗血，并鵝於壇前掘坎瘞之。龍𢅥且置壇上，時令添香換水，候雨雪足即收之。

一、賽龍法。雨雪足，候三日，用猳猪一，宰於壇東面，取血，以盤盛，置壇前。及取猪去毛，煮於壇外。既熟，別

盛以盤，加以時菓及酒，不設俎豆，唯在精潔。又設祀官位如前。禮生引祀官就位，再拜奠酒訖，又再拜。讀祝文曰：『維某年某月某朔某日，具官姓名，敢告于里社神龍。近以亢陽爲災，立壇祈禱，果蒙靈感，獲此甘澤。雪降即云獲此嘉雪。今擇吉日，以報神德。伏惟尚饗！』讀文訖，祀官再拜，授爵飲酒訖，又拜。執事人餕於白繩外，事畢拆繩。又於壇外取土塊置壇上，祝云：『祈雨已畢，祈雪即云祈雪已畢。無有後（報）〔艱〕，急急如律令！』祀官等並閉氣而還。龍蹬賽訖，送置左側大水或潭穴中。」

並從之。（以上《永樂大典》卷一六〇一九）

風伯雨師雷神壇

【宋會要】18 淳熙七年正月二十七日，詔禮部、太常寺參稽典故，將州縣祭風伯、雨師、雷神壇壝、器服制度、禮儀類成一書，鏤版頒降。從禮部侍郎齊慶胄請也。（以上《永樂大典》卷九一二三）

五龍祠

【宋會要】19 京城東春明坊五龍祠，太祖建隆三年自玄武門徙于此。國朝緣唐祭五龍之制，春秋常行其祀，用中祀禮。真宗大中祥符元年四月，詔修飾神帳。哲宗元祐四年七月賜額。先是熙寧十年八月，信州有五龍廟，禱雨有應，賜額曰「會應」，自是五龍廟皆以此名額云。徽宗大觀二年十月，詔天下五龍神皆封王爵，青龍神封廣仁王，赤龍神封嘉澤王，黃龍神封孚應王，白龍神封義濟王，黑龍神封靈澤王。

【金樓子】《興王篇》：「漢世祖文叔嘗夢乘赤龍登天，上珠階玉闥。」

【帝王世紀】豐公家于沛之豐邑中陽里〔一〕，其妻夢赤烏若龍戲己〔二〕，而生執嘉，是爲太上皇（太上皇）也。

【唐鱠】崔湜弟液，字潤甫，尤工五言詩，湜歎，因字呼曰〔三〕：「海子，我家龜龍也！」（以上《永樂大典》卷五二一三）

〔一〕豐公：《漢書·高祖紀》謂高祖立爲沛公，然《藝文類聚》、《太平御覽》等書引《帝王世紀》均作「豐公」。「豐邑」原作「豐沛邑」，「中」原作「之」，並據《藝文類聚》卷九九刪改。

〔二〕烏：原作「馬」，按《藝文類聚》、《太平御覽》卷九二〇均作「烏」，且此條均編於「烏」門，是本作「烏」字，據改。

〔三〕字：原作「自」，據《新唐書》卷九九《崔仁師傳》附液傳改。

宋會要輯稿　禮五

祠宮觀〔一〕

鴻慶宮

【宋會要】1大中祥符七年正月，詔曰：「睢陽奥壤，藝祖舊邦。應命曆以天飛，創基圖而日新。朕躬朝渦水，茂集蕃禧；旋幸平臺，緬懷積德。想清都之錫類，慶鴻緒之無疆。奉真像以顯昂，建靈宮以曲密。洪惟二聖，敷佑萬方，故當陪仙御於福廷，儼宸儀於恭館。南京新修聖祖殿，宜號曰鴻慶宮，仍奉安太祖、太宗像。」八月，遣都知閻承翰、內侍楊懷古奉像至歸德殿後正位權安。天聖元年三月，修殿成，詔知制誥張師德奏告南京內城，迎聖像奉安。四年十月，又奉安真宗御容。康定元年六月，經火，別建齋殿供養。慶曆六年十二月，又詔重修三聖御容殿。七年六月，命翰林學士張方平往奉安。右奉太祖、太宗、真宗神御。

【宋會要】《京都雜録》：東京大內次北有之〔二〕。

鳳臺山宮

【宋會要】天聖八年正月，差內侍張懷恩就永安縣訾王山置宮〔三〕。九年閏十一月十五日，宮成，詔遣三司使晏殊、上御藥供奉羅崇勳、江德用自京迎太祖、太宗、真宗聖像至宮奉安，仍改訾王山爲鳳臺山。治平三年九月二日，龍圖閣直學士李柬之相度仁宗神御殿，乞免鳳臺村户絶地土租税。四年十二月三日，户部副使蘇寀、內侍押班王守規相度英宗神御，以降真殿第六間奉安，並如其2請。熙寧二年五月九日，迎奉仁宗、英宗御容赴文德殿。十三日，上親行酌獻之禮，乃赴西京，二十二日奉安。右奉太祖、太宗、真宗、仁宗、英宗神御。

上清寶籙宮

【宋會要】（致）〔政〕和初，詔於景龍寺東對晨暉門作上清寶籙宮。五年九月二十日，詔上清寶籙宮隸京城所提舉管轄，仍差蓋從熙充提舉，黄冕充提點。是年十二月一日，御製

〔一〕原題作「祠宮，觀附」，按本卷觀之條數多於宮，非「附」，今改。
〔二〕天頭原批「删」。按，此條不知指何宮，鴻慶宮在宋南京，不在東京。
〔三〕訾王山：原作「紫玉山」，據《長編》卷一〇九、《石林燕語》卷四、《玉海》卷一〇〇改。下文「訾王山」，「王」訛作「玉」，亦據改。

《寶籙宮仁濟輔正亭記》，云：「爾宮隅外壖東北地踰頃，作室百堵，名之曰上清寶籙宮。中殿以事高真，號曰始清；西以奉本命，號曰天祥；東以居其徒。集修身學道羽衣之士請命上帝，以受金籙，行正一靈文玉笥考照法。又即宮門之西，於臨道衢營屋數拾楹，中建亭曰仁濟，選其徒脩潔禁行者，使行其術，以濟萬民。朕潔精齋戒，洗心凝神，書符呪水以賜，日以千計，不遑暇逸，勞不自憚。於〔是〕攜幼扶老，策杖肩輿，匍匐雜還，至者萬有餘衆。一亭不足容，增其北更爲亭，曰輔正。」

徽宗政和六年二月一日，上清寶籙宮道院奏：乞每歲撥放童行及紫衣師號，及遇天寧節，詣内東門進奉功德疏；乞汴河船一隻西至河陰、汜水東西、淮南、兩浙，般載柴（灰）〔炭〕米麥雜物；乞免力勝商税牌一面；乞菜園、墳地共伍頃，於都城外或畿内係官諸色田地内踏逐摽撥；乞銅朱記，申發公文使用。詔並從之。（以上《永樂大典》卷二四九）

龍德宮

【宋會要】

3 徽宗元符三年已即位，未改元。二月二十四日，詔懿親宅潛邸賜名龍德宮，管勾官令入内〔内〕侍省取旨。

大觀元年十月十二日，上批：「龍德宮五日一次提舉官宿於本廳，日輪提點官一員宿於本廳，勾當官一員宿於廨舍。已上遇疾患、事故在假，即輪當次官。」

政和四年三月十五日，侍衛步軍司奏：「提舉龍德宮、直睿思殿、同提舉大晟府楊戩奏：『奉聖旨，侍衛步軍司可特差借宣效六軍兵士二百人，帶行見請諸般請給，日下發遣龍德宮役使，充本宮實占祗應，與免諸處差借、揀選、體量。向去有闕，依此差借。如有拘礙，特依今來指揮。』」詔割移名糧充龍德宮清衛闕額。

欽宗靖康元年四月七日，以太中大夫、門下侍郎耿南仲爲正奉大夫，資政殿學士、朝散大夫王易簡爲中大夫，中書舍人譚世勣、李熙靖並爲顯謨閣待制，提舉醴泉觀、主管龍德宮。五月一日，宰臣徐處仁等言：「陛下躬聽機政，不得侍上皇於別宮，視膳問寢之念每形辭旨。乞詔提舉龍德宮官日具道君起居平安以聞，庶慰聖孝晨夕企慕之意。」從之。（以上《永樂大典》卷二二三四）

神霄玉清萬壽宮

【宋會要】

4 徽宗政和七年二月十三日，詔：「神霄玉清萬壽宮如小州、軍、監無道觀，以僧寺改建。如有道觀處，止更名，仍于殿上設長生大帝君、青華帝君像。」

二十三日，臣僚言：「州、府、軍、監内以僧寺爲神霄玉清萬壽宮，乞從有常住，并殿宇圓備、有莊産寺改充。」從之。

五月一日，詔天下神霄玉清萬壽宮歲度童行、紫衣，並未改宮以前數日降賜。如元無額，即並賜歲度童行、紫衣各一道。

二十二日，知杭州徐鑄奏：「乞神霄玉清萬壽宮添撥田共二十頃，於浙西逐州有管諸司堪好田内摽撥應副。」詔依，如違，以大不恭論。

六月二十八日，尚書省言：「諸州將寺院改建神霄玉清萬壽宮，舊有莊田、賃屋合依天寧萬壽觀已降指揮，免納夏秋二税及房廊賃錢。」從之。

七月二十二日，詔諸路州軍：「應改寺作神霄玉清萬壽宮大州軍，並先期告諭，即半月遷徙。如接便搔擾，許人告，賞錢三百貫，犯人決配千里。」

九月十六日，中書省言：諸神霄玉清萬壽宮與免支移折變。從之。

八年二月二十日，詔曰：「朕嗣守大位〔一〕，賴帝博臨，高真屢降，祥應沓至，萬邦咸寧。深惟修報之誠，無得而稱，詔天下作神霄玉清萬壽宮，奉上帝帝君〔二〕、大君之祀，以嚴報稱，與天下祈福。將期年于兹，而三數州外〔三〕，玩弛弗虔，曾不肅給。明宮齋廬，或粗設貌像，或僅容數士，弊陋不蠲，弗稱明靈，羽流陳訴，輒被刑戮，5 豈所望哉！其令諸路提刑、廉訪巡按所至，躬詣新宮瞻視考驗，究其避就，觀其廢舉，察其施設，具奏，將有攷焉。」

五月二日，詔諸州神霄玉清萬壽宮並依在京宮觀體例。同日，詔兩浙路漕臣詹度差提舉本路神霄玉清萬壽宮，通判帶「同」字。

七月三日，詔：「宰臣可兼神霄玉清宮使，執政官充副使，判官聽旨差。自改官制，不置使名，候道教興隆，宮宇悉備，即罷。」

四〔月〕〔日〕，開封尹盛章奏：「乞依天下州軍知州，帶『管幹神霄玉清萬壽宮』字，以嚴聖主崇奉上真之意。」詔府尹充管判、少尹充管幹在京神霄玉清萬壽宮。

十四日，詔：天下神霄玉清萬壽宮門可視至聖文宣王廟立戟，以稱崇奉。

十五日，河東路轉運判官王似言：「本路神霄玉清萬壽宮有本州見無户絶折納田去處，欲于鄰近他州有户絶折納田處貼撥。候本州有田日，逐旋却行改撥。」從之。

八月二十九日，提舉上清寶籙宮王詔言：欲逐州差親民文臣專切管幹神霄玉清萬壽宮。詔本路提舉、漕臣于逐州軍并縣鎮選擇寄居宮觀、年六十已下、通判資序已上人一員，申尚書省，就差管幹。

閏九月四日，左右街道録院言：「折可求奏，乞降賜道教法物及《先天紀》文字。看詳道教法物係在《先天紀》文字内，今先乞下醴泉觀藏經内關借鈔録到一部，計三十六

〔一〕嗣：原重此字，據《宋大詔令集》卷一七九删。
〔二〕「帝」字原不重，據《宋大詔令集》卷一七九補。
〔三〕外：原脱，據《宋大詔令集》卷一七九補。

卷。」詔付所屬官司頒降。

十月二十二日，廣南東路轉運判官燕瑛言：「道教方興，宜立殿最之法。應今[6]後知、通並十日一詣神霄宮檢察，仍以所檢察事置籍書之。其提舉本宮官歲遍所部，（其）〔具〕當職官奉行優劣以聞。」從之。

十一月十日，詔諸路漕臣提舉神霄玉清萬壽宮，鑄造銅印一面給付，以「提舉某路神霄玉清萬壽宮印」爲文。

宣和元年四月十一日，詔：「天下神霄玉清萬壽宮已賜田産、房廊、道業，並交割付本宮掌首置曆支用，更不隸州郡掌管。前後所降知、通檢察考課指揮更不施行。」

八月二十三日，以宮成，降德音于西京諸道。

四年九月二十七日，詔：「今後應神霄宮知、副有闕，聽逐處于道士内，不以有無官品，推舉實學業素著、爲衆所推之人，本州守貳審察保明，降敕差補。」

六年閏三月二十七日，詔：「奉使及監司等官，巡歷經過州軍，並令詣神霄宮朝拜。著在甲令。今後如遇夜入城，並于次日朝拜。若公事急速，自合依免赴。」

七年二月十七日，詔以處士劉知常所造神霄玉清寶輪，令提舉道録院賜在京神霄玉清萬壽宮奉安寶藏，餘賜外州軍神霄玉清萬壽宮奉安寶藏。禮儀使差太師、魯國公蔡京，都大管幹官差張道濟。

欽宗靖康元年二月十三日，詔罷宰執兼神霄玉清萬壽宮去處使副。

七月四日，詔：「諸路州軍先以僧寺改建神霄玉清萬壽宮去處，已降指揮給還田土。所有元賜名額，合依政和八年正月六日赦文，許令緣化修建。」從禮部請也。

光堯皇帝建炎元年六月四日，尚[7]書省言：「近降赦文内，天下神霄宮並罷，舍屋、什物、錢糧、田産州縣拘收，具數申尚書省。」詔：「江寧府神霄宮元係保寧寺，鎮江府係龍游寺，泗州係普照寺，洪州係上藍寺，並給還。其餘州軍内，有元係古寺改建者，令本州開具以聞，應創建去處依赦施行。」

七月一日，尚書禮部言：「東南神霄宮舊有賜田、房錢，并諸處贍學錢，合根括拘（摧）〔催〕，計置銀絹，前來應副國用。」（以上《永樂大典》卷二六二）

開元宮

【宋會要】

[8] 嘉泰元年四月十九日，詔：「可將潛邸府改充開元宮，幹辦官差毛居實。今後作入内内侍省寨闕，比附太一宮作上等，三年替。」既而居實依太一宮體例裁減條具：「一、今來開元宮將潛邸舊府創建，崇奉香火，乞以幹辦開元宮爲名。一、所差幹辦，本宮更不支破諸般請給等。一、本宮係創建，將來降到金銀器皿、酌獻醮器等，及錢物入出，闕人掌管。照得太一宮差置監真儀庫官一員、專知官一員、手分二名、貼司一名，共五人。今乞減專知、手分各

一名，止差三人。內監庫官一員更不差置，止差監門一員，兼掌管官物，許於已未到部見任得替待闕大小使臣、校副尉內指差，理任、酬賞、請給等並依太一宮真儀庫官條例。日後遇闕，依此差取。并乞差手分、貼司各一名，許於內外官司及白身人內指差，理年、遷補、出職、補授、請給等並乞依太一宮體例。一、早晚焚修合用道衆，照得太一宮額管道士三十五人，今乞減二十一人，止差一十四人。於內外宮觀踏逐指差有道行道士赴宮，仍不隸道正司所轄，并免諸處差借。如日後遇闕，依此施行。一、本宮行移印記，乞下文思院鑄造，以『幹辦開元宮印』六字爲文。一、照得太一宮昨於殿司差撥不披帶人兵七十人，充把門、掃洒、守宿、雜役，創置寨屋，並 9 割籍名糧，赴宮幫勘。今若依體例差撥，竊緣開元宮別無空隙地段創蓋寨屋，今欲裁減四十人，止乞下臨安府差撥無過犯將兵三十人，內節級人員二人，止就本將居住，分番赴宮，專聽差撥雜役、洒掃、巡防使喚。照得太一宮於臨安府差破茶酒帳設司四人，今止乞差二人。所差人兵除本身見請外，將兵每日各添支茗帚等錢五十文，人員節級各七十文，茶酒帳設司各添支食錢一百文，並於臨安府按日支破。遇闕依此差填。一、乞下皇城司踏逐親事官二人，充替背印投送文字，並一年一替。一、應差到祇應人，乞下皇城司支破衲號。」從之。

四年六月三十日，詔令臨安府於開元宮火德真君殿之右，創建闕伯、商丘宣明王殿。其神像依典禮用王者之服。先是臣僚言：「本朝王以火德，於闕伯之祀，奉事尤謹，況已封王爵。今乃抑王爵而目爲真官，使之侍立於星像之側。乞別建殿宇，以彰國家崇祀火德之意。」禮部、太常寺討論：「乞每歲立夏日，差官祀開元宮，先火德真君，次商丘宣明王。所用祭器、祝版、幣帛、素饌等物，應干事件並依見今太一宮體例。」故有是詔。

嘉定七年三月九日，幹辦開元宮言：「本宮崇奉御前香火，專管酌獻金銀器皿，應干事件全藉曾經繁難人任使。緣差到人方諳事務，即行替罷，實爲未便。已差下姚序，欲候任滿，將上件監門員闕改作掌管官物使臣名稱，不理資任，10 亦無酬賞，其請給、雇募並依則例。許於大小使臣、校副尉、吏職補授人差取，如遇遷改事故，依此差填。」從之。

九月二十三日，詔：「開元宮承佃平江府吳江縣震澤鄉第十都荒補涇角字號没官荒田一千三百畝，特與免納租錢。如有其他寺觀援例陳乞，許令三省執奏。」

十四年八月十五日，詔撥平江府吳江縣震澤鄉成字(記)〔號〕田四百三十三畝，賜開元宮爲業。

十六年九月二十一日，詔：「開元宮係潛邸改爲宮觀，事體至重，特免納租賦。其餘寺觀不得援例。」（以上《永樂大典》卷二五五九）

景靈宮　太極觀

【宋會要】

11 太極觀在兗州。真宗大中祥符五年閏十月，詳定所言：「伏見御札，天尊垂諭再降，乃軒轅黄帝母夢靈感天人生于壽丘。今兗州曲阜縣有壽丘，伏望于壽丘建道宮以奉聖祖，道觀以奉聖祖母。」詔建宮以「景靈」爲名，觀以（以）「太極」爲名。是月，兗州按壽丘周回及四至地步，詳定所定所修景靈宮、太極觀並南開三門，二重，東西兩廊，中建正殿，接連擁殿，及置道院、齋廳，並量地之宜。觀制度量減于宮。詔入内東頭供奉官周懷政往彼，與本州晝圖，相度施行。

六年四月，翰林天文邢中和言：「臣按壽丘東南有丘名小丘，按五行土志，若山號不美者宜避，望賜美名。」詔改曰慶丘〔一〕。

六月，監修兗州宮觀周懷政言：「功役兵匠營在側近者，乞放歇泊一月，如願役者依舊。」從之。又以役兵稍多，樞密請差御前忠佐軍頭一人部轄。真宗曰：「本州已有監押、巡檢二員，可令不住巡檢，常輟一員，同兵部轄。」

（七月）〔七年五月〕〔二〕，詔内侍于萊州采玉石造聖像，令本州道士就山致祭。是月，以右僕射、門下侍郎、平章事王旦爲兗州景靈宮朝修使。旦言：「修景靈宮，請用先天節設道場畢，詣至聖文宣王廟、會（直）〔真〕宮，奉東岳廟、真君觀。望下禮官參酌儀制。」又言：「路出澶州，欲詣河瀆廟致奠。」並從之，仍命右正言、直集賢院夏竦掌旦牋奏〔三〕。

八月，以入内押班周懷政爲修兗州宮觀都監。是月，王旦言：「壽丘、慶丘除崇飾行禮外，並望禁人輒上。」從之。二丘以石累，上有石。慶丘設壽星像。又北有臺，上建亭，名安福。是月，詔于宮北鑿河，賜名慶源。是月，王旦言：「請令濟、兗州巡檢迭管勾景靈宮、太極觀。」從之。

九年二月，詔修景靈宮副使林特詣宮設醮，點檢營作。詔獎監修内臣及賜工卒緡錢。

四月，内出御書兗州宮殿額示近臣，具儀仗、道門威儀、教坊樂，出正陽門，赴州安掛。帝作七言詩賜王旦等。

五月十三日，宮成。凡樓殿、齋宮、廊舍總千三百二十二區〔四〕。景靈宮正殿曰昭慶，後殿曰天康，前東西側門曰左、右大安，東西偏門曰左、右大明，夾道南門曰大順，北門曰迎福，後門曰迎會。一本：南門曰左、右大順，北門曰左、右迎福，後門曰會寧〔五〕。太極觀正殿曰安昌，後殿曰嘉福，前東西側門

〔一〕天頭原批：「『慶丘』一條宜出。」

〔二〕七年五月：原作「七月」。按《長編》卷八二、《宋史》卷八《真宗紀》三等史書俱載王旦爲兗州景靈宮朝修使在大中祥符七年五月，據改。下條周懷政爲修兗州宮觀都監，據《宋史》卷四六六《周懷政傳》亦在七年。

〔三〕牋：原作「踐」，天頭原批：「『踐』疑『牋』。」據改。

〔四〕二十二：原作「六十二」，據《長編》卷八六、《太平治蹟統類》卷四、《宋朝事實》卷七改。

〔五〕此注原在上文「二十二區」下，據文意移。

曰左，右延和，東西偏門曰左、右保和，夾道南門〔曰〕凝和，北門曰迎貺。一本：南門曰左、右凝和，北門曰左、右迎貺。

十四日，詔景靈宮使向敏中充兖州景靈宮觀慶成使，行告成之禮。又詔放士庶入宮觀焚香游看五日。賜向敏中、丁謂、林特、夏竦襲衣、金帶、器幣有差。

八月，詔：自今京東轉運使、知兖州并兼管勾仙源縣宮觀〔一〕。又以内殿承制張承素管勾。又選軍士三百給灑掃之役。從之〔二〕。

天禧元年正月，以司徒、門 12 下侍郎、平章事王旦爲兖州太極觀奉上寶册使，景靈宮副使、尚書右丞、兼宗正卿趙安仁副之，龍圖閣待制李虚己押寶册，左正言、集賢校理宋綬押仙衣。

二月，詔兖州宮觀每月朔許士庶瞻拜。（以上《永樂大典》卷一六二二九）

天授觀

【宋會要】

13 天授觀，在開封府陳留縣。本漢相張良祠，政和〔九〕〔元〕年十二月，勑賜忠佑廟。八年閏九月，本府奏請，詔賜今額。

至道觀

【宋會要】

合州赤水縣龍多山至道觀馮蓋羅，淳熙元年九月封冲妙真人。

旌忠觀

【宋會要】

14 紹興元年十月二十二日，秦鳳經畧吴玠言：「陝西出師，禱於和尚原東南三聖廟，屢獲靈應。」詔賜是額。繼而張俊等再於臨安府别建本廟〔三〕。至紹興十九年，領殿前都指揮使職事楊存中言靈應極昭著，乞復之，以旌忠觀爲額。從之。紹興三十二年八月二十二日〔四〕，詔以臨安府覺苑寺地建三聖旌忠觀。舊觀在府城踏道，其地入德壽宮橋，以别建財植，命盡給之，仍賜白金千兩。

寅威觀

【宋會要】

大觀元年八月七日，詔：蜀州民程遘家墳地有火光紫氣之祥，令速行遷葬，可爲奉真祈福之所，宜以其地創建爲寅威觀。降度牒二百道，令轉運司選官營繕，給常平司良

〔一〕縣：原作「院」，據《長編》卷八七改。
〔二〕從之：按前稱「詔」，此云「從之」，顯爲衍文。考《長編》卷八六，「選軍士三百」乃丁謂奏請，且爲本年二月之事，故當提前，且補相關文字。
〔三〕張俊：原作「張浚」，據《乾道臨安志》卷一、《咸淳臨安志》卷七五改。
〔四〕三十二：原作「二十二」，據《玉海》卷一〇〇、《咸淳臨安志》卷七五改。

田十頃；歲遇天寧節，許度童行二人，賜紫衣一名。

醴泉觀

【宋會要】

醴泉觀，舊曰祥源。真宗天禧二年閏四月詔：拱聖營醴泉，所宜度地立觀，以祥源爲名。命東染院使鄧守恩督功興建，宰相王欽若管勾。觀在京城東南，本拱聖營。元年，營中有見龜蛇者，建真武祠〔一〕。是年泉涌祠側，民疾飲之多愈，故有是詔。自後常令會靈觀使、都監掌之。五月，詔修建正殿及三小殿，餘俟癸亥年興葺上梁。賜將士器幣。六月，詔加真武號曰真武靈應真君。十月，觀成。凡三殿：正殿曰崇真，真武像也；東曰廣聖，刻御製贊；西曰靈淵，即涌泉。是日，放士庶游觀五日。

四年九月，詔增修觀。

五年五月上梁，皇太子詣觀焚香，賜御筵，輔臣咸預。十月畢功。凡崇真殿前設廣聖殿，虚其中爲齋薦之所。東位建本命殿曰寶壽，西位建齋殿曰昭回，泉西小殿曰棲神。北門曰昭瑞，西門曰顯祐，觀前東西門曰左、右華清。總神廚、道院、鐘、經樓、齋室、廨宇六百十三區〔二〕。南有園曰靈禧，東有山池亭曰凝碧。一本：齋殿曰開祥，更衣殿曰昭回。

仁宗天聖二年五月，改安聖殿爲廣聖殿，以與玉清昭應宮真宗神御殿名同也。六年三月，詔改崇真殿爲靈真殿，以與慈恩寺真宗神御殿名同故也。皇祐五年三月，詔改靈真殿爲靈應殿。

至和元年四月，祥源觀火，尋重修。至二年十二月成，詔名曰醴泉。先是觀火，修畢，而更其殿名：靈應殿曰感通，廣聖殿曰寧聖，靈淵殿曰涵清，捷神殿曰靈游，聖藻殿曰鴻祐，開祥殿曰崇貺。

哲宗元祐元年三月十四日，詔改醴泉觀慈壽殿爲壽輝殿。

崇寧寺觀

15 徽宗崇寧二年九月十七日，左僕射蔡京等劄子奏：「臣等伏以陛下遹追先烈，分别邪正，明信賞罰，上當天心。今天寧〔節〕届，伏請天下州軍各賜寺額，以崇寧爲名，上祝睿算。」詔依所奏，仍賜勅額。每遇天寧節，節鎮州與紫衣〔三〕、度牒各一道，其餘州、軍、監各與度牒一道。許令任便修蓋，候了，逐旋奏取旨，賜經一藏。

十月九日，詔：「崇寧寺、觀並依十方住持，其披剃并紫衣自崇寧二年天寧節爲始。如未有童行，即仰所差主管僧道保明手下童行披剃。崇寧三年以後，即依此施行。所修寺、觀不拘州城縣郭及名山福地，除係禁山林并禁地外，

〔一〕祠：原作「堂」，據《長編》卷九一改。下句同。
〔二〕六百十三區：原作「六百三十道」，據《長編》卷九七、《玉海》卷一〇〇改。
〔三〕節鎮：原脱「節」字，據《九朝編年備要》卷二六補。

如有官地，不以有無拘礙，並許申監司指射撥充訖奏。應有無名額寺、觀，可以增廣就充，或可移併，並許本州一面施行。或舊係甲乙住持大寺、觀，僧道只有三五人可以撥充者，亦仰申尚書省，許諸色人緣化，并州軍擘畫修建，即不得接便搔擾。應修建竹木物料，所在州軍給文憑前去計置，與免緣路收税。」

十二月十七日，詔崇寧寺不許官員安泊居占。

三年正月二十七日，詔：崇寧寺惟得建置祝聖壽道場行香及祈求外，其餘行香並令就他寺。

二月 **16** 八日，詔：崇寧寺、觀上添入「萬壽」二字，崇寧寺主首依禪寺選僧住持。

三月一日，詔：崇寧寺、觀各給田十頃，以天荒等田撥充。

六月四日，詔以「崇寧萬壽寺」爲額。

十三日，勑：「應天下萬壽寺宣賜經及常住什物，不許借出，不得客人賫携葷酒飲宴。」

四年五月十四日，詔：天下修營崇寧寺、觀，如敢科率，以違制論。

二十三日，詔：諸路崇寧寺、觀鑄（像）〔像〕闕銅，許給公據前去就場買銅。

二十五日，詔：諸路人户捨田土頃畝在崇寧寺、觀，與免納役錢。

大觀元年五月二十八日，詔：崇寧寺、觀並令漸次修整，如科買、科配、抑（勤）〔勒〕者徒二年，不以失減論。

政和元年八月八日，詔天下崇寧萬壽寺、觀並改作天寧萬壽（觀寺）〔寺、觀〕。

三年十二月六日，詔罷印造賜崇寧寺經。

四年十一月二十五日，武岡軍言：乞詔令天下天寧寺並依舊給元賜田土，並免納苗税。從之。

通元觀

【宋會要】

17 宣和五年三月十八日，徽州言：「婺源縣有洞靈觀，本有洞三所，祈求必應。自唐中和間，有開山道士鄭全福昇仙之地。見管殿一，房廊共一百餘區，奉三清功德四十尊。」詔賜通元（館）〔觀〕爲額。

妙元觀

【宋會要】

建炎二年二月十四（日）〔日〕，江南東路轉運司言：「饒州德興縣妙元觀，宣和二年改爲神霄宮下院。今准赦罷神霄宮，乞還舊名。」從之。（以上《永樂大典》卷次原缺）〔一〕。

〔一〕據《永樂大典目録》，《大典》「道觀」門在卷一六二二三至一六二五〇，但以上諸觀不知在何卷。

天慶觀

【宋會要】

18 真宗大中祥符二年十月，詔曰：「朕欽崇至德，誕錫元符。率土溥天，冀福祥之咸被；靈壇仙觀，俾興作以攸宜。庶敦清凈之風，永洽淳熙之化。應天下州、府、軍、監、關、縣有全無宮觀處，擇空閑官地，以官錢及工匠建道觀一，以天慶觀爲額。若百姓願捨地及就官地備財修者亦聽。」

五年閏十月，詔于新建觀置聖祖殿，以官物充。殿内尊像及侍從令玉清昭應宮具儀式降付。

六年正月，知雄州李允則言：「州無道觀，以己俸創北極殿，蒙賜列真觀額。近奉詔蓋天慶觀，當州別無地位，遂就列真觀醮設。今又令修聖祖殿，已于觀北置得空地。緣本觀未有三清、玉皇殿，今欲蓋造，未知聖祖殿合在三清殿前後，乞降式樣，仍改賜天慶(額)〔觀〕爲額。」詔從之，仍下詳定。學士院準道藏所奏，定三清爲上，玉皇次之，聖祖又次之，北極又次之。凡醮告(清)〔青〕詞並依此次序。今雄州殿宇欲依此。兼慮諸州天慶觀未並有三清、玉皇殿處，如各建，即依此；若未徧造，但據殿宇依此設位。從之。

〔五年〕十二月[一]，知處州張若谷言：「奉詔修聖祖殿，未蒙降到聖像、部像。又勅，舊有軒轅廟處並議修崇。當州仙都山軒轅皇帝祠宮已重修正殿，及添部從。竊聞黃帝得六相而天下治[二]，命蚩尤明天道，太常察地利，青龍辨東方，祝融辨南方，大封辨西方，后土辨北方。又覩御札，有六人躬揖天尊就坐。以臣參詳，必當時六相。按唐天寶六年敕，三皇五帝各有配享，惟神農以祝融配，黃帝以后土配，其餘蚩尤、太常、青龍、大封各未有配。以臣愚見，乞于黃帝殿内安六相塑像，并加謚號，增入醮位。」事下詳定所參議，且乞所以加謚號。「伏緣神靈之事，不可備知，恐難執據。今請添入設醮六位，及于殿内安塑像。望令玉清昭應宮與聖祖樣同詔下。」從之。

是年[三]，以朝謁太清宮，詔亳州、應天府聖祖殿，自京造像，往彼奉安，及車駕至，皆詣殿朝拜。

七年，詔南京天慶觀聖祖殿宜號鴻慶宮，仍設太祖、太宗像，西京亦曰天慶觀。南京復別置鴻慶宮，而天慶觀仍舊，惟不改聖祖像。其後定令：諸州給閑田供齋厨，藩鎮十頃，餘州七頃或五頃。

八年正月，禮儀院言：「諸路天慶觀聖祖殿，其轉運司、提點刑獄官巡歷所到，並穿執燒薌。長吏以下除天慶觀天貺、先天降聖節、冬至、三元日率州城内命官齊赴朝

[一] 五年：原無。按《長編》卷七九繫此條於大中祥符五年十二月庚辰（十七日），據補。蓋《大典》編者因此條缺年分，誤以爲六年十二月，遂編於此，當移前。

[二] 黃帝：原作「皇帝」，據《長編》卷七九改。

[三] 按，此仍爲六年事，朝謁太清宮在次年正月。

拜，每到任、得替，並先詣觀朝謁及辭。若觀内有三清、玉皇、聖祖、北極殿，並依次第列班朝拜，知州升殿燒香訖，歸位，再拜。若聖像不在本殿塑造，即候了日，選吉日具道門威儀，官員穿執迎引奉安。公私人入覲瞻禮，茹（暈）〔葷〕食者不得升殿。」從之。

三月，江南轉運使曹谷言：「天慶觀聖祖殿將成，慮臣僚不知道家典禮，[19] 每因朝謁，多入正門馳驟，乞並令門外下馬。」從之。

閏六月，禮儀院請令天慶觀立石，刻建置敕文、事迹，及于碑陰刻官位。定到紙樣付諸路，候刻了，打本進納。從之。

天禧元年五月一日，禮儀院言：「諸州天慶觀常須清潔，止絶閒雜人出入，勾當事官員、使臣不得于觀内安下。每遇五節、三元、正、冬、寒食，許士庶入觀燒香瞻禮，不得升殿。凡有道場設醮，並令本觀道士鋪排供養香火，不得令諸色人升殿。官員使臣不得乘馬入門，先行私禮。將至門，禁呵止；如升殿朝拜，並具袍笏，不得挾從人上殿，及制作名目入觀聚會飲宴。如有士庶施錢就觀齋醮，除不得于國家起建道場處排設外，並許穩便鋪設供養次第，即不得與朝廷所降數同，毋得過百二十分者。長吏常令檢視完葺，即不得別乞添造。舊觀宇俯偪街市，喪葬之具並須取路迴避，不得觀前經過。」並從之。

二十日，知明州劉綽言：「諸州天慶觀聖祖殿請自今長吏以下每到任、得替，洎朔望，並齋潔，親詣朝謁及辭。」從之。

二年五月，知陳州馮拯言：「當州建天慶觀工畢，望下道録院選道流一人住持，仍于本州户絶或逃田内給充常住。」從之。

仁宗天聖元年九月，知秦州陳堯咨言：「秦州城中古道觀名紫極宫，後爲天慶觀，置殿奉安聖祖像。近又奉詔于城北更修天慶觀，亦有聖祖殿。其城北觀元是古壽山寺，最爲勝迹，昨因造觀，摽占三分之二。緣當州司有天慶觀〔一〕，乞將觀地依舊創壽山寺，餘材木添修當州南山妙勝院。况本院有天水池，乃國家郡望，寔宜崇飾。」詔從之，其妙勝院内天水池令常愛護。

八年八月，詔：「如聞（都）〔諸〕州天慶觀及寺院有在城外者，官吏節序朝拜或國忌行香，絶早開門，妨廢管轄。今後都監、監押、巡檢軍員等不赴朝拜行香。」

慶曆二年閏九月，除諸州軍天慶觀所賜田税。

皇祐三年八月十四日，詔：「真州天慶觀先賜到兩莊田土，後來給與長蘆崇福禪院充常住。宜令本路轉運司給還本觀。」

徽宗崇寧元年四月八日，臣寮言：「天下州軍天慶觀聖祖像有係泥塑者，並令合屬計置，改充漆布塑像，物料工

〔一〕司：疑當作「已」。

直至(至)置造銀花瓶並以係省錢充。殿牌皆以金字。其餘務在嚴潔恭肅，以稱尊祖欽崇之意。」從之。

大觀元年四月十六日，禮部言：「修立諸天慶觀金寶牌、聖祖殿供養之物，輪知事道士一人主守。滿一年無曠失，聽度係帳道童一人；如有曠失，即差人承替，別理年限。」從之。

政和四年正月二十日，詔天下知州、軍、監等：應天慶觀每年特賜紫衣一道。

五年十月二十三日，詔：「大名府天慶觀殿宇，令大名府路安撫使姚祐修建，轉運司應副，什物令後苑依製造御前生活所製造。」從祐請也。

十一月十八日，中書舍人陸 20 蘊言：「諸州天慶觀興建歲久，及聖祖殿率多(損)〔敝〕陋損壞，乞量賜度牒，隨宜增葺。」詔諸路轉運司各具本路州軍天慶觀合修葺處申尚書省。

七年正月二十二日，詔：「諸路州縣官吏每遇朝拜天慶觀，並先詣昊天玉皇上帝殿，次詣聖祖殿。」

宣和三年十一月十四日，詔諸州天慶觀今後不許建置祠堂。

五年六月二十一日，詔諸路天慶觀行香朝拜，今後止許于正三門外上下馬。

光堯皇帝紹興七年閏十月二十四日，臣僚言：「伏覩四月二日指揮，太廟殿宇可賜臨安府充聖祖殿。臣恭惟本(廟)〔朝〕推尊聖祖，肇自祥符，止于天慶觀建置殿宇奉安，以示一時崇奉之儀。仁宗纂承以來，五聖百年，踵行不易。惟臨安府天慶觀聖祖聖像并殿宇，頃因兵火燒燬，若因舊修立，宜無不可。今來乃賜太廟以爲聖祖殿，在理寔有未安。乞斷自宸衷，追還成命。」從之。

二十七年三月二十七日，太常寺言：「本朝典故，內大中祥符五年十月二十四日聖祖降于延恩殿，于聖祖坐西斜設六位。天尊就坐，有六人揖天尊而後坐。詳定所言：請以玉清昭應宮後殿爲聖祖正殿，金銅鑄聖像，西斜設六位侍從，一如延恩殿所見之儀，仍增金童玉女。詔天下州、軍、府、監並于天慶觀置聖祖殿，其尊像、侍從令玉清昭應宮立式。詳定所言：其六位仙官，望令編修道藏所添入醮位，及于聖祖殿設像，仍令玉清昭應宮并聖祖畫像同降諸路。從之。又錄到《聖祖九天司命保生天尊降臨記》〔一〕，照得天尊冠簪衣服如道像中元始天尊。有六人，皆秉玉珪。其中四人冠類天尊冠，無起雲紫，衣服亦同；二人冠通天冠，服絳袍。天尊就坐，六人躬揖天尊就坐。天尊坐側有四真人，二童子分東西侍立，侍坐者各有一童子。本寺今欲依制度，并所設次序塑像，令諸路州軍隨宜措置施行，不得夤緣搔擾。」詔依。先是右朝請大夫、知濠州周紱(詔)〔奏〕：諸州天慶觀聖祖殿神御位次多或不同，有失崇

〔一〕九天：原作「九司」，據《宋史》卷一〇四《禮志》七改。

奉之意，乞下禮院講究元本制度。至是條具行之。（以上《永樂大典》卷一六二二四）

集禧觀〔一〕

【宋會要】

21 集禧觀，舊曰會靈。真宗大中祥符五年九月，詔修玉清昭應宮使丁謂等就南薰門内奉節、致遠三營地，及填乾池之西偏建觀，以奉五岳帝。又命内侍鄧守恩監修。仍作保康門於朱雀門之東，又作延安、安國二橋，南闢街與觀北門相直。七年九月，詔名觀曰會靈，東西門曰左、右嘉應，後門曰昭福，獻殿曰延真，靈寶天尊殿曰崇元，（齊）〔齋〕殿曰祝禧。其月十九日，上梁，命宗室、宰臣觀之，許士庶觀看三日，賜百官休一日。

八年四月，修景靈宮使丁謂言：《會靈觀頌》、《記》及延真殿、五岳殿額，乞御製、御書，從之。

五月，詔會靈觀池以凝祥爲名，園以奉靈爲名。即舊池也，又導惠民河注之。

十一月十日，御書殿額，自正陽門設儀仗，僧道威儀，教坊作樂，迎導赴觀。又許士庶燒香三日，賜文武百官假一日。

十一日，奉安尊像，掛額，車駕幸觀焚香，宴從臣於祝禧殿。復詣凝祥池觀醮殿修蓋，太祖所建池殿舊址也，真宗令增崇之，至是而成。賜工人役徒緡帛有差。初欲與景靈宮同日上梁，帝以崇奉之禮不可褻也，遂令先後異日。

十二月，命丁謂齋宿會靈觀五殿，建爲民祈福道場。每季皆准此，著爲定式。

九年正月，幸會靈觀。前一日，所司預於齋殿陳設，及設從臣幕次。又於諸殿東廊各設御幄，備褥位、香案。諸挾殿、崇元殿、三門道場各設褥、香案如儀。是日，帝服鞾袍，輦如本觀。修宮使已下拜起居，前導赴三門道場焚香，如常儀，從官陪位。次詣東岳殿。陪位官班定，修宮使奏請皇帝赴殿焚香，即前導至東階上褥位，請皇帝再拜，從官皆再拜。皇帝三上香，又再拜。復導皇帝還褥位。禮直官引宰臣一員升殿上香，歸位，再拜，皇帝又再拜。畢，詣諸殿，並如東岳之儀。歸御齋殿進膳，從官賜食如儀。自是朝拜之儀著爲令式。

二月，令會靈觀每朔望、三七、正、（室）〔至〕、寒食、上巳、三元，許士庶焚薌，著爲定式。

五月，觀成，車駕親詣酌獻。凡延真殿，虛其中，啓醮於此設立。次則五殿差布：正東，東岳天齊仁聖帝；正（西）〔南〕，南嶽司天昭聖帝；正西，西嶽金天順聖帝；次東，北嶽安天（元）〔玄〕聖帝。皆相對面，西嶽、北嶽稍退。中位，中天崇聖帝，又稍退。每殿二夾，東嶽佐命曰羅浮山、（拔）〔括〕蒼山，南嶽儲副曰霍山、潛山，西嶽佐命曰胇

〔一〕原無此題，徑補。

山，北嶽佐命曰河逢山、抱犢山，中嶽佐命曰少室山、武當山。皆設真君像。殿廊各圖山岳形及得道事迹。崇元殿設靈寶天尊像，二夾殿設中茅、小茅君像。觀西壖别有小池，中建鴻福殿，〔設〕扶桑大帝、暘谷神王、洞淵龍王像，每歲春秋具祝文祭賽。

九月，會靈觀使陳彭年言：「請本觀每月朔開觀一日，上元、清明節各三日，中元、下元節各一日。」從之。

天禧元年十二22月，詔刻五嶽帝玉寶，令會靈觀使王欽若奉上。以汾陰歲加嶽帝號，有册無寶故也。

仁宗慶曆四年七月十二日，詔：「會靈觀延真殿已奉安玉皇、玉虛、聖祖及三聖真容，令皇城司不得放入臣僚、皇親乘騎鞍馬，及諸色閒雜人并牽鞍馬入殿庭内。」

皇祐五年正月，會靈觀火，尋重修。至六月成，詔名曰集禧。初，觀火，即舊址西偏復建一殿，内祠五嶽，名曰奉神殿，蓋取真宗嘗著《奉神述》也。因命知制誥蔡襄重模真宗御書故本，立石於東廡，名曰神藻殿。仍令襄書殿額。又以靈應真君殿爲靈福殿，令王洙書額。

至和元年六月二十三日，詔名齋殿曰潔誠，園曰芳華。

神宗熙寧二年閏十一月二十三日，詔集禧觀神藻殿奉安唐、葛、周三真君，仍取真宗皇帝御集之字，令於天章閣收掌。

萬壽觀〔一〕

【宋會要】

萬壽觀。淳熙三年八月八日，詔：萬壽觀殿宇，令臨安府每月檢計損動去處修整。二十三日，詔：修整萬壽觀殿宇，前期奏告遷。

十三年四月二十五日，詔：萬壽觀減副知一人、手分一人、兵級、庫子二人、院子二人、軍兵一十五人。以司農少卿吴燠議減冗食，下敕令所裁定，故有是命。

十四年十一月二十日，詔：大行太上皇帝御書介福殿牌，及丁亥本命聖像、萬壽觀本命相屬并星官位牌，撤於本殿内收奉，並住香火。以萬壽觀太一宮申請：大行太上皇帝升遐，所有本殿崇奉本命星官朝夕香火，合與不合崇奉？下禮部、太常寺勘當，逐處檢照禮經及典故别無（核）〔該〕載，故有是命。

淳熙十六年二月十四日，萬壽觀言：「皇帝本命純福殿見安奉至尊壽皇聖帝丁未本命星官位牌，乞依禮例設置皇帝丁卯本命星官位牌，一處安奉。每遇至尊壽皇（帝）〔聖〕帝、皇帝本命日，依例用本觀道士一十人，就本殿作道場一晝夜，設醮一百二十分位。皇帝聖節亦乞依會慶聖節體例。」從之。

三月十七日，本觀言：「將來安奉高宗皇帝神御附宮

〔一〕原無此題，徑補。

崇奉日，及見安奉諸殿神御，遇旦望節序、生忌辰，乞並依景靈宮體例排辦。」從之。

五月五日，本觀言：「見權安奉會聖宮及應天啓運宮祖宗神御，將來高宗皇帝神御二位赴宮奉安，合添蓋殿宇，設置帳座。乞下禮部、太常寺，令臨安府添蓋。逐處相視得本殿係是東向，其殿北壁別無地段增展。今欲于殿南壁增展，添蓋殿宇。臨安府打量，並展向南壁，去拆廳庫界牆，展套地步，以南接連蓋造殿屋、挾殿屋各一間，并拆移殿門三間、廊屋七間，向南一丈四尺蓋造。乞令本觀俟修蓋畢奏告，告遷安奉。以南爲上，於北壁空留二位，將來安奉高宗皇帝神御。」從之。

紹(興)〔熙〕五年七月十八日，萬壽觀言：「皇[23]帝本命純福殿安奉太上皇帝丁卯相屬座并本命星官位牌。今皇帝戊子相屬并本命星官位牌乞依此設置，同處安奉，以祝聖壽。及每遇太上皇帝、皇帝本命日，依例用道士一十人，就本殿作道場一晝夜，設醮一百二十分位。皇帝聖節亦乞依崇明聖節體例。」從之。

慶元二年二月二日，本觀言：「將來安奉孝宗皇帝神御祔宫崇奉日，遇旦望節序、生忌辰，乞依諸殿神御體例排辦。」從之。

四日，本觀言：「見權安奉會聖宮、應天啓運宮祖宗神御，將來孝宗皇帝神御二位赴宮奉安，合添蓋殿宇，設置帳座等。乞下禮部、太常寺，令臨安府相視添蓋施行。一、將來添修殿宇，依自來例奏告告遷，設殿神御權於前正殿內奉安，俟修造畢却行依舊。」並從之。

天寧萬壽觀 [一]

【宋會要】

政和元年八月八日，詔天下崇寧觀並改作天寧(觀)〔萬〕壽觀。

四年四月二十四日，詔：福州天寧觀置道教一藏，以「政和萬壽道藏」爲額。

七年二月十三日，詔天下天寧萬壽觀改作神霄玉清萬壽之宮。

崇寧寺觀 接前[二]

【宋會要】

徽宗崇寧二年十月一日，御史中丞石豫言：「伏見宰臣蔡京等以天寧聖節，請天下州軍各賜崇寧寺額。此實上廣《蓼蕭》之澤，共伸《天保》之報，區區小臣，均作是念。伏望特降睿旨，許天下置觀，此類寺額，亦乞以崇寧爲名。」詔節鎮州許置崇寧觀，餘依崇寧寺已降指揮。

[一] 萬壽觀：原作「觀壽觀」，據正文改。

[二] 按，前文禮五之一五已有「崇寧寺觀」目，此處複出。兩處所載內容僅此處下文「三年二月八日」條半同，「三月一日」、「四年五月二十五日」二條全同，其餘皆不同。當是《大典》兩次摘錄《會要》，未曾照應。

三年二月八日，詔崇寧寺、觀上添入「萬壽」二字。

三月一日，詔崇寧寺、觀各給田十頃，以天荒等田撥充。

四月十九日，知河南府范致虚言：「杭州請以崇寧觀爲皇帝本命殿，賜名天保殿，仍乞賜御書(碑)〔牌〕額。乞諸州亦依此，以御書石本頒賜摹勒，泥金揭之殿宇。」從之。

六月五日，詔：「監司所在州如崇寧觀在城内者，每月旦日，許同本州官屬恭詣燒香。及巡按所至州城，非時亦恭詣本觀燒香點檢。不係監司所在州軍，知、通集官屬同詣燒香。」

四年五月二十五日，詔：諸路人户捨田土頃畝在崇寧寺、觀，與免納役錢。

十一月七日，敕：應諸路州軍崇寧寺、觀，所賜田並免税。

五年四月七日，詔：「諸崇寧萬壽觀朝拜，並乘馬於殿門外上下，帶入殿人從不得過三名。入《元符儀制令》。」

大觀四年五月十四日，臣僚言：「崇寧寺、觀賜田，并人户願捨田土，役錢並免，俱爲害法。」詔禮部劄刷，關户部改正。

六月十五日，復詔崇寧萬壽觀官賜田土，並依天慶觀例免出役錢。

寧壽觀[一]

【宋會要】

寧壽觀，係寧壽院。紹興二十年六月二十七日，詔臨安府七寶山三茅堂 24 賜觀額。

白雲昌壽觀[二]

【宋會要】

白雲昌壽觀，乾道四年五月二十六日，詔台州崇道觀西白雲菴，以白雲昌壽觀爲額。以崇奉皇帝本命香火故也。其後建皇帝本命殿，詔以洪慶殿爲名。

附廟

【宋會要】[三]

25 恭順將軍廟[四]：廟在黄陂縣。東嶽行宮安定使者，壽皇聖帝隆興元年八月封恭順將軍。（以上《永樂大典》卷一七一三〇）

[一] 原無此題，徑補。
[二] 原無此題，徑補。
[三] 按，《輯稿》此條爲後來整理者重抄，徐稿原件今在《補編》頁四五二。
[四] 天頭原批：「恭順將軍，查《宋史》、《玉海》未見，俟考。」按，此條當移入本書禮二一「郡邑神廟」内。

宋會要輯稿　禮六

親饗先農耕耤

【中興禮書】

1 紹興十四年十一月十二日，臣僚劄子言：「臣聞耤田之禮尚矣。國朝自端拱初，固嘗親耕帝耤，以先天下，纍聖丕承，允爲成憲。方今朝廷清明，邊鄙靖謐，伏望明詔有司，講求祖宗故事，斟酌其宜，躬行三推之禮，昭示勸農之意。」詔令禮部、太常寺討論典故，申尚書省。

十五年正月十九日，禮部、太常寺言：「今討論耤田之制，以千畝爲限。前世即於東郊，乃諸侯之禮。元豐中始度中地國南，以合先王之制。廣袤步畝〔一〕、溝洫防列、〔先〕農壇宮、人徒官屬，莫不備設。迨至秋成，藏之神廩，粢盛酒醴，於是乎出。下至藁秸，用以養牲。凡菱芡果蓏之屬，歲時所以供祭祀者，皆足給於此。徽宗皇帝是正禮文〔二〕，《政和新書》，品式具載。今欲舉而行之〔三〕，亶維其時。仍乞下臨安府，就行宮之南標撥田畝，候相視到地段可以營建，即從禮部、太常寺參酌前項典故，申請施行。」詔令臨安府踏逐地段，申尚書省。正月二十二日，知臨安府張澄劄子：「遵依指揮，委官前去城南圜壇相近踏逐人户園池并水田。打量得東西折長四百八十二步，南北折闊二百四十步，已上積計一十三萬六千八百八十八步，（細）〔紐〕計五百七十畝一角二十八步。今併畫圖，呈候指揮。」詔令張澄措置。

二月二十一日，知臨安府張澄言：「今和買到人户園池并水田地段充耤田，合行蓋造思文殿、觀耕臺、神倉等屋宇及親耕地步。伏望朝廷下禮部、太常寺指說 2 修蓋施行。」詔依。

三月二十六日，知臨安府張澄言：「依奉指揮修建耤田，伏乞令太史局先次擇日，下手興工施行。」詔依。

四月四日，詔耤田殿宇内不須蓋造，止依南郊例臨時絞設幕殿。

九月十四日，禮部、太常寺言：「契勘耤田係專一供奉祭祀天地、宗廟、社稷等禮料，所有餘地段並合作水陸田〔四〕，今欲乞令臨安府所委官，將見在地段并水池一就隨宜措置，修治施行。一、檢照《國朝會要》并省記到耤田合種植物色：黍、稷、稻、粱、大小豆、大小麥、黑豆、菱芡、秫、芹、韭、菁蒲、白菘菜、燎草、蕭、蒿、茅、脂麻、桃、棗、梨、瓜、竹筍、櫻桃。一、省記到合撥地段：水池、水田、陸田、果園、菜園、菱池、竹園、蒿地、茅地。」詔依。

十月二十九日，禮部言：「准都省送下太常丞王湛劄

〔一〕步：原作「少」，據《中興禮書》卷一三五改。
〔二〕是正：原作「是是」，據《中興禮書》卷一三五改。
〔三〕今：原作「冷」，據《中興禮書》卷一三五改。
〔四〕所有：原倒，據《中興禮書》卷一三五乙。

子，乞討論將來親耕，車駕乘玉輅，以耕根車載耒耜，并乞遵用《政和新儀》等。後批送禮部看詳，本部下太常寺次第取索看詳指定，欲依《政和五禮新儀》，以象輅載耒耜。仍依宣和已行禮制，以儀仗二千人護衛耒耜，質明先詣壇所。是日，車駕服履袍，乘平輦，詣思文殿進膳畢，服通天冠、絳紗袍，行親耕之禮。兼勘會耕耤使依故事服朝服，乘車，本品鹵簿。所有車，乞下所屬製造。儀仗，乞下兵部於見管儀仗内就用。其餘合行事件，乞令有司各檢照《五禮新儀》并宣和禮制，參酌申請施行。」詔依。王湛劄子二，附見于此。其一：「檢會《五禮新儀》〔一〕，車駕詣耤田，乘耕根車，左輔奉耒耜，載以象輅，列于仗内。而《會要》又載：政和八年正月八日，**3** 其日質明，左輔奉耒耜，載于玉輅，耕耤使以儀仗二千人護衛，先詣壇所。湛切考《周官》玉輅，即《書》所謂大輅也。王之五輅，玉輅爲最貴。《隋書・禮儀（制）志》：耕根車一名芒車。帝耤千畝，則以旨囊盛耒，而加於軾上，即潘岳所謂『紺轅屬於黛耜』者也。張衡《東京賦》曰：『農輿輅木』，注云：凡乘輿車皆羽蓋，若農輿則耤田車也。車無飾曰木。農輿無蓋，所謂耕根車也。《國朝會要》：雍熙四年，詳定所言：天子所乘皆有副，耕根車元無副，其制如五輅之副。齊代耤田，御史乘馬車，載耒耜於五輅之後。時以爲禮輕，更用（時）〔侍〕中奉耒耜於玉、象輅，以隨木輅之後。蓋魏晉耕耤皆乘木輅者，先輅也。木輅謂之先輅〔二〕，明革輅、象輅爲次輅也。尊卑所乘先後之序，亦固自有次第。今政和《會要》、《五禮新儀》車駕御耕根車，而耒耜乃載於玉輅、象輅，考之禮經，輕重失次。側聞真宗皇帝明道二年二月十一日，行耤田，乘玉輅（適）〔適〕耕所，司農卿以耕根車載耒耜前玉輅以行〔三〕。欲望朝廷特賜詳酌，下有司討論，將來親耕，車駕乘玉輅，以耕根車載耒耜，所貴輕重適當，禮無違者。」其二：「檢會已降指揮，將來耕耤，所有儀注合一面討論。竊見端拱、明道之禮雖極詳備，然政和年中已經徽宗皇帝釐正，今《新儀》所載最爲簡要。湛聞大禮必簡，簡則易從。惟此新禮更三聖乃定，將來親耕，謂宜遵用《政和新儀》定制。其間或有增損事件，別行條具申請。」

同日，中書門下省言：將來紹興十六年春親耕耤田。詔令學士院降詔。

十一月十七日，詔：「門下：朕厲精庶政，撫世多虞。念稼穡之艱難，欲黎元之給足。當食而嘆，靡敢遑寧。今茲休兵息民，流徙還業，然而田疇未闢，遊惰尚多。豈其三農失職，而訓勉之道有未至歟？仰惟前代親耕耤田，爲天下先。醴酪粢盛於是乎出，敦龐純固于是乎成〔四〕。使耕與養者知所勸向〔五〕，朕甚慕焉。迺飭攸司，經營千畝。其以來歲之春，祗祓青壇，載黛耜，躬三推之禮，以風示於四方。庶幾力穡服田，仰事俯育，興於禮義，以致丕平，顧不偉歟！播告邇遐，咸知朕意。」

同日，上謂宰臣曰：「先皇帝耤田，亦不每歲常講。務欲勸農，不必多修屋宇，**4** 但只蓋席屋，事畢撤去，庶不至騷擾。」

同日，禮部狀：「准都省批下權工部侍郎錢時敏等劄

〔一〕禮：原作「經」，據《中興禮書》卷一三五改。
〔二〕謂：原作「爲」，據《中興禮書》卷一三五改。
〔三〕載：原脱，據《中興禮書》卷一三五補。
〔四〕純：原作「朴」，據《中興禮書》卷一三五改。
〔五〕與：原作「興」，據《中興禮書》卷一三五改。

子：『勘會製造親耕耕耤使所乘車，承太常寺檢會到禮制，象車以象飾諸末，朱班輪，八鑾在衡，左建旗，右載闟戟，駕馬四，槓上設香爐，香寶錦帶。其輪衣、簾、旗、韜杠、絡帶繡文，施以鸞駕。馬皆有銅面，插羽。鞶纓攀胸，鈴拂緋絹屧，紅錦包尾。所有合造名件樣制，令幹辦祗候孫援指説，製造施行。』今據孫援供[一]：『依太常寺供到象車制度，合高一丈五尺，闊一丈。畫到草樣，伏乞朝廷指揮，批送禮部，下太常寺看詳。』所畫象車樣，依得禮制，別無不同，并圖本劄下工部，依看詳到事理施行。」十一月二十六日，禮部、太常寺狀：「准錢時敏劄子：『據孫援申，已造象車小樣，係高一丈五尺。今來低下，形勢不相稱，欲于三重輪上增一尺五寸，柱肩下增五寸，共高一丈七尺，比之車輅尚低三尺七寸五分，即別無違礙。乞申明行下製造，并小樣劄送禮部、太常寺官同共看視。』今同共看視得所造象車小樣，依所增尺寸製造，依得禮制，別無違礙。所有倚背并平盤踏道上褥子，欲並用紫。」劄下工部，依禮部、太常寺看視到事理施行。

二十二日，禮部、太常寺言：「將來親耕，今具申請下項：一、依宣和禮制，親耕前三日[二]，司農以青箱奉九穀穜稑之種進内。前二日，皇后率六宮獻於皇帝，受之于内殿。前一日降出付司農寺，以待耕事。欲乞依上件禮例施行。一、國朝舊制，合用盛九穀種箱係竹木爲之而無蓋，兩頭設擡飾，以青色中分九隔，設一種，覆以青帕。欲乞令工部指揮所屬計會，司農寺製造。一、國朝舊制，三公、三少、宰臣、親王各五推。今欲乞依[5]宣和禮制，令三公、三少、宰臣、親王、使相各行五推之禮[三]。舊制，九卿、諸侯以左右僕射、六尚書、御史大夫攝，各行九推。今欲依宣和禮制，令執政官并侍從、兩省、臺諫各行九推之禮，庶人終畝。」詔依。

二十三日，禮部、太常寺言：「今參酌國朝禮例，并省記宣和禮制，條具合行申請事件：一、依國朝已行禮制，合造御耒耜二具并韜，並飾以青色，制如農人所執。事畢，内中收之。係少監製造，付太僕寺。所有將來親耕御耒耜二具并韜，係盛耒耜青綾袋。今欲乞令工部指揮所屬計會，司農寺省記在京耕耤例製造，付司農寺送納，於親耕前兩月畢備。一、御耕牛合用青牛四[四]，其牛衣以青色。欲乞下兩浙轉運司措置收買。如委無青牛，乞用黄牛代。以青羅夾衣蓋搭，於親耕前五十日到行在交割，付騏驥院養喂，祗備教習。事畢，付耤田司收養。一、從耕官每耒耜合用牛二頭，今來從耕耒耜三十具，合用牛六十頭，準備牛一十頭。乞令兩浙轉運司預行計置。一、依宣和禮制，庶人百人耕終畝，並青衣，耕牛二百頭。竊緣今來耤田地步與在京不同，所有牛數亦多計置不及，今欲乞依端拱、明道禮制，止用庶人四十人、耕牛八十頭。仍乞下兩浙轉運司預行計置。其庶人所服青絹衫并青帶子，乞令工部指揮所屬製造。其牛

[一] 孫：原作「係」，據《中興禮書》卷一三五改。
[二] 前：原脱，據《中興禮書》卷一三五補。
[三] 相：原脱，據《中興禮書》卷一三五補。
[四] 牛：原作「牛牛」，據《中興禮書》卷一三五删。

候事畢給還元處。一、從耕官耒耜三十具，庶人耒耜四十具，并合用鍤一十具，以木爲刃。畚 6 二十具。今欲乞令工部指揮所屬計會，司農寺製造。」詔依。

二十四日，禮部、太常寺言：「今省記參酌宣和親耕禮制，條具合行申請事件：一、合製造御耕立牌一面，書『御耕三推至此』六字。又『皇帝位』三字位版二面，并係青飾金字。一、合用公卿從耕立牌二面，並係黑漆白地黑字。內一面書『五推至此』四字，一面書『九推至此』四字〔二〕。并合製造從耕并侍耕群官位版五十片，黑漆。并乞令工部指揮所屬計會，太常寺製造。」詔依。

二十七日，禮部、太常寺言：「將來親耕行禮儀注，今欲乞依例從御史臺、閤門、太常寺同共參酌修定，申請施行。」詔依。

閏十一月二日，兵部言：「將來親耕耤田，依《國朝會要》內該載宣、政間親耕禮制，係耕耤使以儀仗二千人護衛耒耜先詣壇所。今條具合行事件：一、儀仗二千，內除太常寺鼓吹五百九十八人外，一千四百二人係就用見管黃麾儀仗。其合用執擎儀仗人并馬，欲乞下殿前司及左右金吾街仗、六軍儀仗司差撥。內合用金吾上將軍二員，以左右街仗司監官充攝；大將軍二員、將軍四員，以殿前司將官充攝。一、執擎儀仗人兵，合前期教習排立閱拽。欲候殿前司等處差撥到人，同太常寺鼓吹於候潮門外大教場內教習。一、儀仗合親耕前一日於皇城南門外宿仗。是日質明，護衛耒耜先詣壇所。一、禮、兵部、太常寺狀：今來所修耤田地步，比之在京 7 不同，所用儀仗二千人，竊慮難以排列。今欲乞隨宜減半，用一千人護衛耒耜。其儀仗排立一節，亦難於思文殿內外排立，合隨象輅，止於耤田門外排列。宣和親耕儀內亦無該載殿內外排立儀仗之人。」詔依。

六日，兵部言：「准勑，將來親耕耤田，乞依《政和五禮新儀》，以象輅載耒耜，儀仗護衛。所有合行事件，乞令有司各行參酌〔三〕，申請施行。今契勘，將來親耕，除輦輿御馬等物依四孟例排辦已行足備外，今開具下項：一、將來親耕車輅經由道路門橋高二丈五尺，闊一丈八尺，轉彎掉圓地步五丈。自本院直南入皇城北門，經由南北宮門裏，出皇城南門至壇所一帶，道路門橋多是坑坎，及有窄隘去處。欲乞下臨安府如法修治，務令平實。一、將來排辦象輅，欲乞依例，前半月於候潮門外大教場內教習。及應奉前五日，將象輅教習車裝載重物五千觔，碾試經由道路門橋三日。一、象輅下合用駕士天武官一百五十人，內呵喝人員二人。如不足，於諸軍貼差。及赤馬三十疋，管轄將官一員，下殿前司差。合用教馬官一名，下左右騏驥院差。合用推輪車子官楗八人，下御輦院差。一、隨輅諸作工匠，

〔二〕四：原脱，據《中興禮書》卷一三五補。
〔三〕令：原作「合」，據《中興禮書》卷一三五改。

今乞於文思院上下界、軍器所差撥排辦象輅。所有隨輅雲梯、油帕，合破擡擎兵士一十人，下殿前司差。就令本司於幕屋側近安設兵幕二十座〔一〕，令車輅下祗應人并駕士人馬宿泊。一、將來[8]親耕，象輅裝載耒耜，係前一(日)〔月〕關報皇城司，經由大內至壇所。及應奉前五日將象輅教習，其人馬出入牌號，并應奉了畢，象輅下人馬等却令經由大內歸院。所有一行人至時祗應，關借勑號，下皇城司支給，放令出入，事畢送納。一、排辦車輅人物等，依例合差兵、駕部郎官二員總轄點檢，緣庫部排設儀仗已申乞差見今兵、駕部郎官二員點檢，所有駕部前項職事乞就差逐官總轄點檢。其合差職掌五人，亦乞依例差。」詔依。

同日，兵部言：「耕耤使用本品鹵簿儀仗。太常寺契勘：耕耤使品依王公，依《政和五禮新儀》，共用六百八十八人，係庫部儀仗、太常寺鼓吹、駕部繖扇、車乘下駕士等揍成上件人數。本部契勘：緣地步與在京不同，欲以一半，用三百四十四人。」詔依。

八日，禮部、太常寺言：「續次參酌下項：一、依宣和禮制，從耕官、侍耕陪位官并執事縣令並服朝服，執事人各服法服法衣〔二〕。兼省記宣和年親耕行禮，其應奉官亦服朝服。今欲乞依禮制施行。一、侍耕陪位官乞從御史臺〔三〕、閤門合行參酌申請。一、依宣和禮制，助執耒耜人：三公、三少、宰臣、使相、親王各三人，執政官各二人，餘從耕官各一名。並服絳衣、介幘，以明習農耕者充。乞從太常寺具合差人數，報兩浙轉運司。一、依宣和禮制，文武從耕、侍耕、執事官，如不係從駕官，并畿內諸縣令及耆老庶人〔四〕，其日候車駕將至耤田，並於耤[9]田外立班，再拜奉迎。今欲乞依禮制施行。」詔依。

九日，禮部、太常寺言：「今依國朝親耕禮例，并省記在京親耕合差官數，內耕耤使一員，係降勑差三公、宰臣充。」詔依。十二月十八日，都省劄子：「勘會昨郊祀大禮差五使，當時不曾置司，其合行事件令三省禮房專行。所有今來親耕耤田，已差耕耤使，其合行事務亦合一體施行，更不置司。右劄付禮部。」

紹興十五年閏十一月十日，禮部、太常寺言：「今省記宣和間親耕，應奉過節次樂曲下項：一、親耕日，合排設登歌、宮架大樂，其合用樂曲、詞章：皇帝出大次、歸大次及親耕，並宮架奏第一章《乾安之曲》。皇帝升壇、降壇，並登歌奏第一章《乾安之曲》。公卿耕耤，宮架作第二章。群官耕耤，宮架作第三章。一、親耕日，護衛耒耜用儀仗鼓吹前後部；諸軍樂人振作，合用曲詞《導引》、《六州》、《奉禋》、《十二時》四曲。已上二項，乞下學士院製撰，降下付太常寺習學。」詔依。詞曲具「樂章」門。

同日，禮部、太常寺言：「續次參酌宣和禮制，并條具

〔一〕幕屋：原作「幕側」，據《中興禮書》卷一三五改。
〔二〕法服：原脱，據《中興禮書》卷一三五補。
〔三〕陪位：原作「陪倍」，據《中興禮書》卷一三五改。
〔四〕耆：原作「耆」，據《中興禮書》卷一三五改。

合行事件：一、依宣和禮制，親耕日命有司饗先農，其行事官并祗應人合前一日赴祠所致齋。緣今來耤田内未曾修蓋齋宮，今欲乞令臨安府踏側近寺院充。一、宣和親耕禮制，其所差從耕庶人并助執耒耜人等，並期前于天駟監每日草習。今欲乞親耕前半月就耤田草習[一]。一、親耕已依禮制，申請下兩浙轉運司計置。從耕庶人并執畚、鍤人，欲乞從太常寺據合用人數報臨安府差。」詔依。

十二日，祕書少監、兼權禮部侍郎游【10】操等言：「檢會明道二年二月十一日親耕禮畢，皇帝御青城受禧殿，百官稱賀畢，乘輦還宮，復御正陽門肆赦。宣和年親耕禮畢，依議禮局所議，罷禮畢稱賀並肆赦[二]。今欲依宣和禮制，候指揮。」詔依宣和禮制施行。

十五日，禮部、太常寺言：「今續參酌條具下項：一、依《五禮新儀》，尚舍設御座於耤田思文殿當中，南向；設東西閣於後殿之左右殿上，前楹施簾。并觀耕壇上，南向設御幄、御座，及文武群官次於思文殿門外之左右。契勘今來思文殿門外地步窄隘，欲乞於耤田門内外之左右，量地之宜，依上件禮制，令儀鑾司同臨安府預先計置排辦。一、依宣和禮制，尚舍設黄道并黄羅褥，今來欲乞令儀鑾司排辦。一、省記合差助執御耒耜御龍直一十二人，服平巾幘、絳衣、革帶、履韈，(合)[今]欲乞殿前司前期差撥，所服平巾幘等令於祗候庫關請。一、省記合差擡御耒耜箱、九穀青箱天武官二十人，服平巾幘、青羅繡對鳳嘉禾合穗衫、白絹抹帶。今來乞下殿前司前期差撥[三]；其巾幘等(如)[於]祗候庫關[請]，乞令工部指揮所屬製造。一、今來所差從耕庶人并助執耒耜等人，及所用耕牛，雖已申請前一月教習，慮恐至時宮架、登歌之樂作，却致驚懾，今欲乞從太常寺於正習儀前，定日就耤田作樂，教習三日。一、依儀，設從耕群官位，合用擡位版兵士一十人，欲乞下殿前司差。一、依宣和禮制，耆老百人常服陪位。今欲乞依上件禮例，令臨安府行下諸縣呼集，【11】於正習儀前五日到臨安府祗備習儀。一、依儀，盛御耒耜合用青箱二面，係飾以青；藉耒耜席一領[四]，以青絹緣。並乞令工部指揮所屬製造。」詔依。

十六日，禮部、太常寺言：「檢會明道元年太常禮院言：耤田所須牲牢禮物等，請詔内侍計會，所司先期辦置。詔内侍劉守一等主之。宣和間親耕，其所差都大主管官係差入内内侍省官張道濟。所有將來親耕，其所差都大主管官一員，乞差入内内侍省官充。」詔依。

同日，祕書少監、兼權禮部侍郎游操等言：「太史局申：選到紹興十六年親耕日辰，宜用正月九日己卯、十五日乙酉、十六日丙戌、十九日己丑、二十二日壬辰，即與國

[一]「草」下原衍「耤」字，據《中興禮書》卷一三六删。
[二]「宣和」至「肆赦」凡二十一字，原脱，據《中興禮書》卷一三六補。
[三]前司：原脱，據《中興禮書》卷一三六補。
[四]藉耒耜：原作「耤耒耤」，據《中興禮書》卷一三六改。

音無妨礙。」詔用十九日。紹興十六年正月十七日，太常寺言：「勘會正月十九日親耕耤田，緣今雨降未止，欲乞別行選日。」詔依。又二十日，禮部、太常寺言：「太史局申，選定宜用正月二十二日壬辰吉。仍乞于前一日習儀，次省饌。」詔依。

十七日，禮部侍郎游操又言：「恭覩國家蔚興文治，始見太平，初講耕耤，敦本力農。風動四方，事體非輕。其合行事件，雖已依宣和禮制申請施行外，欲望朝廷更賜指揮，下禮部、太常寺討論，參酌端拱、明道故事，庶幾中興典禮得以兼備〔二〕。」詔依。

二十一日，禮部、太常寺言：「准勑，游操等劄子：『檢照端拱元年賜京城耆老八十已上者九十八人衣帛有差。將來親耕畢，欲宣陪位耆老詣壇宣勞，依舊例賜束帛。又明道二年，大禮使言：耤田禮希曠，爲日已久，比聞修舉，內外翹屬。況親屈萬乘，（本勸）〔勸本〕力農，請下 12 有司，令遍諭密近村聚，俟御耕日，特許父老鄉民觀望盛禮，勿令呵止。』從之，詔依祖宗典故施行，仍令禮部、太常寺討論，宣勞傳旨合差何官，申尚書省取旨。禮部、太常寺今討論：將來禮畢，禮直官引耕耤使升觀耕壇，詣御幄前侍立。至時宣勞，欲乞依元會例，差樞密一員詣御座前承旨，樞密都承旨一員於壇下承旨宣勞。其合用口宣，乞令學士院修撰。」詔依。

二十五日，禮部、太常寺言：「准二十二日詔，令禮部、太常寺討論象車合與不合製造。今討論：依《五禮新儀》，象輅載耒耜；及依宣和禮制，耕耤使乘象車。今參考端拱親耕禮制，以耕根車載耒耜，耕耤使不乘車。今欲乞〔依〕端拱禮制施行，仍乞是日耕耤使服朝服，乘騎護衛耒耜，行于仗內。及用已定儀仗一千人，質明先詣壇所以俟，車駕自內服履袍，乘輦詣耤田所。所有象輅更不製造，其合用耕根車乞下所屬製造施行。」詔依。

同日，禮部、太常寺言：「今討論下項：一、將來親耕日享先農，先降指揮，依宣和禮制，命有司行事。今參照端拱、明道故事，親耕日係親享先農，其牲牢、禮料權視大祠。今欲乞依故事施行。一、享先農係中祠，緣至日皇帝親行享禮，止是牲牢、禮料權視大祠。其致齋日分欲乞比附四孟朝獻禮例，前一日齋於內殿，有司不奏刑殺文書。一、親享先農禮料，籩實以菱、芡、栗、鹿脯、榛實、乾䕩、乾棗、形鹽、魚鱐、糗餌、粉粢；豆實 13 以芹、筍、葵、菁、韭、魚醢、兔醢、鹿臡、醓醢、豚拍、酏食、糝食；簠實以黍、稷；簋實以稻、粱。酒齊係用五酒，每位一斗八升。牲牢共用羊、豕各二。」詔依。先是十一月二十日，禮部、太常寺言：「勘會將來親耕，依宣和禮例，親耕日享先農，備中祠禮料，命有司行事。」至是參照故事，故有是請。

二十七日，禮部、太常寺言：「今續次參酌條具下項：一、所有登歌、宮架之樂，依禮例，宰執同禮部、太常寺官就都堂按樂。乞令禮部定日申朝廷。一、勘會轉運司、臨安

〔二〕典：原脱，據《中興禮書》卷一三六補。

府所差從耕庶人并助執耒耜及陪位耆老，合令禮部差主令，太常寺差使臣、禮直官、人吏、贊者，前半月指引教習。所差執畚、鍤人共三十人，合服青衫〔一〕、帶子，乞令工部指揮所屬計會，司農寺製造。」詔依。

二十九日，禮部言：「准都省批下權工部侍郎錢時敏劄子：『將來親耕合用御耒耜等，今畫到宣和樣制各一本〔二〕，乞下禮官相度製造。』後批送禮部。今據太常寺看詳，並合依樣製造外，所有盛九穀青箱，本寺已於畫到圖本内貼説。其隨御耒耜鞭，欲製黄羅袋盛貯。」詔依。

十二月五日，禮部、太常寺言：「親耕耤田日，親享先農。今參酌《開寶通禮》、《五禮新儀》及親享禮例，條具申請事件：一、依儀，合設大次於外壝東門之外，小次於午階下，西向。緣今來思文殿去壇不遠，欲就本殿作大次，所有小次於壇午階下，西向。乞令儀鸞司同臨安府排辦。一、端拱、明道禮制，係用祝册。緣祝册係大禮儀制，今欲止用祝文二首。其詞乞下學士院〖14〗修撰，並述以親享先農、親耕之意。前期書寫，進書畢，降付太常寺供應。一、依禮例，皇帝行禮，大禮使從。今來親耕不差使，所有親享先農行禮，欲乞比附前項禮例，耕耤使服祭服後從。一、親享先農并親耕，合差侍祠、行禮等官。欲依禮例，從太常寺前期具窠目申中書省〔三〕，降勑差。内閤門合差奏中嚴外辦等官，乞依例令閤門具窠目申朝廷降勑差。一、今來不差五使，即與大禮事體不同，其侍祠、行禮官係行事左僕射以下。所有前一日省牲、省饌，并至日揖位，欲乞令行事左僕射率侍祠官以下趍赴立班。一、親享先農合用皇帝位版二面，係黑漆金字，及位版腰輿，見在太常寺收掌。欲乞令工部指揮所屬一就檢計雅飾。一、依儀，皇帝飲福受胙，合差尚醖、典奉御并司尊彝官，乞令翰林司依舊差官權攝。一、依禮例，合差掌圭官并供冕服等官，欲乞令入内内侍省差官。一、臨安府所差從耕庶人、執畚鍤人及陪位耆老，并兩浙轉運司差助執耒耜人，至日並合經由耤田門至觀耕壇下。所有太常寺至日應奉、贊者、執掌、供官、樂工、二舞，并司農寺職掌，並係升壇應奉人數，乞報皇城司關借勑入壇殿號。一、令兩浙轉運司計置從耕及庶人耕牛共一百六十頭，前五十日到行在，於臨安府側近縣分養飼，并前半月赴耤田教習。欲乞令轉運司專委官二員拘籍計置。一、親享先農合用白羅〖15〗帨巾、拭爵巾二條，并亞、終獻合用白絹帨巾、拭爵巾二條，各長六尺。欲令户部行下左藏庫支，赴太常寺供應。」詔依。

六日，禮部、太常寺言：「今續次參酌到下項：一、親享日，欲乞皇城南北門并南北宫門，及内庭應奉官司經由門户，比常日早一刻開；其利涉門、候潮門早三刻開，放令

〔一〕青：原作「親」，據《中興禮書》卷一三六改。
〔二〕一：原缺，據《中興禮書》卷一三六補。
〔三〕目：原作「日」，據《中興禮書》卷一三六改。

經由出入。一、依禮例，壇上設登歌樂，中壝門外設宮架、二舞，欲乞令太常寺排辦。一、合差捧執籩豆簠簋等官，并亞、終獻盥洗官，乞依例從太常寺具申吏部差待次官〔一〕。一、依禮例，合前期教習執事官并應奉人、贊者、供官等，欲乞於前一月内從太常寺定日，於法惠寺作樂教習二日。所有合用幕次、什物，乞令臨安府排辦。一、合差供祠執事内侍官，并進撤飲福俎、捧祝等官，並乞從太常寺報入内内侍省差官。一、親享先農，依四孟朝獻例，皇帝内殿致齋一日。所有耕耤使并行事、執事官各前一日致齋。有本司，宿于本司；無本司者，令臨安府踏逐耤田側近寺院〔二〕。其陪位官依朝獻禮例更不致齋。一、合用登歌、宮架樂章詞曲，欲乞令太常寺具節次報學士院前期修撰。一、合用彩畫宮架二料，除見管外，見闕彩畫宮架一料〔三〕，共二十四架，建鼓等六座，欲下軍器所創行製造，於按樂前赴寺送納。續太常寺供到狀：「竊慮日逼，其宮架全行製造不及，今欲將建鼓六座并流蘇花版就用見管外，乞令軍器所造彩畫樂架二十四座。」一、親耕所設登歌、宮架大樂兵級八十 16 人，已行申請，乞下殿前、馬、步三司均差外，所有親享先農行事添用登歌、宮架大樂一料，亦合差般運大樂兵級。今欲乞下殿前、馬、步三司分差五十人，前一月到寺，候禮畢，限十日發遣。一、親耕合用登歌、宮架樂正、樂工共二百三十四人，除已申請外，今來親享先農，合添用二舞九十人，兩項共計三百二十四人。太常寺見係籍樂工止管二百六十六人，自來係於教坊、鈞容直差借。竊慮逐處各有應奉相妨，今欲乞下臨安府，差本府樂人五十八人充數。如不足，乞從本寺拘收召募。」詔依。

同日，户部、太府寺言：「據祗候庫申：將來車駕服履袍、乘平輦詣思文殿進膳畢，服通天冠、絳紗袍，行親耕之禮。今具合行排辦事件：一、合用薰撤御服龍腦，乞下左藏西庫選上等龍腦五兩〔四〕，前期供納。一、供進禮衣係前一日請降，赴内中幕次日赴思文殿門外幕次鋪設。所有逐處幕次，乞下儀鸞司釘設。及合用熨貼御服熟火，乞下翰林司排辦。合用蠟燭一十條，乞下雜買務收買。一、合用熨貼裁縫作二名，腰帶、靴履、頭冠、面花、稜道、雜釘、戎具、結條作各一名，乞下御藥院差；如闕，乞下文思院、軍器所貼差。共用頭刃，欲乞報皇城司照會。所有擡擎合用供内儀鸞八人，乞下内東門司差。其輦官，乞下御輦院差。援衛、引喝天武官三十六人，乞下殿前司差。一、進掛御服、撤御道并擡頭冠匣、御衣箱官，並乞下入内内侍 17 省差。」詔依。

紹興十五年十二月八日，御史臺言：「今參酌到申請事件：一、耕耤日，除從耕官外，所有侍耕文臣百官，今相

〔一〕官：原作「臣」，據《中興禮書》卷一三六改。
〔二〕逐：原作「近」，據《中興禮書》卷一三六改。
〔三〕闕：原作「關」，據《中興禮書》卷一三六改。
〔四〕龍：原脱，據《中興禮書》卷一三六補。

度欲乞用釐務通直郎以上，及行在見任寺監主簿承務郎以上職事官趁赴立班。一、耕耤日先親享先農，所有文臣陪位官，欲乞就用從耕、侍耕官陪位立班。一、耕耤日，皇帝乘平輦自内殿至祠所，依禮例，從駕官合常服從駕；至祠所，各易朝服，趁赴陪位；候禮畢，次赴從耕立班。如不係從駕官，先赴耤田門外，常服迎駕，起居訖，易朝服陪位，次赴從耕、侍耕立班，俟禮畢退。内，合從駕官易常服，從駕還内。一、本臺主管班次引贊官、知班應奉並合服朝服，及更易常服報引班次。一、致齋行事官，依已降指揮於耤田側近踏逐寺院宿齋外，所有文臣百官侍班幕次，乞從本臺移文臨安府、儀鑾司，於耤田門外隨地之宜排辦〔一〕。一、依禮例，合差監察御史二員糾彈祠官不恭等事，及依例差監祭司手分三人行遣。」詔依。

同日，禮部、太常寺申：「將來親耕，俟奏禮畢，宣陪位耆老詣壇宣勞，舊例賜衣帛。今檢照《國朝會要》，止該載端拱元年賜京城耆老八十已上九十八人衣帛有差，即不言所賜衣帛若干數目，及是何官司主管給賜。今相度，欲乞令臨安府具已差定陪位耆老一百人，内若干人數係八十以上者，申户部，行下祗候庫省記舊例。如本庫無舊人省記，乞令本[18]庫擬定每人各賜絹若干，申户部，取朝廷指揮。右劄付臨安府依所申施行。」續祗候庫申：「今相度，欲乞于親耕日，將八十以上耆老每人支賜生帛絹二匹，共椿備絹二百匹。乞下左藏東庫支供，赴〔本〕庫排辦應副，至日給賜。如有支使不盡數目，令所屬拘收。」詔依。又都大主管所狀：「陪位耆老一百人，准四方館開具到八十歲以上五十人，各合支賜絹二匹外，未及八十歲五十人，緣係一般陪位，未該支賜。」詔並與支賜。

十二月十二日，禮部、太常寺言：「准都省批下户部狀：『將來親耕，合用九種：黍、稷、秫、稻、粱及大小豆、麥，每色各三斗。據兩浙轉運司申，數内秫係河北出産，號爲造酒黄米，今欲以粟穀充代；粱係京西、河北出産，號爲粱穀米，今欲以糯穀充代。』後批送禮部，同太常寺看詳，欲依所申。」詔依。

十二月十五日，太常寺言〔二〕：「將來親享先農及親耕耤田，合差官下項：一、親享差官：侍中二員，一員御前奏中嚴外辦并奏解嚴，一員奏中嚴外辦并奏解嚴、殿中進接圭。太常卿贊導奏請行禮。太常博士四員：一員贊引耕耤使，一員贊引太常卿，一員贊引亞獻，一員贊引終獻。行事左僕射申眡滌濯，兼進幣爵酒。亞獻、終獻，吏部尚書以幣授左僕射。禮部尚書眡滌濯、省鼎鑊、眡濯。兵部尚書薦承俎并徹。吏部侍郎二員：一員受幣爵酒，兼瘗祝幣；一員盥洗進爵，詣尊酌酒訖，授左僕射。刑部尚書實鑊水。刑部侍郎增沃鑊水。監察御史二員。讀祝文官、舉祝文官二員。押樂，太常卿。太府卿設幣。光禄卿巡牲并牽牲詣厨，入實籩、豆、簠、簋。光禄丞牽牲詣厨，兼饌造。協律郎

〔一〕外：原作「外外」，據《中興禮書》卷一三七删。
〔二〕言：原脱，據《中興禮書》卷一三七補。

二員：一【19】員壇上舉麾，一員壇下舉麾。奉禮郎設皇帝版位。良醞令酌皇帝獻酒。太祝奉毛血槃，并進摶黍。太官令酌亞、終獻酒，兼監視宰殺牲牢，并摶黍等。太社令設神位版。盥洗奉爵官四員。吏部差。引俎饌，奉禮郎。吏部差。捧執籩豆簠簋、捧俎官一十六員。吏部差。一、親耕差官：樞密觀耕壇上承旨宣制。侍中四員：一員奉耒耜以進，耕畢復受，及奏禮畢；一員奏中嚴外辦，并奏解嚴；一員御前奏中嚴外辦，并奏解嚴；一員奉御耒耜載於耕根車，俟至，〔奉〕御耒耜以降授耤田令。樞密都承旨觀耕壇下傳旨宣勞耆老〔一〕。太常卿二員：一員贊導奏請，一員押樂。協律郎二員：一員觀耕壇上舉麾〔二〕，一員宮架舉麾。贊引，太常卿、太常博士。太僕卿設御耕牛。司農卿二員：一員宿設耒耜於幕屋後，耤田令解韜出耒(授)〔耜〕訖，以授侍中，耕畢復授耤田令；一員奉青箱穜稑之種，詣耕所播之，并奏省功畢。奉禮郎設御耕版位，并設御耒耜席。耤田令二員：一員候侍中奉耒耜，橫執詣耕所，置於席，守之，兼以青箱授司農卿；一員解韜出耒耜，以耒耜授司農卿，耕畢復授耒耜，納之韜，以授執事者。奉青箱官，以青箱授耤田令。司農少卿二員：一員帥庶人耕於千畝，一員帥太社令檢校終千畝。太社令，檢校庶人終千畝。」詔依。

同日，閤門言：「親享先農并親耕，合差奏中嚴外辦前導并奏解嚴等閤門官四員，乞朝廷降勅施行。」詔依。

十二月【20】十八日，御史臺、閤門、太常寺言：「將來親耕，同共參酌合行事件：一、應奉官司久不舉行親耕典禮，恐致生疎，今欲乞於正習儀前，從御史臺定日關報，前去耤田閱習一次。一、乞依宣和禮制，於親耕前二日，文武百官并諸色應奉人赴耤田習儀。仍乞是日百司作休務假，及禮畢次日作歇泊假一日。」詔依。

十二月二十四日，禮、兵部言：「准都省批下權户部侍郎王鈇等狀〔三〕：『據祗候庫申，所造耕根車，制飾如玉輅，惟降二等，以青爲質，而無玉飾。駕青馬，駕士四十人。契勘古制，凡車，駕引全用馬力。今來所造車止藉駕士牽拽，與古不同。兼五輅各駕六馬，尚用七十五人，況〔耕〕根車係用四馬，若依古制，駕士四十人〔四〕，駕引遲緩，合比五輅用駕士七十五人。分擳下項：小梯一名；踏道四人；托叉二人；行馬四人；前後推竿各四人；當轅馬七人，內二人板挑；秉燭臺四人；牽踏路馬四人；兩引索三十六人；左右照管轅轍二人；引(唱)〔喝〕人員二人；剪燭椀夾一名。所有服著：內駕士七十三人武弁冠，青纈對鳳啣嘉禾合穗青絁大袖，緋纈絹白獅子襯衫，青絹夾袴，青麻鞋，

〔一〕觀：原作「親」，據《中興禮書》卷一三七改。
〔二〕觀：原作「親」，據《中興禮書》卷一三七改。
〔三〕王鈇：原作「王鉄」。按，《宋史》卷三〇《高宗紀》、卷一六七《職官志》均作「王鈇」，據改。下同。
〔四〕「人」下原衍「駕四十人」，據《中興禮書》卷一三七删。

青絹夾襪；人員引喝二人，小帽子，砛石骨朵紅纈練鵲衫，白絹夾袴，青纈裹肚，金鍍銀束帶。乞朝廷詳酌施行。』後批送禮、兵部看詳，尋下太常寺車輅院看詳，欲依祗候庫所乞差撥，製造施行。」詔依。同日，權户部侍郎王鈇等言：「據祗候庫申：契勘今來所造耕根車，合差駕士七 21 十五人，除引喝、行馬、踏道、燭臺、托叉、小梯等外，實有五十一人推駕。緣經由道路有地面磚石硬軟、高阜去處，慮恐難以駕拽，今相度，欲乞下殿前司更添差兵級二十人。所有服着，就借祗候庫武弁冠、青寶花大袖、勒帛、袴、鞋、韈、纈襯衫，準備臨時拽車使用。」詔依。

十二月二十五日，禮部、太常寺言：「今續次參酌，條具到合申請事件：一、依儀，親耕，京畿諸縣令率終畝庶人就位。今來欲乞令臨安府諸縣令充京畿縣令。一、兩浙轉運司、臨安府差耆老并從耕庶人、執畚鍤人及助執耒耜人，合於前半月習儀，并至日從耕排立，逐處未曾委官拘集。今欲乞令轉運司、臨安府各委官一員，專一拘集，俟習儀并親耕日交割，付四方館、司農寺并太常寺引揖。一、依禮例，宰執以下按樂，合作休務假。欲乞依例作休務假一日。一、親享先農日，欲乞依禮例正習儀日，設爵坫幣篚〔一〕，幣用帨巾充代，樂用〔祝〕〔柷〕、敔。所有親耕習儀，乞依例作樂習儀。一、合差擡擎御書祝文親事官四人，乞下皇城司差，於草習儀前二日到太常寺祇應。合用擡擎祝文腰輿，權於祕書省關借。一、依已降指揮，令禮部定日，宰執同禮部、太常寺等官就都堂按登歌、宮架樂。續承指揮，親享先農，依儀又合設登歌、宮架、二舞。今相視，都堂若止按登歌、宮架樂，别無妨礙；若更設二舞，緣堂下難以安設，乞改就法惠寺。仍乞令禮部定日，申朝廷照會。至日宰執同禮部、太常寺、都大主管官就寺按樂。一、合差擡擎神席、燎草、幣帛等腰輿兵士，并擡擎祭器、法物等兵士，各一 22 十人，管押節級在内。並乞下殿前、馬、步軍司分差。所有合破勅入壇殿號，乞從太常寺具數報皇城司支借。」詔依。

十二月二十七日，四方館言：「准太常寺關：親耕禮畢，引耆老詣觀耕，兩拜起居，宣勞，兩拜。契勘八十已上賜衣帛者，躬候擡賜物過，謝恩，兩拜，退。」詔依。

十二月二十九日，禮部、太常寺言：「將來親饗先農畢，并行親耕禮，已是日高。所有先農行事官、親耕行禮官，依指揮，令諸司排辦喫食外，所有陪官喫食，欲下御厨、翰林司排辦。」詔依。紹興十六年正月七日，御厨奏：「准尚書省劄子，令本厨排辦親耕陪位官喫食。緣本厨所管人匠不多，日常供進御膳及親耕移進御食，并從駕宰執、百官喫食數多，尚慮人少。今來所承指揮，排辦陪位官喫食，委是闕人，造作不前。欲乞依郊祀大禮陪位官例，支破第三等早食折支價錢，入曆批勘。」詔依。

十二月三十日，禮部、太常寺言：「續行參酌申請下項：一、勘會郊祀大禮係祀昊天上帝、皇地祇，依儀，皇帝行酌獻禮，讀册文官依令讀至御名勿興。所有今來親享先農，係中祠，依已降指揮，牲牢、禮料權視大祠，欲令讀祝文

〔一〕設：原脱，據《中興禮書》卷一三七補。

官讀至御名，執笏興，躬身訖，再搢笏，跪讀祝文〔一〕。一、親享前一日，皇帝齋於内殿，依禮例，有司不奏刑殺文書；其行事官前一日齋於本司，唯享事得行，其餘悉禁。今欲乞是日皇帝前後殿不視事，仍乞百司作休務假一日。一、所用祝文，依禮例，禮部差人奉設，合差職事八人。所有看上尊福酒合差膳部職掌五人，依大禮例止差四人，仍於祠部、主客兩曹分差，並前期報皇城司關借勑入壇殿號。一、檢會《國朝會要》，端拱舊制，耒耜先[23]於民間假借習按。所有將來親耕前半月，於耤田教習從耕庶人等，合用真耒耜四十具。欲乞令兩浙轉運司行下所屬縣分假借，事畢發還。」詔依。

紹興十六年正月二日，禮部、太常寺言：「親享、親耕依已降指揮，就耤田前半月教習，從耕庶人四十人，助執耒耜人三十餘人，執畚鍤人三十人，殿前司差御龍直一十二人，天武官二十人，并隨牛人等農人稍衆，若不輪官前去監視，切慮生疎。今欲乞初起教日，令禮部、太常寺、司農寺官前去，以後每日逐處各輪官一員前去監視。」詔依。

正月六日，閤門言：「准尚書省劄子，文思院上界申：『契勘本院製造絹花一萬朵，準備將來親耕回鑾給賜。乞朝廷指揮，下祇候庫、閤門，指定親耕有無合賜花朵行下。』閤門契勘：宣和耤田親耕回即不賜花，今來係親享先農行禮，從駕臣僚等欲乞依昨親享例〔二〕，賜回鑾花。」祇候庫狀：「契勘回鑾賜花，其合用花朵，依指揮，約度數目，報文思院造作準備。」詔依。

正月九日，禮部、太常寺言：「將來親耕，依已降指揮，前半月教習從耕庶人、執畚鍤人、助執耒耜人。尋於今月初三日爲頭前去耤田，當官教習。數内，助執耒耜人三公、三少、宰臣、親王、使相各三人，執政官各二人，侍從、臺諫各一人，庶人不差。其所教牛，今相度欲每一耒耜下各添隨牛家人一名牽牛祇應，並令服介幘、緋衫、白絹勒帛趁赴教習。所有逐人各合服并勑[24]入壇殿號，乞令轉運司具數報祇候庫、皇城司關請。」詔依。

正月十一日，都大主管所言：「親耕耤田行禮，執畚鍤三十人、助執耒耜五十人、從耕庶人四十人，並係臨安府等處差到農人。今取到太常寺贊引使臣王彦龍等狀：契勘逐色人禮畢即未有支賜恩澤指揮。」詔並依陪位耆老例支賜。

正月十三日，臨安府府學生李良等一百三十三人進狀：「伏覩皇帝躬祀先農，親耕耤田，敦勸天下，玆實朝廷莫大之盛典。臣等切嘗稽考《國朝會要》，仁宗皇帝明道親耕帝耤，開封府士人進狀乞與陪位，特可其請。今陛下崇尚文德，昭致太平，同符仁祖，臣等苟不能（杭）〔抗〕章自陳，無由仰觀縟禮，上負陛下教育之意，有愧明道之文。欲望

〔一〕「官讀至」至「讀祝文」十八字，原脱，據《中興禮書》卷一三七補。
〔二〕昨：原作「作」，據《中興禮書》卷一三七改。

特降睿旨，遵依明道故事，許令臣等陪位。」批送禮部。正月十五日，太常寺言：「檢照《國朝會要》，明道二年正月十四日，廣文館、開封府貢舉人上書，乞陪位於壇次，以觀盛典，從之。契勘當來耤田，係廣文館、開封府貢舉人陪位，即無學生陪位之文。今來臨安府學生李良等乞陪位立班〔一〕，即無典故，難以施行。」

正月十六日，都大主管所言：「准尚書省批下宗正少卿、兼權兵部侍郎趙子厚等劄子：『勘會親耕耤田，已降指揮，以儀仗一千人護衛耕根車載耒耜，前一日於皇城門外排立，至日護衛耒耜前去壇所。緣今來耕根車已製造了畢，奉聖旨，候排設日取旨進呈。所有護衛儀仗，欲乞自製造耕根車處，護衛經由大内，至皇城南門外排立。合取自朝廷指揮。』後批送都大主管所施行。本所奏聞。」奉詔，依同鼓 25 吹振作引呈，内趙子厚綴王(鉄)〔鈇〕等班起居。

紹興十六年正月十七日，祕書少監、兼權禮部侍郎游操等言：「勘會親享先農并親耕禮畢，緣係大慶典禮，欲候禮畢，許耕耤使率行事、陪祠文武官一班詣思文殿稱賀，更不致詞，不宣答。乞從御史臺、閤門、太常寺修定儀注申請。」詔依。

正月二十三日，太師、尚書左僕射秦檜言：「臣伏覩皇帝陛下親耕耤田〔二〕，既畢三推，臣以耕耤使職事，請以耒耜授有司，皇帝不從。臣又奏：王者三推，禮經舊式。皇帝宣諭：力本務農，出於誠心。遂推至五、至七、至九。臣三奏請乃止。伏乞宣付史館，以光册書。」詔依。

正月二十四日，檜又言：「陛下耕耤過三推之數，少勞陛下聖躬。」上曰：「朕本欲終畝，以卿屢奏乃止。太宗朝，每車駕出城，宣集父老，訪以民間利病。況耕耤爲農民之勸，朕豈憚勞？」

正月二十五日，以親耕禮成，太師秦檜率文武百僚詣文德殿拜表稱賀。

二月四日，内降詔：「朕惟兵興以來，田畝多荒，故不憚卑躬，與民休息。今疆埸罷警，流徙復業，朕親耕耤田，以先黎庶〔三〕。三推復進，勞賜耆老，嘉與世俗，躋於富厚。昔漢文帝頻年下詔，首推農事之本，至於上下給足，減免田租，光於史册，朕心庶幾焉。咨爾中外，當體至懷。」先是，上宣諭曰：「將來耤田降詔，須語簡意足〔四〕，使民曉然知務本之意〔五〕。漢文帝勸農之詔頻年有之，不過數十語，當時民知務農，遂使富庶。」

親享先農耕耤儀

陳設。前期，儀鸞司帥其屬設御座於耤田思文殿〔六〕，當中，26 南向。設東西閣於殿後之左右殿上，前楹施簾。又於觀耕壇上設御幄，南向；設御座於幄内。又就思文殿

〔一〕「府學」原脱，又「立班」下重出「立班」二字，據《中興禮書》卷一三七補删。
〔二〕耕：原作「耤」，據《中興禮書》卷一三八改。
〔三〕先：原作「光」，據《中興禮書》卷一三八改。
〔四〕須：原作「雖」，據《中興禮書》卷一三八改。
〔五〕務：原作「故」，據《中興禮書》卷一三八改。
〔六〕「司」上原有「駕」字，據《中興禮書》卷一三八删。

設大次〔一〕，南向。又設小次二：一於先農壇午階下稍東，西向；一於觀耕壇酉階下稍北，南向。設文武行事、陪祠官、宗室及有司次於耤田門之内外〔二〕，量地之宜。設饌幔於内壝東北之外道北，南向。前享二日，太社令帥其屬掃除壇之上下，太常牽牲詣祠所。次陳登歌之樂于壇上稍南，北向〔三〕，設宮架於壇南内壝之外，立舞表於酇綴之間。前享一日，太常設神位席，太史設神位版：帝神農氏位於壇上北方，南向；后稷氏位於壇上東方，西向：並席以莞。告潔畢權徹。奉禮郎設皇帝位版於壇下小次前，西向；飲福位於壇上稍西，北向；望瘞位於子階之西，北向。贊者又設亞獻、終獻位於小次之南稍東，西向。設太常博士位於其後。耕耤使并行事左僕射位於亞、終獻之南，行事左僕射稍却。行事吏部、禮部、兵部、工部尚書、吏部侍郎、光禄卿、讀祝文官、光禄丞位於左僕射之東。光禄丞少却。奉禮郎、搏黍太祝、太社、太官令位於小次之東北，俱西向北上。監察御史位二，並於壇下午階之西南，東向。協律郎位二，一於壇上樂簴之西北〔四〕，一於宮架之西北，俱東向。押樂太常卿位於宮架之北，良醞令位於酌尊所，俱北向。又設陪祠文武官位於執事者之南。太常陳牲於東壝門外，西向；祝文各位於牲後。又設省牲位於牲西，行[27]事左僕射在南，北向；行事吏部、禮部、兵部、工部尚書、吏部侍郎、押樂太常卿、光禄卿、讀祝文官、光禄丞、奉禮、協律郎、搏黍太祝、太社、太官令在北，南向西上。凡設光禄丞以下位皆稍却。監察御史在吏部尚書之西，異位稍却。太常陳禮饌於東壝門外道北，南向；又設省饌位版於禮饌之南。行事左僕射在南，北向；監察御史位二，俱在西，東向北上；行事吏部、禮部、兵部、工部尚書、吏部侍郎、押樂太常卿、光禄卿、讀祝文官、光禄丞、奉禮、協律郎、搏黍、太祝、太社、太官令在東，西向北上。太常設祝文於神位之右。司尊彝帥其屬設幣篚於酌尊所〔五〕。次設籩、豆、簠、簋之位，每位左十有一籩，右十有一豆，俱爲三行。俎二，一在籩前，一在豆前。又設俎四，在豆右，爲二重。登一，在籩、豆間。簠一、簋一，在籩、豆外，簠在左，簋在右。又設尊坫之位，每位著尊二、壺尊二，皆有罍，加勺、羃，爲酌尊；太尊、山尊、犧尊、象尊各二，皆有罍，加羃，設而不酌。又設籩、豆、簠、簋各一，俎各二，於饌幔内；設盤、匜、帨巾於壇下午階東南，北向。供祠内侍立於皇帝版位之後，分左右。奉盤者北向，奉匜、帨巾者南向。又設亞、終獻盥洗於本位之南，罍、篚各設於左右，皆内向，執罍、篚者位其後。其日早，太社令升壇，（殿）〔設〕神位版於壇上。光禄卿帥其屬入實籩、豆、簠、簋；籩三行，以右爲上。第一行形（益）〔鹽〕在前，魚鱐、糗餌次之；第二

〔一〕設：原脱，據《中興禮書》卷一三八補。
〔二〕「次」下原重一「次」字，據《中興禮書》卷一三八删。
〔三〕北：原脱，據《中興禮書》卷一三八補。
〔四〕簴：原作「虡」，據《中興禮書》卷一三八改。
〔五〕設：原脱，據《中興禮書》卷一三八補。

行榛實在前，乾桃、乾穣、乾棗次之；第三行菱在前，芡、栗、鹿脯次之。豆三行，以左爲上。第一行芹菹在前，筍菹、葵菹、菁菹次之；第二行韭菹在前，酏食、魚醢、兔醢次之；第三行豚拍在前，鹿臡、醓醢次之。簠實以28稻，簋實以黍，登實以大羹。籩前之俎實以羊腥七體：兩髀、兩肩〔一〕、兩脅并脊。兩髀在兩端，兩肩、兩脅次之，脊在中。豆前之俎實以豕腥七體，其載如羊。豆右之俎，第一重：一實以羊腥腸、胃、肺，離肺一在上端，刌肺三次之，腸三、胃三、肺次之；一實以豕腥膚九，横載。第二重：一實以羊熟腸〔二〕、胃、肺，一實以豕熟膚，其載如腥。皆羊在左、豕在右。良醖令帥其屬入實尊。著尊二：一實玄酒，一實醴齊，皇帝酌之。壺尊二：一實玄酒，一實盎齊，亞、終獻酌之。太尊二：一實泛酒，一實醴齊。山尊二：一實盎齊，一實緹齊〔三〕。犧尊二：一實沈齊，一實事酒。象尊二：一實昔酒，一實清酒。並設不酌。凡罍之實，皆實明水。太常設燭於神位前，又設行事左僕射以下行事、執事官揖位於卯階之東内壝外，如省牲位。耕前一日，司農寺宿設御耒耜於皇城門外幕屋之内。其日，奉禮郎設御耕版位於耕耤所，南向；儀鑾司設黄道裀褥於耕耤所。典儀設侍耕群臣位於御耕位之東〔四〕，西〔向〕北上；又設從耕三公、三少、宰臣、親王、使相位於御耕位之東南；設從耕執政官及侍從、兩省、臺諫位於三公之南，少却，並西向北上。又設耕耤使後從位於御耕耨位稍東，南向；設押樂太常卿位於宫架之前，北向；協律郎位二，一於壇上樂簴之西北〔五〕，一於宫架之西北，俱東向。奉禮郎設御耒〔耜〕席於三公之北，稍西，南向。太僕卿帥其屬設御耕牛於御耕位之西，稍北。太僕卿位於御耕牛之東，稍前，南向。太常設登歌之樂於觀耕壇上，又設宫架樂於庶人耕位之南，俱北向；設侍中位於御耕位之東，稍南，西向；設司農卿位二，一於侍中之後，一於其南；耤田令位二，皆於司農卿之南，少退，並西向北上；奉青箱官位於耤田令之後；諸執耒耜者位於公卿者之後、執畚鍤者之前，西向。又設庶人耕位於從耕官之南少29東十步外〔六〕，庶人四十人，並青衣。耆老陪耕位之南，並南向。耆老百人，並常服陪位。司農少卿位二，於庶人耕位之前；太社令位於司農少卿之西，少退，俱北向。畿内諸縣令位於庶人耕位之東，西向。司農寺帥所司設從耕耒耜并耕牛等，各設於逐位。前一日，兵部帥其屬排列儀仗及耕根車於皇城南門之外如式。

省牲器。省牲之日，太社令帥其屬掃除壇之上下，司尊彝帥府吏及執事者以祭器入，設於位。凡設祭器，皆耤以席，籩豆又加巾蓋。禮直官、贊者分引行事左僕射以下詣東壝門外省牲位立定。光禄卿、丞與執事者牽牲就位。禮直官贊揖訖，贊者引押樂太常卿入行樂架。凡亞、終獻行事皆禮直官、太常博士引，行事左僕射皆禮直官引，餘官皆贊者引。次引禮部尚書升自卯階眡滌濯，凡行事、執事者升降皆自卯階。次引左僕射申眡滌

〔一〕兩肩：原脱，據《中興禮書》卷一三八補。
〔二〕一：原作「以」，據《中興禮書》卷一三八改。
〔三〕緹：原作「破」，據《中興禮書》卷一三八改。
〔四〕臣位：原脱「位」字，據《中興禮書》卷一三八補。
〔五〕簴：原作「虞」，據《中興禮書》卷一三八改。
〔六〕東：原脱，據《中興禮書》卷一三八補。

濯。執事者舉冪曰「潔」，俱復位。禮直官稍前，曰「告潔畢，請省牲」。次引禮部尚書稍前，省牲，訖，退復位。次引光禄卿出班巡牲一匝，西向，躬曰「充」、曰「備」；次引光禄丞出班巡牲一匝，西向，躬曰「腯」，俱復位。禮直官稍前，曰「省牲畢，請就省饌位」，贊揖訖，引左僕射以下各就位立定，禮直官贊揖。所司省饌具，畢，禮直官贊「省饌畢」，贊揖訖，俱還齋所。光禄卿、丞及執事者以次牽牲詣厨，授太官令。次引禮部尚書詣厨省鼎鑊，眡濯溉，協律郎展眡樂器，乃還齋所。晡後一刻，太官令帥宰人以鸞刀割牲，祝史各取毛血實於盤，俱至饌所，遂烹牲。太社令帥其屬掃【30】除壇之上下。

車駕詣耤田。其日質明前，侍中奉御耒耜載於耕根車訖，耕耤使乘騎後從，行於仗内，護衛耒耜先詣壇所。至耤田門外，侍中奉御耒耜以授耤田令，耤田令受耒耜〔一〕，横執之，詣耕所，置於席，遂守之。凡執耒耜者横執之，授則先其末，後其耜。皇帝自内服履袍出（内），即御座，鳴鞭。行門、禁衛諸班、親從等諸司祗應人員以下於常御殿各自贊常起居。次從駕臣僚并應奉官於常御殿起居如閤門，揖訖，先退，以俟從駕。俟皇帝自常御殿乘輦出行宫南門，侍衛如常儀。至思文殿，降輦，歸後閤，以俟行享先農之禮。

奠幣。饗日，車駕將至耤田，御史臺、閤門、太常寺、四方館分引非從駕文武陪位、侍耕、從耕、執事官、畿内諸縣令及耆老、庶人等，並常服，俱詣耤田門外立班，再拜奉迎訖，退，各就次。諸享官及陪祠之官各服其服。太社令入，設神位版；光禄卿入，實籩、豆、簠、簋；太官令入，實俎；良醞令入，實尊。樂正帥工人、二舞以次入，與執尊、罍、篚、冪者各就位。御史臺先引殿中侍御史一員先入，就位。次御史臺、閤門、太常寺、閤門舍人等分引陪祠文武官及宗室、客使各入就位。次禮直官、贊者分引左僕射以下行事、執事官就卯階内壝門外揖位立定，禮直官贊揖。次引監察御史按視壇之上下，糾察不如儀者，退，復位。太常卿、閤門官、太常博士、禮直官分立於大次外之左右。次引侍中版奏「中嚴」，少頃又奏「外辦」。太【31】常卿當次前俛伏，跪，奏稱太常卿臣某言〔二〕，「請皇帝行事」。奏訖，俛伏，興，還侍立。太常卿奏「禮畢」准此。簾卷，皇帝服衮冕以出，侍衛如常儀。太常卿以下前導至内壝門外，殿中監跪進大圭，太常卿奏「請執大圭」，前導官前導皇帝入自正門。侍衛不應入者止于門外。協律郎跪，俛伏，舉麾興，工鼓柷，宫架奏《隆安之樂》。皇帝升降行止皆奏《隆安之樂》。太常卿以下分左右侍立。凡行禮，皆太常卿、閤門官、太常博士、禮直官前導，至位則分立於左右。太常卿奏：「有司謹具，請行事。」宫架奏《静安之樂》、《儲靈錫慶之舞》，三成，止。太常卿奏「請拜」，皇帝再拜。贊者曰「拜」，在位官皆再拜。内侍取幣於篚，立於尊所。

〔一〕受：原作「授」，據《中興禮書》卷一三八改。
〔二〕上句「當次」至此句「太常卿」，原脱，據《中興禮書》卷一三八補。

次引左僕射、吏部尚書、侍郎升詣帝神農氏神位前立，左僕射、吏部尚書俱西向北上，侍郎東向。內侍各執盤、匜、帨巾以進，宮架樂作。太常卿奏「請皇帝搢大圭，盥手」，內侍進盤匜，沃水；又奏「請皇帝帨手」，內侍進巾，皇帝帨手。訖，又奏「請皇帝執大圭」，樂止。前導官前導皇帝升壇，耕耤使從〔一〕，皇帝升降，耕耤使皆從，左右侍衛量人數升。宮架樂作。至壇下，樂止。升自午階，登歌樂作。至壇上，登歌奏《嘉安之樂》。殿中監跪進鎮圭，太常卿奏「請搢大圭，執鎮圭」。前導官前導皇帝詣神農氏神位前〔二〕，北向立。內侍先設繅藉於地，太常卿奏「請跪奠鎮圭於繅藉，執大圭」，俛伏，興。又奏「請搢大圭」，跪，內侍以幣授吏部尚書，吏部尚書以授左僕射，左僕射西向跪以進。太常卿奏「請受幣」，皇帝受（奠）〔幣〕訖，吏部侍郎東向，跪受以興，進奠于帝神農氏神位前。左僕射、吏部尚 32 書、侍郎俱詣后稷氏神位前以俟。太常卿奏「請執大圭」，俛伏，興。內侍取鎮圭授殿中監，內侍又以繅藉詣后稷氏神位前，先設繅藉於地。太常卿奏「請拜」，皇帝再拜訖，樂止。前導官前導皇帝詣后稷氏神位前，奠圭、幣，並如上儀。左僕射以下俱降，復位。前導官前導皇帝還版位，登歌樂作。內侍取鎮圭、繅藉，以鎮圭授殿中監，以授有司。皇帝降堦，樂止，宮架樂作。至版位，西向立，樂止。祝史奉毛血槃立于壝門外，由其堦升。太祝迎于壇上，進奠於神位前。太祝與執事者退立於尊所。

進熟。亨日，有司陳鼎四於神廚，在鑊之右。太史令帥進饌者詣厨，以匕升羊於鑊，實于一鼎。肩、臂、臑、肫、胳、正脊一，直脊一，橫脊一，長脅一，短脅一，代脅一，皆二骨以並。次升豕如羊，皆設扃、鼏。祝史對舉，陳於饌幔內。太常實籩、豆、簠、簋於饌幔。籩實以粉餈，豆實以粉食，簠實以粱，簋實以稷。俟皇帝升，奠幣訖，還位，樂止。祝史抽扃委于鼎右，除鼏，加匕於鼎。太官令以匕升羊載於一俎。肩、臂、臑在上端，肫、胳在下端，脊、脅在中。次升豕，其載如羊。每位羊、豕各一俎。次引禮部尚書詣饌所〔三〕，執籩、豆、簠、簋以入；兵部、工部尚書詣饌所，奉俎以入。太官令引入正門，宮架《豐安之樂》作，設於卯階之下，北向。俟祝史進，徹毛血槃出，次引禮部尚書搢笏，執籩、豆、簠、簋，兵部、工部尚書搢笏，奉俎以升，執事者各迎於壇上。禮部尚書奉籩、豆、簠、簋詣帝神農氏神位前，北向，跪奠，執笏，俛伏，興。有司設籩（豆）於糗餌前，豆於醓醢 33 前，簠於稻前，簋於黍前。次引兵部、工部尚書奉俎詣帝神農氏神位前，北向，跪奠，先薦羊，次薦豕，各執笏，俛伏，興。有司設羊、豕俎於腸、胃、膚之前，禮部、兵部、工部尚書次詣后稷氏神位前，奉奠並如上儀。樂止，俱降，復位。引左僕射詣帝神農氏神位前，西向立，

〔一〕從：原脱，據《中興禮書》卷一三八補。
〔二〕「農」下原重一「農」字，據《中興禮書》卷一三八删。
〔三〕饌：原作「譔」，據《中興禮書》卷一三八改。

吏部侍郎東向。又引吏部侍郎詣皇帝版位前，奉爵，北向。内侍各執盤、匜、帨巾以進，宫架樂作。太常卿奏「請皇帝搢大圭，盥手」，内侍進盤匜，沃水；又奏「請皇帝帨手」，内侍進巾，皇帝帨手。訖，又奏「請皇帝洗爵」，吏部侍郎進爵，内侍沃水，皇帝洗爵。又奏「請皇帝拭爵」，内侍進巾，皇帝拭爵。訖，樂止。又奏「請執大圭」，吏部侍郎受爵，奉爵升自午階。前導官前導皇帝升壇〔一〕，宫架樂作；至午階，樂止。升自午階，登歌樂作；至壇上，樂止，登歌奏《禧安之樂》。吏部侍郎奉爵詣帝神農氏神位前，北向立。太常卿奏「請搢大圭」，跪。吏部侍郎以爵授左僕射，左僕射西向跪，以進。又奏「請執爵」，皇帝執爵，祭酒，三祭于地。奠爵，吏部侍郎受虛爵。又奏「請執大圭」，俛伏，興。又奏「請少立」，樂止。左僕射、吏部侍郎先詣后稷氏神位前，内侍奉祝文進於帝神農氏神位之右。讀祝文官搢笏，東向，跪讀祝文。讀訖，執笏，興，先詣后稷氏神位前，南向立。太常卿奏「請再拜」，皇帝詣后稷氏神位前酌獻，並如上儀。左僕射以下俱降，復位。前導官前導皇帝還版位，登歌樂作；降階，樂止，宫架樂作。至版位，西向[34]立，樂止。太常卿奏「請還小次」，宫架樂作。將至小次，太常卿奏「請釋大圭」，殿中監跪受大圭。皇帝入小次，簾降，樂止。文舞退，武舞進，宫架《正安之樂》作。舞者立定，樂止。禮直官、太常博士引亞獻詣盥洗位，北向立，搢笏，盥手，帨手，執笏，詣爵洗位，北向立，搢笏，洗爵。執事者執笏升，詣帝神農氏酌尊所，西向立，宫架作《正安之樂》、《嚴恭將事之舞》。執事者以爵授亞獻，亞獻搢笏，跪，執爵。執尊者舉冪，太官令酌壺尊之盎齊訖，先詣后稷氏酌尊所，北向立。亞獻以爵授執事者，執笏，興，詣帝神農氏神位前，北向，搢笏，跪，執事者以爵授亞獻。亞獻執爵，祭酒，三祭于地。奠爵，執笏，俛（興）〔伏〕，興，再拜。訖，次詣后稷氏神位前，行禮並如上儀。訖，樂止，降，復位如初。亞獻行禮將畢，次禮直官、太常博士引終獻詣洗位，及升壇，酌獻，並如亞獻之儀。降，復位如初。

皇帝既奠幣，有司以羊左臂一骨，及長脅、短脅，俱二骨以並，載於胙俎，設於壇上酌尊所。俟終獻既升壇，次引兵部尚書，摶黍太祝、太官令詣飲福位，東向立，奉俎、豆、爵、酒者各位於其後。太常卿奏「請詣飲福位」〔二〕，簾卷，出次，宫架樂作。殿中監跪進大圭，太常卿奏「請執大圭」，前導官前導皇帝升自午階，至壇下，樂止。皇帝升壇，詣飲福位，登歌奏《禧安之樂》。皇帝至飲福位，北向立。尚醖、奉御執尊詣酌尊所，良醖令酌上尊福酒，合置一尊。尚醖、奉御奉尊詣飲福位。殿中監奉爵，尚醖、奉御酌福酒，殿中監西向捧以立。太常卿奏「請再拜」，皇帝再拜。殿中監

〔一〕官：原作「引」，據《中興禮書》卷一三八改。
〔二〕請詣：原倒，據《中興禮書》卷一三八乙。

跪〔一〕，以爵酒進。[35] 太常卿奏「請搢大圭」，跪，受爵，祭酒，三祭于地。啐酒，奠爵。殿中監跪，受爵以興。太祝帥執事者持胙俎進，減神位前正脊二骨、横脊二骨，加于俎上。内侍受俎，以授兵部尚書，西向跪以進。皇帝受俎，奠之。兵部尚書受俎以興，退，復位。太官令取黍於簋，摶，以授太祝。太祝受豆〔二〕，東向跪以進。皇帝受豆，奠之，太祝乃受以興，降，復位。次殿中監再跪，以爵酒進。太常卿奏「請受爵」，飲福酒，奠爵，殿中監受虚爵，興，以授尚醖〔三〕、奉御。執事者俱降，復位。太常卿奏「請執大圭」，俛伏，興。又奏「請再拜」，皇帝再拜，樂止。前導官前導皇帝還版位，登歌樂作；降階，樂止，宫架樂作。至版位，西向立，樂止。次引禮部尚書升壇徹籩豆，兵部、工部尚書升壇徹俎，籩、豆、俎各一，俱少移故處。登歌《歆安之樂》作。卒徹，樂止，禮部、兵部、工部尚書俱降，復位。禮直官曰「賜胙」，行事、陪祠官拜；贊者承傳曰「賜胙」，再拜，在位官皆再拜。送神，宫架奏《静安之樂》（作），一成，止。

望瘞。《静安之樂》畢，太常卿奏「請詣望瘞位」，前導官前導皇帝詣望瘞位，宫架樂作。至位，北向立，樂止。初賜胙，再拜訖，吏部侍郎帥太祝執篚進詣神位前，取幣、祝文及俎載牲體、黍、稷、飯、爵酒降自西階，詣瘞坎次，幣、祝文、饌物置於坎内。禮直官曰「可瘞」，有司焚瘞〔四〕，寘土半坎。太常卿奏「禮畢」，前導官前導皇帝還大次，宫架樂作。出内壝門外，太常卿奏「請釋大圭」，殿中監跪受大圭，以授有司。侍衛如常儀。皇帝至 [36] 大次，樂止，侍中奏「解嚴」。引左僕射以下詣卯階之東内壝門外揖位立，禮直官贊「禮畢」，揖訖，退。引陪祠文武官及宗室以次出，權歸次，以俟進膳畢，次行耕耤之禮。

耕耤。皇帝享先農行禮畢，歸大次。俟進膳畢，侍耕、從耕、執事官、諸縣令及應奉官等各服朝服，以俟行禮。樂正帥工人以次入。次引諸縣令帥終畝庶人、四方館引陪耕耆老先就位〔五〕，司農卿、耤田令、太社令、奉青箱官、諸執耒耜者以次就位。皇帝將入耕耤位，御史臺引殿中侍御史一員先入就位。次御史臺、閤門分引文武侍耕群官各就位〔六〕，次禮直官分引從耕執事官各就位。凡耕耤使、侍中、從耕官、司農卿、耤田令禮直官引，餘官并庶人皆贊者引。有司進輦於思文殿，太常卿、閤門官、太常博士、禮直官分立於小次前。次引侍中版奏「中嚴」，凡侍中奏請，皆俛伏跪奏訖，俛伏，興。少頃又奏「外辦」。皇帝服通天冠、絳紗袍，乘輦以出思文殿，降自西階，宫架樂作。至小次，降輦入次，樂止。禮直官、太常

〔一〕監：原脱，據《中興禮書》卷一三八補。
〔二〕受豆：《補編》頁三〇、又頁三八載朝獻景靈宫儀注，其中之飲福儀注畧與此同，此句作「太祝受以豆」，其意謂以豆受所摶之黍，文意更爲明白。
〔三〕授：原作「受」，據《中興禮書》卷一三八改。
〔四〕「司」下原衍「官」字，據《中興禮書》卷一三八删。
〔五〕館：原作「官」，據《中興禮書》卷一三八改。
〔六〕引：原脱，據《中興禮書》卷一三八補。

博士引太常卿詣次前，北向，俛伏，跪奏稱：「太常卿臣某言，請皇帝就耕耤位。」奏訖，俛伏，興，退，復位〔一〕。簾卷，宮架樂作。凡太常卿奏請，皆俛伏，跪奏訖，俛伏，興。皇帝出次，太常卿、閤門官、太常博士、禮直官前導皇帝至褥位，南向立，樂止。禮直官、太常博士引太常卿詣皇帝褥位前〔二〕，俛伏，跪奏稱：「太常卿臣某言，請皇帝行耕耤之禮。」奏訖，俛伏，興，退，復位。禮直官引耤田令進詣御耒耜席南，北向。禮直官次引司農卿詣耤田令之東〔三〕，西向。【37】耤田令俛伏，跪，搢笏。執事者謂太常寺、司農寺職掌，後准此。以韜授耤田令，耤田令解韜出耒，執耒，興，東向立，以耒授司農卿。司農卿搢笏受耒訖，耤田令執笏稍退。司農卿以耒耜授侍中。禮直官引侍中搢笏，執耒詣御耕位前少東，北向。太常卿奏「請皇帝受耒耜」，侍中執耒耜，執耒者助執。侍中進訖，執笏，少退立。皇帝受耒耜，宮架樂作。行三推禮〔四〕，耕耤使後從。訖，樂止。侍中搢笏，前受耒耜〔五〕，侍中以耒耜復授司農卿。司農卿搢笏，受耒耜，以耒耜授耤田令〔六〕，各執笏退，復位。耤田令搢笏，受耒耜，跪，復耒於韜，執耒，興，以授執事者，執笏退，復位。侍中受耒耜訖，歸從耕位。餘官各赴從耕者准此。皇帝初耕，諸執耒耜者以耒耜各授從耕者。禮直官、太常博士引太常卿詣御耕位前，北向，奏「請皇帝升壇觀耕」，奏訖，復位立。前導官前導皇帝升觀耕壇，耕耤使歸從耕位。宮架樂作；至壇下，樂止。升自午階，登歌樂作。即御座，南向，樂止。太常卿、閤門官、太常博士、禮直官立於御幄之前，北上。禮直官引從耕三公〔七〕、三少、宰臣、親王、使相各搢笏，執耒耜，宮架樂作。行五推之禮，訖，樂止。執耒耜者前受耒耜〔八〕，各執笏退，復位。次禮直官引執政官、侍從、兩省、臺諫各搢笏，執耒耜，宮架樂作。行九推之禮，訖，樂止。執耒耜者前受耒耜，各執笏退，復位。次禮直官引司農少卿帥庶人以次耕于千畝。自東至西，復回耕至本位。俟耕畢，俱退，復位。訖，禮直官引侍中詣觀耕壇上御座前，北向俛伏，跪奏稱：「侍中【38】（詣觀耕壇上御座前北向俛伏跪奏稱侍中）臣某言，禮畢。」奏訖，俛伏，興，引降復位。禮直官引耕耤使升觀耕壇卯階，詣御幄前，稍東，西向立。四方館引陪耕耆老詣觀耕壇下，北向立，先兩拜訖，直身立。初引耆老，禮直官引樞密升觀耕壇卯階，詣壇上午階上之東，西向立；次引樞密都承旨詣壇下耆老之前，北向立。禮直官引樞密詣御座前，北向，躬承旨，退，詣午階上之東，西向立，宣旨〔九〕，訖，退，復位。樞密都承旨躬

〔一〕復：原作「伏」，據《中興禮書》卷一三八改。
〔二〕褥：原作「耨」，據《中興禮書》卷一三八改。
〔三〕耤：原脱，據《中興禮書》卷一三八補。
〔四〕行：原脱，據《補編》頁一五五補。
〔五〕受：原作「授」，據《中興禮書》卷一三八改。
〔六〕授：原作「受」，據《中興禮書》卷一三八改。
〔七〕引：原脱，據《補編》頁一五五補。
〔八〕受：原作「授」，據《中興禮書》卷一三八改。
〔九〕旨：原作「制」，據《補編》頁一五五改。

承訖，直身立，轉身西向立〔一〕。四方館使揖耆老〔二〕，躬身〔三〕。樞密都承旨傳旨宣勞〔四〕，訖，耆老再拜，訖，樞密都承旨、耆老皆退，復位。有司進輦於午階之下，北向。皇帝降座，登歌樂作；至壇下，升輦，樂止，宮架樂作。至思文殿後閤，簾降，樂止。侍中奏「解嚴」，侍耕群官等皆退，奉青箱官以青箱授耤田令〔五〕，耤田令以青箱授司農卿〔六〕，司農卿奉青箱穜稑之種詣耕所播之〔七〕，訖。次司農少卿帥太社令檢校終千畝。次司農卿省功訖，詣思文殿〔八〕，北向，俛伏，跪奏：「司農卿臣某言，省功畢。」奏訖，俛伏，興，退。所司放仗，以俟皇帝常服還内，侍衛如來儀。（以上《永樂大典》卷一一八五四）

〔一〕立：原脱，據《補編》頁一五五補。
〔二〕四方館使揖耆老：原作「四方官引耆老」，據《補編》頁一五五改補。
〔三〕身：原作「承」，據《中興禮書》卷一三八改。
〔四〕傳旨：原脱，據《中興禮書》卷一三八補。
〔五〕奉：原脱，據《中興禮書》卷一三八補。
〔六〕箱：原脱，據《中興禮書》卷一三八補。
〔七〕「卿」下原重「卿」字，據《中興禮書》卷一三八删。
〔八〕詣：原作「請」，據《中興禮書》卷一三八改。

宋會要輯稿　禮七

禘祭

【中興禮書】

❶紹興二十二年二月十九日，禮部狀：「准都省批下大理評事黄子淳劄子：『臣嘗考之經傳，以謂大禘者，禘其祖之所自出；大祫者，合祭也，蓋所以合飲食、辨昭穆、尊尊親親之義。今禘祫之禮，尚稽講求。欲望明詔有司，參訂❷舊典，以時舉行。』後批送禮部看詳，尋（行太常寺看詳）行下太常寺看詳。本寺申：檢照《政和會要》及郊廟奉祀禮文，自熙寧八年以前，依禮例，三年一祫，五年一禘。自元豐五年二月十八日，詔罷禘享，自後别無復舉禘享之文。至今每三年舉行祫享，依禮經，於室外序昭穆，設幄行禮。尋將郊廟奉祀禮文檢照，備載熙寧祀儀、禘祫享太廟神圖，二祭所設昭穆序位一同。今來本官所乞舉行禘享之禮，合依元豐五年已降詔旨施行。」後批送禮部，依看詳到事理施行。元豐五年二月十八日，詳定編修諸司勅式所以祫享修爲大禮式。神宗因論廟祭，以爲禘者本以審禘祖之所自出，故禮不王不禘。蓋王者竭四海之有以奉神明，大可以及遠，故於祖禰之外又及其遠祖；猶以爲未足也，推而上之，及其祖之所自出。自秦漢以後，譜牒不明，莫知其祖之所自出，其禘禮固可廢也〔一〕。宰臣蔡確曰〔二〕：「諸儒議論紛紜，莫知禘之本意，聖訓發明，非臣等所及也。」（以上《永樂大典》卷一一八五四）

帝后祔廟

欽宗恭文順德仁孝皇帝祔廟

【中興禮書】

❸紹興三十一年十一月十八日，權禮部侍郎黄中等言：「恭惟太祖造邦，始立宗廟，追尊僖、順、翼、宣四祖。厥後太祖、太宗、真宗、仁宗升祔，而七世之廟乃備。蓋太祖、太宗以兄弟相及，同爲一世，故在英宗朝，太廟八室，其實七世。在神宗朝，尊僖廟爲始祖，乃遷順祖而祔英宗，在哲宗朝又遷翼祖而祔神宗〔三〕，皆爲七世而八室也。徽考嗣位，將祔哲宗，而宣祖當遷，於是倣唐之制，創爲九廟，翼祖已遷而復故，宣祖當遷而不祧，僖、翼、宣祖爲三世，太祖、太宗爲一世，自真宗至哲宗爲五世，遂爲九世而十室也。往年徽考升祔，與哲宗同爲一世，故無迭遷之主，是爲九世而十一室也。兹者欽宗將祔，則翼祖當遷。蓋欽宗之於徽考，猶哲宗之於神宗，皆以父子相繼，别爲一世〔四〕。然則今日宗廟，自僖祖、宣祖、太祖、太宗至徽考、欽宗，是

〔一〕廢：原作「廟」，據《文獻通考》卷一〇一改。
〔二〕蔡：原作「恭」，據《文獻通考》卷一〇一改。
〔三〕朝：原作「廟」，據《中興禮書》卷二五二改。
〔四〕上句「相繼」及此句「别」，原作「徽考則」，據《中興禮書》卷二五二改。

亦九世而十一室也。竊謂當遵本朝已行典故，遷翼祖而祔欽宗。」詔依。

二十二日，黄中等言：「今來恭文順德仁孝皇帝祔廟，并日後太廟薦饗行禮，依儀，本室有酌獻之樂，其樂曲名係以原廟殿名爲樂曲之名〔一〕。今乞差官先撰原廟殿名，仍乞令學士院依殿名製撰樂曲，前期降付太常寺教習。」詔原廟殿名并樂曲，並令學士院製撰，餘依。是月二十五日，翰林學士何溥言：「恭擬景靈宫恭文順德仁孝皇帝御殿名，欲以端慶殿爲名。」詔恭依。

二十三日，禮部、太常寺言：「已降指揮，恭文順德仁孝皇帝祔廟，當遷翼祖而祔欽宗。所有翼祖室牌係是御書，今來遷神主於夾室〔二〕，其室牌乞於太廟奉安所册寶殿收奉。合用欽宗室牌一面，合依見今諸室例，係御書，青地金字。欲乞令修内司依様製造，進請御書。修製畢，權於本司安奉，以俟申請擇日迎奉安掛〔三〕。」詔依。

二十四日，禮部、太常寺言：「將來迎重、埋重、立虞至神主祔廟，合差禮儀使一員，依禮例，係差宰臣。并合差都大主管官一員，係差近上内侍。乞降勑差官施行。」詔依。

十二月三日，權禮部侍郎黄中等言：「禮部、太常寺已得指揮，爲恭文順德仁孝皇帝迎重立虞〔四〕，行九虞卒哭祔廟之禮，已選用十二月二十六日祔廟。今來竊恐車駕旦夕進發，與行禮日辰相妨。昨來徽宗皇帝於紹興七年正月聞訃，當年五月内，禮官請先行虞祔，時以俟迎奉梓宫未還，至十二月内方始行禮，係在小祥之前。所有今來恭文順德仁孝皇帝祔廟，乞敷奏依上件典故〔五〕，於來年正月以後擇日。」詔依。

三十二年正月二十一日，詔：「比者視師江上，虜騎遁去，兩淮無警，已委重臣統護諸軍，一面經畫進討。今暫還臨安，奉恭文順德仁孝皇帝祔廟之禮。」

二月二十六日，禮部、太常寺言：「今來祔廟，已降指揮於正月以後擇日。據太史局申，祔廟日宜用閏二月十 4 一日戊寅吉，時宜用其日坤時吉。」詔依。

同日，禮部、太常寺言：「將來祔廟，依禮例，合前二日奏告天地、祖宗、社稷、宫觀。今具合申請排辦事件下項：一、合用御封降真香二十九合，祝文一十六首，青詞二首，并述以恭文順德仁孝皇帝祔廟前二日奏告之意。蒼幣五，黄幣一，皂幣二，青幣一十，白幣一十一。一、合用神位版及鋪設學生，并逐處合差光禄卿、奉禮郎等官，及合用酒脯、禮料〔六〕、蠟燭、粇盆、拜席褥等，乞從太常寺申吏部差官，牒報臨安府排辦〔七〕。」詔依。

同日，太常寺言：「今來祔廟，前二日奏告昊天上帝、

〔一〕廟：原作「朝」，據《中興禮書》卷二五二改。
〔二〕遷神主：原作「神祖」，據《中興禮書》卷二五二補改。
〔三〕掛：原作「卦」，據《中興禮書》卷二五二改。
〔四〕迎：原作「近」，據《中興禮書》卷二五二改。
〔五〕件典：原作「典典」，據《中興禮書》卷二五二改。
〔六〕料：原作「科」，據《中興禮書》卷二五二改。
〔七〕排辦：原脱，據《中興禮書》卷二五二補。

皇地祇、太廟、別廟、太社、太稷、天慶觀聖祖天尊大帝、報恩光孝觀、三清太一宮、五福、十神、太一，各合差奏告官一員，並乞差兩省侍從官，内宗廟差南班宗室正任以上充。並請降勑差官。」詔依。

同日，禮部、太常寺言：「今參酌到祔廟合行申請事件：一、今來欽宗室牌一面，契勘迎牌依禮例合用樂、儀仗㈠。今來緣未開樂，欲乞於迎奉虞主日，用儀鸞司絞縛綵結殿子，計會修内司降出。升綵結殿子，就用細仗，於虞主腰輿前一就迎奉赴太廟，設幄權行安奉，俟神主祔廟行禮時㈡，令修内司差人安(卦)〔掛〕。所有權安奉御書牌、幄次，亦乞令儀鸞司計會排辦。一、將來神主祔廟，文武百僚陪位。前一日，宰執齋于都堂，百官齋于本司，無本司官齋于貢院，員僚齋于本營廳事。及致齋日，治事如故，唯不判書刑殺文書。所有合用幕次等㈢，並乞下臨安府同儀鸞司釘設排辦。一、將來神主祔廟，其行事、執事官並十日受誓戒於尚書省。一、合用禮料酒齊等㈣，並乞令太常寺依例牒報臨安府排辦。一、將來神主祔廟，依故事，文武百僚服吉服陪位立班。其立班官欲乞下御史臺、閤門申請施行。一、契勘昨顯仁皇后祔廟，依禮例合設登歌、宮架、樂舞。所有今來恭文順德仁孝皇帝神主祔廟，欲乞依上件禮例施行。一、將來神主祔廟，合用祝文一十二首，太廟一十一首，別廟一首，並述以恭文順德仁孝皇帝祔廟之意。白幣一十二段。正羊、豕各一十二口，副羊、豕各四口，令臨安府收買赴牛羊司。一、將來神主祔廟，如常饗儀行禮外，所有祔謁并祔饗儀注，乞從太常寺修定，關報所屬施行。及合差三獻至太官令，並乞令太常寺具窠目申請降勑差官。其合差薦香燈官、捧俎官、宮闈令，乞依常饗例申吏部，及關入内内侍省差。一、將來浴神主合用檀、沉、箋、茆香末各一兩，并用柴五十斤，乞從太常寺依例報臨安府供納。一、將來神主祔廟，先行祔謁祖宗之禮，合用黄羅拜褥一，乞下工部指揮文思院製造，赴太常寺送納，候用畢，太廟册寶殿收掌。一、合差定時尅擇官一名，乞下太史局差。」詔依。

同日，禮部、太常寺 5 言：「今來恭文順德仁孝皇帝祔廟(奏)〔奉〕辭虞主，今參酌合行申請事件下項：一、奉辭虞主合於和寧門外西設御幄，並合用露屋，乞下儀鸞司絞縛釘設排辦㈤。其合用香案、香爐、匙合等，乞下祔廟都大主管所行下諸司排辦。一、所有今來恭文順德仁孝皇帝神主祔廟，欲乞依故事，令行在應南班宗室趍赴，俟皇帝行奉辭虞主禮畢還内，自和寧門外騎導至太廟欞星門外下馬，步導至權安奉幄次訖，權退，以俟陪位立班。一、迎奉虞主詣太廟及神主祔廟，依禮例，合用本殿儀衛及執打從

㈠仗：原作「伏」，據《中興禮書》卷二五二改。
㈡「時」下原有「前」字，據《中興禮書》卷二五二刪。
㈢用：原作「幕」，據《中興禮書》卷二五二改。
㈣料：原作「科」，據《中興禮書》卷二五二改。
㈤縛：原作「續」，據《中興禮書》卷二五二改。

物等導引赴太廟。今欲乞令都大主管所就用見今几筵殿奉迎虞主從物等，至日導引赴太廟。一、檢會昨顯仁皇后神主祔廟，緣儀仗未備，止用細仗二百人，令兵部依例差撥；其鼓吹，令太常寺比附儀仗人數差撥導引〔一〕。所有今來恭文順德仁孝皇帝祔廟，欲乞比附昨顯仁皇后儀仗〔二〕、鼓吹人數，令所屬條具差撥，導引至太廟行祔廟之禮。一、神主祔廟，依禮例合差威儀僧、道各一百人，并差儀衛輦官、親從官執打從物、繖扇等。其僧、道乞下臨安府差撥，儀衛輦官、親從官並乞令都大主管所指揮所屬量人數差。一、神主祔廟，依禮例，其謚册寶於虞主前陳列至太廟，〔乞〕令禮部量人數差撥職掌〔三〕、援衛照管詣太廟，俟祔廟畢，交割付太廟奉安所收管。一、祔廟日，於虞主前奏請神靈上神主訖，其虞主依故事合於太廟本室殿後瘞埋。今來太祖係行在奉安，兼昨徽宗皇帝虞主見在本廟册寶殿權行收奉，所有今來恭文順德仁孝皇帝虞主，今欲乞依上件禮例，於本廟册寶殿權行收奉，俟將來迎奉太廟回京日，依故事施行。一、神主祔廟，其太廟南神門外稍西，東向，合設權安奉虞主、神主幄次。乞下儀鸞司同臨安府預先計會，釘設排辦。一、題神主訖，合用漆匠一名，并所用漆，乞下文思院預先差辦。一、將來奉辭虞主並神主祔廟，合差宮闈令及合差內常侍、內謁者，并扶侍、夾侍、捧腰輿內侍，乞令入內內侍省差官。」詔依。

同日，太常寺言：「今來祔廟、饗太廟、別廟，合差泣誓刑部尚書一員，止趁赴受誓戒，並不致齋，亦不行事。監察御史、兵部尚書、工部尚書、押樂太常卿、光禄卿、押樂太常丞、光禄丞、奉禮郎、登歌協律郎、宮架協律郎、太祝、太官令各一員，乞降勑差官。」詔依。

二十七日，禮部、太常寺言：「今來祔廟，合差題神主官一員，依禮例係差翰林學士，乞降勑差官〔四〕。」詔依。

同日，太常寺言：「今來神主祔廟，享太廟〔五〕、別廟行禮，數內合差初獻、亞獻、終獻各一員，乞降勑差南班宗室正任以上充。」詔依。

同日，禮部、太常寺言：「今具到祔廟合行申請事件：一、依已降指揮，埋重並祔廟日，百僚奉慰，並改作次日詣文德 6 殿門外進名奉慰，次進名奉慰皇后。一、勘會祔廟已用閏二月十一日行禮，行事、執事官並合前十日五更受誓戒，係於閏二月一日五更並赴尚書省受誓戒。緣當日係太常卿以下行第三虞祭，竊慮虞祭官內有合趁赴祔廟受誓戒官〔六〕，欲乞二月三十日並赴本司致齋，閏二月一日五更受誓戒訖，徑赴第三虞祭行事。」詔依。

〔一〕附：原作「祔」，據《中興禮書》卷二五二改。
〔二〕附：原作「祔」，據《中興禮書》卷二五二改。
〔三〕掌：原作「常」，據《中興禮書》卷二五二改。
〔四〕降：原脱，據《中興禮書》卷二五二補。
〔五〕「享」上原有「降」字，據《中興禮書》卷二五二删。
〔六〕祔：原脱，據《中興禮書》卷二五二補。

同日，禮部、太常寺言：「將來赴廟迎重、埋重、立虞至神主祔廟，合差禮儀使一員，已降指揮差尚書左僕射陳康伯。緣見在朝假，所有二月二十九日迎重、埋重、立虞並迎奉虞主赴几筵殿職事竊慮相妨，欲乞以次宰臣時暫行事。」詔依。

二十八日，御史臺、閤門言：「今來神主祔廟，所有文臣乞用應釐務不釐務通直郎已上，及行在見任寺監主簿（丞）〔承〕務郎已上職事官〔一〕；武臣欲乞用保義郎已上並三衙員僚已上。並服常服吉帶，趁赴陪位立班。」詔依。

三十日，禮部、太常寺言：「祔廟依國朝故事，饗太廟、別廟，逐室酌獻，並合用登歌、宮架、樂舞，并合用太常鼓吹、左右金吾仗，自大内振作，導引神主至太廟行祔廟之禮。今准指揮，恭文順德仁孝皇帝祔廟，應合行事並依徽考典故。契勘昨紹興七年徽宗皇帝祔廟，其樂舞、儀仗、鼓吹并未曾置備舉行。緣見今常祀，薦饗太廟、別廟，係用樂舞。昨顯仁皇后祔廟已曾用上件樂舞、儀仗、鼓吹。所有今來恭文順德仁孝皇帝祔廟合用樂舞、儀仗、鼓吹，欲乞依已申請到指揮施行。」詔依。

鼓吹《導引》樂曲，道宮：「鼎湖龍遠，九祭畢嘉觴，遥望白雲鄉。簫笳凄咽離天闕，千仗儼成行。聖神昭穆盛重光，寶室萬年藏。皇心追慕思無極，孝饗奉蒸嘗。」

皇帝行寧神並奉辭虞主儀

其日，儀仗、鼓吹、威儀僧道、儀衛等於和寧門外排立定，禮直官、太常博士引太常卿於几筵殿内幄前立定。皇帝自内服見服履袍至几筵殿，歸御幄，簾降。禮直官、太常博士引太常卿當幄前俛伏，跪奏稱：「太常卿臣某言，請皇帝行寧神奉辭之禮〔二〕。」奏訖，俛伏，興，退，復位，簾捲。前導官導皇帝出幄，詣几筵殿下褥位，西向立。俟内侍啓匱于後〔三〕，以巾覆虞主訖，奏「請拜」，皇帝再拜。訖，前導官導皇帝升殿，詣恭文順德仁孝皇帝虞主香案前，又奏「請皇帝上香，再上香，三上香」，又奏「請拜」，皇帝再拜。訖，前導官導皇帝詣几筵殿門内，入御幄，簾降。禮直官、太常博士引太常卿於幄前立定，次輦官擎腰輿詣几筵殿下置定，禮直官引内謁者詣虞主前俛伏，跪奏稱：「内謁者臣某言，請恭文順德仁孝皇帝虞主降座升輿進行〔四〕。」奏訖，俛伏，興，退。内侍啓巾〔五〕，以匱覆虞主訖，捧升腰輿，扶侍、夾侍捧腰輿詣殿下，次輦官擎腰輿進行。俟几筵殿門簾捲，前導官導皇帝導虞主進行。至和寧門外，前導官導皇帝詣褥位，西向立。内謁者 7 詣虞主前俛伏，跪奏：「内謁者臣某言，請虞主少駐。」奏訖，俛伏，興，退。輦官置虞主腰輿定，扶侍、夾侍、輦官已下權退。俟有司陳香案等畢

〔一〕主：原作「生」，據《中興禮書》卷二五二改。
〔二〕奉：原作「奏」，據《中興禮書》卷二五二改。
〔三〕啓：原作「奉」，據《中興禮書》卷二五二改。
〔四〕請：原作「詣」，據《中興禮書》卷二五二改。
〔五〕啓：原作「奉」，據《中興禮書》卷二五二改。

備，前導官導皇帝詣虞主香案前，南向，奏「請拜」，皇帝再拜。訖，又奏「請皇帝上香，再上香，三上香」，又奏「請拜」，皇帝再拜。訖，前導官導皇帝歸御幄，簾降。次有司捧擎虞主腰輿進行，禮儀使後從。次禮直官、太常博士引太常卿當幄前俛伏，跪奏稱：「太常卿臣某言，禮畢。」奏訖，俛伏，興，退。皇帝乘輦還内，如常儀。

祔廟儀

齋戒。前饗十日受誓戒於尚書省，並如常饗受誓之儀。祔饗前一日，其日祔饗並別廟行事、執事官並服吉服赴太廟齋坊幕次。行事、執事官詣初獻廳下，對揖訖，升廳，收笏就坐。點茶畢，請執笏立，俟太祝習讀祝文訖，收笏就坐。點湯畢，禮直官、贊者分引行事、執事官詣東神門外省牲位立定〔一〕。禮直官贊揖訖，次引押樂太常卿入行樂架。次引監察御史升殿，詣諸室前，北向視滌濯。執事者皆舉冪曰「潔」，降，復位。禮直官曰「告潔畢，請省牲」，次引太祝、光禄丞巡牲，告「充」、「腯」如常儀〔二〕。訖，退，復位。禮直官曰「省牲畢，請詣省饌位」，揖訖，禮直官、贊者分引行事、執事官詣省饌位立定。禮直官贊揖訖，所司省饌。俱畢，禮直官贊揖訖，退。次引監察御史詣厨省鼎鑊，視滌溉，訖，退。協律郎展視樂器。俱還齋所。晡後，太官令率宰人以鸞刀割牲，祝史以槃取毛血，各置於饌所，遂烹牲。宮闈令帥其屬掃除廟之内外訖，還齋所。初，點饌畢，太廟奉安所捧神主腰輿詣廟南神門外幄次，並設浴斛、案、巾、香、筆、墨、硯等於幄内。

晨祼。祔廟饗日，行事官内合赴迎奉者（守）〔自〕太廟門出，赴和寧門外，俟再拜訖，前導虞主詣太廟櫺星門外下馬，步導禮儀使、都大主管官後從。虞主至南神門外幄次權安奉訖，禮儀使、都大主管官、前導官退歸幕次。僧、道先退，禁衛更互排立。祠祭官引宮闈令詣殿下再拜訖〔三〕，開室，整拂神幄。次引薦香燈官入詣殿下，北向再拜訖，升殿，詣諸室立定。有司前期設祭器，實之，皆如春饗之儀。太官令監視，訖，退。次引光禄卿詣殿下褥位，再拜訖，升殿點閲，訖。次引監察御史升殿按視。訖，俱退還齋所，並服祭服。祔饗時將至，禮直官引禮儀使詣神主幄前〔四〕，稍南，北向立。次禮直官引都大主管官詣禮儀使之後，稍東，北向立。次引内常侍入幄，搢笏，捧欽宗恭文順德仁孝皇帝神主詣浴斛，跪浴，拭訖，置於案，執笏，興，退。次引題神主官詣幄前盥洗位，西向，搢笏，盥手，帨手訖，執笏，入幄，詣欽宗恭文順德仁孝皇帝神主案前，搢笏，跪題神主，訖，執笏，興，退，有司漆之。次引内常侍詣神主案前，搢笏，捧神主置于腰輿，以白羅巾覆之，執笏，退。次引扶侍、

〔一〕「詣」原作「謁」，「神」字原脱，「牲」原作「申」，據《中興禮書》卷二五二改補。
〔二〕腯：原作「脂」，據《中興禮書》卷二五二改。
〔三〕詣：原作「諸」，據《中興禮書》卷二五二改。
〔四〕使：原作「時」，據《中興禮書》卷二五二改。

夾侍官、捧腰輿官捧神主腰輿次於虞主腰輿，8訖。次引禮儀使詣虞主前，俛伏，跪奏稱：「禮儀使具官臣某言，請欽宗恭文順德仁孝皇帝神靈上神主。」奏訖，俛伏，興，退，復位立。次太廟奉安所捧遷虞主詣本廟册寶殿權安奉。次御史臺、閤門、太常寺分引宰執、使相、文武百僚入詣殿庭，分東西相向立，北上。禮直官、贊者分引祔饗行事官詣東神門外揖位立，禮直官贊揖。次引太常卿、丞、協律郎，次引監察御史、奉禮郎、太祝、太官令入就殿下席位，北向立。次引初獻、兵部、工部尚書、亞、終獻入就殿下席位，西向立。祠祭官於殿上贊「奉神主」，次引薦香燈官入室，搢笏，奉帝主，啓匱於後〔一〕，以白羅巾覆之。執笏，退復執事位。次引宮闈令搢笏〔二〕，奉后主如上儀，以青羅巾覆之。執笏，退復執事位。祠祭官於殿上贊「奉神主訖」。俟太史局報時及，禮直官引内謁者詣神主幄前〔三〕，西向，俛伏，跪奏稱：「内謁者臣某言，請欽宗恭文順德仁孝皇帝神主進行。」奏訖，俛伏，興。次詣神主腰輿前，徹巾，奉神主入匱，訖。次贊引扶侍、夾侍、捧腰輿内侍詣幄，捧腰輿進行。内謁者前導〔四〕，禮直官引禮儀使、都大主管官後從。入南神正門，詣泰階下，北向，禁衛退。御史臺、閤門、太常寺分引宰執、使相、文武百僚合班，北向立定。次内謁者詣殿下褥位，南向，俛伏，跪奏稱：「内謁者臣某言，請欽宗恭文順德仁孝皇帝神主少駐。」俛伏，興，少退立。禮直官引都大主管官先退。次禮直官引禮儀使升自泰階，詣殿上當中褥位，北向，俛伏，跪奏稱：「禮儀使具官臣某言，〔請〕欽宗恭文順德仁孝皇帝神主祔謁。」奏訖，俛伏，興，退復本班位。次引宮闈令詣殿下神主腰輿前，搢笏，捧神主升自泰階，詣殿上當中褥位，北向，啓匱〔五〕，權奉神主于座，以白羅巾覆之。其匱設於座後。捧腰輿内侍並扶侍、夾侍官並退。宮闈令執笏，興，少立。俟祔謁訖，宮闈令搢笏，跪奉欽宗恭文順德仁孝皇帝神主入匱〔六〕，興，詣欽宗室，啓匱〔七〕，奉神主于座，以白羅巾覆之。其匱設于座後。宮闈令執笏退，復執事位。禮直官贊「有司謹具，請行事」，贊者曰「再拜」，在位官皆再拜訖。次引押樂太常卿、丞、協律郎詣樂架立定。次引監察御史、奉禮郎、太祝、太官令各升殿，就位立定。次禮直官引初獻詣盥洗位，北向立，搢笏，盥手，帨手，執笏，詣爵洗位，北向立，搢笏，洗瓚，拭瓚訖，以瓚授執事者〔八〕，執笏，升殿，詣僖祖室尊彝所，西向立。執事者以瓚授初獻，初獻搢笏，跪，執瓚。執彝者舉冪，太官令搢笏，跪，酌鷄彝之鬱鬯。訖，執笏，興，先詣宣祖室尊彝所，北向立。初獻以瓚授

〔一〕啓：原脱，據本書禮三〇之四二補。
〔二〕宮：原作「官」，據《中興禮書》卷二五二改。
〔三〕神主：原作「神神」，據本書禮三〇之四三改。
〔四〕謁：原作「詣」，據《中興禮書》卷二五二改。
〔五〕啓：原作「於」，據《中興禮書》卷二五二改。
〔六〕帝：原作「後」，據《中興禮書》卷二五二改。
〔七〕啓：原作「於」，據《中興禮書》卷二五二改。
〔八〕授：原作「受」，據《中興禮書》卷二五二改。

執事者，執笏，興，入詣僖祖室，北向立，搢笏，跪。次奉禮郎搢笏，西向跪，執事者以瓚授奉禮郎，奉禮郎奉瓚授初獻。初獻執瓚〔一〕，以鬯祼地，奠瓚。次執事者以幣授奉禮郎，奉禮郎奉幣以授初獻，訖，執笏，興，先詣宣祖室前，西向立。初獻受幣，奠訖，執9笏，俛伏，興，出户外，再拜訖。次詣宣祖室，次詣太祖室，次詣太宗室，次詣真宗室，次詣仁宗室，次詣英宗室，次詣神宗室，次詣哲宗室，次詣徽宗室，次詣欽宗室，次降階詣别廟懿節皇后室，祼鬯、奠幣並如上儀。訖，俱復位。宮架作《興安之樂》、《孝熙昭德之舞》，九成，止。既晨祼，薦香燈官取毛血奠於神座前，太官令取肝，以鸞刀制之，洗於鬱鬯，貫之以膋，燎于爐炭。薦香燈官以肝膋詔於神座，又以墮祭、三祭于茅苴，退，復位。

饋食。饗日，有司設俎二十有四於神厨，各在鑊右〔二〕。進饌者詣厨，升羊於鑊，載于一俎。肩、臂、臑、肫、胳、正脊一，直脊一、横脊一，長脅一，短脅一，代脅一，皆二骨以並。其載于俎，肩、臂、臑在上端，肫、胳在下端，脊、脅在中。升豕如羊，載于一俎。豕熟十一體如羊。執事者入，設於饌幔内〔三〕。俟初獻既升晨祼，捧俎官及執事捧俎入，詣西階下，〔設〕於左右。次引兵部尚書、工部尚書詣西階下，各搢笏，奉俎升殿，宮架作《豐安之樂》。奉俎詣僖祖室，北向跪奠訖，先薦羊，次薦豕，執笏，俛伏，興。有司設於豆右腸胃膚之前，羊在左，豕在右。次詣諸室及别廟，奉俎並如上儀。别廟登歌作《肅安之樂》。俱降，復位，樂止。初奠俎訖，次引薦香燈官取蕭合黍、稷擩於脂，燎于爐炭。當饋熟之時，薦香燈官取菹擩於醢〔四〕，祭于豆間三。又取黍、稷、肺祭如初，俱藉以茅。退，復位。次引初獻再詣盥洗位，宮架《正安之樂》作〔五〕。初獻升降行止皆作《正安之樂》。北向立，搢笏，盥手，帨手，執笏，升殿，樂止，登歌樂作。詣僖祖室酌尊所，西向立，樂止，登歌《基命之樂》作。宣祖室《天元之樂》，太祖室《皇武之樂》，太宗室《大定之樂》，真宗室《熙文之樂》，仁宗室《美成之樂》，英宗室《治隆之樂》，神宗室《大明之樂》，哲宗室《重光之樂》，徽宗室《承元之樂》，欽宗室《端慶之樂》，别廟懿節皇后《歆安之樂》。執事者以爵授初獻，初獻搢笏，跪，執爵。執尊者舉冪，太官令搢笏，跪酌犧尊之醴齊，訖，先詣宣祖室酌尊所，北向立。初獻以爵授執事者，執笏，興，入詣僖祖室，北向立，搢笏，跪。〔執事者以爵授初獻，初獻〕執爵，三祭酒于茅苴，奠爵〔六〕，執笏，俛伏，興，出户外，少立。次太祝東向搢笏，跪讀祝文訖，執笏，興，先詣宣祖室，東向立。初獻再拜，次詣諸室行禮，並如上儀。太官令復詣僖祖室酌尊所，引太祝復位。初獻將降階，登歌樂作；降階，樂止，宮架樂作；復位，樂止。次引亞獻詣盥洗位，北向立，搢笏，盥手，帨手，執笏。詣爵洗位，北向立，搢笏，洗爵，拭

〔一〕初獻：原脱，據《中興禮書》卷二二五二補。
〔二〕鑊：原作「護」，據《中興禮書》卷二二五二改。
〔三〕幔：原作「饅」，據《中興禮書》卷二二五二改。
〔四〕菹：原作「俎」，據《中興禮書》卷二二五二改。
〔五〕宮：原作「官」，據《中興禮書》卷二二五二改。
〔六〕上句「苴」及此句「奠」，原作「俎尊」，據《中興禮書》卷二二五二改。

爵。訖〔一〕，以爵授執事者，執笏升殿，詣僖祖室酌尊所，西向立。宫架作《文安之樂》、《孝熙昭德之舞》。執事者以爵授亞獻〔二〕，亞獻搢笏，跪，執爵。執尊者舉冪，太官令搢笏，跪，酌象尊之盎齊。訖，執笏，興，先詣宣祖室酌尊所〔三〕，北向立。亞獻以爵授執事者，執笏，興，入詣僖祖室，北向立〔四〕，搢笏，跪。執事者以爵授亞獻，亞獻執爵，三祭酒于茅苴，**10** 奠爵〔五〕，執笏，俛伏，興，出户外，再拜，訖。次詣諸室行禮，並如上儀。訖，樂止，降，復位。文舞退，武舞進，宫架《正安之樂》作。舞者立定，樂止。次引終獻詣洗及升殿、行禮，並如亞獻之儀。唯宫架作《武安之樂》、《禮洽儲祥之舞》。降，復位。次引太祝徹籩豆，籩豆各一，俱少移故處。登歌《恭安之樂》作。卒徹，樂止。次引宫闈令束茅訖，俱復位。禮直官曰「賜胙」〔六〕，贊者承傳曰「賜胙」，再拜，在位官皆再拜。訖，送神，宫架《興安之樂》作，一成，止。祠祭官於殿上贊「奉神主入祏室」，次引薦香燈官搢笏，奉帝主入祏室，執笏，退，復位。次引宫闈令奉后主入祏室，並如上儀。訖，退，復位。祠祭官於殿上贊「奉神主入祏室訖」。次引初獻、兵部、工部尚書，亞獻、終獻詣殿下望瘞位立定。有司取幣帛、束茅，置於坎。次引監察御史、太常卿、丞、奉禮郎、協律郎、太祝就望瘞位。禮直官曰「可瘞」，寘土半坎，本廟宫闈令監視。次引初獻已下詣東神門外揖位立定，禮直官贊「禮畢」，揖訖，退。御史臺、閤門、太常寺分引文武百僚以次退。太官令帥其屬徹禮饌〔七〕，次引監察御史詣殿上監視收徹，訖，還齋所。宫闈令闔户訖，以降。太常藏祝版于匱。次光禄卿以胙奉進，監察御史就位展視，光禄卿望闕再拜，乃退。

顯仁皇后祔廟

【中興禮書】

紹興二十九年十月七日，禮部、太常寺言：「今參酌討論到，將來大行皇太后掩欑宫畢，神主祔廟，依故事，合用虞主一、神主一、大匱二、小匱二、腰輿二、汲水鐵絡桶二、索全。矮香案二、紫羅衣子全。白羅拭巾一、長八尺。筆硯墨二副、青羅巾二、各長八尺。行障二、紫羅衣全。襯藉神主虞主紫羅褥子二、浴斛二、（趺）〔趺〕座二、褥子全。直几二、衣子全。油絹帊二條、各三幅。罩匱紅羅夾帊二。乞令工部下文思院修製。」詔依。

十九日，禮部、太常寺言：「將來大行皇太后靈駕發引，至掩欑宫畢，虞主回，迎神主祔廟，先行祔謁之禮。今

〔一〕訖：原作「乾」，據本書禮三〇之四六改。
〔二〕授：原作「受」，據《中興禮書》卷二五二改。
〔三〕宣：原作「亞」，據《中興禮書》卷二五二改。
〔四〕詣僖祖室北向立：原作「尊爵執笏俛伏興」，據《中興禮書》卷二五二改。
〔五〕奠：原作「尊」，據《中興禮書》卷二五二改。
〔六〕禮：原脱，據《中興禮書》卷二五二補。
〔七〕帥：原作「師」，據《中興禮書》卷二五二改。

參酌下項：一、依禮經，大行皇太后合升祔於徽宗皇帝室顯肅皇后之次〔一〕。一、依禮例，祔廟日，先行祔謁太廟之禮。至日，俟題神主畢，合詣英宗室東壁，西向，祔祖姑之下。緣即今太廟殿室比之在京不同，難以於英宗室前設位，今參酌比附，欲權宜趲那於室外之東，依儀西向設幄，詣大行皇太后神主前行禮。」詔依。

十一月十一日，禮部、太常寺言：「將來掩攢宮畢，虞主回，俟虞祭畢，所有奉迎虞主并神主祔廟，欲乞令太史局於十二月上旬擇日。如係十二月初四日掩攢，即於中旬擇日。」詔依。二十三日〔二〕，太史局申：選到祔廟日宜用十二月十四日甲子，時宜用其日丁時吉。

十三日，禮部、太常寺言：「將來迎奉神主祔廟，依故事，參酌下項：一、奉迎虞主並神主祔廟〔三〕，依禮例，合差禮儀使一員，係差宰臣。一、【11】奉迎虞主並神主祔廟，依禮例，合差都大主管官一員，係差內侍省官充。」詔依。

十八日，禮部、太常寺言〔四〕：「將來迎奉神主祔廟，合行事件下項：一、依禮例，祔廟前二日，合奏告天地、宗廟、社稷、宮觀，所有合差奏告官奉禮郎等官，並合排辦事件，乞依自來奏告禮例申請，及關所屬差官排辦。一、祔廟日，依故事，前一日皇帝齋於內殿，有司不奏刑殺文書。是日，宰執齋于本廳，陪位百官齋于本司，其無本司官齋于貢院，員僚齋于本營廳事。及致齋日治事如故，唯不判書刑殺文書。一、神主祔廟日，乞依禮例，皇帝不視事。祔廟行禮畢，文武百僚詣文德殿進名奉慰，次進名慰皇后。仍乞祔廟日並次日，百司作休務假。一、乞依禮例，行事、執事官前十日受誓戒於尚書省，前三日致齋。其合用禮料〔五〕、酒齊等，乞令太常寺依例牒臨安府排辦。一、祔廟合行饗太廟、別廟禮，合差薦香燈、捧俎官〔六〕，係太常寺申吏部差官。一、奉迎虞主並神主祔廟，合差宮闈令及合差內常侍、內謁者，並扶侍、夾侍、捧腰輿內侍。乞令入內內侍省差官。一、祔廟欲乞依國朝故事，令行在應南班宗室趁赴騎導〔七〕，俟皇帝行奉辭虞主禮畢還內，自麗正門外騎導至太廟櫺星門外下馬〔八〕，步導至權安奉幄次訖，權退，以俟陪位立班。一、依故事，文武百僚服吉服陪位立班。乞下御史臺、閤門申請。一、乞依禮例設登歌、宮架、樂舞。所有合用樂舞樂章，令太常寺條具申請排辦。一、迎奉虞主詣太廟及神主祔廟，依禮例，合用本殿儀衛及執打從物等導引赴太廟。乞令都大主管所關借見今慈寧殿從物等，至日導引赴太廟，事畢送還本殿。一、依禮例，其謚册寶於虞主

〔一〕合：原作「令」，據《中興禮書》卷二七三改。
〔二〕十：原作「二」，據《中興禮書》卷二七三改。
〔三〕神：原作「禮」，據《中興禮書》卷二七三改。
〔四〕寺：原作「侍」，據《中興禮書》卷二七三改。
〔五〕料：原作「科」，據《中興禮書》卷二七三改。
〔六〕俎：原作「祖」，據《中興禮書》卷二七三改。
〔七〕令：原作「今」，據《中興禮書》卷二七三改。
〔八〕櫺：原作「樞」，據《中興禮書》卷二七三改。

前陳列至太廟。乞令禮部量人數差撥職掌、援衛照管詣太廟，俟祔廟畢，交割付太廟奉安所收管。一、合用祝文一十三首，諸室一十一首。並述以顯仁皇太后神主祔廟，先行祔謁之禮畢，升祔於徽宗皇帝室，詣顯肅皇后之次安奉之意。顯仁皇太后祝文一首，述以顯仁皇太后神主祔謁畢，升祔徽宗皇帝室，詣顯肅皇后之次安奉之意。懿節皇后祝文一首，述以顯仁皇太后神主祔謁[一]，升祔徽宗皇帝室之意。御封降真香，乞令太常寺具合用數請降。白幣一十三段。一、祔廟，其太廟南神門外稍西，東向，合設權安奉虞主、神主幄次。乞下儀鸞司同臨安府釘設排辦。一、題神主訖，合用漆匠一名，并所用漆，乞下文思院差撥。一、祔廟，依禮例合差威儀僧[二]、道各一百人，并合差儀衛輦官，親從官及合用執打從物、繖扇等，並乞令都大主管所指揮，行下臨安府并所屬量人差撥排辦。一、合用羊、豕各一十三口，並副羊、豕各四口。一、依國朝故事，用太常鼓吹、左右金吾 12 街仗[三]，自大内振作，導引至太廟。所有今來顯仁皇太后神主祔廟，欲乞依故事並近奉安禮例[四]，用細仗二百人，令兵部依例差撥。其鼓吹，乞令太常寺比附儀仗人數條具差撥。一、祔廟日，其別廟如常儀行禮外，所有祔謁並祔饗修立儀注，乞從太常寺修定，關報所屬。」詔依。

二十二日，禮部、太常寺言：「將來行虞祭畢，奉迎神主祔廟，行寧神禮訖，皇帝前導虞主，行奉辭之禮。今參酌條具到合行事件：一、行寧神禮並奉辭合用香案、香爐、匙合、上香炭火。乞令祔廟都大主管、諸司排辦合設御幄施簾，并黄羅拜褥，奏請紫褥。一、奉迎、奉辭虞主，合用御封降真香，並行禮日合差捲簾、侍香内侍。一、行寧神禮並奉辭虞主，合差前導太常卿一員、贊引太常卿[五]、太常博士一員，乞依例輪差本寺官。」詔依。

二十七日，禮部、太常寺言：「將來神主祔廟，行饗太廟、別廟禮，合差初獻、亞獻、終獻、涖誓刑部尚書、監察御史、兵部尚書、工部尚書、押樂太常卿、光禄卿、押樂太常丞、光禄丞、奉禮郎、登歌協律郎[六]、宮架協律郎、太祝、太官令各一員。内刑部尚書止赴受誓戒，即不合致齋行事。並乞朝廷降勑差官施行。」詔依。

二十八日，禮部、太常寺言：「將來神主祔廟，依故事用鼓吹、儀仗并登歌、宮架、樂舞，今條具下項：一、鼓吹詞章合用道宮導引一曲，欲乞令太常寺具腔譜申學士院修撰，降下本寺教習。一、今來現差發引祗應令丞職掌、府典史、引樂官、歌色、簫色、篳篥、笛色、大鼓、小鼓、金鉦等，欲乞就用上件人數教習祗應。一、合用樂舞、樂曲，用時饗樂舞、樂曲外，所有添撰顯仁皇太后神主祔廟樂章一曲，乞令

[一] 謁：原作「詣」，據《中興禮書》卷二七三改。
[二] 威：原作「衛」，據《中興禮書》卷二七三改。
[三] 街：原作「衙」，據《中興禮書》卷二七三改。
[四] 乞依：原作「依乞」，據《中興禮書》卷二七三改。
[五] 常：原作「言」，據《中興禮書》卷二七三改。
[六] 律：原作「禮」，據《中興禮書》卷二七三改。

學士院修撰，降下本寺運譜教習。一、合用節奏樂正、登歌、宮架、舞師，欲依時饗例。內樂正並登歌樂工並合前十日赴尚書省受誓戒。所有合用登歌、宮架大樂，就本寺見管數內揀選使用，欲於懷遠驛前期教習十日。」詔依。

十二月二日，禮部、太常寺言：「十二月十四日神主祔廟，合前二日奏告天地、宗廟、社稷、宮觀，合差奏告官，並合於十二月十一日絶早赴逐處致齋，至十二日行禮畢退。乞於侍從官內差官，內太廟於南班宗室內差官。」詔依。

四日，禮部、太常寺言：「十二月十四日神主祔廟，十二月十三日皇帝齋於內殿。欲乞是日皇帝不視事。」詔依。

八日，御史臺、閤門言：「迎奉神主祔廟日，文臣乞用應鼇務不鼇務通直郎已上，及行在見任寺監主簿承務郎已上職事官。武臣乞用保義郎已上并三衙員僚已上趁赴陪位立班。」詔依。

神主祔廟《導引》詞，道宮：「返虞長樂，猶是憶賓天，何事駕龍駢！簫笳儀衛辭宮闕，移仗入雲煙。於皇清廟敞華筵，昭穆謹承先。千秋長奉烝嘗孝，永饗中興年。」

皇帝行寧神禮并奉辭儀

13 其日，儀仗、鼓吹、威儀僧道、儀衛等於麗正門外排立定〔一〕，禮直官、太常博士引太常卿於幄前立定。皇帝自內服履袍，至慈寧殿歸御幄，簾降。禮直官、太常博士引太常卿當幄前俛伏，跪奏稱：「太常卿臣某言，請皇帝行寧神奉辭之禮。」奏訖，俛伏，興，退，復位，簾捲。前導官前導皇帝出幄，詣慈寧殿下褥位，西向立。俟內侍啓匱于後，以巾覆虞主訖，奏「請拜」，皇帝再拜。訖，前導官前導皇帝升殿，詣顯仁皇太后虞主香案前。奏「請上香，再上香，三上香」，又奏「請拜」，皇帝再拜。訖，前導官前導皇帝詣南宮門外御幄，簾降。禮直官、太常博士引太常卿於幄前立定。次輦官擎腰輿詣慈寧殿下置定。禮直官引內謁者詣虞主前俛伏，跪奏稱：「內謁者臣某言，請顯仁皇太后虞主降座，升輿進行。」奏訖，俛伏，興，退。內侍啓巾，以匱覆虞主訖，捧升腰輿，扶侍〔二〕、夾侍捧腰輿詣殿下，內侍捧虞主升腰輿安奉訖，輦官擎腰輿進行。俟虞主將至南宮門，簾捲，前導官前導皇帝導虞主進行。至麗正門外，前導官前導皇帝詣褥位，西向立。內謁者詣虞主前俛伏，跪奏：「內謁者臣某言，請虞主少駐。」奏訖，俛伏，興，退。輦官置虞主腰輿定，扶侍、夾侍、輦官已下權退。俟有司陳香案等畢，前導官前導皇帝詣虞主香案前，北向，奏「請拜」，皇帝再拜訖，又奏「請皇帝上香，再上香，三上香」，又奏「請拜」，皇帝再拜。訖，前導官前導皇帝歸御幄，簾降。禮直官、太常博士引太常卿當幄前俛伏，跪奏稱：「太常卿臣某言，禮畢。」

〔一〕排：原作「推」，據《中興禮書》卷二七三改。
〔二〕侍：原作「持」，據《中興禮書》卷二七三改。

奏訖，俛伏，興。前導官退，輦官擎虞主腰輿進行，禮儀使、都大主管官後從。皇帝乘輦還内，如常儀。

神主祔廟儀

齋戒。前饗十日，受誓戒於尚書省，並如常饗受誓戒之儀。祔饗前一日，其日省牲、點饌並與常饗儀同。點饌畢，太廟奉安所捧神主腰輿詣廟南神門外幄次，並設浴斛、案巾、香、筆、墨等於幄内。

晨祼。饗日，其日有司奉迎虞主詣太廟南神門外，禮儀使、都大主管官後從，至幄次權安奉訖，禮儀使、都大主管官權退歸幕次。僧道先退，儀仗、禁衛更互排立。祠祭官引宮闈令詣殿下再拜訖，開室，整拂神幄。次引薦香燈官入詣殿下，北向再拜訖，升殿詣諸室立定。有司實設禮料，太官令監視訖，退。次引光禄卿詣殿下褥位，再拜訖，升殿點閱，畢。次引監察御史升殿按視。訖，俱還齋所，並服祭服。祔饗時將至，禮直官引禮儀使詣神主幄前，稍南，北向立。次禮直官引都大主管官詣禮儀使之東，北向立，少却。次引内謁者入幄，搢笏，捧顯仁皇后神主詣浴斛，跪，浴，拭訖，置于案，執笏，興，退。次引題神主官詣幄前，西向盥洗位，搢笏，盥手，帨手。訖，執笏，入幄，詣顯仁皇后神主案前，搢笏，跪，題神主訖，執笏，興，退，有司漆之。次引内謁者詣神主 14 案前，搢笏，捧神主置於腰輿，以青羅巾覆之，執笏，退。次引扶侍、夾侍官、捧腰輿官捧神主腰輿次於虞主腰輿，訖。次引禮儀使詣虞主前，俛伏，跪奏稱：「禮儀使具官臣某言，請顯仁皇后神靈上神主。」奏訖，俛伏，興，退，復位。次太廟奉安所捧遷虞主詣本廟册寶殿權安奉。次御史臺、閤門、太常寺分引宰執、使相、文武百僚入詣殿庭，分東西相向立，北上。禮直官、贊者分引祔饗行事官詣東神門外揖位立定，禮直官贊「揖」，訖，俱入就位立定。祠祭官於殿上贊「奉神主」。次引薦香燈官入室，搢笏，奉帝主，啓匵於後，以白羅巾覆之。執笏，退歸執事位。次引宮闈令搢笏，奉后主如上儀，以青羅巾覆之。執笏，退歸執事位。祠祭官於殿上贊「奉神主訖」。俟太史局報時及，禮直官引内常侍詣顯仁皇后神主幄前，西向，跪奏稱：「攝内常侍臣某言，請顯仁皇后神主進行。」奏訖，俛伏，興。次詣神主腰輿前，取巾，以匵覆訖。次贊者引扶侍、夾侍、捧腰輿内侍詣幄，捧腰輿進行，内常侍前導，禮直官引禮儀使〔一〕、都大主管官後從。入南神正門，詣泰階下，北向，禁衛退。御史臺、閤門、太常寺分引宰執、使相、文武百僚合班北向立定〔二〕。次引内常侍詣殿下褥位，南向，俛伏，跪奏稱：「攝内常侍臣某言，請顯仁皇后神主少駐。」〔俛〕伏，興，少退立。禮直官引都大主管官先退。次禮直官引禮儀

〔一〕官：原作「郎」，據《中興禮書》卷二七三改。
〔二〕文：原作「引」，據《中興禮書》卷二七三改。

使升自泰階〔一〕，詣殿上當中褥位，北向俛伏，跪奏稱：「禮儀使具官臣某言，顯仁皇后神主附謁。」奏訖，俛伏，興，退歸本班。次引宮闈令詣殿下神主腰輿前，搢笏，捧神主升自泰階，詣殿上當中褥位，北向跪，權設於座訖，捧腰輿内侍捧腰輿，并扶侍、夾侍官退。宮闈令啓顯仁皇后神匱於後，以青羅巾覆之。宮闈令執笏，興，少立。俟祔謁訖，宮闈令再搢笏，跪，捧顯仁皇后神主，興，詣祔饗位，置于座。執事者捧神匱設於座後，宮闈令執笏，退歸執事位。禮直官贊：「有司謹具，請行事。」贊者曰「拜」，在位官皆再拜，訖。次引監察御史、奉禮郎、太祝、太官令升殿，各就位立定。次引押樂太常卿、丞、協律郎詣樂架立定。次引初獻詣盥洗位，北向立，搢笏，盥手，帨手，執笏；詣爵洗位，北向立，搢笏，洗瓚，拭瓚，訖，以瓚授執事者，執笏，升殿，詣僖祖室尊彝所，西向立。執事者以瓚授初獻，初獻搢笏，跪，執瓚。執彝者舉冪，太官令搢笏，跪，酌鬱鬯，訖，執笏，興，先詣翼祖室尊彝所，北向立。初獻以瓚授執事者。初獻執笏，興，入詣僖祖室，北向立，搢笏，跪。次奉禮郎搢笏，西向跪。執事者以瓚授奉禮郎，〔奉禮郎〕捧瓚授初獻，初獻執瓚，以鬯祼地，奠瓚。次執事者以幣授奉禮郎，奉禮郎奉幣以授初獻，訖，執笏，興，先詣翼祖室前，西向立。初獻受幣，奠訖，執笏，俛伏，興，出户外，再拜訖。次詣翼祖室、宣祖室、太祖室、太宗室〔二〕、真宗室〔三〕、仁宗室〔四〕、英宗室、顯仁皇
15 后祔謁神主位、神宗室、哲宗室、徽宗室。次降階，詣別廟懿節皇后神主前，祼鬯、奠幣，並如上儀。訖，俱復位。宮架《興安之樂》作〔五〕，《孝熙昭德之舞》，九成，止。既晨祼，薦香燈官取毛血奠於神座前，太官令取肝，以鸞刀制之，洗於鬱鬯，貫之以膋，燎於爐炭。薦香燈官以肝膋詔於神座，又以墮祭、三祭于茅苴，退，復位。顯仁皇后神主前太祝行事。

饋食。饗日，有司設俎二十六于神厨，各在鑊右。進饌者詣厨，於鑊實羊載于俎，肩、臂、臑、肫、胳、正脊一，直脊一，橫脊一，長脅一，短脅一，代脅一，皆二骨以並。豕載于俎。豕熟十一體，其載如羊。執事者入，設於饌幔内。俟初獻既升晨祼，捧俎官及執事者捧俎入，詣西階下，〔設〕於左右。次引兵部尚書、工部尚書詣西階下，各搢笏，奉俎升殿，詣僖祖室前。宮架作《豐安之樂》。北向跪奠訖，先薦羊，次薦豕，執笏，俛伏，興，有司設置于位前。次詣諸室及別廟，奉俎並如上儀。樂止，俱降，復位。初奠俎訖〔六〕，次引薦香燈官取蕭合黍稷，擩於脂，燎於爐炭。當饋熟之時，薦香燈官取菹擩於醢，祭于豆間三。又取黍、稷、肺祭如初，俱藉以茅。退，復位。次引初獻再詣盥洗位，《正安之樂》作。初獻升降行止皆作

〔一〕「次」下原有「引」字，據《中興禮書》卷二七三刪。
〔二〕太宗室：原脱，據《中興禮書》卷二七三補。
〔三〕真：原作「直」，據《中興禮書》卷二七三改。
〔四〕仁宗室：原重此三字，據《中興禮書》卷二七三刪。
〔五〕架：原作「駕」，據《中興禮書》卷二七三改。
〔六〕奠：原作「尊」，據《中興禮書》卷二七三改。

《正安之樂》。北向立，搢笏，盥手，帨手，執笏；詣爵洗位，北向立，搢笏，洗爵，拭爵。以爵授執事者，執笏，升殿，詣僖祖室酌尊所，西向，《基命之樂》作，翼祖室《大順之樂》，宣祖室《天元之樂》，太祖室《皇武之樂》，太宗室《大定之樂》，真宗室《熙文之樂》，仁宗室《美成之樂》，英宗室《治隆之樂》，顯仁皇后神主《承元之樂》，神宗室《大明之樂》，哲宗室《重光之樂》，徽宗室《承元之樂》，懿節皇后《歆安之樂》。搢笏，跪。執事者以爵授初獻〔一〕，初獻搢笏〔二〕，跪，執爵。執尊者舉冪，太官令搢笏，跪，酌酒訖，執笏，興，先詣翼祖室酌尊所，北向立。初獻以爵授執事者，執笏，興，入詣僖祖室，北向立，搢笏，跪。〔執事者以爵授初獻，初獻〕執爵，三祭酒于茅苴，奠爵，執笏，俛伏，興，出户外少立。次太祝東向執笏，跪讀祝文，訖，執笏，興，先詣翼祖室，東向立。初獻再拜訖，次詣諸室行禮，並如上儀。訖，俱復位立，樂止。次引亞獻詣盥洗位，北向立，搢笏，盥手，帨手，執笏；詣爵洗位，北向立，搢笏，洗爵，拭爵。訖，以爵授執事者，執笏，升殿，詣僖祖室酌尊所，西向立，《文安之樂》作。執事者以爵授亞獻，亞獻搢笏，跪，執爵。執尊者舉冪，太官令搢笏，跪，酌酒訖，執笏，興，先詣翼祖室酌尊所，北向立。亞獻以爵授執事者，執笏，興，入詣僖祖室，北向立，搢笏，跪。執事者以爵授亞獻，亞獻執爵，三祭酒于茅苴，奠爵〔三〕，執笏，俛伏，興。出户外，再拜訖，次詣諸室行禮，並如上儀。訖，樂止，降，復位。文舞退，武舞進，宮架《正安之樂》作。舞者立定，樂止。次引終獻詣洗，及升殿、作樂、行禮，並如亞獻之儀。降，復位。次引太祝徹籩豆，籩豆各一，俱少移故處。《恭安之樂》作。卒徹，樂止。次引宮 16 闈令束茅訖，俱復位。禮直官曰「賜胙」，贊者曰「賜胙」，再拜，在位官皆再拜訖，送神，《興安之樂》作，一成，止。祠祭官於殿上贊「奉神主入祏室」。次引宮闈令奉后主入祏室，並如上儀。訖，退，復位。初，贊奉神主入室，引内常侍詣顯仁皇后神主前，俛伏，跪奏稱：「攝内常侍臣某言，請顯仁皇后神主升祔於徽宗皇帝室，詣顯肅皇后之次安奉。」奏訖，俛伏，興。次宮闈令捧顯仁皇后神主詣徽宗皇帝室，入祏室，訖，退。次引都大主管官往來照管。祠祭官於殿上贊「奉神主入祏室訖」。次引初獻以下詣殿下望瘞位立定。有司取幣束茅置坎。禮直官曰「可瘞」，實土半坎，本廟宮闈令監視。次引初獻已下詣東神門外揖位立定，禮直官贊「禮畢」，揖訖，退。御史臺、閤門、太常寺分引文武百僚以次退。太官令帥其屬徹禮饌。次引監察御史詣殿上復位，監視收徹訖，還齋所。宮闈令闔户以降，乃退。太常藏祝版於夾室。次光禄卿以胙奉進，監察御史就位展視，光禄卿望闕再拜，乃退。

〔一〕爵：原脱，據《中興禮書》卷二一七三補。
〔二〕初：原脱，據《中興禮書》卷二一七三補。
〔三〕奠：原作「尊」，據《中興禮書》卷二一七三改。

懿節皇后祔廟

【中興禮書】

紹興十二年五月六日，權禮部侍郎施坰言：「勘會近討論大行皇后祔廟典禮〔一〕，依故事，釋服後至祔廟前，遇朔望不視事，百僚進名奉慰，至祔廟畢仍舊。契勘國朝園陵故事，發引、掩皇堂、埋重畢，立虞，行九虞祭畢，擇日神主祔廟。并檢照孝明皇后故事〔二〕，乾德元年十二月七日崩，次年三月二十八日發引，四月九日掩皇堂。章穆皇后故事〔三〕，景德四年四月十五日崩，六月八日發引，二十一日掩皇堂。各係兩月餘日。所有今來大行皇后祔廟，欲參酌二后之喪，於今年七月以後擇日埋重，立虞，行九虞祭畢，迎神主祔廟。庶幾有合禮經卒哭祔廟之意，非惟神靈早獲妥安，以饗祠奉，亦不至久妨朔望視事。兼比之孝明、章穆祔廟月日〔四〕，適爲得中，竊謂允當。」詔依。

六月十八日，權禮部侍郎施坰等言：「已降指揮，今來大行皇后祔廟合用日辰，尋關太史局選定，宜用七月六日丁酉，時宜用當日乙時，並吉。」詔依。

十九日，禮部、太常寺言：「今參酌條具到合行事件：一、契勘几筵殿收奉大行皇后謚册寶，俟將來神主祔廟，依禮例合於虞主前陳列至太廟。今欲乞令几筵殿官於祔廟前一日管押赴權安奉虞主處，至日，隨從至太廟交割收管。所有合差職掌、援衛，下禮部量人數差。一、祔廟日，於虞主前奏請神靈上神主訖，其虞主依故事合於本室後瘞埋。今來別廟係行在權行奉安，兼昨顯肅皇后虞主見在本廟權行收奉，今欲乞於本廟册寶殿權收奉，俟將來迎太廟、別廟回京日，依故事施行。一、今來祔饗太廟並別廟，行饗禮，依故事，行事官服祭服，陪位官服常服〔五〕。所 17 有合用幕次、什物等，乞下儀鸞司同臨安府排辦〔六〕。若至日雨降濕潤，其太廟行事官於東神門上，宰執、使相於南神門上立班〔七〕。所有別廟行事官於過廊上立班。及乞令御史臺、閤門相度申請。一、行事、執事官合前十日受誓戒於尚書省。內除三獻官依禮例申請降勑差官外，其餘行事、執事官乞依禮例申關所屬差官〔八〕。一、祔廟前二日，依禮例奏告天地、宗廟、社稷、宮觀。今欲乞依自來奏告禮例，關報所屬排辦施行。一、合用御封降真香，乞開具合用數報入內內侍省取降。一、合用祝文一十二首，並述以大行皇后神主祔廟之

〔一〕祔廟典禮：原無，據文意補。本書禮一五之一八：「太常寺言：『近討論大行皇后祔廟典禮。』」與此相類。
〔二〕孝：原作「考」，據《中興禮書》卷二七九改。
〔三〕章：原作「彰」，據《中興禮書》卷二七九改。
〔四〕章：原作「彰」，據《中興禮書》卷二七九改。
〔五〕「陪位官」原作「陪臣」，「常服」原作「常服服」，據《中興禮書》卷二七九删改。
〔六〕儀鸞：原倒，據《中興禮書》卷二七九乙。
〔七〕班：原作「辦」，據《中興禮書》卷二七九改。下句同。
〔八〕執：原作「報」，據《中興禮書》卷二七九改。

意。合用白幣一十二段。一、合用禮料並行事官等致齋幕次、什物，應合排辦事件，並乞依常饗禮例，牒報所屬排辦。」詔依。

二十一日，禮部、太常寺言：「今參酌條具到合行事件：一、今來神主祔廟日，依禮例，皇帝不視事。俟祔廟禮畢，文武百僚詣常御殿門外進名奉慰〔一〕，百司各作休務假一日。一、埋重、立虞主並神主祔廟，合差禮儀使一員，依禮例差宰臣；都大主管官一員，係差入內內侍省官；題神主官一員，係差翰林學士。並乞降敕差官。一、合修製虞主、神主，并(跌)〔趺〕座青羅巾並浴斛、題神主筆、墨、硯，及行障、沿室法物等，並行祔饗禮藉神主紫絹褥一箇，並乞下工部指揮文思院修製。內虞主計會太常寺權行收奉〔二〕，神主於太廟奉安所權行收奉，以俟祔廟書題。」詔依。

二十三日，禮部、太常寺言：「將來大行皇后神主祔廟日，先行祔謁太廟之禮。至日，俟題大行皇后神主畢，依禮合於神宗室東壁西向，祔祖姑之下。緣即今太廟殿室比之在京窄狹，委實難以於神宗室前設位。今參酌，欲權宜攢那於室之東夾室，稍南，西向，設大行皇后神主。所貴鋪設祭器，行禮並無妨礙。」詔依。

二十四日，禮部、太常寺言：「今參酌條具到合行事件：一、今來虞主回日，並神主祔廟日，依禮例，迎奉虞主升厭翟車，用儀仗導引。緣今來儀仗未備，依禮例，止用常日儀衛、執打從物等導引。所有厭翟車乞令都大主管官報所屬，關借昨已造大行皇后檐子充代，用輦官擎捧。一、合差威儀僧、道各一百人，下臨安府差。其儀衛、輦官、親從官，並合用執打從物、繖扇等，並令都大主管官指揮所屬，量人數差。內繖扇、從物等，關借見今几筵殿繖扇〔三〕、從物等供使。一、今來立虞主並神主、祔廟，合差扶侍、夾侍內謁者、內常侍等官，具合差員數報入內內侍省差。」詔依。

二十七日，禮部、太常寺言：「已降指揮，用七月六日大行皇后神主祔廟，依禮例，合前二日奏告天地，合差奏告官一員，乞降敕差宰執；宗廟合差奏告官一員，並乞降敕差南班宗室〔四〕；太社、太稷、天慶觀、報恩光孝觀各合差奏告官一員，並乞降 18 敕差侍從。」詔依。

七月一日，祔廟都大主管所言〔五〕：「契勘今來懿節皇后埋重、立虞及神主祔廟，稟差儀衛下項：迎重日合服本色服，係用皂或黃帶子；立虞並神主祔廟日，並合服吉服衣帶。其合用衣帶、骨朵等，令所屬排辦。儀衛六百一十八人，前引四十八人，殿前指揮使三十二人，快行親從一十六人，中道編排禁衛行子一十人。禁衛圍子三重：第一重崇政殿親從一百三十人，第二重御龍直長行人員一百四十

〔一〕「御」下原有「史」字，據《中興禮書》卷二七九刪。
〔二〕寺：原作「侍」，據《中興禮書》卷二七九改。
〔三〕見今几：原作「今几几」，據《中興禮書》卷二七九改。
〔四〕南班宗室：原作「侍從室」，據《中興禮書》卷二七九改補。
〔五〕「管」下原衍「官」字，據《中興禮書》卷二七九刪。

人，第三重親兵使臣人員一百五十人。內殿直散員、散指揮、散都頭、散祗候、金槍、銀槍、散直、鞏官一百六十四人，僧、道各一百人。」詔依。

五日，閤門言：「契勘今月六日懿節皇后虞主祔廟畢，所有七日依例合作歇泊假〔一〕。」詔依。

神主祔廟儀

祔饗前一日，其(祔)日祔饗並別廟行事、執事官並服常服，赴太廟奉安所齋坊幕次。俟行事、執事官齊足，詣初獻廳下對揖訖，升階，收笏就坐。點茶畢，請執笏立，俟太祝習讀祝文訖，收笏就坐。點湯畢，禮直官、贊者分引行事、執事官詣東神門外省牲位立定。禮直官贊揖訖，次引監察御史升殿，詣諸室前，北向視滌濯。執事者皆舉冪曰「潔」，降，復位。禮直官曰「告潔畢，請省牲」，次引太祝、光祿丞巡牲，訖，退，復位。禮直官曰「省牲畢，請詣省饌位」，揖訖，禮直官、贊者分引行事、執事官詣省饌位立定。禮直官贊揖訖，所司省饌。俱畢，禮直官贊「省饌畢」，揖訖，退。光祿(臣)〔丞〕、太祝以次牽牲詣厨授太官令。次引監察御史詣厨省鼎鑊，視濯溉〔二〕訖，退還齋所。晡後，太官令帥宰人以鸞刀割牲，祝史以槃取毛血，各置於饌所，遂烹牲。晡後，宮闈令帥其屬掃除廟之內外訖，還齋所。

晨祼。饗日，有司奉迎虞主詣太廟南神門外，禮儀使、都大主管官後從，至幄次，權安奉訖，禮儀使、都大主管官權退歸幕次。僧道先退，禁衛更互排立。宮闈令詣殿下再拜訖，開室整拂神幄。有司實設禮料，太官令監視訖，退。次引光祿卿詣殿下褥位，再拜訖，升殿點閱畢，次引監察御史升殿按視。訖，俱還齋所，並服祭服。祔饗時將至，禮直官引禮儀使詣神主幄前稍南，北向立。次禮直官引都大主管官詣禮儀使之東，北向立，少却。次引內謁者入幄，搢笏，捧懿節皇后神主詣浴斛，跪浴，拭訖，置于案，執笏，興，退。次引題神主官詣幄前盥洗位，西向，搢笏，盥手，帨手訖，執笏入幄，詣懿節皇后神主案前，搢笏，跪，題神主訖，執笏，興，退，有司漆之。次引內謁者詣神主案前，搢笏，捧神主置於腰輿，以青羅巾覆之，執笏，退。次引扶侍、夾侍官、捧腰輿官捧神主腰輿〔三〕，次於虞主腰輿，訖。次引禮儀使詣虞主前，俛伏，跪奏稱：「禮儀使具官臣某言，請懿節皇后神靈上神主。」奏訖，俛伏，興，退，復位立。俟題神主將畢，先引薦香燈 19 官入詣殿下，北向再拜訖，升殿。次御史臺〔四〕、閤門、太常寺分引宰執、使相、百僚入詣殿庭，分東西相向立，北上。禮直官、贊者分引祔饗行事官詣東神門外揖位立定，禮直官贊揖訖，俱入就位立定。祠祭官於殿上贊「奉神主」。次引薦香燈官入室，搢笏，奉帝主，

〔一〕依：原作「作」，據《中興禮書》卷二七九改。
〔二〕溉：原作「既」，據《中興禮書》卷二七九改。
〔三〕神主：原作「腰輿」，據《中興禮書》卷二七九改。
〔四〕臺：原作「閣」，據《中興禮書》卷二七九改。

啓匱於後〔一〕，以白羅巾覆之。執笏，退歸執事位。次引宮闈令奉后主如上儀。以青羅巾覆之。執笏，退歸執事位。祠祭官於殿上贊「奉神主訖」。太史局報時及，禮直官引内常侍詣懿節皇后神主幄前，西向俛伏，跪奏稱：「攝内常侍臣某言，請懿節皇后神主進行。」奏訖，俛伏，興。次詣神主腰輿前，取巾，以匱覆訖。次贊者引扶侍、夾侍、捧腰輿内侍詣幄，捧腰輿進行。内常侍前導，禮直官引禮儀使、都大主管官後從。入南神正門，詣泰階下，北向，禁衛退。御史臺、閤門、太常寺分引宰執、使相、文武百僚合班，北向立定。次引内常侍詣殿下褥位〔二〕，東向俛伏，跪奏稱：「攝内常侍臣某言，請懿節皇后神主少駐。」〔俛〕伏，興，少退立。禮直官引都大主管官先退。次禮直官引禮儀使升自泰階，詣殿上當中褥位，北向，俛伏，跪奏稱：「禮儀使具官臣某言，請懿節皇后神主祔謁〔三〕。」奏訖，〔俛〕伏，興，退歸本位。次引宮闈令詣殿下神主腰輿前，搢笏，捧神主升自泰階〔四〕，詣殿上當中褥位〔五〕，北向權設于座。訖，捧腰輿内侍捧腰輿，并扶侍、夾侍官權退。宮闈令奉懿節皇后神匱設于後。以青羅巾覆之。宮闈令執笏，興，少立。俟祔謁訖，宮闈令再執笏，跪，捧懿節皇后神主興，詣祔饗褥位，置于座。執事者捧神匱設于座後，宮闈令執笏，退歸執事位。禮直官贊「有司謹具，請行事」，贊者曰「拜」，在位官皆再拜訖。次引監察御史、奉禮郎、太祝、太官令各升殿就位立定。次禮直官引初獻詣盥洗位，北向立，搢笏，盥手，帨手，執笏，詣爵洗位，北向立，搢笏，洗瓚，拭瓚訖，以瓚授執事者，執笏，升殿，詣僖祖室尊彝所，西向立〔六〕。執事者以瓚授初獻，初獻搢笏，跪，執瓚。執彝者舉冪，太官令搢笏，跪，酌鬱鬯。訖，執笏，興，先詣翼祖室尊彝所，北向立，搢笏，跪。次奉禮郎搢笏，西向跪，執事者以瓚授奉禮郎，奉禮郎奉瓚授初獻。初獻執瓚，以鬯祼地，奠瓚。次執事者以幣授奉禮郎，奉禮郎奉幣以授初獻訖，執笏，興，先詣翼祖室前，西向立。初獻受幣，奠訖，執笏，俛伏，興，再拜訖。次詣翼祖室，次詣宣祖室，次詣太祖室，次詣太宗室，次（誼）〔詣〕真宗室，次詣仁宗室，次詣英宗室，次詣神宗室，次詣哲宗室，次詣徽宗室，次詣懿節皇后神主前，祼鬯、奠幣，並如上儀。訖，俱復位。《興安之樂》作〔七〕，九成，止。既晨祼，薦香燈官取毛血奠於神座前〔八〕，太官令取肝，以鸞刀制之，洗於鬱鬯，貫之以膋，燎於爐炭。薦香燈官以肝膋詔於神座〔九〕，又以墮祭、三祭于茅苴，退，復位。懿節皇后神主前太祝

〔一〕啓：原缺，據《中興禮書》卷二七九補。
〔二〕侍：原作「寺」，據《中興禮書》卷二七九改。
〔三〕請懿：原作「詣」，據《中興禮書》卷二七九改補。
〔四〕升：原作「申」，據《中興禮書》卷二七九改。
〔五〕詣：原脱，據《中興禮書》卷二七九補。
〔六〕立：原作「北」，據《中興禮書》卷二七九改。
〔七〕作：原脱，據《中興禮書》卷二七九補。
〔八〕取：原脱，據《中興禮書》卷二七九補。
〔九〕於：原作「依」，據《中興禮書》卷二七九改。

行事。

饋食。饗日，[20]有司設俎二十四于神厨，各在鑊右。進饌者詣厨，於鑊實羊載于俎，肩、臂、臑、肫、胳、正脊一，直脊一，横脊一，長脅一，短脅一，代脅一，皆二骨以並。豕載于俎。豕熟十一體，其載如羊。執事者入，設於饌幔内。俟初獻既晨祼，捧俎官及執事者捧俎入〔一〕，詣西階下。次引兵部尚書、工部尚書詣西階下，各搢笏，奉俎升殿〔二〕，詣僖祖室前，北向跪奠訖，先薦羊，次薦豕，執笏，俛伏，興，有司設置於位前。次詣諸室奉俎〔三〕，并如上儀，俱降階復位〔四〕。初奠俎訖，次引薦香燈官取蕭合黍、稷擩於脂，燎於爐炭。當饋熟之時〔五〕，薦香燈官取菹擩於醢，祭於豆間三，又取黍、稷、肺祭如初，俱藉以茅。退，復位。次引初獻再詣盥洗位，《正安之樂》作。初獻升降行止皆作《正安之樂》。北向立，搢笏，盥手，帨手，執笏，詣爵洗位，北向立，搢笏，洗爵，拭爵。訖，以爵授執事者，執笏，升殿，詣僖祖室酌尊所，西向，《基命之樂》作。翼祖室《大順之樂》，宣祖室《天元之樂》，太祖室《皇武之樂》，太宗室《大定之樂》〔六〕，真宗室《熙文之樂》，仁宗室《美成之樂》，英宗室《治隆之樂》，神宗室《大明之樂》，哲宗室《重光之樂》，徽宗室《承元之樂》，懿節皇后《歆安之樂》。搢笏，跪。執事者以爵授初獻，初獻執爵。執尊者舉冪，太官令搢笏，跪〔七〕，酌酒訖，執笏，興，先詣翼祖室酌尊所，北向立。初獻以爵授執事者，執笏，興，詣僖祖室，北向立，搢笏，跪，執爵，三祭酒於茅苴，奠爵，執笏，俛伏，興，少立。次太祝東向搢笏，跪讀祝文訖，執笏，興，先詣翼祖室，東向立。初獻再拜。次詣諸室行禮，並如上儀。訖，俱復位立，樂止。次引亞獻詣盥洗位〔八〕，北向立〔九〕，搢笏，盥手，帨手，執笏。詣爵洗位，北向立，搢笏，洗爵，拭爵。訖，以爵授執事者，執笏升殿，詣僖祖室酌奠所，西向立。《文安之樂》作。執事者以爵授亞獻，亞獻搢笏，跪，執爵。執尊者舉冪，太官令搢笏，跪，酌酒訖，執笏，興，先詣翼祖室酌尊所，北向立。亞獻以爵授執事者，執笏，興，詣僖祖室前，北向立，搢笏，跪。執事者以爵授亞獻，亞獻執爵，三祭酒于茅苴，奠爵，執笏，俛伏〔一〇〕，興，再拜，訖。次詣諸室行禮〔一一〕，並如上儀。訖，樂止，降，復位。次引終獻詣洗及升殿〔一二〕、作樂、行禮，並如亞獻之儀。降，復位。次引太祝徹籩豆，籩豆各一，俱少移故處。《恭安之樂》作。卒徹，樂止。次引宫闈令束茅訖，

〔一〕句中兩「俎」字，前一原作「祖」，後一原作「主」，並據《中興禮書》卷一一七九改。
〔二〕俎：原作「祖」，據《中興禮書》卷一一七九改。
〔三〕俎：原作「祖」，據《中興禮書》卷一一七九改。
〔四〕俱：原作「但」，據《中興禮書》卷一一七九改。
〔五〕熟：原作「熱」，據《中興禮書》卷一一七九改。
〔六〕之：原作「樂」，據《中興禮書》卷一一七九改。
〔七〕搢笏跪：原作「執笏興」，據《中興禮書》卷一一七九改。
〔八〕位：原脱，據《中興禮書》卷一一七九補。
〔九〕向：原作「向向」，據《中興禮書》卷一一七九删。
〔一〇〕俛：原作「興」，據《中興禮書》卷一一七九改。
〔一一〕詣：原脱，據本書禮七之一〇補。禮：原作「禮禮」，據《中興禮書》卷一一七九删。
〔一二〕及：原作「俛」，據《中興禮書》卷一一七九改。

俱復位。禮直官曰「賜胙」，贊者曰「賜胙」〔一〕，再拜，在位官皆再拜〔二〕。訖，送神，樂作，一成，止。祠祭官於殿上贊「奉神主入室」。次引薦香燈官搢笏，奉帝主入室，執笏，退，復位。次引宮闈令奉后主入室，並如上儀。訖，退，復位。初，贊奉神主入室，引内常侍詣懿節皇后神主前，俛伏，跪奏稱：「攝内常侍臣某言〔三〕：請懿節皇后神主降殿〔四〕，乘輿赴別廟。」奏訖，俛伏，興。宮闈令捧懿節皇后神主降自泰階，内常侍前導，置於輿。内常侍以下分左右前導，捧腰輿由廟西階詣別廟殿下，北向，少駐。内常侍詣 21 腰輿前〔五〕，俛伏，跪〔六〕，奏稱：「攝内常侍臣某言，請懿節皇后神主降輿升殿。」奏訖，俛伏，興，退。次引宮闈令捧懿節皇后神主升殿安奉訖，内常侍以下再拜訖，退歸幕次。次引都大主管官往來照管。祠祭官於殿上贊「奉神主訖」。次引初獻以下詣殿下望瘞位立定。有司取幣束茅，置於坎〔七〕，禮直官曰「可瘞」，寘土半坎，本廟宮闈令監視。次引初獻以下詣東神門外揖位立定，禮直官贊「禮畢」，揖訖，退。御史臺、太常寺、閤門分引百僚以次退。太官令帥其屬徹禮饌。次引監察御史詣殿上復位，監視收徹，訖，還齋所。宮闈令（合）〔闔〕户以降。太常藏祝版於匱。次別廟行饗禮如常饗之儀，訖，退。（以上《永樂大典》卷一七〇六三）

加上徽宗謚號册寶〔八〕

【宋會要】〔九〕

紹興十二年〔十一月〕二十一日〔一〇〕，禮部、太常寺言：「將來奉上徽宗皇帝徽號，參酌典禮凡七事：其一，禮例，奉上祖宗徽號册寶前一日，皇帝服通天冠，御文德殿，奉册寶拜訖，次授奉册寶使，詣本室奉上。禮畢，群臣拜表稱賀。其二，禮例，奉（奉）上册寶畢，次日，車駕詣太廟，行朝饗之禮。今〔緣〕來年正月十一日孟春薦太廟，乞至日（請）〔詣〕太廟行朝饗，乞於十日奉上徽號册寶，九日，皇帝服通天冠，御殿奉册寶拜授。其三、禮例，發册寶并奉上册寶日，應册寶下官並服朝服；車駕詣太廟行朝饗禮，行事、執事官並服祭服。所有逐處陪位官，乞依大禮例，令侍從、臺諫、武臣正任以上服朝服，餘官權止常服陪位。其四，來年正月十一日，就孟春饗日，車駕詣太廟行朝饗禮，依儀，乘玉輅，備黄麾、儀仗。緣今來玉輅儀仗已備，欲乞令有司預先排備。其五，太廟行朝饗禮，合用竹册，並述以爲奉上徽

〔一〕賜：原作「賜」，據《中興禮書》卷二七九改。
〔二〕拜：原作「拜拜」，據《中興禮書》卷二七九删。
〔三〕某：原脱，據《中興禮書》卷二七九補。
〔四〕后：原作「后后」，據《中興禮書》卷二七九删。
〔五〕詣：原作「讀」，據《中興禮書》卷二七九改。
〔六〕跪：原作「興」，據《中興禮書》卷二七九改。
〔七〕坎：原作「次」，據《中興禮書》卷二七九改。
〔八〕原無此題，據下文内容添。
〔九〕宋會要：原無。按，以下一段，據陳智超説，係從帝系一之一五至一之一六挖出（《解開宋會要之謎》頁一五三），是也。則此段文字仍爲《宋會要》之文，據補。
〔一〇〕紹興十二年：原爲旁批，今移入正文。十一月：原無，據本書帝系一之一五補。

宗皇帝徽號畢，22就孟春薦饗日躬行朝饗之禮。乞下學士院預先修撰書寫，進書訖，降付尚書禮部。竹册一十一副，乞令文思院修置。其六，車駕詣太廟行朝饗禮，依儀合用登歌、宫架、樂舞，乞令太常寺申請。其七，將來太廟行饗禮，依儀合用牛、羊、豕，内牛犢下兩浙轉運司，羊、豕下臨安府收買。」並依。（以上《永樂大典》卷一七〇五六）〔一〕

加上徽宗皇帝謚號册寶奏告太廟

奏請徽號儀

【中興禮書】〔二〕

23其日早，陪位文武百僚赴太廟門外下馬詣幕次，各服常服。俟有司設權置徽號議文匣案褥位於殿西階下，次實設禮料畢，次引光禄卿點閲畢，御史臺、太常寺、閤門分引文武百僚入就位。次引奉禮郎、太祝、太官令詣陪位班前褥位。次引讀徽號議文官詣議文案之後褥位立。次禮直官引奉上册寶使詣殿下西向褥位立定。祠祭官於殿上贊「奉神主」。次宫闈令搢笏，奉祖宗帝后神主於几後，啓匱設于座，以巾覆之，執笏，退，復位。祠祭官又贊「奉神主訖」。禮直官贊奉上册寶使躬拜，贊者曰「拜」，在位官皆再拜，訖，先引奉禮郎、太祝、太官令升殿，各就位立。次禮直官引奉上册寶使詣盥洗位，北向，搢笏，盥手，帨手，執笏，詣爵洗位，搢笏，洗爵，拭爵，執笏，升殿，詣僖祖室酒尊所，搢笏，跪，執爵。太官令搢笏，跪，酌酒訖，以爵授執事者，執笏，興，詣僖祖室香案前〔三〕，搢笏，上香，再上香，三上香，跪。奉禮郎搢笏，跪奉幣，奉上册寶使（授）〔受〕幣，奠幣，執爵，三祭酒于茅苴，奠爵，執笏，俛伏，興，少立。太祝搢笏，跪讀祝文訖，執笏，興，先詣翼祖室，東向立。奉上册寶使再拜訖，次詣翼祖室、宣祖室、太祖室、太宗室、真宗室、仁宗室、英宗室、神宗室、哲宗室、徽宗室行禮，並如上儀。訖〔四〕，降西階，詣徽號議文案權置位。執事者舉議文匣，興。執事者先捧案詣徽宗皇帝室前，置於褥位訖，奉上册寶使搢笏，捧議文升殿，詣徽宗皇帝室前，跪奠，置於案上。奉上册寶使執笏，興，稍南，北向褥位立。次引讀議文官詣案後，北向立。讀議文官搢笏，跪讀議文訖，執笏，興，降階，復位。執事者舉議文匣興，執事者捧案，降階，置於褥位，奉上册寶使後從。至權置位置定，奉上册寶使復位立定。祠祭官於殿上贊「奉神主入室」，宫闈令搢笏，捧祖宗帝后神主入室，訖，執笏，復位。祠祭官又贊「奉神主入室訖」。次引奉上册寶使、奉禮郎、太祝、太官令詣望瘞位，北向立定。禮直官曰「可瘞」，俟有司瘞幣訖，次引奉上册寶使班退，餘官以次退。

〔一〕原無《大典》卷次，據本書帝系一之一五補。
〔二〕天頭原批：「第一百十三卷，吉禮一百十三《加上徽宗皇帝謚號册寶二》。」
〔三〕詣：原作「指」，據《中興禮書》卷一一三改。
〔四〕訖：原作「詣」，據《中興禮書》卷一一三改。

命使發册寶奉上儀

陳設。前二日，儀鸞司帥其屬張設發册寶殿，及於殿上當中，南向設册寶幄。有司設香案於幄前，設御幄於發册寶殿後。又設皇帝褥位三：一於殿上册寶幄前，北向；一於册寶幄之東，西向；一於殿下當中，南向。設奏中嚴外辦、解嚴褥位四：二於殿下東階之東，二於殿上稍東。設文武百僚及奉册寶使、侍中、中書令已下行事官幕次於殿門外。設奉册寶使(授)〔受〕册寶褥位於殿下、皇帝褥位之南，北向。設權置册寶位二於奉册寶使褥位之南，册東寶西〔一〕。設奉册寶使位於殿下西階之西，設侍中、中書令位於其後，設舉册、舉寶 [24] 官又在其後，並東向，北上。設文武百僚位於册寶權置褥位之南，東西相向。又設册寶幄於太廟南神門外道西，東向。

發册寶。其日，文武百僚集於發册寶殿門幕次，各服其服。内行禮及前導應奉官、都大主管官、陪位宰執、使相、侍從、臺諫、武臣正任以上並服朝服，餘官並服常服。次禮儀使、閤門官、太常博士、禮直官分立於御幄前。次御史臺、太常寺、閤門分引文武百僚入就殿下，東西相向立定。禮直官引奉册寶使、侍中、中書令、舉册、舉寶官詣殿下西階之西，東向立。俟(齊)〔齋〕室簾降，皇帝服通天冠〔二〕、絳紗袍。禮直官引禮部侍郎奏「請中嚴」，少頃又奏「外辦」。次禮直官、太常博士引禮儀使當幄前俛伏，跪奏：「禮儀使臣某言，請皇帝行奉上徽宗皇帝徽號發册寶之禮。」奏訖，俛伏，興。簾卷，前導官前導皇帝出幄，殿中監跪進大圭，禮儀使奏「請執大圭」，皇帝執大圭。殿中監進大圭訖，詣殿階東下，西向，以俟禮畢受大圭。前導官前導皇帝詣册寶幄東褥位，西向立。禮儀使奏「請再拜」，皇帝再拜。贊者曰「拜」，在位官皆再拜。訖，前導官前導皇帝詣册寶幄褥位，北向。禮儀使奏：「請皇帝搢大圭，上香，再上香，三上香。」訖，又奏「請執大圭」、「請再拜」，皇帝再拜。贊者曰「拜」，在位官皆再拜。訖，前導官前導皇帝還褥位，西向立。禮直官引侍中、中書令，贊者引舉册、舉寶官升殿，入册寶幄。舉册、寶官俱搢笏，跪，舉册、寶，興。侍中、中書令奉册寶進行。册寶并案皆禮部職掌助舉。前導官前導皇帝後從册寶，降自西階，至殿下褥位，南向立。俟册寶置定，侍中、中書令、舉册、舉寶官各詣西階下，東向立。禮儀使奏「請再拜」，皇帝再拜。贊者曰「拜」，在位官皆再拜訖。次贊者引舉册官詣册案之左右，搢笏，舉册。禮直官引中書令詣册案，搢笏，奉册詣皇帝褥位前，北向。中書令、舉册官皆跪奉册。禮儀使奏「請皇帝搢大圭，跪受册」，訖，又奏「請執大圭」〔三〕，興。中書令執笏，俛伏，興，退，復位。舉册官執笏，興，少立。禮直官、太常博

〔一〕東：原作「策」，據《中興禮書》卷一一三改。
〔二〕冠：原作「官」，據《中興禮書》卷一一三改。
〔三〕大：原作「圭」，據《中興禮書》卷一一三改。

士引奉册寶使詣受册寶褥位，北向俛伏，跪。舉册官搢笏，跪，舉册。禮儀使奏「請皇帝搢大圭」，跪，奉册授奉册寶使。奉册寶使搢笏受册。又奏「請執大圭，興」。奉册寶使執笏，俛伏，興，少退，稍東，西向立。舉册官舉册興，詣册權置位置定〔一〕，執笏，興，立於册褥位之左右，東西相向立。次贊者引舉寶官詣寶案之左右，搢笏，舉寶。禮直官引侍中詣寶案，搢笏，奉寶詣皇帝褥位前，北向，侍中、舉寶官皆跪奉寶。禮儀使奏「請皇帝搢大圭跪」，跪受寶訖，又奏「請執大圭，興」〔二〕。侍中執笏，俛伏，興，退，復位。舉寶官執笏興，少立。禮直官、太常博士引奉册寶使詣受册寶褥位，北向俛伏，跪。舉寶官搢笏，跪，舉寶。禮儀使奏「請皇帝搢大圭」，跪，奉寶授奉册寶使〔三〕。奉册寶使搢笏受寶。又奏「請執大圭，興」。奉册寶使執笏，俛伏，興，少退，稍東，西向立。舉寶官舉寶，詣寶權置位置定，執25笏，興，立於寶褥位之左右，東西相向立。次引侍中、中書令詣册寶位奉册寶。舉册寶官搢笏，舉册寶，興，奉册寶使後從册寶。持節者持節導册寶進行。俟出殿正門，引禮儀使詣皇帝褥位前〔四〕，北向俛伏，跪奏〔五〕：「禮儀使臣某言，禮畢。」奏訖，俛伏，興，退，還位立。前導官前導皇帝將至東階，奏「請釋大圭」，殿中監跪受大圭。前導官前導皇帝升自東階，入齋室，簾降。禮部郎中奏「解嚴」，訖，文武百僚、前導官以次退。次册寶出北宮門，奉册寶使已下騎從〔六〕，至太廟櫺星門外下馬，步從至太廟南神門外册寶幄安奉。訖，退。應册寶下官退宿於册寶幄之側。

奉上册寶。其日，文武百僚集於太廟幕次，各服其服。内行禮官服祭服，都大主管官并陪位宰執、使相、侍從、臺諫、武臣正任以上並服朝服，餘官並服常服。俟有司排辦訖，御史臺、太常寺、閤門分引文武百僚入詣殿下，並北向立。禮直官引侍中、中書令，贊者引舉册、舉寶官，詣册寶幄立定。贊者引奉禮郎、太祝、太官令詣殿下當中〔七〕，北向立，以西爲上。次禮直官、太常博士引奉册寶使詣殿下褥位東階之東，西向立。祠祭官於殿上贊「奉神主」，俟宮闈令奉祖宗帝后神主於坐，啓匱於後訖，次祠祭官贊「奉神主訖」。禮直官贊：「有司謹具，請行事。」贊者曰「拜」，在位官皆再拜訖。贊者先引奉禮郎、太祝、太官令各升殿就位立。次禮直官引奉册寶使詣盥洗位，北向立，搢笏，盥手，帨手，執笏，詣爵洗位，北向立，搢笏，洗爵，拭爵，以爵授執事者。執笏，升殿西階，詣僖祖室酒尊所，西向立，搢笏，跪，執爵。俟太官令搢笏，跪，酌酒訖，以爵授執事者，執笏，興。太官令先詣翼祖室酌尊所，北向立。引奉册寶使詣僖祖室香案前，搢笏，上

〔一〕置：原作「定」，據《中興禮書》卷一一三改。
〔二〕「位前」至「訖又」凡二十九字，原脱，據《中興禮書》卷一一三補。
〔三〕奉册寶使：原作「册册寶使」，據《中興禮書》卷一一三改。
〔四〕詣：原作「置」，據《中興禮書》卷一一三改。
〔五〕奏：原作「奉」，據《中興禮書》卷一一三改。
〔六〕下：原作「上」，據《中興禮書》卷一一三改。
〔七〕詣：原作「諸」，據《中興禮書》卷一一三改。

香，再上香，三上香，跪。奉禮郎西向，搢笏，跪，奉幣，奉冊寶使受幣，奠幣。奉禮郎先詣翼祖室香案東，西向立。奉冊寶使執爵，三祭酒於茅苴，奠爵，執笏，俛伏，興，少立。俟太祝東向搢笏，跪讀祝文訖，執笏，興。太祝先詣翼祖室香案之西，東向立。奉冊寶使再拜訖，次詣翼祖室，次詣宣祖室，次詣太祖室，次詣太宗室，次詣真宗室，次詣仁宗室，次詣英宗室，次詣神宗室，次詣哲宗室，次詣徽宗室，行禮並如上儀。訖，奉冊寶使降階復位，西向立。次贊者引舉冊官舉冊，舉寶官舉寶進行。禮部職掌助舉〔一〕。禮直官引侍中，中書令前導冊寶，入自南神正門，登歌《顯安之樂》作。至殿西階下東向權置位置定，冊北寶南。樂止。次引侍中於寶權置位之後，東向立；中書令於冊權置位之後，東向立；舉冊、寶官又在其後立定。禮直官贊「躬拜」，贊者曰「拜」，在位官皆再拜訖。次禮直官引奉冊寶使詣冊權置位〔二〕，贊者引舉冊官搢笏舉冊。奉冊寶使搢笏奉冊，升自西階，登歌《顯安之樂》作〔三〕。至徽宗室前褥位，跪，奠冊，樂止。俱執笏，26 興，舉冊官分東西相向少立。次引奉冊寶使俛伏，跪奏稱：「奉冊寶使臣某言，嗣皇帝臣御名謹遣臣等奉上徽號冊寶。」奏訖，俛伏，興，少退，北向立。舉冊官再搢笏，跪，舉冊。次引中書令詣冊案之南，北向，搢笏，跪讀冊文〔四〕，讀訖，執笏，興，降階，復位。舉冊官舉冊，興，降自西階，奉冊寶使後從。至權置位置定，舉冊官執笏，退，復位。次禮直官引奉冊寶使詣寶權置位，贊者引舉寶官搢笏，舉寶。奉冊寶使搢笏奉寶，升自西階，登歌《顯安之樂》作。至徽宗室前褥位，跪，奠寶，樂止。俱執笏，興，舉寶官分東西相向少立。次引奉冊寶使少退，北向立。舉寶官再搢笏，跪，舉寶。次引侍中詣寶案之南，北向，搢笏，跪讀寶文。讀訖，執笏，興，降階，復位。舉寶官舉寶，興，降自西階，奉冊寶使後從。至權置位置定，舉寶官執笏，退復位。次引奉冊寶使復位，西向立。祠祭官於殿上贊「奉神主入室」，俟宮闈令奉祖宗帝后神主入室訖，祠祭官於殿上贊「奉神主訖」。舉冊寶官舉冊寶興，進行。侍中、中書令導冊寶出南神正門，歸冊寶幄權安奉訖。次引奉冊寶使以下詣望瘞位，北向立定。俟有司瘞幣訖，奉冊寶使以下退，文武百僚以次退。次赴拜表稱賀訖，退。

加上徽宗皇帝謚號冊寶畢親饗太廟

【中興禮書】〔五〕

紹興十二年十一月二十一日，禮部、太常寺言：「奉上

〔一〕職：原作「執」，據《中興禮書》卷一一三改。
〔二〕奉：原作「奏」，據《中興禮書》卷一一三改。
〔三〕歌顯：原倒，據《中興禮書》卷一一三乙。
〔四〕讀冊文：原脱，據《中興禮書》卷一一三補。
〔五〕中興禮書：原無，按以下仍爲《中興禮書》文，茲補四字。天頭原批：「第一百十四卷，吉禮一百十四《加上徽宗皇帝徽號謚號冊寶畢親饗太廟一》。」

徽宗皇帝謚號册寶禮畢，次日車駕詣太廟行朝饗之禮。今具到典禮：一、依儀，乘玉輅，備黄麾、儀仗，欲乞令有司相度計置，前一日於皇城北門外排列至太廟。一、合用祝册一十一副，並述以爲奉上徽宗皇帝徽號畢，就孟春薦饗日躬行朝饗之禮。乞下學士院修撰，進書訖，降付禮部。其祝册乞令文思院修製〔一〕。一、來年正月十一日，就孟春薦饗日行朝饗之禮，依禮例，合罷有司行事。所有同日薦饗别廟，乞令有司依條例差官排辦，依時行事。一、合用登歌、宫架、樂舞，緣見今闕少樂工，欲乞令太常寺條具申請。」詔依。

十二月十三日，禮部、太常寺言：「今續具合行事件：一、所差行事、應奉官，欲乞依禮例令太常寺具窠目申中書省差官〔二〕。一、欲乞朝饗之日，皇城門并宫門並早二刻開，太廟門早三刻開。一、舉册官四員，合差南班宗室，昨緣所差宗室不足，差文臣四員。所有親饗太廟舉册官，欲依禮例差文臣。一、依禮例，就差進幣、爵酒官一員，兼進瓚，今欲乞依禮例施行。一、勘會所差應奉人、使臣、禮直官、贊者、祠祭官、供官、樂工，欲乞依禮例於祠前各給沐浴錢五百文，左藏庫支給。」詔依。

十五日，兵部言：「據左右金吾街仗司申：車駕乘玉輅，備黄麾儀仗，逐司契勘，所有執著、法服、法衣等，乞下祗候庫關借〔三〕。」詔依。黄麾仗共用二千二百六十五人。

十六日，禮部、太常寺言：「今參酌比附申請事件：一、依儀，皇帝親饗太廟，散齋七日，致 27 齋三日，其行事、執事、文武助祭官及宗室前三日服朝服，綪結佩，宰執、使相、侍從、臺諫〔四〕、武臣正任以上并應奉官并服朝服，餘並常服立班。奏請皇帝致齋訖，退。今欲乞依前項儀制施行，内致齋殿乞就前殿作齋殿。一、前一日，車駕合詣太廟宿齋。緣太廟别無宿齋殿，欲乞併就前殿宿齋〔五〕。一、前三日未後，奏請皇帝詣齋室，其日樞密院〔官〕以下先詣垂拱殿起居。今乞依禮例施行。一、勘會奏請致齋，於前殿合設御榻，并御幄風後東西兩壁合設東西房，殿後設西閣及齋室，乞令儀鸞司相度隨宜釘設。一、太廟合設大次於東神門外道北，南向；設小次於阼階之東，西向。欲乞令儀鸞司同臨安府排辦。一、依禮例，於尚書省習儀，合用幔道。乞令臨安府委官修築。一、親祠行禮合設寶，今來欲乞依禮例權不設寶。一、依《禮令》，讀册官讀册至御名勿興，殿上下徹去黄道裀褥，入殿門不張蓋，百官不得回班，御燎從物，繖扇更不入殿，行禮前衛士不起居呼萬歲。今欲乞依《禮令》施行。一、合設七祀及配饗功臣，於殿下設位，差官行禮。今來欲乞依禮例〔六〕。一、前三日，皇帝内

〔一〕文思：原倒，據《中興禮書》卷一一四乙。
〔二〕自「寺言」至此句「太常寺」凡二十六字原脱，據《中興禮書》卷一一四補。
〔三〕乞：原作「乞乞」，據《中興禮書》卷一一四删。
〔四〕諫：原作「練」，據《中興禮書》卷一一四改。
〔五〕就：原作「前」，據《中興禮書》卷一一四改。
〔六〕欲乞依：原作「乞依依」，據《中興禮書》卷一一四改。

殿宿齋，依禮例合設嚴更警場。欲乞依紹興十年體例，就用殿前司金鉦一十二人、鼓角手各十六人。教頭擁押隊在外〔一〕。太常寺差武嚴指揮教頭三人，專一指教警場節次，於行禮前教習二十日。」詔依。

十七日，詔：冠冕、朝、祭服，令有司點檢，務令整潔。

同日，權禮部侍郎王賞等言：「勘會將來車駕詣太廟行朝饗禮，檢會《五禮新儀》，禮畢〔二〕，諸軍樂振作。所有禮畢乘輿出太廟東櫺星門，欲乞令鈞容直依禮例作樂，引駕還内。」詔依。續承二十七日主管禁衛所言：「備奉聖旨，省記鈞容直在京日，令趁赴導駕祗應。本所今取索到，本直見管一百七十三人，兼契勘自來聖駕行幸，合窠差東西班駕後樂三十五人後從祗應。」詔令殿前司教習，依數差。

同日，王賞等又言：「契勘依禮例，遇車駕乘輅〔三〕，宰執、使相、侍從、兩省正任并監察御史各服朝服，於輅前分左右騎導。欲乞依例，從御史臺、閤門告集。」詔依。

（二）十八日，禮部、太常寺言：「奉上徽宗皇帝徽號册寶，合用樂舞。今條具到合申請事件：一、登歌、宮架樂架，依禮例並合彩畫。除已有登歌樂架外，緣見闕宮架樂架〔四〕，創造不及，欲將見管赤素宮架下文思院改充彩畫〔五〕，候舉行大禮，却令本院創造赤素宮架一料。一、登歌、宮架、二舞執色，用樂正四人，見闕一名，欲差太常寺胥長充攝。登歌執色樂工、掌事掌器四十五人，見闕九人。宮架執色樂工八十七人、排設大樂掌事掌器二人，共用八十九人。數内鼓色一十三人，欲差曾經祗應守闕樂工一名充，餘一十二人止乞差借殿前司、鈞容直充攝外，其餘所闕 28 人數，並乞差守闕樂工，及拘收先曾經大禮等處應奉人。如不足，乞行召募。執色人數：登歌樂正二人，編鐘、編磬各一名，（祝）〔柷〕敔、搏拊各二人，歌、笛各四人，篪、簫各二人，和笙、巢笙、瑟各四人，塤二人，一、三、五、七、九絃琴各二人，掌事掌器三人。宮架樂正二人，編鐘、編磬各八人，（祝）〔柷〕敔二人，歌一十人，笛、篪、簫、巢笙、瑟、塤各六人，一、三、七、五、九絃琴各二人，鼓色一十三人，掌事掌器二人。一、二舞合用引舞色長二人；文舞六十四人，番衮武舞祗應并引文舞頭二人，番衮引武舞祗應及引武舞一十八人〔六〕，共八十六人。並乞依例借差殿前司、鈞容直。一、樂正、樂工、掌事掌器、引舞色長等合服法衣，並乞下祗候庫關借。一、今來樂工并召募人及借差鈞容直，係創行習學樂舞，全藉舊人指教。欲乞於應奉以前教習一月。一、奉上徽號册寶合行奏告，除迎神、送神等樂章、樂曲就用時饗樂章、樂曲外，合添撰册寶入門一曲、册寶升殿一曲、徽宗皇帝徽號樂章一曲，乞令學士院修撰，降下教習。一、契勘時饗太廟、別廟，止於

〔一〕外：原作「位」，據《中興禮書》卷一一四改。
〔二〕畢：原脱，據《中興禮書》卷一一四補。
〔三〕車：原作「畢」，據《中興禮書》卷一一四改。
〔四〕下「架」字原作「駕」，據《中興禮書》卷一一四改。
〔五〕充：原作「統」，據《中興禮書》卷一一四改。
〔六〕衮：原作「褒」，據《中興禮書》卷一一四改。

太廟殿上設登歌大樂，通衮別廟行禮作樂。今來行朝饗禮，除排設登歌、宮架、樂舞外，同日別廟係有司行禮，其合用登歌樂正、樂工等，乞止就用太廟三十六人先赴別廟，依時行禮，作樂祇應。一、宮架內合設路鼓、路鼗各二，所有執色樂工四人，乞依例借差鈞容直。一、祇應樂工等，欲乞依紹興十年體例，朝饗前一日於法惠寺宿齋。」詔依。

同日，兵部言：「車駕乘玉輅詣太廟行朝饗之禮，今取會到下項：一、車輅院狀：契勘自來排辦玉輅，合用引駕執儀刀千牛衛上將軍一員，抱龍旗太常官六員，並合下吏部差大使臣。其千牛衛上將軍以軍班出身人充。車輅院監官二員，挾輅捧輪大將軍四員。逐官並合服本品朝服，乞下祇候庫關借。一、祇候庫狀：契勘玉輅後抱太常龍旗將軍共六員，并挾輅將軍，合服三梁冠、朝服；車輅院官二員，一員合服二梁冠朝服，一員合服三梁冠朝服。即今並闕玉輅前引駕千牛衛上將軍合服三梁冠朝服，執儀刀亦無見在。契勘朝服名件：緋羅夾大袖、裙、蔽膝，白羅中單，白綾勒帛，銅環，錦綾白羅方心曲領，緋白羅大帶，皂皺紋皮履，白綾襪，銅革帶，銅珠佩，角簪，金鍍銀立筆。伏乞朝廷指揮下所屬（料）〔科〕造，赴庫送納，準備將來支借服著使用。」詔依。

十九日，禮部、太常寺〔言〕：「今續條具合行事件：一、合設皇帝位版并亞、終獻公卿位版，其所用位版、腰輿及黃羅三副夾帕，欲乞下臨安府添修雅飾〔一〕。一、依禮例，前一月太常寺定日教習侍祠執事朝臣、應奉人，作樂教習十日。今欲乞於受誓戒前令太常寺定日教習五日〔二〕。一、依儀，合前十日受誓戒於尚書省，乞依例五【29】更一點開省門。一、前導行事、執事、應奉官，並合前三日致齋。其使相并無本司官並宿法惠寺；行事、執事、宗室於行宮北門外，並宿待漏院。其太常寺官吏於行禮前有合行排辦事務，欲乞於來年正月八日就行宮南門內西廊卿監待班幕次致齋，九日、十日於太廟致齋，仍許太常寺官各將帶入宮門號從人一名於幕次止宿，照管祭服、法衣。一、合差贊者三十二人贊引應奉，除見管外，闕一十九人，欲乞依例於吏、戶部各選差五人，兵、刑、工部各選差三人。其供官合差五十八人，掌管牲牢〔三〕、祝文，鋪設祭器，實設禮料祇應，除見管外，闕三十二人，乞於禮部四司選差一十人，於太府、司農、宗正寺、大宗正司，軍器、將作監選差十二人，國子監選差一人，都進奏院選差九人，令逐處差正名貼司已上無父母服制之人充，於前二十日發遣赴太常寺趁赴教習。一、將來親饗太廟，合用秉燭八十八條，各重一十二兩。并七祀、配饗功臣合用常料燭共九十二條，各重四兩。欲乞下臨安府捍造，於行禮前十五日赴太常寺送納。一、應合

〔一〕雅：原作「邪」，據《中興禮書》卷一一四改。
〔二〕定：原作「教」，據《中興禮書》卷一一四改。
〔三〕掌管：原重此二字，據《中興禮書》卷一一四刪。

用五齊三酒，依禮例從太常寺具合用酒齊名色升合，報臨安府專委官醖造。」詔依。

二十一日，鈞容直所言：「準太常寺差借鈞容直九十八人充登歌、二舞執色人祗應，本所契勘：今來行禮畢駕回，合行導駕，振作祗應，所有差借充登歌等顯是相妨。」詔令太常寺依在京日體例。十二月二十七日，尚書右〔一〕司郎中、兼權太常少卿王師心等言：「契勘在京日，若闕樂工、舞師，據數下教坊差借樂人充攝。今承指揮，令本寺依在京日體例。緣即今別無教坊〔二〕，若行招置，相去應奉止是十餘日，至按樂止有數日，委是日逼，難以招置。伏望朝廷體念應奉親行祖宗饗禮至重，且依已降指揮〔三〕，仍乞將借差到鈞容直數内舞色、引舞、路鼗、路鼓共九十人，候至送神樂止，先退，趁赴振作，自不相妨。」詔依。

二十三日，禮部、太常寺言：「今續次條具下項：一、依儀，親饗合於太廟殿上鋪設皇帝黄拜褥，欲乞依禮例改用緋褥，乞下儀鸞司排辦。一、每室合差薦香燈官一員，今欲乞依例令大宗正寺差南班宗室充。一、合差内侍二員、進徹飲福俎二員，監宰殺及禮畢頒散酒胙，并收接胙表於通進司投下，係太常寺報入内内侍省差。今乞依禮例施行。一、習儀、受誓戒并前一日省饌，贊者、供官並服幞頭、緋衫、腰帶，樂工服介幘、緋衫、勒帛。其借到贊者、供官，依樂工例止服介幘、緋衫、勒帛，趁赴習儀、受誓戒、省饌祗應。一、依儀，皇帝行禮，所有大禮使名，緣來年又係大禮，今欲乞稱親饗大禮使。一、執綏官一員，欲乞依禮〔例差〕侍從(從)〔充〕。一、乘黄令一員，進玉輅，欲乞差車輅院監官。一、玉輅前執綏[30]官、乘黄令、千牛將軍共三員，其合服朝服欲乞下工部指揮文思院製造。一、今來親饗太廟，欲乞宰執按雅樂於法惠寺，按嚴更警場於尚書省。其習儀日分，乞依例從太常寺定日關報。一、依禮例，合差看饌幔内牲牢、燈燭等親事官十一人，并擡擎縮酒茅親事官四人，欲乞並下皇城司依數差，於行禮前十日到寺。」詔依。

二十六日，太常寺言：「今開具到合差官下項：前饗十日質明受誓戒：尚書省，左僕射一員誓文武官，刑部尚書一員涖誓；太廟，右僕射一員誓宗室，刑部侍郎一員涖誓。太廟侍祠等官：亞獻一員，終獻一員，親饗大禮使一員，禮儀使一員。應奉官：禮部侍郎二員，一員常御殿并太廟(奉)〔奏〕中嚴外辦，一員常御殿并太廟御前奏中嚴外辦。殿中監一員，進接圭兼進飲福酒，復受虚爵。禮部郎中二員，一員常御殿并太廟奏解嚴，一員常御殿并太廟御前奏解嚴。贊導太常卿一員。太常博士四員，一員贊引禮儀使，一員贊引太常卿，一員贊引亞獻，一員贊引終獻。奏請致齋侍中一員。奏請皇帝位版太官令一員。酌亞、終獻酒兼監視宰殺牲牢并摶黍等七祀太祝一員。進幣爵酒官一員，兼進瓚并申眂滌濯。(受)授爵酒官一員，以爵酒授進爵酒官。奉幣官一員，以幣授進幣官。受幣官一員，受幣

〔一〕右：原作「有」，據《中興禮書》卷一一四改。
〔二〕今：原作「令」，據《中興禮書》卷一一四改。
〔三〕「依」下原有「已依」二字，據《中興禮書》卷一一四删。

兼受爵復於坫。盥洗奉爵官一員，盥洗進爵，以爵詣尊所酌酒訖，以爵酒授進爵酒官。奉瓚盤官一員，盥洗進瓚，以瓚詣尊彝所酌鬱鬯訖，以瓚授進瓚官。薦牛俎官一員，薦牛俎并徹籩豆俎兼進飲福俎。薦羊俎官一員〔一〕，薦羊俎，兼眂滌濯，省牲、省鼎鑊、眂濯溉，兼實鑊水。薦豕俎官一員，薦豕俎，兼省牲、視腥熟節，增沃鑊水。七祀獻官一員，詣七祀神位前行禮。良醞令一員，酌皇帝獻酒。摶黍太祝一員，進摶黍兼（胏）〔肺〕祭。奠册薦香燈官一十三員。內二員準備，並宗正司差。宮闈令六員。入内内侍省差。司尊彝官一員。翰林司差。差供祠執事官一十三員。入内内侍省差〔二〕。供亞獻爵坫盥洗官二員〔三〕。皇帝降座就齋室，輦輅前侍中一員，奏請車駕升降承旨。參知政事一員，奏請車駕進發及少駐。執綏官一員。乘黄令一員，進玉輅。太廟侍祠官：奏奉神主官一員。監察御史二員。配饗功臣獻官一員，詣配饗功臣神位前行禮。讀册官一員。押樂太常卿一員。光禄卿一員，巡牲、牽牲、詣厨、入實籩豆簠簋等。舉册官四員。太府卿一員，設幣。光禄丞一員，巡牲、牽牲、詣厨兼監饌造。協律郎二員，一員殿上舉麾，一員殿下舉麾。奉禮郎一員。設供終獻爵坫盥洗官二員，捧俎官六十六員。以上並吏部差。」詔依。

二十八日，禮部、太常寺言：「今續條具事件：一、今來皇帝親饗，致齋三日於齋殿。依禮例合用儀 31 衛宿衛，乞下主管禁衛所。一、親饗太廟，并前三日奏請致齋，奏中嚴外辦、解嚴，其抱牙牌，依禮例乞下禮部施行。御殿發册寶，奏中嚴外辦、解嚴，其抱牙牌，依禮例乞下門下後省施行。」詔依。

紹興十三年正月五日〔四〕，太常寺言：「今具申請事件：一、依儀，皇帝自北宮門外乘玉輅，至太廟櫺星門外降輅，乘輿至大次，降輦入次〔五〕。竊慮至時不測雨降，今相度，欲乞自太廟櫺星門裏，直西曲尺頭北，至東門神貯廊，預備席幕屋，令臨安府同儀鸞司排辦。一、親饗日，皇帝自齋殿乘輿至玉輅所，導駕官步導至行宮北門，俟勑，侍臣上馬騎導詣太廟。若至時雨降，欲乞令導駕官免步導，先詣行宮北門玉輅所，俟勑，侍臣上馬騎導詣太廟。仍乞沿路許施雨具，俟至太廟櫺星門下馬，依儀步導至大次。」詔依。

七日，主管禁衛所言：「今來聖駕詣太廟親饗，太常寺儀注，至於皇城北門裏降輦陞輅，並合鳴鞭前導；引至太廟櫺星門外降輅，亦合鳴鞭。」詔太廟櫺星門外降輅更不鳴鞭。

同日，詔：「正月十一日奉上徽宗皇帝徽號册寶，親饗

〔一〕薦羊俎官一員：原重此六字，據《中興禮書》卷一一四删。
〔二〕小注原脱，據《中興禮書》卷一一四補。
〔三〕供亞獻爵坫盥洗官：原作「奏請車駕升降承旨參知政事一員」，據《中興禮書》卷一一四改。
〔四〕天頭原批：「第一百十五卷，吉禮一百十五《加上徽宗皇帝謚號册寶畢親饗太廟二》」。
〔五〕輦：原作「贊」，據《中興禮書》卷一一五改。

太廟行禮，依儀宿齋。所有九日十日早晚御膳並進素。」

十日，主管禁衛所言：「奉詔，今月十一日太廟親饗，應諸色人雖帶入禁衛勑號，如無色彩，並不許入禁衛。」

十八日，權禮部侍郎王賞言：「恭覩今月十一日加上徽宗皇帝謚號，皇帝親饗太廟，誠孝格天，前數日陰雲欲雪，及致齋行事日，霽霧澄穆，日景融明。初九日發册寶，皇帝立於殿下，望册寶出殿門，涕泗潸然。親饗至徽宗皇帝室前，又淚流不止。左右莫不感動。酌獻畢，不御小次，申勑臣僚，務要虔肅。上件事跡伏望宣付史館，以昭聖孝。」詔依。右朝奉大夫、直秘閣、兩浙西路提刑王（鉄）〔鈇〕進《親饗太廟賦》，文詞可採，除直徽猷閣。（以上《永樂大典》卷一七〇五六）

進聖政記〔一〕

【宋會要】〔二〕

[32] 乾道二年閏九月二十九日〔三〕，國史日曆所上《光堯壽聖太上皇帝聖政》。進御儀 [33] 注見國史院上《三朝帝紀》。十月三日，恭進德壽宮。

前（朝）〔期〕，儀鸞司設《聖政》幄次於德壽宮殿門內西，東向；設大次於德壽宮殿門外之東，南向；小次於殿門內東廊，西向；設權安奉《聖政》幄次於德壽宮門外，隨地之宜；設御案於殿上之西北，設《聖政》匣卓子於殿上西壁；設文武百官幕次於宮門之內外。

迎奉。其日五更，宰執、親王、使相、侍從、臺諫、兩省官、知閤、禮官、聖政所官、南班宗室、都大主管官、承受官、諸司官，並詣秘書省內外幕次。內應奉官有職事相妨者免赴。仗輦官、樂人等排立定。俟聖政所排辦香火畢備，御史臺、閤門、太常寺分引宰執、親王、使相、侍從、臺諫、兩省官、知閤、禮官、聖政所官、南班宗室詣道山堂權安奉《聖政》幄前，北向立定。次禮直官引禮儀使、提舉官詣幄前，北向立定。禮直官揖「躬拜」，禮儀使、提舉官拜，在位官皆再拜。訖，禮直官引禮儀使詣香案前，搢笏，上香，再上香，三上香，執笏，退，復位。禮直官揖「躬拜」，禮儀使、提舉官拜，在位官皆再拜。訖，禮儀使、提舉官詣幄次前，分東西相向立。次引宰執、親王、使相、侍從、臺諫、兩省官、知閤、禮官、聖政所官、南班宗室以次出秘書省門外，分左右乘馬，以俟騎導。次聖政所率輦官捧擎《光堯壽聖太上皇帝聖政》腰輿進行。樂人作樂，儀衛、儀仗前引。次引禮儀使、提舉官乘馬騎從，聖政所、都大主管官并承受官、諸司官往來照管。至德壽宮門，如未開 [34] 門，捧擎《聖政》權歸幄次，儀衛、儀仗等就幄前排立。其騎從等官並退，權歸幕次。德壽宮門開，引騎導官詣《聖政》幄前，分左右步導。聖政所率輦官捧擎《聖政》腰輿

〔一〕陳智超云：此門乃從運曆一之二六至一之二七挖出（《解開宋會要之謎》頁一五三），是。
〔二〕原無此三字，據本書運曆一補。
〔三〕「乾道二年」乃旁批，今移入正文。

進行，禮儀使、提舉官後從，樂人、儀衛、儀仗前引，都大主管官、承受官、諸司官從入。至德壽宮殿西廊上幄安奉訖，騎從等官權退歸幕次，儀仗、樂人退，並於宮門外隨地排立，以俟恭進訖，並退。

恭進。其日，皇帝出祥曦殿，即御座，從駕臣僚、禁衛等起居如常儀。皇帝降座，乘輦。將至德壽宮，報引合赴立班官并聖政所官屬詣宮門外迎駕起居。如值雨或地面霑濕，並免起居。訖，前導官、太常卿、閤門官、太常博士、禮直官先入，詣大次前，分左右立定。次聖政所檢點文字以下率輦官捧擎《聖政》腰輿，(如)閤門官前導，簿書官二員前引至殿西階下置定。次内侍官捧《聖政》匣升殿西階，詣殿上，設於西壁卓子上。閤門、簿書官并聖政所點檢文字以下及輦官捧腰輿先退。其聖政所點檢文字西階下立，都大主管官、承受官於殿上照管訖，隨地立定。次德壽宮提舉、提點官於殿上《聖政》匣之側立。俟皇帝詣德壽宮大次，降輦入次，御史臺、閤門、太常寺分引合赴立班官入詣殿下，相向立。前導官導皇帝入小次，簾降。俟光堯壽聖太上皇帝出宮，即御座，禁衛起居。前導、應奉等官并聖政所點檢文字以下并拜起居。訖，小次簾卷，前導官導皇帝升殿東階，35 詣殿上折檻前褥位，北向立。太常寺卿奏「請拜」，皇帝再拜，躬身奏「聖躬萬福」訖，又奏「請拜」，皇帝再拜。訖，前導官導皇帝詣光堯壽聖太上皇帝御座之東西褥位立，前導官於殿上隨地之宜立。引殿下立班官横行北向立定，揖，班首已下躬。典儀曰「拜」，贊者承傳曰「拜」，在位官皆再拜。訖，直身，搢笏，躬身，三舞蹈，跪左膝，三叩頭，出笏，就一拜，又再拜，訖，且躬身。班首不離位，奏「聖躬萬福」訖，典儀曰「拜」，贊者承傳曰「拜」，在位官皆再拜。訖，禮直官引禮儀使、提舉官升殿西階，詣御座之西稍南，東向立。次禮直官引進讀官升殿西階，於殿上《聖政》匣之側，隨地立定。次内侍舉御案詣光堯壽聖太上皇帝御座前設定，諸司官啓封鐍，承受官取《聖政》册轉(受諸)〔授都〕大主管官，都大主管以授提舉官。提舉官就位搢笏，受《聖政》册，捧詣皇帝褥位之南，北向躬進。訖，提舉官執笏少退立，皇帝受《聖政》册。前導官導(詣)皇帝〔詣〕光堯壽聖太上皇帝御案前，北向，躬設於案上。訖，前導官導皇帝詣御案之東，西向立。次禮直官引進讀〔官〕詣御案之西，側身北向，搢笏，啓《聖政》册，進讀訖，合册，執笏，降西階，歸本班立。前導官導皇帝詣御案前，北向，躬徹《聖政》册，退詣褥位，西向立。次引提舉官搢笏，躬身受《聖政》册，退詣匣前，以《聖政》册授都大主管官，訖，執笏。提舉官、禮儀使並降西階，復位立。次都大主管官以《聖政》册授承受官，置於匣，封鐍訖。次 36 内侍徹御案，退。前導官導皇帝詣折檻前褥位，北向立。太常卿奏「請拜」，皇帝再拜訖，前導官導皇帝詣褥位，西向立。殿下〔官〕揖，班首已下躬，典儀曰「拜」，贊者承傳曰「拜」，在位官皆再拜。訖，直身，搢笏，躬身，三舞蹈，跪左膝，三叩頭，出笏，就一拜，又再拜，訖，直身立。光堯壽聖太上皇帝降座，皇帝後從入宮。其殿下官以次退，以俟從駕還内，如來儀。次都大主管〔官〕、承受官以《聖政》授德壽宮提舉、提點官進入。

於是修書官吏各轉一官，減一年磨勘，内選人改合入官，更減一年磨勘。經修不經進行在供職官轉一官，餘人等第推恩，支賜有差。内兩該賞人止從一處推恩。《三朝帝紀》推恩亦如之。（以上《永樂大典》卷二〇八四五）

告禮[一]

【宋會要】

37 告禮。是日，皇帝前後殿不視事。其奏告官差宰執或侍從官，内太廟、别〔廟〕、諸陵差南班宗室節度使以上，兩欑宮差紹興府南班宗室，餘官及致齋、降香、祝。

淳熙三年二月二十九日，禮部尚書趙雄言：「準敕差充大社奏告官，既至社壇，恭閲祝版，祝文云『用牲伐鼓，爰舉舊章』，詢之有司，則實不用牲伐鼓，乞下有司删改。」從之。

七年七月二十九日，爲雨澤稍愆，奏告天地、宗廟、社稷、宮觀。

十五年三月六日，奉上大行太上皇帝謚册寶、懿節皇后謚册寶，（奉）〔奏〕告天地、宗廟、社稷、宮觀、諸陵、欑宮。以上《孝宗會要》。

淳熙十六年二月五日，以皇帝登極，奏告天地、宗廟、社稷、景靈宮、諸宮觀、諸陵、欑宮。

七月十七日，以秋饗明堂，奉高宗皇帝升侑，奏告天地、宗廟、社稷、諸陵、欑宮。

十二月二十四日，爲來年改元紹熙，奏告天地、宗廟、社稷、宮觀、諸陵、欑〔宮〕。

二十八日，爲恭（壽）上至尊壽皇聖帝、壽聖皇太后、壽成皇后尊號册寶，前三日奏告天地、宗廟、社稷、諸陵、欑宮。

紹熙元年正月十六日，以册皇后，奏告天地、宗廟、社稷、宮觀、諸陵、欑宮。

二年六月十九日，爲將來郊祀大禮，御札降奏告天地、宗廟、社稷、宮觀。

十一月二十二日，爲加上高宗皇帝徽號，前一日奏告天地、宗廟、社稷、宮觀。

四年十一月十七日，爲加上壽聖隆慈備福皇太后尊號册寶行禮，38 奏告天地、宗廟、社稷、宮觀。

五年五月七日，爲至尊壽皇聖帝聖體愆和，遣官祈告宗廟、社稷、宮觀。以上《光宗會要》。

紹熙五年七月五日，以皇帝登極，奏告天地、宗廟、社稷、宮觀。以上《光宗會要》。

[一] 此下原有批注：「案郊祀有奏告，係專主郊祀。此告禮則兼各典禮，不僅郊社，故另列於後。」

紹熙五年七月五日，以皇帝登極，奏告天地、宗廟、社稷、宫觀、諸陵、欑宫[一]。

八月七日，爲明堂大禮，奏告天地、宗廟、社稷、宫觀、五嶽、四海、四瀆、諸陵、欑宫。

十月二十六日，奉上孝宗哲文神武成孝皇帝謚册寶，并安穆皇后、安恭皇后改謚册寶，奏告天地、宗廟、社稷、宫觀。既而奉上孝宗徽號册寶、憲聖慈烈皇后謚册寶、光宗憲仁聖哲慈孝皇帝謚册寶、慈懿皇后、恭淑皇后謚册寶、光宗徽號册寶、成肅皇后謚册寶，同之。

十二月二十六日，爲來年改元，奏告天地、宗廟、社稷、宫觀、諸陵、欑宫。以後改元同之。

慶元元年二月四日，以雨澤稍多，奏告天地、宗廟、社稷、嶽、鎮、海、瀆、風伯、雨師。以後雨暘久愆並同。

二年六月十二日，爲將來郊祀大禮，御札降奏告天地、宗廟、社稷、宫觀、五嶽、四海、四瀆、諸陵、欑宫。以後郊祀明堂，御札降並同之。

十月二日，册皇后，奏告天地、宗廟、社稷、宫觀、諸陵、欑宫。既而嘉泰三年正月二十八日册皇后，同之。

三年十一月六日，太皇太后聖體違和，奏告天地、宗廟、社稷、宫觀。既而六年六月壽仁太上皇后、七月聖安壽仁太上皇帝、十月恭淑皇后、開禧三年五月壽慈太皇太后
39 聖體違和，及升遐神主祔廟，並同之。

四年正月十七日，欽宗皇帝謚號敕下，奏告天地、宗廟、社稷、諸陵、欑宫。

五年十二月十四日，奉安仁懷皇后神御、憲聖慈烈皇后神御，前二日奏告景靈宫。既而嘉泰二年七月奉安光宗皇帝、慈懿皇后神御，嘉定二年六月奉安成肅皇后神御，並同之。

六年二月十二日，誕皇子，奏告天地、宗廟、社稷、高禖、諸陵、欑宫。

五月三十日，爲皇嗣所患未愈，奏告太廟。

開禧二年五月十四日，爲興師，奏告天地、（宫）宗廟、社稷、宫觀、九宫貴神、五嶽、四瀆、風伯、雨師、北方天王、馬祖、蚩尤。

（二年三月）〔三年二月〕二十四日[二]，吴曦叛逆就誅，奏告天地、宗廟、社稷。既而是月函首到闕，亦如之。

十一月二十一日，立皇太子，奏告天地、宗廟、社稷、宫觀、諸陵、欑宫。

嘉定元年五月二十九日，以飛蝗大作，奏告天地、社稷。

七年九月十二日，爲進呈《高〔宗〕皇帝中興經武要畧》，奏告景靈宫。既而十三年五月進呈《宗藩慶系録》、

[一] 此條與上條所述内容畧同，蓋分别出自光宗、寧宗會要。今仍其舊。

[二] 三年二月：原作「二年三月」，據《宋史》卷三八《寧宗紀》二改。下條亦爲三年事。

《刊正憲聖慈烈皇后聖德事跡》、《光宗玉牒》，十四年五月進呈《孝宗寶訓》，同。

十四年正月九日，爲鎮江都統制翟朝宗繳進「皇帝恭膺天命之寶」、玉寶牌，奏告太廟。

六月十六日，皇姪貴和改名，爲皇子，奏告天地、宗廟、社稷、諸陵、欑宮。

閏十二月二十六日，爲明年元日大慶殿受「皇帝恭膺天命之寶」，奏告天地、宗廟、社稷。

十七年六月五日，誕皇孫，奏告天地、宗廟、社稷、諸陵、欑宮。以 **40** 上《寧宗會要》。（以上《永樂大典》卷一七三二五）

祝文版[一]

【中興禮書】

41 乾道六年二月二十五日，祕書少監李燾等言：「本省修寫太廟朔祭及四孟薦饗祝版[二]，神宗皇帝祝文內，欽聖憲肅皇后向氏、欽慈皇后陳氏皆稱皇曾祖妣，唯欽成皇后朱氏即不稱皇曾祖妣。」太常寺指定，欽成皇后合依欽聖憲肅皇后、欽慈皇后體例稱皇曾祖妣，詔依。

淳熙三年七月七日，成都府狀：「四月二十一日，據本府北門斥堠鋪兵遞到行在都進奏院排發湯字號《立夏日祭南瀆御名祝板》一首，本府尋行點檢上件祝版，係用竹篭損壞，内祝板順木紋當心破損作兩片，用膠粘定。府司除已收管外，照得大瀆爲江，翊贊中興，威德顯著，朝廷毖嚴典祀，所有祝板係御書御名，事體至重。今來付之鋪兵，損壞如此，除已移文夔州路提舉馬遞鋪根究外，伏乞指揮：今後驗降，責付巡鋪使臣躬親管押，傳遞施行。」詔依，餘路依此。（以上《永樂大典》卷一九八六二）

禮器

【中興禮書】

42 右《中興禮書》紹興製造禮器圖，俎長一尺八寸，闊八寸，高八寸五分，漆兩端以朱，中以黑。（以上《永樂大典》卷一〇九四七）

[一] 此題爲徐松眉批。其後又批云：「《中興禮書》第一百五十七卷，吉禮一百五十七《祀祭祝文二》。松案：《永樂大典》於淳熙三年條下，另標『祀祭祝文』，知原書卷不相屬，故別爲一卷。」按，此謂以下文字不屬於《中興禮書》第一百五十七卷。故今所存徐松輯《中興禮書》該卷無此文。

[二] 「乾道六年」至「祝版」數句原脱，徐松眉批云：「松案：此條有闕文。以神宗爲曾祖，而下復有淳熙紀年，則此當是隆興、乾道時事。」今按，此條又見於本書禮一〇之二一，正有徐松所説之闕文，今據補。

宋會要輯稿　禮八

聖節〔一〕

1《太公金匱》：夏桀之時，有芩山之水，桀常以十月發民鑿山穿陵，通於河。民諫曰：「鑿山穿陵，是泄天之氣，發地之藏。天子失道，後必有敗。」桀殺之。期年，岑山崩爲大澤，湯率諸侯伐之。

《含神霧》：唐地處孟冬之位，得常山、泰岳之風，音中羽。其地磽确而收，故其民儉而好畜。此唐堯之所起。

梁元帝《纂要》：十月孟冬，亦曰上冬，亦曰陽月。

《宋會要》：大中祥符五年，以十月二十四日聖祖降延恩殿日爲降聖節〔二〕。（以上《永樂大典》卷二二）

【中興禮書】〔三〕

淳熙十二年十二月十七日，御史臺、閤門、太常寺言：「勘會已降指揮，太上皇帝聖壽無疆，來歲八十，用元日行慶壽禮。乞是日，皇太子、文武百僚先赴大慶殿立班稱賀。」詔依。

十二月二十八日，詔：「太保致仕史浩，已降指揮令赴慶壽立班。來年正月一日大慶殿朝賀，特令立班。」（以上《永樂大典》卷次原缺）

朝賀

冬至羣臣朝賀儀〔四〕

【中興禮書】

2其日，應在内諸門並比常早一刻開〔五〕，於大慶殿列黄麾角仗。行門、禁衛諸班直、親從等并入内省執骨朶使臣排立如儀。讀奏目知閤門官并簿書官當祗應，宣贊舍人已下覺察失儀。提點、承受等並靴笏。一班於殿下，北向立定。閤門、御史臺、太常寺分引文武百僚並靴笏。入赴殿下，分東西相向立。次太常寺、禮直官引宰執〔六〕、使相到位立定。次閤門、提點引皇太子到位立定。次舍人傳稱警，四色官趨赴殿庭稱警畢，閤門附内侍進班齊牌。皇帝服靴袍出，鳴鞭。行門、禁衛諸班直、親從等并入内省執骨朶使臣並迎駕，自贊常起居。皇帝升御座，舍人贊執仗人四拜起

〔一〕原無題，原稿第四條旁批「聖節」，姑移於此。按，前三條乃《大典》抄自《太平御覽》，非《宋會要》之文，爲徐松輯書時書吏誤抄，原稿天頭已批云「銷」；末條出自《宋會要》，按其内容應入本書禮五一「徽號」門。
〔二〕爲降聖節：原無，據《宋史》卷一一二《禮志》一五補。
〔三〕中興禮書：原無。按以下二條今見《中興禮書》卷二〇二，據補。
〔四〕天頭原批：「此頁至後六行有複文。」按，複文在《補編》頁一、頁四九。
〔五〕早：原作「在」，據《中興禮書》卷二〇二改。
〔六〕官：原作「宮」，據《中興禮書》卷二〇二改。

居。次舍人贊「讀奏目」，知閤門官以下常起居訖，知閤門官升殿讀奏目。餘官各歸侍立祗應位。舍人就位，揖皇太子已下躬。舍人當殿直身，通文武百寮、皇太子某已下起居稱賀。皇太子已下直身立。舍人、禮直官引皇太子、宰執、使相已下文武百僚北向立班定，舍人揖，躬身。典儀曰「再拜」，贊者承傳，在位官皆再拜，搢笏，舞蹈，又再拜，訖，且躬身。班首不離位，奏「聖躬萬福」，訖，典儀曰「再拜」，贊者承傳，在位官皆再拜，訖，直身立。禮直官引樞密一員由東階升殿[一]，東壁面西立，以俟宣答。舍人引皇太子出班到位[二]，俛伏，跪，百僚並躬身。致詞訖，伏，興，却引歸位，揖，皇太子躬身。典儀曰「再拜」，贊者承傳，在位官皆再拜，訖，且躬身。殿上禮直官引樞密當御座前躬承旨，退詣折檻東，西向立，稱「有制」。皇太子已下兩拜訖，且躬身。樞密宣答，訖，復位立。典儀曰「再拜」，贊者承傳，在位官皆再拜，訖，直身立。俟皇帝起，鳴鞭，皇太子已下並退。舍人承旨放仗，四色官趨赴殿庭，稱「奉勅放仗」，押仗官就位，兩拜訖，退。

正旦羣臣朝賀儀

其日，大慶殿列黄麾半仗，行門、禁衛諸班直、親從等并入内省執骨朵使臣排立如儀[三]。閤門、御史臺、太常寺分引文武百寮並靴笏。入赴殿下，分東西相向立定。次太常寺、禮直官引宰執、使相到位立定。次閤門、提點引皇太子到位立定。讀奏目知閤門官并簿書官當祗應，宣贊舍人已下覺察失儀。提點、承受等並靴笏。班於殿下，北向立定。次舍人傳稱警，四色官趨赴殿庭稱警畢，閤門附内侍進班齊牌。皇帝服鞾袍出，鳴鞭。行門、禁衛諸班直、親從等并入内省執骨朵使臣並迎駕，自贊(帝)〔常〕起居。皇帝升御座，舍人贊執仗人四拜起居。次舍人贊「讀奏目」，知閤門官已下常起居訖，知閤門官升殿讀奏目。餘官各歸侍立祗應位。舍人揖皇太子已下躬。舍人當殿直身，通文武百僚、皇太子某已下起居稱賀。皇太子已下直身立。舍人、禮直官引皇太子、宰執、使相已下文武百 3 僚北向立班定。舍人揖，躬身。典儀曰「再拜」，贊者承傳，在位官皆再拜，搢笏，舞蹈，又再拜，訖，且躬身。班首不離位，奏「聖躬萬福」，訖，典儀曰「再拜」，贊者承傳，在位官皆再拜，訖，直身立。禮直官引樞密一員由東階升殿東壁，面西立，以俟宣答。舍人引皇太子出班到位，俛伏，跪，百僚並躬身。致詞訖，伏，興，却引歸位，揖皇太子躬身。典儀曰「再拜」，贊者承傳，在位官皆再拜，搢笏，舞蹈，又再拜訖，且躬身。殿上禮直官引樞密當御前躬承旨，訖，於折檻東，西向立，稱「有制」，皇太子已下兩拜訖，且躬身。樞密宣答訖，復位立。典儀曰「再拜」，贊者承傳，在位官皆再拜，搢笏，舞蹈，又再拜，訖，直身立。俟皇

[一] 一員：原脱「一」字，據《中興禮書》卷二〇二補。
[二] 到：原作「列」，據《中興禮書》卷二〇二改。按，下《正旦群臣朝賀儀》亦作「到」。
[三] 「直親從」三字原作「武百寮」，據《中興禮書》卷二〇二改。

帝起，鳴鞭，皇太子已下并退。舍人承旨放仗，四色官趨赴殿庭，稱「奉勑放仗」，押仗官就位，兩拜訖，退。（以上《永樂大典》卷一七四六四）〔一〕

朝會

【中興禮書】

4 高宗建炎四年十一月五日〔二〕，太常寺言：「檢會冬至皇帝躬率百官遥拜道君皇帝、淵聖皇帝訖，御殿，百官起居，宰執更不奏事，是日作休務假。本寺勘會今來冬至日，并來年正旦，欲依上件禮例施行。」詔依。自是至紹興六年倣此〔三〕。

〔紹興〕七年閏十月六日〔四〕，行在禮部、太常寺言：「勘會自來冬至日，皇帝躬率百官遥拜淵聖皇帝表訖，依例御殿，百官起居，緣今來係在聖文仁德顯孝皇帝、顯肅皇后未祔廟已前，所有將來十一月一日冬至日，今參酌禮例申請下項：一、冬至日，乞依見旦、望遥拜禮例，是日宰執率文武百官於行宮門外遥拜淵聖皇帝表。所有表文乞令禮部修撰書寫。其表不入詞，俟拜訖，付禮部收掌，候問安使行日附行。一、所有冬至日，依禮例，皇帝御殿，百官起居，緣今來係在未祔廟已前，欲乞是日文武百僚依旦、望禮例，於常御殿門外進名奉慰。」詔依。

十二月十八日，行宮禮部、太常寺言：「來年正旦，留守以下至日合詣行宮北門立班拜表。今來係在聖文仁德顯孝皇帝、顯肅皇后服制之内，難以作賀表。又緣已係祔廟畢，欲乞改作拜起居表。仍乞於十二月二十一日先拜六參起居表訖，次預拜正旦起居表。其拜表節次等，依近冬至禮例施行。所有表，依例，行宮行首司收接，留守司差人投進。兼正月一日留守以下先詣行宮南門遥拜（肅）〔淵〕聖皇帝訖，次赴行宮北門拜六參起居表。」詔依。

九年十一月五日，禮部、太常寺言：「勘會將來冬至日，乞依見今旦、望禮例，是日皇帝於禁中遥拜淵聖皇帝，更不御殿。羣臣於南宮門外遥拜訖，次宰執率百官僚詣常御殿拜（賀）〔表〕稱賀。其日禮部郎官轉表授班首，班首轉授閤門官。其表依在京冬至、正旦不御殿禮例入詞。所有來年正旦亦依此施行。」詔依。自後倣此。

十二年十月十六日，禮部、太常寺言：「都省批送臣僚劄子：『竊以元正一歲之首，冬至一陽之復，聖人重之，制爲朝賀之禮焉。自上世以來，未之有改也。漢高帝以五年

〔一〕天頭原批：「以上已見五千三百五十六。」按，指《大典》卷次，此節複文今未見。
〔二〕天頭原批：「此有複文，至淳熙十五年十一月四日條。」按，見《補編》頁一至三。
〔三〕此句原作大字，據《中興禮書》卷一九九改爲小字。
〔四〕天頭原批：「案：建炎無七年，『七年』上當有『紹興』二字。」按《中興禮書》卷一九九有此二字，今據補。

即位，而七年受朝於長樂宮。我太祖皇帝以建隆元年即位，受朝於崇元殿。主上臨御十有六年，正、至朝賀初未嘗講〔一〕，豈艱難之際不遑暇歟？兹者太母還宮，國家大慶，四方來賀，亶惟其時。欲望自今冬至、元正舉行朝賀之禮，以明天子之尊，庶幾舊典不至廢墜。』令看詳申尚書省。契勘朝會之禮，依國朝故事，冬至、正旦有司前兩月申請，取旨排辦。昨自艱難之際，權不舉行。今來臣僚申請，合依舊舉行。依儀〔二〕，設黄麾大仗、車輅、逍遥、平輦、法物、樂舞等。百僚服朝服，再坐上壽，宣公王等升殿，間飲三周。」詔依，仍自來年 5 舉行。

十九日，臣僚劄子奏：「臣竊以王者所幸爲京師，言京大而師衆，四方之人必以衆與大歸之。故有朝、宗、覲、遇、會同之禮，甸、侯、賓、要、荒服之制。以九儀之命，正邦國之位，端己南面而治，百官備物而動，所以爲慎重肅恭、尊君卑臣之典。又爲車服旗章以旌之，贄幣瑞節以鎮之，聲容文物以紀之，於是乎正班爵之儀，訓上下之則。所以興衰撥亂，使民回心而鄉道，亦非天之所爲，蓋人之所設也。人之所設，不爲則不立，不修則壞。昔漢高祖既得天下，命叔孫通定朝〔議〕〔儀〕，當十月長樂宮成，諸侯來朝，莫不震恐。高帝悦而嘆曰：『吾迺今日知爲天子之貴也！』惟我國家襲周之憲度，恢漢之規模，其亦尚矣。陛下盛德大業，超軼古今，時號中興，功逾肇造。久撫艱難之運，禮文多所未修；今格和寧之期，舊典宜加蒐舉。欲望明詔有司，講求祖宗故實，常朝、視朝，正衙、便殿，朝會之儀，舉而行之，以隆帝業，用稱萬邦百辟尊君之心，天下幸甚！」詔令禮部、太常寺、閤門同共討論，申尚書省。今討論：在京月朔日，文德殿視朝，紫宸殿日參、望參，垂拱殿日參、四參。假日，崇政殿坐；聖節，垂拱殿上壽。今來臣僚所請，欲乞舉行。今乞先次宰臣率百僚拜表，奏請皇帝御正殿視朝。若降指揮，許允所請，其合行事務乞令逐處各行條具申請。」詔依。

十一月三日，權禮部侍郎王賞等言：「契勘朝會之制，正旦、冬至及大慶受賀受朝〔三〕，係御大慶殿。其文德、紫宸、垂拱殿禮制不同，月朔視朝則御文德殿，謂之前殿正衙，仍設黄麾半仗；其餘紫宸、垂拱皆係別殿，不設儀仗。今來已降指揮，依臣僚所請，乞講朝會之儀。緣元正在近，大慶殿之禮事務至多，欲乞先舉行文德殿視朝之制。其朝會合服朝服，并設樂上壽，間飲三周、設祥瑞表案等，並乞候來年冬至前別行取旨。」詔〔依〕。

十七日，禮部、太常寺言：「勘會將來冬至，欲乞依禮例，是日皇帝於慈寧殿賀皇太后〔四〕，如宮中之儀，訖，次於禁中遥賀淵聖皇帝畢，更不御殿。宰執率文武百僚詣常御

〔一〕賀：原作「陽」，據《宋史》卷一一六《禮志》一九改。
〔二〕儀：原作「議」，據《中興禮書》卷一九九改。
〔三〕「大慶」下原衍「殿」字，據《宋史》卷一一六《禮志》一九删。
〔四〕皇太后：原作「太皇后」，據《中興禮書》卷一九九乙。

殿拜表稱賀。來年正旦亦乞依此施行。」詔依。

十二月十二日，禮部言：「准都省批送下御史臺申：『本臺今先次條具到宰臣率百僚拜表請皇帝御正殿視朝合行事件。』送禮部看詳，尋下太常寺看詳到下項，欲並依所申施行。一、宰臣率百僚拜表，請皇帝御正殿視朝，俟批答允所請，并修蓋垂拱、崇政殿了畢，其御正殿日分，取旨下有司施行。今看詳，乞候修蓋前殿畢工日，申朝廷，下太史局擇日御正殿。一、將來御正殿，每遇朔望日，欲乞依先降指揮，宰臣率百官先遥拜淵聖皇帝，退，次赴前殿，起居如儀。一、百官聽〔宣〕赦書、德音、麻制，依儀，集官於文德殿立班。將來每遇告集百官聽宣赦書、德音、麻制，欲乞將崇政殿權充文德殿立班。6 一、垂拱殿四參，依儀，於殿門外設位版。一、宰臣率百官拜表，并聽御札批答，依儀，並在東上閤門。昨在京日係於文德殿東朵殿，將來每遇群臣拜表、聽御札批答，欲將崇政殿權作文德殿，充東上閤門，羣臣立班。一、今來舉行正殿朝會，並遵執見行儀制編排班次，比之目今後殿常朝報引班列事體不同。所有侍從及應職事官差除罷職等移動班位，趍赴朝參，多有不赴，間有赴者，未敢便引立新班。上件事理，委有相妨，伏乞畫黄，劄下本臺照會，庶得班列整肅，及彈奏不致差誤。一、依儀，朝會退，百官謝賜茶酒，合在朝堂。今來舉行之初，欲乞候將來朝堂了畢日，令所屬申取朝廷指揮。」詔依。

十三年十二月六日，閤門言：「依在京，遇大禮年分，次年正旦朝會依例權罷。」詔依。

十四年八月二十四日，閤門言：「紹興十三年爲大禮畢端誠殿稱賀，當年冬至大朝會於禮例權罷；并十四年正旦大朝會，大禮次年亦合權罷。所有今來冬至，來年正旦大朝會，若朝廷降指揮舉行，於閤門典禮別無妨礙。」太常寺狀：「勘會冬至、正旦大朝會，係本寺逐年檢舉申請，候指揮下日施行。奉聖旨令閤門討論，與人使入見不得相妨。契勘依〔議〕〔儀〕，冬至及正旦合御大慶殿大朝會。將來正旦大朝會，百僚稱賀，皇帝御大慶殿坐，其使人入見，臨時聽旨，即無相妨。」詔依。

九月十七日，門下後省言：「將來大朝會，本省有合申請事件下項：一、八寶合於大慶殿上御座東西安設。一、主進中嚴、外辦、解嚴牙牌職掌，係本省差人外，所有設席褥職掌，依法合太僕寺差，後來並係駕部差。今來上件職掌，乞從本省及駕部差撥。」詔依。

十八日，中書後省言：「將來正旦大朝會，合用表案并紫綾案衣及席褥，乞下太常寺依門下後省祥瑞表案、席褥一樣製造排辦，禮畢令本寺拘收。」詔依。

十九日，禮部言：「祇候庫申：『將來大朝會，文武百僚等朝服、法衣，約度，乞下工部製造。』批送禮部看詳。本部尋下太常寺看詳得，所造朝服，除宰執、使相、侍從、臺諫、武臣正任以上并應奉官見有祇候庫椿管數目外，其文武百僚朝服欲依祇候庫所申，從御史臺、閤門、四方館約度合用立班員數，報本庫契勘闕少數，申工部貼造。所有入殿應奉禁衛諸班直、皇城司親從、快行八厢諸色祗應人法衣等名件樣制，本寺難以見得。乞令祗候庫會問主管禁衛所及應奉官司，具合用人數，本庫省記逐色人合服名件，申工部製造。」詔依。

二十一日，翰林司言：「今年冬至、來年正旦大朝會，本司自來排辦殿内臣僚合用金銀器皿件物，並係於天章閣收附，宴設家事庫關請。數内對御合用金爵盞，兩朵殿、兩廊合用白成銀爵盞。今來本庫止有鍍金銀盤盞、白成銀盤盞、鍍金銀屈巵、白成銀屈 7 巵。今欲乞將見在屈巵并盤盞充代爵盞使用。」詔依。

二十三日，禮部、太常寺言：「來年正旦大朝會，參酌條具合行排辦事件下項：一、依（議）〔儀〕，合（脚）〔即〕大慶殿，今欲乞將文德殿權作大慶殿。一、合張設垂拱殿、大慶殿及殿門之内外，設東西房於大慶殿御榻之左右稍北，又設東西閣於殿後之左右，并侍班幕次等，欲令儀鸞司預先排辦釘設。一、合設登歌、宫架、樂舞。一、合設五輅、儀仗、輿輦、法物、繖扇等，乞從兵部行下所屬排辦。一、合設諸州、諸蕃貢物，乞下户、禮部排辦。一、依（議）〔儀〕，符寶郎奉寶陳於大慶殿御榻之左右，及丹墀、龍墀、沙墀上陳輦輿、繖扇、御馬，及設表案、祥瑞案，并三公、三少、侍中、中書令以下殿門外叙班及殿内立班去處，欲乞令御史臺定日，同閤門、太常寺并應奉官司前去相度。」詔依。

十月二日，禮部、太常寺言：「來年正旦大慶會，其登歌樂工内歌色、柷敔、（摶）〔搏〕拊、鐘、磬、琴、瑟，係在殿上排設。其管、笛、笙、簫係在簷下排立。照得十三年郊祀大禮，景靈宫殿簷下所用樂床係軍器所製造，今欲下軍器所造。」詔依。

三日，四方館言：「勘會將來正旦大朝會，文武百僚合用朝服，本館除已先次開具進奏官及本館應奉人數，并所服法服，報祗候庫製造外，所有致仕官、京官、選人員數、法服等，今比附，隨宜約度下項：一、致仕官，欲乞將行在臨安府城内寄居致仕官，權從上，以十員；京官、選人欲乞權以五十員；并吏部已參部人，欲乞一百員；并乞於從上職位趁赴立班，製造法服。一、諸路貢士、舉人，欲乞令禮部於諸州發解，引舉人解頭，權以一百人趁赴立班，製造士服；如人數不足，於太學生内差大職事及近上齋長諭。一、昨在京，先生、法師、左右街道官等趁赴，今欲乞令僧官、道官及僧正、道正司差寺觀主首及從上師號高者，僧、道權各以三十人趁赴立班，並各服本色。」詔依。

同日，兵部言：「契勘自來大朝會，合排設黄麾大仗五千二十七人。所有來年正旦大朝會，未委排設黄麾大仗，唯復排設黄麾半仗二千二百六十五人。及契勘，更有五輅下駕士人兵等一千人。奉聖旨，令兵部相度地步，申尚書省。本部尋將帶左右金吾街仗、六軍儀仗司等入殿相視得，大慶殿比之在京地步不同，又緣依《政和五禮新儀》，合用黃麾大仗五千二十七人，今來若全行排設，委是擁遏，難以擺布。今相度，欲乞用黃麾大仗，止將合用人數權減三分之一，用三千三百五十人。所有執著、服色除已有黃麾半仗外，有少（闕）〔闕〕數目，欲乞於祗候庫見管大禮儀仗物色內就行揍數充代，於殿門內外隨宜擺列至車輅前後。」詔依。

九日，御史臺言：「今相視到立班去處，申請事件下項：一、今來大朝會，已降指揮，文德殿權作大慶殿。依儀，兩省官合於丹墀上[8]分東西相向立。目今殿庭即無三墀，今欲乞除將起居郎、舍人夾香案東西侍立外，其餘兩省官乞隨宜分東西相向立班。一、依令，大朝會前二日赴大慶殿習儀。欲乞於正習儀前，從本臺定日，同閤門、太常寺并應奉官司赴本殿閱習。一、合用文臣百官，欲乞告集應通直郎以上及行在見任寺監主簿承務郎以上職事官，趁赴立班并習儀。」詔依。

同日，禮部、太常寺言：「今續次參酌條具事件下項：一、合差太史令一員奏雲物祥瑞，乞下太史局差。一、依儀，合用御榻并香案，乞令儀鸞司排辦。一、大朝會儀注，乞令御史臺、太常寺、閤門同共參酌修定申請。所有垂拱殿樞密以下稱賀儀，乞從閤門申請。」詔依。

十九日，兵部言：「正旦大朝會，尋行下車輅、御輦、左右騏驥院前去相視到下項，本部今欲依逐處申到事理施行。一、車輅院勘會，在京日大朝會合排設五輅，係於大慶殿內排設。今來相視得殿內地步雖可排設五輅，緣車輅高闊，與今來殿門出入相妨，今欲乞於皇城南門外隨宜排設。一、左右騏驥院勘會，自來遇大朝會合用韉鞍御馬二十匹，於大慶殿龍墀上，在逍遙、平輦後排立應奉。今來相視得，殿前兩壁廊下排設逍遙、平輦，於輦後係是廊屋，別無地步排立御馬。乞於逍遙、平輦以南兩壁排立。乞下太常寺相度，指定依禮儀有無妨礙。本寺看詳，今來大慶殿地步與在京不同，若隨宜於大慶殿門外排立，於典禮別無妨礙。一、御輦院契勘，在京日大朝會，本院合排設大輦、逍遙、平輦、腰小輿，於大慶殿東西龍墀上排設；繖扇一百六柄，於大慶殿下排設。今相視下項：一、平輦、腰輿，殿廊下面西安設；逍遙子、腰小輿於殿西廊下東西相向排設。一、繖扇，在京合差撥人員、輦官一百一十人，今欲乞隨宜差撥人員、輦官七十人祗應，於殿下逍遙、平輦近南，東西相向排設。一、大輦一乘，今來緣殿門出入相妨，今欲於皇城南門外隨宜排設。」詔依。

二十日，禮部、太常寺言：「今續次參酌條具申請下項：一、乞依禮例，於元日前二日，文武百僚并應奉人並赴殿庭習儀。一、太常寺、禮直官、贊者并樂正、樂工，乞於習儀前從本寺定日，於法惠寺作樂教習三日。」詔依。

二十一日，輔臣進呈：「有司申請，大朝會舊有地衣。」上曰：「祖宗時往往是河東進獻，因而用之。今從儉約，更不須用。」

十一月一日，禮部言：「准都省送下提舉秘書省申：『太史局狀，將來大朝會，本局官四員，司辰、禮曆局學生共二十四人，依例並合在大慶殿門外西壁排立應奉。又文德殿鐘鼓院狀，合差主管官四員，星漏官一員，司辰直官、鷄唱局學生二十一人，依例並合赴大慶殿門裏西間，近東北簷下排設應奉。』送禮部看詳。本部尋下太常寺看詳，欲依本省所申事9理。」詔依。

同日，禮部、太常寺言：「自來朝會，於習儀前宰執同禮部、太常寺官按樂。所有將來正旦朝會，欲乞依禮例，從太常寺申請，定日於法惠寺按樂。及上壽，依儀合差太官令二人奏酒巡周、奏食徧，依自來禮例係差教坊使副充。」詔依。

十五日，户、禮部言：「准都省送下太常寺申：『契勘將來大朝會，依在京禮例，合排設登歌、樂舞應奉。所有合舉行事件，今先次條具到申請下項。』户、禮部參酌指定，申尚書省。本部看詳，欲依太常寺申到事理。一、本寺勘會，在京日遇大朝會，合用登歌、宮架樂工六百餘人。今來大朝會，欲比附紹興十三年郊祀大禮應奉人數，止用樂正四人、登歌樂工四十八人、宮架樂工一百八十二人，共用二百三十四人。將見管歲中常祀樂正并登歌、宮架樂工、二舞及守闕樂工一百七十三人撥充應奉。如有闕少人數，乞從本寺拘收曾經應奉樂工充。若或不足，乞行召募。一、將本寺額管二舞並撥充宮架樂工祗應外，見闕文郎六十四人，武郎六十四人，管押色長二人，引舞四人，共用一百三十四人，更不招置。欲乞依祖宗舊制，下教坊借差諸部樂人充攝。若教坊樂人敷數不足，乞令鈞容直貼差應奉。一、合用樂章，乞從本寺具曲名節次，申學士院修撰，前期付下教習。」詔依。十二月二日，教坊所狀：「將來大朝會，見闕文、武郎并引舞人，乞下教坊借差；如敷數不足，下鈞容直貼差。本所契勘，教坊將來賀正旦人使到闕祗應，尚慮分布不足〔一〕，若行差撥二舞等人，顯是相妨。」詔并權差鈞容直〔二〕。

二十九日，閤門言：「檢會舊例，正旦朝會，垂拱殿設簾，殿上駐輦，候起居稱賀班絶，乘輦，樞密、知閤門官、樞密都副承旨、諸房副承旨前導，管軍引駕至大慶殿後幄，皇帝降輦，入次更衣。契勘今來垂拱殿過大慶殿，經由道路與在京不同，取聖旨。」詔：「大朝會，常御殿權設垂拱殿，免駐輦，設簾，止設倚子。稱賀班絶，過大慶殿後幄。」

同日，閤門言：「今具合申請下項：一、將來正旦朝會，射殿權作大慶殿，無三墀，所有龍墀、沙墀合排立大小使臣，欲乞權免侍立。一、上壽殿上設御榻，兩壁窄隘，令權移東壁，御史中丞、正侍郎、直學士與尚書一行差後坐；西壁權移承宣、觀察使與節度使一行差後坐。如更鋪設不遍，令隨宜遷那，於兩朵殿坐。」詔依。

紹興十四年十二月十日，禮部、太常寺言：「正旦御殿

〔一〕「尚」下原衍「書」字，「分」原脱，據《中興禮書》卷一九九删補。

〔二〕并權差鈞容直：原作「賀正旦人」，據《中興禮書》卷一九九改。

受賀，所有宰執同禮部、太常寺官就法惠寺按樂，今定十二月二十三日。乞依在京禮例作休務假一日。」詔依。

十九日，門下後省言：「勘會今來大朝會，合差奏請守視八寶内外符寶郎各二員，其外符寶郎乞差卿、監權攝，所有内符寶郎欲乞下入内内侍省差内侍權攝（攝）。」詔依。

同日，御史臺言：「正旦大朝會，其合用文臣百官，應通直郎【10】以上及行在見任寺監主簿承務郎以上職事官趍赴〔一〕。數内，本臺檢法官、秘書省官、國子監學博士、正、録未有該載，欲乞權令應京官見任前件職任之人隨班趍赴。」詔依。

二十日，禮部、太常寺言：「勘會將來大朝會，依儀合設諸蕃貢物。至日，禮部尚書於殿下奏諸蕃貢物請付所司。緣今來係首初舉行朝會之禮，若不陳設，竊慮於禮未盡。禮部、太常寺今相度，欲乞令户部行下所屬，將市舶之物量數陳設，所貴依儀不闕。」詔依。

二十三日，御史臺、閤門言：「勘會大朝會舊例，上壽訖合赴坐官：殿上，文臣權侍郎以上，武臣正任刺史以上，及厢都指揮使。東朵殿，文臣祕書監至朝奉大夫，并都虞候。西朵殿，横行并宗室遥郡及都虞候。東廊，文臣通直郎以上。西廊，諸軍指揮使。契勘今來係射殿權設大慶殿，欲乞權用文臣權侍郎以上、武臣正任刺史以上。東朵殿，職事官六曹郎中以上并臺諫官；西朵殿，横行并宗室遥郡以上。所有其餘文臣通直郎以上及承務郎見任寺監主簿以上職事官，并厢都指揮使至諸軍指揮使，並乞權免赴坐。至日，已係主班稍久，其免赴坐臣僚等，欲乞候上壽訖，於殿門外逐幕次賜酒食訖，退。」詔依。

二十七日，禮部、太常寺言：「正旦大朝會，依禮例，班首合稱上公外，所有合差官下項，伏乞朝廷降敕差官。一、朝賀并上壽：侍中三員，一員奏中嚴、外辦并奏解嚴，一員御前奏中嚴、外辦并奏解嚴，一員承旨宣制并奏禮畢，並乞差侍從官。押樂太常卿一員，殿下協律郎一員，太常博士一員贊引上公，並乞差太常寺官。知閤門官四員，一員進中嚴朝賀兼上壽。并引上公，朝賀。一員進外辦朝賀兼上壽。并引中書令奏諸方鎮表，朝賀。一員進解嚴，朝賀兼上壽。一員引上公。上壽。一、朝賀：中書令一員，奏諸方鎮表并讀表，乞差執政官。參知政事二員，一員奏祥瑞表并讀表，一員押諸方鎮表案。户部尚書一員，奏諸州貢物請付所司。禮部尚書一員，奏諸蕃貢物請付所司。刑部尚書一員，奏天下斷絶，請付史館：並乞差侍從官。一〔二〕、上壽：侍中一員，奏請延公（主）〔王〕等升殿。殿中監一員，以爵并坫授上公，并進第一、第二、第三爵酒。殿中少監一員，注酒。光禄卿一員，奏請允（郡）〔群〕臣上壽：並乞差兩省卿監等。」詔依。

〔一〕通直郎：原作「用直郎」，據《中興禮書》卷二〇〇改。

〔二〕「一」下原衍「員」字，據《中興禮書》卷二〇〇刪。

大朝會儀

陳設。前期，儀鸞司張設垂拱、大慶殿門之内。設御榻於大慶殿當中，南面；設東西房於御榻之左右，稍北；設東西閣於殿後之左右；殿上前楹施簾；設香案於殿下。太常展宮架之樂於殿庭橫街之南；設協律郎舉麾位於宮架西北，東向；太常卿押樂位於宮架之前，北向。儀鸞司設文武百官、客使等次於大慶殿門外。其日，御輦院陳輿輦并繖扇於殿下，東西相向。兵部陳五輅於皇城南門之外〔一〕，俱北向〔二〕。11 騏驥院列御馬於殿門外，東西相向。兵部帥其屬設黄麾仗於殿門之内外，並隨地之宜。中書後省設諸方鎮表案於殿西門之外。門下後省設祥瑞案於殿東門之外。舉案職掌各二人，引案令史各一人。户部以諸州、禮部以諸蕃供物陳於宮架之南。諸州、諸蕃以所貢物量數入殿，諸州在東，諸蕃在西，各押當職掌二人。餘物陳於門外。太常設典儀位於殿下，近南稍東，贊者三人在其後，俱西向。

朝賀。其日質明，闢大慶殿門，文武百官、客使等入就次，服朝服。樂正帥樂工先入就位，協律郎入就舉麾位，太常卿入就押樂位。典儀帥贊者先入就位，凡執事與陪位者以次入。參知政事以諸方鎮表、給事中以所奏祥瑞表置於案。次垂拱殿，樞密并知閤門官已下，樞密都承旨至逐房副承旨，及在内監臨祗應橫行武功大夫至保義郎，及合赴垂拱殿立班橫行武功大夫至修武郎，内侍省都知押班已下并帶御器械官，並履笏，一班。帶御器械官如係正任，綴内侍省都知已下班，餘歸本官班。内侍省都知已下即於樞密班東別爲一班。當祗應知閤門官以下提點使臣一班，於樞密班前立。閤門附内侍進班齊牌。皇帝出，殿下鳴鞭。先行門、禁衛諸班、親從等迎駕，自贊四拜起居。皇帝坐，當祗應知閤門官已下提點使臣一班常起居訖，如引人使已起居者，止奏萬福。宣答，知閤門官歸祗應位，餘官退。宣贊舍人揖樞密以下，躬，赴當殿北向，躬，通樞密某官姓名已下起居稱賀，復位。舍人贊「拜」，樞密已下再拜，搢笏，舞蹈，又再拜。樞密奏「聖躬萬福」訖，又再拜。樞密出班，俛伏，跪，致詞，訖，俛伏，興，歸位。樞密已下再拜，搢笏，舞蹈，又再拜。知閤門官當殿躬承旨，復位，西向立定。宣「有制」，樞密已下再拜。宣答(制)〔訖〕，樞密已下再拜，搢笏，舞蹈，又再拜。訖，樞密并知閤門官、樞密都承旨至諸房副承旨並於殿東階下，分東西立，以俟導駕，餘官先退。次舍人贊管軍臣僚窄衣杖子。宣名，四拜起居，訖，贊祗候引駕。俟皇帝起，導至常御殿南閤子下，樞密已下並退。並易朝服，赴大慶殿侍立。管軍易朝服，大慶〔殿〕下分東西侍立。俟輦降東階，至大慶殿後，皇帝降輦，入西閤門。導官易朝服，御榻前分左右侍立，知樞密院事、簽書樞密院事、知閤門事至簽書閤門官在東，同知樞密院

〔一〕南：原作「於」，據《中興禮書》卷二〇〇改。
〔二〕北向：原脱，據《宋史》卷一四三《儀衛志》一補。

事、都承旨至諸房副承旨在西。帶御器械官並殿上侍立。當侍立閤門舍人以下兩朵殿立，不當祗應舍人並於殿東階下立。諸軍將校入就位。四方館先引諸方及海外蕃客，閤門、客省引交州、高麗、夏國使副，御史臺知班引殿中侍御史先入就位。次武功大夫以下。次御史臺引太常卿以下百官，次侍御史以下，次正任防禦使、團練使以下，俱入殿庭就位，東西相向立；伎術官12北向。次引起居郎、舍人入詣香案對立。起居郎西向，舍人東向，上壽歸本省班。次引六曹侍郎及開封尹至大司成，次兩省官，次節度使至觀察使，次御史大夫、中丞，次學士、待制，次太尉，次一品、二品文官，次禮直官引三公、宰相、親王、使相、執政官，於殿門外序班。三公、三少、侍中、中書令在殿門南階下稍東；參知政事又在其東；左散騎常侍在其東；次給事中、左諫議大夫，次左司諫、左正言，又在其東；觀文殿大學士、資政殿大學士、翰林學士承旨、翰林學士、資政、端明殿學士在參知政事之南稍東；觀文殿學士以下稍却，翰林學士承旨以下又稍却。特進在端明殿學士之南稍前；與觀文殿大學士班齊。六曹尚書、金紫、銀青光祿大夫、光祿大夫在其東；次六曹侍郎又在其東；開封尹至大司成在六曹侍郎之南；御史大夫在吏部尚書之北，中丞在其東；太子三師在光祿大夫之南稍前，與特進班齊。三少在其東；次賓客、詹事又在其東；左金吾衛、左衛、左諸衛上將軍在太子三少之南。每等重行異位，並西向北上。親王、使相在殿門南階下稍西；參知政事又在其北稍西；右散騎常侍在其西；次中書舍人、右諫議大夫，次右司諫、右正言又在其西；龍圖閣學士以下，與右散騎常侍班齊。直學士在其西；次待制又在其西；太尉在南，節度使在其西，次承宣、觀察使又在其西；右金吾衛、右衛、右諸衛上將軍在節度使之南。每等重行異位，並東向北上。禮直官、舍人引侍中版(奉)〔奏〕「中嚴」，復位。內外符寶郎奉寶先出，陳於御榻之左右。少頃，又引侍中版奏「外(辨)〔辦〕」。皇帝服通天冠、絳紗袍，簾捲，殿上鳴鞭。禁衛諸班、親從、輿輦下應奉人自贊四拜起居。皇帝御輿出西閤，協律郎跪，俛伏，舉麾興，工鼓柷，宮架奏《乾安之樂》。凡樂，協律郎跪舉麾，工鼓柷而後作，偃麾，戛敔而後止。皇帝出自西房，內侍承旨索扇，扇合。舍人北向贊東西班并執儀將士就位，四拜起居。執長戟及有妨拜跪兵士止應喏呼萬歲。皇帝降輿，升御榻。閤門官於榻前班北稍東，西向，贊殿上侍臣樞密以下並再拜，贊拜。閤門官贊拜訖，北向，隨班再拜，西向，贊各祗候。皇帝南向坐，簾捲。內侍又贊扇開，殿下鳴鞭，戛敔，樂(土)〔止〕，爐煙升。禮直官、舍人引殿門外序班官分東西入，宮架奏《正安之樂》，俱就位，東西相向立，樂止。贊者引參知政事押表案入，詣西階下，東向立；給事中押祥瑞案詣東階下，西向，對立定，歸本班。俟大起居畢，復表案及祥瑞案位。禮直官、舍人引班首以下橫行北向。兩省官、學士、待制、上將軍以下依舊東西相向立。三公、使相、三少、侍中、中書令並殿下，北向西上，左右僕射在其南，參知政事在中書令之北稍東，左散騎常侍在其東，次給事中、左諫議大夫，次左【13】司諫、符寶郎、左正言，又在其東。每等重行異位。觀文殿大學士、資政殿大學士、翰林學士承旨、翰林學士、資政、端明殿學士在左散騎常侍之南，觀文殿學士、資政殿大學士稍前，觀文殿大學士又稍前。並西向北上。親王在殿下，北向東上；參知政事在親王之北稍西；右散騎常侍在其西；次中書舍人、右諫議大夫，次右司諫、右正言又在其西；龍圖閣學士以下在右散騎常侍之南，樞密直學士以下在其西，待制又在其西。每等重行異位，並東向北上。左金吾衛、左衛、左諸衛上將軍在橫階南黃道之東，大將軍在其東，率府率又在其東，俱西向北上。右金吾衛、右衛、右諸衛上將軍在橫階南黃道之西，將軍在其西，率府副率又在其西，東向北上。特進在儀石之南稍東，六曹尚書至光禄大夫在其南，次六曹侍郎、開封尹至大司成，開封尹以下在六曹侍郎之東少絶。次太常卿至中大夫，次殿中少監至中散大夫，次七寺少卿至奉直大夫，次左右司員外郎至朝奉大夫，次六曹員外郎至朝奉郎，次太常丞至承議郎，次開封知縣至奉議郎，次太史局正至通直郎，次致仕官，次陪位未陞朝官宣教郎以下，又在其南。御史大夫在光禄大夫之東，中丞在其南，次侍御史、殿中侍御史、監察御史又在其南。太子三師在御史大夫之東，與特進班齊。三少在其南，次賓客、詹事，次左右庶子以下，又在其南。每等重行異位。夏國使副在陪位官之東，軍員在宮架東黃道之東，諸方及海外蕃客在其南。如止一國，即在西。並北向西上。太尉在儀石之南，與特進班齊。節度使在其南，次承宣、觀察使，次防禦使，次團練使，次刺史，次武功大夫以下，次致仕官，又在其南。通侍大夫至右武大夫在防禦使之西，中亮郎至右武郎在其南，和安大夫以下至翰林良醫在武翼大夫之西少絶，和安郎以下至翰林醫正在其南。每等重行異位。高麗使、副在陪位官之西，交州使、副在高麗使、副之西，軍員在宮架西黃道之西，諸方及海外蕃客在其南，進奏官在貢物之間，諸州貢首在其南，並北向東上。伎術官在宮架之前，醫官、醫學在東，西上，待詔藝學在西，東上，並北向。並在文武百官後，如武功大夫至修武郎員多，即併伎術官在東班百官後。典儀曰「拜」，贊者承傳，在位官皆再拜，搢笏，舞蹈，又再拜。班首不離位，奏「聖躬萬福」。典儀曰「拜」，贊者承傳，在位官皆再拜訖。次引中書令、參知政事分至兩階上，各於案取所奏表，以次分東西階升，中書令取方鎮官高一表。至殿上，分東西立。參知政事在東，中書令在西。禮直官、舍人引承旨侍中升東階，詣殿上之東，西向立。禮直官、舍人、太常博士引上公升西階，《正安之樂》作，上公升降並《正安之樂》作。至殿【14】上，樂止。凡上公升殿，中書令讀表，皆舍人引至殿下，閤門官殿上接引。禮直官、博士、閤門官引上公詣御榻前，北向俛伏，跪，百僚皆躬。奏稱：「文武百僚、上公具官臣某等言：元正啓祚，萬物咸新。伏維皇帝陛下膺乾納祜[一]，與天同休。」俛伏，興，百僚直身立。降階。俟上公還位，典儀曰「再拜」，贊者承傳，在位官皆再拜，搢笏，舞蹈，又再拜訖，躬。侍中進，當御榻前躬承旨，退臨折檻稍東，西向，稱「有制」，上公并應在位官皆再拜訖，躬宣曰：「履新之慶，與公等同之。」宣訖，復位。在位官皆再拜，搢笏，舞蹈，又再拜。引上公以下分東西序立。次禮直官、閤門官引中書令進，當御榻前，北向俛伏，跪，奏稱：「中書令具官臣某奏諸方鎮表。」奏訖，搢笏，讀表，執笏，置表於笏上，俛伏，興，少退，東向立。次禮直官、舍人引參知政事詣御榻前，奏祥瑞表，如諸方鎮表之儀。畢，各降階，置所奏表於案上，與參知政事俱還本位，表案、祥瑞案退。禮直官、舍人引户部尚書詣橫階南承制位，俛伏，跪，奏稱：「户部尚書臣某言：諸州貢物，請付所司。」俛伏，興，躬。侍中前承旨，退，西向曰「制可」，侍中復位。舍人曰「拜」，户部尚書再拜，贊祇候，還本班。次引禮部尚書俛伏，跪，奏稱：「禮部尚書臣某言：諸蕃貢物，請付所司。」俛伏，興，躬。侍中前承旨，退，西向曰「制可」，侍中復位。舍人曰「拜」，禮部尚書再拜，贊祇候，還本班。次引刑部尚書俛伏，跪，奏稱：「刑部尚書臣某言：天下斷絶，請付史館。」俛伏，興，躬。侍中前承旨，退，西向曰「制可」，侍中復位。舍人曰「拜」，刑部尚書再拜，贊祇候，還本班。無即不奏。太史令同。次引太史令俛伏，跪，奏稱：「太史令臣某言：某月日雲物祥瑞，請付史館。」俛伏，興，躬。侍中前承旨，退，西向曰「制可」，侍中復位。舍人曰「拜」，太史令再拜，贊祇候，還本班。侍中進，當御榻前，俛伏，跪，奏稱：「侍中臣某言：禮畢。」俛伏，興，降階復位。內侍承旨索扇，扇合，簾降，鳴鞭。協律郎跪，俛伏，舉麾興，工鼓柷，宮架奏《乾安之樂》。皇帝降座，閤門官贊殿上侍臣、樞密以下再拜。贊拜閤門官不拜。御輿入自東房，還東閤，侍衛如來儀。內侍又贊扇開，戛敔，樂止。禮直官、舍人引侍中奏解嚴，文武百官退，內外符寶郎奉寶以次出。仗設如舊，就位少休。樞密都承旨以下退，樞密都、副承旨如係文臣或正任，上壽綴本班赴坐。陪位致仕及未陞朝進奏官、貢首並先退，餘官就次賜酒食，以俟上壽[二]。

上壽。有司排設備，太常設登歌於殿上，立舞表於酇綴之間，尚醞設壽尊於御座之東稍北，設坫於尊南，加爵一。尊、坫、爵皆以御前金玉器充。有司設御茶牀於御座之西稍北，有司設群官酒尊於殿下之東西，又設群官座，並如聖節上壽儀。閤門、客省、四方館、承受、御史臺、知班、太常寺、禮直官、舍人引三公、宰相、親王、使相、宗室、文武百僚、諸方及海外蕃 15 客并人從等各就位。三公、親王以下分東西相向序立。諸方及海外蕃客在宮架西南，高麗上中節人從在蕃客之西，交州職員又在其西，並北向東上。夏國人從在宮架東南，蕃客之東，並北向西上。禮直

[一] 祜：原作「祐」，據《宋史》卷一一六《禮志》一九改。
[二] 以俟上壽：原作「以上」，據《中興禮書》卷二〇〇改。

官、舍人先引侍中版奏「中嚴」，少頃又版奏「外辦」。皇帝服通天冠、絳紗袍，簾捲，內侍承旨索扇，扇合，殿上鳴鞭。皇帝御輿出東閤，協律郎跪，俛伏，舉麾興，工鼓柷，宮架奏《乾安之樂》。皇帝出自東房，降輿，即御座，南向，簾捲。內侍贊「扇開」，殿下鳴鞭。戛敔，樂止，爐煙升。禮直官、舍人引班首以下橫行北向，典儀曰「拜」，贊者承傳，在位官皆再拜，隨拜三稱萬歲。引班首以下分班，東西序立。禮直官引殿中監、少監升殿東階，詣酒尊所。次禮直官、舍人引侍中升東階，詣殿上之東，西向立。（次禮直官舍人引侍中升東階詣殿之上之東西向立）次禮直官、舍人引光祿卿詣橫階南承制位，北向俛伏，跪，奏稱：「光祿卿臣某言：請允群臣上壽。」俛伏，興，躬。禮直官引侍中進，當御榻前，躬承旨，退臨折檻，稍東，西向曰「制可」。侍中退復位。舍人贊拜，光祿卿再拜訖，贊祗候，復本班。內侍進御茶牀，次殿侍於橫階南酬酒。訖，禮直官、舍人引班首以下橫行北向，典儀曰「拜」，贊者承傳，在位官皆再拜，隨拜三稱萬歲。禮直官、舍人、太常博士引上公自東階升，詣酒尊所，北向。殿中監以爵授上公，上公搢笏受爵，詣御榻前少東，西向立。殿中監開爵，殿中少監注酒於爵訖，禮直官、太常博士、閤門官引上公升榻，詣御座前躬進。皇帝執爵，上公執盤，虛跪，興，降榻，以盤授殿中監。上公執笏（請）〔詣〕御榻前，俛伏，跪，百僚皆躬。奏稱：「文武百僚、上公具官臣某等稽首言：元正首祚，臣等不勝大慶。謹上千萬歲壽。」俛伏，興，百僚直身立。引退，降階復位。典儀曰「拜」，贊者承傳，在位官皆再拜，隨拜三稱萬歲，躬。禮直官引侍中詣御榻前，承旨，退，西向宣曰「舉公等觴」，宣訖，退，復位。典儀曰「拜」，贊者承（權）〔傳〕，在位官皆再拜，隨拜三稱萬歲。引班首以下分班，東西序立。禮直官、舍人、太常博士引上公自東階升，至殿中監前，北向，搢笏，受盤，升榻，詣御座，西向立。皇帝舉第一爵，宮架作《和安之樂》，飲訖，樂止。上公受虛爵訖，虛跪，興，降榻，以爵授殿中監。訖，執笏，引降階，班首以下復北向位立定。典儀曰「拜」，贊者承（權）〔傳〕，在位官皆再拜，搢笏，舞蹈，又再拜。宗室遙郡刺史及武功大夫以下并伎術官並退門外賜酒。禮直官、舍人引侍中自東階升，進御榻前，俛伏，跪，奏稱：「侍中臣某言：請延公王等升殿。」俛伏，興，降階，復位。次引侍中詣御榻前，躬承旨，西向稱「有制」，上公并應在位官皆再拜訖，且躬。宣曰：「延（王公）〔公王〕等升殿。」侍中退，典儀曰「拜」，贊者承傳，上公并應在位官皆再拜，搢笏，舞蹈，又再拜。禮直官、舍人引公王以下升 16 殿兩廊，（郡）〔群〕官並立於席後。殿中監升榻，詣御座東，西向，進皇帝第二爵酒。第三、第四爵進酒並如上儀。每進酒，舍人揖臣僚起立席後。進酒訖，贊就座。。登歌進某（回）〔曲〕。登歌曲名、樂章命詞臣取歲中所有祥瑞撰。第二、第三、第四爵並同。飲訖，樂止。殿中監受虛爵，殿上群官詣橫行位，不升殿者於席後立。舍人曰「各賜酒」。舍人曰「拜」，贊者承傳，上下群官皆再拜，隨拜三稱萬歲。舍人曰「就座」，群官皆座。

太官令行群官酒，群官搢笏受酒，宮架作《正安之樂》。文（武）〔舞〕入，立宮架北。觴行一周，凡酒巡周並太官令奏。樂止。尚食、典御奉御進食，置御座前。太官令設群官食，凡食徧，並太官令奏。宮架奏，文舞作，三成止，出。殿中監進皇帝第三爵酒，群官立於席後，登歌奏某曲。飲訖，樂止。殿中監受爵，舍人曰「就座」，群官皆坐。太官令行群官酒，宮架作《正安之樂》，武舞入。觴一周，樂止。尚食、典御奉御進食，置御座前。太官令設群官食，宮架奏，武舞作，三成止，出。殿中監進皇帝第四爵酒，登歌奏某曲。太官令行群官酒，並如第二爵之儀。觴行一周，樂止。舍人曰「可起」，羣官皆立於席後。禮直官、舍人引侍中詣御榻前，俛伏，跪，奏稱：「侍中臣某言：禮畢。」俛伏，興。群官俱降，復位立定。典儀曰「拜」，贊者承傳，在位官皆再拜，搢笏，舞蹈，又再拜。訖，分東西序立。內侍承旨索扇，扇合，簾降，鳴鞭。協律郎俛伏，跪，舉麾興，工鼓柷，宮架奏《乾安之樂》。皇帝降座，御輿入自（東）房，還東閤，侍衛如來儀。內侍贊扇開，戛敔，樂止。禮直官、舍人引侍中版奏解嚴，所司（所司）承旨放仗，在位官皆再拜，退。宣詞令於橫階南，慰勞將士，隨詞逐句應喏，再拜。次太常樂工退。馬端臨《通考》：《建炎以來朝野雜記》：「大朝會者，紹興十三年十月，詔來歲舉行之。王望之爲禮部侍郎，言排辦不及，請自來年冬至。既而不果。十五年正月朔旦，乃克行。用黃（伏）〔仗〕三千三百五十人，視東都舊儀，損三之一。時無大慶殿，遂權於崇政殿行之。以殿狹，輦出房不鳴鞭，（宅）〔它〕如故事。是日，設宮架樂，百官朝服，上壽如儀。自是一行而止。」時學士院撰十二曲，有《瑞木成文》〔一〕、《滄海澄清》、《瑞粟呈祥》之曲。是歲冬至，亦止文德殿稱賀，上壽亦用《和安之曲》。

十五年九月十四日，禮部、太常寺言：「勘會冬至大朝會，依太常寺條具，前兩月申請。所有今年冬至大朝會，合取自朝廷指揮。」詔權免。自是元正、冬節，宰執率文武百僚於文德殿拜表稱賀。

二十九年十月二十一日，禮部、太常寺言：「勘會今年冬至，并來年正旦，依禮例，宰臣率文武百僚詣文德殿拜表稱賀。緣今來見在大行皇太后服制之內，欲乞依禮例，宰臣率文武百僚詣文德殿進名奉慰。」詔依。

三十年十月十一日，禮部、太常寺言：「檢准明德皇后典故，景德三年春正月甲辰朔，上不受朝，【17】群臣詣闕拜表稱賀。契勘前項典故，係在明德皇后小祥之後，當時遇正月朔，上不受朝，羣臣詣閤拜表稱賀。所有今年冬至并來年正旦大朝會，亦係在顯仁皇后小祥之後，欲乞依前件典故，（各）〔合〕於是日皇帝不受朝，宰臣率文武百僚詣文德殿拜表稱賀。」詔並免拜表稱賀。

三十一年十月二十七日，太常少卿王普等言：「勘會今年車駕巡幸，有合條具下項：一、將來冬至、正旦拜表稱賀，緣在恭文順德仁孝皇帝服制之內，已申朝廷，乞行奉慰。所有今來車駕巡幸，沿路冬至、正旦欲權免奉慰。一、

〔一〕瑞：原作「端」，據《玉海》卷一〇六改。

今來巡幸，行宮官僚遇冬至、正旦，欲乞於和寧門外望行在拜慰表。所有表文令禮部修撰，拜表訖付進奏院入遞投進。」詔依。

三十二年十月四日，禮部、太常寺言：「勘會今來冬至并來年正旦大朝會，緣係在欽宗皇帝服制之内，依典故，是日皇帝不受朝，群臣詣閤拜表稱賀。」詔依。

隆興元年十一月五日，禮部、太常寺言：「勘會正旦大朝會，依太常寺條，前兩月申請。所有來年正旦大朝會，合取自朝廷指揮。」詔權免。

十二月八日，禮部、太常寺言：「所有將來正旦日，依禮例，宰臣率文武百僚詣文德殿拜表。」詔依。自後倣此。

乾道九年九月二十五日，詔：「每歲冬至、正旦大朝會，例降指揮權免。所有百官稱賀立班儀注，令禮部、御史臺、閤門、太常寺討論，申尚書省取旨。」

十二月十四日，兵、禮部言：「准都省批下白劄子，爲大朝會設仗，送兵、禮部同共討論，申尚書省。兵、禮部契勘得紹興十四年大朝會已降指揮，自來排設黃麾大仗五千七十二人，今權減三分之一，用三千三百五十人，隨宜擺列。紹興十三年視朝於文德殿，排設黃麾半仗二千四百一十五人。所有今來正旦朝賀，今討論，欲乞依紹興十三年用黃麾半仗二千四百一十五人排設。」詔依。

十八日，禮部、御史臺、閤門、太常寺言：「正旦(朔)〔朝〕賀節次，欲乞比附端誠殿稱賀禮例，皇太子、文武百僚七拜大起居訖，皇太子出班致詞，復位，又五拜。樞密承旨稱『有制』，皇太子已下兩拜。俟樞密宣答訖，皇太子已下又五拜，畢，退。俟今降指揮下日，乞令御史臺、閤門、太常寺同共修定儀注。」詔依。

同日，禮部、太常寺言：「將來正旦(朔)〔朝〕賀拜數節次，禮部、御史臺、閤門、太常寺已將供申朝廷外，今欲比附《政和五禮新儀》月朔視朝儀，條具下項：一、將來正旦，皇帝御大慶殿，服鞾袍，即御座受賀。一、將來正旦，皇帝御大慶殿，皇太子、文武百僚並服常服稱賀。」詔依。

二十四日，兵部言：「據左右金吾街仗〔一〕、六軍儀仗司申，將來正旦朝賀，欲乞依紹興十三年禮例排設。今開具合行事件下項：一、合用部轄、統制將官各二員，請納儀仗旁頭一十人，并執擎儀仗人兵二千三百六十四人，合 18
於殿前司差撥。一、契勘儀仗並合於殿前司隨宜排設，所有大旗三十四口，合於殿門外排設，前一日卓立。依例，量留人兵三十四人、部轄將官二員守宿看管，其餘儀仗，至日守麗正門入殿排立。一、執儀仗人兵、職掌旁頭，係入殿應奉之人，合用勑入殿門號，具數於皇城司關請。一、依例，於朝賀前二日報皇城司，前一日關職掌旁頭入殿標認地分。一、合差金吾司官二員充攝上將軍。一、合差金吾司引駕四色官、碧襴共三十人。」詔依。

〔一〕街：原作「衛」，據《宋史》卷一六四《職官志》四改。

二十五日，禮部、太常寺言：「勘會將來正旦稱賀，今條具到申請事件下項：一、依已降指揮，皇太子出班致詞，樞密承旨宣答。今檢照《元正朝會儀注》，朝賀致詞云：『元正啓祚，萬物咸新。伏惟皇帝陛下膺乾納祜〔一〕，與天同休。』宣答詞云：『履新之慶，與卿等同之。』所有來年正旦稱賀致詞并宣答詞，欲乞依上件禮例施行。一、將來正旦，皇帝御殿服韡袍，即御座受賀。今欲乞以射殿權作大慶殿。一、來年正旦稱賀，欲乞是日皇太子、文武百僚先趁赴立班稱賀畢，次大金使人入賀，賜茶酒訖，其從駕官以俟從駕，詣德壽宮起居太上皇帝，並如已行儀注。一、來年正旦稱賀，所有合趁赴官并應奉人等，欲乞入麗正門，出和寧門，徑赴德壽宮，以俟立班起居訖，內不係從駕官却趁赴本處，以俟迎駕，奏『聖躬萬福』。及乞是日麗正、和寧門并南北宮門，及經由大慶殿門户，並早二刻開。」詔依。自後倣此。

淳熙元年九月七日，禮部、太常寺言：「勘會冬至大朝會，依太常寺條，前兩月申請。所有今年冬至大朝會，合取自朝廷指揮。」詔權免。

同日，禮部、太常寺言：「勘會將來冬至大朝會，已降指揮權免。所有朝賀，今欲乞依淳熙元年正月一日正旦朝賀節次，比附端誠殿稱賀禮例施行。」詔依，其儀仗儀注，令禮、兵部、御史臺、閤門、太常寺重别討論，申尚書省。

十月十四日，禮、兵部、御史臺、閤門、太常寺言：「尋下左右金吾街仗司討論去後，本司申：『昨淳熙元年正月一日大慶殿朝賀，排設黃麾半仗二千四百一十五人。今承指揮，將來冬至朝賀，排設儀仗，本司今討論，欲乞用黃麾角仗一千五十六人。』今欲依左右金吾街仗司討論到事理施行。」詔依。

二十九日，禮部、太常寺言：「將來冬至稱賀，今條具到申請事件下項：一、依已降指揮，皇太子出班致詞，樞密承旨宣答。今檢照《冬至朝會儀注》，朝賀致詞云：『晷運推移，日南長至。伏惟皇帝陛下膺乾納（祐）〔祜〕，與天同休。』宣答詞云：『履長之慶，與卿等同之。』所有將來冬至稱賀致詞并宣答詞，欲乞依上件禮例施行。一、將來冬至，皇帝御大慶殿，服韡袍，即御座受賀。今欲乞以射殿權作大慶殿。一、將來冬至稱賀，欲乞是日皇太子、文武百僚趁赴立[19]班稱賀畢，其從駕官以俟從駕詣德壽宮；不係從駕官俟稱賀立班訖，先詣德壽宮門外，以俟迎駕，奏『聖躬萬福』。如值雨或霑濕，權免，俟皇帝詣德壽宮大次，降輦；次報皇太子、宰執并文武百僚詣德壽宮殿下立班；次太上皇帝即御座，殿下禁衛起居如常儀。以俟皇帝升殿，并皇太子、宰執、文武百僚朝見，起居太上皇帝，並如已行儀注。一、將來冬至稱賀，所有合趁赴官并應奉人等，欲乞入麗正門，出和寧門，徑赴德壽宮，以俟立班起居訖，內不係從駕官却趁赴本處，以俟迎駕，奏『聖躬萬福』。」詔依。自

〔一〕祜：原作「祐」，據《宋史》卷一一六《禮志》一九改。

後倣此。

二年十月十一日，詔：「冬至百官朝賀拜表，爲行奉上尊號册寶典禮，權免一次。其合詣德壽宫拜表稱賀，用前一日。」

八年十二月二十九日，詔：「正月一日大慶殿文武百僚稱賀，爲值雨，特免設儀仗。」

冬至羣臣朝賀儀、正旦群臣朝賀儀詳見前「冬至」下〔一〕。

20 淳熙十四年十一月六日〔二〕，禮部、太常寺言：「勘會今年十一月十四日冬至，緣在大行太上皇帝服制之内，乞是日宰臣率文武百僚詣德壽殿入臨，次移班進名奉慰皇太后、皇帝、皇后。仍乞是日除合從駕官并應奉官隨駕外，其沿路逐幕次起居官權免起居〔三〕，先赴德壽宫門外，以俟迎駕起居。如值雨霑濕，權免。」詔依。

十二月十八日，禮部、太常寺言：「勘會來年正旦，緣在大行太上皇帝服制之内，乞是日宰臣率文武百僚詣德壽殿入臨，次移班進名奉慰皇太后、皇帝、皇后。仍乞是日除合從駕官并應奉官隨駕外，其沿路逐幕次起居官權免起居，先赴德壽宫門外，以俟迎駕起居。如值雨霑濕，權免。」詔依。

淳熙十五年十一月四日，禮部、太常寺言：「檢准紹興三十年十月十一日敕：『檢準明德皇后典故，景德三年春正月甲辰朔，上不受朝，群臣詣閤門拜表稱賀。』契勘前項典故係在明德皇后小祥之後，當時遇正月朔，上不受朝，群臣詣閤拜表稱賀。所有紹興三十年十一月十六日冬至，并三十一年十一月十六日冬至〔四〕，并三十一年正旦，亦係在顯仁皇后小祥之後，依前件典故，各於是日〔五〕，皇帝不受朝，宰臣率文武百僚拜表稱賀，奉詔並免拜表稱賀。契勘今來十一月二十五日冬至，并來年正旦，係在高宗皇帝小祥之後。緣有前項典故指揮，所有宰臣率文武百僚拜表稱賀，更合取自朝廷指揮。」（以上《永樂大典》卷一五二二五）

追封先世名臣謚〔六〕

【宋會要】

21 大中祥符元年十一月，詔：「周文公旦可追封文憲王，于兖州曲阜縣建廟，春秋委州長吏致祭。」

〔一〕按，此句當爲《大典》所加，非《中興禮書》之文。此二儀見本卷禮八之二「朝賀」門。

〔二〕按，以下或出自《中興禮書續編》卷二三（見該書卷首目録），但今本此卷已闕，無從核對。

〔三〕官：原脱，據《補編》頁二補。

〔四〕「并三十一年十一月」句，疑爲衍文。據《宋史》卷三一《高宗紀》八，顯仁皇后崩于紹興二十九年九月，至三十一年冬至已在大祥之外。

〔五〕各：原作「冬」，據《補編》頁三改。

〔六〕天頭原批：「入禮類『歷代羣臣謚』。」

大中祥符元年十月，詔：「維師尚父寔贊隆周，宜加謚昭烈武成王，仍于青州建祠廟。」

《尚書中候》〔一〕：太公即磻溪之水〔二〕，釣其涯，得玉璜，刻曰：『姬受命，呂佐之，報在齊。』故果封於齊。或云魚腹中得玉璜。」（以上《永樂大典》卷一六一二）

旌表孝婦〔三〕

【宋會要】

22 淳熙三年，台州奏：「臨海縣婦人陳氏，夫亡，年少子幼，有媒議親。陳氏撫膺慟哭，仆地，復欲自刃。父母許以不復議嫁，方免。奉舅姑極孝。舅朝散大夫朱景山得風眩疾，侍湯藥未常少怠。姑年百有一歲，臨終，執其手曰：『願婦子孫衆多，壽如我。』其侍母碩人亦甚孝。今年九十三，齒髮不衰。二子希尹、希牧，皆舉進士。所居室右，萱草合穎而花。及得疾，二子叩頭祈禱，願以身代，遂愈。邑火焚城市，將至所居而滅，孝義所感。」上曰：「此當旌表，以厲風俗。今次慶赦，年九十者自合與封號，又孝行如此，可封安人。」（以上《永樂大典》卷一四九一四）

〔一〕按此條非《宋會要》文，原眉批云「銷」。
〔二〕「太公」原作「玉璜」，「磻」原作「璠」，據《玉海》卷八七改。
〔三〕天頭原批：「入禮類『旌表』。」

宋會要輯稿　禮九

田獵

【宋會要】

1 太祖建隆二年十一月十九日，始獵于近郊，賜宰臣、樞密使以下，見任、前任節度、觀察〔一〕、防禦、團練使、刺史，統軍侍衛、諸軍都校錦袍。其日，先出禁軍爲圍場，五坊以鷹禽、細犬從。帝親御弧矢，射中走兔三，從官貢馬稱賀。中路頓，召近臣賜飲，至夜還宮。其後凡出田皆然。從臣或賜窄袍暖靴，親王以下射中者賜以馬。

十二月二十日〔二〕，出玄化門，校獵于近郊。

三年十月二十七日，出玄化門，校獵于西郊。十一月二十六日，出迎秋門，校獵于近郊，射中走兔一。

四年十月二十一日，校獵于近郊，射中走兔一。三十日，校獵于北郊，射中走兔二。

乾德元年十一月二十六日，校獵于近郊，射中走兔三。

二年十一月二十日，校獵于西郊，射中走兔三。十二月八日，臘，校獵于陽武縣。二十九日，校獵于北郊，射中走兔二。

四年正月，命關南兵馬都監及雄、霸、瀛、莫州刺史領所部兵大獵于幽州界，以耀北鄙。

五年九月二十一日，校獵于近郊。十一月五日，校獵于近郊，射中走兔二。臣僚進奉稱賀，皆不納。迴幸金鳳園，賜侍臣名馬有差。

六年八月四日，按鶻于近郊。九月，出玄化門，按鶻于北郊。幸飛龍院，賜侍臣飲。十月十一日，校獵于近郊，迴幸飛龍院，賜侍臣食。十五日，校獵于近郊，射中走兔二。

開寶二年正月五日，校獵于近郊，由興禮門幸箜管城，賜侍臣名馬、銀器有差。十一月十一日，校獵于近郊。十三日，復校獵于近郊，並迴幸金鳳園。十二月一日，臘，校獵于近郊，射中走兔三。

三年十月二十四日，校獵于近郊。十二月十日，校獵于近郊。

四年十二月二十一日〔三〕，校獵于近郊。

五年十二月四日，臘，校獵于近郊。

八年九月三日，校獵于近郊。《玉海》：八年九月畋，上因逐兔，馬蹶而墜，因刺馬，殺之。悔曰：「吾爲天下主，而輕事畋遊，非馬之罪。」自是不復獵。

〔一〕觀察：原脱，據《長編》卷二補。

〔二〕二十日：《玉海》卷一四五作「十日」。

〔三〕二十一日：《玉海》卷一四五作「十一日」。

太宗太平興國二年九月二十八日丙辰〔一〕，出薰風門，校獵于近郊。帝親御弧矢，射走兔四。御制《獵詩》一章〔二〕，羣臣屬和。十月二十四日，校獵于近郊，射中走兔三。十二月十四日庚午，校獵于近郊，親王、宰相、翰學、節、察、防、團、刺史，及召劉鋹、李煜、渤泥國使從行。射中走兔二。迴幸金鳳園，張樂賜從官飲。

三年十月十八日（唐）〔庚〕午，校獵于西郊，淮海國王及契丹、高麗使皆從。至魯溝，射中走兔三。迴宴玉津園。十二月二十五日，校獵于西郊，射中走兔二。迴宴金鳳園，帝因語宰臣曰：「《老子》云：『馳騁田獵，令人心發狂。』《夏書》云：『外作禽荒。』爲人上者不得不戒。歷觀前王多惑於此〔三〕，而致喪敗。朕今順時蒐狩，爲民除害，非敢以爲樂也。」

四年十一月十三日己丑，幸玉津園，因校獵于近郊，射中走兔四。

五年九月二十日壬戌〔四〕，校獵于近郊，射中走兔四。

十二月五[2]日甲戌〔五〕，車駕北征，駐蹕大名。五日，校獵于近郊，因以閱武。賜禁軍校及衛士襦袴。帝親射中麞二、走兔四。時盜獵狐兔者衆，申命禁之。有衛士奪得麞，主者以違令當死。帝曰：「殺之，則後世必謂我重獸而輕人〔六〕。」因赦其罪。十一日，北征迴，發大名府，因校獵近郊。

六年十二月十五日己卯〔七〕，校獵于近郊，射中走兔四。顧謂從臣曰：「臘日出狩，以順時令，緩轡從禽，且非荒也。」迴幸講武臺，張樂，賜從官飲。

七年閏十二月七日丙申〔八〕，校獵于近郊，射中伏兔二。還幸講武臺，賜從官飲。

雍熙二年十一月二十四日，校獵于西郊，射中走兔五。因謂宰相曰：「古者蒐狩，以所獲之禽薦饗宗廟，而其禮久廢，今可復之。」乃下詔曰：「順時蒐狩，禮有舊章。非取樂於畋遊，將薦誠於宗廟。久隳前制，闕曷甚焉！今者暫狩近郊，爰遵時令。親射所獲，充俎爲宜。其以所獲禽獸付所司薦饗太廟，永爲常式。」

〔一〕丙辰：按，此門自本條至禮九之三景德「三年十二月十二日乙酉」條，有多條紀日用數字加干支。其中本條之「丙辰」，《玉海》卷一四五引《會要》亦有之，此乃王應麟所添，而《大典》又據《玉海》添。以下諸條，凡用干支者，則俱爲《大典》編者據《玉海》卷一四五添。其證據詳見本書《序言》。

〔二〕一章：《玉海》卷一四五作「二章」。

〔三〕觀：原作「官」，據《長編》卷一九改。

〔四〕按，太平興國五年九月爲辛丑朔，二十日乃庚申，壬戌則爲二十二日。「二十日」乃《會要》本文，「壬戌」則爲《玉海》文。二書記載本自不同，《大典》編者不察，乃於「二十日」下照《玉海》妄添「壬戌」二字，以致數字與干支不相應。以下尚有四條情況類似。由此益證此類干支乃《大典》誤加，非《會要》原有也。

〔五〕按，「甲戌」二字乃《大典》據《玉海》添，「五日」二字與下文重複，亦當爲《大典》添。《會要》原文此句蓋只作「十二月」。

〔六〕謂：原作「爲」，據《長編》卷二一改。

〔七〕按，己卯乃十六日。

〔八〕按，七年閏十二月戊子朔，丙申乃九日，非七日。

四年十二月二十一日，臘，校獵于西郊，親射，獲雉、兔五。因謂近臣曰：「今日之行，蓋徇衆之意，馳騁弋獵，非所好也。」行次近甸，賜從官飲，命學士賦《臘辰從獵詩》。至行宫，宋白等各以詩上。

端拱元年十月三十日，詔：「自今除有司順時行禮之外，其罷近甸遊獵。五坊所畜鷹犬並放之，諸州不得以鷹犬來獻。」《玉海》：端拱元年十月癸未，詔曰：「洛汭之歌，《上林》之諷，明鑒不遠。朕惟好生之德，解綱之仁，今後順時行禮，非時更不於近甸遊獵。五坊鷹犬放之，諸州不得來獻〔一〕。」

淳化三年十一月二十四日，定難軍節度使趙保忠獻鶻一，號海東青。詔曰：「朕久罷畋遊，盡放鷹犬，無所事此。卿地近邊塞，時講武事，其以所獻鶻還賜之。」

五年十二月九日，臘，命壽王等獵于近郊。帝雅不好弋獵，至是但命諸王畋狩，順時令而已。

真宗咸平二年十一月二十日，狩于朱遷頓，射中走兔三，卧兔、飛雉各一。召從臣賜食，薄暮還宫。

三年十二月五日戊申，校獵于近郊，親射走兔二、走狐一。至力成頓，召從官賜食。翌日，以所射狐兔付宗正寺薦于太廟，餘賜輔臣。

四年十一月二十二日庚寅〔二〕，校獵于近郊，射中走兔三、伏兔二、走狐一、飛雉一。有兔伏於道周，命殿前都指揮使高瓊射獲之。至棘店頓，宴從臣。《玉海》：是年十二月丁未，右贊善宋貽序獻《大閲賦》〔三〕。

景德元年十一月十四日，校獵于近郊。至丁岡村〔四〕，見民舍有牆垣頽壞、室屋卑陋者，因幸之，乃税户喬謙也。召見其家人，賜萬錢，衣三十事，免三年庸調。宴近臣于史胡頓，從官獲兔者第賜馬，寧（正）〔王〕元偓馬三疋，殿前副都指揮使劉謙、馬軍副都指揮使曹璨、步軍副都指揮使王隱各二疋，馬軍都虞候張旻、步軍都虞候鄭誠各一疋。賜從官食於朱遷頓。夜漏一鼓還宫。時五坊前導者取路太遠，未時始至頓所，帝怒其怠，命决杖於宣徽院。

三年十3二月十二日乙酉〔五〕，校獵于近郊，射中走兔七，詔付光禄寺薦宗廟。至朱遷頓，賜從臣食。夜漏一鼓還宫。

四年二月十二日，詔：車駕朝陵，五坊鷹隼從行者並先還京。帝謂宰臣曰：「五坊之名，先帝已曾停廢，今所存者，但令教駿養於軍中。今乳哺之時，何須校獵？」故令先發。

大中祥符二年六月十九日，詔：「教駿所養鷹鶻，除量留十餘事以備諸王從時展禮外，餘悉罷之。」

四年正月六日，詔沿邊州軍不得因迎送出城寨騁獵，犯者以違制論。

天禧元年五月十八日，詔入内内侍省以所養鷹、鶻、獵

〔一〕諸州：原作「詩再」，據《玉海》卷一四五改。

〔二〕按，庚寅乃二十三日。

〔三〕貽：原作「眙」，據《玉海》卷一四五改。

〔四〕丁：原作「于」，據《長編》卷五八、王珪《華陽集》卷五九改。丁岡村屬開封縣。

〔五〕按，乙酉乃十七日。

犬五十三隻，因投龍簡使臣齎放名山高僻之所。

八月七日，詔：「向罷放五坊鷹犬，其京城四面禁圍草地，令開封府告諭百姓，許耕墾畜牧。」

仁宗慶曆五年八月九日，詔樞密院討詳先朝校獵制度以聞。初，真宗封禪之後，不復畋獵，廢五坊之職，鷙禽走犬悉放諸山林。至是，直集賢院李柬之上言：「祖宗校獵之制，所以順時令而訓戎事也。陛下臨御以來，未講修此禮。願詔有司草儀，選日命殿前馬步軍司互出兵馬〔一〕，以從獵于近郊。」故命討閱之。

九月十九日，入內內侍省內侍都知李永和提舉五坊，入內供奉官何誠用爲五坊承受公事。仍詔三司：將來出獵，置頓，東路於韓村，西路於楊村，其供奉物預辦之。

十月一日，詔開封府供備出獵圍內鷄兔。四日，殿前司言：「凡從出獵，只令捧日三十三指揮有馬軍士從駕，各帶木連架捧三十條遮圍禽鹿。」從之。

十六日，殿前司、閤門、入內內侍省整肅隨駕禁衛所言：「乞依大中祥符四年指揮，親王、中書、樞密、宣徽使并一品官、左右僕射許將帶從人各四人；三司使、節度使至觀察使、學士、上將軍、御史中丞、（承）〔丞〕郎、內客省使各三人；給、諫、舍人、大卿監、防、團、刺史、大將軍、樞密都承旨各二人。客省、引進、四方館、昭宣、閤門使副、諸司使副、帶省職館職朝臣、樞密副承旨、通事舍人、諸衛將軍及執毬仗使臣並不得帶從人入禁衛內。帶器械在禁衛內隨駕，通事舍人二人在禁衛內引駕，內侍、黃門二人在禁衛內祗候傳宣，並不得帶從人。閤門祗候并三班使臣、諸司庫務使臣並不得入禁衛內。其禁衛內祗候臣僚不許帶入從人。差親事第一指揮長行三十人、節級二人管押，着青錦襖子，繫銀腰帶。如遇合破接馬人臣僚，於駕前禁圍內下馬，即令親事官接馬。」從之。

十七日五鼓，帝御內東門，賜從官酒三行，奏鈞容班樂。幸瓊林苑門，賜從官食，遂縱獵于楊村，宴于幄殿，奏教坊樂。遣使以所獲馳薦太廟。既而召父老臨問，賜以飲食茶絹，及賜五坊軍士銀絹有差。耆老賜絹，八十歲以上七疋，以下五疋。宰臣賈昌朝等言〔二〕：「陛下順時畋獵，登廟俎以昭孝〔三〕，閱軍實以講武，飲耆年以養老，賜田夫以勸農。一出而四 4 美具，望宣付史館。」從之。

六年二月一日，左屯衛大將軍致仕趙振上《校獵圖》及《鷹經》。詔付五坊所。

四月五日，詔：「進第一等合羅雲雁錦方座子一十片，給宰臣、使相；第二等攢雁雲地錦條褥二十條，給參政、樞密；第三等合羅雲鳳錦條褥三十條，給合赴座臣僚。令儀鸞司收管，出獵供應，非次不得用。」

十月十四日，三司言：「將來出獵，諸班人從支破喫

〔一〕互：原作「玄」，據《長編》卷一五七改。
〔二〕言：原作「語」，據《長編》卷一五七改。
〔三〕俎：原作「祖」，據《玉海》卷一四五改。

食，圍場軍士支破食錢。」從之。

十一月二十一日，詔閤門：「出獵日，内東門不面賜臣僚茶酒，只就幕次。到頓亦不作樂御筵。如初射中狐兔，臣僚下馬賀，賜茶酒；再射中，則不下馬。如日色早，棘店進水飰，射中狐兔，就彼賜茶酒。如日色晚，直至韓村迴陣，射着更不下馬，賜茶酒畢還。内應特召預座臣僚賜旋襴、靴子。」

二十五日，獵于城南之東韓村。初，帝至玉津園。十一月辛丑，去輦乘馬，分騎士數千爲左右翼，節以旗鼓，合圍場。徑十餘里，部隊相應。帝按轡中道，親挾弓矢，而屢獲禽。是時道傍居民或畜狐兔鳧雉之類，驅于場中，帝因謂輔臣曰：「畋獵所以訓武事，非專務獲也。」悉令縱之。至棘店，御帳殿，召問所過父老，子孫供養之數，土地種植所宜，且歎其衣食麤糲，而能享壽如此，人加(尉)〔慰〕勞(之久)〔久之〕。還次近郊，遣衛士更奏技駕前，皆兩兩相當，掉鞅挾槊，以相決勝。又謂輔臣曰：「此亦可以觀士之才勇也。」免乘輿所過民田及在圍内者租税一年。時交趾李德政適遣使獻馴象，未見，特召賜紫袍、塗金帶，令預觀之。於是群臣争獻賦頌，有以田獵爲戎者〔一〕。

十二月四日，詔諸州軍，臘日不得預下諸縣科率狐兔。

二十四日，詔：出獵迴障，如下馬賜茶酒，隨便設御座，不須正南。

七年三月十一日，詔：出獵賜茶酒，使相以上許座新造減輕蒲墪，上繫錦方褥；餘臣僚仍舊用錦條褥。

二十一日，詔：自今罷獵于近甸，所有鷹犬令五坊收管。（以上《永樂大典》卷二二八一八）

大閲講武

【宋會要】

5 國朝《開寶通禮》有《四時講武儀》。祖宗之初，四方未寧，多親臨閲，亦無常所。雖不盡用其儀，但講修戎事，而軍儀精鋭，實天下之威觀。

太祖建隆三年十一月七日，帝以殿前侍衛諸軍騎及京都兵，從車駕出玄化門〔二〕，大閲於西郊。《實録》：十一月辛酉，講武於近郊〔三〕。先是晉漢以來，衛兵寖廣，仰食縣官者率數十萬。曁帝即位，常按籍閲兵，仍校擊刺騎射之藝，有怯而無勇者，命黜去之，至是始大講武事。帝謂近臣曰：「自頃禁兵雖多，未嘗訓練。朕昨蒐去冗弱，遂爲精兵，故因時而教習。」十日，復講武於近郊。《紀》作「辛酉大閲西郊」。《實録》：「甲子，又大閲於西郊〔四〕。」

太宗太平興國二年九月二十日，幸講武臺大閲。帝屬意戎事，每朝罷，即於便殿或後苑親閲禁卒，取伉健者隷親軍，罷軟老弱悉分配外州。自是藩衛之卒益精，遂令築臺講武於城西千秋門外之楊村，因名臺曰「講武」。先是，以殿前楊信董其事，帝以信病瘖不能言，命天府左廂軍都校崔翰代之。翰分布士伍，

〔一〕戎：原作「式」，據《玉海》卷一四五改。

〔二〕玄化門：原作「立北門」，據《玉海》卷一四五改。

〔三〕按，通觀《輯稿》與《補編》，《會要》無引《實録》、《本紀》爲注之例。《玉海》卷一四五「大閲西郊」下有此一句小注，疑是《大典》據《玉海》添。

〔四〕按，《玉海》卷一四五亦有此注，疑是《大典》據《玉海》添。

南北綿亘二十里。建五色旗而號令，將卒望其所舉，以爲進退之節。每按旗指蹤，則千乘萬騎周旋如一。甲兵之盛，近代無比。帝御高臺，與從臣臨觀，大悦。是日，遣中使密以金帶賜之，曰：「此朕藩邸時所服者。」因謂左右曰：「晉朝之將，必無如崔翰者。」蓋言晉室將帥不得其人，而軍政隳紊也。

三年十二月(二)十四日[一]，幸講武臺，觀飛山卒發機石、射連弩。將有事于晉陽，以習武事。

真宗咸平二年四月二十九日，華州進士許炎上言：「力能舉五十斤鐵，擲高丈餘，承以背；及嘗學劍術，願試之。」帝召見，令與武士擊劍數四，賞其趫勇，録爲三班奉職。

五月十四日，百姓張古伐登聞鼓，[6]自陳十二學劍舞，今年十六，願試之。帝召與騎士擊刺數四，補東西班殿侍。

八月十六日，大閲諸軍於東北郊。先是，有司距都城二十里得東武村，度形勝，闢爲廣場。又憑高築臺，臺上設屋，構行宫于西北隅。命殿前都指揮使王超爲左右廂教陣都總管，龍神衛四廂都指揮使張進副之，宣徽北院使周瑩爲隨駕都總管，宫苑使康仁實、西京左藏庫使郭崇信爲左廂押陣使，莊宅使劉承珪、供備庫使梁承勳爲右廂押陣使，御前忠佐馬步軍都軍頭呼延贇、輔超爲左廂排陣使，安贇、王繼忠爲右廂排陣使，客省使、樞密都承旨王繼英爲大陣前都巡檢，昭宣使李神福、洛苑使孫守禮、大內都提舉定國軍節度使魏咸信爲京城內都巡檢[二]，內侍都知竇神典副之，宫苑使、入內內侍副都知衛紹欽爲新舊城裏同巡檢。殿前、侍衛馬步諸軍二十萬，自夜三鼓初分出諸門，遲明乃絶。詰旦，帝按轡出東華門，諸王、輔臣、三司使、學士、尚書、侍郎、御史中丞、給舍及上將軍、節度、觀察、防禦、團練使、刺史並賜戎服以從。帝頓於

行宫，諸軍陣于臺前，左右相向，步騎交屬，綿亘二十里，諸班衛士翼侍于後，軍儀整肅。有司奏「成列」[三]，皇帝升臺，東向，御戎幄，召從臣坐而觀之。殿前都指揮使王超執五方旗，以節進退。又以行列遐遠，號令所不能及，遂於兩陣中起候臺相望，使人執旗，如臺之數以應之。初舉黄旗，則諸軍旅拜，舉赤旗則騎進，舉青旗則步進。每旗動，則鼓作，而士譟之，聲震于百里，皆三挑而後退。次舉白旗，諸軍復拜，呼萬歲者三。有司奏陣堅而整，士勇而厲，欲再舉之，帝曰：「可止矣。」顧謂超曰：「士衆嚴整，戎行練習，卿之力也。」遂舉黑旗以振旅。軍於左者畧右陣以還，由臺前出西北隅；軍於右者畧左陣以還，由臺前[7]出西南隅，並凱旋而後退。御幄殿，召從臣宴飲，教坊奏樂。迴御東華門，閲諸軍還營，鈞容奏樂於樓下。復召從臣座，賜飲，至晡還宫。明日，又賜近臣飲於中書，諸軍將校飲於營中，内職飲於軍器庫，諸班衛士飲於殿門外。大閲所踐民田，蠲其租。上作《大閲》五言詩，令屬和。儒臣梁顥、曾致堯、盛元、劉鍇、楊嵎等各上大閲頌、賦、銘，詔付史館。

三年正月七日，并代鈐轄李允正引廣鋭騎士數百人對于行宫前殿，帝與輔臣同觀之，曰：「聞是兵久經戰陣，皆

[一] 十四日：原作「二十四日」，按《長編》卷一九、《玉海》卷一四五皆繫於此月乙丑，查乙丑乃十四日，據改。
[二] 魏：原作「威」，據《長編》卷五八改。
[三] 成列：原脱，據《長編》卷四五補。

可驅使。」遂命允正屯邢州，賜將士緡錢，遣之。

四月二日，帝御便殿，召河北防城舉人康克勤等三十人，試以强弓勁弩。克勤善左右射、擊劍。凡中選者十人，並補三班借職。

四日，太子中允王儼言：「前知趙州，契丹遊騎至城下，有學究朱著者勇而善射，命召募壯士百人守齪南關城門。訖虜退，無敢窺其門者。」帝命引對，以勁弓試之，補三班借職。

十四日，御便殿閲兵。神騎第五副兵馬使焦偓自稱善盤鐵槊，重五十斤，命試之。偓舞於馬上，往復如飛。命遷本軍軍使。《玉海》：是年五月辛卯，上閲兵於便坐。

十一月五日，御崇政殿，閲捧日天武右廂第一軍第一指揮教戰[一]。前列騎士，步卒次之，舉赤幟則騎進，青旗則步進，弓弩齊發，矢下如雨，以金鼓節其進退。擢射御超倫者遞補軍職。

仁宗天聖元年二月五日，詔樞密院較定試諸軍班弓弩，並依先朝舊制。時帝御承明殿，試御龍直十將[二]，四人弓弩不中。殿前 8 都指揮使蔚昭敏言「石斗硬輭不等」，再試，復揀中二人。故有是詔。

五年九月十三日，御崇政殿，臨軒，召輔臣觀龍衛神勇軍列射于庭中，習戰陣之狀。先騎射，次步射，進退節以鉦鼓，頗極精妙。

九年三月九日，西頭供奉官、閤門祗候李大成以準詔教習用遮箭團牌軍輩事，詣便殿請對，命試於前。初令二人對射，三發矢；次四人爲伍，弓弩齊發；次擊劍、鬬槊。皆精習。詔遷大成一官，賜軍士緡錢。

十年十月十七日，召虎翼、武騎二軍習陣于崇政殿庭，分步騎爲四陣，召輔臣觀焉。

景祐二年八月二十三日，《紀》甲戌[三]。幸安肅門砲場觀飛山、雄武放砲，又令捧日天武、龍衛、神衛、虎翼諸軍爲戰陣之法。其擊刺騎射之精者悉遷補之，遂宴從臣于幄殿。

四年八月二十一日，詔諸軍習陣法，帝親臨閲，擇材勇武藝者遞升之，餘賜以緡錢。

康定元年三月十一日，御崇政殿觀虎翼軍士教習戰陣，召輔臣觀焉。

七月十五日，御延和殿，閲諸軍士卒習戰陣法。

九月二十九日，御崇政殿，閲龍衛軍士教陣法，選材勇者遷之。

慶曆二年六月二十六日，御崇政殿，閲涇原路蕃落弓箭手教陣。先是，帝以西鄙用兵，賊再入蕭關，思推恩於蕃落將士等，令以戎隙赴闕下故也。是日，初令騎射，皆驍（駛）〔鋭〕也。向進有健名於邊部，其族皆死王事者，時與子姪六人到。向堅尤俊悍，帝取其弓，手引之，甚勁，傳示

[一]廂：原脱，據《玉海》卷一四五補。

[二]御龍直：「御」原抄作「殿」，又塗抹而未補字，據《宋史》卷一六六《職官志》六，宋禁軍名有「御龍直」，因補「御」字。

[三]按，甲戌即二十三日，《會要》不可能有此畫蛇添足之注。此必是《大典》據《玉海》卷一四五添。

宰臣，因遍諭其衆：「汝輩爲國扞賊，朕深知勞苦。」慰勉久之。又見其善騎，曰：「此騎固難得，慎無爲豪權以善價鬻之。」因等第遷轉。

十月二十一日，御崇政殿，觀龍衛軍士習軍陣。

皇祐元年六月十七日，右殿直趙 9 璞試武藝，授閤門祇候。其父振致仕，偕入，自陳筋力未衰，屢經戰陣。詔授右屯衛大將軍，落致仕，解州防禦使、京西鈐轄。

至和元年十月二十八日，幸城北砲場觀放砲，遂宴從臣，賜衛士緡錢。

十一月五日，詔修城西砲場臺，仍令八作司繪圖以上。

神宗熙寧三年八月七日，御崇政殿，閱左藏庫副使幵贇所教牌手。上詔諭曰：「觀其進退輕便，不畏矢石，誠爲利器。可令殿前步軍司擇鎗刀手（蹺）〔驍〕健者，依贇法教習。」

五年五月二十八日，御崇政殿，閱涇原路衙教陣隊，詔以陣法頒行諸路。先是，涇原路經略使蔡挺於衙中庭勤武堂肄習諸將軍馬，點閱周悉，隊伍有法，召挺爲樞密副使。因上言，而引試於便殿。

元豐四年四月六日，上御延和殿觀閱試保甲，雍王顥、曹王頵侍。少選，命顥等坐，閱試畢，賜茶，即從還禁中。

九月十九日，帝御崇政殿，召執政，賜坐，閱試澶州集教大保長并監教使臣等四百八十二人畢，三人補三班借職，三十三人補三班差使、借差，餘賜銀絹錢有差。東上閤門使、榮州刺史狄諮遷四方館使，朝散郎劉定遷集賢校理。監教使臣等轉官，或減磨勘年。

六年正月二十九日，帝御崇政殿，閱燕達所肄習殿侍七十人。各步射一石四㪷弓。帝問能加否，皆曰：「願射一石七㪷力。」帝令易弓，皆引滿。顧謂樞密都承旨張誠一曰：「人材事藝，大抵相若，教幾多時？」誠一對曰：「半年。」帝曰：「在教未久，首能應格。」並與三班借職，各賜袍、笏、銀帶，沿邊指使。

10 十月五日，捧日左軍第六將第三指揮押官董安、王宣，長行潘演、賀斌、劉福、郝秀、解起並爲三班奉職，賜袍、帶、馬，充邊上指使。以引試武藝，皆能射一石五㪷弓也。

哲宗紹聖三年六月十八日，軍頭司引蕃官東上閤門使、雄州防禦使李忠傑等呈試武藝。詔忠傑、李阿埋各與轉一官，内忠傑回授與兒男，阿埋賜名世恭，加遥郡刺史。

元符二年正月九日，軍頭司引見蕃官呂永信等，永信并男細禹輕丁埋試藝，各賜靴袍。並自陳乞賜姓趙，從之。

高宗皇帝建炎三年六月二十一日，上諭輔臣曰：「朕欲親閱武。」宰臣呂頤浩曰：「方右武之時，理當若此。祖宗時不忘武備，如鑿金明池，蓋欲習水戰。」張浚曰：「祖宗每以上巳遊幸，必命衛士馳射，因而激賞，亦所以講武。」上曰：「朕非久命諸將各閱所部人馬，當與卿等共觀，足以知諸將能否。」時以事不果行。

紹興五年正月十一日，皇帝御射殿，閱諸班直、殿前司諸軍指教使臣、親從、宿衛親兵并提轄部押親兵、使臣射射。共一千二百六人，每六十人作一撥。

十四日，皇帝御射殿閲諸班直、親從等射射，遂詔户部支金一千兩付樞密院激賞庫，充激犒使用。

三月二十日，皇帝御射殿，閲等子趙青等五十人角力，轉資、支賜錢銀有差。

八月二十三日，皇帝御射殿，閲廣東經畧司解發到韶州士庶子弟陳裕試神臂弓，特補進武校尉，賜紫羅窄衫、銀束帶，差充本路經[11]畧司指使。

三十年十月二十七日，皇帝御射殿，引三衙統制、同統制〔一〕、統領、同（充）〔統〕領入内射射。詔餘合赴内教人，依年例支降例物，令逐司自行按試，等第給散。舊例，每歲引三衙官兵内教，是日止引統制、統領，故有是詔。

三十二年四月二十五日，皇帝御射殿，隔門特坐，引呈新舊行門射射。

孝宗隆興二年五月八日，上宣諭宰執曰：「朕以今月十七日幸門外大教場，引呈三衙出戍四軍人馬，賜以犒設。」宰臣湯思退等奏，欲差都大彈壓官、主管一行事務官、監散犒設官，仍令臨安府修固沿路橋道。上曰：「不須如此，只差官監散犒設。」仍令臨安府修固橋道，不得拆毁民間屋宇。其後以值雨，止令三衙同監官給散犒賞。

乾道二年十一月二十二日，詔：「今月二十四日，車駕幸候潮門外大教場，進早膳畢，次幸白石教場，抽摘進呈三司軍馬。應從駕臣僚，自祥曦殿並戎服起居，從駕往回。是日有旨，仍進晚膳。內管軍、御帶、環衛官從駕，宰執已下免從。就逐幕次賜食，俟進晚膳畢，免奏萬福，并免賜茶，從駕還內。」

二十四日，上幸候潮門外大教場，進早膳，次幸白石教場閲兵。三衙率將佐等導駕詣白石。皇帝登臺，三衙統制、統領官等起居畢，舉黄旗，諸軍皆三呼萬歲。拜訖，三衙管軍奏報取旨，馬軍上馬打圍教戰。舉白旗，三司馬軍首尾相接；舉紅旗，向臺合圍。聽一金止，軍馬各就圍地，作圓形排立。射生官兵隨鼓聲出馬射獐兔，再一金止。疊金，射生官兵各歸陣隊。舉黄[12]旗，射生官兵就御臺下獻所獲。是日，有數將獨手運大刀，上問李舜舉曰：「此刀可重幾許？」奏曰：「刀皆重數十斤。」上曰：「卿能教閲如此精明。」奏曰：「臣駑才，但恭依聖訓。」又宣諭陳敏曰：「軍馬衣裝整肅如此！」且褒其能以家財造軍裝，訓練整齊，及人物謀畧，（時）〔特〕慰勞。錫賚諸將鞍馬金帶，以及士卒，賞皆有差。諸軍歡騰，鼓舞就列。百姓觀者，擁峙如山。時久陰曀，暨皇帝出郊，雲霧解駮，風日開霽。主管殿前司王琪等繼奉聖訓曰〔二〕：「前日之教，師律整嚴，人無譁囂，分合應度，朕甚悦之，皆卿等力也。執政百司自恨不能一見。」琪等曰：「此陛下神武之化，六軍恭謹所致。臣願得以此爲陛下勸絶姦宄。」上肯之。

〔一〕同統制：原脱，據《宋史》卷一二一《禮志》二四補。
〔二〕管：原作「營」，據《宋史》卷一二一《禮志》二四改。

其日，祥曦殿皇帝出宮，行門、禁衛等迎駕常起居。皇帝坐，閤門官已下，修注、御帶、環衛官等並戎服常起居。次親王、執政官已下並戎服常起居。皇太子內中起居訖，從駕。皇帝乘馬出，從駕官從駕。至候潮門外大教場，皇帝下馬，入幄殿，從駕官等並歸幕次。進早膳畢，幄殿入內官喝排立，皇帝出幄殿，行門、禁衛等迎駕奏萬福。從駕官等並免奏萬福。皇帝乘馬，皇太子、親王、管軍、知閤、御帶、環衛官從駕。幸白石教場，至將臺下下馬，（外）〔升〕臺，入幄殿。俟入內官喝排立，皇帝出幄，行門、禁衛等迎駕，奏萬福。皇帝坐。皇太子、親王、知閤、御帶、環衛官並將臺上侍（王）〔坐〕，管軍往來照管。閤門分引殿前、馬、步三司統制、統領官常起居訖，次三司將佐已下聽鼓聲常起居。俟教閱陣隊訖，次殿帥王琪下將臺，乘【13】馬於教場教閱親隨射笋椿并野戰畢，次諸軍射生。幄殿上移椅子，皇帝坐觀諸軍射生。次三司統制、統領、將佐、使臣射中獐鹿等，於臺下置定，傳官賜殿帥王琪、三司統制、統領官金椀一，各十兩；射生將佐、使臣等七兩、五兩銀椀有差。本軍引三司統制、統領官等赴幄殿下，再拜謝訖，退。次入內官再傳旨賜殿帥王琪射笋椿并野戰人銀一千兩，引赴幄殿下，再拜謝恩訖，退，放教拽隊。皇帝歸幄殿坐，管軍進皇帝酒一盞，皇帝飲訖，管軍再拜謝。次入內官傳旨宣皇太子、親王、知閤、管軍賜酒，飲訖，皇帝起入幄殿，皇太子已下進歸幕次。俟皇帝出幄，行門、禁衛等迎駕，奏萬福，皇帝乘馬，從駕官免奏萬福，乘馬以俟從駕。以至候潮門外大教場，應從駕臣僚免奏萬福。從駕回。皇帝乘馬入和寧門，至祥曦殿上，下馬還宮。

四年十月四日，殿前司言：「準已降旨，令三司祗備教閱，令射親。相視龍王堂北、江岸以東茅灘一帶平地，可作教場，已修築將壇。將來三司馬步軍並各全裝，披帶衣甲，執色器械，至日先赴教場下方營排辦，俟聖駕陞臺，聽金鼓起居畢，依資次變陣教閱。所有聖駕出郊，除禁衛所稟差儀衛外，欲於本司入陣馬軍內摘差護駕馬軍八百人騎，執槍旗，帶弓箭、軍器，作十六隊，於儀衛前後引從，各分八隊，隊各五十人，往回沿路，各奏隨軍番鼓笛大樂〔一〕。及摘差本司入教陣隊內諸軍步親隨一千人，并統領將官【14】三員，執弓槍，帶刀斧軍器，至日先赴將臺下，各分左右，於後壁週圍留空地三十步，以容禁衛，外作三重環立。依已降旨，稟差入教及從駕往回并圍臺擺齪二十人騎外，有用不盡千一百十三人，其兩忠毅軍見閒在寨。馬軍共二百十人騎，欲於內撥二百人騎，前一日於赭山以來打圍射獐兔，候教陣畢，以射到獐兔至御臺下進獻。」從之。

十四日，詔：「今月十六日，進早膳畢，車駕幸灘上，抽擇諸軍人馬按教。宰執、管軍、知閤、御帶、環衛官自祥曦殿戎服起居從駕，餘並免從。逐幕次賜酒食，俟進晚膳畢，免奏萬福，并免賜茶，從駕還內。應府城內外沿路逐幕次

〔一〕奏：原作「動」，據《宋史》卷一二一《禮志》二四改。

並免迎駕起居，并免奏萬福。如值雨，從駕臣僚并儀衛等並許張雨具。」

十五日，閤門言：「今來駕幸灘上，抽摘諸軍人馬按教。所有祥曦殿皇帝坐常起居，其御帶、環衛官帶軍中差遣者免從駕，徑赴灘上教場。管軍仍執骨朵，於御廚南迎駕。宰執、親王已下宣名。宰執或有奏事，如儀。其灘上教場，皇帝坐，閤門引三衙統制、統領官立，以殿前、馬、步軍爲次序。將佐已下同諸軍就隊伍，本軍招撥起居，隨拜三呼萬歲。已後教閱次序，并或有恩旨喝賜等，並依例本軍招撥謝恩。」從之。

十六日，上幸茅灘。抽摘諸軍人馬全裝執色，前一日於教場東列幕宿營。是日，三衙管軍與各軍統領將佐全裝披帶，導駕乘馬至護聖步軍大教場亭，更御甲冑到灘。皇帝 15 登臺，三衙起居畢，權主管殿前司王逵奏三司人馬齊。舉黃旗，諸軍呼拜者三。逵奏請從頭教。中軍鳴角，倒門角旗出營，馬步軍簇隊成，收鼓訖。連三鼓，馬軍上馬，步人撮起旗槍。四鼓，舉白旗，中軍鼓聲旗應，變方陣爲備敵之形。別高一鼓，步軍四向作禦敵之勢，且戰且前，馬軍出陣作戰鬪之勢。別高一鼓，各分歸地分。五鼓，舉黃旗，變圓陣爲自環內固之形，如前節次訖。二鼓，舉赤旗，變鋭陣，諸軍相屬，魚貫斜列，前利後張，爲衝敵之形，亦依前節次訖。王逵奏：「人馬教絶，取旨。」擺當頭，舉青旗，變放教直陣，收鼓訖，一金止。重三鼓，馬軍下馬，步人齪落旗槍，皆應規矩。皇帝大悦，犒賞倍之。士卒歡呼，謝恩如儀。鳴角聲簇隊訖，放教拽隊。步人分東西引拽，馬軍交頭於御臺下，隨隊呈試驍鋭大刀武藝。繼而進呈車砲、火砲、煙槍。及赭山打圍射生，馬步軍統制官蕭鷓巴等以所獲獐鹿等就御臺下進獻，人馬拽絶。是時冬日霽温，士民觀者如山。皇帝復御常服，乘馬至車子院，宣喚殿前司撥發官馬定遠、侯彦昌，各賜馬一疋，彦昌仍自準備將特陞副將。馬、步軍司撥發官亦依例宣喚賜馬。又進御酒，上謂王逵曰：「今日教閱，進止分合，軍律整肅，皆卿之力也。」逵奏：「陛下神武，四海共知，六師軍容，孰敢不肅！」特賜酒，俱以十分。逵奏以軍馬事不敢飲，上曰：「少飲之〔一〕。」親減之太半〔二〕。飲畢，謝恩退。又宣問主管侍衛 16 馬軍司李舜舉：「今日按閱之兵，比向時所用之師何如？」（舉舜）〔舜舉〕曰：「今日所治之兵，皆陛下平時躬親訓練，撫以深恩，賜之重賞，忠勇百倍，非昔日可比。」

其日〔三〕，皇帝至祥曦殿，行門、禁衛等並戎服迎駕常起居。皇帝坐，知閤門官已下，修注、御帶、環衛官等並戎服常起居，宰執已下並戎服常起居訖，皇帝乘馬出，從駕官從駕。至候潮門外大教場御幄下馬，入幄更衣訖，依已降指

〔一〕飲：原作「與」，據《宋史》卷一二一《禮志》二四改。
〔二〕太半：原作「太平」，據《宋史》卷一二一《禮志》二四改。
〔三〕其日：《宋史》卷一二一《禮志》二四作「其儀」。

揮，宰執、管軍、知閤、御帶、環衛官從駕，侍從已下免從駕。皇帝帶全裝甲出幄〔一〕，行門、禁衛等迎駕，奏萬福。從駕官并應奉臣僚並免奏萬福。皇帝乘馬，慶王、恭王並自大教場帶全裝甲乘馬從駕，宰執、使相、正任、管軍、知閤、御帶、環衛官並戎服從駕。至灘上教場臺下馬，升臺入幄。皇帝歸幄，從駕官宰執、親王、使相、正任、知閤、御帶、環衛官升臺，於幄殿分東西相向立。管軍並令全裝衣甲，帶御器械執骨朵升臺，於幄殿指南面西立。俟入內官喝排立，皇帝出幄，行門、禁衛等迎駕，奏萬福。皇帝坐，閤門分引殿前、馬、步三司統制，統領官常起居訖。次三司將佐已下聽鼓聲常起居。次殿帥王逵執骨朵赴御坐前，奏教直陣。俟教閱畢，再赴御坐前奏教圓陣。俟教閱畢，再赴御坐前奏教鋭陣。俟教閱畢，再赴御坐前奏教閱畢〔二〕，歸侍立位。內侍傳旨與殿前太尉王逵，諸軍謝恩承旨訖，轉與撥發官引三司統制〔三〕、統領、將佐再拜謝恩訖，各歸本軍。皇帝起，入幄更衣訖，皇帝出幄。皇帝坐，舍人引宰執墩後立〔四〕。俟進御茶床，舍人贊就坐，宰執躬身應喏訖，直身立，就坐。進第一盞酒，起立墩後。俟皇帝飲酒訖，舍人贊就[17]坐，躬身應喏訖，直身立。俟宰執酒至，接盞飲酒訖，盞付殿侍。次舍人贊喫食，並如儀。至第四盞，傳旨宣勸訖，御藥傳旨不拜，舍人承旨贊「不要拜」，贊就坐。第五盞宣勸，如第四盞儀。酒食畢，舉御茶床。舍人分引宰執於幄殿重行立。御藥傳旨不拜，舍人承旨訖，揖宰執躬身，贊「不要拜」，各祗候直身立，降踏道歸幕次。皇帝起，乘馬，至車子院下馬。皇帝出幄，至車子院門樓上，親王、使相、正任並戎服俟駕，至車子院門樓上相向立。得旨宣管軍、知閤、御帶、環衛官飲酒，並戎服於御坐前相向立。皇帝坐，賜親王酒，再拜謝訖；次賜使相、正任并管軍、知閤、御帶、環衛官酒訖；逐班再拜謝，訖，依舊相向立。次親王執盞進皇帝酒，皇帝飲酒訖，一班再拜謝，訖。俟皇帝觀看畢，起，降車子院門樓，歸幄。親王已下退。俟駕臣僚免奏萬福，乘馬從駕。皇帝乘馬出車子院門，行門、禁衛等迎駕，奏萬福。皇帝乘馬至候潮門外大教場，應俟駕臣僚免奏萬福。從駕官並戎服乘馬從駕迴。皇帝乘馬入和寧門，至祥曦殿上，下馬還宮。

六年十二月一日，詔：「今月三日詣大教場，進早膳畢，次幸白石進晚膳。內管軍、知閤、御帶、環衛官自祥曦殿戎服起居從駕外，餘並免從駕。臣僚逐幕次賜酒食，俟進晚膳畢，免奏萬福，并免賜茶，從駕還內。應府城裏外沿路逐幕次並免迎駕起居，并回，免奏萬福。如值雨，從駕臣僚及儀衛等並許張雨具。」

二日，殿前司言：「將來駕幸茅灘，所有隨從三司馬步軍兵共一萬二千四百人，係[18]作二百四十八小隊引拽。」

〔一〕全裝甲：《宋史》卷一二一《禮志》二四作「金甲」。
〔二〕自「奏教圓陣」至此句「再赴御坐前」共二十六字原脱，據《宋史》卷一二一《禮志》二四補。
〔三〕官：原作「兵」，據《宋史》卷一二一《禮志》二四改。
〔四〕墩：原作「墪」，據《宋史》卷一二一《禮志》二四改。

緣經由街道窄狹，并出入營寨門十餘處，必擁遏遲滯。乞於內摘差殿前司護聖馬軍五百人騎，分十小隊。前引六隊三百人騎於都亭驛前以東擺列，後從四隊二百人騎於省北一帶擺列。步軍一千人作二十小隊，並於大教場內伺候；駕到，分十二隊六百人作前引，八隊四百人作後從。四隊馬步軍並執紅帕旗，餘馬軍千五百人騎作三十小隊，在灘下沿道擺擬。馬軍司馬軍二百人騎作四小隊，於左邊；步軍司馬軍二百人騎作四小隊，於右邊擺擬。俟駕到灘路，並於儀衛前後作引從，週圍隨從。候到臺內，殿前司馬軍五百人騎，步軍千人分作御臺週圍侍立。所有殿前、馬、步軍司步軍，並先赴臺前作方營排(辨)〔辦〕。俟駕入御帳，依已得處分，並卓歇散飯。其不係圍臺三司馬軍千九百人騎，亦並入營，依次下馬卓歇散飯。內殿前司馬步軍並執黃雲旗，馬軍司馬步軍緋旗，步軍司馬步軍白旗，以俟駕回引從，並如來儀。其元不係隨駕步軍，候駕迴塘路，依軍次引拽歸寨。」詔於數內更撥步人三千灘內擺隊伺候從駕，餘並依所奏。

三日，上詣大教場早膳，次幸白石。其日，祥曦殿禁衛、臣僚等戎服迎駕常起居，如四年之儀。皇帝乘馬出，從駕官從駕，至候潮門外大教場御幄殿，下馬入幄殿。從駕官等並歸幕次進早膳，畢，幄殿入內官喝排立。皇帝出幄殿，行門、禁衛等迎 19 駕，奏萬福。依已降指揮，管軍、知閤、御帶、環衛官從駕外，餘並免從駕，臣僚並免奏萬福。皇帝乘馬，宰執、親王、使相並戎服從駕。至白石將臺下下馬，升臺入幄殿。從駕宰執、親王、使相、管軍、知閤、御帶、環衛官並戎服於幄殿東西相向立。御藥傳旨，令宰執、親王已下奏萬福，並賜酒食。人齊，皇帝出幄，行門、禁衛等迎駕，奏萬福。皇帝坐，知閤已下、御帶、環衛官奏萬福訖，升臺，東壁面西立。宣贊舍人已下於臺下分東西相向立。次管軍奏萬福訖，升臺，西壁面東立。次臺上舍人引宰執、親王、使相、太尉一班奏萬福訖，升幄殿，次就坐。舍人、承受分(司)〔引〕殿前、馬、步三司統制、統領官常起居訖。次三司將佐已下就逐隊伍聽鼓聲常起居。次宣管軍赴坐〔一〕，並就座。酒三盞，並宣勸進酒，並起立飲酒訖，不拜，就坐。酒食畢，並降幄殿。舍人引宰執、親王、使相、太尉立定，次管軍於臺下立定。御藥傳旨不拜，舍人承旨訖，揖躬身，贊「不要拜」，各祗候直身立，復升臺，分兩壁立。次宰執奏事，又宣親王、使相、太尉、管軍、知閤、御帶、環衛官於御坐東壁，用禮佛縄地坐。散酒畢，退歸幕次。皇帝起，乘馬至車子院，行門、禁衛等迎駕，奏萬福。皇帝幄前下馬，入幄。俟皇帝出幄，至車子院門樓上。宰執、親王、使相、太尉、管軍、知閤、御帶、環衛官於車子院門樓上東壁面西侍立。皇帝坐，賜宰執已下酒訖，退。皇帝起歸幄殿，依已降指揮，從駕臣僚免奏萬福，乘馬從駕。乘馬出車子院，行門、禁衛等迎駕，奏萬福。至候潮門外大教場，應從駕臣僚依已降指揮並免奏萬福。從駕

〔一〕自此句以下與上文所述程序不相接，參照四年儀注，中間似有脫文。

官並戎服乘馬從駕迴。皇帝乘馬入和寧20門，至祥曦殿上，下馬還宮。

【續宋會要】

21淳熙四年十二月十日，大閱殿、步兩司諸軍于茅灘。臣僚、儀衛等皆戎服扈從，諸軍統制、統領、將佐並介胄恭導皇帝乘馬至教場。皇帝登臺，皇太子、執政、使相、知閤、御帶、環衛官俱從登臺。殿前副指揮使王友直、侍衛步軍都虞(侯)〔候〕田世卿奏人馬成列。舉黃旗，諸軍統領、將佐已下呼拜者三，迺奏發嚴。舉白旗，聲四鼓，變小方陣；次變四頭八尾陣，爲禦敵之形；次變大方陣。次舉黃旗，聲五鼓，變圓陣。次舉皂旗，聲一鼓，變曲陣。次舉青旗，聲三鼓，變直陣。次舉緋旗，聲二鼓，變鋭陣。每陣馬軍各隨所教之陣，雙頭出營，作連環四交頭，左右策。每海眼掠陣，前十六隊作一行進戰。管軍奏「五陣教畢」，放教。是日天氣晴爽，無纖雲，器甲精明，光耀原野〔一〕，士氣勇鋭，天顔甚悦。上宣諭友直等曰：「器甲鮮明，紀律嚴整，皆卿等留心軍政，深可嘉尚。」犒賜將士有差。既而宣皇太子、執政、使相、管軍對御宴于臺。宴畢，從駕還內。

十年十一月十三日，上幸龍山教場大閱。臣僚及儀衛等皆戎服扈從。至教場，皇帝登臺，宣皇太子、宰執、侍從、知閤、正任侍立。管軍奏人馬成列，諸軍統制、統領、將佐等各就隊伍，拜呼萬歲者三。迺奏馬軍分合，取旨發嚴。舉青旗，聲三鼓，變作三直陣。高一鼓，鼓音作，馬軍透籠，提作六行。疊二鼓，舉白旗，聚爲四陣。疊二鼓，舉緋旗，聚爲兩陣。疊二鼓，22舉皂旗，聚爲一陣。疊二鼓，白旗左右綽，分爲四陣。疊二鼓，青號帶磨，復散爲六行。高一鼓，作幡龍之勢，變作品字三陣，旋轉回合。次六撥馳驟，各射響箭三。又令左右前後互相交迎。畢，管軍奏放教。犒設諸軍將士有差。皇太子、宰執以下從駕還內。

十六年光宗即位。七月二十三日，詔：「朕嗣位之初，諸軍人馬未曾合教。可於十月內，擇日幸城南大教場大閱。其合行事件，令有司條具以聞。」既而殿前司言：「將來入教場馬步軍，乞依昨淳熙十年按閱體例，並各全裝披帶衣甲，執色器械。仍乞至日先赴教場下方營排辦，俟駕陞御亭座〔二〕，聽金鼓起居畢，依資次變陣教閱。將來大閱軍馬，除禁衛所稟差儀衛外，乞依昨淳熙十年按閱體例，於本司護聖馬軍內摘差七百人騎，步軍司摘差三百人騎，作二十小隊前引後從，各一十隊隨駕祗應。其殿、步兩司諸軍兵將官等，乞依淳熙十年按閱體例，令各隨本軍將隊起居。至日，導駕至御亭下，帶甲於御亭上侍立。」並從之。

二十四日，詔：「將來大閱，應官兵隨身器甲或有闕少損壞，令本軍自與修治，不得輒令(培)〔賠〕備。其衣裝隨宜

〔一〕耀：原作「輝」，據《宋史全文》卷二六上改。
〔二〕亭：原作「停」，據下文改。

服用，毋令創新製造。仰主帥預行約束，毋致違戾。」

八月二十四日，殿前司言：「契勘馬軍司亦有所管龍衛、雲武騎等指揮，官兵隊伍并金鼓手見趁赴教閱。照得逐次教閱並係附入步軍司一就合教，支散犒設了當。所有今來合教，乞將本司入隊 23 官兵附入步軍司一就教閱施行。」從之。

九月二十五日，詔：「諸軍從來教閱，自有一等新鮮旗幟器甲，別項樁收。今訪聞諸軍又欲創新製造，以務奇巧，甚非朕撫恤諸軍之意，深慮因而科擾士卒。可行下殿、步司，約束諸軍，不得橫有費用。或有損弊合行修換之物，並令支破官錢。仍遍牓諸軍，各使知悉，以稱朕意。」

十月九日，詔：「今次大閱，可比舊例增支犒賞一十萬貫。仰郭鈞同趙濟公共照應合教等第則例〔一〕，逐一均定增支。」

二十八日，上幸城南大教場大閱。臣僚及儀衛等皆戎服扈從。至教場，皇帝登亭，宣宰執、侍從、知閤、正任侍立。管軍奏人馬成列，諸軍統制、統領、將佐等各就隊伍，拜呼萬歲者三。迺奏馬軍分合，取旨發嚴。舉白旗，聲四鼓，變作九軍方陣。次舉黃旗，聲五鼓，變作圓陣。次舉青旗，聲三鼓，變作四顧直陣。次弩手射射，人馬分東西兩廂。次奏陣隊教絶，人馬擺當頭。次謝恩，從駕還內。先拽諸處擺到軍馬，次教場內軍馬拽隊。連三鼓，馬軍上馬，步人撮起槍旗，一鼓一金拽行。

其日，行門、禁衛諸班直、親從等並戎服於後殿下排立。閤門報引宰執、使相、侍從、正任、宗室遥郡以下，并知閤門官、(等)〔管〕軍、御帶、環衛官，并修注、應奉官等，自後殿並戎服立班定。閤門奏班齊。皇帝服紅窄衣、犀束帶、裹頭巾出宮，殿下鳴鞭，行門、禁衛等並迎駕，自贊常起居。皇帝座，知閤門官以下，次宰臣以下，次管軍，24 並起居訖，出殿。皇帝起，步降東階下殿，乘馬出後殿門，經由麗正門，出候潮門，入大教場，至幄殿瓦涼棚下馬。皇帝歸御幄。次內侍喝排立，閤門報引宰執以下、管軍并應奉官等於幄殿下立班定。閤門奏班齊，皇帝出幄，殿下鳴鞭，禁衛等並迎駕，奏萬福。皇帝坐，宰執以下并管軍、應奉官等逐班並奏聖躬萬福，訖，各歸祗應侍立位。次本軍標撥諸軍起居訖。俟教閱畢，皇帝暫起，次宣宰執以下賜茶訖，退。應從駕宰執、使相等并應奉官及儀衛並從駕還內，如來儀。至後殿下馬入宮。

紹熙四年十月六日，詔宣諭殿前司諸軍，今月十三日宣押新舊人，當日兵官於內教場教閱。一、赴內中教閱共三千三百二十三人，帶甲三千二百七十三人。帳前都撥發官以下至教頭共一十二人，兵將官共四十九員，統制官一十員，統領官九員，將官三十員。教門三千人，內新舊人各

〔一〕「照應」下原有「已」字，按本卷後文禮九之二八、九之三〇、九之三二均云「公共照應合教等第則例」，無「已」字，據删。

一千五百人。入陣六十四隊，每隊各四十五人，計二千八百八十人。士軍各二百七十人；選鋒軍、前軍、右軍、遊奕軍、左軍、後軍，一軍四百五十人；護聖步軍，一軍三百六十人；神勇軍，一軍一百八十人。中軍白旗子一百二十人，每軍各一十二人。金鼓手、角匠二百人，內中軍、護聖步軍各一百人。門角旗一十二人，並護聖步軍。不帶甲擡垛子、打箭牙兵五十人。一、教陣節次：第一教直陣，第二教曲陣，第三教鋭陣。候陣隊教絶，擺轉，25分左右兩廂。令弩手各射箭四隻，內弓箭手先上行子，射六十步垛子，射畢，打箭。次弩手上行子，射一百步垛子。候射絶，打箭訖，人擺當頭，謝恩畢，放教，犒賞有差。

十六日，宣諭：「步軍司招到新人，不知教閱得純熟否？可具奏來。」繼而步軍司都虞候閻仲言：「自到任之後，節次招收到三色軍兵二千四百三十三人，並各斟量材性，宜習武藝。官給弓、弩、槍、刀、箭、鑿之類，令逐軍統制官指教閱習訓練，例皆純熟。乞摘差合千人，旗頭并白旗子、金鼓角匠等通作二千一百人，依殿司體例，擇日入內教閱陣隊、射射、弓弩。」得旨，十一月十二日宣赴內中教閱。一、兵將官二十二員，並全裝帶甲。統制、統領官一十二員，各帶弓箭，腰懸劍，手執骨朵侍立，免令射射。統制官五員，統領官七員，內一員兼本司都撥發官。將一十三員，各腰懸手刀，帶弓箭，隨隊射射。四正將八員，副將二員，準備將一員，同準備將二員，本司撥發官一員。一、赴教官兵二千一百一十一人，並全裝帶甲。入陣一千九百九十七人，共五十六隊：新人一千人，舊人八百七十七人，白旗子一百二十人。訓練官五十一人，（弓箭于各射鑿子箭四隻腰懸手刀）教頭九人；官兵一千九百三十七人。弓箭手三百六十七人，各射鑿子箭四隻（腰懸手刀）；弩手三百人，各射鑿子箭四隻；槍手六百五十人；牌手二百五十人：各腰懸手刀。并執打草棒刀手26二百五十人，白旗子、槍手一百二十人，各背手刀。金鼓角匠、門角旗等一百一十四人。一、諸色祗應六十人，各戎服，不帶甲。打箭五十人，提轄、主行教閱文（學）〔字〕使臣一十人。一、應干合用軍器、金鼓、旗幟、草垛等，至日將帶入內教場下方陣營。俟聖駕陞殿起居畢，先教四直陣，次教圓陣，並各趨戰。次令弓弩手射射，各箭四隻，內弓箭六十步立垛子，弩手一百步立垛子。弓箭手射絶，（次射絶）次射弩手。候打箭絶，簇隊排辦放教〔二〕。上宣諭閻仲云：「教練有方，器甲整肅，卿爲朕宣力。」

慶元元年十月四日，御筆：「朕嗣位之初，諸軍人馬未曾合教。三省、樞密院可照淳熙十六年體例，條具取旨。」既而復詔：「朕爲在孝宗皇帝制內，不欲親幸按閱，可擇日宰執前去大教場內按視。合行事件令郭杲、劉超條具以聞。犒設依淳熙十六年例支給。」殿前都指揮使郭杲、主管侍衛步軍司劉超條具到合行事件：「一、淳熙十六年大閱，

〔二〕簇：原作「族」，據本卷禮九之一五改。

殿、步司共稟差馬步軍二萬五千人騎，在大教場内變陣教閲，其餘於門裏門外坊巷擺列。今宰執按視，除稟差入教駐隊變陣外，更不擺列。一、兩司應管軍兵見行稟差入陣駐隊擺列逐等人數，照應淳熙十六年體例，攢類均支犒賞。候見的實數目，即申明朝廷給降。一、至日，入教人馬排齊，臣等先次入教場，於廳下左側幕次前下馬，官兵聲喏畢，然後差官兵赴都堂請宰執。是日，27自都堂乘馬，至教場門外易馬。一、按閲軍馬，理合整肅。除殿司提轄并當行教閲文字使臣、人吏及衙兵，量行將帶，各給牌子照驗，方許入教場門。所有宰執府等人從，三衙難以約攔，乞行下逐府幹辦，措置止約。内三省、樞密院除提點、承旨外，其餘當職事人乞報下合入教場人數、職次、姓名。自餘應百司官員，非得指揮並不敢放入教場。乞從朝廷重作施行，本司出榜，至日於教場門首張掛〔一〕，庶幾不致喧閙。一、若於大教場門首辨驗牌子放入，緣地步窄狹，竊恐擁閙。今欲離教場門外裹角權立門户，差人辨驗，有牌號人方許放入。一、淳熙十六年將大教場南大亭子權拆去兩廊，改作御亭，差班直五百人周圍排立。今來止將亭子隨宜釘設，更不拆去兩廊，亦不差圍亭子人兵。一、淳熙十六年申降指揮，差劊子一十人，帶甲，執法刀於御亭前排立。今欲止差八人。一、至日，車馬排齊，請宰執入教場陞廳坐，臣等帶甲執骨朵。唱喏訖，上廳，納入教人馬數，復下廳左側幕次内彈壓。令都撥發官逐旋差押教報覆，聲金鼓，節次按閲。一、兩司諸軍統制、統領、將官，臣等並令部押軍馬入陣，隨隊聲喏出入。一、門裏營寨合出門排辦軍馬，乞下臨安府照節次大閲體例，將經由城門至日五更初開門，候軍馬拽絶，却行關閉，庶免遲誤。一、乞照逐次例給歇泊假三日。」又言：「至日教畢，乞傳28聖旨喝賜犒賞，令官兵望闕謝恩。未審從朝廷差官喝犒，唯復差天使前來。臣等契勘舊例，謝恩先一喏、一拜、一呼，次一拜、一呼，次重呼一喏。伏見目今每遇駕出，其鄰巷官兵是兩拜兩喏。見今免山呼，所有入教官兵謝恩，欲乞權照鄰巷官兵體例，止兩拜兩喏。其謝宰執，止聲一喏。至日天使到來，臣等乞差馬軍二百人騎，作四小隊，前後迎接，庶幾軍營雄壯。」並從之。其犒賞，差中使一員，至日往教場傳宣喝賜。

十三日，詔：「將來大閲，應官兵隨身器甲或有闕少損壞，令本軍自與修治，不得輒令陪備及置辦衣裝。仰主帥預行約束，毋致違戾。」

十五日，詔：「今次大閲，依淳熙十六年增支犒賞體例，仰郭杲、劉超公共照應合教等第則例，逐一均定增支。」

二十八日，浙西安撫司言：「照對臨安府揀中禁軍，從淳熙十六年指揮，合於候潮門裏西壁擺立。今來宰執按視，未審合與不合趁赴擺立，依例犒賞。」詔令隨宜擺列，以備點閲，依淳熙十六年例犒設一次。

〔一〕張：原作「引」，據《補編》頁八二九改。

二年七月十七日，御筆：「朕欲今冬親幸茅灘大閱，應有合行事，令所司條具聞奏。」殿帥郭杲、步帥劉超言：「準指揮，今冬親幸茅灘大閱，深慮潮水不時渰浸地面，若行修治，徒費工力，令別行踏逐穩當去處。臣等檢照淳熙十年内親幸龍山馬院教場，東西長二百二十三步，南北闊一百九十二步。教閱日止用殿前司馬軍二千四百人騎教陣，六百人騎駐隊，步軍五千人御營周圍排立，九百人金鼓角匠、執打門角旗【29】等。其餘殿(前)、步司馬步軍四萬五千五百三十六人前引後從，及自嘉會門外接續擺列。其餘人兵齪巷，并存留照顧營寨。臣等照得，龍山馬院先來按閱日教得馬軍二千四百人騎，今若教馬步軍，約教得馬軍八百人騎，步軍五千餘人。淳熙十六年幸候潮門外大教場，東西長三百五步，南北闊二百九十五步，教閱日用殿、步司馬步軍一萬二千四百人教陣，一萬六百人駐隊，四千四百餘人御亭周圍排立，及前引後從、金鼓角匠、白旗子等。其餘二萬二千六百餘人自麗正門及沿江一帶駐立。臣等照得大教場先按閱日，教得馬軍一千六百人騎，步軍一萬八百人。」於是改命幸候潮門大教場。

十九日，御後殿。京鏜奏：「十七日奉御筆，今冬親幸茅灘大閱，仰見陛下優卹將士之意。但降指揮太早，恐沿江諸軍亦有覬望，未可報行。」上曰：「前日德音，再支給口累重大錢，不曾及得三口、四口之家。軍人有語：『若出軍時，我等必不得免，如何支賜不行均給？』所以早降指揮，慰安軍情。」

二十二日，宰執進呈，京鏜等奏：「御筆，今冬茅灘大閱，此舉甚當。但近日軍人頗以德音不例加賞賜爲言，恐啓其無厭之心。」上曰：「口累錢，軍人果有語，以爲今日止支口累重大之人，他日緩急，不成止差口累重大者？所以借此爲名，支散一次。」鏜等奏：「聖慮甚遠。初間止於誕育皇子上取義，今此指揮却似太早，小人無知，必謂【30】朝廷可以恐動。今御筆已出，難爲中輟，乞止關報三衙；諸處行移及條具事件，却俟臨期理會。」上甚然之。

十月十七日，詔：大閱日，從駕官於駕馬車前行馬〔一〕。

同日，詔：今次大閱，可依淳熙十六年增支犒賞體例，仰郭杲、劉超公共照應合教等第則例，逐一均定給降。一、殿前司諸軍班，舊司應管人七萬三千七百九十七人，錢三十八萬二千七百三十六貫五佰文。一、馬、步軍司諸軍，舊司應管人二萬七千四百二人，錢一十二萬七千九百八十一貫文。以上通計人一十萬一千一百九十九人，犒賞錢五十一萬七百一十七貫五佰文。詔令封樁下庫支會子二十四萬八千四百六十四貫六百文，封樁庫支會子二十六萬二千二百五十二貫九百文。

二十五日，詔：「今來大閱，爲天寒，恐出來太早，有勞

〔一〕駕馬車：《補編》頁八二九作「駕馬軍」，皆不可通，疑當作「護駕馬軍」。前文禮九之一三述乾道四年大閱，「差護駕馬軍八百人騎」，是也。

人馬及在路排列駐立。可令殿、步司量度諸寨遠近，令恰好出寨，約天明畢辦。其合起居，止令聲喏。」

二十九日，上幸候潮門外大教場大閱，臣僚及儀衛等並戎服扈從教場。皇帝登亭，宰執、侍從、知閤、正任侍立。管軍奏人馬成列，諸軍統制、統領、將佐等各就隊伍拜呼萬歲者三。乃奏馬軍分合，取旨發嚴。舉白旗，聲四鼓，變作方陣。次舉皂旗，聲一鼓，變作圓陣。次舉青旗，聲三鼓，變作曲陣。次舉緋旗，聲二鼓，變作直陣。次舉黃旗，聲五鼓，變作鋭陣。次弩手射，人馬分東西兩廂。次奏教絶，人馬擺當頭。次 31 謝恩，從駕還内。先拽諸處擺列人馬，次教場軍馬拽隊。連三鼓，馬軍上馬，步人撮起槍旗，一鼓一金拽行。

其日，後殿入内官喝排立起居班次，從駕臣僚及應奉官等並戎服，着靴，擫帶子。並如常日駕出起居儀。至候潮門外大教場内，皇帝歸幄，入内官喝排立。先引知閤門官已下、御帶、環衛官并修注、宗室遥郡、簿書官、閤門舍人、宣贊舍人已下、樞密院諸房、逐房副承旨、諸司祗應官一班，鬭班面幄殿立定。次管軍一班側立。次報引宗室、使相、執政官、侍從、正任相向立定。閤門奏班齊，皇帝出幄，殿下鳴鞭，行門、禁衛等迎駕，自奏萬福。皇帝坐，知閤門官已下一班宣名奏萬福訖。知閤門官、御帶、環衛官并修注、宗室遥郡並升幄殿侍立，餘官幄殿階下侍立。次管軍一班宣名奏萬福訖。分升幄殿，相向侍立。次諸軍統制、統領官、將佐等就逐隊伍，本軍招撥起居。隨拜三呼萬歲。候教閲訖，如有恩旨，本軍招撥謝恩畢，皇帝暫起歸幄，更不鳴鞭。宰臣已下並退歸幕次待班。俟儀鸞司設坐物訖，入内官喝排立。先引知閤門官并御帶、環衛官、修注、宗室遥郡、簿書官、閤門舍人、宣贊舍人已下、樞密院諸房、逐房副承旨、諸司祗應官一班，鬭班面幄殿立定。次報引宰臣、使相、執政官、侍從、正任、管軍一班相向立定。押行門報人齊，皇帝出幄，殿下鳴鞭，行門、禁衛等迎駕，自奏萬福。皇帝坐，知閤門官已下一班奏萬福訖。當賜茶，知閤升幄殿，承旨賜茶，餘官先退，以俟從駕畢。御藥傳旨不拜，知閤承旨應喏訖。舍人引宰臣 32 已下一班面幄殿立定，知閤傳旨不拜，舍人應喏訖。舍人揖宰臣已下躬身，班首奏萬福訖。舍人贊：「各就坐，不要拜。」贊「就坐」，直身立，分引升幄殿，席後相向立。舍人贊「就坐」，躬身應喏訖，直身立，就坐。茶至，贊「喫茶」，躬身應喏訖，直身立，就坐，接盞。喫茶畢，盞却付殿侍訖。分引宰臣以下降階，面幄殿立定。御藥傳旨不拜，知閤承旨應喏訖，揖宰臣已下躬身，贊「不要拜」，贊「各祗候」，直身立。分出應從駕臣僚，以俟從駕還内。

嘉泰二年十一月五日，詔：「可於十二月中旬擇日，朕親幸大教場按閲諸軍人馬。應有合行事件，令有司條具，排辦施行。」尋詔以十二月二十日按閲。

十七日，詔：「將來大閲，應官兵隨身器甲或有闕少損壞，令本軍自與修治，不得輒令陪補及置辦衣裝。仰主帥預行約束，毋致違戾。」

二十七日，詔：「今次大閱，可依慶元二年增支犒賞體例，仰郭倪、董世雄公共照應合教等第則例，逐一均定增支錢數，申尚書省給降。」殿前都虞候郭倪、侍衛步軍都虞候兼權侍衛馬軍司職事董世雄照〔應〕慶元二年大閱犒賞等第則例：殿前司諸軍班，舊司應〔管〕人七萬七千三百八十五人，錢三十八萬一千六百一十二貫文。馬、步軍司諸軍，舊司應管人二萬六千九百九十人，錢一十二萬七千六百九十六貫文。通計一十萬四千三百七十五人，犒賞錢五十萬九千三百八貫文。詔令封樁下庫支會子三十萬貫，封樁庫支會子二十萬九千三百八貫，候教訖，即就教場內謝恩。

開禧元年三月九日，詔殿、步司挽彊弓弩手已宣押赴內殿射射，內第一 33 等四人各與補轉三資，第二等三十三人各與補轉兩資，第三等一百四十八人各與補轉一資。令兩司開具姓名申樞密院。（以上《永樂大典》卷一一〇〇八）

【宋會要】

34 陳植爲江南西路安撫司將領〔一〕，言：「軍中陞加添進事藝，的在硬弓勁弩。有如弓弩手，百步取勝，使敵人不敢輕進〔二〕，而謂之長兵者是也。萬一弓弩射不及遠，致敵人衝突我陣之前，則與無矢同矣。今所在按拍，唯務持滿爲合格，殊不知不過垛者爲不應法。既不應法，雖合格，復何所用？乞自今以往，弓手以六十步爲額，弩手止以一百步爲額，庶幾彎拾有力，施放和易。按拍之時，必期於滿鏃，合于過垛應法。如是，則朝廷可以得寔效，而無濫賞矣。望以弓弩手降付有司，重別參校，擇而行之。」詔令承旨司同殿前、步軍司看詳。

淳熙十六年〔三〕，光宗即位，詔以十月內擇日幸城南大教場大閱。

紹熙二年，樞密院言：「殿、步司諸軍弓箭手帶甲，六十步，射一石二斗力，箭十二隻，六箭中垛爲本等。弩手帶甲，一百步，射四石力，箭十二隻，五箭中垛爲本等。鎗手駐足舉手攛刺，以四十（竄）〔攛〕並爲本等。令各處主帥委統領官精加比較，本等外取陞加最多人。每軍五千五百人以上，弓手取一十五名，弩手取一十五名，槍手取一十五名，保明解赴，主帥審寔，解密院取旨再試，各選取出等高强二名，特與補展兩官資。其餘元解到比試不中人，令各司每名犒設錢五貫，候將來衮同再試。如事藝一同，弓弩手令射遠、射親比較；槍手合格，鬬勝負比較。殿、步軍司就來春拍試一次，校副尉以下至白展至承信郎住拍〔四〕，軍兵自長行展至副都頭住拍。」詔從之。（以上《永樂大典》卷二一五

〔一〕天頭原批：「此條無年月，原校云當在紹熙前後。按，陳植係朱文公門人。」按，陳植此奏載於《文獻通考》卷一五七，乃淳熙間事。

〔二〕使：原作「始」，據《文獻通考》卷一五七改。

〔三〕天頭原批：「淳熙十六年一行已見卷二〇。」按，此條事詳見上文禮九之二二，此云「卷二〇」，未詳。

〔四〕至白：疑當作「自白身」，白身謂無資級者。

二七）

兵捷獻俘

【宋會要】

35太祖開寶四年二月十六日，南面行營都總管潘美上言：克復廣州，擒僞主劉鋹。命有司撰定獻俘之禮。

五月一日，帝御明德門樓，所司陳列仗衛及馬步諸軍，分於天街左右。又設文武官位於樓前，如入閤之儀，在京九品以上官、皇親、諸親、蕃客、諸州進奉使並陪位。又設獻俘位於東西街之南，北向。又設獻俘將校位於獻俘位之前，以北爲上，西向。有司率武士以帛係劉鋹等及其僞官，皆乘馬持露布前引。露布墨書帛上。將校押入，自景風門次薰風門，並由東偏門入，皆於御路下行。至太廟西南門下馬，入至南神門外，北向西上立，監押將校次南立。俟行告禮畢，於西南門出，乘馬，又押至太社，如上儀。又押至明德樓南御路之西，下馬立俟。皇帝將座，引至位。其日，文武常參官並常服，獻俘將校戎服帶刀。攝侍中孟仁操版奏請中嚴，百官就位定。獻俘至，攝侍中孟玄珏版奏外辦，所司承旨索扇，皇帝常服即御座，南向扇門。群臣合班，再拜舞蹈，三稱萬歲起居訖，分東西班序立。通事舍人引鋹就獻俘位，將校等詣樓前拜舞起居訖。次引露布案詣樓前，北向宣付中書門下，如宣制之儀。其文曰：「嶺南道行營都總管潘美、副總管尹崇珂、都監朱憲等上尚書兵部：臣等聞，飛霜激電，上帝所以宣威；伐罪弔民，明王以之耀武。國家仰稽玄象，大啓鴻基。將復三代之土疆，永泰萬方之生聚。西平巴蜀，雲雷敷潤物之恩；南定衡湘，江漢鼓朝宗之浪。唯嶺南之獷俗，獨恃遠以偷安。久背照臨，罔遵聲教。僞漢國主劉鋹性惟兇忍，識本庸愚。以虐害爲化風，以誅戮爲政事。置火床、鐵刷之獄，人不聊生；設剉碓、湯鑊之刑，古未曾有。恨刃鋒之未快，用鋸解以恣情。臠割封屠，窮彼殘害。一境告天而無路，生民何地以稱冤！衆心向明，如望皎日。我皇帝仁深恤隱，義切救焚。遂發干戈，拯其塗炭。臣等上憑神武，遥稟睿謀。舉軍未及於半年，乘勝連收於數郡。累逢戰陣，無不掃除。劉鋹遠懼傾危，尋差人使。初則稱臣上表，具陳歸化之心；後乃設詐藏姦，翻作欵兵之計。臣與將士等仰承睿旨，不敢逗遛，於正月二十七日已到栅口，去廣州只及一程〔一〕。劉鋹又頻發佐僚，來往商議，漸無憑準，固欲淹延。兼於諸處收到新出僞命文牓，皆是會合逆黨，拒敵王師。至二月四日，果遣其弟保興等部領舉國軍兵，併來決戰。臣等憤其翻覆，認此狂迷。尋結陣以交鋒，復揮戈而誓衆。行營將士等感大君之撫御，咸願竭忠；怒逆寇之拒張，爭先效命。八十里槍旗競進，數萬人殺戮無遺。尋又分布師徒，徑收賊壘。其劉鋹知36城隍之必陷，將府庫以自焚。烈焰連天，更甚崑崗之火；投戈散地，甘從涿野之誅。劉鋹則尋便活擒，廣州則當時平定。其在州官吏、僧道、軍人、百姓等乍除苛虐，咸遂生全，無不感帝力以霑襟，望皇都而稽首。此蓋天威遠被，宸算遐敷。平七十年不道之邦，救百萬户倒懸之命。殊方既乂，長承日月之迴光；鴻祚無疆，永荷乾坤之降祐。其劉鋹并僞命判六軍十二衛劉保興，太師潘崇徹，玉清宮使、左龍虎軍觀軍容使、内太師龔澄樞〔二〕，列聖宮使、六軍觀軍容使、内太師李托，内

〔一〕廣州：原作「廣南」，據《宋文鑑》卷一五〇改。

〔二〕「左」原作「右」，「澄」原作「承」，據《宋文鑑》卷一五〇改。

門使、驃騎大將軍、内侍中薛崇譽等，朋助劉鋹，旅拒王師[一]，既就生擒[二]，合同俘獻。（臣等幸陪戎事，倍樂聖功，無任快抃歡呼之至，謹奉露布以聞。」）宣訖，通事舍人跪授中書門下，轉授攝兵部尚書。次攝刑部尚書盧多遜進當樓前跪奏，請以所獻俘付所司。帝召鋹於樓前，詰鋹翻覆之罪，鋹對曰：「臣年十六僭僞位，龔澄樞等皆先臣舊人，每事臣不得專。在國時，臣却是臣下，澄樞等却是國主。」對訖，伏地待罪。次召僞官内太師潘崇徹詰訖，立於東廂。次召僞官玉清宫使、左龍虎軍觀軍容使龔澄樞，列聖宫使、六軍觀軍容使李托，内門使、内侍中薛崇譽三人，立於樓前西廂，東向，攝大理卿高繼申承制，押澄樞等斬於西市。（其法場，據長安故事，並於子城西南隅獨柳下。今如戮於梁門外，即合宜準令文，合步行，便以所繫白練牽引至法場。斬訖，停泊經宿，所司即爲埋瘞。如有親故，一任收葬。如是世爲國讎，即以函盛首級，納於太社頭庫，即棄其屍。）乃詔釋鋹縛，命盧多遜宣制曰：「汝殘害遠民，恣行弊政。及王師之問罪，傾臣節以來降。既露姦欺，自招覆滅，獻俘請命，固合誅夷。就擒無捨罪之文，釋縛示伸恩之典。寬爾以必死，賜爾以重生。宥其刑書，屈我國法。所得罪特放。」鋹拜舞稱謝。次命閤門使宣制，釋僞官劉保興等罪。自鋹而下，各賜襲衣、冠帶、韡笏、器幣、鞍勒馬，咸服其服列謝於樓前。中書、門下文武官進前跪賀，侍中奏禮畢，放仗如儀。六月十八日，詔授鋹金紫光禄大夫、檢校太保、右千牛衛大將軍、員外郎置同正員，仍封恩赦侯，食邑二千户。（初，將定獻俘之儀，吏部尚書張昭時以足疾致仕，帝遣近臣就家問其禮。昭以疾，口占以授使者，朝論服其該博。）

八年十二月一日，昇州行營都總管曹彬遣使馳騎上言：「十一月二十七日拔昇州，擒僞國主李煜及僞官屬百餘人。」九年正月四日，曹彬遣使奉露布，以李煜及其子弟仲寓、從鎰、從謙、從度、從信、僞官屬四十五人來 37 獻[三]。帝御明德門樓，六軍仗衛如式。煜等素服紗帽，列於樓前，俯伏待罪。遣閤門使宣制釋之，各賜襲衣、冠帶、韡笏、錦綵。先是有司上言，李煜至，獻俘之禮請如劉鋹，帝以煜常奉正朔，非鋹之比，不欲暴揚其罪，詔露布寢而勿宣。（其文曰：「行營馬步軍戰（掉）〔棹〕都總管、宣徽南院使、義成軍節度使臣曹彬等上尚書兵部：臣等聞，天道之生成庶類，不無雷電之威；聖君之統制萬邦，須有干戈之役。所以表陰慘陽舒之義，彰弔民伐罪之功。我國家開萬世之基，應千年之運，四海盡歸於臨照，八紘皆入於提封。西定巴邛，復五千里昇平之地；南收嶺表，除七十年僭僞之邦。巍巍而帝道彌光，赫赫而皇威遠被。頃者因緣喪亂，分裂土疆。累朝皆遇於暗君，莫能開拓；中夏今逢於英主，無不掃除。惟彼江南，聿修臣禮，外示恭勤之貌，内懷奸詐之謀。況李煜比是騃童，固無遠略。負君親之煦育，信左右之姦邪。曾乖量力之心，但貯欺天之意。修葺城壘，欲爲固守之謀；招納叛亡，潛萌抵拒之計。我皇帝義深含垢，志在包荒，輟青瑣之近臣，降紫泥之丹詔。曲示推恩之道，俾修入覲之儀。期暫詣於闕庭，庶盡銷於疑間。示信特開於生路，執迷自履於危途。託疾不朝，堅心背順。士庶咸懷於憤激，君親曲爲於優容。但矜孤孽之愚蒙，慮陷人民於塗炭，累宣明旨，庶俾自新。略無悛悟之心，轉恣陸梁之性。事不獲已，至

[一] 王師：原脱，據《宋文鑑》卷一五〇補。
[二] 既就生：原作「至」，據《宋文鑑》卷一五〇補改。
[三] 四十五：《長編》卷一七作「五十五」。

於用兵。大江特創於長橋，鋭旅尋圍於逆壘。皇帝陛下尚垂恩宥，終欲保全，遣親弟從鎰歸回〔一〕，降天書委曲撫諭，務從庇護，無所闕焉。終懷蛇豕之心，不體乾坤之造。送蠟書則勾連逆寇，肆兇徒則劫掠王民。勞我大軍，駐踰周歲。既人神之共怒，復飛走以無門。貔貅竟效其先登，蟣虱自悲於相弔。臣等於十一月二十七日齊驅戰士，直取孤城。奸臣無漏於（綱）〔網〕中，李煜生禽於麾下。千里之氛霾頓息，萬家之生聚尋安。其在城官吏、僧道、軍人、百姓等久在偏方，困於虐政，喜逢盪定，皆遂舒蘇。望天朝而無不涕洟，樂皇化而惟知鼓舞。有以見穹旻助順，海嶽知歸。當聖朝臨御之期，是文軌混同之日。卷甲而兵鋒永戢，垂衣而帝祚無窮。臣等俱乏將材，謬司戎律。遥稟一人之睿畧，幸成九伐之微勞。其江南國主煜并僞命臣僚既就生擒，合將獻捷。臣等無任謳時樂聖、慶快懽呼之至！謹奉露布以聞。」八日，制授煜光禄大夫、檢校太傅、右千牛衛上將軍，仍封違命侯，食邑三千户。其男仲（寓）〔寓〕爲左千牛衛大將軍，弟從鎰爲左領軍衛大將軍，從謙爲右領軍衛大將軍，從度爲左監門衛大將軍，從信爲右監門衛大將軍，餘 38 各有差。

太宗太平興國四年七月三十日，劉繼元至京師，詔告獻太廟。前一日，所司各率其屬陳設如常告廟之儀。至日未明，知廟卿清掃廟之内外。平明，博士引太尉就位，通事舍人引劉繼元就西階下東向立，應僞命官重行序立。贊者曰「再拜」，太尉再拜訖。博士引太尉詣罍洗，盥手，洗瓚爵訖，詣東階解劍税舄，升第一室，前進奠瓚、爵、副爵訖，再拜，又再拜訖。太祝進詣神座前，東向跪讀祝文訖，再拜。通事舍人引繼元及僞命官詣室前階下，北向，重行立。舍人贊云：「皇帝親征，收復河東，僞主劉繼元及僞命官見。」贊者曰「再拜」，繼元等再拜訖，退位。次至第二室、第三室、第四室、第五室，皆如第一室之儀。博士引太尉降自東陛，佩劍納舄，復位立定。贊者曰「再拜」，太尉與繼元等皆再拜訖，退。祝版焚於齋坊。帝於太原受繼元降，既命以官，故不稱俘。以上《國朝會要》。

哲宗元祐二年八月二十八日，熙河蘭會路經畧司言：今月十九日岷州行營將（管）官种誼收復洮州，生擒西蕃大首領鬼章青宜結。宰臣率百官表賀于延和殿。十一月十一日，以鬼章入獻于崇政殿，詰犯邊狀，以罪當誅死，聽招其子及部屬歸附以自贖。

徽宗宣和三年七月二十六日，江浙淮南等路宣撫使童貫等俘方臘以獻。以上《續國朝會要》。餘詳見「俘」字。（以上《永樂大典》卷二二八一二）〔二〕

〔一〕鎰：原作「鑑」，據前後文及《宋文鑑》卷一五〇改。

〔二〕原稿末頁版心《大典》卷次訛作「二萬二千八百十八」。

宋會要輯稿　禮一〇

后妃廟

1 太祖建隆三年四月十八日，制會稽郡夫人賀氏追册爲皇后。二十五日，太常寺卿馮吉請上謚曰孝惠皇后。詔止就陵所置祠殿奉安神主，不行四時薦饗之禮，不設牙盤祭器，惟常食祭奠。

乾德元年十（一）〔二〕月七日〔一〕，孝明皇后崩，始詔有司（儀）〔議〕置后廟，詳定殿室之制，及孝惠、孝明二后先後之次。太常博士和峴議曰：「按唐睿宗追謚劉氏爲肅明皇后，竇氏爲昭成皇后，同於親仁里立廟，名曰『儀坤』，四時饗祀，皆准太廟之禮。伏請孝惠、孝明共殿別室。恭惟孝明皇后早正位於内朝，實母儀於天下，伏請居於上室。孝惠皇后緣是追尊，元敕止就陵置祠殿，今祔別廟，宜居次室。仍依太廟例，以西爲上。」從之。

〔二年〕二月四日〔二〕，太常禮院言：「少府監移牒討別廟神門立戟之制。按《儀制令》，廟社每門二十四戟，但無別廟之制。今詳別廟祀事，一准太廟，又周宣懿皇后別廟亦當立戟。望下少府監準令文近例修制。」從之。

太宗（太平興國二年正月十三日）〔開寶九年十一月二日〕〔三〕，制越國夫人符氏、故夫人尹氏並追册爲皇后，不行册禮。〔太平興國二年〕三月二十二日，太常寺卿張永錫請上越國夫人符氏謚曰懿德皇后，故夫人尹氏謚淑德皇后〔四〕。詔可。五月十九日，祔饗于別廟。

淳化元年四月二十六日，宗正少卿趙安易言：「懿德皇后列廟在淑德皇后之上，臣不測升降之因，乃是亂昭穆爲逆祀。又孝惠皇后殿室未上寶册。」詔有司檢詳典禮。太常禮院言：「太平興國初追册之時，按周世宗册正惠、宣懿之制，以宣懿居長秋之位，在正惠之上。太祖二后亦以孝明在孝惠之上。今二后俱是追崇，而懿德疏封越國，有内助之功。自來禘祫薦饗叙昭穆，並以孝惠、懿德、淑德三后列於祖姑之下，即未知懿德、淑德孰爲昭，孰爲穆。孝惠皇后建隆三年追册之時，禮院引禮例，請製寶册，朝旨不行册禮。況懿德、淑德亦准近制不行册禮。」詔悉仍舊，而罷

〔一〕十二月：原作「十一月」，據《長編》卷四、《宋史》卷二四二《后妃傳》上改。

〔二〕二年：原無。按，據《宋史》卷四三九《和峴傳》，上條所云「和峴議」在乾德二年（當是年初）；而《宋史》卷一〇九《禮志》一二於述和峴之意見後接云「禮院又言」，即本條事。則本條乃二年事，因補。

〔三〕按，《長編》卷一七、《宋史》卷四《太宗紀》一俱云：「開寶九年（按，此年十月太宗即位，十二月改是歲爲太平興國元年）十一月甲子（二日），追册故尹氏爲淑德皇后，越國夫人符氏爲懿德皇后。」本書后妃一之一亦云符氏「太平興國元年十一月追册皇后」。此處所記年月日全異，當誤，今據《長編》、《宋史》改。下文之「三月二十二日」、「五月十九日」則爲太平興國二年事（五月十九日事明見於《長編》卷一八、《宋史》卷四）。蓋開寶九年十一月追册爲皇后，次年三月定謚號，五月祔於別廟。

〔四〕淑德：原作「二十二日」，據《宋史》卷二四二《后妃傳》改。

安易之請。

真宗至道元年四月二十八日，孝章皇后宋氏崩。三年二月二日，祔饗后廟。初，有司言：「孝章皇后爰在先朝，正位中壼，宜居上室。孝惠止是追崇，宜居其次。」詔孝章殿室宜在孝惠之下。是日不視朝，宰臣、文武百僚詣西上閤門進名奉慰，退於后廟，立班奉迎。

三年六月十三日，詔故莒國夫人潘氏追册爲皇后，謚曰莊懷。十一月三日，祔神主于后廟。

十二月五日，詔太宗賢妃李氏追上尊號爲皇太后。十六日，太常禮院言：「准制，追尊賢妃爲皇太后。按《周禮》春官大司樂之職：奏夷則，歌仲呂，以饗先妣。姜嫄是帝嚳之妃、后稷之母，特立廟名曰閟宮。晉簡文宣后既不配食，築宮於外，歲時饗祭。唐先天初，始祔昭成、肅明二后於儀坤廟。又玄宗元獻楊[2]后立廟於太廟之西。稽於前文，咸有明據。伏請下宗正寺，於后廟内別建殿室三間，及東、西、南面神門各一，齋坊、神厨度地宜修建。」從之。

咸平元年三月十二日，判太常禮院李宗訥等言：「伏見后廟，孝章次孝惠之室。竊以孝章皇后作嬪太祖，正位中宮；孝惠皇后生無尊稱，没加盛禮。升降之際，理固無疑。且太宗之室不以淑德升祔，而懿德配食者，蓋以懿德曾饗國封故也，況孝章母儀天下乎！欲望遷居孝惠之上。又伏見追尊故賢妃爲元德皇太后，別建廟室。竊以淑德皇后亦在別廟，既同是帝母，而無『太』字。按唐穆宗三皇后除宣懿祔廟配饗，餘正獻、恭僖二太后並別立廟，仍各有『太』字。又開元初，太常議昭成皇太后，請不除『太』字，云：『入廟稱后，義繫於夫；在朝稱太后，義繫於子〔一〕。如謚册入陵，神主入廟，則當去太字。』按神主入廟之説，蓋爲祔饗太廟，以厭降之故，不當加『太』字，則聖朝文懿而下諸后是也。如別建廟室，不可但稱皇后，則唐朝正憲、恭僖二太后是也〔二〕。淑德皇后伏請亦加『太』字。既加之後，其室不可居孝惠、孝章之下，欲望遷就元德皇太后新廟，居第一室；以明德次之，仍遷莊懷又次之。」詔下都省集議。兵部尚書張齊賢等議曰：「竊以宗廟神靈，務乎安静，況孝惠作合之始，爰在初潛，逮事舅姑，躬執婦道，祔饗之禮，宜從後先。伏請仍舊爲定。又漢因秦制，帝母稱皇太后，祖母稱太皇太后，適稱皇后，歷代行之尚矣。今檢詳去歲集議狀，請升懿德皇后配饗，又請以淑德皇后準周正惠皇后禮例加『太』字，詔不加『太』字者，緣去歲詔下時元德皇太后未行追册。今册命已畢，望依宗訥等所請。」詔恭依。

四月十五日，太常禮院言：「準詔，元德皇太后卜用庚子歲歸祔陵寢。伏況已崇册命，猶處嬪宮，烝嘗之際，典禮未行，薦饗之儀，歲時有缺，徧尋舊典，未見明文。參詳自今朔望諸節，四時薦新，並於攢所權立幄殿，遣内臣行禮。」

〔一〕繫：原作「擊」，據《宋史》卷一〇九《禮志》一二改。
〔二〕僖：原作「喜」，據《宋史》卷一〇九《禮志》一二改。

詔恭依。

三年三月三日，園陵禮儀使言：「元德皇太后神主祔廟，當行祔謁之禮。載稽前典，有所未安〔一〕。伏以追薦尊稱，奉加『太』字，崇建別廟，以備烝嘗。況當禘祫之時，不預合食之列，饗廟之制與諸后不同。欲望將來神主還京，即詣本廟，遷祔廟室，薦獻安神，更不行祔謁之禮。其日帝服緦麻，不視事，前後禁音樂各一日。每歲五饗、禘祫，饗本廟，如太廟儀。」詔恭依。

四月八日，祔葬元德皇太后於永熙陵，有司請導神主祔廟，減園陵鹵簿之半。詔勿減。十三日，虞主至京，百僚班迎，虞於故燕國大長公主第。二十日，神主入新廟，親王、宰臣、百官行升祔之禮畢，詣西上閤門進名奉慰。

六月五日，太常禮院言：「準畫日七月十日薦饗太廟，同日薦饗孝惠、孝章、淑德、莊懷皇后廟、元德皇太后廟。所有將 3 來太（慰）〔尉〕讀誓文日，合有列廟次第，望班定。」制詔以元德廟次孝惠等廟。

景德四年四月十六日，皇后郭氏崩。六月二十一日，葬莊穆皇后。二十六日，虞主至京，群臣迎於順天門外，安奉於瓊林苑，行九虞之禮。七月三日，有司奉神主於瓊林苑，謁太廟，祔饗于昭憲皇后。饗畢，祔別廟。帝不視朝，群臣詣閤門奉慰。先是園陵禮儀使晁迥言：「乾德中祔孝明、孝惠皇后于別廟，同殿異室，有司言孝明正位宮壼，宜居上，孝惠追號，次之，其廟室請準太廟，以西爲上，詔從其議。今莊懷皇后雖先廟饗，本自追崇；莊穆皇后正位宮壼，母儀天下，其神主祔廟，望依禮例遷于上室。」從之。

大中祥符三年十月一日，判宗正寺趙湘請以元德皇太后祔太宗廟室，帝曰：「此重事也，俟令禮官參議之。」

四年三月二十六日，祀汾陰禮儀使王欽若言：「伏以禮成坤壤，感切大宮。罄歸格之明誠，備奉先之茂典。伏惟元德皇太后母儀之重，禰廟攸同，雖攝事以致虔，未親祠而展孝。比者恭伸飲至，交舉鴻儀，儻或六轡欻臨，三牲斯薦，諒於歷代，必有舊章。欲望車駕至京，躬謁元德皇太后廟。」詔中書門下與禮官定議以聞。中書門下奏議曰：「伏以爲禮之經本於致孝，化民之道始于奉先。俾茂實之增新，自昌辰之煥發。伏惟元德皇太后儲祥沙麓，協慶堯門，實垂裕於邦家〔二〕，用挺生於明聖〔三〕。皇帝陛下祇祠坤載，追感母儀，暨臨歸格之辰，益載劬勞之德。樞臣建議，清問下臨，思古道以奉遵，命攸司而博考。竊以樂奏夷則，允著《周官》；牲用太牢，具存《魏志》。至於迴謁別廟，亦有舊章。伏望俟躬謝太廟禮畢，親謝元德皇太后廟，如太廟之儀。所有孝惠諸后廟室，其日分命大臣致祭。」詔恭依。四月六日，帝詣太廟親謁禮畢，後詣元德皇太后廟。自門降

〔一〕安：原作「定」，據《宋史》卷一〇九《禮志》一二改。
〔二〕「實」原作「兵」，「邦」原作「幫」，據《太常因革禮》卷七四改。
〔三〕用：原作「門」，據《太常因革禮》卷七四改。

輦，步入酌獻，如太廟之儀。又詔參知政事馮拯、趙安仁分告孝惠、孝章、淑德、莊穆、莊懷諸廟。初，詳定所言：「元德皇太后廟設登歌，兩省、御史臺、供奉官及宗室防禦使以上並班於廟内，餘於外。其合命行事官，望以太廟攝事官充。」從之。詔太廟、元德皇后廟用犢，諸后廟親享用犢，攝事用羊豕。

六年十月二日，攝太尉王旦自中書省具黄麾（伏）〔仗〕奉元德皇后謚册寶告於太廟六室，禮畢復奉還中書。三日，旦奉謚册寶詣元德皇太后廟，翰林學士陳彭年讀册文畢，宫闈令奉神主升輅。至太廟，知制誥路振改題神主，升祔太宗室。百官陪位。禮畢，詣閤門拜表稱賀。詔答之。帝作《慶先后升祔禮成》七言詩，賜近臣和。十日，禮儀院請毁元德皇太后舊殿石室。命麗潔封鏁，來春取旨。

乾興元年八月十六日，禮儀院上言：「莊穆皇后神主遷祔太廟，其莊懷皇后神主欲以其日告遷於莊穆皇后舊室。」從之。

仁宗天聖八年 **4** 九月六日，太常禮院言：「元德皇太后舊廟自升祔之後，于今空閒，在禮當毁。今緣孝惠等廟齋宫追隘，欲望（折）〔拆〕去殿宇，廣爲齋廳。其石室什器、法物，按禮，祭服弊則焚之，祭器弊則埋之，皆不欲人褻之也。今請從焚埋。」詔宗正寺如所奏施行。

明道二年五月三日，泰寧軍節度使、同中書門下平章事錢惟演上言：「母以子貴，百代彝章；廟以親升，前王盛則。莊懿皇太后輔佐先帝，誕育聖躬，德冠掖庭，功流宗社。陛下感深濡露，薦極尊名，既復寢園，將崇廟室。謹按唐武宗母韋太后以追尊升祔穆宗之室，皇朝孝明、孝章皇后並祔太祖之室，懿德、明德、元德皇后並祔太宗之室。今真宗一室止祔莊穆皇后，典禮未稱。請俟園陵畢，以莊獻、莊懿皇太后並祔真宗之室。」詔太常禮院詳定以聞。

六月二十六日，太常禮院言：「夏商以來，父昭子穆，皆有配座，每室一帝一后，禮之正義。至唐先天元年，始立儀坤廟祭昭成、肅明二皇后。開元四年，以昭成祔睿宗室，肅明猶祭儀坤廟。至十一年，始遷肅明祔於太廟，自是始有並祔之文。太祖受命，追尊四廟，每室止配一廟。太宗亦以孝明皇后配太祖室，孝惠、孝章皇后祀於别廟。真宗嗣位，詔有司議太宗配后，嘗下尚書都省議，當以懿德皇后配，而宗正卿趙安易請配以淑德皇后。是時禮官以明德皇太后在萬安宫，淑德、懿德二后生不及尊極之位，没升配饗，於人情未安，請虚配位。秘閣校理吴淑駁議，皆以爲未允。時將追尊故賢妃爲元德皇太后，因請以元德升配。帝復下議，群臣執議如初。因詔曰：『禮非天降地出，酌於人情。其以懿德皇后配。』及明德上僊，禮官援唐昭成、肅明並祔之請，以懿德、明德同祔太宗室，以先後爲次。仍下尚書都省集議，而其議皆同，乃從之。大中祥符三年，判宗正寺趙湘復請升祔元德皇后，真宗詔禮官合議。至六年，宰臣王旦與群臣繼請，然後從之，祔明德皇后之次。今惟演引唐武宗母韋太后升祔穆宗故事，請以莊獻明肅及莊懿皇太后升祔真宗廟室。按穆宗之室惟以韋太后配，更無別后。又言孝明、孝章祔太祖室，其言非是。按太宗室未嘗以孝章配。伏尋先帝以懿德配饗太宗，及明德太后園陵禮畢，遂得以神主升祔。元德太后自追尊後，群臣乞行升祔多矣，先帝慎重其事，凡十七年始克陞配。今莊穆皇后著位長秋，祔食真宗，斯爲正禮。莊獻明肅皇太后母儀天下，若山陵禮畢，升祔於廟，即與明德例同。若從古禮，止應祀后廟。莊懿皇太后帝母之尊，與元德例同，若便從升祔，似非先帝慎重之意。況前代無同日並祔之比，其莊獻明(皇)〔肅〕皇太后或祔真宗廟室，或祀后廟別殿，惟上裁之，非有司得議。」乃詔尚書都省與太常禮院更議，皆以謂 5 懿德未嘗正位中宮，升祔時議者頗有依違；惟明德作儷宸極，復正母儀，與懿德進不同時，在禮無所詘，祔之於次，猶謂謙冲。元德以帝母之尊，久居后廟，歷十七年，始從合食。至於莊穆皇后位崇中壼，與懿德有異，已祔真宗廟室，自協一帝一后之文。莊獻明肅皇太后輔政十年，莊懿皇太后誕育聖躬，皆功德莫與爲比，退就后廟，未厭衆心。按《周禮》大司樂職，『奏夷則，歌小呂，以饗先妣』者，姜嫄也，帝嚳之妃、后稷之母，特立廟而祭，謂之閟宮。魏明帝追尊文昭皇后，別立寢廟。晉簡文宣太后築宮於外，而歲時饗祭之。宋文帝追尊章太后，立廟於太廟之西，以孝武昭太后、明帝宣太后同廟。梁武帝別立太祖太夫人廟，祭用天子禮。臣等謂宜太廟外別立新廟，以須山園畢，奉安二太后神主，同殿異室，歲時薦饗，一用太廟之儀。仍立別廟名，自爲樂曲，以崇世饗。」詔恭依。

七月三日，詔樞密院直學士程琳、內侍省副都知閻文應度地以聞。琳等言：得太廟北故宰臣王欽若舊宅地，可以崇建廟宇。從之。八月八日，詔莊獻明肅、莊懿皇太后新修廟以「奉慈」爲名。時詔馮元、宋(緩)〔綬〕撰名而命之。二十五日，琳等言：「修奉新廟了畢，據太樂令王文質狀：宗廟宮縣合排三十六架，緣新廟殿庭稍窄，如依景靈宮立二十架，又慮不合典禮；如別造長八尺宮架三十六架，即殿庭無妨。」從之。十月十日，神主至京師，百官班迎，權奉安皇儀殿。帝服靴袍，迎拜殿門外，親導奉安，行虞祭之禮。十七日，帝行酌獻禮畢，親導神主載厭翟車出正陽門，奉辭，宰臣、百官具儀仗、鼓吹奉安奉慈廟。

景祐二年三月五日，太常禮院言：「侍御史劉夔請去莊獻明肅、莊懿皇太后所加『太』字，蓋入廟稱后繫於夫，在朝稱『太』繫於子。然奉安別廟，準禮未應去『太』字。」帝以夔不練典故，詔本臺諭之。十月十一日，后廟殿成，遷神主奉安，祭告四室。

三年十一月(六)〔四〕日[一]，保慶太后上(遷)〔僊〕。翌日，詔以神主特祔奉慈廟。十七日，太常禮院言：「奉慈廟殿六間，莊獻、莊懿室各二間，東西夾室舊藏尊號寶册，今

[一] 四日：原作「六日」，據本書后妃一之二、《長編》卷一一九改。

請册寶止藏于本室，而分二間以奉安保慶太后神主。」從之。

十二月十一日，詔莊惠太后祝册文並稱孝子嗣皇帝臣御名。

四年二月十四日，莊惠皇太后神主至京師，權安瓊林苑。翌日，乘輿詣苑，行酌奠禮。十六日，祔于奉慈廟，百官班于廟前，禮畢，詣西上閤門奉慰。

慶曆五年十月九日，奉章獻明肅太后、章懿太后神主升祔真宗廟室。詔議具「廟儀」。

七年七月二十一日，詔：「將來南郊，遷章惠皇太后神主祔于后廟〔一〕，或親詣奉慈廟行薦饗之禮。其令兩制、太常禮院詳定以聞。」翰林學士張方平言：「古者制禮，本於親親，而母以子貴，婦以夫貴。故天子之母雖不及貴，亦有追册 6 之典。舍是二義，在禮無傳。恭以章惠皇太后保佑聖躬，其德隆茂，先帝顧命，正位太妃，而陛下不忘慈愛之勤，特崇保慶之號〔二〕。生榮以養，没隆以恩，肇祀別宫，允爲稱禮。其於孝惠、孝章、淑德、章懷皇后，義蓋有殊，禮難同祔。章惠皇太后伏請仍舊饗奉慈廟，其南郊薦饗一如皇后廟之制。」詔：「將來饗奉慈廟，朕且親行，此後遣宰臣攝事。」

至和元年七月六日，太常禮院言：「奉詔參定以温成皇后舊宅立廟，及四時饗祀之制。檢詳國朝（考）〔孝〕惠皇后，太祖嫡配，止即陵所置祠殿，以安神主，四時惟設常饌，無薦饗之禮。今宜就葬所立祠殿，參酌孝惠故事施行，仍請題葬所曰温成園。」從之。二十日，太常禮院言：「今立温成皇后祠殿，而未見孝惠故事，請每行祭奠，止令本處内臣主之。」詔：孟饗特差知制誥、待制行禮，其制皆如后廟之例，牙盤食差減之。九月十日，詔：「温成皇后葬所稱園陵，本廟祭器視皇后廟一室之數。」並從禮院所請。十月十六日，温成皇后神主入廟，帝不視事，宰臣率百官奉慰。

嘉祐四年七月八日，太常禮院言：「奉詔議侍講學士楊安國請修郭皇后影殿于洪福院。今詳景祐追册詔書，已停謚册祔廟之禮，其修影殿，於禮典無文，伏請寢罷。」詔兩制同禮官檢詳祔廟典禮以聞。

八月十三日，知制誥劉敞言：「伏聞禮官倡儀欲祔郭后於廟，臣竊惑之。《春秋》之義，夫人不薨于寢，不赴于同，不反哭于廟，則不言夫人，不稱小君。徒以禮不足，故名號闕然。然則名號與禮，非同物也，名號存而禮不足，固不敢正其稱，況敢正其儀者乎！郭后之廢，雖云無大罪，然亦既廢矣；及其追復也，許其號而不許其禮，且二十餘年，今一旦欲正以嫡后之儀，致之於廟，然則郭后之殂也，爲薨於寢乎？赴於同乎？反哭於廟乎？群臣百姓亦嘗

〔一〕章惠皇太后：《長編》卷一六一作「章懿皇太后」，誤。
〔二〕保：原作「寶」，據《宋史》卷二四二《后妃傳》上改。

以服母之義爲之齊衰乎〔一〕？恐其未安於《春秋》也。《春秋》之夫人，於彼三者，一不備則不正其稱，而郭后於三者無一焉，而欲正其禮，恐其未安於義也。『禘于太廟，用致夫人』，蓋以未致者不宜致也〔二〕；不宜致者，以其不薨于寢，不祔于姑也。且《傳》曰：『不有廢也，君何以興？』廢興之間，固必有正與不正之禮存焉。今欲扶所廢以爲正，亦將抑所興以爲不正。古者不二嫡，則萬世之後，宗廟之禮，豈臣子所當擅輕重哉？謹按景祐詔書，本不許郭后祔廟，議已決矣，無爲復紛紜以亂大禮〔三〕。議者或謂郭氏之追命也，詔書薄其過，既復其號，不得不異其禮。譬由大臣坐非辜而貶者，苟明其非辜，則復用之，豈得不遂使爲大臣乎？臣謂物有殊類異勢，未可以相準。臣之與妻，其義雖均，然逐臣可以復歸，放妻不可復合，臣衆而妻一也。故《春秋》，公孫嬰齊卒于貍脤，君曰：『吾固許之反爲大夫。』此逐臣可以復歸也〔四〕。杞伯來逆淑姬之喪 7 以歸，夫無逆出妻之喪，而爲之者，此放妻不可復合也。今追祔郭后，得無近於此乎？乞令諸儒博議，極其論難，以求折衷之禮。」

十九日，詔學士院：「比下議郭皇后祔廟事，其詳考典禮折衷之論亟上之。」時秘閣校理、同知太常禮院張洞言：「竊以郭氏正位中宮，母儀天下〔五〕，逮事先后，親奉寢園，按於禮法，無大過惡，不可廢絀〔六〕，所以名臣感慨，抗論於朝，陛下憫其偶失謙恭，旋復位號。位號既復，則謚册祔廟安得並停？蓋當時執政大臣護已然之失，乖正名之典。若以平昔之議爲得，彌可駭惑。況引《春秋》『禘于太廟，用致夫人』爲例，據《左氏》，則哀姜之惡所以不忍道；考二《傳》之説，復有非嫡之辭。援此以證本朝之事，恐非所宜。若曰不薨于寢，不赴于同，不祔于姑，則郭后之没，不得其所。責當歸於朝廷，死者何罪，而始儷宸極，終不廟食邪？倘以杞伯來逆淑姬之喪質之，譏其既棄而復逆，則天子之后，萬方之母也，非有大惡，又可棄乎？既追復曰皇后，又可絶其祭饗乎？議者欲用後漢、東晉故事，或祭於陵寢，或築宮于外。稽考二史，皆曰母后，況之于今，亦未見其合也。惟唐創立别廟，遇禘祫則奉以入饗，於義爲允。」

敞又言：「學士院以中書送下張洞奏狀示臣，觀洞之言，曼詞飾説，似苟欲蔽前之失，而非忠信之道也。前世之君廢斥妃后者，皆溺於私愛，或嬖妾上譖〔七〕，或讒訴妄及。此則群臣當引大體，伏節死爭。如陛下之於郭后，固未嘗有此，蓋于時聖慮在宗廟社稷之際，不得不然耳。昔漢光

〔一〕群：原作「郡」，據《長編》卷一九〇改。
〔二〕未：原作「謂」，據《長編》卷一九〇改。
〔三〕紜：原作「紛」，據《長編》卷一九〇改。
〔四〕逐：原作「遂」，據《長編》卷一九〇改。
〔五〕儀：原作「議」，據《長編》卷一九〇改。
〔六〕絀：原作「出」，據《長編》卷一九〇改。
〔七〕譖：原作「僭」，據《長編》卷一九〇改。

武起於布衣，紹復天位，郭氏其后也，正位十有六年〔一〕，子彊爲太子〔二〕，子輔爲中山王，可謂盛矣；然自見年長寵(哀)〔衰〕，數懷怨懟，光武由此廢之爲中山王太后。其後太子彊亦自貶，引爲東海王。然當時文武之臣，元功俊德布於朝廷，不以光武爲情有厚薄，亦不以郭氏爲過不當廢者，其意識深遠，知事有不得已者也。今陛下之慮，豈不然乎？光武雖廢郭氏，然顧待其家，初不衰減，亦明退人以義，不緣於私故也，此又詔書所以追復郭后之意矣。用平生之愛，故尊以虛名；顧禮義之正，故絶其祔廟。是范曄所謂使後世不見隆薄進退之隙者也。至公至平，可謂折中。今洞之意，以追復郭后則出於天子，以停止廟謚則出於大臣。共一詔書也，而論之異同，未知洞何從見之？若不幸而此言傳於後，且歸過君父，虧損聖德。此其一也。且臣前奏爲最要者，以謂廢興不兩立，而人君無二嫡，備萬世之後而禮分不明也。洞既不以此爲辨，若不幸朝廷過聽之，是雖自以能訐上起廢爲功，而猶且陰偪母后，妄瀆禮正。此其二也。故臣以謂非臣子之義、忠信之道矣。伏乞并下臣章，令兩制詳議。臣誠愚，竊耻聖朝無光武之臣，是以莫能推明上德，而反崇飾誹謗，營爲非 8 禮也。」其後學士院卒不曾上議，朝廷亦未皇施行。《續資治通鑑長編》：集賢校理蘇頌亦爲禮官〔三〕，所請與洞合。一日白事都堂，曾公亮問曰：「郭后乃上元妃，若祔廟則事體重矣。」頌曰：「國朝祖宗三聖，賀、尹、潘皆元妃，事體正相類。今止祔后廟，則豈得有異同之言？」公亮曰：「議者以謂陰逼母后，是恐萬歲後配祔之意。」頌曰：「若加一懷、愍、(衰)〔哀〕之謚，則不爲逼矣。」公亮稱善，然議終格。

七年正月二十七日，諫官上言：「《洪範》五行傳曰：『簡宗廟，則水不潤下。』去年夏秋之交，久雨傷稼，澶州河決，東南數路大水爲災，其七廟之饗，必有失於順者，惟陛下精思而矯正之。」於是詔太常禮院檢詳郊廟未順之事，乃言：「溫成皇后立廟城南，四時晝日祭奠，以待制、舍人攝事，牲幣祼獻，登歌設樂，並同太廟之禮。蓋當時有司失於講求。昔商宗遭變，飭己思咎〔四〕，祖己訓以『祀無豐于昵』。況以嬖寵列于秩祀，非所以享天心、奉祖宗之意也。」詔下兩制議。翰林學士王珪等議：「親親以饗，親仁之極。親親不可以僭，故廟止其先。後宮有廟，欲以廣恩也，適所以僭乎饗親。請如禮官所議。」詔改溫成皇后廟爲祠殿，歲時令宮臣以常饌薦之。

英宗治平元年四月二十五日，同判太常寺呂公著言：「按《禮記·喪服小記》：『慈母不世祭。』恭以章惠皇太后準章聖皇帝遺札，褒上太妃之號。仁宗皇帝嘗以母稱，故加『保慶』之號，蓋生有慈保之勤，故没有廟饗之報。今於陛下，則恩有所止，義難承祀。其奉慈廟，乞依禮廢罷。」詔

〔一〕正：原作「在」，據《長編》卷一九〇改。
〔二〕子彊：原作「子疆」，據《後漢書》卷一〇上《皇后紀》改。下同。
〔三〕理：原作「禮」，據《長編》卷一九〇改。
〔四〕飭：原作「飾」，據《長編》卷一九六改。

太常禮院詳議。禮官言：「參詳禮不可以不及，亦不可過，故慈母不世祭。慈母而必祭者，恩在於己，不可以不及也；祭而不以世者，其恩已斷，不可以過也。《春秋傳》所謂『於子祭，於孫止』者是也。伏以先皇帝以章惠太后有慈保之恩於己，以時而祭，是禮之不可以不及也。今陛下嗣位，則於章惠太后爲孫，其恩已斷，其祭宜止，是禮之不可以過也。然則先皇帝之不可以不及，陛下之不可以過，皆爲禮矣。伏請依公著所請。」詔以諒闇內，候將來取旨。

治平四年十二月十三日，神宗即位未改元。知諫院楊繪言：「章惠太后於仁宗皇帝有撫養之恩，寔古慈母之類，故別祭於奉慈廟。今陛下之於仁宗皇帝，則孫也。乞下有司詳議其當，俾不踰親疏隆殺之節。」詔太常禮院詳定以聞。既而禮官復申元年之議。

神宗熙寧二年九月二十八日，命龍圖閣直學士張掞攝太常卿，奉章惠太后神主赴西京瘞陵園。是日，帝詣瓊林苑奉辭，群臣班于苑中。

元豐三年三月二十二日，奉慈聖光獻皇后神主[一]，升祔仁宗廟室。

四年正月二十五日，宗正寺言：「皇后廟神主神匱，欲依太廟神主之制。」從之。《續通鑑長編》：元豐五年，詳定禮文所言：「宗廟行事，奠副爵，不特拜，於禮爲允。」批 9 送太常寺，言：「《儀禮·特牲饋食禮》無配其筮尸之辭，止曰『適其皇祖某子』[二]。《少牢饋食禮》有配其筮尸之辭，則曰『以某妃配某氏』。蓋古者言祭，有配無配，皆一尸而已。其始也祝洗酌奠于鉶南，但有一爵；及主人獻尸，主婦亞獻，賓長三獻，亦止一爵。崔靈恩廣鄭氏《周禮注》意，以謂：王享宗廟凡九獻，祼、朝踐、饋食、衍尸各二獻，諸臣爲賓一獻，而每獻一爵。蓋筵則同几，祝則同辭，食則共牢，俎豆之類，皆不兩陳。而猶奠副爵，於義無取。所有祀儀[三]，僖祖、翼祖、宣祖、太祖室奠副爵一，太宗、真宗奠副爵三，仁宗室奠副爵一，伏請不行。其祫享別廟皇后，自如常禮。」從之。

六年七月十二日，升祔孝惠、孝章、淑德、章懷皇后于太廟。先是太常寺言：「將來四后祏室奉安次序，欲太祖皇帝室內，孝明皇后一位次北添修祏室二位，孝惠皇后神主合遷孝明皇后祏室，孝明皇后、孝章皇后神主合遷新祏室。其太宗皇帝室內，懿德皇后、〔明德皇后〕、元德皇后三位次北添祏室一位，淑德皇后神主合遷懿德皇后祏室，懿德皇后神主合遷明德皇后祏室，明德皇后神主合遷元德皇后祏室，元德皇后神主合遷新修祏室。其真宗皇帝室內，章穆皇后、章獻明肅皇后、章懿皇后三位次北添修祏室一位，章懷皇后神主合遷章穆皇后祏室，章穆皇后神主合遷章獻明肅皇后祏室，章獻明肅皇后神主合遷章懿皇后祏室，章懿皇后神主合遷新修祏室。皆以南爲上奉安。」詔恭依，至是行升祔之禮。《文昌雜録》：「七月十二日，四后升祔于太廟。兵部黃麾仗、太常鼓吹一千八百餘人，重翟車四乘。是日五鼓，神主自後廟升綵殿，宗室正任已上步導進行。直南，沿城入太廟，至南神門外，降絳殿，入

[一] 慈：原作「辭」，據《長編》卷三〇三改。
[二] 止曰：原作「旨」，據《長編》卷三一七改。
[三] 祀：原作「祝」，據《長編》卷三二七改。

幄，升腰輿〔一〕，各祔本室。太祖室曰孝惠，次孝明，次孝章。太宗室曰淑德，次懿德，次明德，次元德。真宗室曰章懷，次章穆，次章獻，次章懿。既升祔，行遍享之禮，雍王、曹王、濮陽郡王充三獻。禮畢，百官詣東上閤門奉（袁）〔表〕稱賀。」王應麟曰：「初，孝惠、孝章、淑德、章懷四后未入廟，元豐六年七月乙卯始祔廟室。初議不發册，太常博士王古言，升祔之重，由發册而後顯。乃詔升祔，比太廟親祠用竹册。」

哲宗紹聖元年二(十)〔月〕十七日，奉宣仁聖烈皇后升祔英宗廟室。

徽宗建中靖國元年五月二十六日，奉欽聖憲肅皇后、欽慈皇后神主升祔神宗廟室。

崇寧元年六月五日，奉欽成皇后神主升祔神宗廟室。

大觀二年十月二十一日，禮部、太常寺言：「按唐德宗皇后王氏既上謚曰昭德，帝止令就陵所建祠殿奉安神主。是時太常博士李吉甫議曰：『國朝故事，昭成、肅明、元獻三后並置別廟。若奉安於陵所，典禮無文。今元獻皇后廟在太社西，請修爲昭德別廟。』從之。又《續曲臺禮》：別廟皇后禘祫於 10 太廟，祔祖姑之下。太常博士商盈孫曰：『昭成、肅明之葬也，睿宗在位，元獻之葬也，明皇在位，昭德之葬也，德宗在位，故創別廟。以其當食於太廟，故禘祫則奉以入饗。』又按《國朝會要》：乾德二年四月二十六日，奉孝明皇后神主祔于別廟。又章穆皇后故事，有司奉神主，自太廟祔饗于昭獻皇后，饗畢，祔別廟。將來惠恭皇后神主回京，合依故事修建別廟奉安。」從之。

三年正月十日，奉惠恭皇后祔于別廟。紹興七年六月一日，改謚顯恭。

政和四年七月三日，禮部、太常寺言：「政和元年孟冬祫饗，奉惠恭皇后神主入太廟，祔于祖姑之下。今年適當祫饗，而明達皇后神主昨於陵祠殿奉安，緣在城外，若前期奉神主以入，事畢奉神主以出，不唯鹵簿威儀、車騎導迎之煩，兼於典禮無據，人情未安。若遣官就祭，即與常饗無異，又非合食于太祖之義。臣等竊考禮經，宗廟謂之廟，使人朝焉；陵墓謂之墓，使人慕焉。宗廟、陵墓，禮意不同，三代之制，未有即陵以爲廟者。唯唐貞元間昭德皇后王氏既葬，德宗不欲立廟，就陵建殿奉安神主。太常博士李吉甫極論，以爲禮經典故，檢討無文，請即元獻舊廟爲昭德別廟，從之。今明達皇后追正典册，歲時薦饗，並同諸后，而陵祠殿之制雖有近代故事，質之禮經，事不師古，崇奉之禮，有所未盡。伏自園陵復土之初，有司未及講明，朝廷始以爲寢園，尋又改爲陵祠殿。聖意淵冲，務從簡約，裁抑典禮，惟恐失中。然而陵廟之制，在古無據，合食之際，於今有礙，一代典禮，所繫非輕。謹按皇祐初立温成皇后廟，歲時遣待制、舍人行事；至嘉祐中改爲陵祠殿，歲時遣官，薦以常饌。今明達皇后典禮實同諸后，而陵祠廟名乃用温成屢經裁損之制，名實輕重，亦未爲稱。伏望明詔有司稽參典禮，命官庀徒，就惠恭皇后別廟增建廟室，迎奉明達皇后

〔一〕腰：原作「署」，據《文昌雜録》卷四改。

神主祔于別廟，四時祭薦，三年祫饗。名實情文，與禮相副，庶幾明達在天之靈，萬有千歲，徙惠恭皇后於別廟，事理爲順。」詔從之。

九日，太常寺又言：「明達皇后祔別廟，合增建殿室，權遷惠恭皇后于齋殿。」詔用七月十三日告遷，其日黎明，遣官奏告太廟、別廟及陵祠殿。故事，行告遷禮，有司先期涓日奏告，今緣日逼，故止就當日。是日，禮部、太常寺言：「告遷明達皇后神主升重翟車，迎奉入幄次權奉安。俟時入太廟行祔謁之禮，次赴別廟行祔饗禮畢，入室安奉。祔謁日，於英宗室增設宣仁聖烈皇后、明達皇后二位，及徧祭七祀，配饗功臣，并別廟祔饗惠恭皇后、明達皇后二位。」從之。二十日，奉明達皇后，祔于別廟。

高宗皇帝紹興五年四月二十一日，宰執進呈：「禮部、太常寺乞權就射殿行景靈宮朝獻之禮，惠恭皇后祔祖姑，合於典禮。」上曰：「禮緣【11】人情而已。朕以母事惠恭皇后，今太廟既有別廟，則景靈宮四孟朝獻之禮何可廢也？宜從禮官議。」先是，右司諫趙霈（奉）〔奏〕論〔一〕：「道君皇帝朝，（恭惠）〔惠恭〕皇后於太廟有別廟，而景靈宮則不預朝獻之列。蓋道君皇帝於惠恭則夫道，以嫌故也。今陛下於惠恭則子道，宜無嫌也。」尋下禮官討論之，至是可其奏。詳見「廟議」。

十二年五月十八日，侍從、臺諫、郎中集議，請謚大行皇后曰懿節皇后。從之。

十九日，禮部侍郎施坰言：「懿節皇后神主候至卒哭，擇日祔廟，合依顯恭皇后禮例，於太廟内修建殿室，以爲別廟安奉。」從之。

六月十九日，太常寺言：「將來懿節皇后神主祔廟，其虞主合於本室後瘞埋。緣別廟係行在祔廟，欲依禮例，於本廟册寶殿收奉，候回京日依別廟故（故）事。」從之。

二十三日，禮部、太常寺言：「懿節皇后神主祔廟，依禮例，先行祔謁太廟之禮，合於神宗室東壁西向，祔祖姑之下。緣今太廟殿室比之在京窄狹，難於神宗室前設位，權宜於室之東夾室前稍南，西向設懿節皇后神主。」從之。

二十五日，太常寺言：「懿節皇后神主祔廟，并以後遇朔祭、饗廟、薦新、祫饗行禮，其合用牲牢，欲依見今太廟逐室體例。」從之。

七月四日，懿節皇后虞主入城，（請）〔詣〕皇后宅，有司行九虞之祭畢〔二〕，六日神主祔廟。皇帝不視事，百官詣常御殿門外進名奉慰，百司作休務假。

紹興三十二年孝宗即位未改元。九月十一日，禮部、太常寺言：「準已降旨，故妃郭氏追册爲皇后。今討論，欲依章懷皇后并懿節皇后禮例，祭于別廟。所有廟殿見奉安懿節皇后神主，將來追册皇后、祔廟，遇薦饗等行禮，隘狹，乞令

〔一〕右司諫：原作「司陳」，據《建炎要録》卷八八改。
〔二〕祭：原作「際」，據《宋史》卷一〇九《禮志》一二改。

禮直官同兩浙轉運司相視，量行增修，分爲二室，以西爲上，各置户牖。及擗截本廟齋宮，權安奉懿節皇后神主，俟工畢告遷還殿。」從之。

十五日，禮部、太常寺言：「今來增修別〔廟〕，合制神主并腰輿等，乞令工部下文思院修製。及應沿室法物等，令奉安所具數報院。」從之。

十一月十六日，權工部侍郎、兼權太常少(鄉)〔卿〕王普言：「追册皇后，將祔於懿節皇后之次。既修別廟，分爲二室，請各置祏室如故事。」從之。

十八日，太廟奉安所言：「別廟懿節皇后尚缺本室法物，今追册皇后、祔廟，所有法物乞一同(制)〔製〕造。」從之。

同日，禮部、太常寺言：「追册皇后、祔廟，乞如顯仁皇后禮例，用細仗二百人，鼓吹一百二十人，歌、簫、篳篥、笛、鼓、金鉦執色一百二十一人，教習詞曲。自欑宮導引神主至太廟行禮，設登歌、宮架樂、二舞，學士院添撰樂章。」並從之。

二十八日，禮部言：「別廟建造殿宇，在欽宗皇帝服制內，不用樂，其上梁文乞令學士院如例製撰。」從之。

十二月七日，禮部、太常寺言：「將來迎奉神主祔廟，如例用綵殿、香案等。饗畢，奉神主詣別廟本室安奉，就用儀衛、[12]輦官、援衛。」從之。

二十二日，臣僚言：「安穆皇后册寶既成，祔廟有日，欽宗服制未除，禮部已奏去鼓吹，給舍又奏廟中之樂當用於祖宗前殿，不當用於安穆別廟。竊謂今日之事爲安穆設，雖於別廟不用樂，然爲安穆用樂之名猶在，請前後殿皆備而不作。」從之。

二十七日，追册安穆皇后神主祔廟，行饗太廟、別廟之禮。其謚册寶未詣欑宮行禮前二日，文思院付內侍進呈，次日降出，付禮部，於祥曦殿門外設册寶幄。太傅自殿門外從衛至欑宮，入幄安奉，退，宿齋於都堂。禮儀使奏請神靈上神主，行禮訖，與其餘行禮等官宿齋於惠照院齋宮，捧册寶職掌、從衛(抵)〔祇〕應等人宿衛於册寶幄之側。至日，侍從及禮部、太常寺官舉讀寶册，禮儀使迎奉神主詣廟行祔廟之禮。其行禮并陪位官先詣廟門外，再拜奉迎，俟行禮立班。如至日雨或地沾濕，即免迎。

隆興二年七月二十二日，禮部、太常寺言：「將來郊祀前一日，朝饗太廟，皇帝合謁別廟懿節皇后室行禮。欲從本寺參照修定儀注關報。儀注附見親饗廟門。其薦獻安穆皇后室，請如懿節皇后禮例。」從之。

乾道三年閏七月九日，禮部、太常寺言：「準已降旨，將來安恭皇后神主祔廟，令禮官并兩浙轉運司官相視增修別廟爲三室，依制各置户牖，以西爲上。及令擗截太廟齋廳，權安懿節皇后、安穆皇后神主。其奉安，奏請置使差官，香祝、牲幣等，乞並如禮例施行。」從之。

十日，禮部、太常寺言：「安恭皇后神主祔廟，以當暑熱，慮致不恭，請用申時行禮。其行禮前六刻開和寧門、北宮門及几筵殿門，并太廟門，迎奉虞主赴太廟，俟奏請神靈上神主訖，行禮。」從之。同日，禮部、太常寺言：「安恭皇后虞祭畢，迎奉神主祔廟日，依例，文武百僚並服吉服陪位立班。」從之。

二十一日，奉安恭皇后神主行祔廟之禮。其日，皇帝於几筵殿行(靈)〔寧〕神燒香禮畢，還內，親王、南班宗室如例步騎導引。合用儀衛、(增)〔僧〕道等，並依顯仁皇后〔例〕；鼓吹、細仗如迎奉安穆皇后例。仍以謚册寶陳於虞主之前，引至太廟(廟)南神門外稍西，東向設權安奉虞主、神主幄次。至時升祔行禮，登歌、宮架、樂舞並如舊制。文武百僚進名奉慰。

六年二月二十五日，秘書少監李燾等言：「本省修寫太廟朔祭及四孟薦饗祝板，神宗皇帝祝文内欽聖憲肅皇后及欽慈皇后皆稱皇曾祖妣，唯欽成皇后不稱皇曾祖妣。蓋自崇寧初追尊爲皇太后，謚曰欽成，當時不稱皇妣，循至于今不稱皇曾祖妣。乞下禮部、太常寺重行指定，降付本省遵守。」從之。其後，以禮部、太常寺言，每遇祭饗用祝文等，並依欽聖憲肅皇后、欽慈皇后例稱呼。

孝宗淳熙十五年三月二十二日，權禮部郎官倪思等言：「已降指揮，聖神武文憲孝皇帝 13 四月二十日祔廟，憲節皇后神主保升祔高宗祏室〔二〕，所有憲節皇后别廟一室合行撤去。」從之。（以上《永樂大典》卷一七〇八六）

〔二〕「保」字當誤。

宋會要輯稿　禮一一

配享功臣

【宋會要】

1 太祖：太師、贈尚書令、韓王趙普《事類合璧》〔一〕：趙忠獻王名普，字則平，幽州人，位至中書令。　樞密使、贈中書令、濟陽郡王曹彬《事類合璧》：曹武惠王名彬，字國華，真州人，位至樞密使。

太宗：司空、同中書門下平章事、贈太尉、中書令薛居正　右僕射、贈侍中石熙載　忠武軍節度使、同中書門下平章事、贈中書令潘美

真宗：右僕射、同中書門下平章事、贈太尉、中書令李沆《事類合璧》：李文靖公名沆，字太初，洺州人，擢進士甲科，位至丞相。　太尉、贈太師、尚書令王旦《事類合璧》：王文正公名旦，字子明，魏州人，中進士第，位至太尉。　忠武軍節度使、同中書門下平章事、中書令李繼隆

仁宗：左僕射、贈尚書令王曾　太尉、贈尚書令呂夷簡《事類合璧》：呂文靖公名夷簡，字坦夫，壽州人，進士及第，位至丞相，以太尉致仕。韓琦嘗言：「仁廟議配享，清議皆與沂公，不與申公，誠意不可欺如此！」　彰武軍節度使、贈侍中曹瑋《事類合璧》：曹武穆王名瑋，字寶臣，武惠王之子，至樞密。

英宗：司徒、兼侍中、贈尚書令韓琦《事類合璧》：韓忠獻王名琦，字（雅）〔稚〕圭，相州人，中進士第二人，位至丞相。　太傅、兼侍中、贈太師、中書令曾公亮《事類合璧》：曾宣靖公名公亮，字明仲，泉州人，中進士第，位至丞相。

神宗：寧武軍節度使、守司徒、開府儀同三司、贈太師富弼

哲宗：左僕射、贈太師司馬光《事類合璧》：司馬文正公名光，字君實，陝州人，舉進士甲科，位至丞相。

徽宗：左光禄大夫、尚書左僕射、兼門下侍郎、贈太師、魏國公韓忠彦

高宗：左僕射、贈太師、秦國公呂頤浩　左僕射、追復特進、觀文殿大學士趙鼎〔二〕　太傅、鎮南武安寧國軍節度使、贈太師、蘄王韓世忠　太師、静江寧武靖海軍節度使、贈循王張俊

孝宗：左丞相、贈太師、魯國公陳康伯《事類合璧》：陳文正公名康伯，字長卿，信州人，中進士丙科，位至丞相。　右丞相、太師、追封越王史浩

光宗：右丞相、贈太師葛邲

寧宗：福王趙汝愚〔三〕

〔一〕璧：原作「壁」，按此書即現存《古今合璧事類備要》，作「璧」，因改。下同。

〔二〕大：原脱，天頭屠寄批云：「寄案，《大典》卷一萬一千八百五十三『學士』上有『大』字。」按《宋史》卷三六〇《趙鼎傳》亦有「大」字，據補（本門多有屠寄批語，今只選録）。

〔三〕按，據《宋史》卷四二《理宗紀》二，趙汝愚追封福王在嘉熙二年八月，在寧宗以後，此或是李心傳修《續總類會要》時續記後事。

雜録

真宗咸平二年二月十二日，詔曰：「朕聽政之暇，觀書益專，遂見國初始經王業〔一〕，我太祖皇帝將膺帝籙，已肇人謀。當或躍之秋，屬艱難之際。周微呂望，安能定不拔之基；漢匪蕭何，無以（左）〔佐〕勃興之運。時則有故太師、贈尚書令、追封韓王、謚忠獻趙普，蘊負鼎之雄才，畜經邦之大畧。首參密畫，力贊沉機。《事類合璧》：識冠人彝，才高王佐，翊戴興運，光起鴻圖，雖呂望肆伐之勳〔二〕，蕭何指蹤之效，殆無以過〔三〕。輔弼兩朝，出入三紀。茂巖廊之碩望〔四〕，分屏翰之劇權。正直不回，始終無玷。播爲鉅美，勒在豐碑。實千載之偉人，庶九原之可作。烈魄未陪於嚴祀，彝章 2 曷稱於有知！《事類合璧》：宜預享於大烝，永同休於宗祏。著爲茂典，以答舊勳。遂俾縉紳，詳求典故。考行既聞於餘裕，出綸必叶於通規。義著幽明，道符今古。宜以普配饗太祖廟庭，仍遣官奏告本室。」

八月二十五日，翰林學士承旨宋白等議，請以故樞密使、兼侍中、贈中書令、追封濟陽郡王曹彬配饗太祖廟庭；故司空、兼門下侍郎、同中書門下平章事、贈太尉、中書令薛居正，故忠武軍節度使、同中書門下平章事、贈中書令潘美，故尚書右僕射、贈侍中石熙載，配享太宗廟庭。詔從之。

九月二十七日，太常禮院言：「準詔定配饗功臣禘祫之日祀儀。請令有司先事設幄次，布褥位於廟庭東門内道南，當所配室。西向設位版，方七寸，厚一寸半。籩、豆各二，簠、簋、俎各一。知廟卿奠爵，再拜。」詔可。

仁宗乾（道）〔興〕元年十一月二日，翰林學士承旨李維等奏議曰：「伏以真宗文明章聖元孝皇帝紹隆景業，馴至治平。睿聖之功，誠超踰於邃古；忠賢之佐，亦協贊於大猷。爰舉禮經，用陪廟食。有若尚書右僕射、兼門下侍郎、同中書門下平章事、贈太尉、中書令李沆，往以碩望，賓于東朝；洎翊天飛，首登宰府。咸平之治，實著嘉謀。以方正端朝，以嚴重鎮俗。始終待遇，冠於一時。太尉、贈太師、尚書令王旦，踐歷台樞將二十載，贊弭兵之論，興曠世之儀，紀律用張，方夏咸乂，藹然令德，洽于民瞻。忠武軍節度使、同中書門下平章事、贈中書令李繼隆，舊勳之門，克嗣前烈，沉毅有勇，倜儻好謀。從幸澶淵，實總兵要，奮威卻敵，厥功茂焉。並宜列大室之庭，預大烝之享。冀昭盛烈，允協舊章。伏請並配享真宗皇帝廟庭。」詔禮官參議，詔可。

〔一〕始經：疑當作「經始」。

〔二〕肆：原作「四」，據《古今合璧事類備要》後集卷六改。按此「肆」非一二三四之「四」。《詩·大雅·大明》：「維師尚父，時維腐洋。涼彼武王，肆伐大商，會朝清明。」毛傳：「肆，疾也。」此詔乃用此典。

〔三〕殆：原脱，據《古今合璧事類備要》後集卷六補。

〔四〕廊：原作「廓」，據《宋史》卷二五六《趙普傳》改。

天聖元年二月，樞密使錢惟演上言：「真宗皇帝將祔大宮，有司議以功臣配享。臣先臣尚父、秦國忠懿王俶，勳隆奕葉，位重累朝。親率王徒，平百年之僭僞；躬持國籍，獻千里之封疆。忠誠格于皇天，茂績標於惇史。所以太祖、太宗命無下拜，賜以不名。洎先聖之纂承，念遺勳而益厚。舉諸殊渥，萃此一門，在乎皇朝，誠居第一。至今清廟之內，未預配享。況吳芮歸漢，甲令書勳；竇融入朝，雲臺畫像。隋唐而下，侯王配食，方册之內，往例甚明。伏望依禮降詔，配享祖宗廟庭。」詔兩制與崇文院檢討、禮官同共詳議以聞。翰林學士承旨李維等奏議，請錢俶配享太宗廟庭。奏入不下。

英宗嘉祐八年十月十九日，翰林學士王珪等奏：「準詔，下兩制定議，仁宗祔廟當以何人配享。臣等伏以仁宗享國長久，勵精政治。以知人之明，得馭臣之體，是以豪英材傑，樂爲之用。外宣威靈，內經廟畧，臣主感會，馴致太平。輔相則有故尚書右僕射、贈尚書令、謚文正王曾，忠允清亮，履德經哲，致位上宰，燮和大政。乾興之初，輔翊兩宮，仗正持重，[3]中外以安。所謂以道事君，無媿前哲。故太尉、贈尚書令、謚文靖呂夷簡，聰明亮達，規模宏遠。服在大僚，歷登三事，左右皇極，勤勞王家，二十餘年，厥功茂焉。將帥則有故彰武軍節度使、贈侍中、謚武穆曹瑋，敦詩閱禮，秉義經武。參謀帷幄，折衝萬里，鎮綏方面，隱如長城。加以恂恂循道，有古名將之風焉。皆有功迹，見稱於世，伏請並配享仁宗廟庭。」從之。

神宗熙寧八年六月二十七日，制曰：「功茂者賞惟其稱，德厚者報不可忘。故命册褒崇，舊史有追封之典；祀祧躋配，前書存與饗之文。蓋君臣之義，不獨欲榮寵之於其生；抑邦家之光，實亦冀顯揚之於不朽。惟時故老，翼我前朝，式敷誥於治庭，肆儀圖於典禮。故永興軍節度使、守司徒、檢校太師、兼侍中、魏國公、贈尚書令韓琦，才資沈偉，宇量恢宏。勇義出於至誠，朴忠可以大受。盡瘁於國，利無知而不爲；任重於時，事雖難而必濟。惠澤有加于四海，謀猷實紀於三朝。緬懷弼亮之勤，重起淪亡之痛。是用進登烈考之清祏，俾序功臣於大烝。上以慰祖宗之靈，下以爲忠義之勸。於戲！爲臣至此，可無媿於前良；與國同休，庶永傳於茂烈。兹惟盛美，以答元勳。可配享英宗廟庭。」

十年十二月二十八日，詔太常禮院講求親祠太廟不及配享功臣禮例以聞。

元豐元年閏正月七日，太常禮院言：「今講求到，親祠太廟，不及配享功臣，非所以稱國家褒録祖宗功臣之意。禘祫之外，親祠太廟，並以功臣配享。」從之。

二十八日，詔贈太師、中書令曾公亮配享英宗廟庭。

八月二十六日，太常禮院言：「依典禮，今年十月八日孟冬薦享太廟，合改爲祫享，並徧祭七祀，兼配享功臣。」從之。

三年六月二十八日，詳定郊廟奉祀禮文所言：「謹按《書·盤庚》曰：『兹(于)〔予〕大享于先王，爾祖其從與享之。』《周禮·司勳》：『凡有功者，祭於大烝。』然則《書》之所謂大享，即《禮》之所謂大烝也。烝，冬祭也，謂之大者，物成衆多之時，其祭比三時爲大也。方是時，百物皆報焉，祭有功宜矣。《禮記·祭統》衛孔悝之鼎銘曰：『勤大命，施于烝彝鼎。』後世烝祭不及功臣，既不合禮，而禘祫及之，事不經見。梁初誤禘功臣，何佟之以謂夏物未成而禘功臣，爲非典禮。至唐，韋挺亦曰：禘無配功臣〔一〕，理不可易。今禘祫以功臣配享，而冬烝不及，與經不合，蓋因仍之誤也。伏請每遇冬烝，以功臣配享，其禘祫配享罷之。」詔凡冬享、禘祫及親祠，功臣並配享。

四年六月二十四日，太常禮院言：「詳定到太廟配享功臣位版題號。稽參故事，在漢史所圖名臣及二十八將，事異配享；惟唐廟配食功臣，見於《通典》及《會要》，既著立廟爵位，仍題初贈官。故昨來議著所終及所贈官，以本唐典。今再看詳，將檢校官删除，自趙普而下並令一體外，所有後來緣 4 恩加贈官，如以出自恩禮，義難不著，即乞自朝廷詳酌。」(照)〔詔〕送禮院，如單書姓名，有無典據。禮院言，檢詳配享功臣位版，單書姓名，即無典據。詔用見贈官。

哲宗元祐元年六月二十一日，吏部尚書孫永等議〔二〕：「按《商書》：『兹予大享於先王，爾祖其從與享之。』《周官》：『凡有功者，銘書於王之大常，祭于大烝，司勳詔之。』恭惟神宗皇帝以上主之資，恢累聖之業，尊禮故老，共圖大治。輔相之臣有若司徒、贈太尉、謚文忠富弼，秉心直亮，操術閎遠〔三〕。歷事三世，計安宗社。熙寧訪落，眷遇特隆。匪躬正色，進退以道。愛君之志，雖没不忘。以配享神宗皇帝廟庭，實爲宜稱。」詔從之。

紹聖元年四月十三日，詔故觀文殿大學士、集禧觀使、守司空、荆國公、贈太傅王安石配享神宗皇帝廟庭。

三年二月十二日，詔富弼罷配享神宗廟庭。

徽宗崇寧元年二月九日，詔觀文殿大學士、贈太師蔡確配享哲宗廟庭。《政和會要》載：上謂韓忠彦等曰：「確於哲廟甚有功。方皇太后當從神宗靈駕西行，確密有文字，令弟碩屬内臣閻守懃達太后，請留保護。太后以故輟行，保佑哲廟，晨夕常與之俱，食以銅匕箸，至於飲水亦爲之親嘗，爲德甚厚。確文字今尚在。」故有是詔。

政和七年十二月十八日，禮制局言：「配饗功臣位版尚用舊官，並合除去，止用所贈及封國、爵、謚。如王安石稱『太傅、舒王、謚文』之類。」從之。

高宗皇帝建炎元年五月八日，詔曰：「朕惟宣仁聖烈皇后當元豐末，立哲宗皇帝爲皇太子，遂嗣大統，藩王初無覬覦，大臣未嘗異論。其事載于《神宗實録》。及垂簾聽政，保佑哲宗，有安社稷之功。二王出居外第，所以別嫌明

〔一〕功：原作「不可去」，據《通典》卷五〇改。
〔二〕孫永：原作「孫承」，據《長編》卷三八〇改。
〔三〕術：原作「述」，據《長編》卷三八〇改。

微，德意深遠。比者姦臣鈎黨附會，敢以空造之言仰誣盛德，著於史牒〔一〕，以欺天下後世，聞者莫不憤惋。《神宗皇帝實録》章惇提舉修撰，審有建立之功，不應乃自刊削不載，參考其事，本末甚明。可令國史院別差官摭實刊修，播告天下。其蔡確、蔡卞、邢恕、蔡懋，三省取旨行遣，仍不得引用建炎元年五月一日赦文。」十七日，蔡確追所贈太師、汝南郡王，責授武康軍節度副使〔二〕；蔡卞追所贈太師、衛國公，責授寧國軍節度副使；邢恕追所贈少師，責授常德軍節度副使；蔡懋責授單州團練副使，英州安置。尋有詔，以司馬光配饗哲宗廟庭。

〔二〕〔三〕年夏〔三〕，久陰不解，詔百執事赴都堂，給札條具時政闕失。司勳員外郎趙鼎言：「自紹聖以來，學術政事敗壞殘酷，致禍社稷，其源實出於安石。今安石之患未除，不足以言政。」於是罷安石配饗神宗廟庭。尋詔以富弼配饗神宗廟庭。

〔紹興〕四年六月六日〔四〕，太常少卿江端友請明堂前一日差官詣七祀、功臣位行禮。緣即今權於温州真華宮奉安宗廟〔五〕，比在京事體不同，欲依紹興元年明堂，更不排辦。從之。

七5月二十五日，祠部員外郎、兼權太常少卿、提點太廟景靈宮奉迎所謝伋言：「竊見今歲明堂大禮，遍秩群神，祭典畢舉。望於太廟逐殿，每遇大禮郊祀酌獻，設文武功臣之位，依舊制配饗。更乞詔求訪累朝功臣繪像，令逐家子孫來上，各藏逐殿，俟皇輿定都，景靈宮禮成日，依舊畫像。」太常寺看詳：「除求訪繪像欲依所乞，從諸路轉運司下諸州求訪外，其差官詣七祀、功臣位行禮，合依紹興元年禮例，并今年六月六日已降指揮，更不排辦。」詔依。

八年三月十七日〔六〕，左朝奉大夫、試刑部尚書、兼侍讀胡交修，翰林學士、左朝奉大夫〔七〕、知制誥、兼侍講、資善堂翊善朱震，左奉議郎、試御史中丞周秘，右朝奉大夫、試户部侍郎梁汝嘉，左朝請大夫、試工部侍郎、兼侍講趙霈，左朝散大夫、試給事中、兼直學士院、兼侍講胡世將，左朝散郎、試中書舍人張燾，左朝奉大夫、權户部侍郎、兼詳定一司勑令王〔俟〕〔俣〕，左朝請郎、權禮部侍郎、兼侍講吳表臣，左朝奉大夫、權禮部侍郎陳公輔，左朝請郎、守起居郎、兼權中書舍人樓炤狀：「準尚書省劄子，奉聖旨，令侍從官詳議徽宗皇帝祔廟配饗功臣。伏以徽宗皇帝在位二

〔一〕牒：原作「諜」，據《中興小紀》卷一改。
〔二〕康：原作「泰」，據《建炎要録》卷五改。
〔三〕三年：原作「二年」。按《建炎要録》卷二四，罷安石配饗在建炎三年六月，據改。
〔四〕「紹興」二字原脱，按《建炎要録》卷六五，江端友兼權太常少卿在紹興三年五月，則此條乃紹興四年事，據補。以下亦均爲紹興事。
〔五〕真：原作「貞」，據《文獻通考》卷一〇三改。
〔六〕按，據《建炎要録》卷一一三，胡交修等上奏請以韓忠彦配享徽宗在紹興七年八月二十九日己未，高宗降詔則在八年三月十七日壬寅。此處統繫於下詔之日，交待不清。
〔七〕朝奉：天頭原批：「寄按，《大典》一萬一千八百五十三作『朝散』。」

十有六年，席盛大之時，包富有之業，虛中屈體以來天下之英，聚精會神以成天下之務，用能上下一心，同底于道。于時輔相，有故左光禄大夫、尚書左僕射、兼門下侍郎、贈太師、魏國公、謚文定韓忠彦，明允篤誠，公忠亮達，至仕上宰，無愧前人。建中之初，左右厥辟，招徠俊乂，列于庶位，除苛解嬈，厥功茂焉。雖居位日淺，而始終無疵，允所謂以道事君者歟！實有顯效，至今稱之。伏請配饗。」奉聖旨依，令學士院降詔。曰：「古之有功於國者，書於太常，祭於大烝，凡與饗于先王則司勳詔之，所以善於無窮也。故左光禄大夫、尚書左僕射、兼門下侍郎、贈太師、魏國公、謚文定韓忠彦，純誠端亮，始終如一，德業之盛，不忝前人。建中之初，入踐冢司，損益施設，成天下之務。開不諱之門，塞私邪之路，選賢任能，各當其職。一時忠鯁之士，遂能擊彊禦兇，所向摧折，當乎人心。後世賴之，以克有濟。朕覽舊史，慨然嘉歎，允所謂世濟其美，不損其名。其以忠彦配饗徽宗皇帝廟庭。」先是禮部侍郎吳表臣言：「本（廟）〔朝〕自祖宗以來，推擇將臣相臣始終有令德者以配食列聖〔一〕。恭惟道君皇帝道恢在宥，德合高明，統御宸極二十有六載，天下歸仁焉。弼亮之賢，固有其人矣。望命官詳議，取當時輔佐厚德重望，爲天下公論所屬者，用配清祏，序於大烝。」有旨令侍從官詳議奏聞。

十八年二月二十三日，監登聞鼓院徐璉言：「國家遠稽三代，肇建原廟，凡是佐命配饗，與夫當時輔弼勳勞之臣，繪像於廟庭，以示不忘崇德報功之意。累朝佐命配饗功臣不過十餘人，【6】今之臣僚與其家之子孫必有存其繪像者，望詔有司尋訪，復摹於景靈宮廷之壁。非獨假寵諸臣之子孫，所以增重祖宗之德業〔二〕，以爲臣子之勸。」禮部討論：「欲下諸路轉運司，委所管州軍尋訪配饗功臣之家：韓王趙普、周王曹彬、太師薛居正、石熙載、鄭王潘美、太師李沆〔三〕、王旦、李繼隆、王曾、呂夷簡、侍中曹瑋〔四〕、司徒韓琦、太師曾公亮、富弼、司馬光、韓忠彦，各令摹寫貌像投納，繪畫於景靈宮廷壁。」從之。

二十七年五月二十五日〔五〕，太常博士張廷實言：「望依《政和五禮新儀》，今後宗廟祫饗，設祀配饗功臣。」從之。

乾道五年九月十一日，太常少卿林栗等言：「孟冬祫饗在近，所有欽宗皇帝廟庭配饗臣僚尚虛其位。當時遭值艱難，莫救淪胥，臣僚罕可稱述，而以身狥國、名節暴著者不無其人。雖生前官品不應配饗之科，然事變非常〔六〕，難拘定制。乞特詔侍從、臺諫集議以聞，預於十月三日祫饗

〔一〕配：原作「廟」，據本書禮五九之一九改。
〔二〕祖宗之德業：原作「諸臣之子孫」，據本書又禮一一之八、禮五九之一二改。
〔三〕李沆：原作「潘沆」，據《文獻通考》卷一〇三改。
〔四〕曹瑋：原作「曹彬」，據《文獻通考》卷一〇三改。
〔五〕天頭原批：「寄案，詳見『緣事裁制』。」
〔六〕事：原脱，據本書禮五九之一九補。

以前降付有司施行。」從之。侍右郎官曾逮言：「昔元祐中，神宗未有配饗(庭)〔廟〕庭，依例權塑二侍臣。」吏部尚書汪應辰言：「欽宗所圖共政之臣，皆未有能勝其任者，若應故事，姑令備數，上非所以尊宗廟，下非所以勸有功。誠如太常所言，當時死事之臣非一，建炎以後，皆次第褒贈。今欲令配饗欽廟，典故所無；如創行之，又當考究本末，差次輕重，有所取捨，尤不可以輕易。昔唐文宗、武宗皆無配饗功臣，本(廟)〔朝〕太祖、英宗既無御集，亦不建閣。蓋崇奉祖宗，必審其實，必當於理，不虛尚文飾，以苟塞人情而已。既無可配饗者，乞更不集議。」從之，遂罷〔一〕。

光宗紹熙元年三月九日〔二〕，詔：「呂頤浩、趙鼎、韓世忠、張俊並已配饗高宗皇帝廟庭，繪像訖，各許長房陳乞恩例一名。」以中書門下省檢會元豐五年詔：「景靈宮繪像舊臣，推恩本支下兩房以上，取不食禄者，均有無，取齒長。若子孫亦繪像，本房不食禄，更不取別房應推恩人，願與以次別房者聽。」元祐七年詔：「故相富弼配饗神宗廟廷，其子紹廷特差江陵府通判，仍與子孫一名恩澤。」崇寧二年詔：「哲宗皇帝神御殿繪像文武臣僚，並與子若孫〔一〕人初品官。」故有是命。《建炎以來朝野雜記》：祖宗故事，大臣配饗皆祔廟後議之。若趙韓王、曹秦王之配饗太祖，蓋真宗咸平時；而韓魏王、曾魯公之配饗英宗，皆其身薨日降制，亦在祔廟十數年後。永思陵復土，翰林學士洪邁言：「聖神武文憲孝皇帝祔廟有期，所有配食臣僚先期議定。臣兩蒙宣諭，欲用文武臣各兩人：文臣故宰相、贈太師、秦國公、謚忠穆呂頤浩，特進、觀文殿大學(博)士、謚忠簡趙鼎；武臣太師、蘄王、謚忠武韓世忠，太師、魯王、謚忠烈張俊。此四人皆一時名將相，合於天下公論，望付侍臣詳議以聞。」議者皆以爲宜，遂從之。祕書少監楊萬里獨謂張丞相(俊)〔浚〕不與 **7** 配食爲非宜，爭之不能，因補外去國焉。孝(忠)〔宗〕既祔廟，詔以故相陳康伯侑食，寶文閣(侍)〔待〕制吳總上疏請以其父璘配饗廟庭，不報。（以上《永樂大典》卷一七〇六四）

8 宋《卓異記·父子皆享勳臣閣》〔三〕：曹武惠公彬累官至同平章事，真宗朝咸平二年召入爲樞密使。薨後贈中書令，追封濟陽郡王，謚曰武惠，享太祖廟庭。子曹武穆公瑋，積官至彰武軍留後，拜昭武軍節度使，至鎮彰武。謚曰武穆，贈侍中，配享仁宗廟庭。此父子二人皆配享功臣，昭勳崇德閣，忠賢之報乎！

〔一〕屠寄眉批：「《大典》三千一百八十四引此，注云『乾道會要』。」

〔二〕三月九日：原作旁批，地脚有屠寄批語：「『三月九日』四字，寄據《大典》卷一萬一千八百五十三補。」

〔三〕天頭原批：「此條原粘在禮一一之三前半頁，接『神宗熙寧八年』上。」按，以下類似之眉批爲北平圖書館影印此書期間所加。以下幾條零散文字出於《永樂大典》卷一一八五三（見卷末二頁版心）。查《永樂大典目録》，關於宋代「配享功臣」之資料，《大典》分録於卷一一八五三「享」字韻「功臣配享」目，卷一七〇六四「廟」字韻「宋宗廟十二」。徐松輯《宋會要》時，此二卷之相關文字均全部抄録（從此數條每條前後所殘存之文字多少不同可見）。但二卷之文大體相同，故繆荃孫、屠寄整理時以卷一七〇六四之文爲底本，卷一一八五三重複之文則全部刪棄，僅將其中底本所無之文字剪出，粘貼於底本相關或擬接入之處，並録入廣雅書局清本，今《輯稿》中之「又禮一一」即繆、屠編定之清本。其中，此條録於又禮一一之三嘉祐八年條後作爲注文。此乃《大典》引他書爲注，非《會要》文。

此據《司馬光傳》修入〔一〕，月日檢未獲。《宋史・豐稷傳》：徽宗時稷爲工部尚書、兼侍讀，改禮部。論宋用臣不當賜美謚，不爲書敕。哲宗升祔，議功臣配饗，稷以爲當用司馬光、呂公著。或謂二人嘗得罪，不可用，稷曰：「止論有功於時爾，如唐五王，豈非得罪於中宗，何嫌於配饗？」

此據《王安石傳》修入〔二〕，月日檢未獲。此二節，《續國朝會要》内移入。

9 宋《卓異記・父子皆饗勳臣閣》〔三〕：韓魏公琦，官至右僕射、兼樞密使，封魏國公。告老，除永興軍節度使。後薨，謚曰忠獻，贈尚書。公政和年中贈魏王，享英宗廟廷。子忠彦，官至太僕少卿，薨贈太師，配饗徽宗廟庭。此父子二人皆配饗功臣，昭勳崇德閣，忠賢之報乎！《揮(塵)〔麈〕録》：「徽宗亡，子配享，自昔所無也。」

(贈循王張俊)淳熙十五年三月十七日〔四〕，禮部尚書宇文价等言：「奉詔令臣等詳議高宗皇帝祔廟配饗功臣者。恭惟高宗聖神武文憲孝皇帝天錫勇智，紹開中興。撥亂之勳，同符於藝祖；揖遜之德，光媲於唐堯。一時將相名臣，著在彝鼎，宜列侍太室，序於大烝，丕昭雋聲，式叶舊典。伏見故宰臣太師、秦國公、謚忠穆呂頤浩，再登鼎司，能斷大事，主盟義舉，取日虞淵，訖於瀛海無波，復安宗社。艱難之際，厥功茂焉！特進、觀文殿大學士、謚忠簡趙鼎，智慮湛明，學識醇固。北邊受敵，力贊親征。國本未正，建萬世之長策。望實高劭，斯民具瞻。太師、10 蘄王、謚忠武韓世忠，身更百戰，義勇橫秋。建炎勤王，投袂奮發，連營淮楚，虎視無前，名聞羌夷，至今落(瞻)〔膽〕。太師、循王、謚忠烈張俊，策翊霸府，披荊棘以立朝廷。禦侮鄞川，靖寇江左。功名之盛，溢於旂常。而秉心忠勤，終始一節。四人皆有名績見稱於世，宜如明詔，伏請並配饗高宗廟庭。」從之。先是知制誥洪邁奉詔，欲用文武臣各二人，以邁議定，四人皆一時名臣將相，合於天下公論，乞侍從官詳議。

〔一〕天頭原批：「此條原粘在禮一一之四後半頁，接『二年夏久陰』上。」按，指本卷前文「高宗皇帝建炎元年」條下。又按，此條「此據」二句乃乾道所修《續國朝會要》編者之注，此爲《會要》原有；「宋史」以下則爲《大典》之補注。

〔二〕天頭原批：「此條原粘在禮一一之四後半頁，接『四年六月六日』上。」按，指本卷前文「(紹興)三年夏久陰不解」條末。又按，此條中「此據」二句乃《續國朝會要》編者之按語，「此二節」二句則似爲張從祖合編《會要》之按語。

〔三〕天頭原批：「此條原粘在禮一一之五後半頁，接『先是禮部侍郎』上。」

〔四〕天頭原批：「此條原粘在禮一一之六後半頁，接『光宗紹熙元年三月』上。」按，此條前「贈循王張俊」五字，乃本卷禮一一之一所載「配享功臣」名單高宗朝配享功臣之末五字。

故有是詔〔一〕。（〔越〕王史浩。光宗：右丞相贈太師葛邲）紹熙五年十二月十二日〔二〕，吏部尚書、兼侍讀鄭僑等言：「奉詔令臣等詳議孝宗皇帝祔廟配饗功臣。恭惟孝宗哲文神武成孝皇帝以聰明不世出之資，奮恢復大有爲之志，英[11]武同符於藝祖，神器親受於高宗。勵精九閏之餘，致治百王之上。今因山訖事，祔廟有期，宜定功臣，侑食大室。伏見宰臣，贈太師、魯國公、謚文恭陳康伯，德量寬博，能服衆心。器資凝重，足任大事。當紹熙授受之際，密贊神謨，光輔初政，綱紀修舉，朝廷清明。再還鼎司，人望愈重，始終無玷，有古賢相之風。式承明詔，伏請配饗孝宗廟庭。」從之。

嘉泰元年正月十九日，禮部尚書張釜等言：「奉詔令臣等詳議光宗皇帝祔廟配饗功臣。恭惟光宗憲仁聖哲慈孝皇帝以神聖之資，承熙洽之運，體堯蹈舜，臨御六年。勤儉之懿，夐高於古；揖遜之風，克紹于前。厚澤厖恩，滲漉夷夏。是雖光宗皇帝生知天縱，道備德全，有以致此，玆之當時，彌縫翊贊，豈無其人？今者賓空弗反，升祔禮成，必有一代輔臣侑食大室，式協舊典。伏見故右丞相、贈太師葛邲，操履静重，議論正平。淳厚之文，馳騁乎百代；淵源之學，根本乎六經。輔導初潛，蔚有成績，經綸大政，濟登丕平。雖居相位，歷時不長，而履正奉公之節，愛君憂國之誠，無踰於邲者。恭承明詔，伏請配饗光宗皇帝廟庭。」從之。

二年十二月二十五日，禮部、太常寺言：「迎奉光宗皇帝神御詣景靈宮中殿安奉，依禮例，中殿庭壁繪畫配饗功臣。乞將西壁所畫功臣趙那向北，繪畫少師葛邲一位於太師陳康伯之次。」從之。

嘉定十四年八月十五日，詔：「故太師、追[12]封越王、謚文惠史浩，係孝宗皇帝舊學，首躋相位。君臣一德，始終三紀，備罄忠誠，輔成孝治。侑食清廟，久未舉行，賜謚易名，弗稱厥實，非所以仰副烈祖眷禮師臣之意，朕深念焉。可配饗孝宗廟庭，特改謚忠定。」〔三〕（以上《永樂大典》卷一一八五三）

〔一〕原稿此下空一格之後有「紹熙元年三月九日詔呂」十字，按此即本卷前文禮一一之六「光宗紹熙」條之殘文。

〔二〕天頭原批：「上接禮一一之七末『配享廟庭不報』後。」按此條前「王史浩光宗右丞相贈太師葛邲」十餘字本是本卷禮一一之一「配享功臣」名單之文。由以上二處上接之文可知，《永樂大典》卷一七〇六四與卷一一八五三所收之文雖大體相同，而其編纂體例則不同。前者將配享功臣名單集中於前，有關資料則另收於後作爲「雜録」；後者則以人爲綱，將有關資料分在每個功臣之下。

〔三〕按，此頁之後，《輯稿》尚有又禮一一之一至一〇，因與本門禮一一內容重複，且爲廣雅書局稿本，非徐松原稿，今據本書體例删。

宋會要輯稿　禮一二

羣臣士庶家廟

【宋會要】

1 仁宗慶曆元年十一月二十日南郊赦書：「應中外文武官，並許依舊式創立家廟。」

（至和）〔皇祐〕二年十二月〔一〕，宰臣宋庠言：「慶曆郊祀赦書許文武立家廟，蓋所以恢孝治，穆彝倫，風勸海內，恩化甚美。而有司終不能推述先典，明喻上仁，因循顧望，遂踰十載〔二〕。使王公薦饗下同委巷，衣冠昭穆雜用家人。緣偷襲弊，甚可嗟也！臣嘗因進對，屢聞聖言，謂諸臣專殖第產，不立私廟，寧朝廷勸戒有所未孚，將風教頹陵，終不可復？睿心至意，形于歎息。臣每誦天訓，愧汗交浹。日夜循省，求諸臣所以未即建立者，誠亦有由。蓋古今異儀，封爵殊制，因疑成憚，遂格詔書。禮官既不講求，私家何緣擅立？且未信而望誠者，上難必責；徒善而設教者，下或有違。若令官制已頒，禮典咸具，尚安所習，不稟其規，雖官司劾之可矣，誅之可矣，凡在臣子，孰敢不勉哉！今幸遇皇帝陛下因大饗之報，躬嚴配之禮，事天尊祖，孝冠百王，聖化所覃，海內知勸。臣欲乞明敕有司，奉行慶曆詔書，下禮官、博士及臺閣儒學之臣，考案舊章，同加詳定。不拘小以妨（夫）〔大〕，不泥古而非今，因時制宜，使稱情禮，則可矣。若欲必如三代有冢嫡世封之重、山川國邑之常，然後議之，則墜典無可復之期，而禮祀或幾乎息矣。夫建宗祏，序昭穆，別貴賤之等，所以爲孝，雖有過差，是過於爲孝〔三〕。殖産利，營居室，遺子孫之業，或與民爭利，顧不以爲恥，逮夫立廟，則曰不敢，寧所謂敢於爭利而不敢於爲孝耶？以爵服承襲之間小違古，因放而不復，又所謂去小違古而就大違古也。此諸儒之惑，不亦甚乎！臣幸得待罪宰相，以明教化、美風俗爲職，不勝惓惓。請因明詔書文〔四〕，議以時決。若制下之日，或在立廟之科，願買地一廛，悉力經始，上副聖人廣孝之美，下極私門顯親之榮，推美人倫，非獨臣幸。」於是下兩制與禮官詳定制度。而翰林學士承旨王堯臣等定：「官正一品平章事以上，立四廟；樞密使、知樞密院事、參知政事、樞密副使、同知樞密院〔事〕、簽書院事以上，見任、前任同〔五〕，宣徽使、尚書、節度使、東宮少保以上，皆立三廟；餘官祭於寢。凡得立廟者，

〔一〕皇祐：原作「至和」，據《長編》卷一六九改。宋庠爲宰相在皇祐元年至三年之間。然後來《文獻通考》卷一〇四及他書引此亦作「至和」，疑《宋會要》本已誤。
〔二〕十載：原作「千載」，據《司馬公文集》卷七九《文潞公家廟碑》改。
〔三〕「差是過」三字原脱，據《長編》卷一六九補。
〔四〕書：原作「書書」，據《歷代名臣奏議》卷一二六刪。
〔五〕前任：原脱，據《宋史》卷一〇九《禮志》一二補。

許嫡子襲爵以主祭。其襲爵世降一等，死即不得作主祔廟，别祭於寢；自當立廟者，即祔其主。其子孫承代，不計廟祭、寢祭，並以世數親疏遷祧，始得立廟者不祧，以比始封。有不祧，通祭四廟、三廟〔一〕。廟因衆子立，而嫡長子在，則祭以嫡長子主之；嫡長子死，即不傳其子，而傳立廟者之子〔二〕。凡立廟，聽於京師或所居州縣。其在京師者不得於裹城及南郊御路之側。」既如奏，仍令别議襲爵之制。其後終以有廟者之子孫或官微不可以承祭，又朝廷難盡推襲爵之恩，遂不果行。

(嘉祐)〔皇祐〕三年七月 2 二十五日〔三〕，禮部尚書、同中書門下平章事文彦博言：「伏覩禮官詳定家廟制度，平章事以上許立四廟。臣欲乞於河南府營創私廟，伏乞降勑指揮。」從之。

神宗元豐七年二月十七日，文彦博言：「先立家廟，歲八祭用酒，以臣隨行公使酒供辦。今臣致仕，不欲沽酒以祭，乞於河南府公使庫逐祭寄造酒拾石。」從之。

徽宗大觀二年十一月十六日，議禮局言：「伏聞禮有五經，莫重於祭者，所以追養繼孝也。周制，適士以上祭於廟，庶士以下祭於寢。凡營居室，必先建宗廟；凡造養器，必先備祭器。庶羞不踰於牲牷，燕衣不踰於祭服。自公侯達於比閭，所以致孝于其先者如此，故民風以厚，國勢以寧。有唐推原周制，崇尚私廟。侍中王珪通貴已久，而烝嘗猶設於寢，太宗爲立廟，以媿其心。及開元制禮，自品官薦享，乃至拜掃，皆有常儀。五代擾攘，文物隕缺，臣庶薦享，家自爲俗。革而化之，實在聖時。所有臣庶祭禮，欲乞詳酌古今，討論條上，斷自聖學施行。」詔：「禮以祭爲重。先王制禮，自士以上皆有廟(亨)〔享〕其祖考，以盡奉先報本之義。今稽古制法，明倫厚俗，廟制亦當如古。然其世數之節〔四〕、薦享之儀、疏數之數，與遷徙之不常，貧富之有異，使不偪不僭，皆得其宜，然後爲稱。可依所奏條畫來上。」

四年四月二十八日，議禮局言：「古者諸侯祭五世，二昭二穆，與太祖而五。大夫祭三世，一昭一穆，與太祖而三。命士祭二世，祖禰而止。故《子夏傳》曰：『都邑之士則知尊禰矣，學士大夫則知尊祖矣。諸侯及其太祖，天子及其始祖之所自出。』《荀子》曰：『有一國者事五世，有五乘之地者事三世，有三乘之地者事二世，所以别積厚者流(傳)澤廣，積薄者流澤狹也。』按今品官不逮庶人，皆祭三世，無尊統上下之差、流澤廣狹之别。緣媮襲弊，其流已久。今欲準周制，貴者比古諸侯，祭五世；其次比古大夫，

〔一〕三廟：原作「五廟」，據《長編》卷一六九改。
〔二〕子：原作「長」，據《長編》卷一六九改。
〔三〕皇祐：原作「嘉祐」，據《司馬公文集》卷七九《文潞公家廟碑》改。按下文言「禮部尚書、同中書門下平章事文彦博」，據《宋史·宰輔表》，文彦博加禮部尚書在至和二年，又《文獻通考》載此事亦作嘉祐三年，疑《宋會要》本已誤作嘉祐，非《永樂大典》之誤。
〔四〕世數：原作「數世」，據《政和五禮新儀》卷首乙。

祭三世，則可矣。若又其次，比古命士，降祭二世，則奪人孝思追遠之情，行之於外，深駭群聽，殆失先王緣情制禮之意。請自執政官以上，自高祖而下祭親廟四，餘通祭三世，庶幾有尊統流澤之差焉。」内出手詔曰：「禮有等差，以別貴賤，故廟祭之數，天子七世，諸侯五世，大夫三世，適士二世〔一〕，不易之道也。今以執政官方古諸侯而止祭四世，古無祭四世之文；又侍從官以至士庶通祭三世，無等差多寡之別，豈禮意乎！古者天子七世，今太廟已增爲九室，則執政視古諸侯以事五世，不爲過矣。且先王制禮，以齊有萬不同之情，賤者不得僭，貴者不得踰。故事二世者雖有孝思追遠之心，無得而越；事五世者亦當跂以及焉。今恐奪人之恩，而使通祭三世，徇流俗之情，非先王制禮等差之義。可文臣執政官、武臣節度使以上祭五世，文武陞朝官祭三世，餘祭二[3]世。」

同日，議禮局又言：「乞立廟者居處狹隘，聽於第之側；又無，則隨宜創置。」手詔曰：「禮以制情，使貴賤大小各當其分，則禮必有制，制必有數，故不敢踰、不敢紊也。古者廟在大門之内，中門之左，内示親、左示仁也。今臣僚寓居僦舍，無有定止，禮令一下，士不立廟，當麗於法矣。可應有私第者，立廟於門内之左；如狹隘，聽於私第之側〔二〕；力所不及，仍許隨宜。」

同日，議禮局言：「乞品官廟視宅堂之制，寢勿踰於廟，間數以世數爲限，庶幾易行。」手詔曰：「陽數奇，陰數偶，天下屋室之制，皆以陽爲數。今立廟制寢，視其所祭之數，則祭四世者寢四間，陰數也。古者寢不踰廟。禮之廢失久矣，士庶堂寢踰度僭禮，有五楹、七楹、九楹者，若以一旦使就五世、三世之數，則當徹毁居宇，以應禮制，人必駭聽，豈得爲易行？可今後立廟，其間數視所祭世數，寢間數不得踰廟。事二世者，寢用三間者聽。」

同日，議禮局言：「謹按《禮記・王制》：諸侯五廟，二昭、二穆，與太祖之廟而五。所謂太祖者，蓋始封之祖，不必五世，又非臣下所可通稱。今高祖以上一祖未有名稱，欲乞稱五世祖。」從之。

政和六年九月二十五日，禮制局言：「太廟乞盡循周制，籩、豆各二十有六，簠、簋各八。羣臣五廟、三廟，所用之器以此爲等降之數。」從之。先是詔造祭器頒賜宰執，下禮制局，故有是詔。

十月二十七日，禮制局言：「近奉詔討論群臣家廟，所有祭器，稽之典禮，參定其制：正一品每室籩、豆各（有十）〔十有〕二，簠、簋各四，壺、尊、罍、鉶、鼎、俎、篚各二，尊罍加勺、冪各一，爵一。諸室共用胙俎一、罍洗一。從一品籩、豆、簠、簋降殺以兩，正二品籩、豆各八，簠、簋各二，其餘皆如正一品之數。」詔禮制局製造，取旨給賜。時太師蔡

〔一〕適：原無，據《政和五禮新儀》卷首補。
〔二〕第：原作「地」，據《政和五禮新儀》卷首改。

京、太宰鄭居中、知樞密院事鄧洵武、門下侍郎余深、中書侍郎侯蒙、尚書左丞薛昂、尚書右丞白時中、權領樞密院事童貫並以次給賜。

高宗皇帝紹興十六年二月十四日，詔：「太師、尚書左僕射、同中書門下平章事、兼樞密使、魏國公秦檜合蓋家廟，令臨安府應副。」先是禮部、太常寺言：「討論秦檜家廟，本寺按《國朝會要》：慶曆元年十一月赦書，應中外文武官並許依舊例立家廟。至和二年，文彦博乞立家廟，從之。又司馬光撰文彦博《家廟碑》，所載制度因唐杜岐公佑舊跡，一堂四室，及旁兩翼，增（制）〔置〕前兩廡及門，東廡以藏祭器，西廡以藏家譜。齋祊在中門之右〔一〕，省牲、展饌、滌濯在中門之左，庖厨在其東南。其外門再重，西折而南出。又大觀四年，議禮局請自執政官以上自高祖而下祭親廟四，内出手詔：『古無祭四世之文，執政視古諸侯以事五世，不爲過矣，可執政以下祭五世。』又詔：『古者廟在大門之内，中門之左，内示親〔二〕，右示仁。可應有私第者，立廟於門内之左；如狹隘，聽 4 於私第之側；力所不及，仍許隨宜。』又議禮局言：『高祖以（下）〔上〕一祖未有稱名，欲乞稱五世祖。』從之。又禮書：諸侯五廟，祖廟居中，東二昭，西二穆。又按《五禮新儀》：一品一廟五室。又《唐會要》：準《開元禮》，三品以上不過九架，并厦兩頭各一間虚之，前後一架亦虚之。又《春秋穀梁傳》論楹桷，諸侯黝堊，大夫蒼。黝，黑飾也；堊，白飾也。又按《唐會要》，顔魯公真卿家廟，夫人祔于室内，有繼室者亦並祔。今參照，上公一品合依慶曆指揮、政和手詔，立家廟，祭五世。其蓋造制度，欲參用古典及文彦博舊規，於私第中門之左蓋一堂五室，其中間一室置五世祖位，東二室二昭位，西二室二穆位，夫人並祔。其屋九架，飾以黝堊，并厦兩間，共七間，及門、廡、庖厨等。神位按杜（祐）〔佑〕《通典》晉安昌公荀氏祠制：神版長一尺一寸，博四寸五分，厚五寸八分，大書『某祖考某封之神座』、『夫人某氏之神座』。書訖，蠟油炙，令入理，刮拭之。文彦博家廟神版亦用此制。又按《五禮精義》，五品以上廟室各有神幄。又按《五禮儀鑑》，位版貯以帛囊〔三〕，藏以漆函，祭則出施于位。今欲准此制，以合古義。所有時饗，按《五禮新儀》，擇日用四孟柔日。若辛巳之類。《雲麓漫抄》：今濮、秀邸用仲月，謂之仲享。今人有用伊川主制，一木判其半，中書字，復以所判之半入於中。或誤入，及迎送遷徙而脱落，則爲不敬，〔不〕若用版爲當。任職之官，許令子弟或族人代祭。前享一日，本家與享者各於其家清齋宿，非享事不行。已（齊）〔齋〕而闕，則通攝，長爲初獻，次爲亞獻、終獻。闕用親賓充。設祭器、祭饌如常儀。用常器、常饌。今欲依《五禮新儀》。祝版，《開元禮》，三品以上時享有祝版，其文見杜祐《通典》。及按《五禮儀鑑》，祝文以方版書之。今遇時享，倣古用祝版。」故有是命。

〔一〕齋：原脱，據《司馬公文集》卷七九《文潞公家廟碑》補。
〔二〕示：原作「視」，據前文改。下句同。
〔三〕版貯：原倒，據《建炎以來朝野雜記》（以下簡稱《建炎雜記》）甲集卷三乙。

三月二十三日，詔令禮器局造秦檜家廟祭器。

二十八日，詔：臣寮家廟給賜祭器，依政和六年已行舊制。自後有詔：太傅、德慶軍節度使〔二〕、開府儀同三司、充萬壽觀使、平樂郡王（王）韋淵，太尉、保慶軍節度使、提舉萬壽觀吴益家廟合用祭器，令禮器局造。《中興禮書》：六月十四日，詔令造吴益家廟合用祭器并匣等。

二十五年十二月一日，殿中侍御史湯鵬舉言：「臣竊見秦熺陳乞令父姪光禄寺丞烜專一主管御書閣、賜第及家廟。臣以謂，臣下之立家廟，其品數、禮儀著在令典，可守而行也。秦檜薨，其家廟合依條制隨宜施行。秦熺致仕，自合别立。乞差烜在外差遣，將帶檜家廟歸建康府，令熺别立家廟，庶合禮制。」從之。

二十六年三月二十八日，詔：少傅、寧遠軍節度使、兼領殿前都指揮使職事、恭國公楊存中，依所乞（立）家廟，仍賜祭器。《中興禮書》：五月十五日，禮部、太常寺言：「勘會已降指揮，少傅楊存中許立家廟，係正一品。其合用祭器：籩、豆各 5 六十隻并巾、蓋，簠、簋各二十隻并蓋，鉶鼎一十隻并柶，陶登一十隻并蓋，俎面案一十四面，壺尊、壺罍、散尊各一十隻并巾，銅杓三十柄，爵坫一十五副，祝坫五片，銅燭臺一十五座，罍洗二副，并篚二隻、杓二柄。共用黑漆匣一十具，白絹拭爵巾一條，帨巾一條，各長八尺。共用黑漆腰輿一十隻，紫細條索二十條。所有合用祭器，欲乞令工部行下所屬依樣製造給付。」詔依。自後吴璘、虞允文家廟祭器並依此制。

孝宗皇帝隆興二年四月二十六日，少師、奉國軍節度使、四川宣撫使吴璘乞依楊存中例立家廟，并賜祭器。從之。《中興禮書》：本日，禮部言：「少師、奉國軍節度使吴璘狀：『契勘璘叨蒙恩數，家廟未立，欲望朝廷敷奏，許立家廟，仍乞賜祭器，依楊存中體例施行。』詔令禮部看詳。本部下太常寺檢會到：昨少傅楊存中係陳乞立家廟并賜祭器。本部今看詳，本官所乞，合取自朝廷指揮。」詔依。乾道元年四月一日，詔：「將來皇后歸謁家廟，所有合用制度等，令有司檢照禮例條具。」十一日，禮部、太常寺言：「令檢照家廟制度等禮例，條具下項：一、四孟月擇日饗家廟，差本宅親賓行事。及應合用酒齊、禮料等，并差人赴宅祗應，合照應壽聖太上皇后宅禮例施行。一、祭器：每位籩、豆各一十隻并巾、蓋，簠、簋各二副，鉶鼎二隻并柶，俎二面，壺尊二隻并巾、杓，壺罍二隻并巾、杓，爵坫三副，祝坫一隻，燭臺三座，登二隻，罍洗一副，篚、杓、巾全。速令工部行下所屬製造給賜。一、將來皇后歸謁家廟，於典禮别無該載，其歸謁止合依家禮。」詔依。五月八日，詔：皇后家廟令兩浙轉運司隨宜修蓋。

乾道八年九月二十三日，詔有司：賜少保、武安軍節度使、四川宣撫使虞允文，令有司依典故賜家廟祭器。

淳熙五年七月三十日，權户部尚書韓彦古言：「有賜第在臨安府前洋街，乞充先臣世忠家廟。其屋宇房緡乞就賜，以充歲時祭祀之用。儀制、祭器等，乞依楊存中已得指揮體例。」從之。《中興禮書》：淳熙四年四月二十五日，詔轉運司同修内司修蓋皇后家廟，所有合用制度，令有司檢照禮例條具施行。五月一日，禮部、太常寺言：「所有今來皇后宅家廟祭祀，欲乞依乾道元年四月十一日已降指揮數目，令工部行下所屬製造給賜。」詔依。九月二十七日，詔：將來皇后歸謁，令有司檢照禮例施行。十月四日，禮部、太常寺言：「勘會將來皇后歸謁家廟，於典禮别無該載。今檢照禮例，歸謁止合依家禮。」詔劄與皇后殿照會。《中興禮書》：五年九月二日，故韓世忠妻秦國太夫人茆氏狀：

〔二〕德：原作「詔」，據《宋史》卷四六五《韋淵傳》改。

「恭睹聖旨，將妾所居前洋街宅第賜幼男彦古充家廟。重念妾衰老疾病之身，見同亡男彦樸孤遺幾百口，將無棲止之地。伏望聖慈將所賜家廟，於目今所居 6 處見存空地上隨宜建立。所有儀制、祭器等，並依楊存中體例。」奉聖旨，令茆氏彩畫圖本，申尚書省。「恭睹國朝典故所載〔一〕：廟在大門之内，中門之左，内示親，左示仁。可應有私第者，立廟於門内之左；如狹隘，聽於私第之側；力所不及，仍許隨宜。今謹遵典故，合於大門内、中門左建立。所有家廟（國）〔圖〕本彩畫，繳連見到。」詔依。十二月五日，禮、工部言：「茆氏狀：『今准太常寺牒，備録昨楊存中所賜祭器，係朝廷指揮下所屬製造給賜。伏乞朝廷指揮施行。』後批送工、禮部勘當。禮部送太常寺勘當，本寺申：『契勘韓世忠係正一品，其所乞賜祭器，並依楊存中體例，名件一同。今勘當，欲乞令工部行下所屬依樣製造給付。』本部勘當，欲依本寺勘當施行。工部行下將作監，本監行下文思院下界勘會：『候令降指揮下日，行下本院，以憑遵執，依樣製造給賜。』本部今勘當，欲依將作監勘會到事理施行。」詔依。

十二月十一日，少傅、保寧軍節度使、充醴泉觀使、兼侍讀、衛國公史浩言：「已蒙聖恩賜第都下，乞依諸臣例，許建家廟，以奉先祀。其祭器乞下有司量行製造。」從之。《中興禮書》：十一日，少傅、保寧軍節度使史浩劄子奏：「臣隨宦南北，遷徙不常，先臣祖考未有祠祀之地。今蒙聖恩賜第都下，既有定止，揆之禮經，凡家造，宗廟爲先。欲望依前輩諸臣例，許建家廟，以奉先祀。所有祭器，乞下有司量行製造，併以賜臣。」詔依。是年十二月二十七日，詔：史浩家廟、祭器，並如楊存中之制。續淳熙六年正月六日臣僚上言，所有史浩家廟祭器，並（如）權行寢罷。　六年正月六日，（二）〔工〕部言：「將作監申，文思院提轄熊克等劄子：『契勘本院見承指揮鑄造故韓世忠家廟祭器，數目浩瀚，申乞施行，今具下項：一、契勘本院即無樣制及合用花版，今欲乞行下太常寺權借合造祭器各一件，並所用花版赴院使用。一、契勘祭器係是捏蠟花紋入細造作，全藉十分净銅應副使用。本院雖有鑄錢司於處州等處依年例發到銅，止可鑄造官司印記、常程生活，難以鑄造花紋。兼近於今年内，將發到銅當官再行烹煉得，止係七分净銅。今來鑄造祭器，欲將已烹煉到七分净銅數目，及前後鑄造祭器紐折分數，準折支破，烹煉使用，庶幾造作精緻。一、契勘全藉手高捏蠟鑄鎬、鐫鈒磨鋥等匠人赴此造作。今緣禁止銅器，街市即無匠人。雖有會解之人，往往多係官司等處拘占身役，難以和雇。今欲乞從本院指名踏逐會解手高（上）〔工〕匠，時暫差借赴院造（依）〔作〕。』」詔依。臣僚上言：「臣聞禮莫大於名分，天子有天子之分，人臣有人臣之分。禮在郊廟，器則以天子之制；禮在私室，器則以人臣之制。今有以造人臣家廟祭器，而欲假天子郊廟之器，準以爲式，自古及今，有是理乎？臣 7 觀工部申明，文思院鑄造韓世忠家廟祭器事，欲下太常各借一件充樣，援鄉者製造虞允文家廟祭器以爲例。當時禮官不謹禮法，官失其守，以至君與臣同器，至今言之，不覺寒心，今復可以爲例耶？臣前日已書過史浩乞鑄造家廟祭器事，其間有以龍杓名者，臣心固疑之；將謂有司如祖宗時自有差等成式，未暇究論。今觀所申明韓世忠祭器，僭踰如此，臣竊懼焉。陛下優寵勳門，作成武功，先失其分，國之禮法，何以觀焉！況又有難行者。據文思院申請，所賜祭器數目浩瀚，用銅極多，欲下鑄錢司炡煉十分净銅赴院送納；所用工匠盡係入細工巧生活，欲旋踏逐行下所屬，時暫差借。臣以謂泉府，國家財貨之本，建官置司，專贍國用，乃以人臣私室之故，亦得取給，費耗銅齊，其不可行一也。朝廷禁止銅器，篤意圜法，姦工知畏，方此少息，今乃爲人臣私室之故，復欲追募，上啓其端，何以絶下之並緣爲姦乎！其不可行二也。有二不可行，而又加之以僭踰，豈容視以爲常，而不加省？臣竊謂今之所謂立家廟者，其廟制既非如古階阼、門牖、室位之法，臨祭之日，又無古之立尸、迎牲、獻酬之事，殆不過欲稍寬堂宇，鋪設影象，歲時薦饗不至隘陋而已。朝廷命之曰家廟，亦錫之以名耳。其禮既不如古，何獨於祭器必求其備，以煩紊有司乎？臣揆之禮經，與凡有家廟者計之，不若且通用燕器。禮曰『敬則用祭器』，鄭康成謂敬爲賓客饗食也。以賓客之事尤得通用祭器，於祭祀之事獨不可通用燕器乎？今太廟、景靈宫皆宗廟

〔一〕此句之前，似當有「茆氏狀」之類。

也，唯太廟用祭器，至景靈宫朝獻則用瓶、盞、盤、盂之屬，皆燕器也，人臣家廟何獨不可？臣愚欲望將製造韓世忠祭器指揮權行寢罷，非唯可以正君臣之大分，抑亦嚴國家之禁約，有補事體，實爲匪輕。所有録黄，臣未敢書行。」貼黄稱：「如蒙聖慈從臣所陳，所有製造史浩家廟祭器指揮，亦乞併賜權行寢罷。」詔令禮官參考禮法詳議，指定申尚書省。　七年八月七日，禮部狀：「準都省批下秦國太夫人妾茆氏劄子奏，乞給賜家廟祭器事，批送部詳議，申尚書省，行下太常寺詳議。本寺申：『照得《唐會要》：百官一品至嫡士，許祭家廟。又唐《通典》：六品以下許用祭器，各有等差〔一〕。皇朝慶曆南郊赦書：文武官許依舊式創立家廟。至政和六年，始詔禮制局造祭器頒賜宰執蔡京等。至紹興十六年三月，詔造秦檜家廟祭器，依政和六年已行舊制。自後韋淵、吴益、楊存中、吴璘、虞允文皆被給賜。所有韓世忠等給賜家廟祭器，因經臣僚繳駮，權行寢罷。當時曾準省劄，備奉聖旨，令禮官參考禮法，詳議指定，申尚書省。緣自臣僚繳駮之後，朝廷又議禁止銅器，未曾供申。今來茆氏乞給賜家廟祭器事，竊詳品官家廟 8 祭器、禮法，備於本朝政和典故。紹興以來，並係特降指揮，方行給賜。本部契勘：人臣之家，不當僭天子之器。以周公之勳勞〔二〕，成王之叔父，用之於魯，後世議者且以爲非，況餘人乎？《唐會要》雖有許用祭器，各有等差，即無給賜之文。國朝元勳大臣未嘗有賜以天子之器者，至政和間，蔡京等始蒙給賜。近年秦檜、楊存中、吴璘等遂以爲例，委是僭禮。所有茆氏乞給賜家廟祭器，初非特降指揮，及是援例陳乞，中書舍人陳騤繳駮，乞行寢罷，委得允當。欲乞依所奏施行。』」後批送禮部從詳議到事理施行。　十月二十七日，禮部、太常寺言：「奉詔令禮官將歷代及本朝賜臣僚家廟祭器等制度、格式討論，申尚書省。今討論：家廟，古者諸侯五廟，大夫三廟，士一廟。唐開元十三年勅：一品許祭四廟，三品祭三廟，五品祭二廟，嫡士祭一廟。本朝嘉祐三年，禮官詳定家廟制度，平章事以上許立四廟。大觀四年，内出手詔曰：『禮有等差，以别貴賤，故廟之數，天子七世，諸侯五世，大夫三世，士二世，不易之道也。今以執政官方古諸侯，而止祭四世，古無祭四世之文。又侍從官以至士庶通祭三世，無等差多寡之别，豈禮意乎？古者天子七世，今太廟已增爲九室，則執政視古諸侯以事五世，不爲過矣。可文臣執政官、武臣節度使以上祭五世，文武陞朝官祭三世，餘祭二世。』又當時内降指揮：高祖之上又有一祖，未有稱呼。議禮局看詳，高祖以上一祖，欲乞稱五世祖。所有祭器制度，唐雖有品官時饗其廟祭器之數，即不載制度以何爲飾。照得聶崇義《三禮圖》所載禮器，籩、豆、簠、簋、梱、杓、尊、俎、爵、坫、篚、洗並以竹木爲之，唯鉶以銅。至政和六年，禮制局參考古制，易木以銅。至紹興十六年，禮器局官段拂等陳請，乞凝土範金，釐正郊廟祭器之數；次及臣僚家廟給賜，並依政和六年已行舊制。所有歷代及本朝臣僚家廟祭器等制度格式下項：一、《禮記・王制》：諸侯五廟，二昭二穆，與太祖之廟而五。大夫三廟，一昭一穆，與太祖之廟而三。士一廟，庶人祭於寢。一、《唐會要》：開元十三年勅，一品許祭四廟，三品許祭三廟，五品許祭二廟，嫡士許祭一廟，庶人祭於寢。天寶十載正月十日赦文：『天子七廟，諸侯五廟，大夫二廟，士一廟。今三品已上乃許立廟，永言廣敬，載感于懷。其京官正員四品清望官，及四品、五品清官，並許立私廟。』一、《國朝會要》：慶曆元年十一月二十日南郊赦書：應中外文武官並許依舊式創立家廟。（嘉）〔皇〕祐三年七月二十五日，宰臣文彦博言：『伏覩禮官詳定家廟制度，平章事以上許立四廟。欲乞於河南府營創私廟，伏乞降勅指揮。』從之。大觀二年十一月十六日，議禮局言：『伏聞周制，適士以上祭於廟，庶士以下祭於寢。凡營居室 9 必先建宗廟，凡造食器必先備祭器，庶羞不踰于牲牷，燕衣不踰于祭服。自公侯達於比閭，所以致孝於其先者如此，故民風以厚，國勢以寧。有唐推原周制，崇尚私廟，侍中王珪通貴已久，而烝嘗猶設于寢，太宗爲立廟以媿其心。及開元制禮，自品官薦饗乃至拜掃，皆有常儀。五代擾攘，文物隕缺，臣庶薦饗，家自爲俗。革而化之，實在聖時。所有臣庶祭禮，欲乞參酌古今，討論條上，斷自聖學施行。』詔：『禮以祭爲重。先王制禮，自士以上皆有廟饗其祖考，以盡奉

〔一〕差：原作「差差」，據《中興禮書》卷一七〇删。
〔二〕周：原作「用」，據《中興禮書》卷一七〇改。

先報本之義。今稽古制法，明倫厚俗，廟制亦當如古。然其世數之節、薦饗之儀、疏數之數，與遷徙之不常，貧富之有異，使不偪不僭，皆得其宜，然後爲稱。可依所奏條畫來上。』大觀四年四月二十八日，議禮局言：『古者諸侯祭五世，二昭二穆，與太祖而五；大夫祭三世，一昭一穆，與太祖而三；適士祭二世，祖禰而止。故《子夏傳》曰：都邑之士則知尊禰矣，學士大夫則知尊祖矣，諸侯及其太祖，天子及其始祖之所自出。《荀子》曰：有一國者事五世，有五乘之地者事三世，有三乘之地者事二世，所以別積厚者流澤廣，積薄者流澤狹也。按今品官下逮庶人，皆祭三世，無尊統上下之差、流澤廣狹之別，緣媮襲弊，其流已久。今欲準周制，貴者比古諸侯祭五世，其次比古大夫祭三世，則可也；若又其次，比古命士，降祭二世，則奪人孝思追遠之情，行之于外，深駭群聽，殆失先王緣情制禮之意。請自執政官以上，自高祖而下祭親廟四，餘通祭三世，庶幾有尊統流澤之差。』內出手詔曰：『禮有等差，以別貴賤，故廟祭之數，天子七世，諸侯五世，大夫三世，士二世，不易之道也。今以執政官方古諸侯，而止祭四世，古無祭四世之文。又侍從官以至士庶通祭三世，無等差多寡之別，豈禮意乎？古者天子七世，今太廟已增爲九室，則執政視古諸侯以祭五世，不爲過矣。且先王制禮，以齊有萬不同之情，賤者不得僭，貴者不得踰。故事二世者，雖有孝思追遠之心，無得而越；事五世者，亦當跂以及焉。今恐奪人之（思）〔恩〕，而使通祭三世，徇流俗之情，非先王制禮等差之義。可文臣執政官、武臣節度使以上祭五世，文武陞朝官祭三世，餘祭二世。』一、《政和五禮新儀》：大觀四年三月內降指揮：『臣僚之家霑被恩典，澤及祖先，最爲榮遇。其追贈官爵雖是寵以虛名，緣直下子孫皆得用蔭，及本户差科、輸納之類，便爲官户。故所贈三代愈多，即所庇之子孫愈衆，不特虛名而已。今《司封格》：三公以下至簽書樞密院，初除及每遇大禮，並封贈三代；節度使雖封三代，遇大禮方許封贈，尚不在初除封贈之例。其次，官雖至東宮三師，階雖至特進，職雖至大觀文，亦止封二代。有以知祖宗以來重惜名器之意。

10 又高祖之上又有一祖，未有稱呼。』本局劄子：『臣等看詳，家祭之禮，子孫所以致孝也，其世數之遠近，必視爵秩之高下，以爲之等，是以或祭五世，或祭三世，或祭二世。封贈之制，朝廷所以廣恩也，其世數之遠近，亦以視爵秩之高下，以爲之等，是以或贈三代，或贈二代，或贈一代。蓋朝廷之典，以義制恩；人子之心，奉先以孝。故遠近雖不同，乃所以爲稱也。今來家廟所祭世數儀注，已遵依御筆修定，其封贈自合依司封定格施行。至于高祖以上一祖稱呼。臣等檢詳，《爾雅》曰：父爲考，父之考爲王父，王父之考爲曾祖王父，曾祖王父之考爲高祖王父。至四世而止。按《禮記·王制》：諸侯五廟，二昭二穆，與太祖之廟而五。則所謂太祖者，蓋始封之祖，不必五世，又非臣下所可通稱。《祭法》：諸侯立五廟，曰考、曰王考、曰皇考、曰顯考、曰祖考。則祖考亦（由）〔猶〕《王制》所謂太祖，不必五世者也。今高祖以上一祖，欲乞稱五世祖，庶于禮經無誤。更乞斷自聖學。』大觀四年四月初八日御筆依所奏。一、《政和五禮新儀》廟制：文臣兩制、武臣正任以上祭於廟，餘祭于寢。文臣執政官、武臣節度使以上祭五世，文武陞朝官祭三世，餘祭二世。應有私第者立廟于門內之左；如狹隘，聽于私第之側；力所不及，仍許隨宜立廟。間數視所祭世數，寢間數不得踰廟，事二世而寢用三間者聽〔一〕。兄弟同居則合饗，異居則分祭。其廟饗世數、疏數之節，同居則視其貴者，異居則各視其品。若父祖先立廟，後世子孫官卑者，亦聽廟饗，其世數之差各視其品。一、祭器。《通典》：唐三品以上特饗其廟，前一日設祭器之數：每室尊二、簠二、簋二、甄二〔二〕、鉶二、俎二。籩、豆，一品、二品各十，三品八，四品、五品各六。六品以下，簠、簋、甄、鉶、俎各一，籩、豆各二。掌事者以尊入，設前楹下，各于室户之東北面，（面）〔西〕上，皆加勺、冪。首座爵一，餘座皆爵四，置於坫。四品、五品、六品以下皆置于尊下，加勺、冪。六品以下無廟者不言室户。《國朝會要》：政和六年九月二十五日，禮制局言：「竊考太廟陳列祭器，每室籩、豆十有二，簠、簋各二。原於有唐開寶之制，因陋至今，未足以副聖上致孝宗廟之意。乞盡循周制，籩、豆各二十有六，簠、簋各八。如是，則五廟、三廟所用之器，其等

〔一〕間：原作「門」，據《政和五禮新儀》卷首改。

〔二〕甄：原作「瓶」，據《通典》卷一二一改。下文同。

降之數可得而議也。」從之。先是詔造祭器頒賜宰執，禮制局製造所乞降祭器名數，故有是議。政和六年十月二十七日，禮制局言：「近奉詔討論臣僚家廟所用祭器，稽之典禮，參定其制：正一品每籩、豆各十有二，簠、簋各四，壺尊、壺罍、鉶鼎、俎、篚各二，尊、罍加勺、冪各一，爵一。諸室共用胙俎一、罍洗一。從一品籩、豆、簠、簋降殺以兩，正二品籩、豆各八，簠、簋各二，其餘皆如正一品之數。」詔禮制局製造，取旨給賜。時太師蔡京、太宰鄭居[11]中、知樞密院事鄧洵武、門下侍郎余深、中書侍郎侯蒙、尚書左丞薛昂、尚書右丞白時中、權領樞密院事童貫，並以次給賜。紹興十六年三月二十六日，禮部、太常寺言：「給事中段拂劄子奏：『臣聞記禮者曰，祭器未成，不造燕器。凡家造，祭器爲先。蓋祭以事神，器以藏禮。奉祀宗廟，足以隆孝饗；寵錫勳勞，足以昭慶澤。武王有宗彝之班，孔子有簿正之説，宜致嚴而不可後也。國家（立）〔自〕靖康以來，郊禋廟饗，器用之設，因循未備。竊考《政和會要》，禮制局建言，太廟陳列祭器，尚襲有唐制度之陋，乞盡循周制，然後議五廟、三廟祭器名數。恭惟陛下欽崇祀事，垂意典章，凝土範金，製作高古。稽考博通于載籍，覽定悉自於宸衷，觀時會通，庶事備矣。當及此時，釐正郊廟祭器之數，次及臣僚家廟給賜，並依政和六年已行舊制，庶幾多寡適宜，有所依據。伏望聖慈更付禮官詳加討論。』詔依。禮部、太常寺今討論：謹按《周禮》，朝事饋食，加籩、豆各八，羞籩、豆各二，其數各二十有六。《禮記》：天子之豆二十有六，諸公十有六，諸侯十有二。《詩》：『陳饋（入）〔八〕簋。』古制甚明，徽宗皇帝詔書已有明文。今討論，合依政和六年釐正郊廟禮器之數，於天地、宗廟每神位前用籩、豆各二十有六，簠、簋各八。次及（神）〔臣〕僚家廟給賜，並依已行舊制，委得允當。乞下禮器局照會增造。」詔依《三禮圖》并《紹興製造禮器圖》制度，仍詔令禮官參酌典禮，指定羣臣合立家廟世數，及給賜合用祭器制度、名數，申尚書省。其豆、籩等器尺寸制度并見禮器下。

既而七年十月二日，宰執進呈：「韓世忠家廟祭器事，緣曾經中書舍人陳騤奏，於禮難行。」上問：「本朝群臣家廟制度如何？賜器始於何時？」趙雄等奏：「仁宗朝雖因赦書，許群臣立廟，然未暇行。其後唯文彦博曾酌唐制爲之，未嘗賜器。至政和間，始命禮制局範銅爲祭器，賜宰臣蔡京等。紹興以後，又用政和例賜秦檜。其後張俊、楊存中、吴璘輩皆援檜例以請。」上曰：「漢唐而下，既未有賜祭器者，惟器與名不可以假人，宜更令禮官討論歷代及本朝制度以聞。」

八年十月十二日，中書舍人崔敦詩言：「已降指揮，韓世忠家廟祭器斷自宸衷，改用竹木〔二〕，省去雕文。然一開其端，攀援必繼。須宜詳講，必傅古義，方協今宜。謹按禮，賜圭瓚然後爲鬯。蓋諸侯嗣位，祭祀不敢專，必待命于天子，又必賜以圭瓚者，凡以祭祀交神，惟灌爲重，舉其重者賜之，則餘得自用，初不盡賜之也。臣謂銅爲祭器，可以傳遠，今不用銅，以竹木爲之，壞而不易，則墜上之賜；易而自造，則棄君之命。欲畧倣古制，今來特賜韓世忠家祭器，止令有司精緻製造爵、勺各一給賜本家，餘令禮官定合用禮式，畫圖成册，給付本家，聽其自造，並用竹木。」從之。《中興禮書》：八年九月二十[12]九日，敷文閣學士、提舉佑神觀韓彦直劄子奏：「先臣世忠起自微遠，際遇聖時，仰蒙陛下隆天厚地之德，追封賜謚，親灑宸翰，冠于碑首，生死俱榮，臣舉族捐糜，未足圖報萬分之一。淳熙五年，伏蒙聖恩，特賜先臣世忠家廟祭器，並依楊存中體例。伏緣家廟畢工已久，所有祭器未蒙給降，欲望睿慈特降指揮施行。」詔令禮官遵依已降指揮，參酌指定聞奏。太常寺言：「竊詳諸侯大夫許立廟，雖載于禮經，行于後世，而給賜群臣

〔二〕改：原作「故」，據《文獻通考》卷一〇四改。

家廟祭器，並不詳見。唐《通典》載，三品以上時饗其廟，前一日設祭器，不言所以賜臣下制度。本朝慶曆元年南郊赦書，許文武臣僚創立家廟。當時唯有文彦博乞于河南府創營私廟，雖從其請，皆不著給賜祭器之文。至政和六年，始詔討論臣僚家廟所用祭器，參定其制，遂詔禮制局製造所製造，取旨給賜。時蔡京、鄭居中、鄧洵武、余深、侯蒙、薛昂、白時中、童貫並以次給賜。紹興十六年，詔造秦檜家廟祭器。自此韋淵、吳益、虞允文並該上件恩數，皆非陳乞而得；惟楊存中、吳璘始行陳乞，亦蒙給賜。今韓世忠〔家〕遂援以爲例。本寺今具典故及今來事始末在前，實緣自古别無給降祭器制度，始自政和間給賜蔡京等，亦出特恩，非由臣下啓請，謂爲當得。惟楊存中、吳璘陳乞而得賜，當時禮官失于詳議，後省不曾繳駁，遂致放行。今韓世忠〔家〕疊有陳乞，必欲遂請。若議放行，則自後官品及格之家皆謂爲當得，陳乞紛然，朝廷無以拒絶，則名器假人，僭禮亂分，莫此爲甚。參酌禮經，未見考據，況耗費銅齊，追役工匠，此例一開，後必難塞。禮官既經詳議，後省又有繳駁，今指定，委實難以施行。本寺〔其〕〔具〕此申禮部，乞詳酌敷奏施行。」禮部備具奏聞。十月十二日，詔：「韓世忠係中興勳臣，可特賜家廟祭器，並用竹木，內勺去文飾。」臣僚上言：「臣伏見韓世忠家陳乞家廟祭器，給舍、禮官據義論奏，皆爲國家惜煩費、重典禮。今陛下斷自宸衷，酌用中制，改用竹木，省去雕文，其爲創制，皆非羣臣所及。然端倪復開，攀援必繼。雖聖神謹禮，專待元勳，觀聽有初，宜須詳講，必傅古義，方協今宜。臣謹按禮：賜弓矢然後征，賜鈇鉞然後殺，賜圭瓚然後爲鬯。蓋諸侯嗣位，征誅祭祀皆不敢專，必待命于天子也。又按禮：裸圭尺有二寸，有瓚。蓋凡裸，酌鬯用爵，灌之在瓚，形如槃，其柄以圭瓚爲之。然則天子命諸侯始承祭祀，必賜以圭瓚者，凡以祭祀交神，惟灌爲重，舉其重者賜之，則餘得自用，猶不盡賜之也。臣竊見銅爲祭器，可以傳遠。今斷難用銅，則以竹木爲之，無有不壞之理。壞而不易，則墜上之賜；易而自造，則棄君之命。臣欲畧倣古制，今來韓世忠家廟祭器，止令有司精緻製造爵、勺各一，給賜本家；餘令禮官定合用禮 13 式，畫圖成册，同所賜器給付本家，聽其自造，並用竹木。既不煩于公家，亦有便于私用，已昭恩典，又合禮經。伏乞睿旨施行。所有録黄，臣未敢書行。」詔依，太常寺彩畫祭器式樣，文思院製造木爵、木勺各一，同給賜本家。

嘉泰元年十月二日，詔：「太傅、永興軍節度使、充萬壽觀使、平原郡王韓侂胄家廟祭器，特令文思院鑄造給賜。」先是侂胄言：「曾祖先臣琦効忠先朝，重見褒録，于今奕世侑食大烝，榮光寵靈，古昔未有。今臣居止粗備，獨家廟猶闕，仰俯之間，每懷愧懼。敢緣故實近例，悉有請許立家廟之文，乞付之禮官，討論羣臣家廟制度，下臣本家，自行修立；及照近例，頒降祭器式樣，以竹木製造，免紊司存。」故有是詔。「按《五禮儀鑑》：祝文以方版書之。今遇時享，倣古用祝版。祭器，每位籩一十二，巾；豆一十二，蓋；簠四；簋四；鉶鼎二，柶；俎二；壺尊二；巾、杓。壺罍二；巾、杓。爵坫三；祝坫一；燭臺三；登二；罍洗一；篚、杓、巾。爵洗一；篚、杓、巾。拭爵巾一；帨巾一；篚一。共用黑漆髹匣一十具，黑漆腰輿一十隻，紫紬條二十條。乞令工部下文思院製造給賜。」從之。

二年六月十三日，直祕閣、特改添差通判嚴州張宗愈奏：「伏念臣先大父循忠烈王張俊，遭遇高宗皇帝，備將佐于大元帥府。自河朔扈衛，至南京登寶位，首在勸進之列。披荆棘，立朝廷，殲醜虜，蕩羣寇。翼戴王室，濟登中興，終始恭順。嘗奉玉音，有『張俊之功與諸將萬萬不同』之訓。前後思陵所賜宸翰，獨臣寶藏惟謹。繼乃配饗高宗廟廷，勳書盟府，不暇縷陳。緣從來未曾陳乞家廟，乞就賜第舊基，建立修造使用，四時祭饗。有元撥堂前田産支遣，不敢别有覬覦。家廟制度、祭器式樣之類，乞下所屬討論，札付本家，自行修立。祭器欵誌下工部文思院照例鐫鑄給賜。」從之。先是以張宗愈之請，下禮寺討論，禮寺言：「張俊生前任一品官，典故一廟五室，合自張俊而上立五世。竊照楊存中生前，高宗從其請立廟，給賜祭器。韓世忠身薨後，其子有請，孝宗以世忠中興勳臣，特賜家廟祭器，並用竹木，勺去文飾，畫圖聽其自造。今張俊身薨後，其孫陳乞，合從韓世忠家廟祭器制度事體。」於是從之。

開禧三年三月二十三日，忠州刺史、右屯衛將軍劉伯震奏：「先祖鄜武僖王光世，自結髮從戎，捍禦西陲。當宣、政年間與夏賊血戰，累立全功。高宗皇帝以大元帥開府，先祖光世首提萬騎，亟請濟上奉迎勸進。高宗皇帝委以腹心，扈衛至南京，即登寶位。從駕南（度）〔渡〕，備歷艱難。而苗、劉叛逆，復與丞相呂頤浩建議，傳檄會合諸將復辟。建炎翊戴事跡，備載國史。蒙恩追封鄜王，家廟未曾給賜。乞就本家賜地舊基建立修蓋。諸費及四時祭祀，自有先祖遺下田産撥充使用，不敢有分毫覬覦。」從之。

14 嘉定十四年正月二十日，詔封樁庫支撥度牒一百道、會子一十萬貫，豐儲倉支撥米五千石，並給付憲聖慈烈皇后宅，充蓋造家廟等用。以居民遺火延燒宅廟，故有是命。

八月四日，詔：「右丞相史彌遠賜第行在已十四年，依淳熙典故，合賜家廟。可令轉運司、臨安府隨宜蓋造。」既而彌遠言：「恭奉御筆，依淳熙典故合賜家廟。照得禮寺討論家廟祭器典故，每位合用籩豆一十二隻，并巾、蓋。簠、簋四副，鉶鼎二隻，并柶。俎二面，壺尊二隻，并巾、杓。爵坫三副，祝坫一隻，燭臺三座，登二隻。共用罍一副，篚、杓、巾全。爵洗一副。杓、巾全。并所生母齊國夫人周氏一位，亦乞如數製造外，今來妻魯國夫人潘氏一位，欲乞附祭於所生母齊國夫人周氏別廟，製造籩、豆一十二隻，并二杓。簠、簋四副，鉶鼎二隻，并柶。俎二面，壺尊二隻，并巾、杓。壺罍二隻，并巾、杓。爵坫三副，祝坫一隻，燭臺三座，登二隻，罍洗一副，篚、杓、巾全。爵洗一副。杓、巾全。欲望令工部行下所屬，照數製造給賜。」從之。

十五年十月十九日，史彌遠奏謝家廟祭器。上批：「先太師功在社稷，況卿輔朕有年，茲遣内臣賜以祭器，少答殊勳，不必多謝。」《宋史》：理宗景定三年，詔丞相賈似道賜家廟，命臨安守、漕營度，禮官討論，賜祭器如儀。（以上《永樂大典》卷一七〇九〇）

九宮太乙祠

【宋會要】

15 國朝承唐制〔一〕，祀九宮貴神東郊，用大祠禮。

真宗（成）〔咸〕平四年三月二十四日，直秘閣杜鎬上

〔一〕天頭原批：「應入祀宮類，原祀五。」

言：「按《史記·封禪書》云：天神貴者曰太一，太一之佐曰五帝。今禮以五帝爲大祠，太一爲中祠。況九宮所主，風雨、霜雪、雷雹、疾疫之事。唐玄宗天寶中，述九宮貴神，次昊天上帝，類於天地神祇。玄宗、肅宗皆嘗親祀。惟文宗太和中，太常博士崔龜從請降爲中祀。至武宗會昌中，升次昊天上帝。欲望復爲大祀，用協舊章。」詔史館、禮院詳定以聞。翰林學士承旨宋白等議曰：「伏以太一天之貴神，止在中祀，考於禮文，是爲倒置。況會昌中僕射王起、博士盧就討論詳定，頗爲酌中。今請如鎬議，復爲大祀。其御香、祝版，禮同社稷。增設壇兩壝。玉用兩圭，有邸，藉以藁秸，加茵褥，如幣色。南郊大祀，公卿升降，各有階陛。壇四陛之外，西南又爲一陛，曰坤道人門〔一〕。今請行事升降仍舊由此。」並從之。

八月七日，詔以九宮貴神壇壝不合禮制，及與墳塚相接，遣使遷移修飾。太常禮院上言：「大壇上面元無尺丈闊狹。今請第一成，東西南北各一百二十尺，高三尺；再成，東西南北各一百尺，高三尺。壇上安小壇九，每壇高一尺五寸，縱廣八尺，各相去一丈六尺。取容神列祭器，及公卿酌奠。」奏可，仍遣官以香幣酒果致告。

大中祥符 16 元年七月十三日，以東封泰山詳定所上言：「先准勑，九宮貴神升爲大祀。今參詳，如在本壇，即爲大祀；如當郊祭，元無此神，況位座不全，珪玉虛設，其於封祀壇不合用玉。望令三省官集議。」詔吏部尚書張齊賢集兩省、給事、舍人以上同議定以聞。封祀壇准圓丘，從祀惟有太一、攝提、軒轅、招搖、咸池、天一等位〔二〕。是時頗疑神名或殊。（以上《永樂大典》卷二九三五）

【宋會要】

九宮貴神壇，四陛之外〔三〕，西南又爲一陛，曰坤道人門，請行事升降仍舊由此。從之〔四〕。（以上《永樂大典》卷次原缺）

〔一〕曰：原脱，據下同條殘文補。
〔二〕天一：原作「太一」，據《長編》卷六九改。
〔三〕陛：原作「階」，據上「咸平四年三月二十四日」條改。
〔四〕按此條即前宋白議之殘文。

宋會要輯稿　禮一三

神御殿

【宋會要】

1 南京鴻慶宮。大中祥符七年正月，詔曰：「睢陽奧壤，藝祖舊邦。應命曆以天飛，創基圖而日盛。朕躬朝渦水，茂集蕃禧；旋幸平臺，緬懷積德。想清都之錫類，慶鴻緒之無疆。奉真像以顒昂，建靈宮於曲密。洪惟二聖，敷祐萬方。故當陪仙御於福廷，嚴宸儀於恭館。南京新修聖祖殿，宜號曰鴻慶宮，仍奉安太祖、太宗像。」八月，遣都知閻承翰、内侍楊懷古奉像至歸德殿後正位權安。天聖元年三月，修殿成，詔知制誥張師德奏告南京内城，迎聖像奉安。四年十月，又奉安真宗御容。康定元年六月，經火，別建齋殿供養。慶曆六年十二月，又詔重修三聖御容殿。七年六月，命翰林學士張方平往奉安。右奉太祖、太宗、真宗神御。

西京應天禪院興先殿。景德四年二月，詔以西京太祖誕辰之地，建太祖影殿，起應天禪院，一如啓聖院例。天禧元年五月，以宰臣向敏中爲奉安太祖聖容禮儀使，權安于文德殿。百官立班，皇帝行酌獻禮畢，鹵簿儀仗、道門威儀、教坊樂張引導，升綵輿進發，入内都知張景宗都大管勾。皇帝辭于正陽門外，百官辭于瓊林苑門外。遣左諫議大夫戚綸奏告昌陵畢，群臣稱賀。七月，令日具素食，月給法酒、降真香，五日供白乳茶。遇放燈夜，官給燈油。每歲正月上旬，擇日朝拜。四年，又取永興軍太祖、太宗御容於西院奉安。天聖元年二月，以馮拯爲奉安真宗御容禮儀使，酌獻、奉辭、迎導、奏告，並如奉安太祖聖容之制，以内侍都知韓守英都大管勾。又遣翰林學士晏殊奏告永定陵。治平四年十一月十二日，龍圖閣直學士李柬之、内侍押班王守規相度，請升太宗神御過興(光)〔先〕殿，其後殿七間升真宗、仁宗及奉安英宗。詔如其請。熙寧二年五月九日，迎奉仁宗、英宗御容赴天德殿。十三日，上親行酌獻之禮，乃赴西京。二十四日，奉安。

西京會聖宮。天聖八年正月，差内侍張懷恩就永安縣訾王山置宮。九年閏十一月十五日，宮成，詔遣三司使晏殊、上御藥供奉羅崇勳、江德用自京迎太祖、太宗、真宗聖像至宮奉安。仍改訾王山爲鳳臺山。治平三年九月二日，龍圖閣直學士李柬之相度仁宗神御殿，乞免鳳臺村户絶地土租税。四年十一月三日，户部副使蘇寀、内侍押班王守規相度，英宗神御以降真殿第六間奉安，並如其請。熙寧二年五月九日，迎奉仁宗、英宗御容赴文德殿。十三日，上親行酌獻之禮，乃赴西京。二十二日奉安。右奉太祖、太宗、真宗、仁宗、英宗神御。

奉先資福院。乾德六年，就安陵舊域置院建殿〔一〕，設宣祖、昭憲太后像。大中祥符二年六月，詔 2 遣兵卒守衛，名曰慶基。慶曆七年，重修殿成，以翰林學士楊察奉安。仁宗幸院，親行酌獻之禮。舊宣祖繪像韠袍，后冠帔，嘉祐五年正月，留舊像禁中，而別繪衮冕、后服奉安，帝親酌獻。右奉宣祖神御。

太平興國寺開先殿。天聖八年九月，建太祖神御殿于寺之後廷，以開先爲名。十二月，命宰臣呂夷簡(克)〔充〕奉御容禮儀使，入内都知韓守英管勾。十一日，自天章(閣)〔閣〕迎奉於會慶殿權奉安。十二日，百官立班殿廷，皇帝行酌獻之禮，有司備儀仗、鼓吹、僧道威儀，奉迎赴殿，皇帝行奉安之禮。次日，皇太后又酌獻。景祐三年，殿火，遂罷朝謁。至慶曆六年八月，殿成，帝飛帛書榜。九月，命宰臣賈昌朝奉安。十月，帝親行酌獻。七年正月十一日，朝謁如常。至和元年十一月，重修，權奉御容于天章(閣)〔閣〕。二年七月，復奉安于殿。

揚州建隆寺。寺舊有太宗御榻，寺僧構殿，置榻修供。景德二年，寺僧勝顯請奉安聖容，詔翰林圖寫，嚴衛而往，仍賜供具。殿本偏設，五年八月，遣使改葺，徙正位，命禮賓副使盧文壽同修設。正、冬、朔、望，令州長吏朝拜。皇祐二年五月，詔改舊名章武爲神武。

滁州端命殿。仁宗宣諭曰：「恭惟太祖擒皇甫暉於滁州，受命之端也。」乃詔因其舊寺建殿，名曰端命殿。以皇祐五年三月，命宰臣龐籍充奉安太祖御容禮儀使，(知)參知政事梁適副之。二十四日，迎赴滁州奉安。百官辭于都門外，使、副至宿頓幄殿而退。右奉太祖神御。

啓聖禪院永隆殿。至道(二)〔三〕年八月〔二〕，詔以院之法堂爲殿，奉安太宗聖容。内侍楊繼密董役，翰林内供奉官僧元藹摹寫。咸平二年九月，殿成，以僧道威儀、教坊樂導迎赴殿，真宗親詣致殿〔三〕，元藹加朝散大夫。天聖八年九月，名永隆殿，御容以劉承規、李神福侍立。至和二年七月，以重修殿畢，復自内迎往奉安。

并州崇聖寺統平殿。太平興國初平太原，詔以行宮飾爲梵舍，賜名平晉寺。後於寺建太宗聖容殿。大中祥符二年十一月，改今寺名。皇祐五年三月二十四日，又自萬壽觀迎御容赴并州。先時，仁宗宣諭：「恭惟太宗取劉繼元於并州，是太平之統也。宜即舊寺，命殿曰統平。」以樞密使王貽永充奉安御容禮儀使，參知政事劉沆副之。以百官辭于門外，使、副至宿頓幄殿而退。四月二十二日，奉安。帝聞之，曰：「太宗以是月日至其城下〔四〕，有此符合。」宰

〔一〕域：原作「城」，據《揮麈録》前録卷一、《玉海》卷一六〇改。按安陵乃宣祖陵，舊陵在開封城東南隅（見《宋史》卷一二二《禮志》二五），不得云「城」。

〔二〕三年：原作「二年」。按至道二年太宗尚在世，三年三月乃崩，此「二年」必是「三年」之誤，因改。

〔三〕致殿：疑爲「致奠」之誤。

〔四〕月日：原作「日月」，據《玉海》卷一六〇乙。

臣請付史館，許之。

鳳（祥）〔翔〕府上清太平宮。咸平三年八月，置殿，以奉太宗聖容。天聖二年六月，又建殿，奉安真宗聖容。皇帝文德殿酌獻，文武百官、武臣諸司使副并閤門祗候以上、軍員都虞候以上並赴立班。右奉太宗神御。

景靈宮奉真殿。天聖元年三月，詔修景靈萬壽殿，奉安真宗神御，以奉真爲名，入内都知鄧永遷侍立。二年三月，命宰臣王欽若[3]（克）〔充〕奉安御容禮儀使，洛苑使、入内副都知周文質管勾。九日，迎御容於文德殿權奉安。十日，皇帝酌獻，具鼓吹、儀衛、僧道威儀迎導赴宮，百官班殿廷，皇帝行祭告之禮。十一日，皇太后酌獻。治平二年十月，以修整畢，命宰臣奉安真宗及章懿皇后神御。

慈孝寺崇真殿。天聖四年閏五月，詔於寺建，奉安真宗神御，飛帛書額。五年十月，自天章閣迎奉御容，安於會慶殿。百官立班，皇帝酌獻，僧道威儀、教坊樂迎導赴殿。又行酌獻之禮，從臣陪位。

萬壽觀延聖殿。至和二年正月，奉安真宗鑄金像于殿。初以神御帳損，權徙別殿，至是帳成，奉安之。

崇先觀永崇殿。先是上清宮火，壽星殿獨存，遂建爲觀，命起此殿。嘉祐六年十一月成，七年八月，自禁中迎真宗御容奉安，命翰林學士王珪爲禮儀使，復迎舊御容藏天章閣。翌日，帝親酌獻。九月，詔改觀名，仍給永崇殿店宅務房錢日二千。

澶州信武殿。仁宗宣諭曰：「恭惟真宗歸契丹於澶州，是偃武之信也。宜即其舊寺建殿，名曰信武殿。」命樞密使高若訥充奉安真宗御容禮儀使，副使王堯臣副之。以皇祐五年三月，備禮迎赴澶州奉安。百官辭于門外，使、副至宿頓幄殿而退。

西京崇福宮保祥殿。帝嘗遊幸之地，在登封縣嵩山之下，畫像，以旦望供養焉。

華州雲臺觀集真殿。帝再遊幸之地，在華陰縣華山之下，至和元年修建。右奉真宗神御。

景靈宮孝嚴殿。治平元年三月，即宮之西園建此殿，將奉安仁宗神御，都知任守忠、三司副使張燾、修造案張徽領其事。八月成，乃題殿名。二年四月，以宰臣韓琦奉安御容，英宗親行酌獻，命大臣分詣諸神御代行禮。是月，皇太后往酌獻，皇后、大長公主、内外命婦皆陪位。右奉仁宗神御。

景靈宮英德殿。奉英宗神御。治平四年十月十二日，詔移景靈宮道院向西修建，直南置殿門。熙寧元年七月，以内降殿名，將奉安英宗神御。殿後小殿曰靈豫，改爲預真。二年正月二十四日，奉英宗御容赴殿奉安。是日，上親行酌獻，退御迎鑾殿，宣從臣賜茶。

昭憲皇后奉安在奉先資福禪院宣祖慶基殿。

孝明皇后奉安在太平興國寺太祖開先殿。

元德皇后奉安在啓聖禪院太宗永隆殿，及普安禪院隆福殿。

明德皇后、章穆皇后同奉安在普安禪院重徽殿。

章獻明肅皇后奉安在慈孝寺彰德殿。

章懿皇后奉安在景靈宮廣孝殿。

章惠皇太后奉安在萬壽觀廣慶殿。

大中祥符五年十一月，玉清昭應宮既建三正殿，即起二聖殿，奉太祖、太宗，凡二室，配饗功臣皆塑像冠服侍立。

仁宗天聖元年十一月，以真宗聖容不易，琢玉爲像，奉安於集靈殿旁，詔以安聖殿爲名。三年十二月，詔朝拜儀式並依二聖殿例。

慶曆七 4 年四月，詔在京寺觀及有神御殿處，寶元中嘗減房錢，今給還如故。

至和二年八月十二日，詔有神御殿寺觀內行禁約，不得採捕、彈射禽鳥，仍檢會條約施行。

嘉祐三年四月，罷修睦親宅祖宗神御殿。初，翰林學士歐陽脩言：「神御非人臣私家之禮，若援廣親宅例，當得興置〔一〕，則是沿襲非禮之事。」詔送兩制、臺諫、禮官詳定〔二〕，而言：「漢韋玄成奏議，《春秋》之義，王不祭於下土諸侯，其後遂罷郡國廟。今睦親宅、廣親宅所建神御殿不合典禮，悉宜罷。」時帝以廣親宅置已久，不欲毀之〔三〕。

治平四年十月十一日，神宗即位未改元。李柬之、王守規等言：「再相度應天禪院遷陞太宗神御過太祖興先殿，其後七間欲遷陞真宗、仁宗，奉安英宗神御。其興先殿蓋造年深，乞檢計修葺。」詔三司度支副使蘇寀與王守規相度修整，及會聖宮添展英宗神御殿。

神宗熙寧元年六月一日，命西京左藏庫副使、帶御器械蘇利涉同提舉增修會聖宮、應天禪院神御殿。利涉陳乞隨行使臣欲用王守規例。詔令（例）〔利〕涉與知河南府李師中協意幹集，就選本府使臣一二人，凡事裁省，速令畢工，不得援例干乞。

九月八日，詔名西京應天禪院神御前殿曰繼明，後殿曰會真。以知河南府李師中言：五聖御幄別榜以金書廟號，今兩殿欲各置一榜，故有是詔。

二年九月二日，詔：仁宗皇帝、英宗皇帝御容奉安西京景靈、應天兩院畢，令每年賜紫衣各二道。

四年四月二十四日，詔：應諸宗室宮院祖宗神御，令入內內侍省差官迎奉入內，藏天章閣。以知大宗正丞事李德芻言：「切詳禮法，諸侯不得祖天子，公廟不設於私家。今宗室邸（弟）〔第〕並有帝后神御，非所以明尊卑、崇正統也。望一切廢罷，以合禮意。」詔送〔禮〕院詳定，禮院請如所奏，故有是詔。自是臣庶之家凡有御容，悉取藏禁中。

〔一〕得：原作「詳」，據《宋朝事實》卷六改。
〔二〕禮官詳：原脱，據《宋朝事實》卷六補。
〔三〕此處語意未盡，《長編》卷一八七下有「睦親宅遂罷修營」七字。

五年十二月四日，詔：崇奉聖祖及祖宗陵寢神御寺院宮觀免納役錢。

元豐五年，作景靈宮十一殿，而在京〔宮〕觀寺院神御悉皆迎奉入內，所存者惟萬壽觀延聖、廣愛、寧華三殿云。

七年九月二十三日，成都府言：「新繁縣重光寺壁有圖寫太祖御容，乞修殿奉安。」詔令設板屋遮護扃鐍。

哲宗元祐元年十一月二十四日，工部言：「已差官管幹，塑制會聖宮、應天禪院神宗皇帝御容。」其修建神御官，提舉詔差知河南府孫固，監修應天禪院就差水北巡檢，監修會聖宮即於本宮差使臣一員。兵匠材植並京西轉運司應副。

二年九月五日，禮部言：「熙寧八年故事，奉安仁宗、英宗御容前一日，各曾奏告會聖宮、應天禪院。今奉安神宗神御，亦當如例。」從之，仍以本處官攝太祝。

十月十三日，以會聖宮、應天禪院奉安神宗皇帝神御禮畢，降德音：原西京繫囚雜犯死罪以 5 下，第降至杖，釋之。應官(例)〔吏〕兵匠賜予有差，城郭耆老給酒食茶絹。

六年四月二十二日，三省言：「頃因池州奏巡檢戴昭逸首納太宗御容，令前廣州催綱內侍高班林文忠因便供奉至京進納，而文忠移文州縣，令官吏等朝拜迎送，仍結綵爲殿，所須索多乘輿之物，有違條式。」詔：「文忠所須索，州縣不得依從，仍劾罪以聞。御容所到州軍，權於天慶觀聖祖殿奉安，候別有因便內臣，供奉進納。」

七年七月二十一日，知太原府韓縝言：「資聖禪院統平殿太宗皇帝神御，欲專令管幹本殿內臣日進香酒。其應奉器物，望重行製造，務令嚴潔，以稱寅奉祖宗神靈之意。」從之。

十一月六日，滁州天慶觀修完太祖皇帝御容端命殿，其告遷、奉安等並如常儀。

紹聖元年八月二十七日，南(宮)〔京〕鴻慶宮翻修畢工，奉安聖祖并三聖神御，以本處長吏行事。

二年正月二十二日，自太平興國寺廣嚴院告遷宣祖御容一、太祖御容四十、太宗御容一，自宣德門赴天章閣。帝服鞾袍，出就景輝門外迎拜宣祖神御，內侍執繖以從，帝却之。前導神御入景輝門，俟有司奏請降綵殿訖，復出門外迎拜太祖神御。次迎拜太(祖)〔宗〕神御。權奉安于凝華殿。帝詣殿焚香畢，遍視神御，還坐蘂珠殿，召宰臣、執政官焚香，仍許陞殿遍觀。

四月二十一日，吏部尚書許將等言：「定力院迎奉太祖皇帝御容赴天章閣，欲望令臣等前一日詣本院朝拜。」從之，仍許權侍郎以上並赴。

三年七月二十二日，禮部、太常寺言：「龍圖、天章、寶文閣準朝旨翻修崇孝殿，製造諸聖頭冠衣物，太史選定七月二十八日乙卯(造)〔告〕遷奉安。」以權禮部侍郎黃裳爲禮儀使，入內內侍省副都知馮宗道都大管幹。其(令)〔合〕用黃麾細仗、僧道威儀、教坊、鈞容，扶持引從內臣，應干供辦綵殿、腰輿、傘帕、茶菓、酒饌等，並依常儀。

元符元年六月十一日，揚州言：「建隆寺章武殿應奉神御儀物闕少，望令有司增修。」詔後苑造作所增製，仍內侍省差使臣齎送。

二年五月十六日，有司言：「萬壽觀延聖、廣愛、寧華神御殿繕修畢工。」詔吏部侍郎徐鐸充奉安禮儀使，以五月二十一日奉安真宗皇帝、章惠、溫成皇后神御。

徽宗建中靖國元年七月三日，禮部尚書豐稷言：「奉詔差詣會聖宮、應天禪院相度奉安哲宗神御，其應天院前殿三位奉安太祖、太宗、真宗神御合依舊外，其後殿三位奉安仁宗、英宗、神宗神御，元各置帳座，今欲通作一座，分爲四位，以次陞遷，奉安哲宗神御。依舊以西爲上。其會聖宮降真殿六位奉安六聖神御，中間閣道今欲徹去，增爲七位。殿後御閣舊東西各一，與中四位爲六，今欲東西各二，中置三位，爲七閣。後山亭亦合增修，如閣之數。」從之。

崇寧元年二月，詔以中6書侍郎溫益爲奉安使，入內內侍省都知劉瑤都大管幹，奉安哲宗皇帝神御于會聖宮。

十一月十三日，太常寺言：「明年二月十二日，迎奉哲宗皇帝神御赴會聖宮、應天禪院，望依故事，御容出內，及至西京日，褰（惟）〔帷〕令士庶瞻仰；在道即否。」從之。

二年三月八日，尚書左丞趙挺之言：「河南府洛河浸淫爲害，漸迫應天禪院神御所在。乞修埽岸，差官一員提舉。」從之。

三年二月二十七日，太常少卿席旦言：「頃迎奉哲宗皇帝御容進發文德殿，陛下特詔移陛下褥位於庭，步導出宣德門外拜辭，面西拱立，及綵輿進發，乘輿乃還。臣職當前導，親覩盛事，望頒付史館，以訓萬世。」從之。

五月十五日，知南京外宗正事趙令僉言：「南京鴻慶宮先奉安太祖皇帝、太宗皇帝、真宗皇帝三聖御容，今敦宗院成，欲乞候宗子到日，及諸命婦有邑號、冠帔者，詣殿朝拜。」從之。

十六日，前京西路提點刑獄孫鼛言：「伏見南京鴻慶宮有祖宗三聖御容，今屋宇例皆損漏，乞支降祠部度牒增修。」詔委京東轉運司，仍降度牒二百道。

十九日，户部侍郎王漢之言：「伏覩會聖宮降真殿之後，直北，東西相向增建列聖暖殿共七座，雖自來以西爲上，即無神御牌額；及每殿設御座外，亦無供具、服玩、簾帷、陳設等。及增修真宗暖殿，以爲哲宗殿，然殿壁所繪內人，皆真宗時服飾，尤非先王所以事亡如事存之義。乞下增修令式所照會景靈宮制度，詳定以聞。」詔殿名令學士院撰，餘依奏。

五年五月十五日，詔：「諸路祖宗神御殿，委監司以時檢察，若器用、儀物、薦獻之具陳暗故弊，即行改造雅飾。有非州郡可以繕修者，開具奏聞。」

大觀元年五月三十日，內出手詔：「宗廟薦獻、陵寢供應，極天下之奉。比聞開德府信武殿幃帳簾幕歲久不易，河南府會聖宮器皿供張悉皆故弊，至信武殿薦新，限以百錢。有司怠廢，失嚴奉之禮。可令監司躬詣祠下檢視以聞。比緣陵寢給錢十萬緡以給歲用，而菲薄若此，怵惕靡寧。三省可具薦獻之數、新舊之更易、費用之多寡，立爲成法條上。」於是三省言：「會聖宮、諸陵旦望節日薦獻，並依景靈宮令式。及會聖宮户牖質樸，飾色故暗，當重行製造。應陳設器皿之類，並三年一易。其所給錢十萬緡，已令京西路提點刑獄及提舉常平司每歲封樁，以應〔副〕諸陵、會聖宮支用。今逐司乃有不足之數，當限以年終，必令足備，否即劾以違制之罪。」並從之。

十一月十二日，手詔：「應天禪院嚴奉祖宗，禮當隆備，而殺核薦獻之禮，與帷幄皿器之具，率皆菲薄故弊，殊失尊事之意，聞之惕然。可並依信武殿已得指揮，仍差内侍省官一員管幹。所有崇福宮神御，亦依信武殿指揮，令隸陵臺使司提按。」

四年二月十日，陵臺使司言：「諸 7 陵、會聖宮已分四季檢視，逐時所換止是漬污及塗金淺淡。緣供張器皿陳設，計數浩大，若三年盡數一易，不惟難以辦集，緣已換創新之物亦復虛棄，益費功力。望依舊條，止令逐時檢視換造，更不三年一易。」從之。

三月十七日，知渭州薛嗣昌言：「長武縣太宗皇帝神御衣服故弊，乞加修飾。仍差本路内臣走馬承受同本州長吏祭告奉安。」詔恭依。

政和元年十一月二十七日，詔修完鳳翔府天慶觀聖祖殿聖容及太祖皇帝、太宗皇帝神御。

三年七月二十日，朝散郎辛正言：「丹州宜川縣界虎谷山山寺有太祖皇帝、太宗皇帝、真宗皇帝御容。緣其地沿邊，及士庶任意瞻覩，有失寅奉之意。」詔本路轉運司嚴加遮護扃鐍，仍令本路帥臣、監司常切修飾崇奉。

四年三月二十三日，知開德府俞㮚言：「本府信武殿東壁損裂，乞行修築。」從之。

七月十一日，詔淮南漕臣徐閎中修完滁州端命殿。

五年四月二十三日，永興軍路安撫司奏：清平軍上清太平宮二聖神御殿乞修繕。從之。

十二月八日，詔：「聞河北除大名府聖祖殿曾經修飾崇奉外，其餘州郡有藝祖、太宗、真宗神御處，例無帳幄、薦獻、儀物之具，未稱嚴奉之意。可委逐州守臣相視，計置合用物料，依數辦具，監司檢察以聞。」

六年二月十五日，詔雅飾修完西京會聖宮降真殿七位。

五月九日，内出手詔：「訪聞大名府天慶觀聖祖殿，藝祖、太宗御容皆東向侍立，薦獻之具缺然不備，甚非所以嚴奉祖宗益廣孝思之實。可委安撫使梁子美修建殿宇，漕臣應副；仍令後苑作製造什物，太史局選定吉日奉安。」

重和元年十一月二十四日，詔委發運副使趙霆重修揚州建隆寺太祖皇帝章武殿。先是，知揚州唐恪言：「建隆寺有太祖皇帝神御章武殿，年深損敝，規模未至雄壯。」故有是詔，仍令淮南漕司管幹應副。

宣和元年六月二十二日，禮部奏：「太常寺參酌修立到諸州府有祖宗御容所在，每遇朔日諸節序降到御封香表及不降香表逐次行禮儀注下項：一、遇朔日、諸節序奉香表行禮儀注[一]。齋戒：朝拜前一日，朝拜官、以長吏，如闕以次官充。讀表文官以次官充。自早俱赴齋所，俟香、表、茶、酒、菓、禮料等(齋)〔齊〕備，禮生引讀表文官、齎香表官並集朝拜官廳，執事者以有服色者充[二]。以香表呈視。禮生請讀表文官稍前習讀表文，如係密詞，即讀封題。訖，禮生贊復位。次執事者以有服色者充。以御封香、禮料等呈視，訖，退，各還齋所。朝拜行事官已齋而闕者，通攝行事。朝拜未行禮前，有司設香案并時果、牙盤食於殿上，當神御前，又(該)〔設〕鈔鑼盆臺、奠茶酒盂子、盞托等於神御前香案前之左，香爐匙并御封香表於案上。設朝拜官位於殿下，西向；讀表文官位於殿之8南，北向；陪位官位於其後。設焚表文位於殿庭東，南向。朝拜日，其日質明前，香火官先詣殿下，北向拜訖，陞殿，東向侍立。有司陳設訖，禮生先引陪位官入就位，北向；次引讀表文官入就位；又次引朝拜官就位，西向立定。禮生贊：『有司謹具，請行事。』禮生贊『再拜』，朝拜官以下俱再拜。訖，禮生引讀表文官先陞殿，於香案之右東向立；次禮生引朝拜官陞殿，詣神御香案前。禮生贊搢笏，上香，再上香，三上香，側跪奠茶，三奠酒訖，執笏，俛伏，興，少立。禮生贊讀表文官搢笏，跪讀表文，如係密詞，即讀封題。訖，執笏，興，降階復位。朝拜官再拜訖，降階復位。禮生贊『再拜』，訖，引朝拜官、讀表文官詣焚表文位南向立，(讀表文官立)有司焚訖，退，以(位)〔次〕陪位官並退。一、遇旦望諸節序不降香表薦獻行禮儀注。齋戒：薦獻前一日，薦獻官以長吏，如闕以次官充。自早赴齋所，俟薦獻之物、香燭等(齋)〔齊〕備，執事者以有服色者充。捧所薦之物呈視，訖，退。未行禮前，有司陳香案於殿上，香案設所薦之物於神御前。又設薦獻官位於殿階之東，西向；陪位官位於殿下，北向。薦獻日：其日質明前，香火官先詣殿下，北向拜訖，陞殿，東向侍立。有司陳設所薦之物訖，禮生先引陪位官入就位，北向立；次引薦獻官入就位，西向立。禮生贊：『有司謹具，請行事。』禮生贊『再拜』，在位官皆再拜。訖，禮生引薦獻官陞殿，詣神御香案前。禮生贊搢笏，上香，再上香，三上香，訖，跪。執事者以所薦之物(受)〔授〕薦獻官，薦獻官受以獻，訖，復授執事者，置于神御前。薦獻官執笏，俛伏，興，再拜訖，降階復位。禮生贊『再拜』，在位官皆再拜，訖，退。一、契勘神御前除節序并(朝)〔朔〕望陳設牙盤食、茶、酒、果供養外，其每日欲乞止令逐殿香火使臣，殿下再拜焚香畢，又再拜訖，躬親開殿照管。」從之。

[一] 香表：原脱，據《宋史》卷一〇九《禮志》一二補。

[二] 服色：原作「色服」，據《宋史》卷一〇九《禮志》一二乙。再下行小注同。

高宗皇帝建炎元年五月一日赦：「應永安軍祖宗陵寢、西京應天禪院、會聖宮影殿、西墳，可差西京留守及臺官一員日下前去躬親省視，如有合修奉去處，一面措置，仍密具奏聞。南墳委汝州守臣依此〔一〕。」

四年正月二十五日，詔內侍省差官一員主管迎奉揚州章武殿、永安軍會聖宮、西京啓運宮神御御容。

二月二日，詔啓運宮神御令福(川)〔州〕奉安，委守臣提舉。

十四日，詔：「萬壽觀、會聖宮、章武殿神御可於溫州天慶觀穩便殿宇內先次奉安，其陳設、簾幕、衣幃等日後排(辨)〔辦〕。」

二十八日，詔：「溫州天慶宮近奉安萬壽觀聖祖神御，可每歲撥放道童二名，仍依祥符二年指揮撥賜田一十頃。」同日，(詔)萬壽觀主管官吳鐸言：「神御已就溫州天慶宮奉安，遇旦、望、國忌、節序，合用酌獻食味、酒、果、香、茶、紙、燭、油、炭之類，并應干崇奉物色，乞令本州應副。」從之。

四月十四日，詔：御容、御書權於越州天慶觀奉安。

六月三日，太常少卿鄭士彥言：「恭以國家深慮虜寇，遂於去年秋命有司迎奉帝后神主預還江表。昨【9】自洪州再遷虔州，欽先孝思殿神御且不能保，況神主體重，稍失機會，緩急豈能遽還？望更擇湖南、廣南深穩處先次迎奉前去，俾無意外之患。其香火祭祀、供應物料及官吏軍兵請受，並乞下從衛太常寺，務從省約，立定則例。」詔並依，令盧益、李回相度可以奉安州軍，差官迎奉前去。

七月一日，三省言：溫州神御殿主管內侍乞添支兵級錢米。上曰：「國家財用固不可削也。」

九月，詔：「啓運宮神御已於福州奉安，頭冠衣紋令福州守臣同主管香火李啓躬詣瞻視雅飾。」

十一月十日，三省言：薛公度恭護太祖皇帝御容、聖祖青玉珪已到越州。詔都堂辨驗訖，令內東門司進入，於天章閣奉安。

紹興元年正月六日，禮部、太常寺言：「擬定景靈宮諸殿神御，每遇旦望節序、生辰忌辰，自合排辦酌獻。其萬壽觀神御止令主管(言)〔官〕燒香。」從之。

二十七日，尚書省言：「溫州奉安景靈宮諸殿神御，每遇忌辰，合前三日令本宮官啓建道場，至日本州官赴行香。」從之。

八月一日，詔：「天章閣祖宗神御見在舡中安頓，於崇奉之禮未便。可將行在糧料院見占法濟院權行奉安。」

十六日，知溫州林之平言：「景靈宮、萬壽觀、會聖宮、章武殿祖宗神御分寓四處，欲望就擇一爽塏雄麗可爲宮殿所，併就一處奉安。」從之。既而就本州開元寺移萬壽觀、會聖宮、章武殿神御併就景靈宮於佛殿奉安。本宮前殿景命殿奉安〔景靈宮神御〕，本宮後殿千佛閣下奉安萬壽觀、

〔一〕「可差」至「南墳」三十七字原脫，據《文獻通考》卷一一六補。

會聖宮、章武殿神御。內萬壽觀昊天玉皇上帝一尊於千佛閣之東擗截安奉。章惠皇后一尊、温成皇后三尊元不係入景靈宮神御，於千佛閣之西擗截安奉。宮觀名額依舊稱呼。

十一月一日，詔向宗厚爲祠部(部)郎官、太常少卿、知温州，充景靈宮太廟神御提點官。先差祠部郎官鄭士彦，以主管内侍不與之協和，非理搔擾，至是内侍放罷，士彦别與差遣，令選有風力郎官，故有是命。

十九日，詔令臨安府貼占嚴潔寺院或寬展宅舍，充奉天章閣祖宗神御二十四位，仍先畫圖本聞奏。其後權於本府府院修飾奉安。

二年閏四月七日，詔取温州神御赴闕。先是以萬壽觀章憲太后黄金鑄章聖皇帝與后像權奉安温州開元寺，上曰：「置金像外方，人所側目，若不取入，是誨盗也。」因愀然謂宰輔曰：「朕播遷至此，不能以時薦饗宗廟，奉衣冠出游，令祖宗神御越在海隅，念之坐不安席。」故有是命。

三年二月十三日，詔：「春秋祭祀内神御二十五位，昨經節減，共饗一分，於禮未安，常慊于心。可别議定料例。今後天章閣神御旦望、節序酌獻食，依舊排設二十五位，每位食七味，依御厨供到料例施行。」節序聖祖天尊大帝、元天大聖后，旦望、帝后忌辰，並用素食。節序、帝后生[10]辰並用葷食，軟羊虀胡餅、對裝羊天花餅、雙下角子簇五蓮花餅、玉筭子飥四色下飯。

十五日，上覽禁中神御薦饗禮料，謂宰臣曰：「朕親自省閲，有一事可議：神御二十五位食味中，各用一羊肚，每次須殺二十五羊。恭惟祖宗以仁覆天下，豈欲多殺物命？謹以别味代之，在天之靈亦必歆饗。」呂頤浩曰：「陛下寅奉宗廟，罔不盡禮，而又仁愛之恩，下及微物，天下幸甚！」

五月十四日，禮部言：「見塑製昭慈獻烈皇后神御，俟畢，亦合赴温州景靈宮奉安。其册寶，候迎奉日一就前去。仍乞令温州長吏率見任温州宗室南班前導立班。」從之。

七月三日，太常寺言：「塑製昭慈獻烈皇后神御，迎奉赴温州景靈宮奉安，參酌修撰内中告遷、權安奉、奏告、迎奉行禮儀注。」從之。

其日，俟發改謚册寶訖，禮儀使詣塑製神御所神御前北向立，請再拜訖，都大主管官往來照管。禮直官引禮儀使詣香案前褥位，搢笏，三上香，降階復位立，又請再拜訖。次引禮(儀)使詣神御前褥位，俛伏，跪奏稱：「禮儀使臣某言：請昭慈獻烈皇后神御降座，升綵殿，詣權安奉殿權安奉。」奏訖，伏，興，少退立。次輦官擎綵殿升詣神御前，輦官權退。扶侍、夾侍捧遷神御升綵殿訖，(輦官權退)〔權退。輦官〕升殿，擎綵殿以次進行，扶侍、夾侍分左右扶侍，禮儀使後從，都大主管官往來照管，凡神御進行准此。禁衛班直、親從官等扈衛，僧道、鈞容直振作。至權安奉殿上置定綵殿，輦官退。禮儀〔使〕詣綵殿前俛伏，跪奏稱：「禮儀使臣某言：請神御降綵殿，升座，權安奉。」奏訖，伏，興，少退立。

扶侍、夾侍捧遷神御入幄，輦官擎綵殿退。禮儀使以下歸次。俟有司排辦供養牙盤食、茶、酒、果、香火等畢，禁衛、班直、親從官等排置，僧道、鈞容直更互振作，次禮儀使早燒香畢，歸次以俟。晚燒香如儀。

奏告迎奉：其日早，俟有司排辦供養牙盤食、茶、酒、果、香火等畢，禮直官、贊者分引禮儀使詣殿下西向立，太祝北向立。都大主管官往來照管。禮直官贊：「有司謹具，請行事。」贊者曰「拜」，在位官皆再拜訖。次引太祝升殿，詣神御之西，東向立。次禮儀使升詣神御香案前，搢笏，三上香，跪，一奠茶，三奠酒，執笏，俛伏，興，少立。太祝搢笏，跪讀祝文訖，降階復位立。禮儀使再拜訖，降階復位，少立。次詣望燎位，南向立，太祝重行，有司焚祝版訖，權退歸次。俟迎奉前有司排辦供養牙盤食、茶、酒、果、香火等畢，禮直官引侍臣詣神御之東，西向立。次前導官詣幄前位。俟皇帝自内服履袍，詣御幄，簾降。少頃，太常卿當幄前，俛伏，跪奏稱：「太常卿臣某言：請皇帝行酌獻之禮。」奏訖，伏，興，復位立。簾捲，前導官導皇帝出幄，詣神御前，北向立。禮直官奏請拜，皇帝再拜訖，又奏請皇帝三上香，又奏請皇帝跪。侍臣以茶酒跪進。奏請皇帝一奠 11 茶，三奠酒，訖，奏請皇帝俛伏，興，又奏請拜，皇帝再拜。訖，前導皇帝歸御幄。俟時將至，輦官擎腰輿升殿訖，權退。禮直官引禮儀使詣神御前，俛伏，跪奏：「禮儀（司）〔使〕臣某言：請昭慈獻烈皇后神御降座，升輿，赴景靈宮奉安。」奏訖，伏，（輿）〔興〕，少退立。扶侍、夾侍捧（還）〔遷〕神御入腰輿，都大主管官以名封鎖訖，輦官升殿，於腰輿前立。次太常卿當幄前俛伏，跪奏稱：「太常卿臣某言：請皇帝前導神御進發。」奏訖，伏，興，復位立。簾捲，前導官導皇帝詣神御前，西向立。次輦官擎腰輿以次進行，前導官導皇帝前導神御以進行，禁衛班直、親從官等扈衛，僧道、鈞容直振作前引。扶侍、夾侍分左右扶侍，禮儀使後從，都大主管官往來照管。前導官導皇帝前導神御出行宮南門外，少立。俟置定腰輿，前導官導皇帝入御幄，簾降。有司排辦香案、香火等畢，太常卿當幄前俛伏，跪奏稱：「太常卿臣某言：請皇帝行奉辭之禮。」奏訖，伏，興，復位立。簾捲，前導官導皇帝出（握）〔幄〕，詣神御香案前。禮直官奏請拜，皇帝再拜訖，又奏〔請〕皇帝三上香，（託）〔訖〕，又奏請拜，皇帝再拜。訖，前導官導皇帝歸御幄，簾降。太常卿當幄前俛伏，跪奏：「太常卿臣某言：禮畢。」奏訖，伏，興，復位少立，以次退。次宰執、開府儀同三司、宗室正任以上於行宮南門外奉迎神御，再拜訖，班首詣香案前搢笏，三上香，訖，復位立。班首以下再拜訖，分左右騎導，輦官擎神御進行。次隨駕禁衛班直、親從官等於御幄前起居如常儀。訖，有司進輦，皇帝服常服，乘輦還內。神御至城外，宰執、開府儀同三司、宗室正任及文武百僚奉辭，如奉迎儀，畢，退。

九月二日，詔奉迎福州啓運宮神御所改稱啓運宮奉迎所，其監官以奉迎所幹辦官爲稱。從度支郎中侯懋請也。詳見「緣廟裁製」。

十一月九日，知溫州程邁言：「本州奉安神御、神主，逐時供奉酌獻，并一行官屬請給等，一年費用錢糧共五萬七千餘貫。竊緣逐時酌獻及官員衣糧不敢違闕，兼近迎奉昭慈聖獻皇后神御、册寶又有支費不少，望賜支降。」詔令禮部給降兩浙路空名度牒、紫衣共二萬貫，以三分爲率，二分度牒，一分紫衣，付本州專充前項支使。

十二月十三日，詔：「昭慈聖獻皇后改謚册寶命使發册告遷禮，安奉神御及迎奉至溫州太廟、奉上册寶、景靈宮奉安神御禮，〔禮〕儀〔使〕已下并官吏等各有禮畢（又）〔支〕賜銀絹，令户部支給本色，兩該人從一多給。」

二十二日，詔：「河南府孟、汝、鄭州鎮撫使翟琮收護到太祖皇帝御容、諸陵帝后位牌，令江西安撫大使司差官迎奉前來赴行在。」

四年二月十四日，詔：「溫州萬壽觀、會聖宮、章武殿見奉安神御三處，共添置幹辦官一員，令入内内侍省差。」以太常少卿言闕官奉香火故也。

七年二月十四日，龍圖、天章、寶文、12顯謨、徽猷閣言：「已得旨，内中祖宗神御殿每遇旦望節序、帝后生忌辰，酌獻權停，候過徽宗皇帝、顯肅皇后大祥，依舊。會到太常寺稱：若以日易月，即大祥係二月十九日，實數係紹興九年正月二十五日。」詔自二月十九日已後依舊酌獻。

十九日，中書門下省言：「建康府法寶寺及天慶觀見修殿宇，祇備奉安神御。欲法寶寺奉安天章閣神御，天慶觀奉安太廟神御。」詔恭依。

五月二十八日，詔：徽宗皇帝神御殿以承元殿爲名。時明堂大禮親饗，依儀以原廟殿名爲酌獻樂章，學士院撰到，至是從之。

九年四月五日，詔：湖州、福州景靈宮、萬壽觀、章武殿、會聖宮、啓運宮神御，令湖州相度踏逐可以奉安去處。

五月七日，學士院擬到顯恭皇后、顯肅皇后神御殿名「順成」、「順承」、「嗣徽」，詔以「順承」爲名。

八月二十五日，簽書（簽書）樞密院事樓炤言：「涇州長武縣福德禪寺舊有安奉太祖皇帝御容，并華州雲臺觀真宗皇帝御容，比緣兵火，寺觀各能保護，並無損動。欲望少加旌賞。」詔各賜錢二千貫，令本路轉運司支給。

十月二十二日，禮部、太常寺言：「塑製徽宗皇帝、顯恭皇后、顯肅皇后神御畢，欲權於天章閣奉安。」從之。時以景靈宮未建故也。

十三年十二月十四日，詔：「郊禮畢慶謝萬壽觀聖像、帝后神殿，令本殿官燒香行禮，監焚表文。日後依此。」以本觀申，審備酌獻酒果之類，有司謂以恭謝景靈宮，故有是詔。

二十一年七月二十二日，詔修蓋天章閣神御殿官吏，第一等減二年磨勘，第二（第）〔等〕減一年磨勘，第三等犒設一次。

二十四年九月二十七日，萬壽觀言：「依條，(過)〔遇〕元日、寒食、中元、十月朔、冬至，差南班官詣觀朝拜。緣後殿見安奉會聖宮、章武殿祖宗神御(殿)，合與不合朝拜？」太常寺看詳：「亦合朝拜。今隨宜修立禮儀條式：是日，令所差南班宗室先詣萬壽觀殿下兩拜訖，詣香案前，搢笏，三上香，執笏，復位，再兩拜訖，退。次詣後殿會聖宮、章武殿下朝拜上香，並如朝拜萬壽觀之儀。」從之。

二十五年七月十五日，禮部言：「成都府奏：(親)〔新〕繁縣重光寺藥師殿壁畫本朝太祖皇帝御容，殿柱蛀損，未敢擅行修飾。本部欲依所奏，許合修換粉飾。其依禮例奏告合用祝文，學士院修撰，請降，入遞前去。其日辰差官致齋行事儀注，及合行排辦事，並合照應宣和元年六月二十二日指揮施行。」從之。宣和諸州行禮儀注已見《四朝會要》。

二十七年七月十五日，應天府啓運宮奉迎所言：「本宮元差破親事官并黃院子及衛兵共三百五十五人，昔因虜犯西京，遷奉神御前來福州，差禁軍二十五人專充保護。自今所管親事官、黃院子比之元額闕數，欲望量行增置，以示崇奉之意。」詔權以親事官三十人、黃院子二十人、13衛兵三十人爲額。

八月三日，兵部侍郎楊椿言：「竊見成都府舊有藝祖皇帝御容在新繁(崇)〔重〕光寺，紹興改元，太宗、真宗、仁宗、英宗、神宗神御來自西京終南山，遂權宜奉安，同爲一殿。然以六朝之尊，而俯臨一邑，跪俛伏興之節，樂舞登降之制，饔饎尊彝之奉，乃若宮宇之設、謹護之備，至鄙雅不倫，或闕然不講，深恐未稱所以肅雍奔走之意。望特命禮官講求典故，檢會福州及成都府見行儀制而折衷之，稍加潤色，以重國家崇奉之禮。」從之。

二十九年三月六日，萬壽觀言：「諸神御殿酌獻器皿損壞，乞令臨安府計造應所損之物，就合修補。」從之。

三十一年七月八日，龍圖、天章、寶文、顯謨、徽猷、敷文閣言：「近承降到孝慈淵聖皇帝御容三軸，乞下太史局選吉日時刻奉安。」從之。

十一月二十五日，翰林學士何溥言：「恭擬景靈宮恭文順德仁孝皇帝神御殿，欲以端慶殿爲名〔一〕。」詔恭依。

三十二年五月三日，禮部、太常寺言：「將來塑製顯仁皇后神御畢工，迎奉詣景靈宮，前期乞皇帝躬詣殿奉安神御幄前行酌獻。」從之。

八日，禮部、太常寺言：「五月十六日迎奉顯仁皇后神御正奉安日，皇帝行酌獻禮，欲依朝獻禮例，前一日皇帝齋於內殿。」從之。

同日，詔：萬壽觀徽宗皇帝神御頭冠未甚精緻，可令本觀官取旨換易。命宰臣陳康伯詣徽宗皇帝神御前，俟至換易頭冠訖，行燒香之禮。

〔一〕端：原作「瑞」，據《宋史》卷一〇九《禮志》一二改。

十六日，奉安顯仁皇后神御，皇帝自射殿步導出麗正門外奉辭。

二十九日，詔：塑製奉安顯仁皇后神御了畢，行禮應奉官已下，并一行官吏、作匠等，轉官、支賜銀絹有差。

淳熙四年七月三日，臣僚言：「歐陽修在翰林日，嘗上言：『神御殿不住修換，昨開先殿只因兩柱損，遂換一十三柱，用材植、物料共一萬七千有零。且崇奉祖宗，貴於清静，頻有遷徙，輕瀆威靈。』其言甚爲詳備，仁宗嘉納。臣竊見近歲營造，往往臨安府及轉運司例皆苟簡趣辦，閲時未幾，即復繕修。秖如景靈宫歲歲换柱，每次所費不不數千緡。蓋抽换之時，率用濕木，塗以丹漆，夾以牆壁，纔及數月，又已損爛。欲嚴賜戒(飾)〔飭〕。」從之。

十五年五月八日，中書舍人、兼直學士院、兼同修國史李巘言：「恭擬高宗聖神武文憲孝皇帝原廟殿名以『皇德』爲名，憲節皇后神御殿名以『章順』爲名。」詔恭依。殿先名德輝，緣與真宗諸后殿名相犯，至是易此名。

二十七日，景靈宫言：「文思院製造憲節皇后位牌，乞依天章閣體例就本宫收奉。」從之。

十六年七月二日，禮部、太常寺言：「將來高宗聖神武文憲孝皇帝大祥前，依禮例合塑製神御三位，大祥後擇日迎奉赴景靈宫并萬壽觀，並於欽宗皇帝神御之次安奉；及合塑製憲節皇后神御一位，赴景靈宫，於顯仁皇后神御之次【14】安奉。檢照紹興九年塑製徽宗皇帝神御景靈宫奉安，係漆塑，戴幞頭，寬袖，淡黄服，底現紅，銷金領袖塑出紅，鞓作素玉帶，黑靴，尖白底，通袖，不現手。會聖宫、〔啓〕運宫奉安，並係以漆胎彩(會)〔繪〕裝塑，通天冠，服絳紗袍，方心曲領，環佩，朱履等，並如禮制，執玉圭，坐龍椅。顯恭皇后、顯肅皇后神御景靈宫奉安，並係漆塑，首飾花環六插冠，並用假珠子結圈，青雉朱衣，履，革帶。今來塑製高宗聖神武文憲孝皇帝、憲節皇后神御，乞並依此禮制施行。各位合用腰輿、香案、香爐、匙合、花瓶、黄羅繖扇，令塑製所依名件製造。合差内侍官一員充都大主管，於至日迎赴景靈宫安奉。」並從之，都大主管以内侍押班李裕文充。

二十六日，景靈宫主管所言：「將來高宗聖神武文憲孝皇帝并憲節皇后神御赴宫奉安，每遇旦望節序、生日忌辰，合用御封表、香、酒、果、食味之類，乞下所屬官司排辦供納。」從之。旦望節序、生日忌辰各合用御封表一封，係屬御藥院；御封香，睿思殿外庫排辦。節序、生辰、四孟朝獻，各用酌獻酒、葷食七味、時果五壘、乾果六楪，係(靈)〔臨〕安府排辦。内朝獻食味，御厨排辦。旦望逐位各用素食七味。帝后生辰依節序酌獻，御藥院别供香藥一分。帝后忌辰各用酌獻素食七味、時果五壘，道場僧道各一十四員，紙贈一副，並係臨安府差撥排辦。道場僧道合支齋藥錢三十貫省，係隨本宫上下半年忌辰，申户部行下左藏庫供納。

十一月七日，禮部、太常寺言：「將來迎奉高宗皇帝神御詣景靈宫中殿安奉，乞依禮例，於中殿庭壁繪畫配饗功臣。」從之。

十七日，禮部、太常寺言：「已降指揮，塑製高宗聖神武文憲孝皇帝、憲節皇后神御，於景靈宫等處奉安。欲以十二月十四日告（還）〔遷〕，其日卯時八刻後乙時奉安。」從之。

前一日，禮儀使詣塑製所幕次，俟陪位親王、宗室、使相、南班宗室詣殿下北向立定，禮直官引禮儀使詣神御殿下西向立，都大主管官重行，於禮儀使之後立。禮直官揖禮儀使再拜，在位官皆再拜訖，禮儀使陞殿，詣高宗皇帝神御前，搢笏，三上香，執笏。次詣憲節皇后〔神〕御前，搢笏，三上香，執笏，降階復位。禮直官揖躬拜，禮儀使與在位官皆再拜。次引禮儀使陞詣神御前褥位，俛伏，跪奏稱：「禮儀使臣某言：請高宗皇帝、憲節皇后神御降座陞輿，詣射殿權奉安。」奏訖，降階，復位立。贊者引陪位官分左右立。次輦官擎腰輿至殿前，扶侍、夾侍捧遷高宗皇帝、憲節皇后神御陞腰輿訖。次輦官擎腰輿以次進行，扶侍、夾侍分左右，禮儀使後從，都大主管官往來照管。陪位官前導，儀仗、鼓吹振作，僧道作法事前引，禁衛等扈衛。至射殿下，腰輿權駐，禮儀使詣神御前俛伏，跪奏稱：「禮儀使臣某言：請高宗皇帝、憲節皇后神御 15 陞殿、降輿、陞座，權奉安。」奏訖，稍東，西向立。腰輿陞殿東階，至殿上當中置定，輦官權退。次扶侍、夾侍捧遷神御入幄。次輦官擎腰輿退。禮儀使以下權歸幕次。俟有司排辦供養牙盤食、茶、酒、果、香火等畢，禁衛班直、親從官等排立，儀仗、鼓吹，僧道更互振作。次禮儀使詣高宗皇帝、憲節皇后神御前早燒香，親王、宗室、使相、南班宗室陪位。俟燒香畢，歸次以俟。晚燒香如儀。

至日早，俟有司排辦供養牙盤食、茶、酒、果、香火等畢，贊者先引太祝詣殿下北向立。禮直官引禮儀使詣殿下之東，西向立。禮直官揖拜，在位官皆再拜。先引太祝陞，詣神御幄前之西，東向立。禮直官引禮儀使陞詣高宗皇帝神御前，搢笏，三上香，跪，奠茶，三奠酒，執笏，俛伏，興，少立。太祝跪讀祝〔文〕。禮儀使再拜，次詣憲節皇后神御前行禮，並如上儀，俱降階復位。次引禮儀使詣望燎位，南向立。俟焚祝版訖，退歸幕次。

奏告禮畢，儀仗、鼓吹、僧道權退於麗正門外排立，以俟奉迎。有司排辦酌獻牙盤食、茶、酒、果、香火等畢，侍臣詣高宗皇帝神御前香案之東，西向立。太常博士、太常卿詣〔御幄〕前立。次宰執、親王、使相、侍從、臺諫、〔兩省官、閤門〕官、禮官、南班宗室詣殿下北向〔立定。皇帝〕自内服靴袍，詣御幄，簾降。少頃，〔引太常卿當幄〕前，俛伏，跪奏稱：「太常卿臣某言：〔請皇帝行〕酌獻之禮。」前導官導皇帝出幄，〔詣殿上之〕東褥位，西向立。奏請拜，皇帝再拜。〔典儀曰〕「拜」，在位官皆再拜。前導官導皇帝詣〔高〕宗皇帝神御前。奏請上香，内侍以茶、酒授侍臣，侍臣西向跪進。〔奏〕請皇帝跪，奠茶，三奠酒，訖，奏請皇帝俛伏，興，拜，皇帝再拜，在位官皆再拜。前導官導皇帝詣憲節皇后神御前行禮，並如上儀。皇帝歸御幄，簾降。禮儀使陞詣殿上，西向立。陪位官權於麗正門外幕次，以俟騎導。次輦官擎腰輿陞殿置定，權退。剋擇官報告遷時〔及〕，禮儀使詣神御前俛伏，跪奏稱：「禮儀使臣某言：請高宗皇帝、憲節皇后神御降座陞輿，赴景靈宮、萬壽觀奉安。」奏訖，降階，東向立。扶侍、夾侍捧遷神御陞腰輿。禮儀使出麗正門，以俟騎從。輦官陞殿，捧擎腰輿。太常卿當幄前俛伏，跪奏稱：「太常卿臣某言：請皇帝前導神御進發。」簾捲，皇帝出幄，詣神御腰輿前。次輦官擎腰輿，降西階進行，禁衛班直、親從官等扈衛，扶侍、夾侍〔分左右〕。前導官導皇帝前導神御出麗正門外，少駐。俟置定腰輿，輦官權退，皇帝入御幄，簾降。太常卿當幄前俛伏，跪奏稱：「太常卿臣某言：請皇帝行奉辭之禮。」皇帝出幄，詣高宗皇帝神御香案前。禮直官奏請拜，皇帝再拜訖，又奏請上香，三上香，訖，又奏請拜，再拜訖。次詣憲節皇后神御前，行禮如上儀。訖，前導官導皇帝歸御幄，簾降。太常卿當幄前俛伏，跪奏稱：「太常卿臣某言：禮畢。」輦官捧擎神御腰輿進行，皇帝乘輦還内。宰執、親王、使相以下分左右騎 16 導，禮儀使并奉安行禮官騎從，禁衛扈衛，儀仗、鼓吹振作，僧道前引。將至景靈宮櫺星門外，陪位文武百官奉迎，再拜。内萬壽觀神御迎奉至萬壽觀門外，行事官等奉迎再拜。騎導官下馬步導，如不測雨〔降〕，文武百官免迎拜，步導官免步導，並俟時徑赴殿庭陪位立班。禮儀使後從。神御入天興殿門，經由東廊，高宗皇帝神御至中殿下，憲節皇后神御至後殿下。禮儀使詣中殿下高宗皇帝神御腰輿前，俛伏，跪奏稱：「禮儀使臣某言：請高宗皇帝神御陞殿、降輿、陞座，權奉安。」次輦官擎腰輿陞東階，詣殿上置定，扶侍、夾侍捧遷神御陞側座權奉安，訖。禮儀使次詣後殿下憲節皇后神御腰輿前，跪奏權奉安，如上儀。禮儀使退。俟奉安時，有司排辦香火等畢，先引太祝入詣中殿下，再拜訖，陞殿，詣高宗皇帝神御香案之西，東向立。禮儀使、宰執合陪位文武百官入詣天興殿下，再拜訖，次詣中殿下并東西兩廊，隨宜就位，立，再拜。禮儀使陞殿，詣高宗皇帝神御香案之東，西向立。次詣香案前，俛伏，跪奏稱：「禮儀使臣某言：請高宗皇帝神御陞正座奉安。」奏訖，復位立。俟有司遷正座訖，禮儀使詣後殿憲節皇后神御前跪奏、奉安，如上儀。禮儀使降階，詣中殿下，北向立。禮直官揖拜，在位官皆再拜訖。次引禮儀使陞殿，詣高宗皇帝神御前，搢笏，三上香，跪，奠茶，三奠酒，執笏，俛伏，興，少立。太祝搢笏，跪讀祝文。禮儀使再拜，降階復位。禮直官揖拜，在位官皆再拜。禮儀使詣望燎位，太祝降階，重行，於禮儀使之後立。有司焚祝版訖，太祝先詣後殿，禮儀使以下重入序立。禮儀使〔陛〕〔陞〕殿，酌〔殿〕〔奠〕、讀祝、奉安，如中殿儀。禮畢，退。其萬壽觀奉安行禮官詣會聖宮、啓運宮行奉安高宗皇帝神御禮，並如景靈宮之儀。

十二月六日，禮部、太常寺言：「十二月十四日迎奉高宗聖神武文憲孝皇帝、憲節皇后神御詣景靈宮、萬壽觀奉安，前三日奏告景靈宮諸殿并萬壽觀聖像、神御，係於十二月十一日奏告行禮。」從之。

九日，閤門言：「迎奉高宗皇帝、憲節皇后神御詣景靈宮奉安，令正任觀察使以上并管軍趁赴陪位騎導。」從之。

十六日，詔：「塑製高宗皇帝、憲節皇后神御了畢，都大主管官特於階(宮)〔官〕上轉行兩官；承受、提轄、造作官各特轉一官，減三年磨勘；照管事務官并使臣、人吏、快行、親從、親事官、作匠各特轉一官資；未有名目人特作一官資收使；作匠無資可轉人，依例支賜。」先是宰執進呈，奏云：「近來典禮頻併，恩數太濫，如三省禮、工房於塑製初無干預，又例推賞，可謂僥倖，理宜裁抑。」上曰：「卿等所奏甚善，正使干預塑製，推賞猶不可濫，況不干預者！更與參酌裁減。」既而又奏：「三省禮、工房轉官已行貼(云)〔去〕。餘合推恩人令分別條具作三等，庶 17 輕重得宜，不至太濫。」上曰：「推恩若循習舊例，委是太濫，如此裁減甚好。」故有是命。

紹熙五年十二月十七日，學士院言：「奉詔恭撰哲文神武成孝皇帝原廟殿名，以『系隆』爲名[一]。成穆、成恭皇后神御殿名以『嗣徽』爲名。」詔恭依。

慶元二年二月一日，禮部、太常寺言：「孝宗哲文神武成孝皇帝大祥前，禮例，合塑製神御三位，大祥後迎奉赴景靈宮并萬壽觀，並於高宗皇帝神御之次安奉。成穆皇后、成恭皇后神御赴景靈宮，並於憲節皇后神御之次安奉。檢照塑製高宗皇帝神御係漆塑，戴幞頭，寬袖，淡黃服，底現紅，銷金領袖塑出紅，鞓作素玉帶，黑靴，尖白底，通袖，不現手。會聖宮、啓運宮神御係以漆胎綵繪裝塑，通天冠，服(降)〔絳〕紗袍，方心曲領，環(環)珮，朱履等，並如禮制，執玉圭，坐龍椅。憲節皇后神御並係漆塑，首飾花環六插冠，並用假珠子結圈，青雉朱衣，履，革帶。今來塑製孝宗哲文神武成孝皇帝、成穆皇后、成恭皇后神御，乞並依禮制施行。各位合用腰輿、香案、香爐、匙合、花瓶、黃羅紅羅繖扇，令塑製所依名件製造。合差內侍一員充都大主管，於至日迎赴景靈宮安奉。」並從之。都大主管以內侍省都知關禮(克)〔充〕。

十一日，景靈宮主管所言：「將來孝宗皇帝、成穆皇后、成恭皇后神御赴宮奉安，每遇旦望節序、生日忌辰酌獻，合用香、表、酒、果、食味之類，乞令所屬官司排辦供納。」從之。

七月十四日，詔：「孝宗哲文神武成孝皇帝、成穆皇后、成恭皇后神御迎赴景靈宮、萬壽觀奉安，禮儀使差右丞相京鏜，奉安行禮官知樞密院事鄭僑，都大主管官內侍省

[一] 系：原作「絲」，據《宋史》卷一〇九《禮志》一二改。

都知閤禮。」

二十日，禮部、太常寺言：「孝宗哲文神武成孝皇帝、成穆皇后、成恭皇后神御畢工，於景靈宮、萬壽觀奉安，令前三日奏告景靈宮諸殿并萬壽觀聖像、神御。景靈宮青詞二首。奏告聖祖天尊大帝、元天大聖后，祝文三首。奏告宣祖皇帝至高宗皇帝、昭憲皇后至慈聖光獻皇后、宣仁聖烈皇后至憲節皇后，並述以迎奉孝宗皇帝、成穆皇后、成恭皇后神御奉安之意。并萬壽觀青詞一首。奏告昊天玉皇上帝、聖祖天尊大帝、長生保命天尊，祝文二首。奏告會聖宮、啓運宮太祖皇帝至高宗皇帝、真宗皇帝至温成皇后，並述以迎奉孝宗皇帝神御權奉安之意。並乞下學士院修撰書寫，進書訖，降付太常寺。」從之。

二十一日，禮部、太常寺言：「孝宗皇帝、成穆皇后、成恭皇后神御以八月五日自塑製處告遷於射殿權奉安，并奏告訖，皇帝行酌獻及奉辭禮畢，迎奉於景靈宮、萬壽觀奉安。」從之。

禮儀使詣塑製所幕次，俟陪位宗室、使相、郡王、南班宗室詣殿下北向立定，禮直官引禮儀使詣孝宗皇帝、成穆皇后、成恭皇后神御殿下西向立，都大主管官重行，於禮儀使[18]之後立。禮直官揖躬拜，禮儀使再拜，在位官皆再拜訖。禮儀使陞殿，詣孝宗皇帝神御香案前，搢笏，三上香，執笏；詣成穆皇后神御香案前，搢笏，三上香，執笏；詣成恭皇后神御香案前，搢笏，三上香，執笏，降階復位。禮直官揖躬拜，禮儀使再拜，在位官皆再拜訖。次引禮儀使陞〔殿〕，詣神御前褥位，俛伏，跪奏稱：「禮儀使臣某言：請孝宗皇帝、成穆皇后、成恭皇后神御降座、陞輿，詣射殿權奉安。」奏訖，伏，興，降階復位立。都大主管官往來照管。贊者引陪位官分左右立。次輦官擎腰輿至殿前，輦官權退。扶侍、夾侍捧遷孝宗皇帝、成穆皇后、成恭皇后神御陞腰輿訖，次輦官擎腰輿以次進行，扶侍、夾侍分左右，禮儀使後從，都大主管官往來照管。陪位官前導，儀仗、鼓吹振作，僧道作法事前引，禁衛班直、親從官等扈衛。至射殿下，腰輿權駐，禮儀使詣神御前俛伏，跪奏稱：「禮儀使臣某言：請孝宗皇帝、成穆皇后、成恭皇后神御陞殿、降輿、陞座，權奉安。」奏訖，伏，興，稍東，西向立。腰輿升殿東階，至殿上當中置定，輦官權退。次扶侍、夾侍捧遷神御入幄，次輦官擎腰輿退。禮儀使以下權歸幕次。俟有司於孝宗皇帝、成穆皇后、成恭皇后神御幄前排辦供養牙盤食、茶、酒、果、香火等畢，禁衛班直、親從官等排立，儀仗、鼓吹，僧道更互振作。次禮儀使詣孝宗皇帝、成穆皇后、成恭皇后神御香案前早燒香，宗室、使相、郡王、南班宗室陪位。俟燒香畢，歸幕次以俟。晚燒香如儀。

禮儀使行奏告禮，其日行酌獻禮并告遷。時前，俟有司於射殿孝宗皇帝、成穆皇后、成恭皇后神御幄前排辦供養牙盤食、茶、酒、果、香火等畢，贊者先引太祝詣殿下北向立，都大主管官往來照管。禮直官引禮儀使詣殿下之東，西向立。禮直官揖躬拜，在位官皆再拜訖。次引太祝升詣孝宗皇帝神御幄前之西，東向立。禮直官引禮儀使升詣孝宗皇帝神御香案前，搢笏，三上香，跪，奠茶，三奠酒，執笏，俛伏，興，少立。太祝搢笏，跪讀祝文訖，執笏興。先詣成穆皇后神御幄前之西，東向立，禮儀使再拜訖，次詣成恭皇后神御香案前行禮，並如上儀。訖，俱降復位。次引禮儀使詣望燎位南向立，太祝位於其後，俟焚祝版訖，權退歸幕次。

皇帝行酌獻燒香禮，并前導神御出麗正門外行奉辭燒香禮，及禮儀使詣景靈宮行正奉安禮。其日，俟禮儀使行奏告禮畢，儀仗、鼓吹、僧道於麗正門外排立，以俟奉迎。禁衛班直、親從官等於殿下排立定。有司排辦酌獻牙盤食、茶、酒、果、香火等畢，禮直官引侍臣詣孝宗皇帝神御前香案之東，西向立。禮直官引太常博士、太常卿詣御幄前立。次御史臺、閤門、太常寺分引宰執、使相、郡王、侍從、臺諫、兩省官、閤門官、禮官、南班宗室及正任觀察使以上并管軍[19]詣殿下，北向立定。皇帝自内服靴袍，詣御幄，簾降。少頃，引太常卿當幄前，俛伏，跪奏稱：「太常卿臣某言：請皇帝行酌獻之禮。」奏訖，伏，興，復位。簾捲，前導官導皇帝出（握）〔幄〕，詣殿上之東褥位，西向立。奏請拜，皇帝再拜。典儀曰「拜」，贊者承傳曰「再拜」，在位官皆再拜訖。前導官導皇帝詣孝宗皇帝神御香案前，奏請上香，再上香，三上香。内侍以茶、酒授侍臣，侍臣西向跪以進。又奏請皇帝跪，奠茶，三奠酒。訖，奏請皇帝俛伏，興。又奏請拜，皇帝再拜。典儀曰「拜」，贊者承傳曰「再拜」，在位官皆再拜訖。前導官導皇帝詣成穆皇后、成恭皇后神御香案前行禮，並如上儀。訖，前導官導皇帝歸御幄，簾降。前導官於幄前少立。禮儀使升詣殿上，西向立。陪位官權於麗正門外幕次，以俟騎導。次輦官擎腰輿升殿置定，輦官權退。尅擇官報告遷時及，引禮儀使詣神御前俛伏，跪奏稱：「禮儀使臣某言：請孝宗皇帝、成穆皇后、成恭皇后神御降座，升輿，赴景靈宮、萬壽觀奉安。」奏訖，伏，興，降階西，東向立。扶侍、夾侍捧遷神御升腰輿，都大主管官往來照管。次引禮儀使於麗正門外以俟騎從。次輦官升殿捧擎腰輿。次太常卿當幄前俛伏，跪奏稱：「太常卿臣某言：請皇帝前導神御進發。」奏訖，伏，興，復位立。簾捲，前導官導皇帝出幄，詣神御腰輿前，前導神御。次輦官擎腰輿降西階進行，禁衛班直、親從官等扈衛，扶侍、夾侍分左右。前導官導皇帝前導神御出麗正門外，少駐，俟置定腰輿，輦官權退。前導官導皇帝入幄，簾降。有司排辦香案、香火等畢，太常卿當幄前俛伏，跪奏稱：「太常卿臣某言：請皇帝行奉辭之禮。」奏訖，伏，興，復位立。簾捲，前導官導皇帝出幄，詣孝宗皇帝神御香案前。禮直官奏請拜，皇帝再拜訖。又奏請上香，再上香，三上香。又奏請拜，皇帝再拜訖。前導官導皇帝詣成穆皇后、成恭皇后神御香案前行禮如上儀。訖，前導官導皇帝歸幄，簾降。太常卿當幄前俛伏，跪奏稱：「太常卿臣某言：禮畢。」奏訖，伏，興，復位少立。前導官退。次輦官捧擎神御腰輿進行，皇帝乘輦還內，如常儀。次宰執、使相、郡王、侍從、臺諫、兩省官、閤門官、禮官、南班宗室及正任觀察使以上并管軍分左右騎導，禮儀使并奉安行禮官騎從，都大主管官往來照管。禁衛班直、親從官等扈衛，儀仗、鼓吹振作，僧道作法事前引。將至景靈宮櫺星門外，陪位文武百官奉迎，再拜，內萬壽觀神御迎奉至萬壽觀門外，行事官等奉迎再拜。訖，權退。騎導官下馬步導，如不測雨降，陪位文武百官免迎拜，步導官免步導，並俟時徑赴殿庭陪位立班。禮儀使後從，都大主管官往來照管。神御入天興殿門，經由東廊。孝宗皇帝神御至中殿下，成穆皇后、成恭皇后神御至後殿下。步導官權退歸幕次，20內奉安萬壽觀神御，行禮官騎從至萬壽觀門外下馬，步從入萬壽觀，以俟奏請奉安行禮。儀仗、鼓吹、僧道並權止，輦官權退。次引禮儀使詣中殿下孝宗皇帝神御腰輿前，俛伏，跪奏稱：「禮儀使臣某言：請孝宗皇帝神御升殿，降輿，升座，權奉安。」奏訖，伏，興，詣殿下西向立。次輦官擎腰輿升東階，詣殿上置定，次輦官退。扶侍、夾侍捧遷神御升側座權奉安訖，次輦官升殿，擎腰輿退。次引禮儀使詣後殿下成穆皇后、成恭皇后神御腰輿前，俛伏，跪奏稱：「禮儀使臣某言：請成穆皇后神御、成恭皇后神御升殿、降輿、升座，權奉安。」奏訖，伏，興，詣殿下西向立。次輦官擎腰輿升東階，詣殿上置定，次輦官退。扶侍、夾侍捧遷神御升側座權奉安訖，次輦官升殿，擎腰輿退。禮儀使權歸幕次，禁衛班直、親從官、儀仗、僧道於中、後殿更互排立，俟奉安。時前，有司排辦香火等畢，儀仗、僧道並退，禁衛班直、親從官仍舊排立。次贊者先引太祝入詣中殿下，再拜訖，升殿，詣孝宗皇帝神御香案之西，東向立。御史臺、閤門、太常寺分引禮儀使、宰執、使相、郡王、侍從、臺諫、兩省官、閤門官、禮官、南班宗室及正任觀察使以上并管軍，及陪位文武百官，入詣天興殿下，再拜訖，次詣殿下并東西兩廊，隨宜各就位立，再拜，訖。次引都大主管官升殿，往來照管。次引禮儀使升殿，詣孝宗皇帝神御香案之東，西向立定。俟尅擇官報時及，引禮儀使詣香案前俛伏，跪奏稱：「禮儀使臣某言：請孝宗皇帝神御升正座奉安。」奏訖，伏，興，退詣香案之東，西向立。俟有司遷正座訖，次引禮儀使、都大主管官降東側階，詣後殿。次引禮儀使詣成穆皇后神御香案前俛伏，跪奏稱：「禮儀使臣某言：請成穆皇后神御升正座奉安。」奏訖，伏，興。次引禮儀使詣成恭皇后神御香案前，奏請如上儀。訖，退詣香案之東，西向立。俟有司遷正座訖，次引禮儀使降階，詣中殿下，北向立。禮直官揖躬拜，禮儀使再拜，在位官皆再拜訖。次引禮儀使升殿，詣孝宗皇帝神御香案前，搢笏，三上香，跪，奠茶，三奠酒，執笏，俛伏，興，少立。太祝搢笏，跪讀祝文訖，執笏，興，少退立。禮儀使再拜訖，降階復位立。禮直官揖躬拜，禮儀使再拜，在位官皆再拜訖。引禮儀使詣望燎位，次引太祝降階詣望(僚)〔燎〕位，重行，於禮儀使之後立。有司焚祝版訖，引太祝先詣後殿再拜訖，升殿詣成穆皇后神御香案之西，東向立。次御史臺、閤門、太常寺分引禮儀使、宰執、使相、郡王、侍從、臺諫、兩省官、閤門官、禮官、南班宗室及正任觀察使以上并管軍及陪位文武百官，詣後殿下并東西兩廊，隨宜各就位立，再拜訖。次引禮儀使詣成穆皇后、成恭皇后神御香案前行奉安之禮，並如中殿之儀。訖，次引禮儀使以下并陪位官班退。禁衛、[21] 班直、親從(言)〔官〕以次退。

奉安行禮官詣萬壽觀行正奉安禮。其日，迎奉孝宗皇帝神御將至萬壽觀門外，行事官等奉迎再拜訖，如不測雨降，行事官等免迎拜。俟神御入萬壽觀，行事官等權退。內奉安行禮官後從，經由南廊至後殿下，儀仗、鼓吹、僧道並權止，輦官權退。次引奉安行禮官詣神御腰輿前，俛伏，跪奏稱：「奉安行禮官臣某言：請孝宗皇帝神御升殿、降輿、升座，權奉安。」奏訖，伏，興，詣殿下南向立。次輦官擎腰輿升階，詣殿上置定，次輦官退。扶侍、夾侍捧還神御升側座權奉安訖，次輦官升殿，擎腰輿退。奉安行禮官權歸幕次，禁衛班直、親從官、儀仗、僧道更互排立，俟奉安。時前，有司排辦香火等畢，儀仗、僧道并退，禁衛班直、親從官仍舊排立。次引奉安行禮官、太祝入詣前殿下，再拜訖，次詣後殿下立。引奉安行禮官升殿，南向立。俟剋擇官報時及，引奉安行禮官詣香案前俛伏，跪奏稱：「奉安行禮官臣某言：請孝宗皇帝神御升正座奉安。」奏訖，伏，興，退詣香案之北，南向立。俟有司遷正座訖，引奉安行禮官降階，詣殿下立。禮直官揖躬拜，奉安行禮官再拜，在位官皆再拜訖，引太祝升殿立定。次奉安行禮官升殿，詣會聖宮孝宗皇帝神御香案前，搢笏，三上香，跪，奠茶，三奠酒，執笏，俛伏，興，少立。太祝搢笏，跪讀祝文訖，執笏，興。奉安行禮官再拜訖，次詣啓運宮孝宗皇帝神御前，上香、奠茶酒、讀祝文，行禮並(入)〔如〕上儀。訖，降階復位立。禮直官揖躬拜，奉安行禮官再拜，在位官皆再拜。訖，引奉安行禮官詣望(僚)〔燎〕位，次引太祝詣望(僚)〔燎〕位，重行立。有司焚祝版訖，奉安行禮官以下班退，禁衛班直、親從官以次退。

同日，詔：「迎奉孝宗哲文神武成孝皇帝、成穆皇后、成恭皇后神御赴景靈宮、萬壽觀奉安日，皇帝行酌獻禮，接盞跪進侍臣，中書舍人宋之瑞；前導太常卿，太常少卿胡紘；贊引太常卿、太常博士，太常丞張震；奏告并景靈宮奉安太祝，太常寺主簿張經；萬壽觀奉安太祝，大社令高子溶。」

二十三日，禮部、太常寺言：「將來迎奉孝宗皇帝神御詣景靈宮中殿安奉，乞令配饗功臣之家繪畫貌像，下臨安府畫於中殿庭壁。」從之。

二十五日，御史臺言：「將來迎奉孝宗哲文神武成孝皇帝、成穆皇后、成恭皇后神御赴景靈宮奉安，合用百官陪位，乞文臣應釐務不釐務通直郎以上，及行在見任寺監主簿承務郎以上職事官，趁赴奉迎及陪位立班。」從之。

八月二十八日，詔：「塑製孝宗哲文神武成孝皇帝、成穆皇后、成恭皇后神御了畢，都大主管官關禮特與轉行兩官。第一等内張延禮特與遥郡上轉行一官，羅舜元、霍喆夫、劉行之、黄遵各特與轉行一官，更減三年磨勘，礙止法人依條回授。第二等，各特與轉一官。第三等，22使臣、人吏各與減三年磨勘，年限不同人依五年法比折；未有名目人候有名目或出職日，特依今來所得減年數目收使；親從、親事官等各支賜絹一十匹，守闕五匹。第四等，各支賜絹一十匹。第五等，各支賜絹五匹。三省催驅房并對讀、守闕依條施行。」

五年六月十九日，禮部、太常寺言：「將來憲聖慈烈皇后大祥前，禮例合塑製神御，於大祥後迎奉赴景靈宮後殿，於憲節皇后神御之次奉安。檢照昨塑製憲節皇后神御，係漆塑，首飾花環六插冠，用假珠子結圈，青雉朱衣，履，革帶。今來塑製憲聖慈烈皇后神御，乞依禮制施行。合用腰輿、香案、香爐、匙合、花瓶、紅羅繖扇，令塑製所依名件製造。合差内侍官一員充都大主管，於至日迎赴景靈宮安奉。」並從之。都大主管以内侍都知甘昺充。

二十四日，禮部、太常寺言：「塑製仁懷皇后神御，俟將來安奉憲聖慈烈皇后神御日，同時迎奉赴景靈宮後殿，於顯仁皇后神御之次安奉。漆塑首飾、衣、履等及腰輿、香案、爐、匙之類，並依憲節皇后神御下名件製造。」從之。都大主管以内侍都知甘昺充。

十二月五日，詔：「迎奉仁懷皇后、憲聖慈烈皇后神御赴景靈宮奉安日，皇帝行酌獻禮，接盞跪進侍臣，中書舍人陳宗召；前導太常卿，太常丞、兼權工部郎中史彌遠；贊引太常卿、太常博士，太常博士許巽；奏告并景靈宮奉安太祝，太常寺主簿林采。」

嘉泰二年三月十三日，禮部、太常寺言：「光宗憲仁聖哲慈孝皇帝大祥前，禮例合塑製神御三位，大祥後迎奉赴景靈宮并萬壽觀，並於孝宗皇帝神御之次奉安，慈懿皇后神御赴成恭皇后神御之次安奉。」塑製禮制之類，並如孝宗皇帝、成穆、成恭皇后神御之制。都大主管官以内侍省都知盧安仁（克）〔充〕。

八月十三日，詔：「迎奉光宗憲仁聖哲慈孝皇帝、慈懿皇后神御於景靈宮、萬壽觀奉安，禮儀使差右丞相謝深甫；奉安行禮官，知樞密院事兼參知政事陳自强。」

二十四日，禮部、太常寺言：「光宗皇帝、慈懿皇后神御以九月二十二日自塑製處告遷於射殿權奉安，并奏告訖，皇帝行酌獻及奉辭禮畢，迎奉於景靈宮、萬壽觀奉安。」從之。儀注並如奉安孝宗皇帝、成穆、成恭皇后神御之制。

嘉定二年四月十五日，禮部、太常寺言：「成肅皇后大祥前，禮例合塑製神御，大祥後迎奉赴景靈宮，於成恭皇后之次安奉。塑製首飾、衣、履及腰舁、香案之類，並如憲聖慈烈皇后之制。」從之。

十九日，詔：「成肅皇后神御迎奉景靈宮奉安，禮儀使差知樞密院事兼參知政事雷孝友；都大主管，内侍省都知陳革。」

五月十一日，禮部、太常寺言：「成肅皇后神御以六月十六日自塑製處告遷於射殿權奉安，并奏告訖，皇帝行酌獻及奉辭禮畢，迎奉於景靈宮奉安。」23從之。

禮儀使詣塑製所幕次，俟陪位謝府親屬詣殿下北向立定，禮直官引禮儀使詣成肅皇后神御殿下西向立，都大主管官重行，於禮儀使之後立。禮直官揖躬拜，禮儀使再拜，在位官皆再拜訖。禮儀使陞殿，詣成肅皇后神御香案前，搢笏，三上香，執笏，降階復位。禮直官揖躬拜，禮儀使再拜，在位官皆再拜訖。次禮儀使陞詣神御前褥位，俛伏，跪奏稱：「禮儀使臣某言：請成肅皇后神御降座陞輿，詣射殿權奉安。」奏訖，伏，興，降階復位立。都大主管官往來照管。贊者引陪位官分左右立。次輦官擎腰輿至殿前，輦官權退。扶侍、夾侍捧遷成肅皇后神御陞腰輿訖，次輦官擎腰輿以次進行，扶侍、夾侍分左右，禮儀使後從，都大主管官往來照管。陪位官前導，儀仗、鼓吹振作，僧道作法事前引，禁衛班直、親從官等扈衛。至射殿下，腰輿權駐，禮儀使詣神御前，俛伏，跪奏稱：「禮儀使臣某言：請成肅皇后神御陞殿，降輿、陞座，權奉安。」奏訖，伏，興，稍東，西向立。腰輿陞殿東階，至殿上當中置定，輦官權退。次扶侍、夾侍捧遷神御入幄，次輦官擎腰輿退。禮儀使以下權歸幕次。俟有司於成肅皇后神御幄前排辦供養牙盤食、茶、酒、果、香火等畢，禁衛班直、親從官等排立，儀仗、鼓吹、僧道更互振作。次禮儀使詣成肅皇后神御香案前早燒香，謝府親屬陪位。俟燒香畢，歸幕次以俟。晚燒香如儀。

禮儀使行奏告禮，其日行酌獻禮，并告遷。時前，俟有司於射殿成肅皇后神御幄前排辦供養牙盤食、茶、酒、果、香火等畢，贊者先引太祝詣殿下北向立，都大主管官往來照管。禮直官引禮儀使詣殿下之東，西向立。禮直官揖躬拜，在位官皆再拜訖。次引太祝陞詣成肅皇后神御幄前之西，東向立。禮直官引禮儀使陞詣成肅皇后神御香案前，搢笏，三上香，跪，奠茶，三奠酒，執笏，俛伏，興，少立。太祝搢笏，跪讀祝文訖，執笏，興。禮儀使再拜訖，俱降復位。次引禮儀使詣望燎位南向立，太祝位於其後。俟焚祝版訖，權退歸幕次。

皇帝行酌獻燒香禮，并前導神御出麗正門外行奉辭燒香禮，及禮儀使詣景靈宮行正奉安禮。其日，俟禮儀使行奏告禮畢，儀仗、鼓吹、僧道於麗正門外排立，以俟奉迎。禁衛班直、親從官等於殿下排立定。有司排辦酌獻牙盤食、茶、酒、果、香火等畢，禮直官引侍臣詣成肅皇后神御前香案之東，西向立。禮直官引太常博士、太常卿詣御幄前立。次御史臺、閤門、太常寺分引皇太子、宰執、使相、侍從、臺諫、兩省官、閤門官、禮官、南班宗室及謝府親屬，并正任觀察使以上及管軍，詣殿下北向立定。皇帝自内詣御幄，簾降。少頃，引太常卿當幄前俛伏，跪奏稱：「太常卿臣某言：請皇帝行酌獻之禮。」奏訖，伏，興，復位。簾捲，前導官前導皇帝出幄，24詣殿上之東褥位，西向立。奏請拜，皇帝再拜。典儀曰「拜」，贊者承傳曰「再拜」，在位官皆再拜訖。前導官導皇帝詣成肅皇后神御香案前，奏請上香，再上香，三上香。内侍以茶、酒授侍臣，侍臣西向跪以進。又奏請皇帝(詭)〔跪〕奠茶，三奠酒。訖，奏請皇帝俛伏，興；又奏請拜，皇帝再拜。典儀曰「拜」，贊者承傳曰「再拜」，在位官皆再拜。前導官導皇帝歸御幄，簾降。太常卿當幄前俛伏，跪奏稱：「太常卿臣某言：禮畢。」奏訖，伏，興，復位少立。前導官退。次輦官捧擎神御腰輿進行，皇帝乘輦還内，如常儀。次宰執、使相、侍從、臺諫、兩省官、閤門官、禮官、南班宗室及謝府親屬并正任觀察使以上及管軍分左右騎導，禮儀使騎從，都大主管官往來照管。禁衛班直、親從官等扈衛，儀仗、鼓吹振作，僧道作法事前進。將至景靈宮欞星門外，陪位文武百官奉迎再拜訖，權退，騎導官下馬步導，如不測雨降，陪位文武百官免迎拜，步導官免步導，並俟時徑赴殿庭陪位立班。禮儀使後從，都大主管官往來照管。神御入天興殿門，經由東廊至後殿下，步導官權退歸幕次。儀仗、鼓吹、僧道並權止，(革)〔輦〕官權退。次引禮儀使詣成肅皇后神御腰輿前俛伏，跪奏稱：「禮儀使臣某言：請成肅皇后神御陞殿、降輿、陞座，權奉安。」奏訖，伏，興，詣殿下西向立。次輦官擎腰輿陞東階，詣殿上置定。次輦官退，扶侍、夾侍捧遷神御陞側座權奉安，訖。次輦官陞殿擎腰輿退，禮儀使權歸幕次，禁衛班直、親從官、儀仗、僧道更互排立，俟奉安。時前，有司排辦香火等畢，儀仗、僧道並退，禁衛班直、親從官仍舊排立。次贊者先引太祝入詣後殿下，再拜訖，陞殿，詣成肅皇后神御香案之西，東向立。御史臺、閤門、太常寺分引禮儀使、宰執、使相、侍從、臺諫、兩省官、閤門官、南班宗室及謝府親屬，并正任觀察使以上及管軍，并陪位文武百官，入詣天興殿下，再拜訖，次詣中殿下，再拜訖，詣後殿下并東西兩廊隨宜各就位立，再拜訖。次引都大主管官陞殿往來照管，次引禮儀使陞殿，詣成肅皇后神御香案之東，西向立定。俟尅擇官報時及，引禮儀使詣香案前俛伏，跪奏稱：「禮儀使臣某言：請成肅皇后神御陞正座奉安。」奏訖，伏，興，退詣香案之東，西向立。俟有司遷正座訖，次引禮儀使降階詣殿下，北向立。禮直官揖躬拜，禮儀使再拜，在位官皆再拜訖。次引禮儀使陞殿，詣成肅皇后神御香案前，搢笏，三上香，跪，奠茶，三奠酒，執笏，俛伏，興，少立。太祝搢笏，跪讀祝文訖，執笏，興。禮儀使再拜訖，降階復位立。禮直官揖躬拜，禮儀使再拜，在位官皆再拜訖。引禮〔儀〕使詣望燎位。次引太祝降階，詣望燎位，重行，於禮儀使之後立。有司焚祝版訖，次引禮儀使以下并陪位官班退，禁衛、班直、親從官以次退。

【宋會要】

25 聖祖殿〔一〕。高宗紹興七年夏四月癸巳〔二〕，築太廟

〔一〕以下各條前之殿名原稿均爲旁批，今移入正文。
〔二〕「癸巳」二字當是《大典》據《宋史》卷二八《高宗紀》五添。

于建康，以臨安府太廟爲聖祖殿〔一〕。

宜聖殿〔二〕。《京都雜録》：東京大内宜聖殿，奉祖宗聖容。

福聖殿。《京都雜録》：東京大内福聖殿，明道中奉真宗御容于此。

穆清殿、靈顧殿、性智殿。《京都雜録》：東京大内南北夾道北延福宮穆清、靈顧、性智三殿，靈顧以奉真宗御容。

重光殿。崇寧元年，詔：「景靈西宮哲宗殿名『寶慶』，而萬壽觀聖祖殿亦曰『寶慶』，祖孫同稱，於義未允。恭念哲宗聰明齊聖，外攘驕悍戎狄，内修隳廢法度，紹述烈祖，收功太平。其殿額若止以受寶之慶爲意，實未足昭著前人之光。可改爲重光殿。」

景寧殿。《京都雜録》：東京大内景寧殿，治平二年正月詔内中神御殿賜名景寧殿。

歸德殿。《南京雜録》：真宗大中祥符七年正月，詔曰：「睢水名區，寔一方之都會；商丘奥壤，爲三代之舊邦。(刑)〔形〕勢表於山河，忠烈存於風俗。惟文祖之歷試，蓋王命之初基。今者伸欵謁於檜庭，既(楊)〔揚〕茂則；徯來於竹苑，方濡湛恩。期克壯帝猷，俾肇新京邑。用志興王之地，允符追孝之心。應天府宜升爲南京，正殿以『歸德』爲名。咨爾都民，承予世德。慶靈所(佔)〔佑〕，感悦良多。」（以上《永樂大典》卷一六五六二）

祭名臣塋廟

【宋會要】

26 紹興七年二月十六日，詔：「故工部尚書謚襄公余靖祠〔三〕，載于祀典。」先是廣南東路轉運使司言：「韶州舊有本朝余襄公祠堂，係本州名賢，乞載在祀典。」禮部、太常寺看詳：「余靖於皇祐、慶曆間三使虜廷，兩平蠻獠，並著顯績。欲依所乞，春秋祭享。」故有是命。

六年三月〔四〕，詔：右司員外郎、右諫議大夫陳瓘祠，令南劍州春秋致祭。以給事中張致遠言：「瓘名節之重，鄉人所慕，相率于州縣學各建祠堂。望依福州陳襄等例，遇春秋釋奠，就祭于祠堂，以激後進，永爲〔忠〕藎之勸。」故有是命。（以上《永樂大典》卷一七〇九二）

〔一〕太廟：原作「大康」，據《宋史》卷二八《高宗紀》五改。
〔二〕宜聖殿：原作「名慶殿」，據下文改。宋代文獻中未見「名慶殿」。
〔三〕余：原作「俞」，據《建炎要録》卷一〇九改。下同。
〔四〕按，此條所載之事亦見於《建炎要録》卷九九，年月不誤，但當移前。蓋《大典》本在同卷不同之處，徐松手下抄書人接抄，故時序不合。

宋會要輯稿　禮一四

群祀一

【宋會要】

[1]國朝凡大中小祠歲一百七，大祠十七，昊天上帝、感生帝、五方上帝、九宮貴神、五福太一宮、皇地祇、神州地祇、太廟、皇后廟、景靈宮、朝日、高禖、夕月、社稷、禬祭百神、五嶽。中祠十一，風師、雨師、海瀆、五鎮、先農、先蠶、五龍、周六廟、先代帝王、至（神）〔聖〕文宣王、昭烈武成王。小祠十四。司中、司命、司民、司禄、靈星、壽星、馬祖、先牧、馬社、馬步、司寒、山林、川澤、中霤。著《禮令》，用日者五十九〔一〕，立春祀青帝于東郊，太一宮、東嶽天齊仁聖帝、東鎮東安公、東海淵聖廣德王、東瀆大淮長源王。上辛祈穀，祀昊天上帝于圜丘，前二日奏告太宗皇帝室；祀感生帝于南郊，前二日奏告（禧）〔僖〕祖皇帝室〔二〕。吉亥饗先農于東郊，後甲祀風神。仲春上丁釋奠至聖文宣王，上戊釋奠昭烈武成王。春分朝日于東郊，祀高禖，開冰祭司寒。春分前後戊日祭太社、太稷。季春吉巳饗先蠶。立夏祀赤帝于南郊，太一宮、南嶽司天昭聖帝、南鎮永興公、南海洪聖廣利王〔三〕、南瀆大江廣源王。後申祀雨師、雷師。夏至祭皇地祇于方丘，前二日奏告太祖皇帝室。季夏土王，祀黄帝于南郊〔四〕，中霤、中嶽中天崇聖帝、中鎮應聖公。立秋祀白帝于西郊，太一宮、西嶽金天順聖帝、西鎮成德公、西海通聖廣潤王、西瀆大河顯聖靈源王。後辰祀靈星。仲秋上丁釋奠至聖文宣王，上戊釋奠昭烈武成王。秋分夕月于西郊，饗壽[2]星于南郊。秋分前後戊日祭太社、太稷。立冬祀黑帝于北郊，太一宮、北嶽安天元聖帝、北鎮廣寧公、北海沖聖廣澤王、北瀆大濟清源王。後亥祀司中、司命、司民、司禄。十月十五日朝拜景靈宮。冬至祀昊天上帝于圜丘，前二日奏告太祖皇帝室。上丁，貢舉人謁至聖文宣王廟〔五〕。臘日禬祭百神于南郊，太社、太稷，臘饗太廟、皇后廟。有時月而無日者四十八。孟春薦饗太廟、皇后廟，朝謁祖宗神御。仲春祀九宮貴神、五龍、馬祖、先代帝王、汾陰后土、周六廟，遣官朝拜諸陵，祭汴口。孟夏薦饗太廟、皇后廟，雩祀昊天上帝于圜丘，前二日奏告太宗皇帝室。仲夏祭先牧、周六廟。孟秋薦饗太廟、皇后廟。仲秋祭先代帝王、汾陰后土、九宮貴神、周六廟、馬社，遣官朝拜諸陵。季秋大饗明堂，前二日奏告英宗皇帝室。孟冬薦饗太廟〔六〕、皇后廟，祭神州地祇于北郊，前二日奏告太宗皇帝室。仲冬祭馬步、周六廟，藏冰祭司寒，四時月薦新。司天監於季前預擇之，供報禮院看詳，牒祠部以聞，詔有司行焉，謂之「畫日」。古者大祀散齋七日，致齋三日，誓於散齋之始，通日爲十；今則先祀七日，太尉帥祠官受誓戒於尚書省，退而散齋四日於正寢，致齋二日於本司，一日於祠所。中祀散齋三日，致齋二日。小祀散齋二日，致齋一日。無本司者，於武成王廟。皇帝親祀，散齋於別殿，致齋於大慶殿，從祀官致齋於朝堂及本司之在内庭者。[3]車駕出則從，而齋宿於祀所。凡祝詞，皇帝親祀則書之册，封禪用玉，餘用竹，皆中書省主之。有司常祀則書之方版，秘書省主之。歲之常祀率用舊文，

〔一〕者：原脱，據《玉海》卷一〇二補。
〔二〕日：原作「百」，據《政和五禮新儀》卷九改。
〔三〕洪：原作「供」，據《宋史》卷一〇二《禮志》五改。
〔四〕黄：原作「皇」，據《政和五禮新儀》卷一改。
〔五〕人：原脱，據《文獻通考》卷四三補。
〔六〕孟冬：原作「孟春」，據《宋史》卷一〇〇《禮志》三改。

其特祭如有祈請，則學士院撰文，應書御名者進書之。國初親郊，朝饗太廟，中書侍郎讀册文。乾德中用中書舍人，咸平後復用侍郎。凡玉、幣，少府供玉，太府供幣，其長一丈八尺。郊丘配帝幣初用蒼，乾德後改用白。凡祭器藏于少府監，有祀事則掌供。凡酒齊，皇帝初獻用玉斝，亞獻用金斝，終獻用瓢斝，餘皆用爵，並實以法酒。

太祖建隆四年四月七日，詔曰：「祠祀大事，居處必莊。如聞行禮之時，供帳不備。自今祠祭宿齋，並令儀鑾司陳設幄幕，務令嚴潔，稱朕意焉。」

五月十二日，詔自今祠祭並委司天臺擇日。先是止委太卜局故也。

乾德四年八月十四日，太常寺言：「祠祭祝文係禮院版，秘書省書版，當寺差郊社直官請赴祠所，文多差誤。欲令禮官檢詳《開寶禮》、《郊祀録》及諸禮例，定本録付秘書省。又准《開元禮》，祝文皇帝並全稱尊號。舊祭四鎮，唐天寶十載封霍山爲應聖公，增爲五鎮。釋奠文宣、武成王祝板皆不御書名。望遵此施行。」並從之。

六年九月十四日，南郊禮儀使言：「舊制，皇帝致齋於崇先殿。伏見乾元殿乃正寢受朝之所，宜爲齋庭。」詔宿齋乾元殿。

十月二十七日，判太常寺和峴言：「建隆四年郊祀，望燎之位去燎壇遠，有司不聞告 4 燎柴之聲。臣時爲禮官，親聞德音，令舉燭相應。按《史記》，秦常以十月郊見，通權火〔一〕。其狀若今桔槔，欲令光明遠照，通於祀所，有以知宸心博達〔二〕，冥合古典。方今再行郊禮，望下禮院與少府監率循前制，編入儀注。」從之。

開寶四年十一月二十四日冬至，親郊，宿齋文明殿，始用繡衣鹵簿。先是大駕鹵簿衣服旗幟止以五綵繪畫，自是盡易以繡。

九年四月二日，幸西京親郊，齋于文明殿。

太宗太平興國三年十一月十一日冬至，親郊，復齋乾元殿。

九年十一月十一日，禮儀使扈蒙言：「郊祀受誓戒，文武百僚於尚書省，亞獻、三獻於中書。其諸王如赴尚書省，緣在宮城内，慮恐不及。又亞獻、三獻及諸王隨皇帝，宿齋於何處？」詔韓王元休以下三人及皇姪孫惟吉隨亞獻於中書受誓戒，仍於本宮廳内宿齋。

又古者天子巡狩、出征，有親告宗廟之禮。國朝因之，故幸西京、封泰山、祠后土、謁太清宮，皆親告太廟。三歲皇帝親行郊祀，每歲祈穀上帝，祀感生帝，雩祀，祭方丘，明堂大饗，祭神州地祇，祀圜丘，並遣官告祖宗配侑之意。他大事，自祖宗以來登位、改名、上尊號、改元、立皇后、太子、皇子生、納降、獻俘、親征、籍田、朝陵、肆赦、河平、大喪、上

〔一〕火：原脱，據《史記·封禪書》補。
〔二〕以：原作「人」，據《太常因革禮》卷二九改。

諡、山陵、園陵、祔廟，皆遣官奏告天地、宗廟、諸陵，及告社稷、嶽瀆、山川、宮觀、在京十里内神祠。其儀用犧樽、豆、籩各一，樽實以酒，豆、籩實以脯醢，宮觀以素饌，時菓代。祀 5 版，幣帛，行一獻禮。《通鑑長編》：宋太祖乾德元年，令有司三歲一舉先代帝王祀典，各以功臣配饗。高辛、堯、舜、禹、湯、文、武、漢高祖皆因其故廟。又别建漢世祖廟於南陽，唐太宗廟于醴泉。世祖以鄧禹、吳漢、賈復、耿弇配，太宗以長孫無忌、房玄齡、杜如晦、魏(證)〔徵〕、李靖配，並畫像廟壁。

《續會要》〔一〕：太祖建隆元年正月五日，太常禮院上言：皇帝登極，請差官告天地、社稷、群祀。從之。祝文曰：「維宋建隆元年歲次庚申，正月辛丑朔，某日，嗣天子臣御名，謹遣某官某，敢昭告于昊天上帝、皇地祇：天命不常，惟德是輔。神器大寶，猥集眇躬。欽眷命而不遑，勵小心而昭事。靈貺下屬〔二〕，群情樂推。今月四日已即皇帝位，改國號爲大宋，乃改元建隆元年，不敢不告。尚饗！」八(月)〔日〕，遣宗正少卿郭(屺)〔玘〕以即位告周高祖、世宗廟。　四月六日，太常禮院言：「車駕征潞州，出宫日，請遣官告天地、太廟、社稷。城門外軷祭用羝羊一〔三〕。所過州府河橋及名山大川、帝王名臣陵廟，去路十里内者，各令本州以香、酒、脯祭告。」從之。　六月二十三日，平澤潞，及車駕還宫，皆遣官奏告天地、太廟、社稷，仍祭祓廟、太山廟、城隍廟。十二月征揚州、太平興國四年二月征河東，並用此禮。四年七月九日，詔以修葺太廟，遣官奏告四室及祭本廟土地。自後凡太廟有修葺，皆遣官及差宗正寺官奏告。如還移神主，則修畢復奏告奉安。　十一月七日，詔以郊祀前一 6 日遣官祭告東嶽廟、城隍廟、浚溝廟、五龍廟，祓子夏、子張廟。車駕出京日，設軷祭於城門外，及所過橋梁：昇平橋、惠民河龍津橋、玉津園橋。命開封府遣官分告十里神祠。　十二日，太常禮院言：「皇帝受尊號册寶，故事，前三日奏告天地、太廟、社稷。」從之。自後凡受册尊號皆然，并告皇后廟。　乾德元年十一月十六日，太常禮院言：「詔書改元，請次日遣官告天地、太廟、社稷。」從之。自後凡改元皆告。　咸平元年正月改元，以節假至五日始告。自後皆司天臺擇吉日以告。　三年五月十五日，太常禮院言：「孟昶到闕日，請差官奏告太廟、社稷。」從之。開寶四年四月廣南劉鋹赴闕，如例。　九年正月二十五日，詔以四月幸西京行郊祀之禮，其太廟、郊社神主並不遷，止於東京告廟。禮儀使請車駕將發前，皇帝親告太廟，從之。仍候雩祀前二日，東京留守告(皇)〔黄〕帝廟。

太宗端拱元年八月二十三日，祕書監李至言：「著作局撰告饗宗廟及諸祠祭祝文稱尊號，唐室已來，惟《開元禮》有之，稽古者以爲非禮。會昌中從禮官議，但稱『嗣皇帝臣某』，則是祝文久不稱號明矣。且尊號起於近代，請舉舊典，告饗宗廟稱『嗣皇帝臣某』，諸祠祭稱『皇帝』，斯爲得禮。」從之。

淳化二年七月三十日，祕書監李至上新撰《正辭録》三卷，凡百九十三首，八十四新制，餘仍舊辭。詔永爲定式。

十二月二十九日，詔：應祠祀壇壝近墳塚者，悉移 7 爽塏寬廣之地。

三年八月七日，祕閣校理吳淑言祠祭有未合典禮二十七事，詔中書門下參酌以聞。李昉等言：「舊制差監察一

〔一〕按，《大典》於此門之多處分引《續會要》爲注，究其内容，太祖建隆至孝宗乾道爲告禮，孝宗淳熙至寧宗嘉定爲大禮五使，而《大典》本卷正文之事目爲「歷代群祀」，注文與正文内容不相應，疏矣。其所稱之《續會要》，實則爲張從祖、李心傳所編之《總類國朝會要》。若將本門所引《續會要》告禮之文下接本書禮七之三七至四〇所録淳熙至嘉定告禮之文，即是《總類國朝會要》「告禮」門之全文。

〔二〕下：原作「不」，據《文獻通考》卷八九改。

〔三〕軷：原作「較」，據《文獻通考》卷八九改。下同。

員充監祭，近歲多以他官攝。今請復舉舊制，差官、祭器、禮(科)〔料〕不如禮者，仍並委糾舉。其局當以祠祭，中使望停罷。應祠酒並以法酒充。祭器、神厨、什物有破弊者，委逐司點檢雅飾。齋宮常令洒掃，有壞即時完葺。祀官舊制各第給食錢，三局每祭勘請。勘會每年八十四祭，太廟朔望、四祭太一宮不給外，餘五十六祭計給食錢百八十三千。望每歲併付御史臺，逐祭委監祭使給。諸寺觀祈禱雨雪，至報賽日，請令各給事務錢五千造供食三牙盤，神廟即令御厨造祭食各一牙盤。」詔並從之，仍令先造祭食一牙盤進呈，以爲定式。

九月二十一日，侍御史王洞言：「祠祭祝板承前皆御書名以表虔恭，近日所司因循寢罷。自今大祠祝板望令著作局選官撰定，內八作司擇板，選能書令史寫進。板、幣之類皆合用箱，帊嚴護，望别製新竹箱、黄帊，以表嚴肅。又所設拜席本太府寺供，近來止用一席，兼給數位，望令别以浄席百領供用。又諸司供給有不依禮例，及人吏過犯者，今請於御史臺或府縣抽雜職隨行。」從之，其祝文仍令學士院寫進。

十一月，詔：祠祭差金吾清道人，各支食錢四十文，逐季牒三司支給。大祠左右街共十五人，中祠十三人，並充引唱、清道、隨從祇候；小祠監 8 祭使不赴，止差六人充引唱、清道。委獻官點檢，如有闕失，牒監祭使施行。

四年四月十七日，秘書監李至言：「奉詔祀神州地祇及黑帝，壇並在墳冢之間，望遣官檢行移徙。」詔可，仍令禮官徧視四郊壇位，詳定大小祠神壇設壝步數以聞。太常寺上言：「城東青帝、朝日二壇，城南黄帝、百神、靈星三壇，城西白帝、夕月、馬祖三壇，城北皇(帝)〔地〕祇、黑帝、司中司命司人司禄三壇，並請移徙。準禮例，圜丘、方丘三壝，天地五郊，三百步内不得葬埋，壝外三十步不得耕種，壝内不許人行及樵牧。今詳圜丘、方丘已有制度，及先農壇近準勑設兩壝外，其餘祠壇，禮文並無壝制步數。請大祠各設兩壝，中小祠一壝，每壝二十五步，各於壝内安壇。」並從之。

五月三日，吏部侍郎陳恕言：「奉詔立夏祀赤帝，升壇告潔迴，見祭器堆聚，齋室塵垢甚多，即躬視滌濯，及以禮料付厨，請攝光禄卿賈守正視其饌造，烹牲、割胙皆自省閲。欲望自今並委祀官振舉，前一日先監滌祭器、潔鼎鑊。凡饌造什物洗拭訖，方赴壇省告，稍至怠慢，即以名聞。其神位席褥請委逐司長官封送祀所，禮畢，監祭使封還。脯醢魚鱐之(之)類，請委御厨别設祭饌庫貯之。」詔有司詳定，請皆如恕奏，詔從之。

至道三年九月二十八日，山陵儀仗使牛冕言：「靈駕發引後，諸司祠祭禮料、沿路橋道神祠之祭，舊例别無官員監轄。今請應啓攢宮後，諸色祭奠並 9 委權主判監祭使、屯田郎中楊延慶點檢。」詔以延慶爲監祭使。其後明德園陵亦命監察御史嚴穎爲監祭使，别命秘書丞、直史館、判太常禮院姜嶼一路監禮，點檢行事。莊穆園陵亦然。真宗山陵命侍御史王貽序爲監祭使，同監禮點檢行事。後遂著爲定式。《續會要》：太平興國二年二月九日，太常禮院言：「皇帝改名，請奏告天地、太廟、社稷。」從之。　四年五月十日，詔遣直史館石熙古還上都，以平晉告宗廟。七月三十日，劉繼元至〔一〕，命宰臣薛居正攝太尉，行告廟禮，命通事舍人薛文寶引繼元及僞命官以獻。《續會要》：太平興國五年十一月十日，太常禮院言：「車駕北征，請出宮前一日，遣官祭告天地於圜丘，用特牲；太廟、太社、太稷壇用太牢；望祭五嶽、四瀆、名山、大川於四郊，禡風於風伯壇，祀雨師於本壇，禱馬於馬祖壇，祭蚩尤及禡牙於北郊，並用少牢；祭北方天王於北郊迎氣壇，用香、柳枝、燈油、乳粥、蘇蜜、餅果。」從之，仍遣內侍一人監祭〔二〕。咸平二年車駕北征，亦用此禮。　八年十二月十七日，滑州韓村合河口畢功，差官告天地、五嶽、四瀆。天禧四年合河口訖功亦然。又遣使祭謝玉清昭應宮、景靈宮、上清宮、太一宮、會靈觀、祥源觀及諸陵。　雍熙四年十二月二十一日，詔以親耕籍田，遣官奏告外，又命官祭九龍、黃溝、扁鵲、吳起、信陵君、張耳、單雄信七廟。自後每大禮，皆遣官祭此七廟，後又添德安公廟。【10】咸平五年，又告嶽臺廟。景德二年，又告南薰、朱雀門外二坊橋。大中祥符元年東封，又告開封縣文宣王、胡王、樊將軍三廟。天禧三年，又告池亭三橋。遂著定式。　淳化三年十二月八日，禮儀使言：「皇帝親郊，故事，在京并去圜丘十里內神祠及所過橋道並差官致祭，而獨遺太社、太稷、文宣、武成王等廟。今請俟出宮前一日，遣官致祭。」從之。　四年四月二十七日，太常禮院言：「伏見遣中使四郊改移壇位。按唐貞元中移風師壇，遣太常少卿裴郁以脯醢告。請依禮，擇日遣官詣逐壇致告。」詔可。　至道元年八月十八日，皇太子行册禮，前二日，遣官奏告天地、太廟。天禧二年八月册皇太子亦如此例，又加告玉清昭應宮、景靈宮。　三年四月一日，真宗即位未改元，尊皇后爲皇太后，遣官告天地、宗廟。五月，立皇后郭氏，不告。治平二年十月册皇太后、皇后，熙寧二年三月册太皇太后、皇太后、皇后，元祐二年册太皇太后、皇太后、皇太妃，元符二年册皇后，崇寧二年册太皇太后，政和元年册皇后，並奏告天地、宗廟、諸陵。　景德元年三月八日，以萬安太后不豫，遣官告祈于天地、太廟、社稷。

真宗咸平二年閏三月十五日，監（察）〔祭〕使張利涉言：「上辛祀昊天上帝及祀感生帝，少府監供圭玉，其色赤，恐未合典禮。」詔太常禮院詳定。禮官言：「按《周禮·典瑞》云：『四圭有邸，以祀天，旅上帝。』後鄭云：『祀天，夏正郊祀感生帝【11】也。旅上帝，謂祀五帝也。大宗伯青圭等以祭五方天帝，此用四圭有邸而祭者，彼則四時迎氣及總饗於明堂，是常也，此因有故而祭之也。』又《郊特牲義》云：『祭感生帝，玉與牲、幣宜從所尚之色。』今詳四圭合用赤色，難於改易。」詔如所議。

四月十一日，詔遣中使檢視諸祠祀祭器、禮料，務令精潔。自國初至是，每歲祠祭煩數，有司供辦禮料或尚乖祇肅，非薦誠爲民之意，故特詔檢責之。

十月十八日，學士院言：「監祭使每言祝文差誤，凡祝文皆當直學士及待詔、孔目官等勘比進御書名，不當更有錯誤。今覩所奏，緣祝板已焚，無以辨正。自今本院欲差孔目吏同送監祭使交付，具無差互公文回報。」從之。二十八日，監祭使張利涉請：「祠祭祝版，前三日致齋時，集衆官看讀。如有錯誤，可以改換，既無闕事，亦免飾非。」從之。

〔一〕元：原作「先」，據《文獻通考》卷八九改。
〔二〕祭：原作「察」，據《文獻通考》卷八九改。

四年十二月十日，上封者言：「郊廟大禮，有司多虧蠲絜，望令致齋之所增給幄幕。」詔：「應祠祭行事官所須帳幔、氈席、什物，令儀鸞司供給，無得闕誤。」

六年正月三日，省南郊供辦物十萬六千數，減功九萬九千。先是三司使梁鼎以郊祀經費頗多，請止行謁廟之禮。宰臣言：「前代因災沴停郊祀則有之，改以謁廟，則典禮(元)〔無〕據。」真宗曰：「郊祀天地，安議所費？」故止令省不急之用。

景德元年二月，太常禮院言：「舊制，四季祠祭令監禮博士赴諸壇廟點檢。近來或遇闕官，牒監祭通攝。欲望自今委判院官 12 攝博士監禮，點檢行事；如遇祭多闕官，亦仰禮直官覺察。」從之。

十二月二十三日，命知制誥李宗諤、楊億、崇文院檢討陳彭年詳定《正辭録》。宗諤等言：「經典之内，堯、舜、禹、湯或以名，或以謚，若從回互，足表致虔。《正辭録》内堯、舜惟稱陶唐氏、有虞氏，其夏王禹、商王湯伏請除去『禹』、『湯』字。商中宗、高宗既有廟號，固令避名，伏請除去『帝大戊』、『帝武丁』字。」從之。因詔：「自今御書名祝板，令秘閣吏書寫時進書。」商王祝版差誤不謹，故有是命。

二年九月二日，上封者言：「郊(正)〔丘〕天地神位版，有司臨時題寫，多不嚴肅。望令重造。」詔鹵簿使王欽若與内臣詳閲修製。十一月一日，位版成，王欽若等呈於便殿，貯以漆匣，舁床，覆以黄縑帕。壇上四位朱漆金字，第一等黑漆金字，第二(位)〔等〕黑漆黄字，第三等已降黑漆朱字。天地、祖宗各爲一匣，餘十二陛共爲一匣。詔付有司，郊祀日差官專掌，每行禮日，以長竿牀舁赴祠所。

十六日，判太常寺李宗諤言：「四郊諸壇及齋(官)〔宫〕近各修飾，欲自來年，本寺四時差太祝、奉禮二員巡行，有隳損，即寺司移牒三司修整，仍判寺官春秋躬自按視。望著定式。」詔從之。

十二月二日，詔：「南郊禮畢，從祀行事官當賜胙者，五使、亞獻、終獻、司徒、司空、太常卿、親王、樞密院凡十六段並賜犢，使相至知雜御史凡五十二段並賜羊、豕。」六日，詔光禄寺：「自今祀天地、社稷、宗廟，牲牢等，俟禮畢，有司方得進胙，分賜 13 臣僚。」

十七日，詔：「應郊廟祀事，車服、儀仗自今闕誤不恭，不在赦原之限。」

三年八月二日，詔：「自今夏至祭皇地祇，孟冬祭神州地祇，二仲〔一〕、臘祭太社、太稷，春秋二仲祀九宫貴神，春秋分朝日、夕月，臘蜡百神，立春祀青帝，立夏祀赤帝，季夏土王祀黄帝，立秋祀白帝，立冬祀黑帝，凡十四祭，宜並用樂。」

九月，太常禮院言：「孟冬薦饗宗廟，伏緣明德皇后其月園陵，已準敕命禁止在京音樂。將來薦饗日，登歌樂望

〔一〕二仲：原作「二社」，據《宋史》卷九八《禮志》一改。

準大祠與國忌同日例，備而不作。」詔恭依。

四年七月，詔：「自今祠祭，不以臺官或餘官監祭，其監祭司手分（迹）〔亦〕須致齋日赴祠所祗應。如監祭、監禮官或見違犯不能糾察，許攝（察）〔祭〕公卿併以名聞。」

八月十一日，詔：「自今祠祭祝版，令秘書省官提舉精謹書寫校書，乃得進書御名。如有差謬，當重寘其罪。」

十四日，衛尉少卿姚坦上言：「諸州知州祭境内山川多不盡精專，以致水（早）〔旱〕。望加戒勵。」詔曰：「祠祭之儀，當思嚴肅。如聞列郡，不切遵依。將罄寅恭，時行戒喻。自今諸州祠祭並依禮例，官吏務在嚴恪，不得違慢。」

十（二）月十二日〔一〕，詔：「四郊壇壝，悉令嚴飾，圭幣、牲牢、豆籩之數，令禮官檢討，未及古制者增之。御史臺所差監祭使，自今可定差二人，以監察御史俞獻可、張士遜充，與禮官同檢之，月給錢十千，免其出使。」

十四日，詔：「自今御書名祠祭（祀）祝版自内中降出後，令秘閣却用木匣封鎖，付吏人擡舁赴祠所。14 行事官看讀訖，準前封鎖給付，以至祠所。」

大中祥符元年二月十九日，皇城使劉承珪言：「準詔新造郊祀壇昊天上帝、皇地祇配座，太祖、太宗神位版。」詔有司藏於嚴潔之所，以備親祠。

四月二十八日，監祭使歐陽載言：「少府監洗滌祭器，請置漆木檻充用。」從之。

六月二十二日，詔：「聞遣使外州祠祭，而禮料皆無定式，州縣因緣須索，頗致煩擾。宜令有司具數頒下。」

八月一日，詔：「大祠諸壇祭器並從上設下〔二〕，無令執事者踐履不恭。」

九月一日，詔：「郊祀所設褥位不得跨越，行事官及樂工自今並致齋沐浴，諸壇星辰龕位專差官監視，祭器、法物並躬親浣滌。仍委監祭使覺察。」

十二月二十一日，詔：四瀆祝文自今並進御書名。舊制，常祀祝文秘書省主之，特祭祝文學士院主之。而秘書省嶽、瀆並御書名，學士院惟五嶽御書名，而四瀆則否。故有是詔。

二年四月五日，詔兩制、龍圖閣待制與太常禮院，取秘書省、學士院祝版，據《正辭録》重定，付有司遵用。

三年九月四日，入内殿頭史崇信言：「準詔詣陝府祭告黄河，其緣祭禮料，本府以太常禮院移牒未至，不即供給。」詔：自今所遣官先於禮院取禮料文字齎往。

十二月十日，詔曰：「朕以親祀后祇，昭告祖考，詳觀定議，有所未安。入廟則步武正門，至庭則回班東向。且躬伸祇見〔三〕，禮尚尊嚴，當罄寅恭，庶申誠慤。謁廟日，朕當自南東偏門入至殿庭，不得令百官 15 回班，仍付所司。」

〔一〕十月：原作「十二月」，據《長編》卷六七删「二」字。
〔二〕設：原作「殿」，據《長編》卷六九改。
〔三〕伸祇：原作「神祇」，據《宋大詔令集》卷一四八改。

四年正月十五日，詔：「大祀酹酒沙羅，止用乘輿常御者，非朕恭潔之意。其令有司特造十五枚，付光禄寺別貯，仍勒字志之，無得他用。」

八月二十二日，監祭使俞獻可言：「四郊祀壇，值雨雪泥淖，例於齋宮望祭。竊緣祀前一日，官吏悉集齋宮，惟南郊外，餘皆逼隘。望令增設廳屋，或於齋宮前建亭，以備望拜。又祀官幕次在壝内，皆乘馬直至次前。按《祠祭令》：中祠以上並官給明衣。斯禮久廢，望付禮官詳酌。」詔太常寺與禮院官詳定以聞。判太常寺李宗諤等言：「值雨雪，望祭日不設登歌，祀官以公服行事。如建廳宇，不惟逼隘，典禮無據。望令增葺齋宮，每望祭日，委監祭使檢校，務令精潔。又壇壝之内，本禁行人，乘馬往來，固爲瀆禮。自今欲設次於外，則下馬無嫌。明衣絹布，唐禮具存，然停廢既久，望且仍近例。」奏可。

五年七月十九日，太常寺言：「準詔定冬至祀圜丘神位版。依《開寶禮》六百九十位，增獻官十三員。請增置齋室、器用，仍委内臣規度其事。」從之。

八月二日，詔：「學士院撰青詞、齋、祝、祭文，除舊式稱『嗣天子』、『嗣皇帝』外，其餘止稱『皇帝』。」時學士院引端拱中李至奏請秘書省祝册不稱尊號，乞比類施行，故有是命。

七日，權判宗正寺趙世長言：「應祠祭前一日，少府監洗滌祭器鹵莽不潔。望自今諸祠祭並委行事官一員監滌濯，太廟仍令宮闈令同知。」奏可。

十一月八日，詔南郊齋【16】宮自今遣軍士五人代鄉耆守護，常令完潔。時修葺畢工也。後五帝壇悉居此制[一]。

十二月十五日，詳定所言：「《正辭録》祝文『唐玄宗明皇帝』，今請止稱『明皇帝』；『梁國公房玄齡』，本名喬，以字行，今請云『房喬』。」從之。

六年十月十八日，詔：「太府寺自今祠祭，行禮官及設道場，並令於入内内侍省請御封香。」

十二月二十一日，詔：「太常寺每季前期具祠祭合使香數牒翰林司，内侍省差中使同監，精潔修合，仍加數，準備非常使用，送太府寺封鑰收管。每祠祭前，本司封印送齋所。非常祭告，以準備香充用。」

七年正月十三日，禮儀院言：「南郊合祭天地，承前太府寺供到幣七十八段，除正位十三段外，自餘施於内官則有餘，用於中外官、嶽瀆則不足。竊尋禮制，内外官、海嶽幣從方色。欲望皇帝親祀昊天上帝、皇地祇，配(帝)〔祀〕五方帝、日、月、神州、天皇、北極，及内官五十四，中官百五十九，外官百六，嶽、鎮、海、瀆十八。請並供制幣，各如方色，著爲定制。」從之。

二月九日，詔曰：「朕躬承鴻貺，欽翼元符。每祇展於

[一] 悉居此制：似當作「悉用此制」。

盛儀，乃奉置於前殿〔一〕。爰修馨薦，必涉廣庭，未協寅恭，是從詳正。自今天書在朝元殿，朕由右昇龍門入，自東上閤門，就東階赴殿焚香。所司著爲定式。」

十五日，詔：「昨太廟行禮次，登歌始作，而奏嚴不已，恐未中禮。而合朝饗宗廟、郊祀將行禮，嚴警悉罷，俟禮畢歸幄殿復奏嚴。郊壇祭畢，警場、鼓吹乃振作，用爲永式。」

二十四 **17** 日，詔曰：「朕祗見真宇，對越太宮，暨肆類於郊丘，並夙嚴於容衛。方結佩而精享，遽望蹕而歡呼。當仰接於明靈，慮有虧於祇肅。肇頒新制，用表至虔。自今玉清昭應宮、太廟、郊壇薦享行禮前，衛士等不得迎駕起居呼萬歲。」

（二）〔三〕月十六日〔二〕，禮儀院言：「舊制，中祠以上並博士監禮，自後判（院）官多知制（告）〔誥〕、待制及編修官，故更不赴祠祭。今判院官直史館張復、楊嵎不兼他職，望令依舊與監祭使同往點檢，稍涉不恭，糾舉聞奏。監禮、監祭不恭，即更相彈糾。」奏可。

五月三十日，詔：今後供祠祭酒，宜令法酒庫別置庫嚴潔醞釀，非祀事勿給。

七月五日，禮儀院言：「準詔定軒轅廟祝文。按唐《郊祀録》，追尊舊稱爲德明皇帝，祝文稱『孝曾孫嗣皇帝臣，謹遣攝太尉敢昭薦于德明皇帝』。今請祭軒轅皇帝祝文曰：『嗣皇帝臣名，謹遣攝某官，敢昭告于聖祖上靈高道九天司命保生天尊大帝。』其禮料不用膋血。」從之。

八月十八日，詔：「祠祭壇位雖有壇壝壕塹，行事官多不知有條約，致誤犯失儀。自今宜令監祭、監禮預行告示，仍於壇壝外明設標記。如行事官尚不依稟，當劾罪，重寘之法。或不行告示，致有違越，罪主監祭使等。」先是郊社齋郎張寔立秋行事，輒越壕塹入壇壝，坐是罰金。帝以條約未明，故有是命。

八年五月二十九日，禮儀院詳定：「自今大禮，皇帝位褥位，舊例及別敕絶紅紫羅外，其逐時詣宮觀寺院焚香並用黄絁。**18** 群臣行事，齋醮宴設、謝恩拜表，並用紫紬。永爲定式。」先是儀鸞司乞製錦褥，帝曰：「朕内庭中未嘗踐錦繡。」因命有司詳定，仍自乘輿爲始。

七月五日，禮儀院言：「朝服法物庫所掌臣僚祭服、法服，三司見行製造。準典禮，衮冕之製，黝衣纁裳。今得少府監修製官狀稱，自來皇帝衮冕及諸臣祭服並一色用深青爲衣，茜緋爲裳。參詳蓋是染人不知各有定色制度。欲定下三司靳染院計會〔三〕，本院差修製官依禮指畫出染。」從之。

九年三月十四日，禮儀院言：「諸郊廟御書名祝版及大祠祭玉，職掌止置於齋房；及點饌，即覆以箱、帕，呈視

〔一〕於：原作「廣」，據《宋大詔令集》卷一四八改。
〔二〕三月：原作「二月」，據前後月序改。《長編》卷一一一載，大中祥符七年四月敕判院官張復、楊嵎專領祠祭，即因禮儀院此奏。
〔三〕靳：疑誤。

衆官。望自今應祝板御書名訖，與祭玉並置齋宮之廳。行禮前一日，太尉與監禮、監祭官同閱，太祝習讀。又冬至郊祀昊天上帝神座，本合司天監陳設，近止委官健。又少府祭器亦無職官檢校。望自今遣内侍及司天監官各一員躬親布置，仍請於神座側增設燭籠、燎臺，以禦勁風。又按禮例，南郊籩豆饌物並於壇下設幔，自來有司饌畢，即實籩豆，有經宿者。望令三司、光禄寺規度，接神厨起屋，饌畢即納匱中，將行禮時，分實籩豆。仍選内侍二員，俟公卿點饌畢，專主饌造。監禮、監祭官同省滌祭器，務令豐潔。行禮次，令親事官十人於壇外察視。又郊祀壇值雨雪，止就太尉齋廳設望祭之禮，既爲宿舍，而祇祀上帝，似未嚴恭。望令於齋宮門内建望殿，自餘諸壇悉准此建殿。[19]諸司齋房舊止二間，亦望量增其數。舊例，大祀止太府寺供香，自今望内降御封香。」詔並從之。修建〔殿〕宇委内侍鄧守恩管勾。

二十五日，詔光禄、司農寺，自今祠祭禮料並置漆匱，判寺官緘送祀所。初，禮儀院言，諸祭禮料皆旋傭擔力齎持而往。帝以非嚴祝之意，故有是命，仍令鄧守恩造漆匱給之。

六月十六日，詔：「自今遣官奉青詞、祝版、御封香往諸處祭告，並令緘封護持。每至驛舍，安置静處，務極嚴肅。違者重科其罪。合遣使臣者，即選奉職已上齎送。」先是，殿侍張信乘傳齎香合祝版赴南海致祭，信寘于馬上，頗虧恭潔。至中路震死，其左右聞空中有言曰：「無損祝版香合！」知襄州孫沖以聞，因有是詔。

天禧元年正月十二日，禮儀院言：「皇帝行禮，典儀贊拜，群臣并拜。望自今皇帝一拜畢，在位官乃拜。」從之。

三年五月十七日，監祭使吕言言：「光禄寺祭饌造畢，監祭閲視，復貯神厨，慮爲人竊取。望造漆櫝扃鎖，俟將行禮，設於籩豆。暑月别造紗蒙漆櫝。」從之。

九月二十四日，國子監言：「祠祭行事官條制：廟社不許致齋，止宿武成王廟。近以員多，分宿當監，燈燭非便，望令專宿武成王廟。」詔禮院與本監詳定，復上言曰：「武成王廟齋廳位四十餘間，今請不許官司拘占，悉留充齋宿之所。如發解鎖宿廟内，即權徙尚書省。」從之。

四年五月四日，同判太常禮院楊（隅）〔嵎〕言：「祠祭攝官，舊禮躬親滌爵酌酒。近[20]來禮直官止引至罍洗，帨手訖，便赴神位前，未嘗滌爵。所司已酌酒實爵，獻官即取致奠，殊爽禮文。望自今依舊行事。」從之。

八月二十一日，同判太常禮院陳寬言：「郊廟致齋日，左右街司承例遣雜職隨行。按令文：散齋之後，不行刑罰。欲望自今罷之。其祇事人吏不謹職者，俟祭畢，付有司科罰。又諸司祇應人點饌後，多肆出入。望自今點饌後，不得輒出齋宮。又每禮畢，諸色人競上壇，並以撤祭器爲名，分取祭餘果饌。望自今監祭御史監勒，〔徹〕祭依均胙例分給執事人。」從之。

五年正月十三日，詔：「自今每大祀，中書攝事，賜錢五萬爲酒殽之費。」《續會要》：景德元年十一月十九日，車駕出處依常禮望祭外，又遣官分詣嶽瀆齋宿祭告。　三年正月十一日，以契丹遣使修好，命知制誥朱巽奏告諸陵。　五月十九日，太廟以雨漏，將議修補，太常禮〔院〕言：「咸平中翼祖室换柱，蓋鑿垣動土，工稍大，遂擇日奏告本室及祭后土。今小有葺治，不煩奏告。」從之。　九月五日，太常禮院言：「朝拜諸陵前二〔日〕，請差官奏告太廟。出京日，請依巡幸出京例奏告天地、社稷，各以香、幣、酒、脯、醢。」從之。　十二月六日，上封事者言：「按《開元禮儀鑑》云：車駕行幸，路次有名山大川，去三十里内則祭之；前代帝王，二十里内則祭之；名臣，十里内則祭之。今朝陵有期，緣州縣所記山川祠宇，名多僞俗，望委禮官先檢詳事迹以聞。」事下太常禮院，禮[21]院言：「得河南開封府、孟、鄭州所供山川神祠，除京城神祠舊係祀典者，今約定祠宇，請下逐州府，差官依禮致祭。」從之。自後開封府縣文宣王、浚儀縣崔府君、天王、畢卓、九龍等廟，皆遣官祭告。　四年二月二日，次西京，遣工部尚書王化基等告汾陰后土、中嶽、太行山、河瀆、洛水、啓母、少姨廟。　十八日，以車駕將還東京，命宰臣王旦告諸帝陵，吏部尚書張齊賢告諸后陵。　二十日，命吏部侍郎郭贄告昊天上帝，工部侍郎韓丕告社稷，殿中丞趙積告太廟。其東京城内祠廟，車駕還日，令開封府遣官致祭。　大中祥符元年正月四日，以天書降，命吏部尚書張齊賢等奏告天地、宗廟、社稷、京城祠廟，仍遣使告鳳翔府太平宫、亳州太清宫、舒州靈仙觀。故事，京城神祠皆開封府遣官，帝欲重其事，特命京朝官。　天禧三年四月八日，迎奉天書亦然，仍增告玉清昭應宫、景靈宫、會靈觀。　四月四日，以將封禪，遣官告天地、宗廟、社稷、太一宫、河中后土、五嶽、海瀆、京城神祠。其在外者，乘傳以往，命澶、鄆、兖州長吏告高陽氏、帝嚳、帝堯、文宣王廟。　九年五月，以將上玉皇聖號，恭謝南郊，及天禧元年正月禮畢，遣官奏告，皆用此禮。自後將行大祀，御札降，皆告焉。　二十七日，詳定所言：「車駕東封，所經致祭處多，有司艱於集事。欲望惟名山大川、先代帝王有功德者，勑差官精潔祭告。仍出京日，遣官告后廟及諸陵。」[22]從之。　七月八日幸亳，用此例。

九月二日，詔：「告太廟日，以芝草、嘉禾、瑞木列于天書輦前，及陳於六室，仍各標所貢之處。」　十五日，車駕詣啓聖院朝拜太宗神御殿，以封禪有期致告。　十一月二十八日，詔：「自今祭告天地、社稷、宗廟、嶽瀆，其后土亦致祭，著于令。」　二十九日，封禪禮畢，還京，遣官告天地、社稷及后廟、諸陵、四海、嶽瀆、河中府后土、鳳翔太平宫、亳州太清、洞霄宫、舒州靈仙觀、鄭州靈顯王廟。令開封府差官祭告京城内祠廟。自後凡行大禮，皆如此例。外州遣官告者，又增兖州會真、河中府太寧宫、亳州明道宫、江州九天使者、泗州普照王寺。河瀆又於澶州别告。又有五嶽真君觀、茅山、龍遊山、虎丘山、龜山神，亦嘗祭告，而不著例。　三年九月四日，詳定所言：「河中府河中縣伏羲、神農、漢文帝廟，河西縣舜廟，龍門縣禹廟，寶鼎縣湯廟，臨晉縣周文王、周公廟，永樂縣周武王廟，望於祀汾陰前十日，用中祠禮料致祭。中牟縣列子廟，靈寶縣老君廟，中嶽、西嶽真君廟，望於車駕經過日以香、幣、酒、菓致祭。鄭州靈顯王廟，周嵩陵、慶陵，河南府偃師縣魏文帝廟，河南縣周六廟，新安縣後唐莊宗廟，陝州湖城縣軒轅廟，閿鄉縣女媧陵，中嶽啓母、少姨廟，濟瀆、洛水、太行山，並望以中祠禮料致祭。西海、北海舊於河中府、孟州望祭，亦同此例，仍請特詔遣官。其餘十里内神祠非有大功德者，止令本州府設祭。」詔可。　四年[23]三月四日，詔東京留守司：「應都城内祠廟，候車駕還京日，令開封府普差官祭告。」七年，朝謁太清宫還，亦用此禮。　六月一日，以加上五嶽帝號，遣官奏告天地、宗廟、社稷、五嶽。　十二日加上五嶽號，亦用此禮。　五年十月二十七日，以聖祖降，特命宰臣王旦等告天地、宗廟、社稷，遣官告諸陵、嶽瀆、祠宇，帝親封香付之。初，中書准例遣丞郎已下，帝特命輔臣。　閏十月二十四日，詳定所言：「朝元殿告謝，前二日先告配帝聖祖於玉清昭應宫本殿，太祖、太宗於本室。其日，太宗配坐南郊，望至平明奏告。准禮例，如用牲牢，即是祭禮；近已祭饗，今恐煩數，欲只用香、幣、酒、脯，告官公服行事。聖祖以香、酒、時菓、碧幣。」從之。　六年正月十七日，以立皇后，遣官奏告天地、宗廟、社稷、諸陵、聖祖天尊大帝。　三月二十七日，以迎奉聖像，遣集賢校理宋綬祭告淮瀆、汴水，太常博士歐陽陟於河陰祭汴水上源。　五月十二日，詳定所上言：「聖像至京，請前二日差官奏告天地、社稷、太廟、諸后廟、元德廟、諸陵。」七月二十五日，以元德皇太后升祔，遣官奏告天地、太廟、社稷、聖祖及元德廟。八月五日，詳定所言：「伏覩宣示宮庭小園嘉禾生四十穗以上。准令，祥瑞，有司以聞，差官告廟。望遣官奏告玉皇大帝、聖祖天尊大帝、太廟。」從之。告前一日，應告官待於（廟）〔朝〕堂，内出嘉禾，以器盛之，置於床，并祝文以付告官，奉之赴祠所。餘如常 24 告之禮。十一月四日，禮儀院言：「皇帝朝謁太清宮，其應天府高辛廟、湯塚廟欲用中祠禮；開封府汴河、亳州渦河欲用小祠禮；及十里内橋道神祠，並經過日遣官祭告。」從之。十四日，禮官言：「凡奏告之禮，用香、幣、酒、脯，告官公服。如用牲牢，即是祭禮。自今請復舊典。」詔依。二十二日，詔：「皇帝親詣太清宮行朝謁之禮，以十二月十五日躬告太廟、玉清昭應宮。」三十日，以奉祠，遣官告諸陵。

七年九月二日，詔以司天監所奏紫微宮中瑞光如宮闕，及含譽星再見，遣官告天地、宗廟、社稷及玉清昭應宮。二十日，以奉上玉皇聖號，分命輔臣告郊廟、社稷、玉清昭應宮。九年五月十三日，以景靈宮、會靈觀成，遣官告天地、社稷、太廟、玉清昭應宮、太一宮。天禧元年正月七日，詔以天書不入太廟，遣官奏告太廟、玉清昭應宮。三月六日，兖州太極觀上聖祖母寶册、仙衣。前二日，命官分告天地、社稷、宗廟、玉清昭應宮、景靈宮、會靈觀。其寶册經過橋道，及路左右五里内太極觀、十里内神祠，隨處遣官，以册寶未到前一日致祭。寶册至縣日，先遣官詣景靈宮、太極觀奏告。旦奉册至嶽下日，先令詣會真宮、天齊仁聖帝廟、真君觀；至澶州，詣河瀆顯聖靈源公廟祭告。五月二十八日，迎奉太祖聖容赴西京。禮儀院言：經由永昌陵，望遣官前一日奏告。詔遣左諫議大夫戚綸往。仍出京前一日，分遣官奏告天地、宗廟、25 社稷、玉清昭應〔宮〕、景靈宮、會靈觀。經由五里内神祠及西京城内外神祠，並本府遣官，未到前一日祭告。乾興元年正月四日，詔以二月二日御正陽門肆赦，其每年南郊合奏告去處，並以此月七日祭告。七月十三日，仁宗即位未改元。禮儀院言：「真宗謚册，舊禮上告圜丘、太廟，今請更差官奏告四宮觀及后廟、社稷。」從之。

仁宗天聖二年四月六日，詔：「宮闈令如有期周喪在家在外，並給假二日。遇朔望禋祭行事，即權差人祗應，假滿仍舊。」是年七月，宮闈令王文濟妻卒，依上給假二日，假滿依舊赴職，惟遷神主時權差官而已。

三年五月二十七日，太常禮院言：「郊壇詣祠祭神位前，遇陰晦，乞添用燭籠、釋盆。」從之。

五年十月十一日，禮儀使劉筠言：「準儀制，登歌作《豐安之樂》，諸太祝各入室徹豆。欲望差禮生七人各引本室大祝，庶協禮文。」從之。

二十五日，知祥符縣事丁慎修言：「祠祭，開封府準例差水夫供燒釋盆。或同日數祭，即差所由行官、店户、村民，貧弊不肅。欲望自今令步軍司以剩員祗應。」事下太常禮院，本院移光禄寺：「每祭供燒釈盆人夫，大祠四人，中祠三人，小祠二人。」又得南郊橋道頓遞使牒：「郊廟燒釈盆人皆八作司卒。今詳擡盤水夫自係光禄所管，望令如舊。供燒釈盆人夫，望如慎修所請。」從之。

六年二月六日，同知禮院王皞言：「四郊齋宮疏（滿）〔漏〕，望下有司修葺，增設什物。又行事 26 官所請祭服不整齊，差攝之官皆是外任替還，供應生疏。望令少府監，自今隨祭器請領祭服，曾差軍士賚赴祠所〔一〕，臨事供應。又大祠進胙皆人吏齎擎入内，欲望自今監祭使與光禄寺官封

〔一〕「曾」字疑誤。

進。」事下太常禮院。禮院上言：「齋宮已準近敕修整。比來牲牢、禮料皆納監祭使，別無庫屋，又無監禮房。請下三司刷蓋牲牢禮料庫及監禮房。後有疏漏，委太常寺移牒三司修葺。祭服請下三司委本判官詣庫點檢，別行製造，不堪用者，依禮文焚之。仍下馬步軍司選剩員十五人，隸少府監，齎送祭服。除中書門下攝事依舊差人請領外，自餘俟至幕次，供與祭官，祭畢，却送本庫。餘如睥請。」從之。

三月，太常禮院言：「準詔詳定供備庫副使、勾當儀鸞司魏餘慶所請：『南郊青城拘占民田，南北四百步，望給錢收買。又青城内暖殿七間，自來彩木結縛爲棟宇之象，欲用瓦木蓋造，至時却以綵帛輓設。青城周圍自來索木絞縛，畫甎瓶幕以爲城牆，祀事既畢，更無拘占。欲望於前所買地，四邊築露牆遮迾，至時依舊立爲青城。城内空閒處種蒔花果，每歲出課資官。』本院檢詳禮典，歷代郊祀天地制度，即無郊兆内外營構宮宇之文。聖朝每行郊祀，皆營構青城幄殿，即《周禮》之大次也。又於東（壙）〔壝〕門外設更衣殿，即《周禮》之小次也。符合禮經，初無異議。今餘慶乞瓦木蓋造暖殿，至時依舊用綵帛蓋覆。伏緣至尊所御，務求 27 牢固，在於幄内，於禮無妨。又乞和買地土，修築露牆，至日却於牆上修立青城。今參詳郊禋之歲，雖妨耕稼，儻優給價直，除破租税，公私亦便。垣牆之内栽種花果，本無資於翫好，豈復計其課入？伏請不行。」詔依奏。

八年十月，詔：「南郊行事官除合破著公衫人引接外，其餘臣僚不得令公人着緋紫寬衫及公服祗應。朝服、法物内衣物，新衣庫除合請儀注衣服外，不得支借。如違，閤門、御史臺舉察。」

景祐元年七月十三日，禮官言：「按《禮部式》：天地五郊等壇，三百步内不得葬埋。今參詳，三百步外焚殯，煙氣實亂薰潔。自今每遇諸壇祭祀，令監祭預牒開封府，前三日權令去壇五百步内禁斷。」

二年正月二十一日，上封者言：「每年春秋遣官朝拜諸陵，及祀神州地祇，太祖配座唯太府寺供香，於禮不稱。乞並降御封香。」從之。

八月十九日，詔：「薦獻景靈宮、朝饗太廟、郊祀天地，自今並同日受誓戒。」故事，受誓戒凡三日。先是天聖五年將祀南郊，帝以爲禮煩，問於宰臣，王曾等奏曰：「薦饗太廟等處，本來只爲郊祀有此禮例，只合一次詣南省受誓戒，方協事宜。此蓋自前朝已來，久相因襲，當須改革。候後次郊禋，令有司詳定取旨釐正。」至是始下太常禮院檢唐故事，著爲定制。

十月十一日，詔：「訪聞祀天地、社稷、宗廟，簠簋籩豆祭器多是損壞，收掌不得嚴潔。令太常禮院相度修整，不堪者別行創造，淨潔處 28 置庫收盛。」

十二日，太常禮院言：「郊廟之禮，準故事，惟設更衣幄，而未有小次。皇帝久立版位，比及成禮，則已踰時，非所以裕至尊、究恭虔意也。謹按《周官》：『朝日、祀五帝則張大次、小次。』朝覲會同亦如之。鄭康成謂：大次，所止居也；小次，既(按)〔接〕祭，退俟之處。引《祭義》：『周人祭日，以朝及闇，雖有彊力，曷能支之，是以退俟，諸臣代有事焉。』故説者以爲祀昊天上帝亦張大次、小次。古者大次，壇壝之外，猶今更衣幄殿也。小次在壇之側，今所未行。按魏武帝《祠廟令》：『降神禮訖，下階就蕞而立，須奏樂畢，似若不愆烈祖，遲祭不速訖也。故吾坐俟樂闋〔一〕，送神乃起爾。』然則武帝坐俟，容須别設近次，與《周官》義符。參檢前代，謂宜設小次於皇帝版位少東，每獻畢，降壇若殿，就小次俟終獻撤豆，則皇帝復就版位，他如常禮。如此，則奉神之意在久益虔，執禮之容有恭無闕。」詔如典禮。

十三日，太常禮院言：「將來南郊，三聖皆侑，設神位外，安排樂架隘窄。乞依太廟例，置抹緑床應奉。」從之。

三年三月二十一日，太常禮院言：「監祭使劉夔請於四齋宫側建屋十間，安泊諸色人；去除逐壇草穢，修疊道路。」從之。

寶元元年九月二十五日，詔：「應緣祀事，已受誓戒而不虔恭者，毋得以赦原。」

康定二年七月九日，詔：「將來南郊，應係天地宗廟祀物，並於大禮外乘輿服御、諸道供(意)〔億〕物，令三司相度減省，務要簡約。宫殿什物不須修飾，不29得循例申舉。」

慶曆元年十月十五日，同判太常寺呂公綽言：「郊廟所陳罇罍之數皆準古，而不實以五齊、三酒，及用明水、明酒，有司相承，名爲『看器』。其郊廟、天地配位惟用祠祭酒一等分〔二〕，大祠、中祠位二升，小祠位一升。止一罇酌獻，一罇飲福酒，餘皆虚器。按《開元禮》、《崇祀録》：昊天上帝、皇地祇六罇，太罇爲上，實以汎齊；著樽次之，實以醴齊；犧樽次之，實以盎齊〔三〕；象樽次之，實以醍齊；壺樽次之，實以沈齊〔四〕；山罍爲下，實以三酒。配帝著樽爲上，實以汎齊；犧樽次之，實以醴齊；象樽次之，實以盎齊；山罍爲下，實以清酒。皆加明水、明酒，實於上樽。五方帝、北極天皇大帝、神州地祇、大明、夜明太樽，實以汎齊。五星十二辰、河漢象樽，實以醍齊。中官壺樽，五方山、林、川、澤蜃樽，並實以汎齊〔五〕。外官概樽，五方丘、陵、墳、衍、原、隰散樽，並實以清酒。衆星散樽，實以昔酒〔六〕，皆加明酒，各實於上樽。宗廟每室設斝彝、黄彝、著樽。斝彝、著樽之上樽皆實以明水〔七〕，黄彝實以鬱鬯，著樽實以醴齊。又司烜氏『以鑑取明水於月』，鄭康成云：『鑑類，取水者也，謂之方諸。取月之水，欲得陰陽之潔氣

〔一〕坐：原作「座」，據《長編》卷一一七改。下文「坐俟」同。
〔二〕「酒」上原有「果」字，據岳珂《愧郯録》卷五引《國朝會要》此條删。按此處與果無關。
〔三〕「犧樽」二句原脱，據《文獻通考》卷七一補。
〔四〕沈齊：原作「汎齊」，據《愧郯録》卷五改。
〔五〕汎齊：《愧郯録》卷五作「沈齊」。
〔六〕昔：原作「旨」，據《唐六典》卷一五改。按昔酒，「三酒」之一也。
〔七〕斝彝著樽：《愧郯録》卷五、《文獻通考》卷七一皆無此四字。

也。』臣謹以古制考，五齊、三酒即非難得之物，將來郊廟祭享，宜詔酒官依法制齊酒，分實樽罍。仍命有司取明水對明酒〔一〕，實於上樽。或陰鑑、方諸之類未能猝辦，請如唐制，以井水代之。」下博士議，而奏曰：「比郊廟祠祀，壇殿上下所設樽罍，惟酌獻、飲福二樽實以祠祭酒，餘皆徒設器，而不實以五齊、三酒、明水、[30]明酒，誠於禮爲闕。然五齊、三酒，鄭康成注《周禮》，惟引漢時酒名擬之，而無制造之法。今欲仍舊用祠祭酒一等，其壇殿上下樽罍，有司不得更設空器。其明水、明酒並以井水代之。其正、配逐位酌獻、飲福，舊用二升者〔二〕，各增二升。從祀神位並用舊升數實諸樽罍，配以明水、明酒。」從之。

三年三月，詔太常禮院〔三〕：「諸小祠獻官皆常服行事，不合禮文。自今並服四品以下祭服。非時告祭不用香幣禮器者亦如之。」

七月九日，右正言余靖言：「三王郊禮一用夏正，今正月上辛之祀是也。王肅云：『冬至之日祀昊天上帝於圜丘，立春又一祭，以祈農事。』鄭康成云：『太微五帝迭王四時，王者之興，必感其一。因其所感，別祭尊之。』此皆上辛之祭，而王、鄭兩學互相師祖，各成一家之論。唐武德初祀感生帝於南郊〔四〕，以元皇帝配享。顯慶初廢感生帝祀，以爲祈穀。開元中修禮官王仲丘議，感帝生祀與祈穀二禮並行，自此始也。今國家以正月上辛之日祀皇天上帝於圜丘，以太祖配；又祭感生帝於南郊，以宣祖配。此雖二祀並行，其禮當異，禮官失於援考，昊天上帝用四圭有邸，其色尚赤，同於感生帝之祀〔五〕。臣愚以爲，昊天上帝當用蒼璧，以正祀天；祈穀之禮感生帝，乃用四圭有邸，其色尚赤，以表本朝火德應興之感。則二禮並行，各從其本。」事下禮官，李仲容等議曰：「按《周禮》典瑞、玉人職，蒼璧以祀昊天上帝，四圭有邸以祀感生帝及旅[31]上帝〔六〕。今孟春祈穀，祀昊天上帝於圜丘，祀感生帝於赤帝壇。二祭同日別行，而並用四圭有邸，皆以赤色〔七〕，誠爲失禮。乞依靖奏，自今祀昊天上帝即用蒼璧，祀感生帝即用四圭有邸，仍從赤色。」從之。

九月二十七日，侍御史趙及言：「太廟、后廟近日居民，當告祭時樂作，其外或有哭聲相聞，於禮非便。請徙其民。」詔令遇行事時，權止哭泣，勿遷之。

四年十月二十四日，太常禮院言：「新修祀儀並據《通禮》。郊廟所設樽罍之數，與《通禮》不同。南郊配帝位舊設象樽二、壺樽二、山罍二，今宜如《通禮》，增山罍爲四。」

〔一〕仍：原作「乃」，據《愧郯録》卷五改。
〔二〕二升：原作「一升」，據《愧郯録》卷五、《文獻通考》卷七一改。
〔三〕太常：原作「大」，據《長編》卷一四〇改。
〔四〕生：原脱，據《太常因革禮》卷一四補。
〔五〕生：原脱，據《太常因革禮》卷一四補。
〔六〕生：原脱，據《太常因革禮》卷一四補。
〔七〕以：原作「有」，據《太常因革禮》卷一四改。

從之。

七年六月十二日，太常禮院言：「按禮，祀昊天上帝、日月星辰，並用藁秸，五（人）〔方〕帝用莞，至唐始加褥。今南郊配位各設席加褥，而無藁秸與莞。又禮，以茅縮酒，今但供零陵香灌其上，殊無所稽。將來奉祠郊廟，宜更制藁秸、莞席爲藉，而縮酒用茅。」從之。

皇祐二年四月二十七日，太常禮院言：「聖駕詣宮觀行禮及燒香，其從入殿庭及升殿人數，各著定式。」從之。入內內侍（侍）省都知、押班、帶御器械不限員數外，勾當翰林、儀鸞司使、副各二員，閤門祗候四員，入內內侍省供奉官以下二十人，內侍省供奉官以下十人。以上並許升殿，餘兩省供奉官以下止於當兩廊祗候。中書、樞密院、親王帶從人二人入殿庭，不升殿；其餘臣僚並不許帶從人入。其隨駕從物椅子、御燎等不上殿，御馬、逍遥子不入 32 殿庭。駕入殿庭不鳴鞭，諸軍班等並至中三門外止。

五月十一日，三司言：「明堂法駕自宣德門抵太廟道路，準郊例，當預爲土坶。俟乘輿將出，番布黃道東西，八作兩司領徒護作，實用黃壤土十七萬一千餘畚，爲役程二萬一千餘功，比舊例無慮省土畚、人程六分之五。」南郊舊例，黃道土坶高四尺五寸，廣六尺，番布黃道時土厚二寸五分。天聖五年約其制，土坶高二尺，廣四尺，番布時厚一寸二分。

六月十一日，禮儀使移下諸司，戒以庀具儀物，各令申警備豫，無使至時闕供。儀物、法駕、鹵簿，兵部主之。宮縣，登歌、鼓吹、警場立金雞、擊鼓，太常寺主之；車輅、儀仗法物，太僕寺主之；六軍儀仗法物、警場應奉，六軍諸衛主之。左右金吾儀仗法物、御前勘箭，左右金吾仗主之。芳亭、鳳輦、香蹬、腰輿、繖扇、中嚴外辦褥位，殿中省主之。立金雞，將作監主之。祭器、朝服、祭服、諸司法物，少府監朝服法物庫主之。冕服、鎮珪、通天冠、絳紗袍、拂翟、殿上扇，宣徽院主之。凡文武百官次舍、器用，開封府主之。捭寶令史、贊者牙版、位版，門下省主之。凡御幄、大小次、黃道、蠟燭、御位席褥、明堂張設，儀鸞司主之。明堂、太廟、后廟、奉慈、九宮貴神，並車駕出內前一日祭告神祠，供備牲牢、禮料、祭器，光禄、太常、太僕、太府、司農、宗正寺、秘書省、少府、將〔作〕監共主之。皇帝位版、修撰儀注、移牒諸司詳定儀仗法物及贊引行事，太常禮院主之。明堂、太廟，景靈宮祝册文及册案、沿册法物，中書省主之。警場喝探，左右 33 街司主之。明堂衆星位版并刻漏時辰，司天監主之。

八月五日，禮儀使言：「明堂行禮，文武臣僚各將冗從，於幕次更服，慮雜揉不可辨詰，望令御史臺、閤門詳品位定數，許給方號爲識，仍具當得數豫關所由司。」從之。按《周禮·司常》：「官府各象其事，州里各象其名〔一〕，家

〔一〕州：原作「別」，據《周禮注疏·春官·司常》改。

各象其號〔一〕。」鄭康成云：「事、名、號者，徽識〔二〕，所以題別衆臣〔三〕，置之於位，朝各就焉。徽識之書，則云某某之事〔四〕、某某之名、某某之號，以相別也。」國朝每親祀大禮，儀衛之中皆給印號以爲徽識，亦其制也。除中書直省官，行省、樞密院知客、押衙、當直樞使官外，宰臣、親王、樞密使各五人；參知政事、樞密副使各四人；三司使，學士至待制，閤門、團練使以上，文班少卿監、武班大將軍以上，各三人；文班尚書省五品、武班將軍、内諸使司以下，各二人。

十二日，御史臺言：「準詔與禮院詳定大禮諸司例假緋紫寬衫并文武官當直從人所假青錦窄袍儀注、色號，以數、衰等，望爲永制。」從之。三司、御史臺、尚書都省、理檢院、登聞鼓院、開封府、提舉在京百司、審官院、流内銓、糾察司、銀臺司、群牧司、（練）〔諫〕院、審刑院、刑部、太常寺、大理寺、四省及諸寺監，係應奉祀事者，兩省五品以上官非主判司局，各假緋紫寬衫，自三十領至二領。宣徽使、御史中丞、知雜御史、左右金吾、僕射，觀文、資政殿大學士，翰林學士承旨至龍圖、天章、寶文閣直學士，太常卿、左右丞，諸行侍郎，節度 34 使留後至團練使，給事中、諫議大夫、中書舍人、知制誥、待制，大卿監司使，權知開封府、三司副使，自四十領至十五領，青錦窄袍居三分之二，錦絡縫衫帽居三分之一。少卿監、起居郎、起居舍人、侍御史、正刺史、諸行郎中、宣慶使至皇城諸司使、樞密院副承旨、閤門副使、殿中侍御史、左右司諫、諸行員外郎、左右正言、監察御史、省府推判官，自十領至八領，青錦窄袍、絡縫衫帽各半。太常博士至太子洗馬、諸司副使、閤門祗候，各錦絡縫寬衫四領。應不任在京職事者皆減半。其皇親從人並依（宮）〔官〕品假給。

十四日，閤門言：「宮廟明堂行禮，車駕出入宮廟殿門，準舊儀，皆勘箭、勘契。宣德門出入勘箭，景靈宮、太廟門入勘箭，出則否。凡勘箭，皆左右金吾街仗司主之〔五〕。箭笴長二尺五寸，雕羽，金鼉筈〔六〕，鍮石鏃〔七〕，闊二寸，方斜，形如匕。二箭合鏃，有鑿（柄）〔枘〕爲雄雌，一爲雄鶻箭，藏内中，一爲辟仗箭，藏本司。皆韜以絳羅銷金囊。每車駕至門，閤門使持雄鶻箭，贊云：「勘箭官來前！」勘箭官稱喏，跪受箭，以左右箭相合，奏云：「内外箭勘同。」閤門使承宣云：「準勅行勘。」勘箭官稱：「軍將門仗官來前！」軍將門仗官二十人齊聲喏〔八〕。勘箭官言：「呈箭！」又聲喏。勘箭官云：「某年月日，皇帝宿齋于某殿。某日，具天仗迎鑾駕出入某門，次詣某所行禮。内出雄鶻箭，外進辟仗箭一，準勅付左右金吾仗行勘。」勘箭官稱：「合不合？」和箭門仗官皆稱「合」。如 35 此再問對。又問：「同不同？」和箭門仗官皆稱「同」。如此亦再問對。勘箭官乃伏奏云：

〔一〕「家」上原衍「名」字，據《周禮注疏》删。
〔二〕徽：原作「微」，據《周禮注疏》改。
〔三〕衆：原作「象」，據《周禮注疏》改。
〔四〕云：原作「去」，據《周禮注疏》改。
〔五〕街：原作「衙」，據《宋史》卷一六四《職官志》四改。
〔六〕鼉：《宋朝事實》卷一三作「鼇」。
〔七〕鏃：原作「鏇」，據《宋朝事實》卷一三改。
〔八〕二十人：《宋朝事實》卷一三作「二十八人」。

「左右金吾引駕仗勾畫都知具官臣姓名，對御勘同。其雄鷭箭謹奉閤門使進入諸司準式〔一〕。」和箭官聲喏。奏畢，奉箭付閤門使。勘箭官即起居，三呼萬歲，開門進輅。凡宣德門，出，左仗主之；入，右仗主之。景靈宮，入，右仗主之；太廟門，入，左仗主之；南薰門入則勘，出則否。文德殿門出入勘契。凡勘契，皇城司主之。契有左右，各長尺有一寸，博二寸八分，厚六分。以香檀木爲之，刻魚形，爲鑿枘相合，縷金爲文。凡左契雄，刻云「某禁門」，左木契藏内中；右契雌，刻云「某禁門」，右木契藏本司。皆金填字，韜以絳羅銷金囊，髹漆匣，中以帊褥覆藉。匣有衣，亦絳羅銷金。本司勘契官二人，贊聲親事官二十人。每車駕至門，（契勘）〔勘契〕官執右契，稱：「門仗官來前！」贊聲官皆和應之。即奏云：「大内皇城司勘契官具官臣姓名〔二〕，奉勅勘契。」閤門使降左契，言：「準勅行勘。」勘契官跪受左契，以左手持右，右手持左。勘畢，奏云：「内外契合。」即問云：「從北來者何人？」閤門使答：「皇帝大駕。」復問云：「是不是？」贊聲齊言「是」。又問：「合不合？」贊聲齊言「合」。又問：「同不同？」贊聲齊言「同」。勘契官奏：「某年月日，皇帝宿齋于某殿，某日出某門，詣某所行禮。右契留本司收掌，左契謹付閤門奉進。」引聲絶，贊聲官並和，乃起居，三呼萬歲畢，開門，車駕乃出。其還入門，即云「行禮畢」。若親郊出入朱雀門，亦並勘契。36望如儀施行。」詔可。

十六日，大禮使司言：「定臣僚從人假紅錦窄袍，以官序立數，每遇大禮，準所定數申大禮使司，取判付本庫支給。如敢違犯，其請人、主者悉以罪論。」從之。宰臣、親王、樞密使各十六，參知政事、樞密副使各十四，宣徽使十二，三司使十，學士、中丞、知開封府、節度至觀察使各八，大禮等五使各二。

五年九月十一日，詔中書省：「自今南郊添竹册一副，并沿册法物。」先是南郊壇正、配四位用竹册四副，至是南郊三聖並侑，遂復增一焉。

嘉祐六年十月，太常禮院言：「明年正旦大慶殿受朝賀，其三日上辛祈穀于上帝，前三日不作樂，請如慶曆二年故事，改用次辛。」從之。

七年八月一日，翰林學士王珪等言：「準詔詳定太常禮院所議祕閣校理裴煜奏：『大祠天地、日月、社稷，其行禮日與國忌同者，伏請用樂。又諸祠所用香殊爲尠少，不稱崇祀之意。』禮院請依唐舊制及國朝故事，廟祭與忌同日，並縣而不作。其與別廟諸后忌同者作之。若祠天地、日月、九宮太一及蜡百神，並請作樂。社稷以下諸祠既卑於廟〔三〕，則樂不可作〔四〕。如此，則雖純用三代之禮，亦可廣孝思之至。太府寺所供香，宜中祠視大祠之半，小祠視中祠之半。凡大祠則請降御封香，如祀昊天上帝之禮。珪等議：社稷，國之所尊，其祠日若與別廟諸后忌同者，伏請亦不去樂。餘並如禮官所議。」詔恭依。煜議具雅樂門。

八年五月十五日，太常禮院37言：「大祠請用乾興故事，備樂不作，祔廟畢如故。」從之。《續會要》：仁宗天聖五年七月二十八日，滑州言：八月八日修疊河口興工。詔差官祭告。七年七月六日，以玉清昭應宮火，遣官告諸陵。十年八月二十六日，以大内火，遣官告

〔一〕其：原作「某」，據《宋朝事實》卷一三改。
〔二〕勘：原作「堪」，據前後文意改。
〔三〕卑：原作「畢」，據《長編》卷一九七改。
〔四〕作：原作「爲」，據《長編》卷一九七改。

天地、太廟、社稷。　明道二年八月二十七日詔：「方春以來，蟲螣爲沴，宜令天下於朕尊號省『睿聖文武』四字，仍擇日告於天地、宗廟。」　景祐元年九月二十六日，奉安元德皇后石室，命知制誥路振告太廟室。　二年六月九日，禮官言：「準詔議定祖宗配侑之制，命翰林學士承旨章得象告天地於南郊壇，翰林學士石中立告太廟七室，翰林侍讀學士李仲容告社稷，朝臣分告永昌、永熙、永定陵。」　慶曆元年八月八日，皇第三子生，遣官奏告宗廟。　七年八月二十五日，加上真宗尊謚，命翰林學士錢明逸奏告永定陵。　嘉祐元年正月十日，以帝不豫，命宰臣富弼禱于太廟，文彦博、劉沆禱于天地、社稷，及遣諸州軍長吏禱嶽瀆諸祠。　七年八月二十六日，以立皇子，命翰林學士王珪告天地、宗廟，遣官告諸陵。　八年四月十一日，英宗即位未改元，命翰林學士王珪等九人以大行皇帝崩告天地、社稷、宗廟及景靈宫、集禧、建隆、醴泉觀；又命龍圖閣直學士韓贄等九人分告即位。　治平四年亦如例。　五月十九日，翰林學士王珪言：「謹按《曾子問》曰：『賤不誄貴，幼不誄長，禮也，惟天 38 子稱天以誄之〔一〕。』《春秋公羊》説，讀誄制謚於南郊，若云受之於天。　然乾興元年夏既定真宗皇帝謚，其秋始告天於圜丘，史臣以爲，天子之謚當集中書、門下、御史臺五品以上、尚書四品以上、諸司三品以上，於南郊告天，議定然後連奏以聞。　近制，唯詞臣撰議，即降詔命，庶僚不得參聞，頗違稱天之義。　臣今擬上先帝之尊謚，欲望明詔有司稽詳舊典，先之南郊〔二〕，而後下臣僚之議〔三〕，庶先帝之茂德休烈，有以信萬世之傳。」詔兩制詳議。　翰林學士賈黯等議如珪奏，從之。　六月七日，以皇帝不豫，命近臣分告天地、社稷、宗廟、景靈宫、相國寺、集禧、醴泉觀，又命朝臣禱五嶽四瀆及諸名山、廟寺、宫觀。　及上躬康復，又命輔臣告謝。　九月十九日，以大行皇帝謚奏告天地、宗廟、社稷、宫觀。　十一月祔廟，奏告一同。

英宗治平二年十二月十七日，太常禮院言：「准晝日來年正月上辛祈穀祀昊天上帝，同日祀感生帝。　准《閤門儀制》，祀天地，致齋則皇帝不遊幸、不作樂。　緣正月三日壽聖節在致齋之中，如用嘉祐七年正旦受賀例改用中辛，即當用正月十六日。　又緣十四日例當詣慈孝寺、集禧觀行禮，及觀燈作樂。　謹按《祭統》，君子將祭乃齋，齋者不樂，言不敢散其志也。　然則君子所以齋者，爲將接神，故不以聲音蕩其志意。　如遣官攝事，則於禮無不聽樂之文。　元日朝會及壽聖節多與上辛日辰相近，如常改用中辛，即非尊事天 39 神之意，嘉會合禮又不宜撤樂。　今請每遇元正御殿、聖節上壽雖在上辛，祠官致齋日亦用樂，其大宴即移日或就賜。」從之。《續會要》：英宗治平二年四月七日，以孟夏雩祀昊天上帝，奏告太宗室。　故事，前二日奏告。　時監祭使呂夏卿言御封香至六日巳時未見降到，乞改用七日。　從之。　以上《國朝會要》。　四年七月二十九日，神宗即位未改元，以升遷八室神主權奉安於齋殿，遣官奏告太廟。　九月七日，奉安太廟八室，升祔英宗皇帝，遣官奏告天地、社稷、宗廟、宫觀。　元豐八年十一月初五日〔四〕。

《續會要》〔五〕：太宗太平興國五年十一月十日，帝親征河東。　出京前一日，遣右贊善大夫李斡、潘慎修出郊用少牢祭蚩尤〔六〕、禡牙；又令著佐郎李巨源就北郊望氣壇，用香、柳枝、燈油、乳粥、酥蜜、餅果祭北方天王。　真宗

〔一〕「也惟」二字原脱，據《禮記・曾子問》補。

〔二〕南：原脱，據《長編》卷一九八補。

〔三〕僚：原脱，據《長編》卷一九八補。

〔四〕以下原缺。

〔五〕天頭原批：「此下至『所在州縣官充從之』止，原粘在本卷第六頁前半，加四年下。」按，此節内容爲禡祭，其文又見本書禮四八之一，此處乃複文。

〔六〕出郊：原作「就北郊」，據本書禮四八之一、《宋史》卷一二一《禮志》二四改。

咸平四年七月十六日，(設)〔詔〕太常禮院定禡祭儀付河北三路總管。祭日，所司除地爲壇，四方各五十步。設兩壝，繞以青繩，張幕，置軍牙、六纛、神位版。版方七寸，厚三分。祭用剛日，具常饌，牲用太牢，以羊豕代。其幣，軍牙以白，六纛以皂，各長一丈八尺。都總管爲初獻，以次將官爲亞獻、三獻，皆戎服。清齋一宿，將校陪列。禮畢，焚其幣，釁鼓以一皮。禡牙文：「維年月日，某官某乙敢以牲牢告于軍牙之神曰：五材並用，誰能去兵？四夷不庭，必將右武。是故我國家鑿門命將，授鉞出征。驅桓桓之師，整堂堂之陣，式遏亂略，龔行天誅，大庇生民，撫寧方夏。爰以剛日，告于明神。神其奮又39發威靈，導迎吉氣。使飆馳霆擊，所向無前，履險摧堅，一月三捷。助貔貅之賈勇，勦(射)〔豺〕狼之沓貪。盡焚虜庭，大空漠北，飲馬瀚海，勒石燕然。(後)〔役〕不踰時，兵無血刃。殲厥醜類，惟神之功。急急如律令！」祭六纛文：「維年月日，某官某乙，謹以牲牢致祭于六纛之神。夫四夷猾夏，《虞典》所以明(五)刑；十乘啓行，《周禮》所以申九伐。蠢兹獯虜，盜有燕陲，爲讎大邦，荐擾邊鄙，使爟火不得徹警，戰士勞於被堅。未焚老上之庭，猶遣輪臺之戍。帝赫斯怒，命將出征。虎賁鼓勇於顔行，天威震曜於夷落。乘匈奴之運盡，建戎旆以長驅。是用昭告于爾大神。神其假太乙之威靈，奮長庚之芒角，使星狼戢耀，旄頭不明。助漢將于九天，滅陰山之胡國。渠魁斯獲，懸首藁街；醜類畢殲，築尸京觀。乞靈徼福，式佇神休。尚饗！」高宗紹興三十一年十月二十六日，太常寺言：「朝廷興師，欲依典故行禡祭，用祝文，述以金人敗盟，朝廷不得已而興師，冀獲陰助，勦除妖孽，以速萬全之意。以甲、丙、戊、庚、壬剛日行禮。獻官以大將軍、招討使充，奉禮郎、太祝、太官令各一員，以所在州縣官充。」從之。

40神宗熙寧四年二月十八日，太常禮院言：「準詔，三司織造圜壇地衣。今檢到前後典禮并南郊一行儀制，即無地衣制度。」詔依典禮，不用地衣。

六月十一日，參知政事王珪言：「前爲南郊禮儀使，竊見乘輿所過，必勘箭然後出入。此蓋天子師行故事，大駕既動，禮無不備。及入景靈宮、太廟門，則恐不當行勘箭之禮。伏請下禮官考詳，如別無禮意，宜從罷去。」詔太常禮院詳定以聞。禮院言：「檢會本院儀注，皇帝親行大祠，所過宣德門、景靈宮、太廟門，出入勘箭；南薰門入則勘，出則否；至於文德殿門，并親郊出入朱雀門，則並行勘契。本院考詳勘契之制，即唐交魚符、開閉符之比，用之車駕所過宮殿、城門，所以嚴至尊、備非常也。惟勘箭即不見所起之因，當是師行所用，施於宮廟，似非所宜，誠可廢置。其宮殿門并太廟係車駕(齊)〔齋〕宿，請行勘契。景靈宮止是少留薦饗，至於勘契，亦乞不用。」從之。

六年八月十八日，詳定行户利害條貫所言：「穄米、蕎麥等薦新，望罷行户供買，令後苑及四園苑供應〔二〕。」從之。

七年八月九日，大禮使韓絳乞差檢正中書禮房公事向宗儒提點南郊事務，從之。

十一月六日，詔御史臺、閤門整肅禁衛所。大禮文武

〔二〕令：原作「今」，據《長編》卷二四六改。

班列執事之人出入禁衛者，務在嚴整，無俾混雜。如有闕41防未盡未備，詳具條例以聞。

九年十一月二十三日，詔：「自今每遇大禮，從中書選官二員提點一行事務，仍著爲定式。」元豐後，以左右司郎官一員充。十年三月二十二日〔一〕，中書門下請差人吏等五人，詔並減半，候降御札即差。

十年正月九日，太常禮院言：「今以慶曆五年以後祠祭沿革參酌編修成《祀儀》三本，乞一本留中，餘付監祭、監禮司。」從之。

十月六日，幹當雜買場周延年言：「昨東作坊退賣祭服、簪環、履韈，及三司斥賣長源王佩劍〔二〕、帶。臣竊謂凡祭祀之物轉移他用，則非所以尊奉神靈。故《記》曰：『祭服敝則焚之，祭器敝則埋之，龜筴敝則埋之，牲死則埋之。』示不欲褻也。願下禮官詳定，凡天地宗廟、社稷、山川、百神之祀，有器服之敝者，焚埋如禮。」從之。

元豐元年正月十三日，提點南郊事務所向宗儒言：「將來郊禋，宜自東壝門內布黃道至望燎位。」詔送詳定郊廟奉祀禮文陳襄等。

七月二十三日，太常禮院言：「按儀注，親祠，皇帝所過之門皆勘箭、契。自熙寧四年始罷勘箭，而猶存勘契之禮。若車駕入太廟、皇城、京城門，鹵簿前仗已從門入，而天子將至，則復閉中門，稽留御輅。竊詳此禮，於衆人則通之，於至尊則限之，非所以爲順也。所有太廟及宣德、朱雀、南薰門勘契伏請不行，明堂、文德殿門亦乞準此。」從之。

九月十四日，詳定郊廟禮文所言：「景靈宮薦饗儀注：設爟火於望燎位之東南，送42神樂一成，皇帝就望燎位，舉爟火。注云：如質明行禮，即不舉。伏見景靈宮行禮，日幾中矣，猶舉爟火，此有司之失也。謹按《前漢志》：秦以十月郊見，通爟火。注云：欲令光明遠照，通於祀所。漢祀五時於雍，五十里一烽火。凡祭祀通舉火者，或以天子不親至祀所而望拜，或以衆祀各處欲一時薦享，宜知早晏，故以火爲節也。則以爟火之設，本爲燎壇相遠，舉以爲節。若宮庭行事，燎壇稍近，無事於此。伏請將來景靈宮薦饗，不設爟火。」又言：「親祀南郊，皇帝自大次至位版，內臣二人執翟羽前導，號曰拂翟。歷考前代禮典並無此制，惟《國朝會要》御殿儀稱：五代漢乾祐中，宮中導從童子執絲拂二人，高髻青衣；執（執）犀盤二人，帶鬅頭，黃衫；執翟羽二人，帶鬅頭，黃衫。本朝太平興國初，稍增其制，捧真珠七寶翠毛花二人，衣緋袍；捧金寶山二人，衣緑繡袍；捧龍腦合二人，衣緋銷金袍；執翟拂二人，鬅頭，衣黃繡袍。今南郊式，尚衣庫（拱）〔供〕拂翟，內侍省差內侍二

〔一〕按，此「十年」爲熙寧十年，此事又見本書禮二八之八七。

〔二〕王佩：原作「玉珮」，據《長編》卷二八五改。按長源王即淮河神，《宋史》卷一〇二《禮志》五：「仁宗康定元年，詔封淮瀆爲長源王。」是也。

員執之，各公服，繫鞋。每大慶殿宿齋、景靈宫、太廟、南郊自大次至小次皆用之。原其所出，乃漢乾祐宫中導從之物，其制不經。今郊廟大禮乃用此以爲前導，失禮尤甚，伏請除去。」並從之。又言：「古者朝、祭異服，所以别事神與事君之禮。今親祠郊廟，皇帝衮冕，而侍祠之官止以朝服，豈禮之稱哉！請親祠郊廟、景靈宫，除導駕、贊引、扶持、宿衛之官外，其侍祠及分【43】獻者並服祭服，以稱國家事神之禮。」又言：「本朝祠祭，遇雨則望祀，而服公服，非所以奉神。請遇雨望祀服祭服。」並從之。

十一月二日，又言：「郊廟有司攝事服祭服不合古制。謹按《周禮》，司服供王祭祀之服〔一〕，『祀四望山川則毳冕，祭社稷、五祀則希冕，祭群小祀則玄冕。』注：『群小祀，林澤墳衍、四方百物之屬。』孔穎達謂：『此據地之小祀。以血祭社稷爲中祀，貍沉以下爲小祀也。若夫天之小祀，則司中、司命、風師、雨師，鄭雖不言，義可知矣。』又按《記》曰：『天子玄冕，朝日於東門之外。』先儒謂日月皆爲次祀，言朝日，則夕月亦用玄冕可知，以天神尚質故也。社稷中祀而用希冕者，以粉米有養人之功故也。國朝祀儀，祭社稷、朝日、夕月、風師、雨師皆服衮冕，其蜡祭、先蠶、五龍亦如之；祭司命、户、竈、門、厲、行皆服鷩冕；壽星、靈星、司中、司命、司寒、中霤、馬祭皆服毳冕，而不及希冕、玄冕，殊失先王之制。今天子六服，自鷩冕而下，既不親祠，廢而不用，則諸臣攝事，自當從王所祭之服。伏請依《周禮》，凡祀四望山川則以毳冕，祭社稷、五祀則以希冕；朝日、夕月、風師、雨師、司命、司中則以玄冕。若七祀、蜡祭百神、先蠶、五龍、靈星、壽星、司寒、馬祭等，蓋皆群小祀之比，合服玄冕。其攝事之臣，不繫其官，共從所祭而服。」從之。

是日，又言：「郊禮遇雨，朝服望祭，不設樂。按《禮記》曰：『大夫冕而祭於公，弁而祭於己。』則是臣子助祭不以朝服也。又曰：『年穀（不）【44】不登，祭事不懸。』則是於祭之時，既行吉禮，樂不當徹也。本朝祠祭遇雨則望祀，不爲違禮，然而服公服，又不設樂，則非所以稱奉神之意。伏請遇雨望祀，服祭服，仍設樂。」從之。

元豐二年七月，判尚書禮部錢藻言：「竊見五帝壇齋宫率皆狹隘，而望祭殿處其中，居常與祠執事之人取便坐卧；或值雨雪，即奉安神座於其上。加以前事之夕，牲牢脯醢將登諸俎豆，以備薦羞，而曾無浄室，以嚴守護。兼每遇祠事，輒旋挈持祭器來去，疲老之兵，休息之際，縱横塗路之側，非所以交神明、致吉蠲之道。乞命有司倣南郊齋宫，一新其制，神厨外别創神饌庫屋，嚴設扃鑰。及每處量造祭器，更不挈持往來。庶幾上稱朝廷以誠感格、爲民祈福之意。」太常禮院乞依所請，别建神厨庫，使與祀事相稱。見用祭器，據逐郊歲祀合用數目，分置五帝齋舍，係帳收管，有餘藏在太常，以備社稷、文宣、武成等廟祠祀。從之。

〔一〕王：原作「主」，據《周禮·春官宗伯·司服》改。

八月，郊社令辛公佑言：「五郊齋宮，除南郊外，其餘並未增修，恐非朝廷所以恭肅祠享之意。況赤帝乃本朝感生帝，崇奉之禮宜在四郊諸帝之先，今之宮壇全未增廣。并皇地祇齋宮、望祭殿損壞，並乞全葺。」詔將作監約度，先次展修。又言：「靈星、風師、雨師、先農等壇，去齋宮甚遠，齋宿之夕，須中夜赴壇行禮，雖有肅恭之心，且將怠矣。又懼風雨，陳列祭器無由嚴備。欲乞就近別建舍宇，所貴便於行禮。」從之。

九[45]月二十一日，郊社令言：「皇地祇、神州地祇、黑帝三壇各去齋宮迂遠。竊見近北有廢罷驍肸宮營，皆近諸壇，欲乞就彼修建，兼隨宜創新蓋造。」從之。

三年四月二十八日，詳定郊廟奉祀禮文所言：「《唐六典》：『中書侍郎掌貳令之職，凡臨軒策命大臣，令爲之使，則持册書以授之。若自内册，則以册書授使者。』又曰：『送置中書堂密詔。』《周官》内史掌王之八柄，掌書王命，蓋中書之任也。古者爵有德而禄有功，必賜爵禄於太廟，故命内史讀册。《開寶禮》及郊廟明堂儀注，告神之册而使中書侍郎讀之，殊爲舛誤。蓋贊祠接神者莫如祝，故《郊特牲》曰『祝將命』也。《周禮》：『太祝，下大夫二人，上士四人』，『掌六祝之辭，以祀鬼、神、示。』此則讀册之任也。《開元禮》：郊廟、明堂讀祝並命太祝，最爲近古。伏請郊廟、明堂讀册改命太祝。」詔差史官攝太祝。

六月，又言：「謹按《周禮·大宗伯》：『以玉作六瑞，以等邦國，王執鎮圭。』《典瑞》：『〔玉〕〔王〕搢大圭。』然則鎮圭者，王執以爲瑞；大圭者，搢以爲笏。《開元禮》、《開寶通禮》及儀注，明堂、太廟，皇帝親祠，至罍洗，奠玉幣、飲福皆云『搢鎮圭』。此既非笏，不當搢。《覲禮》曰『奠圭于繅上』，説者謂釋於地也。諸侯見於天子，奠圭，則天子祇事天地、祖宗，亦當奠圭于繅上。所有儀注，親祠奠玉幣之時『搢鎮圭』，伏請改奠圭。其盥手、飲福，謂宜使人接圭。」從之。

二十八日，又言：「謹按唐《開元禮》并本朝《開寶通用禮》：皇帝致齋前一日，尚舍奉[46]御設御座於正殿西序及室内，俱東向。《儀禮注》：堂東西壇謂之序。至日，皇帝出自西房，即御座，東向。又唐《郊祀録》凡致齋必東向者，變聽政之位也。蓋取《論語》『齋必變食』，殊爲舛誤。伏請南郊致齋，皇帝自内寢居大慶殿御幄，易服，有司奏（事）〔中〕嚴外辦畢，即大慶殿御座南向，百官北面再拜奏請訖，皇帝降就齋所，更不設東房、西房及御榻東向位。明堂致齋文德殿依此。」從之。是日，又言：「古者祀天神燔柴，祭地祇瘞埋。蓋燔柴則升煙于上，瘞埋則達氣于下，求神必以其類故也。王涇《唐郊祀録》，凡祭地祇則爲瘞埳於神壇之壬地，方深取足容物；祭訖，置牲、幣、祝、饌於其中而埋之。熙寧祀儀：祭皇地祇、神州地祇皆爲燎壇，方一丈二尺，開上南出户，方六尺，在壇南二十步丙地。祭太社、太稷又設燎柴於西神門外道。此以地祇而同於天神之祀，殊悖於禮。伏請自今祭皇地祇、神州地祇、太社、太稷，其祝版與牲幣饌物並瘞於埳，不設燔。所有皇地祇、神州地祇燎壇並乞除去。」從之。

七月十四日，又言：「謹按《周禮》：大宗伯『以玉作六瑞，以等邦國，王執鎮圭。』言天子受瑞於天，諸侯受瑞於天子，故諸侯見王，執命圭以爲瑞，而奉祭祀，亦執鎮圭以爲瑞也。說者曰：此鎮圭，王祭祀時執。《典瑞》云：『王搢大圭，執鎮圭，繅藉五采五就以朝日。』則餘祭祀亦執之。孔穎達引《鄭志》云：『天子執鎮圭以朝日、夕月，及祭天地、宗廟。』蓋天子奉祭 47 （祭）祀，執鎮圭者其（摯）〔贄〕也，搢大圭者其笏也。《禮記》曰：『見於天子，與射，無說笏。入太廟說笏，非古也。』釋者以爲，凡言吉事，無所說笏；入太廟之中，唯君當事說笏。時臣驕泰，僭倣於君，當事亦說笏，故（禮記）〔記禮〕者明之，云臣入太廟當事說笏，非古也。唐禮：親祀天地神祇者搢大圭，執鎮圭；有事宗廟，則執鎮圭而已。王涇《郊祀録》：『大圭，質也，事天地之禮質，故執而搢之。鎮圭，文也，宗廟之禮亦文，故無兼執之義。』是不知大圭，天子之笏，其用通於郊廟。伏請自今皇帝親祠郊廟，搢大圭，執鎮圭。每奉祀之文，既接神，再拜，則奠鎮圭爲（摯）〔贄〕，執大圭爲笏。當事則說笏，蓋臣卑，則當事搢笏，君尊則不搢，別於臣下也。」從之。

九月，臣僚言：「乞立四表，以陳二舞。」詳定郊廟奉祀禮文所言：「看詳葉防所陳，與詳定朝會儀注所稱定舞表，事體頗同。見已教習，乞下太常寺，於明堂、景靈宮、太廟施用新定二舞。所執之器亦乞所屬製造。」從之。

四年六月十三日，詳定郊廟奉祀禮文所言：「請祭天別設主日，配月之位，從以百神。」從之。

十月十五日〔一〕，又言：「《周禮》：『典祀，中士二人，下士四人』，『掌外祀之兆守。若以時祭祀，則率其屬而修除，召役于司隸而役之。』『守祧，奄八人，女祧每廟二人』，『掌守先王、先公之廟祧。若將祭祀，則各以其服授尸。其廟則有司修除之。』今之郊社令，則古之典祀也；宮闈令，則古之守祧也。古者凡祭祀，必於前期掃除，未有於 48 祭日之旦即布神座，即出神主，而方行掃除者。今儀注，親祠太廟大祀，宮闈令詣室開埳，奉神主至於座。文武陪祀之官、諸方客使、宗室子孫俱就位，而禮直官引司空行掃除。如祀圜丘，則祀前一日晡後，司天官（屬）、郊社令各帥其屬升設神座於壇上及諸陛。祀日未明二刻，御史、太祝行掃除。未明一刻，司空行掃除。皆不應典禮。伏請自今祠太廟，於享日未明三刻，宮闈令帥其屬掃除訖，監察御史按視於殿之上下。俟皇帝立于阼，然後開埳，奉出神主，置於座。如圜丘，則祀前一日晡後，郊社令帥其屬掃除，御史按（祀）〔視〕。所有司空、太祝行掃除乞罷。」從之。

〔一〕按，下文爲六日、十一日，而此爲「十五日」，疑有誤。

六日〔一〕，又言：「天地之德至大，故用文舞以祀。《周禮》曰『舞《雲門》以祀天神。』《雲門》之舞，冬日至於地上之圜丘奏之，《雲門》則黄帝樂，所謂文舞也，於天之德，用此以求稱。近世南郊，樂舞兼用武舞，即《記》所謂干戚之舞，非備樂也，既非古制，則又不足以稱天地之德。請南郊樂舞純用羽籥，庶合禮意。」從之。

又言〔二〕：「天道遠而難致也，故常以神道致之；以其尊而難親也，故常以人事親之。《易》曰『聖人亨以享上帝』，人事親之也；《禮》曰『郊血』，神道致之也。本朝郊禮，薦熟之外，不設血，殊爲闕禮。伏請南郊先薦血于神座前，盛以槃，次薦腥，次薦熟。其北郊準此，仍先瘞以致神。」從之。

又言：「《儀禮·特牲饋食禮》曰：『厥明夕，設壺禁在西序〔三〕，豆、籩、鉶在東房，南上，几席兩敦在西堂。49宗人升自西階，視濯。』此滌濯之節也。又曰：『夙興，實豆、籩、鉶，陳于房中如初。盛兩敦，陳于西堂如初。』此實豆、籩之節也。又曰：『主婦薦兩豆，葵菹蝸醢。佐食舉牲鼎，贊者錯俎。俎入，設于豆東。主婦設兩敦黍稷于俎南，及兩鉶于豆南。』此薦饋之節也。又曰：『祝命徹阼俎豆籩〔四〕，設于東序下。祝執俎以出，佐食徹阼俎堂下俎〔五〕，畢，出。』此降徹之節也。後世王者祭祀之禮不備，隆士大夫禮以行之。故《曾子問》有祭前陳祭器之序，《周禮》亦著夙興陳饌于堂東及實簠簋之文。又《大宗伯》：『凡大祭祀，王后不與，則攝而薦豆籩徹。』又内宗之職：『及以樂徹，則佐傳豆籩』；『王后不與，則贊宗伯。』於此知薦徹饋饌。釋者曰：司馬主羊，司士主豕，明還遣此二人舉俎。於此知薦徹三牲俎者，司徒、司馬、司空之職也。本朝郊廟祭器，陳設既已無法，至臨祭之旦，實籩、豆、簠、簋者皆賤有司，紛然雜亂，非復禮制。其三牲之俎，獨以司徒一官奉之而不徹；其籩、豆、簠、簋之薦皆不屬大宗伯，而又不徹。伏請祭前一日，司(奠)〔尊〕彝以監祭器官攝，帥其屬以法陳祭器于堂東。陳設之法具别圖上。僕射、禮部尚書視滌濯，告潔。祭之旦，光禄卿率其屬取籩、豆、簠、簋實之；既實，反其位。及薦腥之初，禮部尚書帥其屬薦籩、豆、簠、簋，户部尚書、兵部尚書、工部尚書薦三牲之腥俎，又薦熟俎。禮畢，禮部尚書徹籩豆，户部尚書、兵部尚書、工部尚書徹三牲之俎，皆有司受50之以出。」從之。

又言：「古者郊廟助祭之臣，皆親疏異等，貴賤異位，主客異儀，夷夏異制，然後禮容不亂，而君道益尊。故《儀

〔一〕按，《長編》卷三三〇載此條，注云：「祀文無月日，今附十一月二十一日。」與此不同。
〔二〕按，《長編》卷三一七繫於十月五日戊午，注云：「四年十月五日依奏，今附本月日。」
〔三〕西序：原作「東」，據《儀禮·特牲饋食禮》改。
〔四〕阼：原作「作」，據《儀禮·特牲饋食禮》改。
〔五〕阼俎：原作「作豆俎」，據《儀禮·特牲饋食禮》改。

禮・特牲饋食禮》有門外之位以省事，有堂下之位以行禮，親者在東，疏者在西，貴者在北，賤者在南，尊者在前，卑者在後，主人在東，衆賓在西。而《明堂位》，夷狄之位皆在門外，諸侯之位皆在門内。皆不可得而易也。國朝之制，天子親祠南郊，亞、終獻及百官統于至尊之後，而公卿與分獻執事之臣獨在内壝東門之外。又太廟、明堂，公卿在東，宗室在西，皆無親疏尊卑之别。伏請親祠南郊，設助祭公卿位于亞、終獻之南，設分獻官位于卿之後，執事者又在其後。每等異位，俱重行，西向北上。太廟設亞、終獻位於階東，設宗室位於其後，皆東向北上。設蕃客位于門外，隨其方國。」詔太常禮院將新定《朝會圖》又行禮處地步參定。太廟約到殿庭東西地步難以立班，其景靈宫助祭班位亦乞參定。從之。

又言：「《周禮》太宰之職：『祀五帝則掌百官之誓戒，祀大神祇亦如之，享先王亦如之。』又《大司寇》：『禋祀五帝，則戒之日涖誓百官，戒于百族。』蓋王者奉天地、祖宗之神，必具百官，以揚其職；百官廢職，則服大刑。非先事聚衆以警之，使失禮而入刑，則亦罔人而已。太宰，治官，所以佐王事神祇、祖考，獨掌誓戒者，欲人之聽於一也。大司寇，刑官，戒之日涖誓者，失禮乃入刑故也。國朝沿唐制，以太 51 尉掌誓戒。太尉，三公官，所謂坐而論道者，非掌誓之任，未合禮意。伏請親祠，命吏部尚書一員掌誓戒，刑部尚書一員涖之。」從之。内掌誓戒以左僕射，闕即以右僕射。

十一日，又言：「謹按《周禮・大宗伯》：『以禋祀祀昊天上帝，以實柴祀日月星辰，以槱燎祠司中、司命、風師、雨師。』所謂周人尚臭，升煙以報陽也。夫天神，陽祀也；煙，陽之氣也。陽祀而用陽之氣以求之，所謂本乎天者親上，亦各從其類也。近世唯親祠昊天上帝燔柘柴外，其餘天神之祀唯燔祝版，實爲闕禮。請凡天神之祀皆燔牲首。五帝、日月、司中、司命、風師、雨師、靈星、壽星，並請以柘爲柴升煙，以爲歆神之始。」從之。

又言：「歌者在上，匏竹在下，貴人聲也。匏竹在前，鍾鼓在後，貴人氣也。《書》曰『搏拊琴瑟以詠』，此堂上之樂。又曰『下管鼗鼓，合止柷敔，笙鏞以閒』，此堂下之樂。堂上之樂以象朝廷之治，堂下之樂以象萬物之治。後世有司失其傳，歌者在堂，兼設鍾磬，宫架在下，兼設琴瑟，堂下匏竹，置之於床，並失其序。伏請每遇親祠宗廟，歌者在堂，更不兼設鍾磬；宫架在庭，更不兼設琴瑟；堂下匏竹，更不置之於床。其郊壇上下之樂，亦乞依此正之。有司攝事準此。」詔依。元豐元年明堂，殿上即用金鍾、玉磬各一架。

十一月十日，詳定郊廟奉祀禮文所言：「臣等謹按禮，於祭之末不忘至賤，而以其餘畀之。故賜胙，貴者取貴骨，賤者取賤骨，雖煇炮翟閽，罔不均及。非明足以見，仁足以與，其孰 52 能行之！本朝親祠賜胙，自宰臣等而下之至祝官，雖有多少之差，而無貴賤之等。伏請三師、三公、侍中、中書令、尚書令、尚書左右僕射、大禮使同。親王、亞、終獻同。開府儀同三司、門下侍郎、尚〔書〕中書侍郎、尚書左右丞、知樞密院事、同知樞密院事、禮儀使、儀仗鹵簿頓遞使：牛肩、臂、臑五，不足，即以正脊、橫脊、正脅、短脅、代脅及肺代。羊肩、臂、臑五，豕肩、臂、臑五。太子三師、特進、觀文殿大學士、太子三少、御史大夫、六尚書、金紫光祿大夫、銀青光祿大夫、節度使、觀文殿學士、資政殿大學士、翰林承旨、翰林、資政、端明殿（翰林）〔學士〕、侍讀、侍講、龍圖、天章、寶文閣學士、左右散騎常侍、尚書列曹侍郎、樞密、龍圖、天章、寶文閣直學士、光祿大夫、正議大夫、御史中丞、太子賓客、太子詹事、給事中、中書舍人、通議大夫、節度使觀察留後、左右諫議大夫、知制誥、龍圖、天章、寶文閣待制、太中大夫、秘書、殿中監、中大夫、太常、宗正卿、觀察使：牛肩、臂、臑三，不足即以正脊、正脅代。羊肩、臂、臑三，豕肩、臂、臑三。入內內侍省、內侍省押班、副都知、光祿卿、監祭、禮官、博士：牛脊、脅三，不足即以髀、膊、胳代。羊脊、脅三，豕脊三。太祝、奉禮、司尊彝、郊社令、太廟、宮闈令、監牲牢、應祠事內臣：羊髀、膊、胳三，豕髀、膊、胳三。應執事、職掌樂工、門幹、宰手、馭馬、御車人並均給。髀、肫、胳、觳及腸、胃、膚之類。有司攝事：執政、親王、宗室、使相、禮部、户部尚書、禮部侍郎、宗室節度使正任以上：羊肩、臂、臑五，豕肩、臂、臑五；應用牛牲處，除進胙外，加[53]牛肩、臂、臑五。不足，即以正脊、直脊、橫脊、橫脅、短脅、代脅及肺代。太常卿、少、光祿卿、禮部、祠部、户部、兵部、工部郎中、員外郎、監祭、禮官、博士：羊肩、臂、臑三，豕肩、臂、臑三；應用牛牲處，除進胙外，加牛肩、臂、臑三。不足，以正脊、正脅、髀、膊、胳代。太祝、奉禮、社稷令、宮闈令、齋郎：羊膊、胳三，豕膊、胳三。應執事、職掌樂工、門幹、宰手、馭馬、從人以上並均給。髀、肫、胳、觳及腸、胃、膚之類。」從之。

元豐五年七月五日，尚書禮部奏：「太常寺參詳：雩壇當立圜壇於南郊之左巳地，依郊壇遠近，高一丈，廣輪四丈，周十二丈，四陛，爲三壝，二十五步，周垣四門，燎壇一，如郊壇之制。」從之。

二十九日，太常寺言：「丙申詔書：季秋祀英宗於明堂，推以配上帝，其餘從祀羣神悉罷。臣等以類推之，猶有未盡善者。《周頌・噫嘻》，春夏祈穀于上帝。本朝啓蟄而郊，龍見而雩，有司尚緣近制，皆以群神從祀。〔乞〕群祀悉罷，以明事天不二。」又言：「按禮，雩壇在國南，今寓圜丘，非是，乞改築。」並從之。

十一月二日，詳定郊廟奉祀禮文所言：「《周禮・小宗伯》『禱祠肆儀爲位』，後漢肆司徒府，皆不於祠所，所以遠慢戒瀆〔一〕。本朝親祠南郊，習儀於壇所，明堂習儀於大慶

〔一〕所以：原脱「所」字，據《長編》卷三三一補。

殿〔一〕，皆近於瀆。伏請南郊習儀於青城，明堂習儀於尚書省，以遠神爲恭。」從之。

六年正月二十三日，尚書禮部言：「舊禮，大祀前七日平明，太尉誓百官於尚書省。近制，親祠南郊、明堂，太尉掌誓戒，用左僕射，闕，即以右僕射；以刑部尚書涖之。今有司攝事，大祠即初獻官掌誓戒，前期54七日，南鄉讀誓文，無涖誓之官。又吏部、刑部官於歲時常祭皆不聯事，實爲闕誤。臣切惟，祭祀之有誓戒，所以要之以刑，重失禮也。古者掌誓戒有專官，欲人之聽於一也。周以太宰掌百官之誓戒，謂其爲天官之長，且佐王治；而以大司寇涖百官，戒於百族，蓋言失禮則入刑也。唐以太尉掌誓戒，亦緣任隆公輔，地居(家)〔冢〕司故也。《周禮》三公無官，必兼冢宰，然後可以任王治，《書》曰『惟周公位冢宰，正百工』，故以太宰掌百官之誓戒。今以宰相、親王、執政官、宗室使相、郡王、節度使以上爲初獻，即掌誓戒，得其職矣。蓋與周冢宰、唐之太尉同意。自餘初獻止是禮部尚書以下，既不爲攝太尉，而亦掌誓戒，誤矣。臣又按《周禮・小宰》：『以官府之六聯合邦治，一曰祭祀之聯事。』謂一官不能獨舉，則六官共有事於此，故曰『官聯』。今尚書六曹乃六官之任，諸祠祭以禮部爲獻官，以户部、兵部、工部爲奉俎官，而吏部、刑部無事於其間，非所謂官聯也。伏請自今大祠，宰相、親王、執政官、宗室使相、郡王、節度使以上爲初獻行事，依舊掌誓戒，餘以吏部尚書或侍郎掌之。蓋吏部，天官之任也。仍用刑部尚書涖誓，闕即以侍郎，並不散齋，致齋，不與行事。其掌誓之西別爲一班，亦南(誓)〔嚮〕受誓戒者，獻官、禮官以西爲上，奉俎官以東爲上，分獻官立于獻官之後，並北嚮。監祭使執事位自如故事。親祠即依元豐四年十月六日詔，用左55(用左)右僕射掌誓，刑部尚書涖誓。」又言：「陽祀升煙，所以達氣于天，爲降神始也。今燔柴用栢，甚微。親祠以百束，有司行事，上帝四祀以二十斤，餘自五方帝、大明、夜明、九宮貴神而下並以十斤，無大、中、小祀之別。欲乞親祠依舊用百束，餘大祠皆準親祠之半，中、小祠又遞減半，止用雜薪。其燎壇制度當再考。」從之。

二月二十四日，太常寺言：「郊廟用樂二十虡，若遇雨雪，則覆以幕，臨祭恐不能應辦。自今如望祭，即設於殿上。」從之。

是日，監察御史王桓言：「祭祀牢醴之具皆掌於光禄，而寺官未嘗臨涖，失事神之恭。伏請大祠皆輪光禄卿、少，朔祭及中祠輪丞、簿監視宰割，禮畢頒胙。有故及小祠，聽宮闈令或太祝、奉禮攝。其應進胙者，卿、少望闕再拜進。」並從之。

三月二十四日，詔禮部官一員提點南郊事務，仍止就本部行移，更不特稱官司。

七月二日，詳定編修諸司敕式所言：「南郊事務，令所

〔一〕習儀於：原脱，據《長編》卷三三一補。

屬本曹郎官一員點檢。舊大禮差提點頓遞六員，後止以一員提點一行事務。今郎官惟專本部之事，而新制，官曹事務析正，與舊不同。兼郊廟禮文所改革去留，事目不少，謂宜將來大禮，且仍舊專差官提點一次，所貴協相熙事。」詔曰：「析令新正之初，誠慮及期有司奉行，疑惑於事，舛錯有害，不悦造令之人（人）得以藉口，歸（舊）咎成法。且諳詳始末，惟本司官吏最爲可委，檢察應接。宜依所奏，止就差本司官提點應式令 56 所該一行事務。」

八月十三日，詔自今小祠亦供冰鑑〔一〕，從監察御史翟思請也。

二十八日，詔：「《南郊式》有皇帝稱臣，遣使所遣官不稱臣。自今依舊儀，皇帝稱臣，遣官亦稱臣。」先是，沈括上《南郊式》，以爲被遣官亦稱臣，不應禮，改之，至是復舊。

九月二十七日，尚書禮部言：「《周禮》，凡大祭祀，王出入則奏《王夏》〔二〕，明入廟門已用樂矣。今既移祼在作樂之前，皇帝詣罍洗奏《乾安》，則皇帝入景靈宮門及南郊壝門，亦當奏《乾安》樂，庶合古制。」從之。

十一月十日，權直學（士）院蔡卞言：「大禮祝册舊式，前十日，學士院進書訖，送禮部。近詔親祠圜丘、景靈宮、太廟，並於行事日未明之前，各就齋殿進書。而未進書以前，止在學士院幕（幕）次，誠未足稱嚴奉之意。望於皇帝致齋前三日進書付禮部。」從之，仍著爲令。

七年五月二十七日，尚書禮部、太常寺言：「被詔自四月朔、七月晦，凡中下祠，前期一日皆命有司供冰鑑。今歲藏冰少，望令不設。」從之。

六月六日，尚書禮部言：「親祀之歲，夏至祀皇地祇於方丘，遣冢宰攝事，禮容樂舞謂宜加常祀。而其樂虡二十，樂工百五十有二，舞者六十有四，與常歲南郊上公攝事無異，殆未足以稱明詔欽崇之意。乞親郊之歲，方丘所用樂舞，如親祠用三十六虡，工人三百有六，舞人百三十有四〔三〕。」從之。

七日，禮部言：「親祠儀注，饗太廟，祀圜丘，皇帝並服韡袍至大次。伏緣車駕自大慶殿赴景靈宮、太廟，次 57 赴南郊，並服通天冠、絳紗袍。且禮以進爲文，宜有隆而無殺，前一日既盛服以赴祠所〔四〕，及行事之旦，所謂三日齋，一日用之者也，乃服韡袍至大次，未協禮意。謹按《郊特牲》曰：『祭之日王皮弁以聽祭報。』報謂小宗伯告時〔五〕、告備也。説禮者以通天冠猶古之皮弁，則通天冠者齋服也。今禮部奏中嚴外辦，所謂告時、告備者。伏請太廟、圜丘，祭日之旦，自齋殿赴大次，服通天冠、絳紗袍。」從之。

《續會要》：熙寧二年十一月二十四日，皇長子生。二十七日，遣翰林學士司

〔一〕冰：原作「水」，據《長編》卷三三八改。

〔二〕王夏：原作「三夏」，據《周禮·大司樂》改。

〔三〕百：原脱，據《長編》卷三四六補。

〔四〕盛：原作「成」，據《長編》卷三四六改。

〔五〕報：原無，據《長編》卷三四六補。

馬光告太廟，以太牢報祀天地、社稷、高禖、諸陵。　七年六月二十日，皇子生，遣參知政事呂惠卿奏告太廟。　以後遣親王或宗室郡王，他如舊禮。　六年正月十一日，奉僖祖皇帝爲太廟始祖，遷順祖皇帝神主於夾室。　前二日，遣官奏告太廟。　七年八月三日，以十一月二十五日南郊雅飾，奏告太廟、后廟。　八年七月二十七日，詔贈尚書令韓琦配享英宗廟，遣官奏告。　九年正月二十三日，以征交阯，遣祕閣校理、同知太常禮院鄭雍祭告南嶽司天昭聖帝，集賢校理、同知太常禮院陳侗祭告廣州南海洪聖廣利昭順王。　元豐元年閏正月一日，提舉修河所言：「期以丙戌興工，塞曹村決河。」詔遣權判太常寺李清臣乘驛祭告，就差走馬承受韓永式齎香建道場三晝夜。　二年四月七日，詔：導洛通汴，以是月甲子興工，遣官祭告。　十月二十九日，以大行太皇太后上僊，遣侍從分告天地、太廟、社稷，升朝官分告諸陵。　大觀二年十月六日靖和皇后崩，亦如之。　三年正月十三日，以上慈聖光獻皇后謚册寶，分遣近臣從官奏告天地、宗廟、社稷、宮觀。　六年正月二十三日，禮部言：「每歲祀昊天上帝、感生帝，祭皇地祇、神州、后土，皆祖宗配座，差中書舍人一員，前二日詣太廟本室奏告。　或時闕員，改差不逮。　緣宗廟時饗既用宗室攝事，即奏告亦乞用宗姓奉告廟享爲宜。」從之。　六月二十二日，尚書禮部言：「將來孝惠、孝章、淑德、章懷四后升祔，請差官先詣天地、宗廟、社稷、景靈宮、諸陵奏告。」從之。　閏六月十九日，尚書禮部言：「四后升祔，增建石室，請行告遷太祖皇帝、孝明皇后、太宗皇帝、懿德皇后、明德皇后、元德皇后、真宗皇帝、章穆皇后、章獻明肅皇后、章懿皇后權赴齋殿奉安。」從之，仍遣江夏郡王宗惠行奏告之禮。　八月十三日，尚書禮部言：「議定仁宗皇帝、英宗皇帝徽 58
號，集百官詣太廟本室奏請，及遣官奏告天地、宗廟、社稷、永昭、永厚陵。」從之。　九月二日，尚書禮部言：「太常寺期以七日告大行皇帝謚號册寶於圜丘及皇地祇、宗廟、社稷、宮觀。　翌日，讀謚册寶於靈御之前。」從之。　八日，門下省言：「皇子降誕，遣官告天地、宗廟、社稷、諸陵，內太廟差皇伯、江夏郡王、知大宗正事宗惠奏告。　今宗惠以男滎州團練使仲奚犯法，家居待罪，難以赴廟行事，欲乞差以次官。」從之。

哲宗元祐元年八月五日，禮部言：「明堂、景靈宮皇帝親行儀注，復設小次〔一〕。緣近儀，設皇帝版位於阼階之上，其小次合於明堂阼階之東丹墀之上，西向陳設。」從之。

六年九月三日，禮部、太常寺言：「自來正月上辛、四月雩祀、九月明堂、十一月冬至，上公攝事，四祀上帝，降神之樂，並通用一章。近詔明堂祀上帝，不可寓於圜丘。乞將南郊齋宮望祭（奠）〔殿〕權爲明堂，以祀上帝。其降神樂章內有『夙設圜壇』之句，與禮意不協，乞下學士院修改。」從之。

紹聖二年七月六日，大禮使司言：「百司應（舉）〔奉〕明堂諸事，望令於八月中旬以前申請了當，庶免迫期誤事。」從之。

三年六月二十七日，權尚書禮部侍郎黃裳言：「北郊配帝之牲用赤，與南郊用牲，其色不同。竊以帝王德配天地，則其牲、幣，宜從所配之色。請皆用黃。」又言：「南郊設十二鎛鍾，北郊設十二特磬。按開元、開寶《通禮》：夏至祭地于方丘，設十二鎛鍾於編架之間。今親祠皇地祇，請增鎛鍾十二。」並從之。

八月十五日，權禮部侍郎黃裳言：「先王資陰陽之用，取明水火以共祭祀。《淮南子》以大蛤爲方諸，李真以此得水數斗，蓋有已試之驗。今以明水難取，遂兼明火弗用，非

〔一〕復：原作「服」，據《長編》卷三八四改。

59 所以祇事大神祇之意。乞再下有司訪求所以取明水之法，天下必有能知之者。」詔令禮部講求試驗以聞。

元符元年六月三日，詔：「今後大禮，提點事務官令禮部申尚書省取旨差。其天授傳國受命寶依令奏請降出。」先是元祐七年并紹聖二年，皆朝旨差提點事務官，又奏請降出天授傳國受命寶亦未有成法，有司奏稟，故有是詔。

二十二日，將作監言：「被詔修建南郊青城齋宮，今已繪圖進稟。緣大禮日逼，望且先次修建寢殿等，餘候禮畢興修。宮外城圍亦預計工力。」從之。十一月十四日，齋宮殿宇工畢，凡爲屋九百一十三間。

十月二日，左司員外郎曾旼言：「伏考典禮，以氣臭事神，自周人始，至於近世，易之以香。謹按先儒何佟之議〔一〕，以爲『南郊、明堂用沉香，本天之質〔二〕，陽所宜也。北郊用上和香，以地於人親，宜加雜馥。』前代《祀志》，實存其説。今北極天皇而下皆用濕香，至於衆星位，香則不復設，竊恐於義未盡。臣等看詳《元豐親祠儀》，南郊龕陛及壝内從祀神位已有立定《上香儀》，而内壝之外衆星未有立定香數。神位繁密，難以偏設香爐，欲比附壝内從祀神位，每陛設香爐一，其濕香各以四兩爲定制。」從之。

二年二月十日，詔將作監修建北郊帷宮望祭殿。《續會要》：元祐二年九月二日，熙河路經畧總管司擒西蕃大酋領鬼章以獻，詔差左諫議大夫孔文仲奏告永裕陵。鬼章乃董氈之將，桀黠有謀，諸羌畏服之。自踏白城之役〔三〕，神考每欲平（珍）〔殄〕，至是竊入洮州，諸將懷先朝恩德，士卒爭奮，遂擒之，檻車以獻。詔奏告裕陵。60 紹聖二年六月一日，詔以增上神宗皇帝徽號，命門下侍郎安燾奏告天地、宗廟、社稷。二日，學士院言：「增上神宗皇帝徽號，將以七月十四日遣官詣永裕陵奏告。故事，告陵當用祝文，今尚循元祐格用表，非是，望仍元豐故事。」從之。先是，中書省簽改學士院格，御劄降：「奏告諸陵，已依祖宗故事，而降誕皇子及他告謝，尚未釐正。」至是遂盡復。三年十月二十六日，以皇后孟氏廢（君）〔居〕瑶華宮，差官奏告天地、宗廟、社稷、宮觀。五年四月八日，以將受傳國寶，命近臣奏告天地、宗廟、社稷。元符二年五月二十一日，涇原路進築南牟會新城爲西安州（軍）畢工，遣官奏告太廟、永裕陵。上謂輔臣曰：「開（祐）〔拓〕疆土，列置城寨，一二年盡有横山之地，西夏由是衰弱，惶怖請命，神宗之功昭矣！」八月五日，以皇子茂生，差官奏告天地、宗廟、社稷、諸陵。二十六日，以城西安州及五路進築就緒，命皇弟端王奏告太廟。十月九日，以收復青唐，置湟州、鄯州，命近臣奏告太廟、社稷、諸陵。三年四月一日，太陽虧，遣官奏告太社。二十三日，以皇太子生，命輔臣奏告天地，宗室奏告太廟，侍從官奏告社稷、高禖，又令吏部差官奏告諸陵。自是，皇子生皆遣官奏告如禮。六月十六日，以復元祐皇后，差官奏告天地、宗廟、社稷、宮觀。

徽（宮）〔宗〕崇寧二年三月六日，太常少卿席旦言：「本寺見用《元祐祀儀》，自元豐元年被旨編修，至元祐三年而書成。恭惟神宗制禮作樂，以貽萬世，且詔有司講求奉祀禮文而修飾之。其每歲常祀，上自昊天，下逮七祀，其事有制，其名有義，其容有度，其物有數，其疏數有節，其設飾有文。其書不獲成於元豐之時，皆嘗討尋案牘，以年月（寢）

〔一〕何佟之：原作「何於之」，據《隋書》卷六《禮儀志》改。

〔二〕質：原作「資」，據《隋書》卷六《禮儀志》改。

〔三〕踏：原作「蹈」，據《長編》卷二五〇改。

〔寖〕遠，往往不全。今畧加檢會，見用《祀儀》内有漏落及有增損事節，未經修入改正者甚多。望下本寺，將《元祐祀儀》與增損漏落事件，許令本寺官屬重加討論看詳，修載成書。仍乞以《崇寧祀儀》爲名，庶昭神考制作之盛，以廣陛下繼述之志。」從之。《崇寧祀儀》不見書成年月。

十二月十一〔日〕，詔：「景靈宫、太廟、郊壇登歌不兼設鍾磬，並依元豐舊61制。」先是元符元年十一月，已詔登歌依元豐四年指揮，不設鍾磬。建中靖國元年，郊廟登歌復兼用之。至是，以禮部、太常寺申請，故有是詔。

四年八月二十一日，詔：「天地、宗廟、社稷、百神之祠，所有御封香、青詞、表祝，自來止使臣取降及執事人齎往，未至嚴潔。宜令有司製造朱紅匣并檐床共十二事，覆以黄帊、油帊，錦帽、錦絡縫紫寬衫四十八事，均送入内内侍省、學士院、秘書省。仍造兩幅黄絹給帊五十，銅香合二百具，方二尺五寸，黄絹給帊二百條，付入内内侍省。製朱紅小匣二十，付學士院、秘書省。自今祝版及青詞、表文既進，降出，即置於匣，親事官四人服所給錦帽等奉至祠所。皇城司每半年差親事十八人，内節級二人，分於學士院、入内内侍省(檐)〔擔〕擎御封香、青詞、表祝。」

五年十一月二十八日，禮部、太常寺言：「準令，諸壇置守壇户洒埽除治，大祠二人，中、小祠一人。所有南郊及雩祀上帝、北郊皇地祇壇壝三重，亦止二人，請各增爲六人。餘大、中祠壇各增爲四人。」從之。

大觀元年七月十七日，資政殿學士鄭居中言：「竊以國家祈報社稷，崇奉先聖，上自京師，下逮郡邑，以春秋上丁社日行事。然太社、太學，獻官、祝、禮皆法服，至於郡邑，則用常服。欲命有司降祭服于州郡，俾凡祭祀，各服其服，以盡事神之儀。」詔以衣服制度頒之州郡自製，敝則聽其改造，庶簡而易成。

二年八月十九日，詔：「禮62以序人倫，爲卑尊後先之等，以(辯)〔辨〕上下。故知禮之序，然後可以制禮。禮壞久矣，失後先之序，無復統紀。考於周書，其制具在。以禋祀祀昊天上帝，以實柴祀日月星辰〔一〕，以槱燎祀司中、司命、風師、雨師，以血祭祭社稷、五祀、五嶽，以貍沈祭山林川澤，以疈辜祭四方百物，以肆獻祼享先王。與禴祠烝嘗，爲吉禮之事，而冠不在焉，蓋先天而後人，爲禮之序，不可踰也。今以義起於千載廢闕之後，不追述先王制作之原，以冠爲吉禮之首，失先王之意遠矣。可並改正，依周吉禮之制。」

十一月十五日，兵部尚書、議禮局詳議官薛昂奏：「有司所用禮器，如尊、爵、簠、簋之類，與士大夫家所藏古器不同。蓋古器多出於墟墓之間，無慮千數百年，其間〔製〕作，必有所受，非僞爲也。《傳》曰『禮失則求野』，今朝廷欲訂正禮文，則苟可以備稽考者，宜博訪而取資焉。欲乞下州

〔一〕星辰：原作「晨星」，據《宋大詔令集》卷一四八改。

縣，委守令訪問士大夫或民間，有蓄藏古禮器者，遣人即其家圖其形（製）〔制〕，送議禮局。」從之。

四年四月二十八日，議禮局言：「臣等聞，古之祭祀，必七日戒，三日齋。戒者，防其非僻以無爲也；齋者，一其思慮以無思也。無爲無思以致一，則能神明其德〔一〕，然後可以交於神明，所以齋則見其所爲齋者。有能一日盡其誠於此，則可以承祭祀矣。必期以十日者何也？人之精神，動而難静，非俟之以久，則夜氣之所息不足以勝旦晝之所爲。今夫自甲至癸，日一周也；五行剛柔，氣一成也。《周官・太宰》：『祀五帝，則前期十日，帥執事而卜日，遂戒。』謂散齋[63]七日、致齋三日也。秦變古法，改用三日。漢則天地七日，宗廟五日，魏晉因之。唐則大祀七日。雖多寡不同，皆非先王之制。欲乞明詔有司，應郊廟大祭祀，皆前期十日而戒，散齋七日以定之〔二〕，致齋三日以齊之〔三〕，以應典禮。」手詔曰：「祭祀雖有不同，而其齋明致一，以交神明，不可異也，宜依所奏。」

又言：「按《周官》：『凡以神仕者，掌三辰之法，以猶鬼、神、祇之居，辨其名物。』釋者曰：居謂坐也，凡郊之布座，皆有明法焉。夫神、鬼、祇各有居，以辨其名物，則若今之神位版是也。昔祖宗接五代禮廢之後，每遇大禮，至或以紙書神號，而以飯帖於版者。逮乎治具日修，禮文日焕，而版位始以朱漆金字，稍稍嚴潔。臣等猶以爲未盡也。謹按《周禮・職金》：『旅于上帝，則共其金版。享諸侯亦如之。』蓋旅上帝，非一帝也，享諸侯，非一侯也，故必有版，以辨其名與位焉。而版必以金爲之者，蓋禮之大者，莫過乎事上帝與享賓客，所以極其嚴潔，而不敢忽也。伏請凡祀昊天上帝、皇地祇、五方上帝、神州地祇、大明、夜明，與配神之帝，皆以黄金飾木爲神位版，鏤青爲字。其餘則用朱漆金字，以是爲尊卑之差。」

又言：「按《周官・大宗伯》：『凡祀大神、享大鬼、祭大示，詔大號。』説者〔曰〕，詔大號者，謂大宗伯告太祝出祝辭也。又（言）《禮記・禮運》曰『作其祝號』，説者謂祝爲主人享人神辭也。古先聖王嚴恭祀事，以謂交三靈而通之者，莫重乎此，故其辭，太祝作[64]之，大宗伯詔之。至後世始相沿襲，其所謂『詔大號』、『作祝號』者廢矣。且以宗廟言之，曰『晷度環周，歲序云及，永懷追慕，伏增遠感』者，唐開元禘祫之辭也；曰『晷運環周，歲序云及，永懷追慕，伏增遠感』者，本朝開寶禘祫之祝辭也。曰『晷度環周，歲序云及，永言追慕，伏增遠感』者，崇寧禘祫之祝辭也。夫册祝以交神明，而循歲習傳，恐非古者嚴恭祀事之意。況因太平盛時，陛下恭承先志，以制大禮，其册祝豈可因舊而弗改乎？臣等欲乞特詔儒臣分撰，以成一代之典。」

〔一〕自「其非」至「神明」凡二十八字，原脱，據《政和五禮新儀》卷首所載原奏補。
〔二〕七：原作「十」，據《政和五禮新儀》卷首改。
〔三〕齊：原作「齋」，據《政和五禮新儀》卷首改。

又言：「按《春秋傳》曰：『祝史正辭，信也。』蓋祭祀以誠意爲主，誠意不可盡見，則達之於言辭。先王先成民而後致力於神，則必著之話言，而立之祝史之官，陳情薦信，以告于神明。祝史既擇精爽不携貳者爲之，又有方册以備謬誤。自百名以上則書之策，不滿百名則書之方，臨事執讀，以號詔於天地之間。所謂民力普存，三時不害，上下嘉德之意，得以昭格幽明，交通神人，其事不亦重乎！自魏以後，郊祀有祝文，無策文，晉宋因之，並用祝版。唐則隨文之多少、名之疏密，爲大小長短之制，及所用之木，亦有意義。今祠祭祝版皆以梌木爲之，未合古制。乞依唐制，以梓楸木充。」

又言：「《祭法》曰：『燔柴於泰壇，祭天（地）〔也〕；瘞埋於泰折，祭地也。』諸儒皆以謂，祭天即南郊所祀感生之帝，祭地即北郊所祭神州之神。歷代崇奉，以爲天地大祠，故牲以繭栗，席以藁[65]秸，器以陶匏，其儀必與昊天上帝、皇地祇等。今太常祠感生帝、神州地祇儀注，牲用繭栗，席用藁秸，已合古禮，而所用之器與宗廟同，則爲非稱。伏請自今祠感生帝、神州地祇，並用陶匏。」

又言：「《周禮》大司樂之職：『分樂而序之，以祭以祀。乃奏黄鍾，歌大呂，舞《雲門》，以祀天神；乃奏太簇，歌應鍾，舞《咸池》，以祭地祇。』鄭康成謂：天神者，祭受命之帝於南郊；地祇者，祭神州之神於北郊也。按今國朝郊祀儀注：皇帝親祠，則設宮架、登歌，用文武二舞。其有司行事，唯祀昊天上帝、皇地祇及明堂、雩祀、祈穀，皆如親祠之儀。其感生帝、神州地祇，國家崇奉爲大祠，以僖祖、太宗配侑，而有司行事，不設宮架、二舞，殊失所以尊祖侑神作主之意。伏請常祀感生帝、神州地祇，皆設宮架、二舞，庶幾尊事神祇祖宗，名物皆稱。」並從之。

二十九日，議禮局言：「牙盤上食，非古也。唐天寶之末，韋彤等據經而議，謂褻味多品，不可交於神明，欲罷去之。乞祭惟藉以席，不用牙盤。」從之。

又言：「國家崇奉赤帝爲感生帝，以僖祖配侑，與迎氣之禮不同，尊異之也。而乃祀於立夏迎氣之壇，甚不稱所以尊異之意。請於南郊別立感生帝壇，依赤帝高廣之制。」從之。

七月十三日，詔：「近聞祠祭所多不肅静，有違誓戒，甚失嚴奉之意。宜令太常寺常切檢察，務要嚴肅，不得喧瀆。」

政和二年八月二十四日，太常寺言：「宗廟、太社、太稷並爲大祠。今太[66]社、太稷，登歌而不設舞，獨爲未備，宜用宮架。緣太社、太稷迎神、送神樂曲係兩壇合奏，今用宮架、樂舞，則迎神、送神、詣罍洗、歸復位、捧俎、退文迎武、亞終獻、望燎樂曲，並合用宮架樂，設於北鏞之北。」從之。

三年五月十四日，太常寺言：「諸大中小祠，祀儀所載，並前一日太官令帥人以鸞〔刀〕割牲。今獨親祠行禮有鸞刀，諸大中小(詞)〔祠〕亦(亦)乞製造，依(議)〔儀〕施行。」從之。

十月二日，詔令諸州縣祭祀，於式内添入前一日點饌。

三日，詔：「朕若古之訓，惟天爲大，天下萬物，無以稱之。故先王以類而求，祀於圜丘，象其形；奠以蒼璧，倣其色；冬日之至，取其時；大裘而冕，法其幽。而未有以體其道。夫天玄而地黄，玄，天道也。朕荷天顧諟，錫以玄圭，内赤外墨，尺有二寸，旁列十有二山。蓋周之鎮圭，有法乎是。祇天之休，于以昭示上帝而體其道，過周遠矣。將來冬祀，可搢大圭，執玄圭，庶格上帝之心，以敷佑于下民。永爲定制。」

十四日，手詔：「先王制器，必尚其象，然後可以格神明、通天地。去古云遠，久失其傳。裒集三代盤匜罍鼎，可以稽考取法〔一〕，以作郊廟禋祀之器，焕然大備，無愧於古矣。可依所奏，載之《祀儀》。」先是，臣僚言：「陛下覽觀三代，一新祭器，肇造盤匜，增備罍鼎，及禮料容受之數，不無增損。欲乞報太常、光禄寺等處，修入《祀儀》。」故有是詔。

四年五月六日，大禮使司言：「大禮禮料所用形鹽，舊例唯以散鹽印造，未應典禮。今後乞 67 並團作虎形。」從之。

十三日，詔：「今後夏祭地祇，遇雨，令行事官就齋宫望祭殿行禮。」

六年閏正月十一日，太官令熊倩言：「凡祠祭奠幣，讀祝官皆跪，太官酌酒、獻官受爵不跪。謂宜跪酌跪受，以盡嚴事之宜。」下禮制局看詳，請如所乞施行，從之。

六月十二日，宣和殿學士、禮制局詳議官蔡攸言：「臣昨面受睿旨，討論位版之制也。退考太史局所掌見用版位，皆無所稽據。謹按《周官》『猶鬼神祇之居』，則知凡祀未嘗無位；『旅上帝供金版』，則知凡位未嘗無版〔二〕。唯長短廣狹厚薄之數，不見於書。謹參考禮文，傅以經誼。伏請昊天上帝位版長三尺，以取參天之數；厚九寸，以取乾元用九之數；廣一尺二寸，以取天之備數；書徽號以蒼色，以取蒼璧之義。皇地祇位版長二尺，以取兩地之數；厚六寸，以取坤元用六之數；廣一尺，以取地之成數；書徽號以黄色，以取黄琮之義。仍取《周官》之制，皆以金爲之飾。又謹按《春秋公羊傳》，周之郊祭稷，王者必以祖配也。『自内出者無匹不行，自外至者無主不止。』而何休以謂匹，合也，無所會合則不行，得主人乃止。蓋郊所以明天道也，而天道未易明，宜推人道以接之。《詩序》所謂尊祖后稷，故推以配天者如此。其配位版，在冬祀則宜與昊天上帝同制，在夏祭則宜與皇地祇同制，以稱尊祖以配天地之義。又謹按，周之盛時，郊祀后稷以配天，宗祀文王於明堂以配上帝。則祖遠 68 而尊，故推以配天；禰近而親，故

〔一〕以：原脱，據《長編紀事本末》卷一三四補。
〔二〕「無」下原有「位」字，據《愧郯録》卷一二删。

推以配上帝，其義一也。蓋天以體言，帝以用言，其實無二。其明堂位版宜與冬祀同制，配位位版宜與祖配同制。」從之。

七月五日，禮制局言：「皇帝親祠南郊，自齋宮赴壇，故事，乘大輦。今請造大輅，如玉輅之制，唯不飾以玉；所駕之馬，其數如之，唯繁纓一就，以稱尚質之義。仍建大旂十有二旒，龍章日月，以協象天之義。至禮畢還齋宮，則御大輦，於禮無嫌。」從之。先是，言者以禮親祠天地皆乘玉輅以赴齋宮，至壇正當祀事之時，乃乘大輦，疑非禮意。下禮制局討論，故有是請。

八月十四日，禮部言：「州縣召募禮生習《五禮新儀》，未有定立州縣合募人數，及許支給稟名則（則）例。檢會《政和格》：禮生，州二人，縣一人。」詔召募人數，依禮部所申，止於吏人内依格選補，兼月添料錢一貫、米一石。諸路依此。

九月二十五日，禮制局言：「太廟祭器，舊每室籩、豆〔各〕十有二，簠、簋各二，蓋用有唐開元之制。乞盡循周制，籩、豆各二十有六，簠、簋各八。」從之。

十二月十三日，詔：「今後導駕官并朝服結佩，應親祠除祭服外，餘並朝服，不得常服。」時方議親耕籍田儀注，因詔定輦輅駕仗之文，并有是命。

二十日〔一〕，禮制局言：「伏見太廟祭器内，鉶用三，登用一〔二〕。竊考鉶與登皆盛羹之器，祭祀烹牲於鼎，升肉於俎，其湆芼以醢鹽菜〔三〕，實之於鉶，則謂之鉶羹；不致五味，實之登，則謂之大羹。《周官·亨人》『祭祀共大羹、69 鉶羹』是也。且宗廟之祭用太牢，而鉶實牛、羊、豕之羹固無可論者；至於太羹，止設一登，不知果以何牲之湆而實之耶？議者惟知《儀禮》鉶芼有『牛藿、羊苦、豕薇』之文〔四〕，故用三鉶而不疑，至太羹無一定之説，所以止用一登也。以《少牢饋食禮》考之，則少牢者羊、豕之牲也，上佐食羞兩鉶，司士進二豆湆。兩鉶，鉶羹也，二豆湆，大羹也。少牢之鉶、豆用二，則三牲之祭，鉶既設三，登亦用三，無疑矣。伏請太廟設三登，實牛、羊、豕之湆以爲太羹，明堂亦如之。其賜宰執與高麗祭器，亦乞增一爲二，於禮爲合。」從之。

七年正月十七日，禮制局言：「昨討論大駕六引，開封令、開封牧乘墨車〔五〕，兵部尚書、禮部尚書、户部尚書（書）、御史大夫乘夏縵。已經冬祀陳設訖，所有駕士衣服尚循舊六引之制，宜行改正。況天子五輅，駕士之服各隨其輅之色，則六引駕士之服亦當如之。請墨車駕士衣皂，夏縵駕士皂質繡五色團花，於禮爲稱。」從之。

〔一〕按，《文獻通考》卷九八載此條，繫於大觀四年十二月。
〔二〕登：原作「祭」，據《文獻通考》卷九八改。
〔三〕醢：原脱，據《文獻通考》卷九八補。
〔四〕「鉶芼」原作「芼鉶」，「苦」原作「若」，據《儀禮·公食大夫禮》改。
〔五〕「墨」上原衍「畢」字，據《周禮·巾車》、《長編》卷三〇六删。

四月十日，太常寺言：「將來奉上后土、皇地祇徽號册寶，及親祠大禮所差供〔初〕獻、亞、終獻、匏、爵、金斝、罍洗并龠、櫝、木爵等供祠執事官，欲乞並服祭服。」從之。

十八日，禮制局言：「謹按《易・鼎・彖》：『以木巽火，亨飪也。聖人亨以享上帝。』《周禮》小司寇祀五帝則實鑊水，士師沃鑊水。蓋濟以木爨火之事而成之，佐王事上帝，刑官與有力焉。亨飪於禮爲最重，而《易》取象甚大，今之神厨鑊水乃委於庖吏之賤。70 伏請進熟，神厨倣《周禮》，以刑部尚書實鑊水，刑部侍郎增沃鑊水，庶合禮經之意。」從之。

六月二十四日，詔：「天下州縣歲祭社稷、雷、風、雨師及釋奠文宣王，而冠服悉循其舊，形制詭異，在處不同。可令禮制局造樣，頒下轉運司，令本司製造，下諸州，州下縣。庶衣服不二，以〔以〕齊其民。疾速施行。」

八年四月九日，吏部尚書許光〔疑〕〔凝〕言：「乞自今，應祀事前一日，神位版即安奉於祠所幄次，初獻以下悉詣幄次恭視，庶幾仰副陛下崇奉之意。」詔：祠神位版理當嚴奉，可依奏行下。

宣和元年五月二十七日，永興軍路安撫使董正封言：「竊惟朝廷講明祀事，頒降五禮規矩，儀式具備。然而祠祭所用樽、俎、籩、豆、簠、簋之類或有未應法式去處。如臣前任知鄆州，及今來永興軍，釋奠祭祀所用禮器，一切損弊。及臣前任知杭州日，蒙朝廷降式樣製造上件禮器，與今來逐處見用全然大小不同，恐失朝廷奉祀之意。望下有司彩畫式樣，降付逐路製造，以供祭祀，所貴上尊朝廷奉祀之禮意。」詔送禮制局繪圖頒降，令諸路州軍依圖製造。內有銅者，以漆木爲之。

十月二十一日，太府卿盧法原言：「頃者冬祀而天神降，夏祭而地祇出，圜丘、方澤，靈應變異，萬目咸覩，曠古所未聞也。固嘗下詔，以其日名天應寧貺節，且禁刑殺、止屠宰，所以承神祇之休，無所不至。竊謂凡遇親祠，雖行事等官受誓戒，及有司不奏刑殺文書，其餘 71 百司庶府及四方郡縣，蓋未嘗有禁也。緣親祠之日各隨冬夏之日至，與天應寧貺節日每不同，伏望凡遇冬祀、夏祭，親祠之日，俾天下並止刑殺、屠宰一日，著之於令。」詔今後冬祀、夏祭親祠日，禁止刑殺、屠宰一日。

二年五月十一日，蘄州司録宋惠直言：「恭以國家奄奉天地、社稷、百神之祀，凡在有司，罔不祇肅，而外之郡縣，吏或不虔。歲時祠祭，長吏所當率先奉行，往往臨時託故避免；或詣祀所，而以他官奠拜；或祀所致齋，而擅便歸回廨宇；或祭服、士服，輒已置而不用；以至犧牲器幣、籩豆酒醴，類不蠲潔。祀典所載，殆成虛文，甚非所以欽明神而承上意。欲望朝廷申敕有司，嚴恭祀事。委自監司按察施行。」太常寺檢會政和七年十一月敕，新差知潭州陸藻言：「陛下飭躬備禮，以先天下，而郡縣之間，或者長吏不親臨，而委事於其副；贊相不預置，而用之於臨時。故籩豆黍稷，不備不充，薦祼興俯，不中儀式。五齊、三酒各有法也，率未嘗宿醞；犧牲滌養各有期也，率未嘗素養。齋祓簡慢，牲酒瘠酸，誠意不加，神不顧享。願訓飭有司，申明告戒，篤誠禋潔，遵奉禮文。」詔：應郡縣祭祀不如禮令，許所部監司糾劾，廉訪使覺察聞奏。

二月二十二日〔一〕，尚書虞部郎中舒彦言：「恭惟陛下纂紹以來，攄發聖思，緝熙墜典，乃詔大晟頒降樂器於方國。於是薄海内外，始識明聖之述作，而聞《咸》《韶》之音。然伏覩近者獻 72 議之臣謂州郡行户下等爲樂工，免行爲不便，乃欲選厢卒充樂工。以謂厢卒，役兵也，又其間有出於配隸之餘。夫州郡春秋祠祭社稷、風師、雨師，與釋奠宣聖，禮至重也，而樂工乃以黥卒爲之，誠恐文不相稱也。欲望詔州郡，將使院與諸司貼書，籍其數，取其粗曉文禮者充樂工，從逐州公使庫量與月給。惟三歲科場許差謄録，餘差使悉聽免。其應選而偷墮，不願爲樂工，與習而不能精者罷之，不得爲貼書，選以次者（輔）〔補〕之。於以事鬼神而召豐年，其與用厢卒爲樂工，豈不有間哉！」〔詔〕諸路州軍如有貼書可選差去處，許差，餘依奏。《續會要》：崇寧元年十一月二十四日，以廢元祐皇后，命近臣奏告天地、宗廟、社稷、宫觀，及遣官分〔告〕諸陵　三年五月五日，詔以收復廓州，遣親王奏告太廟，侍從官分告社稷、諸陵。同日，以收復鄯州，命親王奏告太廟，侍從官分告社稷、諸陵。四年八月二十九日，古州蠻酋納土，亦依此奏告。　八月十六日，以更定神宗皇帝徽號，及增上哲宗皇帝徽號，遣官奏告天地、宗廟、社稷、景靈宫。　四年八月二十七日，中書舍人張閣奏〔二〕：「被旨以古州等處納土奏告永昭（永陵）〔陵、永〕厚陵。」上曰：「古州，古牂牁、夜郎之地，舉國内屬，盡出詒謀。」　大觀元年十二月十三日，以收復平、允、從、庭、孚、鎮、觀州、延德軍八軍州，命親王奏告太廟，近臣奏告永裕陵。　二十八日，詔以來歲元日恭受八寶，遣官奏告天地、宗廟、社稷。　二年正月七日，以受寶禮畢，遣官奏告帝鼐。　二月六日，以上靖和皇后謚，遣官奏告天地、宗廟、社稷、宫觀。四年十二月二十四日，詔更謚曰惠恭皇后，遣官奏告太廟。　政和元年正月十八日，皇后將受册，改用二月九日。正月十四日奏告，差官：昊天上帝差左僕射何執中；皇地祇差中書侍郎劉正夫；太廟，晉康郡王孝騫；別廟，江夏郡王仲奚；太社（令）、太稷，禮部侍郎潘兑；景靈東宫，兵部侍郎張克公，殿中監高伸，司成張邦昌，中書舍人劉嗣明；景靈西宫，待制李孝壽；中太一宫，秘書少監趙存誠；醴泉觀，秘書監何志同；上清宫，起居郎陳𬤇；儲慶宫，起居舍人任熙明；九成宫，侍御史毛注。　二年十月二十一日，詔以冬至日受元圭，命太師、楚國公蔡京 73 前期三日奏告昊天上帝，司空、尚書左僕射何執中告皇地祇，皇弟越王偲告太廟，皇兄豫章郡王孝參告別廟，吏部尚書張克公告太社、太稷。　三年二月二十五日，詔以太平告成，命皇兄晉康郡王孝騫告永裕陵，皇兄豫章郡王孝參册告永泰陵。奏告永裕陵册文曰：「維政和三年歲次癸巳，二月癸未朔，二十五日丁未，孝子嗣皇帝臣御名，謹遣皇兄、寧國軍節度使、開府儀同三司、上柱國、晉康郡王、食邑六千七百户、食實封一千七百户臣孝騫，敢昭告于皇考神宗體元顯道帝德王功英文烈武欽仁聖孝皇帝。伏以體道御邦，憲天稽古，權輿萬事，跨越百王。肆及沖人，嗣守遺緒。敦宗廣愛，勸學興能。董正治官，阜通美利。惠養鰥寡，俾無困窮。懷輯羌夷，列爲郡縣。諸福畢至，昭受神寶，告成厥功。永言孝思，（繫）〔緊〕我烈祖。爰遵古義，祗告太平，對越在天，答揚先訓。式昭歸美，仰冀顧歆。尚饗！」奏告永泰陵册文曰：「維政和三年

〔一〕按上條爲五月，此條反爲二月，疑有誤。
〔二〕「張閣」下原有「因」字。按《九朝編年備要》卷二七載崇寧四年八月徽宗問中書舍人張閣新樂事，可證「因」字爲衍文，據删。

歲次癸巳，二月癸未朔，二十五日丁未，孝弟嗣皇帝臣御名，謹遣皇兄、寧武軍節度使、開府儀同三司、上柱國、豫章郡王、食邑五千九百户、食實封一千五百户臣孝參，敢昭告于皇兄（誓）〔哲〕宗憲元繼道顯德定功欽文睿武齊聖昭孝皇帝。伏以勵志夙霄，紹休統緒。于兹一紀，庶績咸熙。天告厥成，錫之大寶。仰惟盛烈，駿惠文謀。遵制揚功，假以溢我。載用有嗣，登兹太平。稽協前經，敢忘昭告！威靈在上，其克顧綏。尚饗！」十一月六日，以冬祀，增上神宗皇帝徽號，改定哲宗皇帝徽號，差官奏告天地、宗廟、社稷、諸陵。　四年正月十四日，詔築隆、兊州、興隆、萬松縣、金斗、鳳鄰、安江、思忠、朝天寨〔一〕，差官告宗廟、社稷、諸陵。　二月七日，詔以皇長子冠禮，差官奏告天地、宗廟、社稷、諸陵。自是皇子冠禮，皆差官奏告如禮。　五月十二日，上親祭方澤禮成，御製表文，遣觀文殿學士鄧洵武詣永裕、永泰陵奏告。御製告永裕陵表曰：「季夏謹時，伏深瞻慕。恭惟神宗體元顯道法古立憲帝德王功英文烈武欽聖仁孝皇帝：御名獲以眇末，嗣承令緒。祇若彝訓，大懼墜失，於事罔敢弗繼，於志罔敢弗述。貽謀緒烈，洪纖大小，莫不悉舉。追惟成憲，若稽先王，弗以陽求天，以陰求地，罷黜合祭之失，是正方澤之禮，具在典册，訓于萬世。弗果以行，踰三十載，夙夜震慄，靡遑寧處。爰命有司，循道遵制，即國之北，爲壇二成。鼎彝有象，籩豆有踐。禮以黄玉之琮，祀以有邸之圭。乃以〔仲〕夏十有二日丙戌夏日之至，齋明盛服，秉圭奠幣，以交神明，以成聖志，不敢不察。百步之外，零雨霑濡；壇壝之内，密雲不雨。越樂八變而地祇出，有形有聲，若影若響，見者辟易。禮儀卒度，迄用有成。實我烈考肇造於前，克相在天；末予冲人，祇率謨訓，克成厥後。俯伏以思，洞洞屬屬，若在其上，若在左右。追慕罔極，豈敢自居。顧瞻陵闕，不遠伊邇，不獲 74 躬行，謹使以告。今遣觀文殿學士、通議大夫、充中太一宫使、兼侍讀鄧洵武，謹奉表奏告以聞。御名誠惶誠恐，頓首謹言。」告永泰陵表曰：「季夏謹時，伏增跂望。恭惟哲宗憲元繼道世德揚功欽文睿武齊聖昭孝皇帝：御名蒙被厚恩，畀付大器。獲以弗類，仰承聖緒。率籲衆志，祇若謨訓。夙夜以思，惟厥萬事，率循舊章，罔敢逸遺。竊考紹聖、元符之初，是正紛更，述追先烈。黜元祐之横議，復方澤之大禮。稽參先王，作新禮典。乃命官徒，相方度地，作宫侍祠于國之北。悼邪説之惑，下躬行之詔，布告天下，載在方册。將以夏日之至，修母事之儀，以格神休，以承先烈。有志弗遂，禮不及行，厥有墜典，貽于冲人。俯伏惟念，罔敢怠忽。乃命攸司，考古之文，尚象以制作；因舊之址，鳩工而繕營。爲壇二成，以洽百禮。五月十有二日夏日之至，齋明盛服，秉圭奠玉，虔恭寅畏，祇嚴祀事。四隅皆（兩）〔雨〕，而壇壝不濡。越樂八變，而地祇以出，有形有聲，見于空際。實惟在天之靈昭格于下，底此休成，垂訓萬世。上以承烈考肇始之志，下以伸（交）〔友〕恭繼述之情。豈予冲人，敢此專有！陵闕在望，不獲躬行，謹使以告。今遣觀文殿學士、通議大夫、充中太一宫使、兼侍讀鄧洵武，謹奉表奏告以聞。御名誠惶誠懇，頓首頓首，謹言。」十一月，詔以修冬祀齋宫泰禋門，差官奏告昊天上帝。　五年正月二十九日，尚書省言：「皇太子受册，合依冠禮，前期擇日奏告天地、宗廟、社稷、宫觀、諸陵。內圜壇與望祭齋宫方行移展，欲只依端誠殿設位行禮。」從之。　八月六日，詔修建明堂，布告大庭，依聽大禮御劄例奏告天地、宗廟、社稷、宫觀、諸陵，及五嶽四瀆等。　六年四月二十八日，宣和殿學士蔡攸言：「貢士劉棟鑄鼎牲以（祀）〔祝〕聖壽，乞降香山縣奏告聖祖。」詔差蔡攸止就天興殿。　五月二十七日，詔以皇太子納妃，前期命皇弟越王偲奏告太廟，及遣官分告景靈宫、諸陵。　八月五日，詔將來九月朔奉上昊天玉皇上帝徽號，差官奏告天地、宗廟、社稷、宫觀。　七年三月二十一日，以奉上皇地祇徽號，差官奏告天地、宗廟、社稷、宫觀，乃降霈。

　　十月二日，詔以皇長孫降誕，差官奏告天地、宗廟、社稷、諸陵。　十二月二十二日，太常寺言：「奉手詔，定命寶來年元日祇受，欲依受八寶禮例，前三日差官奏告天地、宗廟、社稷。」從之。　宣和四年十月十三日，詔：郭藥師以涿、易二州來降，遣官奏告天地、宗廟、諸陵。

〔一〕以上地名，「兊」原作「兗」，「松」原作「私」，「斗」原作「汴」，「忠」原作「至」，並據《宋史》卷九〇《地理志》六改。又「鄰」，《宋史》中華書局標點本作「憐」，四庫本作「麟」。

群祀 三

75 高宗建炎四年十一月六日，工部侍郎韓肖胄言：「車駕巡幸，惟宗廟之祭行奉安，所在天地、五帝〔一〕、日月星辰、社稷大祀廢而未舉。望詔有司以時舉行。所有器服并牲牢、禮料，恐國用未充，難如舊制，即乞裁定，省繁就簡，仰副爲民求福之意。」從之。禮部、太常寺謹按每歲祭祀天地、社稷合行事件：孟春上辛日祈穀，祀昊天上帝，前二日奏告太宗皇帝。孟冬上辛祀感生帝〔二〕，前二日奏告（禧）〔僖〕祖皇帝。孟夏雩祀昊天上帝，前二日奏告太宗皇帝。夏至日祭皇地祇，前二日奏告太祖皇帝。季秋祀昊天上帝，前二日奏告神宗皇帝。立冬後祭神州地祇，前二日奏告太宗皇帝。冬至日祀昊天上帝，前二日奏告太祖皇帝。春秋二社并臘前一日祭大社、大稷，依例於天慶觀設位望祭，止祀正、配位。合用祝文，舊制，秘書省定詞書寫請降，今秘書省未復，欲令禮部郎官、太常博士分撰書寫，進訖降（附）〔付〕祠所。其祝版令文思院并所至州軍應副。合用御封降真香，入内内侍省取降供應。祀天王以蒼璧，皇地祇以黃琮，感生帝以兩圭有邸，神州地祇、大社、大稷以兩圭有邸。若省簡，止依方色奠幣，權不用玉。依儀用祭服、禮器、大樂、牲牢，差三獻官、捧俎官等。前十日受誓戒，前三日致齋。每位止用尊一并罍、杓，爵一，76 籩、豆各一，實酒、脯、鹿臡；幣帛、（綿）〔縮〕酒茅、蠟燭、燎草、炭火、罍洗、神席。差獻官、奉禮郎、太祝、太官令各一員，依奏告禮例行事，止用常服，更不受誓戒，前一日致齋。所有祠祭禮料物色，令所至州軍應辦。天地初獻，依條降勑差宰執。内祀感生帝、祭神州地祇、大社、大稷，依大（祝）〔祀〕，輪差禮部尚書、侍郎，太常卿、少，禮、祠部郎官；内前二日奏告，差宗室。如闕，以太常寺官、奉禮郎、太祝、太官令，吏部差待次官充，及所至州軍差官。祠祭時日，太史局預先選定，前一季報寺。神位朱漆位版一十片，令本局製造收掌，逐時書寫神位，赴祠所供設。應合用祭器、酒脯等，行事官致齋什物、幕次炭火、喫食、茶、湯、酒、菓，從太常寺具數報所至州軍應辦。

紹興元年正月二十三日，奉迎神主護從提點所言：「太廟神主見在温州奉安祭享，依禮例，用純白羖羊，竊慮軍州難得應辦，却致搔擾，欲今後權用純白雄羊。其餘禮料遇闕本色，亦乞隨宜權行充代。」從之。

五月十九日，工部言：「文思院料到製造大禮壇上合用飲福渾金注椀一副，爵坫一副，金鍍銀湯瓶一隻，火撮子一副，索子全。過羅子一柄；什物：朱紅漆卓子一隻，金漆桌子二隻。」詔金銀令户部依數應副，候用了畢並赴左藏庫

〔一〕帝：原作「常」，據《宋史》卷九八《禮志》一改。
〔二〕孟冬：原作「同日」，據《建炎要録》卷三九改。

寄納。

二年二月十五日，太常少卿程瑀等言：「奉詔，遇祀昊天上帝、大社、大稷、高禖，並於天寧觀望祭。其行事官宿齋等位次，望下臨安府於本觀止[77]修蓋席屋二十間。」從之。

三月十八日，太常少卿王居正言：「每遇祀祭天地宿齋，緣天寧觀所蓋席屋間例窄狹，欲乞祠前一日赴祠所點饌畢，内有職任官各宿於本司。如合趁赴朝參立班，並免。」從之。

閏四月二十六日，太常少卿王居正等言：「望自今後應祠祭祝文，於祠前二日令秘書省依自來禮例，用木匣封鏁，降付祠所，望祭殿上安放看守。其擡擎人候禮畢歸省。所貴奉神嚴潔。」從之。

三年四月十五日，司封員外郎鄭士彦言：「頃因臣僚建議[一]，如社稷、高禖之祀悉已舉行。至於春分朝日，秋分夕月[二]，立春、立夏、季夏土王、立秋、立冬祀五帝于四郊，亦祀之大者，何獨廢而不舉？望詔禮官講求典禮，舉而行之。」禮部、太常寺討論：「合用牲牢、禮料，設十二籩、豆，差三獻官，捧俎兵、工部郎官。欲依見今祭神州地祇，不用牲牢，止設一籩一豆，差獻官一員，依奏告禮例行事。」從之。

四年四月十六日，禮部、太常寺言：「明堂大禮，依儀合設從祀百神，應内壝諸神有名各三百餘位，壝外十二階位設三百八十位，即無神名，欲於逐階各并設三五位。其行事官、祗應人、祭器、禮料、法服等，從太常寺別行裁定。」從之。以臣僚言明堂大禮如非祀禮、賞軍，其他冗費每事減節故也。

六月十六日，左諫議大夫唐煇言：「今歲明堂大禮，伏見御輦院已雅飾平輦，復製造逍遥子，約用金九十餘兩。雖已降旨用銀而塗金，聞其[78]他所須物料皆非尋常易得者，恐難於卒辦，望權住製造。」從之。

六年正月十五日，太常少卿何愨言：「在京祭祀天地、五方帝等壇壝齋宫，並在四壁城外建置。今欲權宜於惠照院一處望祭神位，並充行事宿齋處所。」從之。先是尚書省言：「圜丘、方澤、社稷之祭，見於臨安府天慶觀小屋。卑陋湫隘，軍民雜居，其間糞壤充積，喧呶雜亂，每遇暑濕陰雨，穢氣達於祠所，不便。」至是令臨安府踏逐城外惠照院堪充望祭齋宫，故有是請。

七年五月十一日，太常博士黄積厚言：「百神之祀，曠歲弗修。頃因議者有請，雖次第舉行，然大祀之未舉者如熒惑、大蜡，中祀如嶽、瀆、農、蠶，小祀如司中、司命之類是也。爲國爲民所禳，而神人相依之道，實不可廢，望條舉而行之。」從之。

[一]「建」上原有「言」字，據《中興禮書》卷一二五刪。
[二]月：原作「日」，據《中興禮書》卷一二五改。

六月十九日，詔：「明堂大禮合用玉爵，係是宗廟行禮使用，今來闕玉，權以石代之。可令知福州張致遠收買壽山白石，依降樣製造，務在素樸。」

九年二月二十八日，國子監丞張希亮言：「望以天地、宗廟、社稷、五帝、夫子等祠，下禮部、太常寺討論舊典。凡大祠用十二籩豆。夫子仍舊(曰)〔日〕郡國中祠之例，五帝、日月與十有五祭亦依曩時牲牢之享。」禮部太常寺看詳：「見今祀祭天地、宗廟、社稷，所設籩豆委是未應國朝儀注，今欲設十二籩豆。春秋上丁行在釋奠至聖文宣王，雖於宣和年間升爲大祀，今權取中祠禮例，用羊、豕，設十籩豆，差三獻官 79 行禮。其祭五方帝等處，且依見今禮例，止用酒脯行禮。俟將來軍事寧息，別行條具。」從之。

十月二十二日，禮部、太常寺言：「將來明堂大禮合用爵醆，昨權以木爲爵形，而背上負尊。按郊廟奉祀禮文，象爵之形，中有鬯酒，又持之也。臣僚以謂不應古制。欲倣古刻爲爵形，鑿其背以實酒，以應《說文》『中有鬯酒』之義。又考禮象，銅爵之制，有首、有尾、有柱、有足、有柄，正得古制。兼紹興七年明堂大禮，御前降到銅古爵。依得禮象制度，今合將木爵改正，用銅製造。皇帝飲福爵，依禮經用玉，欲權以金代。」從之。

十年七月二十五日，太常少卿陳(桶)〔桷〕言：「明堂大禮，依儀，户部、兵部、工部尚書奉俎入門，舉鼎人入至西階下，太官令以匕於鼎升熟於體，載於俎。合製造舉鼎官祭服三十二副。」從之。《宋史·本紀》紹興十年，以釋奠文宣王爲大祀。

紹興十二年四月二十六日，權禮部侍郎施坰等言：「近討論到大行皇后合行典禮，内停宗廟祭及中小祀，係用孝明皇后、章穆皇后故事。竊詳二后之喪，所以止停宗廟祭及中小祀者，蓋是引用禮經『惟祭天地、社稷，爲越紼而行事』之文。謹按禮經，越紼行事蓋爲三年之喪七月未葬之時，故上文云『喪三年不祭』。經傳凡稱三年之喪者，皆爲父母之喪。《儀禮》曰爲妻之服期，《檀弓》說魯哀公有爲妻齊衰之文〔一〕。今以齊衰期喪而引用三年之喪禮，殊失先儒不以卑廢尊之義，竊恐難以遵用。況祭祀不行〔二〕，乃 80 國之大事，臣子所不敢忽。今大行皇后之喪未祔廟以前，宗廟祭及中小祀望特不停罷。非惟有合禮經，且使舛繆之典釐正於聖朝，庶幾後世無得而議之。」

十三年二月二十七日，臣僚言：「昨者親祠，内出古制爵坫，以易雀背負醆之陋。然而籩、豆、尊、罍、簠、簋、彝、鼎諸器，至今《禮圖》既知其非，猶且循襲。竊聞已得《宣和博古圖》，欲乞頒之太常，俾禮官討論釐正，改造大禮祭器，悉從古制。」詔令秘書省給降一部。

三月二十二日，禮部侍郎王賞言：「郊祀大禮，依儀，前期獻景靈宮，朝饗太廟，合排設鹵簿儀仗車輅。緣行在

〔一〕妻：《禮記·檀弓》作「妾」。
〔二〕祀：原作「祝」，據《中興禮書》卷二七七改。

街道與在京事體不同，欲乞權依四孟朝獻禮例，並服履袍，乘輦。俟太廟行禮畢，排設鹵簿儀仗，皇帝服通天冠、絳紗袍，乘玉輅詣青城齋宮。」從之。

六月二十九日，禮部、太常寺言：「紹興十年明堂大禮，所設神位，係設昊天上帝、皇地祇、太祖皇帝、太宗皇帝。天皇大帝、神州地祇以下從祀四百四十三位，共四百四十七位。今來郊祀大禮，合添設衆星三百二十四位，通共七百七十一位。」從之。

十月二十一日，禮部言：「將作監收買黑羊皮製造大裘。緣江浙即非出産，欲依元祐故事，隨宜權用黑繒爲裘。」從之。

十一月二十一日，太常博士劉嶸言：「昨自南(度)〔渡〕草創，未能備物，凡遇大小祠祭，並權用奏告禮，一籩一豆，酒脯行事。今時方中興，容典(寢)〔寖〕備，禮有大於此者，雖已畢備，唯兹常祀，因循未復其 81 (其)舊。甚者如日月、五帝，且不得血食；神州、感生，以祖宗配，亦削去牲牢。簡神瀆禮，於是爲甚，釐而正之，其可緩邪！望明詔有司，講求祀典。凡所謂大祀，與夫風、雨、雷神，嶽、鎮、海、瀆、蠶、農之祭，不可闕者，並先次復舊，其他以次舉行。所有牲牢、禮料、登歌之類，務令如禮，無或簡畧，(竇)〔實〕國家之先務。」從之。

二十九日，禮部、太常寺言：「已修建圓壇了畢，以後祀天，及非時慶賀奏告，並乞依在京禮例，於本壇行禮。」從之。

十四年七月八日，上諭宰執曰：「國有大禮，器用宜稱。如郊壇須用陶器，宗廟之器亦當用古制度。卿等可訪求通曉禮器之人，令董其事。」既而命給事中段拂、户部侍郎王鈇、内侍王晉錫充。

十五年十二月十七日，上諭宰執曰：「將來禮器造成，宜以制度頒示州縣，俾之遵用，庶革舛誤。」先是有詔討論製造南郊大禮祭器，故有此宣諭。

十六年十月二日，上御射殿，宰執進呈禮器。宰臣秦檜曰：「考古制度，極爲精緻。」上曰：「所用皆足備，今次祀上帝、饗太廟，典禮一新，誠可喜也。」於是監董官吏第一等各轉兩官，第二等各轉一官，減二年磨勘，第三等各轉一官。

二十三年二月十七日，吏部郎中、兼權太常少卿沈虚中言：「仰惟陛下昭事上帝，登禮百神，凡所以供祀事者必蠲必潔。惟是實設禮料、醯醢之屬，制之藏之，皆在市司，慮其不虔。望委有司隨宜措置，凡曰禮料，市司造訖，藏之齋坊，仰稱 82 饗神之誠。」詔置光禄寺丞一員，依在京例措置。

二十七年五月二十七日，禮部、太常寺言：「奉詔舉行大祀一十三祭。其四郊方位，緣今來壇壝齋宮未備，欲乞立春日祀青帝、春分朝日、季春出火祀大辰、臘前一日蜡祭東方百神，權於青東門外長生院齋宮行事。立夏日祀赤帝、季夏土王日祀黃帝，於利涉門外浄明寺齋宮行事。立秋日祀白帝、秋分夕月、季秋内火祀大辰、臘前一日蜡祭西方百神，於錢湖門外惠照院齋宮行事。立冬日祀黑帝，於餘杭門外精進寺齋宮行事。立夏祀熒惑合於南方，緣浄明寺已共同日祀赤帝，行事相妨，欲於錢湖門外惠照院齋宮行事。立冬後祭神州地祇合於北方，緣精進寺齋宮地步窄隘，難以安設登歌、宮架、樂舞，欲於錢湖門外惠照院齋宮行事。所有祀五方帝，合設從祀神位，欲依見今祀祭天地禮例，權不設從祀。及祭神州地祇，係用牛犢，欲依見今祀祭天地禮例，止用羊、豕。」從之。先是侍御史周方崇言：「祭祀之禮，自郊禋、明堂之外，載於典籍者，有大、小、中三等之别。紹興之初，軍旅搶攘，日不暇給，迺不得已而殺禮。大祀三十有六，而今所行者二十有三而已，其一十三祭止作中祀，誠爲闕文。望命有司將一十三祭依舊作大祀。」太常寺條具上之，故從其請。

六月二十五日，太常博士張庭實言：「望依《政和五禮新儀》，今後宗廟冬饗則設配饗功臣，臘 83 饗則設七祀。」從之。

二十八年正月二十五日，禮部言：「奉詔審(辯)〔辨〕改正祭祀禮料。蜃醢、蠯醢：按《周禮正義》、《爾雅》，蠯謂爲蚌之屬，而蚌之修者爲蠯；又謂蜃爲大蛤，蠯爲小蛤。今取蛤之大者，則蜃醢當以石決明；取蚌之修者，則蠯醢當以蜌。(以)蚳醢：按《爾雅》，蚳謂飛蟻之子。又據《皇朝類苑》，飛蟻入水爲蝦。今當用蝦代。鮑：按《周禮正義》，鮑者，於福室糗乾之，出江淮。今當用乾魚。豚拍：按《周禮正義》，謂豚脇也。今當用豚脅。麷，按《周禮正義》，熬麥曰麷。今當用熬麥。鹿臡、鴈醢：按《周禮正義》，有骨曰臡，無骨曰醢。」從之。先是太常丞任文薦、太常博士張庭實擅改易祀天地、宗廟、社稷禮料，有詔各罰銅十斤，令禮部審(辯)〔辨〕改正，至是上之，故有是請。

二十九年二月二日，太常丞張庭實言：「檢照《郊祀大禮按沓敕》：『諸大禮應奉人(乘)〔乖〕違失儀者杖一百。應緣大禮行事有違犯，不以本年赦降原減。』元係太常寺省條法，從前每遇大禮，只引律文『諸祭祀行事失錯及違失儀式者笞四十』，皆引赦原，更無斷罪條法。恐大禮應奉人懈怠不肅，無以懲戒，有失祖宗立法之意，望送敕令所，以紹興敕内修入，永久遵守。」從之。

七月九日，監察御史任文薦言：「祀者國之大事，禮者法之大分，名實之間，不可不謹。今考其未合於經者言之。五齊、三酒，所以實八尊也，今醴齊、緹齊、(央)〔盎〕齊、沈齊，泛齊，不曰齊，而曰酒，此名有未正者。七菹、三臡，所以 84 實四豆也，今七菹不曰菹，而曰醢，麋臡不曰麋，而曰麞，此名有未正者。麷、蕡、白、黑，皆熬用也，稽先儒注義，參郊廟禮文，則麷爲熬麥，蕡爲熬麻，白爲熬稻，黑爲熬黍矣。今麷已用熬麥，而蕡、白、黑猶生用之，此制度有未合者。形鹽，鹽之爲虎形者，《左氏》所謂『羞嘉穀，鹽虎形』是也。今饌牒謂之『形鹽虎』，此文義有未安者。經曰：『鋪筵席，陳尊俎，列籩豆，以升降爲禮者，禮之末節也，故有司掌之。』然禮之所尊，其義也，名實差訛，沿襲日久，不可不察。望參照禮文釐正，庶幾不叛於經，以稱祀事。」詔令禮部、太常寺檢照郊廟禮文釐正。

三十一年五月二十一日，太常寺言：「政和禮制局定郊用特，而明堂用牛、羊、豕；郊用匏爵，而明堂用玉爵。其餘豆、(祭)〔登〕、簠、俎、尊、罍，並用宗廟之器，但不設彝，不(課)〔祼〕。所有今來明堂大禮，欲依上件典故。」從之。

二十四日，臣僚上言：「明堂大禮專以誠意爲主，除諸軍支賜今依舊例外，有禮文在。今日多事之際，謂宜頗從減省，以寬費用。望詔有司條具裁酌。」禮部、太常寺看定：「昨知臨安府趙子(淵)〔潚〕所進《明堂大禮排辦例册》，内有不必創置添修换造者，不得枉費錢物，裁定申朝廷外，其所設幣帛、牲牢、籩豆、祭器、禮料、酒齊、登歌、宮架、〔樂〕舞等，並依大禮祀神之物實用之數，於禮文即無合省減事節。」從之。

八月二十三日，太常少卿王普言：「在京有冰井務，季冬藏冰，仲春開冰，先饗司寒，凡祭祀共冰如禮。85 今行在三衙所藏冰雪甚多，唯祭祀未嘗用之，誠爲闕典。況將來明堂大禮，天氣尚温，前一日晡時宰割牲牢，隔夜制造神食，若無冰鑑，恐不鮮潔。望下三衙，本寺關報應副神厨合用冰雪，仰稱明德以薦馨香之意。」從之。

十二月八日，太常少卿王普言：「兹者鑾輿順動，而百官留務皆在臨安行宮，望詔有司，凡祭祀之禮，舉行如舊，各揚其職，無或不恭。」從之。

三十二年七月十一日，孝宗即位未改元。殿中侍御史張震言：「養兵御戎，在今爲急；豐財節用，於事宜先。陛下紹膺皇圖，祗見祖廟，所嚴在乎禮，所貴在乎誠。至如百官有司勤恪奉祀，群公卿士奔走侍祠，蓋國之常，亦臣之職。況陛下登極疏恩，咸(偏)〔徧〕中外，今錫類復加，則稠疊已甚者。神宗皇帝親郊，執政以國用不足辭賜，司馬光以爲救災節用，且自貴近始，可聽其辭，又乞自文臣兩省、武臣宗室刺史以上皆減半賜。事雖中沮，識者是之。況今邊備方興，不獨救災節用而已。乞凡臣僚執祀事者，痛裁無益之賜。仍以臣章宣示宰執，庶幾臣子之分，得以少安。」詔劄下都大主管所。

九月二(月)十四日，知臨安府、兼權户部侍郎趙子潚言：「内外財賦支用日廣，宜先撙節。自今遇典禮，應諸色執掌行事等官吏，乞朝廷預減人數，庶免冗濫妄費。仍更不支降料次折食錢。」從之。《續會要》：高宗皇帝建炎元年五月一日，皇帝登極，告于昊天上帝。册文曰：「維靖〔康〕二年歲次丁未，五月庚寅朔，嗣天子臣御名，敢昭告于昊天上帝。金戎亂華，二帝北狩，天支戚屬，混 86 於穹居，宗社罔所憑依，夷夏罔知攸主。臣御名以道君皇帝之子，奉宸旨以總六師，握大元帥之權，唱義旅而先諸將，冀清京邑，迎復兩宮。而百辟卿士、萬邦黎獻，謂人思宋德，天眷趙宗，宜以神器屬臣。御名辭之再四，懼不克負荷，貽羞於來世。九州四海，萬口一辭，咸曰不可。稽皇天之寶命，慄慄震惕，敢不欽承。尚祈陰相，以中興于宋祚。」

紹興元年正月二十日，太常寺言：「詔以建炎五年正月一日改作紹興元年，合奏告天地、社稷、宗廟。」從之。

四月十七日，太常寺言：「大行隆祐皇后崩，依古例，合奏告天地、宗廟、社稷、諸陵。」從之。

五月三日，太常寺言：「大行隆祐皇太后攢宮下手，合祭告五方五帝、太歲帝君諸神。」從之。

二十日，太常少卿蘇遲言：「將來大行隆祐皇后靈駕發引，前一日合依禮例，奏告在京及越州宮觀廟宇、經過十里内神祠。」從之。

二十六日，禮部尚書胡直孺言：「大行隆祐皇太后登配廟庭册禮，奏告天地、宗廟、社稷。」從之。其祝文並述以見隆祐皇太后在欽聖憲肅皇后垂簾日既正名位，崇寧姦臣沮格之意。

六月五日，太常寺言：「奉上大行隆祐皇太后尊謚昭慈獻烈皇后號册，前期告廟。」從之。

八月十一日，太常少卿蘇遲言：「昭慈獻烈皇后祔廟前二日，奏告天地、宗廟、社稷、宫觀、廟宇。」從之。

二年十二月二十五日，檢察宮陵所言：「昭慈獻烈皇后攢宮禁地窠木死損〔一〕，春分前奏告補種。」從之。其後凡遇春補種及修造裝整神（禦）〔御〕帳與永祐陵，並用此禮。

三年三月十三日，禮部、太常寺言：「四月十四日，昭慈獻烈皇后大祥除几筵，依禮例，前時禮儀使先行奏告之禮。」從之。

四月二十八日，太常寺言：「昭慈獻烈皇后改定謚曰昭慈聖獻皇后，奉册寶告廟。前一日，遣官奏告天地、宗廟、社稷。」從之。

四年五月五日，國子監丞王普言：「今歲舉行明堂大禮，竊觀紹興元年案牘，内有未合典禮事：前期降御劄奏告天地、宗廟、社稷，御書祝版並云『伏爲御劄降奏告』，恐未足以稱嚴恭禮祀之意。」禮部、太常寺看詳：「既稱嗣天子臣名，不應對天地、宗廟、社稷自稱『御劄降』，委是語言輕重不倫。學士院青詞、表文、祝文並行改稱『伏爲（命）〔今〕年九月有事于明堂』。」從之。

五年二月十九日，禮部、太常寺言：「奉迎太廟神主赴行在奉安，合差太常少卿奏告。」從之。

六年八月十六日，太常寺言：「車駕巡幸建康，進發前二日，遣官奏告天地、宗廟、社稷。應臨安府載在祀典神祠，出國城日軷祭用羝羊、祝文，并致祭沿路橋梁、十里内神祠、名山大川。」從之。

七年正月二十五日，太常寺言：「道君皇帝、寧德皇后訃音聞自金國，合遣官奏告天地、宗廟、社稷、諸陵。」從之。

二月十五日，太常少卿吴表臣等言：「車駕巡幸建康府，進發前一日，詣徽宗皇帝、顯肅皇后几筵前行奏告之禮。」從之。

四月六日，太常少卿吴表臣等言：「道 87 君皇帝、寧德皇后謚號已下，依照厚陵故事，以謚議請於南郊，寧德皇后謚依諸后故事，奉謚册寶告于太廟。」詔恭依。

七月十八日，太常寺言：「奉上道君皇帝、寧德皇后謚册寶，依禮例，前二日奏告天地、宗廟、社稷、宮觀。」從之。

八月十四日，太常寺言：「明堂大禮前一日，皇帝躬上惠恭皇后改謚册寶，奏告天地、宗廟、社稷、宮觀。」從之。

十一月十二日，禮部、太常寺言：「聖文仁德顯孝皇帝、顯肅皇后梓宮未還，久停朔旦之禮，望先次祔廟，奏告天地、宗廟、社稷、宮觀。」從之。

九年正月九日，詔：「金國遣使議和，割還河南故地，可差官奏告天地、宗廟、社稷，并温州景靈宮東西宮、福州啓運宮、紹興府昭慈聖獻皇后攢宮。」

十年十一月十六日，太常寺言：「奉上皇太后册寶，依禮例，前期奏告天地、宗廟、社稷、諸陵、昭慈聖獻皇后攢宮、景靈東西宮、承元殿、順承殿、天慶觀、報恩廣孝觀。」從之。

二十四日，禮部、太常寺言：「奉迎皇太后非晚到闕，比附大慶禮例，俟還宮日，遣官奏告天地、宗廟、社稷、諸陵。」從之。

十一年十一月二十六日，詔命宰執及議誓、撰講和誓文官告祭天地、宗廟、社稷〔二〕。時金國通好也。

十二年四月十八日，太常寺言：「大行皇后上僊，遣官奏告天地、宗廟、社稷。」從之。

同日，太常寺言：「徽宗皇帝、顯肅皇后、懿節皇后梓宮過界，令迎護官行祭告之禮，及經由州縣致祭神祠。迎護到行在，差官奏告天地、宗廟、社稷、諸陵。」從之。

五月二十五日，太常寺言：「於太廟修建别廟，下手日，先奏告諸室，并致告土地。」從之。

六月十八日，太常寺言：「奉上懿節皇后謚册寶，前一日遣官告廟。」從之。

二十六日，禮部、太常寺言：「懿節皇后神主祔廟前二日，差官奏告天地。」從之。

七月二十一日，攢宮按行使司言：「徽宗皇帝、顯肅皇后、懿節皇后攢宮摽劄神穴、神圍，合奏告昭慈聖獻皇后攢宮。」從之。

九月十八日，太常寺

〔一〕獻烈：原倒，據前後文乙。

〔二〕「誓文」下原有「遣」字，「社稷」下原有「從之」，據《建炎要録》卷一四二删。

言：「徽宗皇帝、顯肅皇后、懿節皇后靈駕二十六日發引，十月十七日掩攢，依禮例，並合前一日奏告昭慈聖獻皇后攢宮。」從之。　十三年二月十八日，太常寺言：「已擬定永祐陵名，合奏告徽宗皇帝、顯肅皇后攢宮。」從之。　閏四月七日，禮部、太常寺言：「中宮受册，合前期差官奏告天地、宗廟、社稷、景靈宮、天慶觀、報恩光孝觀、諸陵、昭慈聖獻皇后永祐陵攢宮。」從之。　二十年五月六日，太常寺言：「玉牒所修進《(呈)〔皇〕帝中興聖統》，於天興殿聖祖天尊大帝之西安奉，合遣官奏告景靈宮。」從之。　二十一年十月五日，太常寺言：「修蓋景靈宮并畢工，合豫期奏告，遷聖像神御。」從之。　自後每因修葺，亦用此禮。　二十四年十月二十六日，禮部、太常寺言：「進呈安奉《徽宗皇帝御集》，前二日差官奏告景靈宮逐殿聖像神御。」從之。　二十六年十月九日進《皇太后回鑾事實》，二十七年四月六日進《玉牒》、《仙源類譜》，二十八年 88 二月二十日進《神宗實訓》、《祖宗仙源積慶圖》，七月十一日進《徽宗實録》，二十九年十一月二十四日進《永祐陵迎奉録》，三十一年二月十七日進神宗、哲宗、徽宗《三朝正史》(記)，並用此禮。　二十七年五月五日，禮部言：「臣寮奏：成都府新繁縣御容殿宇弊陋，欲加增飾。前期合用奏告，降御封香。」從之。　二十八年十月十四日，太常寺言：「抽換太廟大殿梁柱，起修、畢工，合奏告遷祖宗帝后別廟神主并祭告土地。」從之。　自後每因修葺，並用此禮。　二十九年九月二十三日，太常寺言：「大行皇太后崩，合遣官奏告天地、宗廟、社稷、諸陵。」從之。　十月十九日，太常寺言：「將來修置大行皇太后祏室，其徽宗皇帝室與哲宗皇帝室相連，並權告遷，合奏告太廟并土地。」從之。　二十二日，太常寺言：「奉上大行皇太后謚册寶，依禮例，前二日奏告天地、宗廟、社稷、宮觀。」從之。　十一月十日，禮部、太常寺言：「顯仁皇太后梓宮發引至攢宮掩攢，依禮例，前一日奏告攢宮帝后。」從之。　十七日，禮部、太常寺言：「顯仁皇太后神主祔廟前二日，奏告天地、宗廟、社稷、宮觀。」從之。　三十年三月十四日，太常寺言：「普安郡王爲皇子，除開府儀同三司，進封建王，合奏告天地、宗廟、社稷、諸陵。」從之。　三十一年五月二十二日，禮部侍郎金安節言：「孝慈淵聖皇帝昇遐，合遣官奏告天地、宗廟、社稷、諸陵、攢宮。」從之。　七月八日，龍圖、天章、寶文、顯謨、徽(徽)猷、敷文閣言：「近承降到孝慈淵聖皇帝御容收奉，合差本閣官詣神御殿行燒香奏告禮。」從之。　九月六日，太常寺言：「顯仁皇后大祥，除几筵，合行奏告之禮。」從之。　十五日，太常寺言：「奉上孝慈淵聖〔皇〕帝謚册寶於几筵，前二日合差官奏告天地、宗廟、社稷、宮觀。」從之。　十月十九日，詔：「金人敗盟，朝廷不得已而興師，合奏告天地、宗廟、社稷等，令太常寺條具。」尋具到，合奏告天地、社稷、九宮貴神、五福十神、太一差宰執，宗廟差親王，諸陵、攢宮差宗室節度使及正(佐)〔任〕以上，行奏告禮；及遣官祭告蚩尤、馬祖、北方天王、五嶽、四瀆、名山大川；并令招討使行禡祭之禮。　並從之。　十一月五日，臣寮言：「乞告祭沿江州縣鎮祠廟，并禮文未載於圖經、靈跡顯著者，同力保護江左。」太常寺條具，依所請，降祝文，述以金賊犯邊，朝廷用兵，乞賜陰助，掃除妖孽，以速萬全之意，令逐州府差官致祭。其三茅真君、應元保運真君亦合致禱。　從之。同日，又言：「乞致禱延祥觀四聖，顯應觀護國顯應昭惠王，旌忠觀忠烈靈應王、忠顯昭應王〔一〕、忠惠順應王，祚德廟彊濟公、英畧公、啓祐公，吴山忠清廟忠壯英烈威顯王，冀蒙陰助之意。」從之。　尋並遣侍從官行禮。　二十三日，太常寺言：「遷翼祖而祔欽宗，合奏告遷祖宗帝后神主。」從之。　十二月五日，禮部、太常寺言：「恭文順德仁孝皇帝先行虞祔，迎重之日，時前禮儀使奏告畢，皇帝親行一 89 祭，如祖奠之儀。」從之。　三十二年二月二十八日，禮部、太常寺言：「恭文順德仁孝皇帝祔廟，依禮例，前二日合奏告天地、宗廟、社稷、宮觀。」從之。　五月七日，太常寺言：「迎奉顯仁皇后神御赴景靈宮奉安，前二日合奏告本宮諸殿聖像神御。」從之。　六月四日，太常寺言：「手詔，皇子立爲皇太子。於受册前期，合奏告天地、宗廟、社稷、諸陵、景靈宮、諸宮觀。」從之。　紹興三十二年六月十四日，孝宗即位未改元。以皇帝登極，奏告天地、宗廟、社稷、景靈宮、天慶觀、報恩光孝觀、太一宮、諸陵、紹興兩攢宮。是日，皇帝前後殿不視事。其奏告行事官差宰執或侍從官，內太廟、別廟、諸

〔一〕昭：原作「照」，據《乾道臨安志》卷一改。

陵差南班宗室節度使以上；兩攢宮就差紹興府南班宗室；餘官及致齋、降香祝等，皆依常奏告之禮。其後應奏告並如例。八月十一日，奉上太上皇帝、太上皇后尊號。前二日奏告天地、宗廟、社稷、景靈宮、天慶觀、報恩光孝觀、太一宮、諸陵、兩攢宮。十一月十三日，以追册皇后謚勑下，奉册前奏告太廟、別廟。十二月十一日，禮部、太常寺言：「奉安穆皇后謚册寶，告於攢宮；并神主祔廟前三日，(奉)〔奏〕告天地等處，於今月二十四日行事。其日立春，祀青帝并五福十神、太一、東方嶽、鎮、海、瀆，乞改於祔廟前二日奏告。」從之。二十日，以隆興改元，奏告天地、宗廟、社稷、景靈宮、天慶觀、報恩光孝觀、太一宮、諸陵、兩攢宮。明年追册安穆皇后，祔廟前二日，奏告亦如之。

孝宗(興隆)〔隆興〕元年正月二十一日，秘書省言：「春分祀高禖帝高辛氏，祝文内一字與御名同音，未敢修寫。」詔係太上皇帝御製，更不須改。

二年正月一日，宰執進呈南郊詔：「乘輿服御及中外支費，並從省約。」上曰：「是朕志也。」從之。先是，上問宰執：「郊祀與明堂費用如何？」陳康伯對曰：「户部尚書韓仲通謂郊祀比明堂幾增一倍〔一〕。侍郎錢端禮謂不過增二十萬〔二〕。若遵祖宗故事，事神及賞軍外一切從儉，自宜大有減省。」上曰：「如此甚善。」乃降詔。同日，禮部、太常寺言：「準已降旨，條具約省事。如端誠殿并青城及侍班屋等，乞令兵部同臨安府照今約省指揮申請。太廟齋殿者〔三〕，餘屋令官檢計，量行修整。皇帝位版 90 (版)、亞、終獻及公卿位版、腰舁、帕匣，例合修製者，止添修黃羅夾帕一、公卿位版七十番衮用，餘止量行雅飾。祗候庫冠冕、朝祭服并諸色人法衣等，委無干礙官點檢，内有可用，更不修換。餘非破損，止令染整。其餘中外支費，並下所屬照應省約。」從之。自後遇郊，並依此條具。

二月八日，禮部侍郎黃中言：「竊詳禮經『玉輅以祀』，鄭氏釋曰：『王乘一輅，以其餘輅從行，亦以華國。』然則金、象、革、木四輅不過爲一時觀美。乞因時之宜，止用玉輅，餘四輅權不以從。」湯思退等奏：「近得旨將來郊祀除玉輅、逍遥、平輦外，餘並省約。」上曰：「大安輦，祖宗時亦無，承平所用，已諭有司更整計節省事。」

三月三日，禮部、太常寺言：「每遇大禮，門下省掌設八寶。非事神儀物，乞依昨明堂例免用。并至期，車駕經由門，省攝城門郎二人。」從之。日後遇郊並用。

五月五日，禮部、太常寺言：「準已降旨，大駕鹵簿儀仗依紹興二十八年郊祀人數權行減半，隨宜排設。内嚴更警場，并大駕鹵簿六引、駕前後部鼓吹振作，比儀仗人數稀少，乞將鼓吹八百八十四人、警場二百七十五人，並三分減一。其鼓吹《導引》、《六州》、《十二時》、《奉〔禋〕歌》、《降仙臺》詞，本寺具申學士院修潤，降下教習。今借差軍兵，依今已減例，下所屬借差。其鼓吹警場服著、奏嚴鼓角、執色樂器、宣赦鼓簫等，歲深脱落，乞依人數具報所屬揀換修

〔一〕仲：原無，據《建炎雜記》甲集卷二補。
〔二〕增：原無，據《建炎雜記》甲集卷二補。
〔三〕此句疑有脱誤。

飾。」並從之。

六月十九日，郊祀大禮提點一行事務朱夏卿言：「今91從省約條具事務，內人吏、手分、書寫人元各四名，欲各減一名。事畢結局，合得恩賞，減磨勘二年者止減一年。通引官二名減一名，巡視親事官六名減二名。及依舊例關借禮部奉使印，損人吏等添食錢。」並從之。

七月十三日，户、禮部言：「郊廟合用正副牛犢并母共三十副，轉運司準備牛犢十五副；及祀神(臘)〔蠟〕燭，係兩浙轉運司收買澆造；并景鍾梁木，已降旨令軍器所斟酌修飾。今準牛犢十五副不合收買外，其蠟燭係事神合用數，乞合收(賣)〔買〕處毋得過數科率，其景鍾梁木亦不許過數買。」從之。初，臣僚言：「郊祀所用雜物，令轉運司及臨安府以見錢收買。或州縣已買到，即指定上供錢或經總制錢，依直支還。」有旨令户部、禮部一日看詳，至是上之，乃有是命。

十二月十二日，禮部、太常寺言：「南郊從祀神位內，已設赤帝位于第一龕，而正月上辛有司合祀感生帝，欲依淳化典故更不別祀。及本季月內朔祭權停。其孟春亥日享先農，與大禮同日，權選以次亥日行禮。立春後丑日祀風師於錢湖門外，其日大禮受誓戒，權祀於明慶寺。」並從之。

乾道三年三月二十三日，臨安府守臣言：「昨因內殿奏事，面奉宣諭，今歲郊禮務欲節省。如寢殿在易安齋，相去稍遠，只於端誠殿後旋設殿，可省造露屋等。乃同儀鸞司官屬等相視：端誠殿後除小次地步外，後空九丈，欲徙淨明寺舊熙成殿三間，就端誠殿92後增換，以充寢殿。計深四丈，以寢殿前空地三丈(塔)〔搭〕造兩廊，後去山趾尚二丈，可充宿衛廈屋。其禁中事務并應奉官幕次，於小次對廊通露過龍華寺，以法堂東西廊擗截外，有宰執宿齋幕次，以近寢殿，徙就淨明寺。如此，可省青城至易安齋露屋六十間，及就用龍華寺廊屋充應奉官幕次，又減搭蓋屋二十八間。畫到圖本。」從之。

七月十一日，詔：「近來宗廟祠祭多不嚴潔，令禮部、太常寺、御史臺同共措置，申尚書省。其他祠祭依此。」同日，上宣諭宰執曰：「昨夜月犯心星，朕甚憂之。」陳俊卿奏曰：「自古聖賢之君，惟修德可以弭災變。」蔣芾奏曰：「陛下恐懼修省如此，天變自消。」上曰：「卿等更相與警戒，庶幾可以感動天意。」於是下太常寺、御史臺，凡宗廟等祠祭務要嚴潔。既而御史臺、禮部、太常寺乞：「每遇祭饗郊廟及其餘祠祭，於未實設前，光禄丞、太官令監視供官將神食、禮器、蠟燭，依儀式實設已定，次光禄卿、次監察御史升壇殿點閱。其酒齊亦於未實設前，光禄丞、太官令監視(官供)〔供官〕先點數，然後實入尊罍。如有餘酒，於殿側設定，俟光禄卿及監察御史再行點閱。至行禮畢，監察御史升殿，同太官令監視元設禮料、酒齊，內蠟燭俟收徹畢熄滅。收徹並訖，方退。應祠前一日，依時太官令監視牛羊司宰殺牲牢，洗滌潔浄。除打割合造神食外，餘胙肉，太官令監視牛羊司封閉用鎖。候行事收徹畢，監察御史到，開鎖，93同太官令以餘胙并奠餘酒之類，令牛羊司等人依元斤重數目呈驗，秤量俵散，不得退换喧争。所用祭器，委本寺官監視人吏督責祭器司於祠前一日嚴加洗滌，監察御史親行檢察。其行事官祭服并祗應人法（依）〔衣〕並令鮮潔，祗候庫揀擇供應；如無，下文思院修葺换造。其行事官稱疾請假〔一〕，牒醫官局看驗，詐妄者彈奏。待禮以前未經薦祭，如先取祭肉等，許糾告施行。太常寺及奉安所置牌，於致齋日付行事官從人，每員許帶三名止宿，監祭司、禮直官、贊者許各帶一名。遇祠所致齋，官吏等不得聚飲喧笑。其牲牢、器皿、禮料等如不蠲潔，并行事、執事官吏、祗應人等或不嚴肅，及違犯今來約束，並令監察御史彈奏取旨，無官人送大理寺斷遣。内祠祭無察官處，即委本祭獻官檢察。」並從之。

九月十四日，右諫議大夫陳良祐言：「郊祀犧牲牛犢，所備頗多，皆是供納禮料儀物，所用不一，亦係敷買，官中（下）〔不〕必支錢，支亦不到人户，何以昭事天之誠？欲照郊祀禮料，並令右藏庫降錢收買。如牛犢之類已敷取民間者，降錢下縣，當官給還。及科買市肆客人物，並令臨安府、兩浙轉運司分認，當官給價，毋得容公吏過有除尅。」從之。

十一月三日，太常少卿王淪言〔二〕：「將來郊祀鋪設祭器，如太廟係於殿内，至圓壇則露設。若望祭殿内係乾潮沙鋪地，雖本寺官吏前期洗滌，於龕陛依儀鋪設，然慮不測風起，數日94積塵，則所設祭器無以遮蔽，再加盥洗不及。欲將壇上正、配位祭器，以新鮮黄帕遮覆；龕上并内外壝、望祭殿用青布實設，至時去之，禮畢令元置官司拘收。」從之。

四年九月十九日，禮部員外郎李燾言：「祠祀舊典在紹興間悉已復行，所未復者惟嶽、鎮、海、瀆、先農、先蠶、風、雨、雷師等八九所。今但告以酒脯，恐於交神之道有所未備。訪諸有司，歲用羊、豕共不過六十餘。乞令有司並復舊典。」從之。

十月十一日，禮部、太常寺言：「準已降（皆）〔旨〕復嶽、鎮、海、瀆等祠，有合修换樂章、教習樂工、措畫致齋設位。今立冬日逼，辦集不逮，乞自十二月三十日立春祭東方嶽、〔鎮〕、海、瀆爲始。」從之。祝幣、牲牢、禮料、齋、登歌樂、行事、致齋等，並依中祀。其嶽、鎮、海、瀆樂架各隨方色，惟不設從祀神位，餘皆如禮例。

十一月二十七日，太常少卿王淪等言：「歲中祠祀禮料，臨安府應辦牲用、醯醢、酒齊，籍田司供備粢盛、蔬菜、果實。昨自籍田司權罷，併令本寺官掌之。所有種植供應

〔一〕稱：原脱，據衛涇《後樂集》卷一〇補。
〔二〕淪：原作「渝」，據後文四年「十一月二十七日」條改。

禮料甲頭元以十人爲額，皆用仁和、錢塘縣納料諳練農事之人，免中下等行役差科，無他請給。既權罷籍田司，減甲頭七人，而是年少卿王普請益粢盛禮料三倍，歲中九十餘祭，近又復嶽、鎮、海、瀆等九祭，所用禮料愈多，人力不勝。乞量增三人種植應辦。」從之。

五年六月二十四日，太常少卿林栗言：「朝獻行禮前一日，欲令宰執並赴尚書省宿齋。或值雨分詣，95 則行事官皆已齋戒，於禮爲宜。」從之。

九月十一日，林栗等言：「祀帝于郊，在國之南，就陽位也。今歲中祀上帝者四：春祈、夏雩、秋饗、冬報。其二在南郊圓壇，其二在城西惠照院望祭齋宮。蓋在京日，孟夏大雩，別建雩壇於郊丘之左；季秋大饗，有司設事就南郊齋宮端誠殿。今未建雩壇及端誠殿，遂權就城西望祭齋宮。然於就陽之義無所依據。欲歲中四祭並即圓壇，以遵舊制。」從之。

二十七日，禮部言：「林栗等以季秋祀上帝，有司攝事行禮當在國南，已得旨於郊丘行事。然尚有可議者，唯明堂當從屋祭，不當在壇。元祐中太常博士趙叡乞季秋大享，有司攝事只就南郊齋宮。今來郊壇之隅有淨明寺，每祠事遇雨，望祭於此。乞遇明堂親饗，則依紹興已行典禮；如常歲有司攝事，則倣元祐臣寮所陳，權寓淨明寺行禮。」從之。

六年閏五月十四日，中書門下省檢正左右司言：「郊祀事務合歸有司者，乞並不申三省。」從之。數內，每郊太常寺申朝廷取旨者：左右僕射誓，行事官、宗室、五使按雅樂、警場，宮廟郊禮習儀，及本寺定習儀、受誓日合用幕次、什物、燈火，并受誓日早開太廟門，太廟縛露屋，景靈宮設大次，殿門外趲那宮架，大慶殿奏請致齋，東西房設御榻，麗正門降輦次，德壽宮進胙器物，大禮冊文稱呼，户部陳諸州歲貢，有司薦饗安穆皇后，關報別廟儀注，青城行事等官幕次，修築幔道，諸 96 處設爵坫柷敔等，贊者所服幞幘衣帶，及差分獻官、贊者、供官、約（欄）〔攔〕看管擡擎親事，扛擡祝版、祭器、禮料等軍兵，景靈宮焚燎，差監洗滌官，關入內內侍省差供祠執事官，吏部差捧俎分詣等官，所屬給鞍馬、控馬人，行事等官有私喪服者亦令赴，禮畢祭謝嶽、瀆、鎮香燭。已上逐項，自今本寺一面檢舉，排辦施行。其禮部備申朝廷降旨者，如檢舉排辦事務，依前郊大禮及郊祀竹冊、添修沿冊法物等，左藏庫供應幣帛，臨安府官宿守禮料，轉運司澆造蠟燭，太常寺官視滌祭器等，催差供官，申嚴約束，及借差贊者，五使按樂，作休務假，支排日工墨錢等事，自今本部徑下太常寺，照例報所屬排辦。又每遇大禮前，入內內侍省降香，預告宮觀等處，禮畢告謝降香，於天慶觀各設道場，係本省申朝廷批送禮部，下太常寺供申本部，取朝廷指揮，今止令本省照應逐次禮例施行。又臨安府於郊祀前買造桶、杓，并打割羊、豕、牛犢按床，係臨安府具申太常寺，寺申禮部取旨；及翰林司排辦果實等，係翰林司申禮部，亦皆申取朝廷指揮。今止從本部行下，照例毋得過數增添。內鞍轡庫修换御座鞍轡等，係駕部備申朝廷，行下軍器所、文思院修换；馳坊每象掛（塔）〔搭〕蓮花座、法物、頭帽、衣帶等，內有不堪，合添修换造，并象屋地步，駕部合前期申朝廷，今止令本部一面關牒所屬排辦。其象屋并盛貯法物、草料 97 等，多有欹倒疏漏，駕部申朝廷，下所屬檢計修整，今止令本部移文。其車輅院修换庫屋，及權牽駕車輅出屋，差殿前司駕士、班直、軍兵人員等，駕部合申朝廷，今止令本部一面依令施行。騎御馬直等指揮人兵纈衣衫帶等，駕部合申朝廷修换，今於本部一面關牒所屬。見管儀仗、旗幟、馬、執從物、器械、衣甲等，如有損壞，兵部合申朝廷添修，今止令本部照例下所屬施行。其排設儀仗，兵部合申朝廷，候得旨，關報所屬以差撥人數隨宜排設；內千牛衛將軍並諸司使副攝，兵部合申朝廷，候得旨，關尚書右選差撥；統制官、將官、旁頭并執擊儀仗人兵鞍馬等，兵部合申朝廷，候得旨，牒殿前司差撥；又兵部及左右金吾街仗〔一〕，儀仗司所管執擊儀仗人兵，禁軍天武、捧日、拱聖、廣勇、驍勝、宣武、寧朔、虎翼，本部合申朝廷，候得旨，牒殿前司差撥：已上逐項並止令本部一面關報逐處，照例施行。先是是年二月二十二日，因臣僚上言，有旨令檢正都司條具三省瑣碎不急之務合歸有司者申尚書省〔二〕。至是條上，故有是詔。

十月二十四日，禮部、太常寺言：「金國賀生辰使人朝辭赴宴，其日係皇帝散齋內不用樂外，有歸驛賜御筵并夜筵一節。」詔令用樂。後並如之。

十二月十八日，禮部、太常寺言：「來年正月六日上辛祈穀祀上帝，前一日金國賀正旦使人赴宴作樂，在祠官致齋之內。」詔依治平二年元正御殿典 98 故用樂施行。後並如例。

（七）〔九〕年十月十八日〔三〕，秘書省著作郎、兼權禮部郎官蕭國梁言〔四〕：「國之大事在祀，而郊祀爲尤大。祀前一日，朝饗太廟，三獻之禮，自有明文，宜無異同之論。今議者援紹興三十二年已降旨揮〔五〕，將逐時祭饗，亞獻既入太室，即引終獻相繼行事，欲於今次郊饗比附施行。竊謂若依逐郊亞獻行禮復位，方引終獻，恐失於太拘；若如今來所乞，亞獻既入太室，即引終獻相繼行事，恐失於太蹙。

〔一〕街：原作「衙」，據《宋史》卷一六四《職官》四改。

〔二〕檢正都司：原作「止都司」，據文意改。按北宋中書省有檢正官，尚書省有左右司，其職掌均爲助宰相檢察、釐正乃至綜理諸曹諸房公事。南宋檢正官或置或省，後又合其職於左右司，稱「檢正左右司」，又稱「檢正都司」，屬中書門下省（參《群書考索》續集卷三〇「都司」條等）。此條前稱「中書門下省檢正左右司」，此云「檢正都司」，是也。

〔三〕九年：原作「七年」。《中興禮書》卷三四作「九年」。按《南宋館閣録》卷七：「蕭國梁，乾道九年三月除著作郎，十二月知泉州。」則作「九年」是，據改。

〔四〕禮：原脱，據《中興禮書》卷三四補。

〔五〕三十二年：《中興禮書》卷三四作「十三年」。揮：原脱，據《中興禮書》補。

惟《政和新儀》，皇帝將詣小次，禮直官〔一〕、太常博士引亞獻詣盥洗位，亞獻行禮將畢，次引終獻，此爲適中〔二〕。欲依《政和新儀》施行，仍增太官令一員酌終獻酒。」從之。《續會要》：隆興元年六月二十七日，奉安欽宗神御，前三日奏告景靈宮、萬壽觀。

十二月二十六日，以册皇后，奏告天地、宗廟、社稷、景靈宮、天慶〔觀〕、報恩光孝觀、太一宮、諸陵、兩攢宮。　二年六月二十五日，以郊祀御劄降，奏告天地、宗廟、社稷、景靈宮、天慶觀、報恩光孝觀、太一宮、諸陵、兩攢宮，并祭告安穆皇后攢宮。　八月十五日，以修飾廟宇等，告遷祖宗帝后神主赴初獻廳權奉安，（奉）〔奏〕告于本廟。自後每遇郊修廟，皆奉告遷。其别廟神主權赴册寶殿禮例並用〔此〕。　十二月十四日，以郊祀改用獻歲上辛，奏告天地、宗廟、社稷、景靈宮、天慶觀、報恩光孝觀、諸陵，并祭告安穆皇后攢宮。明年正月改元，六月皇嫡孫生，八月立皇太子，奏告、祭告並如之。　乾道二年九月二十八日，進呈《三朝帝紀》，前二日奏告景靈宮。　三年五月六日，以進呈安奉《三祖下仙源積慶圖》、《太宗皇帝玉牒》、《真宗皇帝玉牒》，并同日進呈安奉《哲宗皇帝寶訓》，前一日奏告景靈宮。　六月十六日，以郊祀御劄降，奏告天地、宗廟、社稷、景靈宮、天慶觀、報恩光孝觀、太一宮、諸陵、兩攢宮，并祭告安穆皇后攢宮。　七月四日，以安穆皇后上僊，奏告天地、宗廟、社稷、景靈宮、天慶觀、報恩光孝觀、太一宮、諸陵、兩攢宮，并祭告安穆皇后攢宮。　其月，以謚册寶上，及并祔廟，前二日奏告、祭告並如之。　九日，宰執言，景靈宮奏告行事畢，降旨賜銀絹，乞依例免賜。從之。　十九日，以安恭皇后謚勑下，奏告太廟、别廟。　閏七月十八日，以安恭皇后將祔廟，增修廟宇，行 99 奏告别廟之禮。　六年三月二十五日，以欽成皇后稱皇曾祖妣，奏告太廟、别廟、景靈宮、諸陵、兩攢宮，并祭告安穆皇后、安恭皇后攢宮。　六月十九日，以郊祀御劄降，奏告天地、宗廟、社稷、景靈宮、天慶觀、報恩光孝觀、太一宮、諸陵、兩攢宮，并祭告安穆皇后、安恭皇后攢宮。　十二月二十九日，以來年正月朔加上光堯壽聖憲天體道太上皇帝、壽聖明慈太上皇后尊號册寶，行禮前二日奏告天地、宗廟、社稷、景靈宮、天慶觀、報恩光孝觀、太一宮、諸陵、兩攢宮，并祭告安穆皇后、安恭皇后攢宮。紹興禮例，并已降旨，合前三日奏告，奏告前一日致齋，時以金國使人朝見在致齋日，有妨作樂，乃依祀祭天地禮例，改用前二日奏告。從禮部、太常寺請也。　七年二月十四日、十五日，以恭王立爲皇太子，奏告天地、宗廟、社稷、景靈宮、太一宮、天慶觀、報恩光孝觀、諸陵、兩攢宮，并祭告安穆皇后、安恭皇后攢宮。　八年七月十二日，以修整太廟殿屋，奏告太廟。　九年閏正月二十六日，以修册寶殿，奏告太廟、别廟。　六月十四日，以郊祀御劄降，奏告天地、宗廟、社稷、景靈宮、太一宮、天慶觀、報恩光孝觀、諸陵、兩攢宮，并祭告安穆皇后、安恭皇后攢宮。　九月六日，以玉牒所、秘書省進書，奏告景靈宮。　十二月十一日，以淳熙改元，奏告天地、宗廟、社稷、景靈宮、天慶觀、報恩光孝觀、太一宮、諸陵、兩攢宮，并祭告安穆皇后、安恭皇后攢宮。

淳熙元年四月二十八日，詳定一司勑令所言：「重擬修《祀令》：諸祀天地、宗廟、神州地祇、大社、大稷、五方帝、日月、熒惑大神、太一、九宮貴神、蜡祭百神、太廟七奏告，孟春上辛祈穀祀上帝及祀感生帝，孟夏雩祀，夏至祭皇地祇，季秋大饗明堂祀上帝，孟冬祭神州地祇，冬至祀昊天上帝，各告配帝本室。文宣王，爲大祀。州縣釋奠用中祀。后土、嶽、鎮、海、瀆、先蠶、風師、雨師、雷神、五龍、前代帝王、武成王，爲中祀。司中、司命、司禄、司寒、先牧、馬祖、馬社、馬步、七祀、司命、户、竈、中霤、門、厲、行。諸星、山林川澤之屬，及州縣社稷、風師、雷神、雨師，爲小祀。諸州縣春秋社日祭社、稷，社以后土勾龍氏、稷以后稷氏配。牲用羊一、豕一、黑幣二。二月八月上丁釋奠文

〔一〕直：原作「真」，據《中興禮書》卷三四改。
〔二〕適：原作「通」，據《中興禮書》卷三四改。

宣王，以兗國、鄒國公配。牲用羊一、豕一、白幣三。祀風師以立春後丑[100]日，牲用羊一、豕一、白幣一。祀雨師、雷神以立夏後申日。牲用羊一、豕一、白幣二，牲並純也。」從之。

七月十八日，著作佐郎楊恂言：「昨因檢點太史局，竊見昊天上帝、皇地祇、太祖、太宗皇帝位版與日月星辰、嶽瀆諸神雜置小室間，甚非夤畏天地、虔奉祖宗之意，乞詔有司講求施行。」既而禮部、太常寺同相度，乞於太史局修建小殿屋三間，安奉御書天、地、聖祖、太祖、太宗、徽宗神位六位。兩廊小屋各三間，安奉上十位神位：天皇大帝、青帝、赤帝、白帝、黑帝、黃帝、北極、夜明、神州地祇、大明。并造聖祖、徽宗神位二位，未罩匣二。上十位用朱紅漆匣，日、月、星辰、嶽、瀆神等用黑漆匣。仍令太史局不時點檢。遇祠祭，於前二日躬親點檢畢，祠前一日用腰〔輿〕舁擎，覆以黃帕，奉赴祠所，設幄安奉，以候鋪設行禮。」從之。《續會要》：淳熙三年九月十四日，詔以參知政事龔茂良爲大禮使，參（政知）〔知政〕事李彥穎爲禮儀使，同知樞密院事王淮爲儀仗使，簽書樞密院事趙雄爲鹵簿使，武泰軍節度使、開府儀同三司、充萬壽觀使曾覿爲橋道頓遞使，並以職事爲序。更不置司，合行事令三省禮房專行。後同此制。　六年七月五日，詔以右丞相趙雄爲大禮使，樞密使王淮爲禮儀使，參知政事錢良臣爲儀仗使，少傅、保寧軍節度使、充醴泉觀使、兼侍講史浩爲鹵簿使，少保、寧武軍節度、充醴泉觀使曾覿爲橋道頓遞使。既而良臣言：「五使之序，止以職事爲定。臣偶備員政府，濫在第三；史浩以舊學元老，兩登相位，今迺下列。望改臣所領，處浩之次。」上批：「大禮五使以職爲序，卿見參機政，自有前郊體例，不須謙辭。」

四年二（年）〔月〕二十七〔日〕，詳定一司敕令單夔言：「春秋釋奠至聖文宣王，在京爲大祀，州縣仍舊爲中祀。」從之。詳見「釋奠」。

六年十月十七日，禮部侍郎齊慶胄言：「《政和五禮新儀》舊嘗給降印本于州郡，中更[101]多故，往往失墜，郡縣循習苟簡，或出於胥吏一時省記。今春秋釋奠，（所）〔祈〕報社、稷，祭祀風、雨、雷師，壇壝器服之度，陞降跪起之節，率皆鄙野不經。乞令禮部、太常寺參稽典故，將州縣合置壇壝器服制度、合行禮儀節次，類成一書，鏤板頒下四方。」既而禮部、太常寺條具諸路州縣釋奠祀祭合用祭器：「檢照大中祥符間頒降制度圖本，並係以竹木爲之。今臨安府釋奠，祭社稷、祀風師雷神，亦用竹（本）〔木〕祭器。今來頒降州縣制度，乞從大中祥符制度圖本。又諸路州縣釋奠祀祭合置壇壝，冕服，及行禮儀注，參考類成一書，委臨安府鏤版印造，從禮部頒降，以《淳熙編類祀祭儀式》爲名。」從之。《續會要》：淳熙九年九月二日，詔以左丞相王淮爲大禮使，右丞相梁克家爲禮儀使，知樞密院事周必大爲儀仗使，參知政事李彥穎爲鹵簿使，安德軍節度使、開府儀同三司、充萬壽觀使伯圭爲橋道頓遞使。　十二年十月十三日，詔以參知政事、兼同知樞密院事施師點爲鹵簿使，參知政事黃洽爲橋道頓遞使。

十三年三月二十三日，太常少卿朱時敏等言：「郊祀大禮所設昊天上帝、皇地祇、太祖皇帝、太宗皇帝神位版，止用朱漆面，鏤青爲字；五方帝、神州地祇、大明、夜明、天皇大帝、北極神位版，却係明金面，青入字。竊恐尊卑之差未盡。照得《中興禮書》所載：紹興元年所造神位版，緣文思院製造日逼，不用明金，權以朱漆青字。因循至今，未曾改正。兼歲中每遇祈穀、雩祀，夏至、季秋、冬至祀祭天地，亦用上件神位版。乞下太史局，令所屬依典禮製造鋪設，庶以仰稱嚴恭之意。」102詔令太常寺同太史局照應典禮，如法修飾施行。

十二月二十七日，太常少卿朱時敏等言：「檢照國朝大觀四年四月二十八日，議禮局言：『國朝每歲正月上辛祀感生帝，以僖宗皇帝配侑；立冬後祀神州地祇，以太宗皇帝配侑。器以陶、匏，牲用羊、豕，登歌、宮架、樂舞，三獻差官並與郊祀一等，惟籩、豆之數止用一十有二，簠、簋各二。』蓋緣向來車駕巡幸之初，禮器未備，省繁就簡，止設一籩一豆，後來漸已增復，至今未備，乃以天地、祖宗之(意)〔尊〕，下同諸侯所用籩、豆、簠、簋之數。照得紹興十六年討論天地、宗廟禮器之數，每神位籩、豆各二十有六，簠、簋各八。將來祀感生帝、神州地祇，所用籩、豆、簠、簋之數亦合如之，庶幾仰稱國家嚴恭尊事神祇、祖宗之意。」從之。

淳熙十六年閏五月十四日，禮部、太常寺言：「國朝祀典，歲中祀四饗上帝，冬祀圜丘則以太祖皇帝配，春祈穀、夏大雩、秋明堂則以太(祖)〔宗〕皇帝配。蓋以太祖肇造王業，太宗混一區夏，所謂祖有功而宗有德，故推以配上帝。恭惟高宗皇帝身濟大業，紹開中興，揖遜之美，超越千古，功德茂盛，爲宋高宗。竊謂時饗上帝，所宜奉以升侑，仰繼太祖、太宗之隆，以彰高宗配天之烈，以稱皇帝尊祖之誠。今乞將冬祀圜丘及祈穀、大雩，依見行祭饗配位外，其秋饗明堂以高宗皇帝配位。」又言：「按《詩·我將》，祀文王於明堂，實在成王之時。《孝經》雖云周公宗祀文王103於明堂，蓋謂周公攝政，始舉此禮，由成王言之，則以祖配。治平初，知制誥錢公輔、知諫院司馬光、呂誨皆嘗建議，以爲周祀明堂，其實嚴祖。今若以高宗配饗明堂，尤合周制。」詔恭依。

十月十九日，臣寮言：「凡祭以質明行事，今《祀儀》用丑時，已太早矣。又以禮生、樂工之流寢處不便，欲畢事而速歸，或夜行禮。乞遇祀祭，依時行事，不得先於丑刻。」從之。

紹熙元年正月二十九日，秘書監楊萬里言：「春分日祀高禖、帝高辛氏，祝文內『修身而慎』，乞改以『修身而謹』。」從之。「慎」字與孝宗皇帝御名同音，隆興間得旨，係是高宗皇帝御旨，更不須改，至是萬里請改之。

二年六月二十二日，太常少卿耿秉言：「竊見祠祭祝文，自紹興年間撰製，一向不曾改易，其間亦有不可用於今日者。乞委館職重行分撰。」從之。既而著作郎黃艾等分撰進呈四孟薦饗祝文：春令端月始和，嘉生載俶。懋惟休饗，國有故常。載瞻威靈，丕衍慶裕。夏令長嬴御時，庶物繁膴。蠲祠有舊，紡慕無窮。所覬威神，永垂慶佑。秋令金行御辰，揫斂攸戒。懋惟休饗，國有故常。載瞻威靈，丕衍慶裕。冬令良月甫臨，寒令初飭。蠲祠有舊〔一〕，紡慕無窮。

〔一〕祠：原作「詞」，據前「夏令」文改。

所覬威神，永垂慶佑。**祫饗**伏以日星回薄，時肇閉藏。威神在天，祠廟有恤。靈承嘉薦，裕祀孔時。庶幾鑒歆，永幬厥後。**東嶽**洪惟岱宗，作鎮東土。朝隮寸雲，夕冒方夏。王畧未復，柴燎莫親。肅瞻巖巖，神豈予遠。**東海**海奠四極，萬折必東。民資魚鹽，舟達商賈。肆嚴春祀，思假靈休。濤波不驚，以時潮（汝）〔汐〕。**昭烈武成王春季**維師尚父，聖人之隅。左右文武，無競維烈。思古名將，有威元勳。廟于國庠，式遵舊典。**先蠶**衣被天下，神寔思之。其相我民，靡怠歲事。條桑孔時，獻繭無斁。**英畧公春季**惟公奮不顧生，義存趙嗣。死雖至難，公處則易。風烈如在，陰相趙宗。介我子孫，于千萬世。**啓佑公**惟公光輔晉國，名重列卿。翊啓璿源，天相其成。萬世之功，盛德之祀。昭報無窮，永我皇祚。**西嶽**洪惟太華，一氣 104 所鍾。少陰之位，永奠西極。緊予故壤，尚隔時巡。明靈（明）不遐，望秩惟謹。**昭烈武成王秋季**惟王克相義德，爲文武師。戡定禍亂，韜畧無遺。永懷鷹揚，肆伐是資。聿修彝典，祀事孔時。**英畧公秋季**惟公抱義戴仁，見危致命。易孤存趙，視死如歸。忠賢神明，克成厥志。精爽如在，風烈凜然。祐我國家，子孫千億。聿修時祀，維以薦誠。**北嶽**恭惟綿亘北垠，奠茲冀土。陰威有煒，綏佑我民。版圖未歸，瞻望永慨。諒惟聰直，來鑒吉蠲。**北鎮**惟神巋然朔野，寔限華（成）〔戎〕。保障中區，緊神是賴。爰修祀事，用薦潔誠。尚顯靈休，侑我國王。**太稷**自天降康，興我良耜。維時陰隲，屢錫豐年。率循舊章，敢忘祇事。**后稷氏配東蜡**爰以蜡日，祀于大明。惟神履武赫靈，覃訏稟質。教民粒食，民以弗飢。月臨嘉平，土反其宅。司嗇之祀，敢效吉蠲。**南嶽**惟神配地作鎮，盤踞離宮。銓德鈞物，有赫威靈。昭祀孔時，聿修彝典。有嚴祇事，用介繁禧。**南瀆**洪惟大江，導自岷山。源流險固，（寶）〔實〕紀南國。於皇昭報，聿舉彝章。祀事惟夤，神其昭格。**周世宗**惟帝身濟多難，功高五代。載遵祀事，典禮攸宜。**夏禹**惟王道冠三王，功垂萬世。風猷浸遠，陵廟斯存。永言顧瞻，敢忘欽承。奉載祀事，維以告虔。《續會要》：紹熙二年九月二十五日，詔郊祀大禮以左（承）〔丞〕相留正爲大禮使，知樞密院事葛邲爲禮儀使，參知政事、兼同知樞密院事胡晉臣爲儀仗使，太尉、保大軍節度使、提舉萬壽觀郭禹爲鹵簿使，户部尚書、兼給事中葉翥爲橋道頓遞使。紹（興）〔熙〕五年八月十三日，以明堂，命少保、左丞相留正爲大禮使，樞密使汝愚爲禮儀使，知樞密院事〔一〕、兼參知政事陳騤爲禮衛使，參知政事余端禮爲禮器使，簽書樞密院事羅點爲禮頓使。

慶元二年四月十三日，禮部、太常寺言：「祠祭天地、祖宗，御書神位，無官主之。乞令太史局差官一員專一主管。其每遇祀祭，係設神位二座，欲差擡擎軍兵八人，執打燭籠二人。除太史局見管五人，餘闕少人兵，令本局前期報臨安府揍數，時暫貼差軍兵五人，於祠前二日赴局，候禮畢發遣。仍下太史局遵守施行。」從之。先是臣僚言：「國家祭祀，遣官分職非不嚴切，而御書天地祖宗神位有未盡尊敬之義。且神位至尊，在太史局 105 乃無官主之。雖有殿宇，而不藻飾，却與衆星位版混處。每遇祠祭，則軍兵或和雇人衩袒擡擎，更無部押。寅夜往來，又無燈燭呵喝迎引之儀，途遇轎馬，乃復回避。及至祠所，棄之僻地，初無幕帟，庸夫賤隸，坐卧其側。臨祭之時，始置于位，敬何在焉！且如頭冠、八寶及祭肉牲牢等，尚使輦官呵喝迎引，安有天地、祖宗御書反輕褻若此！乞下局藻飾殿宇，專一室，建官主之。每歲祀祭時日，自正月上辛至十二月臘蜡，

〔一〕知：原無，據《宋宰輔編年録》卷二〇「紹熙五年」條補。

共五十餘數。内正月上辛、四月孟夏至九月季秋、十一月冬至，大祀五祭並用郊（郊）祀所設高宗御書天地祖宗神位；并二月春分祀高禖及泛祭，皆是宰執行事。乞下所屬，於諸軍差撥曾經應奉擡舉神位軍兵，每位用擡擎八人、執打燭籠四人，管押一人，並著法衣。在道則管押軍兵呵喝迎引，使人知所趨避。迨至祠所，則用黄幕安設於望祭殿，就差當日報時尅擇官押置神位，庶幾不至褻瀆。」下禮部看詳，故有是命。《續會要》：慶元三年八月二十三日，以郊祀大禮，命右丞相京鏜爲大禮使，保寧軍節度使、開府儀同三司、充萬壽觀使韓侂胄爲禮儀使，（知）參知政事、兼知樞密院事謝深甫爲儀仗使，參知政事何澹（爲）鹵簿使，簽書樞密院事葉翥爲橋道頓遞使。繼而改韓侂胄爲橋道頓遞使。十二月八日，詔：「朕初郊禮成，五使依例加恩外，在法合得墳寺，特許指占下等寺院一，以爲例。」六年八月二十五日，以明堂，命右丞相謝深甫爲大禮使，知樞密院事、兼參知政事何澹爲禮儀使，簽書樞密〔院〕事陳自强爲禮衛使，少師、永興軍節度使、充萬壽觀使、平原郡王韓侂胄爲禮器使，昭化軍節度使、開府儀同三司、充萬壽觀使吳環爲禮頓使。嘉泰三年八月二十五日，以郊祀大禮，命右丞相陳自强爲大禮使，太師、永興軍節度使、充萬壽觀使、平原郡王韓侂胄爲禮 106 儀使，知樞密院事、兼參知政事許及之爲儀仗使，參知政事費士寅爲鹵簿使，同知樞密院事張孝伯爲橋道頓遞使。開禧二年七月二十七日，以明堂大禮，太師、平章軍國事韓侂胄爲大禮使，右丞相陳自强爲禮儀使，知樞密院事張巖爲儀仗使，參知政事李壁爲鹵簿使，吏部侍郎、兼權吏部尚書楊炳爲橋道頓遞使。嘉定二年八月四日，以明堂大禮，命知樞密院事、兼參知政事雷孝友爲大禮使，參知政事婁機爲禮儀使，參知政事樓鑰爲儀仗使，同知樞密院事章良能爲鹵簿使〔一〕，簽書樞密院事宇文紹節爲橋道頓遞使。

嘉定四年十一月三日，臣僚言：「奏告者，祭祀之至大者也。一年之間，大祀凡六，當以祖宗爲配，每祭必先一日行奏告禮於太廟之室，而後奉迎神位，同赴祭所以配焉。蓋神位即天地神祇與夫祖宗神靈之所在，其禮尊嚴，抑可（可）知矣。今奏告之禮，（維）〔惟〕命一宗親行之，而神位則徒委一尅擇官夜半扶舁而出，既至祭所，置神位於敗廊之角，坐卧諠笑，不勝溷瀆。欲望其饗，臣不信也。臣謂宜於奏告之官，或專委一官，以迎送神位爲職。既迎奉神位，乘騎以隨，命尅擇者與太常使臣、禮直官及一行執役人等，皆以序列於前，前導以燭，後障以蓋。先祭一日，於祭所之左，潔一安奉神位之地，命迎奉官守之。及祭之時，獻官盛服，迎神位置之祭所。行事既畢，少徐徹俎，命獻官歸神位於轝，使迎奉官如初禮以送之。不肅者，命監祭官行罰。此今日之闕禮，亦不可忽也。」禮部、太常寺看詳：「一年六次奏告，專請宗室行事。今欲令吏部每遇奏告，更添差職事官或京局官一員，以迎送神位爲名，於當日赴太廟同致齋。候宗室官奏告畢，即請本官常 107 服前往太史局神御殿迎奉神版。未迎奉前一日，太史局掃除，編排明燭，燒香。候官到，令尅擇官請神版授之，迎奉官置之腰轝之内。腰轝以黄幃遮護，值雨以油幃。當以序行，先以長紗籠十對或八對在前，使臣、尅擇官各服其服，乘騎馬，官差。於紗籠之次，執役人以序行于後，繼以腰轝。每一轝前用黄紗籠三對，後用一對，仍以

〔一〕能：原脱，據《宋宰輔編年録》卷二〇補。

黄繖遮障。又準備大雨衹候前行。迎奉官常服乘騎於腰轝之後。迎奉官破燭籠各一，須要行列整肅，綏慢不令行道者攙驀。先於致齋日，其一行人姓名呈迎奉官，至時不到，或不嚴肅，申監察御史官員決罰。行至祭所，先一日於祭所之東擇潔凈屋宇，障以黄幕，遮以新簾，腰轝以次序雙排於幕帟之内，前設黄幃、香案，命迎奉官燒香，時暫安奉。遇夜，每轝點燭四條。候祭時，三獻官或迎奉官親舉神位版，各置之祭所，訖，迎奉官退就位，然後行事。事畢，迎奉官迎神版復置之腰轝，如前儀送還神御殿。」從之。

五年九月二日，以郊祀大禮，命右丞相史彌遠爲大禮使，知樞密院事、兼參知政事雷孝友爲禮儀使，參知政事樓鑰爲儀仗使，同知樞密院事章良能爲鹵簿使，簽書樞密院〔使〕〔事〕宇文紹〔節〕爲橋道頓遞使。

八年八月六日，以明堂大禮，命右丞相、兼樞密使史彌遠爲大禮使，參知政事鄭昭先爲禮儀使，簽書樞密院事曾從龍爲儀仗使，吏部尚書李大性爲鹵簿使，禮部尚書范之柔爲橋道頓遞使。

十一年八月四日，以明堂大禮，命右丞相、兼樞密使史彌遠爲大禮使，參知政事鄭昭先爲禮儀108使，簽書樞密院事曾從龍爲儀仗使，吏部尚書李大性爲鹵簿使，户部尚書薛極爲橋道頓遞使。

十四年八月十四日，以明堂大禮，命少保、右丞相、兼〔樞〕密使史彌遠爲大禮使，知樞密院事、兼參知政事鄭昭先爲禮儀使，同知樞密院事宣繒爲儀仗使，簽書樞密院事俞應符爲鹵簿使，吏部尚書、兼權户部尚書薛極爲橋道頓遞使。

祭祀行事官〔一〕

淳熙三年九月二日，詔：「郊禮在近，合差官行事，所攝官稱其間有合沿革，可令禮部、太常寺討論議定，申尚書省。」

十七日，禮部、太常寺言：「《開寶通禮》，皇帝冬至祀圜丘，行事所攝官稱，係太尉掌誓百官，侍中進玉幣并奏請致齋，及輦輅前奏請並用侍中。至政和新定官制〔二〕，以左輔、右弼、太常少卿易侍中、中書令、左右僕射之名。以《五禮新儀》大禮行事攝官稱，用太宰、少宰、左輔攝事。至靖康元年，詔三省長官名可並依元豐官制。自紹興元年至乾道六年，大禮行事所攝官稱，依舊用左右僕射、侍中。乾道八年，詔改左右僕射爲左右丞相，及侍中、中書、尚書二令並删去。乾道九年郊祀大禮，以左右僕射及侍中並改稱左右丞相。前項所攝官稱典故沿革不一，今參倣上件禮例，掌誓欲依舊例差宰執攝。行禮日進玉幣，爵酒，欲依舊差執政攝；前三日奏

〔一〕原稿此題寫於正文行中，與上文只空一字，蓋《大典》以下文爲群祀之行事官，故附於「歷代群祀」目下。祭祀：原作「祀祭」，據本書禮二七之一乙。按，此門之文，本書禮二七之一至禮二七之一六有複文，但非全同。

〔二〕政：原脱，據本書禮二七之一補。

請皇帝致齋、車駕自太廟詣青城輦輅前奏請、進接圭兼進飲福酒殿中監，近降詔旨，侍中雖已删去，緣每遇大禮，進接圭兼進飲福酒殿中監亦差官攝事，參倣上件禮例，並用侍中攝事，貴存舊名，以備禮 109 文。欲依舊例差侍從攝； 禮畢肆赦，承旨宣制，近降詔旨，中書令雖已删去〔一〕，參倣殿中監攝事禮例，并《開寳通禮》用中書令攝事，貴存舊名，以備禮文。 欲依舊例差執政或侍從攝。」從之。

四年十月五日，太常少卿齊慶胄言：「乞照詳國朝典故，自今宗廟祠祭並於宗室使相以下輪次選差，非實有疾，不許辭免，庶幾祀事益肅，班聯可觀。 乞下大宗正司斟酌，若實年老，艱於拜跪，免差行事。 其年齒差高，可以拜跪官〔二〕，欲乞並令本司依上件儀制差充五饗初獻行禮。 其餘差亞、終獻等官，亦合照應儀制指揮輪差。」從之。

同日，太常博士章謙言：「如同日祠祭，御史臺報闕監察御史，從本寺申禮部關吏部，輪請六曹郎官攝。 並不許辭避，更不降敕。 如在散齋之内闕監察御史，除初獻外，如本祭有郎官，請郎官（設）〔攝〕監祭行事〔三〕； 如無郎官，欲從上請官一員（設）〔攝〕。 行在釐務官、浙西安撫司、臨安府屬官差充（祀）〔祠〕祭行事，内無齋舍及無本司者，聽於鄰近寺觀致齋，前一日質明赴（司）〔祠〕所。 每遇祠祭，祇應人前夕須管於祠所附近寺觀澡浴，赴祠所祇應，不得輒離祠所。 諸色祇應等人如不嚴肅，及違犯約束，並令監察御史彈奏，無官人送大理寺。 内祠祭無察官處，委本祭（官獻）〔獻官〕檢察。」從之。

五年三月二十七日，太常寺言：「每遇祀祭，依儀制（論）〔輪〕請本寺少卿行事。 今來太常少卿齊慶胄時暫兼權侍立修注職事，乞依已降指揮，先趁赴侍立畢，徑赴祠所省饌〔四〕、致齋行事。 及日後遇祀祭，輪請本寺少卿行事。 致齋日分内有朝殿，亦乞依上件指揮。」從之。 先 110 是，國子司業、兼太子左諭德、兼權起居舍人蕭燧爲仲春上丁釋奠至聖文宣王充初獻行事，在致齋内係常朝日分，許趁赴侍立畢徑赴齋，故有是命。

六年七月九日，詔：「應被差行事等官〔五〕，如敢依前託故避免，申乞改差之人，委臺諫密切覺察，具名彈奏取旨。」從中書門下省請也。

十三日，太常寺言：「明〔堂〕大禮前一（月）〔日〕朝饗太廟，合差南班宗室，乞降敕差官施行。」從之。 員數如彝式。

同日，皇叔祖嗣濮王士輵言：「將來明堂大禮，合差宗室行事。 士輵見年八十七歲，乞免陪位立班。」詔别廟初獻改差嗣濮王士輵，亞獻改差恩平郡王璩，終獻改差保康軍節度使士歆。

八月五日，皇城司言：「明堂大禮，從駕臣僚祇應人依格將帶外，其餘應合行事官許帶一名。 若過數，依闌入法，

〔一〕中書令： 原作「侍中」，據本書禮二七之二改。
〔二〕官： 原脱，據本書禮二七之二補。
〔三〕祭： 原作「察」，據本書禮二七之三改。
〔四〕所： 原作「聽」，據本書禮二七之三改。
〔五〕行事： 原脱，據本書禮二七之四補。

不以大禮赦原。」從之。此申明紹興三十一年已降指揮，權依大觀皇城司例。十五年八月同此。

七年八月二日，詔：「自今吏、户、刑三部郎官免差祠祭，如遇闕官，許於卿、監、館職通差。」以中書舍人施師點言，考功、侍右勿使兼貳〔一〕，四時祠祭，乞與免差，故有是命。

九年七月十三日，詔：「今歲明堂大禮，少師史浩、少保陳俊卿並特令赴闕陪祠，令學士院降（語）〔詔〕。」浩、俊卿各以疾辭，詔允。十二年十月同。

十年八月八日，臣僚奏：「仁宗朝，包拯因監祭九宫貴神，見以常朝官充攝行事，遂引唐天寶中故事爲言，乞攝太尉者差兩制以上，所貴差重其禮，以申崇奉之意。今所祀九宫貴神，三獻官類皆用寺監丞簿以下攝行祭祀，慮其太輕，崇奉未至。」詔禮部[111]同太常寺看詳。「今檢照，遵用《政和五禮新儀》差官。數内初獻係以禮部尚書、侍郎；如禮部尚書、侍郎或闕，依次輪别曹長貳充初獻行事。」先吏部〔二〕、次户部之類。

十一年六月十五日，臣僚言：「臣聞禮典有大祀、中祀、小祀之别，主其祀者有宰執、侍從、卿少、博士、郎官之異，亦曰尊卑隆殺，惟其稱而已矣。今或大祀而合主以侍從者〔三〕，乃代以寺監丞簿；中祀而合主以卿少者，乃代以局務官。品位邈絶，爲禮不稱。禮非其禮，敬何從生？祭而非敬，祭何益焉！欲望明戒有司，自今祭祀委官，必當一遵禮法。如果拘於職守，適有疾病者，須是未受齋戒之前報聞，當差一等班列充代。」從之。

十二年八月十五日〔四〕，太常少卿朱時敏言：「臣聞祭祀之有齋，非虚文也，所以致其誠敬之心，求於恍惚神明也。散齋七日以定之，致齋三日以齊之。散齋於外，致齋於内。散齋、致齋，名言不同，在外在内，存誠則一，蓋使之愈久而愈敬，益深而益嚴耳。禮經所戒，祭律所禁，莫不皆然。而今之所謂齋者，散齋不廢宴集，〔致〕齋不廢游觀。夫獨不忍數日之不宴游，舉禮、律而棄之乎！祖宗郊丘之歲，車駕至青城，召侍從觀水嬉，登觀警場〔五〕。至神宗以爲非致齋所宜，罷之，至今齋日，悉止游幸。陛下昭事天地，孝饗祖宗，禮敬百神，内則盡志，外則盡物，得其道矣，百官有司，豈所當忽！望明示禁戒，使各齊心以助精禋。祭則受福，當非虚語。」從之。

九月十四日，詔：[112]「今歲大禮，皇孫、安慶軍節度使、平陽郡王擴令陪祀。」

十月十三日，宰執進呈起居舍人李巘奏：「竊見郊禋之際〔六〕，命官行事，或環列壇垓，或周徧營壝，或執事登降，或陪祠左右，皆所以尊天禮神。然贊導之吏利於速集，

〔一〕貳：原作「二」，據文意改。「貳」謂副貳。
〔二〕吏部：原作「禮部」，據本書禮二七之五改。
〔三〕以：原作「於」，據本書禮二七之五改。
〔四〕十五日：本書禮二七之五作「五日」。
〔五〕觀：原作「龍」，據本書禮二七之六改。
〔六〕際：原作「祭」，據《中興禮書》卷四三改。

往往先引就位，以待行禮，漏下或數十刻，尚未及期。立俟既久，筋力有限，徒倚疲頓〔一〕，或至倒側。及當行禮，多不如儀，肅敬之誠，何從而生〔二〕？恐未足以仰承陛下欽崇寅畏之心。乞下有司，將來祀禮如引行事等官，雖在時前，亦須稍近行禮之時〔三〕，方令就位，不得多經時刻，使至疲頓。務在肅敬，無或惰慢，庶幾可以盡事神之禮，而不失重祠之意。」上曰：「此説甚當。朕往日在潛邸爲亞獻時，催班亦早，時風緊簾疏，頗覺難待。況百官既無幕次，又立班太早，所謂雖有肅敬之心，皆倦怠矣。蓋引班吏只欲早了佗事，寧顧時之未可？今次只須先二刻催班〔四〕，卿可喻與禮官。」

十五年六月十三日，權刑部尚書、兼侍講、兼太子詹事葛邲言：「當郊之際，天地、祖宗，陛下之所親饗；百神從祀，遣官分獻。然神有尊卑，官有大小，不可以不求其稱。如天皇、北極、神州、后土、大明、夜明，與夫五帝、五嶽之類，居天地之次，爲百神之最尊，而國家之所甚重者。攷之舊禮，乃止遣寺監丞簿分詣，無乃不稱歟？臣嘗求其故，蓋宰執既爲五使，而侍從、卿監、郎官又皆在應奉執事之列，故分獻例差寺監丞以下，初不問其秩之不 113 等而禮之不稱也。今秋大饗明堂，既在諒陰之内，太廟、景靈宮只是遣官行事，則應奉執事之官自當減省。乞差近上官詣近上神位分獻，庶於禮爲稱。」禮部、太常寺看詳：「今來明堂大禮，所設神位係並依淳熙九年外，其兩朵殿分獻官五員，乞差寺監丞以上充分獻行禮。」從之。

紹〔興〕〔熙〕二年四月十三日，太常少卿耿秉言：「祀事以〔以〕敬爲主，每祭必用三獻。以一獻爲未足則再獻，以再爲未足則又獻，示誠敬之有加。過三則瀆矣。初獻以甲充，亞獻必別以乙充，終獻則別以丙充。各先其齋戒，以達其一時之敬，與神明交，庶或饗之。竊見祠祭行事官自受誓戒之後，或有疾故，則以次官兼攝。如初獻有故，乃以亞獻兼攝初獻；如亞、終獻有故，則以一攝二。適奠爵於神之前者此人，再奠爵於神之前者又此人，慢瀆孰甚焉！乞今後三獻官如有疾故，則於押樂、奉禮、捧俎等官内選擇，以足獻官之員，庶幾三獻各異其人，不至慢瀆。其獻官之外有闕，自從舊例兼攝。」從之。

慶元元年正月二十三日，臣僚言：「恭遇哲文神武成孝皇帝神主祔廟，陛下親詣重華宮行寧神奉辭之禮，然後迎奉神主即于太廟。千官在列，百執趨事，嚴恭儼恪〔五〕，無或不虔，亦知宗廟重事，國家大典，不敢輕也。然誠之所寓，三獻而已，神之鑒否，惟是之視。今之獻官乃有甚不然者，以錢塘縣尉師邍爲終獻官是也。事莫重於宗廟，官莫

〔一〕徒：原作「徒」，據《中興禮書》卷四三改。
〔二〕而生：原倒，據《中興禮書》卷四三乙。
〔三〕近：原作「遠」，據《中興禮書》卷四三改。
〔四〕只：原脱，據本書禮二七之六補。
〔五〕恭儼：原脱，據本書禮二七之八補。

卑於114縣尉，以至卑之官行至重之事，何禮敬之不孚，情文之不副也！ 臣按《政和五禮新儀》，太廟、別廟，親王、宗室使相、節度使并郡王觀察使以上爲初獻，宗室正任以上爲亞獻。今縱闕官，何至以一尉通攝乎！ 若以不曾受誓爲嫌，則以亞獻兼終獻可也。今事已無及，但惜以卑官行重禮，不能體陛下孝思之誠，無以慰孝宗降鑒之靈耳。臣求其故，蓋由近上宗室憚於致齋行禮，多以疾辭，臨時倉猝，遂令通攝。乞申飭有司，自今有事于太廟，行事官則依《五禮新儀》定差；有辭疾者，則令內侍省押醫看驗。庶幾官稱其事，實副其名，祀事孔嚴，神明顧饗。」從之。

八月二十六日，臣僚言：「竊見近來祠祭，每於受誓宿齋之次，所差官以疾辭者率是數人，不免委以次官通攝，至有簿、尉、監當而充獻官，甚不稱陛下咸秩群祀、揭虔妥靈之意。竊原人情縱弛，前後相襲，彈劾未及，得以自肆，固是一說；然吏部所差員數有限，而祠祭無月無之，一旬之間至有三四，又有同時數處者，如職事稍冗，被差頻併，却有所妨。官清務簡，莫如館學，宜於禮文所（不）不當畧。矧國之大事在祀，若視爲煩浼，不屑爲之，臣子之恭，豈應有此！ 乞下吏部置籍消注，將館學照前後所差職事體例，與寺監等處一等輪差。除太學私試先期將鎖院、開院日分報部照應外，如所差官託疾推免，當（尊）〔遵〕承條格彈奏施行。」從之。

三年二月七日，臣僚言：「禮115莫嚴於祀宗廟，祀莫重於奉神主。祏室肅開，擁侍出入〔一〕，榻位儼設，陟降奉安，備盡恪恭，罔敢失墜，此宮闈令之職也。執事匪輕，差官宜擇。臣備員分察，監祭非一。竊見所差宮闈令，年齒幼小者率居其半。其年未長，人物短小者，難於攀取，易於乖疏，進止周章，步趨惶遽。職奉神主，豈比他官？ 禮或有違，臣實懼焉。乞日後遇祭宗廟，應差宮闈令必擇長成重厚之人，仍不許託疾避免。庶幾謹於執事，宜於大體，有以仰副陛下寅奉宗廟之意。」從之。

四月十三日，禮部郎中、兼實録院檢討官曾喚言：「竊惟禮以誠敬爲本，而寓於周旋揖遜之容〔二〕。故禮儀三百，威儀至於三千，而漢之徐生以善爲容，世世掌禮。若夫祀事〔三〕，則尤禮之大者。國家嚴於祭祀，郊廟百神，無所不盡其敬〔四〕。而奉常贊引之吏，比年習玩，浸成簡忽，凡見於動容周旋，往往僅存文具。罍洗之詣，水弗及盥而帨儀已畢；滌爵之所，笏未暇搢而贊拭已終〔五〕。神位之前，跪方至地，幣已代薦；酌獻之際，爵甫及手，奠已至三。升降拾級之（忽）〔怱〕遽，俛伏興拜之迫促，若此類者，未易悉數。祠官進趨之節，唯贊引是從，彼既一於務速，此亦汲汲，常

〔一〕侍：原作「持」，據本書禮二七之一〇改。
〔二〕而：原脱，據本書禮二七之一〇補。
〔三〕祀：原作「祀祀」，據本書禮二七之一〇删。
〔四〕無：原作「世」，據本書禮二七之一〇改。
〔五〕拭：原作「式」，據本書禮二七之一〇改。

若有所弗逮，雖欲少加安徐，以展誠敬，顧何可得！恭惟陛下欽崇禋祀，務肅盡恭，玆方禮行於郊，尤宜伸飭誠敬。願戒奉常，舉凡祀事，亟革舊習，俾諸薦獻執事之官稍得從容中節。」詔令太常寺常切覺察(尊)〔遵〕守，如有違戾，令 116 御史臺彈奏。

四年八月二十六日，侍御史陸峻言：「祭祀行於宗廟神祇，不可不致其嚴。故先事以戒期，齋宿而就列，誓其職者有誓，糾其慢者有官，如是而敬事之誠著。今被差之官，多有託疾避免，而臨時通攝者幾半〔一〕。至如國忌行香，有經年勉赴一二者。何其敢爲慢易若是耶！廢禮玩法，莫此爲甚。謹按《御史臺彈奏格》：應朝宴及祠祭官，或國忌日稱疾不赴者，皆牒入內內侍省差人押醫官診視，詐妄者彈奏。六參及釐務望參官，爲朝參連三次請假，一歲通計五六次者，與外任差遣。欲望申嚴前項令格，以儆有位。」從之。

嘉定五年二月二十八日，臣僚言：「竊見朝廷每遇祠事，所差行事官雖本之以朝士，然必以在部及寓居雜流之人參焉，多至十之五，少亦三之一，雜然如十指之不齊。窺其容貌，率皆塵俗；視其舉動，類多乖野。夫食祿於朝，仕於京局與府縣之官不爲少矣，何至乏材？究其所以，蓋所差非盡出於吏部之手，率是符給空名，付之游手，尋覓寄居等官，旋行填鑿。授之者有定價，得之者不過苟微潤而圖餔啜。當受誓之日，隨衆一來，臨期襆被，託宿齋宮，一夕而去，其所謂齋者，懵不知爲何事。國家備犧牲粢盛之屬，不敢闕一，將以昭假神示，以來福祿，顧使苟微潤、圖餔啜者周旋其間，禮意失矣。望戒吏部，今後只從在朝及見任釐務等官差委祠事。遇郊祀年分，典禮盛大〔二〕，執事者衆，117 方許於在部官內選擇儀狀端正、容止可觀者與祭，其餘癃老與雜流出身，一切住差。庶幾禮敬，無不足之患矣。」從之。

六年正月六日，臣僚言：「士夫弛慢之弊，祠祭率多避免，受誓既畢，猶復告假。丞郎以上，罕有被差〔三〕。親故夤緣，有終歲而不預；臨期通攝，或一人而兼數職。乞下吏部差官行事，以京官、選人分置兩簿，委自尚左、侍左郎官掌管〔四〕，自上而下，周而復始，繳送御史銷注，以防不均。又其差及到部官，良以爲苦，蓋外方之士裹糧赴調，或遇雨雪沾濕寒凜之際，大爲狼狽；兼請出祭服，必用付身文抵當。併乞下吏部，止就在京職事局務等官內輪流差委，不必更及參選待次之人〔五〕。」從之。

七年十月十三日，臣僚言：「朝廷大祀一歲三十有四，中祀九，小祀三，太廟朔祭、薦饗、奏告不與焉。典禮崇重，

〔一〕半：原作「年」，據文意改。
〔二〕盛：原作「甚」，據本書禮二七之一三改。
〔三〕罕：原作「牢」，據本書禮二七之一三改。
〔四〕尚左侍左：原作「尚書左右侍」，據本書禮二七之一三改。
〔五〕待：原作「侍」，據本書禮二七之一三改。

無不備至。被差行事官臨時託故請假者過半〔一〕，太常吏綿蕝，差見在者通攝，一員至攝三兩員職事〔二〕，禮官稀疏，極爲不肅。乞令所屬〔三〕，今後行事官臨時請假者，仰御史臺、太常寺差到吏人具姓名申臺、部，不理本月當差人數，次月再差行事。如實有病患事故，權與給假，次日御史臺審實。庶幾禮文整肅，仰副陛下至誠感神之意。」從之。

十年三月七日，臣僚言：「檢準《御史臺彈奏格》：應祠官不恭，及器服、禮料不如法者，彈奏。又《誓戒》云：『各揚乃職，敢有不恭，邦有常刑。』臣三月三日季春出火祀大辰，適與監祭。118 初據太常寺修寫進胙奏狀，係臣與攝光禄卿、太常寺主簿黃民望連銜具奏。續因終獻官請假通攝，别换奏狀，却係太官令、監臨安府都税院蔡戎攝光禄卿，與臣連銜。臣即索上通攝單子點對，乃是民望擅令人吏改請通攝，初無公文辭免。臣照得民望職隸容臺，豈不知祠祀爲國之大事，務在嚴肅，顧乃規避拜跪，私易一監當選人攝事，與臣連銜具奏。非惟失事神之敬，抑且失尊君之義。臣職當彈奏，乞將民望罷黜，以爲祠官不恭敬者之戒。」從之。

十一月二日，臣僚言：「國之大事在祀，配以祖宗，又祀之至重者也。謹按《中興禮書》、《五禮新儀》及太常寺條具《祠祭合差行事官窠目格式》，照得本朝每歲大祀雖多，而以祖宗配饗者有七。除正月上辛祈穀、孟夏雩祀、季秋合祀上帝并夏日至祭皇地祇、冬日至祀昊天上帝，凡此五祀，皆以宰執充初獻，其亞獻則差禮部尚書、侍郎，或闕，依次輪差別曹長貳，次給舍、諫議外，有正月上辛祀感生帝、立冬日後祭神州地祇，合差禮部尚書、侍郎、太常卿少；闕，聽報祕書省長貳充初獻。其亞獻則差太常卿少、禮部郎官；或闕，差五曹郎官；又闕，差太常丞。其終獻及執事官皆照班列，以次輪差。若局務監當，皆不與焉。以此可見祀天祭地爲重，故以祖宗爲配，所差獻官必先宰執、侍從，而後卿監、郎曹。伏見今月十二日爲立冬日後祭神州地祇，前二日奏告太 119 宗皇帝，而所差掌誓、涖誓、初獻官，乃以尚書、侍郎爲職有妨，互相推避，類差郎官及監丞〔四〕、博士攝之。尊卑不稱，輕重不等，甚非所以仰副陛下交神明、盡誠敬之義也。乞下太常寺、吏、禮部，今後祠祭合差行事官，寺監丞簿已下從吏部左選依儀差攝；卿監已下、郎官已上，從太常寺具申尚書省點差〔五〕。所有感生帝、神州地祇兩祀係以太祖、太宗爲配，其初獻、掌誓、涖誓官乞依前五祀亞獻所差禮部長貳體例；如有故或闕，即依次輪差别曹長貳或給舍、諫議充攝。仍並照卿監體例，具申尚書省一併點差，庶免臨期妄有推託，而陛下尊崇祀典之意

〔一〕官：原脱，據本書禮二七之一三補。
〔二〕一員：原脱，據本書禮二七之一三補。
〔三〕乞：原作「乞乞」，據本書禮二七之一三刪。
〔四〕丞：原作「承」，據本書禮二七之一五改。
〔五〕從：原作「後」，據本書禮二七之一五改。

不爲具文。」從之。

十一年七月五日，臣僚言：「恭惟陛下純誠篤實，生於内心，嚴恭寅畏，俱非外飾。臨御以來，於今二紀，一歲常祀，三歲大祀，靡神不舉，靡祀或闕。四孟朝饗，拜跪煩勞，而不以爲憚；烈風驟雨，而不爲少止。或慶雲翔飛於壇壝之次，或陰霾頓散於默禱之餘。聖君在上，一誠對越，如此其至，在位百辟，奚忍負之？乃今有未胥應者，可不有以戒(敬)〔警〕之！已受誓戒，或預宴樂；齋宿祠宮，或至聚飲。諠譁笑語，無所裁制，怠惰偃蹇，見於動容。以至胥贊樂工之徒，習於褻慢。升歌方作，而罇俎之間或竊酒饌；燎瘞未終，而禮器燈燭爲之一空。似此不虔，何以上答陛下格于神明之誠？欲望下臣此章，頒示百司，各令遵守。自今已後，受誓戒不得輒預宴樂，齋宿 120 祠(官)〔宮〕不得聚飲諠譁，隸使不得竊取酒饌，瘞燎未畢不得遽撤禮器燈燭。如或違戾，許御史臺一一彈奏，寘之典憲〔一〕。」從之。（以上《永樂大典》卷一三八四一至一三八四九）〔二〕

祭器　祭物〔三〕

【宋會要】〔四〕

121 太宗太平興國四年八月十三日，詔重修后土廟，命河中府歲時致祭，下太常禮院定其儀。禮院請依先代帝王用中祠禮。中祠用猪、羊各一，籩、豆各十，簠、簋二，幣帛，香，酒。籩實以形鹽、乾魚、乾棗、栗、黄榛子、菱仁、芡仁、鹿脯、白餅、黑餅。豆實以韭菹、魚醢、菁菹、鹿醢、芹菹、兔醢、筍菹、魚醢、脾析菹、豚胉。簠二，實黍稷飯。簋二，實稻粱飯。

【宋會要】

哲宗元符三年四月二日，禮部、太常寺言：「按大禮儀式，親祠太廟，俎不設腸胃，已合古禮。獨犬牲腥熟皆設腸胃，於義未安。兼按《儀禮》，羊俎、豕俎皆有舉肺一、祭肺三，今又俎獨不實肺，亦當詳正。欲罷犬牲腸胃，止存離肺、刌肺，及豕俎設離肺一、刌肺三，於禮爲當。」從之。

【宋會要】

高宗紹興二年三月二十七日，詔：「景靈宮諸殿神御酌獻食，合用羊三百三十八口，以三分爲率，減一分。」

〔一〕之：原脱，據本書禮一七之一六補。

〔二〕《大典》卷次原缺。據《永樂大典目録》卷三七，《大典》卷一三八四一至一三八四九爲「祀」字韻「歷代群祀」目，《輯稿》此門當出此九卷之中。陳智超《解開宋會要之謎》頁一五四定於卷一三八四一至一三八四三。

〔三〕「祭器」二字原爲眉批。祭物：原無。按下文所述不但有祭器，且有祭物，今添此二字。又天頭原批：「此類宜出之另編，不宜雜厠郊祀。」因下文《大典》編於「郊祀」目下，故云。

〔四〕「宋」下原有「續」字，今删。下條出於元豐增修《國朝會要》，不得稱「續會要」，「續」爲衍文。

三年二月十五日，詔：薦饗祖宗神御殿合用羊肚，以別味代之。時宰臣進呈禮料，每位食味合用一羊肚，上曰：「每次須殺二十五羊，祖宗仁覆天下，豈欲多殺？」故有是詔。詳見神御殿。

十月十七日，詔：「福、温州酌獻祖宗神御，祠祭酒只就神御所在州軍就便支供。仍仰逐州據合【122】用數目，別料如法醖造，務要精潔。」先是臨安府齎發〔一〕，故有是詔。按太常寺每歲常祀，夏日至祭皇地祇，係於行在錢湖門外惠(昭)〔照〕院望祭齋宮設位行禮，以太祖皇帝配。三獻官：依儀，初獻係差宰執。亞獻，禮部尚書、侍郎；有故或闕，次輪別曹長貳，次給舍、諫議。終獻，太常卿少、禮部郎官；有故或闕，差北司官，次輪別曹郎官。合用禮料：牲牢，羊一口、豕一口。籩二十有六，菱二、芡二、栗二、鹿脯二、乾棗、濕棗、乾桃、濕桃、乾䕩、榛實、麷、蕡、白、黑、形鹽、膴、鮑、魚鱐、糗餌、粉粢。簠八，稻、粱各四。登一，大羹。盤一，毛血。簋八，黍、稷各四。豆二十有六，飽食、糝食、芹、兔醢、深蒲、醓醢二、箈菹、鴈醢、筍、魚醢二、葵、蠃醢、脾析、蠯醢、大蛤、蚳醢、豚拍、韭、昌本、菁、鹿臡、茆、麋臡二。俎八羊腥七體、豕腥七體、羊熟十一、豕熟十一。羊腥，腸、胃、肺；羊熟，腸、胃、肺。豕腥，膚；豕熟，膚。尊、罍共二十有四。著尊二：一實元酒加明水〔二〕，一實盎齊。太尊二：一實泛齊，一實(體)〔醴〕齊。山尊二：一實盎齊，一實醍齊。犧尊二：一實沈齊，一實事酒。象尊二：一實昔酒，一實清酒。以上各加罍二隻，係實明水。

十三年，禮部、太常寺言：修立郊祀大禮儀注：前祀三日，儀鸞司設饌幔於内壝東門之外，隨地之宜。前祀一日，光禄陳禮饌於東壝門外道北，南向；太常設省饌位版於禮饌之南。大禮使、左僕射在南，北向西上，分獻官位於其後。監察御史二，俱在西，東向北上。行事吏部、户部、禮部、刑部尚書、吏部、禮部、刑部侍郎、押樂太常卿、光禄卿、讀册、舉册官、押樂太常丞、光禄丞、奉禮、協律郎、太祝、郊社、太官令在東，西向北上。司尊彝帥其屬設玉幣篚於酌尊所，次設籩、豆、簠、簋之位，又設尊、罍之位。正、配、從祀位各有差，詳見器用。又設正、配位，籩、豆、簠、簋、盤、俎各一於【123】饌幔内。未後二刻，司尊彝帥府史執事者以祭器入，設於位。未後三刻，禮直官、贊者分引大禮使以下詣東壝門外，省牲畢，請就省饌位，贊揖訖，大禮使以下就位立定。禮直官贊揖，所司省饌具，畢，禮直官贊「省饌畢」，揖訖，俱還齋所。祀日，丑前五刻，光禄卿帥其屬入實配位籩、豆、簠、簋，籩四行，以右爲上。第一行糗餌在前，粉餈次之；第二行麷在前，蕡、白、黑、形鹽、膴、鮑、魚鱐次之；第三行乾棗在前，濕棗、栗、桃、乾桃、濕梅、乾䕩、榛實又次之；第四行菱在前，芡、栗、鹿脯又次之。豆四行，以左爲上。第一行，酏食在前，糝食次之；第二行韭(俎)〔菹〕在前，醓醢、昌本、麋臡、菁菹、鹿臡、茆菹、麇臡又次之；第三行葵菹在前，蠃醢、脾析、蠯醢、蜃蚳醢、豚拍、魚醢又次之；第四行芹菹在前，兔醢、深蒲、醓醢、箈菹、鴈醢、筍菹、魚醢又次之。簠實以稻粱，簋實以黍稷，稷在黍前。登實以大羹。太官令帥其屬入實俎，籩前之俎實以牛腥七體：兩髀、兩肩、兩脅并脊。兩

〔一〕齎發：疑有脱文。
〔二〕加：原作「係」，據《文獻通考》卷七六改。

髀在兩端，兩肩、兩脅次之，脊在中。豆右之俎二，爲二重，以北爲上。第一重實以牛腥：腸、胃、肺。離肺一在上端，刌肺三次之，腸三、胃三又次之。第二重實以牛熟：腸、胃、肺。其載如腥。若配位，即以東爲上。良醖令帥其屬入實尊、罍，著尊二，一實元酒，一實醴齊，皇帝(配)〔酌〕之。壺尊二，一實元酒，一實盎齊，亞、終獻酌之。太尊二，一實泛齊，一實醴齊。山尊二，一實盎齊，一實醍齊。犧尊二，一實沈齊，一實事酒。象尊二，一實昔酒，一實清酒。並設而不酌。凡罍之實，各視其尊。又實從祀神位之饌，第一龕每位籩三行，以右爲上。第一行乾穣在前，乾棗、形鹽、魚鱐次之；第二行鹿脯在前，榛實、乾桃次之；第三行菱在前，芡、栗次之。豆三行，以左爲上。第一行芹菹在前，筍菹、葵菹、菁菹次之；第二行韭菹在前，魚醢、兔醢次之；第三行豚拍在前，鹿臡、醓醢次之。簠實以稻、粱，粱在稻前。簋實以黍、稷，稷在黍前。籩前之俎實以羊腥，髀一。豆前之俎實以豕腥，髀一。登實以太羹。爵實以酒。其餘諸神位，每位左二籩，栗在前，鹿脯次之；右二豆，菁菹在前，鹿臡次之。簠實以稷，簋實以黍，俎實以羊、豕腥肉，登實以大羹，爵實以酒。神州地祇、五行、五官、五嶽又實以毛血。又實從祀神位之尊。太尊實以泛齊，犧尊實以醴齊，壺尊實以沈齊，各以一尊實明水。概尊實以清酒，散尊實以昔酒，各以一尊實元酒。著尊、象尊俱實明水。上帝、配帝之饌升卯階，其餘神 124 位各由其(陞)〔陛〕升。太常設燭於神位前，光禄實籩、豆、簠、簋於饌幔内。籩實以粉餈，豆實以糝食，簠實以粱，簋實以稷。次禮部侍郎詣饌所視腥熟之節。俟皇帝升奠玉幣訖，引禮部尚書詣饌所，執籩、豆、簠、簋以入；户部尚書詣饌所，奉俎以入。詳見行事總儀。祝史進徹毛血槃。次禮部尚書搢笏，執籩、豆、簠、簋；户部尚書搢笏，奉俎以升，執事者各迎於壇上。禮部尚書奉籩、豆、簠、簋詣上帝神位前，北向跪奠訖，執笏，俛伏，興。有司設籩於糗餌前，豆於酏食前，簠於稻前，簋於黍前。户部尚書奉俎詣上帝神位前，跪奠如儀，有司設於豆前。次詣地祇、配帝神位前，跪奠並如上儀。太祝取菹擩於醢，祭於豆間；又取黍、稷、肺祭如初，皆藉以茅。各還尊所。賜胙，拜訖，郊社令以黍、稷、肺祭，藉用白茅束之。大明、夜明以上，執事官並以俎載牲體、黍稷飯、爵酒，各由其階降，詣柴壇，升，以饌物置於燎柴。五官以上，執事官以俎載黍稷飯、爵，各從其階詣瘞坎，置於坎。餘見總儀。

十八年，太常寺取到禮料，用羊、豕各一口，籩十二，菱、芡、栗、鹿脯、榛實、乾桃、乾穣、乾棗、形鹽、魚鱐、糗餌、粉餈。簠二，稻、粱。瓦登一，大羹。盤一，毛血。簋一，黍、稷。豆十二，芹、筍、葵、菁、韭、酏食、魚醢、兔醢、豚〔拍〕、鹿臡、醓醢、糝食。俎八，羊腥七體，羊熟十一。羊腥，腸、胃、肺；羊熟，腸、胃、肺。豕腥一體，豕熟十一。豕腥，膚；豕熟，膚。尊罍二十四，實以酒，並同皇地祇。

【宋會要】

徽宗崇寧五年正月二十四日，詔：「應奉祀天地、祖宗、社稷，膳羞之物，可並令六尚局應奉，仍著爲令。」

大觀四年 125 四月二十八日，議禮局言：「古者祭祀，設五齊、三酒，酒正之法式不傳於後，而先儒特以當時名物所有而言之。本朝祀儀雖有齊酒之名，而一以法酒代之。康定、元豐皆嘗討論，以爲非是。欲望明詔有司，依放古法造五齊、三酒，祭祀則供之。自太尊以下至於壺尊，自泛齊以

下至於清酒，各以其序實之，庶合古法。」從之。（以上《永樂大典》卷五四六一）

【宋會要】

宋哲宗紹聖三年八月十五日，權禮部侍郎黃裳言：「先王資陰陽之用，取明水火以共祭祀。《淮南子》以大蛤爲方諸，李真以此得水數斗，蓋有已試之驗。今以明水難取，遂兼明火弗用，非所以祇事大神祇之意。乞下有司訪求所以取明水之法，天下必有能知之者。」詔令禮部講求試驗以聞。

郊祀冰鑑〔一〕。

【宋會要】

〔孝宗乾道〕六年五月三日〔二〕，臣僚言：「郊祀所須，自金帛外，如竹、木、油、蠟、漆、炭、麻、籸、羊毛之屬，以千萬計。有司但拋降近郡收買，不酬其直。乞捐十數萬緡，於近便處置場和買，或許客旅販賣，依價以酬，庶幾上副事神恤民之誠意。」從之。

十五日，禮、兵、工部言：「車輅下料物材植，青城椽木，車輪檀木，并修飾宮廟木植，及麻、籸、木炭、黃蠟等，乞令所司並以見錢收買，毋得敷下州縣。」從之。

閏五月十四日，中書門下省檢正左右司言：「每郊，轉運司澆造蠟燭等，126依前郊大禮，太常寺申朝廷取旨。望自今禮部徑下太常寺照例報所屬排辦。」從之。（以上《永樂大典》卷五四六二）

〔一〕郊祀冰鑑：此四字本爲一子目，抄者漏抄正文，其文今存本書禮二五之六二。

〔二〕此下三條原無年號，然下文有閏五月，據陳垣《二十史朔閏表》，宋三百餘年，六年而又閏五月者惟乾道六年，知此爲乾道六年事。據補。

宋會要輯稿　禮一五

緣廟裁制

1 太宗太平興國二年正月十五日，太常禮院言：「按唐制，長安太廟凡九室，皆同殿異室。其制二十一間，四柱，東西夾室各一。前後面各三階，東西各二側階。即今太廟四室，每室三間，將來太祖皇帝升祔，共成五室。欲請依長安太廟之制，東西夾室外，分爲五室，每室二間。如允所奏，望下宗正寺修奉。」詔恭依典禮。

四月一日，山陵禮儀使言：「太祖皇帝尊號寶册，請如周顯德故事，前祔廟一日，内降，排列于儀仗内，于本室安置。」詔恭依。

至道三年五月十二日，真宗即位未改元。太常禮院言：「准詔詳定宗正寺狀：『准勑添置殿室。今大殿十二間，初修四室時，每室三間。太平興國初祔太祖神主，分爲五室，室皆二間。餘東西二間充夾室，分藏册寶法物。今增太宗一室，則册寶法物益多，欲東神門外隙地別置庫收貯。』本院按《唐郊祀録》，廟各一室三間，華飾，連以罘罳，九廟皆同殿異室。其制二十間，無別設庫屋明文。今欲東西各增修一間，以藏寶册。」從之。

九月十六日，詔：「應祠祭，除行事官并合祗應人外，餘皆不得輒入廟社。御史臺按察以聞。」

真宗咸平元年五月五日，屯田郎中楊延慶請以内臣充宫闈令，限年與代，令〔令〕居廟中，與知廟官員同掌廟事。從之。宫闈令但掌遷皇后神主，豈宜輒于本廟居止，專掌廟事乎？延慶不知典故，時論非之。

四年十二月四日，詔：「太廟屋宇牆壁有損墊處，委宗正寺即時修葺，常令嚴潔。」

景德二年七月十九日，詔：「太廟、后廟四面，委開封府常切提點巡檢，逐日併除穢污〔一〕，務令潔净。仍令宗正寺官提總之。其兩廟齋宮合修葺處，令三司條奏，遣内侍監修，務令嚴潔牢固，判寺官專切提舉。」

十一月五日，詔：「宗廟神食禮料，委光禄寺精細揀擇，宫闈令點檢饌造，及于御厨選差人匠。」

六日，詔太廟、后廟守衛，皇城使司親事官今後並令歲替，各給時服。

三年七月二十一日，參知政事馮拯言：「孟秋攝事薦饗太廟，有司供帳，未盡恭潔。守奉人宿于殿上，頗致喧瀆。」詔別製廟庭帟幕〔二〕、什物付宗正寺置庫掌之。其守宿人不得陞殿。

〔一〕穢污：原無，據本書職官二〇之二補。
〔二〕帟：原作「帣」，據文意改。按帣乃衣帶，非其義，字當作「帟」，即幄中座上承塵之小幕。

十二月，詔太廟、皇后廟宮闈令自今並令(上)〔止〕宿廟内。

四年正月八日，詔：「大祠祭太廟，各用室長、齋郎十二人捧俎。自今仰宗正寺依次預先告示，如有故，則差以次者。其已定名後，或有故，即報寺改差。」

七月十三日，龍圖閣待制陳彭年上言：「按《漢書》，高平侯魏相孫坐飲酎宗廟，騎至司馬門，不恭，削爵一級。此則騎不可過廟司馬門之明文也。今太廟别有偏門及東門，祀官入齋宮，去殿庭尚遠。所有后廟唯止一門，每遇禘祫，神主自此出入。又齋宮正與殿門相對，數步而已，祀官不以官品高下，乘馬而2入，頗屬不恭。況廟朝之間，本資嚴肅，門闌之禁，當有等威。欲望太廟、后廟除中書門下行事許乘馬入東門，其餘行事官並不得乘馬入。」詔從其請，仍令遇泥雨，祀官許乘馬入東門，導從人止門外。

十一月二十七日，賜太廟、后廟守衛人承天節衣服，歲以爲例。

十二月二十二日，判太常禮院孫奭言：「伏見太廟薦享，所司惟用一散樽，捧抱往來，周而復始，既飲福，又酌獻神。樽與籩、豆、簠、簋並不加蓋(幕)〔冪〕，復闕三甑。臣按《開寶通禮》，設樽彝位于廟堂上前楹間，各于室户外，北向。秋冬每室斝彝一、黄彝一、著樽二、壺樽二、山罍二，皆加勺、冪，冪以絺。今則有樽無罍，又闕絺冪。凡籩、豆當先徹蓋冪，而後升；簠、簋則既陳之後，却其蓋于下。甑，瓦豆也，以盛大羹湆，謂肉汁也。至恭不饗味，而貴多品也。今有司不詳，乃謂毛血之豆爲甑，其失一也。夫肝膋之豆當置于室户外，毛血之豆當置于神座前。今毛血亦置户外，其失二也。又七祀之神，冬當祀行，設莞蓆，今復不設，其失三也。蓋由所司惰窳，厭于齎持，積習既常，便爲著例。望下光禄寺、少府監，自今享廟，每室量設樽、罍各一，加絺冪。增三甑，及徙置毛血並于神座之前，籩、豆、簠、簋悉加蓋冪。及設七祀莞蓆。」從之。後有司以瓦甑易壞，請代以豆。

大中祥符二年九月十六日，供備庫使謝德權言〔一〕：准詔決金水河爲渠，環太廟、后廟，工畢。命宗正奏告。渠自天波門並皇城至乾元門，歷天街，東轉，繞太廟、后廟，皆甃甓爲之。車馬渡，即累石爲梁。間作方井，許民汲用。復東引，由城下水竇入濠〔二〕。後又命臨水偏種植榆柳。

六年十月八日，詔：「凡祠祭合用香幣者，委太府寺于内侍省請香付之。太廟、后廟即宮闈令焚燒。」

十一月，詔太廟皇帝親饗，于裸瓚前先上香，其(按)〔案〕設于牙盤之前。恭謝天地壇，亦奉玉幣前先上香。其案、爐、合等並自内降付，差内侍管勾。其太廟每以臣僚行禮，亦設香爐于牙盤之南。」

〔一〕「庫」下原衍「司」字，據《長編》卷七二删。
〔二〕下：原脱，據《長編》卷七二補。

七年二月，詔：「太廟宮闈令丞，前以其務閑，多遣老疾之人領職。自今委内侍省擇幹事者任之，歲滿無遺闕，當與甄奬之。」

八年四月，禮儀院上言：「宮闈令職預祀事，非同攝事之官。請自今有父母喪，給假三日，期周喪二日，餘並一日。遇祠祭行事，則遣人權代。」從之。

十一月十四日，兵部侍郎、兼宗正卿趙安仁上言：「準詔看詳朔望日所上食味以聞者。今參詳：宗廟五享，加之常食，及朔望薦饌，蓋所以表聖人時思之孝，向來雖極精潔，猶慮未合宸旨。欲望自今令御厨，用親享廟日所上牙盤食例制饌。并詔有司據臣等新定四時品味，委逐處長官省視供給，仍令御厨選上局食手十人赴廟造饌。」從之。

九年七月，詔太廟牙盤、神帳、器用物并寳册法物，各爲一帳供申。

八月，尚書右丞、兼宗正卿[3]趙安仁言：「太廟、后廟殿室内神帳、案衣、茵(蓐)〔褥〕等物，本供神御，自來每至大禮前，牒三司修飾，其故舊者于庫務納换，例將變轉使用，伏慮未稱嚴恭之意。請自今應係廟室法物，用物帛製造者，並乞三年一飾，九年一换；其餘金、銅、鍮石器用等，有破損者修换，無破損者只令加飾。所有兩廟戟衣，准令五年一换，今亦乞三年一加飾，六年一换。仍每至大禮前，寺司先具聞奏，入内内侍省差使臣赴廟，與在寺官屬及宮闈令同共省視。」從之。

天禧二年六月十四日，入内西頭供奉官趙用和言：「每太廟祠享，行事官並前一日入廟致齋。今後朔望祭，請令宮闈令亦前一日致齋。」從之。

十五日，詔太廟每室各置祭器一副，準備祠饗，不得更供别處使用。

乾興元年七月十四日，仁宗即位未改元。宗正寺言：「奉勑修奉真宗殿，伏緣舊殿六室寳册法物甚多，自來皆于夾室内地棚床架閣，已滿。切慮將來真宗神主升祔之後，法物愈多，安置不盡，欲乞于夾室内各置板棚、胡梯。」從之。

九月十六日，禮儀院言：「准詔參議真宗爲皇太子所授玉册宜于何處奉安。檢會太祖、太宗尊號玉册，升祔之時並安本室，其上件册及真宗在位尊號寳册，並請于太廟本室奉安。」從之。

仁宗天聖四年閏五月七日，太常禮院言：「郊廟及諸壇祠祭，準禮例，雨雪沾服失容，即于齋宮望祭。所有五郊齋宮已造望祭殿外，有太廟、后廟自來如遇雨雪沾服，即于齋宮門道序班，赴東神門上立班行禮。參詳行事公卿于齋宮序班，至神門上立班行禮，升降之際，未免衝冒雨雪，沾服失容。欲望自今饗廟，令宗正寺預先指揮儀鸞司準備油幕，如值雨雪，即各于東神門外闕庭前設油幕次，及于神門裏循牆直北設油幕行廊，至殿東側陛。仍備散搏，臨時鋪薦升降踏道。」從之。

景祐元年八月三日，太常博士、集賢校理、兼宗正丞趙良規言：「太廟遇逐室奏告，宮闈令只于殿上遷納神主訖，方許諸司收徹祭器。奉慈廟乞開金水河通流。」從之。

三年十月十一日，崇文院檢討王宗道言：「太廟、后廟、奉慈廟除宮闈令外，乞（遂）〔逐〕室各置内臣一員管勾本室事。」詔：今後每遇祠祭，太常禮院移報入内内侍省，逐室差内臣一員攝宮闈令應奉行事。

二十一日，詔少府監：祭器庫給服二副與宗正寺收掌，充本寺官祭享所服。

慶曆六年十二月二十八日〔一〕，太常禮院言：「天子宗廟皆有常制。今太廟之南門立戟，即廟正門也。又有外牆，置櫺星門，即漢時所謂壖垣，乃廟之外門也。昨所建面西牆門，元在通衢，以止車馬之過廟者，其臣僚下馬宜勿禁。」從之。初，知宗正丞趙恭和言：「今廟壖短，而去民居近，非所以嚴宗廟，請別爲複牆，以甓累之。」故又設面西之門，然而非制也。

4 皇祐三年十一月二十七日〔二〕，判三司都磨勘司李徽之言：「國家以火德王天下，火生于寅，王于午。今太廟西向開門宜毀去，以避申、酉之位。」帝曰：「徽之家世儒臣，所言乃同巫祝。然事緣宗廟，亦當下太常、宗正寺詳定以聞。」太常、宗正寺言：「今太廟設西偏門，所以邀止車馬，而南向自有正門。徽之所請，事涉不經，不足采用。」從之。

嘉祐三年閏十二月十八日，宗正〔寺〕言太宗、（直）〔真〕宗廟室牆壞，詔知制誥劉敞相視，擇日完葺之。

八年六月二十四日，修奉太廟使蔡襄以《太廟八室圖》奏御，請廣廟室并夾室爲十八間。從之。初，廟室前楹狹隘，每禘祫序昭穆，南北不相對，左右祭器填委，不中儀式。嘉祐親祫，增築土階，張幄帟，乃可行禮。至是宗正丞趙觀請因修廟室，增廣檐陛，如親祫時。詔從其請。凡增廣二丈七尺。

十月三日，翰林學士范鎮言：「伏見帝后尊號册寶、皇太子册與謚册寶同置廟室，本室狹小，積累重沓，而沿寶法物動以萬數，萬一致盜，則爲不恭。請以加謚册寶隨室安置，其尊號册寶、皇太子册及初謚册寶，就近擇地，别置殿以藏。沿寶法物無用者，皆斥以付三司。」詔禮院詳定，禮院請度太廟神門外建殿藏册寶，餘依鎮所請。從之。

英宗治平二年二月十一日，翰林學士范鎮等言：「准中書送下史館檢討呂夏卿等奏：『伏見宗廟之祭，有司攝事，公卿祠官先之以誓戒，後之以齋宿，其嚴奉之禮，不爲不至。然于酌奠之際，廟室之外，舊有親事官侍立，各直其室，事畢則掃除扃閉。伏緣使令之人無暇盥潔，而往來祖宗神主之前，甚爲輕褻，論其嚴奉之意，本末似不相稱。欲乞自今宗廟祠祭，令太常寺先差室長或齋郎八人，亦受誓

〔一〕按，此條《長編》卷一六〇繫於慶曆七年三月二十九日癸卯。
〔二〕二十七日：《長編》卷一七一繫於此月二十日丁卯，疑此處「七」字衍。

戒、齋宿，各掌一室内外之事，及贊太祝、宫闈令安奉神主。每神主未出之前、已入之後，令親事官依舊掃除啓閉。如此，則宗廟極于嚴奉，設官不爲虚名。』臣等參詳，每歲時享宗廟，乞令宗正寺差太廟室長或齋郎八人，同宫闈令設祭器，薦香燈、安奉神主。仍令前七日受誓戒，前三日致齋。又緣在京齋郎、室長全少，或遇闕人，令本廟捧俎。齋郎、室長或闕人，即令宗正寺預牒流内銓權差選人。其致齋日，依祠官例給飲食。」從之。

神宗熙寧二年閏十一月四日，詔以奉慈廟章惠皇太后神主既瘞于園陵，以其故廟奉安太廟帝后册寶。

元豐元年九月十四日，詳定郊廟禮文所言：「景靈宫、太廟御罍洗不當東霤。今看詳儀注，景靈宫、太廟設皇帝版位于東階之東，又設御罍洗于版位之西。按《禮記》曰『洗當東榮』，又曰『其水在洗東，祖天地之左海也』，釋者以爲設于庭當東榮，屋翼也，殿屋則云東霤。伏請設洗于阼階下，當殿之東霤。」從之。

十七日，又言：「《周禮》，宗廟尊彝之數各隨其時而設，如春祠、夏5禴，則以雞彝盛明水，鳥彝盛鬱鬯，犧尊盛緹齊，象尊盛沈齊；秋嘗、冬烝，則以斝彝盛明水，黄彝盛鬱鬯，著尊盛醴齊，壺尊盛盎齊。《司尊彝》曰：『春祠夏禴，祼用雞彝、鳥彝。其朝踐用兩犧尊〔一〕，其再獻用兩象尊，皆有罍。秋嘗冬烝，祼用斝彝、黄彝，其朝獻用兩著尊，其饋獻用兩壺尊，皆有罍。』此則經有成文，故崔靈恩之徒得以推類而爲説，云時祭用十二尊也。彝二、尊四、罍六。《春官》不著禘祫之名，而崔氏以爲祫所用之彝如嘗、烝，以著尊盛泛齊、醴齊，以壺尊盛盎齊、緹齊、沈齊，凡十八尊；斝彝一、黄彝一、著尊四、壺尊六、罍六。禘所用之彝如祠、禴，以犧尊盛醴齊、盎齊，以象尊盛緹齊、沈齊，凡十六尊。雞彝一、鳥彝一、犧尊四、象尊四、罍六。必如崔氏之説，則是虎彝、蜼彝、太尊、山尊在六享爲無用矣。按鄭衆之義，則以追享、朝享爲禘祫。《司尊彝》曰：『凡四時之間祀，追享、朝享，祼用虎彝、蜼彝，其朝踐用兩大尊，其再獻用兩山尊，皆有罍。』鄭司農云：『追享、朝享，謂禘祫也，在四時之間，故曰間祀。』蓋禘及祖之所自出，故謂之追享；祫自即位朝廟始，故謂之朝享。則禘祫當用虎彝、蜼彝、太尊、山尊矣。其鬱鬯之彝，與五齊之尊，各以明水配之。三酒則六享俱用，盛以罍，配以(元)〔玄〕酒。今朝享太廟儀注，則六彝六尊俱設。按舊儀，每室設斝彝一、黄彝一、著尊二，則與周冬烝之禮同也。其用象尊二則非也，乃春夏所用者也。今儀注及式文誤用蜃尊二〔二〕，乃四方山川所用者，尤非也。欲乞于式文及儀注改正，不用蜃尊。春祠、夏禴用雞彝一、鳥彝一、犧尊二、象尊二、罍六。秋嘗、冬烝用斝彝一、黄彝一、著尊

〔一〕朝：原作「廟」，據《周禮·司尊彝》改。下「朝獻」同。
〔二〕蜃尊：原作「犧尊」，據陳襄《古靈集》卷九、《長編》卷二九二改。下文「不用蜃尊」同。

二、壺尊二〔一〕、罍六。大祫從鄭衆說〔二〕，用虎彝一、蜼彝一、太尊四、山尊六、罍六，爲十八尊。禘享如祫〔三〕，但減山尊二，爲十六尊，以本《周禮》。」又言：「《周禮》司烜氏掌以陽燧取明火于日，以鑒取明水于月。鄭氏謂欲得陰陽之潔氣也。古者祭之旦陳饌于堂東，照以明燭。又以明水滫瀡齊盛及沸涚五齊〔四〕，且以爲配尊，設于鬱鬯五齊之上。今儀注具存，廢而不講，恐非致潔于神明之意。其取火于日，故有成法。欲令有司每有祠事，取以照饌，及供神厨之用。取水之鑒及方諸，乞從本所訪求所出州軍，移文取試，以供祀事。」並從之。南郊舊式并儀注，禘祫皆無太尊，至是皆正之。

十一月二日，又言：「看詳古者享宗廟，堂上焫蕭。《記》曰：『建設朝事，燔燎羶薌，覸以蕭光，以報氣也。』又曰：『取膟膋燔燎升首，報陽也。』又曰：『蕭合黍稷，臭陽達于牆屋。故既奠，然後焫蕭合羶薌。』此求諸陽之義也。今太廟儀注，饋食，諸大祀，取蕭蒿稷黍擩于脂，燎于爐炭，皆于室戶外之左。而有司行之〔五〕，乃焫茅香。伏請依儀注焫蕭。」從之。又言：「薦享景靈宮，設小次于天（與）〔興〕殿下褥位之東，西向；設皇帝版位于東階之東，西向。朝享太廟，設 6 小次于殿下褥位之東，西向；設皇帝版位于廟東階之東南，西向。按《周禮》，宗廟無設小次之文。蓋古者人君臨祭，立于阼，故《禮記·曲禮》曰『踐阼臨祭祀』，《明堂位》曰『君卷冕立于阼』。然則阼者主階，惟人君得涖主階行事，示繼體祖考親親之義，且以尊別于臣庶也。今朝享太廟，設小次于殿下褥位之東，西向，設皇帝版位于廟東階之東南，西向，乃自是古者大夫、士臨祭之位，殊失禮意。伏請自今太廟行禮，並設皇帝版位于東階之上，西向，更不設殿下版位及小次〔六〕。」從之。

三年二月十六日，又言：「謹按《儀禮·特牲禮》：『厥明夕，設洗于阼階東南，壺禁在東序，豆、籩、鉶在東房，南上，几席兩敦在西堂。宗人升自西階，視壺濯及豆籩，反降，東北面，告濯具。』後世有升階視滌濯之禮，倣于此也。《少牢禮》：『雍人溉鼎、匕〔七〕、俎于雍爨，雍爨在門東南〔八〕，北上。廩人溉甑、甗、匕與敦于廩爨，廩爨在雍爨之北。司宮溉豆、籩、勺、爵、觚、觶、（凡）〔几〕、洗、篚于東堂下，勺、爵、觚、觶實于篚。』後世有詣爨視滌濯之禮，倣于此也。夫尊、彝、豆、籩在堂上，洗、篚、勺、爵在堂下，鼎、俎、甑、甗、（上）匕、敦在爨，皆貴潔以事神，而有司所（堂）〔當〕徧親者

〔一〕壺尊二：原作「壺尊一」，據《古靈集》卷九、《長編》卷二九二改。
〔二〕祫：原作「裕」，據《長編》卷二九二改。
〔三〕祫：原脱，據《長編》卷二九二補。
〔四〕沸：原作「沛」，據《古靈集》卷九及《禮記·郊特牲》「明水涚齊」鄭玄注改。
〔五〕司：原作「同」，據《古靈集》卷九改。
〔六〕位：原脱，據《文獻通考》卷九八補。
〔七〕匕：原作「止」，據《儀禮·少牢饋食禮》改。
〔八〕雍爨：原脱，據《儀禮·少牢饋食禮》補。

也。今親享太廟，每室前惟設一籩一豆而已〔一〕，南郊則于神位前亦先設一籩一豆，引視滌濯，並不陳罍、洗、篚、羃、簠、簋、登、鉶及巾蓋之屬而視之〔二〕，則徒爲文具，而無潔清之實。伏請親祠太廟，依儀注，于祭前一日眡滌濯，凡祭器及烹飪之具皆滌溉，有司就眡。」從之。

六月二十八日〔三〕，又言：「看詳古禮無迎神送神，其于祭初祭末皆不拜。謹按《少牢饋食禮》，主人朝服，即位于阼階東，西面。鄭氏曰『爲將祭也』，即不言拜。及祝告利成，主人出，立于阼階上，西面，亦不言拜。雖尸爲神象，其始祝迎之而入也〔四〕，主人及賓皆辟位而已，出亦如之。惟賓客之事則有拜辱、拜送，蓋賓主相敵，可與爲禮也。《特牲饋食禮》，祝迎尸于門外，鄭氏以爲就其次而請，不拜，不敢與尊者爲禮。《玉藻》曰士于大夫不敢拜迎，釋者亦曰禮不敵。近代事神，拜而迎送，是祭祀與接賓一也，殊非禮意。今儀注，皇帝至版位〔五〕，西向立，再拜，樂舞九成訖，又再拜。及送神樂一成，止，皇帝再拜。伏請不行。應在位官准此〔六〕。」從之。

七月二十八日，又言：「謹按古者宗廟爲石室以藏主，謂之宗（祐）〔祏〕。夫婦一體，故同几共牢，一尸，俎豆不兩陳。一室之中，有右主、左主之别，右主謂父也，左主謂母也。正廟之主各藏廟室西壁之中，遷廟之主藏于太祖太室北壁之中，其埳去地六尺一寸。今太廟藏主之室，帝后異處，遷主仍藏西夾室，求之禮意，有所未合。伏請新廟既成，正廟之主自如舊儀，遷廟之主藏于始祖廟太室北壁之中。其遷廟與正廟，帝、后之主各共一室，去地六尺一寸。」從之，候廟制定日施行。

又言：「按宗正寺言：太廟每室牙床上，各有 7 蒲合并紫綾席褥、曲几、直几。如遇祭，于牙床上鋪設祭物，禘祫則緣室合用物並前一日移出殿上。謹按《周禮·太宰》『享先王，贊玉几』，鄭氏注曰：『玉几所以依神，天子左右玉几。』《司几筵》：『王位設莞筵紛純，加繅席畫純，加次席黼純，左右玉几。祀先王昨席亦如之〔七〕。』則祀先王皆當如上所陳。蓋筵則單設，繅席、次席皆重設之。故《禮記》曰『天子之席五重』，而《詩》曰『肆筵設席』。毛萇謂『設席，重席是也』〔八〕。然則先儒以爲祫祭席五重，時祭三重，誤矣。至于几，則鬼神所依。祭者以其妃配，亦不特几，故《禮記》曰『鋪筵設同几』。凡祼于室，饋食于堂，繹于祊，每事易几，所謂『吉事變几』，鄭氏曰『神事文，示新之也』。今

〔一〕一豆：原脱「一」字，據《長編》卷三〇五補。下句同。
〔二〕而視之：原作「而視」，據《長編》卷三〇二補。
〔三〕六月二十八日：《長編》卷三〇六繫於七月二十五日丙戌，注云「元豐三年七月二十五日依奏」。
〔四〕始：原作「如」，據《長編》卷三〇六改。
〔五〕至：原作「致」，據《長編》卷三〇六改。
〔六〕位：原作「外」，據《長編》卷三〇六改。
〔七〕昨席：阮元刻《十三經注疏》校勘記引唐石經作「胙席」。
〔八〕重席：原作「重設」，據《詩·行葦》毛傳改。

太廟几筵皆不應禮，若以神帳中所設曲几、直几而施于祭祀，即是因仍寢中之物，非變几之義。若以蒲合席褥爲筵，又非筵制。是二者舛誤尤甚，不可不正。伏請改用莞筵紛純，加（鏁）〔繅〕席畫純，加次席黼純，左右玉几。凡祭祀皆繅、次各加一重，并莞筵一重爲（王）〔三〕重。莞爲物清堅，《爾雅·釋草》云『莞，苻蘺』。郭璞曰：『今西方人呼蒲爲莞。』又云：『䕲，鼠莞。』樊光曰『詩云：下莞上簟』。郭璞曰『似莞而纖細』，今蜀中所出莞席是也。《周禮》曰豐席，孔安國、王肅皆以豐爲莞也。紛如綬，有文而狹，漢世謂之蒲帔〔一〕，以爲席緣。孔穎達曰：『紛則組之小別。』故鄭注《周書》，亦以紛爲組。繅爲物柔礝，則蒲蒻也，削而展之，編以五采，漢世謂之合歡。《周書》曰底席，孔安國以底蔣爲蒻苹，孔穎達曰：蒲蒻之席也，《禮》注謂蒲席爲蒻苹。王肅云：青蒲席，以繒畫五色雲氣爲緣。孔穎達曰：以五彩畫帛爲席。次席，桃枝竹爲席，有次列成文。《周書》曰篾席，《孔傳》亦言是桃枝竹，孔穎達謂篾席與次席一也。鄭氏注《書》云：篾，析竹之次青者。其緣以絳帛爲質，上繡金斧文，刃白而銎黑。凡敷席之法，初下一重謂之筵，重在上者謂之席。席有首尾，故《公食大夫禮》蒲筵、萑席皆卷自末。鄭氏曰：末，經所終，有以識之。賈公彦云：席無異物爲記，但織之自有首尾，可爲記識耳。《記》曰『登席不由前爲躐席』。按《鄉飲酒禮》，賓席于户西，以西頭爲下；主人席于阼階，介席于西階，皆北頭爲下。『賓升席自西方』，注云：『升由下也。』又《鄉飲酒記》云：『主人、介凡升席自北方，降自南方。』注云：『席南上，升由下，降由上。』若由前升，是躐席也。《考工記》説周人明堂之制，東西九筵，南北七筵。然則室中神位在奥，則席當南北陳之，以南爲上，以北爲下，故尸來升席自北方也。堂上神位在户外之西，則席當東西陳之，以東爲上，以西爲下，故尸來升席自西方也。筵與席之制，皆長九尺，廣三尺三寸三分。几之制，阮氏圖以爲長五尺，高尺二寸，廣二尺，兩端赤，中央黑漆。馬融以爲長三尺〔二〕。按席廣三尺有餘，則几之長當如席廣，馬融説長三尺是也。三几面當 8 一筵之長。以五采玉飾之，則謂之華玉几；以雕玉飾之，則謂之雕玉几。俟廟制成日，望下有司依此改製。」從之。

又言：「周人尚臭，灌用鬯臭，鬱合鬯臭，陰達於淵泉，形魄歸于地，故曰『加以鬱鬯，以報魄也』。《周禮·甸師》『祭祀共蕭茅』，齊桓公責楚不貢包茅，王祭不共，無以縮酒。是灌鬯當于地，縮酒當于茅。今祠太廟，灌鬯于茅，祭酒于銀沙鑼内，則不應禮。伏請灌鬯於地，以盡求陰報魄之義；束茅立之，祭則沃酒其上，以象神之飲。」從（人）〔之〕。

九月，太常禮院言：「將來大享明堂，内太廟差宗室安

〔一〕蒲帔：原作「薄帳帔」，據《周禮·司几筵》孔穎達疏改。

〔二〕尺：原作「天」，據《周禮·司几筵》孔穎達疏改。

奉八室神主，前此未嘗習儀，遷納之際，或致闕誤。乞候宗室赴太廟受誓戒日，許開逐室，令觀省石室神座。」詔令太常禮院詳悉說諭。

十二月二十二日，又言：「太廟神主神匱，加綿氈于四周，用青白羅爲裏，三年一易。」詔恭依。

四年六月十三日，詳定郊廟奉祀禮文所言：「伏請凡宗廟祀神之幣，皆埋之西階東；册藏諸有司之匱。除同牲牢祭饌〔一〕，即合出后主，其餘更不出〔二〕。」從之。

十月十四日，又言：「謹按《荀子・禮論》曰：『享尚玄尊而用醴酒，祭齊大羹而飽庶羞，貴本而親用也。』貴本之謂文，親用之謂理。』故古者祭祀，併薦上古、中古及當世之食〔三〕，所以貴本而親用。《禮運》曰：『玄酒以祭，薦其血毛，腥其俎，熟其殽。』鄭氏謂此薦上古、中古之食也。又曰：『然後退而合(享)〔亨〕，體其犬豕牛羊，實其簠簋籩豆鉶羹。』鄭氏謂：此薦今世之食也。自西漢以來，園寢上食。至唐天寶五年，始詔享太廟，每室更加常食一牙盤，因與三代籩豆簠簋並薦。雖亦貴本親用之意，然而韋彤、裴堪等議，以爲宴私之饌，可薦寢宮，而不可瀆于太廟。臣等考之，享太廟宜自用古制，其牙盤上食請罷。」從之。

同日〔四〕，又言：「本朝太廟諸室，帝后一體，故禮有同(凡)〔几〕之文，祭則同牢、同饌、同祝，以明天地訢合之義。古者惟未吉則不配，哀未忘也，未聞奏告及祈報而不配。今惟出帝主而不出后主，殆與同几之意異矣。伏請奏告、祈禱、報謝諸室，並出帝、后主。」詔恭依。

十六日〔五〕，又言：「聖王之事宗廟，禮如事生。故饌則薦四時之和氣，與四海九州之美味；貢則陳金(壁)〔璧〕龜帛，以明功德之所致；雖丹漆絲纊絲箭之微必具〔六〕，以明共天下之財。其餘無常，必致國之所有，以明遠物無不至，良以土地人民皆祖宗所降之嘉生〔七〕，故和氣之所生成者，以其治功之所致歸美于祖宗。自秦漢以來，奉宗廟者皆不本先王之經訓，有司奉行，充其位而已。故天下常貢入王府者，未嘗陳于太廟，良爲闕畧。欲乞親祠太廟，並令户部陳歲貢以充庭實，仍以龜爲前，金次之，玉帛又次之，餘爲後。」從之。

又言：「古者宗廟吉祭必以其妃配，不特拜。蓋以夫婦一體，筵則同几，祝則同辭，食則共牢，祭則共尸，俎豆事

〔一〕同：原作「用」，據《長編》卷三一三改。

〔二〕按，據《長編》卷三一三，「除同」以下三句與前數句非同一奏，而爲下文「十月十四日」第二奏之「貼黄」。按文意，《長編》爲是。又《長編》所載文字較全，當參看。

〔三〕中古：原脱，據《長編》卷三一八補。

〔四〕按，《長編》卷三一三繫此條於此年六月十四日己巳，並注云「六月十四日依奏」。當以《長編》爲是，《會要》蓋誤以「六月」爲「十月」，故編於上條之後。

〔五〕按，《長編》卷三一七繫此條於此年十月六日己未，並注云：「四年十月六日依奏，今附本月日。」當以《長編》爲是。疑此處「十」下脱「月」字。

〔六〕「以明」至「必具」十八字原脱，據《長編》卷三一七補。

〔七〕以土：原作「天」，據《長編》卷三一七改。

皆不兩陳，則特拜于禮爲失。漢初祭廟，后與帝同坐，凡牲左體謂之左宗。貢禹以爲 9 非禮，奏除之。開元禮及本朝儀注、祀儀，本廟几筵俎豆不兩陳，而皆特拜，殆非禮意。所有祀儀，僖祖、翼祖、宣祖、太祖室奠副爵一，太宗〔一〕、真宗室奠副爵三，仁宗室奠副爵一，自今乞不特拜。」從之。

同日〔二〕，又言：「《周禮》小宰之職，凡祭祀贊玉祼將之事；小宗伯之職，凡祭祀以時將瓚祼。蓋孝子之求神，有于陰而求之者。以形魄歸于地，故于陰而求之，凡祼是也。《禮記》曰『周人尚臭』，『先求諸陰』。蓋先祼而後作樂，求諸形魄之謂也。本朝宗廟之禮多從周，謂宜先祼而後作樂。」從之。

又言〔三〕：「《周禮》大宗伯之職：凡享大鬼，涖玉鬯。説〔者〕曰：宗廟之祼，求神于陰。宗伯掌禮之官，能事神者，故于祼則瓚鬯，以芬芳之氣達于淵泉，庶幾享之，助孝子極思求神之意。國朝親祠太廟，門下侍郎取瓚于篚，進皇帝；侍中酌鬯進瓚，皇帝祼地置瓚，皆未合禮。伏請命禮部尚書一員奉瓚臨鬯，禮部侍郎奉盤以次進，皇帝酌鬯祼地訖，侍郎受瓚并盤，退。」從之。

又言〔四〕：「古者宗廟有時享、月祭，而無月半祭。月半祭者，非古禮也〔五〕。《記》曰春祠、夏禴、秋嘗、冬烝，此所謂時享也。又曰：曰考廟〔六〕，曰王考廟，曰皇考廟，曰顯考廟，曰祖考廟，皆月祭之。此所謂月祭也。至于《儀禮》月半奠大夫以上有之，此所謂非古禮也〔七〕。自秦漢以來，始建陵寢，而朔望上食，已非古禮。唐天寶末，因而舉行于太廟，非禮甚矣。本朝緣唐故事，未暇釐正。伏請翼祖、宣祖時享，止于秋嘗〔八〕；僖祖、太祖、太宗、真宗、仁宗、英宗時享外，仍行朔祭，廟各一獻，牲用特牛。若不親祠〔九〕，則以太常卿攝事，牲用羊。其月半上食及宗正丞行事，伏請罷之。」詔八廟並月祭用牲，餘並依。

四年十一月二十一日，詳定郊廟奉祀禮文所言：「南郊前一日朝享太廟，及四孟臘享，皆設神位于室之內，南面。以籩十有二陳于左，豆十有二陳于右，牙盤陳于前。鉶三，在牙盤之南。甄三，其一在鉶南，其一在籩左，其一在户外之左。俎三，其二在籩南，其一在豆南。簠簋四，在三俎之間。彝、樽及罍則陳于廟堂上前楹間，各于室户外之左，北向西上。觀其左右前後之序，皆後世率意爲之者。臣等考先王之禮，其祭祀之器，陳設之次，莫不有法。以

〔一〕「太宗」下原有「一」字，據《長編》卷三二七删。
〔二〕此條《長編》卷三一七亦繫於十月六日，注云：「十月六日依奏。」
〔三〕此條《長編》卷三一七繫於此年十月十一日甲子，注云：「元豐四年十月十一日中書劄子：奉聖旨依奏。」
〔四〕此條《長編》卷三一八繫於十月十八日辛未。
〔五〕古：原作「吉」，據《長編》卷三一八改。
〔六〕曰：原脱，據《禮記·祭法》補。
〔七〕古：原作「吉」，據《長編》卷三一八改。
〔八〕止：原作「正」，據《長編》卷三一八改。
〔九〕不：原作「本」，據《長編》卷三一八改。

《特牲》、《少牢禮》驗之，則神席在室内之東奥，東面。豆設于神坐之前，南上，綪。俎設于豆東，二以成，南上，不綪。敦(誤)〔設〕于俎南，西上。錯鉶設于豆南。陳祝洗酌奠于鉶南，佐食啓會，却于敦南。設大羹湆于醢北，羞肵俎于腊北。設羞豆于薦豆之北。設棗栗籩于敦南，棗在西。設尊于户東，(元)〔玄〕酒在西。案(牲特)〔特牲〕，士禮也；少牢，大夫禮也。不裸，不薦血腥，但饋熟而已。天子祭禮既缺，今僅有存者，其陳設之位，可以類推也。裸將于室，朝踐于堂，饋熟于室中之事，則于奥設莞筵紛純，加(鏁)〔繅〕席(盡)〔畫〕純，加次席黼純，左右玉几。當前筵設饋食之豆八，10 加豆八，以南爲上。一菹一醢，次序相間，屈陳而下。始曰葵菹，葵菹北(嬴)〔蠃〕醢，(嬴)〔蠃〕醢北脾(析)〔折〕，脾(析)〔折〕北蠯醢，蠯醢東蜃醢，蜃醢南蚳醢，蚳醢南豚拍，豚拍南魚醢，魚醢東芹菹，芹菹北兔醢，兔醢北深蒲，深蒲北醓醢，醓醢東箈菹，箈菹南鴈醢，鴈醢南筍菹，筍菹南魚醢。此《聘禮》所謂屈也。賈公彦曰：屈者，句而屈陳之；綪者，直陳之，不爲句陳。然二者終亦相類，故鄭云綪猶屈也。《記》曰：『常豆之菹，水草之和氣也。』又曰：『水草之菹，陸產之醢，小物備矣。昆蟲之異，草木之實，陰陽之物備矣。』小而致蠃、蚳，遠而致兔、鴈，以葵、芹之屬，極水草之品，所謂外則盡物也。然有一物而兩薦之者，如醢可以爲味之盛，亦可以爲味之美。故室中、堂上皆以爲實；魚可以爲美，亦可以爲備，故饋食加豆皆以爲實也。鉶三，設于豆南，陳牛鉶居北，羊在牛南，豕在羊南。羞豆二，曰酏食、糁食，設于薦豆之北。太羹湆盛以登，設于羞豆之北。俎九，設于豆東，以南爲上，曰牛俎，次北羊俎，次北豕俎。牛俎東魚俎，次北腊俎，次北腸胃俎。魚俎東鮮魚俎，次北鮮腊俎，次北膚俎。陪設三重，重別自南而起，不綪，俎尊故也。陳鼎之次，則以膚在鮮魚之前。若陳俎，則膚在鮮腊之後。故《公食大夫禮》曰『膚以爲特』，鄭云：『特膚者出下，牲賤也。』九俎三三爲列，無特。賈公彦曰『九俎爲三行，故無特。雖無特，膚亦爲下』是也。肵俎一，當腊俎北，縱設之。凡特俎縱設者，饌要方也。牲首俎在北墉下。《記》曰『升首于室』，説者謂當户北墉是也。簠簋設于(相)〔俎〕南，西上。鄭云：簋實尊黍也。牛俎南黍簋，其東稷，稷簋南黍簋，其西稷。四簋之事，設四簠，始曰粱，粱南稻，稻東粱，粱北稻。黍、稷正也，故在前；粱、稻加也，故在後。黍、稷、稻、粱交午相對，所謂錯也。鄭云：凡饌屈錯，要相變也。籩十有八，設于簠簋之南，北上，綪。鄭云：尚棗，棗美。又曰：江沔之間謂縈收繩索爲綪。稷簋之南棗，棗南濕棗，濕棗之東栗，栗北桃，桃東乾桃，乾桃南乾橑，乾橑東濕梅，濕梅北榛實。此饋食之(邊)〔籩〕八。濕棗之南菱，菱南芡，芡東栗，栗北脯，脯東菱，菱南芡，芡東栗，栗北脯。此加籩八。栗可以告虔，亦可以爲美，故饋食加籩皆以爲實也。其陳之各以次，直縈而下，如繩之綪，故曰綪。糗餌、粉餈設于薦籩之南。此羞籩二。户外之東設尊彝，西上南次。以春祠、夏禴爲言，則雞彝盛明水在西，鳥彝盛鬱鬯在東。鳥彝之南一犧尊，盛緹齊。緹齊之西一犧尊，盛明水。緹齊之南一象尊，盛沈齊。沈齊之西一象尊，盛明水。秋嘗、冬烝，則斝彝盛明水，黄彝盛鬱鬯，著尊盛醴齊，壺尊盛盎齊。禘祭所用之彝如祠、禴，以犧尊盛醴齊、盎齊，以象尊盛緹齊、沈齊。祫祭所用之彝如嘗、烝，以著尊盛泛齊、醴齊，以壺尊盛盎齊、緹齊、沈齊。此崔（恩靈）〔靈恩〕之説也。若鄭司農，則以追享、朝享爲禘祫，彝用 11 虎、蜼，而尊用太、山。阼階之東設六罍，其三在西，以盛（元）〔玄〕酒；其三在東，以盛三酒。皆不屈不錯也者，齊酒不以雜錯爲味故也。陳祭器之位蓋如此。古者豆設于神席之前，今則設之于其右。古者俎設于豆東，今則有在豆前南，有在籩南者。古者籩設于敦南，今則在神座之右，與豆夾陳。古者敦設于俎南，今則簠簋在二俎之間。古者鉶設于豆南，今則三鉶列之如鼎足，在牙盤南，以籩豆夾之。古者大羹甑及庶羞甑皆在薦豆之北，今則一在鉶南，一在籩左，一在户外之左。（右）〔古〕者尊彝在户東，以西爲上，兩兩陳之，自北而南，今則在堂上前楹間陳之，自西而東。古者罍在堂下，所以酢諸臣，不敢與神靈共尊，今則列于彝尊之後。此皆訛舛，在所當正。至于堂上朝踐之節，則尸席在户西，南面；主席在尸右，東面。其薦陳之序，則古天子、諸侯禮既不得而見，又《特牲》、《少牢》止有室中之事，然《公食大夫禮》及《少牢》推之，有可言者，曰：『宰夫自東房薦豆六，設于醬東，西上。韭菹以東，醓醢、昌本；昌本南麋臡；麋臡以西，菁菹、鹿臡。』是豆以西爲上，而屈陳之也。韭菹在西，次東醓醢，次東昌本，次東麋臡。麋臡南菁菹，次西鹿臡，次西茅菹，次西鹿臡。《公食大夫》又曰：『士設俎于豆南，西上，牛、羊、豕、魚在牛西〔一〕，腊、腸、胃亞之。』鄭云：『不言綪，錯俎尊也。』孔穎達以爲牛俎在西，牛俎東羊俎，羊俎東豕俎。又牛俎南魚俎，魚俎東腊俎，腊俎東腸、胃俎。若東九俎，則魚俎南鮮魚俎，鮮魚俎東有鮮腊俎，而膚俎爲下。朝踐所薦者，豚解爲七體，所謂腥其俎也。室中所薦者，體解爲十一體，所謂熟其殽也。其籩以《有司》言之，麷、蕡設于豆西，麷在東，蕡在西。設白、黑于初籩之南，白在西，黑在東，亦綪，以東爲上。其形鹽、膴、鮑、魚鱐從可見也。黑之南，形鹽，其西膴，膴南鮑，鮑東魚鱐。堂上陳鼎之位，案《少牢禮》在東方，當序南于洗西，皆西面北上，匕皆加于鼎東枋〔二〕。俎皆設于鼎西西肆，肵俎在北，亦西肆，不繼鼎。若廟門外，則陳鼎于東方，各當其鑊，而在鑊之西，皆北面、北上。臣等推《特牲》、《少牢》之意，而約以周天子之禮，謹圖上二本，以同異是非，互相明别。所有室中、堂上筵几，及豆、鉶、俎、簋、籩、甑之列〔三〕，

〔一〕西：原作「南」，據《儀禮·公食大夫禮》改。
〔二〕枋：原作「祊」，據《儀禮·少牢饋食禮》改。
〔三〕甑：原作「綪」，據《長編》卷三二〇改。

欲請據古考正。其所實之物雖已具别録，然恐于今有不可備者，乞參酌古禮，以時物品類相近者代之。如大祫，羣廟之主會于祖廟，則籩、豆、俎、簋至多，恐室中不足以容，或乞量減其數，移之户外。」從〔之〕。

五年四月二十日，又言：「太廟每室設豆籩十二，蓋承唐顯慶舊制，情文不稱。乞從典禮，籩豆各用二十有六。」詔候廟制成日取旨。

六月十九日，太常寺言：「《儀禮・特牲饋食禮》無配〔一〕，其筮尸之辭止曰『適其皇祖某子』〔二〕；《少（宰）〔牢〕饋食禮》有配，其筮尸及祝辭則曰『以某妃配某氏』〔三〕。蓋古者吉祭有配無配皆 12 一尸而已。其始也，祝洗酌奠于鉶南〔四〕，但有一爵。及主人獻尸，主婦亞獻，賓長三獻，亦止一爵。崔靈恩廣鄭氏《周禮注》意，以爲王享宗廟凡九酌祼，朝踐、饋食、衍尸各三獻，諸臣爲賓一獻，而每獻一爵。蓋筵則同几，祝則同辭，食則共牢，俎豆之類皆不兩陳，而猶奠副爵，于義無取。所有祀儀逐室奠副爵乞罷。其祫享别廟皇后，自如常禮。」從之。

十月六日，尚書禮部言：「太常博士黄實言：『宗廟每遇祭享，埋幣于西階之東。其立班望瘞雖依舊儀，而殿後立班與殿下不同，其監祭立位正與殿室相背，于禮未順。』今後禮畢望瘞，並乞令監祭官于（掐）〔埳〕西，與初獻并奏告官等相對東向立，其太祝、奉禮郎立于（掐）〔埳〕南，北向。」從之。

七年六月十七日，又言：「親祠太廟，祝册文云『謹以犧牲粢盛、嘉齊庶物，恭薦歲事』，宜並准《曲禮》，備舉牲幣粢盛之號。」從之。

二十五日，又言：「大禮誓戒，請以平明，左僕射誓文武官于明堂，右僕射誓宗室于太廟，以刑部尚書、侍郎分涖。」從之。

（八）〔三〕年八月十四日〔五〕，詳定郊廟奉祀禮文所言：「謹按《特牲饋食禮》，尸九飯，主人既衍尸，祝酌授尸，尸以酢主人。主人左執角，祭酒啐酒，進聽嘏。《少牢饋食禮》，二佐食各取黍于一敦，上佐食摶之以授尸，尸執以命祝，祝受，以嘏于主人曰：『皇尸命工祝，承致多福無疆，于女孝孫，來女孝孫，使女受禄于天，宜稼于田，眉壽萬年，勿替引之。』蓋祝，將命接神者也。必命祝以嘏主人，何也？言神歆其祀，畀以長大之福，祝能傳神之意，致之于主人耳。故

〔一〕無：原作「有」，據《長編》卷三二七改。
〔二〕其：原作「某」，據《儀禮・特牲饋食禮》改。
〔三〕及：原作「外」，據《長編》卷三二七改。
〔四〕「奠」下原重「奠」字，據《長編》卷三二七删。
〔五〕三年：原作「八年」，據《長編》卷三〇七改。《長編》原注云：「《禮文》：三年八月十四日依奏。」按所謂《禮文》，即元豐五年崇文院校書楊完編類上進之《元豐郊廟奉祀禮文》三十卷，見《直齋書録解題》卷六。此書所收郊廟奉祀禮文所詳定奏上之禮文起於元豐元年，訖於元豐五年四月，《宋會要》及《長編》所載此期間禮文所之奏言及《長編》注云「某年月日依奏」均出於此書，《長編》此類文字之繫年亦大體以「依奏」之年月日爲準，《會要》亦應相同。今《宋會要輯稿》年月之誤當爲《永樂大典》之誤。

曰『祝以孝報，嘏以慈告』。《詩・楚茨》說天子之禮，亦曰：『工祝致告，徂賚孝孫。』丁孚《漢儀》載東漢祠恭懷皇后嘏辭。今禮皇帝飲福〔一〕，乃古之受嘏。而儀注則以內臣酌酒授侍中，侍中跪進，皆無所本。又按古者祝以嗇黍嘏主人，然後釋神之辭，其謂之（昨）〔胙〕者，正是尸與主人相答酢之俎。今獨用胙，而無嗇黍，則于禮爲闕。所有明堂、南郊、太廟親祠，飲福、酌酒、進虛爵，伏請改命太祝，仍倣《儀禮》佐食摶黍之說，命太官令取黍于簋，摶以授祝，祝受以豆，以嘏于皇帝。其嘏辭，緣近禮無尸，即更不用。」從之。

哲宗元祐四年三月一日，監察御史王彭年言：「月朔、四孟、臘享太廟及奏告諸室，羣臣執事循奉典禮，殫竭精恪，惟恐不嚴。其在交接神明之際，先則祼地，次則獻爵，皆獻官恭行之事。而瓚之實鬱鬯，爵之實齊酒，今皆遣有司酌之，又以入于室，獻官始受而祼獻。且有司賤隸〔二〕，安得褻近祼獻之實，交于堂室之間？按《開元禮》，鬱鬯、醴齊，惟親祠，侍中贊酌之；遣官行事，則太尉親酌之。《開寶禮》亦然，未聞一委之有司。望詔禮官、博士討論故常，舉酌酒奉爵之儀，稱嚴祀欽奉之意。及郊壇諸祠酌酒奉爵禮文，皆請修定。」從之。

七年九月十八日，詔：將來南郊前朝享太廟、13景靈宮，並于阼階上設皇帝行禮版位。

紹聖元年七月十九日，詔罷太廟薦享牙盤食，並依元豐舊制。元祐七年八月十四日，從太常丞呂希純等所請〔三〕，乞遇薦享，除禮料外，乃用牙盤，而易其名曰薦羞。今復依元豐舊制，惟舊用副爵，從太常丞陳察所請，更名配爵云。

二年六月二十一日，尚書禮院言：「今歲明堂，景靈宮、太廟行禮，皇帝版位當依已降指揮設于阼階之上，仍欲依元豐禮文所詳定，不設殿下小次。」詔太廟仍設小次，餘從之。

元符元年八月六日，三省言：「郊祀前朝享太廟，欲依例，逐室每俎（羞）〔差〕奉俎官一員，八室共差薦籩豆官一員。」從之。

三年正月五日，詔差幹當御藥院郝隨同修內司及宮闈令檢視太廟室殿，有損漏去處，如法修造。先是太常少卿曾旼言太廟室內如楹桷之類損漏，故有是詔。

四月二日，禮部、太常寺言：「按大禮式，親祠太廟，俎不設腸胃，已合古禮；獨（大）〔犬〕牲腥、熟皆設腸胃，于義未安。兼按《儀禮》，羊俎、豕俎皆有舉肺一、祭肺三，今豕俎獨不實肺，亦當詳正。欲罷犬牲腸胃，止存離肺、刌肺，及豕俎設離肺一、刌肺三，于禮爲當。」從之。繼而太常禮

〔一〕今：原作「令」，據《長編》卷三〇七改。
〔二〕賤：原作「踐」，據《長編》卷四二三改。
〔三〕呂希純：原作「呂純希」，據《長編》卷四七六乙。

院言，乞太廟祠事罷用犬牲。從之。

三年八月十八日，徽宗即位未改元。太常寺言：「太廟增哲宗皇帝一室，欲就舊殿十八間地基，止（儹）〔攢〕那作二十間修蓋。」從之。

十月二十六日，詔：太廟石室制度，依周制，赤爲定。先是，修奉太廟司乞降太廟石室制度，太常寺言：乞依周制赤，去地六尺一寸安置石室，故有是詔。

崇寧三年四月十一日，禮部言：「元豐元年親祠太廟，不設小次于殿下。其後累大禮，皆太常寺臨時申請。」詔設小次。

四年三月十一日，復翼祖、宣祖廟，詔差禮部尚書徐鐸充修奉使，增太廟，設爲十室。鐸卒，改差給事中王寧。

二十一日，宗室士競言：「太廟十室，而舊設饌幔七八間，不足以容祭器。請將來大禮，增爲十間。」又翰林學士鄧洵仁言：「大禮朝享太廟，設饌幔于東門外行事；及執事者引揖俎饌，經由禁衛，往來多不相續，或致稽滯。切見郊壇設于南壝門外，請太廟亦設于南神門外。」詔太常寺議，禮官言當如士競等所請。皆從之。

十二月八日，禮部、太常寺言：「太廟十室告遷帝后神主復還本室，合行奉安之禮。今比附參酌，依奉安景靈宮神御禮例，差宰相前一日早同行事官赴太廟宿齋，至日行奉安之禮。惟不用前期受誓戒、致齋，及亞、終獻、樂舞。」詔以十二月十六日奉安，差司空、尚書左僕射、兼門下侍郎蔡京，餘皆從之。

大觀四年四月二十八日，議禮局言：「《周禮・司尊彝》，春祠、夏禴，祼用雞彝、鳥彝，朝踐用兩犧尊，再獻用兩象尊。秋嘗、冬烝，祼用斝彝、黄彝，朝獻用兩著尊，饋獻用兩壺尊。凡四時之間祀，追享、朝享，祼用虎彝、[14]蜼彝，朝踐用兩太尊，再獻用兩山尊。今太廟儀注，春、夏用犧尊、象尊各二，秋、冬用著尊、壺尊各二，已應古義。又每享各用太尊二，則是以追享、朝享之尊施之於禴、祠、烝、嘗矣，其爲失禮明甚。伏請自今四時享太廟，不用太尊，以合《周禮》。」又言：「《禮記・郊特牲》曰『灌以圭璋』，用玉器也。《周禮・典瑞》『祼圭有瓚，以肆先王』，説者謂天地有禮神之玉，而無鬱鬯；宗廟有鬱鬯，而無禮神之玉。然則宗廟之玉，祼圭而已。圭瓚之制，以圭爲枋〔一〕，其長赤有二寸，黄金爲勺，青金爲外，朱中央。其容五升，其徑八寸。其勺之鼻爲龍頭，所以出鬱鬯也；其下有槃，其徑一赤，所以承瓚也。今親祠太廟以塗金銀瓚，有司行事以銅瓚，其大小長短之制皆不如禮。伏請改造，以應古制。」又言：「牙盤上食非古也，其制始于唐天寶之末。韋彤等據經而議，謂褻味多品，不可交于神明，欲罷去之。本朝刊正禮文，祇若祠事，告朔有祭，而上食之禮固已不行，其得先王之制旨深矣。然今太廟祭享所〔用〕之器，猶設牙盤，是豈

〔一〕枋：原作「祊」，據《文獻通考》卷九八改。

禮之意耶！《記》曰：『先王之薦可食也，而不可嗜也；宗廟之器可用也，而不可便其利也。』尊彝之制，鼎俎籩豆之式，聖人尚象，取成于四時陰陽之中，豈可以後世率意而造者雜乎其間哉！欲乞祭惟藉以席，不用牙盤。」並從之。

政和六年十一月一日，禮制局言：親祠差官攝亞獻行事，合造璋瓚，并常享太廟圭瓚、別廟璋瓚。且謂(之)圭瓚、璋瓚舊制惟用珉石，並乞改用玉。又言：「冬祀大禮前一日朝享太廟，見設尊、罍，內黃彝、斝彝各二，黃彝已實鬱鬯，斝彝實明水，其太尊一，亦實明水。今若添造黃彝，恐難遽辦，欲乞權以斝彝實。今亞獻所酌鬱鬯，緣太尊已實明水，其合用實亞獻祼鬯酒黃彝，候冬祀禮畢，令禮制局製造。」並從之。

六日，光禄寺言：「禮制局新定太廟陳設之儀，每室籩十有二等，尚緣唐制，因循行之。伏請盡依周制，籩、豆各用二十有六，簠、簋各八。今詳周制，所用祭器比見行令格增籩、豆十有四，簠、簋各六，即未見合排辦禮料之數及陳設之序。」尚書省下太常寺同光禄寺議定。太常寺言：「今以籩二十有六爲四行，以右爲上。羞籩二爲第一行〔一〕，朝事籩八次之，饋食籩八又次之，加籩八又次也。豆二十有六，爲四行，以左爲上。羞豆二爲第一行，朝事豆八次之，饋食豆八又次之，加豆八又次之。簠八，爲二行，在籩之外。簋八，爲二行，在豆之外。籩、豆、簠、簋所實禮料，乞依自來容受之數供辦，或無本色，即以別物代。」從之。籩、豆、簠、簋所實禮料：朝事之籩，麷、蕡、白、黑、形鹽、膴、鮑、魚鱐；饋食之籩，棗、栗、桃、梅、乾䕩、榛實；加籩之實，菱、芡、栗、脯；羞籩之實，糗餌、粉餈。朝事之豆，韭菹、醓醢、昌本、麋臡、菁菹、鹿臡、茆菹、麇臡〔二〕；饋食之豆，葵菹、蠃醢、脾析〔三〕、蠯醢、蜃醢、蚳醢、豚拍、魚醢；加
15 豆之實，芹菹、兔醢、深蒲、醓醢、箈菹、鴈醢、筍菹、魚醢；羞豆之實，酏食、糝食。簠以稻、粱實之。簋以黍、稷實之。茆菹以蓴，蚳醢用蟻(卵)〔卵〕，以蜂子代。

十二月二十日，又言：「伏見太廟祭器內，鉶用三，登用一。竊考鉶與登皆盛羹之器。祭祀烹牲于鼎〔四〕，升肉于俎，其湆芼以鹽菜，實之于鉶，則謂之鉶羹。不致五味，實之于登，則謂之大羹。《周官·亨人》『祭祀共大羹、鉶羹』是也。且宗廟之祭用太牢，而三鉶實牛、羊、豕之羹，固無可論者；至于大羹，止設一登，不知果以何牲之湆而實之邪？議者惟知《儀禮》芼鉶有牛藿、羊苦、豕薇之文〔五〕，故用三鉶而不疑，至大羹無一定之說，所以止用一登也。以《少牢饋食禮》考之，則少牢者羊、豕之牲也，上佐食羞兩

〔一〕爲：原作「縣」，據《文獻通考》卷九八改。
〔二〕麇：原作「麋」，據《周禮·醢人》改。
〔三〕析：原作「折」，據《周禮·醢人》改。
〔四〕祀：原作「器」，據《文獻通考》卷九八改。
〔五〕「苦」原作「若」，「薇」原作「微」，據《儀禮·公食大夫禮》改。

鉶，司士進二豆湆〔一〕。兩鉶，鉶羹也；二豆湆，大羹也。少牢之鉶，豆用二，則三牲之祭，鉶既設三，登亦用三，無疑矣。伏請太廟設三登，實牛、羊、豕之湆以爲大羹，明堂亦如之。其賜宰執與高麗祭器，亦乞增一爲二，于禮爲合。」從之。

七年正月二十九日，禮制局言：「太廟祭器内籩、豆各二十有六，而光禄寺禮料，籩豆所實之物以餳代麷。謹按鄭司農釋《周禮》云『熬麥曰麷』。今乞改依《周禮》，易餳爲麷。」從之。

十二月十八日，又言：「太廟帝、后神位殿上所設綵幄簾幙之類，例皆暗舊，或有斷綻。及絞縛鋪設，與配享功臣幕次制度無異。欲令本（朝）〔廟〕隨宜增飾，遇有暗舊，即時申換。及襯藉禮器席不新潔，今欲應藉祭祀之物，皆易以茆席。及神門之内持更守宿鋪屋，遇有祭享，權令（折）〔拆〕去。」並從之。

高宗皇帝建炎元年七月十九日，詔：「兵部郎官、太常寺官一員計置舟船車乘等，迎奉神主赴行在。就差太廟親事官擡舁，殿前司差撥禁軍三百人防護，内侍二員充同共都大主管。應用禮器隨宜充代，薦新儀物令所至州軍斟酌應副。」

三年四月二日，尚書省言：「太廟元背負太祖皇帝神主親事官李實稱，至瓜洲被蕃人驅虜，遂致遺失。」詔令沿路州軍限半月尋訪，如有人收到，有官人與轉五官，白身人補保義郎，其尋訪官司當議取旨推恩。

四年十月四日，詔：奉迎太廟神主往温州奉安，以護從提點所爲名。時以祠部郎官、兼太常少卿鄭士彦充護從，乞立名故也。

紹興二年三月二日，詔：温州太廟百步内居止遺火者，徒二年；致延燒奉安寺觀，流三千里。餘依見行條法。

四月九日，神主神御提點所言：「太廟潛火兵士，欲乞以二十人爲額，止于温州差，專一巡防，並不得別有占使。」從之。

三年九月二日，詔：奉迎温州太廟神主所改稱太廟奉迎所，其監官以奉迎所幹辦官爲稱。景靈宮神御所改稱景靈宮奉迎所，其監官以主管奉迎所爲稱。提點官（人）〔以〕太廟、景靈宮提點奉迎所爲名。奉迎福州啓運宮神御所改稱啓【16】運宮奉迎所，其監官以奉迎所幹辦官爲稱。先是，度支郎中侯懋言：「恭以清廟乃國家嚴奉祖宗之所，自歷代迄于本朝，皆以太廟爲稱。昨以車駕臨幸東南，有司一時申請，遂以迎奉神主爲名，無乃瀆慢在天之靈？望改神主所之稱，止以太廟所爲名。至于迎奉神御所，亦乞〔依〕舊作景靈宮稱呼。」尋下禮部討論，于是從其請。

十月二十七日，祠部員外郎、兼權太常少卿、太廟景靈宮提點江端友言：「天子之居，豈可無宗廟社稷？《禮》

〔一〕二：原作「三」，據《儀禮·少牢饋食禮》改。

曰：『君子將營宮室，宗廟爲先。』今宮室畧備矣，宗廟豈可簡而不修？欲乞于臨安府行宮門内修創太廟。」從之。

十二月十三日，祠部員外郎、兼權太常少卿、太廟景靈宮提點江端友言：「伏見降到御名祝版，稱『嗣皇帝』。臣以爲『嗣』字非所宜稱。唐肅宗復兩京告廟祝文稱『嗣皇帝』，顔真卿謂禮儀使崔器曰：『上皇在蜀，可乎？』亟命易之，帝以爲知體。今日之事，誠大類此，乞集議改正。」禮部、太常寺「竊詳唐天寶之亂，明皇雖奔劍南，猶不出于中國。肅宗以太子治兵于靈武，撫兵監國，乃其所職，足以討賊矣。既而不申明皇之命，遂即帝位，赦天下，復改元，代父自立，故顔真卿見平兩京告廟祝文稱『嗣皇帝』，則謂崔器曰：『上皇在蜀，可乎？』肅宗稱其知體者，似悟己之失也。後世賢人君子往往如真卿之意，而譏議者多矣。竊惟道君皇帝遭時艱阸〔一〕，厭于萬幾，明詔内禪，故淵聖皇帝之立，明年改元。凡靖康之間，宗廟祝文已稱『嗣皇帝』矣。逮二聖北行，遠之異域，宗廟祭祀無所繼承，人懷祖宗之德，皇天祐命有宋，則主宗廟之祀者，非陛下而誰？故陛下應天順人，遂登大寶，其視肅宗之事，殆不相侔矣。今若不稱『嗣皇帝』，于宗廟則當以何名稱哉？竊謂稱『嗣』之義，于禮無嫌，所有宗廟祝文，伏乞仍舊，不必改作。」從之。

四年三月二十二日，祠部員外郎、兼權太常少卿、太廟景靈宮提點江端友言：「乞今後朝享〔太〕廟，依故事，獻官、行事、執事官及祇應人並前十日受誓太廟齋坊，令初獻讀誓文，檢察，太常少卿通攝刑部尚書涖誓，散齋七日，致齋三日。内二日宿于寺觀。仍令温州於太廟近便處踏逐寺觀充齋舍〔二〕，祠前一日質明赴祠所致齋。」從之。

五年二月四日，詔差祠部員外郎、權太常少卿張銖奉迎太廟神主赴行在所奉安。其温州祭享等事，令本州通判權管。

十七日，詔：「太廟令臨安府隨宜，不得過興工役，候移蹕日，依舊本府使用。」先是有旨于温州奉迎太廟神主赴行在所，太常少卿江端友奏請修創太廟。委守臣梁汝嘉雅飾同文館奉安。汝嘉言：累以兵馬安泊踐穢，非崇奉所。至是汝嘉請于南省倉空地蓋屋十間，權充太廟。既而侍御史張致遠、殿中侍御史張絢言：創建太廟，茲爲定都，議者謂無進蹕之圖。故有是命。

十[17]九日，禮部、太常寺條具奉迎太廟神主禮例：「其一、奉迎儀。其日，宰執率文武百僚、宗室出城奉迎處幕次。俟報班定，神主腰輿將至，班首已下再拜訖，班首出班詣香案前，搢笏，三上香，執笏，復位。班首已下並再拜訖，少立。如值陰雨，免拜，止于奉迎處立班，俟神主腰輿過，退。内南班宗室俟奉迎訖，分左右騎導，太常卿騎從，至奉安處，太常卿燒香，行權奉安禮。南班宗室陪位訖，並

〔一〕艱：原作「難」，據《建炎要録》卷七一改。
〔二〕於：原脱，據《中興禮書》卷一〇一補。

退。其二、衛從。自奉迎處至權奉安處，合差援衛〔一〕、親從官一百人〔二〕，并擡擎輦官六十人，各裝着儀注全，乞下皇城司、御輦院差撥〔三〕。計會祇應所有逐人合破設食價錢，乞從户部行下所屬，依自來條例。其三、神主至。令奉迎提點所約度奉迎神主到行在月日，預報太常寺。奉迎并權奉安，合用御封降真香一十叁合，一合奉迎，十二合權奉安，入内内侍省預先請降，付太常寺差人供應。其四、什物。城外奉迎并權奉安處，合用幕次、什物、拜褥等，乞下儀鸞司、臨安府排辦釘設。其五、僧道威儀。城外奉迎合用僧道各五十人，并威儀、香案、麻爐、匙合、炭火等，並乞下臨安府差人排辦。其六、奉迎休務。奉迎日，係宰執百官出城，欲作休務假一日。其七、選日奉安。合用奉安日辰，太史局選定時刻，至奉安日，依禮例，皇帝不視事。其八、御香。合用御封降真香二十四合，一十二合奏告，一十二合奉安。乞下入内内侍省預先取降，付太常寺差人供應。其九、祝文。合用祝文二十四首，一十二首並述以時前奏告奉安之意，一十二首並述以奉安之意。學士院預先修撰書寫，進書訖，降付太常寺差人供應。其十、禮儀使。合差奉安禮儀使一員，依禮例，朝廷降勑差宰執，前一日赴祠所致齋。其十一、奏告官。合差奏告官一員，依例，降勑差太常少卿充，前一日赴祠所致齋。其十二、祭器。依五享宗廟禮，今係每室用籩、豆各一十二。今來奉安，欲依温州行五享禮例，止用八籩八豆排設。其十三、牲牢。合用牲牢，依例，係每室用羊、豕各一口。今依見行五享禮例，止用羊一十二口。下臨安府預先收買，赴太常寺呈驗訖，于牛羊司入滌養餵。其合用宰手、秤子、須散手分，牛羊司依禮例差撥。其十四、禮料。合用禮料、酒齊、幣帛、蠟燭、燎草、上香、炭火等，行事官、禮直官等致(齊)〔齋〕吃食、茶、湯、酒、菓，從太常寺具合用數報臨安府，專委官及差銜前三人排辦。其行事官幕次什物、燈燭等，下儀鸞司同臨安府排辦。其十五、行事官。合差奉安奉禮郎、太祝、太官令各一員，降勑差六曹郎官充。内，(侍)〔時〕前奏告奉禮郎、太祝、太官令各一員，下吏部差待次官〔四〕。其十六、奉安儀仗。奉安前一日并奉安日，合排辦香燈、繖扇、儀仗等排立。緣儀仗未備，權免排辦。其十七、宮闈18令。合差捧遷神主宮闈令一十二員〔五〕，除太廟官二員外，餘一十員下入内内侍省差〔六〕，並前一日赴祠所致齋。其十八、南班陪位。至日，依禮例，宗室南班官陪位立班，大宗正司告報。其十九、神食。合差饌造神食工匠人三名，御厨差撥。其二十、祭服。行事官合服祭服，祇應人合服法服，從太常寺

〔一〕差：原脱，據《中興禮書》卷九四補。
〔二〕親：原作「視」，據《中興禮書》卷九四改。
〔三〕乞下：原脱，據《中興禮書》卷九四補。
〔四〕待：原作「侍」，據《中興禮書》卷九四改。
〔五〕一：原作「二」，據《中興禮書》卷九四改。
〔六〕一十：原倒，據《中興禮書》卷九四乙。

具數下祗應庫關借。其二十一、頒行儀注。奉安儀注從太常寺修定關報。其二十二、禮畢，詣廟。」從之。依禮例，俟奉安畢，車駕(行)〔詣〕宗廟，行欵謁之禮。

二十七日，中書門下省言：「奉迎太廟、別廟神主赴行在所奉安，其奏告進發合用御書祝文并御封香，順祖一室亦合告遷。」詔：「祝文令學士院修撰進入，香令入內內侍省請降。仍差内侍一員前去，候香、祝文到，令張銖選日奏告進發。」

四月六日，宰執進呈：太常少卿張銖自温州奉迎太廟神主至行在。趙鼎奏曰：「當集文武百寮望拜于門外，即具威儀迎入奉安所。」上曰：「俟有司十日奉安畢，朕當躬行欵謁之禮。然國朝故事，太廟尚質，至于帷幄、几案之屬，雖不必華，亦須粗備。」孟(便)〔庾〕奏曰：「陛下崇奉宗廟，縱有小費，亦不當較也。」

六年八月十六日，尚書省言：「已降詔巡幸，所有太廟神主，禮合迎奉前去。」詔恭依。

七年四月二日，三省言：「迎奉神主已到建康府，所有太廟殿宇合行修建。」詔令守臣限一月修蓋，其臨安府太廟殿宇可賜本府充聖祖殿。

八月十八日，禮部侍郎吳表臣言：「明堂大禮前一日，車駕詣太廟朝享，于道君皇帝、寧德皇后几筵亦合行祭告之禮。緣大禮受誓戒後係散齋日分，弗親喪事，若臨期祭告，實有所妨。乞于大禮未受誓戒以前行祭告几筵之禮。」從之。

十二月十一日，中書門下省言：「已降旨，來春復幸浙西，所有太廟神主合先次進發。」詔恭依。

十二年五月十九日，太廟奉安所言：「紹興九年祫享太廟，(上)〔止〕用六籩六豆，今朔祭、五享，並用十二籩豆。依近得旨，將來十月内祫享，復用少牢、太牢，其祭器缺少一位。兼見管祭器内亦有損弊者，乞下所屬檢討製造，雅飾添修。」從之。

二十六日，禮部、太常寺言：「太廟毀室之後，修建別廟，安奉大行皇帝神主。欲于見今太廟北牆外展套地步九丈，可以修建別廟殿室三間。其合修築牆圍，并修立別廟南櫺星門，及修砌班道等，並乞依圖本修築安立。兼依大觀二年建置別廟禮例，係各置神厨并齋舍，遇祭享，各差行事官。緣太廟別無地步，欲就用太廟神厨、齋舍。」從之。

六月二十日，太常寺言：「近討論大行皇后祔廟典禮，内修建別廟合用神幄、祭器、什物、幃幕、濕香、木炭，乞下所屬應副。」從之。

十三年九月十八日，上曰：「太廟窄隘，宿齋處與神御殿逼近，人迹喧雜，行禮不肅。可令展套地步，添蓋宿齋處所。若要規模【19】宏壯似舊日，則不可，至于崇奉之意，須當依舊也。」

十五年九月二十二日，上宣諭輔臣曰：「昨有遺火，朕以太廟在邇，終夕不安。可令于廟左右各撤去屋宇二十餘步，以備不虞。」

十二月二十七日，入内内侍省東頭供奉官、睿思殿祗候王晉錫言：「恭承處分，令宣押太常寺使臣王彦能等省記大禮朝享太廟合用禮器。今檢對御府《博古圖》指説畫到樣製，及未有樣製尊罍等五百九十六件，副，合行討論製造。」詔令段拂、王鈇討論，同王晉錫製造。

十六年三月二十六日，禮部、太常寺言：「給事中段拂奏，乞釐正郊廟祭器之數，依政和六年已行舊(製)〔制〕。謹按《周禮》，朝事、饋食，加籩豆各八，羞籩豆各二，其數各二十有六。《禮記》：天子之豆二十有六，諸公十有六，諸侯十有二。《詩》『陳饋八簋』。古制甚明，徽宗皇帝詔書已有明文。今討論，各依政和六年釐正郊廟禮器之數，于天地、宗廟，每神位前用籩豆各二十有六，簠簋各八。乞下禮器局增造。緣祭器既增倍于舊數，其正廟七間，通九間，祖宗神主，地步窄狹。今相視，欲從西增建六間，通一十三間，爲十一室，東西兩間爲夾室，則可以隨宜安設。仍乞增置廊廡及西神門〔一〕，以應廟制。」並從之。

五月十五日，禮部、太常寺言：「在京廟制，每室東設牗，西牆作(祐)〔祏〕室藏祖宗帝、后神主。又有東西夾室。見今行在修蓋太廟，内祏室合用金釘朱户、黑漆趺座，乞一就製造。」從之。

八月十五日，禮部、太常寺言：「兩浙轉運司奉旨增修太廟殿室、廊廡、神門。先相視到牆内地步，充添蓋殿宇外，所有創蓋祭器屋六椽、庫屋五間，及掇移妨礙册寶殿三門，亦未有地步。今看詳，欲依兩浙轉運司相度，展套省倉屋三間地步，東西闊九丈，南北長一十丈。乞下户部拆起應副。」從之。

十七年三月二十一日，詔：「太廟周圍合留空地，令臨安府措置摽撥，毋令侵佔，引惹火燭。」

十九年五月三日，太常奉安所言，乞修蓋將來大禮齋殿等。太常寺相視得初獻廳搭蓋齋殿地步。「若每遇大禮，旋行絞縛，椽木植、甃砌物料等所用甚廣。今若修蓋，别無妨礙，責得永久應奉車駕宿齋嚴潔，免致逐番費擾。并監官直舍西南牆角開門，通夾牆内空地巡道，委是利便。乞下兩浙轉運司依圖本修蓋。」從之。

二十六年九月二十四日，禮部、太常寺言：「今年十二月一日臘享太廟、别廟，同日朔祭。若先朔祭，而又臘享，未有一日内行兩祭之禮。欲依淳化三年故事，止行臘享，權停當月朔祭。」從之。

二十七年五月二十五日，臣僚言：「望詔禮官講求配享功臣、七祀舊典。太常寺看詳：「臣僚陳請祫享，合設七祀、配享功臣，及冬享設配享功臣，臘享七祀，依倣《政和五禮新儀》合設位次，差禮官行事，用牲牢、祝文、禮料、酒齊。」從之。

〔一〕神：原作「城」，據《建炎要録》卷一五五改。

七月二十三日，御[20]藥院言：「八月十九日懿節皇后生辰，〔依〕元豐令例排辦酌獻物色。數内合用翠毛浮動羅花五十枝，係鋪翠鏤金，真金紙製造。今禁止翡翠、銷金，欲以藥玉假翠葉、漆金紙充代。其遇徽宗皇帝、昭慈聖獻皇后、顯恭皇后、顯肅皇后生辰酌獻，並依此例。」從之。

二十九年十月十九日，禮部、太常寺言：「將來大行皇太后神主祔廟，依（體）〔禮〕例，祔廟日先行祔謁太廟之禮。至日，俟題大行皇太后神主畢，依禮例合詣英宗室東壁，西向，祔祖姑之下。緣即今太廟殿室比之在京窄狹，難以于英宗室前設位。今參酌比附，欲權宜攢那于室外之東，依（議）〔儀〕西向設幄，詣大行皇太后神主前行禮。合于徽宗皇帝室内顯肅皇后祏室之次修置祏室一座。」詔恭依。

三十一年五月十一日，太常寺言：「九月一日係明堂大禮。前一日，皇帝親行朝享太廟之（日）〔禮〕。所有九月朔祭，依淳化三年郊祀故事權停。」從之。

十一月二十四日，禮部、太常寺言：「禮官討論恭文順德仁孝皇帝祔廟，當遵本朝已行典故，遷翼祖而祔欽宗。今翼祖當遷于夾室，其殿宇更不須增展，止合依位序遷于諸室内修置祏室。」從之。

三十二年二月二十七日，太常少卿王普言：「謹按《通典》，神主之制，有匱有（跌）〔趺〕，其匱底、蓋俱方，底自下而上，蓋從上而下，與底齊。今太廟祖宗帝后主之匱，有蓋無底。雖于祏室牙床各設（跌）〔趺〕座，然祭饗遷奉之時惟匱蓋大覆神主，其下徒手承之。又以千雍匱蓋〔一〕，而神主在中，不免欹側動摇，有乖嚴肅。兹者恭文順德仁孝皇帝虞主、神主之匱，欲依《通典》，並造底蓋。仍乞添造祖宗帝后神主匱底，庶得合于禮制，兼亦便于遷奉。」從之。

紹興三十二年七月一日，孝宗即位未改元。禮部、太常寺言：「皇帝登極，親享太廟，依儀令設大次，就用齋殿小次左殿下東堦之東，西向；并南神門外東西饌幔。並乞令儀鸞司同臨安府應辦施行。」從之。

二日，禮部、太常寺言：「今來親享，尚在秋暑，若開門稽緩，日高行事，慮失嚴肅。其日皇城門及宫門乞並早四刻開，太廟櫺星門早六刻開。除合從駕宰執、使相并非侍祠文武臣僚外，其餘侍祠行事、執事、陪祠官及宗室，並先赴太廟以俟，免于櫺星門外迎駕起居。」從之。

孝宗皇帝隆興二年九月十五日，禮部、太常寺言：「准已降旨，郊祀大禮修飾太廟殿室等，立□換柱，遍泥諸室，權告遷祖宗帝后神主赴初獻廳奉安。所有神主還殿室正奉安，時前奏告，合降香燭及奏告酒脯、奉安禮料、酒齊、燭、炭等，及牲幣器物，致（齊）〔齋〕行禮置使，差官前導、陪位，并差擡擎、援（位）〔衛〕、剋擇之類，乞依禮例施行。」並從之。自後遇郊修飾廟殿等，率如上儀；如告遷別廟神主，權奉安于册寶殿。

〔一〕千雍：疑當作「手擁」。

乾道五年二月二日，詔：「太常寺官遇季點太廟殿室法物并册21寶法物，及本寺寄頓金玉禮器，可令親往，取赤曆點對物色名件，用印，嚴潔封鏁，具有無損失申尚書省。」

十二月十六日，奉安所言：「昨本廟牆（内）外居民遺火，延至牆上，事體至重。今潛火軍兵宿屋在外，接連東牆，慮停燈火。乞令去拆，却于櫺星門裏東牆下空地，令轉運司造宿屋三間，遇夜，量差數人在門外起居亭内止宿，以備不測探煙。及令臨安府于廟外牆下增置缸欄貯水。馬步軍司填補合差潛火軍兵四十人。其廟南及西牆外居民去牆不數尺，引檐接牆，及士庶等家栽植竹木，乞下所屬相度措置，存留空地。又西南行路，遇夜幽僻，常聚衆作喧，慮引火盜，乞下所屬徙置，巡鋪遇夜巡（驚）〔警〕。」並從之。

六年四月十四日，工部言：「據奉安所省記，櫺星門外東西照直華表柱爲界，合留地步三丈二尺，南北三丈，毋得搭造棚厦竹篇之類。今牆外欲酌中空留一丈五尺，應在丈尺之内，並令拆去。」從之。

三十日，禮部言：「勑令所看詳，諸臣寮導從至太廟、景靈宮牆，並禁呵喝；非薦獻行事，不得由櫺星門。及太常寺定到禁止張蓋，亦合修入條令。」並從之。先是太常少卿林栗等（常）〔嘗〕有是請，禮部乞下勑令所看詳，及令太常寺條具合宜，奏請行之。

九年六月二十七日，臨安府言：「今歲郊祀合修飾太廟烏巢古色銅祭器共二千一百七十二件。緣禁止銅器，工匠改業，乞下軍器所，就用修整圓壇祭器銅匠一就修整。」從之。

淳熙元年十二月二十七日，太常少卿顔度言：「太廟崇奉祖宗，事體至重，遇有遠近遺火，乞依玉牒所等處，時暫差人防護。」詔依，令殿前司差一百人。既而六年二月十四日，太廟奉安所言：「元降指揮令殿前馬步軍司共差護衛禁軍五十人、潛火灑熄軍兵三十人。今共闕一十九人，乞下逐司貼差執役。後有逃亡、事故之人，從本廟牒報逐司差撥禁軍（埴）〔填〕闕。内護衛軍兵指名踏逐。」詔特依，諸處不得援例。

十二年七月十三日，臣僚言：「臣備員臺察，職預監祭兩年。竊見太廟東畔牆外，朝夕喧譟。又檢照淳熙五年三月臣僚奏，其牆外有隨牆直欄，所以拒喧譟者，使之不得近牆也，然制度率略。乞于近牆元置直欄處，如法改置杈栅，庶免喧譟。」詔兩浙轉運司候大禮畢改造。

淳熙十六年十月十九日，臣僚言：「太廟祭器、祭服、神帳、神幔，有破弊不任修葺者申换，而器服之破弊有難易久近之不同，改造當隨其物，不必拘于同時。乞將逐室神幔内蒲合、席褥常切檢視損壞，每歲一易，其不堪者候大禮畢焚瘞。」從之。

紹熙二年六月二日，禮部、太常寺言：「今來大禮，詣別廟安穆、安恭皇后二室行禮，合添製真玉飾俎案三十隻，乞下文思院製造。」從之。

慶元六年八月十四日，禮部、太常寺言：「將來大行太上22皇帝神主祔廟，合于太廟内添一室，修製祏室等。乞令臨安府、轉運司預先相視地步，修蓋施行。」從之。

嘉定十四年正月二十八日，詔：「太廟内添置石室一所，并開櫃子門一座，令兩浙轉運司、臨安府蓋造，務要如法，毋致苟簡。」先是太廟奉安所言：「嘉定十三年十一月内，東壁居民于旬日兩次遺火，逼近宗廟，設有不測，豈不利害？若不預申防虞事件，倉卒難以救護。一、欲乞于皇帝位版屋西壁圍牆寬闊去處，拆開圍牆，添置櫃子門一座，裏外關鎖。或（制）〔致〕不測擁塞，街路不通，啓開救護。一、欲乞照玉牒所體例，添置石室一所于蛇亭池子北壁面東〔一〕，計置起造石室一帶三間，以備不虞。所有見蓋樂工屋一十二間，内五間移蓋于蛇亭池子之西。外有樂工屋七間，拆去後壁夾牆，（車）〔東〕移向後七尺，庶得于石室四向寬闊，實爲便當。一、欲乞令皇城司差親從官五百人，殿前司差軍兵一千人，自今以始，依中軍體例，各司籍定前項差撥人數，專充防守宗廟，庶免誤事。」故有是命。（以上《永樂大典》卷一七〇五四）

【宋會要】

廟議

又22太祖建隆元年正月二十三日，太常禮院上言：「伏以王者應天順人，顯受元穹之命；祖文宗武，合陳清廟之儀。今景運惟新，孝思追遠，舊章未舉，闕孰甚焉！請下百官議立宗廟。」從之。

二十九日，文武百官、兵部尚書張昭等言：「據權判名表、主客郎中任徹狀言，『按堯、舜、禹皆立五廟，蓋二昭二穆與其始祖也。商建立六廟，蓋昭穆親廟之外，祀契與湯也。周立七廟，蓋親廟之外，祀太祖及文王、武王也。漢初立廟，悉不如禮。魏晉採《周官》，始復七廟之制，江左相承不改。然七廟之中，猶虚太祖之室，斯皆考法於前古，定議於一時。隋文帝代周，平陳，博採兩朝羣議，但立高、曾、祖、禰四廟而已。唐因隋制，廟止四親，蓋由始興之君、有功之祖，皆在親廟之中。故隋唐之初，定二昭二穆，立爲四廟。自唐、梁而下，至于前朝，定廟之規〔二〕，不易其法，有司立議，無能異同。諒由稽古之制，不可改也〔三〕。臣以爲，建立四廟，深合禮文』者。臣昭等據任徹所議〔四〕，伏以王者孝惟報本，禮極奉先。瘞方澤而燎圜丘〔五〕，爲邦大典；左宗廟而右社稷，有國常經。其壇墠之規、昭穆之數，

〔一〕子：原作「于」，據下文改。
〔二〕定：《宋大詔令集》卷一三八作「四」。
〔三〕不可：原倒，據《宋大詔令集》卷一三八乙。
〔四〕據：原作「處」，據《宋大詔令集》卷一三八改。
〔五〕圜丘：原作「懷近」，據《宋大詔令集》卷一三八改。

百王不易，三代同風。伏惟陛下承光宅之丕基㈠，遵武靈之洪緒。謳歌自逼，華裔知歸。欲疇宣孟之勳，式合商周之典。其所立太廟七室，及追尊四親廟，請如徹議。」制曰恭依。

乾德二年正月八日，吏部尚書張昭上言：「自漢魏以來，凡追謚宗廟帝后，例多複謚，於后謚上一字皆與帝上一字同。竊見國家追崇㉓四親廟，自翼祖簡恭皇帝已上三廟，后謚上一字並與帝謚同，唯宣祖昭武皇帝廟明憲皇后謚不同。望依三祖廟，將來改葬安陵，玉册謚請曰昭憲皇后。」詔曰恭依。

二月七日，太常禮院言：「唐開成六年，太常奏，昭成皇太后謚號，已牒禮部，以『太』字非便。禮部報曰：『入廟稱后，義繫於夫；在朝稱太后，義繫於子。此並載在史册，垂之不刊。今百司文牒及奏狀，參詳典故，恐不合除太字。如謚册入陵、神主入廟，即當去太字。』奏可。又大中三年十二月詔曰：『太常博士李稠所進狀言：追尊順宗、憲宗謚號，禮官請别造神主及改題事，請集通儒詳定。且令都省集議聞奏。』議曰：『以臣等所議，當以新謚典册告于陵廟，正得其宜；神主不改造、不重題，爲得禮。』中書門下上言：『改造改題，並無所據；酌情順理，題則爲宜。況今士族之家通行此例，雖尊卑有異，而情理則同。望就神主改題，則爲通允。』」詔可，命宗正少卿趙泩遂改題昭憲皇后神主。

太宗太平興國元年十二月十四日，太常禮院上言：「大行皇帝山陵禮畢，神主祔廟，孝明、孝惠二后合奉一后配食。謹按：唐睿宗肅明、昭成二后並饗於儀坤廟，至睿宗崩，獨昭成以帝母之重升配太廟，肅明止饗於儀坤。近代周世宗正惠、宣懿二后先崩，正惠元無位號，宣懿居長秋之位，其後禮官集議，以宣懿配食。今孝明、孝惠二后，伏望將來以孝明皇后配享於别廟。」從之。

真宗至道三年六月六日，詔：大行皇帝祔廟，令都省集議定皇后合食之禮。咸請以懿德皇后符氏升配。宗正卿趙安易言：「今百官議論苟且，隳瀆尊卑。若序以後先，當用淑德皇后尹氏配食，在懿德之上。」遂詔有司詳討以聞。禮官言：「按太平興國中追册定謚㈡，皆以懿德居上。淳化元年，宗正少卿趙安易言：别廟祭饗，懿德在淑德之上，臣未測升降之由，乃有司亂昭穆，爲逆祀。其時敕旨依舊懿德在上。又按《江都集禮》，晉景帝即位，夏侯夫人應合追尊，散騎常侍任茂、傅玄等議云：夏侯夫人初歸景帝，未有王基之道，不及景帝統百揆而亡，后妃之化，未著遠近，追尊無經義可據。臣等竊以今之所議，正與茂、玄議同。且淑德配合之初，潛躍之符未兆；懿德輔佐之始，藩邸之位已隆，然未嘗正位中宫，母臨天下。豈可生無尊

㈠ 光：原作「先」，據《宋大詔令集》卷一三八改。
㈡ 追：原作「進」，據《宋史》卷一〇九《禮志》一二改。

極之位，沒升配饗之崇〔一〕？於人情不安，於典籍無據。唐順宗祔廟後十一年，始以莊憲皇后升配；憲宗祔廟後二十五年，始以懿安皇后升配。今請虛位，允叶舊儀。」

詔尚書省集學士、兩省、知雜御史、諸司四品、尚書省六品以上，及禮官同詳定。上議曰：「先王制禮，布在方策。雖憲章垂於百代，亦沿革出於一時。自非通儒，多昧中道。竊以淑德皇后生無位號，沒始追崇，況在初潛，早已薨謝。懿德皇后饗封大國，作 24 配先朝，雖不及臨御之期，且夙彰賢懿之美。若以二后之内，則升祔當歸懿德。又詳晉任茂、傅玄等議，夏侯夫人不合追尊，如淑德允爲合宜。夏侯初歸景帝，未有王基之兆，不及景帝統百揆而亡。淑德歸聘之時，乃是周世，及先帝建節兖海，遽以淪謝，此不及統百揆而亡也。在懿德則不然，先帝尹正京邑，固已疏封越國，晉邸之建，實有内助之功，則是及統百揆而亡也。又詳周世宗正惠、宣懿配食故事，當時兵部尚書張昭、太常博士聶崇義同議，以正惠追尊位號，請以宣懿爲配。其時周朝以太后在位，疑宣懿祔廟之後，立忌非便。昭等引晉哀帝時何太后在上，尊所生周氏爲太妃，封其子爲瑯邪王；及太妃薨，帝奔喪瑯邪第，七月而葬。此則奔喪行服，尚不以太后在上爲厭降，即忌日廢務，於理無嫌。今禮官引唐順、憲二宗廟饗虛位之文〔二〕，今既有追册二后，即虛室亦爲非便。伏請奉懿德神主升配太宗室。又按張昭等議，以周世宗神主祔廟，必若宣懿同祔，即正惠神主請加『太』字。今若升祔懿德，即請加淑德『太』字，仍舊別廟。」詔曰〔三〕：「禮非天降地出，酌於人情。都省以懿德皇后雖未正位中宮，亦合配饗先帝。恭依所請，庶叶從宜。至於『太』者尊極之稱，加于母后，施之宗廟，禮即未安。淑德皇后不加『太』字，仍舊別廟祭饗。」

咸平元年三月二十五日，判太常禮院李宗訥等上言：「伏見僖祖稱曾高祖，順祖稱高祖，翼祖稱曾祖，宣祖稱祖，太祖稱伯，文懿、惠明、簡穆、昭憲皇后並稱祖妣〔四〕，孝明、孝惠、孝章皇后並稱伯妣。詳觀舊典，參考近儀，爰自唐朝，降及五代，咸有稱祖妣及伯之文，聖朝因之，遂爲定式。謹按《爾雅》曰：父爲考，母爲妣；父之考爲王父，父之妣爲王母；王父之考爲曾祖王父，王父之妣爲曾祖王母；曾祖王父之考爲高祖王父，曾祖王父之妣爲高祖王母。又曰：父之晜弟，先生爲世父，後生爲叔父。以此觀之，唯父母得稱爲考妣，考妣已上皆稱王父、王母，伯則稱曰世父。今之稱號深慮未合典經，欲望僖祖止稱廟號，順祖而下即依《爾雅》之文，立此新制，救其前失。」詔下尚書省集官議定。

户部尚書張齊賢等上言曰：「按《王制》曰『天子七

〔一〕沒：原作「設」，據《宋史》卷一〇九《禮志》一二改。
〔二〕二宗：原作「宗二」，「位」原作「仁」，據《宋史》卷一〇九《禮志》一二改。
〔三〕按，《長編》卷三四繫此詔於咸平元年三月。
〔四〕昭：原脱，據《宋史》卷一〇六《禮志》九補。

廟』，三昭三穆，并太祖之廟而七。《商書》曰：『七世之廟，可以觀德。』三代而下，迄至于今〔一〕，可謂不刊之典也。其間或有兄弟繼及，亦移昭穆之列，是以《漢書》曰：『爲人後者爲之子。』故爲所後服斬衰三年，所以尊本祖而重正統也。又《禮》云：『天子絶期喪。』安有宗廟中有伯氏之稱乎？其唐朝及五代有稱者，蓋禮官之失，非正典也。請自今有事于太廟，則太祖並諸祖宗稱孝孫、孝曾孫嗣皇帝，太宗室稱孝子嗣皇帝。如此，則昭穆之位，允合大倫。其《爾雅》考妣、王父之文，蓋周公著以教人，使知父祖親疏之節，本不[25]謂宗廟言也。歷代既無所取，於今亦不可行。」詔僖祖止稱廟號，太祖並諸祖室稱孝孫、孝曾孫，令太常禮院別加詳定。

禮院上言：「謹按《春秋左氏傳》：文公二年，躋魯僖公。《正義》云：『禮，父子異昭穆，兄弟昭穆同。』此明閔、僖兄弟繼統，同爲一代。又魯隱公、桓公繼及，皆爲穆位。又按《江都集禮》，晉建武中惠、懷二主兄弟同位異座，以正昭穆。及《尚書》盤庚有商及王，并《史記》陽甲至小乙兄弟四人相承，故不稱嗣子，而曰及王〔二〕，明不繼兄之統也。又按《唐書》，中宗、睿宗皆處昭位，敬宗、文宗、武宗三帝昭穆之時同爲一代。今者簡編之内，稽類例以甚明；宗廟之中，序昭穆而可定。伏請自今每有司攝事，或皇帝朝饗太廟，僖祖室曰曾高祖僖祖文獻皇帝、曾高祖妣文懿皇后崔氏；順祖室曰高祖順祖惠元皇帝、高祖妣惠明皇后桑氏〔三〕；翼祖室曰曾祖翼祖簡恭皇帝、曾祖妣簡穆皇后劉氏。皇帝並稱孝曾孫。宣祖室，請依《禮記》正文，曰皇祖考宣祖昭武皇帝、皇祖妣昭憲皇后杜氏；皇帝自稱孝孫。太祖室，請依唐德宗在位故事，曰皇伯考太祖英武聖文神德皇帝、伯妣孝明皇后王氏。每大祭，太祖、太宗昭穆同位，皇帝自稱孝子。太宗室請依禮部正文，曰皇考太宗神功聖德文武皇帝、皇妣懿德皇后符氏；皇帝自稱孝子。其別廟稱謂，亦請依此。」詔宜令都省集兩制、尚書省四品以上官參議以聞。

既而羣臣上言：「伏以英武聖文神德皇帝受天明命，開國承家，恢復土疆，撫寧億兆，固已爲宋皇帝者，太祖矣。神功聖德文武皇帝纘承大寶，臨御四方，混一寰區，交修禮樂，固以爲宋皇帝者，太宗矣。古者祖有功，宗有德，皆先有其實，而後正其名。今二聖相承，功業固已高矣，謚號固已定矣，謂之太祖、太宗，則百世不祧之廟矣〔四〕。豈有祖宗之廟已分二世，昭穆之位翻同一代？其所以如此者，由兄弟繼統故耳。若如前議引《漢書》云『禮，爲人後者爲之子』，以正父子之道，以定昭穆之義，則至公而無疑也。必若以兄弟繼統同爲一代，則是太宗不得自爲世數也；不得

〔一〕迄：原作「乞」，據《太常因革禮》卷九一改。
〔二〕及：原作「尺」，據《宋史》卷一〇六《禮志》九改。
〔三〕妣：原作「姚」，據《宋史》卷一〇六《禮志》九改。
〔四〕祧：原作「桃」，據《宋史》卷一〇六《禮志》九改。

自爲世數，則何以得宗乎？不得爲宗，則何以得爲百世不祧之主乎？不爲百世不祧之主，則巍巍聖功，於此盡矣，爲人臣者，其得已乎？」

又云：「《春秋正義》『禮，父子異昭穆，兄弟昭穆同』，此蓋論魯國諸侯之事，但言兄弟昭穆同，亦不言昭穆不可異，此又不可爲證也。臣等詳按：若兄弟相代而異昭穆，設令兄弟四人皆立爲君，則祖父之廟即以從毀，故先儒因作此說。據此，是先儒慮魯諸侯之國，五廟之中忽增四世，則祖父之廟毀矣，安得以此爲聖朝比哉！當今太祖爲開基之主，太宗爲繼統之君，二帝相承，僖祖已降，四廟爲六世，以一昭一穆言之[一]，則上無毀廟之嫌，下有善繼之美，於禮爲大順，於時 26 爲合宜，何嫌而謂不可乎？」

又云：「魯之隱、桓、閔、僖，晉之惠、懷，商之(湯)〔陽〕甲、小乙，唐之中、睿，敬、文、武等，皆兄弟繼統，同爲一代。以此比方，彌謂天壤。何者？擬人必於其倫。故臣等謂，前代興王，立功業者則有之，如太祖、太宗兄弟開基繼統，則未之有也，豈宜以百世不祧之廟，翻不得自爲世數，而同位異座者乎？」

又云：「太祖室請依唐德宗在位故事，曰皇伯考。按唐自玄宗至德宗，皆父子相傳，無兄弟繼及，德宗在位，何得有皇伯考乎？臣等又詳故事宜爲昭穆者，有先朝之旨四焉：嗣位之初，制曰『承理命而莫獲固辭』，言『理命』者，以古觀之，則柩前即位也；柩前即位，非父子之義而何？此宜爲昭穆一也。喪紀之時，以日易月，二十七日而終，是君臣父子之服，此宜爲昭穆二也。嗣位逾年未聽樂，百官表請，詔答云：『其如不德，夙奉先皇，人雖謂爲天倫，我實均爲父事。』此又宜爲昭穆三也。郊天之際，皆以太祖配焉，既已配天，則嚴父之謂。此又宜爲昭穆四也。有先朝之旨，四詔具在，皆可覆詳，蓋當時有司不能欽承行之，所以因循至于今日。因而正之，于禮爲順，一則不違先旨，一則允合舊經，亦足以上報先朝萬分之一也。臣等愚闇，不識變通，集會都堂，敢申前議。」

翰林學士宋湜等上言：「伏以百王之制，以功德爲祖宗；七廟之中，以父子爲昭穆。聖賢垂範，典禮具存。恭惟太宗以上聖之姿，纘下武之運。盛德大業，垂於無窮，百代不遷，蓋其宜矣。然今定昭穆之位，則太祖皇帝之弟也[二]。切詳三代而下，至於唐朝，兄弟相繼則多，昭穆異位，未之見也。況古之鴻儒賀循、温嶠之徒，議其事者甚衆，歷代遵守，以爲定規。今詳所議，皇帝有事於太祖廟室，稱孝孫。凡此二者，臣竊疑焉。欲望重下有司，審加詳定。如前代帝王有兄弟相繼而昭穆異位，及天子於伯父、叔父有稱孝孫者，即依據遵行[三]；如其不然，則望依歷代

[一] 以：原脱，據《宋史》卷一〇六《禮志》九補。
[二] 祖：原作「宗」，據《太常因革禮》卷九二改。
[三] 依據遵行：原作「依遵守行」，據《太常因革禮》卷九二改。

之儀，庶無差失。」詔宜令太常禮院詳都省及兩制所議，再檢討典故以聞。

禮院言：「按《禮記·祭統》曰：『祭有昭穆者，所以别父子遠近、長幼親疏之序而無亂也。』《公羊傳》，公孫嬰齊爲兄歸父之後，《春秋》謂之仲嬰齊。何休云：『弟無後兄之義，爲亂昭穆之序，失父子之親，故不言仲孫，明不以子爲父孫。』《開寶通禮義纂》云：『父爲昭居上，子爲穆居下，父子異位，以崇本也。孫以祖列，遞爲昭穆，斯則長幼之節、親疏之序得而正之，明上下也。』晉賀循議兄弟不合繼位昭穆〔一〕，云：『商人六廟，親廟四，并契、湯而六，比有兄弟四人相襲爲君者，便當上毁四廟乎？如此〔二〕，四代之親盡，無復祖禰之神矣。又商紀成湯爲君，合十二代，而正代唯六。《易乾鑿度》曰：商帝乙，六代王也。以此言之，明兄弟不爲正代也。』温嶠議兄弟相繼、藏主夾室之事，云：『若以一帝爲一代，則當不得 27 祭於禰，乃不及庶人之祭也。』夫兄弟同代，於恩既順，於義無爽。《通典》玄宗朝禘祫儀：布昭穆之座於户外，皇伯考中宗、皇考睿宗並座於南厢，北向，同列穆位。又《唐郊祀録》，德宗朝祝文以中宗爲高伯祖。《續曲臺禮》云：『貞元十年，給事中陳京議《祫祭圖》，中宗、睿宗俱列昭位。户部尚書王紹等五十六人同陳京議，始與禮合，詔從之。』晉王導、荀崧等議曰：『禮，大宗無子，則立支子，又曰爲人後者爲之子，無兄弟相爲之文。所以舍至親、取遠屬者，蓋以兄弟一體，無父子之道故也。』竊以七廟之制，百王是尊，至於祖有功、宗有德，則百世不遷之廟也；父爲昭，子爲穆，則萬世不刊之典也。今議者引《漢書》曰『爲人後者爲之子』，又曰『安得宗廟有伯氏之稱？自今皇帝有事於太廟，則太祖室稱孝孫』。如此，則是以太宗爲太祖之後也。殊不知弟不爲兄後，子不爲父孫，《春秋》之深旨也。父謂之昭，子謂之穆，《禮記》明文。況復稽賀循、温嶠之格言，考王導、荀崧之通論，則爲人後之説，豈可施之於先帝乎？臣等又按：太宗饗祀太祖二十有二載，稱曰孝弟，此前朝不易之制，又安可追改乎？昔唐玄宗謂中宗爲皇伯考，德宗謂中宗爲高伯祖，則伯氏之稱復何不可？臣等參議〔三〕，自今合祭日，太宗與太祖依典禮同位異座，皇帝於太祖位仍舊稱孝子，餘並遵舊制，則祖宗之烈克播於無疆，昭穆之儀適遵於前典。」詔可。

景德元年五月十四日，太常禮院上言：「按至道三年詔書，太宗皇帝廟室奉懿德皇后符氏配饗。當時議者以淑德、懿德二后俱未嘗居后位，母天下，若便升祔，有涉嫌疑，故於議狀之中兩取朝旨。今明德皇后母四海，正位内朝，祔廟有期，望遵典故。」詔太常禮院與崇文院檢討同詳定以

〔一〕議：原作「義」，據《宋史》卷一〇六《禮志》九改。
〔二〕此：原脱，據《宋史》卷一〇六《禮志》九補。
〔三〕議：原作「請」，據《宋史》卷一〇六《禮志》九改。

聞。太常禮院上言：「伏以先王制禮，雖著於不刊，歷代從宜，亦行於沿革。上稽古義，旁酌人情，事或有因，理則無爽。雖一帝一后，具載典經，並祔俱升，亦存方策。謹按漢宣帝則有許后、王后，雖無偕配之説，亦行別祭之事。唐之睿宗則有昭成、肅明二后，先天初以昭成配，開元末以肅明祔。此時儒官名臣，步武相接，宗廟重事，必有據依，推之閨門，亦可擬議。晉驃騎將軍胡嶠有三夫人，嶠薨，詔問學官陳舒，舒謂秦漢之後廢一娶九女之制，妻卒更娶，無復繼室。生既加禮，亡不應貶。朝旨以李氏卒於嶠之微時，不霑贈典，王、何二氏並追加章綬。唐太子少傅鄭餘慶將立家廟，祖有二夫人，禮官韋公肅議與舒同。」又云：「晉南昌府君有荀氏、薛氏，景帝廟有夏侯氏、羊氏，睿宗有昭成皇后、肅明皇后，魯公顔真卿廟有夫人商氏、繼夫人柳氏，是皆二人並祔，顯有典據。伏況餘慶、真卿以博學馳聲，公肅以習禮爲事，苟云非正，必不輕言。以此質疑，(遵)〔宜〕堪遵用。恭以懿德 28 皇后、明德皇太后咸以令範，作配先朝。懿德以婉(應)〔嫕〕之姿，久資於内輔；明德以肅雍之美，著位於中宮。雖先後有殊，在尊親一貫。況懿德久從升祔，不可中移；明德繼受宗名，亦當配室。或從並列，深謂協宜。伏請以懿德皇后、明德皇后同祔太廟太宗室，以先後次之。又緣宗廟大典，更乞都省集議。」詔令尚書省集翰林學士、兩省、御史臺官、尚書省六品以上、諸司四品以上同議定以聞。尚書都省言：太常禮院所議理從長，事皆師古，望依所奏爲定。詔可。

大中祥符六年七月十二日，中書門下上言曰：「臣聞追孝之心，所以教民而化下；順美之志，所以箴闕而輸忠。人祇胥和，家邦攸正〔一〕。矧惟宗祏之重〔二〕，必協禮經之宜。伏惟皇帝陛下祗紹宏圖，誕敷盛德。儀刑典法，保祐蒼黔。而躬受元符，交修茂實。鴻基累盛，在克施以紹膺；祔廟顯親〔三〕，獨禮容而未稱。臣等是用討論王制，啓迪天衷。伏以元德皇太后翊贊先朝，茂揚内則。誕生上嗣，繼撫中區。既毓德於堯門，寔宣功於嬀汭。徽音所洽，綿寓攸同。自陛下順考古今〔四〕，遹追慈訓，奉尊名於徽册〔五〕，修時饗於閟宮。雖如在之悲每增於霜露，而合饗之禮猶闕於蒸嘗。未升侑於祖宗，止別祠於寢廟。誠遵典故，尚鬱孝思。臣聞母之貴焉必由於子，子之孝也必本於親。后稷諸侯，故姜嫄異祭於帝嚳；開元王者，故昭成祔饗於睿宗。舊典可知，輿情難奪。臣今與禮官共議，欲改上元德皇太后徽名曰元德皇后，升祔太宗皇帝廟室。所冀誕彰孝治，協契人心，揚不匱之烈輝，佑無疆之丕緒〔六〕。」

〔一〕邦：原作「圖」，據《太常因革禮》卷九五改。
〔二〕祏：原作「祐」，據《太常因革禮》卷九五改。
〔三〕祔：原作「文」，據《太常因革禮》卷九五改。
〔四〕「今」上原有「經」字，據《太常因革禮》卷九五刪。
〔五〕「名」下原有「各」字，據《太常因革禮》卷九五刪。
〔六〕疆：原作「彊」，據《太常因革禮》卷九五改。

詔答曰：「朕紹承天緒，欽奉宗祊，每思積累之祥，敢怠潔豐之饗。洪惟聖妣，早輔先朝。沙麓表祥，河洲著範。載惟冲眇，實荷慶靈。永懷顧復之恩，寔動淒濡之感。卿等職當寅亮，志在傾輸，爰貢封章，備陳典故。謂孝爲德本，必盡蒸蒸之心；禮緣人情，宜篤親親之教。願從升祔，式慰孝思。載覽忠規，特俞勤懇。所請恭依。」翰林學士晁迥、文武百官等相繼上表陳請，詔答如之。

二十一日，中書門下上言：「得詳定所狀：『準詔改上元德皇后徽名，升祔太宗廟室。按唐先天元年祔昭成、肅明二皇后于儀坤廟，肅明皇后雖睿宗在藩之日已立爲妃，緣昭成皇后以帝母之尊，故位居其先。今元德皇后伏請升祔于懿德皇后之上。』臣等伏以揚名顯親，百代之彝範；沿情教愛，萬姓之式瞻。伏惟元德皇后兆協曾沙，功參鍊石。堯門載育，早播於徽音；禹服纘承，誕降於鴻緒。陛下遹追先訓，茂闡宸猷。思結凱風，感深濡露。肇新徽稱，已極於孝思；首祔太宮，允符於公論。願俞懃請，庶協舊章。伏乞依詳定所請典禮施行。」詔曰：「朕以眇質，仰承慶基。顧復之恩，增悲於罔極；蒸嘗之典，期協於大中。祗徇奏封，肇偕升侑〔一〕。卿等奉予孝治，稽29乃禮文，采儀坤之舊章，著昭成之先食。省覽云畢，感咽良多。載念尊親，蓋惟極致，在乎陟降，非敢措辭。唯以祔廟之歲時，用爲合饗之次序。矧素膺於慈訓，實永志於冲謙〔二〕。思抑畏以攸遵，庶明靈之來格。宜恭以元德皇后神主祔于明德皇后之次。」

仁宗乾興元年七月五日，禮儀院言：「大行皇帝山陵禮畢，神主祔廟。所有配室，有莊穆皇后郭氏、莊懷皇后潘氏，未審以何后遷祔廟配食。今計議，以莊穆皇后郭氏曾母儀天下，欲請依周世宗宣懿皇后、太祖孝明皇后例，遷祔廟配食。檢會至道三年太宗皇帝祔廟之時，準勅令尚書省六品以上、諸司四品已上官集議祔饗，欲望下尚書都省，一例集官，再行定議。」詔可。翰林學士承旨、判尚書都省李維等議曰：「作配宸居，緝熙於内治；類德坤象，謚静於中闈〔三〕。蓋以休應靈符，母儀天寓。黄氣滿室，則生以凝祥；白石剖文，則處而表異。竊以莊穆皇后，爰自青牆振蕙〔四〕，蘭殿佩瑜，洎乎上帝是依，大人繼照，既齊明於建極〔五〕，乃總順於長秋。采翬成章，金螭備璽。宣陰教之純茂，昭懿範之肅雍。大練爲規，繼流芳於簡册；《卷耳》助化，復載美於聲詩。蓋作合之有光，實祔饗以爲允。其若麗軌平臺之際，薦蘩盤石之初，雖邦媛之有歸，而天極之未矚。或追尊建號，式增感慕之懷〔六〕；若配室著儀，難被遵

〔一〕偕：原作「諧」，據《宋大詔令集》卷一三八改。
〔二〕實：原作「寧」，據《太常因革禮》卷九五改。
〔三〕「謚」原作「謐」，「於」字原脱，據《太常因革禮》卷九六改補。
〔四〕蕙：原作「蓋」，據《太常因革禮》卷九六改。
〔五〕於：原脱，據《太常因革禮》卷九六補。
〔六〕式：原作「或」，據《太常因革禮》卷九六改。

行之典。今以禮儀院集議，莊穆皇后曾母儀天下，欲請遷祔廟食者。禮本前經，事存往制；酌斯公論，克叶大猷。請依所奏施行，謹具衆議以聞。」詔恭依。

康定元年十二月十三日，同判太常寺兼禮儀事宋祁言：「準中書送下直秘閣趙希言奏，『太廟自來有寢無廟，因堂爲室，東西十六間，内十四間爲七室，兩頭各一夾室。按禮，天子七廟，親廟五，祧廟二，共爲七廟。今又不遷僖、順二祖，若以太祖、太宗兄弟繼及，亦可遷僖祖一室，皆不顯著廟號。伏見國家諸處建立宮殿，安供先帝御容，興工不細，未若宗先聖禮制，修正宗廟，每主一廟堂、一寢室。費此宮殿，未足爲多。如未暇分立七廟，則於今廟室前起立一廟堂，以後殿十二間爲寢，更於廟内立一祧廟，仍逐室門題書廟號』者。臣按周制有廟有寢，以象人君前有朝、後有寢也。廟藏木主，寢藏衣冠。至秦乃出寢於墓側，故陵上更稱寢殿，後世因而不改。今宗廟無寢，蓋本於兹。鄭康成謂周制立二昭二穆，與太祖、文、武共爲七廟。此一家之説，未足援正。自大儒荀卿、王肅等皆云：天子七廟，諸侯五，大夫三，士一，降殺以兩之義。則國家定七世之數，不用康成之説也。僖祖至真宗方及六世，不合便立祧廟。自周、漢兩帝各自立廟，晉、宋以來多用同殿異室之制。國朝以七室代七廟，祖宗相承，行之已久，即同殿之制，不可輕改。希言又稱每室不顯著廟號，然此一節，30 差似有理。況沿舊增飾，不爲難行。欲望七室各榜其門曰『某祖某宗之廟室』，既無改作，因叶典章。所請於今廟内別立一堂，以今殿爲寢，及作祧廟等事，更張體大，恐未可從。」詔如祁所奏。

慶曆四年六月十四日，同判太常寺呂公綽言：「竊見真宗皇帝謚以文明武定章聖元孝，而立后之謚皆連『莊』字，在昔無簡册之據，當今變祖宗之例。蓋古者婦人無謚，皆從夫謚以爲稱，故文王之妃曰文母，宋共公之夫人曰共姜。聖朝祖宗諸后謚號共遵此制，是以僖祖文獻之后曰文懿，順祖惠元之后曰惠明，翼祖簡恭之后曰簡穆，宣祖昭武之后曰昭憲。太祖之謚有『大孝』，故太祖之后曰孝明、孝惠、孝章；太宗之謚有『聖德』，故太宗之后曰懿德、明德、元德、淑德。昔真宗在御，有司追謚潘、郭二后曰莊懷、莊穆；及厭代之日，莊穆升配，有司失於論請，遂使后謚不繫於帝。其後奉慈諸后，繼循前失。謹按乾德禮例，改謚明憲皇后曰昭憲，以從宣祖之謚。今真宗皇帝謚有『章聖』，伏請改上五后『莊』謚爲『章』。」詔下兩制、禮官詳議。翰林學士承旨丁度等言：「公綽所引后從帝謚，及後漢故事，漢世帝謚主於一字〔一〕，與今典制不同。真宗五后，祔廟日久，神道貴静，難從改謚之禮。」既而公綽復言：「真宗五后尊謚，終未合典法。宜於郊禮前遣官先上寶册，庶循先朝加上六后尊謚故事。」於是詔恭依。

八月二十五日，太常禮院言：「改上諸后尊謚，然神主

〔一〕主：原作「上」，據《長編》卷一五一改。

題號已久，據禮文惟初祔廟室即命官題主。唐大中三年追尊順宗、憲宗謚，博士李稠請以改題下議都省，而右司郎中楊發等引周、漢、魏、晉至隋以來並無此制。唯國朝乾德中改上昭憲皇后謚，中書門下特請改題。是時禮官皆援古以爲不可。及大中祥符中增上六室帝謚，天聖初又增上真宗武定之謚，止告廟，更不改題，實爲得禮。今宜如故事，只依以册寶告廟，更不改題神主。」從之。《宋史》：將郊，所司導五后寶、册赴三廟，各於神門外幄次以待，奏告畢，皆納於室。

五年閏五月二十九日，詔中書門下曰：「朕有事于太廟，格于奉慈，(母)〔每〕懷保育之仁，儼若見乎其位。惟時禘祫之饗，未升昭穆之序，禮久不講，心靡遑寧。恭惟章獻皇太后輔佐先帝，母儀道備，實荷顧託，參決萬幾，憂勤十年，助成大治〔一〕。章懿皇太后徽柔静惠〔二〕，順迪法度〔三〕，受帝之祜，篤生冲眇，永錫景祚，啓兹靈長。章惠皇太后肅雍思齊〔四〕，閫掖攸憲，率正内職，維德之行，矧是菲躬，實賴撫護。越三后厭代，多歷年所，肆饋合食，猶隔閟宮。有司不時討論，使國有闕典，朕甚懼焉。其令禮官稽爰故籍，議升祔之禮，中書門下審加詳考，以稱朕意。」

六月十八日，太常禮院言：「奉詔議升祔三后事，竊惟宗廟之位所以奉先烈，配祔之禮所以嚴時饗，典制具在，今昔所遵。31 謹按唐肅明皇后本中闈之正，昭成皇后緣帝母之尊，開元中並祔睿宗之室。國朝懿德、明德、元德三后亦同祔太宗皇帝廟。恭惟章獻明肅皇太后母儀天下，輔承丕業，章懿皇太后誕生聖躬，恩德溥大，伏請遷祔真宗皇帝廟，序於章穆皇后郭氏之次。章惠皇太后雖先朝遺制，嘗踐太妃之貴，然明道中始加懿號，與章懷皇后事體頗同，伏請遷於皇后廟，序於章懷之次。又『太』者生事之禮，不當施於宗廟。至如章獻明肅皇太后以顧託之重〔五〕，著臨御之勞〔六〕，朝廷追遹丕德，崇尚徽稱，若題之別廟，則義無所嫌，且屬之配室，則禮或未順。況太廟諸室，皇后並無四字之名。伏請改上章獻明肅皇太后曰章獻皇后劉氏，章懿皇太后曰章懿皇后李氏，章惠皇太后曰章惠皇后楊氏。如此，則協李唐之故事，孚本朝之正典。如允所陳，乞再行集議，以示奉先慎重之意。」詔兩制至待制、御史中丞同議以聞。

七月十九日，翰林學士王堯臣等言：「奉詔同詳議三后升祔事。伏詳章獻明肅皇太后、章懿皇太后遷祔真宗廟室，序於章穆皇后之次，請如禮官所議。其改上章獻明肅皇太后曰章獻皇后，章惠皇太后曰章惠皇后，遷於皇后廟，序於章懷皇后之次，揆於禮意，竊所未安。伏以章獻明肅皇太后在先帝時正位中壼，受遺輔政，垂將一紀，勤勞帝

〔一〕助：原脱，據《太常因革禮》卷九八補。
〔二〕「懿」原作「獻」，又「静」下衍「恭」字，並據《太常因革禮》卷九八改删。
〔三〕順：原脱，據《太常因革禮》卷九八補。
〔四〕惠：原作「憲」，據《太常因革禮》卷九八改。
〔五〕託：原作「記」，據《長編》卷一五六改。
〔六〕著：原作「者」，據《長編》卷一五六改。

室，阜康生民，故盛烈丕功，非一惠可舉。況謚告於廟，册藏於陵，無容異時更有輕改〔一〕。矧升祔廟祏，本極孝思之報，若裁損尊名，恐非嚴奉之儀；而又博詢典故，參質人情，有增崇之文，無追減之例。其章獻明肅之號伏請如舊。章惠皇太后擁佑聖躬，慈均顧復，故景祐中已膺『保慶』之册，義專繫子，禮須別祠〔二〕。請加稱章惠皇太后，依舊饗於奉慈廟。」

堯臣等又言：「準中書省送下龍圖閣直學士李昭述奏：『伏以禮緣人情，孝爲德本。母之貴必由於子，子之孝必極於親，此古今之通誼也。伏見太常禮院所議章獻皇后、章懿皇后並祔真宗廟室〔三〕，序於章穆皇后郭氏之次，竊有所疑。按祥符中，中書門下言：準詔改上元德皇太后徽名曰元德皇后，升祔太宗廟。且唐開元中昭成、肅明皇后並祔睿宗之室，肅明雖睿宗在藩已立爲妃，緣昭成以帝母之尊，故位居其上。今元德皇后伏請升祔於明德皇后之上。當時詔書諭以元德平昔謙抑之意，因而未許。恭以章懿皇后膺天眷命，誕育聖躬，靡及奉養之禮，止極追尊之號。今升祔有期，議論爲重。稽開元、祥符之舊，考昭成、元德之誼，恭請序章懿皇后於章穆皇后、章憲皇后之上。』詔送兩制詳定。臣等詳：先朝始議升配元德之時，有司奏請序在明德之上。是時先帝深酌禮意，決於聖衷，乃詔曰：『載念尊親，蓋惟極致，在乎升降，非敢措辭。唯以祔廟之歲 32 時，用爲合饗之次序〔四〕。恭以元德皇后神主祔于明德皇后之次。』今陛下祗事宗廟，特頒明制，以升祔三后。參訪近臣、禮官之議，請以章獻、章懿並祔真宗廟室，敘在章穆之次。其章惠歸祔后廟，此則遠承先帝之制，近仍別廟之序。其李昭述所請以章懿在章穆、章獻之上，蓋循當時有司之請，未本先聖申詔之意。伏覩章穆升祔，歲月已深，奉慈三室，先後素定，若再議升降，則情有重輕。乞從祥符舊章，於禮爲順。」

乃詔中書門下覆議。議曰：「伏以清廟之尊〔五〕，配食尤重〔六〕。或稱古者祔止一后，而語無經見之明；或謂歷世祭有別園，而理非孝道之極。而使繼室之祀，泥古而不通；以貴之親，掩恩而難議。必俟元聖，肇經大猷。先帝德極天元，孝通神理。每惟開元舊典創而未備，故斷自聖慮〔七〕，揭爲新儀，奉升二后，並饗太宗廟室。覺終古之未悟〔八〕，暢罔極之至懷，上當靈心〔九〕，外盡昭報。是以神克妥侑，邦介繁祉。陛下膺襲熙之運，謹遹追之謀，而獻、懿別

〔一〕句首原有「廟」字，據《長編》卷一五六删。
〔二〕祠：原作「詞」，據《長編》卷一五六改。
〔三〕真：原作「直」，據《長編》卷一五六改。
〔四〕爲：原作「惟」，據《長編》卷一五六改。
〔五〕清：《長編》卷一五六作「親」。
〔六〕尤：原作「猶」，據《長編》卷一五六改。
〔七〕斷：原作「繼」，據《長編》卷一五六改。
〔八〕之：原作「而」，據《長編》卷一五六改。
〔九〕靈心：原倒，據《長編》卷一五六乙。

祠，依違一紀，慎重體天〔一〕，翹勤孝思，羣情戢而未喻，嚴祏虛而有待。今乃沛然下詔，發於至誠，尚復退託謙勞，博詢延問。質於禮官之議，覆以近臣之詳，參考既同，陟序惟允。蓋聞緣人情以制禮，則切而有實；奉先訓以作古，則顯而易遵。故成憲在前，文考之意也；配食一體，二慈之宜也；奉承無私〔二〕，陛下之孝也。臣等不勝大願，請如禮官及學士等所議，奉章獻明肅皇太后、章懿皇太后升配真宗廟室，章獻明肅尊謚如故。章惠皇太后仍饗奉慈別廟，皆得禮之變，順祀無違者矣。其李昭述建言以章懿敘于章穆之上，本其推奉，極于尊崇。按祥符之詔書，繫章聖之特旨，今議者雖據前比，臣等猶所未安。其位敘先後，欲乞（繼）〔斷〕自聖懷，制爲定禮，使昭示萬世，永永無窮。餘請付外施行。」

二十三日，詔曰：「國之大典，無若宗廟之制之爲重也。比朕以奉慈三室未登禘祫之位，四時之感，每懷靡寧，故命奉常講求舊章，而又參質于近臣，考詳于宰司〔三〕，庶無謬違，以竭誠盡禮。而卿等稽衆正論，奉章來上，乃曰『緣人情以制禮，則切而有實；奉先訓以作古，則顯而易遵。』載味此言，實契朕意。祇覽祥符之詔，深原文考之旨〔四〕，極意尊親之際，重行升降之辭，故以祔廟之歲時，用爲合饗之次序，義無差別，情靡重輕。矧在菲涼，欽率成憲，今日之議，敢或異諸！宜循先朝祔元德故事，恭依禮官所議，奉章獻明肅皇太后、章懿皇太后序於章穆皇后之次。上致奉先之順，下成繼志之美，永修明祀，冀饗靈心。」

八月二十五日〔五〕，詔升祔二后，依元德皇后故事改題神主。

皇祐二年二月七日，天章閣侍講趙師民上言：「臣聞夏商以往，謚號蓋簡；有周之初，典文寖興。《禮記》載武王之事，追王太王、王季、文王者，謂太王、王季既尊以稱號，33 至於文王更加以謚法也。太姜、太任、太姒之賢，而尚有未謚，則其禮猶畧焉。於後幽王之后謂之幽后，惠王之后謂之惠后，此皆從王之謚以爲稱，非同王之謚以爲謚也。《左傳》記景王之后謂之穆后，則后之有謚，始於此焉。東周之際，王制所及，國俗不一，夷蠻遠國易名不及其君長，中夏諸侯考行或加於臣妾。在夷則畧，在華則備，禮斯然矣。其間諸侯，魯禮猶備，君之夫人，皆自有謚，不從於夫。獨定姒以首末非義，止曰定姒，不稱小君。《公羊》載宋之恭姬者，乃從其夫之謚爲配爾，非謂姬之謚自爲恭也。漢室之興，周典尚近，未能考古，而習秦餘，乃尊太公曰太上皇，又加昭靈、穆哀二后謚。謚加於妣而不加於父，號及其姊而不及其祖，已爲失矣。前漢諸后皆不加謚，止從帝

〔一〕天：原作「大」，據《長編》卷一五六改。
〔二〕私：《長編》卷一五六作「改」。
〔三〕于：原作「千」，據《長編》卷一五六改。
〔四〕原：原作「厚」，據《長編》卷一五六改。
〔五〕八月二十五日：《長編》卷一五七繫於八月三日丙辰。

名以爲之稱。趙太后未亡而敗，爲孝成皇后，此又足以知從帝之謚以爲稱，非同帝之謚以爲謚也。惟衛氏以追尊之故，乃謚曰思；許氏以早世不遂，謚曰恭哀。蓋於時憲度未立，后妃之謚或有或亡，非有定制，漢家之興，爲未備矣。後漢中興，世主好禮，考姬周之典，參前漢之舊，既從其帝名，復加以后謚，表帝之名於上，繫后之謚于下。故光烈皇后者，謂光武之烈皇后也，非兼光以爲謚也；明德皇后者，謂明帝之德皇后也，非兼明以爲謚也。然自明德而下，皆以『德』謚，故蔡邕以爲善惡一貫，非大行者受大名，小行者受小名之義〔一〕。乃追改和后曰熹，安后曰思，順后曰烈。后之謚雖改，帝之名不易，又足以知從帝之謚以爲稱，非同帝之謚以爲謚也。魏氏及晉，蓋亦因之。魏武宣皇后者，謂武帝之宣皇后也；文昭皇后者，謂文帝之昭皇后也。武之爲謚，非后所宜，又非帝之名止于一，而后之得兼二也。晉之武元皇后、武悼皇后，義亦同此。傳稱之止曰元后、悼后，史氏追書，又繫以『武』焉。惠皇后以居位不終，故不得謚，止曰惠皇后，蓋從帝之名，而非后之謚也。東晉稱簡文帝之后曰簡文順皇后，孝武帝之后曰孝武定皇后，以帝謚有二，非后之名兼此三者也。其後宋之文元、梁之武德，並先易后名，而後繫帝號，義猶此也。後魏本自北夷，而禮同中夏。道武以上，但從帝名，由前漢之制也；明元以降，更加后謚，採後漢之法也。文明皇后以臨朝之故，加謚二字〔二〕，史氏書之曰『文成文明皇后』者，由帝之與后，俱以『文』謚，非相從配，故兩稱之。帝后同謚，乃兩出之者，又足以見從帝之謚以爲稱，非同帝之謚以爲謚也。唐室因之，亦無所變。太武之后，其謚曰穆，故曰太穆皇后；文皇之后，其謚曰德，故曰文德皇后。睿宗以後，或追改舊謚，或增加本號。故自昭成、明肅二后而下，不復配以帝名，史氏稱之，乃或冠以廟號。廟號之冠於后謚，故又始於此。朱梁之世，禮官失謬，梁祖 34 之世，其名有五，獨取其一，以繫后謚，曰元正皇后。原其本意，謂帝與后當同謚也，違誤之由，良始於此。人君后妃，善惡自異，受名之義，安可同也？五代之際，時運屢改，后妃終位，厥數無幾。若後唐之正簡，有周之宣懿，近於唐制，此頗爲得。聖朝之初，亦因五代之故，及昭憲皇后上謚，有司乃議改名爲昭，此與梁世禮官，其意同也。又孝惠、孝明二后所上謚在太祖之前〔三〕，而並以『孝』謚。及後太祖上謚，乃帝謚之中取其『孝』字以追配焉。然臣以爲於義雖有違，於文尚未失。於義違者，以后同帝之謚以爲謚也；文未失者，帝之謚猶在上，后之謚猶在下也。洎淑德、懿德二后上謚，亦皆在太宗上謚之前，而又並以『德』謚。及後太宗上謚，復取帝謚之中『德』字以追配焉。臣故謂義之與文斯俱違矣〔四〕。何則？

〔一〕名：原作「行」，據《太常因革禮》卷九六改。
〔二〕謚：原作「氏」，據《太常因革禮》卷九六改。
〔三〕孝明：原作「皇明」，據《太常因革禮》卷九六改。
〔四〕與：原作「典」，據《太常因革禮》卷九六改。

『德』者帝之謚也，今更在下；『淑』與『懿』，后之謚也，今乃以所從帝之名繫於下，所配后之謚著於上。遠考周、漢，次及魏、晉、南北諸朝、隋、唐、五代，未有此也。臣又聞后之謚，忠和純淑曰德，漢之明德、章德是也。此則帝名之德，與后謚之德異矣〔一〕。臣不知上此謚者，意謂帝之德，即謂后之德耶？苟以帝之德耶，則不當繫於后謚之下；以爲后之德耶，則不當以爲從帝之稱〔二〕。臣故以爲違謬始於梁世之有司，流弊自彼，積疑至今。乃者莊懷、莊穆二后又俱以『莊』謚，後以帝謚無『莊』〔三〕，方復追改，而未知違失之源於此也。《書》曰『若稽古』，言帝者之作必考於古也。《語》曰『必也正名乎』，今以帝謚繫於下，后謚著於上，謂之曰『正』，臣竊未安。夫革弊去惑，修復聖制，明王之盛舉也；因陋就寡，拘滯所習，愚俗之常守也。臣幸得以鄙陋之姿，值盛明之運，故敢發舒所見，俟聖哲而裁焉。」

詔太常禮院與兩制（司）〔同〕議。曰：「臣等伏以孝惠、孝明二皇后，太祖在位時追謚；淑德、懿德二皇后，太宗在位時追謚。當時亦未有所繫。其后帝謚既定，字法相合，有司因仍，遂著典册。伏緣帝謚在上，后謚在下，止出於後漢明帝，但東漢一朝遵而用之。自魏晉訖唐，后謚或一字，或二字，亦不盡繫於帝謚。今詳太祖、太宗、真宗謚號，其間功、德、神、聖、文、武、睿、孝、明九字，三朝相通。若必取一字以冠后謚，即孝、德二字無專主一室之文；必若遠稽漢制，即太祖、太宗諸后謚並須改上。况祖宗號謚，本朝自有制度，即后謚所繫，不應盡取漢明之法。且神道貴静，禮典從宜，恐不必輕輒變改。如朝廷必欲遵用漢制，即望俟明堂禮畢别加詳議。」詔恭依所奏。

英宗嘉祐八年六月八日，太常禮院言：「大行皇帝山陵禮畢，神主祔廟〔四〕，請以太祖、太宗爲一世，增一室，以備天子事七世禮。」詔兩制及待制以上與禮官考議。觀文殿學士孫抃等議〔五〕：「謹按《禮》曰『三昭三穆，與太祖之廟而七』，《書》曰『七世之廟，可以觀德』，曰『世與昭穆』云

35 者，據父子之正而言也。若兄弟則昭穆同，不得以世數數之矣。商之祖丁之子曰陽甲、曰盤庚、曰小辛、曰小乙，四人者皆有天下，而商之廟有始祖、有太祖、有太宗、有中宗。若以一君爲一世，則小乙之祭不及其父祖丁，是古之兄弟及，昭穆同，而不以世數數之明矣。故晉之廟十一室而六世，唐之廟十一室而九世。中宗、睿宗之於高宗，敬宗〔六〕、文宗、武宗之於穆宗，同居穆位。國朝太祖爲受命之祖，太宗爲有功德之宗，此萬世不遷者也。故太祖之室，太宗稱孝弟，真宗稱孝子，大行皇帝稱孝孫。而《禘祫圖》，

〔一〕謚：原作「懿」，據《太常因革禮》卷九六改。
〔二〕以爲從：原作「爲於」，據《太常因革禮》卷九六補改。
〔三〕無莊：原作「所有」，據《太常因革禮》卷九六改。
〔四〕祔：原作「袝」，據《長編》卷一九八改。
〔五〕抃：原作「朴」，據《長編》卷一九八改。
〔六〕敬宗：原作「恭宗」，據《長編》卷一九八改。

太祖、太宗同居昭位，南向；真宗居穆位，北向。蓋先朝稽用古禮，而著之於祀典矣。大行皇帝神主祔廟，伏請增一室爲八室，以備天子事七世之禮。」詔從之。於是龍圖閣直學士兼侍講盧士宗、天章閣待制兼侍講司馬光議：「臣等謹按：《禮》，天子七廟，三昭三穆，與太祖之廟而七。太祖之廟，萬世不毁，其餘昭穆，親盡則毁，示有終也。自漢以來，天子或起於布衣，以受命之初，太祖尚在三昭三穆之次，故或祀四世，或祀六世。其太祖以上之主，雖屬尊於太祖，親盡則遷。故漢元帝之世，太上廟主瘞於寢園；明帝之世，處士廟主遷於園邑。晉武帝祔廟，遷征西府君；惠帝祔廟，遷豫章府君。自是以下，大抵過六世則遷其神主。蓋以太祖未正東嚮之位，故止祀三昭三穆；若太祖以正東嚮之位，則并三昭三穆爲七世矣。唐高祖初立，祀四世；太宗增祀六世。及太宗祔廟，則遷弘農府君神主於夾室〔一〕；高宗祔廟，又遷宣皇帝神主於夾室，皆祀六世。此前世之成法也。惟明皇立九室，祀八世，事不經見，難可依據。今若以太祖、太宗爲一世，則大行皇帝祔廟之日，僖祖親盡，當遷於西夾室，祀三昭三穆，於先王典禮及近世之制，無不符合，太廟更不須添展一室。」

詔抃等再議〔二〕。於是復上議曰：「先王之禮，自王以下，降殺以兩，故有天下者事七世，有一國者事五世。自漢以來，諸儒傳禮者始有夏五廟、商六廟之説，其説出於不見《商書》伊尹之言，而承用禮學之誤〔三〕。蓋自唐至周，廟制不同，而大抵皆七世，《王制》所謂三昭三穆與太祖之廟而七者是也。今議者疑僖祖既非太祖〔四〕，又在三昭三穆之外，以爲禮當遷。如此，則是以有天下之尊，而所事止於六世，不稱先王制禮降殺以兩之意。且議者言僖祖當遷者，以爲在三昭三穆之外，則於三代之禮未嘗有如此而不遷者。臣等以爲，三代之禮亦未嘗有所立之廟出太祖之上者也。後世之變既與三代不同，則廟制亦不得不變而從時。且自周以上，所謂太祖，亦非始受命之主，特始封之君而已。今僖祖雖非始封之君，要爲立廟之始祖。方廟數未過七世之時，遂毁其廟、遷其主，考三代之禮，亦未嘗有如此者 36 也〔五〕。漢魏及唐，一時之議〔六〕，恐未合先王制禮之意。臣等竊以存僖祖之室，以備七世之數，合於經傳事七世之明文，而亦不失先王之禮意。」詔恭依。

十三日，同知太常禮院呂夏卿言：「古者天子九虞十六日，諸侯七虞十二日，大夫五虞八日，士三虞四日。既葬，日中爲始虞之祭，自是間日一虞。九虞之後，間日爲卒哭之祭。真宗之葬永定陵，自掩壙返虞至于神主祔廟，日

〔一〕「弘」原作「洪」，「室」原作「宣」，據《長編》卷一九八改。
〔二〕抃：原作「扑」，據《長編》卷一九八改。
〔三〕學：《長編》卷一九八作「家」。
〔四〕僖祖：原作「僖宗」，據《長編》卷一九八改。
〔五〕未：原脱，據《長編》卷一九八補。
〔六〕議：原作「儀」，據《長編》卷一九八改。

一虞祭，九日而畢，無間日之限；將祔，無卒哭之祭。」又曰：「古者始虞之祝辭曰『哀子某哀薦祫事』。若禮行於次舍之間，遣官攝事，不躬不親，皆不合于禮。臣愚請俟永昭陵復土虞主還内之日〔一〕，日中行始虞之祭。九虞既畢，然後行卒哭之祭〔二〕。」事(不)〔下〕兩制及待制官議。觀文殿學士孫抃等議曰：「古之葬(云)〔去〕國近，故平旦而葬，日中而返虞于寢。今之葬遠，虞主在塗，不可以無祭。故祖宗以返虞之主在塗，而日一虞者，祭不可一日闕也，請如舊典。終虞而行卒哭之祭，宜如夏卿之議。」於是自掩壙五虞皆在塗，而六虞至九虞皆祭于集英殿。九虞畢，帝親行卒哭之(際)〔祭〕。

治平四年三月二十五日，神宗即位未改元。太常禮院言：「將來大行皇帝山陵畢，依禮祔太廟。謹按《商書》曰『七世之廟，可以觀德』，又按《禮》：『天子七廟，三昭三穆，與太祖之廟而七。』《春秋穀梁傳》曰『天子七廟』，《荀子》、《史記》亦云『有天下者事七世』。恭惟炎宋受命，太祖造邦，德盛流光，以聖繼聖。準嘉祐詔書，定七世八室之制。今大行皇帝威神在天，崇祔有日。山陵畢，請以神主祔於太廟第八室。僖祖皇帝、文懿皇后神主，依唐故事，祧藏于西夾室，奉置西壁石室中。自仁宗皇帝而上至順祖，以次升遷。其祧藏之主，每遇禘祫，即如典禮。伏請依故事，更下兩制、待制以上參議。」詔恭依。

閏三月八日，翰林學士承旨張方平等議曰：「伏以天子七廟，著於《尚書》，《春秋傳》，《禮》之《王制》、《祭法》、《禮器》，諸子之説，歷代之議詳矣。故昭穆所以序世及之正，禘祫所以極仁義之本。三代以降，惟漢、晉、唐以其統祚之長，得及祧遷之議。國家繼天而王，列聖重光，盛德在人，必百世祀。厚陵復土，虞主還宮，對越祖宗，升祔有日。同堂八室，廟制已定，僖祖當祧，合於典禮。請依太常禮院所奏，委爲允當。」詔恭依。

十月四日〔三〕，太常禮院言：「僖祖文憲睿和皇帝、文懿皇后神主祧遷於西夾室，合行典禮〔四〕。謹按《禮記·檀弓》曰『舍故而諱新』，注謂高祖之父當遷者也〔五〕。《唐會要》，永徽二年，左僕射于志寧言〔六〕：『依禮，捨故而諱新，故謂親盡之祖。今弘農府君神主上遷〔七〕，請依禮不諱。』從之。又元和十五年，太常禮院言：『睿宗神主祧遷，其六月二十日忌并昭成皇后忌，準禮合廢。』從之。今僖祖皇帝神主祧遷，準禮不諱〔八〕；其十二月七日僖祖皇帝忌、六月十七日文懿皇后忌，亦請依唐 37 故事廢罷。」詔恭依。

〔一〕復：原脱，據《長編》卷一九八補。
〔二〕行：原脱，據《長編》卷一九八補。
〔三〕十月四日：《宋朝事實》卷六作「十月二十四日」。
〔四〕禮：原作「故」，據《宋朝事實》卷六改。
〔五〕謂：原作「爲」，據《宋朝事實》卷六改。
〔六〕左：原作「在」，據《宋朝事實》卷六改。
〔七〕弘：原作「洪」，據《宋朝事實》卷六改。
〔八〕禮：原脱，據《宋朝事實》卷六補。

神宗熙寧五年正月，鄧綰言：「伏見令文及慶曆祀儀，郊廟大祠常以宰臣攝太尉行事，受誓戒、致齋，動經累日。中書，天下政事之所取決，多所廢滯。欲乞詔有司，凡四時郊廟大祀，專使宗室近親兼使相者攝上公行事。非獨以盡齋肅中正事神之恭，亦所以明皇家先親尊祖之義，使政府大臣職不至廢闕。」詔今後太廟大祀行事，並差宗室使相已上充攝。

三月八日，中書門下言：「準治平四年閏三月勑，遷僖祖宗主藏之夾室。臣等聞，萬物本乎天，人本乎祖，故先王廟祀之制，有疏而無絶，有遠而無遺。商周之王，斷自契、稷以下者，非絶嚳以上而遺之，以其自有本統承之故也。若夫尊卑之位、先後之序，則子孫雖齊聖有功，不得以加其祖考，天下萬世之通道也。竊以本朝自僖祖以上，世次不可得而知，則僖祖有廟，與契、稷疑無以異。今毁其廟，而藏其主夾室，替祖考之尊而下祔於子孫〔一〕，殆非所以順祖宗孝心、事亡如存之義。求之前載，雖或有然，考合於經，乃無成憲〔二〕。因情（禮制）〔制禮〕，實在聖時。伏惟皇帝陛下仁孝聰明，紹天稽古，動容周旋，唯道之從，宗祏重事，所宜博考。乞以所奏付之兩制詳議，而擇取其當。」

四月三日，詔中書門下曰：「廟祧之序，蓋有典彝，所以上承先王，下法後世。朕嗣宅大統，獲奉宗祀，而世次遷毁，禮或未安，討論常經，屬我哲輔。於以佐朕不逮，而仰稱祖宗追孝之心，朕覽之矍然，敢不祗服〔三〕。宜依所請施行。」

詔書下學士院集兩制議。翰林學士元絳、知制誥王益柔、陳繹、曾布、直舍人院許將、張琥上議曰〔四〕：「自古受命之王，既以功德饗有天下，皆推其本統，以尊事其祖。故商周以契、稷爲始祖者，以其皆承契、稷之本統故也。使契、稷自有本統承其後，而湯與文王又爲別子之後，則自當祖其別子，不復以契、稷爲祖矣。所以祖契、稷者，非以有功與封國爲重輕也。諸儒適見契、稷有功於唐虞之際，故以謂祖有功。若祖必有功，則非有功者莫如鯀，而夏后氏何以郊鯀乎？今太祖受命之初，立親廟自僖祖始。僖祖以上世次既不可得而知，然則僖祖之爲始祖無疑矣。儻以謂僖祖不當比契、稷爲始祖，是以天下之人不復知尊祖，而子孫得以有功加其祖考也。況於毁其廟、遷其主，而下祔於子孫之室，此豈所以稱祖宗尊祖之意哉！傳曰：『毁廟之主陳于太祖，未毁廟之主皆升，合祭于太祖。』今遷僖祖之主而藏於太祖之室，則是僖祖、順祖、翼祖、宣祖祫祭之時，皆降而合食也。情文不順，無甚于此！《詩序·生民》曰：『尊祖也。文、武之功起於后稷，故推以配天焉。』蓋言尊祖而不言尊有功，言文、武之功而不言后稷之功，則知推后稷以配天者，以尊祖，而非以尊有功也。秦漢以來，典章

〔一〕替：原作「贊」，據《長編》卷二三三二改。
〔二〕成：原作「考」，據《長編》卷二三三二改。
〔三〕敢不：原倒，據《長編》卷二三三二乙。
〔四〕張琥：原作「張虎」，據《長編》卷二四〇改。

殘缺，祖宗廟祧始38失先王所以尊祖之意，諸儒異論，無所據考。臣等考之經傳，質之人情，謂宜以僖祖之廟爲太祖，則合於先王之禮意，無所悖戾。」

翰林學士韓維別議曰：「臣伏以親親之序，以三爲五，以五爲九，上殺下殺旁殺，而親畢矣。聖人制事，存送終之禮，皆以此爲限，是衆人之所同也。若其所不與衆人同者，則又因事之宜，斷之以義，而爲之節文也。昔先王既有天下，迹其基業之所由起，奉以爲太祖，所以推功美、重本始也。蓋王者之祖有繫天下者矣，諸侯之祖有繫一國者矣，大夫、士之祖繫其宗而止矣，亦其理勢然也。荀卿曰：『王者天太祖，諸侯不敢壞，大夫、士有常宗，所以別貴始。貴始，德之本也。』蓋有天下之始若后稷，有一國之始若周公，大夫、士之始若三桓，所以貴者，配天也，不祧也，有常宗也，此其所以別也。今直以契、稷爲本統之祖，則是下同大夫、士之禮，非荀卿之所謂別也。或曰：『湯、文、武去契、稷皆十有餘世，其間子孫衰微奔竄者非一，湯、文、武之有天下，契、稷何與焉？』曰：南宮适曰：『禹、稷躬稼，而有天下。』孔子曰：『君子哉若人！』禹之有天下則然矣，稷諸侯也，而曰有天下，何哉？豈非積累功德，至文王而興乎？《孟子》曰：『王不待大，湯以七十里，文王以百里。』然則小國亦王之所待也。所謂七十里、百里者，非契、稷所受以遺其子孫之國乎？由是言之，商周之所以興，契、稷不爲無所與也。則正考父作頌，追道契、湯、高宗，商所以興；子夏序《詩》，稱文、武之功起於后稷，豈虚語也哉！《國語》亦曰：『契勤，商十有四世而興；后稷勤，周十有五世而興。』《穀梁》曰：『始封必爲祖。』南宮适、孟軻、卜子夏、丘明、穀梁亦生於周代，其所言皆親聞而見之者，其學問又俱出於孔子，宜若可信。則尊始祖以其功之所起，秦漢諸儒亦有所受之也。後世有天下者皆特起無所因，故遂爲一代太祖，所從來久矣。伏惟太祖皇帝孝友仁聖，睿智神武，兵不血刃，坐清大亂，子孫遵業，萬世蒙澤，功德卓然，爲宋太祖，無少議者。僖祖雖於太祖，高祖也，然仰迹功業，未見其所有因，上尋世系，又不知其所以始。若以所事契〔一〕、稷奉之，竊恐於古無考，而於今亦有所未安也。臣以爲均之論議未有以相奪，仍舊便；若夫藏主合食，則歷代嘗議之矣。然今之廟室與古殊制，古者每廟異宮，今所以奉祖宗者皆在一堂之上，西夾室猶處順祖之右，考之尊卑次序，似亦無嫌。至于禘祫，自是序昭穆之祭，僖祖東嚮，禮無不順。所謂子雖齊聖，不先父食者乎！孔子曰：『於其所不知，蓋闕如也。』如臣絳等議，非臣所知，此臣所以闕而不敢同也。」

天章閣待制孫固上議曰：「臣聞先王之禮，本之人情，而爲之節文者也。故不慕古以違當世之宜，不因文而失沿情之實。親有疏戚，世有異同，此禮文所以損益變39正之

〔一〕以所：原倒，據《南陽集》卷二五乙。

不一也[一]。伏惟太祖皇帝受天命，一四海，創業垂統，爲宋立萬世無窮之基，其爲宋始祖而配天受饗，理在不疑。今聞乃欲以僖祖爲始封之祖，復其祧主。夫既以僖祖爲始祖，則遂當受配郊天，此臣竊所未安也。七世之廟，親盡而祧，此萬世大公之通法[二]，未聞有以易之者也。故僖祖之主，於陛下之世，以親盡而祧，在禮適爲得正。而今議者以謂人必本乎祖，太祖既已追尊僖祖，則今日當以僖祖爲本始之祖。是未推王者興起有殊異，而所當之世各不同也。夫開國者，其先嘗有功而受封，則後之子孫有天下，而推以爲始祖可矣。若夫膺天受命，特起而得天下者，爲太祖亦宜矣。此實先王之禮，人情之所順，而前世之所以行也。今爲議者必曰：方今天下隆平，人物安樂，不媿治古，而禮樂文物、祭祀制度，謂宜鄙絶漢唐之所行，而純取三代之治以爲法。故有僖祖之廟與契、稷無異之説，臣恐以爲過矣。夫本朝之興與商周爲異，商周之王本由契、稷，故自湯、武而上，其流有源，皆可推而考之。契布五教，民以知禮，其興雖畧與周同，而猶不若周之懿也。周自后稷、公劉以來，積功累行，以至太王、王季，世世修德益茂。迨於文、武，受命而得天下，則源流之來，豈不有自哉！故仲尼曰：『郊祀后稷以配天，宗祀文王於明堂以配上帝，則周公其人也。』夫自周而上，堯、舜、夏、商之世非不美也，其祭祀之禮，仲尼不談，而獨舉周者，豈非其德與世獨爲備哉？故曰『周公其人也』，言惟周公能備此禮耳。夫稷當堯民阻飢之時，始播百穀，使萬世粒食，其爲功大矣。《詩》曰『思文后稷，克配彼天』，言以其德能配天也。夫以文、武之王，而不得預配天之祭者，特以后稷之功大耳。使周無后稷之祖，則周公之祀宜不得捨文、武而及他人。且後世之興，其先既無周之后稷，而郊天之配不先創業之君，而遠取追尊之祖，此豈先王之禮，而近於人情者哉？今之議者又以《祭法》禘郊祖宗之禮[三]，言商周非絶嚳，以其自有本統承之，本朝僖祖以上世次不可得知，則必以僖祖爲始祖。臣又以謂不然矣。自秦滅學，六經皆被焚棄，不復爲完書，而禮經猶爲殘蕩。其後，漢之諸儒髣髴聖人之餘言，委曲加意而編綴之，故多駁雜不經之説。附其鄭康成牽合之言，而聖人之禮益不明，若《祭法》之禘、郊、祖、宗者是其一矣。其言曰：『商人禘嚳而郊冥，祖契而宗湯。』信斯言也，則禘祭宜無易嚳者。今《商頌》之《長發》，大禘之詩也，其曰『有娀方將，帝立子生商』，又曰『玄王桓撥，受小國是達，受大國是達』者，乃專歌述契之功德，一篇之間，了無及嚳之語。則《祭法》之言禘嚳者，臣亦未敢取以爲信也。雖然，就其説而考之，亦自非大有功德者不可以郊天取配。何則？鯀障洪水，雖疏導失宜，而 40 禹因之以成功，身被殛死，故

[一] 禮文：原倒，據《長編》卷二四〇乙。
[二] 大：原作「太」，據《國朝諸臣奏議》卷八七改。
[三] 祭：原作「帝」，據《國朝諸臣奏議》卷八七改。

夏人郊之。冥業有其官，而死於水，故商人郊之；后稷粒食之功被於萬世，故周人郊之。今未見有冥、稷之功，而欲同冥、稷之祀，臣竊以爲非宜也。漢高祖之得天下，與商、周異，故太上皇不得爲始封；而光武之興，不敢尊舂陵，而祖高帝。景皇帝，唐室始封之君；而元皇帝，神堯之父也。高祖之時，以景皇帝爲配，而太宗之初，已奉高祖於圜丘，景皇帝不得預郊天。其後杜鴻漸等復請以景皇帝郊配天地，黎幹力詰其非禮而正之。夫景皇帝親受唐國之封，且不得配天，則未嘗啓有土宇，而欲以爲始祖，臣亦慮其難矣。恭惟太祖皇帝削平禍難，功格上天，百餘年間，天下之人涵泳生養，而安樂於無事者，太祖之恩德也。今天下惟知尊奉太祖，而乃欲替其親郊配天之祀，豈厭於人情哉！今議者遂將斥絶唐、漢，上法商、周，此臣所謂慕古而違當世之宜者也。太祖皇帝受周禪，僖祖始被追尊，而建隆之郊，配以宣祖，僖祖不得預焉。夫以太宗、真宗、仁宗、英宗之世，未嘗郊配僖祖，而陛下一日隆而祀之。蓋有所隆者必有所替，今使太祖之禮有替於四宗之時，此豈陛下孝思之心哉！此臣所謂因文而失沿情之實者也。夫非所居而祀之，則神有所不受；非所宜而配之[一]，則天有所不饗。所謂郊而配天者，以天於萬物，其德不可形容，故人君之有大功德，被生靈而施後世者，謂足配之而已。今僖祖之德不昭見於生民，不明被於後世，乃欲以齊后稷之廟，當始祖之禮，臣恐僖祖之神非所居而不受，上帝之靈非所配而不饗。神不受，天不饗，非陛下所以尊祖事天之意也。陛下爲太祖子孫，繼太祖基業，據南面之尊，而饗四海九州之奉者，皆太祖皇帝之所授也。則今日之所尊事[二]，宜莫加於太祖矣。或曰：禮，别子爲祖，契、稷皆帝嚳之子而得姓者，故商、周以爲祖而奉之，今宋自僖祖爲始祖。臣曰：是又不然也。若以得姓者爲祖，則趙之得姓遠矣。自造父封於趙城，而趙襄始得姓。今若必推考其先世，則遂欲上祖趙襄，其可乎？其不可明矣。或又曰：今朝廷但欲存僖祖爲始祖耳，至於祀天爲配，亦不輕議。臣曰：是不可也。今既以僖祖爲始祖，祖必配天。僖祖配天，則太祖之祀替矣，此臣所謂不可者也。或又曰：今毁僖祖之廟，藏其主夾室，而下祔子孫，可乎？臣曰：是不然也。臣聞神道尚右，今太廟一堂，夾室在西，祧主藏室中，而居順祖之右，固已順矣，蓋非所謂下附子孫之室而替其尊也。必猶以爲不可，則其制有可爲者。今欲乞特爲僖祖之室，置祧主其中，由太祖而上親盡迭毁之主皆藏之僖祖之室。當禘祫之時，以僖祖之主權居東向之位，太祖之主順昭穆之列而從之，取其毁廟之主而合食焉，則僖[41]祖之尊自有所申。此韓愈所謂祖以孫尊、孫以祖屈之義也。若以僖祖立廟爲非，

[一]配：原作「祀」，據《國朝諸臣奏議》卷八七改。
[二]「所」下原有「授」字，據《國朝諸臣奏議》卷八七删。

則周人別廟姜嫄〔一〕，不可謂之非禮。今以陛下之時，因情立禮，取聖人之制，爲萬世法，不亦美歟？事與商周有殊，禮文從而亦異〔二〕，此臣所謂先王之禮本人情，而損益變正之不同者也。如曰不然，臣恐違古今之義，逆天人之情，而天地祖宗之神靈有所不饗也。伏惟陛下聰明仁孝，以宗廟重事，恐其於禮小有乖違，故令下兩制臣寮參議。陛下苟以臣言爲可用，伏乞裁自聖斷；如或猶以爲疑，乞送禮院同參論。臣竊惟宗廟朝廷大禮，反復思慮於心，有所未安，不敢苟立異說。伏望陛下少加採納。」

詔以（組）〔維〕、絳等二狀并固議下太常禮院，同郊配一處詳定以聞。秘閣校理王介上議曰：「凡物無窮，而理有限，以有限制無窮，此禮之所以起，而天子所以七廟也。七廟，據其世數之上下，迭毀而七也。今夫自考而上何也，必曰祖；自祖而上何也，必曰曾祖、高祖〔三〕。自高祖而上則又何也，必曰不及見也，則聞而知之者也。今欲祖其祖而追之不已，祖之上又有祖，則固有無窮之祖矣。聖人制爲之限，此天子七廟所以自考廟而上，而顯考之外必祧也。自二祧而上，惟始封君而必祖也。借無始封之君，則亦祖受命而王者耳。如祖之，臣見其以有八廟，未見其所謂七也。七廟自顯祖之外而祧，亦猶九族至高祖而止也，皆以禮爲之界也，五世而斬故也。喪之三年也，報罔極之恩也；以罔極之恩爲不足報，則固有無窮之服乎？何以異於是？故喪之罔極而三年也，族之久遠而九也，廟之無窮而七也。伏惟我朝宗廟，英宗之廟則考廟也，仁宗則王考廟也，真宗則皇考廟也，太宗則顯考廟也，太祖則祖考廟也。宋無始封之君，固以太祖爲祖考，理勢然也。以太祖爲祖考，則僖祖之廟疑非契、稷始封之比。當太祖之時，固宜在四親廟；當陛下之今日，世數差遠，在顯考之外，則理所宜祧者也，或亦爲壇者也。設宜壇而祧之，然且不可，況曰不祧者乎？臣愚以爲，當今僖祖，以《祭法》格之，宜在二祧之域，不宜不祧決矣。如顯考外而不祧，臣疑《祭法》非先王法也。或詰臣曰：今者遷僖祖之主，藏之夾室，替祖考之尊而下祔于子孫，禮乎？臣應之曰：何必夾室也，固有祧廟存焉。謹按《守祧》『掌守先王先公之廟祧』，又曰『其廟則有司修除之，其祧則有司黝堊之。』以此言之，則祧固有廟明矣。今以僖祖之主，假創廟焉，又何必下祔子孫之夾室也？如朝廷未暇創祧廟，則姑以僖祖之主專藏西夾〔四〕，子孫之主藏之東夾，亦豈替其尊也？或曰：禮，不王不禘，王者禘其祖之所自出，以其祖配之。商、周雖祖契、稷、湯、文，然猶不絕嚳也。宋既祖太祖矣〔五〕，亦可以絕僖祖乎？臣對曰：是祧也，非所謂絕也。猶有祧【42】廟

〔一〕嫄：原作「源」，據《國朝諸臣奏議》卷八七改。
〔二〕文：原作「之」，據《國朝諸臣奏議》卷八七改。
〔三〕高祖：原脱，據《長編》卷二三六補。
〔四〕「姑以」原作「始」，據《長編》卷二三六改。
〔五〕既祖：原作「既主」，據《長編》卷二三六改。

焉，亦有追饗焉，顧遠之於無事，禘祫而後及之爾。謹按《祭法》：有虞氏禘黄帝而郊嚳，祖高陽而宗堯；商人禘嚳而郊契，祖冥而宗湯〔一〕；周人禘嚳而郊稷，祖文王而宗武王。舜繼堯之大統，此所以祖堯之父也；周則不然，於稷始封之祖也，非獨廟之，又從而郊之，重之也。於嚳則遠祖也，非獨不廟焉，禘而後及之爾。抑禘嚳者自有虞氏，商人祖之，此周之所以不立嚳廟，而獨廟姜嫄也。彼商、周之於嚳，禘而後及之，然則今之僖祖亦以禘祫而後及之，不亦可乎？或又難臣曰：今者禘祫，敢屈僖祖之祧就太祖廟乎？臣又將應之曰：若以周人不立嚳廟，而曰禘嚳而郊稷，既不立廟，未知禘〔於〕何所？王者禘其祖之所自出，則亦就稷廟而禘嚳，其以稷配之乎〔二〕。由此觀之，是謂屈祖之伸，伸孫之屈，殆乎正之變也。若以太祖之主從僖祖之祧，此則祖以孫伸，孫以祖屈，比之屈伸而伸屈，殊有間矣。此退之之議禘祫所以獻祖居東嚮之位〔三〕，景皇從昭穆之列也。此傳所謂子雖齊聖，不先父食之義也，是亦變之正也。今者之議，將取正之變乎？則亦取變之正乎？是亦取其變之正也。況太廟一歲而數祭，禘祫數年而後及，如此，則太祖之尊一歲而屢饗，遠祖之尊數歲而一伸，於以求之禮法，參之神道，質之人情，是亦變之正也。今者之議，苟祧僖祖而祖太祖，則如是可也；苟不祧僖祖，則是太祖啓運立極、聖神英武，爲宋子子孫孫立萬世無窮之基本，而不得專饗東嚮之尊〔四〕，臣恐宗廟神靈未安於此也。伏惟陛下聖神仁孝，聰明睿哲，放古而蹈道，達權而知禮〔五〕。以宗廟大事小差失禮〔六〕，則得過乎鬼神，而議乎後世，於是乎廣謀從衆，下之兩制，示不專輒。臣雖非兩制，然而目睹國家大議，其容噤嘿？自非思慮之熟，亦未始輕著于篇。敢以前之言，輒貢愚瞽。」議格不下。《事類合璧·禮經考索》：祫禘之祭，亦嘗原其所以乎。禘者，禘其祖之所自出，而謂之追饗；祫者，自即位朝廟始，而謂之朝饗。王者饗及七世，推親以及祖，推祖以及始祖，四時各于其廟祭之，於是有祠、禴、嘗、烝。既有祠、禴、嘗、烝矣，而毁廟之主不及，猶以爲未也，緣生有合族綴食之思，乃爲始祖之廟，合毁廟、親廟之主而祭之，故於是乎有祫祭焉。既祫矣，而遠祖又有所未及，猶以爲未也，又推其上，而各禘其祖之所自出者而祭之，故於是乎又有禘祭焉。至此則仁之至、義之盡也。然禘之所自，以其祖配，若舜、禹祖高陽，高陽世系出自黄帝，則虞、夏禘黄帝，以高陽氏配。商祖契，出自帝嚳，則商人禘嚳，以契配。周祖文王，亦出自嚳，故周人禘嚳，以文王配。四代世系所出者明，故追祭所及者遠也。漢魏以來，世系不明。漢自太上皇以前無聞〔七〕，故自高祖以上，唯見太上皇一世而已。魏自處士君而上 43 亦無聞〔八〕，故明帝止事高祖之父

〔一〕冥：原作「契」，據《長編》卷二三六改。
〔二〕其以：原倒，據《長編》卷二三六乙。
〔三〕「議」原作「義」，「嚮」原作「饗」，據《長編》卷二三六改。
〔四〕饗：原作「嚮」，據《長編》卷二三六改。
〔五〕達：原作「遠」，據《長編》卷二三六改。
〔六〕大事小差：原作「大小差事」，據《長編》卷二三六乙。
〔七〕「太」原脱，「聞」原作「間」，據《長編》卷三一八補改。
〔八〕聞：原作「間」，據《長編》卷三一八改。

處士以下五世而已〔一〕。劉氏出於劉累〔二〕，而漢不禘堯〔三〕；曹氏出於陸終之子安，而魏不禘漢相國曹參〔四〕，良以譜諜不明故也。恭惟藝祖踵漢唐故事，祭四親廟，惟僖祖而上所自出者譜失其傳，有司因仍舊説，三年一祫，五年一禘。禘與祫皆合群廟之主綴食於始祖，禘祫之時不同，而禮無異，訛舛莫甚焉。國家世系與虞、夏、商、周不同，既求其祖之所自出而不得，則禘禮當廢。此元絳所以言之於先朝，而先朝所以從其言矣。惟四時之祭僅行于原廟，君子思古，安得不歎息於(期)〔斯〕云！　祖宗配饗之説有三：有以郊祀而配饗者，有以明堂而配饗者，有以禘祫而配饗者。周人郊祀后稷以配天，是郊祀之配饗也。周公宗祀文王於明堂以配上帝，是明堂之配饗也。虞夏禘黄帝，祖顓(帝)〔頊〕而宗堯、禹；殷、周禘嚳祖契而宗湯，祖文王而宗武王，是禘祫之配饗也。是禮也，雖用之於配饗也有不同，而其所以爲尊祖敬宗之意則一而已矣。自時厥後，如用之於郊，而以始祖配；用之於明堂，而以嚴父配；用之於禘祫，則禘其祖之所自出，而以其祖配，皆是也。其他如人臣配食於祖宗，則以其有功於國家也；賢人配食於先聖，則以其有功於斯道也。因以附見於其末云。

十月十一日，同判太常寺兼禮儀事張師顔、同知禮院張公裕、梁燾等議曰：「伏以天下大禮莫重於宗廟，崇孝事神，以照臨四海，是以聖王慎之，必務極其至當。伏惟僖祖神主祧藏夾室，於禮不順，有司失之矣，宜其輔臣建立，明詔訪逮，垂爲萬世法。然議者因其藏主有失，遂欲推爲始祖，臣等敢以此爲議。昔者商、周之興，本於契、稷，考諸前載，其指有二，曰因其始封、蒙其功德也。契有大功，始受封國，十有餘世，世祀不失，至湯而有天下，修其封國，舉天下之大而謂之商者，由契以致之也。稷有大功，始受封國，十有餘世，世祀不失，至武王而有天下，修其世祀，因其封國，舉天下之大而謂之周者，由稷以致之也。然則契、稷爲商、周之祖，其傳已久，其禮素定，後世固無得而易之矣，奉之爲太祖，以主廟祀，有以盡一時之宜也。《詩》之《長發》言商家興發之久〔五〕，歷虞夏之世，其來長遠，《昊天有成命》言后稷已有王命，《生民》、《思文》皆歌后稷之功，傳稱禹，稷躬稼而有天下，不可謂爲祖不因功德也。後世受命之君，功業特起，不因先代，則親廟迭毁，身自爲祖。鄭康成云：夏太祖無功而不立，自禹與二昭二穆耳。唐張薦云『夏后以禹始封，遂爲不遷之祖』，是也。若始封世近，上有親廟，則擬祖上遷，而太祖不毁。魏祖武帝，則處士迭毁；晉祖宣帝，則征西迭毁；唐祖景帝，則弘農迭毁〔六〕。此前世祖其始封之君，以法契、稷之明例也。既已法契〔七〕、稷矣，則上之親廟不得不毁，勢當然也。借使魏、晉欲不 44 祖武、宣，而越取處士、征西，不惟上推世數未知更當及於何人，且其如始封何？唐有天下，因以爲法。韓愈有言，『事異商周，禮從而變』，臣等取之矣。要之，始封世近，則

〔一〕「止」原作「上」，「五」原作「立」，據《長編》卷三一八改。
〔二〕累：原作「系」，據《長編》卷三一八改。
〔三〕堯：原作「曹」，據《長編》卷三一八改。
〔四〕相國曹參：原脱，據《長編》卷三一八補。
〔五〕發：原作「廢」，據《長編》卷二四〇改。
〔六〕弘：原作「洪」，據《長編》卷二四〇改。
〔七〕法：原作「發」，據《長編》卷二四〇改。

親廟不可不立；若特以親廟及遠，便爲始祖，舍始封而抑之，則古未嘗聞之也。晉琅邪王德文曰：『七廟之義，自由德厚流光，饗祀及遠，非是爲太祖申尊祖之祀。』其説是也。禮，天子七廟，而太祖之遠近不可以必，故但云『三昭三穆，與太祖之廟而七』，未嘗言親廟之首必爲始祖也。國家治平四年，以僖祖親盡而祧之，奉景祐詔書，以太祖皇帝爲帝者之祖，是合于禮矣。而議者曰：商周之祖自以别子之故，非以有功與封國爲輕重。是不然也。别子之法，自謂公子不繼世，故子孫爲大夫、士者祖之，百世不遷，非天子諸侯之禮也。使湯、武但爲諸侯，則尚不祖此别子〔一〕，况天下之君而可用大夫、士之法乎？若夫禹不先鯀，則所謂『子雖齊聖，不先父食』，自以正文公之逆祀，非尊祖之論也。唐仲子陵所謂安知非夏后廟數未足之時，而言禹不先鯀邪？伏惟宋之爲宋，由太祖皇帝應天受命，首創洪業，建大號於天下，異乎商、周之爲商，周可知也。僖祖雖爲聖裔之先，而有廟直由太祖，親盡則遷，古之正義。今欲以有廟之始爲説，援而進之〔二〕，以爲始祖，臣等固疑其與契、稷異矣。使契、稷本無功德，初不受封，引以爲據，庶其或可；若其不然，臣等不得判然無疑也。設欲必據此論，臣等又有可言者焉：蓋三昭三穆是不刊之典、一定之論也。國初張昭、任徹之徒不能遠推隆極之制，因緣近比，請建四廟，遂使天子之禮下同諸侯。若使廟數備六，則更當上推兩世，而僖祖次在第三，亦未可謂之始祖也。若謂世次不可推，則斯言也，詔旨所不著，史臣所不録，歷百餘年莫知當時之實，不敢以私意逆推而言也。謹按建隆四年親郊，崇配不及僖祖。開國以來，大祭虚其東向，斯乃祖宗已行之意也。自祖宗以來，不以太祖之位易之，今而易之，恐失祖宗之意矣。巍巍太祖，如神如天，垂祚萬世，無以云報，奉之以爲帝者始祖，於禮無不宜者。或謂《儀禮》，諸侯及其太祖，天子及其始祖之所自出，今謂始封爲太祖，乃諸侯制也。臣等以爲，遠祖受封，子孫世襲，親雖盡而廟不毁，是諸侯及其太祖也。若始封之君既已爲其國之祖矣，後世子孫自諸侯而爲天子，則始祖不易，理勢自然，是謂天子及其始祖。若必求太微之精、神靈之感，謂爲始祖所自出，將見遷就其説，奇譎無已，彌失聖人之意矣。唐神龍初議云：既立七廟，須崇始祖。而張齊賢云：始（神）〔祖〕即太祖，太祖之外更無始祖。此前儒講之熟矣。大抵契、稷不以功德爲祖，無必然之論；特起之君自爲一代之祖，無不可之理。若乃藏主未順，宜必改 45 定。蓋夾室者，子孫廟之偏室，非廟之正也。議者謂神道尚右，失其旨矣。然則僖祖之主，必有所歸。按《周禮・守祧》：『掌守先公先王之廟祧，其廟則有司修除之，其祧則守祧黝堊之。』所謂廟者，后稷、文、武諸廟也；祧者，所藏先公先王之遷主也。

〔一〕則：原作「明」，據《長編》卷二四〇改。
〔二〕援：原作「扳」，據《長編》卷二四〇改。

先公遷主，藏於后稷之廟。僖祖猶周之先公也，宜有藏主之祧，雖無始封遠祖上爲之主，而先王之祧不可以闕。臣等參詳，乞畧倣此制，築別廟以藏之，大祭之歲，祀於其室。太廟則一依舊制〔一〕，虚東向之位。郊配之禮，仍舊無改，事之宜而情之順也。魏晉及唐，嘗議遠廟之主矣。魏鍾繇、高堂隆、衛臻皆當世名儒，並云處士當遷。故景初之制，謂三祖不毁，其餘四廟，親盡則遷，一如后稷、文、武廟祧之禮。晉永和中，尚書議云：周人之王，太祖世遠〔二〕，故遷有所歸。今晉廟，宣帝爲主，而四祖居之，是屈祖從孫也；祫祭在上，是代太祖也。范宣謂可別築一室，以居四主，四主迭遷〔三〕，則宣祖位正矣。自虞喜、劉詡、韋泓、王松之〔四〕、蔡謨之徒並同其議。唐陳京議，請據魏晉舊制，搆築別廟，以藏獻、懿，柳冕、王紹等七十餘人亦同其説。雖卒藏於興聖廟，然本無異於別室也。惟顔真卿引蔡謨『權居東向』之一句，而不本其改築之議〔五〕，獲譏於時。此前世之論，皆有考據，本於經意，不敢謂後世之史而一切黜之也。《記》曰『禮雖先王未之有，可以義起』，又曰『亡於禮者之禮』，況有前人商榷盡理之論乎？或曰：別廟而祭，非所謂合食也。臣等應之曰：夾室非便，當爲別廟，則既正其大節矣〔六〕。合食、分食，要皆孝饗之道，但以於屬既尊，不可寘昭穆之列，依准前代，祭之別廟，得禮之變，復何嫌哉？若云不可分食，當合於太廟，則不唯永虚東向，且使下從子孫，孰爲得失？是則僖祖別藏，列聖不動，神靈安妥，情文皆得，其於義也合矣。恭惟陛下仁孝天成，尊事宗廟，古之盛王所不逮也。臣等學術淺陋，討論非長，徒能述遵朝廷正失之意〔七〕，別白議者未通之論，冀以稱上聖因情制禮之道焉。惟陛下幸留神詳擇。」

同知太常禮院蘇棁議曰〔八〕：「臣伏聞天下之大義莫尚乎尊祖，天下之大事莫重乎宗廟之祀。故有天下者，推尊尊之義，以及乎上治祖禰〔九〕，下以遺萬世法，盛德之舉也。王者必及其始祖之所自出〔一〇〕，所以別於諸侯也。今聖朝未有始祖之祀，於大典禮猶有所闕，故相臣以爲言，陛下留聽而善之，復下訪于羣有司。豈非以宗廟爲甚重，改作爲至難，極嚴恭寅畏之意，欲博問而盡臣下之慮乎？而臣末學小知〔一一〕，曷足以上當詢謀！敢不論次其所聞，宜究其所思，惟陛下擇焉，幸甚幸甚！伏以三代廟數，雜見於經，其詳不可得而推。先儒謂夏后五廟，商人六廟，周人

〔一〕太廟：原作「太祖」，據《長編》卷二四〇改。
〔二〕「太祖」下原有「世祖」二字，據《長編》卷二四〇删。
〔三〕四主：原脱，據《長編》卷二四〇補。
〔四〕之：原作「子」，據《長編》卷二四〇改。
〔五〕不：原作「下」，據《長編》卷二四〇改。
〔六〕正其：原作「其正」，據《長編》卷二四〇乙。
〔七〕失：原作「大」，據《長編》卷二四〇改。
〔八〕太常禮院：原作「禮院太常」，據《長編》卷二四〇乙。
〔九〕治：原作「始」，據《長編》卷二四〇改。
〔一〇〕祖：原脱，據《長編》卷二四〇補。
〔一一〕臣：原作「求」，據《長編》卷二四〇改。

七廟。竊惟先王之道，未嘗不同其歸，而制作名數，不能無小變損益以從時者〔一〕，其於尊46嚴祖考、稱情立文之意則一也。至於立廟或五或六或七者，所因之迹有隆殺，故制禮以報之，不得而同也。是以殊時者不相沿樂〔二〕，異世者不相襲禮，欲其事與時並、名與功偕故也。秦漢而下，典禮廢缺，多不足法，而猶有能適變合情，足以便於一時而已。聖朝追原先帝事祖之意，欲盡傳聞之所及，止於其所不及，而因奉以爲始祖，又以正神靈之班，尊尊之至也。臣伏思，僖祖與商、周之祖，雖詒謀隱德無所先後，而時有汙隆，道有顯晦，故其迹亦緣而少異。謂宜追崇之禮，因小有所損益，庶乎稱情立文，而爲之極，以遺萬世不刊之法也。若乃七世之廟，必欲奉先尊本，雖隆于夏商可也。若太廟之右特立僖祖一廟，則祖考不祔於子孫，此所謂有疏而不絕，有遠而無遺，因情制禮，而不踐迹者，類於是矣。臣維、臣固謂夾室在右爲尊於正室，不思之甚，非臣之所敢聞也。至於郊配之禮，在太祖之世嘗行之矣。自太祖至于英宗，不復追配，而奉宣祖崇配。《記》曰：『有其舉之，莫敢廢也。』而臣詳觀建議之文，亦未嘗及追配之說。如臣之愚，謂仍舊便。臣再詳祖廟之制，設若聖朝不欲于太廟興作，而務崇尚簡質，追迹古始，而參用近代之法，庶乎易行，則有唐貞元以懿、獻二祖之主祔于興聖、德明之廟，蓋尊咎陶、武昭，以爲遠祖之廟，故升懿、獻，於尊卑爲順也。臣又伏見《外傳》曰：『成天地之大功者，子孫未嘗不章，虞、夏、商、周是也。』《史記》載趙氏之祖出於栢翳，佐大禹平治水土，事虞馴育上下鳥獸，皆有功。其後造父事周穆王爲御，以救國中之亂，而受趙城之封，子孫因以爲氏。今景靈聖祖，每歲陛下躬行酌獻之禮，亦近於興聖、德明之類。若升祔僖祖，或因以祀栢翳、造父，如唐德明、興聖之比，則不爲下祔於子孫。雖不合經，而免於瀆祖，亦因時制禮之道也。伏緣宗廟重事，非小臣所能詳究，敢乞聖聰垂聽，咨訪大臣，而慎用之。若猶以爲未安，則臣又聞，古者有大疑必謀及卿士、龜筮、庶人，所以盡人神之意也。卿士者，謀於人者也；龜筮者，謀於神明者也。今朝廷未有龜筮之官，宜若可舉而行。而又自咸平至於有唐，歷朝有宗廟疑議，必下尚書省集臺省諸司百官會議，而後朝廷斷而從之。乞以此二者付有司檢詳施行。臣陋儒淺學，智慮止於其所聞見，至於通變達節，乃聖哲之任，非愚臣之所及也，惟陛下裁之。愚臣伏見《唐會要》：開元十年，明皇特立九廟，獻祖復列於正室，以備九室，禘祫猶虛太祖之位。則是以始祧而藏於西夾室非便，故復立廟，正與僖祖事體相類。」

同判太常寺兼禮儀事周孟陽、同知太常禮院宋充國〔三〕、禮院檢詳文字楊傑議曰：「竊以宗廟重事，前代闕

〔一〕時：原作「事」，據《長編》卷二四〇改。
〔二〕殊：原作「昧」，據《長編》卷二四〇改。
〔三〕充：原作「克」，據《長編》卷二四〇改。

疑，不質諸經，難以折衷〔一〕。今檢按《儀禮》、《禮記》、《周禮》、《毛詩》經傳，47具如後。按《儀禮》曰：『都邑之士則知尊禰矣，大夫及學士則知尊祖矣，諸侯及其太祖，天子及其始祖之所自出。』注云：『太祖，始封之君。始祖者，感神靈而生，若稷、契也。』疏云：『其始祖所由出，謂祭所感生帝〔二〕，還以始祖配之。王者之先祖皆感太微五帝之精以生，則不止后稷與契而已，其實帝王皆有所感而生也。天子始祖、諸侯太祖並於親廟外祭之。』臣等看詳：古制，王者宗廟有始祖、太祖之別，諸侯則止於太祖，無始祖也。按《毛詩・大雅・生民》之序曰：『《生民》，尊祖也。后稷生於姜嫄，文、武之功起於后稷〔三〕。』《箋》云：『周之始祖，其生之者是姜嫄也。』《正義》云：『周始祖，后稷也。周以后稷爲始祖，文王爲太祖〔四〕。《雝》禘太祖，謂文王也。后稷以初始感生，謂之始祖，又以祖之尊大，亦謂之太祖，《周語》曰「我太祖后稷之所經緯」是也。若文王以受命之大，唯得稱太祖，不得言始祖也。』又按《周頌・雝》之序曰：『《雝》，禘太祖也。』注云：『太祖謂文王。』《正義》云：『《祭法》：禘嚳而郊稷。郊謂祭天圜丘也。《大傳》曰：王者禘其祖之所自出。禘謂祭感生之帝於南郊也。知太祖謂文王者，以經云假哉皇考，又言文武維后，是此皇考爲天下之人，后明非后稷；若是后稷，則身非天子，不得言維后也。』又其詩曰：『既右烈考〔五〕，亦右文母。』注：『烈考，武王也；文母，太姒也。』臣等看詳：周以后稷爲始祖，文王爲太祖，與《儀禮》之文相爲表裏。又按《禮記・大傳》〔六〕：『禮，不王不禘。王者禘其祖之所自出，以其祖配之。』注：『凡大祭曰禘。大祭其先祖所由生，謂郊祀天也。王者之先祖皆感太微五帝之精以生，皆用歲之正月郊祭之，蓋特尊焉。《孝經》曰郊祀后稷以配天，配靈威仰也；宗祀文王於明堂以配上帝，汎配五帝也。』《正義》云：『此禘謂郊祭天也。然郊天之祭，惟王者得行，故云不王不禘也。』臣等看詳：王者始祖當配祀感生帝，故周郊祀后稷，配靈威仰也〔七〕。按《祭法》曰：『夏后氏禘黄帝而郊鯀，祖顓頊而宗禹；商人禘嚳而郊冥，祖契而宗湯；周人禘嚳而郊稷，祖文王而宗武王。』注云：『禘、郊、祖、宗，謂祭祀以配食也。此禘謂祭昊天於圜丘也。祭上帝於南郊曰郊。』《正義》云：『必知此是圜丘者，以禘文在於郊祭之前，郊前之祭惟圜丘耳〔八〕。』臣等看詳：夏禘黄帝，商、周禘嚳，蓋圜丘之禘也。是冬至圜丘，唯身饗天下者得以配焉。按《周禮・大司樂》：『冬日至，於地上之圜丘奏之，若樂六變，則天神皆降，可得而

〔一〕難：原作「雖」，據《長編》卷二四〇改。
〔二〕生：原脱，據《長編》卷二四〇補。
〔三〕「文武」句：原脱，據《長編》卷二四〇補。
〔四〕祖：原作「宗」，據《長編》卷二四〇改。
〔五〕右：原作「又」，據《詩經》原句改。
〔六〕「大」原作「太」，據《長編》卷二四〇改。
〔七〕配：原脱，據《長編》卷二四〇補。
〔八〕之：原作「于」，據《長編》卷二四〇改。

禮。』注：『周人禘嚳而郊稷，謂此祭天圜丘，以嚳配也。』疏云：『王者皆以建寅之月，郊所感生帝，還以感生祖配之，若周郊，以后稷配之。郊與圜丘，俱是祭天之禘，郊之禘以后稷配，圜丘禘以嚳配。』臣等看詳：周圜丘以嚳配，祀感生帝以后稷配，與《禮記》、《儀禮》、《毛詩》經傳相爲表裏云。按《守祧》：『掌守先王先公之廟祧。』注云：『遷主所藏曰祧，先公之遷主藏於后稷之廟，48先王之遷主藏於文武之廟。』疏：『太王、王季之主不可入文武祧〔一〕，亦當藏于后稷廟也。』臣等看詳：先公遷主于后稷之廟，是祖考遷主不可下藏于子孫夾室。臣等參詳諸經傳，古者天子必尊始祖，配祀感生，蓋以追崇統系本始，非謂推有功也。諸侯則不然，但推始封之君以爲太祖，而不及始祖也。是以周有天下，上推統系，至于后稷。后稷者，帝嚳之子，周不可以祖帝嚳，故以后稷爲始祖。商推統系，上至于契，契亦帝嚳之子，商不可以祖帝嚳，故以契爲始祖。夏推統系，禹之父曰鯀，鯀者高陽之子，夏不可以祖高陽，故以鯀爲始祖，示與諸侯之制異也。至秦并六國，嬴政自號始皇帝。漢襲秦故，以高皇帝爲太祖之廟，不復如禮經追崇始祖，蓋一用諸侯之制耳。魏晉而下，傳繼弗永，接以衰亂，禮文殘缺。爰及有唐，雖世教綿久，而宗祧制度多不稽古。本朝藝祖平定函夏〔二〕，追立親廟，玉牒帝系，自僖祖始。僖祖而上世次既不可得而知，則僖祖之爲始祖宜矣。伏請依《儀禮》、《周禮》、《禮記》、《毛詩》經傳，以僖祖爲始祖，配祀感（主）〔生〕帝。其舊制以宣祖配侑，今請停其禮。自餘祀饗天地、明堂，祖宗配侑並如舊儀，別無更易，人情禮意，莫不爲順。臣等謹按：商以太甲、太戊、武丁爲三宗，周以文王、武王爲二祧，世世不遷，非三昭三穆之數。兼睹景祐制書〔三〕，太祖爲帝者之祖，太宗、真宗爲帝者之宗，三廟並萬世不遷。宣布天下，以示後世。則順、翼、宣三祖皆在昭穆之內。」

同判太常寺兼禮儀事章衡議曰：「臣竊以宗廟重事，禮經不完，學者所執異見，論議難一，非上聖莫能考。伏惟皇帝陛下天賜睿智，孝通神明，力救時弊，鼎新朝政，而廟祧之序，遷毀未安。覽輔臣之奏，矍然發德音延訪近侍，又屬諸禮官詳慎採擇，務從其當。臣雖學不到古，而職在參論，今請先舉衆說之失〔四〕，然後博考於經，折中其議。一曰：僖祖皇帝在七世之外，禮當祧遷。臣以爲不可。謹按《儀〔禮〕》曰：『諸侯及其太祖，天子及其始祖之所自出。』說者謂太祖，始封之君；始祖，感神靈而生，若稷、契也。故商、周之王斷自稷、契以下者，本統相承，重始也。我太祖受命之初，立親廟自僖祖始。僖祖以上世次不可得而知，則僖祖之爲始祖，與稷、契無以異，其可毀其廟而遷其

〔一〕「祧」下原衍「遷」字，據《長編》卷二四〇、《周禮》賈公彥疏刪。
〔二〕平：原作「乎」，據《長編》卷二四〇改。
〔三〕景：原作「甲」，據《長編》卷二四〇改。
〔四〕「舉」下原有「取」字，據《長編》卷二四〇改。

主乎？二曰：契勤商，十有四世而興，后稷勤周，十有五世而興，以其功之所因，故推以配天焉。今僖祖之烈不昭見于生民，不明被于後世，而欲以所事稷、契而奉之，於古無考〔一〕。臣以爲王者尊本統之祖，德厚者流光，故上推所始，非必有功與封國也。不然，夏后氏何以郊鯀乎？三曰：神道尚右，夾室在西，僖祖神主祧藏于其中，猶處順祖之右，尊卑之次，似亦無嫌。臣又以爲不可。夫替其祖考之尊，下祔于子孫之室，而曰以右 49 爲尚，何以異堂皇正位，卑者都之，而列尊屬于榮廡之間，其可謂之禮乎？四曰：僖祖爲始祖，宜立別廟〔二〕。臣又以爲不可。夫別廟之制，經典無文。周之姜嫄，則今之后廟是也。豈可以始祖之尊，而與后妃爲比乎？五曰：昔者魯立煬宮，《春秋》非之，以其已毁既藏，而遂其失乎〔三〕？五者之說，皆爲非是。臣聞《儀禮》疏義曰：『王者之先，皆感太微五帝之精以生，不止契、稷而已。』《詩序·生民》曰：『生民，尊祖也。』說者謂周以后稷爲始祖，文王爲太祖，故《雝》禘太祖，謂文王也。自古有天下者必尊始祖，秦漢而降，典章殘缺，廟祧遷次始失先王所以尊祖之意。今陛下纂承大統，恭事宗祏，宜正有司之失，以合先王之禮。伏請尊僖祖皇帝爲始祖，而順祖神主在次當遷，此所謂子爲父屈，以定七廟之制。其於郊配，則《禮記·大傳》曰『王者禘其祖之所自出，以其祖配之』，與《儀禮》、《周禮》疏義皆同。說者謂祭感生帝〔四〕，則配以始祖。伏請以僖祖配饗上辛感生帝之祀，而罷宣祖侑神之位，此所謂祖以孫尊、孫以祖屈，以稱祖宗追孝之心。自餘祀饗天地、明堂，祖宗配侑並如舊典，於情文爲順。臣之愚陋，據經納說〔五〕，伏乞斷自天心，詒法萬世。」

判太常寺兼禮儀事宋敏求言：「准中書送下僖祖廟(儀)〔議〕，令太常禮院詳定。緣治平四年先帝祔廟，祧遷僖祖，時忝禮官，係撰祧遷文字，今來詳定，緣有前議，不敢異同，難以預聞。」詔免詳議。

十一月，中書門下言：「准詔，韓維、元絳等及孫固奏議僖祖神主祧遷異同事，送太常禮院詳定以聞。內章衡、周孟陽等請以僖祖爲始祖，配祀感生帝；張師顏等請以僖祖爲別廟；蘇(稅)〔棁〕請以僖祖祔景靈宮者。竊以聖王用禮，固有因循，至於逆順之大倫，非敢違天而變古今。或以夾室在右，謂於宗祏爲尊，或以本統所承，措之別宮爲當，類皆離經背理，臣等所不敢知。伏請奉僖祖神主爲太廟始祖，遷順祖神主藏之夾室。孟春祀感生帝，以僖祖配。如得允當，乞降勅命，下太常禮院詳定儀注施行。」詔恭依。先是上謂王安石曰：「卿前言僖祖事，宜以時裁定。」安石

〔一〕考：原作「古」，據《長編》卷二四〇改。
〔二〕宜立別廟：原作「宜列立廟」，據《長編》卷二四〇改。
〔三〕按《長編》此文亦同。李燾原注：「五曰下當有脫文。」
〔四〕感生帝：原作「所感帝」，據《長編》卷二四〇改。
〔五〕納：原作「法」，據《長編》卷二四〇改。

曰：「此事於先儒無説，於三代亦未有此，但義理當然耳。」已而進呈兩制議，上曰：「昨日韓維引文、武之功起于后稷，以此謂周起于后稷，故推以配天。」安石曰：「經稱文、武之功，非稱后稷之功；稱尊祖，非稱尊有功。言起於后稷者，謂非文、武之功，不能有天下；不能有天下，則不得行祭天之禮。而文、武非后稷焉出，故行祭天之禮，則以后稷配天。此乃所謂尊祖也。」上曰：「維又引王不待大，以爲亦待小國，如何？」安石又曰：「孟子所論，自以湯、文王不待大國然後有天下，何與尊祖事乎？且夏禹郊鯀，禹非因鯀受封然後有天下。前代固有不待有國而王天下者，禹是也，故揚雄以爲禹以舜作土。」上曰：50「鯀治水，或有封國，亦不可知。」安石曰：「若據書傳，即封於有夏氏，曰有姒者，禹也，無與鯀事。」上曰：「尊祖不計有功無功，此理無疑。」安石曰：「萬物本乎天，人本乎祖。王者天太祖，故配天以祖。若以有功，則郊鯀豈得爲有功也？」安石又曰：「維言夾室在右〔一〕，自爲尊處，此尤無理〔二〕。若子孫據正堂，使父祖在偏厢，乃以偏厢爲尊處，豈不悖理？又言至禘祫時，即令僖祖東向。如此，何以遷其主、毁其廟？況古無以遷主東嚮之理。又古者言遷主皆陞合食，今乃是降而合食也。」上曰：「今郊配當如何？」安石曰：「前代郊配亦不一。如商則祖契而郊冥，與周祖文王而郊稷不同。然以理言之，若尊僖祖爲始祖，即推以配天，於禮爲當。先王之制禮，事亡如事存，事死如事生。推太祖之孝心，固欲推宣祖，自宣祖以上〔三〕，其心與太祖宜無以異。即推僖祖配天，必當祖宗神靈之意。」上曰：「宗祀明堂，則其禮當如何？」安石曰：「以古言之，太祖當祀。今太祖與太宗共一世，若迭配明堂，亦於義爲當。」上曰：「今明堂乃配先帝，如何？」安石曰：「此乃誤引『嚴父』之説，故以考配天。《孝經》所謂『嚴父』者，以文王爲周公之父，周公能述父事、成父業，得四海歡心，使各以其職來助明堂宗祀，得嚴父之道故也。若言宗祀，則前代已有此禮。」上曰：「周公宗祀，乃在成王之世，成王以文王爲祖，則明堂非以考配明矣。」又疑僖祖非始祖〔四〕，安石曰：「誠如此。然僖祖與稷、契事既不盡同，即郊與不郊亦無害逆順之理〔五〕，裁之聖心，無所不可。但本朝配天之禮亦不合禮經，以此事未害逆順大倫，故有所未暇釐正。」上曰：「今如何議之？」安石曰：「欲改宣祖，以僖祖〔配〕感生帝。」安石又曰：「孫固言欲爲僖祖立別廟，以比姜嫄。爲祖立別廟〔六〕，自古無此禮。姜

〔一〕維：原作「雖」，據《長編》卷二四〇改。
〔二〕尤：原作「猶」，據《長編》卷二四〇改。
〔三〕宣：原作「僖」，據《長編》卷二四〇改。
〔四〕又：原作「曰」，據《長編》卷二四〇改。
〔五〕即：原作「既」，據《長編》卷二四〇改。
〔六〕「爲祖」下原有「安石曰」三字。按《長編》卷二四〇云：「安石又言：（孫）固謂姜嫄〔有〕別廟，亦欲爲僖祖立別廟，此與韓維意同，自古無爲祖立別廟之禮。」細味前後文意，「安石曰」三字當是衍文，「爲祖立別廟」直爲一句，今删。

嫄所以有別廟者，姜嫄，禖神也[一]，以先妣，故盛其禮，與樂舞皆序於先祖之上。不然，則周不爲嚳廟，而立姜嫄廟者何也？」上曰：「士大夫好禮，以爲己任，故議宗廟事，即務爲紛紛。」馮京曰：「士大夫皆以太祖不得東向爲恨。」安石曰：「野人曰父母何算焉，都邑之士則知尊禰矣，學士大夫則知尊祖矣。詩人稱『奉璋峨峨，髦士攸宜』，則奉宗廟、供祭祀，當擇學士大夫之髦俊者與之從事，豈可以合野人爲當也？」上皆以爲然，故降是詔。於是詔次年正月十一日孟春薦饗太廟，奉安僖祖皇帝、文懿皇后，及祧藏順祖皇帝、惠明皇后。前二日奏告天地、宗廟、社稷、諸陵，於僖祖室祝文兼具所以遷舉之意。

熙寧八年四月十四日，太常禮院言：「朝廷已尊僖祖文獻皇帝爲太廟始祖，今來孟夏禘祀，合正東嚮之位。」詔恭依。

元豐二年十二月三十日，太常禮院言：「唐開元六年，太常以昭成皇太后謚號不應稱『太』，禮部以謂：『入廟稱后，義繫於夫；在朝稱太后，義繫於子。今百司文牒及 51 奏狀恐不合除『太』字。如謚册入陵、神主入廟，即稱皇后。』今慈聖光獻皇后宜依故事，册文初稱大行太皇太后，所上尊謚祔仁宗陵廟，即去『太』字。謚寶宜以『慈聖光獻皇后之寶』爲文。餘行移及奏報並稱太后。」從之。

六年三月二十五日，三省言：「詳定郊廟奉祀禮文所言：『按《儀禮》曰夫婦一體，故昏禮則同牢而食，合巹而飲，終則同〔冗〕〔穴〕，祭則同几，同祝饌。是夫婦一體[二]，未有異廟者也。惟周人以姜嫄爲禖神[三]，而帝嚳不廟，又不可下入子孫之廟，乃以別廟而祭之，故《魯頌》謂之閟宮，《周禮》謂之先妣是也。自漢以來，凡不祔不配者皆援姜嫄以爲比，或以其微，或以其繼而已。蓋其間有天下者起於側微，而其后不及正位中宮，或已嘗正位矣，有所不幸，則當立繼，以奉宗廟，故有祖姑三人則祔於親者之說。則立繼之禮，其來尚矣。始微終顯皆嫡也，前娶後繼皆嫡也。後世乃以始微、後繼寘之別廟，不得伸同几之義，則非禮之意。夫婦，天地之大義，一體而胖合，故聖王重嫡；重嫡，所以重宗廟，非始微終顯、前娶後繼所當異也。恭惟孝惠皇后實太祖皇帝元妃，淑德皇后實太宗皇帝元妃，章懷皇后實真宗皇帝元妃，孝章皇后實太祖皇帝繼后。當時議者或以其未嘗正位中宮，或以其繼，而皆不許其配。若以爲未嘗正位中宮，則懿德皇后亦未嘗正位中宮，已配太宗矣。若以爲繼，則孝明皇后亦繼也[四]，已配太祖矣。而有司因循不究其失，皆祭以別廟，在禮未安。伏請陞祔太廟，以時配享，以稱聖主以孝孫事祖之意。」詔恭依，於是命有司詳具合行典禮。而尚書禮部、太常寺言：「四后陞祔，欲准慶

[一] 禖：原作「媒」，據《長編》卷二四〇、《東都事略》卷八一《元絳傳》改。
[二] 是：原作「曰」，據《長編》卷三三四改。
[三] 禖：原作「媒」，據《長編》卷三三四改。
[四] 孝明：原作「明孝」，據《長編》卷三三四乙。

曆五年孟冬章憲明肅、章懿二后陞祔，禮畢，遍饗太廟，止行陞祔饗禮。其太祖、太宗、真宗三室之中增建祏室四，皆以南爲上。仍用景靈宮奉安神御例，遣重臣行事。册比親祠太廟，用竹，宗室遥郡刺史捧進，而史官讀之。選親王、使相以下爲三獻，宗室正任刺史二員分獻配饗功臣、七祀，陪祠宗室正任以上立班廟庭。告遷神位各用細仗二百人。」並從之，仍詔陞祔四后用綵殿，告遷以宗室行禮，西櫺星門外亦用儀物稱事陳列。七月十二日行陞祔之禮。是月，以陞祔饗廟，不行孟秋薦饗之禮。

元豐八年哲宗即位未改元。八月九日，禮部、太常寺言：「有天下者事七世。伏準嘉祐詔書七世八室之制，今大行皇帝威神在天，崇祔有日，僖祖皇帝爲始祖皇帝，萬世不遷，翼祖皇帝在七世之外，於世次當祧。將來大行皇帝神主祔於太廟第八室。翼祖皇帝、簡穆皇后劉氏神主，依唐故事，祧藏於西夾室，置西壁石室中，列於順祖皇帝、惠明皇后之次。自英宗皇帝上至宣祖皇帝，以次陞遷。其祧藏之主，每遇祫饗，即如典禮。伏緣宗廟事重，故事當下侍[52]從官、待制以上參議。」詔恭依。於是吏部尚書曾孝寬等皆言：當如禮部、太常寺所請，其陞遷之禮、祝告之文與揆日興工之事，當下所屬，並如舊制。從之。

徽宗元符三年五月四日，尚書禮部、太常寺言：「謹按《書》曰『七世之廟，可以觀德』，《禮記正義》曰『父子曰世』，《荀子》曰『有天下者事七世』，《唐志》曰『七世謂從禰以上也』。晉成帝時，宗廟十室，至康帝以成帝之弟承統，不遷京兆府君，始增一室，爲十一室，合於温嶠等諸儒全七世之議。考之歷代，於禮爲宜。將來大行皇帝山陵畢，依禮祔廟。恭惟皇帝陛下祗膺先帝之統，實承神考之世，則太廟之室當從神考皇帝以上至僖祖皇帝，是爲七世。本寺稽參典禮，竊以謂，大行皇帝升祔，宜如晉成帝故事，於太廟殿增一室，候祔廟日〔一〕，伏請以大行皇帝神主祔第九室。故事，當令侍從官、秘書省長貳參議。」

於是權知開封府吴居厚、權户部尚書李南公、禮部侍郎趙挺之、權户部侍郎杜常、徐彦孚言：「看詳七世之廟見於《商書》，後世廟室之數雖增〔減〕不同，至於七世之制，未始有異。若以兄弟爲世，則親親之恩未盡，而廟食已毁，恐非有天下者所以崇事七廟之意。所有太廟殿增一室，欲依禮部、太常寺所請施行。」

翰林學士承旨蔡京言：「竊考《書》稱『七世之廟，可以觀德』，《禮·王制》曰『三昭三穆，與太祖之廟而七』，則七廟之制，自先王以來，於今未之有改。恭惟哲宗皇帝嗣神宗皇帝大統，父子相承，自當爲世。今若不祧遠祖，不以哲宗爲世，則是三昭四穆，與太祖之廟而八，謂宜深考禮經，遷祔如禮。」

吏部侍郎陸佃、黄裳、刑部侍郎郭知章、中書舍人曾

〔一〕祔：原作「附」，據《宋史》卷一〇六《禮志》九改。

肇、天章閣待制樞密都承旨范純禮奏：「謹按《書》曰『七世之廟，可以觀德』，則《禮記》所謂『天子七廟，三昭三穆與太祖之廟而七』也。蓋七世定於廟數之中，不緣所事之神。所謂有天下者事七世云者，特因廟數以經禮言之也。恭惟國朝自僖祖而下至仁宗〔一〕，始備七世，故英宗祔廟，則遷順祖，神宗祔廟，則遷翼祖，三昭三穆，合於典禮。今來大行皇帝於神宗，父子也，如禮官所議，更增一室，則廟中當有八世，四昭三穆，考於典禮，未有合者。況唐文宗即位，則遷肅宗，以敬宗爲一世。故事不遠，在禮無違。將來大行皇帝祔廟，當以神宗爲昭，上遷宣祖，以合古三昭三穆之義。」

郭知章又言：「國家累聖重光，廟祀之制，稽合先王之禮，升遷祧藏之法自有常序。恭以將來泰陵復土，虞主還宮，升祔有日，則大行皇帝升祔於神宗，父子也，昭穆之序，禮無不順。至於祧遷之法，則視親疎遠近之序，當上遷宣祖，以應七廟之制。若夫廟室之數，晉唐以來雖增損不同，然本朝宗廟同堂八室，其制已定。若更增一室，則當有八世，四穆三昭，非禮之正，恐不足以應古義。」詔依禮部、太
53 常寺所請。

門下侍郎李清臣奏：「臣近備位禮部尚書，具見太常禮〔院〕議大行皇帝廟制本末，臣亦爲職事，不可以忽。雖偶蒙聖恩，亟擢入門下省供職，其所上廟制不與簽書，然太常所用古今典禮，臣皆同共考究，委實證定無誤。近覩三省已有定議，竊聞從官准勑覆議，而或紛紛異見。臣竊以天子事七世，父子則稱世，兄弟則稱及。今皇帝陛下以弟承兄統，於大義當自繼神宗爲烈考，大行皇帝升祔廟室，自亦不失推崇之義。而陛下所事之七世，禮合用禰以上數之，及爲七世，則世數方足。若以大行爲世，處之於皇考之位，則遽然祧去宣祖，違背典禮，有異於晉室、唐朝久行之制，考之《公羊》、何休、韋玄成、劉歆、鄭康成、賀循之說，皆不能合。況太祖、太宗以兄弟共爲一世，有嘉祐詔書、名儒議論及祖宗聖繼元從之文具在〔二〕。若如異見之臣所陳者，則不特宣祖皇帝廟當祧去，而太祖皇帝一廟亦在數世之外。若違禮遷毀祖宗，而俯就大行特爲世而已，則《左氏春秋》所謂逆祀者也。在聖朝而行逆祀，使七廟之禮失正，雖誅議臣，恐無益也。臣以謂宜如太常本(義)〔議〕，疾速行下，及時增添大行皇帝廟室，免迫祔廟，而行工作，有不及事。」又奏：「據宗廟之事，於古今典禮果有疑文，則國家於祖宗禮當從厚，難以用薄。不祧宣祖，而增大行廟室，是厚；祧去宣祖廟，違嘉祐詔書，是薄。」送禮部照會施行。

六月二十二日，禮部言：「准修奉太廟使司狀：『准勑，太廟增哲宗皇帝一室。今殿室一十八間，西夾室一間，見奉安順祖、翼祖神主，欲只用東夾室一間奉安哲宗神主。

〔一〕僖祖：原作「僖宗」，據陸佃《陶山集》卷六《元符祧廟議》改。
〔二〕聖繼元從：似當作「聖斷允從」。

詔依。今來已用夾室，未審合與不合增修哲宗一室。』尋據太常寺稱：『若依修奉使司申請，就東夾室奉安哲宗神主，不唯廟室非正，亦於典禮未安。兼諸室各闊二丈九尺，東夾室止闊九尺，合用牙床闊一丈六尺，神帳闊一丈六尺五分，又有行帳、奉神之物，名件不少，其夾室狹隘，不可安設。』緣將來祔廟尚兩月餘，兼已差修奉專使，若於神宗室之東依見今八室制度增建一室，依舊存立夾室，於祔廟前尚可趁辦，庶幾仰稱陛下嚴奉宗廟之意。」詔依已降指揮，仍別造神帳、牙牀等權行奉安。

二十七日，太(卿)常少卿孫傑奏：「臣竊詳國朝宗廟，用東漢故事，同殿異室，乃古之一廟，夾室止藏祧主。考之歷代，即無夾室爲正廟之文。按《禮》：『措之廟，立之主，曰帝。』今先帝神主措之夾室，即是不得祔於正廟，與前詔增建一室之義不同。緣朝旨，近因增建哲宗皇帝一室，遂用嘉祐故事，專置使修奉。今修奉之使却乞夾室奉安神主，亦與元置使之意相違。若以謂修完不及，則去升祔尚有兩月，有司自當竭力應辦。況宗廟重事，升祔大典，固當以時備舉全禮，不可苟就省約。兼朝廷清明 54 閒暇，無不能備禮之由。又若裁損祭器奉神之物，以就狹隘，不唯與諸室不同，而先王祭器制度從此不用。是皆去厚從薄，捨隆取殺，非聖朝之事。竊唯自先帝初喪以來，凡送終之禮，悉從隆厚，若升祔之時不能如禮，恐非陛下崇孝之意。兼若用夾室便爲升祔之室，即祖宗之廟遂無夾室，非禮之正。欲乞檢會太常前議，於神宗室之東依見今八室制度增建一室，及依舊存立夾室，庶於禮意無違。」尚書省言：「大行皇帝祔饗太廟，增室在東，與祖宗並列。緣廟室未備，又定用八月行禮，若旋行告遷神宗已上神主，更修廟室，則期日迫趣，功力不及。故須權宜就太廟夾室，及時升祔訖，旋即增修，豈爲簡薄？比之前代修廟室不及者，權宜設幄幕行事，即今來崇奉，不爲不至。況禮官將夾室地步試列祭具，已無不足，本無可議，而太常少卿孫傑輒爾立異，(妾)〔妄〕有(奉)〔奏〕陳。」詔修太廟使司及禮部、太常寺速依初旨施行。

七月二十四日，奏告太廟八室，述以東夾室安置石室，權行奉安哲宗皇帝神主。並奏告神宗皇帝，述以東夾室安置石室，權行奉安哲宗皇帝神主，告遷權赴齋殿奉安之意。

八月二十三日，詔曰：「蓋聞有天下者事七世，則迭毁之制有常；祖有功而宗有德，則不遷之廟非一。歷觀商周，下逮兩漢，雖禮不相襲，而率由茲義。末予小子，獲奉匕鬯〔一〕，常懼德不足以對越在天，增光前烈。伏以藝祖應天順人，肇造區夏；太宗受命繼代，底定寰宇；真宗以聖繼聖，撫全盛之運，奉太平之業，登岱告成，文物典章，於斯大備。昔在仁祖，並尊爲百世不祧之廟。恭惟仁宗皇帝躬天地之度，以仁治天下，在位四十二年，利澤之施，丕冒四

〔一〕匕：原作「七」，據《宋大詔令集》卷一三八改。

海。早定大策，授英宗以神器之重，措宗社於泰山之安。功隆德厚，孰可擬議！英宗皇帝饗祚日淺，未究施設，奄棄萬國。神宗皇帝以聖神不世出之資，慨然大有爲於天下，興學校，崇經術，勸農桑，寬徭役，禁暴以武，理財以義。凡政令法度有未當於理、不便於時者，莫不革而新之，功業盛大，何可勝紀！羣臣援舊典，數上徽號，然深自謙挹，終抑而不居。規模宏遠，凜凜乎三代之風矣！而廟祏之制，殊未議所以尊崇之典，闕孰甚焉？此朕夙興夜寐之所不敢忘也。宜令禮官稽參商、周、兩漢故事，考定仁宗、神考廟制，詳議以聞。庶成一代之典，以章本朝累聖功德之盛，以副朕爲人子孫顯揚尊奉之意。」

十一月二十八日，尚書禮部言：「奉詔令禮官稽參商、周、兩漢故事，考定仁祖、神考廟制以聞。權太常少卿盛次仲等議：『竊聞親親本於仁，尊尊本於義。世有遠近，則情有隆殺，故廟祧不同，壇墠有別者，所以嚴典禮，示有極也。祖有功，宗有德，所謂没世而民不忘者，故服屬雖盡，而廟食弗殊者，所以昭德垂無窮55也。禮者稱情而立文，非私有厚薄也。謹按《禮記·王制》、《尚書·咸有一德》、《春秋穀梁傳》、荀卿之書皆言天子七廟。則有天下者事七世，親盡則毁，古今之通制也。至於有功德者，宗無常數，故商有三宗，周存二祧，其來尚矣。漢詔羣臣雜議，論者不一，唯大儒劉歆學術該洽，謂宗無常數，所以勸帝者之功德，議者善之。於是以高帝建大業爲太祖，孝文爲太宗，孝武爲世宗。司徒掾班彪世推儒宗，亦以歆之議爲博而篤也。光武立廟洛陽，奉祀不改。至建武十九年，又尊孝宣號曰中宗。明帝推崇光武撥亂中興，更爲起廟，號曰世祖；以元帝於光武爲穆，雖非宗，亦不毁。孝明崇儉，不起寢廟，間祀更衣，肅宗初不敢違，然賜東平王蒼書曰：『思念先帝躬履九德，比於三宗，誠有其美。』卒用太尉憙等奏，上號顯宗。和帝遵孝明故事，亦尊孝章帝爲肅宗，皆世世奉承不毁，率此義也。次仲等竊迹商之三宗，周公舉以戒成王者，其在中宗，寅畏天命，自度治民，祗懼不敢荒寧而已；其在高宗，嘉靖商邦，無時或怨；在祖甲則曰，能保惠庶民，不敢侮鰥寡而已。下逮兩漢，文、武、宣、明、章此數君者，守先王成業，其見諸行事，具載史策，與商三宗較功比德，抑又可知也。已然之事，皆當世宗之，後世稱之，搢紳莊色而議，無敢少損，固非有承絶學千載之後，敻然獨出於百王之上，如我仁宗、神考之聖君若此之盛者也。是宜億萬斯年奉承不怠，請如聖詔，尊崇廟祏，永祀不祧，與天無極。』」禮部言：當如太常寺所議。於是三省表請付外施行，詔恭依。

崇寧二年八月一日，臣寮上言：「伏見李南公元符間自知成都府召爲户部尚書，先帝於南公恩德厚矣。元符之末，韓忠彦、李清臣等用嘉祐故事，專置使司，以修奉哲宗廟室，而南公與内侍閻守懃實總其事。南公心藏觀望，曾不畧行興修，而升祔之時，置哲〔宗〕皇帝于東隅夾室之中，藏之祝板之室，而處之祧主之地。禮官抗議，而莫奪也。緣夾室隘狹，即無神帳、牙牀，所以奉神之物、鼎俎之器皆不能陳列，遂致裁損制度，以就狹小，旋行造設，出於隨宜。褻侮威靈，有同於兒戲，甚非陛下所以崇奉宗廟之意。方是時，李清臣等務快私意，而置先帝於廟數之外，已失禮矣。又況升祔之際，曾不得正廟以歸，而拳屈於夾室之中，至無地以陳祭器，則時饗月祀，神豈安乎？南公忘先帝之恩，而迎合姦臣之議，得罪宗廟，尚逃顯黜。伏望聖慈詳酌，如南公、閻守懃者，欲乞重行竄斥，以正典刑，上以(尉)〔慰〕先帝在天之靈，下以允天下至公之議。」詔令學士院降詔改正。龍圖閣直學士、降授朝散大夫、提舉西京嵩山崇福宮李南公特落龍圖閣直學士，守降授朝散大夫致仕；閻守懃責賀州長史，依舊56全州安置。

五日，詔：「朕獲繼正統，祇紹泰陵，永惟付託之至恩，獨致友恭之大義。始營寢邑，預築廟宮，庀徒而告以時，命使而董其事，庶先升祔，俾訖繕修。而吏不奉承，心懷顧望，遂令愆素，輒請從權，安於殿隅，寓以夾室。祭器不可以陳列，神帷不可以布張，復裁舊規，(猶)〔尤〕失經禮。屬當淵默，弗敢有言，因致闕違，莫能即正。追思至此，感念衋然，適覽彈章，愈傷素志。爰申治國之法，用慰在天之靈。所有元修奉官已行黜責，其元符三年六月二十二日權東夾室安奉哲宗神主指揮，宜改正，更不施行。」

九月十四日，詔：「朕夤奉宗祧，丕式古訓，廟室之制，厥有典常。洪惟哲宗寔繼神考，傳序正統，十有六年。升祔之初，朕方恭默，乃增一室於七世之外，遂成四穆於三昭之間。考禮與書，曾靡有合。比閱近疏，特詔從臣，并與禮官，博盡衆見。列奏來上，援據甚明，謂本朝自僖祖至仁宗始備七世。當英宗祔廟，神考聖學高明，義以斷恩，上祧順祖。暨神考祔廟，又祧翼祖。則哲宗祔廟，父子相承，當爲一世。祧遷之序，典禮可稽。覽之惕然，敢不恭聽。其合行事件，令禮部、太常寺詳議聞奏。」於是禮官言：「祧遷之序，當祧宣祖昭武睿聖皇帝、昭憲皇后杜氏神主，藏于西夾室，居翼祖簡恭睿德皇帝、簡穆皇后劉氏石室之次。當遷之主，每遇祫享，即依典禮。其祧遷祭告、興工擇日，學士院撰祝文，望依故事。」詔恭依。十二月十八日，初從禮官議。

(二)〔三〕年三月二十一日〔一〕，詔：「恩緣義起，禮自情興〔二〕。顧復之念雖深，子貴之崇宜順。躋嚴序列，祇妥神靈。朕惟欽成皇后佐佑神考〔三〕，寔生哲宗，今奉安乃在欽慈之次，循思繼及，義或未安。內中欽(光)〔先〕殿欽成皇后神御置于欽聖憲肅皇后之次，欽慈皇后又次之。所有太廟神主，及將來景靈宮奉安，宜依此施行。詔告中外，明悉至

〔一〕三年：原作「二年」，據《宋史》卷一九《徽宗紀》一改。
〔二〕自：原作「日」，據本書后妃一之二一改。
〔三〕成：原作「承」，據本書后妃一之二一改。

懷。」是日，輔臣進呈手詔，僉曰：「陛下克己以申孝友之義，追念哲宗，升欽成於欽慈之右，孝弟之義盡矣。」上曰：「欽成遭遇神考，寔生哲宗，皆在欽慈之前。朕又承大統於哲宗，雖欽慈之恩，昊天罔極，而禮之情文，欽成不當在下。」僉曰：「伏蒙宣諭，非臣等所及。」

五月二十四日，詔：「朕惟有天下者事七世，古之道也。乃者有司以哲宗皇帝嗣神考，父子相繼，自當爲世，故上祧宣祖於夾室。援經合禮，已依所奏施行。去古既遠，禮文殘缺，諸儒之說不同。鄭氏謂太祖及文、武不祧之廟，與親廟四，并而爲七，是不祧之宗在七廟之內。王氏謂非太祖而不毀，不爲常數，是不祧之宗在七廟之外。歷選列辟，時措之宜，因革各異。惟我祖考功隆德大，萬世不祧者，今已五宗，則七廟當祧者二宗而已。遷毀之禮，近及祖考，殆非先王尊祖奉先之意。禮以義起，稱情爲本，可令所司集官議定，詳具典禮以聞。」禮部 57 言：「竊詳先王之禮，廟止於七，後王以義起禮，乃有增至九廟者。詳酌典故，當自朝廷。」於是降詔曰：「有天下者事七世，古之道也。惟我治朝，祖功宗德，聖賢之君六七作，休烈之盛，軼于古先。尊爲不祧者，至于五宗，遷毀之禮，近及祖考。永惟景祐欽崇之詔已行，而不敢踰，曁我元符尊奉之文既隆，而不可殺，雖欲如古，莫可得也。博考諸儒之說，詳求列辟之宜，顧守經無以見其全，而適時當必通其變。爰援衆議，肇作彝倫。推恩以稱情而爲宜，則禮以義起而無愧。是用酌鄭氏四親之論，取王肅九廟之規，參合二家之言，著爲一代之典。自我作古，垂之將來。庶安宗廟之靈，以永邦家之福。其合行典禮令禮部、太常寺詳議奏聞。」又詔曰：「朕誕膺文武之緒，祗遹前人之光，肆纂弘休，肇爲九廟，用丕闡於彝訓〔一〕，爰敷告於庶邦。仰惟翼祖在天，毓瑢源而濬發；安陵有衍，粲皇武於始基。然循七世八室之規，則數踰於古；遵四廟五宗之法，則禮未應遷。是用仰奉二祧之靈，復還列聖之次。雖豐不昵，雖遠當隆。豈惟稽三代之徽猷，蓋亦用本朝之故事。宗廟體大，朕何敢專，惟卿士之協同，考典章而具列。庶靈承於廟祏，以上妥於威神。其已祧翼祖、當祧宣祖廟並復。」

四年正月二十六日，禮部言：「已降詔旨，奉僖祖睿和皇帝神主爲太廟始祖，及翼祖神主復還本室。所有二帝忌辰，及文懿皇后、簡穆皇后忌，並依大忌施行。」詔恭依。

高宗皇帝紹興元年五月十三日，太常少卿蘇遲等言：「大行隆祐皇太后神主祔廟，合於太廟哲宗室。緣昭懷皇后神主已祔廟室，其祔廟次序合取自朝廷指揮。」禮部、太常寺擬定合升祔在昭懷皇后神主之上，詔恭依。

十五日，刑部尚書、兼權禮部胡直(儒)〔孺〕等言：「准詔，以大行隆祐皇太后登配廟廷，令禮部、太常寺討論合行冊禮。竊考國朝追冊母后典故，皆由前日未極尊稱，故於

〔一〕丕闡：原作「不單」，據《宋大詔令集》卷一三八改。

升遐之後始務褒册，以正名位。恭惟大行隆祐皇太后早儷宸極，及紹聖蒙垢，退處道宫。謹按元符三年五月詔書，首曰『朕紹休列聖，承訓東朝』，又曰『皇太后念仙遊之寖邈，撫前事以興悲』，惻然深矜，示不終廢。雖奸邪當制，不肯發揚太后之盛德懿範，以昭雪紹聖黯昧之謗〔一〕，然道君皇帝受命於欽聖憲肅皇后以復冢婦之意，亦既明甚。崇寧初，權臣擅政，違悖典禮，以卑廢尊。及靖康末，太后以扶持社稷、保護生靈爲心，一旦垂簾聽政。欽聖憲肅皇后之慈旨，與道君皇帝詔書故在，是太后之隆名定位，已正於元符三年，而不在於靖康變故之日也。復自建炎以來，正位東朝，母儀天下。升遐之日，羣臣縞素，聖情悼慕，禮極優崇。名位既正，將來登配廟廷，謂宜專用元符三年五月詔書，明指崇寧奸臣沮格之意，奏告天地、宗廟。所 58 有册禮，恐更不合討論。」從之。

二十一日，太常寺言：「大行隆祐皇太后，比附國朝故事，未奉上謚號册寶已前，合稱大行隆祐皇太后；奉上謚册寶了日，合稱昭慈獻烈皇太后；祔廟畢，合稱昭慈獻烈皇后。」從之。

三年四月十二日，禮部、太常寺言：「奉旨，昭慈獻烈皇后謚號令禮部、太常寺同共重别討論。今謹按國朝故事，慈聖光獻皇后、宣仁聖烈皇后皆係垂簾聽政，其謚號内皆稱『聖』字。今昭慈獻烈皇后當艱危之際，兩經垂簾聽政，功在社稷甚大，其謚號内即無『聖』字，實於尊稱之義有所未盡。兼詳國朝祖宗故事，明憲皇后改謚昭憲，莊懷、莊穆、莊獻明肅、莊懿、莊惠皇后並改『莊』字爲『章』字。今依故事，考功集官赴都堂集議，昭慈獻烈皇后改定謚曰昭慈聖獻皇后。」詔恭依。

五月二十日，禮部言：「昭慈獻烈皇太后改謚昭慈聖獻皇后，欲依故事，只以册告廟，更不改題神主。」詔依。

紹興五年四月十七日，右司諫趙霈言：「竊惟四孟朝獻于祖宗，以神御邈在海邦，權於明堂殿設位行禮，惟惠恭皇后則弗與。議者謂道君皇帝朝，蓋有惠恭皇后别廟，遇太廟祫饗，則祔于祖姑。唯景靈宫朝獻則無祔祭之文，爲其嫌耳。然是時既有别廟，則歲時祭饗實未嘗廢，朝獻之禮雖闕可也。況時異則事異，事異則禮異，禮以義起，貴於從宜。惠恭皇后於道君皇帝則夫道也，在當時以嫌，禮或得而畧也；於陛下則子道，在今日雖以嫌，禮亦不可廢也。且祭不欲疏，疏則怠，怠則忘。替四孟之饗，而止從三年之祫，幾於疏且怠矣。今若設位於明堂，祔祭於祖姑，陛下躬行兹禮，似亦無嫌。或者又謂，在靖康初止循舊制，今日詎可輕議？臣竊謂不然。是時别廟既存，姑循其舊，所以未暇講究者，不爲無説。乞下太常寺討論典禮，貴於適當，或依倣祫饗禮例，以爲權制。異時中原平定，復行别廟之儀可也。」詔令禮部、太常寺討論聞奏。既而禮官討論：「若

〔一〕謗：原作「訪」，據《中興禮書》卷二五七改。

權就射殿躬行景靈宫朝獻之禮，惠恭皇后祔祖姑，合於典禮。」至是宰執進呈，上曰：「禮緣人情而已。朕以母事惠恭皇后，今太廟既有别廟，則景靈宫四孟朝獻之禮何可廢也？宜從禮官議。」

七年二月十九日，吏書尚書孫近等言：「已議上聖文仁德顯孝皇帝尊謚，其惠恭皇后合易舊謚。」太常寺討論，伏請改上惠恭皇后謚連「顯」字，詔恭依。詳見《奉上祖宗徽號》。

四月十日，禮部、太常寺言：「道君太上皇帝俟奉上謚號册寶了日，合稱聖文仁德顯孝皇帝；祔廟畢，合稱徽宗聖文仁德顯孝皇帝。寧德皇后俟奉上謚號册寶了日，合稱顯肅皇后。」詔恭依。

二十九年十月十九日，太常寺言：「將來大行皇后靈駕發引，至掩攢宫畢，虞主迴，迎神主祔廟，依禮經，大行皇太后升祔於徽宗皇帝室顯肅皇后之 59 次。」詔恭依。

（二十一日）〔三十一年〕十月十九日〔一〕，禮部侍郎黄中等言：「謹按古者，在禮七月而葬，既葬而虞，九虞而卒哭，乃祔于廟。惟我祖宗率而行之，不敢有加焉。往年徽考升遐，已過葬月，而梓宫未還，當時禮官請依典故，先行虞祔之禮，有詔近臣集議，遂從其説。兹者恭文順德仁孝皇帝訃音之來，將及七月，未卜因山之期，若不先議虞祔，竊恐宗廟月祭時饗久廢不舉，於禮未安。望下禮官參酌徽考祔廟及本朝遷廟典故，條具申請。」禮部、太常寺討論：「紹興七年正月，始聞徽宗皇帝升遐，是年五月，禮官以梓宫未還，而宗廟祭饗不可久闕，請先行祔廟之禮。閏十月癸酉，（紹興）〔詔令〕侍從、臺諫集議，僉謂如景德故事，擇日而行之。景德元年，有司以明德皇太后園陵不利大葬，權行攢宫之禮，九虞、祔廟皆前期而舉之。十一月乙卯，埋重于報恩觀，乃立虞主。十二月癸亥，九虞禮畢，乙丑，行卒哭之祭。自初虞至七虞皆於報恩觀，八虞至卒哭皆于几筵殿。丁卯祔神主于太廟。恭惟太祖造邦，始立宗廟，追尊僖、順、翼、宣四祖。厥後太祖、太宗、真宗、仁宗升祔，而七世之廟乃備。蓋太祖、太宗以兄弟相及，同爲一世，故在英宗朝太廟八室，其實七世。在神宗朝，尊僖廟爲始祖，乃遷順祖而祔英宗；在哲宗朝，又遷翼祖而祔神宗，皆爲七世而八室也。徽考嗣位，將來祔哲宗，而宣祖當遷。於是倣唐之制，創爲九廟，翼祖已遷而復故，宣祖當遷而不祧。僖、翼、宣祖爲三世，太祖、太宗爲一世，自真宗至哲宗爲五世，遂爲九世而十室也。往年徽考升祔，與哲宗同爲一世，故爲迭遷之主，是爲九世而十一室也。兹者欽宗將祔，則翼祖當遷。蓋欽宗之于徽考，猶哲宗之于神宗，皆以父子相繼，别爲一世。然則今日宗廟自僖祖、宣祖、太祖、太宗至于徽考、欽宗，是亦九世而十一室也。竊謂當遵本廟已行典故，遷翼祖而祔欽宗。」從之。（張）〔章〕如愚《羣書考索》：紹興十九年，著作郎劉章言：「禮莫重于祭，而郊廟爲尤重。神宗元豐間，嘗詔陸佃

〔一〕三十一年：原作「二十一日」，據《建炎要録》卷一九三改。

等編類成書。今陛下以明聖之資，當述作之任，而緜儀未紀。乞命官爲《紹興郊廟奉祀禮文》，以續元豐之書。」上納之。

紹熙元年十二月二十三日，臣寮言：「臣聞古者祖有功，宗有德，皆爲萬世不祧之廟。若商之三宗，周之文、武是也。仰惟我宋太祖以神武創業，太宗以聖明繼之，然後天下合於一統。真宗守之以文德，仁宗撫之以仁儉，神宗臨之以勵精，其功德之盛，巍然炳然，皆咸五而登三，故景祐、崇寧詔書推尊，以爲萬世不遷之廟。竊見高宗聖神武文憲孝皇帝以上聖之資，啓中興之運，功德之盛，同符祖宗。至尊壽皇聖帝聖孝純隆，追崇褒大，靡所不用其至，然廟號之定，于今三年，而萬世不祧之詔，未以時下者，仰惟慈衷，端有[60]竢於陛下也。昔西漢之尊文帝，寔在景帝之世，而世宗之尊，則在宣帝之朝。蓋各因時而發揚，初無一定之制。願陛下遵壽皇之制，循列聖之矩，采西漢之宜，誕敷德音，尊崇祖烈，清廟祼薦，萬世亡窮。則高宗之功德益彰，而至尊壽皇聖帝之聖孝益光矣。」詔令禮部、太常寺具合行典禮聞奏。禮部、太常寺言：「伏以高宗聖神武文憲孝皇帝啓運中興，功德盛大，爲萬世不祧之廟，理無可疑。依典故，合降詔付外施行。」

内降詔曰〔一〕：「門下：朕惟廟祧之制，禮經具存。迭毁所以明世數遠近之常，不遷所以昭祖宗功德之盛。祖則惟一，宗無定數。昔商三宗及周文、武，質諸載籍，世世尊祀。粤惟國朝，率循是典。太祖、太宗恢開創之丕圖，真宗、仁宗茂守文之鴻業。曁于神宗，厲精政治。景祐、元符載頒詔旨，一祖四宗，萬世不祧，亶謂盛矣。肆我高宗神聖武文憲孝皇帝天錫勇智，沉機深畧，真不世出，武以撥亂，文以致平。中興之烈，高掩武丁；内禪之懿，有光放勳。大功數十，不能盡宣。仙馭賓空，威神如在。至尊壽皇聖帝稽六藝之文，妥在天之靈，厥既尊爲高廟，而以時升祔矣，惟是不祧之典，猶未遑議。顧予涼菲，實奉烝嘗，兹用虔遵聖父之訓，丕昭烈祖之光〔二〕。然而事大體重，匪朕敢專〔三〕，宜令禮官詳議以聞。庶幾高廟盛德大業，上配祖宗，下垂萬世，庸副朕尊崇顯揚之意。」

通議大夫、權禮部尚書、兼直學士院李巘，朝奉大夫、試秘書監、兼太常少卿耿秉，朝請大夫、禮部郎中、兼實録院檢討官傅伯壽，朝奉郎、太常丞、兼實録院檢討官汪逵狀：「準詔詳議高宗皇帝不祧之典。臣等聞，潤色祖業，傳之無窮，聖主之用心也。祖宗之功盛德大，高世超古，思所以表而異之，則必發揚懿美，定爲不遷之廟，以示萬世不可忘。此非邦國廟制之常經，蓋卓然特出而聞見者也。商三十君，特崇三宗；周八百載，獨高文、武。天佑我宋，列聖相繼。太祖皇帝誕受天命，創業開統；太宗皇帝光昭盛

〔一〕按，據《群書考索》卷三〇，降詔在二年正月。
〔二〕昭：原作「照」，據《群書考索》卷三〇改。
〔三〕朕：原作「躬」，據《群書考索》卷三〇改。

烈，混一區宇；真宗皇帝以文德懷柔中外；仁宗皇帝以仁儉撫綏黎庶；神宗皇帝以法度作新治具。一祖四宗，萬世不遷，已見於景祐、元符之詔矣。仰惟高宗聖神武文憲孝皇帝遭時艱難，奮發神武，抗暴摧兇，克復炎祚，剪除羣盜，九廟再安，中興之烈，有光前古。大業甫定，一意撫摩，仁恩溥洽，文物寖舉，慈儉之化，儷美五三，功德兼隆，澤流億載。斯民戴堯之心，永永何極。廟食無窮，於禮爲宜。請如聖詔，尊崇高宗聖神武文憲孝皇帝之廟，祀之萬世，揚祖業以彰盛美，實天下之公願。」詔恭依。

紹熙五年八月十八日，權禮部侍郎許及之等言：「大行至尊壽皇聖帝梓宮發引，掩攢畢，行九虞、卒哭、祔廟之禮。檢照欽宗祔廟，禮官討論：太祖造邦，始立宗廟，追尊僖、順、翼、宣四廟。厥後 61 太祖、太宗、真宗、仁宗升祔，而七世之廟乃備。蓋太祖、太宗以兄弟相及，同爲一世。故在英宗朝，太廟八室，其實七世。在神宗朝，尊僖祖爲始祖，乃遷順祖而祔英宗；在哲宗朝，又遷翼祖而祔神宗，皆爲七世而八室也。徽考嗣位，將祔哲宗，而宣祖當遷，於是倣唐之制，創爲九廟，翼祖已遷而復故，宣祖當遷而不祧。僖、翼、宣祖爲三世，太祖、太宗爲一世，自真宗〔至〕哲宗爲五世，遂爲九世而十室也。徽考升祔，與哲宗同爲一世，故無迭遷之主，是爲九世而十一室也。欽宗將祔，則翼祖當遷，蓋欽宗之於徽考，猶哲宗之於神宗，皆以父子相繼，別爲一世。然則宗廟自僖祖、宣祖、〔太祖〕、太宗至于徽考、欽宗，是亦九世而十一室也，當遷翼祖而祔欽宗。及高宗升祔，與欽宗同爲一世，故無迭遷之主，是爲九世而十二室也。將來大行至尊壽皇聖帝祔廟，則宣祖當遷，蓋大行至尊壽皇聖帝於高（祖）〔宗〕，以父子相繼，別爲一世。然則今日宗廟，僖祖、太祖、太宗、真宗、仁宗、英宗、神宗、哲宗、徽宗、欽宗、高宗、大行至尊壽皇聖帝，是亦九世而十二室也。臣等竊謂當（遷）〔遵〕本朝已行典故，遷宣祖而祔大行至尊壽皇聖帝。乞下禮部、太常寺條具修置祏室施行。」詔令侍從、禮官集議，申尚書省。既而吏部尚書、兼實録院修撰、兼侍讀鄭僑等言：「奉詔令集議，臣等竊惟，宗廟至重，祧遷之禮，尤不可苟。今大行至尊壽皇聖帝祔廟大期，禮官乞遷宣祖而祔壽皇，此本朝之定制，乞照應禮典施行，無可議者。」

九月二十四日，太常少卿曾三復言：「恭惟太祖皇帝應天順人，削平僭叛，肇造區夏，建立子孫萬世帝王之業。自古特起受命之君，功德之隆，未有盛於此者。則郊祀配天，宗祀配上帝，祫饗居東嚮，是爲宗廟不祧之主也。在仁宗嘉祐，已經議（議）〔論〕，當時以追崇四廟，世數未遠，始虚東嚮之位。至治平間，世遠親盡，自應上祧，而熙寧大臣徒知泥古，執其偏見，陰主異議，遂推僖祖爲始祖，而欲替太祖之祀。雖韓維等據經有請，終不能勝。以至崇寧蔡京用事，附會其説，終遂前非，不復顧卹。遂使開基創業，混一區宇，膺受天命，如我太祖，而至今未正東嚮，有識之士每爲之浩嘆。紹興初載，國步方艱，戎馬未定，他不暇問，而董棻、王普輩亦相繼有請，以爲大恨。則知禮文有所未正，人心有所未安，終不可以歷時寖久而遂忘其違誤也。恭覩壽皇聖帝祔廟有期，禮官嘗建言，以世數踰古，廟室過制，乞上祧僖祖〔一〕，以合經旨，已令從臣等集議，則訂正百有餘年祀禮之失，蓋有待於今日矣。乞檢會前後臣僚疏奏，併行集議，因祧祔之際，就正太祖東嚮之尊，以成一王之制，機會之不可失者。」詔令侍從、臺諫、禮官集議聞奏。

既而吏部尚書、兼侍讀鄭僑等言：「臣等考之嘉祐中，已嘗建[62]議，徒以親猶未盡，故虛東嚮之位，以待太祖，而太祖尚居昭穆之間。治平末年，僖祖親盡而祧，至熙寧大臣王安石不顧公論，不稽禮典，直以私意臆決，紊宗廟之大經。當時名臣與夫紹興之初董棻、王普、朱震等皆曾建議。淳熙初元，趙粹中盡集前後所論，奏陳尤切，一時已蒙采録，皆以偏詞曲説，沮抑至今。仰惟太祖肇造區夏，功邁百王，廟號太祖，蓋以尊無與二，非曰尊謚也。今郊祀既已配天，宗祀已配上帝，而宗廟獨不得爲始祖，祫饗獨不得正東嚮，可乎？正緣議論未明，故屈受命開基之君，而列在昭穆之序，其何以示後世？揆之禮經，僖祖親盡當祧，不因遷祔之時，此事誰敢輕議？況今日九廟既備，尤不可忽而不圖。臣等乞明詔大臣，早正鉅典，因大行祔廟之際，定宗廟萬世之禮，慰太祖在天之靈，破熙寧不經之論，開千載之惑，以昭示無窮。」貼黄言：「自古天子止祀七廟，太祖之廟居其中，三昭三穆，實爲六世，與太祖之廟而七。本朝崇寧，按唐之制〔二〕，始立九廟，有其舉之，莫敢廢也。今太祖爲始祖，則太宗爲昭，真宗爲穆，自是而下，以至壽皇，四昭四穆，與太祖之廟而九，上參古禮，而不廢崇寧九廟之制，於義爲允。」又言：「治平四年，從張方平等議，僖祖當祧，合於禮典。其年三月，已自祧遷，藏西夾室〔三〕。至熙寧五年，王安石以私意使章衡等建議，乃復祔僖祖，以爲始祖，又將推以配天，欲罷太祖郊配。韓維、司馬光等力争，而王安石主其説愈堅。孫固慮其罷藝祖配天，建議以僖祖權居東嚮之位，既曰權居，則當釐正明矣。」詔恭依。

閏十月三日，權禮部侍郎許及之言：「太祖正位東嚮，以太宗爲昭，至于大行，四昭四穆，正合八世，與太祖之廟而九，協於古而宜於今。但宗廟事重，預合奏告，祏室遞遷，頗多繕修，所宜早正預定，斷然施行，俾有司知所遵守。又集議所不及者，遷主所藏之地，在禮官合加審訂。今僖、順、翼、宣四祖爲太祖之祖考，恐不得藏于子孫之廟。今順、翼二祖藏于西夾室，況古者異廟，尚藏于后稷之廟，今太廟同堂異室，而西夾室別自一室，實居太祖之右。遇祫(嚮)〔饗〕，則於夾室之前設位，以昭穆祭焉，於古誼豈爲不

〔一〕僖祖：原作「宣經」，據《攻媿集》卷二四《議祧遷正太祖皇帝東嚮之位》改。
〔二〕唐：原作「制」，據《攻媿集》卷二四《議祧遷正太祖皇帝東嚮之位》改。
〔三〕藏：原作「制」，據《攻媿集》卷二四《議祧遷正太祖皇帝東嚮之位》改。

協？乞併賜詳酌施行。」詔令侍從、兩省、臺諫、禮官限三日集議聞奏。

既而吏部尚書、兼侍讀鄭僑等言：「臣等竊惟宗廟事重，非可輕議。太祖皇帝既正東嚮之位，然僖祖、宣祖既祧之主，宜有所歸。欲用朱震之説，藏于夾室，則考之周制，僖、順、翼、宣之主不當藏于太祖之廟；欲用王普之説，祔于天興殿，則景靈宮朝獻之禮，與唐禘祫朝饗之儀不同；欲用唐柳冕之説，築別廟以居之〔一〕，則又非合食之義。以是三者，令臣等集議，可謂詳盡。臣等請先明其不可行者二，而定其可行者一，以裨末議。恭惟本朝去63古既遠，禮制不能盡循於古，參取漢魏以來以至于唐，定爲一代之制。按唐張齊賢之言曰：『古者有天下者事七世，而始封之君謂之太祖，太祖之廟百世不遷。至祫祭，則毀廟皆以昭穆，合食于太祖。商祖玄王，周祖后稷，其世數遠，而遷廟之主皆出太祖之後，故合食之序〔二〕，尊卑不差。漢以高皇帝爲太祖，而太上皇不在合食之列，爲其尊於太祖故也。魏以武帝爲太祖，晉以宣帝爲太祖，武、宣而上，廟室皆不合食于祫。至隋亦然。唐以景皇帝爲太祖，太祖而下皆不合食于祫。』臣等謂齊賢之説，本朝之所當取也。太祖皇帝開基之初，豈不能祀七世，推而上之，至僖祖而止，故用唐制，建四親廟，以祀僖、順、翼、宣四祖。洎太祖祔廟，尊爲宋太祖。蓋契始封於商，稷始封於周，故商、周皆尊爲太祖。唐自涼武昭王暠而下，至於高祖爲八世，豈不能推暠爲始祖？而以祖虎始封唐公，父及己皆襲封于唐，唐之建邦啓土，比之契、稷，故推爲太祖，而太祖之上，親盡則毀。如宣簡公在高祖時爲四室之尊，弘農府君在太祖時爲六室之尊〔三〕，然皆親盡則祧也。太祖之興，上無所因，與漢高祖事同，故太宗尊爲太祖。而僖祖，在治平間以親盡而祧入于夾室。至熙寧中，王安石始議尊僖祖爲始祖，遂屈太祖，不得正東嚮之位，以至于今。今日既伸太祖東嚮之禮，僖祖之主當再入于夾室，既協唐弘農府君之制，又遵治平已行之禮〔四〕。然在今日，則爲未安。蓋自熙寧以來，推尊既久，難以一日遽還夾室。又考之周制，后稷之廟，則先公之祧藏焉。蓋公劉、不窋以至太王、王季之主，以祔文王、武王之廟，則先王之祧藏焉，自成王而下皆祔。唐有興聖廟，以祀涼武昭王，故景皇帝既正東嚮，則獻祖、懿祖之主皆祔，不欲以祖先而祔子孫之廟也。今之太廟，順祖、翼祖及宣祖之遷，皆入夾室，則猶曰僖祖在第一室，故三祖之祔爲順。今太祖居第一室〔五〕，則僖祖、宣祖二主之祧所以當議也。臣等以爲，朱震藏夾室之議既不可用，景靈宮祭聖

〔一〕居：原脱，據《攻媿集》卷二四《議立四祖別廟》補。
〔二〕故：原作「必」，據《攻媿集》卷二四《議立四祖別廟》改。
〔三〕「弘」原作「洪」，乃避諱字，徑改。下同。「君」原作「居」，據《攻媿集》卷二四《議立四祖別廟》改。
〔四〕遵：原作「遷」，據《攻媿集》卷二四《議立四祖別廟》改。
〔五〕第一室：原作「一室室」，據《攻媿集》卷二四《議立四祖別廟》改。

祖用素饌，則王普祧天興之議又不可用也。惟唐柳冕之説，築別廟以居之，若疑非合食之義，則臣等有説焉。謹按唐陸淳之言曰：『太祖復位，則獻、懿之主宜有所歸：一曰藏諸夾室，二曰置之別廟，三曰遷于園寢，四曰祔于興聖。然而藏諸夾室，則無饗獻之期；置之別廟，則非禮經之文；遷于園寢，則亂宗廟之儀。惟祔于興聖爲是。』至貞元十九年，左僕射姚南仲等獻議五十七封，付都省集議。户部尚書王紹等五十五人請遷祔興聖廟，議遂定，由是太祖始復東嚮之位。臣等以爲，僖祖當用唐興聖之制，立爲別廟，順祖、翼祖、宣祖之主皆祔藏焉。如此，則僖祖自居別廟之尊，三祖不祔子孫之廟。自漢魏以來，太祖而上，毀廟之[64]主皆不合食。今遇祫，則即廟而饗，於禮尤稱。如朝廷以爲允當〔二〕，乞下禮、寺，條具儀制施行。」詔恭依。

十一月二十三日，禮部、太常寺言：「已降指揮，祧遷僖祖皇帝、宣祖皇帝，將來哲文神武成孝皇帝神主祔廟，殿宇依位序遷。于諸室内修置祏室，告遷僖祖皇帝、文懿皇后、順祖皇帝、惠明皇后、翼祖皇帝、簡穆皇后、宣祖皇帝、昭憲皇后祔僖祖廟奉安。僖、順、翼、宣四室神主且於齋〔聽〕〔廳〕權奉安，俟修建僖祖廟畢日，正行奉安。將來遇祫，則即廟而饗。」詔恭依。（以上《永樂大典》卷一七〇六五）

〔二〕朝廷：原倒，據《攻媿集》卷二四《議立四祖別廟》乙。

釋奠

【宋會要】1淳熙四年二月二十七日，户部侍郎、兼詳定一司勑令單夔言：「紹興祀令，文宣王州縣釋奠同。爲中祀，乾道祀令，文宣王州縣釋奠同。爲大祀。所載不同。乞依紹興七年十月已降指揮，春秋上丁釋奠至聖文宣王，在京爲大祀，州縣仍舊爲中祀。」從之。

六年四月十八日，知常德府李燾言：「本府春秋釋奠，凡所陳設多不依式。乞下太常寺，將《政和五禮新儀》内州縣釋奠文宣王行禮儀注，及繪畫尊、爵、簠、簋制度圖本頒下。」從之。

七年二月十七日，太常寺言：「已降指揮，降州縣釋奠祭祀儀式。今續參照大中祥符間頒下州縣祭器，止有散尊，即與《新儀》不同。其散尊乞行除去。兼政和之後，其配位、從祀神位陞降位數及封爵不同，竊慮州縣塑繪不一，乞依國子監大成殿并兩廊從祀位數、爵號、姓名并尊器制度，一就頒降。」從之。

紹熙三年八月十七日，詔太常寺將州縣釋奠文宣王神位次序儀式改正，仍備坐今來申明指揮，行下臨安府鏤板，同《紹興製造禮器圖》印行頒降。先是臣僚言：「兖國公顔回、鄒國公孟軻、舒王王安石配饗，西上。王安石已降從祀之(例)〔列〕，不曾明載指揮，兖、鄒二國公坐位從紹興指揮，往往差錯。曾參合從唐《通典》元封國作郕侯。薛公冉雍、費公閔損從《政和新儀》，閔爲第一，冉雍爲第二，以正淳熙儀式之誤。兩廊從祀，《政和新儀》與《淳熙祭祀儀式》不同，合依唐《通典》所載，以東西相對爲次序。泗水侯孔鯉，《政和新儀》、《淳熙儀式》不曾該載，今增入，孔鯉合在沂水侯孔伋之上。臨川伯王雱，乞照《中興禮書》，去從祀畫像。祭器樣式，政和年中鑄(考)〔造〕皆(造)〔考〕三代器物，紹興間以其樣制印造頒付，今州縣尚仍聶氏舊圖，乞别行圖畫，鏤板頒行。釋奠時日，州縣或秋用下丁，乞從《政和新儀》序例，春秋皆用上丁日行事。陳設條内著尊肆、犧尊肆，『著』當作『犧』，『犧』當作『象』，新本雖已改正，舊本尚仍，並乞附載改正鏤板。」既而禮院奏從所請，故有是詔。(以上《永樂大典》卷一六五七四)

祝文

【宋會要】2徽宗崇寧四年，頒降先聖祝文：「維年月日，具官姓名，敢昭告于至聖文宣王：惟王固天攸縱，誕降生知。經緯禮樂，闡揚文教。餘烈遺風，千載是仰。俾茲末學〔一〕，依仁遊藝。謹以制幣牲齊粢盛庶品，祇奉舊章，式陳明薦。以兗國公、鄒國公配。尚享！」（以上《永樂大典》卷一九八六二）

幸太學〔二〕

【宋會要】

3 太宗端拱元年八月，太宗幸國子監。謁文宣王畢，升輦，將出西門，顧見講坐，左右言：學官李覺方聚徒講書。即召覺，令對御講説。覺曰：「陛下六飛在御，臣敢輒陞高坐？」帝爲降輦，令有司張帟幕，設别坐，詔覺講《易》之《泰卦》，從臣皆列坐。覺因述天地感通、君臣相應之旨。帝甚悦，特賜帛百匹。明日，謂宰臣曰：「昨聽説《泰卦》，文理深奥，足爲君臣鑒。朕與卿等當遵守勿怠。」

二年二月，以國子監爲國子學。

淳化五年十一月，幸國子監，賜直講孫奭五品服。時召奭講《尚書》，判監李至執經。講《堯典》一篇未畢，遽令講《説命》三篇。帝曰：「《尚書》王言，治世之道，《説命》居最。文王得太公，高宗得傅説，皆賢相也。」復誦《説命》「事不師古，以克永世，匪説攸聞」之句，曰：「誠哉是言！何高宗之時，而有賢相如此！」嘉歎久之。賜奭帛三十段。《廟學典禮》云云：「天以良弼賚商，朕獨不得。」遂飲從官酒，别賜奭束帛。

真宗咸平二年，幸國子監，召學官崔偓佺説《尚書》。景德中，令偓佺講《道德經》日，於崇文院候對。終篇，賜以白金繒綵。偓佺，頤正之弟。

【宋會要】

紹興十三年三月十九日〔三〕，詔：「朕以兵革之後，創建太學，特爲臨幸。至養正、持志二齋，詳觀諸生硯席之游，誠嘉多士文學之集。所幸二齋長、諭，已免解人特與免省，未免解人與免解。其學生並與免將來文解一次，内有官人特與免省。」

二十一日，詔：「車駕臨幸太學，執經、講書官，太學、國子監書庫、官厨指使，各轉一官。内選人與改合入官，大職事已該永免解人與免省，未該免解人與免解一次。其餘學生並令户部支賜束帛。」

淳熙四年二月一日，詔車駕以是月五日幸太學，祇謁先聖。執經官差權禮部侍郎李燾，講經官差國子祭酒林光朝。仍講《禮記·中庸》「凡爲天下國家有九經」一段。既而參知政事龔茂良等言〔四〕：「祖宗朝幸學，皆命儒臣講經。紹興十三 **4** 年太上皇帝嘗御敦化堂，命國子司業高

〔一〕末：原作「宋」，據《文獻通考》卷四四改。

〔二〕天頭原批：「崇儒。」蓋整理者擬移於「崇儒」類。後文「幸武學」門同。

〔三〕按，以下二條原在天頭，據原批提示移入正文。

〔四〕既而：據文意當作「先是」。但本書中多處用「既而」一詞，其意皆爲「先是」，似非字誤，俟考。

閱講《泰》卦，此已行典禮。」上曰：「《易》《詩》《書》累朝皆曾講。如《禮記·中庸》篇『凡爲天下國家有九經』，最關治道，前來却不講。」茂良等奏：「此於治道包括無遺，且在《中庸》篇，愚見不知出此。陛下聖學高明，深得其要。」故有是詔。是日，依故事講書畢，應從駕三公、使相、親王、侍〔從〕并陪位監學官、監學生，並賜茶。同日，參知政事龔茂良言：「幸學禮成，合拜表稱賀，州郡監司亦當上表。」詔：「幸學常事，奚以賀爲？不須拜。」

七日，詔：「兩學敝甚，可與修葺。令南庫支二萬緡，委知臨安府趙磻老修葺。其規模狹陋去處，令隨宜展拓，務要如法，毋致滅裂。」

八日，詔：「幸學合推恩人，令依紹興十三年已行體例：執經、講書官，太學、武學、國子監書庫、公厨官，以次各與轉一官。大職事已免省人與釋褐，永免解人與免省，未免解人與免解一次。曾得解，該遇慶壽恩免解人，候登第唱名日，與陞甲。內武學人比附減年。諸齋起居學生各賜束帛。」既而，上又宣諭：「諸生有兩經幸學人，潦倒可念，莫已不多否？宜並與補官。」臣茂良等奏：「士人蹉跎場屋，其兩幸學者不（遇）〔過〕數人，極可憐。聖念及此，恩同天地。」上甚喜。又奏：「有何上民者，前遇慶壽恩，實年八十，因初赴補，減了年甲，至時方六十九歲，諸生曾結罪保，今又該幸學。」上曰：「可與補迪功郎。」又奏：「前此該慶壽恩補官者，聞得有數人年老離學，遂無所歸。」上曰：「如何 5 終身只在學中？」茂良奏曰：「寒士自小入學，老無所歸，或以學校爲家者有之。」上曰：「如此可憫。」於是詔：「昨該慶壽赦，太學生七十已補官人，如願依舊在學者聽。」

十一日，詔：「太學文宣王像并從祀一十二位，令重行塑繪。所有舊像權遷於首善閣下。」（以上《永樂大典》卷二一九九七）

幸武學〔一〕

宋太祖建隆二年〔二〕。先是上臨幸武成王廟，觀所畫名將，指白起曰：「起殺已降，不武之甚。」乃詔張昭、竇儀、高錫等取歷代謀臣、名將功業始終無瑕者配享。

三年九月十六日壬申〔三〕，詔於東京舊城南建武成王廟，與國學相對。命左諫議大夫崔頌、（一作判國子監崔頌。）中使盧德岳董其役。仍命頌檢閱唐末以來謀臣、名將勳績尤

〔一〕原無此題，據天頭原批移入。

〔二〕《記纂淵海》卷三八引此條，文字全同，注云出《會要》，疑《大典》乃録自《記纂淵海》。

〔三〕以下五條用干支紀日，當非《宋會要》之文。其中除「乾德元年」條外，餘四條文字與《玉海》卷一一三「建隆武成王廟」條全同，包括小字注。小字注中「一作」云云乃王應麟校勘之語，顯非《會要》之文。是此四條乃抄自《玉海》（當然亦有可能爲《玉海》抄《會要》而添干支）。「乾德元年」條則可能抄自《宋史》卷一《太祖紀》一，《宋史》之文亦與此同。

著者，具名以聞。考試舉人權就武成王廟。

四年四月六日丁亥，帝幸廟，閲土木之功也。歷觀兩廊下圖畫名將，指白起曰：「此人殺已降，不武之甚，何受享於此？」以杖畫去之。

六月十三日癸巳，知制誥高錫言：「配享七十二賢，王僧(辨)〔辯〕不克令終，慮非全德，望加裁定。」詔吏部尚書張昭、工部尚書竇儀與錫詳定以聞。昭等奏：「新入歷代功臣二十三人，如〔漢〕灌嬰、耿純、王霸、祭遵、班超，西晉王渾，東晉周訪，宋沈慶之，後魏李崇、傅永，北齊段韶，後周李弼，唐秦叔寶、張公謹、唐休璟、渾瑊、裴度、李光顔、李愬、鄭畋，梁葛從周，後唐周德威、符存審。舊配享功臣退二十二人，魏吳起，齊孫臏，趙廉頗，漢韓〔信〕、彭〔越〕、周亞夫、段紀明，魏鄧艾，蜀 6 關羽、張飛，晉杜元凱、陶侃，北齊慕容紹宗，梁王僧辯，陳吳明徹，隋楊素、賀若弼、史萬歲，唐李光弼、王孝傑、張齊丘、郭元振。」詔曰：「其武成王廟從祀神象，齊相管仲宜塑像升于堂，魏(河西)〔西河〕太守吳起宜畫像降于廡。餘依昭等議外，並從舊制。」

乾德元年四月丁亥，幸國子監，遂幸武成王廟。

開寶二年九月一日乙巳朔，幸武成王廟。（以上《永樂大典》卷二一九九九）

【宋會要】〔一〕

藝祖皇帝即位之月，首幸國學，次月又幸。范祖禹於《帝學》言之，范百禄上哲宗《視學疏》又言之。而《續通鑑長編》與《會要》、《日曆》等書皆逸不載，蓋闕典也。豈有列祖崇儒重道汲汲如此，而紀載可畧乎！蓋三代王者得天下以仁，未嘗一日不以學爲急務。武王克商，未及下車，而褒先聖之後，表先賢之閭，尊尚名教，惟恐不及，此所以作周恭先，而無疆惟休也。漢非不以寬仁成業，然過魯以太牢祀孔子，乃在高祖十二年；唐非不以義兵取天下，然詔國子監釋奠于先聖先師，乃在武德七年。兵戈未休，猶舉墜典，以漢、唐尚爾，而況其他乎！國朝受命，五星聚奎，皇業初基，日不暇給，而一兩月間，至於再屈帝車，款謁先聖，表章儒術，明示化原。所以三百年間，理學盛行，聖道復續，蓋與武王之政先後合符，而漢、唐儒風抑亦在下矣。故百禄曰：「祖宗隆儒師古，躬化天下之意如此。」祖禹曰：「所以啓佑後嗣，立太平之基，猗歟盛哉！」《書》云：7「聖有謨訓，明證定保。」皇祖之訓具在，子孫可不保持而緝續之哉！（以上《永樂大典》卷二一九九七）

〔一〕按，以下一條純爲評論，與「會要」之體例全然不同。從首句「藝祖皇帝」至「皆逸不載」又見於《玉海》卷一一三，其中既云《長編》與《會要》、《日曆》等書皆逸不載，則此文明非《會要》之文，蓋《永樂大典》誤題，但不知引自何書。

宋會要輯稿 禮一七

宗廟

【宋會要】〔一〕

1 真宗（咸平三年）〔景德四年七月〕〔二〕，龍圖閣待制陳彭年言：「按《漢書》，高平侯魏弘坐酎宗廟〔三〕，騎至司馬門，削爵一級。此則騎不過廟司馬門之明文也。伏見太廟別有偏門及東門，祀官入齋宮，去殿庭尚遠。其后廟雖有一門，每遇禘祫，神主由之出入。兼又齋宮正與殿門相對，數步而已，祀官皆乘馬而入，實非恭恪。望自今中書門下行事，許乘馬入太廟東門，自餘並不得乘入，庶彰寅奉，以廣孝思。」詔：祀官遇雨，許乘馬入東門，導從止門外，餘如所請。

大中祥符元年六月，以將封禪，詔有司議加上太祖、太宗尊謚。後又詔太廟六室各奉上尊謚二字。中書門下請加僖祖謚曰文獻睿和皇帝，順祖曰惠元睿明皇帝，翼祖曰簡恭睿德皇帝，宣祖曰昭武睿聖皇帝，太祖曰啓運立極英武睿文神德聖功至明大孝皇帝，太宗曰至仁應道神功聖德文武睿烈大明廣孝皇帝。遣宰相王旦等奉上册寶。

二年九月十六日，決金水河爲渠，環太廟。初，廟室前楹狹隘，禘祫序昭穆，南北不相對。嘉祐親祫，增築土階，張幄帟，乃可行禮。

三年十二月，詔曰：「朕以親祀后祇，昭告祖考，詳觀定儀，有所未安。入廟則步武正門，至庭則迴班東向。且躬申祇見，禮尚尊虔，當罄寅恭，庶申誠慤。自今謁廟，朕當由東偏門入至殿庭，不得令百官迴班。」（以上《永樂大典》卷次原缺）〔四〕

朝饗太廟

【宋會要】

2 高宗紹興十三年十月十二日，禮部、太常寺修立郊

〔一〕以下四條亦非《宋會要》之文。其中第一、二條及第四條與《文獻通考》卷九三之文一字不差，而與本書禮一五之一、帝系一之一〇、禮一七之一二所録記載同一事之《宋會要》文反而不同。第三條則與《玉海》卷九七之文全同，而與本書禮一五之二記同一事之《宋會要》文反而不同。此現象決非偶然，説明此四條乃是《永樂大典》抄自《文獻通考》與《玉海》，而誤題爲《宋會要》。

〔二〕景德四年七月：原作「咸平三年」。按本書禮一五之一記同一事之條文作「景德四年七月十三日」，《長編》卷六六此條亦繫於景德四年七月十二日丙子。據《長編》，景德三年陳彭年始爲龍圖閣待制，則作「咸平三年」顯誤。推其致誤之由，緣於《文獻通考》卷九三此條開頭即作「三年」，承前知爲景德三年；而《永樂大典》抄《通考》，未查其上文，遂妄測此「三年」爲咸平三年。此益暴露出此條係抄自《通考》。

〔三〕「弘」原作「洪」，「酎」原作「酎」，據《漢書·外戚恩澤侯表》改。

〔四〕據《永樂大典目録》卷四四，「宋宗廟」門在《大典》卷一七〇五三至一七〇七三，此四條不知在其中何卷。

祀大禮前一日朝饗太廟行禮儀注：

陳設。前饗三日，儀鸞司設大次於太廟東神門外道北，南向；小次於阼階東稍南，西向。又設文武侍臣次於大次之前，行事助祭官、宗室及有司次於廟之内外。設東方、南方客使次於文官之後，西方、北方客使次於武官之後，各隨地之宜。設饌幔於南神門外。每室饌幔各一。又設七祀次於殿下橫街之北，道西，東向。又設配饗功臣次於殿下橫街之南，東西相向。每室功臣配饗各爲一次。前饗二日，宫闈令帥其屬掃除廟之内外，開瘞坎於殿西階之東南，方深取足容物，南出陛。太常設七祀燎柴於南神門外，光禄牽牲詣祠所〔一〕。太常陳登歌之樂於殿上前楹間，稍南，北向；設宫架於庭中，立舞表於酇綴之間。户部陳諸州歲貢於宫架之南神門外，隨地之宜，東西相向。前饗一日，奉禮郎、禮直官設皇帝版位於阼階上，飲福位於東序，俱西向。贊者設亞、終獻位於小次南稍東，助祭親王、宗室使相在其南。進幣爵酒官、奉幣官、薦俎豆簠簋官、薦牛俎官、薦羊俎官、實鑊水官、薦豕俎官、增沃鑊水官、受幣官、盥洗奉爵官、奉瓚槃官、進摶黍官、舉册官、七祀獻官在助祭宗室使相之南，並西（北向）〔向北〕上。大禮使位於西階之西稍南。與亞、終獻相對。行事光禄卿、讀册官、光禄丞、功臣獻官位在其西。太常、光禄以下皆稍（少）却。執事官位於其後。助祭宰相、使相位在大禮使之南，執政官在其西。又設監察御史位二於西階下，俱東向北上。奉禮郎、太祝、太官令於東階下，西向北上。協律郎位二，一於殿上（罄）〔磬〕簴西北，一於宫架西北，俱東向。押樂太常丞於登歌樂簴北，押樂太常卿宫架之北，北向。良醖令位於尊彝所，俱北向。薦香燈官、宫闈令於室内，北向西上。又設助祭文武群臣、宗室位於橫街之南，東西相向。諸方客位，廟門之外，隨其方國。光禄陳牲於東神門外，當門西向，以南爲上。祝史各位於牲後，太常設省牲位於牲西。大禮使、進幣爵酒官、受爵酒官、奉幣官、受幣官、盥洗奉爵官、奉瓚槃官位於道南，北向西上。七祀、配饗功臣獻官在其後。監察御史二位在西，東向。薦牛俎官、眡滌濯官、實鑊水官、眡腥熟節官、增沃鑊水官、押樂太常卿、光禄卿、讀册、舉册官、太常丞、光禄丞、奉禮、協律郎、太祝、太官、宫闈令位在東，西向北上。禮部帥其屬設祝册案於户室外之右。司尊彝帥其屬設幣篚於酌尊所。次設籩、豆、簠、簋之位，每室左二十有六籩，右二十有六豆，俱爲四行。俎三，二在籩前，一在豆前。又設俎九，在豆右，爲三重。登一，在籩、豆間。鉶三，皆有柶，在登前。簠八、簋八，在籩豆外三 3 俎間，簠在左，簋在右。設爐炭於室户外，蕭、蒿、稷、黍於其後。又設毛血盤，肝膋豆於室户外之左，稍前。設尊彝之位，每室斝彝一、黄彝一，皆有舟。著尊二、壺尊二，皆有罍，加勺、冪，爲酌尊；太尊二、山尊二、犧尊二，皆有罍，加勺加冪，設而不

〔一〕祠：原脱，據《中興禮書》卷三五補。

酌，俱北向西上。太常設七祀位於殿下橫街之北次內，司命、户、竈、中霤、門、厲、行。又設配饗功臣位於橫街之南次內，韓王趙普、濟陽王曹彬位於橫街之南道西，東向；太師薛居正、太師石熙載、鄭王潘美位在其西；太師李沆、太師王旦、太師李繼隆位又在其西；太師王曾、呂夷簡、侍中曹瑋位又於其西。又設司徒韓琦、太師曾公亮位於橫街之南道東，西向；太師富弼位在其東，太師司馬光位又在其東，太師韓忠彦位又在其東，俱北上。皆設神席。太廟設神位版於座首。司尊彝設祭器，每位左二籩、右二豆。俎一，在籩豆前。簠一、簋一，在俎前，簠在左，簋在右。爵一次之。象尊一，在籩前，加冪。又設俎三於南神門外。每室饌幔內設進盤、匜、帨巾內侍位於皇帝版位之後，分左右，奉盤者北向，奉匜及執巾者南向。又設亞、終獻盥洗、爵洗於其位之北。盥洗在東，爵洗在西。罍在洗東，加勺。篚在洗西南肆，實以巾。若爵洗之篚，則又實以爵〔一〕。太官令盥洗於西階下，七祀、配饗功臣獻官盥洗各於神位之前，七祀及配饗功臣位前盥洗各一。罍勺〔二〕、篚巾各設於左右，執罍、篚者位其後。饗日未行事前，宮闈令開室，帥其屬整拂神幄如常儀。司尊彝入設祭器，太府卿帥其屬入陳幣於篚。幣以白。光禄卿帥其屬入實籩、豆、簠、簋。籩四行，以右爲上。第一行，糗餌在前，粉餈次之；第二行，麷在前，蕡、白、黑、形鹽、膴、鮑、魚（繡）〔鱐〕次之；第三行，乾棗在前，濕棗、栗、濕桃、乾桃、濕梅、乾䕩、榛實又次之；第四行，菱在前，芡、栗、鹿脯次之。豆四行，以左爲上。第一行，酏食在前，糝食次之；第二行，韭菹在前，醓醢、昌本、麋臡、菁菹、鹿臡、茆菹、麇臡又次之〔三〕；第三行，葵菹在前，蠃醢、脾析、鹿醢、蜃蚳醢、豚拍、魚醢又次之；第四行，芹菹在前，免醢、深蒲、醓醢、箈菹、鴈醢、笋菹、魚醢又次之。簠實以稻、粱，粱在稻前；簋實以黍、稷，稷在黍前。登實以太羹。鉶實以和羹，加毛滑〔四〕。太官令帥其屬入實俎。籩前之俎爲三重，以北爲上。第一重，實以牛腥七體，兩髀、兩肩、兩脅并脊，而兩髀在兩端，兩肩兩脅次之，脊在中。第二重，實以羊腥七體，其載如牛。第三重，實以豕腥七體，其載如羊。豆右之俎九，爲三重，以北爲上。第一重，實以牛、羊、豕首各一。第二重，〔一〕實以牛腥，腸、胃、肺，離在上端，刌肺三次之，腸三、胃三又次之；一實以羊（腸腥）〔腥，腸〕、胃、肺，其載如牛；一實以豕腥，膚九，橫載。第三重，一實以牛熟腸、胃、肺，一實以羊熟腸、胃、肺，一實以豕熟膚，其載如腥，皆牛在左，羊在中，豕在右。良醖令帥其屬入實彝 **4** 及尊、罍。斝彝實以明水，黃彝實以鬱鬯。著尊二，一實以玄酒，一實醴齊，皇帝酌之。壺尊二，一實玄酒，一實盎齊，亞、終獻酌之。太尊二，一實泛齊，一實醴齊；山尊二，一實盎齊，一實醍齊；犧尊二，一實（醓）〔沈〕齊，一實事酒；象尊二，一實昔酒，一實清酒。並設而不酌。凡罍之實，各視其尊。又實七祀及配饗功臣位禮饌。每位左二籩，栗在前，鹿脯次之；右二豆，菁菹在前，鹿臡次之。俎實以羊、豕腥肉。簠實以稷，簋實以黍。爵一，象尊一，實以清酒。太常設燭於神位前，設大禮使以下行事、執事官揖位於東神門外，如省牲之位；設望瘞位於瘞坎之南，如省饌之位。儀鸞司設册幄於南神門外，隨地之宜。前朝饗一日，學士院以祝册授通進司，進（進）御書訖，降赴尚書禮部。

車駕詣太廟。前饗一日，皇帝於景靈宮朝獻畢，既還大次，禮部郎中奏解嚴訖，皇帝入（殿齋）〔齋殿〕。文武侍

〔一〕此注原作大字，據《中興禮書》卷三五改爲小字。
〔二〕勺：原作「巾」，據《中興禮書》卷三五改。
〔三〕麇：原作「麋」，據《文獻通考》卷九八改。
〔四〕毛：《儀禮·特牲饋食禮》、《中興禮書》卷三五作「芼」，「芼」、「毛」可通，兹不改。

祠、行事、執事、助祭之官、宗室非從駕者〔一〕。先(詛)〔詣〕太廟祠所。其日，禮直官、宣贊舍人引禮部侍郎詣大次前，奏請中嚴，少頃又(奉)〔奏〕外辦。皇帝服履袍自齋殿詣大次，出，行門〔二〕、禁衛諸班、親從等、諸司祗應人員以下迎駕，奏「聖躬萬福」。次知客省事以下、樞密都承旨以下、知内侍省以下、帶御器械官、應奉、祗應通侍大夫以下、武功大夫以下及幹辦庫務文臣一班迎駕，奏「聖躬萬福」。俟皇帝即御座，從駕宰執、使相一班，次管軍、臣寮，並奏「聖躬萬福」。皇帝乘輿出景靈宮欞星門，將至太廟，御史臺、太常寺、閤門分引文武侍祠、行事、執事、助祭之官、宗室于太廟欞星門外立横班，再拜(奏)〔奉〕迎訖，退。皇帝乘輿入欞星門，至大次，降輿以入，簾降，侍衛如常儀。宣贊舍人承旨敕群臣各還次〔三〕。

省牲器。是日未後二刻，宫闈令帥其屬掃除廟之内外。司尊彝帥執事者以祭器入，設於位。凡祭器皆藉以席，籩豆又加巾蓋〔四〕。太府卿入，陳幣於篚。告潔畢權徹。未後三刻，禮直官、贊者分引大禮使以下，並服常服詣東神門外省牲位。光禄卿、丞與執事者牽牲就位。禮直官贊揖，贊者引押樂太常卿入行樂架。凡亞、終獻行事，皆禮直官、太常博士引；大禮使、執事官及申眡滌濯官〔五〕、受爵酒官、進爵官行事，皆禮直官引；餘官皆贊者引。次引眡滌濯官入〔六〕，升自西階眡滌濯。凡行事、執事官升降皆自西階，内應奉官并執事隨應奉人各隨應奉階升降。次引申視滌濯官申視滌濯。執事者皆舉冪曰「潔」，俱退，復位。禮直官稍前曰：「告潔畢，請省牲。」前引省牲官稍前，省牲訖，退，復位。次引光禄卿出班，巡牲一匝，西向躬曰「充」、曰「備」；次引光禄丞出班，巡牲一匝，西向躬曰「腯」，俱復位。禮直官稍前曰：「省牲訖，請就省饌位。」揖訖，引大禮使以下各就位。禮直官贊揖，有司省饌俱畢。禮直官贊省牲畢，揖訖，俱還齋所。光禄卿、丞及執事者以次 5 牽牲詣厨，授太官令。次引省鼎鑊官詣厨省鼎鑊，視濯溉。次引實鑊水官詣厨，實鑊水。次引增沃鑊水官詣厨，增沃鑊水。協律郎展視樂器，乃還齋所。晡後一刻，太官令帥宰人以鸞刀割牲，祝史各取血毛實於槃，又取膟膋實于登，俱置饌所，遂烹牲。宫闈令帥其屬掃除廟之内外。

晨祼。饗日丑前五刻，行事用丑時七刻〔七〕。宫闈令開室，帥其屬掃除。禮部奠册於案，太府卿入陳幣，光禄卿入實籩、豆、簠、簋，太官令入實俎，良醖令入實彝及尊、罍。樂工帥工人、二舞以次入，與執尊、罍、篚冪者各就位。執事官各入就位。次御史臺、太常寺、閤門宣贊舍人分引文武

〔一〕「宗室」二字原在注文後，據《中興禮書》卷三五乙。
〔二〕行門：原作「門行」，據《中興禮書》卷三五乙。
〔三〕各：原作「及」，據《中興禮書》卷三五改。
〔四〕籩豆：原脱，據《中興禮書》卷三五補。又此注原作大字，亦據改。
〔五〕事：原作「政」，據《政和五禮新儀》卷一〇七改。
〔六〕入：原作「及」，據《中興禮書》卷三五改。
〔七〕七：原作「十」，據《中興禮書》卷三五、《文獻通考》卷九八改。

助祭官及宗室、客使，贊者引薦羊俎官以下宗室各入就位。禮直官、贊者分引大禮使以下行事、執事官詣廟東門外揖位立。禮直官贊揖訖，先引監察御史按視殿之上下，糾察不如儀者，降階就位。次引大禮使以下各入就位。皇帝服通天冠、絳紗袍至大次，禮儀使、樞密院官、太常卿、閤門官、太常博士、禮直官分立於大次外之左右。引禮部侍郎詣大次前〔一〕，奏請中嚴，少頃又奏外辦。符寶郎奉寶陳於宮架之側，隨地之宜。禮儀使當次前俛伏，跪奏：「禮儀使臣某言，請皇帝行事。」奏(請)〔訖〕，俛伏，興，還侍立。禮儀使奏祀儀准此〔二〕。簾捲，皇帝服衮冕以出，侍衛如常儀。禮儀使以下前導至東神門外，殿中監跪進大圭。禮儀使奏「請執大圭」，前導皇帝入自正門。侍御不應入者止於門外。協律郎跪，俛伏，舉麾興，工鼓柷，宮架《乾安之樂》作。皇帝升降行止皆奏《乾安之樂》。至阼階下，偃麾戛敔，樂止。升自阼階，大禮使從，凡樂皆協律郎跪〔三〕，(伏俛)〔俛伏〕，舉麾興，工鼓柷而後作，偃麾戛敔而後止。升自阼階，皇帝升降，大禮使皆從，左右侍衛之官量人數從升。登歌樂作。樂止，禮儀使以下分左右侍立。凡行禮，禮儀使、樞密院官、太常卿、閤門官、太常博士、禮直官前導至位，則分立於左右。次引奉瓚官升，詣僖祖室神位前，西向立。奉瓚槃官升〔四〕，詣皇帝版位前，奉瓚槃，北向立。次引奉神主官詣皇帝版位前，俛伏，跪奏「奉神主」，奏訖，俛伏，興，退。祠祭官於殿上承傳曰「奉神主」。次引薦香燈官搢笏，於祏室内奉帝尊主設於座。奉神主詣神幄内，於几後啓匱，設于座，及以白羅巾覆之，執笏退，復位。次引宮闈令奉后神主如上儀，以青羅巾覆之。退，復位。次引奏奉神主官詣皇帝版位前，伏，跪，奏「奉神主訖」，奏訖，俛伏，興，退。禮儀使前奏：「有司謹具，請行事。」又奏「請再拜」，皇帝再拜。贊者曰「再拜」，在位官皆再拜，訖。次内侍各執槃、匜、帨巾以進，宮架樂作。禮儀使奏「請皇帝搢大圭，盥手」，内侍進槃匜沃水，皇帝盥手。又奏「請帨手」，内侍進巾，皇帝帨手。訖，又奏「請皇帝洗瓚」〔五〕，奉瓚槃官進瓚，内侍沃水，皇帝洗瓚。又奏「請拭瓚」，内侍進 6 巾，皇帝拭瓚，訖，樂止。又奏「請執大圭」。奉瓚槃官奉瓚槃詣僖祖室尊彝所，西向立，以瓚涖鬯，執彝者舉冪，良醞令酌鬱鬯。訖，先詣次室尊彝所，北向立。禮儀使以下前導，登歌樂作，皇帝入詣僖祖室，北向立，樂止。禮儀使奏「請搢大圭」，跪，奉瓚槃官奉瓚槃西向立，以瓚授奉瓚官，奉瓚官西向跪以進。禮儀使奏「請執瓚」，皇帝執瓚，以鬯祼地，奠瓚。奉瓚官受瓚，以授奉瓚槃官，奉瓚槃官以槃受瓚訖，俱詣次室以俟。禮儀使奏「請執大圭」，俛伏，興，前導皇帝出户外，北向立。又奏「請再拜」，皇帝再拜訖，禮儀使前導皇帝詣翼祖室，次詣宣祖室，次詣太祖

〔一〕大：原脱，據《中興禮書》卷三五補。
〔二〕祀儀：《文獻通考》卷九八同。《中興禮書》卷三五作「禮畢」。
〔三〕凡：原作「九」，據《文獻通考》卷九八改。
〔四〕瓚：原作「贊」，據《文獻通考》卷九八改。
〔五〕瓚：原作「贊」，據《文獻通考》卷九八改。

室，次詣太宗室，次詣真宗室，次詣仁宗室，次詣英宗室，次詣神宗室，次詣哲宗室，次詣徽宗室，次詣欽宗室，祼鬯並如上儀。奉瓚官、奉瓚槃官俱降，復位，良醞令還尊所。禮儀使前導皇帝還版位，登歌樂作。至位，西向立，樂止。宮架作《興安之樂》、《文德之舞》，九成，止。太官令取肝，以鸞刀制之，洗於鬱鬯，貫之以膋，燎于爐炭。薦香燈官以肝膋入，詔神於室，又出，以隳祭于室户之左，三祭於茅苴。俱降，詣盥洗位盥手、帨手，升，復執事位。

饋饌。饗日，有司陳鼎三十有三於神厨，各在鑊右〔一〕。太官令帥進饌者詣厨，以匕升牛於鑊，實于一鼎。肩、臂、臑、肫、胳、正脊一、直脊一、横脊一、長脅一、短脅一、代脅一，皆二骨以並。次升羊如牛，升豕如羊，各實于一鼎，每室牛、〔羊〕、豕各一鼎。皆設扃冪。祝史對舉入，設於每室饌幔内。次引視腥熟節官詣饌所視腥熟之節。俟皇帝晨祼畢，還位，樂止，祝史抽扃，委于鼎右，除冪，加匕、畢于鼎。太官令以匕升牛，載于一俎；肩、臂、臑在上端，肫、胳在下端，脊、脅在中。次升羊、豕，各載于俎，其載如牛〔二〕。每室牛、羊、豕各一俎。次引薦牛、薦羊、薦豕俎官搢笏，奉俎以入，太官令引入正門。宮架《豐安之樂》作。由宮架東至横街，折方進行，陳於西階下，北向北上。薦俎官搢笏，奉俎以升，執事者各迎於階。薦官奉俎詣僖祖室神位前，北向跪奠，先薦牛，次薦羊，次薦豕。各執笏，俛伏，興。有司設牛、羊、豕俎於腸、胃、膚之前。牛在左，羊在前，豕在右。詣次室奉奠，並如上儀。樂止，俱降復位。内執〔事〕官降西側階，出西神門，入南門，歸執事班。次引薦香燈官取蕭合黍稷，擩於脂，燎於爐炭。又當饋熟之時，取菹擩於醢〔三〕，祭于豆間三〔四〕。又取黍、稷、肺祭如初，藉用茅。各還尊所。次引奉幣官、進幣官、受幣官、受爵酒官、進爵酒官升詣僖祖室，奉幣官、進幣官、受爵酒官、進爵酒官在東，西向北上；受幣官在西，東向。次引奉爵酒官升殿，詣皇帝版位前，奉爵，北向立。内侍各執盤、匜、帨巾以進，宮架樂作。禮儀使奏「請皇帝搢大圭，盥手」，内侍進槃匜沃水，皇帝盥手。又奏「請帨手」，内侍進巾，皇帝帨手。訖，又奏「請皇帝洗爵」，奉爵酒官進爵，内7侍沃水，皇帝洗爵。又奏「請拭爵」，内侍進巾，皇帝拭爵訖，樂止。又奏「請執大圭」，奉爵酒官受爵，奉爵詣僖祖室酌尊所，西向立。執尊者舉冪，良醞令酌著尊之醴齊訖，先詣次室酌尊所，北向立。禮儀使前導，登歌樂作，殿中監進，跪進鎮圭。禮儀使奏「請搢大圭，執鎮圭」，前導皇帝入，詣僖祖室，樂止，宮架作《基命之樂》，翼祖室《大順之樂》，宣祖室《天元之樂》，太祖室《皇武之樂》，太宗室《大定之樂》，真宗室《熙文之樂》〔五〕，仁宗室《美成之樂》，英宗室

〔一〕鑊：原作「蠖」，據《文獻通考》卷九八改。
〔二〕牛：原作「羊」，據《文獻通考》卷九八改。
〔三〕菹：原作「苴」，據《文獻通考》卷九八改。
〔四〕間：原作「門」，據《文獻通考》卷九八改。
〔五〕熙文：原作「熙大」，據《文獻通考》卷一四五改。

《治隆之樂》，神宗室《大明之樂》，哲宗室《重光之樂》，徽宗室《承元之樂》〔一〕。文舞作。内侍先設繅藉於地，禮儀使奏請跪奠鎮圭於繅藉，執大圭，俛伏，興。又奏請搢大圭，跪。次内侍跪，取幣於篚，以授奉幣官，奉幣官授進幣官，進幣官西向跪以進。禮儀使奏「請受幣」，皇帝受奠訖，受幣官東向跪，受以興，進奠於僖祖神位前。次奉爵官以爵授受爵酒官，受爵酒官授進爵酒官，進爵酒官西向跪以進。禮儀使奏「請執爵」，皇帝執爵祭酒，三祭於茅苴。奠爵。受爵官以爵復於坫。禮儀使奏「請執大圭」，俛伏，興，前導皇帝出户外，北向。又奏「請少立」，樂止。奉幣官、進幣官、受幣官、奉爵酒官、受爵酒官、進爵酒官俱詣次室。内侍舉鎮圭授殿中監，又以繅藉詣次室，先設於地。次舉册官搢笏，跪舉祝册。讀册官搢笏，東向跪，讀册文。讀訖，奠册，各執笏，興，先詣次室户外，東向立。禮儀使奏「請再拜」，皇帝再拜訖，禮儀使前導皇帝詣每室，奠圭幣、酌獻並如上儀。次奉幣官、進幣官、受幣官、奉爵酒官、受爵酒官、進爵酒官俱降，復位。内侍舉鎮圭、繅藉，以鎮圭授殿中監，以授有司。讀册官以下俱降，復位。禮儀使前導皇帝還版位，登歌樂作。至位，西向立，樂止。禮儀使奏「請還小次」，登歌樂作，前導皇帝降自阼階，樂止，宫架樂作。將至小次，禮儀使奏「請釋大圭」，殿中監跪受大圭。皇帝入小次，簾降，樂止。文舞退，武舞進，宫架《正安之樂》作。舞者立定，樂止。

亞終獻。禮直官、太常博士引亞獻詣盥洗位，北向立，搢笏，盥手，執笏；詣爵洗位，北向立，搢笏，洗爵，拭爵；以爵授執事者，執笏升，詣僖祖室酌尊所，西向立。宫架作《正安之樂》、《武功之舞》〔二〕。執事者以爵授亞獻，亞獻搢笏〔三〕，跪，執爵。執尊者舉冪，太官令酌壺樽之盎齊訖，先詣次室酌尊所，北向立。亞獻以爵授執事者，執笏，興，入詣僖祖室神御前，北向立，搢笏，跪。執事者以爵授亞獻，亞獻執爵祭酒，三祭於茅菹，奠爵，執笏，俛伏，興，出户外，北向再拜。次詣每室酌獻，並如上儀。樂止，降，復位。初，亞獻行禮將畢，禮直官、太常博士引終獻詣洗，及升殿酌獻，並如亞獻之儀。降，復位。初，終獻既升，次引七祀及配饗功臣獻官詣盥洗位，搢笏，盥手，帨手，執笏；詣神位前，搢笏，跪，執爵三祭酒，奠酌，執笏，俛伏，興，再拜。詣次位，並如上8儀。退，復位。唯七祀先詣司命位，奠爵訖，興，少立，次引太祝進諸位前，北向跪，讀祝文訖，退，獻官再拜，復位。

皇帝飲福。初，皇帝既晨祼，光禄以牛左臂一骨及長脅、短脅俱二骨以並，載于胙俎，升，設于僖祖室户外。終獻既升獻，次引進俎官、搏黍太祝、太官令詣飲福位，北向立，奉俎、豆、爵酒者各立於其後。禮儀使奏「請詣飲福位」，簾捲，出次，宫架樂作。殿中監跪進大圭，禮儀使奏「請執大圭」，前導皇帝至阼階下，樂止。升自阼階，登歌樂

〔一〕承：原作「烝」，據《文獻通考》卷九八改。
〔二〕舞：原作「樂」，據《文獻通考》卷九八改。
〔三〕搢：原作「進」，據《文獻通考》卷九八改。

作。將至飲福位，樂止，登歌《僖安之樂》作。皇帝至飲福位，西向立。尚醖、奉御執尊詣酌尊所，良醖令酌上尊福酒，合置一尊。尚醖、奉御奉尊詣飲福位，殿中監奉爵，尚醖、奉御酌福酒，殿中監北向捧以立。禮儀使奏「請再拜」，皇帝再拜。殿中監跪，以爵酒進。禮儀使奏「請搢大圭」，跪，受爵，祭酒，三祭于地。啐酒，奠爵。殿中監跪，受爵以興。太祝帥執事者持胙俎進，減神位前正脊二骨、橫脊加於俎上。內侍受俎，以授進俎官，進俎官南向跪以進。皇帝受俎，奠之。進俎官受俎以興，以授內侍，退詣殿上稍西，東向立。太官令取黍于簋，摶，以授摶黍太祝。太祝受以豆，北向跪以進。皇帝受訖，奠之，摶黍太祝受豆以興，降，復位。次殿中監再跪，以爵酒進。禮儀使奏請再受爵，飲福酒，奠爵。殿中監受虛爵，興，以授奉御。執事者俱降，復位。禮儀使奏「請執大圭」，俛伏，興。又奏「請再拜」，皇帝再拜，樂止。禮儀使前導皇帝還版位，登歌樂作，至版位，西向立，樂止。次引徹牛俎官徹籩豆及俎，籩、豆、俎各一，但少移故處。登歌《豐安之樂》作。卒徹，樂止，徹牛俎官降，復位。禮直官曰「賜胙」〔一〕，行事、助祭官拜。贊者承傳曰「賜胙，再拜」，在位官皆再拜。送神宮架《興安之樂》作，一成止。

神主入室。次引奏奉神主官詣皇帝版位前，俛伏，跪奏「奉神主入室」。奏訖，俛伏，興，退。祠祭官於殿上承傳曰「奉神主入室」。次引薦香燈官搢笏，奉帝主入〔石〕〔祏〕室訖，薦香燈官先捧匱於神座，納神主於匱訖，捧入祏室。執笏，退，復位。次引宮闈令奉后主如上儀，退，復位。次引〔奏〕奉神主官詣皇帝版位前，俛伏，跪奏「奉神主入室訖」，俛伏，興，退。禮儀使奏「禮畢」，前導皇帝降自阼階，登歌樂作；至阼階下，樂止，宮架樂作；出門，樂止。禮儀使奏「請釋大圭」，殿中監跪受大圭，以授有司。皇帝還大次。禮部郎中奏「請解嚴」訖，皇帝入齋殿。宮闈令以黍、稷、肺祭（祭），藉用白茅，束而埋之西階東，有司各取幣置於坎。大禮使以下就望瘞位，禮直官曰「可瘞」，寘土半坎，太廟宮闈令監視。次引大禮使以下詣東神門外揖位立，禮直官贊「禮畢」，揖訖，退，文武助祭官及宗室以次出。次引七祀獻官詣南神門外七祀望燎位〔二〕，南向立。有司置祝版於燎柴，焚，退。太官令帥其屬徹禮饌。監察御史詣殿監視收徹 9
訖，宮闈令闔户以降，乃退，太常藏祝册於匱。（以上《永樂大典》卷一七〇六〇）

親饗廟

10 太祖四 乾德元年十一月十五日，開寶元年十一月二十三日，四年十一月二十六日，係親郊朝廟。開寶九年三月五日，係親告將幸西京行雩祀禮。

〔一〕賜：原作「腸」，據《文獻通考》卷九八改。
〔二〕燎：原作「瘞」，據《文獻通考》卷九八改。

太宗五太平興國三年十一月十四日，六年十一月十六日，雍熙元年十一月二十日，淳化四年正月一日，至道二年正月九日，係親郊朝饗。

真宗十二咸平二年十一月六日乙酉，饗太廟，至太宗室，泣下欷歔，感動左右。五年十一月十一日，景德二年十一月十二日，天禧元年正月十日〔一〕，三年十一月十八日，係親饗朝廟。　大中祥符元年九月十日，係親告將行封禪禮。十一月二十七日，係封禪禮成恭謝。　三年十二月十一日，係親告將祀汾陰。　四年四月六日，係汾陰禮成親謁〔二〕。　五年閏十月七日，係聖祖降恭謝。　六年十二月十五日，係親告將謁太清宮。　七年二月十五日，係東郊恭謝朝饗。

仁宗十三天聖二年十一月十二日〔三〕，五年十一月十六日，八年十一月十八日，景祐二年十一月十三日，寶元元年十一月十七日，慶曆元年十一月十九日，四年十一月二十四日，七年十一月十七日，皇祐五年十一月三日，係親郊朝饗。　皇祐二年九月二十六日〔四〕，嘉祐七年九月六日，係親祀明堂朝饗。　嘉祐四年十月十二日，係親行祫祭。　天聖十年十一月六日〔五〕，係修大內恭謝。

英宗一治平二年十一月十五日，係親郊朝饗。

神宗六熙寧元年十一月十七日，七年十一月二十四日，十年十一月二十六日，元豐六年十一月四日，係郊祀朝饗。　熙寧四年九月九日，元豐三年九月二十日，祀明堂朝饗。

哲宗五元祐七年十一月十二日，元符元年十一月十九日，係親郊祀朝饗。　元祐元年九月五日，元祐四年九月十三日〔六〕，紹聖二年九月十八日，係祀明堂朝饗。

徽宗九建中靖國元年十一月二十二日，崇寧三年十一月二十五日，大觀四年十一月二日，政和三年十一月五日，六年十一月九日，宣和元年十一月十二日，四年十一月十四日，七年十一月十四日，係冬祀朝饗。　大觀元年九月二十七日，係祀明堂朝饗〔七〕。

高宗十紹興七年九月二十一日〔八〕，十年九月九日，並明堂饗廟。十三年正月十一日，係奉上徽宗皇帝徽號册寶饗廟。　十一月七日，十六年十一月九日，十九年十一月十三日，二十二年十一月十七日，二十五年十一月十八日，二十八年十一月二十二日，並係親郊饗廟。　三十一年九月一日，係明堂饗廟。

孝宗十紹興三十二年七月十四日，隆興二年十二月二【11】十九日，乾道三年十一月一日，六年十一月五日，九年十一月八日，淳熙三年十一月十一日〔九〕，六年九月十五日，九年九月十二日〔一〇〕，十二年十一月二十二日，十五年九月八日。先是三年九月六日，禮部、太常寺言：「今年十一月十二日，謁款于南郊，前二日朝獻景靈宮，朝饗太廟，欲依乾道九年十一月郊祀禮例，皇帝行禮合用黄羅拜褥，並改用緋。」從之，自後郊祀同此。

光宗二淳熙十六年四月六日〔一一〕，登極。　紹熙二年十一月二十六日，南郊。

〔一〕天：原作「元」，據《文獻通考》卷九九改。

〔二〕汾：原作「封」，據《文獻通考》卷九九改。

〔三〕二年：原作「元年」，據《文獻通考》卷九九改。

〔四〕皇：原作「嘉」，據《文獻通考》卷九九改。

〔五〕六日：原作「十一日」，據《宋史》卷一〇《仁宗紀》二改。

〔六〕以上二句原在「元祐七年十一月十二日」句之下，查《宋史》卷一七《哲宗紀》一，此二次朝廟均係大享明堂，而非郊祀，因移於此。

〔七〕明堂：原脱，據《宋史》卷二〇《徽宗紀》二補。

〔八〕十：原作「月」，據《文獻通考》卷九九改。

〔九〕十一月十一日：原作「九月六日」，誤，《文獻通考》卷九九同誤，據《宋史》卷三四《孝宗紀》二，淳熙三年九月並無大祀，「十一月癸丑（十二日），合祀天地於圜丘」，則親享廟應在十一月十一日，據改。

〔一〇〕十二日：原作「二十日」，據《宋史》卷三四《孝宗紀》二改。

〔一一〕淳熙十六年：原作「淳熙十二年」，據《文獻通考》卷九九改。

寧宗八慶元三年十一月壬寅，嘉泰三年十一月癸酉，開禧二年九月庚寅〔一〕，嘉定二年九月庚子，嘉定五年十一月辛酉，八年九月庚午，十一年九月庚辰，十四年九月庚寅。

雜録

太祖乾德元年十一月十三日，帝以親行郊禮，齋于崇元殿。翌日，自齋次服通天冠、絳紗袍，執鎮圭〔二〕，乘玉輅，鹵簿前導，赴太廟宿齋。翌日未明三刻，帝服衮冕，執鎮圭，行饗禮于四室。自是每親行郊祀前一日，朝饗太廟如儀。

六年十月，判太常寺和峴上言：「按《禮（閣）〔閣〕新儀》：唐天寶五年，詔饗太廟，宜祭料外每室加常食一牙盤。將來饗廟，欲每室加常食一牙盤。仍委宗正寺點檢，務在清潔，以稱嚴恭。」從之。禘祫、時饗亦准此制。

開寶九年三月五日，以將幸西京，四月雩祀于南郊，詣太廟行饗告之禮。舊儀，將有事于南郊，必先告太廟。至是以將赴西京，不欲載神主偕行，故禮官議行此禮。是日，帝常服〔三〕，乘步輦，列仗衛、百官班于廷，不設樂懸，止一獻，不行祼禮，不飲福，不祭七祀。

太宗端拱二年七月十九日，内出御劄曰：「上元降鑒，宗社儲休，率土之濱，三時不害，至于今歲，爲大有年。豈繄涼薄之所能，斯寔祖宗之垂祐。是思躬謁清廟，祗見明靈。陳豆籩庶品之羞，薦金石九成之樂。謝兹玄貺〔四〕，聊展孝思。非唯上感于天功，亦冀虔伸于子道。朕取今年八月内親饗太廟，宜令所司詳定儀注〔五〕，務從簡約，無致勞煩。」有司上言：「按乘輿鹵簿有大駕、法駕、小駕之别。自東漢以來，大駕以郊天，法駕以饗宗廟，小駕以行幸。又唐禮，大駕郊天，法駕祀明堂、宗廟，小駕拜陵及行幸。將來饗廟，請用法駕鹵簿。」從之。

二十三日，詔曰：「近以稼穡豐登，風雨調叙，將欲歸功于天地，爰思告謝于祖宗。已選良辰，躬詣清廟，庶展因心之孝，兼行及物之恩。而精誠未通，懸象垂戒。方責躬避殿，減膳徹懸，如復嚴仗衛于百司，鳴和鑾于五輅，犧象成列，金石盈庭，雖云志在孝思，無乃自虧貶損？事既干于典禮，情合酌于變通。有瀆備物之儀，恐非列聖之意。所宜改作，貴在得中。其謁廟宜停，仍令所司擇日，御丹鳳樓肆赦。諸事務從簡省，其合行恩澤優給，並依謁廟例施行。」先是有彗出東方，故下詔罷行禮。

12 真宗咸平二年十一月六日，帝饗太廟，至太宗室，泣下歔欷，感動左右。

大中祥符元年十一月二十三日，詔曰：「朕祗事上封，克成大典。洎言旋于輦轂，合致謝于祖宗。蓋以昭答景靈，增崇尊謚。屬未行于册禮，難遽展于虔誠。今仰薦徽名，已陳明祀，特申祗見，用達寅恭。朕取今月二十七日俟上尊謚禮畢，躬謝太廟，宜令詳定所與太常禮院速定儀注

〔一〕九月庚寅：原無，據《宋史》卷三九《寧宗紀》三補。
〔二〕執：原脱，據《文獻通考》卷七一補。
〔三〕常：原作「欲」，據《長編》卷一七改。
〔四〕玄：原作「元」，據《宋大詔令集》卷一三八改。
〔五〕司：原作「思」，據《宋大詔令集》卷一三八改。

以聞。」先是帝謂宰臣王旦等曰：「朕昨東巡之日，親告太廟，今回京闕，亦當祇見祖宗。」旦等請如聖旨奉行。

二十五日，詳定所上《躬謝太廟儀注》，太常寺李宗諤上奠獻樂章。二十六日，帝齋于長春殿。二十七日，帝服通天冠、絳紗袍，于朝元殿奉太祖、太宗尊謚册寶，拜授攝太尉王旦，持節奉册升輅，赴廟行禮，捧置室中。鑾駕詣廟，酌奠六室。

（二）〔三〕年十一月十三日〔一〕，詳定所言：「祀汾陰前〔二〕，皇帝親告太廟，遣官告后廟、元德皇太后廟，前一日祭社稷。其臘日饗祭望權停。告祭日請用常祀之禮，獻官祭服，并御史監祭。」從之。

十二月十日，詔曰：「朕以親祀后祇，昭告祖考。緬懷徽烈，既追遠以因心；俯念其寮，亦在三而罔極。頃者詳觀定議，有所未安。入廟則步武正門，至庭則迴班東向。屬以天封蒇事，時邁戒期，未暇改更，靡皇寧處。且躬伸祇見，禮取尊嚴，是宜避中道以不行，奉至神而如在。庶由誠愨，用罄寅恭。謁廟日朕祇于南〔神〕東偏門入至殿庭，不得令百官迴班。仍付所司，著爲定式。」先是將東封，親告太廟，禮官撰儀，先于南神正門外幄殿酌奠天書禮畢，自小次步入南神正門（正門），百官班于殿庭者皆回身東向以俟。至是帝欲盡恭于宗廟，故下斯詔。

五年閏十月三日，詔曰：「朕以上穹降祐，真馭下臨，親奉聖言，逖知遐胄。顧眇沖之增祉，蓋宗廟之垂休。朕以今月七日詣太廟行告謝之禮，宜令所司詳定儀注以聞。」四日，命置五使如郊禮。有司言，用饗禮，一獻，庭設宮架，殿上登歌，無二舞。帝欲重其事，乃備三獻，以相王元偓爲亞獻，舒王元偁爲終獻。五日，大禮使王旦言：「東封、汾陰，告廟日皆奉天書，所以表奉符行事。今茲告廟，天書重于舉動，望不出內。鑾駕儀仗舊用二千人，今增至七千人。」詔可。判太常寺李宗諤上太廟奠獻登歌《瑞安》曲樂章，詔付寺肄習。六日，帝齋于長春殿。七日，恭謝太廟六室，命大臣分告天地、社稷、宗廟。帝作《奉仙歌》，近臣畢和。

九年十月十四日，中書門下言：「準御劄，以來年正月十日親饗太廟，奉上寶册。臣等已曾面奏，若躬上寶册，復行薦饗，慮成煩縟，有爽寅威。望準舊制，先遣有司奉上寶册，後親行饗禮。伏奉宸旨，未賜俯從者。竊以宗祀有期，徽稱是薦。屬上春之元吉，會縟典之偕行，在攸司之駿奔，尚或虞于跛倚。矧乃穆穆清廟，巍巍至尊，身 13 服大袞之章，步中采齊之節，奏瓊册而有六，致薦薌而必三，進退多儀，周旋協度，比其竣事，以及質明。若或嗣薦苾芬，躬行灌斝，則肅雍之道，登降以或稽；蠲潔之誠，伏興而靡迨。況又建封斯畢，薦號有經，伊祖禰之垂歆，亦官司而寅奉。惟吾虔于太室，且專領于祠官，上既諧于易從，下必謹於承

〔一〕三年：原作「二年」，據本書禮一七之三一改。按下條亦三年事。
〔二〕汾：原缺，據本書禮一七之三一補。

式。茲體至大，得請爲期。太廟六室尊謚册禮，欲望詔有司以來年正月九日奉行，十日皇帝躬行朝饗之禮。」自是三請，乃許從之。

天禧元年正月三日，以朝饗太廟誓百官。八日，帝詣文德殿庭，奉太廟寶册，拜授攝太尉宰臣向敏中，持節奉册升輅，以赴太廟，帝齋于殿之後閤。九日，向敏中奉上太廟六室寶册，百官陪列，禮畢，帝赴太廟宿齋。十日，朝饗六室。

仁宗天聖十年十一月二日，詔以修宮室成，取今月六日于天安殿恭謝天地，次詣太廟行恭謝之禮。備鑾駕、儀仗，一獻，飲福，如汾陰謝成之禮。

慶曆三年八月二十一日，監察御史蔡稟言〔一〕：「周制，四時饗親之禮有九。今寺觀則車駕一時再臨，未嘗薦獻宗廟。」帝謂輔臣曰：「朕三歲一祠郊廟，而賚及天下。今若歲歲親行，則人皆有覬賞之心〔二〕。朕朝夕奉三聖御容于禁中，未嘗敢怠也。」

四年十一月（四）〔二〕十四日〔三〕，朝饗太廟。帝不即小次，始至版位，禮儀使奏：「降神之樂至于九變，恐難立俟。」帝曰：「朕竭誠躬祀，固無所勞。」洎饗奉慈廟，至章懿皇太后室，顔色悽慘，左右莫不感動。

七年七月二十一日，詔：「將來南郊饗奉慈廟，朕且親行之，此後當遣宰臣攝事。」

皇祐二年九月二十五日，以大〔饗〕明堂，具大駕鹵簿赴景靈宮行薦饗禮畢，齋于太廟。翌日，詣七室行朝饗之禮。始至版位，降神樂作，帝遣内侍密諭樂卿，令備其音節，無得減促。蓋慮樂工憚帝久立，輒于九變之數潛有損約，故戒諭之。既飲福受胙，降階還位，禮儀使以帝久立，屢奏請憩于小次，須三獻禮終而出，帝不允，恭立益莊。

嘉祐元年八月十七日，宰臣文彦博等請罷恭謝前一日謁太廟，表三上，詔曰：「朕前款廟祏，則將遍迪饋賞；還禋路庭，所以各答穹厚。永惟灌鬯，疇可弗躬？而卿等因謂，在天之后已配帝而申嚴，觀德之宮有遺官之著式。質諸典禮，皆適經權。將來恭謝，特遣大臣詣宗廟攝事〔四〕。」命宰臣富弼攝事于太廟〔五〕，樞密副使田況攝事于皇后廟，樞密副使程戡攝事于奉慈廟。

七年八月十日，詔：「凡因郊親饗太廟，舊用犢一、羊四、豕四，今用犢一、羊七、豕七。孟饗、臘饗舊用羊二〔六〕、豕二，今用羊七、豕七。禘祫攝事，舊用羊四、豕四，今用羊七、豕七。皇后廟孟饗、臘饗，舊用羊一、豕一，今用羊四、豕四。」先是太常禮院言：「奉詔詳定同判太常寺呂公著狀，每歲孟饗、臘饗太廟七室，共用羊二、豕二，而奉慈一廟亦如之，酌之豐殺，14 殊非適宜。本

〔一〕稟：原作「亶」，據本書禮一七之三一及《長編》卷一四二改。
〔二〕有：原脱，據《長編》卷一四二補。
〔三〕二十四：原作「四十四」，據《長編》卷一五三改。
〔四〕宗：《宋大詔令集》卷一二三作「太」。
〔五〕富：原脱，據《長編》卷一八四補。
〔六〕臘：原作「祫」，據《長編》卷一九七改。

院伏詳，天神至尊，無物可稱其德，故祭用犢以貴誠；宗廟、社稷則用太牢，以別天神之祭也。楚觀射父曰：『天子舉以太牢，祀以會。』鄭康成曰：『會，三太牢也。』周制，祫祭每廟各一牢。《漢舊儀》：大祫祭，每牢中分之，左辦上帝，右辦上后。俎餘，委肉積于前數千斤。周、漢宗廟，牲牢之富從可知矣。請如公著議。」特降是詔。

神宗熙寧元年十一月十七日，帝朝饗太廟。至英宗室，泣下，涕沾圭衮，左右莫不感動。

元豐元年二月八日，太常禮院言：「親祠太廟，舊齋坊焚册地，東、南、北各約二丈。今詳定，焚册當于南神門外，則地步亦當如舊，仍環以青繩，務令嚴潔。」從之。

三年八月十四日，郊廟奉祀禮文所言：「《特牲饋食禮》：尸九飯，主人既衍尸，祝酌授尸，尸以酢主人，主人左執角，祭酒進聽嘏〔一〕。《少牢饋食禮》：二佐食各取黍于一敦，上佐食摶之以授尸，尸執以命祝，祝受，以嘏于主人曰：『皇尸命工祝，承致多福無疆于女孝孫。來，女孝孫！使女受禄于天，宜稼于田，眉壽萬年，勿替引之。』蓋祝將命(祝)接神者也，必命祝以嘏主人，何也？言神歆其祀，畀以長大之福。祝能傳神之意，致之于主人耳。故曰『祝以孝告，嘏以慈告』。(楚詩茨)〔《詩·楚茨》〕説天子之禮，亦曰『工祝致告，徂賚孝孫』。丁孚《漢儀》載東漢祠恭懷皇后嘏辭曰〔二〕：『恭懷皇后命工祝承致多福無疆于爾孝曾孫皇帝〔三〕。』是東漢猶使工祝。今禮，皇帝飲福，乃古之受嘏，而儀注則以内臣酌酒授侍中，侍中跪進，皆無所本。又按，古者祝以嗇黍嘏主人，然後釋神之辭，其謂之胙者，止是尸與主人相答酢之俎〔四〕。今獨用胙俎，而無嗇黍，則于禮爲闕。所有明堂、南郊、太廟親祠，飲福酌酒、進爵、受虚爵，伏請改命太祝。仍倣《儀禮》侑食、摶黍之説，命太官令取黍于簋，摶以授祝，祝受以豆，以嘏于皇帝。其嘏辭以近禮無尸，即更不用。」

二十三日，太常禮院言：「舊儀，親祠太廟，車駕未至大次，太祝、宮闈令奉出帝后神主，置于座，行禮畢，已還齋殿，方納神主。近被旨，親祠，皇帝于(胙)〔阼〕階出神主，及禮畢，納神主，然後皇帝降阼階。伏詳皇帝至阼階立，俟太祝、宮闈令奉出帝后神主，至于座，方行禮。禮儀使奏禮畢，皇帝立，俟納神主訖降階。舊八室帝主以太祝八員遷納，其僖祖、順祖、翼祖、宣祖、太祖、太宗、真宗、仁宗室后主，只令太廟宮闈令二員。伏緣皇帝至位立定，方行遷納，慮宮闈令員少，遷納遲緩，乞權差宮闈令七員同奉。」從之。

四年九月二十九日，詳定郊廟奉祀禮文所言：「親祠，大輅入太廟西門，近廟南門，望即降輅，步入廟，少東，升輦，就大次。仍自今群臣奉祠，並于西欞星門外下馬。」從之。

六年十月二十三日，尚書禮部言：「親祠儀注，南郊則

〔一〕聽：原作「德」，據《儀禮·特牲饋食禮》改。
〔二〕「儀載東漢」四字原脱，據《長編》卷三〇七補。
〔三〕孫：原脱，據《長編》卷三〇七補。
〔四〕酢：原作「胙」，據《周禮·膳夫》賈公彦疏改。

先奏樂六變，升禋以降神，然後皇帝升壇，奠鎮圭，上香，奠玉幣以禮神。太廟則皇帝先詣逐室奠鎮圭，上香，裸鬯于地，奠幣訖，退復位，然後作樂九變以降15神。伏緣祭祀必先求神，而後禮神。今來儀注，奠圭、幣俱在未作樂之前。且祼求諸陰，樂求諸陽，二者主于求神，祼于作樂之前可也；圭、幣係降神之後禮〔神〕之物，既未降神，豈可先行禮神之事？與郊禮求神、禮神，先後次序不同。欲乞只依舊儀，先奏樂，然後皇帝詣逐室上香，裸鬯，奠圭幣。或恐聖意必欲先祼，以合周人先求諸陰之義，即乞晨祼之時，皇帝先搢大圭，上香，祼鬯，復位，候作樂饋食畢，再搢大圭，執鎮圭，奠于繅藉，次奠幣，須執爵，庶禮神並在降神之後。」從之。

十一月五日，帝親祠南郊。前期三日，奉仁宗、英宗徽號册寶于太廟〔一〕。是日，齋于大慶殿。翌日，薦饗于景靈宮。禮畢，帝服通天冠、絳紗袍，乘玉輅至太廟，宰臣百僚班迎于廟門。侍中跪請降輅，帝却乘輿，步入廟，趨至齋宮。翌日，帝服韡袍至大次，有司奏中嚴外辦。禮儀使跪奏請行事，帝服衮冕以出。至東門外，殿中監進大圭，帝執以入。宮架樂作，升東階，樂止，登歌樂作。至位，樂止。太祝、宮闈令奉諸室神主于座〔二〕，禮儀使贊曰「有司謹具，請行事」，帝再拜，詣罍洗，登歌樂作。降階，樂止，宮架樂作。至洗南，北向，樂止。帝搢圭，盥，帨，洗瓚，拭瓚訖，執圭，宮架樂作。升堂，樂止，登歌樂作。殿中監進鎮圭，帝搢大圭，執鎮圭，詣僖祖室，樂止，登歌奏《瑞安之曲》。至神座前，北向，跪奠鎮圭于繅藉，執大圭，跪，三上香，執瓚祼地。奠瓚，捧幣，奠訖，執圭，俛伏，興，出户外，北向再拜。内侍舉鎮圭以授殿中監，至次室行事，皆如前儀。帝還位，登歌樂作。至位，樂止，宮架《興安之樂》作，文舞九成，止。禮部、户部尚書以次官奉逐室俎、豆，宮架《豐安樂》作，奠訖，樂止。帝再詣罍洗，登歌樂作。降階，樂止，宮架樂作。至洗南，北向立，樂止。帝搢圭，盥，帨，洗爵，拭爵訖，執圭，宮架樂作。帝升東階，樂止，登歌樂作。至僖祖室，樂止，宮架樂作。帝搢圭，跪受爵，祭酒三，奠爵，執圭，俛伏，興，出户外，北向立，樂止。太祝讀册文，帝再拜。詣次室，皆如前儀。帝還位，登歌樂作，至位，樂止。文舞退，武舞進，宮架《正安之樂》作〔三〕。亞獻以次行事，如前儀，樂止。帝詣飲福位，登歌樂作。至位，樂止，宮架《僖安樂》作。帝再拜，搢圭，跪受爵，祭酒，三啐酒，奠爵，受俎，奠俎，受摶黍，奠黍豆，再受爵，飲福酒訖，奠爵，執圭，俛伏，興，再拜，樂止。帝還位，登歌樂作，至位，樂止。太常博士徧祭七（祠）〔祀〕〔四〕、配饗功臣。户部、禮部尚書徹俎豆，登歌《豐安樂》作，徹訖，樂止。禮直官曰「賜胙」，

〔一〕仁宗：原誤作「神宗」，據《宋史》卷一六《神宗紀》三改。
〔二〕諸：原作「請」，據《宋史》卷一〇八《禮志》一一改。
〔三〕正：原作「王」，據《宋史》卷一〇八《禮志》一一改。
〔四〕徧：原作「編」，據《宋史》卷一〇八《禮志》一一改。

行事，陪祠官再拜，宫架《興安樂》作，一成，止。太祝、宫闈令奉神主入諸祏室〔一〕。禮儀使跪奏「禮畢」，登歌樂作，帝降階，樂止，宫架樂作。出東門，殿中監受大圭，歸大次，樂止。有司奏解嚴，轉仗赴南郊。自元豐元年上命樞密直學士陳襄等詳定郊廟奉祀禮文，正歷代典禮之失，至是薦享之儀(燎)〔燦〕然一新，天下稱慶。

哲宗元符 16 元年八月六日，三省言：「禮部奏：南郊前朝饗景靈宫、太廟，乞俟終獻行禮畢，皇帝再升飲福，降還位。」從之。

十一月十八日，帝詣太廟齋宿，自廟門降輅，屏蓋，步至齋殿。翌日，朝饗，詔讀册官至御名勿興。及饗神宗室，悽慘泣下。禮畢，乘輿出，至廟門少東，進步就輅。詔讀册至御名勿興事著爲令。

三年四月二日，太常寺言：親祠太廟，俎實當罷大牲腥、熟腸胃，止存離肺、(利)〔刌〕肺。從之。

徽宗建中靖國元年十一月十八日，以冬祀親饗太廟。及門，降輅，步入。翌日，奉瓚祼鬯。至神宗室，悲傷感咽。是時風雪連日，上屏常膳，御蔬食。頃之，雪止。禮畢，自齋殿步至廟南門就輅。遣近侍宣諭宗室世雄等曰：「宗室執事，升降審詳，周旋合度，雖隆周盛際，諒無以加焉。」二十一日，薦饗于景靈宫，遂齋于太廟。二十(三)〔二〕日〔二〕，朝饗九室。

崇寧三年十一月二十四日，以冬祀，親饗太廟。及門，降輅，步入。有司奉繖扇，上揮手却之，仍進蔬膳。二十五日，祼獻，至神宗室，感咽垂涕。繼至哲宗室，涕洟不已，群臣侍祠者莫不感慟。

大觀元年十月十日，宰臣蔡京等言：「伏見宗祀之月，久雨不霽，宿齋之夕，雨尚滂注。翌日陛下登輅啓行，自宫詣廟，天日清明，和氣充塞。既至廟門，却繖去扇，進輦弗御，步入齋殿。及祼獻神宗室，涕洟歔欷，感動左右。再行奠幣，淚猶不止。誠孝昭格，天人感通。乞付史館。」從之。

四年十一月十五日，宰臣何執中言：「陪祀親祠，伏見陛下朝饗太廟，却繖步進，不鳴蹕，屏去燭籠。禮行神宗之室，涕泗交流，再三揮灑，被面沾衣。至哲宗室，又復流涕，侍祠之官，莫不感泣。盛德之事，足以示訓，乞付史館。」從之。

政和三年十一月二十四日，太師蔡京等言：「臣等獲以職事，贊相大禮，伏覩陛下祇戒精專。前期齋沐，食不茹葷。降輅于廟門之外，却繖去扇，步入齋宫。躬奉玉册，(架)〔加〕上神宗徽號，淚沾裀褥。逮薦饗入室畢，再詣神宗室，淚猶不止，執事之臣，莫不歔欷。及奠玉圜壇，當御小次，乃端圭于小次之前，以俟亞獻、終獻行禮。臣等竊以陛

〔一〕諸：原作「廟」，據《宋史》卷一〇八《禮志》一一改。

〔二〕二十二：原作「二十三」，據前文禮一七之一〇及《宋史》卷一九《徽宗紀》一改。

下功成不居，歸美先烈。禮行于廟，誠孝篤至，感動左右。祗虔祀事，不少憩息。遂致天人感格，應答如響。臣等不勝欣慶。伏乞宣付秘書省，垂訓萬世。」從之。

宣和四年十一月十三日，朝獻天興殿。陰雲解剥，陽景來臨。薄午至廟，止輦却蓋，步入齋宮。十四日，饗于太室，裸鬯神考，淚落霑衣。暨祭爵册告，涕泗交墮，侍（神）祠之臣，皆惻楚感動。十五日躬祀，蠲吉選休，百禮俱洽。亞獻既升，不御小次。皇天宴娭〔一〕，昭答不違。璧月垂耀，信星彪列，非霧非煙，磅礴晻靄。已事而退，密雪四委。平旦迴鑾，繽紛縈積，四表一色。御樓賜宥，已告盈尺。越兩晝夜，同雲忽霽，白日朝鮮。臣誤叨冢席，夙惟聖德動天，昭格如響，實萬世無疆17之休，乞付秘書省，許拜表稱賀〔二〕。從之。

七年十一月十七日，駕詣太廟行禮。二十四日，太宰白時中言：「伏覩皇帝陛下迄用歲祥，躬修大報。吉蠲齋祓，夙夜惟寅。謁款殊廷，休氣充塞。駿假于廟，祖考燕寧。暨裸獻神宗祏室，涕泗交頤，左右之臣靡不感動。既乃御于郊次，陰雲四塞，夜漏初下，天宇開除。爰升紫壇，珠璧明潤。矧元冬凝凜之候，協景氣晏温之符，億兆歡呼，歎所未有。蓋陛下道膺親饗，孝通神明，精意感格，慶祚無疆。乞宣付秘書省。」手詔答曰：「朕躬款陽郊，三歲大報，荷天降祐，景氣晏温。先期祗獻清廟，既裸之際，追念罔極，霜露所感，人子常情，何足書于太史。所請不允。」

高宗皇帝紹興元年八月三日，禮部、御史臺、太常寺言：「自來大禮前一日，皇帝詣太廟行朝饗之禮。今太廟神主見在温州，乞差官一員奉饗宗廟祝册，前去温州行禮。」詔差右監門衛大將軍士芭。

四年三月三日，太常寺言：「紹興元年明堂大禮前一日朝饗太廟，係差宗室南班官自行在赴温州行禮。今已專差宗室南班官士街在温州充獻官，欲就差本官充前一日朝饗初獻官。」從之。

十六日，禮部言：「將來大禮前一日朝饗太廟，遣官行禮，依自來禮例，用登歌大樂。太常寺檢會紹興元年明堂大禮，親祠行禮止設登歌樂，不曾更用宮架、樂舞。前一日朝饗太廟，係是遣官奉竹册行禮，不當設用登歌之樂。將

〔一〕娭：原作「俟」，據文意改。《漢書・禮樂志》二：「神來宴娭，庶幾是聽。」顔師古注：「娭，戲也。」

〔二〕按，據陳均《九朝編年備要》卷二九，此以上之文乃是宰臣王黼之奏，而前面無「王黼言」，以致文義不貫。查本書禮二八之二〇、瑞異一之二四亦均有此條，而文字各有小異。禮二八之二〇云：「（宣和四年十一月）二十一日，太宰王黼言：『仰惟陛下以將聖睿智，撫御丕圖，前烈寖明，士風於變，孚休旁錫，瑞異並臻，屢豐之祥，薄海内外。丙寅，以日至將大報圜丘，有司先申惟夤，盛容具舉。丁卯，宿齋大慶（殿），冬景晏温。戊辰，朝獻天興殿，陰雲解剥，陽景來臨。』」云云，以下與此條畧同，惟「十四日」作「己巳」，「十五日」作「庚午」，又無「皇天宴娭」等六句。瑞異一之二四則云：「宣和四年十一月十一日，以日至將大報圜丘。」以下文字與禮二八之二〇同。對比三條，蓋禮二八之文較近全文，瑞異一及此處則經删節改動。雖删改不當，但《會要》原文如此，並非《永樂大典》妄改或漏抄。

來大禮前一日朝饗太廟，止合依紹興元年禮例施行。」從之。

六月六日，禮部、太常寺言：「紹興元年明堂大禮，前一日遣官詣太廟行禮，係初獻掌誓，本所提點官通攝莅誓。除行事、執事官等就太廟齋坊，于行禮前一日受誓戒、散齋、致齋依儀，所有合用竹册一十一副，乞令所屬製造，學士院修撰，進書御名訖，吏部差使臣一員齎發前去。其牲牢依典禮，合用牛犢、羊、豕，太廟見在溫州，遣官行禮，即與親祠事體不同，欲除牛犢不排辦外，所有羊、豕令溫州收買。所設禮器，就用太廟奉迎所見管禮器。具七祀并配饗功臣位，自來在京有司排辦五饗太廟，係差官行禮，緣今來係權于溫州真華宮奉安宗廟，比在京事體不同，及紹興元年禮例，即非親祠，不曾排辦七祀、配饗功臣，欲依上件禮例。」從之。

五年閏二月八日，宰執進呈，遣中使往溫州奉迎太廟神主。上曰：「朕以宗廟在遠，心常歉然，今奉迎神主至行在，當行朝謁之禮。」沈與求曰：「古者征伐載木主而行，今雖戎輅在行，九廟未復，然因時草創，一行朝謁之禮，亦足以仰慰孝思。」上曰：「祖宗故事，惟景靈東西宮則有薦獻，太廟則焚香而已，大禮必簡，所以尚嚴也。」

四月十五日，禮部、太常寺言：「張銖奉迎太廟神主前來行在，依禮例，俟奉安畢，車駕詣宗廟行朝謁之禮。」詔：今月二十日恭 18 詣太廟、別廟神主前，行款謁禮。十七日，太常寺言：「選定今月二十日車駕謁款太廟，安奉神主。草具其儀，悉從簡約。」上曰：「國朝故事，亦有禮官所不知者。自來車駕遥見太廟門，即徹去繖蓋，所以盡恭于宗廟。」十九日，太常寺言：「車駕恭詣太廟、別廟神主前行款謁禮，合用御封香一十一合，乞令入内内侍省預先請降。及侍香、捲簾内侍及宮闈令一十一員，太廟已有二員，亦乞令本省貼差。」從之。二十日，詔：太廟行款謁禮，值雨，可別擇日。二十九日，禮部、太常寺言：「得旨，五月二日車駕詣太廟、別廟行款謁禮，緣其日章懷皇后忌，前一日皇帝合服黄袍，參酌禮例，是日皇帝自内中先服紅袍詣太廟、別廟行禮畢，還内，俟至宮中，易忌前之服。」從之。五月二日，車駕詣太廟行款謁禮。

七年五月一日，禮部、太常寺言：「今明堂大禮，依已得旨，車駕前(一)[二]日朝獻景靈宮，前一日朝饗太廟。朝獻景靈宮，于常御殿設位行禮畢，合詣太廟宿齋。緣太廟別無齋殿，欲乞依例止于行宮宿齋。至日，自行宮詣太廟行禮畢，還行宮宿齋。」從之。

六月二十三日，吏部尚書、兼侍讀、史館修撰孫近，兵部尚書、兼都督府參謀軍事呂祉，刑部尚書、兼侍讀胡交修，户部侍郎梁汝嘉，工部侍郎、兼侍講趙霈，給事中胡世將，中書舍人張燾，權户部侍郎、兼詳定一司敕令王賞，權禮部侍郎胡表臣，起居郎、兼權中書舍人樓炤，侍御史周祕〔一〕，殿中侍御史石公揆，左司諫陳公輔，右司諫王縉，樞密院編修官、兼權太常博士鄭剛中言：「竊見明堂大禮前一日，皇帝躬詣太廟，名曰朝饗。謹按《春秋》僖公三十三年：『（凡）凡君薨，卒哭而祔，祔而作主，特祀于主，烝嘗禘于廟。』杜預謂：『新主既特祀于寢，則宗廟四時常祀自當如舊。』是則考之往古，居喪得見宗廟，有如此者。又按景德三年明德皇太后之喪，既易月而服除，真宗遂饗太廟，合祭天地于圜丘。熙寧元年神宗居諒闇，復用景德故事，躬行郊廟之禮。是則考之本朝，居喪得見宗廟，有如此者。將來明堂大禮，已在易月服除之後，躬行朝饗，自無足疑。議者止謂三年之喪，前此未有，故恐今日行之爲非。夫三年之喪，陛下行之内廷，所謂諒闇心喪者也，粗衣蔬食，不以爲朝廷之禮也。陛下萬機之繁，恢復之重，奪罔極之悲，躬宵旰之勤，坐朝起居如平時矣，裁決庶務如平時矣，親御戎輅亦復幸進矣，何獨至于見宗廟而未可？又按唐故事，將有事于上帝，則百寮皆預遣使祭告。惟太清宫、太廟則皇帝親行，其册祝皆曰『某月日有事于某所，不敢不告』。宗廟謂之奏告，餘皆謂之祭告。至天寶九載，乃謂告者，上告下之詞，遂下詔太清宫宜稱朝獻，太廟稱朝饗。累世相因，遂失奏告之名。明堂前期之禮，蓋告也，非祭也，謂之祭則19在典故亦爲可行，謂之告則尤無可議者。先王制禮，本諸人情，惟彼此參酌以無違〔二〕，故情文協中而可舉。今明堂大禮前一日，皇帝合詣太廟朝饗。」詔依。先是翰林學士朱震言：「竊見紹興四年明堂大禮，前一日朝太廟，是時太廟、景靈宫寓温州，故委提舉奉迎所差官行事。今駕幸建康，見修太廟，陛下遭此大故，躬行三年之喪，則前期朝饗之禮，臣謂更當考據經傳，使情文相副，以稱陛下事親之心。臣謹按《王制》：『喪三年不祭，唯天地、社稷爲越紼行事。』傳曰：不敢以卑廢尊。《春秋》僖公三十三年《左氏傳》：『凡君薨，卒哭而祔，祔而作主，特祀于主，烝嘗禘于廟。』杜預以謂『新主既特祀于寢，則宗廟四時常祀自當如舊。』後世遂以居喪可得見宗廟，則非也。臣嘗考之，《周官》春官大宗伯之職：『掌建邦之天神、人鬼、地祇之禮，以禋祀祀昊天上帝，若王不與祭，則攝位。』傳曰：王有故，代行其祭事。蓋《左氏傳》言君薨，卒哭而祔，祔而作主，特祀于寢，而烝嘗禘四時之祀自當以有司攝祭，而祀于廟也。若作主祀于寢，又烝嘗禘祀于廟，是數祭也。又《儀禮·士虞禮》曰〔三〕：『期而小祥，曰薦此常事〔四〕。又期而大祥〔五〕，曰薦此祥事〔六〕。中月而禫，是月吉祭。』三年之喪，天下之通喪也，以諸侯言之，特祀于寢，以士禮言之，禫而後吉祭。孰謂王者三年之喪而可以見宗廟、行吉祭乎？臣又嘗考之《春秋》之經，莊公以三十二年八月癸亥薨，至閔公二年夏五月適二十二月，在三年之中矣，而閔公以吉禮禘莊公于廟，仲尼譏之，書于《春秋》，曰：『夏五月乙酉，吉禘莊公。』《公羊傳》曰譏始不三年也。《穀梁傳》曰：『喪事未畢而舉吉祭，故非之也。』國朝熙寧元年正月，神宗居諒闇，有旨令兩制待制以上至臺諫官與太常禮院同詳定今年冬至當與未當親行郊禮。議者謂，景德二年真宗居明德皇太后之喪，既易月而服除，明年遂饗太廟，合祀天地于圜丘。臣謂在諒闇祀天地于圜丘是也。饗太廟之禮，以當時未嘗躬行三年之喪，專行以日易月之制可也，在今日

〔一〕侍御史：原作「侍郎史」，據《建炎要録》卷一一一改。
〔二〕違：原作「爲」，據《歷代名臣奏議》卷二二二改。
〔三〕禮：原作「記」，據《儀禮注疏》卷一四《士虞禮》改。
〔四〕此：原作「以」，據《儀禮注疏》卷一四《士虞禮》改。
〔五〕而：原作「以」，據《儀禮注疏》卷一四《士虞禮》改。
〔六〕祥：原作「常」，據《儀禮注疏》卷一四《士虞禮》改。

行之，則非也。又仁宗時，詔下太常，以九月十二日于大慶殿行恭謝天地之禮，前一日詣太廟。群臣以聖躬始和，三上表請罷謁太廟。其詞曰：『且天地念生民之深，時則錫九宸之福；維祖宗懷繼統之重，豈欲殫大輅之勤？』矧今陛下行三年之喪，退朝之後，蔬食粗衣，哀傷至矣，烏可犯霧露之氣，振輿馬之音哉！伏望詔在廷之臣，考古驗今，斷以聖學，行周公之典禮，質仲尼之《春秋》去杜預之曲説，使天下之爲人子皆知三年之喪，書之史册，爲萬世法。」有旨令侍從、臺諫、禮官同共詳定，至是來上，故有是命。

七月十一日，禮部、太常寺言：「將來明堂大禮，依已降旨，前一日朝饗太廟。檢照景德、熙、豐南郊故事，皆在諒闇之中，當時親[20]行郊禮，除郊廟、景靈宮合用樂外，所有鹵簿、鼓吹及樓前宮架、諸軍音樂皆備而不作，其逐處警場止鳴金鉦鼓角而已。今臣寮欲議罷宗祀奏樂、受胙，故事即無去奏樂、受胙之文，兼祖宗故事所載大饗明堂，蓋亦爲民祈福。奏樂、受胙合依祖宗累朝已行故事。」從之。先是監察御史趙涣言：「《春秋》：『有事于武宮，叔弓卒，去樂卒事。』以輔佐之喪，而猶去樂，況夫王后之喪，而可用備樂乎？戴《記》〔一〕：既殯既葬而祭五祀，則尸入三飯，不侑不酢。以五祀之祭，猶廢侑酢，況宗廟之祭，而可享受福釐乎？故晉制，國有大喪，天地、明堂皆去聲樂，且不受胙。有唐祭日遇忌〔二〕，亦備樂而不奏。此皆得禮之體也。陛下雖在喪服，而猶宗祀者〔三〕，用《王制》之言，不敢以卑廢尊也。今惟聲樂、受胙于未安者，蓋拜跪受釐，既爲嘉慶之事，而虞祔既畢，則廟加先帝之坐。陛下薦祼饋奠，進詣徽室，必將想像平生，悲哀感愴，而乃金石絲竹，雜然並奏，豈不違神靈之至意，而傷陛下之孝心哉！將來明堂大禮前一日，乞依列聖故事，躬詣宗廟行朝饗之禮，其奏樂、受胙二事乞寢，庶合禮制。」有旨令本部、太常寺討論故也。

八月五日，詔：「明堂大禮前朝獻景靈宮、朝饗太廟，拜褥改用緋。」先是太常寺言：「昨紹興四年明堂行禮，黄羅拜褥改用緋。臣檢照《太常因革禮》冬至祀昊天上帝景祐五年十一月十八日是歲儀注，有司言：『伏見壇上昊天上帝、皇地祇褥以黄，配〔地〕〔帝〕褥以緋，以示損于天地。皇帝拜及飲福褥以緋，示不敢踰于祖宗。』詔壇上黄道、皇帝拜位及飲福，並改用緋。」故有是命。

十二年十二月十一日〔四〕，禮部、太常寺言：「奉上徽宗皇帝徽號册寶畢，次日皇帝親饗太廟，今參酌下項：一、依儀，皇帝親饗太廟，散齋七日，致齋三日，其行事、執事文武、助祭官及宗室，前三日服朝服，緖結佩〔五〕。依禮例，宰執、使相、侍從、臺諫、武臣正任以上并應奉官並服朝服，餘並常服立班，奏請致齋。俟皇帝未後謁齋宮，奏請訖，退。今來親饗太廟，欲乞依前項儀并禮例施行。一、依儀，前〔二〕〔三〕日未後奏請皇帝詣齋室，其日，樞密院官已下先詣垂拱殿起居。今來親饗，欲乞依禮例，于常御殿齋室後閤起居。一、將來親饗，欲乞依例于尚書省習儀。一、依禮例，皇帝親祠行禮，合設寶，今來親饗太廟，欲乞依禮例權不設寶。一、親祠太廟，依禮例，讀册至御名勿興，殿上下撤去黄道裀褥，入殿門不張蓋，百官不得回班，御燎從

〔一〕戴記：原作「載祀」，據《五禮通考》卷九二改。按，下文所述之意見《禮記·曾子問》。

〔二〕忌：原作「日」，據《文獻通考》卷九八改。

〔三〕宗：原作「言」，據《文獻通考》卷九八改。

〔四〕十一日：《中興禮書》卷一一四作「十六日」。

〔五〕緖：原作「請」，據《中興禮書》卷一一四改。

物〔一〕、繖扇不入殿，行禮前衛士不起居呼萬歲。今來親饗，欲乞依上件《禮令》施行。一、勘會遇皇帝行禮飲福，係合用玉爵，將來親饗，欲乞依禮例權用金爵〔二〕。一、依禮例，親饗太廟，合設七祀及配饗功臣于殿下設位，差官行禮，今欲乞依禮例施行。一、將來親饗太廟，并21習儀、受誓，及禮畢次日，欲乞依禮例，百司並各休務一日。一、將來親饗太廟，行禮前三日，皇帝内殿宿齋，依（體）〔禮〕例，合排設嚴更警場，欲乞依紹興十年體例施行。」並從之。

十七日，禮部侍郎、兼侍讀、實録院修撰、權直學士院王賞等言：「將來車駕詣太廟行饗禮，已降旨，乘輅，備儀仗。依禮例，遇車駕乘輅，其宰執、使相、侍從、兩省、正任（拜）〔并〕監察御史，各服朝服，于輅前分左右騎導親饗太廟。欲乞令御史臺、閤門告報。」從之。

同日，王賞等又言：「將來奉上徽宗皇帝徽號畢，是日車駕詣太廟行饗禮。今檢會《五禮新儀》，禮畢，諸軍樂振作〔三〕。其來年正月十一日行禮畢，俟車駕乘輿出太廟東櫺星門，倣禮例，令鈞容直作樂，引駕還内。」從之。

二十二日，詔：親饗太廟，以太師、尚書左僕射秦檜爲大禮使，以簽書樞密院事程克俊爲禮儀使。又詔執綏官命秘書少監秦熺。二十三日，詔：「親饗太廟，以士㒟爲亞獻，士術爲終獻。二十七日，詔：親饗太廟，亞獻改命普安郡王瑗〔四〕，士㒟以疾辭故也。

十三年正月七日，主管禁衛所言：「自來車駕行幸，鳴鞭引駕；如至神御殿并几筵殿，相近百步，依例更不鳴鞭。今聖駕詣太廟親饗，太常寺儀注，至日于皇城北門裏降輦陞輅，並合鳴鞭前導，引至太廟櫺星門外降輅，亦合鳴鞭。」詔：太廟櫺星門外降輅，更不鳴鞭。同日，詔：正月十一日奉上徽宗皇帝徽號册寶，親饗太廟行禮，依儀宿齋。所有九日、十日早晚御膳並進素。

十八日，權禮部侍郎王賞言：「恭覩今月十一日加上徽宗皇帝徽號，皇帝親饗太廟，誠孝格天。前數日陰雲欲雪，及致齋行事日，霽霧澄穆，日景融明。初九日發册寶，皇帝立于殿下，望册寶出殿門，涕泗潸然。十一日親饗，至徽宗皇帝室前，又流淚不止，左右莫不感動。酌獻畢，不御小次，申（教）〔敕〕臣僚務要虔肅。上件事跡，伏望宣付史館，以昭聖孝。」從之。

慶元二年六月十四日，禮部、太常寺言：「將來車駕親行朝饗禮，依禮例，皇帝服靴袍，乘輦出北宮門，至太廟，合用黄麾，乞下兵部施行。」從之。

同日，詔：親饗禮儀使差右丞相京鏜，都大主管官差入内内侍省押班王德謙。

〔一〕燎：原作「僚」，據《中興禮書》卷一一四改。
〔二〕爵：原作「部」，據《玉海》卷八九改。
〔三〕樂：原脱，據《中興禮書》卷一一四補。
〔四〕瑗：原作「某」，按，據《宋史》卷三〇《高宗紀》七，此時普安郡王爲趙瑗，即後之孝宗皇帝，《會要》避諱改作「某」，今回改。

十七日，詔：七月六日親饗，（並）〔亞〕獻差太師、安德崇信軍節度使、充萬壽觀使、嗣秀王伯圭；終獻差少師、保康軍節度使、充醴泉觀使、嗣濮王士歆。

二十八日，詔：「今來親行太廟之禮，讀册官讀至御名勿興，殿上下徹去黃道裀褥，入殿門不張蓋，百官不得回班，御燎從物、繖扇不入殿，行禮前衛士免起居，不呼萬歲，并飲福黃羅拜褥並改用緋。並依此施行。」

七月六日，親饗太廟。七月十一日，宰臣京鏜等奏：「親饗之朝，陛下初見宗廟，得此晴霽成禮，神人歡洽。是皆聖孝有所感格，臣等不勝贊慶之至。」

親饗太廟別廟行禮儀注〔一〕

22 誓戒。如紹興修立《郊祀誓戒儀注》，惟不置郊社令。誓文曰：「今年七月十四日，皇帝爲登寶位，親行朝饗太廟，別廟，各揚其職。其或不恭，國有常刑。」

致齋。皇帝散齋七日于別殿，致齋三日于齋殿。至行禮日，自齋殿詣太廟。餘如《郊祀儀注》。

陳設。前饗三日，儀鸞司設大次于太廟東神門外道北，南向；小次于阼階東稍南，西向。又設文武侍臣次于大次之前，行事、助祭官、宗室及有司次于廟之內外，各隨地之宜。設饌幔于南神門外。每室饌幔各一〔二〕，內別廟饌幔設于本廟殿下，隨地之宜。又設七祀次于殿下橫街之北道西〔三〕，東向；又設配饗功臣次于殿下橫街之南〔四〕，東西相向。每室配饗功臣各爲一次。前饗二日，宮闈令帥其屬掃除廟之內外，開瘞坎于殿西階之東南，方深取足容物，南出陛。太常設七祀燎柴于南神門外，有司牽牲詣祠所。太常陳登歌之樂于殿上前楹間，稍南，北向；設宮架于庭中，立舞表于酇綴之間。前饗一日，奉禮郎、禮直官設皇帝位版于阼階上，飲福位于東序，俱西向。贊者設亞、終獻位于小次南稍東；助祭親王、宗室使相在其南；進幣爵酒官、受爵酒官、奉幣官、薦俎豆簠簋官、薦羊俎官、薦豕俎官、受幣官、盥洗奉爵官、奉瓚槃官、舉册官、七祀獻官在助祭宗室使相之南，並西向北上。設行事光祿卿、讀册官、光祿丞、功臣獻官位在其西，光祿丞以下位皆稍却。執事官位于其後。助祭宰相、使相位在其南〔五〕，執政官在其西。又設監察御史位二于西階下，俱東向北上。奉禮郎、太祝、太官令于東階下，西向北上。協律郎位二，一于殿上磬虡之北稍西，一于宮架西北，俱東向。押樂太常丞于登歌鐘虡之北，押樂太常卿于宮架之北，俱北向。良醞令于尊彝所，北向。薦香燈官、宮闈令位于室內，北向西上。又設助祭文武群臣、宗室位于橫街

〔一〕按，此爲紹興三十二年七月十四日孝宗登極親享太廟別廟之儀注。於此可見《永樂大典》編纂體例之混亂。
〔二〕室：原作「至」，據《文獻通考》卷九八改。
〔三〕西：原作「向」，據《文獻通考》卷九八改。
〔四〕設：原作「次」，據《文獻通考》卷九八改。
〔五〕位：原作「使」，據《文獻通考》卷九八改。

之南，東西相向。有司陳牲于東神門外，當門西向，以南爲上，祝史各位于牲後。太常設省牲位于牲西，進幣爵酒官、受爵酒官、奉幣官、受幣官、盥洗奉爵官、奉瓚槃官位于道南，北向西上。七祀配饗功臣獻官在其後〔一〕。薦籩豆簠簋官、薦羊俎官、薦豕俎官、實鑊水官、增沃鑊水官〔二〕、押樂太常卿、光禄卿、讀册、舉册官、押樂太常丞、光禄丞、奉禮、協律郎、太祝、太官令、宫闈令于道北，南向西上。凡設押樂太常丞位皆少却。監察御史位二，在薦俎官之右，少却。太常設禮饌于東神門外道北，南向；又設省饌位版于禮饌之南。進幣爵酒官、受爵酒官、奉幣官、受幣官、盥洗奉爵官、奉瓚官位在南，北向西上。七祀、配饗功臣獻官在其後。監察御史位二在西，東向。薦籩豆簠簋官、薦羊俎官、薦豕俎官、實鑊水官、增沃鑊水官、押樂太常卿、光禄卿、讀册、舉册官、押樂太常[23]丞、奉禮、協律郎、太祝、太官、宫闈令在東，西向北上。太祝帥其屬設祝册案于室前之右，司尊彝帥其屬設幣篚于酌尊所。次設籩、豆、簠、簋之位，每室左二十有六籩〔三〕，右二十有六豆，俱爲四行。俎二，一在籩前，一在豆前。次設俎九，在豆右，爲三重。登一，在籩豆間。鉶三，皆有柶，在登前。簠八、簋八，在籩豆二俎間，簠在左，簋在右。設爐炭于室户外，蕭、蒿、稷、黍于其後。又設毛血盤、肝膋豆于室户外之左，稍前。設尊彝之位，每室斝彝一、黄彝一，皆有舟；著尊二、壺尊二，皆有罍，加勺羃，爲酌尊。太尊二、山尊二、犧尊二、象尊二，皆有罍，加羃而不酌，俱北向西上。太常設七祀位于殿下横街之北次内，司命、〔户〕、中霤、門、行、厲、灶。又設配饗功臣位于横街之南次内。韓王趙普、周王曹彬位于横街之南道西，東向；太師薛居正、太師石熙載、鄭王潘美位在其西；太師李沆、太師王旦、太師李繼隆位又在其西；太師王曾、太師呂夷簡、侍中曹瑋位又于其西〔四〕。又設司徒韓琦、太師曾公亮位于横街之南道東，西向；太師富弼位在其東；太師司馬光位又在其東，太師韓忠彦位又在其東〔五〕，俱北向。皆席以蒲。〔犬〕〔太〕廟設神位版于座首。司尊彝設祭器，每位左二籩、右二豆；俎一，在籩豆前；簠一、簋一，在俎前，簠在左，簋在右；爵一次之；象尊一，在籩前，加羃。又設籩、豆、簠、簋各一，俎二，于每室及別廟饌幔内。内第三室以下并別廟籩、豆、簠、簋設于酒尊所。設進盤、匜、帨巾内侍位于皇帝版位之後，分左右。奉盤者北向，奉匜及執巾者南向。又設亞、終獻盥洗、爵洗于其位之北。盥洗在東，爵洗在西。罍在洗東，加勺；篚在洗西，南肆，實以巾，爵洗之篚則又實以爵。太官令盥洗于西階下，七祀、配饗功臣獻官盥洗各于神位之前。七祀及配饗功臣位前盥洗各一〔六〕。罍勺〔七〕、篚

〔一〕祀：原作「祝」，據《文獻通考》卷九八改。
〔二〕鑊：原脱，據《文獻通考》卷九八補。
〔三〕籩：原作「豆」，據《文獻通考》卷九八改。
〔四〕瑋：原作「暐」，據《文獻通考》卷九八改。
〔五〕韓：原作「王」，據《文獻通考》卷九八改。
〔六〕祀：原作「祝」，據《文獻通考》卷九八改。
〔七〕勺：原作「巾」，據《文獻通考》卷九八改。

巾各設于左右，執罍、篚者位于其後〔一〕。饗日，未行事前，宫闈令開室，帥其屬整拂神幄如常儀。司尊彝入設祭器，太府卿帥其屬入陳幣于篚。幣以白。光禄卿帥其屬入寔籩、豆、簠、簋。籩四行，以右爲上。第一行，糗餌在前，粉（餈）〔餈〕次之；第二行，𩞄在前，蕡、白、黑、形鹽、膴、鮑、魚鱐次之；第三行，乾棗在前，濕棗、栗、濕桃、濕梅、乾䕩、榛實又次之；第四行，菱在前，芡、栗、鹿脯又次之。豆四行，以左爲上。第一行，酏食在前，糝食次之；第二行，韭菹在前，醓醢、昌本、麋臡、菁菹、鹿臡、茆菹、麇臡又次之〔二〕；第三行，葵菹在前，蠃醢、脾析、鹿醢〔三〕、大蛤蚳醢、豚拍、魚醢又次之；第四行，芹（菹）〔菹〕在前，兔醢、深蒲、醓醢〔四〕、箈菹、雁醢、筍菹、魚醢又次之。簠實以稻、粱，粱在稻前。簋實以黍、稷，稷在黍前。登實以大羹。鉶實以和羹，加毛滑。太官令帥其屬入實俎〔五〕。籩前之俎實以羊腥七體：兩髀、兩肩、兩脅并脊，以兩髀在兩端，兩肩、兩脅次之，脊在中。豆前之俎實以豕腥七體，其載如羊。豆右 24 之俎九，爲三重，以北爲上。第一重實以〔羊〕、豕牲首各一。第二重，〔一〕實以羊腥腸、胃、肺，離肺在上端，刌肺三次（大）〔之〕，腸三、胃三又次之；一實豕腥膚九，横載。第三重，一實羊熟腸、胃、肺；一實以豕熟膚，其載如腥。皆羊在左，豕在右。良醖令帥其屬入實彝及尊、罍。斝彝實以明水，黄彝實以鬱鬯。著尊二，一實以玄酒，一實醴齊，皇帝酌之。壺尊二，一實玄酒，一實盎齊，亞、終獻酌之。太尊二，一實泛齊，一實醴齊；山尊二，一實盎齊，一實醍齊；犧尊二，一實沈齊，一實事酒；象尊二，一實昔酒，一實清酒：並設而不酌。凡罍之實，各視其尊。又實七祀及配饗功臣位禮饌。每位左二籩，栗在前，鹿脯次之；右二豆，菁（葅）〔菹〕在前，鹿臡次之。俎實以羊、豕腥肉。簠實以稷，簋實以黍。爵一、象尊一，皆實以清酒。太常設燭于神位前。設行事、執事官揖位于東神門外，如省牲之位。設望瘞位于瘞坎之南，如省饌之位。儀鸞司設册幄于南神門外，隨地之宜。饗前一日，學士院以祝册授通進司，進御書訖，降付尚書禮部。兵部設黄麾仗，自和寧門至太廟欞星門外。

省牲器。儀注如紹興十三年親饗，唯舊用未後二刻掃除廟門外，陳設祭器、幣篚，三刻省牲饌、鼎、鑊、樂器等，今用其日質明。宫闈令帥其屬掃除廟之内外。司尊彝帥執事者以祭器入設于位，凡祭器皆藉以席，又加巾、蓋。太府卿入陳幣于篚，告潔畢權徹。禮直官、贊者分引大禮使以下並服常服詣東神門外省牲位，光禄卿、丞與執事者牽牲就位。禮（贊）〔直〕官贊揖，贊者引押樂太常卿入行樂架。凡亞、終獻行事皆禮直官、太常博士引；大禮使、執事官及申眡滌濯官〔六〕、受爵酒官、進爵官行事，皆禮直官引；餘官皆贊者引。次引眡滌濯官入〔七〕，升自西階眡滌濯，凡行事、執事官升降皆自西階，内應奉官并執事隨應奉人各隨應奉階升降。次引申視滌濯官申視滌濯。執事者皆舉冪曰「潔」，俱退，復位。禮直官稍前曰：「告潔畢，請省牲。」次引省牲官稍前省牲訖〔八〕，退，復位。次引光禄卿出班巡牲

〔一〕篚：原脱，據《文獻通考》卷九八補。
〔二〕麇：原作「麋」，據《文獻通考》卷九八改。
〔三〕鹿醢：原作「粗醢」，據《文獻通考》卷九八改。
〔四〕醓：原脱，據《文獻通考》卷九八補。
〔五〕俎：原作「葅」，據《文獻通考》卷九八改。
〔六〕事：原作「政」，據《政和五禮新儀》卷一〇七改。
〔七〕入：原作「及」，據《政和五禮新儀》卷一〇七改。
〔八〕「次」原作「前」，「省牲官」原作「者牲官」，據《政和五禮新儀》卷一〇七改。

一匜，西向躬曰「充」、曰「備」；次引光禄丞出班巡牲一匝，西向躬曰「腯」，俱復位〔一〕。禮直官稍前曰：「省牲訖，請就省饌位。」揖訖，引大禮使以下各就位〔二〕。禮直官贊揖，有司省饌俱畢，禮直官贊「省牲畢」，揖訖，俱還齋所。光禄卿、丞及執事者以次牽牲詣厨授太官令。次引省鼎鑊官詣厨省鼎鑊〔三〕、視濯溉〔四〕。次引實鑊水官詣厨實鑊水。次引增沃鑊水官詣厨增沃鑊水。協律郎展視樂器，乃還齋所。晡後一刻，太官令率宰人以鸞刀割牲，祝史各取毛血實于槃，又取膟膋實于登，俱置饌所，遂烹牲。宫闈令率其屬掃除廟之内外。

車駕自齋殿詣太廟。其日，文武侍祠、行事、執事、助祭官、宗室先詣太廟祠所，其從駕臣僚並服常服就次。有司進輦于齋殿，其從【25】駕臣僚並俟從駕。次禮直官、宣贊舍人引禮部侍郎奏請中嚴，少頃，又奏外辦。皇帝自内服履袍詣齋殿，即御座，鳴鞭。行門、禁衛諸班、親從等、諸司祇應人員以下各自贊常起居。次知客省事以下、樞密都承旨以下、入内内侍省都知以下、帶御器械官、應奉、祇應通侍大夫以下、武功大夫以下及幹辦庫務文臣一班常起居，宣贊舍人贊從駕臣僚並常起居。凡起居者止奏「聖躬萬福」。次管軍臣僚並常起居，該宣名即宣名。若得旨免起居，更不起居。皇帝乘輦降自西階，稱警蹕，侍衛如常儀。出和寧門，將至太廟，御史臺、閤門分引文武助祭官、宗室、禮直官、贊者引行事、執事官，俱詣廟櫺星門外立班，再拜奉迎訖，退。内已奏起居，止奏「聖躬萬福」。皇帝乘輦入櫺星門，至大次，侍衛如常儀。皇帝降輦入大次，簾降，舍人承旨敕群官各還次，以俟立班行禮。

晨祼。其日未明五刻，行事用質明前。宫闈令開室，帥其屬掃除。太祝奠册于案，太府卿入陳幣，光禄卿入實籩、豆、簠、簋，太官令入實俎，良醖令入實彝及尊、罍。樂正帥工人、二舞以次入，與執尊罍篚羃者各就位。諸饗官及助祭官、宗室迎駕訖，各服其服，執事官各入就位。次御史臺、太常寺、閤門宣贊舍人分引文武助祭官及宗室各入就位。禮直官、贊者分引行事、執事官詣廟東神門外揖位立，禮直官贊揖訖，先引監察御史按視殿之上下，糾察不如儀者，降階就位。次引行事、執事官以下各入就位。皇帝入大次，禮儀使、樞密院官、太常卿、閤門官、太常博士、禮直官分立于大次之左右。引禮部侍郎詣大次前，奏中嚴，少頃，又奏外辦。禮儀使當次前俛伏，跪奏：「禮儀使臣某言，請皇帝行事。」奏訖，俛伏，興，還侍位。禮儀使奏禮畢准此。禮儀使以下前導至簾捲，皇帝服衮冕以出，侍衛如常儀。禮儀使以下前導至東神門外，殿中監跪進大圭。禮儀使奏「請執大圭」，前導皇帝入自正門。侍衛不應入者止于門外。協律郎跪，俛伏，舉麾

〔一〕位：原作「官」，據《文獻通考》卷九八改。
〔二〕使：原脱，據《文獻通考》卷九八補。
〔三〕鑊：原作「護」，據《文獻通考》卷九八改。
〔四〕濯：原作「灌」，據《文獻通考》卷九八改。

興，工鼓柷〔一〕，宮架作《乾安之樂》。皇帝升降行止皆奏《乾安之樂》。凡樂皆協律郎跪，俛伏，舉麾興，工鼓柷而後作，偃麾戛敔而後止。至阼階下，偃麾戛敔，樂止。升自阼階，登歌樂作。左右侍儀之官量人數從升。至版位，西向立，樂止。禮儀使以下分左右侍立。凡行禮，皆禮儀使、樞密院官、太常卿、閤門官、太常博士、禮直官前導，至位則分立於左右。次引奏奉神主官詣皇帝版位前，俛伏，跪奏「奉神主」，奏訖，俛伏，興，退。祠祭官於殿上承傳曰「奉神主」。次引薦香燈官入室，搢笏，奉帝主，啓匱設於座〔二〕，以白羅巾覆之。執笏，退，復位。次引宮闈令奉后主如上儀，以青羅巾覆之。退，復位。次引奏奉神主官詣皇帝版位前，俛伏，跪奏「奉神主訖」，奏訖，俛伏，興，退。禮儀使前奏：「有司謹具，請行事。」又奏「請 26 再拜」，皇帝再拜。贊者曰「再拜」，在位官皆再拜，訖。次引奉瓚官升詣僖祖神位前，西向立。奉瓚槃官升詣皇帝版位前，奉瓚槃北向立。內侍各執盤、匜、帨巾以進，宮架樂作。禮儀使奏「請皇帝搢大圭，盥手」，內侍進盤、匜沃水，皇帝盥手，內侍進巾，皇帝帨手訖。又奏「請皇帝洗瓚」，奉瓚槃官進瓚，內侍沃水，皇帝洗瓚。內侍進巾，皇帝拭瓚訖，樂止。又奏「請執大圭」。奉瓚槃官奉瓚槃詣僖祖室尊彝所，西向立，以瓚涖鬯。執彝者舉冪，良醞令酌鬱鬯，訖，先詣次室尊彝所，北向立。禮儀使以下前導，登歌樂作，皇帝詣僖祖室，北向立，樂止。禮儀使奏「請搢大圭」，跪，奉瓚槃官奉瓚槃西向立，以瓚授奉瓚官，奉瓚官西向跪以進。禮儀使奏「請執瓚」，皇帝執瓚〔三〕，以鬯祼地，奠瓚。奉瓚官受瓚，以授奉瓚槃官，奉瓚槃官以槃受瓚訖，俱詣次室以俟。禮儀使奏「請執大圭」，俛伏，興，前導皇帝出户外，北向立。禮儀使奏「請再拜」，皇帝再拜訖〔四〕，禮儀使以下前導皇帝詣宣祖室，次詣太祖室，次詣太宗室，次詣真宗室，次詣仁宗室，次詣英宗室，次詣神宗室，次詣哲宗室，次詣徽宗室，次詣欽宗室，祼鬯並如上儀，訖。禮儀使以下前導皇帝降自東側階，登歌樂作。至階下，樂止，宮架樂作。前導皇帝至別廟殿阼階下，樂止。皇帝升自阼階，登歌樂作，至殿上，樂止。前導皇帝詣懿節皇后神位前祼鬯，並如儀，訖。禮儀使以下前導皇帝降自阼階，登歌樂作。至殿下，樂止，宮架樂作。至太廟殿東側階下，樂止，登歌樂作。還版位，樂止，宮架作《興安之樂》、《文德之舞》，九成，止。太官令取肝，以鸞刀制之，洗於鬱鬯，貫之以膋，燎于爐炭。次引薦香燈官，內別廟以太祝。以肝膋入〔五〕，詔神於室；又出，以墮祭于室户外之左，三祭於茅苴。俱降，詣盥洗位盥手，升，復執事位。

饋食。其日，有司陳鼎二十有四於神厨〔六〕，各在鑊

〔一〕柷：原作「祝」，據《文獻通考》卷九八改。
〔二〕座：原作「後」，據《文獻通考》卷九八改。
〔三〕皇帝執瓚：原脱，據《文獻通考》卷九八補。
〔四〕皇帝再拜：原脱，據《文獻通考》卷九八補。
〔五〕「入」上原有「燎」字，據《文獻通考》卷九八删。
〔六〕「神」下原有「廟」字，據《文獻通考》卷九八删。

右。太官令帥進(選)〔饌〕者詣厨,以匕升羊於鑊,實于一鼎。肩、臂、臑、肫、胳、正脊一、直脊一、横脊一、長脅一、短脅一、代脅一〔一〕,皆二骨以並。次升豕如羊〔二〕,各實于一鼎。每室羊、豕各一鼎。皆設扃鼏。祝史對舉入,設於每室饌幔内。次引視腥熟節官詣饌所視腥熟之節。俟皇帝晨祼畢,還位,樂止。祝史抽扃,委于鼎右,除鼏,加匕、畢于鼎〔三〕。太官令以匕升羊,載于一俎。肩、臂、臑在上端,肫、胳在下端,脊、脅在中。次升豕〔四〕,各載于一俎,其載如羊。每室及别廟羊、豕各一俎。次引薦籩、豆、簠、簋官搢笏,奉籩、豆、簠、簋,奉俎官各搢笏,奉俎以入。太官令引入正門,宫架《豐安之樂》作。由宫架東至横街,折方進行,陳於西階下〔五〕,北向北上。薦俎、豆、簠、簋官搢笏,奉籩、豆、簠、簋;薦羊俎官、薦豕俎官各搢笏,奉俎以升,執事者各迎於階上。薦籩、豆、簠、簋官奉籩、豆、簠、簋,詣僖祖室神位前,北向跪奠,啓蓋於下,執笏,俛伏,興。有司設籩於糗餌前,豆於酏 [27] 食前,簠於稷前,簋於黍前。次引薦俎官奉俎詣僖祖室神位前,北向跪奠,先薦羊,次薦豕,各執笏,俛伏,興。有司設羊俎於腸、胃、膚之前。羊在左,豕在右。詣次室及别廟,奉奠並如上儀。樂止,俱降復位。次引薦香燈官,内廟别以大祝。取蕭合黍稷,擩於脂,燎於爐炭。又當饋熟之時,取菹擩於醢,祭于豆間三。又取黍、稷、肺祭如初,皆藉以茅。俱降階,盥洗訖,升,復位如初。次引奉幣官、進幣官、受幣官、(奉)〔受〕爵酒官、進爵酒官升詣僖祖室,奉幣官、進幣官、受爵酒官、進爵官在東,西向北上,受幣官在西,東向。次引奉爵官升殿,詣皇帝版位前,奉爵,北向立。内侍各執盤、匜、帨巾以進。宫架樂作,禮儀使奏「請皇帝搢大圭,盥手」,内侍進盤匜沃水,皇帝盥手,内侍進巾,皇帝帨手,訖。又奏「請皇帝洗爵」,奉爵官進爵,内侍沃水,皇帝洗爵,内侍進巾,皇帝拭爵,訖,樂止。又奏請執大圭,奉爵官受爵,奉爵詣僖祖室酌尊所,西向立。執尊者舉鼏,良醖令酌著尊之醴齊訖〔六〕,先詣次室酌尊所,北向立。禮儀使以下前導,登歌樂作。殿中監跪進鎮圭,禮儀使奏請搢大圭,執鎮圭,前導皇帝詣僖祖室,樂止,宫架作《基命之樂》〔七〕,宣祖室《天元之樂》,太祖室《皇武之樂》,太宗室《大定之樂》,真宗室《熙文之樂》,仁宗室《美成之樂》,英宗室《治隆之樂》,神宗室《大明之樂》,哲宗室《重光之樂》,徽宗室《承元之樂》,欽宗室《端慶之樂》〔八〕,别廟、懿節皇后室登歌《歆安之樂》。文舞作。内侍先次設繅藉於地。禮儀使請跪奠鎮圭於繅藉,執大圭,俛伏,興。又奏請搢大圭,跪。次内侍跪,取幣於篚,以授奉幣官,奉幣官授進幣官,西向跪以進。禮儀使奏「請受

〔一〕一:原脱,據《文獻通考》卷九八補。
〔二〕羊:原作「豸」,據《文獻通考》卷九八改。
〔三〕匕畢:原作「畢匕」,據《文獻通考》卷九八乙。
〔四〕「豕」上原有「羊」字,據文意删。
〔五〕陳:原作「階」,據《文獻通考》卷九八改。
〔六〕齊:原脱,據《文獻通考》卷九八補。
〔七〕命:原作「安」,據《文獻通考》卷九八改。
〔八〕端慶:原作「瑞慶」,據《宋史》卷一三〇《樂志》五改。

幣」，皇帝受幣訖，受幣官東向跪受以興，奠於僖祖神位前。次奉爵酒官以爵授受爵酒官，受爵酒官授進爵酒官，進爵酒官西向跪以進。禮儀使奏「請執爵」，皇帝執爵，祭酒，三祭于茅苴。奠爵，受爵官以爵復于坫。禮儀使奏請執大圭，俛伏，興。又奏請皇帝出户外，少立，樂止。奉幣官、進幣官、受幣官、奉爵酒官、受爵酒官、（奉受爵酒官）進爵酒官俱詣次室〔一〕，内侍舉鎮圭授殿中監，又以繅藉詣次室，先設於地。次舉册官舉祝册，讀册官搢笏，東向跪，讀册文，讀訖，各執笏，興，先詣次室前東向立。禮儀使奏「請再拜」，皇帝再拜訖，禮儀使以下前導皇帝詣諸室及别廟，奠圭幣，酌獻並如上儀。次奉幣官、進幣官、受幣官、奉爵酒官、受爵酒官、進爵酒官俱降，復位。内侍舉鎮圭繅藉，以鎮圭授殿中監，殿中監以授有司，讀册官以下俱降復位。禮儀使以下前導皇帝還版位，西向立。詣别廟升降行止，宫架、登歌作樂，並如裸鬯儀。禮儀使奏請還小次，登歌樂作。前導皇帝降自阼階，樂止，宫架樂作。將至小次，禮儀使奏請釋大圭，殿中監跪受大圭。皇帝入小次，簾降，樂止。文舞退，武舞進，宫架《正28安之樂》作，舞者立定，樂止。

亞、終獻。禮直官、太常博士引亞獻詣盥洗位，北向立，搢笏，盥手，執笏；詣爵洗位，北向立，搢笏，洗爵，拭手，以爵授執事者，執笏，拜；詣僖祖室酌尊所，西向立。宫架作《正安之樂》、《武功之舞》。執事者以爵授亞獻，搢笏，跪。執爵、執尊者舉冪，太官令酌壺樽之盎齊訖，先詣次室酌尊所，北向立。亞獻以爵授執事者，執笏，興，入詣僖祖室神御前，北向立，搢笏，跪。執事者以爵授亞獻，亞獻執爵祭酒，三祭於茅苴，奠爵，執笏，俛伏，興，出户外，北向再拜。次詣每室酌獻，並如上儀。樂止，降，復位。初，亞獻行禮將畢，禮直官、太常博士引終獻詣洗，及升殿酌獻，並如亞獻之儀。降，復位。初，終獻既升，次引七祀及配饗功臣獻官詣盥洗位，搢笏，盥手，帨手，執笏；詣神位前，搢笏，跪，執爵三祭酒，奠酌，執笏，俛伏，興，再拜。詣次位，並如上儀。退，復位。唯七祀先詣司命（立）〔位〕奠爵訖，興，少立。次引太祝進諸位前，北向跪讀祝文訖，退，獻官再拜復位。

皇帝飲福。同紹興十三年朝饗儀注，不用牛俎。

神主入室。次引奏奉神主官詣皇帝版位前，俛伏，跪奏「奉神主入室」，奏訖，俛伏，興，退。祠祭官於殿上承傳曰「奉神主入室」。次引薦香燈官搢笏，奉帝主入祏室，訖，薦香燈官先捧匱於神座，納神主於匱訖，捧入祏室。執笏，退，復位。次引宫闈令奉后主如上儀，退，復位。次引奏〔奉〕神主官詣皇帝版位前，俛伏，跪奏「奉神主入室訖」，俛伏，興，退。禮儀使奏「禮畢」，前導皇帝降自阼階，登歌樂作；至阼階下，樂止，宫架樂作；出門，樂止。禮儀使奏「請釋大圭」，殿中監跪受大圭，以授有司。皇帝還大次，禮部郎中奏請解嚴訖，皇帝入齋殿。宫闈令以黍、稷、肺祭（祭），藉用白茅，束

〔一〕俱：原脱，據《文獻通考》卷九八補。

而埋之於西階東，有司各取幣置於坎。大禮使以下就望瘞位，禮直官曰「可瘞」，寘土半坎，太廟、宮闈令監視。次引大禮使以下詣東神門外揖位立，禮直官贊「禮畢」，揖訖，退。文武助祭官及宗室以次出。次引七祀獻官詣南神門外七祀望燎位，南向立。有司置祝版於燎柴，焚訖，退。太官令帥其屬徹禮饌，監察御史詣殿監視收徹訖，宮闈令闔户以降，乃退，太常藏祝册於匱。

車駕還内。臣僚、禁衛等起居迎駕，奏「聖躬萬福」訖，以俟從駕還内，並如來儀。禮部郎中奏解嚴，宣贊舍人承旨敕群官各還次，將士各還其所。

〔紹興三十二年〕七月三日〔一〕，禮部、太常寺言：「皇帝親饗致齋，合設儀衛、宿衛，行禮、飲福拜褥用緋，及飲福玉爵等，乞依禮例，令所屬排辦施行。」並從之。

七日，詔：「應行事、執事官等務在嚴肅，如有懈怠不恭，令閤門取旨，送御史臺。」同日，閤門言：「將來親饗禮畢，參照紹興十三年，合差閤門宣(祠)〔詞〕令舍人一員升臺宣勞將士。其臺係祇候庫排辦。」詔依例施行。

十四日，親饗。以皇子蘄州防禦使愭爲亞獻，貴州防29禦使愷爲終獻。

十七日，都大主管所言：「親饗禮畢，自十五日立限五日結局，所有被差官屬、使臣、人吏、諸色人日食錢，乞限外勿給。」從之。

隆興二年十二月三十日，以郊祀前一日親行朝饗之禮。自後率以郊前一日行禮，亞、終獻並同郊祀。

乾道元年正月一日，上宣諭執政：「宿齋日大雪，饗廟幸得晴霽。」已而宰臣陳康伯等具奏誠意格天之應，乞宣付史館，從之。

六年十一月五日，臣僚言：「車駕自景靈宮回鑾至太廟，將行朝饗，百官攸司以雨爲憂。夜漏四刻，陰雲四開，星斗粲然，祥異昭格。乞宣付史館。」從之。

九年十一月八日，宰臣奏言：「太廟行禮，陰雲閣雨〔二〕。既成謁饗，瑞雪應時。聖德昭著，靈貺如此。」上嘉答之。（以上《永樂大典》卷一七〇五九）

時饗

【宋會要】

30 乾(道)〔德〕六年十月，判太常寺和峴言：「按《禮閣新儀》，唐天寶五年享太廟禮，宜祭料外，每室加常食一牙盤。五代以來，遂廢其禮。今請如唐故事。」乃詔別設牙盤食，禘祫、時享皆用之，亦准此制。仍委宗正寺點檢，務在精潔，以稱嚴恭。馬端臨《通考》：開寶初，上親享太廟，見所陳籩、豆、

〔一〕按，此以下仍爲孝宗朝事。
〔二〕閣：原作「閤」，據《玉海》卷九七改。

簠、簋，問曰：「此何物也？」左右以禮器對。上曰：「吾祖宗寧識！」亟命徹去，進常膳如平生。既而曰：「古禮不可廢也。」命復設之。

太宗太平興國六年十二月，太常禮院言：「今月二十三日臘享太廟。伏緣孟冬已行時饗，冬至又嘗親祀〔一〕，按禮，每歲五饗，其禘祫之月即不行時饗〔二〕，慮成煩數，有爽恭虔。今請罷臘日薦饗之禮，其孝惠別廟即如式。」從之。

淳化三年十月八日，太常禮院言：「今年冬至親祀南郊，前一日朝饗太廟，前二日奏告宣祖、太祖室。伏緣自來每遇親祀，承例更設朔望兩祭，乃是十一月内三祭太廟，兩室又行奏告之禮。煩則不恭，懼非孝思之意。當院檢尋故事，太平興國六年嘗罷臘饗，求之典禮，亦無明文。竊緣十一月二十日皇帝朝饗，去臘享日月相隔，實非煩數。欲望權停十一月朔望之祭，其臘饗如常行禮。」從之。馬端臨《通考》：端拱二年七月，詔以今年八月二十四日親享太廟，會有彗出東井，詔罷其禮。

真宗景德元年六月二十八日，命昭宣使李神福、皇城使衛紹欽、宮苑使康仁寶與宗正卿趙安易，以七月朔分詣太廟及后廟、元德皇太后廟，備牙盤食薦享，不出神主。時明德皇后梓宮在殯，宗廟久闕薦饗故也。

三年正月八日，太常禮院言：「準畫日以今月乙卯孟饗太廟。伏緣其日鄆王外攢，吉凶異道，在禮不得相干，望別擇日，庶叶典禮。」詔從之，仍改用辛酉。

九月，太常禮院言：「十月十日孟冬薦享太廟、后廟。伏緣其月明德皇后園陵已準敕命京城禁樂，故事，大祠與國忌〔祠〕〔同〕日者，其樂備而不作，今請如國忌例。」從之。

四年四月二十五日，太常禮院言：「準詔檢詳皇后喪，朔望上太廟牙盤食故事。準禮，后喪，祀天地、社稷外，宗廟及中小祠並權停祭饗，俟葬畢升祔復舊。」明德皇后以三月十五日上仙，是年廢孟夏薦享，七月内中遣使朔望上食。於是復行薦享，及詔遣宣政使李神福赴太廟，皇城使衛紹欽赴皇后廟，宮苑使劉承珪赴元德皇后廟，並上食。自是至園陵祔廟前經朔望皆然〔三〕。

七月九日，園陵禮儀使言：「準畫日今月九日孟秋饗太廟，伏緣三日奉莊穆皇后主，已行祔饗。祭不欲數，望停孟饗。」詔太常禮院與崇文院檢討詳定以聞，於是上言曰：「按周宣懿皇后用十月八日祔廟，遂不行冬享。國朝孝明皇后以四月二十六日升祔，亦停夏饗。明德皇后 31 十月八日祔廟，權停冬享。今來秋饗望準禮例權停。」詔從之。

大中祥符元年十二月九日，太常禮院言：「準詔，十一月二十七日加上尊謚禮畢，躬謝太廟。又準畫日十二月臘饗。按《禮記·祭義》云『祭不欲數，數則煩，煩則不恭』，其臘享欲望權罷。」從之。王應麟《玉海》：祥符元年十一月二十三日庚辰，詔曰：「朕祗事上封，克成大典。」二十七日上尊謚禮畢，恭謝太廟，有司定儀注以聞。」二十五日壬午，詳定所上儀注，李宗諤上奠獻樂章二首。癸未，帝

〔一〕嘗：原作「常」，據《宋史》卷一〇八《禮志》一一改。
〔二〕祫：原作「裕」，據《宋史》卷一〇八《禮志》一一改。
〔三〕祔：原脱，據文意補。按，此謂葬畢升祔前遇朔望皆上食。

齋于長春殿。翌日甲申，帝服通天冠、絳袍，奉太祖、太宗尊謚册寶拜授攝太尉王旦，持節奉册升輅，鑾駕詣廟酌奠六室。五年閏十月三日，詔以真馭下臨，遂知遐胄，以今月七日告謝太廟，令有司定儀注。四日丁卯，命置五使，如郊禮備三獻，庭設宮架、登歌，鑾駕儀仗增至七千人。舊用二千人。五日，李宗諤上奠獻登歌《瑞安曲》樂章。六日，帝齋于長春殿。翼日辛未，恭謝太廟六室，帝作《奉先歌》，近臣畢和。天禧元年正月三日癸卯，以朝享太廟，誓百官。八日戊申，奉寶册升輅。九(月)〔日〕己酉，奉上六室寶册，百官陪列。十日庚戌，朝享六室。二年六月十五日，詔太廟每室各置祭器。

三年冬十一月十三日，詳定所言：「祀汾陰前，皇帝親告太廟，遣官告后廟、元德皇太后廟，前一日祭社(穆)〔稷〕。其臘日享祭望權停。告祭日請用常祀之禮，獻官祭服，御史監祭。」從之。

十二月，帝謂王旦等言：「來年正月十一日孟饗太廟，而有司擇八日宴，已在饗廟致齋中，又七日上辛祀昊天上帝。」王欽若言：「若移宴日避祀事，即自天慶節以來皆有所妨。」馮拯言：「上辛不可移，薦享宗廟是有司擇日，於禮無嫌。」帝曰：「當詢禮官。」終以契丹使發有常期，又將西巡，故不及改。《宋史》：八年，兼宗正卿趙安仁言：「準詔，以太廟朔望上食品味，令臣詳定。望自今委御厨取親享廟日所上牙盤例，參以四時珍膳，選上局食手十人赴廟饌造，上副聖心，式表精慤。」詔：所上食味，委宮闈令監造訖，安仁省視之。　馬端臨《通考》：仁宗慶曆時，四孟、臘時享太廟，攝事用羊、豕各二祈報，象尊一，別廟增黄彝、壺尊二，親享則加犢。三年，御史蔡稟言：「周制，四時享親之禮有九。今寺觀則車駕一歲再臨，未嘗薦獻宗廟，非奉先教民意。」帝謂輔臣曰：「三歲一祀郊廟，而賚及天下，若歲親行之，則人有顗賞之心。朕朝夕奉三聖御容於禁中，未嘗敢怠也。」太廟舊唯薦冰〔一〕，景祐二年，趙良規請薦新如《通禮》。宗正寺、禮官參定：正月韭、菘〔二〕、卵，二月冰，三月筍、含桃，四月麥、彘，五月瓜〔三〕、來禽，六月菱、芡，七月粟、穄、鷄、棗、梨〔四〕，八月酒、稻、茭，九月小荳、喬麥，十月兔、栗、藷蕷，十一月鴈、麞，十二月魚，增二十六種。禮院因奏：「禮有薦新，如朔奠。自頃有司言宗廟則后廟可兼，遂上前廟帝主 32 薦冰。請后主、奉慈、后廟四時薦新，如朔望牙盤食例，宗正寺官充攝行禮。」詔可。

嘉祐七年八月七日，太常禮院言：「皇祐二年九月二十一日祀明堂，前一日親饗太廟，嘗停孟冬之薦。考詳典禮，宗廟四時之祭未有因嚴配而輟者。今明堂去孟冬晝日尚遠，請復薦廟如舊。」詔恭依。王應麟《玉海》：天聖元年四月乙卯，遣官禘饗太廟。禮官言：「三年一祫，以孟冬；五年一禘，以孟夏。」遂以薦享爲禘享。皇祐二年九月二十五日己酉，以大享明堂，具大駕鹵簿赴景靈宮，行薦享禮畢，齋于太廟。翌日庚戌，詣七室行朝享之禮，降神樂作，帝密諭樂卿，令備其音節。禮儀使請憩小次，帝拱立益莊。辛亥，大(嚮)〔饗〕明堂。

神宗元豐三年，詳定郊廟奉祀禮文所言：「祠、禴、烝、嘗之名，春夏則物未成而祭薄，秋冬則物盛而祭備。故許慎以品物少、文詞多爲祠，而王弼以禴爲祭之薄。何休謂：祈穀，成者非一，黍先熟可得薦，故曰嘗；冬萬物畢成，所薦衆多，故曰烝。故《禮記》以嘗爲大嘗，《周禮》以烝爲大烝。孔安國亦以烝、嘗爲大享。今太廟四時雖有薦

〔一〕冰：原作「水」，據《文獻通考》卷九八改。
〔二〕菘：原作「崧」，據《文獻通考》卷九八改。
〔三〕瓜：原作「爪」，據《文獻通考》卷九八改。
〔四〕梨：原作「黎」，據《文獻通考》卷九八改。

新，而孟饗禮料無祠〔一〕、禴、烝、嘗之别。伏請春加韭、卵，夏加麥、魚，秋加黍、豚，冬加稻、鴈，當饋熟之節，薦於神主。其籩豆於常數之外，别加時物之薦，豐約各因其時，以應古禮。」從之。馬端臨《通考》：又言：「薦血之器，禮所不載。唐崔沔議曰：毛血盛於槃〔二〕。《宋書・志》，南郊以二陶豆盛毛血。開元、開寶《通禮》及今儀注皆以豆盛之。禮以豆盛菹、醢，登盛羹，其薦毛血當以槃。親享太廟但有三牲骨體俎，而無腸、胃、膚俎，不應古義。請於三牲骨體俎之外，加以牛羊腸胃及豕膚俎各一。古者祭祀無迎神、送神之禮，其於祭之末皆不拜。案《少牢饋食禮》：主人朝服，即位于阼階東，西面。鄭氏曰：爲將祭也。即不言拜。及祝告禮成，主人出，立于阼階上西南，亦不言拜。近代事神，拜而迎送，殊非禮意，請改定儀注。聖王之事宗廟，禮如事生，故饌則薦四時之和氣，與四海九州之美味，貢則陳金、璧、龜、帛，以明共天下之財。其餘無常，必致國之所有，以明遠物無不至。自秦漢以來，奉宗廟者不本先王之經訓，有司奉行，充其位而已。故天下常貢入王府者，未嘗陳於太廟，良爲闕畧。請親祠太廟，並令户部陳歲貢以充庭實，仍以龜爲前，金次之，玉帛又次之，餘居後。」太常禮院言：「舊儀，親祠太廟，車駕未至大次，太祝、宫闈令奉出帝后神主〔三〕，置於座，行禮畢，已還齋殿，方納神主。今親祠，皇帝至阼階，太祝、〔宫〕闈令始奉神主置於座，行禮畢，皇帝俟納神主，然後降阼階。舊入室帝主各以太祝遷納，其后主止命太廟、宫闈令二員，恐致遲緩，請權差七員同奉。」從之。又言：「《王制》：祭宗廟之牛角握。《周禮・小司徒》：凡小祭祀奉牛牲。天子之祭無不用牛者。唐《郊祀録》稱，宗33廟、社稷等祭悉用太牢。今三年親祠，而八室共用一犢；又祫享盛祭，有司攝事，而不用太牢，則爲非稱。請三年親祠并時享有司攝事，太廟每室並用太牢。」詔親祠并祫享每室用太牢。又言：「古者人君臨祭，立于阼階者，主階惟人君涖之行事，示繼體祖考，親親之義，且以尊别於臣庶也。今朝享太廟，設小次於殿下褥位之東，西向；設皇帝版位于廟東階之東南，西向，乃是古者大夫、士臨祭之位，殊失禮意。請自今太廟行禮，並設皇帝版位于東階之上，西向，更不設殿下版位及小次。又《曾子問》曰：斂幣玉，藏諸兩階之間。《聘禮》：卷幣埋于兩階東。舊制，宗廟燔其幣，未合於禮。請凡禮神之幣皆埋之西階東，册則藏諸有司之匱。」五年，詔：「自今太廟祠祭，前廟初獻差親王、宗室使相、節度使、郡王，后廟初獻，宗室節度觀察留後、觀察使。歲以序差，不赴者罰之。其餘祠祭，敕差行事者准此。」《文昌雜録》：禮部上言：「《郊廟親祠儀注》，祭日皇帝並服靴袍至大次〔四〕，於禮意未協。謹按《禮記・郊特牲》曰：祭之日，王皮弁以聽祭報。報謂小宗伯告時告備，若今請中嚴〔五〕、奏外辦也。韋彤《五禮精義》以通天冠猶古之皮弁，齋服也。伏請太廟、圜丘，祭之日服通天冠、絳紗袍，自齋殿赴大次，以應皮弁以聽祭報之儀。」敕依。新制〔六〕：寺監丞簿皆輪宿直，長貳每五日一點宿。有一卿長每點宿，亦令丞簿自依日赴直，謂長貳（每五日一點宿有以卿長每點宿亦令丞簿自依日赴直謂長貳）點宿乃點檢之義。按學士舍人新拜官有儤直，舊官間數日乃點直，欲新來者稍休也，豈點檢之謂邪？大丈夫不可以不知故事，一「點」字，其誤如此。

六年六月一日，太常寺言：「孝惠、孝章、淑德、章懷四后升祔，欲準慶曆五年孟冬章獻明肅皇后升祔禮畢徧饗太廟故事〔七〕，其孟秋薦饗伏乞權罷。」從之。《宋史》：六年十一月，帝親祠南郊，前期三日，奉仁宗、英宗徽號册寶于太廟。是日，齋于大慶殿。翌日，薦享于景靈宮。禮畢，帝服通天冠、絳紗袍，乘玉輅至太廟。宰臣、

〔一〕饗：原作「嚮」，據《文獻通考》卷九八改。
〔二〕槃：原作「桊」，據《文獻通考》卷九八改。
〔三〕宫：原作「宫宫」，據《文獻通考》卷九八删。
〔四〕袍：原脱，據《文昌雜録》卷五補。
〔五〕中：原作「申」，據《文昌雜録》卷五改。
〔六〕按《文昌雜録》，「新制」以下爲另一條，此條與祭祀無關，《永樂大典》誤録。
〔七〕饗：原作「嚮」，據《長編》卷三三五改。

百官班迎于廟門，侍中跪請降輅，帝却乘輿，步入廟，趨至齋宮。翌日，帝服韡袍至大次。有司奏中嚴外辦，禮儀使跪奏請行事，帝服衮冕以出。至東門外，殿中監進大圭，帝執以入，宮架樂作。升東階，樂止，登歌樂作。至位，樂止。太祝、宮闈令奉諸室神主于座，禮儀使贊曰：「有司謹具，請行事。」帝再拜，詣罍洗，登歌樂作。降階，樂止，宮架樂作。至洗南，北向，樂止。帝搢圭，盥、帨，洗瓚、拭瓚訖，執圭，宮架樂作。升堂，樂止，登歌樂作。殿中監進鎮圭，帝搢大圭，執鎮圭，詣僖祖室，樂止，登歌奏《瑞安之曲》。至神坐前，北向跪，奠鎮圭于繅藉，執大圭，跪，三上香。執瓚祼地，奠瓚，奉幣，奠訖，執圭，俛伏，興，出户外北向再拜。内侍舉鎮圭以授殿中監，至次室行事，皆如前儀。**34** 禮部、户部尚書以次官奉逐室俎豆，宮架《豐安樂》作。奠訖，樂止。帝再詣罍洗，登歌樂作，降階，樂止，宮架樂作。至洗南，北向立，樂止。帝搢圭，盥、帨、洗爵、拭爵訖，執圭，宮架樂作。帝升東階，樂止，登歌樂作。至僖祖室，樂止，宮架樂作。帝還位，登歌樂作，至位，樂止，宮架《興安之樂》作，文舞九成，止。禮部、户部帝搢圭，跪，受爵〔一〕，祭酒三，奠爵，執圭，俛伏，興，出户外，北向立，樂止。太祝讀册文〔二〕，帝再拜。詣次室，皆如前儀。帝還位，登歌樂作，至位，樂止。文舞退，武舞進，宮架《正安之樂》作。亞獻以次行事，如前儀，樂止。帝詣飲福位，登歌樂作，至位，樂止，宮架《僖安樂》作。帝再拜，搢圭，跪受爵，祭酒，三啐酒，奠爵，受俎，奠俎〔三〕，受摶黍，奠黍豆，再受爵，飲福酒訖，奠爵，執圭，俛伏，興，再拜，樂止。帝還位，登歌樂作，至位，樂止。太常博士徧祭七祀、配享功臣。户部、禮部尚書徹俎豆，登歌《豐安樂》作，徹訖，樂止。禮直官曰「賜胙」，行事、陪祀官皆再拜，宮架《興安樂》作，一成止。太祝、宮闈令奉神主入諸(祐)〔祏〕室。禮儀使跪奏禮畢，登歌樂作，帝降階，樂止，宮架樂作。出東門，殿中監受大圭，歸大次，樂止。有司奏解嚴，轉仗赴南郊。初，國朝親饗太廟，儀物有制。熙寧以來，率循舊典。自元豐初命官詳定，始多損益。元年，陳襄等詳定郊廟禮文所言〔四〕：「古者納牲之時，王親執鸞刀，啓其毛而祝，以毛血詔於室。今請改正儀注，諸太祝以毛血薦於神座訖，徹之而退。唐崔沔議曰：毛血盛於槃。開元、開寶《通禮》及今儀注皆盛以豆。禮，以豆盛菹醢，其薦毛血當盛以槃。」又言：「三牲骨體俎外，當加牛羊腸胃、豕膚俎各一。又古者祭祀無迎神、送神之禮，其初祭及末皆不當拜。又宜令户部陳歲貢以充庭實，如古禮，仍以龜爲前，金次之，玉、帛又次之，餘居後。又《周禮》大宗伯之職，凡饗，莅玉鬯。今以門下侍郎取瓚進皇帝，侍中酌鬯進瓚，皆未合禮。請命禮部尚書奉瓚臨鬯，禮部侍郎奉槃以次進，皇帝酌鬯祼地訖，侍郎受瓚并槃而退。」又言：「皇帝至阼階，乃令太祝、宮闈令始奉神主置于坐〔五〕，行禮畢，皇帝俟納神主，然後降階。」並從之。又言：「神坐當陳于室之奥，東面〔六〕。當行事時，皇帝立于户内，西向，即拜于户内。有司攝事，晨祼饋食，亦立于户内，西向，更不出户而拜。其堂上薦腥，則設神坐于扆前，南向，皇帝立于中堂，北向。有司攝事同此。」詔候廟制成取旨。又請：「諸廟各設莞筵紛純，加繅席畫純，于户内之東，西面。皇帝行三獻禮畢，於此受嘏。」又言：「每室所用几席，當如《周禮》，改用莞筵紛純，加繅席畫純，加次席黼純，左右玉几。凡祭祀，皆繅次各加一重，并莞筵一重，爲五重。」又言：「古者宗廟九獻，王及后各四，諸臣一，自漢以來，爲三獻，后無入廟之事，沿襲至今。若時享，則有事於室，而無事於堂；禘祫則有事於堂，而無事於室。室中神位不在奥，堂**35** 上神位不當扆，有饋食而無朝踐。度今之宜，以備古九獻之意，請室中設神位于奥，東(西)〔面〕，堂上設神位于户外之西，南面。皇帝立于户内，西面，祼鬯，爲一獻；出户立于扆前，北向行朝踐薦腥之禮，爲再獻；皇帝立于户内，西面，行饋食薦熟之禮，爲三獻。」詔並候廟制成取旨。又請：「三年親祠并祫享，及有司攝事，每室並用太牢及制幣。宗廟堂上焫蕭以求陽，而有司行事焫茅香宜易用蕭。灌鬯於地以求陰，宜束茅沃酒，以象神之飲。凡幣皆埋于西

〔一〕受：原作「授」，據《宋史》卷一〇八《禮志》一一改。
〔二〕讀：原脱，據《宋史》卷一〇八《禮志》一一補。
〔三〕俎：原脱，據《宋史》卷一〇八《禮志》一一補。
〔四〕《宋史》卷一〇八《禮志》一一無「陳襄等」三字。疑衍。
〔五〕始：原作「如」，據《宋史》卷一〇八《禮志》一一改。
〔六〕面：原作「西」，據《宋史》卷一〇八《禮志》一一改。

階東，册則藏有司之匱。」又請：「除去殿下板位及小次，而設皇帝板位于東階之上，西向。」又請：「凡奏告、祈禱、報謝，用牲牢祭饌，並出帝后神主，以明天地一體之義。」又：「古者祭祀，兼薦上古、中古及當世之食〔一〕。唐天寶中，始詔薦享每室加常食一牙盤，議者以爲宴私之饌可薦寢宫，而不可瀆於太廟，宜罷之。」「古者吉祭必以其妃配，不特拜，請奠副爵無特拜。」「《儀禮》曰：『嗣舉奠。』請皇帝祭太廟，既祼之後，太祝以斝酌奠于鉶之南，俟正祭嘏訖，命皇子舉奠而飲。」又請：「命刑部尚書一員以奉犬牲，兵部尚書一員奉魚十有五。仍令腥熟之薦，朝享及四孟、臘享皆設神位于户内，南向。其祼將于室，朝踐于堂，饋熟于室，則於奥設莞筵紛純，加繅席畫純，加次席黼純，左右玉几。當筵前設饋食之豆八，加豆八，以南爲上。鉶三，設于豆之南，南陳，牛鉶居北，羊鉶在牛鉶之南，豕鉶在羊鉶之南。羞豆二，曰酏食、糝食，設于薦豆之北。大羹湆盛以登，設于羞豆之北。九俎設于豆之東，三三爲列，以南爲上，肵俎一，當臘俎之北，縱設之。牲首俎在北牖下〔二〕，簠簋設于俎南，西上。籩十有八，設于簠簋之南，北上。户外之東設尊彝，西上，南肆。胙階之東設六罍，其三在西，以盛玄酒，其三在東，以盛三酒。堂下陳鼎之位，在東序之南，居洗之西，皆西面北上。匕皆加于鼎之東，俎皆設于鼎之西，西肆。肵俎在北，亦西肆。若廟門外，則陳鼎于東方，各當其鑊，而在鑊之西，皆北面北上。」又請：「既晨祼，諸太祝入，以血毛奠神坐。太官令取肝，以鸞刀制之，洗于鬱鬯，貫以膋，燎于爐炭。祝以肝膋入，詔神于室，又出，以隋祭于户外之左，三祭于茅菹。當饋熟之時，祝取菹擩于醢，祭于神坐前豆間三。又取黍、稷、肺祭，祭如初，薦以白茅。既祭，宫闈令束而瘞之于西階東〔三〕。若郊祀天地，則當進熟之時，祝取菹及黍、稷、肺，祭于正配神坐前，各三祭。畢，郊社令束茅菹而燔瘞之，祀天燔，祭地瘞。縮酒之茅或燔或瘞，當與隋祭之菹同。」又言：「古者吉祭有配，皆一尸。其始，祝洗酌奠于鉶南，止有一爵。及主人獻尸，主婦亞獻，賓長三獻，亦止一爵。請罷諸室奠副爵。其祫享別廟、皇后自如常禮。應祠告天地、宗廟、社稷，並用牲幣。如唐置太廟局令，以宗正丞充，罷攝知廟 36 少卿，而宫闈令不預祀事。」又言：「晨祼之時，皇帝先搢大圭，上香，祼鬯〔四〕，復位。候作樂饋食畢，再搢大圭，執鎮圭，奠於繅籍。次奠幣，執爵。庶禮神並在降神之後。」並從之。

七年九月，太常寺言：「近薦享太廟，四時並有加薦：春加韭、卵，夏加麥、魚，秋加黍、豚，冬加稻、鴈。所有將來孟冬祫饗、季冬臘饗太廟，慮亦合依冬饗例，籩豆常數外，別加時物稻、鴈。」禮部看詳：「孟冬祫饗、季冬臘饗，當萬物畢成，所薦衆多之時，其禮料隆於冬烝。所有時物，亦合比附冬祭加薦。」詔可。《宋史》：八年，太常寺言：「治平四年故事〔五〕，山陵前宗廟輟祭享，遇朔望，以内臣行薦食之禮，俟祔廟畢仍舊。今景靈宫神御殿已行上食，太廟朔望薦食自當請罷。」從之。

哲宗元祐四年三月，監察御史王彭年言：「月朔、四孟、臘饗太廟及奏告諸室，羣官執事，循奉典禮，惟恐不嚴。其在交接神明之際，先則祼地，次則獻爵，皆獻官躬行之事。而瓚之實鬱鬯，爵之實齊酒，今皆遣有司酌之，又已入于室，獻官始受而祼獻。且有司賤隸，安得褻近祼獻之實，交乎堂室之間？按《開元禮》，鬱鬯、醴齊惟親祠侍中贊酌之，遣官行事則太尉親酌之。《開寶禮》亦然，未聞責之有司也。伏乞詔禮官、博士討論故事，舉酌酒奉爵之儀，稱嚴祀欽奉之意。其四郊壇及諸祠酌酒奉爵禮文，皆乞修正。」

〔一〕中古：「古」字原脱，據《宋史》卷一〇八《禮志》一一補。
〔二〕牖：原作「墉」，據《宋史》卷一〇八《禮志》一一改。
〔三〕東：原作「來」，據《宋史》卷一〇八《禮志》一一改。
〔四〕祼：原作「課」，據《宋史》卷一〇八《禮志》一一改。
〔五〕《宋史》卷一〇八《禮志》一一無「治平四年」四字。疑衍。

於是太常寺言：「今後時饗太廟，禮直官引初獻詣尊彝所，執瓚爵太官令酌鬱鬯、齊酒，然後奠獻。亞獻、終獻酌酒亦如之。諸大中祠三獻、奏告并小祠獻官酌酒準此。」詔可。

馬端臨《通考》：元祐七年，詔太廟復用牙盤食，易名薦羞。舊制並於禮饌外設常食一牙盤，元豐中罷之。禮官呂希純嘗建議曰：「先王之於祭祀，皆備上(右)〔古〕、中古及今世之食。所設古器禮饌，即上古、中古之食也；牙盤常食，即今世之食也。而議者乃以爲宗廟牙盤原於秦漢陵寢上食，殊不知三代以來，自備古今之食。請依祖宗舊制，薦一牙盤。」及是始從希純之議云。希純又嘗奏：「開元、開寶禮，每廟室薦獻，帝后各奠一爵，其后爵謂之副爵。每堂室奠一爵，帝后共享，慢神瀆禮，莫此之甚。請帝后各奠一爵，亦如其儀。」徽宗大觀四年，議禮局言〔一〕：「按太廟儀注：春夏用犧尊、象尊，秋、冬用著尊、壺尊，各二，已應《周禮·司尊彝》之義。又每享各用太尊二，則是以追享、朝享之尊施之於禴、祠、烝、嘗矣，其爲失禮明甚。請自今四時享太廟不用太尊。《禮記·郊特牲》曰：『灌以圭璋，用玉氣也。』《周禮·典瑞》：『祼圭有瓚，以肆先王。』説者謂天地有禮神之玉，而無鬱鬯；宗廟有鬱鬯，而無禮神之玉。然則宗廟之玉，祼圭而已。圭瓚之制，以圭爲柄，其長尺有二寸，黄金爲勺，青金爲外，朱中央。其容五升，其徑八寸。其勺之鼻爲龍首，所以出鬱鬯也。其盤徑一尺，所以承瓚也。今親祀太廟以塗金銀瓚，有司行事以銅瓚，其大小 37 長短之制皆不如禮，請改製以應古制。」十一月，太常、光禄寺言：「禮制局新定太廟陳設之儀盡依周制，籩、豆各用二十有六，簠、簋各八。籩二十有六，爲四行，以右爲上。羞籩二爲第一行，朝事籩八次之，饋食籩八又次之，加籩八又次之。豆二十有六，爲四行〔二〕，以左爲上。羞豆二爲第一行，朝事豆八次之，饋食豆八又次之，加豆八又次之。簠八，爲二行，在籩之外。簋八，爲二行，在豆之外。籩豆所實之物，悉如《周禮·籩人》、《醢人》之制，惟簠以稻、粱，簋以黍、稷，而茅菹以蓴，蚳醢以蜂子代之。」十二月，禮制局言：「太廟祭器，鉶用三，登用一。竊考鉶與登皆盛羹之器。祭祀烹牲於鼎〔三〕，升肉於俎，其湆芼以醢、鹽、蔬，實之於鉶，則謂之鉶羹；不致五味，實之於登，則謂之大羹。《周官·饗人》『祭祀共大羹、鉶羹』是也。且宗廟之祭用大牢，而三鉶實牛、羊、豕之羹，固無可論者；至於大羹，止設一登。以《少牢饋食禮》考之，則少牢者羊、豕之牲也，佐食羞兩鉶，司士進湆二豆。三牲之祭，鉶既設三，則登亦如其數。請太廟設三登，實牛、羊、豕之湆，以爲大羹，明堂亦如之。」高宗建炎二年，上幸揚州，行南郊禮。時太廟神主奉于壽寧寺，前一日上親詣寺行朝享謝禮，禮成，恭謝如儀。時景靈宫神御奉安于温州，乃差官詣温州行禮。三年上幸杭州，太廟神主併奉安於温州，祭享皆差官攝事。以禮器未備，五享權用酒、脯行禮。太廟朔祭，每室例用一羊。建炎初，務省約，初用酒、脯，紹興五年復用羊。

〔紹興〕二年十月十二日〔四〕，神主神御提點所言：「將來孟冬祫饗太廟，祫饗後已選日時饗。竊以禮有隆殺，因時爲之制，祭不欲數，數則煩。歷代之祭，或當祫之月減時祭，或緣禘祫，時饗暫停〔五〕；本朝遇郊祀，亦罷臘饗者。禮揆時宜，得疎數之中。今歲孟冬祫饗，又孟饗，并朔祭及薦新，一月之内，薦饗爲頻。欲乞權罷將來孟冬時饗〔六〕，在禮不黷，於時爲稱。候平定日，悉如舊制。」太常寺：「檢會《五禮新儀》，太廟三年一祫，以孟冬之月，其年以孟冬時饗前擇日祫饗太廟。本寺勘會，今來即合於孟冬時饗前擇日行祫饗之禮，其孟冬時饗亦合行禮。」從之。

〔一〕「徽宗」以下十字原脱，據《文獻通考》卷九八補。
〔二〕行：原作「時」，據《文獻通考》卷九八改。
〔三〕烹：原作「享」，據《文獻通考》卷九八改。
〔四〕紹興：原脱，據《建炎要録》卷五九補。
〔五〕饗：原作「嚮」，據《建炎要録》卷五九改。
〔六〕饗：原作「嚮」，據《建炎要録》卷五九改。

六年九月二十六日，中書舍人董弅言：「近歲時饗，徒以有請勿殺生者，至三牲不備，而謂之隨宜。臣竊謂，今陵寢歲時衣冠之游未獲嚴奉，獨有太廟神主祀事必過於厚，情文始稱。況比歲視承平時，固已不勝其簡。願明詔禮官參稽典禮，必宜於今，舉而行之，仰副陛下寅畏天戒、祗事神靈之意。」從之。馬端臨《通考》：七年，上祀明堂于建康，時有徽宗之喪。先是太常少卿吳表臣乞於大祀前二日朝獻景靈宮，前一日朝享太廟。及是援熙寧元年故事，謂是時英宗喪未除，不廢景靈宮、太廟之禮，請如故事。翰林學士朱震以爲不然，謂《王制》「喪三年不祭，38 唯天地〔一〕、社稷得越紼行事」。監察御史趙涣言：「升祔以後〔二〕，宗廟常祭皆不當廢，而當喪享廟，亦有顯據。《左氏傳》曰『烝嘗禘於廟』，《曾子問》曰『已葬而祭』，此不當廢也。《詩·頌》成王即位，諸侯來助祭。《春秋》文公四年十一月成風薨，六年十月猶朝于廟。此顯據也。」疏奏，詔侍從、臺諫議。吏部尚書孫近等十五人言：「謹按《春秋》三十三年傳：『凡君薨，卒哭而祔，祔而作主，特祀於寢，嘗烝禘于廟。』杜預謂新主既特祀於寢〔三〕，則宗廟四時常祀自當如舊。又按景德三年明德皇后之喪，改易而服除，真宗遂享太廟，合祭天地於圜丘。熙寧元年，神宗居諒闇，復用景德故事，躬行郊廟之禮。則是考古及今，居喪得見宗廟。將來明堂大禮，已在以日易月服除之後，前一日皇帝合詣太廟朝享。」從之。禮部、太常寺言：「將來明堂大禮，依已降旨，前一日朝享太廟〔四〕。檢照景德、熙、豐南郊故事，皆在諒闇之中，當時親行郊禮，除郊廟、景靈宮合用樂外，所有鹵簿、鼓吹及樓前宮架、諸軍音樂皆備而不作，其逐處巡警場止鳴金、鉦、鼓、角而已。今臣僚欲議罷宗祀奏樂、受胙，故事即無去奏樂、受胙之文。兼祖宗故事，三載大饗明堂，蓋亦爲民祈福，奏樂、受胙合依祖宗累朝已行故事。」從之。先是監察御史趙涣言：「《春秋》有事于武宮，叔弓卒，去樂卒事。以卿佐之喪而猶去樂，況天王后之喪而可用備樂乎？戴《記》〔五〕：既殯既葬，而祭五祀，則尸入三飯〔六〕，不侑不酢。以五祀之祭猶廢侑酢，況宗廟之祭而可享受福釐乎？故晉制，國有大喪，天地、明堂皆去聲樂，且不受胙。有唐祭日遇忌，亦備樂而不奏。此皆得禮之體也。陛下雖在喪服，而猶宗祀者，用《王制》之言，不敢以卑廢尊也。今唯聲樂、受胙於未安者，蓋拜跪受釐既爲嘉慶之事，而虞祔既畢，則廟加先帝之坐。陛下薦祼饋奠，進詣徽室，必將想像平生，悲哀感愴；而乃金石絲竹，雜然並奏，豈不違神靈之至意，而傷陛下之孝心哉！將來明堂大禮前一日，乞依列聖故事，躬詣宗廟行朝享之禮，其奏樂、受胙二事乞寢，庶合禮。」有旨令本部、太常寺討論故也。

紹興十四年正月十一日，〔詔〕：今後孟春薦享，可依在京例，於下旬擇日。

紹興二十二年十一月二十五日，少保、觀文殿大學士、充萬壽觀使、兼侍讀、提舉秘書省、充郊祀大禮使秦熺言〔七〕：「今月十七日伏觀皇帝陛下親饗太廟，至徽宗皇帝室，永懷先烈，淚落入俎。暨還版位，侍臣進巾，霑灑不已。及申飭太常，勿減(節樂)樂節。雖請還小次，而聖躬益莊，拱立以俟禮成。臣叨相盛儀，瞻仰聖孝，乞宣付史館。」從之。

孝宗皇帝紹興三十二年六月二十日，禮部、太常寺言：「皇帝登極，擇日詣太廟、別廟行朝享之禮。參酌紹興

〔一〕地：原作「下」，據《文獻通考》卷九八改。
〔二〕祔：原作「附」，據《文獻通考》卷九八改。
〔三〕祀：原作「祝」，據《文獻通考》卷九八改。
〔四〕太：原作「一」，據《文獻通考》卷九八改。
〔五〕戴記：原作「載祀」，據《五禮通考》卷九二改。
〔六〕尸：原作「尺」，據《五禮通考》卷九二改。
〔七〕大禮使：原作「大禮儀使」，據《文獻通考》卷五四删。

十三年親享禮例，牲牢、禮料、酒齊等並如每歲五享施行。」從【39】之。時禮部、太常寺條具：「用祝册十二副〔一〕，述以皇帝登極、躬行朝饗之意〔二〕。太常寺具大樂樂章節次，並學士院修製。儀鸞司同臨安府自櫺星門設露屋，曲尺〔三〕，接至大次前柱廊〔四〕。大宗正司差南班宗室十一員爲薦香燈官，不足，許差外官、宗室。吏部據本寺所申數差捧執籩豆、捧俎等官，及供亞、終獻爵坫、盥洗官，以京局釐務文官充，不足，許差吏部官。本寺具合用供祠、執事内侍數，關入内内侍省差官。其侍祠、執事等官及本寺祗應人於受誓戒前，定日就寺教習三日。至車駕詣廟行禮日，麗正門、和寧門并南北宫門早二刻開，太廟門早三刻開。行事、執事、應奉、陪位官等朝服，元用夾羅，以暑月，權用單，禮畢如舊。其餘事件並同常饗。」

（十三）〔二十一〕日〔五〕，禮部、太常寺言：「親饗行禮已擇七月十四日，緣係孟秋有司薦饗日分，乞就用是日行禮，其有司薦饗權罷。所有皇帝致齋袍履、輦仗、讀册、置使、差官等儀制，並依禮例施行。」從之。

淳熙十六年二月，光宗受禪，詔以四月六日親享太廟。

紹（興）〔熙〕五年閏十月，時寧宗已即位。浙東提舉李大性言：「切觀紹興七年侍從、臺諫、禮官詳定明堂典禮〔六〕，其大略云居喪皆得見宗廟。近者合宫展祀，陛下止詣明堂殿。然臣之愚，切謂與淳熙十五年事體不同，又況漢文以來，皆即位而謁廟。陛下龍飛已三越月，未嘗一至宗廟行禮，鑾輿屢出，過太廟門不入，揆之人情，似爲闕典。乞與二三大臣議之，早行擇日恭謝太廟，少見祇肅宗廟之意。」於是詔遵用三年之制，其朝謁太廟委有妨礙。

明年，吏部員外郎李謙言：「事莫重於登極，禮莫急於告廟。蓋即位必告廟，示敬親也；告廟必於歲首，大其事也。舜正月上日受命于文祖，禹正月朔旦受命于神宗，皆行告廟之禮也。然禮以變而或殊，事隨時而亦異，有不可以一例觀者。議禮之家各持一説，不致其辨，禮意無自而明。夫嘉禮之與凶禮，不可以並行，舉一必廢一，故在禮經，『喪三年不祭，唯祭天地、社稷爲越紼而行事』，蓋不敢以卑而廢尊也。夫天地以尊而不廢，宗廟以親豈獨可廢乎！況《王制》三年不祭之説，諸儒之論亦自不同。杜預之説以爲，既祔之後，宗廟得四時常祭〔七〕。蓋杜氏之意，不以三年不祭宗廟爲是也。今姑置常祭之説，而論即位踰年告廟之禮，庶幾禮簡而易明。虚言無證，則論不定，請質事以明之。且太甲之元祀十有二月乙丑，伊尹奉嗣王祗見

〔一〕祝：原作「竹」，據《中興禮書》卷一一七改。
〔二〕饗：原作「鄕」，據《中興禮書》卷一一七改。
〔三〕曲：原作「典」，據《中興禮書》卷一一七改。
〔四〕接至：原作「按坐」，據《中興禮書》卷一一七改。
〔五〕二十一日：原作「十三日」，據《中興禮書》卷一一七改。
〔六〕明：原作「時」，據《文獻通考》卷九八改。
〔七〕祭：原作「制」，據《文獻通考》卷九八改。

厥祖，百官猶總己以聽冢宰，則是太甲居仲壬之喪而告廟也。漢呂后以八年七月即世㈠，九月，大臣迎立代王，元年十月辛亥，文帝即祚，謁高廟，即是文帝居呂后之喪而告廟也。唐代宗以大曆十四年即世，德宗建中元年正月庚午，朝享于太廟。其後穆宗長慶之元年，敬宗寶曆之元年，武[40]宗會昌之元年，懿宗咸通之元年，皆以正月朝享于太廟。偏觀歷代之制，雖小節不同，大槩居喪雖權住祭，踰年正月必告于廟，載諸經史，可考而知。漢昭、宣、元、成、哀、平六世皆以即位謁廟，不待踰年，則失之速；唐太宗貞觀三年正月方事于太廟，馬周得以爲言，則失之緩，皆非禮之正也。以歷代之事而求其當，其惟踰年正月告廟乎。恭惟陛下自登極以來，已享帝矣，大行梓宮發引在即，來年正月盍行告廟之禮。禮官未見申明者，豈非以《王制》爲據乎？切謂即位之後已曾謁廟，國有大故，故可以未祭，與居喪之後即位、未經謁廟者事體不同。考歷代已行之事，宜於來年正月一日陛下躬行告廟之禮㈡，庶幾立一王之制，示萬世之規。乞下禮官指定施行。」詔令禮部、太常寺討論聞奏㈢。至是禮、寺看詳，乞俟皇帝從吉日討論典禮施行。從之。（以上《永樂大典》卷一七〇五七）

【宋會要】

[41]淳熙十五年四月十一日，禮部、太常寺言：「準四月二十六日孟夏薦饗太廟、別廟行禮，緣四月二十日聖神武文憲孝皇帝神主祔廟，方行祔饗之禮，所有孟夏薦饗乞照典故權停。」從之。

【文獻通考】㈣

淳熙十六年二月，光宗受禪，詔以四月六日親享太廟。

紹熙五年閏十月，時寧宗已即位。浙東提舉李大性言：「切觀紹興七年侍從、臺諫、禮官詳定明堂典禮，其大畧云居喪皆得見宗廟。近者合宮展祀，陛下止詣明堂殿。然臣之愚，切謂與淳熙十五年事體不同，又況漢文以來，皆即位而謁廟。陛下龍飛已三越月，未嘗一至宗廟行禮，鑾輿屢出，過太廟門不入，揆之人情，似爲闕典㈤。乞與二三大臣議之，早行擇日恭謝太廟，少見祇肅宗廟之意。」於是詔遵用三年之制㈥，其朝謁太廟委有妨礙。

明年，吏部員外郎李謙言：「事莫重於登極，禮莫急於告廟。蓋即位必告廟，示敬親也；告廟必於歲首，大其事也。舜正月上日受命于文祖，禹正月朔旦受命于神宗，皆

㈠世：原作「位」，據《文獻通考》卷九八改。
㈡下：原作「一」，據《文獻通考》卷九八改。
㈢討：原作「計」，據《文獻通考》卷九八改。
㈣文獻通考：原無。按「時饗」門自此以下至本門之末俱爲《文獻通考》卷九八、九九之文，茲補四字。
㈤闕：原作「關」，據《文獻通考》卷九八改。
㈥三：原作「二」，據《文獻通考》卷九八改。

行告廟之禮也。然禮以變而或殊，事隨時而亦異，有不可以一例觀者。議禮之家各持一説，不致其辨，禮意無自而明。夫嘉禮之與凶禮，不可以並行，舉一必廢一，故在禮經，『喪三年不祭，唯祭天地、社稷爲越紼而行事』，蓋不敢以卑而廢尊也。夫天地以尊而不廢，宗廟以親豈獨可廢乎！況《王制》三年不祭之 42 説，諸儒之論亦自不同。杜預之説以爲，既祔以後，宗廟得四時常祭。蓋杜氏之意，不以三年不祭宗廟爲是也。今姑置常祭之説，而論即位踰年告廟之禮，庶幾禮簡而易明。虚言無證，則論不定，請質事以明之。且太甲之元祀十有二月乙丑，伊尹奉嗣王祇見厥祖，百官猶總己以聽冢宰，則是太甲居仲壬之喪而告廟也。漢呂后以八年七月即世，九月，大臣迎立代王，元年十月辛亥，文帝即祚，謁高廟，即是文帝居呂后之喪而告廟也。唐代宗以大曆十四年即世，德宗建中元年正月庚午朝享于太廟。其後穆宗長慶之元年，敬宗寶曆之元年，武宗會昌之元年，懿宗咸通之元年，皆以正月朝享于太廟。徧觀歷代之制，雖小節不同，大槩居喪雖權住祭，踰年正月必告于廟，載諸經史，可考而知。漢昭、宣、元、成、哀、平六世皆以即位謁廟，不待踰年，則失之速；唐太宗貞觀三年正月方事于太廟，馬周得以爲言，則失之緩，皆非禮之正也。以歷代之事而求其當，其惟踰年正月告廟乎。共惟陛下自登極以來，已享帝矣，大行梓宮發引在即，來年正月盍行告廟之禮。禮官未見申明者，豈非以《王制》爲據乎？切謂即位之後已曾謁廟，國有大故，故可以未祭，與居喪之後即位、未經謁廟者，事體不同。考歷代已行之事，宜於來年正月一日陛下躬行告廟之禮，庶幾立一王之制，示萬世之規。乞下禮官指定施行。」 43 詔令禮部、太常寺討論聞奏。至是，禮、寺看詳，乞俟皇帝從吉日討論典禮施行。從之〔一〕。

禮部太常寺修立郊祀大禮前一日朝享太廟行禮儀注〔二〕

陳設。前享三日，儀鸞司設大次於太廟東神門外道北，南向；小次於阼階東稍南，西向。又設文武侍臣次於大次之前，行事、助祭官、宗室及有司次於廟之內外。設東方、南方客使次於文官之後，西方、北方客使次於武官之後，各隨地之宜。設饌幔於南神門外。每室饌幔各一。又設七祀次於殿下橫街之北道西，東向。又設配享功臣次於殿下橫街之南，東西相向。每室功臣配享各爲一次。前享二日，宮闈令帥其屬掃除廟之內外。開瘞坎於殿西階之東南，方深取足容物，南出陛。太常設七祀燎柴於南神門外，光禄牽牲詣〔祠〕所。太常陳登歌之樂於殿上前楹間，稍南，北向；設宮架於庭中，立舞表於酇綴之間。户部陳諸州歲貢於宮架之南神門外，隨地之宜，東西相向。前享一日，奉禮

〔一〕自「淳熙十六年二月」條至此，已見于前文禮一七之三九、四〇。
〔二〕按，此即紹興十三年十月十二日修立之儀注，已見本卷前文禮一七之二。

郎、禮直官設皇帝位版於阼階上，飲福位於東序，俱西向。贊者設亞、終獻位於小次南稍東，助祭親王、宗室使相在其南，進幣爵酒官、受爵酒官、奉幣官、薦牛俎官、薦羊俎官、實鑊水官、薦豕俎官、增沃鑊水官、受幣官、盥洗奉爵官、奉瓚槃官、進摶黍官、舉册官、七祀獻官在助祭宗室使相之南，並西向北上。大禮使位於西階之西稍南，與亞、終獻相對。行事光禄卿、讀册官、光禄丞、[44]功臣(南)〔獻〕官在其西，太常、光禄以下皆稍却。執事官位於其後。助祭宰相、使相位在大禮使之南，執(政)〔事〕官在其西。又設監察御史位二於西階下，俱東向北上。奉禮郎、太祝、太官令於東階下，西向北上。協律郎位二，一於殿上(罄)〔磬〕簴西北，一於宮架西北，俱東向。押樂太常丞於登歌樂簴北，押樂太常卿宮架之北，北向。良醞令位於尊彝所，俱北向。薦香燈官、宮闈令於室內，北向西上。又設助祭文武群臣、宗室位於横街之南，東西相向。諸方客位廟門之外，隨其方國。光禄陳牲於東神門外，當門西向，以南爲上。祝史各位於牲後。太常設省牲位於牲西。大禮使、進幣爵酒官、受爵酒官、奉幣官、受幣官、盥洗奉爵官、奉瓚槃官位於道南，北向西上。七祀、配享功臣獻官在其後。監察御史二位在西，東向。薦牛俎官、眡滌濯官、實鑊水官、眡腥熟節官、增沃鑊水官、押樂太常卿、光禄卿、讀册、舉册官、太常丞、光禄丞、奉禮、協律郎、太祝、太官、宮闈令位在東，西向北上。禮部帥其屬設祝册案於室户外之右。司尊彝帥其屬設幣篚於酌尊所。次設籩、豆、簠、簋之位，每室左二十有六籩，右二十有六豆，俱爲四行。俎三，二在籩前，一在豆前。又設俎九，在豆右，爲三重。登一，在籩豆間。鉶三，皆有柶，在登前。簠八、簋八在籩豆外三俎間，簠在左，簋在右。設爐炭於室户外，蕭、蒿、稷、黍於其後。又設毛血盤、肝膋豆於室户外之左，稍前。設尊[45]彝之位，每室斝彝一、黄彝一，皆有舟；著尊二、壺尊二，皆罍加勺、冪，爲酌尊；太尊二、山尊二、犧尊二，皆有罍，加勺加冪，設而不酌。俱北向西上。太常設七祀位於殿下横街之北次内，司命、户、竈、中霤、門、厲、行。又設配享功臣位於横街之南次内，韓王趙普、濟陽王曹彬位於横街之南道西，東向；太師薛居正、太師石熙載、鄭王潘美位在其西；太師王旦、太師李沆、太師李繼隆位又在其西；太師王曾、(太師)呂夷簡、侍中曹瑋位又於其西。又設司徒韓琦、太師曾公亮位於横街之南道東，西向；太師富弼位在其東，太師司馬光位又在其東，太師韓忠彦位又在其東，俱北上[一]。皆設神席。太廟設神位版於座首。司尊彝設祭器，每左二籩，右二豆；俎一，在籩豆前；簠一、簋一，在俎前，簠在左，簋在右；爵一次之；象尊一，在籩前，(如)〔加〕冪，又設俎三於南神門外每室饌幔內。設進盤、匜、帨巾内侍位於皇帝版位之後，分左右，奉盤者北向，奉匜及執巾者南向。又設亞、終獻盥洗、爵洗於其位之北。盥洗在東，爵洗在西。罍在洗東，加勺；篚在洗西，南肆，實以巾，若爵洗之篚則又實以爵。太官令盥洗於西階下，七祀、配享功臣獻官盥洗

〔一〕北：原作「其」，據《文獻通考》卷九八改。

各於神位之前，七祀及配享功臣位前盥洗各一。罍勺、篚巾各設於左右，執罍篚者位其後。享日未行事前，宮闈令開室，帥其屬整拂神幄如常儀。司尊彝入設祭器，太府卿帥其屬入陳幣於篚。幣以白。光禄卿帥其屬[46]入實籩、豆、簠、簋。籩四行，以右爲上。第一行，糗餌在前，粉餈次之；第二行，麷在前，蕡、白、黑、形鹽、膴、鮑、魚鱐次之；第三行，乾棗在前，濕棗、栗、濕桃、乾桃、濕梅、乾䕩、榛實又次之；第四行，菱在前，芡、栗、鹿脯次之。豆四行，以左爲上。第一行，酏食在前，糝食次之；第二行，韭菹在前，醓醢、昌本、麋臡、菁菹、鹿臡、茆菹、（麋）〔麇〕臡又次之；第三行，葵菹在前，蠃醢、脾析、鹿醢、（唇）〔蜃〕蚳醢、豚拍、魚醢又次之；第四行，芹菹在前，兔醢、深蒲、醓醢、菭菹、鴈（海）〔醢〕、筍菹、魚（醞）〔醢〕又次之。簠實以稻粱，粱在稻前；簋實以黍、稷，稷在黍前。登實以大羹，鉶實以和羹，（芼）〔加毛〕滑。太官令帥其屬入實俎。籩前之俎爲二重，以北爲上。第一重，實以牛羊七體：兩髀、〔兩肩〕、兩脅并脊，而兩髀在兩端，兩肩、兩脅次之，脊在中；第二重，實以羊腥七體，其載如牛。豆前之（用）〔俎〕實以豕腥七體，其載如羊。豆右之俎九，爲三重，以北爲上。第一重，實以牛、羊、豕首各一。第二重，（二）〔一〕實以牛腥腸、胃、肺，離在上端，刌肺三次之，腸三、胃三又次之；一實以羊腥腸、胃、肺，其載（一生）〔如牛〕；一實以豕腥膚九，横載。第三重，一實以牛熟腸、胃、肺，一實以羊熟腸、胃、肺，一實以豕熟膚，其載（右）〔如〕腥。皆牛在左，羊在中，豕在右。良醞令帥其屬入實彝及尊、罍，斝彝實以明水，黄彝實以鬱鬯。著尊二，一實以玄酒，一實醴齊，皇帝酌之。壺尊二，一實玄酒，一實盎齊，亞、終獻酌之。太尊二，一實泛齊，一實醴齊；山尊二，一實盎齊，一實醍齊；犧尊二，一[47]實沈齊，一實事酒；象尊二，一實昔酒，一實青酒：並設而不酌。凡罍之實，各視其尊。又實七祀及配享功臣位禮饌。每位左二籩〔一〕，栗在前，鹿脯次之；右二豆，菁菹在前，鹿臡次之。俎實以羊豕腥肉。簠實以稷，簋實以黍。爵一，象尊一，實以清酒。太常設燭於神位前；設大禮使以下行事、執事官揖位於東神門外，如省牲之位；設望瘞位於瘞坎之南，如省饌之位。儀鸞司設册幄於南神門外，隨地之宜。前朝享一日，學士院以祝册授通進司，進御書訖，降赴尚書禮部。

車駕詣太廟。前享一日，皇帝於景靈宮朝獻畢，既還大次，禮部郎中奏解嚴訖，皇帝入（齊）〔齋〕殿。文武侍祠、行事、執事、助祭之官、非從駕者。宗室先詣太廟祠所。其日，禮直官、宣贊舍人引禮部侍郎詣大次前，奏請中嚴，少頃，又奏外辦。皇帝服履袍自（齊）〔齋〕殿詣大次，出，行門、禁衛諸班、親從等、諸司祗應人員以下迎駕，奏聖躬萬福。次知客省事以下、樞密都承旨以下、知内侍省以下、帶御器械官、應奉、祗應通侍大夫以下、武功大夫以下及幹辦庫務文臣一班迎駕，奏聖躬萬福。俟皇帝即御座，從駕宰執、使相一班，次管軍、臣寮並奏聖躬萬福。皇帝乘輿出景靈宮櫺星門，將至太廟，御史臺、太常寺、（閤）〔閣〕門分引文武侍祠、行事、執事、助祭之官、宗室于太廟櫺星門外立横班，再拜（奏）〔奉〕迎，訖，退。皇帝乘輿入櫺星門，至大次，降輿以入，簾降，侍衛如常儀。宣贊[48]舍人承旨敕群臣及還次。

省牲器。是日未後二刻，宮闈令帥其屬掃除廟之内外。司尊彝帥執事者以祭器入，設於位。凡祭器皆藉以席，又加巾蓋。太府卿入，陳幣於篚。告潔畢權徹。未後三

〔一〕左：原脱，據《文獻通考》卷九八補。

刻，禮直官、贊者分引大禮使以下並服常服，詣東神門外省牲位。光禄卿、丞與執事者牽牲就位。禮直官贊揖，贊者引押樂太常卿入行樂架。凡亞、終獻行事，皆禮直官、太常博士引；大禮使、執政官及申眡滌濯官、受爵酒官、進爵官行事，皆禮直官引；餘官皆贊者引。次引眡滌濯官（及）〔入〕，升自西階眡滌濯，凡行事、執事官升降皆自西階，內應奉官并執事隨應奉人各隨應奉階升降。次引申視滌濯官申視滌濯。執事者皆舉冪曰「潔」，俱退，復位。禮直官稍前，曰「告潔畢，請省牲」，前引省牲官稍前省牲，訖，退，復位。次引光禄卿出班巡牲一匝，西向躬曰「充」、曰「備」。次引光禄丞出班巡牲一匝，西向躬曰「腯」。俱復位。禮直官稍前，曰「省牲訖，請就省饌位」，揖訖，引大禮使以下各就位〔一〕，禮直官贊揖。有司省饌俱畢，禮直官贊「省牲畢」，揖訖，俱還齋所。光禄卿、丞及執事者以次牽牲詣厨，授太官令；次引省鼎鑊官詣厨省鼎鑊，視濯溉；次引實鑊水官詣厨實鑊水；次引增沃鑊水官詣厨增沃鑊水。協律郎展視樂器，乃還齋所。晡後一刻，太官令帥宰人以鸞刀割牲，祝史各取毛血實於槃，又取膟膋實于登，俱置饌所，遂烹牲。宮闈令帥 49 其屬掃除廟之內外。

晨祼。享日丑前五刻，行事用丑時十刻。宮闈令開室，帥其屬掃除。禮部奠册於案，太府卿入陳幣，光禄卿入實籩、豆、簠、簋，太官令入實俎，良醞令入實彝及尊罍。樂工帥工人、二舞以次入，與執尊、罍、篚、冪者各就位，執事官各入就位。次御史臺、太常寺、閤門宣贊舍人分引文武助祭官及宗室、客使，贊者引薦羊俎官以下宗室，各入就位。禮直官、贊者分引大禮使以下行事、執事官詣廟東門外揖位立。禮直官贊揖訖，先引監察御史按視殿之上下，糾察不如儀者，降階就位；次引大禮使以下各入就位。皇帝服通天冠、絳紗袍至大次。禮儀使、樞密院官、太常卿、閤門官、太常博士、禮直官分立於大次外之左右。引禮部侍郎詣次前奏請中嚴，少頃，又奏外辦。符寶郎奉寶陳於宮架之側，隨地之宜。禮儀使當次前俛伏，跪奏：「禮儀使臣某言，請皇帝行事。」奏（請）〔訖〕，俛伏，興，還侍立。禮儀使奏祀儀准此。簾捲，皇帝服衮冕以出，侍衛如常儀。禮儀使以下前導至東神門外，殿中監跪進大圭。禮儀使奏「請執大圭」，前導皇帝入自正門，侍御不應入者止於門外。協律郎跪，俛伏，舉麾興，工鼓柷，宮架《乾安之樂》作。皇帝升降行止皆奏《乾安之樂》。至阼階下，偃麾戛敔，樂止。（外）〔升〕自阼階，大禮使從，凡樂，皆協律郎跪，（伏俛）〔俛伏〕，舉麾興，工鼓柷而後作，偃麾戛敔而後止。升自阼階，皇帝升降，大禮使皆從，左右侍 50 衛之官量人數從升。登歌樂作。樂止，禮儀使以下分左右侍立。凡行禮，禮儀使、樞密院官、太常卿、閤門官、太常博士、禮直官前導至位，則分立於左右。次引奉瓚官升，詣僖祖室神位前，西向立；奉瓚槃官升，詣皇帝版位前，奉瓚槃北向立。次引〔奏〕奉神主官詣皇帝版位前，俛伏，跪奏「奉神主」，奏訖，俛伏，興，退。祠祭官於殿上承傳

〔一〕位：原與下字「禮」互倒，據《文獻通考》卷九八乙。

曰「奉神主」。次引薦香燈官搢笏，於祏室內奉帝尊主，設於座，奉神主詣神幄內，於几後啓匱，設于座，及以白羅巾覆之。執笏，退復位。次引宮闈令奉后神主，如上儀，以青羅巾覆之。退，復位。次引奏奉神主官詣皇帝版位前，〔俛〕伏，跪奏「奉神主訖」，奏訖，俛伏，興，退。禮儀使前奏：「有司謹具，請行事。」又奏「請再拜」，皇帝再拜。贊曰「再拜」，在位官皆再拜，訖。次內侍各執槃、匜、帨巾以進，宮架樂作。禮儀使奏「請皇帝搢大圭，盥手」，內侍進槃匜沃水，皇帝盥手。又奏「請帨手」，內侍進巾，皇帝帨手，訖。又奏「請皇帝洗瓚」，奉瓚槃官進瓚，內侍沃水，皇帝洗瓚。又奏「請拭瓚」，內侍進巾，皇帝拭瓚。訖，樂止。又奏「請執大圭」。奉瓚槃官奉瓚槃詣僖祖室尊彝所，西向立，以瓚涖鬯，執彝者舉羃，良醖令酌鬱鬯。訖，先詣次室尊彝所，北向立。禮儀使前導，登歌樂作，皇帝入詣〔僖〕祖室，北向立，樂止。禮儀使奏「請搢大圭」，跪。奉瓚槃官奉瓚槃，西向，以瓚授奉瓚官，奉瓚官西向跪以進。禮儀使奏「請執瓚」，皇帝執瓚，以鬯祼地，奠瓚。奉瓚官 51 受瓚，以授奉瓚槃官，奉瓚槃官以槃受瓚訖，俱詣次室以俟。禮儀使奏「請執大圭」，俛伏，興，前導皇帝出戶外，北向立。又奏「請再拜」，皇帝再拜訖。禮儀使前導皇帝詣翼祖室，次詣宣祖室，次詣太祖室，次詣太宗室，次詣真宗室，次詣仁宗室，次詣英宗室，次詣神宗室，次詣哲宗室，次詣徽宗室，祼鬯並如上儀。奉瓚官、奉瓚槃官俱降復位，良醖令還尊所。禮儀使前導皇帝還版位，登歌樂作；至位，西向立，樂止，宮架作《興安之樂》、《文德之舞》，九成止。太官令取肝，以鸞刀制之，洗於鬱鬯，貫之以膋，燎于爐炭。薦香燈官以肝膋入，詔神於室，又出，以墮祭于室戶之左，三祭於茅苴。俱降，詣盥洗位，盥手，帨手，升，復執事位。

饋饌。享日，有司陳鼎三十有三於神廚，各在鑊右。太官令帥進饌者詣廚，以匕升牛於鑊，實于一鼎。肩、臂、臑、肫、胳、正脊一、直脊一、橫脊一、長脅一、短脅一、代脅一，（背）〔皆〕二骨以（正）〔並〕。次升羊如牛，升豕如羊，各（寶）〔實〕于一鼎，每室牛、〔羊〕、豕各一鼎。皆設扃、羃。祝史對舉入，設於每室饌幔內。次引視腥熟節官詣饌所，視腥熟之節。俟皇帝晨祼畢，還位，樂止，祝史抽扃，委于鼎右，除羃，加匕、畢于鼎。太官令以匕升牛，載于一俎。肩、臂、臑在上端，肫、胳在下端，脊、脅在中。次升羊、豕，各載于俎，其載如牛〔一〕。每室牛、羊、豕各一俎。次引薦牛、薦羊、薦豕俎官搢笏，奉俎以入。太官令引入正門，宮架《豐安之樂》作。由宮架東至橫街，折方進 52 行，陳於西階下，北向北上。薦俎官搢笏，奉俎以（外）〔升〕，執事者各迎於階。薦官奉俎（請）〔詣〕僖祖室神位前，北向跪奠。先薦牛，次薦羊，次薦豕，各執笏，俛伏，興。有司設牛、羊、豕俎於腸、胃、膚之前。牛在左，羊在前，豕在右。詣次室奉奠，並如上儀。樂止，俱降復位。內執官降西側階，出西神門，入

〔一〕牛：原作「羊」，據《文獻通考》卷九八改。

南門，歸執事班。次引薦香燈官取蕭合黍、稷，擩於脂，燎於爐炭。又當饋熟之時，取菹擩於醢，祭于豆間三。又取黍、稷、肺祭如初，藉用茅。各還尊所。次引奉幣官、進幣官、受幣官、受爵酒官、進爵酒官升詣僖祖室。奉幣官、進幣官、受爵酒官、進爵酒官在東，西向北上；受幣官在西，東向。次引奉爵酒官升殿，詣皇帝版位前，奉爵北向立。內侍各執盤、匜、帨巾以進，宮架樂作。禮儀使奏「請皇帝搢大圭，盥手」，內侍進槃匜沃水，皇帝盥手。又奏「請帨手」，內侍進巾，皇帝帨手，訖。又奏「請皇帝洗爵」，奉爵酒官進爵，內侍沃水，皇帝洗爵。又奏「請拭爵」，內侍進巾，皇帝拭爵，訖，樂止。又奏「請執大圭」，奉爵酒官受爵，奉爵詣僖祖室酌尊所，西向立。執尊者舉冪，良醞令酌著尊之醴齊，訖，先詣次室酌尊所，北向立。禮儀使前導，登歌樂作，殿中監（進）跪進鎮圭。禮儀使奏「請搢大圭，執鎮圭」，前導皇帝入，詣僖祖室，樂止，宮架作《基命之樂》，翼祖室《大順之樂》，宣祖室《天（立）〔元〕之樂》，太祖室《皇武之樂》，太宗室《大定之樂》，真宗室《熙（大）〔文〕之樂》，仁宗室《美成之樂》，英宗室《治隆之 53 樂》，神宗室《大明之樂》，哲宗室《重光之樂》，徽宗室《承元之樂》〔一〕。文舞作。內侍先設繅藉於地，禮儀使奏「請跪」，奠鎮圭於繅藉，執大圭，俛伏，興。又奏「請搢大圭」，跪。次內侍跪，取幣於篚，以授奉幣官，奉幣官授進幣官，進幣官西向跪以進。禮儀使奏「請受幣」，皇帝受奠訖，受幣官東向跪，受以興，進奠於僖祖神位前。次奉爵官以爵授受爵酒官，受爵酒官授進爵酒官，進爵酒官西向跪以進。禮儀使奏「請執爵」，皇帝執爵祭酒，三祭於茅菹。奠爵，受爵官以爵復於坫。禮儀使奏「請執大圭」，俛伏，興，前導皇帝出户外，北向。又奏「請少立」，樂止。奉幣官、進幣官、受幣官、奉爵酒官、受爵酒官、進爵酒官俱詣次室。內侍舉鎮圭授殿中監，又以繅藉詣次室，先設於地。次舉册官搢笏，跪，舉祝册；讀册官搢笏〔二〕，東向跪，讀册文。讀訖，奠册，各執笏，興，先詣次室户外，東向立。禮儀使奏「請再拜」，皇帝再拜訖，禮儀使前導皇帝詣每室，奠圭幣、酌獻，並如上儀。次奉幣官、進幣官、受幣官、奉爵酒官、受爵酒官、進爵酒官俱降復位。內侍舉鎮圭、繅藉，以鎮圭授殿中監，以授有司。讀册官以下俱降復位。禮儀使前導皇帝還版位，登歌樂作；至位，西向立，樂止。禮儀使奏「請還小次」，登歌樂作，前導皇帝降自阼階，樂止，宮架樂作。將至小次，禮儀使奏「請釋大圭」，殿中監跪受大圭。皇帝入小次，簾降，樂止。文舞退，武舞進，宮架《正安之樂》作。舞者立定，樂止。

亞、54 終獻。禮直官、太常博士引亞獻詣盥洗位，北向立，搢笏，盥手，執笏；詣爵洗位，北向立，搢笏，洗爵，拭爵〔三〕，以爵授執事者，執笏升〔四〕，詣僖祖室酌尊所，西向

〔一〕承：原作「丞」，據《文獻通考》卷九八改。
〔二〕册：原作「祝」，據本書禮一七之七改。
〔三〕爵：原作「手」，據本書禮一七之七改。
〔四〕升：原作「拜」，據《文獻通考》卷九八改。

立。宮架作《正安之樂》、《武功之舞》。執事者以爵授亞獻，亞獻(進)〔搢〕笏，跪，執爵。執尊者舉冪，太官令酌壺樽之盎齊，訖，先詣次室酌尊所，北向立。亞獻以爵授執事者，執笏，興，入詣僖祖室神御前，北向立，搢笏，跪。執事者以爵授亞獻，亞獻執爵，祭酒，三祭於茅菹，奠爵，執笏，俛伏，興，出户外，北向再拜。次詣每室酌獻，並如上儀。樂止，降，復位。初，亞獻行禮將畢，禮直官、太常博士引終獻詣洗，及升殿，酌獻，並如亞獻之儀。降，復位。初，終獻既升，次引七祀及配享功臣獻官詣盥洗位，搢笏，盥手，帨手，執笏，詣神位前，搢笏，跪，執爵三祭酒，奠酌，執笏，俛伏，興，再拜，詣次位，並如上儀。退，復位。唯七祀先詣司命(立)〔位〕，奠爵訖，興，少立。次引太祝進諸位前，北向跪讀祝文，訖，退，獻官再拜復位。

皇帝飲福。初，皇帝既晨祼，光禄以牛左臂一骨及長脅、短脅俱二骨以並，載于胙俎升，設於僖祖室户外。俟終獻既升獻，次引進俎官、搏黍太祝、太官令詣飲福位，北向立，奉俎、豆、爵酒者各立於其後。禮儀使奏「請詣飲福位」，簾捲，出次，宮架樂作。殿中監跪進大圭，禮儀使奏「請執大圭」，前導皇帝至阼階下，樂止。升自阼階，登歌樂作。將至飲福位，樂止，登歌《僖安之樂》作。皇帝至飲福位，西向立。尚醞 55 奉御執尊詣酌尊所，良醞令酌上尊福酒，合置一尊。尚醞奉御奉尊詣飲福位，殿中監奉爵，尚醞、奉御酌福酒，殿中監北向捧以立。禮儀使奏「請再拜」，皇帝再拜。殿中監跪，以爵酒進。禮儀使奏「請搢大圭」，跪，受爵，祭酒，三祭于地。啐酒，奠爵。殿中監跪，受爵以興。太祝帥執事者持胙俎進，減神位前正脊二骨、橫脊加於俎上。內侍受俎，以授進俎官，進俎官南向跪以進〔一〕。皇帝受俎，奠之。進俎官受俎以興，以授內侍，退，詣殿上稍西，東向立。太官令取黍于簋，搏，以授搏黍太祝，太祝受以豆，北向跪以進。皇帝受訖，奠之，搏黍太祝受豆以興，降，復位。次殿中監再跪，以爵酒進。禮儀使奏請再受爵，飲福酒，奠爵。殿中監受虛爵，興，以授奉御。執事者俱降，復位。禮儀使奏「請執大圭」，俛伏，興。又奏「請再拜」，皇帝再拜，樂止。禮儀使前導皇帝還版位，登歌樂作；至版位，西向立，樂止。次引徹牛俎官徹籩豆及俎，籩、豆、俎各一，但少移故處。登歌《豐安之樂》作。卒徹，樂止。徹牛俎官降，復位。禮直官曰「賜胙」，行事、助祭官拜。贊者承傳曰「賜胙，再拜」，在位官皆再拜。送神宮架《興安之樂》作，一成止。

神主入室。次引奏奉神主官詣皇帝版位前，俛伏，跪奏「奉神主入室」。奏訖，俛伏，興，退。祠祭官於殿上承傳曰「奉神主入室」。次引薦香燈官搢笏，奉帝主入(右)〔祏〕室訖，薦香燈官先捧匱於神座，納神主於匱訖，捧入祏室。執笏，退，復位。次引宮闈令奉后主如 56 上儀，退，復位。次引〔奏〕奉

〔一〕進俎官：原脱，據《文獻通考》卷九八補。

神主官詣皇帝版位前，俛伏，跪奏「奉神主入室訖」，俛伏，興，退。禮儀使奏「禮畢」，前導皇帝降自阼階，登歌樂作；至阼階下，樂止，宮架樂作；出門，樂止。禮儀使奏「請釋大圭」，殿中監跪受大圭，以授有司。皇帝還大次。禮部郎中奏「請解嚴」訖，皇帝入齋殿，宮闈令以黍、稷、肺祭，（祭）藉用白茅，束而埋之於西階東，有司各取幣置於坎。大禮使以下就望瘞位，禮直官曰「可瘞」，寘土半坎，太廟宮闈令監視。次引大禮使以下詣東神門外揖位立，禮直官贊「禮畢」，揖訖，退，文武助祭官及宗室以次出。次引七祀獻官詣南神門外七祀望燎位〔一〕，南向立，有司置祝版於燎柴，焚訖，退。太官令帥其屬徹禮饌，監察御史詣殿監視收徹訖，宮闈令闔户以降，乃退。太常藏祝册於匱。

親饗太廟別廟行禮儀注〔二〕

誓戒。如紹興修立《郊祀誓戒儀注》，惟不置郊社令。誓文曰：「今年七月十四，皇帝爲登寶位，親行朝享太廟、別廟。各揚其職，其或不恭，國有常刑。」

致齋。皇帝散齋七日於別殿，致齋三日於齋殿。至行禮日，自齋殿詣太廟。餘如《郊祀儀注》。

陳設。並同郊祀前一日朝享太廟禮，惟不設四方客使次及陳諸州歲貢，并實俎不以牛，止用羊、豕。

省牲器。儀注如紹興十三年親享，唯舊用未後二刻掃除廟内外、陳設祭器、幣、篚，三刻省牲饌、鼎鑊、樂器等，今用其日質明。

車駕自齋殿詣太廟。其日，文 57 武侍祠、行事、執事、助祭官、宗室先詣太廟祠所，其從駕臣僚並服常服就次。有司進輦於齋殿，其從駕臣僚並俟從駕。次禮直官、宣贊舍人引禮部侍郎奏請中嚴，少頃，又奏外辦。皇帝自内服履袍詣齋殿，即御座，鳴鞭。行門、禁衛諸班、親從等、諸司祗應人員以下各自贊常起居。次知客省事以下、樞密都承旨以下、入内内侍省都知以下、帶御器械官、應奉、祗應通侍大夫以下、武功大夫以下及幹辦庫務文臣一班常起居。宣贊舍人贊從駕臣僚並常起居。凡起居者止奏聖躬萬福。次管軍臣僚並常起居，該宣名即宣名。若得旨免起居，更不起居。皇帝乘輦降自西階，稱警蹕，侍衛如常儀。出和寧門，將至太廟，御史臺、閤門分引文武助祭官、宗室，禮直官、贊者引〔行〕事、執事官俱詣廟欞星門外立班，再拜奉迎訖，退。内已奏起居，止奏聖躬萬福。皇帝乘輦入欞星門，至大次，侍衛如常儀。皇帝降輦入大次，簾降。舍人承旨敕群官各還次，以俟立班行禮。

晨祼。並同郊祀前朝享太廟禮，但諸帝室既祼鬯後，禮儀使引皇帝至別廟后室前祼鬯如上儀。

〔一〕祀：原作「祝」，據《文獻通考》卷九八改。
〔二〕按，此即紹興三十二年七月十四日孝宗登極享廟之儀注，已見本卷前文禮一七之二二，《文獻通考》有節畧。

饋食。並同郊祀前享太廟禮，惟無牛鼎俎。

亞、終獻，皇帝飲福，神主入室，並同紹興十三年儀注，唯飲福不用牛俎。

車駕還內。臣僚、禁衛等起居迎駕，奏聖躬萬福訖，以俟從駕還內，並如來儀。禮部郎中奏解嚴，宣贊舍人承旨敕群官各還次，將 58 士各還其所。

太廟時享儀注

時日。太常寺預於隔季，以孟春擇日享太廟、別廟關太史局，孟夏、孟秋、孟冬並准此[一]。若臘享，則預於隔季，以季冬臘日享太廟、別廟。大史局擇日報太常寺，臘享則以其日報太常寺。太常寺參酌訖，具時告散官[二]。

齋戒。前享十日，受誓戒於尚書省。其日五鼓，贊者設位版於都堂下，初獻官在左，刑部尚書在右，並南向。亞、終獻位於其南稍東，北向西上。若冬享、臘享，則又設禮官位於終獻之東，其揖位、省牲位、省饌位准此。監察御史位於其西稍北，東向。兵部、工部尚書、押樂太常卿、光禄卿、押樂太常丞、光禄丞位於其南稍西，北向東上。凡設太常丞、光禄丞位皆稍却。奉禮、協律郎、太祝、太官、宮闈令位於其東，西向北上。捧俎官、薦香燈官位其後。質明，贊者引行事、執事官就位立定。禮直官引初獻降階就位。禮直官贊揖，在位者對揖。初獻搢笏，讀誓文云：「某月某日孟春，薦享太廟、別廟，夏云孟夏，秋云孟秋，冬云孟冬，臘享云季冬臘享。各揚其職。不共其事，國有常刑。」讀訖，執笏。禮直官贊奉禮、協律郎、太祝、太官、宮闈令以下先退，餘官對拜乃退。散齋七日，治事如故，宿于正寢，不弔喪問疾、作樂、判書刑殺文書、決罰罪人及與穢惡。致齋三日，光禄卿、丞、太官令齋一日。二日於本司[三]，宗室於睦親宅都（聽）〔廳〕，如相妨，即於宗學。餘官無本司者，並於太廟齋坊。質明至齋所。唯享 59 事得行，其餘悉禁。前享一日質明，俱赴祠所齋宮，官給酒饌。享官已齋而闕者，通攝行事。

陳設。前享三日，儀鸞司設饌幔於東神門外[四]，別廟饌幔於本廟。每室饌幔各一。若冬享，則設配享功臣次於殿下橫街之南，東西相向。每室配享功臣各爲一次[五]。若臘享，則設七祀次一於橫街之北道西，東向。前二日，有司牽牲詣祠所。前一日，宮闈令帥其屬掃除廟之內外，太常設祭器，凡設祭器，皆借以席，籩豆又加巾、蓋。以俟告潔。既畢權徹。有司陳牲於東神門外，當門西向，祝史各位於牲後。太常設省牲位於牲西。三獻官在道南，北向；兵部、工部尚書、押樂太常卿、光禄卿、押樂太常丞、光禄丞、奉禮、協律郎、太祝、太官、宮闈令在道北，南向，俱西上。凡設押樂太常丞以下位皆稍却。若享日，則不設光禄卿、丞、宮闈令

[一] 准：原作「唯」，據《文獻通考》卷九九改。

[二] 官：原作「告」，據《文獻通考》卷九九改。

[三] 二日於本司：此五字原作小字，據《文獻通考》卷九九改爲正文。

[四] 幔：原作「饅」，據《文獻通考》卷九九改。

[五] 各：原作「冬」，據《文獻通考》卷九九改。

位。監察御史於兵部尚書之西，少北。太常陳禮饌於東神門外却東道北，南向，設省饌位版於禮饌之南。三獻官在南，北向西上。監察御史在西，東向。兵部尚書、押樂太常卿、光禄卿、押樂太常丞、光禄丞、奉禮、協律郎、太祝、太官、宫闈令在東，西向北上。捧俎官、薦香燈官在其後。太常設登歌之樂於太廟、别廟殿上前楹間，却南，北向；設宫架於太廟庭中，立舞表於酇綴之間。享日丑前五刻，禮直官、贊者、諸司職掌各服其事〔一〕。宫闈令入殿開室，整拂神幄，帥其屬掃除。鋪筵在室内北墉下，南向，几在筵 60 上，如常儀。太常陳幣、篚各於神位前之左，幣以白一。祝版各於神位之右，置於坫。次祭器實之：每室左二十有六籩〔二〕，爲四行，以右爲上；右二十有六豆，爲四行，以左爲上。俎二，一在籩前，實以羊腥七體。一在豆前。實以豕腥七體，其載如羊。又俎六，在豆右，爲三重，以北爲上。第一重，實以羊、豕首各一。第(三)〔二〕重，〔一〕實以羊腥腸、胃、肺，離肺一在上端，刌肺三次之，腸三、胃三又次之；一實以豕腥膚九，横載。第三重，一實以羊熟腸、胃、肺；一實以豕熟膚，其載如腥。皆羊在左，豕在右。登一，在籩、豆間。實以大羹。鉶三，在登前。實以羹，加(笔)〔芼〕滑。簠八、簋八，在籩豆外二俎間，簠在左，簋在右。簠實以稻、粱，粱在稻前；簋實以黍、稷，稷在黍前。登一，在籩之左。實以肝膋。槃一，在室户外稍東。實以毛血。爐炭於室户外之左，稍前。置蕭、蒿於篚。設尊、罍於殿上，爲二重。著尊二，加勺、冪，爲上尊。一實玄酒，一實醴齊，初獻酌之。壺尊二，加勺、冪。一實玄酒，一實盎齊，亞、終獻酌之。春夏設雞彝一并舟，在著尊之右，實以鬱鬯，初獻酌之。秋、冬、臘享則設斝彝。加勺、冪；又設鳥彝一并舟，在著罍之右。實以明水。秋、冬、臘享則設黄彝。太尊二，一實泛齊，一實醴齊。象尊二，一實盎齊，一實醍齊。犧尊二，一實沈齊，一實事酒。山尊二。一實昔酒，一實清酒。罍皆實以明水。俱北向西上，皆加冪，設而不酌。爵坫三，在尊之前。太常設燭於神位前。若冬享，設配享功臣位 61 於殿下横街之南次内。若臘享，則設七祀，司命、户、竈、中霤、門、厲、行，於横街之上次内。皆太常設神位席，本廟設神位版，太常設祭器實之。又設俎二於東神門外每室饌幔内；洗二於東階下直東霤，北向。盥洗在東，爵洗在西。罍在洗東，加勺；篚在洗西，南肆，實以巾。若爵洗之篚則又實以珪瓚，及别廟則實以璋瓚。執罍、篚者位其後。若冬、臘二享，則又設禮官盥洗一於從祀神位前。又設揖位於東神門外，如省牲位。唯不設光禄卿、丞、捧俎官、薦香燈官、宫闈令位。(聞)〔開〕瘞坎於太廟、别廟殿西階之東，方深取足容物，南出陛。設望瘞位於太廟瘞坎之南，如省饌之位。唯不設光禄卿、丞、太官令、捧俎官、薦香燈官、宫闈令〔位〕。若臘享，則積七祀燎柴於西神門外〔三〕。又設三獻官席位於殿下東階之東南，西向南(立)〔上〕。若冬享、臘享，則又設禮官位於終獻之北。兵部、工部尚書於其南，西向北上。監察御史、押樂太常丞席位於殿庭之南，北向；奉禮、協律郎、太祝、太官令位其後，

〔一〕事：原作「服」，據《文獻通考》卷九九改。
〔二〕籩：原作「邊」，據《文獻通考》卷九九改。
〔三〕祀：原作「祝」，據《文獻通考》卷九九改。

俱西上。光禄卿席位於監察御史之東，北向。又設監察御史位於殿上前楹西架，東向。奉禮郎、太祝在東，西向北上。押樂太常丞於樂虡之北，太官令於酌尊所，俱北向。協律郎位二，一於太廟殿上前楹間稍西，一於宮架西北，俱東向。押樂太常卿位於宮架北，北向。

省牲器。同郊祀前朝享太廟禮。

晨祼。享日丑前五刻，行事春冬用丑時七刻，夏秋[62]用丑時一刻。祠祭官引宮闈令入詣殿庭，北向立。祠祭官曰「再拜」，宮闈令再拜，升殿開室，整拂神幄，帥其屬掃除，退就執事位。次引薦香燈官入詣殿庭，北向立。凡宮闈令、薦香燈、捧俎官行事，皆祠祭官引。祠祭官曰「再拜」，薦香燈官再拜，升殿，各就執事位。次樂正帥工人、二舞入就位。太廟、別廟登歌工人，俟監察御史點閱訖，升西階各就位。次太官令、光禄丞帥其屬實饌具畢，光禄丞還齋所。次引光禄卿入詣殿庭席位，北向立。贊者曰「再拜」，光禄卿再拜，升殿點視禮饌，畢。次引監察御史升殿點閱陳設，糾察不如儀者。凡點視及點閱，皆先詣僖祖室，以至次室及別廟。光禄卿還齋所。餘官各服祭服。次引行事、執事官詣東神門外揖位立定，禮直官贊揖。次引押樂太常卿、太常丞、協律郎，次引監察御史、奉禮郎、太祝、太官令，入就殿下席位，北向立。次引初獻、兵部、工部尚書、亞、終獻入，就殿下席位，西向立。若冬享、臘享，則引禮官。祠祭官於殿上贊奉神主。次引薦香燈官入室，搢笏，於祏室内奉帝主，設於座，奉神主詣神幄内，於几後啓匱，設于座，以白羅巾覆之。執笏，退，復執事位。次引宮闈令奉后主〔奉〕，別廟宮闈令奉后主，如上儀，以青羅巾覆之。退，復執事位。祠祭官於殿上贊「奉神主訖」，禮直官稍前，贊：「有司謹具，請行事。」贊者曰「再拜」，在位者皆再拜。次引監察御史、押樂太常卿、太常丞、奉禮、協律郎、太祝、太[63]官令各就位立定〔一〕。太官令就僖祖位尊彝所。次引初獻詣盥洗位，北向立，搢笏，盥手，帨手；執笏，詣爵洗位，北向立，搢笏，洗瓚，授執事者；執笏，升殿，詣僖祖室尊彝所〔二〕，西向立。執事者以瓚授初獻，搢笏，跪，執瓚。執彝者舉冪，太官令酌鬱鬯訖，先詣宣祖室尊彝所，北向〔立〕。初獻以瓚授執事者，執笏，興，詣僖祖室神位前，北向立，搢笏，跪。次引奉禮郎搢笏，西向跪。執事者以瓚授奉禮郎，奉禮郎奉瓚授初獻〔三〕。初獻執瓚，以鬯祼地，奠訖，以瓚授執事者。次執事者以幣授奉禮郎，奉禮郎奉幣授初獻，執笏，興，先詣宣祖室神位前西向立。初獻受幣，奠訖，執笏，俛伏，興，出户外，北向再拜。次詣宣祖室、太祖室、太宗室、真宗室、仁宗室、英宗室、神宗室、哲宗室、徽宗室、欽宗室，次降西側階，詣別室，升西階，詣懿節皇后室、安穆皇后室、安恭皇后室，祼鬯、奠幣並如上儀。訖，降東側階，由東廊，俱復位立。協律郎

〔一〕立：原脱，據《文獻通考》卷九九補。
〔二〕祖：原作「宗」，據《文獻通考》卷九九改。
〔三〕奉禮郎：原脱，據《文獻通考》卷九九補。

跪，俛伏，舉麾興，工鼓柷，宮架作《興安之樂》、《孝熙昭德之舞》，九成，偃麾戛敔，樂止。凡樂皆協律郎跪俛伏，舉麾興，工鼓柷而後作〔一〕，偃麾戛敔而後止。既晨祼，薦香燈官入取毛血，奠於神座前。別廟以太祝。太官令取肝，以鸞刀制之，洗於鬱鬯，貫之以膋，燎于爐炭。薦香燈官以肝膋入，詔神於室，別廟以太祝。又出，以隋祭于室户外之左，三祭于茅苴，退，復位。

饋食。享日，有司帥進饌者詣厨，以匕升羊實于一俎，肩、臂、臑在上端，肫、胳在下端，正脊一、[64]直脊一、橫脊一、長脅一、短脅一、代脅一，皆二骨以並，在中。次升豕如羊，實于一俎，每室羊、豕各一俎。入設於饌幔内。俟初獻既升祼訖，捧俎官及執事者捧俎入，詣西階下，北向北上。次引兵部、工部尚書詣西階下，搢笏，捧俎，兵部奉羊，工部奉豕。升殿，宮架《豐安之樂》作。詣僖祖神位前，北向跪奠，先薦羊，次薦豕。各執笏，俛伏，興。有司入，設於豆右腸、胃、膚之前。羊在左，豕在右。次詣每室奉俎，並如上儀〔二〕，樂止。次詣別廟奠俎，如前太廟之儀。唯登歌作《肅安之樂》。降東側階，由東廊復位。初，奠俎訖，次引薦香燈官取蕭合黍、稷，擩於脂，燎於爐炭。當饋熟之時，薦香燈官取菹擩於醢，祭于豆間三，又取黍、稷、肺祭如初，俱藉以茅，別廟以太祝。退，復位。次引太祝詣僖祖室前東向立。次引初獻再詣盥洗位，宮架《正安之樂》作。初獻升降行止皆作《正安之樂》。至位，北向立，搢笏，盥手，帨手；執笏，詣爵洗（内）〔位〕，北向立，搢笏，洗爵，拭爵，以授執事者；執笏，升殿，〔樂〕止，登歌樂作。詣僖祖室酌尊所，西向立，樂止，登歌《基命之樂》作。執事者以爵授初獻，初獻搢笏，跪，執爵。執尊者舉冪，太官令酌著尊之醴齊訖，先詣宣祖室酌尊所，北向立。初獻以爵授執事者，執笏，興，入詣僖祖室神位前，北向立，搢笏。執事者以爵授初獻，初獻執爵，祭酒，三祭于茅苴，奠爵，執笏，俛伏，興，出户，北向立，樂止。次太祝搢笏，跪讀祝文，讀訖，執笏，興，先詣宣祖室户外，[65]東向立。初獻再拜，次詣每室，及詣別廟行禮，並如上儀。初獻詣別廟，升降登歌作《崇安之樂》，酌獻行禮，登歌並作《歆安之樂》。初獻將降階，登歌作；降階，樂止，宮架樂作；復位，樂止。文舞退，武舞進，宮架作《正安之樂》。舞者立定，樂止。次引亞獻詣盥洗位，北向立，搢笏，盥手，帨手；執笏，詣爵洗位，北向立，搢笏，洗爵，拭爵，以授執事者；執笏，升殿，詣僖祖室酌尊所，西向立。宮架作《武安之樂》、《禮洽儲祥之舞》。執事者以爵授亞獻，搢笏，跪，執爵。執尊者舉冪，太官令酌壺尊之盎齊訖，先詣宣祖室酌尊所，北向立。亞獻以爵授執事者，執笏，興，詣僖祖室神位前，北向立，搢笏，跪。執事者以爵授亞獻，亞獻執爵，祭酒，三祭于茅苴，奠爵，執笏，俛伏，興，出户外，北向再拜。次詣每室并別廟行禮，並如上儀。亞、終獻詣別廟酌獻，

〔一〕柷：原作「敔」，據《文獻通考》卷九九改。
〔二〕如：原作「俎」，據《文獻通考》卷九九改。

登歌並作《嘉安之樂》。初，亞獻既入太室，引終獻詣洗，及升殿行禮，並如上獻之儀。訖，俱降復位。若冬享，則俟終獻將升，次引禮官詣盥洗位，搢笏，盥手，帨手，執笏，詣配享功臣神位前，搢笏，跪，執爵，三祭酒，奠爵，執笏，俛伏，興，再拜，詣次位行禮，並如上儀，退，復位。若臘享，則俟終獻將升，次引禮官詣盥洗位，搢笏，盥手，帨手，執笏，詣司命神位前，搢笏，跪，執爵，三祭酒，奠爵，執笏，俛伏，興，少立。次引太祝進詣神位前，北向，搢笏，跪讀祝文，讀訖，執笏，興，退，復位。禮官再拜，詣每位前行禮，並如分獻配享功臣之儀，退，復位。次[66]引太祝徹籩、豆，籩、豆各一，少移故處〔一〕。登歌《恭安之樂》作。別廟《寧安之樂》。卒徹，樂止。次引宮闈令束茅訖，俱復位。禮直官曰「賜胙」，贊者承傳曰「賜胙，再拜」，在位者皆再拜。送神宮架《興安之樂》作，一成止。祠祭官於殿上贊「奉神主入祏室」，次引薦香燈官搢笏，奉帝主入祏室，薦香燈官先捧匱置於神座，納神主於匱訖，捧入祏室。執笏，退，復位。次引宮闈令奉后主，并引別廟宮闈令奉后主入祏室，並如上儀，退，復位。祠祭官於殿上贊「奉神主入祏室訖」。次引初獻、兵部、刑部尚書、亞、終獻就望瘞位。若冬享、臘享，則又引禮官就望瘞位。有司詣室取幣，束茅苴於坎。次引監察御史、押樂太常丞、奉禮、協律郎、太祝就望瘞位立定。禮直官曰「可瘞」，寘土半坎，本廟宮闈令監視。別廟殿下宮闈令監視。次引初獻以下詣東神門外揖位立，禮直官贊「禮畢」，揖訖，退。若臘享，則次引禮官詣西神門外七〔祀〕望燎位立，有司置祝版於燎柴，焚訖，退。太官令帥其屬徹禮饌。次引監察御史詣殿監視收徹訖，還齋所。宮闈令闔户以降，太常藏祝版於匱。光禄卿以胙奉進，監察御史就位展視，光禄卿望闕再拜，乃退。

太廟薦新儀注

陳設。前一日，有司設新物於太常卿齋所。至日，以行事設籩豆於每室户外，以新物實之。每室孟春豆三，實以韭、葑、卵。仲春豆一，實以冰。季春豆三，實以笋、蒲、鮪魚；籩一，實以含桃。孟夏豆三，實以彘肉、[67]大小麥。仲夏豆二，實以雛鷄、黍；籩一，實以瓜。季夏籩二，實以菱、栗。孟冬豆一，實以鴈。仲冬豆一，實以麕。季冬豆一，乃實之以魚。又設盥洗於阼階下，直東霤，北向。罍在洗東，加勺；篚在洗西，南肆，實以巾。設太常卿席位於殿下東南，西向。

省饌。前一日，祠祭官引宮闈令詣太常卿齋所，同眂新物。應饌者，有司詣厨省鑊，以時帥其屬臨造。

行事。薦新日，祠祭官引宮闈令先入詣殿庭，北向立。祠祭官曰「再拜」，宮闈令再拜，升自西階，凡行事、執事官升降皆自西階。開室，不出神主。帥其屬掃除，退就執事位。次有司實新畢，禮直官引太常卿常服入，就殿下席位，西向立，贊「再拜」，太常卿再拜。次引詣盥洗位北向立，搢笏，盥手，帨手，執笏，升殿，詣僖祖室户外，搢笏。執事者以新物授太常卿，太常卿受新物，奉入，詣神位前，北向跪奠，執笏，俛伏，興，出户外，北向再拜。次詣宣祖室、太祖室、太宗

〔一〕故：原作「放」，據《文獻通考》卷九九改。

室、真宗室、仁宗室、英宗室、神宗室、哲宗室、徽宗室、欽宗室、別廟懿節皇后室、安穆皇后室、安恭皇后室，行禮並如上儀。降，復位，少立，退。宮闈令闔户，降退。

郊祀大禮前二日朝獻景靈宮行禮儀注

陳設。前朝獻三日，儀鸞司設大次於齋殿；又設文武侍臣次於大次之前，隨地之宜；行事、助祭官、宗室及有司次於宮之内外〔一〕，各隨地之宜；設東方、南方客使次於文官之後，西方、北方客使次於武官之後。又設饌幔於殿 68 門外〔二〕，隨地之宜。前二日，郊社令帥其屬掃除宮之内外。太常設燎爐於殿門之外。又陳登歌之樂於殿上前楹間稍南，北向；設宮架於殿門外，隨地之宜；立舞表於酇綴之間。前朝獻一日，奉禮郎、禮直官設皇帝位版於阼階上，西向；飲福位於聖像之西南，北向；望燎位於殿下之東，南向。贊者設亞、終獻位於阼階之東稍南，西向；大禮使、左僕射於西階之西稍南，東向；與亞、終獻班相對。行事户部、禮部、刑部尚書、吏部、刑部侍郎、光禄卿、讀册官、舉册官、光禄丞於其西，光禄丞稍却。執事官位又於其後；奉禮郎、搏黍太祝、太社、太官令位於亞獻之北，西向，稍却；監察御史位二於大禮使之北，東向，俱稍却。又設協律郎位二，一於殿上磬虡之西北，一於宮架西北，俱東向；押樂太常丞於登歌樂虡北，押樂太常卿位於宮架之北，良醞令於酌尊所，俱北向。又設文武助祭官、宗室位於行事、執事官之南，東西相向；諸方客使位於殿門之外，隨其方國。又設告潔位於殿門之外：設大禮使、左僕射位於道西，東向；行事吏部、户部、禮部、刑部尚書、吏部、刑部侍郎、押樂太常卿、光禄卿、讀册官、舉册官、押樂太常丞、光禄丞、奉禮、協律郎、搏黍太祝、郊社、太官令位於道東，西向北上；押樂太常丞以下位稍却。監察御史位於尚書之右，異位稍却。光禄陳禮饌於殿門内，在北，南向。太常設省饌位版於禮饌之南：大禮使、左僕射在南，北 69 向西上；監察御史位二在西，東向；行事吏部、户部、禮部、刑部尚書、吏部、刑部侍郎、押樂太常卿、光禄卿、讀册官、舉册官、押樂太常丞、光禄丞、奉禮、協律郎、搏黍太祝、郊社、太官令在東，西向北上。禮部帥其屬設祝册案於殿上之西。司尊彝帥其屬設玉、幣、篚於酌尊所。次設籩、豆、簠、簋之位於聖像前：左十有一籩，右十有一豆，俱爲三行。俎一，在籩前。簠一、簋一，在籩豆外，簠在左，簋在右。又設尊罍之位：著尊二、壺尊二，皆有罍，加勺、冪，爲酌尊；太尊二、山尊二、犧尊二、象尊二，皆有罍，加冪，設而不酌。並在殿上稍南，北向西上。又設籩、豆、簠、簋、俎各一於饌幔内。設御盤、匜於阼階上，并供進盤、匜、帨巾内侍（坐）〔位〕並於皇帝版位之後，分左右。奉盤者北向，奉匜及執巾者南向。又設

〔一〕内：原作「肉」，據《文獻通考》卷九九改。
〔二〕外：原脱，據《文獻通考》卷九九補。

亞、終獻盥洗、爵洗於其位之北。盥洗在東，爵洗在西。罍洗在東，加勺；篚在洗西，南肆，實以巾。若洗爵之篚，則又實以爵。執罍、篚者各位於其後。朝獻日行事前，太（常）府卿帥其屬陳幣於篚。幣蒼〔一〕。少府監帥其屬入陳禮神之玉，置於聖像前。玉以四圭有邸〔二〕。光禄卿帥其屬入實籩、豆、簠、簋。籩三行，以右爲上。第一行，形鹽在前，（黎）〔梨〕、糗餌次之；第二行，榛實在前，乾桃、乾藤、乾棗次之；第三行，菱在前，芡、栗、乾柿次之。豆三行，以左爲上。第一行，芹菹在前，筍菹、菁菹、葵菹次之；第二行，韭在前〔三〕，麫筋、松脯、蠤脯次之；第三行，飽食在前，瓜蠤、醬次之。簋實以黍，簠實[70]以稻。太官令帥其屬入實俎。籩前之俎實以乳餅。良醖令帥其屬入實尊。著尊二，一實玄酒，一實醴齊，皇帝酌之。壺尊二，一實玄酒，一實盎齊，亞、終獻酌之。太尊二，一實泛齊，一實醴齊；山尊二，一實盎齊，一實醴齊；犧尊二，一實沈齊，一實事酒；象尊二，一實昔酒，一實清酒：並設而不酌。凡罍之實，各視其尊。有司設神御殿禮饌及供奉之物，如常儀。太常設燭於聖像前，又設大禮使以下行事、執事官揖位於殿門外，如告潔之位。儀鸞司設神位版幄，又設册幄於殿門外，各隨地之宜。

省饌。前朝獻一日質明，太社令帥其屬掃除宮之內外訖，司尊彝帥執事者以祭器入，設於位。凡設祭器，皆藉以席，籩豆又加巾、蓋。太府卿、少府監入陳玉幣。告潔畢權徹。少頃，禮直官、贊者分引大禮使以下並常服詣殿門外告潔位，禮直官贊揖訖，贊（訖）者引押樂太常卿入行樂架。凡亞、終獻行事，皆禮直官、太常博士引；大禮使、執（政）〔事〕官行事，皆禮直官引；餘官皆贊者引。次引禮部尚書入，升自西階，眂滌濯。凡行事、執事官升降皆自西階〔四〕，內應奉官并執事應奉人各隨應奉階升降。次引左僕射申眂滌濯。執事者皆舉冪曰「潔」，俱退，復位。禮直官稍前曰：「告潔畢，請就省饌位。」揖訖，引大禮使以下各就位，禮直官贊揖。有司省饌具畢，禮直官贊「省饌畢」，揖訖，俱還齋所。次引禮部尚書詣厨眂濯溉，次引刑部尚書詣厨實鑊[71]水，刑部侍郎增沃鑊水，協律郎展視樂器，乃還齋所。晡後，太社令帥其屬掃除宮之內外，學士院以祝册授通進司，進御書訖，降付尚書禮部。

車駕自大慶殿詣景靈宮〔五〕。朝獻日，文武侍祠、行事、助祭之官、宗室非從駕者。先詣景靈宮祠所。次禮直官、宣贊舍人引禮部侍郎詣大慶殿奏請中嚴，少頃，又奏外辦。皇帝服履袍詣大慶殿，鳴鞭。行門、禁衛諸班、親從等、諸司祗應人員以下各自贊常起居。次知客省事以下、樞密都（丞）〔承〕旨以下、知內侍省事以下、（御帶）〔帶御〕器械官、應奉、祗應通侍大夫以下、武功大夫以下及幹辦庫務文臣一班常起居。俟皇帝即御座，從駕宰執、使相以下一班，次管軍臣僚，並常起居。（從駕宰執使相以下一班次管軍臣僚並常起居）若得旨免起居，更不起居。皇帝乘輿，鳴鞭，出行宮北門。將至景

〔一〕蒼：原作「倉」，據《文獻通考》卷九九改。
〔二〕四：原作「凹」，據《文獻通考》卷九九改。
〔三〕韭：原作「篚」，據《文獻通考》卷九九改。
〔四〕升：原作「外」，據《文獻通考》卷九九改。
〔五〕大：原作「太」，據《文獻通考》卷九九改。

靈宮，御史臺、太常寺、閤門分引文武侍祠、行事、執事、助祭之官、宗室于宮欞星門外立班，再拜奏御訖〔一〕，退。已起居者止奏「聖躬萬福」。皇帝乘輿將及門，從駕宰執、（事）〔侍〕從等係行事前導者先退，各朝、祭服。皇帝乘輿入欞星門，至大次，降輿以入，簾降，侍衛如常儀，以俟行事。

奉玉、幣。朝獻日未行事前，諸行事及助祭之官各服其服。太祝奠册於案，太府卿、少府監入陳玉、幣，光祿卿入實籩、豆、簠、簋，太官令入實俎，良醖令入實尊〔二〕、罍。樂正帥工人〔三〕、二舞以次入，與執尊、罍、篚、冪者各就位。次御史臺、72太常寺、閤門宣贊舍人分引文武助祭官及宗室、客使入就位。次禮直官、贊者分引大禮使以下行事、執事官詣殿門外揖位立。禮直官揖訖，先引監察御史按視殿之上下，糾察不如儀者，降階就位。次引大禮使以下各入就位。次禮儀使、樞密院官、太常卿、閤門官、太常博士、禮直官分立於大次外左右。次引禮部侍郎詣次前，奏請中嚴，少頃，又奏外辦。符寶郎奉寶，陳於宮架之側，隨地之宜。禮儀使當次前俛伏，跪奏：「禮儀使臣某言，請皇帝行事。」奏訖，俛伏，興，還侍立。禮儀使奏禮畢准此。簾捲，皇帝服袞冕以出，侍衛如常儀。禮儀使以下前導至殿門外，殿中監跪進大圭〔四〕。禮儀使奏「請執大圭」，前導皇帝入自正門。侍衛不應入者止於門外。協律郎跪，俛伏，舉麾興，工鼓柷，宮架《乾安之樂》作。皇帝升降行止皆奏《乾安之樂》。至阼階下，偃麾戛敔，樂止。凡樂，皆協律郎跪俛伏，舉麾興，工鼓柷而後作，偃麾戛敔而後止。升自阼階，大禮使從，皇帝升降，大禮使皆從。左右侍衛之官量人數升〔五〕。登歌樂作。至版位，西向立，樂止。禮儀使以下分左右侍立。凡行禮，皆禮儀使、樞密院官、太常卿、閤門官、太常博士、禮直（郎）〔官〕前導至位，分立於左右。禮儀使前奏：「有司謹具，請行事。」宮架作《大安之樂》、《發祥流慶之舞》。俟樂作，三成止，先引左僕射、吏部尚書、侍郎升詣聖祖座前立，左僕射、吏部尚書俱西向北上，吏部侍郎東向。樂作六73成，樂止，禮儀使奏「請再拜」，皇帝再拜。贊者曰「再拜」，在位官皆再拜。內侍取玉幣於篚，立於尊所，又內侍各執盤、匜、帨巾以進，宮架樂作。禮儀使奏「請皇帝搢大圭，盥手」，內侍進槃匜沃水，皇帝盥手，內侍進巾，皇帝帨手。訖，又奏「請皇帝執大圭」。樂止，禮儀使前導，登歌《靈安之樂》作。殿中監跪進〔鎮〕圭，禮儀使奏「請搢大圭，執鎮圭」，前導皇帝詣聖祖座前，北向立。內侍先設繅藉於地，禮儀使奏請跪奠鎮圭於繅席，執大圭，俛伏，興。又奏「請搢大圭」，跪。內侍加玉於幣，以授吏部尚書，吏部尚書以授左僕射，左僕射西向跪以進。禮儀使奏「請（授）〔受〕玉、

〔一〕訖：原作「記」，據《文獻通考》卷九九改。
〔二〕良：原作「長」，據《文獻通考》卷九九改。
〔三〕帥：原脱，據《文獻通考》卷九九補。
〔四〕中：原脱，據《文獻通考》卷九九補。
〔五〕「左右」一句原在下句「登歌樂作」之下，據此前諸儀注例移正。又「升」字原作大字，據《文獻通考》卷九九改爲小字。

幣」，皇帝受奠訖，吏部侍郎東向跪受以興，進奠於聖像前。左僕射、吏部侍郎權於殿上稍西，東向立，吏部尚書降復位。禮儀使奏請執大圭，俛伏，興。又奏「請再拜」，皇帝再拜訖，樂止。禮儀使（奏）前導皇帝還版位，登歌樂作；至位，西向立，樂止。内侍舉鎮圭、繅藉，以鎮圭授殿中監，以授有司。

薦饌。朝獻日，太官令以饌實於俎及籩、豆、簠、簋，陳於饌幔内，東西相向。俎實以乳餅，籩實以粉餈，豆實以糝食，簠實以〔稻〕、粱，簋實以黍、稷。俟皇帝升，奉玉、幣訖，還位，樂止。次引禮部尚書詣饌所，執籩、豆、簠、簋以入；户部尚書詣饌所，奉俎以入。太官令引入正門，宮架《吉安之樂》作，設於西階下，北向北上，奉俎者在南。次引禮部尚書搢笏，執籩、豆、簠、簋，户部尚書搢笏，奉俎以升，執事者各迎於階上。74 禮部尚書奉籩、豆、簠、簋於聖像前，北向跪奠訖，執笏，俛伏，興；有司設籩於糗餌前，豆於醬前，簠於稻前，簋於黍前。次户部尚書奉俎，於聖像前北向跪奠，訖，執笏，俛伏，興；有司設於豆前，樂止，俱降復位。次引左僕射、吏部侍郎詣聖祖座前立，左僕射西向，吏部侍郎東向。次引吏部侍郎奉爵升，詣皇帝版位前，北向立。内侍各執盤、匜，帨巾以進。宮架樂作，禮儀使奏「請皇帝搢大圭，盥手」，内侍進盤匜沃水，皇帝盥手；内侍進巾，皇帝帨手。訖，又奏「請皇帝洗爵」，吏部侍郎進爵，内侍進巾，皇帝拭爵，訖，樂止。又奏「請執大圭」，登歌《祖安之樂》作。吏部侍郎受爵，奉爵詣酌尊所，東向立。執尊者舉冪，良醞令酌著尊之醴齊。禮儀使前導皇帝詣聖祖座前，北向立，禮儀使奏「請搢大圭」，跪。吏部侍郎以爵授左僕射，左僕射西向跪以進。禮儀使奏請執爵，進酒，再進酒，三進酒，俱以爵授吏部侍郎。吏部侍郎東向跪受爵，置於聖祖座前。禮儀使奏請執大圭，俛伏，興。又奏請皇帝少立。樂止，左僕射以下俱復位。舉册官搢笏，跪舉祝册。讀册官搢笏，東向跪讀册文。讀訖，奠册，各執笏興，俱降復位。禮儀使奏「請再拜」，皇帝再拜訖，禮儀使前導皇帝還版位，登歌樂作。至版位，西向立，樂止。文舞退，武舞進，宮架《正安之樂》作。舞者立定，樂止。禮直官、太常博士引亞獻詣盥洗位，北向立，搢笏，盥手，帨手；執笏，詣爵洗位，北向立，搢笏，洗爵，拭爵；75 以爵授執事，執笏，升，詣酌尊所，東向立。宮架作《冲安之樂》、《降真觀德之舞》。執事者以爵授亞獻，亞獻搢笏，跪，執爵。執尊者舉冪，太官令酌壺尊之盎齊。亞獻以爵授執事者，執笏，興，詣聖祖座前，北向，搢笏，跪。執事者以爵授亞獻，亞獻執爵，三進酒，執笏，俛伏，興，少退，北向再拜訖，樂止，降復位。初，亞獻行禮將畢，禮直官、太常博士引終獻詣洗及升殿、酌獻，並如亞獻之儀，訖，降復位。初，終獻既升獻，户部、禮部尚書升詣殿西，東向立。次引殿中監、太祝、太官令詣飲福〔位〕，東向立，奉豆及爵酒者各立於其後。禮儀使奏「請詣飲福位」，前導皇帝，登歌樂作。將至位，樂止，又登歌《報安之樂》

作。皇帝至飲福位，北向立。尚醖奉御執尊詣酌尊所，良醖令酌上尊福酒，各置二尊。尚醖奉御酌福酒，殿中監西向奉以立〔一〕。禮儀使奏請再拜，殿中監跪，以爵酒進。禮儀使奏請搢大圭，跪，受爵，祭酒，三祭于地，啐酒，奠爵。殿中監跪，受爵以興。太官令取黍于篚，摶以授太祝，太祝受以豆，東向跪以進。皇帝受豆奠之，太祝乃受以興，降復位。次殿中監再跪，以爵酒進。禮儀使奏請受爵，飲福酒，奠爵。殿中監受虛爵以興，以授尚醖奉御，執事者俱降復位。禮儀使奏請執大圭，俛伏，興。又奏「請再拜」，皇帝再拜，樂止。禮儀使前導皇帝還版位，登歌樂作。至版位，西向立，樂止。次引禮部尚書詣聖像前徹籩豆，次户部尚書徹俎，籩、豆、俎各一，俱少移故 76 處。登歌《吉安之樂》作。卒徹，樂止，禮部、户部尚書降復位。禮直官曰「賜福酒」，行事、助祭官拜。贊者承傳曰「賜福酒，再拜」，在位官皆再拜。送真，宮架《太安之樂》作，一成止。

望燎。《太安之樂》畢，禮儀使奏「請詣望燎位」，前導皇帝詣望燎位，登歌樂作。降自阼階，樂止，宮架樂作。至位，南向立，樂止。初，賜福酒、再拜訖，吏部侍郎帥太祝執篚進詣聖祖座前〔二〕，取幣、祝册。執事官以俎載黍稷飯及爵酒，降階置於柴上。禮直官曰「可燎」，東西各以炬燎半柴。禮儀使奏「禮畢」，前導皇帝還大次，宮架樂作。出門外，禮儀使奏「請釋大圭」，殿中監跪受大圭，以授有司，侍衛如常儀。皇帝至大次，樂止。禮部郎中奏請解嚴〔三〕，次引大禮使以下詣殿門外揖位立。禮直官贊禮畢，揖訖，退。宣贊舍人等分引文武助祭官及宗室、客使以次出。次引諸神御殿分獻官及太祝各入就位，太祝在南，北向，分獻官在東，西向。神御殿獻官、太祝俱常服。贊者曰「再拜」，在位官皆再拜。太祝升詣香案之西，東〔向〕立。次引分獻官升詣香案前，北向立，搢笏，三上香，跪執琖奠茶，三奠酒，執笏，俛伏，興，少立。太祝跪讀祝文，讀訖以興，舉版置於案，降復位。分獻官再拜訖，降復位，退。其後南郊並如儀。

先公《遺老齋雜誌》：景定庚申秋大享明堂，以余爲殿中監進接圭官。明堂之禮，主上執大圭以行事，奠鎮圭以禮神。圭之爲性潤滑，上所執處，以錦纏之，供奉官則以腦子粉澤 77 手，防滑墜也。二圭皆以中貴一員掌之，太常寺吏一人隨直，皆在殿中監左右。上詣景靈宮，入思成門，則跪進大圭，上執以行。至大次，釋圭，以授殿中監，入大次。暨奏中嚴外辦，捲簾，跪進如初，上執詣縟位。其時殿中監急趨祏室外，奉鎮圭以俟。須臾，上且至，入室，禮吏喝云「搢大圭，執鎮圭」，上既自搢于腰間，遂跪進鎮圭，上受以奠于神幣前。禮吏又喝云「執大圭」，上自腰間取以執，則殿

〔一〕西：原作「酒」，據《文獻通考》卷九九改。
〔二〕帥：原作「師」，據《文獻通考》卷九九改。
〔三〕郎中：原脱，據《文獻通考》卷九八補。

中監急就神幣前取鎮圭入第二室。凡禮吏之引喝，殿中監之跪進，一如初室。至十三室，然後獻禮畢。上執圭就縟位，東向立，以俟亞、終獻行禮。凡明堂行禮之日，設大次于殿廊上，入俟嚴辨；設小次于殿門右。上還小次，以俟亞、終獻行禮。然祖宗嚴禋帝祖，例不還小次，示恭勤也。上暮年有内迫之症〔一〕，既還縟位，余方在室中收鎮圭以付内侍，實不在上前。忽有旨還小次，内侍於上手取圭以從還。余方至，太常少卿趙與訔詰曰：「殿中監何在，上還小次無人接圭。」余爲震恐，因思惟有自劾待罪而已。禮吏曰：「祖宗時未嘗還小次，此謂之非次還内。尊官若待罪，乃顯上失，宜付之忘言。」余心是之，但從内侍取大圭，跪俟小次簾外而已。須臾捲簾，進圭，上執詣飲福受胙位。授受行禮既畢，復詣望瘞位。禮畢，詣殿門，俟上至而後畢事。自初日朝獻景靈宮，次日朝享太廟，又次日明堂殿行禮，皆如之。《禮》云『凡執主器〔二〕，執輕如不克』，況 78 與人主相授受乎！其最可畏者，上將入門，跪進大圭〔三〕，圭進訖〔四〕，急趨旁側立，恐妨天步之入也。上將出門，跪接，接訖又急趨旁側立，恐妨天步之出也。當是時，倉皇失措，在俄頃間耳。非夫平日端莊敬懼者，不在此選，朝廷蓋重其人、難其事云。

右宋朝太廟、原廟祭禮，惟郊祀前親享爲盛，儀注已見於前，《遺老齋雜誌》所書執圭一則并附見于此。

四孟朝獻景靈宮儀注

齋戒。朝獻前一日，皇帝齋於内殿，御崇政殿視事如故，唯不弔喪〔五〕、問疾、作樂，有司不奏刑殺文書。其行事前導官齋於本司〔六〕，治事如故，唯不判書刑殺文書及行刑。

陳設。前期，有司陳香案及供奉之物於聖祖天尊大帝、元天大聖后并諸帝后位前。儀鸞司設御幄於殿東廡，西向；設皇帝縟位於殿下東階之東，西向；及鋪設黄道裀縟并逐香案前縟位。内第二日上詣後殿行禮。

朝獻。其日質明，皇帝服履袍出内，即御座，鳴鞭。行門、禁衛諸班、親從等、諸司祇應人員已下，於崇政殿各自贊常起居。次從駕臣僚并應奉、前導、陪位官并管軍於崇政殿起居，如閤門儀，訖，先退，以俟從駕。俟皇帝自崇政殿乘輦出行宮北門，將至景靈宮，侍臣前導，及陪位官於景靈宮櫺星門外、殿門外迎駕，起居再拜，訖。次有司引陪位官先詣殿下北向立，禮直官、太常博士、太常卿詣御幄前北向立。禮直官引侍臣二員升殿，詣聖祖天尊大帝 79 香案

〔一〕症：原作「證」，據《文獻通考》卷九九改。
〔二〕主器：原作「玉」，據《禮記·曲禮下》改補。
〔三〕大：原脱，據《文獻通考》卷九九補。
〔四〕「圭」上原有「進」字，據《文獻通考》卷九九删。
〔五〕弔：原作「予」，據《文獻通考》卷九九改。
〔六〕官：原作「宮」，據《文獻通考》卷九九改。

前，東西相向對立。諸帝后御前，即引侍臣一員於香案前西向立，俟進接茶酒畢，止於殿上稍東，西(相)向立。陪位文武官入詣殿下，北向立定。俟皇帝乘輦入櫺星門，於東廊便門步至御幄，簾降，閤門官於東幄前相向立。閤門報班齊，禮直官、太常博士引太常卿於御幄前俛伏，跪奏稱：「太常卿臣某言，請皇帝行朝獻之禮。」奏訖復興。奏禮畢准此。簾捲，太常卿、閤門官、太常博士、禮直官前導皇帝詣殿下褥位，西向立。凡行禮，皆太常卿、閤門官、太常博士、禮直官前導至位，即分立於左右。太常卿奏「請拜」，皇帝再拜。贊者曰「拜」，在位官皆再拜。訖，前導官前導皇帝升自東階，詣聖祖天尊大帝位香案前褥位，北向立。內侍奉香，太常卿奏請上香，再上香，三上香。內侍以茶酒授侍臣，侍臣西向跪以進。又奏請皇帝跪進茶，進酒，再進酒，三進酒。以授侍臣，侍臣置于聖祖天尊(太)〔大〕帝位前。又奏「請俛伏」，興，又奏「請拜」，皇帝再拜。贊者曰「拜」，在位官皆再拜。訖，前導官前導皇帝降自東階，詣殿下褥位，西向立。奏「請拜」，皇帝再拜。贊者曰「拜」，在位官皆再拜。訖，前導官前導皇帝還御幄，簾降。太常卿奏禮畢，訖。行事、前導、陪位官等先詣中殿，立班如前殿儀。俟皇帝詣中殿御幄，簾降，閤門報班齊，禮直官、太常博士引太常卿於御幄前俛伏，跪奏稱：「太常卿臣某言，請皇帝行朝獻之禮。」奏訖，伏，興。奏禮畢准此。簾捲，太常卿、[80]閤門官、太常博士、禮直官前導皇帝詣殿下褥位，西向立。太常卿奏「請拜」，皇帝再拜。贊者曰「拜」，在位官皆再拜。前導官前導皇帝升殿，詣宣祖皇帝位香案前褥位，北向立。內侍奉香，太常卿奏請上香，再上香，三上香。內侍以茶酒授侍臣，侍臣西向跪以進。又奏請皇帝跪，一奠茶，奠酒，再奠酒，三奠酒。俛伏，興。又奏「請拜」，皇帝再拜。贊者曰「拜」，在位官皆再拜，訖。次詣太祖皇帝、太宗皇帝、真宗皇帝、仁宗皇帝、英宗皇帝、神宗皇帝、哲宗皇帝、徽宗皇帝、欽宗皇帝神御神案前行禮，並如上儀〔一〕。訖，前導官前導皇帝降自東階，〔詣〕殿下褥位，西向立。奏「請拜」，皇帝再拜。贊者曰「拜」，在位官皆再拜。訖，前導官前導皇帝還御幄，簾降。太常卿奏禮畢，訖，陪位、行事、前導、應奉官以次退，皇帝歸齋殿以俟還內，如來儀。

次日，皇帝自內乘輦入櫺星門。將至宮門，就露屋降輦，步至齋殿，由後殿之後，至後殿東廊御〔幄〕以俟。詣元天大聖后，次詣昭憲皇后、孝明皇后、懿德皇后、明德皇后、元德皇后、章穆皇后、章憲明肅皇后、章懿皇后、慈聖光獻皇后、宣仁聖烈皇后、欽聖憲肅皇后、欽成皇后、欽慈皇后、昭慈聖獻皇后、昭懷皇后、顯恭皇后、顯肅皇后神御香案前行禮，並如前殿、中殿之儀。

第一日〔二〕。其日質明，皇帝服靴袍出內，即御座，鳴

〔一〕如上：原倒，據《文獻通考》卷九九乙。
〔二〕以下爲恭謝儀注。

鞭。行門、禁衛諸班、親從等、諸司祗應人員以下於後殿各自贊起居。次從駕臣僚并應奉、前導、陪位官 81 等先〔諸〕〔詣〕中殿立班，如前殿儀。俟皇帝詣中殿御幄，簾降，閤門報班齊，禮直官、太常博士引太常卿於御幄前俛伏，跪奏稱：「太常卿臣某言，請皇帝行恭謝之禮。」奏訖，伏，興。奏禮畢准此。 簾捲，太常卿、閤門官、太常博士、禮直官前導皇帝升詣殿上褥位，西向立。太常卿奏「請拜」，皇帝再拜。贊者曰「拜」，在位官皆拜。 訖，前導官前導皇帝詣宣祖皇帝位香案前褥位，北向立。內侍奉香，太常卿奏請上香，再上香，三上香。內侍以茶酒授侍臣，侍臣西向跪以進。又奏請皇帝跪，奠茶，奠酒，再奠酒，三奠酒，俛伏，興。又奏「請拜」，皇帝再拜。贊者曰「拜」，在位官皆再拜，訖。次詣太祖皇帝、太宗皇帝、真宗皇帝、仁宗皇帝、英宗皇帝、神宗皇帝、哲宗皇帝、徽宗皇帝、欽宗皇帝神御香案前行禮，並如上儀。訖，前導官前導皇帝還褥位，西向立。奏「請拜」，皇帝再拜。贊者曰「拜」，在位官皆再拜。訖，前導官導皇帝還御幄，簾降。太常卿奏禮畢，訖，陪位、行事、前導、應奉官以次退，帝歸齋殿，以俟還內。依已降指揮，駕回入祥曦殿門。

第二日。淳熙九年恭謝分作三日行禮，內第二日詣後殿元天大聖后并昭憲皇后至慈聖光獻皇后，第三日詣後殿宣仁聖烈皇后以下神御。 皇帝自內乘輦入櫺星門，至齋殿降輦，步至後殿東廡御幄以俟。詣元天大聖后，次詣昭憲皇后、孝明皇后、懿德皇后、明德皇后、元德皇后、章穆皇后、章獻明肅皇后、慈聖光獻皇 82 后、宣仁聖烈皇后、欽聖憲肅皇后、欽成皇后、欽慈皇后、昭慈聖獻皇后、昭懷皇后、顯恭皇后、顯肅皇后、顯仁皇后神御香案前行禮，並如前殿〔二〕、中殿之儀。

太祖親享廟四〔三〕乾德元年十一月十五日，開寶元年十一月二十三日，四年十一月二十六日，係親郊朝廟。 開寶九年三月五日，係親告將幸西京行雩祀禮。

太宗親享廟五太平興國三年十一月十四日，六年十一月十六日，雍熙元年十一月二十日，淳化四年正月一日，至道二年正月九日，係親郊朝享。

真宗親享廟十二咸平二年十一月六日，五年十一月十一日，景德二年十一月十二日，天禧元年正月十日，三年十一月十八日，係親享朝廟。 大中祥符元年九月十日，係親告將行封禪禮。 十一月二十七日，係封禪禮成恭謝。 三年十二月十一日，係親告將祀汾陰。 四年四月六日，係汾陰禮成親謁。 五年閏十月七日，係聖祖降恭謝。 六年十二月十五日，係親告將謁太清宮。 七年二月十五日，係東郊恭謝朝享。

仁宗親享廟十三天聖二年十一月十二日，五年十一月十六日，八年十一月十八日，景祐二年十一月十三日，寶元元年十一月十七日，慶曆元年十一月十九日，四年十一月二十四日，七年十一月十七日，皇祐五年十一月三日，係親郊朝享。 皇祐二年九 83 月二十六日，嘉祐七年九月六日，係親祀明堂朝享。 嘉祐四年十月十二日，係親行祫祭。 天聖十年十一月六

〔二〕前：原脱，據《文獻通考》卷九九改。

〔三〕天頭原批：「《親饗廟》複。」按，此指本卷前文禮一七之一〇亦有同樣之記事表，但彼爲《宋會要》之文，而此爲《文獻通考》之文。從文字看，顯爲《通考》抄《會要》，內容相同，文字不盡相同。

日〔一〕，係修大內恭謝。

英宗親享廟一治平二年十一月十五日，係親郊朝享。

神宗親享廟六熙寧元年十一月十七日，七年十一月二十四日，十年十一月二十六日，元豐六年十一月四日，係郊祀朝享。　熙寧四年九月九日，元豐三年九月二十日〔二〕，祀明堂朝享。

哲宗親享廟五元祐七年十一月十二日，元符元年十一月十九日，係親郊（祀）朝享。　元祐元年九月五日，元祐四年九月十三日〔三〕，紹聖二年九月十八日，係祀明堂朝享。

徽宗親享廟九建中靖國元年十一月二十二日，崇寧三年十一月二十五日，大觀四年十一月二日，政和三年十一月五日，六年十一月九日，宣和元年十一月十二日，四年十一月十四日，七年十一月十四日，係冬祀朝享。大觀元年九月二十七日，係祀明堂朝享〔四〕。

高宗親享廟十紹興七年九月二十一日，十年九月九日，並明堂享廟。　十三年正月十一日，係奉上徽宗皇帝徽號册寶享廟。　十一月七日，十六年十一月九日，十九年十一月十三日，二十二年十一月十七日，二十五年十一月十八日，二十八年十一月二十二日，並係親郊享廟。　三十一年九月一日，係明堂享[84]廟。

孝宗親享廟十紹興三十二年七月十四日，隆興二年十二月二十九日，乾道三年十一月一日，六年十一月五日，九年十一月八日，淳熙三年十一月十一日〔五〕，六年九月十五日，九年九月十二日，十二年十一月二十二日，十五年九月八日。

光宗親享廟二淳熙十六年四月六日，紹熙二年十一月二十六日。

寧宗親享廟八慶元三年十一月壬寅，嘉泰三年十一月癸酉，開禧二年九月庚寅〔六〕，嘉定二年九月庚子，嘉定五年十一月辛酉，八年九月庚午，十一年九月庚辰，十四年九月庚寅。

按古者宗廟之祭有正祭，有告祭，皆人主親行其禮。正祭則時享〔七〕、禘祫是也；告祭則國有大事，告于宗廟是也。自漢以來，禮制隳廢，郊廟之祭人主多不親行。至唐中葉以後始定制，於三歲一郊祀之時，前二日朝享太清宮、太廟，次日方有事于南郊。宋因其制，於第一日朝享景靈宮，第二日朝享太廟，第三日於郊壇或明堂行禮。國史所書親享太廟，大率皆郊前之祭。然此乃告祭禮，所謂「卜郊受命于祖廟，作龜于禰宮」，所謂「魯人將有事於上帝，必先有事于泮宮」是也。若正祭則未嘗親行，雖禘祫大禮亦命有司攝事。蓋累朝惟仁宗嘉祐四年十月，親行祫祭禮一次而已。蓋法駕屬車，其鹵簿鄭重，祼薦升降，其禮節繁多，故三歲享帝之時，僅能舉一親祠。然告祭之事亦[85]有大於祀天者，如即位而告廟，則自舜、禹受終，以至太甲之見祖，成王之見廟，皆是也。雖西漢時人主每嗣位，

〔一〕六日：原作「十一日」，據《長編》卷一一一改。
〔二〕三年：原作「二年」，據《文獻通考》卷九九改。
〔三〕以上二句原在「元祐七年」句下，查《宋史》卷一七《哲宗紀》一，此二次朝廟均係明堂朝享，而非郊祀，因移於此。
〔四〕明堂：原無，《文獻通考》卷九九作「郊祀」，亦誤，據《宋史》卷二〇《徽宗紀》二補。
〔五〕十一月十一日：原作「九月六日」，據《宋史》卷三四《孝宗紀》二改。詳見本書禮一七之一一校記。
〔六〕九月庚寅：原無，據《宋史》卷三九《寧宗紀》三補。
〔七〕享：原作「帝」，據《文獻通考》卷九九改。

亦必有見高廟之禮，而自唐以來，則人主未嘗躬謁宗廟致祭以告嗣位。宋朝惟孝宗、光宗以親受内禪，特行此禮，而其它則皆以「喪三年不祭」之説爲拘，不復舉行。然自以日易月之制既定，諒闇之禮廢久矣，何獨於嗣位告祭一事以爲不可行乎？慶元間，李大性、李謙所言，可謂至論。要之，親享既不能頻舉，則合於禘祫大祀行之，而嗣位告祭則亦必合親行。如卜郊之祭，則三歲常行之事，又只爲將有事於上帝而告白，則本非宗廟之大祭，有司攝事足矣。（以上《永樂大典》卷一一八四六）

薦新

【宋會要】

86 太宗雍熙二年十一月十三日，宗正寺言：「準詔送到臘兔十隻，充饗太廟。按《開寶通禮》薦新之儀〔一〕，詣僖祖室户前盥洗、酌獻訖，再拜，次獻諸室，如初獻之禮。」十四日，詔曰：「《禮》云：『天子諸侯無事，則歲三田，一爲乾豆，二爲賓客，三爲充君之庖。』説者（爲）〔謂〕乾豆，腊以爲祭祀豆實也。夫順時蒐狩，禮有舊章，非樂畋遊，將薦宗廟。久隳前制，闕執甚焉〔二〕。適屬昌期，重興墜典。昨者爰遵時令，暫狩近郊，既躬獲禽，用以薦俎，蓋遵故事，肅將至誠。其今月十一日畋獵親射所獲禽獸等，並付所司，以備太廟四時薦饗所用。仍永爲定式。」

淳化三年正月二十六日，詔有司以二月開冰，獻羔祭韭。先是近代相承，以《豳》詩云「四之日獻羔祭韭」，即用四月，蓋有司之失也。祕書監李至上言，請改用春分。帝曰：「今四月韭可以苫屋矣，何謂之薦新歟？」乃詔正其禮儀。具「祭司寒」。

仁宗景祐二年四月八日，集賢校理、兼宗正丞趙良規言：「謹按《禮記・月令》：『四時新物，天子所當羞嘗者，必先薦寢廟。』《月令》雖秦書，通紀三代之禮。《周頌・潛》詩序云「冬薦魚、春獻鮪」，是其樂章之存，歷代皆行之。《通禮》著宗廟薦新凡五十餘物。今太廟祭饗之外，惟薦冰，其餘薦新之禮皆寢而不行。謂宜以品物時新堪供進者，所司先送宗正，令尚食相知聞，簡擇滋味與新物相宜者，配以薦之，貴合舊典。」詔禮院與宗正寺詳定。於是禮官、宗正議曰：「薦新之品，歷代相因，爰洎本朝，未講兹禮，惟仲春薦冰，著在常祀。太宗皇帝雍熙中，嘗詔以畋獵新射所獲禽獸並付有司，以備薦饗，仍爲永式。厥後歲久，禮亦浸微，其它果蓏，則未充薦品。臣等以爲，呂《紀》簡而近薄，唐令雜而不經，必議折中，以克行遠。又邦畿攸占，物殖有宜，就加采擇，乃爲鮮矣。方國之貢，苞篚踰期，既

〔一〕寶：原作「實」，據《宋史》卷一〇八《禮志》一一改。
〔二〕執：原作「熟」，據《宋史》卷一〇八《禮志》一一改。

不及新，安用爲饗？謹條定逐室四時所薦，皆以京都新物，畧依時訓，協用典章。請每歲春，孟月薦蔬，以韭以菘，配以卵；仲月薦冰；季月薦蔬以筍，果以含桃。夏，孟月嘗麥，配以彘；麥屑而炊熟。仲月薦果，以瓜以林檎；季月薦果，以芡以芰。芡今雞頭，芰今菱角。秋，孟月嘗粟、嘗穄，配以雞，粟穄爲飯。果以棗以梨；仲月嘗酒、嘗稻，稻與粟同。蔬以茭筍〔一〕；季月嘗豆、嘗蕎麥。小豆清而蒸之，菉豆、蕎麥爲水餅。冬，孟月羞以兔，果以栗，蔬以藷蕷〔二〕；今山芋。仲月羞以鴈以麞；季月羞以魚。自彘至魚六種，每薦日，令御厨依四時牙盤食烹饌。凡二十八種。其所司料治，卜日薦獻，則一如《開寶通禮》。」詔恭依。

六月二十二日，太常禮院言：「準詔，宗廟四時行薦新之禮。檢會自來薦冰，惟薦太廟（遂）〔逐〕室帝主，其后主、后廟皆闕。今來薦新，復循前例，參求事體，未 87 允典章。謹按朔望每室牙盤食，帝后同薦。又按禮有薦新如朔奠，詳此獻祀，即帝后主别無異等之義。又自來言宗廟，則后廟可兼。今有司失於審諦，遂止行前廟之儀。又況朝廷恭奉祖先，事貴詳謹，務崇盛薦，式展孝思。今後前廟逐室后主，欲乞四時薦新，並如朔望牙盤例，后廟、奉慈廟如太廟之禮。所有宗正卿，乞下宗正寺，自今薦新，令寺官充攝行禮。」詔可。

皇祐三年六月十三日，同判太常寺、兼禮儀事王洙言：「每内降新物，薦于宗廟，有司皆擇吉日，至涉三四日，而物已損敗。自今令禮部預行關報，於次日薦之，庶以稱奉先勤盡之意〔三〕。」從之。

五年五月六日，太常禮院言：「據宗正寺奏：舊儀内降到薦新物，並令禮院即時告報，諸司依禮排比，次日薦廟。寺司欲乞今後降到薦新物，若在午前到，則諸司齊足赴廟省視；若遇日晚，次日省視，更次日薦獻依舊，更不擇日。當院看詳，若更以次日薦新，竊慮暑熱，物易損腐，有乖新潔之（儀）〔義〕，乞遵守前儀。」詔可。

六年三月七日，太常禮院言：「伏以王者之於宗廟，有四時之感，故每月取其新物以薦，不敢先之，示有所尊也。伏覩國家每月薦新之物，皆令雜買務勒行人收買，官給價值微薄，行人須賤，方始上供。物或愆時，偶未登市，則官司監督，下不安居。竊恐宗廟之靈，或不知饗。伏見今春薦所未有含桃及笋，一日陛下於内出之，以備時薦。固不知此乃州土之貢，或園苑所産，蓋陛下以未薦宗廟，不敢先之，禮也。欲乞今後薦新之物，或有州土歲貢及園苑所出者，更不下市行收買，取其先至，以薦宗廟，次則供御。其餘非州土所貢、園苑所有，即乞依舊下市行，厚其價直收買，以備時薦。如此，庶幾副陛下誠孝之心，而祖宗饗之，

〔一〕茭：原作「菱」，據《宋史》卷一〇八《禮志》一一改。
〔二〕蔬：原作「薦」，據《宋史》卷一〇八《禮志》一一改。
〔三〕「稱」原作「充」，「盡」原作「蚤」，據《長編》卷一七〇改。

不失其時，亦禮之重者。」詔可。

嘉祐七年六月二十六日，太常禮院言：「據宗正寺趙慎微等奏：『近於四月初七日薦新，尋據行人供到，彘、麥（筭）〔等〕皆不新潔。伏以祭祀之物，貴在精純，古者宗廟之祭，其肉食則有烹人、内饔之類職其烹煮〔一〕，膳羞之物，爛熟葅醢，皆尚馨潔。今屠宰坐敗之肉，一日祭言廟俎，固非常牢之備，而又市人貨易之餘，非所宜薦于明神也。欲乞今後每遇薦新用彘，即依牲（年）〔牢〕例供（越）〔赴〕廟中烹宰，庶得嚴潔，不違典禮。』當院參詳，今後薦新用彘，欲乞依慎微所請，預先在滌養飼，每遇薦獻時供赴本廟烹宰，所（實）〔貴〕奉祀嚴潔。」詔可。

神宗元豐元年十月九日，宗正寺奏：「據太常寺報：薦新兔、藷藇、栗黄，並各有備，乞選日薦獻。檢舉勑式：每年兩廟薦新，共二十六種，皆取京都之物，料簡供獻，所以遠方之珍貢，皆緣陳久而不登，專尚新成，用極嚴奉。今三物並鬻於市，衆已屬厭，廟猶未薦，頗違禮意。伏況承前登嘗，雖繫月分，然或差互，難以盡從。如88二月開冰，遇中氣在季，固合隨春分；三月進櫻桃、笋，若萌實未成，亦專至於孟夏。蓋節序有晏蚤，品物有後先，自當通變，安能齊一？故或月内頻薦，或曠月無新，雅協禮文，匪乖時訓。既後熟者容有踰月，則先成者豈得過期？此理之明，不言可見。欲望自今凡禮令合薦之物，應雞彘常畜之餘，務及時新，免近黷慢。乞下禮官，參酌更定。及按唐《開元禮》，薦新不出神主，今兩廟薦新及朔望上食，並出神主，亦乞議定所宜。」

二年七月二十八日，詳定郊廟奉祀禮文所言：「古者薦新于廟之寢，無尸，不卜日，不出神主，奠而不祭。近時乃擇日而薦，非也。《禮記》曰『未嘗不食新』，言新物之出，未薦寢廟，則人子不忍前此食新，孝恭之道也。薦新考於經者，《豳》詩曰：『四之日其蚤，獻羔祭韭。』獻羔謂饗司寒而開冰，此建卯之月而祭韭，蓋豳土節晚而氣寒故也。《周頌》曰：『猗歟漆沮，潛有多魚。』此則季冬薦魚、春獻鮪之樂歌也。《周禮・𣀔人》〔二〕：『春獻王鮪。』説者以爲季春三月，春鮪新來。王鮪，鮪之大者；云獻者，獻于廟之寢也。鄭氏云『祭以首時，薦以仲月』，謂大夫士也；若天子、諸侯，物熟則薦，不限孟、仲、季。《月令》：孟夏薦麥，孟秋薦黍，季秋薦稻。魏高堂隆不原於此，乃曰天子、諸侯以仲月、季月薦新，非也。禮文殘缺，經之所載，止於四物而已。呂氏《月令》，一歲之間，八薦新物，即仲春獻羔、開冰，季春薦鮪，孟夏以彘嘗麥，仲夏以雛雛鷄也。嘗黍，羞以含桃，孟秋登穀，仲秋以犬嘗麻，季秋以犬嘗稻，季冬嘗魚，是也。《開元禮》加以五十餘品。景祐中禮官建議，以謂呂《紀》簡

〔一〕内：原作「肉」，據《周禮注疏》卷四《内饔》改。
〔二〕𣀔：原作「獻」，據《周禮注疏》卷四《𣀔人》改。

而近儉〔一〕，唐令雜而不經，於是更定四時所薦，凡二十八物，除依《詩》、《禮》、《月令》外，又增多十有七品。雖出於有司一時之議，然歲時登薦新物，自祖宗行之已久。禮沿時制，損益不必同，依於古則太畧，違於經則無法。今欲稍加刊定，取其間先王所嘗饗用膳羞之物，見於經者，可依舊制存之，其不經者去之，庶幾不失禮意。伏請自今薦廟，孟春薦韭以卵，臣等謹按〔二〕《王制》曰「春薦韭，韭以卵」，《時則訓》季冬云「雉雊雞呼卵」〔三〕，則今正月薦韭用雞子，取新物相宜。羞以葑；舊作菘。臣等謹按，《詩》曰「爰采葑矣」，蓋葑似菘，有臺，一名蕪菁。《本草》云：「菘菜北種，初年半爲蕪菁，二年菘種都盡。蕪菁南種亦然，里俗謂之蔓菁。」然則葑本北地所宜，又見於經，宜備時薦〔四〕，請以葑易菘。仲春薦冰；季春薦筍，《周禮·醢人》加豆之實有筍菹。孫炎曰：「竹初萌生謂之筍〔五〕。」可以爲菜殽〔六〕。《詩》云：「其蔌維何，維筍(之)〔及〕蒲。」蔌則菜殽也。羞以含桃。臣等謹按，《月令》仲夏「羞以含桃，先薦寢廟」。今在三月者，蓋四月寒燠不齊，而氣至有早晚，物成有先後。《毛詩傳》曰「豳土晚寒」〔七〕，是也。國朝時令以三月薦櫻桃〔八〕，而漢叔孫通亦云「古者春嘗果，方今櫻桃熟可獻」，各以其宜也。孔穎達 89 《禮記·月令》仲夏《正義》云：「諸月無薦果之文，此獨進含桃者，此果先成，異於餘物，故特記之。」則是諸果亦時薦。孟夏以彘嘗麥；今用大麥，屑而炊熟。臣等謹按，《月令》孟夏「以彘嘗麥，先薦寢廟」，言麥而已，則是大小麥皆宜備薦也。仲夏嘗雛以黍，羞以瓜；《禮記·月令》：仲夏之月「天子乃以雛嘗黍」。鄭氏曰：「此嘗雛也，而云以嘗黍，不以牲主穀也。必以黍者，黍，火穀，氣之主也。」孔穎達曰：「黍非新成，直取舊黍與雛同薦之。蔡氏以爲，此時黍新熟〔九〕，今蟬鳴黍是也〔一〇〕。」《爾雅》曰：「生哺，鷇；生噣，雛。」《說文》：「雛，雞子也。」陸德明云：鷄也。《內則》：人君燕食所加庶羞有瓜〔一一〕。《詩》曰：「疆場有瓜，是剥是菹，獻之皇祖。」季夏羞以芡以菱。《周禮》(邊)〔籩〕人加籩之實有菱芡。菱，芰也，宜依經以菱易芰。孟秋嘗粟與稷，舊嘗粟、穄，配以雞，今依《月令》，仲夏「以雛嘗粟」，此不復用雞。臣等謹按，《月令》孟秋「農乃登穀，天子嘗新，先薦寢廟」，不明言其穀，則明所嘗非一穀，謂若黍、稷與粟之屬。《本草》注：「稷即穄也，楚人謂之稷，關中謂之糜，其米謂之黃米。」宜以稷易穄。羞以棗以梨；《周禮》：籩人饋食之籩，其實棗。《禮記·內則》：人君燕食加羞，有棗與梨。仲秋嘗麻、《月令》，仲秋「以犬嘗麻」。今不用犬牲，故止嘗麻。嘗稻，稻爲飯。《月令》季秋「以犬嘗稻」，今不用犬牲，故止嘗稻。羞以蒲；舊芰萌〔一二〕。臣等謹按，《詩》曰「維筍及蒲」，蒲與芰白署相類〔一三〕。

〔一〕紀：原作「夷」，據前文改。「呂紀」指《呂氏春秋》之《十二紀》，其每一《紀》之首篇合之即《禮記·月令》。

〔二〕自此以下小字注原皆作正文大字，據本文作者陳襄《古靈集》卷九改爲小字。因本文正文大字自成句讀，若均作大字則文意不清。

〔三〕時則訓：原作「時訓則」，據《古靈集》卷九乙。按《時則訓》乃《淮南鴻烈解》之一篇。

〔四〕時：原作「則」，據《古靈集》卷九改。

〔五〕萌：原作「筍」，據《爾雅·釋草》邢昺疏改。

〔六〕菜：原無，據《古靈集》卷九補。

〔七〕寒：原作「生」，據《詩·豳風·七月》鄭箋改。

〔八〕三月：原作「二月」，據《古靈集》卷九改。

〔九〕時：原作「特」，據《禮記·月令》「仲夏之月」孔疏改。

〔一〇〕是：原作「非」，據《禮記·月令》孔疏及《古靈集》卷九改。

〔一一〕加：原作「以」，據《古靈集》卷九改。

〔一二〕芰：原作「菱」，據《古靈集》卷九改。下同。

〔一三〕蒲：原脱，據《古靈集》卷九補。

茭白不經，宜以蒲白易之。《周禮》醢人加豆之實深蒲，鄭康成謂蒲始生水中子。季秋嘗菽，《豳》詩曰：「十月納禾稼，黍稷重穋，禾麻菽麥。」菽，大豆也。羞以兔、《周禮》庖人掌六獸，有兔。《内則》人君燕食加羞以兔。以栗〔一〕。《周禮》籩人饋食之籩，其實栗，《内則》人君燕食加羞，有栗。《夏小正》曰栗零在八月，今梁地栗晚熟，宜以九月薦。孟冬羞以鴈；《周禮・庖人》六禽有鴈，又曰「冬行鱻羽」，鄭氏云：魚、鴈水涸而性定〔二〕。仲冬羞以麕；《周禮》庖人掌六獸，有麕。《内則》三十一物有麕脯、麕軒。臣等謹按，《古今注》曰「齊人(爲)〔謂〕麕爲麞」，宜以麞作麕。季冬羞以魚。《周禮・庖人》「冬行鱻羽」，杜子春曰：鱻，魚也。杜佑曰：「此時魚得陽氣潔美，今薦(周)〔用〕鯉。」臣等謹按，季冬獻魚，而《詩》曰「有鱣有鮪，鰷鱨鰋鯉」，則是衆魚但及時美潔，皆可登薦，非特用鯉而已。今春不薦鮪，實爲闕典，伏請季春薦鮪，以應經義，無則闕之，可如林檎、蕎麥、茭萌〔三〕、藷薁之類。及季秋嘗酒，皆不經見，並合删去。凡此二十七物，其新也人君不敢嘗，必先薦于寢廟，不貴非時而出，時亦不可後也。孔子曰：『不時不食。』《記》曰：『天不生，地不養，君子不以爲禮，鬼神非饗也。』後漢詔書亦以『供薦新味，多非其節，或鬱養彊熟〔四〕，或穿掘萌芽〔五〕，味無所至，而殀折生長。自今當奉祠陵廟〔六〕，皆須時乃上。』今太廟薦新之品出於玉津、瓊林、宜春、瑞聖諸園及金明池、後苑所供，其所無者，乃索諸雜買務。然池苑所出，與市90鬻之物，多至後時，人已屬厭，而方用登廟，有乖薦新之義。謂宜嚴敕有司，凡新物及時而出者，即日登獻。既非正祭，則於禮不當卜日。《漢(書)〔舊〕儀》，嘗韭之屬皆於廟而不在寢，故《韋元成傳》以爲廟歲二十五祠，而薦新在焉。自漢至於隋唐，因仍其失，薦新雖在廟，然皆不出神主，今出神主，則失禮尤甚。伏請依韋彤《五禮精義》所説，但設神座〔七〕，仍俟寢廟成，薦新于寢，庶合典禮。」詔依所定，如鮪魚闕，即以魴鯉代之。

三年二月〔八〕，知宗正丞趙彦若言：「伏見禮院更定薦新，仲秋茭萌不經〔九〕，以蒲白易之。壬戌薦新于兩廟，既徹，方驗蒲盡老硬，無復有白。蓋議禮者但取茭之同類以相代，而不思蒲之過時不可食也。臣竊考之於《詩》，韓侯秋見，蔌用筍、蒲，皆是其菹，非謂新物。《周禮》醢人掌加豆之實，深蒲、醓醢、筍菹、魚醢，祭祀供薦羞之豆實，賓客亦如之。此則肉之醢、菜之菹，賓祭内羞〔一〇〕，四時不闕，維筍及蒲，固所以待賓客〔一一〕，其義明矣。鄭氏注深蒲云：蒲始生水中子。《草木蟲魚疏》云：蒲，《周禮》以爲菹，始生，

〔一〕「以栗」上原有「毛芼」二字，據《古靈集》卷九、《長編》卷二九九删。
〔二〕性：原作「牲」，據《周禮・庖人》改。
〔三〕茭萌：原脱，據《古靈集》卷九補。
〔四〕彊：原作「疆」，據《後漢書》卷一〇上《鄧皇后紀》改。
〔五〕穿：原作「穹」，據《後漢書》卷一〇上《鄧皇后紀》改。
〔六〕廟：原作「寢」，據《後漢書》卷一〇上《鄧皇后紀》改。
〔七〕設：原作「説」，據《古靈集》卷九改。
〔八〕三年二月：《長編》卷二九九此條繫於元豐二年八月二十八日癸亥。
〔九〕茭：原作「菱」，據《長編》卷二九九改。下同。
〔一〇〕賓：原作「實」，據《長編》二九九改。
〔一一〕以：原脱，據《長編》卷二九九補。

取其中心入地蒻。及云：菰蔣亦可用〔一〕。並言蒲始生，自不在秋。故《本草》曰：蒲，四月採。唐本注云：蒲初春生，用白爲菹。是也。唐禮薦新多不限月，筍、蒲、芡、藕各維其時。今近地芡白特饒，舊制參於秋薦，即菰蔣也。《廣雅》曰：菰蔣，其米雕胡。《説文》作雕苽。《周禮》食醫會膳食之宜，魚宜苽。芡是其萌，徐鍇《歲時廣記》所謂苽草爲芡者也。雖亦春生，至秋可食，與蒲有異。臣據《詩》言『食鬱及薁』、『亨葵及菽』，以同時言『及』，則『維筍及蒲』，亦自可知。況當薦筍之辰，正是食蒲之始。伏請改從春獻，用協天時。」從之。馬端臨《通考》：元豐七年詔：「舊制薦新米、麥之屬，皆取於市，今後宜令玉津、瓊林、宜春、瑞聖諸園及金明池後苑供具，其所無者，乃索之雜買務。」

哲宗元祐五年五月七日，太常少卿李周言：「太廟薦新，用肉八斤，而宰豕一，餘肉復還屠户，而納豕一。欲乞今後四月薦新，所用豕一均八室薦獻。」從之。

元符元年九月，太常丞陸傳言：「乞於薦新前一日，光禄備到新物，令宫闈令依數檢視，赴神厨饌到，鏁鑰，以俟祭日實，設神座前。」詔可。

徽宗大觀四年四月二十八日，議禮局言：「《禮記》曰：『天之所生，地之所長，苟可薦者，莫不咸在，示盡物也。』然則先王因時薦新，苟可以盡奉先之孝者，無所不至。又曰：『先王之薦，可食也，而不可嗜也。』又曰：『天不生，地不養，君子不以爲禮，鬼神不饗也。』然則王者雖極盡物之孝，若禮經所弗載，時令所非宜者，未必能致饗于神明也。大凡薦新之物，必辨其名與其數，見於經者纔四，而《月令》所紀者八，唐開元增載至五十餘品。本朝景祐中，禮官所定與元豐禮文所載，損益多寡不同，要之合于時，本于經，然後可以爲禮。寒瓜、夏橘，李、梅冬實，有乖于時，不可 91 薦也；來禽、芡萌之類有戾于經，不可薦也。二者元豐論之已詳，今宜以是爲證，無俟更易。至如時運有後先，物成有早晚，新物之數，雖繫以月，如櫻、筍三月當進，或萌實未成，轉至孟夏之類，自當隨時之宜，取新以薦。今薦新儀注未見此成文，欲乞刊定，著爲永式。」從之。

政和三年閏四月十七日，詔：「景靈宫神御所薦新物，多致後時，未足以稱薦新之名。今後率先置買，據所有均奉薦獻。舊例排定月分及物數，更不施行。」

四年十二月八日，詔：今後薦新偶與朔祭同日，即用次日薦新。員外郎何天衢言：「臣聞祭不欲數，數則煩；祭不欲疏，疏則怠。先王建祭祀之數，必得數疏之中，未聞一日之間遂行兩祭者也。伏見太廟薦新，有與朔祭同日者。夫朔祭之禮行於一月之首，不可易也；若夫薦新，則未嘗卜日，一月之内皆可薦也。新物未備，猶許次月薦之，亦何必同朔祭之日哉！《書》曰：『黷于祭祀，時謂弗欽。』欲望嚴勑有司，今後太廟薦新，毋得與朔祭同日，庶幾祭祀

〔一〕菰：原作「菇」，據《長編》卷二九九改。下同。

得疏數之中，上副陛下嚴奉祖考之意。」故有是詔。

高宗紹興元年正月二十三日，奉迎神主護從提點所言：「太廟神主見在温州奉安，逐月合用薦新之物，内有非出産之物，謂如二月合薦冰，温州冬月無冰。今相度，以本處所有新物充代。」從之。

六年三月十二日，中書門下省言：「景靈宫昨在京日，内中降到時新，薦獻諸殿神御。自迎奉至温州，與行在相去遥遠，是致闕典。」詔令温州將應有時新果實等赴本宫薦獻，即不得因而搔擾。

十九年十月二十一日，太常博士丁婁明言：「陵廟之祭，月有薦新，品物甘滋，各因其時，著在令典。方今宗廟久已遵奉，唯是永祐諸陵闕而未講，望令有司討論舉行。」從之。（以上《永樂大典》卷一七〇五八）

祈穀

景祐上辛祈穀仁宗御製二首

【宋會要】 **1** 太宗配位奠幣《仁安》：天祚有開，文德來遠。祈穀日辛，侑神禮展。

酌獻《紹安》：於穆神宗，惟皇永命。薦醴六尊，聲歌千詠。

紹興祈穀三首〔一〕

降神、盥洗、升壇、還位，及上帝奠玉幣、奉俎，並同圜丘。

太宗位奠幣《宗安》：於穆思文，克配上帝。涓選休成，遵揚嚴衛。祇薦明誠，肅陳量幣。享茲吉蠲，申錫來裔〔二〕。

上帝位酌獻《嘉安》：三陽肇新，萬物資始。精誠祈天，其聽斯邇。願均雨暘〔三〕，田疇之喜。如坻如京，以備百禮。

太宗位酌獻《德安》：天錫勇智，允惟太宗。功隆德盛，與帝比崇。禮嚴陟配，誠達精衷。尚其錫祉，歲以屢豐。（以上《永樂大典》卷一九六〇三）

祈雨〔四〕

【宋會要】 **2** 國朝凡水旱災異，有祈報之禮。祈用酒、脯、醢，報如常祀。宮觀寺院以香茶、素饌。京城玉清昭應宮、上清宮、今廢。景靈宮、太一宮、太清觀、今建隆觀。會靈觀、今集禧觀。祥（原）〔源〕觀、今醴泉觀。大相國寺、封禪寺、今開寶寺。太平興國寺、天清寺、天壽寺、今景德寺。啓聖院、普安院，以上乘輿親禱。或分遣近臣雩祀昊天上帝於南郊〔五〕，皇地祇於北郊或南郊；（望祭）〔祈〕太廟、社稷，〔望祭〕諸方嶽鎮海瀆。於南郊望祭。天齊仁聖帝廟、五龍堂、城隍廟、祆祠〔六〕、報慈寺、崇夏寺、報先寺、今乾明寺。九龍堂、浚溝廟、子張、子夏廟、信陵君廟、段干木廟、扁鵲廟、張儀廟、吳起廟、單雄信廟，以上並敕建、遣官。九龍堂以下舊只令開封府遣官，後皆勅差官。

〔一〕首：原作「百」，據《宋史》卷一三二《樂志》七改。

〔二〕來：原作「求」，據《宋史》卷一三二《樂志》七改。

〔三〕暘：原作「賜」，據《宋史》卷一三二《樂志》七改。

〔四〕按，其中有少數條文無關祈雨。

〔五〕雩祀：原脱，據本書禮一八之二四補。

〔六〕祆：原作「祅」，據後文禮一八之七改。按《墨莊漫録》卷四：「東京城北有祆廟，呼煙切。祆神本出西域，蓋胡神也。……京師人畏其威靈，甚重之。」

仍令諸寺院宮觀開啓道場。今水旱亦令依古法祈求。五嶽四瀆廟、河中府后土、亳州太清宮、兖州會真宮、河中府太寧宮、鳳翔府太平宮、舒州靈仙觀、江州太平觀、亳州明道觀、泗洲延祥觀、兖州景靈宮、太極觀，以上並勑差朝臣或内侍，自京齎香合、祝板，馳驛就祈。五嶽真君觀、泗洲普照寺、西京無畏三藏塔，以上並遣内臣詣建道場。

太祖建隆二年六月十九日，翰林學士王著上言：「秋稼將登，稍愆時雨，望令近臣按舊禮告祭天地、宗廟、社稷，及望告嶽、鎮、海、瀆於北郊，以祈雨。」詔用其禮〔一〕，惟 3 不祀配座及名山大川。雨足，報祭如禮。

四年五月一日，以旱，命近臣徧禱天地、社稷、宗廟、宮觀、神祠、寺，遣中使馳驛禱於嶽瀆。自是凡水旱皆遣官祈禱，唯有變常禮則別録。

乾德二年三月十一日，遣左拾遺梁周翰等馳驛分詣五嶽祈雨。

端拱二年十月二十三日，御書白牋一幅降宰相趙普第曰：「萬方有罪，罪在朕躬。顧兹雨雪愆期，應是妖星所致。爲人父母，心莫遑寧，直以身爲犧牲，焚於烈火，亦未足以答謝天譴〔二〕。當共卿等審刑政之闕失，念稼穡之艱難，恤物安人，以祈垂祐。」時普以疾在告，即以御劄授呂蒙正等。翌日，蒙正等詣長春殿曰：「臣等伏讀御劄，若負芒刺。自陛下纘承寶位，一紀有餘，躬覽萬幾，勤恤民隱，未嘗有纖微之失。蓋是臣等任處弼諧，用（非）〔愆〕霖雨，願上印綬，以答天譴。」帝慰勉久之。先是彗星謫見之後，自七月不雨，至是凡五嶽四瀆、名山大川，無不徧禱，殊無響應。帝憂念烝民，不遑安寢，故有是詔。

淳化元年四月五日，命中使分詣五嶽祈雨。

二年三月三十日，帝以歲蝗旱，減損常膳，並禱群望，而甘澤未應，降手詔曰：「宰相呂蒙正與參知政事等共於文德殿前築一臺，朕當暴露於其上，三日不雨，卿等當焚朕以答天譴。」蒙正等惶恐，共匿詔書，不宣布于外。未幾而膏澤沾足，飛蝗盡死。

淳化三年五月十六日，帝以久愆時雨，憂形于色，謂宰相曰：「歲旱滋甚，朕懇禱精至，4 並走神祇，而猶未獲膏澤者，豈非四方刑獄冤濫，郡縣吏不稱職，朝廷政理有所缺乎？」是夕降雨尺餘。翌日，宰相以時雨應期，相率拜賀，帝曰：「朕孜孜求理，視民如傷，内省於心，無所負矣，而久愆時雨。蓋陰陽之數，非朕所憂，朕所憂者在政化之未孚，官吏之不稱職耳。」因切責。宰相李昉等慙懼拜伏，退，上表待罪，賜璽書諭答。

至道元年二月十三日，命中使分詣五嶽祈雨。

至道二年三月十五日，以歲宿戒〔三〕，親詣諸寺觀祈

〔一〕詔：原作「昭」，據《群書考索》卷三六改。
〔二〕天：原作「大」，據《長編》卷三〇改。
〔三〕按，據下文文意，「歲」下當脱「旱」字。陳傅良《止齋集》卷四一《跋靈潤廟賜敕額》：「兼旬不雨，某遂宿戒，親謁祠下。」宿戒爲先期齋戒。

雨，會大風，不果出，遣宣政使王繼恩以下分禱，命有司講求故實。太常禮院上言：「按典禮，凡京都旱，則祈嶽、鎮、海、瀆及諸山川能興雲雨者，於北郊望而祭之。又祈宗廟、社稷。每七日一祈，不雨，還從北郊如初。旱甚則雩，雨足則報。祈用酒、脯、醢，報如常祀，皆有司行事。已（齎）〔齋〕及未祈而雨者，皆報祀。」遂遣參知政事李昌齡祠北郊，張（泊）〔洎〕、寇準分祠太廟、社稷。又命官詣皇建院、寶相寺、天壽院、啓聖院、觀音院、普浄院、定力院、天壽顯静寺、顯聖寺、等覺院、天清寺祈禱。

真宗咸平元年三月八日，詔曰：「農功伊始，膏澤未霑，爰伸至誠，庶獲嘉應。宜遣官告祈天地、宗廟、社稷、嶽瀆、京城祠廟、寺觀。」

四月四日，以京東、河北旱，遣使於衛州白鹿山百門廟祈雨。後以祈應，賜名靈源廟。五日，詔曰：「時雨未洽，宿麥可憂，惕然疚懷〔一〕，再伸勤請。宜特遣工部侍郎畢士安祠五龍堂，刑部侍郎郭贄、給事中柴成 5 務、知制誥李若拙祠太一宮。令以今月九日早赴逐處焚香虔祈，以副朕意。」

五月七日，幸相國寺焚香禱雨，陞殿而雰霈。復冒雨幸太平興國寺、啓聖院、建隆觀，賜僧道錢帛茶荈。教坊伶官見於道左，賜錢三百千，不令扈從。〔從〕駕衛士悉霑濕，賜新衣易之。

咸平二年三月十四日，以旱，詔有司祠雷師、雨師。四年二月亦然。

閏三月三日，工部侍郎、知揚州魏羽上唐李邕《雩祀五龍堂祈雨之法》，詔頒於諸路。帝曰：「此法前代所傳，不用巫覡，蓋防褻慢。可令長吏精潔行之〔二〕。郡内有名山大川、宫觀寺廟，並以公錢致禱。」其法以甲乙日擇東方地作壇，取土造青龍。長吏齋三日，詣龍所，汲流水，設香案、茗菓、餈餌，率群官〔三〕、鄉老日再至祝酹。不得用音樂、巫覡，以致媟瀆。雨足，送龍水中。餘四方皆如之，飾以方色。大凡日干及建壇取土之里數〔四〕、器之大小及龍之修廣，皆取五行生成數焉〔五〕。

五日，幸太一宮、天浄寺禱雨。前一日，帝與宰臣俱蔬食，以致精懇。十日，得雨，群臣皆賀，因詔罷諸無名力役、不急營造。

三年六月一日，詔遣使祠兩浙境内名山大川、祠廟。先是帝以其地災疫，深所軫念，命三館檢討祈福靈迹以聞，至是命使禱祭，以祈福應。

十二月二十八日，遣翰林學士梁周翰以來歲元日詣太一宮設醮一月〔六〕，爲民祈福。

〔一〕惕：原作「恤」，據《宋大詔令集》卷一五一改。
〔二〕精：原作「清」，據《群書考索》卷三六改。
〔三〕官：原作「臣」，據《群書考索》卷三六改。
〔四〕日干：原併作「旱」，據《文獻通考》卷七七改。
〔五〕生：原脱，據《文獻通考》卷七七補。
〔六〕詣：原作「設」，據《長編》卷四七改。

四年二月十五日，幸開寶、天壽、相國寺、上清宮祈雨。翌日，雨。自去冬至是，雨雪稍愆，帝 6 憂軫至甚，每御蔬食。是日臨軒，御衣霑濕，左右進蓋，却而不御。

景德元年四月二十七日，以京城旱，命知制誥晁迥詣北嶽禱雨。

五月十一日，遣常參官詣五嶽四瀆祈雨。是日大雨霑足，不遣。

六月九日，命知制誥陳堯咨北嶽祈雨。

七月六日，大雨。翌日，帝謂侍臣曰：「近頗亢旱，有西州入貢胡僧自言善呪龍祈雨，朕令於精舍中試其術，果有符應。事雖不經，然爲民救旱，亦無避也。」

閏九月十七日，以邢州修城畢功，命考功郎中、直秘閣潘慎修(諸)〔詣〕州祭醮，爲民祈福。

大中祥符二年二月，詔：「如聞近歲命官祈雨，有司止給祝板，不設酒脯。其令自今祈報，一如《禮令》。」七日，詔：「自今中書門下特差官祈禱，並前一日致齋。祠廟祭告，並用香、幣、酒、脯、醢等，仍令太常禮院牒諸司寺監供應。祠官不虔，御史臺糾舉以聞。」帝聞遣官祈雨，有司止給祝板，不設酒脯，因出《禮令》、故事示宰臣，命申明之。其賽謝日，諸宮觀、寺院官給錢五千造食，宮觀仍用青詞。神廟則翰林給酒，御厨造食，遣寬衣天武官昇往，仍給紙錢、馳馬。

十八日，愆雨，遣知制誥錢惟演、直史館高伸、職方員外郎高冕祠太一宮。禮院言「太一宮兩廊有十精太一十六神，並主風雨，望增遣官分拜」故也。司天少監史序祀玄冥五星於北郊，除地爲壇望告。都官員外郎梁楚祀雨師、雷師於本壇。又特(祝)〔祀〕景德、天清、顯聖、顯寧、顯静五寺。

二十六日，以雨足，7 遣官報謝社稷。初，學士院不設配位，及是以問禮官。太常禮院言：「祭必有配，報如常祀，當設配座。又諸神祠，天齊、五龍用中祠例；祆祠、城隍用羊、八籩、八豆。既設牲牢、禮料，其御厨食、翰林酒、紙錢、馳馬等更不復用。其五嶽、四瀆、泗州普照寺、西京無畏三藏，先遣朝臣祈請，亦當報謝。」詔止令樞密院遣使臣馳往報謝，餘從請。

四月十日，以河北久旱，遣祠北嶽。

五月二十五日，以陝西旱甚，遣使分詣鳳翔府上清太平宮、汾陰后土、西海、西嶽、河瀆顯聖王廟、西嶽真君觀祭醮。仍令各前三日致齋。如陝西更有自來靈顯宮觀、寺院、神廟，委轉運使選官精虔祈禱。

七月二十日，詔諸路祈禱雨雪所須禮料，並從官給。先是以祈雨法頒諸州，至是上封者言州縣多因緣率歛，故有是命。

大中祥符三年八月六日，以昇、洪、潤州亢旱火災，遣内侍馳往撫問軍民，犒設將校、耆老，及醮禱管内名山大川、神祠有益於民者。

八年二月十七日，命宰臣以下分詣寺觀祈雨，遣官禱嶽瀆，仍命參知政事丁謂建道場於五嶽觀。是時觀修營尚未畢工。

二十二日，幸玉清昭應宮、開寶寺、上清宮焚香禱雨。

大中祥符九年九月十三日，以自秋不雨，帝慮首種失時，憂形于色，減膳徹樂，徧走羣望，命輔臣分祈天地、宗廟、社稷、神祠〔一〕、宮觀、佛寺。即日雨降，分遣官致謝于所禱之處。時有泗洲龜山僧智悟請就開寶寺福聖塔斷右手 8 祈雨，及是帝作《甘雨應祈》之詩，命近臣畢和。

二十八日，詔曰：「虞衡所職，斬伐以時。屬直館之並興，顧地材而畢取。落成伊始，美報爰申，俾展精修，用符昭報。宜令京東西、陝西、淮西、江南、兩浙、荆湖南路，應曾經采木石處，遣長吏及佐官建道場，内興功大處七日，小處三日。仍設(請)〔清〕醮以伸報謝。」

仁宗天聖二年三月二十三日，詔以中春農事興，畿甸久無雨澤，遣官詣五嶽四瀆祈求，仍詣會靈觀池上塑龍。翌日雨足，詔在京宮觀、祠廟擇日賽謝。嶽、瀆在外者，止就會靈觀望祭，更不差官。

三年九月六日，帝宣諭：「近内臣南中勾當迴〔二〕，言諸處名山洞府投送金龍玉簡，每開啓道場，頗有煩擾，不得清浄。速令分祈諸路投龍處所，仍今後不開建道場。」宰臣王曾等曰：「亦聞投龍之處，每建道場，預差人夫般送齋料物色，踰越山嶺，煩擾貧民。或如聖意，今後務從簡省，實爲至當。」

明道二年三月二十二日，幸會靈觀、上清宮、景德寺、靈感宮請雨。

景祐元年正月八日，太子洗馬致仕邢中和言：「自去冬雨雪愆亢，聖心祈禱未應。臣尅課正月九日、十八日必降甘雨，望遣官躬祀九宮貴神、十精太一，必有靈應。」詔差兩制官一員精虔祈禱。九日，詔開封府令街坊人户依古法精虔祈求雨雪。十九〔日〕，以獲應報謝。

四月二十六日，詔：「河東路愆雨，令逐州軍長吏躬詣名山、祠廟、宮觀、寺院，依古法精虔祈求。」

五月二十二日，9 幸靈感塔、上清宮、祥源觀，以愆雨應期報謝。

七月十一日，幸慈孝寺、會靈觀，以秋稔報謝。

三年六月一日，詔：「河北路愆雨，差朝臣詣北嶽，及令轉運使、州軍長吏〔詣〕名山、祠廟、寺觀，依古法祈求。」

慶曆三年四月十七日，遣官詣五嶽四瀆祈雨。

五月十四日，幸大相國寺、會靈觀祈雨。先是諫官以天旱，請遣官祈雨，帝曰：「朕已宮中蔬食，密禱上天，引罪責己，庶獲豐稔之應。」宰臣章得象曰：「陛下奉天憂民，至誠如此，必有感召。」帝曰：「天災流行，亦朕躬無德所致。」

〔一〕神：原脱，據《長編》卷八八補。
〔二〕近内：原倒，據《宋史》卷一〇二《禮志》五乙。

得象曰：「此乃臣等備位衡宰，未能宣布善政，以召和氣。適聞天語，甚不遑安。」帝曰：「時政中瑣細之務，不足留意，惟是民間疾苦，須當省察，有以利天下者必行之。卿等更宜公共訪求，以答天意。」得象曰：「兵興已來，賦役頗重，臣等固當夙夜思度，務在康濟，惟恐才力有所不逮。」

二(月)十二日〔一〕，詔：近遣官祈雨獲應，並令祭謝。是日，宰臣賀雨，帝曰：「昨夕陰雲始布，朕露立殿庭，仰空禱望。須臾雨至，衣盡沾濕，嬪御輩亦立雨中久之。」章得象曰：「苟非至誠如此，何以感動天地！」帝曰：「朕比欲下詔避寢徹膳，以申責己之意，然不當爲此虚名，夙夜精心，密爲祈請。」

四年三月四日，遣内侍兩浙、淮南祠廟祈雨。

五年二月二十四日，幸大相國寺、會靈觀、天清寺、祥源觀祈雨。二十八日獲應，復詣報謝。

六年四月二十一日，以陝西旱，遣内侍往寧州要册湫建道場祈求。

10 皇祐元年七月五日，定州少雨。初，知州韓琦言：「河朔久不雨，而禱祈無應。若興自聖懷，禱于天地山川，宜獲嘉澤。」尋遣秘閣校理張子思以默詞祈于北嶽，至是以雨足聞奏。

二年三月十一日，命朝臣乘傳詣天下名山大川、祠廟請雨。

八月十五日，詔再頒先朝祈雨雪法，令所在置嚴潔處，遇愆旱即依法祈雨。

十二月二十一日，知制誥胡宿言：「事神保民，莫先祭祀。比年以來，水旱相仍，切意有所未至。望令天下具名山大川能興雲雨者增入祀典，春秋禱祀。」從之。

三年六月七日，詔：「近遣内侍往嘉州祈雨，而本州具僧道威儀候迎境上，遠人勞擾，其令轉運司自今禁止之。」

四年三月十一日，遣官祈雨。帝謂輔臣曰：「開封奏，婦人阿齊爲祈雨斷臂，恐惑衆，不可以留京師，其令(從)徙居曹州。」

〔嘉祐〕七年三月十八日〔二〕，幸西太一宫、普安禪院祈雨。

英宗治平元年四月十九日，命輔臣禱雨于天地、宗廟、社稷，及遣使禱五嶽四瀆、名山大川、諸祠廟。

二十八日，幸相國寺、天清寺、醴泉觀，以旱災，爲民祈福。先是權御史中丞王疇言：「真宗咸平元年三月小祥，是歲五月親出禱雨。然則皇祖舊典，在諒闇中亦嘗有所臨幸，但不爲宴樂之事耳。陛下光有天下，不唯都城之人願瞻天日之表久矣，雖四方之遠，亦皆嚮風而環首，想聽輿馬之音，以自慰也。伏料聖孝思慕之勤勤，必尚未忍及於游

〔一〕二十二日：原作「二月十二日」，按《長編》卷一四一記此事於五月二十二日戊子，則「月」字爲衍文，因删。

〔二〕嘉祐：原脱。按，此條上承皇祐，皇祐只六年，茲據《宋史》卷一二《仁宗紀》四補。

幸，然諸路宮觀所以奉[11]真靈而延福禧，與諸帝后神御所在，恐宜於聽斷奉養之暇，有所饗謁而請禱，以表尊先奉神之心。顧乘輿服御或不當全用常例，乞下太常參詳。」仍詔禮院詳定。至是詣寺觀禱雨。

五月四日，詔：自今水旱，命官禱于九宮貴神。從樞密副使胡宿請。

二十七日，命輔臣分詣郊廟、社稷、宮觀，謝帝躬康復。

閏五月十四日，詔：久旱，將以十七日禱雨于禁中。宰臣請以是日分禱于宮觀寺院，從之。二十三日，以應祈，復命報謝。

二年正月二十八日，以旱，命宰臣已下自二月二日分詣諸宮觀寺院祈求。三月獲應，復命報謝。

三月六日，詔五嶽四瀆、名山大川處差知州、通判祈雨。

四年五月十三日，詔差朝臣五嶽四瀆諸水府祈雨。十九日，以感，復命報謝。

神宗熙寧元年正月二十一日，詔：「古者有望祭山川之禮，今獨闕此，宜令禮官講求故事，以時舉行。令在京差官分禱，宜各就本司先致齋三日，然後行事。諸路擇端誠修潔之士分禱東海〔一〕、四鎮、五嶽、四瀆、名山、大川。至祠所潔齋行事，毋得出謁、宴飲、賈販，及諸煩擾。仰監司察訪聞奏。諸路神祠、靈迹、寺觀雖不係祀典，祈求有應者，並委州縣差官潔齋致禱。」

二十七日，幸西太一宮謝雨。先是正月十九日幸相國、天清寺、集禧、醴泉觀祈雨〔二〕，又下詔舉望祭禮，及諸處遍祈。帝又謂輔臣曰：「朕嘗於禁中發大□誓願祈雨雪，俟有驗，當詣西太一宮謝之。」至是雨[12]足，乃往。

二月七日，雨甚，帝曰：「時雨應祈，春苗有望。」樞密使文彥博曰：「雨雪久愆，若非陛下精神動天，何以致此？」帝曰：「天道不遠，苟懷康濟之心，必蒙昭答。」樞密副使韓絳曰：「若上下協心，專務康濟生靈，必獲天祐。」

四月十二日，詔：「河北、京東尚未得雨，可指揮兩路闕雨州軍長吏，親禱所在名山、神祠。」

七月二十八日，以霖雨未至，遣官祈天地及宗廟、社稷、五嶽、四瀆，仍令輔郡長吏齋潔祈祭所在名山、靈祠，開在京寺觀縱士庶焚香五日。

〔二年〕四月三日〔三〕，幸集禧觀、醴泉觀、大相國寺祈雨。

閏十一月二十三日，三司使吳充言：「每歲宮觀祈禱，率用黃白紙錢不少。竊謂祇奉上真，理宜虔潔，紙錢於古

〔一〕東海：疑當作「四海」，即東、南、西、北海，見《宋史》卷一〇二《禮志》五。四海不應只禱東海。

〔二〕十九日：原作「十七九日」，按《宋史·神宗紀》：熙寧元年正月「壬辰，幸寺觀祈雨」。壬辰爲十九日，據刪「七」字。

〔三〕二年：原無。按上條爲七月，則此條當爲次年四月。又下條爲閏十一月，熙寧二年正是閏十一月，可證此處當脫「二年」字，今補。

無稽，乞自今請寢罷。」從之。

十二月二十四日，三司又言：「准詔今後應奉道場之物悉准舊例，然禱雨雪或有未應，則計日支賜，倍有煩費。欲望除本命、生辰、年交、保夏道場僧道恩例准舊外，非泛供設滿一月，班首人十五千，餘各十千。一月外只依一月。例半〔月〕以上，及二七日、七日、三日，皆遞減半，惟衣服仍舊。」從之。

五年六月一日，詔：時雨未降，輔郡名山、聖祠可指揮所在長吏精虔祈禱。三日，幸集禧觀、大相國寺祈雨。九日，復幸謝雨。

七年二月十八日，詔河北東西、京東、永興、秦鳳路轉運司，令久愆雨澤去處，長吏擇祠廟精加祈求。

三月十三日，以旱，遣官分禱京城、畿内諸祠，五嶽四瀆各委長吏致祭。

五月九日〔一〕，13 詔河東路轉運司〔二〕：「見闕雨州軍令逐處長吏訪尋所在名山、靈祠能興雲雨者，開設道場，精虔祈求。」

七月七日，詔：「陝西路亢旱，秋種未入，令轉運司訪名山、靈祠祈雨。」

八月十一日，詔：久旱，禱雨未應，其令長吏躬禱嶽瀆。十八日，詔諸路監司訪名山〔三〕、靈祠，委長吏祈雨。又遣輔臣告于中太一宮。是日，又詔：「京師久旱，祈禱多日，未獲感應，可差官就中太一宮致告十神太一，并開建道場，差宰臣以下致告。」又令諸路轉運、提點司訪尋轄下州縣名山、靈祠，委長吏精虔祈禱。

九月三日，命輔臣分詣天地、社稷、宮、寺等處謝雨，五嶽四瀆仰逐處長吏虔行祠賽三日。帝以連日雨，諭輔臣曰：「朕禁中令掘地一尺五寸，土猶滋潤，如此必可耕耨。」韓絳曰：「陛下憂憫元元，禱祠備至，精誠上達〔四〕，亟致感通。臣等比與太一齋祠，竊觀執事者踰旬未嘗解帶，以見聖意虔恭，左右之臣亦不敢小怠也。」

〔八〕〔七〕年三月二十一日〔五〕，河北西路轉運使劉航言：「自冬頗愆雨雪，乞遣中使於曲陽大茂山真人洞投龍以禱〔六〕。」從之。

〔八年〕閏四月十九日，詔：定州路自春闕雨，令知州薛向躬禱北嶽。

二十一日，詔：永興等路亢旱，令轉運司訪名山、靈祠，委長吏祈禱。

〔一〕九日：《長編》卷二五三繫於七日甲辰。
〔二〕河東路：原作「河南路」，據《長編》卷二五三改。
〔三〕路：原脱，據《長編》卷二五五補。
〔四〕誠：原作「神」，據《長編》卷二五六改。
〔五〕七年：原作「八年」。按，《長編》卷二五一繫此事於七年三月二十一日戊午。據《長編》卷二四七、二五三，劉航以熙寧六年十月權河北西路轉運使，至七年五月罷，則作「八年」誤，據改。此條亦應移於前，下條乃爲八年事。
〔六〕人：原作「令」，據《長編》卷二五一改。

二十三日，詔：真定府界旱甚，令孫固親禱名山、靈祠。

六月一日，詔：淮南旱甚，令轉運司委州軍長吏祈禱名山、靈祠。

七月二十三日，詔：諸色晚田見闕雨澤，選日差官祈禱。又詔：淮南、兩浙等路 14 久苦旱災，遣尚書職方員外郎張維祈禱。仍令逐路有載在祀典靈顯祠廟，所在〔長〕吏精虔祈禱。

九年六月二十七日，又詔：「訪聞京西路（須）〔頃〕闕雨澤，西京尤甚，速令所在訪名山、靈祠，長吏精虔祈禱。」

九月十三日，詔輔臣詣天地、社稷、宗廟、寺觀祈雨。

十年三月十六日〔一〕，詔：「開封府界、京東、河北東路見愆雨澤，令提點及轉運司訪尋管下名山、靈祠，委所在長吏躬親精虔祈禱。」

四月十二日，詔：「諸路少雨州軍，令轉運司訪境內名山、靈祠，委長吏祈禱，如獲感應，旋具奏聞。」元豐五年三月二十八日，詔河北等路祈雨，亦令旋具感應處聞奏。

二十三日，中書門下言：「御前降到蜥蜴祈雨法，四月十八日舉行，二十日而雨。」詔附宰鶴祈雨法後頒行。其法：捕蜥蜴十數至瓮中，漬之以雜木葉。選童男十三歲以下、十歲以上二十八人，分兩番，間日衣青衣，以青塗面及手足，人持柳枝，霑水散灑，晝夜環繞，誦呪曰：「蜥蜴蜥蜴，興雲吐霧。雨若滂沱，放汝歸去。」

元豐元年正月九日，詔京東〔二〕、京西、淮南轉運司訪管內名山靈祠，委長吏躬親祈禱雨雪。自後二年、三年、五年、六年、七年，諸路或雨暘失時，即詔轉運司移文郡縣，並如元年正月九日詔。

二月二十三日，詔輔臣分詣天地、宗廟、社稷等處祈雨，仍令京東西、河北、河東、陝西、淮南等路雨澤愆少州軍轉運司，訪尋管下名山、靈祠，委長吏精虔祈禱。

三月九 15 日，詔中書門下：時雨未足，可選日遣官祭禱風伯、雨師、雷師。十六日，又遣官祭禱玄冥五星以下〔三〕。

〔二年〕二月〔二〕十八日〔四〕，詔：「河北、京東〔五〕、河東、陝西久愆時雨，漸見害稼，可分遣禮官躬（親）〔詣〕東、西、北嶽、五臺山祈禱。」

四月十二日，詔：「聞兗、鄆、徐、濟等州久無雨澤，穀麥失望，人情不安。近雖已差內臣，見在東嶽建道場〔六〕，可遣禮官詣彼祈禱。所有廣西今春亢旱，可下安撫、轉運

〔一〕十六日：《長編》卷二八一繫於十一日辛酉。
〔二〕京東：原作「京南」，按宋代有京東、京西路，而無京南路。據下條，京東亦旱，「京南」應爲「京東」之誤，因改。
〔三〕玄：原作「真」，據《長編》卷二八八改。
〔四〕「二年」原無，「十八日」原作「二十八日」，據《長編》卷二九六補改。
〔五〕京東：原脱，據《長編》卷二九六補。
〔六〕建：原脱，據《長編》卷二九七補。

司訪名山、靈祠，所在差官禱雨。」

三年〔七〕〔四〕月七日〔一〕，詔：「西北諸路久愆雨澤，令知定州韓絳躬詣北嶽祈禱；東、西、中嶽令所在知州依此。」

〔五年〕四月三日〔二〕，詔輔臣謝雨于天地、宗廟、社稷。初，自春不雨，祈禱備至，及是雨尺餘，帝喜見於色，諭〔武〕〔輔〕臣曰：「禁中令人掘地，潤及一尺五寸〔三〕，秋成當復有望，殆天助也。」王珪曰：「陛下正身修德，格於皇天，前後祈禱，未嘗不應。」帝曰：「卿等更宜悉心補朕不逮，庶合天意。」

六年五月十六日，詔：「訪聞陝西諸路見苦少雨，守臣祈禱，久未感應。宜令轉運司更切訪名山、靈祠，所在擇日恭致朝命，委官虔祈。」

〔七年〕三月〔二〕十四日〔四〕，詔：「淮南、京東、京西路即今闕少雨澤，可令轉運司各訪尋管下名山、靈祠，所在委長吏躬親精虔祈禱。」

哲宗元祐元年正月二十四日，太上皇后詣中太一宮集禧觀，二十七日，皇帝詣大相國寺，皆以祈雨。

四年三月二十四日，詔：「京西路闕雨，中嶽、河瀆及淮、濟各委長吏祈禱，仍遣内侍齎香就建道場。」

五年五月十二16日，詔：「昨爲闕雨，差官詣兖州東嶽等處祈求，名山大川就差本處長吏祈禱。已獲感應去處，就委本處長吏選日恭詣賽神。」

紹聖元年四月八日，詔：「時雨稍愆，令開封府及諸路依例祈求，畿内諸祠即提點司選官精禱。」

十八日，詔諸州長吏躬詣五嶽四瀆祈禱。

二十一日，輔臣以畿内縣降雨狀進呈。帝曰：「聞諸路頗得膏澤，良可喜也，但未徧及爾。又聞一麥皆有成熟之望〔五〕，不知〔栗〕〔粟〕已布種未也？」輔臣皆曰：「雨澤雖降，尚憂未渥，見已祈禱。」至二十五日而雨足，遣輔臣謝宮觀寺院。

四年五月三日，詔令陝西、河東、京東路闕雨州軍，應管下嶽瀆及名山大川并諸祠廟，自來祈禱感應之處，並令長吏精虔祈求。其合用祝文令學士院依例修撰。

元符二年二月二十七日，詔陝西路闕雨去處，令逐州軍長吏選諸境内名山大川、祠廟精禱。

三月十一日，詔輔臣分詣宮觀寺院祈雨。

二十二日，詔輔臣分詣天地、宗廟、社稷、宮觀、寺院等處祈雨；諸路闕雨州軍，令長吏於管下嶽瀆名山并諸祠廟自來祈禱感應之處，選日精虔祈求。其合用祝文令學士院

〔一〕四月：原作「七月」，據《長編》卷三〇三改。
〔二〕五年：原脱，據《長編》卷三二五補。
〔三〕一尺五寸：《長編》卷三二五無「一尺」二字。
〔四〕「七年」、「二」三字原脱，據《長編》卷三四四補。《長編》繫于壬戌，即二十三日。
〔五〕一麥：似當作「二麥」。

依例修撰。

三年五月二十四日，詔諸路如有闕雨去處，令逐州軍長吏選日詣境内名山大川、祠廟精禱。

〔徽宗崇寧〕五年五月二十四日〔一〕，宰〔官〕〔臣〕以愆雨祈求，上曰：「二十六、七必有雨。」已而果驗。趙挺之曰：「陛下天縱將聖，雖曆象陰陽占候，無不賾其精微。」上曰：「天地之間不離陰陽五行之數，今日太一移宮，水限也，故有雨。」

政和二年五月二十六日，差近臣詣宮觀寺院祈雨。未及禱而雨，改報謝。

宣和四年二月七日，駕詣廣聖宮，卜以卯時焚密表祈雨，申時雨降。

〔高宗建炎四年〕六月八日〔二〕，令宰執率侍從官詣越州圓通觀音院祈雨，合用香令入内内侍省請降。自後凡用香並如之。紹興元年十17九日亦用此禮〔三〕。

七月二日，詔宰執率侍從官詣天慶觀、圓通寺謝雨。

十月二十二日，詔就圓通院開建祈雨道場，日輪侍從官一員燒香，每五日宰執官前去祈禱。

〔紹興二年〕八月二十六日〔四〕，詔令簽書樞密院事權邦彦詣天竺〔寺〕祈雨。

〔三年〕六月二十一日〔五〕，詔：「訪聞兩浙東路稍愆雨澤，令本路帥司差官詣寺觀廟宇嚴潔祈禱。」

七月四日，詔輪宰執從官一員詣上天竺寺祈雨。

十六日，上以愆雨，謂輔臣曰：「朕宮中素食已累日，尚未降澤，令斷屠。精禱雖至，然尚慮政事未平，刑獄冤濫，可速令疎決平反。在外州縣令提刑親行疎決，務在刑清也。」至是就法慧寺祈雨，斷屠宰三日。

五年二月二十五日，詔：「雨澤稍愆，恐妨農事，應臨安府界載在祀典，及名山大川、神祠、龍洞，在内分差從官，在外遣職事官，親詣祈雨。」五年六月九日、八年十一月五日、九年六月十七日並同此例。

六月九日，宰臣趙鼎奏請分遣侍從官徧走群寺祈雨，上曰：「亢陽如此，朝廷政事闕失，更宜講求。」沈與求曰：「《雲漢》之詩雖云『上下奠瘞，靡神不宗』，不廢禱祈之事，要之以側身修行爲本，必蒙嘉應。」

十三日，詔：「訪聞湖南久愆雨澤，可令帥臣席益恭詣南嶽廟祈禱。應合用祠〔察〕〔祭〕之物並於上供錢内支破，

〔一〕「徽宗崇寧」四字原脱。按，若無此四字，則承上爲元符，然元符無五年；又趙挺之爲相在崇寧四年、五年，知此乃崇寧五年事，因補。

〔二〕高宗建炎四年：原無。按此條承上爲宣和四年，然其時都於汴京，決不可能命宰執、侍從遠赴越州祈雨。考史實，高宗於建炎四年四月逃至越州，駐蹕於此，至紹興二年初回臨安。則此條事必是建炎四年六月。據補。下二條亦爲此年。

〔三〕「元年」下脱月份。

〔四〕紹興二年：原脱，考權邦彦簽書樞密院事在紹興二年五月至三年二月之間，則此「八月」乃紹興二年八月，因補。

〔五〕三年：原脱。按下文七月十六日詔令慮囚，據《建炎要録》卷六七，乃紹興三年事，則此「六月」亦應爲三年六月，因補。

務要精潔，庶獲感應。」

二十一日，宰臣趙鼎等奏：「甘澤應祈，皆陛下寅畏怵惕，精誠所格，乞御常膳。」上曰：「朕累日寢食不安者，豈特爲國無儲蓄，而望歲之 18 心甚切，兼恐歲飢民貧，起而爲盜，朝廷不免遣兵討定，殘殺人命，亦天道之所宜憫也。」

二十二日，中書門下省言：「昨日稍愆雨澤，祈禱天地、宗廟、社稷、嶽瀆、四海、雨師、雷師、應臨安府界載在祀典及名山大川、神祠、龍洞。今已獲感應，望並令元差官各詣逐處報謝。」從之。自是每祈晴雨有應，並依此禮。

八月二十四日，内降德音：「應潭、柳、鼎、澧、岳、復州、荆南、龍陽軍、循、梅、惠、英、廣、韶、南雄、虔、吉、撫州、南安、臨江軍、汀州管内應名山大川，及歷代聖帝明王、忠臣烈士，有功及民，載於祀典者，委所在差官嚴潔致祭。」時以平賊寇也。

紹興七年二月九日，詔：「應平江府界載在祀典，及名山大川、神祠、龍洞，在内分差侍從，在外委所屬縣分知縣，親詣祈雨。」

二十六日，詔：「雨澤稍愆，恐妨農事，應建康府界載在祀典，及名山大川、神祠、龍洞，在内分差侍從官，在外委所屬縣分知縣，親詣祈雨。」七年六月七日、七月八日並同此制。

六月七日，詔：「諸路如有闕雨去處，令轉運司行下逐州縣，差官祈禱。」

七月十〔三〕〔二〕日〔一〕，宰臣張浚等言：「雨澤稍闕，乞率從官禱雨。又乞弛役、慮囚等數事，因奏：「如浙西諸郡及宣州、廣德軍地形下，未覺旱；如鎮江、建康府地形高，最覺闕雨。」上曰：「朕患唯不知四方水旱之實，宮中種兩區稻，其一地下，其一地高〔二〕，昨日親閱之，地高者其苗有槁矣。須精加祈求，庶早得雨澤。」

十三日，詔：「稍愆雨澤，恐傷禾稼，可差官 19 祈禱。」天地差參知政事陳與義，宗廟差宣州觀察使仲鸒，社稷差户部侍郎王俁，五嶽、五鎮差禮部侍郎吴表臣，四海、四瀆差禮部侍郎陳公輔，雨師、雷師差太府少卿鄭作肅。

十七日〔三〕，宰臣張浚奏：「祈雨已多日，而未有感應。」上曰：「昨日有雲物，意遂作雨，而夜深乃散。卿等更求可以感召和氣事，悉意爲之。」六月二十日詔已迎請上天竺觀音就法慧寺祈求雨澤，令臨安府禁屠宰三日，并鷄鴨之類並不得宰殺。其後法慧寺廢爲懷遠驛，每迎請就明慶寺。

〔九年〕七月二十一日〔四〕，宰臣秦檜等奏：「陛下齋居蔬食，以祈雨澤，考之典禮，唯當損太官常膳。」上曰：「雖損膳，豈免日殺一羊？天意好生，朕意實不忍殺。」臣檜等

〔一〕十二日：原作「十三日」，按《建炎要録》卷一一二、《宋史全文》卷二〇上均載此事於七月十二日壬申，據改。若作「十三日」，則與下條重複，知原文本是「十二日」。

〔二〕「其一地」三字原脱，據《建炎要録》卷一一二補。

〔三〕十七日：《建炎要録》卷一一二、《宋史全文》卷二〇上均在二十一日。

〔四〕九年：原無，據《建炎要録》卷一三〇補。

既欽歎上至仁之心，愛人及物，雖一羊不忍，推此(如)〔以〕應天，何患天心不格？既而甘霔應禱霑足。

十一年七月六日，詔：雨澤稍愆，令太常寺祈禱九宮(費)〔貴〕神。

十二月，尚書省言：「旱暵爲災，深恐害稼，依禮例，合差官祈禱天地、宗廟、社稷、嶽鎮海瀆、雨師、雷神。」從之。

十二年五月九日，知臨安府俞俟言〔一〕：「上天竺靈感觀音自車駕駐蹕，每遇水旱，凡有祈求，必獲感應。今來本寺修建殿宇，望給降度牒，添助修造，庶示褒崇。」詔令於本係省錢支賜錢五千貫。

十九年七月十二日，輔臣以甘雨應祈，乞拜表稱賀，上曰：「若更五日無雨，則禾稼有傷，如浙東等處尤高，得此雨，極爲利濟，秋成遂可必。徑山等處祈禱 20 感應，可與加封。」

二十一年十二月十五日，上宣諭輔臣曰：「連日小雨，臘雪未應期，已遣使祈禱太乙祠。」是日晚，雪作。翌日，上謂秦檜曰：「昨晚便得雪，甚可喜。」檜等曰：「陛下至誠昭格如此，當率百官拜表稱賀。」

二十九年三月四日，詔：「雨澤尚愆，令太一宮、寧壽觀精加祈禱，仍禁屠宰三日。」八日〔二〕，詔以久旱祈禱未應，禁屠宰三日，及鷄鴨魚蝦應干生命之屬，並行禁斷。

(隆興)〔乾道〕四年六月十二日〔三〕，詔臨安府於今月十三日早，如法迎請觀音入城祈雨。十六日，上宣諭宰執曰：「天久不雨。」宰臣陳俊卿奏曰〔四〕：「陛下憂閔元元，念稽事之重如此，只此一念，便可感動天地。」上曰：「朕亦欲却蓋，烈日中歸，庶或可以動天意。卿等可檢故事有此否。」

十七日，尚書省言：「(迎)〔近〕日雨澤稍愆，臨安府奉上天竺觀音，就明慶寺祈禱。」詔日輪侍從官一員燒香。又詔：「應臨安府界載在祀典，及名山大川、神祠、龍洞，在内分差侍從，在外委所屬縣知縣，親詣祈雨。合用香令入内内侍省請降。仍令本府具合祈禱處，日下申尚書省。」

十八日，宰臣蔣芾奏言：「昨日并夜得雨滂霈，皆陛下聖德感動天意。」上曰：「此雨極可喜，但不知四遠及外方州郡亦遍及否？」陳俊卿奏曰：「觀今早雲氣未散，次第遠處亦皆有雨，車駕來日更不必出。」上曰：「今既得雨，却未須出，姑俟他日。」顧蔣芾曰：「卿可詣太一宮謝，須是臻至。」芾奏曰：「臣謹當齋戒祗事，却差執政詣明慶寺觀音 21 處謝雨。」上曰：「甚好！」是日殿庭雨再下，天顔有喜色，顧芾曰：「若更得數日雨，使四遠通濟，則今秋可望一

〔一〕俞俟：原作「俞使」，據《建炎要録》卷一四五改。

〔二〕八日：原作「八月」，據《建炎要録》卷一八一改。

〔三〕乾道：原作「隆興」。按隆興僅二年，無四年；又下文言「宰臣蔣芾」，考蔣芾爲相在乾道四年二月至七月之間，則「隆興」爲「乾道」之誤無疑，今改。

〔四〕「宰臣」二字疑衍，陳俊卿此時尚爲參知政事，即執政，至此年十月乃升爲宰相。

(熱)〔熟〕。」王炎奏曰：「得此一雨，中外人情孰不欣快，豈是小事！」先是十六日有旨，欲以十九日幸太一宮、明慶寺祈雨，至時得雨，故止令宰執詣謝。

二十七日，詔：「雨澤稍多〔一〕，令臨安府止屠宰三日，及鷄鴨魚蝦應生命之屬，並行禁斷。」

八月六日，禮部言：「兩浙安撫司以祭龍求雨法來上，乞布之天下。按皇祐頒降祈雨雪法册，無繪畫龍等，惟廣德軍元解發印造到，内有繪畫樣制，至今年深，慮致損墜，乞於昨來祭龍祈雨雪内添入繪畫龍等樣制，從本部下臨安府鏤板，以黄紙如法印造成册，納本部，本部下都進奏院頒降諸路州、府、軍、監、縣等，嚴加收掌，遇愆雨雪，精潔祈求。」從之。

七年五月十七日，詔：「臨安府已迎請天竺觀音就明慶寺祈雨，令宰執十八日前詣燒香，自十九日輪侍從官一員祈禱。及應臨安府界載在祀典并名山大川、神祠、龍洞，在内分差侍從官，在外委所屬縣知縣親詣祈雨。合用香，令入内内侍省請降。仍令本府具合祈禱處，日下申尚書省。其湖、秀、常州、平江、鎮江府闕雨處，亦令所屬縣親詣祈禱。」

十八日，上宣諭宰執曰：「自去冬郊祀以來，雨暘時若，誠不易得。」虞允文奏曰：「陛下聖德上當天心，如元旦受册寶，天色澄霽；近日恭請太上出郊，終日開晴，至晚乃雨。天心昭昭，其應不虚。」上22曰：「雨暘尤好，麥已登場，稻田亦下種矣。」允文等奏曰：「農人得雨種稻，得晴刈麥，(雨)〔兩〕不闕事，誰知帝力之大也！」上曰：「朕心惟望百姓富足，國計又其次，民富則國(矣富)〔富矣〕。」允文奏曰：「自古帝王只以豐年爲祥瑞，蓋富實之本。」梁克家奏曰：「陛下無一念不在百姓，上天降鑒，必有美報。且如去秋一兩郡小歉，聖心焦勞，分委臣下措置。入春以來，並無流民，所活不知幾千萬人。蠶麥倍登，盛德之報。」上曰：「前日蠶麥豐熟，朕親拜表章，以答天休。此去秋成，即與卿等同燒香也。」同日，詔爲祈雨，其十九日早晚御膳並進素。

七月十六日，宣諭臨安府少尹：「見祈雨澤，可禁屠宰三日。」關報浙西州軍，依此嚴切禁斷，仍精加祈禱。」

十一月二十四日，詔：「近日闕雨，令臨安府精加祈禱，及令兩浙安撫、轉運司行下所部守令，務在嚴潔。應感，每五日一次具雨澤狀申尚書省。」

二十九日，宰執奏禱雨雪事，上宣諭曰：「昨寫與龔茂良、陳彌作問兩路雨雪，朕之憂心形於寤寐。」虞允文奏曰：「聖心焦勞，臣等兢懼。近聞江西得雨，此間雖未甚雨，若遂禱而得之，亦足少寬宵旰之念。」

〔一〕雨澤稍多：按後文紹熙五年八月二十四日、開禧三年五月二十九、嘉泰三年九月二十日諸條亦均云「雨澤稍多」，則非字誤。然既云雨澤過多，則應置於「祈晴」門，不當在此。

淳熙三年五月二日，參知政事龔茂良、李彥穎奏：「農事正興，民間以久不得雨爲慮。適連夜雰霈，極可慶。」上喜甚，曰：「朕日夕以此爲憂，早上方於宮中焚香拜謝天地。更乞終惠，成此豐年，以寬焦勞之念。」茂良等言：「陛下憂民閔雨如此，誠意所格，天且不違，茲誠[23]大慶。」同日，詔：「近來雨澤霑足，浙間種蒔已見次第，可令江東、淮南漕臣，具管下州縣得雨日辰，及布種禾稼分數以聞。」

七年五月十三日，上謂輔臣曰：「昨日日間雨雖小，至夜頗雰霈。」右丞相趙雄等奏曰：「昨日吳淵未曾取旨，遽欲迎請天竺觀音入城。繼聞有旨令吳淵只就寺中祈禱，甚當。陛下之禱久矣！」上曰：「朕每自修省，唯恐不逮，孳孳爲民，未嘗敢忽。庶幾天心昭格，雨暘以時。」雄等奏曰：「成湯遇旱，則以六事責己；宣王遇旱，則側身修行。陛下仁孝勤儉，日新一日，聖德之修，固有素矣，非若宣王因有懼而修也。」上曰：「成湯禱旱之辭，朕每疑好事者增益之。且湯之不邇聲色，自無女謁，何至於盛？今曰女謁盛邪，則是湯果嘗有此事矣。」雄等奏曰：「不邇聲色，載之於《書》，女謁之盛，見於傳記，今當以《書》爲正。」

八月四日，上謂輔臣曰：「祈雨未應，朕欲初六日就禁中設醮祈禱。卿等來日宜齋戒，後日拈香。」又云：「朕欲下詔求言，自職事官以上各令實封言事。」是夕雨。

淳熙九年六月十二日，詔遣內侍關禮詣紹興府降香禱雨。是月二十二日已獲感應，復命報謝。

十年七月四日，車駕詣景靈宮行禮，次幸明慶寺拈香祈雨。

十三年六月十一日，宰執進呈祈雨放房緡，上曰：「亦須禁屠宰，臨安一日殺多少物命！」王淮等奏：「禱雨未應，聖心焦勞，臣等不勝煌灼。」上曰：「朕欲親詣太一宮燒香，次至明慶。」淮等奏：「祖宗禱[24]雨太一宮，雖有故事，但當此盛暑，懼勞聖躬。」上曰：「朕爲百姓，不憚出一日，亦欲小民知朕此意。」淮等奏：「乾道間亦曾降旨，適會有雨。」上曰：「當時却不曾出。」十三日，宰臣王淮等奏：「雨澤愆期，陛下欲十四日先就殿庭焚香禱天，次詣太一宮、明慶寺燒香。淮等及侍從欲就十五日分禱天地、宗廟、宮觀諸處。」上曰：「序當如此。」十四日，幸太一宮，次明慶寺觀音前焚香禱雨。

七月十日，太常寺言：「(元)[亢]陽爲沴。檢照國朝典禮，凡京都旱，則祈嶽、鎮、海、瀆及諸山川能興雲雨者，於北郊望告；又祈宗廟、社稷，及雩祀上帝、皇地祇。」詔命宰臣已下分詣祭告。八月三日，已獲感應，復命報謝。

十四日，命祕書省著作佐郎、兼權兵部郎官梁汝永往徑山龍潭，(太)[大]宗正丞、兼權刑部郎官李祥往廣德張王祠，各齎御香、祝板祈雨。

八月二日，宰執進呈太常寺乞謝雨，王淮等奏：「初疑後時，而禮官謂有祈必有報。」上曰：「既是天地、宗廟、社稷、宮觀，亦不容已。若更月十日無雨，人將乏水飲，則奈何？」淮等奏：「報謝只用酒脯。」上曰：「如何無牲牢？」淮等奏：「國朝典禮，祈用酒脯，謝如常祀，合用牲牢。但紹興以來並止用酒脯，惟雩祀用牲，然雩無報謝之禮。」上曰：「前日歌《雲漢》之詩，如何？」淮等奏：「亦如法。」

淳熙十六年閏五月二十三日，詔：「近聞建康府闕少雨澤，令守臣精加祈禱，務要速獲感應。仍將見禁公事疾速決遣，毋致淹延。如本路更有闕雨去[25]處，令帥臣依此施行。」

十月十九日，臣僚言：「祈雨奏告天地，大抵用法酒二升、鹿臡五合。此則所宜厚者，簡而不虔，乞依儀制用酒、脯、醢，報謝用牲牢。」從之。

紹熙元年六月十九日，詔：「雨澤稍愆，恐妨禾稼，可日輪侍從一員詣上天竺靈感觀音前精加祈禱，務要速獲感應。」是月二十二日獲應，命官報謝。

五年四月二十一日，爲闕雨，詔差太府少卿林湜詣臨安洞霄宮，祕書監薛叔似詣徑山龍潭，司農卿萬鍾詣天目山龍洞祈禱。至五月十三日獲應，命元差官報謝。同日，中書門下省言：「兩浙、江東西、兩淮州軍間有稍闕雨澤去處，已委守令祈禱，未獲感應。」詔逐路轉運司行下所部闕雨州縣，仰守令躬詣管内寺觀神祠，嚴潔精加祈禱，務要速獲感應。仍禁屠宰三日，以指揮到次日爲始。同日，詔：祈雨未獲感應，令臨安府迎請上天竺靈感觀音，就明慶寺精加祈禱，仍禁屠宰三日。

七月九日，詔：雨澤稍愆，日輪侍從官一員詣上天竺靈感觀音前精加祈禱，務要速獲感應。凡遇祈禱及獲應日，宮觀祠廟則命元差官，上天竺觀音前、霍山廣惠廟則命日輪至官致謝。其香皆係入内内侍省請降。慶元元年六月、二年三月、三年四月、五年四月，嘉泰元年四月、六月、三年四月，開禧元年七月、二年六月、三年五月，嘉定元年四月、二年五月、六年五月、七年六月、八年三月、五月、九年五月、十年六月、十一年[26]五月、十月、十三年六月、十四年正月、十七年六月，亦如之。

八月二十四日，詔：「近日雨澤稍多，日輪侍從一員詣上天竺靈感觀音前精加祈禱。」慶元元年正月、五月、二年八月、四年四月、七月、八月、五年八月，嘉泰三年三月，開禧元年九月、二年三月、三年八月，嘉定三年五月、四年八月、五年三月、八月、六年正月、七月、七年九月、九年八月、十年四月，亦如之。

開禧三年二月十一日[一]，詔：「雨澤稍愆，兩浙州軍令本路轉運司行下所部闕雨州縣，委自守令親詣管下靈應神祠精加祈禱，務獲感應。」嘉定元年閏四月亦如之。

五月二十九日，以雨澤稍多，詔令執政、侍從分詣祈禱天地、宗廟、社稷、宮觀、嶽鎮海瀆、風雷雨師。

慶元三年三月二十六日，詔：「雨澤稍愆，令臨安府守臣詣天竺山精加祈禱，務獲感應。」自後凡遇雨暘愆期，並有是命。

四月九日，詔：雨澤稍闕，令宰執、侍從分詣祈禱天地、宗廟、社稷、嶽鎮海瀆、羣神。嘉泰元年五月、開禧三年五月、嘉

[一] 本條及下條依時序當移至後文「嘉泰三年」條之後。

定八年四月亦如之。

六年四月二十四日，宰執進呈次，謝深甫等奏：「日來諸處闕雨，前日乞輪侍從祈禱，隨即傾注，但未滂沛。惟陛下發一念之誠，庶幾感應必速。」上曰：「止得一日之雨，未能霑足。」二十七日，詔：「雨澤稍愆，令臨安府迎請上天竺靈感觀音就明慶寺，同所輪侍從精加祈禱，務獲感應。」嘉泰元年五月、開禧元年七月、嘉定元年閏四月、七年六月、八年三月、[27]十年六月、十四年正月，亦如之。

五月四日，詔令逐路轉運司行下所部闕雨州縣，仰守令躬詣管内寺觀神祠，更切嚴潔，精加祈禱，務要速獲感應。仍自指揮到日，禁屠宰三日。開禧二年六月、嘉定元年閏四月、七年六月、八年三月亦如之。同日，都省言：闕雨祈禱未應。詔分遣官詣臨安府洞霄宮、徑山龍潭、天目山龍洞祈禱，仍令臨安府及安撫司差近上官三員同齎祝版前去。嘉泰元年五月、開禧元年七月、嘉定元年四月、七年六月、八年三月、十四年正月亦如之。後又命官詣龍井惠濟廟祈禱。同日詔：祈雨未應，遣官齎御封香、祝版前去廣德軍，同守臣躬詣廣惠廟精加祈禱。嘉泰元年五月、開禧三年二月、嘉定元年閏四月、七年十月、八年三月、十四年正月亦如之。

十四日，都省言：「亢陽爲沴，祈禱未獲感應。檢照典禮，凡京都旱，則再祈嶽鎮海瀆，及諸山川能興雲雨者，於北郊望告，又祈宗廟、社稷，及雩祀于圜壇。」詔宰臣以下分詣祭告。嘉泰元年五月、嘉定八年四月亦如之。

十八日，詔明慶寺迎請觀音祈禱，令豐儲倉支米七十石充本寺食用。

二十一日，宰臣京鏜奏：「雨澤應期，中外欣喜，皆自陛下側身修行，有以感格。」上曰：「連日滂沛，遂過所望。」

嘉泰元年五月七日，詔：「雨澤稍愆，分差卿監、郎官詣臨安府東嶽天齊仁聖帝、吳山忠武英烈威顯靈佑王、天王神、城隍廟、福順王廟、旌忠觀祈禱。」開禧[28]元年六月、三年五月、嘉定八年三月、十年六月、十四年正月亦如之。

三年九月二十日，詔：「雨澤稍多，分遣卿監詣東嶽天齊仁聖帝、吳山忠武英烈威顯靈祐王〔二〕、天王神、城隍廟、旌忠觀祈禱。」開禧三年五月、嘉定五年九月、六年正月、十年四月亦如之。

嘉定元年閏四月二十四日御筆：「朕念常暘爲沴，夕惕靡寧。雖已齋心致禱于宮中，及命羣臣徧走名祠，而精誠未至，雨澤尚愆。朕以二十七日親詣太一宮及明慶寺燒香。仍令三省行下諸路監司、守臣，各體朕意，虔加祈求，務獲通濟。」既而獲應，詔令宰臣詣太一宮、執政詣明慶寺致謝。

八年三月二十八日，詔：雨澤稍愆，差官祈禱雨師、雷神、風師。二十九日，詔：雨澤愆期，兩浙路州縣社稷各令守令精加祈禱。

四月六日，車駕詣景靈宮朝獻行禮，次幸太一宮及明慶寺靈感觀音前，拈香祈雨。已而獲應，五月九日詔令宰

〔二〕威顯靈祐：原作「威靈顯祐」，據上條及本書禮一八之三二、三三、禮二一之六一乙。

執並詣致謝。

十一日御筆：「農事既興，時雨未浹，皆朕涼德所致，已於宮中蔬食，密禱上天，省過責躬。可自今月十二日爲始，避殿、減膳、撤樂。仍令輔臣分祈天地、宗廟、社稷，庶獲嘉應，以慰民心。」

十五日，御筆：「自春入夏，雨澤愆期，夙夜疚懷，靡遑寧處。已令徧禱羣祀，雖獲感應，尚未霑足。應諸路闕雨州縣靈迹、神祠、寺觀，雖祀典所不載，而水旱應禱者，各委郡長吏差官，潔齋祈禱。」

十七日，兩浙路運判章良肱言：「目今正當營種之時，管下州 29 縣間有闕雨去處，雖已行下兩浙州縣，分委官於自來靈感寺觀廟宇精加祈禱，及親詣上天竺觀音寺、龍井玉泉諸廟祈求，雖獲感通，猶未霑足。今欲躬親前去徑山龍洞祈禱，乞賜指揮。」從之。

五月二十七日，臣僚言：「臣竊聞神宗朝旱暵爲災，司馬光上疏以爲，京師近雖獲雨，而畿甸之外旱氣如故，願陛下雖徇羣臣之請，御正殿，復常膳，猶應兢兢業業，憂勞四方。此先正之格言，聖主之所樂聞也。今者王畿近甸旱既太甚，河渠爲陸，稻畦如石，人情嗷嗷，天意莫解。若更旬浹，事將若之何？執事者祈禱無效，奔走力疲。近者雨方小應，未應謝而遽謝。羣臣又再三請陛下御殿復膳，陛下不得已而從之，亦其未應請而遽請也。然則其果謂天人可欺邪？其遂委之無可奈何，而不復圖所以救災之道邪？臣伏思，天心未嘗無感通之理，殆今日猶未盡所以應天之實。姑以數端言之。臣聞遷善改過，取象風雷，貴其速也。陛下昨頒求言之旨，而詔書格於五日之餘，明主急聞切直之意殆不其然。臣是以疑應天之不以實也。動人以言，所感者淺；言又不切，人誰肯懷？伏讀求言之詔，責躬之義未深，具文之意莫揜，臣是以疑應天之不以實也。士子投書，司閽扞格，逡巡數日，扣閽乃通。蓋導人使諫之誠不孚，故有司疑沮之遂見〔一〕，尚可謂應天以實乎？搢紳應詔，掇拾細故；後省看詳，未盡施行。藥皮膚之病而諱心 30 腹之疾，尚可謂應天以實乎？方日者夸雨應而興白龍之祠，走羣望以舉謝雨之禮，乃有阡陌細民指行事官而怨訕，携槁苗於都城以赴愬者。昔固有袖死蝗請賀，而飛蝗蔽天者，今壅蔽無乃類此邪？近甸之旱勢既彌甚，江（涯）〔淮〕之間，赤地相望，間有所植新秧，盡爲蝗蝻所損，而州縣申述，或謂雨已通濟，或謂雨意未已，或謂蠶麥收成。貢諛説之書，行蒙蔽之實。昔人有言：州縣奏雨，一寸云三寸，〔三寸〕云一尺。今欺罔無乃過之耶！舉是數端，則非惟應天之無實，且欺天以自文。欲以格天，臣知其難矣！方今都城米價日以翔踴，增長不已，將斗粟千金，而有司未聞措置。西湖潴水，且防滲漏，貴勢取放，以供園池，有司順承惟謹。湖山久年不竭之泉，今者亦就枯涸。城中鬻水

〔一〕「之」下疑脱「心」字。

於山者，雙斛幾至半百。淮甸行旅，率以數十金而得一杯水。或謂此等氣象，數十年來之所無。天變如斯，而所以應之者類不甚切，臣實爲之寒心。況旱勢已深，小暑届候，縱使得雨，稼事無及，或可蘇瀕水之禾，或可植霜熟之稻，大勢已去，所種能幾？是惟亢陽赫烈，中外憂虞，儻非三日之霖，一驅旱魃之虐，將恐鬱攸疵癘，相挺而起，多端之虞，不特無年而已。臣願陛下上軫宸慮，俯察先言，雖從御殿復膳之請，益圖銷變召和之道，毋以施行一二者爲已足，毋以指陳激切者爲過當，毋以兇荒有數未必由人而興，毋以勢分相遼難爲人 31 言所制。圖以理勝，不必求以氣勝；樂與衆同，不必故與衆違。所謂智高天下而聽於至愚，威加四海而屈於匹夫。容小所以爲大，善下所以爲深。古聖君賢相之事業，其配天無私、同地厚載者皆在於此。更乞速降指揮，令有司再行祈禱，必誠必敬，期於感通，以見朝廷不忘閔雨，有志乎民，于以稍慰人心，杜患微眇。」從之。

嘉定十年六月八日，詔令兩浙漕臣詣上天竺靈感觀音前及詣霍山廣會廟行祠祈雨。

嘉定十四年正月七日，詔：「歲暮以來，雨澤未應。當此春首，農事漸興，令兩浙州軍監司、守臣以下精嚴祈禱。仍於各州軍應城内外有靈壇、古跡、寺觀及龍潭、靈祠等處，守臣躬親前去。如其地里隔涉，州委職官、縣委佐官，各行前去，務要精虔，速獲感應。」（以上《永樂大典》卷一〇六〇〇）

祈雪

【宋會要】

32 高宗紹興元年十二月五日，詔：「雨雪稍愆，日輪侍從一員詣上天竺靈感觀音前精加祈禱，務在速獲感應。」三年十一月如之。

五年正月四日，都省言：「近降指揮祈求雨雪，已獲感應。」詔令輪至侍從於初五日致謝。

寧宗慶元元年十一月二十三日，詔：「瑞雪稍愆，日輪侍從一員詣上天竺靈感觀音前精加祈禱，務獲感應。」二年十一月、三年十一月、四年十二月、五年十一月、六年十一月，嘉泰元年十一月、二年十二月、三年十一月、四年十二月，嘉定元年十一月、二年十一月、三年十二月、四年十二月、五年十二月、七年十一月、八年十二月、九年十二月、十年十二月、十一年十二月、十二年十一月、十四年十一月，亦如之。

二年十二月十二日，詔祈求雨雪，臨安府載在祀典神祠及名山大川，令本府日下委官前去精加祈禱，務獲感應。

二十一日，三省言：「時雪未降，合行祈禱。」詔令宰執、侍從分詣祈禱天地、宗廟、社稷、天慶觀、報恩光孝觀、太一宫、九宫貴神、嶽鎮海瀆、雨師、風師。

開禧二年十一月二十八日，詔：「祈雪未獲感應，令臨安府迎請上天竺靈感觀音就明慶寺，同所輪侍從嚴潔精加祈禱，務在速獲感應。」三年十二月亦如之。

十二月四日，詔：「祈雪未應，分遣卿監、郎官詣東嶽天齊仁聖帝、吳山忠武英烈威顯靈祐王、天王神、城隍廟、福順 33 王廟、旌忠觀精加祈禱。」

嘉定五年十二月五日，詔：「祈雪未獲感應，分遣卿監、郎官詣東嶽天齊仁聖帝、吳山忠武英烈威顯靈祐王、天王神、城隍廟、福順王廟、旌忠觀祈禱。」七年十一月、十三年十二月亦如之。（以上《永樂大典》卷二一五四八）

祈晴

【宋會要】

34 淳熙四年四月十八日，詔：陰雨未已，日輪侍從一員詣上天竺靈感觀音前祈晴。八月如之。

淳熙十年九月四日，上謂輔臣曰：「連日陰雨未止，恐妨收刈，朕甚憂慮。可日輪侍從官一員詣天竺觀音前祈晴。」是月十一日已獲感應，復命官報謝。

淳熙十三年五月十四日，宰臣王淮等奏：「梅雨已多，莫須降香祈晴？」上曰：「未須如此。朕自昨日早晚焚香默禱于上帝。」淮等奏：「聖心與天通，至誠感格，與臣下萬萬不同。」

紹熙四年四月十八日，詔：「陰雨未已，日輪侍從一員詣上天竺靈感觀音前祈晴。」

（紹）〔淳〕熙十年九月四日〔一〕，上謂輔臣曰：「連日陰雨未止，恐妨收刈，朕甚憂慮。可日輪侍從官一員詣天竺觀音前祈晴。」是月十一日已獲感應，復命報謝。

開禧三年五月二十六日，都省言祈晴尚未感應。詔（曰）〔日〕輪卿監、郎官一員詣霍山廣惠廟行祠祈禱，務要速獲感應。自後凡遇詔輪侍從詣靈感觀音前祈禱，並有是命；獲應則命輪至官致謝。

嘉定六年正月二十六日，詔：「陰雨未晴，應臨安府載在祀典神祠，令本府日下差官前去精加祈禱，務要速獲感應。」

七年十月一日，都省言：「陰雨有妨收刈，見行祈晴，未獲感應。」詔遣官齎御香、祝板前去廣德軍，同守臣詣廣惠廟精加祈禱。

慶元二年八月二日，都省言：「秋雨未霽，恐妨苗稼。」詔令兩 35 浙轉運司行下所部州縣有雨去處，應載祀典及名山大川、神祠、龍潭，委自守令親詣，精加祈禱，務獲感應。二十日，詔令宰執詣明慶寺靈感觀音前祈求晴霽。

慶元元年五月二十二日〔二〕，詔：「陰雨連綿，恐妨禾稼，令兩浙轉運司行下所部州縣，委自守令親詣管下靈應神祠，精加祈禱，務要速獲晴霽。」（以上《永樂大典》卷八五四二）

〔一〕紹熙無「十年」，「紹」爲「淳」之誤。然此條已見本門第二條，此處可刪。

〔二〕慶元元年及上文慶元二年兩條當移至「開禧三年」條前，又元年、二年條亦當互乙。

謝晴

【宋會要】

36 乾道八年九月四日，上謂宰臣曰：「自來秋多陰雨，今已十日晴矣，正當刈獲，歲事可保。朕蚤暮精心祈禱，天意可見。」虞允文奏曰：「所謂必有非人力所能致而自至者，此受命之符。」上曰：「十月間擇日就内設醮報謝。」（以上《永樂大典》卷八五四四）

禱災異

【宋會要】

37 紹興三十一年十一月三日，臣寮言：「竊謂陛下飭躬修德，可勝彊暴，望差撥使人降祝文、御香告祭沿江祠廟威靈顯著、血食廟庭、載於祀典者，令州府分詣致禱。四鎮[一]、五嶽之神，於宮觀設位祈禱。冀蒙陰助，以速萬全。」從之。

三十二年閏二月十八日，太常少卿王普言：「伏覩車駕巡幸視師，前期遣官祈告天地、宗廟、社稷、宮觀、諸神、諸陵、殯宮，誠心感格，響應昭彰，遂使逆亮誅夷，虜騎遁去，兩淮無警，舊疆復歸。玆者回鑾臨安，當行報謝之禮。」從之。

隆興二年閏十一月二日，禮部、太常寺言：「討論沿江祠廟等告祭事，乞依紹興三十（二）〔一〕年指揮禮例。其淮南州縣載在祠典（祠神）〔神祠〕，亦乞降香、祝板前去致禱。内道路阻節處，止降付鄰州近縣，令本處知、通、令、佐於寺觀設位，嚴潔致禱。」從之。時北虜侵犯，有司申審，故有是命。

六日，太常寺言：「准已降旨，依紹興三十一年指揮禮例，致禱于四瀆、五嶽、顯應觀、旌忠觀、祚德廟、忠清廟，其行禮官各一員，乞降勑差侍從官充；如闕，於卿監内差官施行。」從之。

八日，致禱于天地、宗廟、社稷、諸陵、兩殯宮、太一宮、九宮貴神、風伯、雨師、五嶽、四瀆、四海、馬祖、蚩尤、北方天王。

淳熙三年五月二日，禮部言：「新權發遣建昌軍戴覬奏：『仰惟聖朝以火德旺，同符兩漢。臣 38 頃見州郡天慶觀舊有火德殿，蓋朝廷崇奉恪虔之意，往往因循廢弛。比年以來，州縣數有回禄之災。欽惟陛下聖德昭明，自可銷弭災變，恐火星躔度，容或失次，其數有不能免者，欲望聖慈令州郡天慶觀及道宮元有火德殿去處，重加修飾，嚴奉香火，俾守臣致禱。庶幾精誠感格，銷禳災數。』送部看（祥）〔詳〕，尋下太常寺，『檢照《國朝會要》，崇寧三年四月八日，

[一] 四鎮：原作「四聖」。按古無所謂「四聖」，「聖」當爲「鎮」之誤。本書禮一八之一一：「諸路擇端誠修潔之士分禱四海、四鎮、五嶽、四瀆、名山大川。」是也。「四鎮」者，四方之大山，其名見《宋史》卷一〇二《禮志》五。因改。

翰林學士張康國奏，乞應天下崇寧觀並修火德真君殿，依陽德觀殿，以離明爲名，從之。政和元年八月八日，詔天下崇寧觀、寺並改作天寧萬壽觀、寺。政和七年二月十三日，詔天下天寧萬壽觀改作神霄玉清萬壽宮。建炎元年六月四日，尚書省言：近降赦文，天下神霄宮並罷。本寺檢照到前項國朝典故，即不該載州郡天慶觀及道宮許置火德殿去處。』今看詳，難以創建。如舊有去處，令本處宮觀自行修飾，嚴奉香火。」詔依。

祈禱禁屠

淳熙八年四月二十八日，詔御厨，自今遇祈禱，禁屠宰，次日共進素膳。（以上《永樂大典》卷一一六一二）

末島、嗚呼島爲界〔一〕，欽島添置卓望兵，令戍官往來巡邏。詔令措畫聞奏，不得希功生事。（以上《永樂大典》卷一一六一三）〔二〕

酺祭

【宋會要】

39 孝宗皇帝紹興三十二年八月八日，禮部、太常寺言：「看詳酺祭事，欲依《紹興祀令》，蟲蝗爲災則祭之。候得旨，本寺擇日依儀祭告。其祭告之所，國城西北無壇壝，乞於餘杭門外西北精進寺設位行禮。所差祭告官并合排辦事，並依常時祭告小祀禮例。在外州縣無蟲蝗爲害處，候得旨，令户部行下。有蟲蝗處，即依儀式，一面差守令設位祭告施行。」從之。按《太常因革禮》〔三〕：慶曆四年六月，臣僚言：「天下螟蝗頗爲民物之害，乞京師内外並修祭酺。」詔送禮院詳定。禮院稱：「《周禮·族師》『春秋祭酺』，音步。酺爲人物災害之神。鄭康成云：『校人職有冬祭馬步，則未知此酺者，蝝螟之酺歟？人鬼之步歟？蓋亦爲壇位，如雩祭云。』然則校人職有冬步，是與馬爲害者，此酺蓋人物之害也。漢時有蝝螟之酺神，又有人鬼之酺神〔四〕，康成未審果從何酺，故兩言之。歷代書史悉無祭酺儀式，欲准祭馬步儀施行。壇在國城西北，祭儀、禮料並屬小祠。乞差官就馬壇設祭，稱爲酺神，祝文係學士院撰定。若外州者，即畧依禜禮。」是歲儀注，先擇便方，除地，設營纘爲位。營纘謂立表施繩以代壇。其致齋、行禮、器物等，並如小祠，上香，幣以白。祝文曰：「維某年歲次月朔某日，州縣具官姓名，敢昭告于酺神：蝗蝝荐生，害於嘉穀，惟神降祐，應時消殄。請以清酌，制幣嘉薦，昭告于神，尚饗！」

嘉定 40 八年六月七日，以飛蝗入臨安府界，詔差官祭

〔一〕按，此條爲政和八年臣僚言東北邊備奏之殘文，散落於此，與禮類無關。其全文見本書兵二九之五、蕃夷四之一〇四。又「末島」二字原作小標題，亦非，查原文本是正文，今移正。

〔二〕按，原稿此條與上條同在一頁，然查《永樂大典目録》，《大典》卷一一六一二爲「禱」字韻，卷一一六一三爲「島」字韻，則此條必是在卷一一六一三。因二卷相次，抄者遂接抄於此，而忘標《大典》卷次，今添。

〔三〕按，自此以下一段原作大字，今改爲小字。此當是《宋會要》原有之注。

〔四〕酺：《宋史》卷一〇三《禮志》六作「步」。

告酺神。同日，詔令兩浙、淮東西路轉運司行下所部州縣，如有飛蝗去處，並仰守臣差官祭告酺神，精加祈禱，不得徒爲文具。

八月十四日，都省言：「飛蝗所至去處，合行祭告酺神。」詔令諸路轉運、提舉司各行下所部州軍，如有飛蝗去處，並仰守令躬親祭告，精加祈禱，毋爲文具。（以上《永樂大典》卷二一九四二）

宋會要輯稿　禮一九

祀諸星

【宋會要】1 政和三年，議禮局上《五禮新儀》：司中、司命、司民、司禄壇各廣二十五步。風師、雨師、雷師壇高三尺，四出陛，並一壝，二十五步。風師壇廣二十三步，雨師、雷師壇廣十五步。又言：「本朝都城壇壝之制，風師在城之西，雨師在城之北，雷師從雨師之位，爲二壇，同壝。州縣風師在社之東，雨師在雷師之西，非所謂各依其方，類求神者。請倣都城方位之制，仍以雷師從雨師之位，爲二壇同壝。」從之。（以上《永樂大典》卷七八七二）

【宋會要】

國朝承唐制，祀九宮貴神東郊，用大祠禮。

真宗咸平四年三月二十四日，直秘閣杜鎬上言：「按《史記·封禪書》云：天神貴者曰太(乙)〔一〕，太一之佐曰五帝。今禮以五帝爲大祠，太一爲中祠。況九宮所主，風雨霜雪、雷雹疾疫之事。唐玄宗天寶中，述九宮貴神次昊天上帝，類於天地神祇。至武宗會昌中，升次昊天上帝次。望復爲大祀，用協舊章。」詔史館、禮院詳定以聞。翰林學士承旨宋白等議曰：「伏以太一，天之貴神，五帝實太一之佐。今五帝常爲大祀，太一止在中祀，考於禮文，是爲倒置。況會昌中僕射王起、博士盧就討論詳定，頗爲酌中。今請如鎬議，復爲大祀。其御書祝版〔一〕，禮同社稷，增設壇兩壝，玉用兩 2 圭有邸，藉以藁秸，加茵褥，如幣色。五郊大祀，公卿升降各有階陛，壇四階之外，西南又爲一陛，曰坤道人門。今請行事升降，仍舊由此。」並從之。

八月七日，詔以九宮貴神壇壝不合禮制，及與墳冢相接，遣使遷移修展。太常禮院上言：「大壇上面元無尺丈闊狹，今請第一成東西南北各一百二十尺，高三尺；再成東西南北各一百尺，高三尺。壇上安小壇九，每壇縱廣八尺，各相去一丈六尺，取容陳列祭器，及公卿酌奠。」奏可，仍遣官以香幣酒果致告。

大中祥符元年七月十三日，以東封泰山，詳定所上言：「先准勅，九宮貴神升爲大祀〔二〕。今參詳，如在本壇，即爲大祀；如當郊祭，元無此神。況位座不全，珪玉虛設，其於封祀壇不合用玉。望令三省官集議。」詔吏部尚書張齊賢集兩省、給事、舍人以上同議定以聞。封祀壇准圓丘，從祀惟有太一、攝提、軒轅、招搖、咸池、(太)〔天〕一等位，是時頗疑神名或殊。

〔一〕祝：原作「祀」，據《太常因革禮》卷四八改。
〔二〕爲：原作「焉」，據《太常因革禮》卷四八改。

八月四日，詔曰：「九宮之神，所職(猶)〔尤〕重，實財成於元化，用陰騭於下民。始於唐朝，乃崇祀典，嘗乘輿而親饗，載方册之舊聞。爰自近年，復舉明制，益其牢幣，升爲大祠。今禮屬建封，義資咸秩。惟介丘之從祭[一]，在刊位以無文。所宜俯邇岱宗，别興壇墠，聿薦苾芬之奠，式伸寅奉之誠。將來封祀，宜别擇地，建壇致饗，依大祠禮例施行。」初，帝謂宰臣王旦等曰：「九宮貴神，雖令詳定，仍在有司議改更，復有未便。且前代曾行 **3** 躬祀之禮，復又已升大祠，如何參酌，得合典禮？」旦言：「臣等商量，封禪之禮不同常祀，欲於泰山下别建九宮壇，可否更繫聖裁。」帝曰：「朕意亦然，勿更定議，便當依此施行。」故有是詔。

五日，詳定所言：「九宮貴神壇請於泰山下行宫之東，量地之宜建置。准《郊祀録》，壇三成、三尺、四階，其上依位置小壇九所，皆高一尺五寸，縱廣八尺，又西南爲一階，曰坤道人門，即不載壇都大縱廣尺丈。今京城壇再成，今請置壇三成，每成一尺，上成每面各長三丈三尺，壇東西南北各出一階，西南坤道又爲一階，各闊五丈。上置小壇九位，各高一尺五寸，每面各長八尺，每小壇相去各八尺，四隅各留五尺。壇下四面仍爲兩壝，各二十五步。准禮例，擇日築壇。興工日委泰山制置使備酒脯，差官告本處后土。」從之，仍詔牲用太牢。

九月八日，有司言：「九宮貴神，南郊從祭，位座不全。自景德二年少府設以玉九段，置從祀之位。欲望自今非别祭者並不用玉。」從之。自後親祀南郊，皆遣官就本壇别祭。

三年十一月，以將祀汾陰，遣資政殿大學士向敏中祀九宮貴神。時已命敏中餞契丹使於班荆館，御筆記其事，以示宰臣。王旦言：「祀爲大事，不可改。」帝然之，乃令樞密院改命官餞送。

六年九月十六日，禮儀院言：「九宮貴神已與恭謝天地同日祭於本壇。又准禮例，仲春祀九宮，緣祭不欲數，請罷常祀。」從之。

九年七月二十一 **4** 日，詔以蝗災，遣官於二十五日祀九宮貴神。王旦曰：「九宮貴神是大祀，前七日當受誓戒。若以二十五日祀，則於禮不備。」帝曰：「可擇日依典禮施行。」

仁宗景祐二年四月七日，翰林學士承旨章得象等言[二]：「奉詔詳定司天監役人單訓奏[三]，祀九宮貴神無逐年轉移宮位之法，乞行改正；又監生于淵奏，祀九宮神位止用一局，乞將九宮太一經依逐年飛宮法移位次祭告。謹按郄良遇《九宮法》有《飛棋立成圖》，每歲一移，兼推九州所主災害之法。又按唐天寶中，術士蘇嘉慶始置九宮神壇

[一] 丘：原作「亡」，據《宋大詔令集》卷一三五改。
[二] 言：原脱，據《長編》卷一一六補。
[三] 單：原作「車」，據《長編》卷一一六改。

於城東，其壇一成，高三尺，四陛。上依位置九小壇：東南曰招摇，正東曰軒轅，東北曰太陰，正南曰天乙，中央曰天符，北曰太一，西南曰攝提，正西曰咸池，西北曰青龍。五數爲中，戴九履一，左三右七，二四爲上，六八爲下，符於遁甲。此則九宮之定位。每歲祭以四孟，隨歲改位行棋，謂之飛位。自乾元以後，止依本位祭之，遂不飛易，仍減冬夏二祭。國朝因乾元故事，無所改更。今于淵等所請即合天寶初祭之禮，又合良遇《飛棋之圖》。臣等竊謂九宮之法，本自術家時祭之文，經禮不載。昔漢室祠官所領，多本於方士，其牲幣壇場之數，歲時昏曉之節，薦配皷舞，即用其方，故有黄帝用梟、武夷用乾魚之類。是則爲民請福，無文咸秩，寧有過立，非執一隅。今議者或以謂不必飛移，若日月星辰，躔次周流，而祭所常一。此則定位之祀，[5]所當從也。若其推數於回復，候神於恍惚，因方弭沴，隨氣考祥，則飛位之文固可遵用。參議若依于淵等所請，亦協唐禮舊文。即乞祭九宮之時，差司天監官一員赴祠所，隨每年貴神飛棋之方，旋定祭位。」從之。其法自天聖七年己巳入曆，太乙在一宮，歲進一位，飛棋巡行，周而復始。

英宗治平元年五月四日，翰林學士胡宿上言：「竊見前書載九宮貴神實司水旱，雖不見經，而當時尊祀，次於昊天上帝。唐明皇、肅宗嘗親祀之，雖太和降爲中祀，至會昌即復其禮，仍以宰相往修祠事。國家祇若舊典，列於常祀。至和中因修時祭，光禄小吏慢祀，而震死者二人，威靈所傳，耳目未遠。今首夏垂盡，而時雨尚愆，有惻上仁，偏走群望。昔宣王遭旱，《雲漢》之詩曰『上下奠瘗，靡神不宗』。況司水旱之神，又可闕諸！臣愚以謂宜因此時，特遣近臣并祠九宮貴神。」詔令禮院詳議。於是禮官上議：「國朝舊制，每歲雩祀外，水旱稍久，皆遣官告天地、宗廟、社稷及諸寺觀宮廟。九宮貴神今列大祀，亦宜准此，命官就壇祈禱。」從之。

神宗元豐六年二月二十八日，太常博士何洵直言：「熙寧《祀儀》，春秋仲月祀九宮貴神，祝文稱『嗣天子臣某』。恭惟九宮貴神功佐上帝，德庇下民，雖緣方士所説，著之祀典，而函生蒙福，有助昌時。以禮秩論之，當與社稷爲比。伏請依熙寧《祀儀》爲大祠，其祝版即依會昌故事及《開寶通禮》，書御名，不稱臣。[6]所貴輕重相稱，不失禮意。又近例，諸祠祭牲牢之數，正、配以全體，解割各用一牢。如雨師、先農皆中祠，先牧、馬祖、馬步皆小祠，每位亦一少牢。今貴神九位悉是正坐，異壇別祀，尊爲大祠，而共用二少牢，於腥熟之俎，骨體不備，比之中祠、小祠，反有弗及。謂宜每位一牢，凡用九少牢。」尚書禮部言：「王者父天母地，兄日姊月，其於天地，禮當稱臣。即九宮之神，於天地固有所降，今祝文例皆稱臣，誠爲沿襲之誤。宜如洵直所請。又既爲大祠，即牲牢與諸大祠不宜有異，及嶽、鎮、海、瀆、五龍、司中、司民、司禄亦當準雨師、馬祖，每位皆以一牢，備其牲體，則禮文大小相稱。」從之，仍下太常寺修入《祀儀》。尚書禮部亦言：「五福十太一，祝版青詞稱『嗣天子臣某』。謹按古之祝辭，以天子至尊，雖祇事天地、宗廟，示民嚴上，蓋未有稱臣者。故禮曰：踐祚臨祭祀，内事曰孝王某，外事曰嗣王某。内謂宗廟，外謂郊社。《大戴禮》載祀天祝文，稱『予一人某』。漢承古禮，稱『天子』以事天，其贊饗辭又曰『皇帝』。魏明帝始詔禮天地、明堂、五郊，可稱『天子臣某』。東晉賀循制策祝文稱『皇帝臣某』，沿襲至今，蓋用魏晉之制。本朝儀注、祀儀於上帝、五帝、日月並稱臣，至於五福太一與九宮貴神，皆天官也，近制亦稱臣。檢會九宮貴神祝版，進書已不稱臣，五福十太一當依熙寧六年以前故事。其被遣之官自宜稱臣。如此，則不失輕重之體。」從之。

哲宗元 7 祐六年閏八月二十二日，禮部言：「國朝自景祐中始用天寶祠祭之法，飛易位次，以故天符不常在中。今送神樂章云『靈壇九位，直符處中』，與祀儀不協，乞下學士院改正。」從之。

七年七月二十二日，尚書禮部、太常寺言：「比臣寮奏請祭十神太一與九宮貴神並用素食，承詔詳議。謹按《唐會要》，會昌元年中書門下奏：九宮貴神壇準天寶三載勅宜次昊天上帝，壇在太清宮、太廟上，用牲牢、璧、幣，類於天地。又九宮貴神舊儀，牲用犢，祝版御書，玉幣、樂成比類中祠。又本朝咸平四年六月四日勅，九宮貴神升爲大祠。兼元祐《祀儀》，春秋祀九宮貴神，並以大祠牲牢、禮料，祭器、樂祀、玉幣行禮。今臣寮言十神太一、九宮貴神與漢所祀太一共是一神無異，即十神太一與九宮貴神祭料合歸一致，並用素食。太史局稱：九宮、十神太一各有所主，名義不同，即非一神。故自唐迄今，皆用牲牢，别無祠壇用素食之禮。欲乞依舊制。」從之。先是監察御史安鼎奏：「竊見九宮貴神每宮祭料用羊、豕各一。謹按九神之名既見於《禮記》及諸史書詳矣。漢武帝始祠太一一位，至唐天寶初，兼祀八宮，乃謂之九宮貴神。本朝自太平(典)〔興〕國年後，又隨太一所在築宮迎祠之，皆因方士雜引道經、星曆之學而爲之也。當漢祀太一時，日用一犢，凡七日而止。唐祀九宮，牲牢類於天地。本朝春秋祀九宮太一，用羊、豕，其四立祭太一宮 8 十神，皆無牲，以素饌加酒焉。再詳星經，太一一星在紫宮門右，天一之南，號曰天之貴神。其佐曰五帝，飛行諸方，躡三能以上下，以天極星其一明者爲常居。主使十六神，知風雨、水旱、兵革、饑饉、疫疾災害之事。《唐書》曰：『九宮貴神實司水旱，太一掌十六神之法度，以輔人極。』《國朝會要》十神太一亦云天之尊神，及十精、十六神並主風雨。由是觀之，十神太一、九宮太一與漢所祀太一共是一神，無異也。今十神皆用素料，而九宮並薦羊、豕，一神而葷素不同，似非禮意，亦恐貴神未必歆饗血膋也。或曰，十神專祀而九宮泛祀，故葷素不同，是不然。既均號貴神，則其靈德必無甚異。且先儒皆以太一在九宮爲最尊，不應屈尊者之所惡，以就卑者之所欲也。臣竊慮十神太一與九宮貴神祭料合歸一致，並用素食。」詔令禮官詳定，故有是議。

徽宗崇寧三年四月十三日，太常博士羅畸言：「臣聞九宮者，天之貴神，主風雨、霜雹、疾疫、盜賊之事。《唐志》祀九宮貴神用牲牢、玉幣，類于天地，明皇、肅宗嘗親祠之。國朝亦秩爲大祀，可謂重矣。臣嘗與九宮祠事，竊見諸神位並無禮神玉。詢之有司，皆云自來惟用燔玉。臣竊見燔玉以（民）〔珉〕爲之，制度狹小。按國朝《祀儀》，祀五帝之類，禮則以玉，（播）〔燔〕則以珉。蓋近世以玉爲難繼，不可燔也，是以用珉代之。《漢書》云：『天神貴者太一，佐曰五帝。』所謂九宮者，太一蓋其一也。今祀五帝 9 有禮神玉，祀天神之貴者則闕之，臣愚竊謂祀九宮宜用禮神玉，少倣其幣之色，薦之神坐；其燔玉自從舊制。」從之。

大觀四年四月二十八日，議禮局言：「璧者天之體也，圭者天之用也。日月星辰託體於天以致用，其麗有方，其舍有次，則所謂託體也；一伏一見，一進一退，造化萬物，此所謂致用也。先王制禮，用圭璧以祀日月星辰，其義深矣。所謂圭璧者，圭，其邸爲璧，以取殺於上帝也。今九宮貴神皆星名，自唐時以其司水旱、風雨、霜雹、疫癘之事，有功於民，故置壇特祀。國朝因之，益加嚴毖，而其玉用兩圭有邸。夫兩圭有邸，祀地之玉，以祀星辰〔一〕，非周禮也。乞改用圭璧，以應古制。」從之。（以上《永樂大典》卷七八七三）

祀大火星

【宋會要】

仁宗康定元年十月十七日，太常博士、集賢校理胡宿言：「竊聞南京鴻慶宮災，此上天示變，以告人主。臣未暇推言災異之意，畧陳經義，願國家修火祀。臣謹按《春秋》，士弱對晉侯曰：『古之火正，或食於心，或食於咮〔二〕。陶唐氏之火正曰閼伯〔三〕，居商丘。祀大火，而火紀時焉〔四〕。』說曰：火正，謂火官也，掌祭火星，行火政，後世以爲火祖。相土，契之曾孫，代閼伯後主火星，宋其後也。按商丘在今南京，太祖皇帝受命之地，當房心之次。以宋建號，用火紀德，取於此。至真宗皇帝始升建京邑，號爲三都。則閼伯之神上配大火，國家之興，實受其福，至於祀典，猶宜超異於昔。今閼 10 伯祠在商丘之上，丘高二十餘丈，祠屋制度狹小，又不領於天子之祠官，歲時府吏饗祀而已，甚非報本尊始、崇火秩祀之意也〔五〕。臣愚願詔太常列於祠官，春秋

〔一〕以：原脱，據《宋史》卷一〇三《禮志》六補。
〔二〕咮：原作「味」，據《左傳》襄公九年改。
〔三〕陶唐氏：原作「唐令」，據《左傳》襄公九年改。
〔四〕而火：原脱，據《左傳》襄公九年補。
〔五〕火：原脱，據《太常因革禮》卷八一補。

二時遣使持祝版〔一〕、齎祠具，或遣近臣，或委留司長吏攝行祠事，對祭大火。比年國家數有火災，宜遣使告謝，因飾祠宇，以伸嚴奉之意。」詔禮院詳定以聞。

既而宿又上言：「火正閼伯之祠在南京，國朝受命之神。自祖宗以來，未領祠官，竊爲朝廷惜之〔二〕。按《春秋傳》：高辛氏之二子，長曰閼伯，季曰實沈，居于曠林，不相能也，日尋干戈，以相征討。后帝不臧，遷閼伯於商丘以主辰，故辰爲商星；遷實沈於大夏以主參，故參爲晉星。又襄公九年《傳》：『陶唐氏之火正曰閼伯，居商丘，祀大火，而火紀時焉。』且五行之官，祀爲貴神，每歲五時祀之，謂之五祀。火正又配食於火星者，以其於人有功〔三〕，祭火星，又祭之。《漢書》：『古之火正，謂火官也，掌祭火星，行火政。季春昏，心星出東方，而咮七星鳥首正在南方〔四〕，則用火，季秋星入，則止火，以順天時，以救民疾。』又《爾雅》云：『大辰，房心尾也，大火謂之大辰。』《周官》保章氏之職：『以星土辨九州之地所封，封域皆有分星〔五〕。』鄭氏引十二次之分，則大火宋也。《左氏傳》亦曰：『宋，大辰之墟。』《漢書・地理志》：『宋，房心之分野。周封微子於宋，今睢陽是也。』按《圖經》云：商丘在宋城縣西南三里，高八十丈，周回二百步。今閼伯之祠直當其上。蓋房、心，天帝之明【11】堂，太祖皇帝於此受命〔六〕，奄宅天下，以宋建號，以火紀德，都梁宋之郊，當房、心之次。則大火之精，閼伯之靈，擁祐福蔭，國家潛受其施者深矣。而傳序四聖，饗祀弗及。祥符中，交修大禮，拱揖諸神，雖偏方遠國，山林之祀，不出經據，偶在祀典者，尚秩王公之爵，增牲牢之品；而大火、閼伯，國家蒙福之神，又陶唐氏之火正，宋興八十年，祠官不以聞，此有司之闕也。又按左氏《國語》：董因逆晉文公於河，公問曰：『吾其濟乎？』對曰：『君之出也，歲在大火，閼伯之星也，是爲大辰，辰以成善。』又曰：『嗣續其祖，如穀之滋。』韋昭以爲，辰爲農祥，周先后稷之所經緯，以成善道，子孫繼續其祖，如穀之蕃滋。推此而言，則東方七宿，房、心通有農祥之稱。若因舊丘古祠，除潔壇地，臨遣近臣對祭閼伯〔七〕，不惟講修火正，亦足以祈求年豐。以陶唐之舊祀、祖宗之闕典，一旦陛下恢而復之，爲萬世法，詔厥子孫，永錫純嘏，臣不勝區區。」

太常禮院言：「閼伯爲高辛火正，實居商丘，主祀大火，能宿其官。後世因之，祀爲貴神，配火侑食，亦如周棄配稷，后土配社之比，下歷千歲，遂爲重祀。祖宗以來，郊祀上帝，而大辰已在從祀，閼伯之廟，每赦文及春秋，又委

〔一〕祝版：原作「版祝」，據《太常因革禮》卷八一乙。
〔二〕爲：原作「謂」，據《宋名臣奏議》卷九一改。
〔三〕人：原作「火」，據《宋名臣奏議》卷九一改。
〔四〕「鳥」原作「鶉」，「在」原無，據《漢書・五行志》上改補。
〔五〕封：原作「之」，據《周禮・保章氏》改。
〔六〕此：原脱，據《玉海》卷一〇一補。
〔七〕遣：原作「遺」，據《群書考索》卷三三改。

京司長吏致奠，祭之典未始云闕〔一〕。然國家有天下之號實本於宋，五運之次又感火德，竊謂宜因興王之地、商丘之舊，作爲壇兆，秩祀大火，以閼伯配之。每建辰、戌出納之月，內降祝版，詔留司長吏 12 奉祭行事，籩豆牲幣得視中祠。其閼伯舊廟，請如宿奏，官爲修飾。宿又言比年國家數有火災，宜遣使告謝。凡災祥之起，繫於時政，消復變易，實在明德，告謝之儀，恐未可施行。其壇兆儀制，續具申請頒下。」詔從之。

十二月四日，太常禮院上南京大火壇制。其壇高五尺，廣二丈，四出陛，陛廣五尺。設一壝，四面距壇各二十五步。位版以黑漆朱書，曰「大火位」，配位曰「閼伯位」。牲用羊一、豕一，器准中祠。歲以三月、九月，擇日令南京長吏及以次官分三獻攝祠。從之。

慶曆七年二月十六日，集賢校理胡宿言：「臣曾經過南京，親至商丘之上，其火正閼伯之殿雖制度狹小〔二〕，詢旁側居人，皆不知建造年代。近南京，祠名（田）〔曰〕『宋王祠』。蓋微子，宋之始君也，宋人併祠之，故俗呼商丘亦作『宋王臺』。此祠於理可以並存，然數椽小室，其陋過甚。閼伯祠前後雖有屋宇十數間，高下不相貫穿，並無廊廡。今來祠祭別立壇場，在商丘之東南百餘步，制度草創，壇壝低下，宜增修新置壇場，及商丘祠宇四面廊廡，小令完具。」詔令南京修葺。

七月十一日德音：「商丘火祠壇廟有頹毀處，加完葺之。」以奉安三聖御容〔於〕南京鴻慶宮故也。

徽宗崇寧三年四月八日，翰林學士張康國奏：「乞應天下崇寧觀，於空便處並修火德真君殿，依陽德觀殿，以離明爲名，從之〔三〕。」

13 七月十九日〔四〕，太常寺奏：「檢會康定元年十月十七日禮院詳定，南京商丘爲壇兆，秩祭大火，以閼伯配，內降祝版，命留司長吏奉祭，得視中祠。閼伯舊廟量爲修飾。詔可。按《左傳》昭公元年，子產對晉侯曰：『昔高辛氏有子，長曰閼伯，季曰實沈，居于曠林，不相能也。后帝不臧，遷閼伯於商丘，主辰，商人是因，故辰爲商星。』竊以國家自京師逮四方皆建離明殿，崇奉火德，儻又於興王之地別設大火閼伯像，從祀熒惑，實應禮典。」從之。

四年閏二月二日，禮部言：「離明殿增閼伯位。按《春秋》昭公《傳》曰：五行之官，封爲上公，祀爲貴神。祝融，高辛氏之火正也；閼伯，陶唐氏之火正也。祝融既爲上公，則閼伯亦當服上公衮冕九章之服。」從之。

七月六日〔五〕，臣僚言：「列星之秩祠官者，靈星、壽星

〔一〕祭：《宋史》卷一〇三《禮志》六作「咸秩」。
〔二〕雖：似有誤。
〔三〕自「陽德觀」下「殿」字至「從之」八字原脱，據本書禮一八之三八補。
〔四〕此條之前原有「紹興三年正月十七日」一條，已移至下文。本條仍爲崇寧三年之七月，以下條四年閏二月知之。
〔五〕按，此條乃祀熒惑，不當編入本門。

皆有壇，而熒惑尚闕，請於南郊赤帝壇壝外爲壇以祀。」從之。

紹興三年正月十七日〔一〕，禮部、太常寺言：「太常博士趙霈劄子奏：『仰惟陛下鑾輿巡幸，駐蹕東南，禮文之事，初若未暇。曩因臣僚獻議，天地、社稷之祀因已舉行。時方多故，宜於群小祀皆在所略；然大祀有繫國本，尤不可廢者，若大火之祀是也。惟陶唐氏火正曰閼伯，實居商丘，主祀大火，能宿其官，後世因之，配火侑食。蓋南都乃商丘之地，當房、心之次，實太祖皇帝受命之邦，故以宋建號，用火紀德，國家奉祀，世受其福。況陛下踐祚此邦，復興王業，遭時艱虞，神遂乏祀，六年于兹矣，考之祀典，正所當先。望明詔有司舉兹闕文，就行在秩祀大火，配以閼伯，仰副巡狩望秩之遺意。』太常寺討論得：應天府祀大火，係以季春、季秋，擇日差官於本廟致祭。今道路未通，祀事久廢，禮合從宜於行在春秋設位望祭。候路通，令本府依自來體例施行。」從之。既而本寺參酌，合用御封降真香，祝文二首，禮料每位合用著尊一，實以法酒二升，籩、豆各一，鹿脯重四兩，鹿臡二合半，赤幣長一丈八尺小尺。（以上《永樂大典》卷七八七四）

祀熒惑星

【宋會要】

14 徽宗崇寧三年四月十三日，太常博士羅畸言：「仰惟國家乘火德之運以王天下。臣謹按，五行之精，在天爲陽星，而熒惑者，至陽之精，天之使也。朝廷比者就國之陽特開琳館，以妥其靈，固宜倣太一宮，遣官薦獻，或立壇於南郊，如祀靈星、壽星之儀，著之禮典，以時舉之，庶幾上稱陛下嚴奉真靈之意。」從之。先是建中靖國元年建陽德觀崇奉，事具宮觀門。

四年七月六日〔二〕，禮部、太常寺言：「竊見衆星之在祠官者，靈星、壽星皆有壇以祀，而熒惑尚闕，請於南郊赤帝壇壝外爲熒惑壇，命有司以時致祭。」詔禮部、太常寺同議。禮官言：「聖朝以火德王天下，寅奉熒惑，猶在所先，當如所請。」從之。

大觀四年四月二十八日，議禮局言：「《周禮》肆師之職，『掌立國祀之禮，以佐大宗伯。立大祀，用玉、帛、牲牷；立次祀，用牲、幣；立小祀，用牲』。玉人之事，『圭璧五寸，以祀日月星辰』。聖朝以火德王天下，寅奉熒惑，外

〔一〕此條原在上文「徽宗崇寧三年四月八日」條之後，且自「紹興三年」至「故以宋建號」句「故以」二字全脱，「宋建號」緊接上條。考之《中興禮書》卷一二八，此實爲紹興三年事，此條脱去上文，而又錯簡在此。今據《中興禮書》補足，並移於此。所補之文雖非《會要》原文，亦當相近。

〔二〕七月：天頭有屠寄按：「《大典》七千八百七十四作『六月』。」今按，屠寄所指即本頁上文之「七月六日」條，並非六月，疑屠氏誤。又，《玉海》卷一〇一亦作「七月六日」。此條與上文「七月六日」條實爲一事。

立壇壝，内建閟宇，秩視大祠，道迎景貺，以福天下，德至厚也。今太常《祀儀》有牲、幣而無圭璧，則非陛下寅奉熒惑、秩視大祠之意。伏請自今祀熒惑壇，增用圭璧，以合《周禮》。」從之。以上《續國朝會要》。《國朝會要》無此門。

（孝）〔高〕宗皇帝紹興七年五月十一日，太常博士黄積厚言：「大祀如立夏日祀熒惑，望下有司舉行。」15 從之。禮料初權依奏告例，後比擬舊制，一視感生帝。詳見其門。

十八年五月四日，禮部侍郎沈該言：「竊惟國家乘火德之運以王天下（一），崇奉熒惑，猶所當先。先朝建陽德觀，專奉火德，配以閼伯，而祀以夏至。舊章具存，可舉而行。欲望特詔有司於宮觀内別建一殿，專奉火德，配以閼伯，以時修祀。庶幾仰答靈貺，益固炎圖。」詔令禮部、太常寺討論。其後建于太一宮道院，揭名曰「明離」。《乾道會要》無此門。（以上《永樂大典》卷四三七一）

長星

【宋會要】（二）

16 崇寧五年，長星見，蔡京斥居浙西，時事小變，士大夫觀望，或於秉筆之際有向背語。蔡既再相，門人蘇棫者自漳州教授召赴都堂審察，獻議，乞索天下學官五年所撰策題，下三省委官考校，以定優劣。坐是停替者三十餘人。棫爲太學博士，遷司業卒。《老學庵筆記》（三）：「崇寧中，長星出，推步躔度長七十二萬里。」

流星

【宋會要】

咸平六年十一月二十七日夜，有星出畢南，慢流至屏北，尾跡蛇形，屈曲三丈餘，良久而没。又東方有星出南河，飛至中天，貫（昂）〔昴〕、畢，至營室没。

飛星

【宋會要】

隆興元年八月十五日夜，東南方有飛星，出自壁宿距星，急流犯王良星没。色赤黄潤澤，有尾跡，不照地明，大如金星。

九月二十二日夜，西方有飛星，出紫微垣外座鉤星，急流入抵紫微垣内座尚書星没。赤黄色，微有尾跡，不照地明，〔大〕如土星（大）。

（一）運：原作「建」，據《文獻通考》卷八〇改。

（二）按：下文第一段乃抄自方勺《泊宅篇》卷二，非《會要》之文，第二段已標明出《老學庵筆記》（見該書卷三），則「宋會要」三字乃《大典》誤標。

（三）此五字原作小字，有似注釋上文之出處，然實指下文之所出，因改爲大字。

〔十一月〕二十日夜〔一〕，東北方有飛星，出自天船星，急流至紫微垣外座内厨没。臨没時，炸出二小星，青白色，有尾跡，照地明，無音聲，大如木星。

二年二月六日夜，有飛星出權星左角西南，向東北（漫）〔慢〕流，至太微五帝座大星西南没。青白色，微有尾跡，不照地明，大如 17 木星。（以上《永樂大典》卷七八六六）

隕星

【宋會要】

天聖六年四月十九日，仁宗詔以星隕之變，不御前後殿，命中書、樞密院分告於宮觀寺塔。（以上《永樂大典》卷七八六七）

黄帝壇

【宋會要】〔二〕

18 太平興國八年十月戊子，詔祀土德於黄帝壇，珪幣牢具如大祠制，俾祠官領之。

先農壇

【宋會要】

19 雍熙四年九月二十七日，詔來年正月親耕。二十八日，命宋白、賈黄中等定儀注。十月一日，詳定所言：「北齊壇高九尺，廣輪三十六尺，四陛，三壝，四門。唐制高五尺，周迴四十步。今請壇高九尺，周圍四十步，飾以青。唐祀先農，長安在通化門外十里〔三〕，洛陽在上東門外七里。今請於朝陽門七里外、十五里内爲壇。」十五日，禮儀使言：「宋、齊之制，於先農壇東立觀耕臺，請築臺，高五尺，周四十步，四出陛，飾以青。」二十一日，詳定所又言：「先農壇設二壝，樂懸〔四〕、二舞俱在壇前。請定御耕位，在壝城東南，外壝設於大次、御耕位、觀耕臺、樂懸之外。」

端拱元年正月十七日，親饗神農氏于壇，以后稷配。

〔一〕十一月：原脱，據《宋史》卷六〇《天文志》一三補。

〔二〕按，自「黄帝壇」以下四壇之文實乃抄自《玉海》卷一〇一，而非《宋會要》之文。其一，其文除一、二誤字外，全同於《玉海》，甚至錯誤之處亦同。其二，文中之紀日，或用干支，或用數字，與《宋會要》之紀日純用數字不同。其三，以下諸條所記之事，大部分在今《宋會要輯稿》與《補編》中尚有記述同一事之條文，而其文字與此處之文字大異。如「先農壇」之前三段以數字紀日者，《補編》中亦有之，但文字遠爲詳備，蓋《玉海》節録《會要》；其後二段以干支紀日者，《補編》均以數字紀日，文字亦不同，則是《玉海》抄自他書。「四望壇」一段，本書禮二一之一「四鎮」門亦輯録有《宋會要》記載同一事之文，雖有脱漏，但所存大段文字與《長編》卷三〇八相同，而與此處不同。凡此皆可證明，此四壇之文乃抄自《玉海》，而誤題作《宋會要》。

〔三〕化：原作「他」，據《玉海》卷一〇一改。

〔四〕懸：原作「垂」，據《玉海》卷一〇一改。下同。

淳化元年五月二十三日,禮官言:「端拱親耕壇設兩壝,無周圍步數。請四面各封五十步,爲兩壝,壝各五十步。」從之。

景德四年十二月庚戌,判禮院孫奭言:「《六典》、《禮(閤)〔閣〕新儀》皆言吉亥饗先農,今以正月一日,望改用正月上辛後亥日。」詔禮官議,從其請。

明道元年十二月庚子,詔以來年二月丁未籍田,就端拱壇位、耕地,因加修飾。

二十五日,以農壇三壝地狹〔一〕,請自外壝十步限以青繩。

先蠶壇

【宋會要】20景德中,判太常寺李宗諤以諸神祠壇多缺外壝之制,因深塹列木以表之,營葺齋室,月視其缺。(以上《永樂大典》卷四三七一)

四望壇

【宋會要】21元豐(二)〔三〕年〔二〕,知湖州陳侗請依《周禮》建四望壇於四郊〔三〕。八月,詳定禮文所言:「《小宗伯》『兆四望』,鄭注爲壇之營域。《祭法》:『四坎(坎)壇,祭四方也。』壇以祭山川丘陵,坎以祭川谷泉澤。魏立四望位於祭地壇。隋史官《南郊圖》有東、西、南、北望之位,各居其方。唐《開元禮》:祈嶽、鎮、四瀆于郊四方,山川各附嶽瀆下。請兆四望於四郊,每方嶽、鎮共爲一壇,海、瀆共爲一坎望祭〔四〕。」以五時迎氣日祭之,用血祭,瘞貍。(以上《永樂大典》卷四三七二)

蜡臘

【宋會要】22太祖建隆元年三月十八日,有司上言:「國家受周禪,周木德也,木生火,宜以火德王,色尚赤。請以戌日爲臘。」從之。

四年六月二十三日,太常博士和峴上言:「伏惟去歲臘在十二月十四日,據《書》曰『以七日辛卯蜡百神』,謹按蜡始于伊耆氏,夏曰嘉平,商曰清祀,周曰蜡,漢曰臘。是

〔一〕壝:原作「壇」,據《玉海》卷一〇一改。

〔二〕三年:原作「二年」,《玉海》亦同,實誤,據《長編》卷三〇八、《文獻通考》卷八三改。

〔三〕陳侗:原作「陳伺」,據《長編》卷三〇八改。四望壇:原無,據文意補。《玉海》亦無此三字,因《玉海》此句之前有「元豐四望壇」之題,此三字自可省;若爲《宋會要》,則此三字不當省。此益可見此文乃抄自《玉海》。

〔四〕「每方」二句:原作「每方嶽鎮海瀆共爲一壇望祭」,《玉海》亦同誤,據本書禮二一之一、《長編》卷三〇八、《文獻通考》卷八三改補。

知蜡者，臘之别名。漢以火行，戌日爲臘。臘者接也，新故相接，田(臘)〔獵〕禽獸以饗百神，報終成之功也。王者因行臘蜡，上饗宗廟，旁及五祀，展其孝心，盡物示恭也〔一〕。魏晉以降，沿襲爲常。至于唐朝，實土德〔二〕，貞觀之際，尚以前寅蜡百神，卯日祭社宫，辰日臘饗宗廟。開元定禮，三祭皆以臘辰，以應土德也，當時議者以爲得宜。聖朝火德，宜以戌日爲臘，而以前七日辛卯便行蜡禮，恐未爲宜。况今宗廟、社稷並遵臘享，而獨蜡不以臘，於理不通。」事下太常禮院議。宋神宗元豐壬戌十二月二十八日〔三〕，改用次日，以火德王，故戌日臘。建隆中禮官議，唐貞觀已前寅日蜡百神，卯日祭社稷，辰日饗宗廟，非古也。請三祭同用戌臘一日〔四〕。近儀，酉日祭社稷、蜡百神，戌日享宗廟。杜臺卿引《禮運》云「仲尼與於蜡賓」〔五〕，康成曰：「蜡亦祭宗廟，時孔子仕魯，在助祭之中。」明自古以蜡祭廟也。（以上《永樂大典》卷二二六六五）

【宋會要】

23 仁宗天聖三年十一月二十二日〔六〕，太常博士、祕閣校理、同知禮院陳詁上言：「伏見每年季冬蜡百神於南郊，祠壇設五方田畯、郵表畷之位各于其方。今詳蜡祭一百九十二位，祝文内載一百八十二位，唯五方田畯〔七〕、五方郵表畷一十位不載祝文。深慮開元以來，歷年寖遠，或前編之缺載，致有司之失傳。按《郊祀録》、《正辭録》、《司天監神位圖》，猫、虎並作猫、於菟，蓋避唐諱爾。望添入五方田畯祝文，及五方神祝文添入郵表畷，及改於菟爲虎。」事下太常禮院，議曰：「田畯之神，雖别無祝文，而后稷氏祝詞已云『爰及田畯，實觀農穡』。其五方神祝文，衆族之下各乞添入郵表畷，及改於菟爲虎。望下祕閣、司天監施行。」從之。

神宗元豐六年正月七日，詳定郊廟奉祀禮文所言：「祭之有䄍，所以報萬物之成功，然歲之豐荒有異，四方之順成不等，報功之禮亦不得一。故《記》曰：『八䄍以祀四方，年不順成，八䄍不通。』歷代䄍祭獨在南郊爲一壇，惟周、隋四郊之兆乃合禮意。又《禮記·月令》以䄍與息民爲二祭，故隋唐息民祭在䄍之後日。伏請䄍祭四郊，各爲一壇，以祀其方之神。前期，司農關有不順成之方，更不修報。其息民祭仍在䄍祭之後。」從之。先是元豐五年，太常寺言：「逐郊合祭神位，其壇乞依舊百神壇制度修築。其東西有不順成之方，即祭日月；其神農以下更不設祭。又舊儀，神農、后稷並設位於壇下，當移于壇上。及按《禮記

〔一〕恭：原作「功」，據《宋史》卷一〇三《禮志》六改。
〔二〕土：原作「木」，據《宋史》卷一〇三《禮志》六改。
〔三〕按，此條原作正文書寫，查此條文字出自《文昌雜録》卷二，乃私家雜議，顯非《宋會要》本文。且《大典》引此書以注《會要》，多作小字書寫，今依例改作小字。
〔四〕祭：原作「日」，據《文昌雜録》卷二改。
〔五〕引：原作「允」，據《文昌雜録》卷二改。
〔六〕天頭原批：「此條加在『太常禮院議』〔下〕。」按，此謂接上條正文之末句。批者誤以上條之注文爲正文，以爲年代錯亂，故有此批。
〔七〕唯：原作「喉」，據《宋史》卷一〇三《禮志》六改。

正義》，伊耆氏，神農也〔一〕，其[24]北方䄍祭壇上已設神農位，壇下更設伊耆氏位〔二〕，合除去。」又禮部看詳，䄍祭四壇皆設神農、后稷，同日祭饗，頗爲重複。太常寺以謂，䄍祭本以神農爲主，后稷從祭，今四郊設壇，自合逐方各祭，同日不爲重複。並從之〔三〕。

【宋會要】

孝宗皇帝乾道四年十一月二十七日，太常少卿王瀹等言：「祭之有蜡，所以報萬物之成也。紹興之初，搶攘多事，日不暇給，大祀、中祀或權宜用奏告禮。後因臣僚之請，復有十三祭爲大祀，而東西蜡預焉，皆備登三獻之禮；獨南北方正、配之神與其從祀，至今酒脯一奠而已。乞照中祀儀式舉行，以稱嚴恭祀事之意。」從之。既而禮部、太常寺言：「南北二蜡合修撰樂章，教習樂工，及用牲牢等，而祭日已逼，辦集不逮。」乃自來年爲始。其南蜡仍舊於圓壇望祭殿，北蜡於餘杭門外精進寺行禮。登歌、樂架、大樂等就本寺所掌數内番衮用，其樂章從本寺報祕書省修撰。每祭用（祭）〔登〕歌樂工三十六人，以同日祭人闕，乃依祠嶽鎮海瀆例，差宮架内無錢糧樂工（克）〔充〕攝，其教習日食錢並如宮架樂工之例。

【宋會要】

臘蜡。太祖建隆元年三月十八日，有司上言：「國家受周禪，周木德也，木生火，宜以火德王，色尚赤，請以戌日爲臘。」從之〔四〕。（以上《永樂大典》卷一七七一七）

〔一〕神農：原作「農神」，據《禮記·郊特牲》孔穎達《正義》乙。
〔二〕伊：原作「儀」，據《宋史》卷一〇三《禮志》六改。
〔三〕天頭原批：「以下接元豐壬戌。」按，「元豐壬戌」指前禮一九之二二建隆「四年六月」條原稿誤作正文之小注。批者不知此非《會要》之文，且未審「元豐壬戌」乃元豐五年，故有此誤批。嘉業堂本即照以上二條誤批執行。
〔四〕按，此條與本門第一條重複。

宋會要輯稿　禮二〇

諸祠廟

雜録〔一〕

【宋會要】

1 孝宗隆興二年十二月十六日德音：「楚、滁、濠、廬、光州、盱眙、光化軍管内并陽城、西和州、襄陽、德安府、信陽、高郵軍應管内名山大川，及歷代聖帝明王、忠臣烈士有功及民，載於祀典者，并沿江神祠、龍洞，委所在差官嚴潔致祭。」

乾道元年正月一日郊(祠)〔祀〕赦：「應古跡、壇場、福地、靈祠、聖跡，所在守令常切嚴加崇奉，五嶽四瀆、名山大川、歷代聖帝明王、忠臣烈士有功及民，載於祀典者，並委所在差官嚴潔致祭。」八月十二日册皇太子赦，并三年、六年郊祀赦，亦如之。六年赦内仍令神祠廟宇有損壞去處，逐州長(史)〔吏〕以係省錢，限一月監修。七年册皇太子赦及三年九月郊赦並同六年之制。

徽宗崇寧二年九月二十八日，臣寮言：「禮有五經，莫重於祭。祭之秩於典者多矣，而自京師至于郡縣，春秋祈報徧于天下者，惟社稷爲然。今郡守、縣令不深惟其故，以是爲不急之祀，壇壝不修，甚者民得畜牧種蓺於其間，春秋行事取具臨時。乃或器用弗備，粢盛不蠲，齋祓弛解，祼獻失度。竊惟社稷之祀，敕令該載，欲望降詔戒敕郡縣，務在遵承。諸路監司巡歷所至，親察壇壝，其不如儀者，具事以聞。庶幾官司祗肅祀事，神用顧享。」從之。詳「社稷下」。

太祖開寶四年二月二十五日，詔前代祠宇，各與崇修。

2 真宗大中祥符元年十二月十三日，詔曰：「朕以列聖儲休，千秋接統。登封降禪，既精饗於二儀；崇德報功，亦望秩於群祀〔二〕。然率濱之内，邃古以來，惟神道之聰明，暨人倫之賢哲，期臻福祐，用示欽崇。應天下有名在地志，功及生民，宫觀、陵廟，並加崇飭。」

二年三月二十六日，詔：「會真宫尊像、兖州諸觀廟伏羲、文憲王祠宇塑像、衣冠制度，宜令太常禮院、道録院檢詳典故科儀頒下。」

景祐二年六月九日，知樞密院事李諮言：「袁州仰山廟宇破損，州民緣化錢一二千貫，即無主領。望委本州曹官管勾修蓋，量差兵匠應副。」從之。

四年閏四月十三日，門下侍郎、平章事王隨言：「昨充

〔一〕諸祠廟、雜録：原題作「山川祠」。按此題原批於天頭，爲後來整理者所擬加，而此題極不確切。此門本録自《永樂大典》卷一二〇三「祠」字韻「事韻」目，係雜抄有關「祠」之事，其中僅有少數條文涉「山川祠」，不可以少概多，今特據内容另擬。

〔二〕群：原作「郡」，據《宋大詔令集》卷一七九改。

園陵監護使，經中牟縣，有列子觀約二十餘間，見今摧塌。望差官檢計添修。」從之。

慶曆七年三月二十三日，詔：「諸處神廟不得擅行毀拆，内係祀典者如有損壞去處，令與修整。」

皇祐二年十二月十一日，知制誥胡宿言：「事神保民，莫先祭祀。比多水旱，未必不由此。望令天下具名山大川能興雲雨者，詳定增入祀典，春秋禱祀。」詔天下長吏，凡山川能興雲雨不載祀典者，以名聞。

神宗熙寧七年十一月二十五日，詔：「應天下祠廟祈禱靈驗，未有爵號者，並以名聞，當議特加禮命。内雖有爵號，而褒崇未稱者，亦具以聞。」

元豐三年十月十六日，知邢州王慥言：「州有唐宋璟墓，臣輒以公使羨錢買近墳地七十畝，爲祠堂、碑樓。訪其後，❸止有宋達爲忠效指揮小分。乞載於祀典，春秋享之，令宋達掃洒祠宇，耕墳旁地，以供祭享，傳世毋得質賣。」從之，宋達仍放停。

四年五月十六日，詔：「開封府開封縣鄧公鄉菜園内水泉，見聽士民汲取，宜特許側近以所得施利建立廟像。」

崇寧四年十一月二十二日，詔以順濟龍王久在江上，靈迹甚多，(時)〔特〕加封爵。差胡師文赴本廟奉安致祭，及專差官一員管幹本廟廟貌，常切修葺，四時遣官致祭。近廟居住第四等以下户五家特免徭役，守護掃灑。

同日，涇原路經略司言：「平夏城三聖廟，土人言有三蜥蜴見，故謂之三聖。昔西賊寇邊，大雲梯瞰城甚危迫，禱於神，大風折梯，遂解平夏之圍。乞加封爵。」上曰：「龍蛇靈異之地，能救活人，即天録其功。如京師皮場廟神乃壁鏡也，其質或白黑，有五足，疾病疕瘍者造爲其所，香火輒愈，蓋救萬民之病苦，以積功行也。」遂從其請。

政和四年二月十三日，知虢州朱陽縣(斿)〔游〕天經言：「鳳翔岐山縣西北有周公廟，廟後有泉，自石穴中湧出。耆老傳云，此泉盈縮繫國家盛衰。唐大中初，泉十穴俱湧，賜名潤德泉。崇寧間水湧，不止十穴。乞詔史官記述其異，仍賜空名度牒，下本路計工增崇嚴飭。」詔令禮部給度牒五道，餘依。

宣和四年四月十八日，吏部尚書、兼侍講、修國史王孝迪言：「按《五代史》：裴約以裨將爲莊宗守澤州，方李繼韜據上(堂)〔黨〕叛，約嬰城固守，誓不從賊，❹力屈勢窮，卒被屠戮。後唐迄今二百年，幸逢明聖之世，而名未編於祀典。乞詔太常揭美名，加侯爵以寵之，俾歲時有司奉祠。」詔：「裴約盡節前代，可從其請，以爲忠義之勸。」

欽宗靖康元年二月十二日赦文：「應祠廟載於祀典，曾經焚毀者，候向去夏秋豐熟，量破係省錢修葺。」

高宗建炎元年五月一日敕：「五嶽四瀆、名山大川、歷代聖帝明王、忠臣烈士，載於祀典者，委所在長吏精潔致祭，近祠廟處並禁樵採。如祠廟損壞，令本州支係省錢修葺，監司常切點檢，毋致隳壞。」

二日，端明殿學士、知饒州董耘言：「乞致祭張巡、許遠，以旌忠烈，以爲萬世臣子之勸。」從之。

建炎四年二月二十三日德音：「應金人焚燒前代帝王及五嶽四瀆、名山大川神祠廟宇，仰所在州縣移那係省錢物，漸次修蓋，如法崇奉。其不經焚燒，或有損壞去處，亦仰依此施行。」

四月九日，詔：「巡幸經由温、台、明三州海道，應神祠廟宇已有廟額、封號處，令太常寺加封；有封號、無廟額去處，與賜額；其未有廟額、封號，令所在官司嚴潔致祭一次，錢於本路轉運司係省錢内支破。」

紹興二年十一月五日，禮部、太常寺言：「程嬰、公孫杵臼廟係載在祀典，歲時絳州差官於本廟致祭。今來道路未通，廟貌隔絶，祠祭久廢。欲於行在春秋設位望祭，候路通，令本州依自來禮例施行。」詔依。從駕部員外郎李愿請也。

紹興三年三月十二日，紹興府乞 5 降度牒，修曹娥鎮靈孝昭順夫人廟。上曰：「營神祠非今所急，然一方民情之所祈嚮，當姑從之。」

紹興二十二年十一月二十五日，吏部尚書、兼侍講林大鼐言：「武林江山之會，王氣所鍾，翠華駐蹕，二十餘年于兹矣。不唯天目之山龍飛鳳舞，至盱盤江亦有朝夕之二潮焉[一]。頃者江流失道，灘磧山移，潮與洲鬬，怒號激烈，故舟楫多至失利；沙回岸虚，故堤埽屢遭蝕齧。皆以爲比年以來，陡頓可駭。説者以謂英烈王吴山有廟，血食故國，以福祐江鄉，燼於戊辰之回禄，使土人乞靈無地。此雖小説不足信，《吴(粤)[越]春秋》曰：前潮，王子胥也；重水，大夫種也。則錢塘之潮，應有神物主之。葺廟貌，建浮屠，付之有司，此亦易事。」上曰：「大鼐所奏錢塘江寖淫恐爲水患，可令臨安府、轉運司(指)[措]置，趁冬月水不泛溢時理會，庶易爲力。舊來曾有塔廟陰以相之，此雖出於小説，恐不可廢。」從其請。

紹興三十二年六月十三日孝宗登極赦：「五嶽四瀆、名山大川、歷代聖帝明王、忠臣烈士，載於祀典者，委所在長吏精潔致祭，近祠廟處並禁樵採。如祠廟損壞，令本州支係省錢修葺，監司常切點檢，毋致隳壞。」

乾道八年正月三日，淮南西路安撫司言：「朝廷旌忠之命，所以報死士而激義氣。今和州含山縣渭子橋之戰，統制官姚興以單寡之師，嬰方張之虜，奮不顧身，與之力戰，卒死于敵。朝廷嘉其忠勇，錫以廟號，立於戰場之側。然蘆 6 葦之中，盈尺之地，茆茨以生，風摧雨剥，所不堪視。且以一廟觀之，其他可知。乞下有司檢舉一路賜廟之數，令州縣支係省錢嚴加修蓋，以激昂忠義。」詔姚興一廟，令先行修葺，仍下淮東西路，向來忠義死節之士，廟有頹

[一] 盱盤江：不可解，當有誤。據下文，此處乃指錢塘江，「盱盤」或爲「錢塘」之誤。《建炎要録》卷一六三約此文曰「大江潮信，一日再至」。

毀，並檢照保明奏聞〔一〕。

二月八日，新知隨州李穀言：「父彥仙，建炎間以死節顯著，蒙加贈，及立廟於商州，所有賜額敕牒，已降付商州。後以商州隔絕，乞於閬州建立廟宇，蒙宣撫使司委官修蓋。于今將四十餘年，其改建閬州賜廟敕牒元未准朝廷降下，乞賜出給。」從之。

真宗景德二年九月〔二〕，解州上言，兩池左右祠廟〔三〕，請易題榜。詔取圖經所載者賜額。遂改解縣池龍廟額曰「豐寶」，安邑曰「資寶」，分雲廟曰「廣惠」。其風后廟、靈慶廟、鹽宗廟、偃雲廟、淡泉廟並仍舊額。徽宗崇寧四年閏二月，豐寶廟封〔利〕澤侯，資寶廟封普惠侯，靈慶廟賜顯慶廟，鹽宗廟賜開利廟，（堰）〔偃〕雲廟賜（零）〔靈〕濟廟，淡泉廟賜沛澤廟。大觀元年正月，利澤侯封博惠公，普惠侯封靈潤公，顯慶廟封博利侯，開利廟封興寶侯，靈濟廟封仁施侯，沛澤廟封敷惠侯。閏十月，博利侯加封廣惠公。二年，博惠公封惠康王，靈潤公封護寶王，廣惠公封寶源王，興寶侯封美利公，仁施侯封節潤公，敷惠侯封普濟公。

元豐（三）〔六〕年閏六月十七日〔四〕，太常寺言：「博士王古乞（目）〔自〕今諸神祠，無爵號者賜廟額，已賜額者加封爵，初封侯，再【7】封公，次封王，生有爵位者從其本。婦人之神封夫人，再封妃。其封號者初二字，再加四字〔五〕。凡古所言，皆當於理。欲更增神仙封號，初真人，次真君。如此，則錫命馭神，恩禮有序。」從之。

徽宗建中靖國元年三月二十四日，禮部言：「諸州神祠加封，多有不應條令。今欲參酌舊制，諸神祠所禱累有靈應，功德及人，事跡顯著，宜加官爵、封號、廟額者〔六〕，州具事狀申轉運司，本司驗實，即具保奏。道釋有靈應加號者准此。」從之。

崇寧元年正月二十五日，詔：「應民庶朝嶽獻神之類，不得倣效乘輿服玩製造真物，只得圖畫焚獻。餘依舊條。及令開封府并諸路監司逐季舉行曉示，仍嚴切覺察施行。」先是侍御史彭汝霖言：「元符敕：諸司因祠賽社會執引兵杖旗幟，或倣乘輿器服者，造意及首領之人徒二年，餘各杖一百。滿百人者，造意及首領人仍不刺面配本城，並許人告。乞下府界及諸路，近年逐季舉行，粉壁曉示。」又夔州路轉運判官王遽言：「應民庶朝嶽獻神之類，只得圖畫焚獻，不得置造真物，類乘輿服用。仍仰州縣立賞告捕。」故有是詔。

〔一〕天頭原批：「祠死（事）〔士〕一條別出。」

〔二〕二年：《事物紀原》卷七作「三年」。

〔三〕池：原作「地」，據《事物紀原》卷七改。

〔四〕六年：原作「三年」，據《長編》卷三三六改。

〔五〕此下原有「如此則錫命馭神恩禮有序」句，按《長編》卷三三六、《宋史》卷一〇五並只於此處有之，下文則無，《文獻通考》卷九〇相反，下文有，此處無。今姑從《通考》刪去此處一句。

〔六〕封號廟額：原作「封廟號額」，據文意乙。

大觀三年三月二十三日，尚書省言：「神祠加封爵等，自來降勑、降誥，未有定制。」詔：「神祠封王、侯、真人、真君，婦人封妃、夫人者並給誥，賜額、降勑。」

高宗紹興十一年〔一〕，太常卿陳桷等言：「自來神祠加賜廟額及封王、公、侯爵等，給降勑告自有定式。昨自渡江後來，神祠加封合給告者止命詞給勑，竊恐未稱褒崇之意。大觀三年三月二十三日，詔神祠封王、侯、真人、真君，婦人封妃、夫人者並給告，賜額、降勑。欲乞自[8]今後每遇神祠封王、〔公〕、侯、真人、真君，婦人之神封妃、夫人者，並乞命詞給告。其道釋封大師、塔額，神祠賜廟額及封將軍，並乞依舊降勑。」從之。

宣和元年五月二十九日，知陳留縣天授觀事張昌壽言：「本觀漢相留侯張良，政和元年十二月勑賜忠佑廟爲額。及政和八年閏九月内，本府奏請詔賜天授觀爲額，續封凌虚真人。今來本觀嗣侯不疑未曾經賜爵號，申乞詳酌。」嗣侯不疑已降指揮封嗣功侯外〔二〕，應有祠宇去處，其位號自合改正。

宣和四年七月二十八日，禮部言：「襲慶府貢士徐紱等狀：鄒國公孟子傳孔子之道，尊堯舜，距楊墨，功不在禹下，元豐賜廟額，封公。政和初，并其門人樂正子、萬章之徒，列封侯伯，獨其父母未蒙褒顯。況傳記所載三遷之教，實緊賢母。紱等已擇爽塏之地，增建祠宇，就嚴像設訖，乞依〔山〕〔仙〕源縣先聖廟例。」從之。

高宗紹興五年九月二十日，吏部員外郎董棻言：「臣昨任提刑日，到雷州海岸遞角場，有威武廟，係伏波神祠；其瓊州海口有輔漢王廟，亦係伏波神祠。臣切詳，伏波乃東漢中興功臣新息侯馬援，元豐中錫以忠顯王。至元符中，蘇軾謫居昌化，乃作廟碑，推考以爲漢有兩伏波。邳離侯路博德建廟於馬伏波之西，宣和中始封忠烈王。臣比將命遠使渡海，皆有靈應，乞將馬伏波更加封號，及將邳離忠烈王路伏波與馬伏波一等封號。」太常寺言：「伏波將軍[9]新息侯馬援已加封忠顯佑順王，今欲擬忠顯佑順靈濟王。瓊州海口輔漢王廟係僞漢所封，欲改賜威武廟爲額。其伏波將軍邳離侯路博德於宣和中封忠烈王，今與馬伏波一等封號，各增加四字，欲擬忠烈明威廣佑王。」詔依。

紹興七年三月九日，南京留守司言：「應天府商〔土〕〔丘〕臺係享祭大火及閼伯之地，先賜光德廟額，商〔土〕〔丘〕公閼伯特封商丘王。緣後來南北隔絶，屋宇盡行拆毁，止於臺下野次薦奠，殊不稱寅奉之意。已一面計置，於本府隨宜修整，乞特加尊崇顯號。」詔依，加封商丘宣明王。

紹興七年四月十二日，樞密院言：「故建康府通判楊邦乂，建炎三年金賊犯城，死於國事，於本府建廟，勑賜額

〔一〕此條自「高宗紹興」以下至「褒崇之意」一段原脱，據《文獻通考》卷九〇補。正因有此一段脱文，《永樂大典》遂按大觀三年將此條插編於此，以致文意不屬，年代混亂。此條當移後。

〔二〕句首疑脱「詔」字。

曰『褒忠』，於城南興教寺基修蓋。近緣火毀不存。」詔令建康府修蓋。

哲宗紹聖二年十二月二十三日，尚書禮部侍郎黃裳等言：「乞詔天下州軍，籍境内神祠，畧叙所置本末，勒爲一書，曰《某州祀典》。」從之。

徽宗大觀二年九月十日，禮部尚書鄭允中言：「天下宫觀寺院、神祠廟宇，欲置都籍，拘載名額。」從之。

政和元年七月二十七日，秘書監何志同言：「詳定《九域圖志》，内《祠廟》一門，據逐州供具到，多出流俗一時建置，初非有功烈於民者。且如開封府扶溝縣秋胡廟、封丘縣百里使君、程隱君廟之類，逐縣皆稱載在祀典，及移問太常寺，並無典籍可考。（去）〔夫〕以王畿之【10】近，而廟祀未正乃如此，則遠方陬邑槩可見矣。欲望申勅禮官，纂修《祀典》，頒之天下，俾與《圖志》實相表裏。」又言：「諸州祠廟多有封爵未正之處，如屈原廟在歸州者封清烈公，在潭州者封忠潔侯；及永康軍李冰廟，已封廣濟王，近乃封爲靈應公。如此之類，皆緣未有祀典該載，致前後封爵反有差誤。」詔：「太常寺、禮部遍行取索，纂類《祀典》。將已賜額并曾封號者作一等；功烈顯著，見無封額者作一等；民俗所建，别無功德及物，在法所謂淫祠者作一等。各條具申尚書省，參詳可否，取旨。其封爵未正，如屈原、李冰之類，豈有一身兩處廟貌、封號不同者？宜加稽考，取一高爵爲定，悉行改正。佗皆放此。仍就禮部、太常寺見今官吏行遣，玆蓋修舉本職，不得輒有申請差官并書寫人等。」

天禧三年四月二十一日，詔曰：「隆平之政實貴於防邪，聰直之神不歆於非類。是以前聖立教，明王守邦，具有憲章，絶其淫祀。朕纂承基緒，撫育蒼黔，伸孝饗於宗祊，奉禋燔於天地。一則以歸功報本，一則以祈福兆祥，所冀寰區，畢登仁壽。而小民寡識，鄙俗易訛。如聞金、商等州，頗有邪神之祭，或緣妖妄，取害生靈。達於予聞，良用矜軫，宜令所在，嚴禁絶之。如復造作休祥，假託祭祀惑衆，所犯頭首及豪強者並處死〔一〕，餘決訖黥面，配遠惡處牢城。」

仁宗天聖元年十一月八日，户部郎中、知洪州【11】夏竦言：「臣聞左道亂俗，妖言惑衆，在昔之法，皆殺無赦。蓋以姦臣逆節，狂賊濳窺，多假鬼神，摇動耳目。漢之張角，晉之孫恩，偶失防閑，遂至屯聚。國家宜有嚴制，以肅多方。竊以當州東引七閩，南控百粵，編氓右鬼，舊俗尚巫。在漢欒巴，已嘗翦理；爰從近歲，傳習滋多。假託禨祥，愚弄黎庶，勦絶性命，規取財貨。皆於所居，塑畫魑魅，陳列幡幟，鳴擊鼓角，謂之神壇。嬰孺襁褓，已令寄育，字曰『壇留』、『壇保』之類，及其稍長，則傳習妖法，驅爲童隸。民之

〔一〕豪：原作「蒙」，據《宋大詔令集》卷一九九改。

有病，則門施符篆，禁絶往還，斥遠至親，屏去便物。家人營藥，則曰神不許服；病者欲飯，則云神未聽飡。率令疫人，死於飢渴。洎至亡者服用，又言餘祟所憑，人不敢留，規以自入。幸而獲免，家之所資，假神而言，無求不可。其間有孤子單族、首面幼妻〔一〕，或絶户以圖財，或害夫而納婦。浸淫既久，積習爲常，民被非辜，了不爲訝，奉之愈謹，信之益深，從其言甚於典章，畏其威重於官吏。奇神異像，圖繪歲增；怪籙妖符，傳寫日異。小則雞豚致祀，斂以還家；大則歌舞聚人，餕其餘胙。婚葬出處，動必求師；劫盜鬭爭，行須作法。蠹耗衣食，眩惑里閭。設欲扇摇，不難連結。在於典憲，具有章條。其中法未勝姦，藥弗瘳疾，宜頒峻典〔二〕，以革弊風。當州師巫一千九百餘户，臣已勒令改業歸農，及攻習鍼灸方脈〔三〕。所有首納到妖妄神像、符籙，神衫、神杖、魂巾、魄帽〔四〕、鍾角、刀笏、紗羅等一萬一千餘事，12已令焚燬及納官訖。伏乞朝廷嚴賜條約，所冀屏除巨害，保有群生，杜漸防萌，少裨萬一。」詔：「宜令江南東西、荆湖南北、廣南東西、兩浙、福建路轉運司，遍行指揮轄下州、府、軍、監、縣、鎮，今後師巫以邪神爲名，屏去病人衣食湯藥，斷絶親識看承，若情涉於陷害，及意望於病苦者，并同謀之人，引用咒詛律條，比類斷遣。如别無憎疾者〔五〕，從違制失決放；因而致死者，奏取敕裁。如恣行邪法，不務悛改，及依前誘引良家男女，傳教妖法，爲弟子者特科違制定斷，其和同受誘之人減等科罪。餘並檢會前後條法，詳酌斷遣，情理巨蠹，别無刑名科斷者，即收禁具案奏裁。仰粉壁曉示，仍半年一度舉行約束。」仍賜敕書褒諭。

天聖三年四月二十三日，淮南江浙荆湖發運司言：「昨高郵軍有師巫起張使者廟宇神像，扇惑人民，知軍、國子博士劉龜從已行斷絶，拆除一十處廟像，（像）收到材木、錢物蓋造，作係官使用，見今人户安居。竊知洪州曾有師巫造作妖妄，蠹害風俗，知州夏竦奏聞朝廷，降敕江南、荆湖、廣（昌）〔南〕、兩浙、福建路條約斷絶。今來淮南乞降敕命，依例止絶。」從之。

景祐元年九月二十五日，廣南西路轉運使夏侯彧言〔六〕：「潭州妖妄小民許應於街市求化，呼召鬼神，建五瘟神廟，已令毁拆，收到材木六萬三千餘，修天慶觀訖。乞下本州止絶。」奏可。

元豐（三）〔四〕年六月十七日〔七〕，權監察御史裏行豐稷言：「近見京13城内外士庶與軍營子弟轉相告言：今日

〔一〕幼：原脱，據《長編》卷一〇一補。
〔二〕頒：原作「須」，據《長編》卷一〇一改。
〔三〕灸：原作「炙」，據《長編》卷一〇一改。
〔四〕魄：原作「魂」，據《長編》卷一〇一改。
〔五〕憎：原作「僧」，據《長編》卷一〇一改。
〔六〕彧：原作「或」，據雍正《廣西通志》卷五一改。
〔七〕四年：原作「三年」，據《長編》卷三一三改。

神見某處，明日神降某處。恢詭譎怪，無所不道，傾動風俗，結成朋社〔一〕，率歛財物，奔赴祥符縣鄧公鄉菜園内安頓〔二〕，欲與靈惠侯立廟。小人緣此，易生姦心。神民異業久矣，不可不禁。如國家以泉水之靈可（興）〔與〕祀典，宜委命官主領施利，明載簿曆，支修廟貌，亦可以示朝廷祭祀馭神之意。」從之。

紹聖四年五月二十六日，太僕寺言：「右教駿第二指揮妄傳聖水出見，輒起廟宇，欲行止絶。」詔太僕寺毁拆，仍命尚書禮部立法。

紹聖五年四月五日，樞密院言：「諸軍營創立廟宇者徒一年，稱靈異動衆者加二等；廟宇未立，各減二等。止坐爲首之人。本轄將校、節級不止絶，與同罪。」從之。

紹興十六年八月十七日，御史中丞何若言：「仰惟陛下褒揚忠義，禁止淫祠，所以明教化而善風俗也。臣近據太常寺申：宣州涇縣湖山靈惠廟忠顯王，祈禱屢應，擬封長男温宣威公。臣謹按《晉書》，温乃宣州太守桓彝之子也〔三〕，史臣獨不列温於彝傳之後，而乃與王敦次第，其意可見矣。傳載其窺覦非望，讚述其『罪浮浞、豷』〔四〕，萬載之下，當有餘臭，豈可使受爵號之美於聖明之朝乎！昔郗超死，其父愔哀悼成疾，門生出其書一篋，愔見超與温往反密計，乃大（恕）〔怒〕曰：『小子死恨晚矣！』儻使彝當時又見温之逆節，其不齒於諸子之列也必矣。今温居然側位於忠顯王廟中，殆猶堯廟之四兇也，可不**14**斥而去之乎？伏望申敕攸司，（撒）〔撤〕去温像，追毁宣威公告命，仰稱陛下禁淫祠以善風教之意。所有太常寺擬封官，亦乞量行責罰，以戒鹵莽之失。」上曰：「桓温逆迹，屢欲移晉祚，賴當時有大臣扶持〔五〕，不然晉不血食久矣。昨有顔真卿子孫進真卿所書本家告命，已嘗優與推恩。若贈封桓温事屬相類，可令取索太常寺擬封官姓名以聞。」於是太常寺丞王湛、監察御史陳積中並與外任，蓋積中前任太常寺主簿、兼權博士，實預討論故也。

紹興二十三年七月二十一日，將作監主簿孫祖壽言：「聖王之制祭祀，非忠勞於國、功德及民者，不與祀典。閩近者禁止淫祠，不爲不至，而愚民無知，至於殺人以祭巫鬼，篤信不疑。湖廣之風，自昔爲甚，近歲此風又寖行於他路。往往私遣其徒越境千里，營致生人，以販奴婢爲名；及至歲閏，屠害益繁，雖異姓至親，亦不遑恤。今浙東又有殺人而祭海神者，四川又有殺人而祭鹽井者，守令不嚴禁之，生人實被其害。今歲閏在季冬，良民罹其非横者必多，若不早爲之禁，緩則弗及矣。欲望申嚴法令，戒飭監司、州縣之吏，治之縱之，明示賞罰，增入考課令格，加之鄉保連

〔一〕社：原作「杜」，據《長編》卷三一三改。
〔二〕鄉：原作「卿」，據《長編》卷三一三改。
〔三〕桓：原作「元」，乃避宋諱，今改。下文「桓温」並同。
〔四〕浞：原作「泛」，據《晉書》卷九八《桓温傳》改。
〔五〕臣：原作「功」，據《建炎要録》卷一五五改。

坐。詰誡禁止，期於革心，毁(撤)〔撤〕巫鬼淫祠。」從之。

政和元年正月九日，詔開封府毁神祠一千三十八區，遷其像入寺觀及本廟，如真武像遷醴泉下觀，土地像 15 遷城隍廟之類。五通、石將軍、妲己三廟以淫祠廢，仍禁軍民擅立大小祠廟。

熙寧九年八月三日，宣徽南院使、判應天府張方平言：「司農寺近降新制，應祠廟並依(方)〔坊〕場、河渡，募人承買，收取淨利。管下五十餘祠，百姓已買閼伯廟，納錢四十六千五百，宋公微子廟十二千，並三年爲一界。閼伯主祀大火，爲國家盛德所乘；微子開國于宋，亦本朝受命建號所因〔一〕。又有雙廟，乃唐張巡、許遠以孤城死賊，所謂能捍大患者。今既許承買，小人以利爲事，必於其間營爲招聚，紛雜冗褻，何所不至。慢神黷禮〔二〕，莫甚於此。歲收細微，實損大體。欲乞朝廷，此三廟不在賣數，以稱國家嚴恭(恭)典禮，追尚前烈之意。」御批：「司農寺鬻天下祠廟，辱國黷神，此爲甚者！可速令更不施行。其司農寺官吏令開封府劾之。」又詔：「擅鬻祠廟爲首之人已劾罪，其赦後不覺舉改正官，可并劾之。」(以上《永樂大典》卷一二○二三)

天地月星風雨嶽瀆等祠〔三〕

天池祠〔四〕。在(汀州)寧化軍横嶺。仁宗慶曆二年閏九月，知并州鄭戩言：寧化軍天(地)〔池〕廟俯近北界，乞賜廟額「顯靈」。詔賜名額，差官祭告。徽宗大觀二年七月封崇濟侯。

靈星祠。在樂壽縣何武城。徽宗政和元年十月賜廟額「時澤」。

風后祠。在解縣。徽宗崇寧四年閏二月賜額「豐功」。大觀元年正月封佑聖公，二年十二月封義烈王。

16 風伯、雨師祠。在解縣鹽池。徽宗大觀二年十二月賜廟額「聖肅」。

雷神祠。在雷州海康縣。神宗熙寧九年九月封威德王。

后土祠。在晉寧軍。徽宗崇寧四年十月賜號宣靈顯佑護國后土聖母。以本路轉運使黄遠言：「昨進築銀州，

〔一〕朝：原作「廟」，據《樂全集》卷二六改。

〔二〕慢神黷禮：原作「慢禮黷」，據《樂全集》卷二六改。

〔三〕原無此題，按下文分述各地神祠，與上文之雜録不同。今據《永樂大典目録》卷三所載《大典》卷一二○四原題補。

〔四〕天池祠：原脱。按此條文字訛脱不可通。下文云「在汀州寧化軍」，按汀州在福建，所屬有寧化縣，而非寧化軍，更非「俯近北界」。此所謂寧化軍自是河東之寧化軍，在今山西静樂縣北。《元和郡縣志》卷一四嵐州静樂縣：「天池，在縣北燕京山上，周回八里，陽旱不耗，陰霖不溢。……今池側有祠，謂之天池祠。」其所述之祠正在宋寧化軍境，宋人仍稱天池廟。《長編》卷一八四：「天池廟屬寧化軍横嶺鋪。」與此處所述正合。《大典》以汀州有寧化縣而妄加「汀州」二字，「天池廟」又訛作「天地廟」，今並考正。

陰有翊助。」（致）〔政〕和元年五月加號昭德。二年八月，賜廟額「順德」。

解縣有后土別祠，徽宗崇寧四年閏三月賜廟額「靈貺」。

東岳別祠，在解〔縣〕。徽宗大觀二年十二月賜廟額「廣佑」。

北嶽神第五子祠，在無極縣。神宗熙寧六年重修。

信州弋陽縣東嶽行宮内佐神康舍人威濟公祠〔一〕。光堯皇帝建炎二年九〔月〕封威濟王。四年十二月，加封「善利」二字，以王師收捕魔賊，陰功顯靈，從都統辛企宗請也。紹興二十六年正月，加封威濟善利孚應王。

沅州城西南嶽張太保祠。政和二年九月封靈祐侯。以荆湖北路都鈐轄司言，猺賊圍城，州人祈禱，若有神助，故特賜封。六年十月，封祐順靈顯公。宣和七年九月，賜廟額（照）「〔昭〕烈」。以靖州言，乞立廟額，故從其請。高宗建炎二年，封忠靖王。紹興十七年十月，封其妻曰協惠夫人。二十二年二月，加封忠靖威顯王。孝宗隆興元年七月，加封忠靖威顯靈佑王。乾道七年正月，加封忠靖威顯靈佑英濟王。

東瀆境神祠。高宗建炎四年十月封褒應侯。後子姪 17 九位並封侯，曰威德、威烈、威惠、威澤、威利、威濟、威顯、威昭、威順。紹興五年七月，十位各加封二字，曰協靈褒應侯、敏功威德侯、茂功威烈侯、正功威惠侯、美功威澤侯、允功威利侯、致功威濟侯、定功威顯侯、豐功威昭侯、崇功威順侯。

南瀆大江廣源王別祠。在建康府。光堯皇帝紹興三十一年十一月建廟，特封昭靈孚應威烈廣源王，仍遣官祭告。廟本在成都府，是歲金人犯順，侵逼江上，祈禱于江，屢顯靈迹，詔建康府別建廟，特加封八字。詳見鎮江府顯濟廟注。

淮瀆祠。在泗州。壽皇聖帝隆興元年十月，賜廟額「靈濟」。乾道三年六月，加封顯佑昭應長源王。

邵武軍城隍神祠。徽宗崇寧中賜廟額「顯佑」。政和元年封神濟。

建寧府城隍廟三神祠。徽宗崇寧二年賜廟額「顯應」。三年，封一爲惠寧侯，即城隍神；一爲嘉德侯，即唐刺史陸長源；一爲昭惠侯，即唐刺史張文琮。

延平府劍浦縣城隍神祠。崇寧二年十二月賜廟額「顯應」。

濬州黎陽縣新壘城隍神祠。徽宗崇寧五年九月賜廟額「顯固」，仍封靈護伯。

溱州城隍神祠。徽宗大觀四年九月賜廟額「寧德」。

播州城隍神祠。大觀四年九月賜廟額「昭佑」。宣和三年十一月併隸南平軍。

承州城隍神祠。大觀四年九月賜廟額「靜惠」。政和

〔一〕佐：原作「佑」，據本書禮二一之二〇改。

五年二月封静 18 應侯。宣和三年十月二十八日，廢爲綏陽縣，屬珍州。

重慶府城隍神祠。徽宗大觀四年九月賜廟額「仁貺」。

遵義縣城隍神祠。徽宗政和二年十二月賜廟額「懷寧」。

隆興府城隍神祠。徽宗政和四年四月賜廟額「顯忠」。

筠州城隍神唐刺史應氏祠。徽宗宣和六年四月賜廟額「利貺」。高宗建炎四年封忠顯侯。紹興十二年十月加「靈應」二字，十九年又加「翊順」二字。二十八年正月，加封忠顯靈應翊順廣惠侯，并封其妻曰慈惠夫人。孝宗乾道五年三月，封世濟公，妻慈惠夫人加封慈惠助善夫人。

寧波府昌國縣城隍神祠(一)。光堯皇帝建炎四年十月賜廟額「靈應」，以車駕巡幸，特有是賜。又云：城隍神祠，高宗紹興元年四月賜廟額「明惠」，孝宗乾道四年七月封善佑侯。

紹興府城隍神崇福侯祠。光堯皇帝紹興元年五月，以車駕駐蹕會稽逾歲，行殿載寧，特封昭祐公，仍賜廟額「顯寧」。三十年十月，加封「忠順」二字。以顯仁皇后梓宮經過，特加封也。孝宗乾道六年正月，加封忠順昭佑孚應公。九年正月，加封忠順昭佑孚應顯惠公。

建寧縣城隍神祠。高宗紹興元年六月賜廟額「惠應」。

鍾離城隍神祠。光堯皇帝紹興元年十月賜廟額「孚應」。六年七月封靈助侯。

吉州城隍神漢(穎)〔潁〕陰侯灌嬰祠。高宗紹興四年五月賜廟額。十年十一月加封(穎)〔潁〕陰威顯侯。孝宗乾道五年十一月，加封(穎)〔潁〕陰威顯英烈侯。

惠安縣城隍神祠。紹 19 興五年十二月賜廟額「寧濟」。十九年八月封昭祐侯。

泰寧縣城隍神祠，高宗紹興十三年十二月賜廟額「廣惠」。二十年四月封靖惠侯。乾道二年十月加封靖惠孚濟侯。

襄陽府城隍神祠保漢公。光堯皇帝紹興十五年八月賜廟額「孚濟」。

德安府城隍神祠。高宗紹興二十九年五月賜廟額「威濟」。

臨安府吳山城隍神祠。光堯皇帝紹興三十年十月封保順通惠侯，以車駕駐蹕，詔依紹興府城隍神(將)〔特〕封也。壽(聖皇)〔皇聖〕帝乾道六年二月，加封保順通惠顯佑侯。

鎮江府城隍漢將軍紀信祠。壽(聖皇)〔皇聖〕帝乾道元年四月賜額。

莆田縣迎仙驛土地神祠。僞唐封平康侯。神宗熙寧

(一)按，宋代明州，紹熙中升爲慶元府，明洪武中始改稱寧波府。此門中之地名，《永樂大典》往往改用明代建置，甚或妄加添改，並非《宋會要》原文。似此等處，以下不再一一辨正，只於必要時注明。

九年五月改封祐民侯。紹興十五年三月賜廟額「靈應」。(三月賜廟額靈應)三十年五月加封「顯濟」二字。孝宗乾道三年五月，加封祐民顯濟孚澤侯，妻封協惠夫人。

撫州城土地神祠。舊號靈佑應顯秦王。慶曆元年十一月賜名靈佑。神宗元豐四年封靈佑應順秦王。徽宗崇寧四年六月改賜廟額「英顯」。

望天莊土地神祠。徽宗崇寧元年閏月賜額，以入內供奉官王祺言望天莊金苗興廢，乞賜名額。

延平府劍(蒲)〔浦〕縣開元觀土地祠。僞閩王(臨)〔鏻〕封靈境王。徽宗崇寧二年十月賜廟額「靈顯」。

盧氏縣號土祠。徽宗崇寧三年九月賜廟額「英濟」。

汀州清流縣九龍灘土地神祠。崇寧三年九月賜廟額「安濟」。

嘉慶府北寨土地神祠〔一〕，崇寧五年 20 賜廟額「康保」。

南寨土地神祠，徽宗崇寧五年賜廟額「綏定」。

府谷縣下城村土地神祠。徽宗政和五年四月賜廟額「孚應」。

宜州思立寨土地神廖過截祠。徽宗大觀二年六月賜廟額「歸仁」。

和尚原山神、土地祠。光堯皇帝紹興元年十月山神封康衛侯，土地封保安侯，并賜「協濟」廟額。詳見旌忠廟三聖祠注。

寧化縣黃蓮岡土地神祠。舊稱感應廟，紹興元年八月賜廟額「靈感」。三十年三月封威濟侯。

歸安縣長壽鄉東林土地三神祠。光堯皇帝紹興九年四月賜廟額「靈應」〔二〕。

建寧府建陽縣北樂里北固耆土地祠。紹興十六年三月賜廟額「昭福」。三十年三月封忠應侯。

臨安府江漲橋鎮土地神崇善王祠〔三〕。光堯皇帝紹興十九年八月賜廟額「靈惠」。迹土地神祠〔四〕，高宗紹興二十四年八月賜額。

湖州府德清縣新塘土地神祠。壽皇聖帝隆興元年十二月賜廟額「孚惠」。(以上《永樂大典》卷一二〇四)

歷代帝王名臣祠〔五〕

【宋會要】

21 舜帝祠。在連州桂陽縣方山。神宗元豐七年正月賜廟額「廣仁」。

〔一〕嘉慶府：不知指何地，本門中屢見此名，多指宋夔州路，此處或同。然歷代並無此政區名，實爲《永樂大典》編者妄加。

〔二〕光堯皇帝：原作「壽皇聖帝」。按「壽皇聖帝」乃孝宗，高宗稱「光堯皇帝」(見下文)，因改。

〔三〕「江漲橋」原作「張橋」，「王」原作「主」，據《咸淳臨安志》卷七二改。《咸淳臨安志》卷二〇云：「江漲橋鎮，在(臨安)府之北一十八里。」是也。

〔四〕迹：疑當作「建」。又疑此處有脫文。

〔五〕天頭原題作「諸祠廟」。按以下録自《永樂大典》卷一二〇五至一二二一五「祠」字韻，事目爲「歷代帝王祠」、「名臣祠」，今據以改題。

【宋會要】

夏禹祠。一在會稽山，紹興元年禹陵告成，光堯皇帝車駕駐蹕本府，詔有司春秋仲月擇日差官致祭。　一在常德府，孝宗乾道二年四月立。

【宋會要】

魏武帝祠。在瀘州江安縣方山。有曹操祠，舊號方公神，神宗元豐三年勅正今號。

【宋會要】

文孝行祠。在池州府貴池縣。宋哲宗元祐四年賜額「文學」。徽宗崇寧四年十月封顯靈侯。大觀元年六月封昭德公。政和元年二月封英濟王。光堯皇帝紹興三十年三月加「忠顯」二字。壽皇聖帝乾道三年六月，加封英濟忠顯廣利王。

【宋會要】

景德四年三月二十三日，詔曰：「五代漢高祖宜令河南府差官以時致祭，仍編入《正祠録》。」

【宋會要】

吴泰伯祠。在長洲縣。宋哲宗元祐七年二月賜廟額「至德」。徽宗崇寧元年九月封至德侯。

【宋會要】

〔唐叔虞祠〕。22 真宗大中祥符四年四月，詔：「平晉縣唐叔虞祠，廟宇摧圮，池沼湮塞。彼方之人春秋常所饗祭，宜令本州完葺。」天禧元年，又詔：「每歲施利錢物，委官監掌。其銀、銅、真珠並以輸官，自餘估直出市，以備修廟，供神之用。」徽宗崇寧三年六月封汾東王。

【宋會要】

23 楚令尹子文祠。在德安府（靈）〔雲〕夢縣。哲宗元祐八年八月賜廟額「忠應」。元符二年八月封崇德侯。徽宗政和元年十一月封英烈侯。

【宋會要】

介子推祠。一在靈石縣綿上山〔一〕，神宗元豐元年封潔惠侯。徽宗崇寧三年二月賜廟額「昭德」。

【宋會要】

吴季札祠。一在鎮（州）〔江〕府丹陽縣，哲宗元祐三年十月賜額「嘉賢」。

【宋會要】

鄭子產祠。在新鄭縣陘山。仁宗慶曆二年二月，知許州李淑請復子產、黄霸、陳寔三祠，詔修完，著於祀典。徽宗崇寧二年賜廟額「惠應」。

【宋會要】

狐突祠。在交城縣。徽宗大觀二年五月賜額「忠惠」。

【宋會要】

趙盾祠。一在府谷縣，徽宗崇寧四年六月賜廟額「明應」，封昭貺公。　一在趙城縣，徽宗大觀二年正月賜廟額

〔一〕「一」字疑衍。後文「吴季札祠」、「蕭相國祠」等條同。

「靈通」，以本縣言「簡子出自造父，與國朝受姓始封，實同一祖，而廟額未建」，故有是命。

【宋會要】

24 茅焦祠。在濱州。徽宗大觀三年六月賜額「貞祐」。政和元年六月，封兄允濟侯，弟强濟侯。（以上《永樂大典》卷一二〇五）

【宋會要】

〔李冰父子祠〕。宋太祖乾德三年平蜀，詔增飾導江縣應聖靈感王李冰廟。開寶五年廟成。七年，改號廣濟王〔一〕，歲一祀。廟旁有顯靈王廟，蓋丹景山神，詔去其僞號。真宗大中祥符三年，詔本軍判官專掌施物，廟宇隳壞，即以修飾。冰，秦孝文王時爲蜀郡守，自汶山壅江作堋〔二〕，穿郫江下流，以行舟舡；又灌溉三郡，廣開稻田；作石犀、石人，以厭水怪。歷代以來，蜀人德之，饗祀不絕。僞蜀封大安王，孟昶又號應聖靈感王。仁宗嘉祐八年〔三〕，封靈應侯，神即冰次子，川人號護國靈應王。哲宗元祐二年七月封應感公。　一在隆興府，徽宗崇寧二年加封昭惠靈顯王。大觀二年封靈應公。政和元年十月賜廟額「崇德」。三年二月封英惠王。九月，封其配爲章淑夫人。政和八年八月改封昭惠靈顯真人。宣和三年九月，又封其配爲章順夫人，廟中郭舍人封威濟侯。高宗紹興二十七年九月，英惠王加封廣祐英惠王。　一在漢州，孝宗乾道四年五月加封昭應靈公〔四〕。

【宋會要】

蕭相國祠。一在光化軍。光堯皇帝紹興三十一年正月賜廟額「懷德」。壽皇聖帝隆興元年二月封助順文終侯。

【宋會要】

25 曹參祠。一在興元府褒城縣。仁宗慶曆二年封崇化公。徽宗政和四年十月賜額「惠遠」。

【宋會要】

樊噲祠。在太平州建昌縣。神宗熙寧八年六月封威利侯。　一在舞陽縣，哲宗元符中置。徽宗崇寧四年六月賜額「威濟」。

【宋會要】

卓茂祠。在密縣東南三十里，有祠尚存。徽宗政和三年十二月賜廟額「德威」。

【宋會要】

霍光祠。在平江府。徽宗宣和五年封忠烈公。光堯

〔一〕廣濟王：原無，據《文獻通考》卷九〇補。又，據《長編》卷一三，開寶五年十月「乙卯，改封廣濟王」，疑此處「七年」當爲「十月」之誤，但《文獻通考》已如此，姑仍之。

〔二〕作：原脱，據《華陽國志》卷三補。

〔三〕按，以下均叙李冰子二郎事，此文叙述不甚明晰。

〔四〕「昭」下或「靈」下疑脱一字。

皇帝建炎三年五月，加封顯應忠烈順濟公。本秀州華亭縣小金山祠，江灣亦有廟。是歲，節制戰船辛道宗言「諸將討諸逆賊，祈禱靈跡顯著」故也。

【宋會要】

盧文臺祠。在婺州金華縣白砂源。徽宗政和四年九月賜廟額「昭利」。

【宋會要】

張大夫行祠。在荊門（州）〔軍〕。高宗紹興八年十月賜廟額「威顯」。孝宗隆興元年六月二十四日，張三將軍紹封昭肅侯。二年十月，張四將軍遵封正應侯。

【宋會要】

26 二伏波祠。一在雷州。神宗元豐五年七月封忠顯王。徽宗大觀元年五月賜廟額「威武」。高宗紹興五年九月，加忠顯佑順王，又加封忠顯佑順靈濟王。瓊州海口有輔漢王廟，亦係馬伏波神，其祠僞漢所封，詔改賜額曰威武。一在廣州陽山縣，有漢伏波將軍路博德祠，崇寧四年三月賜額「忠勇」。一在辰州。真宗咸平二年三月，辰州上言：漢伏波將軍馬援廟，水旱祈禱有應。詔加封號新息王。孝宗隆興二年二月賜額「升德」。一在瓊州，有伏波將軍邳離侯路博德祠。徽宗宣和中封忠烈王。紹興五年九月，加封忠烈明威廣佑王。

【宋會要】

崔瑗祠。在磁州。仁宗景（裕）〔祐〕二年七月封護國顯應公。哲宗元符二年九月，加封王。徽宗大觀二年七月賜廟額「敷靈」。政和七年五月，加封護國顯應昭惠王。

【宋會要】

方儲祠。在嚴州淳安縣，後漢爲洛陽令。徽宗政和七年賜廟額「貞應」。

梁松祠。在常德府舊鼎州。武陵縣陽山。政和二年十二月賜廟額「永惠」。

鮑蓋祠。在寧波府，後漢人。徽宗崇寧二年三月賜廟額「靈應」。舊號永泰廟，以犯哲宗陵名，改今額。

27 程嬰、公孫杵臼、韓厥祠。在太平縣。神宗元豐四年五月，嬰封成信侯，杵臼封忠智侯，仍賜額「祚德」，載祀典。哲宗元符三年五月，臣僚言：「竊詳《史記》所載，韓厥之功不在公孫杵臼、程嬰之下，乞與立廟。」詔於祚德廟設位，從祀韓厥。徽宗崇寧三年，以吳處厚言「嬰、杵臼全趙氏孤，最爲忠義，乞訪墓廟」，特加封厥義成侯。光堯皇帝紹興十一年八月，建廟於臨安府。本在絳州太平縣趙村，先是以道未通，權於行在春秋設位望祭。至是從臣寮請，別建廟。十六年六月，成信侯程嬰加封忠節成信侯〔二〕，忠智侯公孫杵臼加封通勇忠智侯，義成侯韓厥加封忠定義成侯，別建廟于仁和縣治之西。二十二年七月，加封嬰曰彊

〔二〕兩「成信」，原倒，據《宋史》卷一〇五《禮志》八乙。

濟公，杵臼曰英畧公，厥曰啓佑公。又重以净戒院地别建廟，每歲春秋二仲依中祀禮，備(祭)〔登〕歌樂，行三獻禮。

【宋會要】

廉頗祠。在陽信縣。神宗元豐四年四月封慶澤侯。恩州清河縣、洛州永平縣亦有廟〔一〕。

【宋會要】

屈原祠。一在靖州渠陽縣，神宗元豐六年十月賜額「昭靈」。一在歸州秭歸縣江北，世傳大夫舊宅。神宗元豐三年閏九月封清烈公。

【宋會要】

〔伍子胥祠〕。28 太宗雍熙二年四月，詔建伍子胥祠。(貞)〔真〕宗大中祥符五年五月，詔曰：「杭州吳山廟神實主洪濤，聿摽往册。頃者湍流暴作，閭井爲憂，致禱之初，厥應如響。禦災捍患，神實能之。用竭精衷，有加常祀。庶憑誠感，永庇居民。宜令本州每歲春秋建道場三晝夜，罷日設醮。其詞學士院前一月降付。」六月，封爲英烈王。神即伍子胥。後本州上言：「準春秋於吳山廟設醮、建道場，今年七月已降青詞到州。伏緣二仲之月，潮波犇注，尤異常日，望自今並就其時設醮。」從之，仍本州至時撰文，以素饌祭。徽宗政和二年七月賜額「忠清」。六年六月加封英烈威顯王。光堯皇帝紹興三十年七月，加封忠壯英烈威顯王，以顯仁皇后渡江祈禱感應也。(以上《永樂大典》卷一二〇六)

【宋會要】

29 諸葛武侯祠。一在巴州，徽宗政和四年賜額「忠武」。一在興元府西縣定(君)〔軍〕山，紹興三十二年十二月加封仁智忠武侯。襄陽府有英惠廟，係卧龍山諸葛武侯祠，紹興元年已封威烈武靈仁濟王。一在瀘州瀘川縣，徽宗政和三年七月賜廟額。

蜀漢壽亭侯祠。一在當陽縣，哲宗紹聖二年五月賜額「顯烈」。徽宗崇寧元年二月封忠惠公。大觀二年進封武安王。一在餘干縣東隅仇香寺〔二〕。羽字雲長，世傳有此寺時即有此祠，邑民疫癘必禱，寺僧以給食。

蜀將張飛祠。在涪州樂温縣。徽宗大觀二年五月賜廟額「雄威」，封肅濟侯。政和二年十二月加封武烈公。嘗於廟前得銅印三，鈎佩、環鈎各一，銀匣一，以爲飛所佩也。

關平祠。在荆門(州)〔軍〕當陽縣景德玉泉院，蜀關羽子平祠。崇寧元年賜廟額「昭貺」，仍封羽忠惠公。政和二年九月封平武(靈)〔侯〕。

鄧艾祠。在陽安縣，徽宗重和元年十二月賜廟額「忠愛」。一在隆慶府普安縣，孝宗隆興二年三月賜廟額「襄烈」。一在綿州魏城縣，徽宗崇寧三年正月賜廟額「忠

〔一〕洛州永平縣：按宋代漢族地區無洛州，「洛州永平」當是「洺州永年」之誤。洺州永年縣在今河北永年縣東，戰國時正爲趙國地。《宋史》卷三八九《李椿傳》「洺州永年人」，四庫本亦訛作「洛州永平人」，與此同誤。

〔二〕餘干縣：原無，據雍正《江西通志》卷一一三補。

濟」。

30 甘寧祠。在永興縣池口鎮。宋太祖開寶六年封褒國公。神宗元豐五年十月加號褒國武靈公。高宗建炎四年七月，加封昭毅武惠靈顯王，王妻熊氏封順祐夫人。并封其二子曰紹威侯、曰昭靈侯，女柔懿夫人。紹興八年三月，別給敕。紹興二十一年十月，加封昭毅武惠遺愛靈顯王。

張華祠。在延平府。晉司空壯武郡公張華、從事雷煥。高宗紹興十八年十二月賜廟額「靈應」。

卞壺祠。在建康府，東晉尚書令卞壺祠。光堯皇帝紹興九年正月賜廟額「忠烈」。

晉陳壽祠。在〔果〕州南充縣。徽宗政和五年七月賜廟額「昭護」。高宗紹興二十四年五月封昭德侯。孝宗乾道八年十二月加封昭德文惠侯。

張寬祠。在池州銅陵縣利國山，晉潯陽太守兼揚州刺史張寬。光堯皇帝紹興十年賜廟額「昭惠」。十七年四月封顯濟侯。壽皇聖帝乾道四年三月，加封顯濟孚貺侯。淳熙二年九月，加封靈助顯濟孚貺侯。（以上《永樂大典》卷一二〇七）

沈約祠。31 在湖州長興縣。舊號保德使。徽宗崇寧四年十月賜廟額「德貺」。

李冲祠。在鄭州管城縣。唐末建廟，因陂爲名。徽宗建中靖國元年賜廟額「武應」。大觀元年封忠烈王。

姚景祠。隋將姚景祠，在安〔獄〕〔岳〕縣鐵山。崇寧四年二月賜額「福濟」。高〔宋〕〔宗〕紹興三十年八月改封安惠王。孝宗乾道四年九月，加封安惠顯佑王，妻蕭氏封靈應夫人，甫氏封靈感夫人。

韓擒虎祠。在衛南縣。徽宗崇寧四年賜額「威顯」。政和二年九月封靈助侯。宣和五年八月封顯貺公。

張遁祠。大都督張遁祠在隆慶府武連縣。徽宗大觀三年十月賜廟額「昭澤」。

李靖祠。一在潞城縣，徽宗崇寧四年二月賜額「廣德」。一在解縣，大觀元年正月封忠烈王。二年封輔世惠烈王。又石晉封靈顯王，徽宗大觀元年十一月改封普世忠烈王。

鄂國忠武公祠。荊門〔州〕〔軍〕長林縣，唐司徒鄂國忠武公尉遲恭祠。高宗紹興二十五年十月賜廟額曰「英惠」。

32 狄梁公祠。在江州彭澤縣，唐丞相梁國公狄仁傑祠。光堯皇帝紹興七年十一月賜額「顯正」。以本州言：「祈求必應，有功於民，歲旱雨澤感應。累經賊馬，萬室皆焚，其廟獨存。」詔特賜額。（以上《永樂大典》卷一二〇八）

【宋會要】

33 顏魯公祠。顏魯公祠在湖州府城東能仁院。光堯皇帝紹興三年三月賜額「忠烈」〔一〕。

【宋會要】

楊晟祠。楊晟祠在彭州。後唐同光四年封勇烈侯。徽宗建中靖國元年九月賜額。崇寧二年十一月封勇濟侯。政和六年九月封英濟公。宣和五年八月封忠濟王。

【宋會要】

柳宗元祠。柳宗元祠在柳州。哲宗元祐七年六月賜廟額「靈文」。徽宗崇寧三年七月封文惠侯。高宗紹興二十八年八月封文惠昭靈侯。

【宋會要】

裴度祠。裴度祠在陝西。徽宗政和二年二月賜額「忠感」。

【宋會要】

王元暐祠。王元暐祠在寧波府鄞縣。唐太和中來知縣(令)〔事〕。壽皇聖帝乾道四年七月，賜額「遺德廟」，以縣人言其在唐建它山堰，利於溉載，及紹興間祈雨立應故也。

【宋會要】

劉諫議祠。劉諫議祠在郴州，唐諫議劉蕡。宋孝宗隆興二年五月賜廟額「賢良」。

【宋會要】

韋處厚祠。34在開州開江縣盛山，唐中書侍郎靈昌郡公韋處厚祠。高宗紹興二十八年正月賜廟額「康濟」。(以上《永樂大典》卷一二〇九)

【宋會要】

陳明府祠。在青溪縣進賢鄉屏風岩。相傳明府青州人，唐龍紀中宰青溪。黄巢之亂，與二子率邑人避岩上，巢兵圍之七日，欲以飢渴困之。明府以藻苴雙鯉投岩際，巢兵驚之，明府引弓射賊，發巨石擊之。巢兵潰敗，殺傷不可計，澗流爲丹。邑人德之，祠于岩東。又祠長子墩口，次子觀莊。今岩上天井猶存。

【宋會要】

劉全祠。唐御史中丞劉全祠，在泉州府晉江縣。宋高宗建炎四年十一月賜額「忠顯」。紹興十四年六月封靈佑侯。

【宋會要】

花驚定祠。花驚定祠在嘉定府。神宗元豐封忠應公。

【宋會要】

李忠惠公祠。在建寧府建安縣利山。唐相李回祠，封忠惠公。紹興六年九月加封「靈顯」二字。二十年十月又加「孚應」二字。回常守是邦，有德於民，立廟也。孝宗(龍)〔隆〕興二年六月，加封靈顯忠惠孚應佑德公。

【宋會要】

〔一〕忠：原作「宗」，據《牟氏陵陽集》卷一〇《重修顏魯公祠堂記》改。

汪越國公祠。在寧國府徽州歙縣烏聊山〔一〕，唐宣歙等州總管越國公汪華。真宗大中祥符三年三月，本州以唐越國公汪華[35]誥二通來上，詔加公封靈惠公，廟額即華神，郡人立祠烏聊山上。徽宗政和四年二月賜額「忠顯」。【宋會要】

太守歐陽祐祠。仁宗康定元年二月，邵武軍言：「邵武縣有唐故歐陽太守廟，祈禱獲應，乞賜封崇。」詔特封通應侯。神宗元豐五年七月封祐民公。徽宗崇寧元年賜額。政和六年十月封廣祐王。大觀四年十二月封其配崔氏順貺夫人，政和六年十月封順惠妃。廣祐王，高宗紹興元年三月加封「明應」二字。十一年三月又加「威信」二字。十七年九月，加封明應威信廣祐福善王。王妻崔氏順惠妃，紹興元年三月加封「昭寧」二字。十三年四月又加「慈應」二字。十七年九月加封昭寧慈應順惠英淑妃。三十年，封王父曰啓慶侯，母曰啓佑夫人，長子光世曰嗣慶侯，長婦燕氏曰嗣佑夫人。王次子，孝宗隆興二年八月封昭應侯，婦封廣順夫人。【宋會要】

二顧節度使祠。唐東川節度使顧彦亮、顧彦暉祠，在潼川府。舊梓州。徽宗崇寧二年十月賜額「靈護」。五年八月，封彦亮忠祐公，彦暉忠貺公。宣和六年八月，封廟内金鈴使者爲贊利侯。高宗紹興十一年七月，忠祐加封顯應忠祐公，忠貺加封靈惠忠貺公，封其父曰嚴德侯，母曰慈德夫人。孝宗（龍）〔隆〕興二年九月，顯應忠祐公加封顯應忠祐威濟公，靈[36]惠忠貺公加封靈惠忠貺協濟公。乾道八年五月，顯應忠祐威濟公加封顯應忠祐威濟英惠公，靈惠忠貺協濟公加封靈惠忠貺協濟英利公。佐神贊利侯，九年正月加封贊利忠惠侯。【宋會要】

蘇孝祥祠。在盱眙軍舊泗州盱眙縣。天長縣城西。宋光堯皇帝建炎元年六月賜額「忠貺」，八月封忠顯侯。紹興二十六年十二月，加封忠顯潤濟公。【宋會要】

李元則祠。在澧州澧陽縣。徽宗政和元年六月賜廟額「英澤」。五年六月封鎮靈侯。宣和五年改封廣澤公。高宗紹興十八年三月加「顯烈」二字。三十二年十月又加「順濟」二字。孝宗乾道五年十二月，加封廣澤顯烈順濟嘉應公。【宋會要】

夏魯奇祠。後唐武信軍節度使夏魯奇祠，在遂寧府舊遂州。小溪縣。徽宗政和元年八月賜「忠節廟」爲額。宣和四年九月封勇義侯，仍改賜今額「旌忠廟」。孝宗乾道七年九月加封惠澤通義侯。【宋會要】

〔一〕按寧國府即宣州，與徽州爲同級政區，并無隸屬關係，「寧國府」三字當删。

太守朱辰祠。在成都府廣都縣。後漢巴郡太守〔一〕。政和元年九月賜廟額「永懷」。四年十二月封德潤侯。宣和七年七月封孚濟公，其子號朱舍人者特封惠祐侯。高宗紹興元年十二月公加「宣澤」二字，侯 37 加「敷潤」二字。二十八年，加封英烈孚濟宣澤公、威顯惠佑敷潤侯。孝宗乾道四年十月，加封英烈孚濟宣澤昭德公；子威顯惠佑敷潤侯加封威顯惠佑敷潤善利侯。

【宋會要】

韓王趙普祠。在真定府。哲宗紹聖三年，詔就建廟於祖鄉，從普曾孫思濟之請也。

【宋會要】

韋皋祠。〔在〕黎州，舊號四賢廟，徽宗（和政）〔政和〕二年十月賜額「集應廟」。（以上《永樂大典》卷一二一〇）

【宋會要】

38 刺史陸弼祠。在潼川府。真宗大中祥符六年九月，詔封爲靈濟公。弼累官中書舍人，貶秩瀘州，有善政。及卒，葬射洪縣之白崖山側，土人爲立廟，水旱請禱有應，僞蜀封洪濟王。至是特加封廟號顯惠。仁宗天聖六年二月封〔靈濟〕王。徽宗政和三年八月賜額。六年六月，封王之父爲廣惠侯，母爲顯懿夫人。靈濟王，高宗紹興六年二月加「昭烈」二字，十一年五月又加「助順」二字。二十三年二月，加封佑德助順靈濟昭烈王。王之父廣惠侯，紹興六年

二月加封曰威應公，十一年五月加「靈源」二字，十五年七月又加「永濟」二字。十八年十一月，加封永濟靈源威應廣祐公。二十三年二月，進封孚佑王。王之二子，長曰衍濟侯，次曰協濟侯，紹興六年二月並封公，曰忠順公，曰忠顯公。十一年五月，各加二字，曰廣佑，曰廣惠。十五年七月，又各加二字，曰永寧，曰永康。二十三年二月，加封〔曰〕永寧廣佑忠順普惠公，曰永康廣惠忠顯普應公。二十九年，封王之第三子曰廣利侯。紹興元年六月，封二子衍濟侯之妻曰衍惠夫人，協濟侯妻曰協惠夫人；并封本廟從神順贊侯妻曰順惠夫人，及封從神千里急使者曰順應將軍。二十九年，封王第三子廣利侯妻曰昭惠夫人。

【宋會要】

39 王韶祠。在熙州。徽宗崇寧三年五月賜廟額「忠烈」，以韶有開拓西河之功。

【宋會要】

种世衡祠。在慶陽府。徽宗宣和五年八月賜廟額「威靖」。

【宋會要】

范文正公祠。徽宗宣和五年八月賜額「忠烈」。

寇萊公祠。哲宗紹聖二年建祠，高宗紹興五年九月賜

〔一〕太守：原脱，據《華陽國志》卷三《蜀志》補。辰乃廣都人。按，此條應移前。

額「旌忠」。

【宋會要】

蘇忠勇公祠。蘇緘，知邕州。哲宗元祐七年七月賜額「懷忠」，仍封忠勇公。以知州事謝季成言：「神宗熙寧中，交趾圍城，緘血戰四十餘（之）〔日〕，糧盡，舉族死之。緘竭節於國，有德在民，乞立祠賜額。」從之。

【宋會要】

王承偉祠。知州王承偉祠，在祁州。徽宗崇寧四年十二月詔增修。五年五月，賜廟額「善護」，以至和中承偉在郡，築堤捍沙河、滹沱之患，民享其利。

【宋會要】

張兵部祠。在錢塘縣。仁宗景祐中，夏爲漕臣，造石堤扞大江，延袤十餘里，杭人以安。慶曆二年立祠。徽宗政和二年八月封寧江侯。後因高麗人使渡江，潮水不登，江心沙漲，祈禱感應，封安濟公，並賜廟額「昭貺」。光堯皇帝紹興十四 40 年十月，加封靈感安濟順應公。

【宋會要】

李繼和祠。鎮國軍節度使李繼和祠。仁宗慶曆四年六月，鎮戎軍言：「鎮國軍節度使李繼和先知本軍，政有威惠，蕃夷畏服，軍民因立廟像。西賊寇境，戎人拜廟，不敢縱掠。乞賜封崇。」詔追封安國公，仍以「安國公廟」爲額，差官告祭。徽宗崇寧四年二月封王。（以上《永樂大典》卷一二一一）

【宋會要】

41 蕭元禮祠。建昌縣回城山有陳都督蕭元禮祠。神宗熙寧八年六月封順利侯廟。

【宋會要】

王吉祠。在神堂寨作坊。哲宗元符二年賜廟額「忠佑」。

王太尉祠。在平樂縣。哲宗紹聖元年賜廟額「顯忠」。

陳忠肅公祠。在延平州學，右司員外郎、贈右諫議大夫陳瓘祠。紹興六年三月，詔本州春秋致祭。以給事中張致遠言：「瓘本貫沙縣，名節之重，鄉人所慕，相率於州縣學各建祠堂。乞依福州州學陳襄等例，遇春秋釋奠，就祭于其祠堂，以激誘後進，永爲忠藎之勸。」故有是命。二十六年七月，賜謚忠肅。

何李二公祠。何承矩、李允則二公知雄州〔一〕。哲宗紹聖元年閏四月，詔（詔）於太平興國寺立祠。元符三年四月，詔建立祠堂州學。以河北緣邊安撫司言，二人守雄州，措置興葺，有功一方。

楊忠襄公祠。建康府通判、贈朝奉大夫、直祕閣、謚忠襄楊邦乂祠。光堯皇帝紹興二年正月，贈廟額「褒忠」。建炎三年冬，金人渡江薄城，知（府）陳邦光投賊。邦乂拒不從，書其衣曰：「寧作趙氏鬼，不爲他邦臣〔二〕！」賊知不可屈，遂遇害也。

42 謝晦祠〔三〕。在澧州安鄉縣，宋衛將軍、荊州刺史。

〔一〕允：原作「久」，據《宋史》卷三二四《李允則傳》改。
〔二〕邦：原作「郡」，據《宋史》卷四四七《楊邦乂傳》改。
〔三〕按此乃劉宋人，見《宋書》卷四四本傳，不應雜側于此。

徽宗崇寧三年賜廟額「忠濟」。政和二年十月封順惠侯。宣和中封孚澤公。

趙師旦祠。在德慶府。康州。徽宗崇寧三年九月，賜廟額「忠景」。儂智高犯康州，師旦率兵戰死，人爲立祠。

曹覲祠。一名曹光禄祠。在德慶府封〔川〕縣。徽宗崇寧三年九月，賜廟額「忠顔」。覲知封州，死于儂智高。

孫冕祠。在海州。徽宗政和二年七月賜廟額「思仁」。

劉滬祠。水（落）〔洛〕城故將劉滬祠。徽宗崇寧四年閏二月，賜廟額「忠勇」。大觀元年八月封忠烈侯。

張太守祠。在吉州永豐縣。徽宗崇寧四年五月賜廟額「興福」。

【宋會要】

李彦仙祠〔一〕。彦仙嘗爲商虢軍馬節制，祠在閬州興元縣。乾道八年二月賜廟額「忠烈」，以其子穀言建炎間死節故也。

嚴顔祠〔二〕。巴州刺史嚴顔祠，徽宗崇寧四年七月賜額「義濟」。大觀二年四月封英惠侯。

43 李光祠。在寧國府。壽皇聖帝乾道九年四月，賜廟額「褒烈」。士民言：建炎間知州李光能措置守禦。從本府請也。

蕭中一祠。在武昌府。高宗紹興三十二年正月立廟，賜廟額「愍忠」。中一本契丹人，伏金國，僞知鄧州。紹興三十一年，金人敗盟，中一率先歸朝，爲亂兵所殺。至是詔致其孤于武昌，存撫之，并建廟賜額。

陳攄祠。在延平府將樂縣。紹興二十六年二月賜廟額「旌福」。孝宗隆興二年二月封莊惠侯。

劉位祠。建炎中位節制滁泗州，保禦一方，屢與金人接戰，遇敵而死。建炎四年十月，詔建祠。紹興六年四月賜廟額「剛烈」。

張鶚祠。在延平府城東，知南劍州龍圖張鶚祠。紹興二三年二月〔三〕，賜廟額「英顯」。鶚建炎中、紹興初兩守是郡，惠政及民，民思其德，因立祠焉。（以上《永樂大典》卷一二一四）

【宋會要】

44 种師道祠。种師道祠在叙州東門外，樞密、忠憲公种師道祠。紹興二十三年三月賜額「忠惠」。

【宋會要】

張玘祠。張玘祠在臨安府錢塘門外西山行春橋〔四〕，侍衛步軍司前軍統制張玘祠。光堯皇帝紹興三十二年六

〔一〕李彦仙祠：原無。考此條所載乃李彦仙事，詳見《宋史》卷四四八本傳，據補。

〔二〕按嚴顔乃漢末人，見《三國志・蜀志・張飛傳》，亦不當置于此。下文「巴州刺史」亦當云「巴郡太守」。

〔三〕二三年：疑當作「十三年」或「二十三年」。鶚卒于紹興八年，見《建炎要録》卷一二〇。

〔四〕行：原作「横」，據《咸淳臨安志》卷七二改。

月立廟，賜額「忠勇」。

【宋會要】

周渭祠。周渭祠在恭城縣。紹興四年五月賜廟額「嘉應」。二十九年二月封靈祐侯。

【宋會要】

（廬）〔盧〕太尉祠。（廬）〔盧〕太尉祠在贛州提刑司廨宇內。高宗紹興十七年二月賜廟額「忠惠」。

【宋會要】

宋皇祠。宋皇祠在明州象山縣東門。光堯皇帝建炎四年賜廟額「祚聖」。

【宋會要】

陳規祠。陳規祠在德安府復州漢陽軍〔一〕。孝宗乾道八年三月賜廟額「賢守」〔二〕，以本府士民言其自靖康間扞寇保城，濟給流民，前後八年，被其實惠故也。

【宋會要】

陳曉祠。45 在桂林府清風坊。乾道五年十二月賜廟額「威顯」。

【宋會要】

池大夫祠。在建寧府崇安縣。孝宗乾道五年十一月賜廟額「昭應」。

【宋會要】

袁王祠。在無爲縣。壽皇聖帝乾道三年十二月賜廟額「昭義」。

【宋會要】

曹都衙祠。在衡州茶陵縣。隆興二年十二月賜廟額「靈濟」。（以上《永樂大典》卷一二一一五）

生祠〔三〕

【中興會要】〔四〕

46 隆興二年六月，臣僚言：「真、揚州皆有邵宏淵廟。宏淵元於本州未嘗立功，乞令帥司移拆於瓜洲建王方等廟。」侍御史周操言：「聖王之遇臣下，其功與過兩不相干，未嘗以罪没人之功，亦未嘗以功而貰人之過。竊聞邵宏淵于紹興辛巳逆亮南侵之際，以孤軍邀虜於真州境，接戰連日，遂使揚州居民得免傷殘之害，所以真、揚兩州各爲立廟。出於衆人之公願，宏淵豈能以聲音笑貌致之？此宏淵之功不可掩者也。近宣撫使按劾宏淵於臨替之際，妄冒轉補軍中名目等事，責降於南安軍安置。此宏淵之罪不可貰者也。宏淵立功在前，得罪在後，兩者各不干。今來臣僚爲王方、魏俊戰歿，乞立廟旌表，以激勸將來死事之人，

〔一〕按德安府、復州、漢陽軍爲三個平級政區，并非隸屬關係。陳規守德安，祠只在德安府，「復州漢陽軍」當删。

〔二〕守：原作「城」，據《宋史》卷三七七《陳規傳》改。

〔三〕生祠：原無此題，據《永樂大典目録》卷三所載《大典》卷一二一一九原題補。

〔四〕按，此書名有誤，《中興會要》只記高宗一朝事，而下文爲孝宗隆興二年事，當改作「宋會要」。

可也；至於欲毀拆宏淵廟宇，臣竊以爲不可。若欲爲王方等營一廟食之地，非有甚費，揚州豈不能辦？乃欲拆此以建彼，於激勸之道似亦未盡。所有揚州舊廟乞免毀拆，其王方、魏俊廟徑令揚州別與建造。」從之。（以上《永樂大典》卷一二二一九）

忠孝節義等祠[一]

【宋會要】

47 董孝子祠。在明州，即後漢董黯也。徽宗政和四年五月賜廟額「純孝」。

【宋會要】[二]

張孝子祠。張孝子祠，舊立祠純德廟側，至元二十三年爲普濟僧所壞，今仍祠於純德廟。朝廷凡舉行大禮，累命有司躬詣墓下致祭。

【宋會要】

孝子蔡順祠。在隆州井研縣。徽宗政和七年正月賜廟額「惠感」。

【宋會要】

孝子蔡定祠。在紹興府子城東河岸。光堯皇帝紹興四年二月，賜廟額「愍孝」。定父坐事郡獄，乞代父刑，不許，遂投河死，州人立祠於河岸，至是賜額焉。

【宋會要】

姜詩孝感祠。在漢州德陽縣。徽宗崇寧元年閏六月賜額「孝感」。孝宗乾道元年十一月，加封靈濟孝應侯，妻順穆夫人加封贊祐順穆夫人，父昭利侯加封通顯昭利侯，母靜惠夫人加封敷德靜惠夫人。

【宋會要】

忠義吳公祠。在興州長舉縣仙人關[三]，保平靜難軍節度使、開府儀同三司、川陝宣撫副使、謚武安吳玠祠。高宗紹興十年正 48 月賜額「忠義」。先是金人大舉抵仙人關，鑿山開道，列塞三十里。玠設堅壘關傍，號殺金平，嚴兵據高壘，大破賊兵。後竟斃于仙人關治所。

【宋會要】

旌忠唐公祠。在紹興府東南塔子橋馬軍營側，禁衛班直唐琦祠。光堯皇帝建炎四年五月建廟，賜額「旌忠」。以金人侵犯越州，守臣以城降，琦於道上伺賊首，以石擊之，被拘執，罵不絕口，遂遇害。詔於元擊賊處立祠焉。

【宋會要】

旌忠姚公祠。在建康府，駐劄御前破敵軍統領姚興祠。光堯皇帝紹興三十二年正月立廟，賜額。紹興三十一年，金人侵犯淮甸，興於和州尉子橋與賊接戰。興（公）〔分〕

[一]原無此題，據《永樂大典目録》所載《大典》卷一二二一九原題補。

[二]此條非《宋會要》之文。《宋會要》或有此祠，而下文乃元人所記，故有「至元」年號，「朝廷」二句亦見《延祐四明志》卷一五。所謂「純德廟」即上條董黯之廟，「張孝子」即唐張無擇，二人事迹及立廟本末俱見樓鑰《攻媿集》卷五五《慈溪縣董孝子廟記》、《延祐四明志》卷一五。

[三]興州：原作「文州」，據《宋史》卷八九《地理志》五改。

兵四隊，當賊數萬衆，援兵不至，戰歿，至死不忘君，忠勇可尚。葉義問以其事聞，詔特贈觀察使，本寨立廟，收復淮西日別建廟於戰歿處。

【宋會要】

旌忠張公祠。在信州永豐縣靈鷲寺側，同知樞密院事謚忠文張叔夜祠。光堯皇帝紹興二十三年十一月建廟，賜額「旌忠」，叔夜靖康間爲南道總管，領兵入援，忠節顯著，死於異域故也。

【宋會要】

顯忠趙公祠。祠在楚、泗州、漣水(運)〔軍〕，鎮撫使、贈奉國軍節度使、開府儀同三司、謚忠烈趙立祠。光堯皇帝紹興二年二月，賜額 49 「顯忠」。建炎四年，以金人侵犯淮泗，立募衆戮力拒戰，屢退賊兵。後因登城，中砲身死，至是立廟賜額焉。

【宋會要】

登勇馬俊祠〔一〕。太平州當塗縣慈湖鎮巡檢寨土軍馬俊祠。光堯皇帝紹興四年正月，賜額「登勇」。俊以盜賊剽劫本界，袖刀伺賊，斫賊首，爲其黨所害。郡以事聞，詔立廟賜額焉。

【宋會要】

忠勇張公祠〔二〕。侍衛步軍司前軍統制張玘祠。光堯皇帝紹興三十二年六月立廟，賜額「忠勇」。玘從都統張子蓋收復海州，力戰而死故也。其後又詔臨安府，本寨側別建廟。（以上《永樂大典》卷一二二二九）

王公隱士祠〔三〕

【宋會要】

50 項羽祠。一在和州烏江縣，西楚霸王祠。光堯皇帝紹興二十九年閏六月賜廟額「英惠」。三十二年三月封靈祐王〔四〕。

【宋會要】

河間獻王祠。漢河間獻王祠，在河間府舊瀛州。樂壽縣。徽宗大觀二年十二月賜廟額「文英」。

【宋會要】

長沙王祠。在長沙府金精山傍。

【宋會要】

焦公祠。在鎮江府。舊潤州。真宗大中祥符七年四月詔曰：「丹徒古郡，焦岫明祠。念湮溺之爲虞，實禱祈而必應。因斯精構，增以崇稱。副茲咸秩之文，爰進爲公之號。

〔一〕登勇：不可通，疑當作「忠勇」，參下條校記。

〔二〕忠勇：原作「登勇」。按張玘祠，前文禮二〇之四四亦有之，彼云「賜額忠勇」，而此條下文作「賜額登勇」，可見「登」爲「忠」之誤，據改。下文同。

〔三〕原無此題，據《永樂大典》卷一二二三〇原題補。

〔四〕三十二年三月：原作「三十三年十月」。按周必大《文忠集》卷九六有《和州烏江縣西楚霸王先準敕賜英惠廟特封靈祐王制》，自注云「壬午三月二十九日」。壬午即紹興三十二年，據改，月分同改。

摽於地志，永示方來。焦山大聖祠宜特封明應公，仍令本州知府精虔祭告。」又御製文告之，命待詔書篆石，遣立於本廟。

【宋會要】

隱士衛大經祠。在解州解縣。徽宗大觀元年正月賜廟額「景行」，二年封靈通侯。

【宋會要】

邵知祥祠。嚴州建德縣烏龍山唐隱者邵知祥祠。神宗熙寧八年六月封仁安靈應王。光堯皇帝紹興十三年七月賜「廣濟」廟額。二十九年六月，加封王爵「忠顯」二字。壽皇聖 **51** 帝乾道二年五月，加封忠顯仁安靈應昭惠王。

【宋會要】

處士周朴祠。在福州。高宗紹興十年八月賜廟額「剛顯」。孝宗隆興二年十一月封惠節侯。

【宋會要】

廉若水祠。隱士廉若水祠在建寧府建寧縣溪東〔一〕。孝宗隆興二年二月賜廟額「清靈」。（以上《永樂大典》卷一二三〇）

仙真祠〔二〕

【宋會要】

張天師祠。在福州福清縣。石上有足文，舊云天師遺跡。熙寧十年封保禧真人。高宗紹興八年正月賜廟額「昭靈」。一在〔蒲〕〔莆〕田縣岩潯山江口奥，漢天師張氏別祠。保禧真人，福州福清縣峰頂山本廟自有封賜。紹興三十年十二月，加封「妙應」二字。廟中寧海鎮順濟神女廟靈惠夫人，紹興三十年十二月加封靈惠昭應夫人。并廟中羅山土地，紹興三十年十二月封威濟侯。夫人即本縣順濟廟神女也，本廟自有封。羅山土地亦祠於真人廟内，因靈應併及封焉。孝宗乾道三年二月，加封保禧妙應普佑真人。

【宋會要】

方士趙炳祠。方士趙炳祠在台州臨海縣白鶴山。神宗元豐七年十二月賜額「靈康」。徽宗崇寧三年十一月封仁濟侯。大觀二年十一月封顯仁公。政和三年四月封靈順王。

【宋會要】

水仙王祠。西湖水仙王祠在臨安府。壽〔聖皇〕〔皇聖〕帝乾道六年二月賜額「嘉澤」。

【宋會要】

52 湖仙祠。在吉州安福縣。孝宗隆興元年三月賜廟額「真濟」。

【宋會要】

烏君山仙人祠。在光澤縣。徽宗崇寧中賜額「真濟」。

〔一〕建寧縣：按建寧府有建安縣、甌寧縣、建陽縣，而無建寧縣，當有誤字。

〔二〕原無此題。按，以下録自《永樂大典》卷一二三一至一二三九，據《永樂大典目録》，此九卷爲「祠」字韻「神祠」目，但其下又分有細類。今據内容擬補。

【宋會要】

張仙公祠。在銅鞮縣。徽宗政和二年八月賜額「殊應」。

【宋會要】

仙人何氏祠。在仙遊縣。紹興七年六月賜額「靈惠」。孝宗乾道二年十二月封嘉應侯。

【宋會要】

程仙師祠。在果州西充縣南岷山降真觀。紹興八年四月封道濟大師。孝宗乾道四年三月加封道濟法慧大師。

【宋會要】

陸仙人祠。在處州麗水縣。徽宗政和三年六月賜額「通惠」。光堯皇帝紹興四年六月封普惠侯。簡寂陸先生祠。

【宋會要】

麻源第三谷祠。在建昌軍南城縣。神宗元豐七年賜額「靈豐」。徽宗崇寧二年三月封善應真人。

【宋會要】

江陵岑叟祠。在萬州南浦縣武龍山〔一〕。神宗熙寧十年封虛鑒真人。山下有洞，深數百步，即岑之舊隱也。

【宋會要】

神仙匡續祠〔二〕。53 在江州德化縣。舊號四極大明公。徽宗建中靖國元年封靖明真人。

【宋會要】

孫思邈祠。在耀州華原縣磬玉山。徽宗崇寧二年三月賜廟額「靜應」，九月，賜號妙應真人。其山有崇福寺，即思邈舊宅。

【宋會要】

李相公祠。安定李相公祠，在遂寧府小溪縣。徽宗崇寧四年六月改封昭惠靈顯王。政和八年加封昭惠靈顯真人。

【宋會要】

榮隱先生祠。在榮德縣榮隱山碧潭洞〔三〕。徽宗崇寧四年七月賜廟額「靜應真人」。

【宋會要】

晉范長生祠。在成都府温江縣招賢觀。徽宗大觀二年八月賜廟額「潔惠」。政和三年九月封妙感真人。《廟記》云〔四〕：范名文，字子元。

〔一〕萬州：原作「嘉定府」。按嘉定府（今四川樂山）無南浦縣，南浦縣屬夔州路萬州（今重慶萬縣）。《歷世真仙體道通鑑》卷三五：「岑道願，江陵人也。萬州兩傍多大山，江之南林壑尤虛邃，有巖硿然甚大。隋末先生避難，泝三峽至此，愛之，遂隱巖下。……宋神宗熙寧十年，本州禱雨即應，太守聞於朝，詔封虛鑒真人。」與此條記載相合，可證此乃萬州之南浦縣無疑。因改。

〔二〕匡：原作「厈」，據周必大《文忠集》卷一六九改。此是避趙匡胤諱缺筆而訛。

〔三〕榮隱山：原作「榮陵山」，據《方輿勝覽》卷六四改。

〔四〕「廟記」以下原作大字。天頭原批：「『廟記』以下係小注。」今從之。

【宋會要】

魏子騫祠。在建(安)〔寧〕府崇安縣武夷山。舊號洞亭廟。徽宗政和三年十二月賜廟額「會真」。高宗紹興十八年閏八月封沖妙真人。

妙寂真人祠。在衡州衡陽縣長樂鄉。高宗紹興十五年十二月賜廟額「仁惠」。二十六年十二月封妙寂真人。

【宋會要】

嚴君平祠。在漢州綿竹縣。紹興十年十一月封妙通真人。

【宋會要】

混一真人祠。九華混一真人祠，在普城縣東山。高宗紹興二十年四 54 月賜廟額「順應」。（以上《永樂大典》卷一二三一一）

【宋會要】

劉真人祠。在瀘州合江縣安樂山延真觀。紹興二十六年正月封靜應真人。

【宋會要】

妙感真人祠。妙感真人文仙公祠，在邵州新化縣文仙山靈真觀。高宗紹興二十九年四月加今封妙感惠應真人。

【宋會要】

沖素真人祠。在郴州蘇仙觀。高宗紹興三十二年十月加封沖素普應真人。

【宋會要】

元應真人祠。天台縣天台山桐栢觀天台山主元應真人祠，光堯皇帝紹興十年十一月，加封元應善利真人。

【宋會要】

李阿真人祠。在嘉定府夾江縣。孝宗乾道七年十一月封觀妙真人。

【宋會要】

羅真人祠。羅真人祠在綿州羅江縣羅璝山，世傳公遠舊居。舊號永元真人，崇寧三年五月封普濟真人。

【宋會要】

壽春真人祠。一在隆興府鄞城縣大江北岸昇仙觀，漢仙人梅福壽春真人祠。紹興二年閏四月加封壽春吏隱真人。

【宋會要】

赤松子祠。55 在延平府將樂縣玉華洞。崇寧元年封赤松靈虛真君。

【宋會要】

句曲真君祠。在建康府句容縣茅山元符觀。徽宗大觀元年閏十月修，大茅君盈加號太元妙道沖虛真君，中茅君固加號定籙至道沖靜真君，小茅君衷加號三官保命微妙沖惠真君，廟又加白鶴三茅真君廟。

【宋會要】

趙君祠。僊人趙夔祠。徽宗大觀二年賜廟額「真惠」。

【宋會要】

梓(桐)(潼)帝(君)祠。隆慶府舊劍州。靈應廟，梓潼縣七曲山晉張惡子祠。真宗咸平三年，益州戍卒嬰城爲亂，王師討之。忽有人登梯衝，指賊大呼曰：「梓潼神遣我來！九月二十日城陷，爾輩悉當夷戮。」賊衆射之，倏忽不見。果及期而克。州以狀聞，四年七月，命追封英顯王，仍立碑紀其事。廟在梓潼縣，即梓潼神也。舊記曰：神本張惡子，仕晉戰死，有廟。《郡國志》云：惡子嘗至長安見姚萇，謂曰：「別後九年，君當入蜀。梓潼七曲山頂有叢林焉，即僕所居也，可扣林木，當有所應。」及萇事(符)(苻)堅，將命入蜀，行次上亭，見茂林爽塏，舉策扣之。有閽人曰：「此神君之仙室也。」頃之，數吏前導，侍衛百輩，神君出，乃張君也。將行，勑左右持一杖爲贈，語萇曰：「或有兵革之事，杖之所指，無不如意。」後萇戰無不克。唐明皇狩於西蜀，神迎於萬里橋，追命爲左丞相。後 56 僖宗播遷成都，亦有冥助，封濟順王。徽宗崇寧四年六月賜額。廟中王父府君，崇寧四年六月封義濟侯；母，宣和元年五月封柔應夫人；妻，宣和三年八月封英惠夫人。廟中五將軍，大觀二年十一月封義勇侯；其妻，宣和三年八月封顯懿夫人。英顯王，高宗紹興二年四月加「武烈」二字，十七年又加「忠佑」二字。二十七年四月，加封英顯武烈忠佑廣濟王。王之二子，紹興十九年十月并封侯，長曰洧，爲嗣慶侯，次曰涓，爲奕載侯。佐神義勇侯，紹興十九年七月加封義勇昭應侯；男并封侯，長男贊曰佐信侯，次男贇曰佑濟侯。二十九年二月，英顯武烈忠佑廣濟王二子，嗣慶侯加封嗣慶永寧侯，奕載侯加封奕載順應侯。英顯武烈忠佑廣濟王父義濟侯，孝宗乾道五年六月加封義濟善惠侯；母柔應夫人，八年十一月加封柔應贊佑夫人。

【宋會要】

真武祠。解縣鹽池有真武靈應真君祠，宋徽宗大觀元年二月賜額「廣福」。（以上《永樂大典》卷一二三二一）

女神祠 〔一〕

【宋會要】

57 舜二妃祠。岳州巴陵縣君山湘君祠。神宗元豐三年八月封淵德侯。徽宗崇寧三年正月賜廟額「順濟」。

【宋會要】

温夫人祠。肇慶府端溪縣秦悦城媪温氏，僞漢封龍母廟。神宗元豐元年正月封永濟夫人。徽宗大觀元年二月賜(額)「孝通」。

【宋會要】

柔應夫人祠。(穎)(潁)上縣有張龍公妻石氏祠。神宗元豐三年四月封柔應夫人。

【宋會要】

孝烈夫人祠。在北平縣，即木蘭也。神宗元豐三年九

〔一〕原無此題，今擬補。

月封孝烈夫人，仍賜額。

【宋會要】

靈華夫人祠。夔州巫山縣王母女靈華夫人。神宗元豐中賜額「凝真」。夫人常授禹召百神之書及上清寶文。宣和四年六月改爲凝真觀。高宗紹興二十一年五月封妙用真人。

【宋會要】

淑靈夫人祠。汝州梁縣峴山娘子神祠。神宗熙寧八年十月封淑靈夫人，仍賜額「靈峰」。

【宋會要】

二惠夫人祠。峴山二惠夫人祠在靈寶縣。舊號靈僊廟。徽宗崇寧三年四 58 月賜廟額「慈濟」。四年十二月，封順惠、明惠二夫人。

【宋會要】

靈德夫人祠。懷州河内縣晉魏陽元女靈德夫人祠，徽宗崇寧三年五月賜廟額「静應」。

【宋會要】

顯應夫人祠。永興軍萬年縣終南山炭谷口太一湫神顯應夫人祠，徽宗大觀元年賜廟額「冲濟」。二年五月，加封淑惠神妃。宣和三年六月封淑惠靈澤神妃。

【宋會要】

石夫人祠。寧波府奉化縣日嶺山有石夫人祠，徽宗宣和四年四月賜廟額「誠惠」。光堯皇帝紹興三十一年五月封昭德夫人。

【宋會要】

靈澤夫人祠。在建康府城東。光堯皇帝紹興二年十一月賜額「嘉惠」[一]。

【宋會要】

賈夫人祠。在如皋縣。光堯皇帝紹興十年十二月賜廟額「善應」。

【宋會要】

毋夫人祠。鎮江府丹陽縣白虎塘有毋夫人祠，光堯皇帝紹興二 59 十一年八月賜額「慈感」。

【宋會要】

儋耳夫人祠。〔昌化軍〕城南儋耳夫人祠[二]，僞漢封永清夫人。高宗紹興二十一年十一月賜額「寧濟」。三十二年十一月封顯應夫人。

【宋會要】

昭惠夫人祠。臨桂縣三山崖頭神祠，舊稱開天御道娘。紹興二十八年六月賜廟額「靈懿」。三十二年閏二月封昭惠夫人。

【宋會要】

三位夫人祠。（功）〔邛〕州蒲江縣鹽井聖姑三位夫人

[一] 此下原有「使鄭薰」至「廣惠王」凡八十餘字，乃錯簡，今移至本書禮二〇之八八「昭亭山神祠」條。

[二] 昌化軍：原無，據宋趙汝适《諸蕃志》卷下補。

祠，紹興三十一年二月賜廟額「博濟」。孝宗乾道八年十一(年)〔月〕，第一位封靈惠夫人，第二位封協惠夫人，第三位封贊惠夫人。

【宋會要】

蟂磯夫人祠。在太平州蕪湖縣。神宗元豐元年十一月賜額「靈澤」，仍封靈澤夫人。

【宋會要】

昭濟聖母祠。平晉縣有聖母祠，神宗熙寧十年封昭濟聖母。徽宗崇寧三年六月賜號「慈濟廟」。政和元年十月加封顯靈昭濟聖母，二年七月改賜「惠遠」。

【宋會要】

小孤山聖母祠。宿松縣小孤山聖母安濟夫人別祠。光堯皇帝紹興五年八月詔令葺廟，六年五月賜額「惠濟」。壽皇聖帝隆興元年二月，加封助順安濟夫人。

【宋會要】

60 大孤山聖母祠。在江州彭澤縣。光堯皇帝紹興十八年九月賜額「顯濟」。

【宋會要】

聖母婆婆祠。在南寧府古鉢嶺。紹興二十年六月賜額「慈感」。

【宋會要】

神母祠。在忻州定襄縣七巖。即摩笄山代王夫人，趙襄子姊。徽宗建中靖國元年封惠應夫人。

【宋會要】

龍母祠。在道州營道縣。徽宗崇寧二年賜額「靈濟」。三年正月封靈濟夫人。高宗紹興二十年十月，加封靈濟順應夫人。又在梧州興業縣緑秀嶺〔一〕，有青水灣龍母祠。熙寧八年六月封惠濟夫人。又常州晉陵縣橫山井龍母祠，光堯皇帝紹興七年八月賜額「潛靈」。十二年十月封淵濟夫人。

【宋會要】

白龍母祠。在平江府長洲縣陽山顯慶禪院。白龍母祠，光堯皇帝紹興二十九年四月賜額「靈濟」。壽皇聖帝乾道四年正月封靈濟夫人。

【宋會要】

龍母溫媼祠。在梧州岑溪縣〔二〕。崇寧三年八月賜廟額「異應」。

【宋會要】

葛姥祠。徽宗崇寧元年賜廟額「善應」。

【宋會要】

61 太姥神祠。太姥神甯氏祠，在巢湖。神宗元豐元年五月賜額「德濟」，仍封善利夫人。光堯皇帝紹興二年二月加封「靈顯」二字。五年十二月，特封靈應妃。十一年二月

〔一〕按興業縣宋屬鬱林州。
〔二〕按岑溪縣宋屬藤州。

加「助順」二字。三十二年十月，加封孚顯靈應助順妃。

【宋會要】

慈姥祠。在眉州青神縣。紹興二十八年六月賜額「慈濟」。孝宗乾道二年八月封嘉惠夫人。

【宋會要】

班姬神祠。在廣信軍。徽宗崇寧三年五月賜額「文惠」。

【宋會要】

神女祠。莆田縣有神女祠，徽宗宣和五年八月賜額「順濟」。高宗紹興二十六年十月封靈惠夫人。三十年十二月加封靈惠昭應夫人。孝宗乾道三年正月加封靈惠昭應崇福夫人。平城縣有神女祠，徽宗宣和五年八月封昭應夫人，賜額「静應」。

【宋會要】

神女蕭氏祠。在臨桂縣。徽宗大觀三年八月封顯佑夫人，仍賜額「清惠」。高宗紹興十年正月加封「廣慈」二字。二十一年十一月又加「恭懿」二字。三十二年，加封孚應廣慈顯佑恭懿夫人。孝宗乾道二年六月封昭德妃。

【宋會要】

龍女祠。62 文州曲水縣有龍女祠，徽宗崇寧五年八月賜額「慈霑」。大觀二年十一月封懿澤夫人。高宗紹興十九年十月加「善利」二字。三十年九月加「昭應」二字，後又加封嘉德懿澤善利昭應夫人。

【宋會要】

三川寨龍女祠。三川寨妙娥山神湫龍女祠，哲宗元符二年八月賜額「靈祐」。

【宋會要】

尅胡寨龍女祠。徽宗崇寧二年十月賜額「靈澤」。

【宋會要】

龍女潭神祠。在龍州同慶縣〔一〕。徽宗崇寧二年十二月賜額「惠應」。

【宋會要】

清溪龍女祠。在峽州遠安縣。徽宗大觀二年四月賜額曰「昭靈」。政和四年十二月改「靈貺」。五年十一月封通惠夫人。

【宋會要】

蘷頤潭龍女祠。在普州。徽宗大觀二年六月賜額曰「德施」。

【宋會要】

赤面山龍女祠。在成都府金水縣。徽宗政和二年十一月賜額「惠澤」。宣和三年八月封潤德夫人。

【宋會要】

仙姑山龍女祠。在婺州浦江縣。徽宗政和四年三月賜額「宣惠」。

〔一〕按宋代無同慶縣，只有同慶府，本爲成州（治今甘肅成縣），理宗時升爲同慶府，疑本條即指此地，但又與龍州（今四川平武東南）無關。

【宋會要】

漁陽井龍女祠。63 漁陽井龍女洞神祠，在萬州。高宗紹興十一年十月賜額「靈惠」，十一月封昭濟夫人。

【宋會要】

江隄龍女祠。在遂寧府小溪縣東城外。高宗紹興十七年八月賜額「通惠」。

【宋會要】

龍女祠。在嘉定府夾江縣平崗鄉龍神堰。高宗紹興二十一年十月賜額「靈懿」。

【宋會要】

南岸龍女祠。在合州。孝宗乾道八年八月賜廟額「利澤」。

【宋會要】

仙女祠。臨安府新城縣新婦洞仙女祠，壽皇聖帝乾道八年十一月賜額「靈應」。

【宋會要】

女仙祠。在贛州虔化縣金精山，女仙張麗英。徽宗崇寧二年封靈泉真人。

【宋會要】

二女仙祠。壺關縣紫團山樂氏二女仙祠，徽宗崇寧四年八月賜額「真澤」。政和元年三月，封爲冲惠、冲淑真人。

【宋會要】

丁氏女祠。在真州長蘆鎮。太祖開寶中，漁者釣於江，獲木偶像，因見夢曰：「我丁女也，汝能祀我，我必福汝。」真宗大中祥符 64 七年詔立廟。仁宗天聖十年二月，封安濟夫人，仍賜冠帔。徽宗崇寧四年閏二月賜「靈應」廟額。光堯皇帝紹興十九年二月，改賜「順應」廟額。

【宋會要】

張魯女郎祠。隴州汧源縣有漢張魯女祠，徽宗崇寧三年賜額「慈福」。

【宋會要】

梁女祠。在平江府承天寺，梁陸僧瓚之女祠〔一〕。哲宗元符二年九月封慧感夫人。徽宗政和二年四月，加號顯佑，仍賜額「靈佑」。壽皇聖帝乾道三年十一月，加封慧感顯佑善利夫人。

【宋會要】

羅氏女祠。在岳州巴陵縣。真宗咸平三年八月，岳州言君山靈妃廟祈雨有應，詔重修建。神宗元豐五年二月，封孝烈靈妃，仍封其弟爲孝感侯。妃之父爲武陵令，嘗爲秦鐵官，以運鐵溺死南津。妃與弟徑趨溺所，購父不得，亦偕溺死，津人爲立祠。舊封昭烈靈妃，其弟爲都水使者。元豐四年，知岳州李觀叙其孝行以聞，故有是命。高宗紹興二十六年十二月賜額「淑濟」。孝宗乾道二年八月，加封慈濟孝烈靈妃，弟孝感侯加封靈潤孝感侯。

【宋會要】

〔一〕陸：原作「六」，據《吳郡志》卷一二改。

三姑潭祠。在温州府瑞安縣仙巖。唐路守應三女參安楞嚴契悟。

【宋會要】馬氏五娘祠。紹興七年八月賜廟額「靈感」。

【宋會要】65 遊江七娘祠。在桂林府臨桂縣甘家市。孝宗乾道元年四月賜廟額「慈應」。（以上《永樂大典》卷一二三三）

龍神祠〔一〕

【宋會要】龍祠。湖州府烏程縣龍祠，神宗元豐三年封顯利侯廟。又資州盤石縣龍祠，徽宗崇寧元年十二月賜廟額「惠澤」，二年九月封靈應侯。又氾水龍祠，徽宗大觀四年三月賜廟額「昭佑」。又福州懷安縣龍祠，舊號龍跡護民侯。徽宗政和五年二月賜廟額「廣施」。

【宋會要】朝那湫龍祠。在東山寨硤山。即漢《郊祀志》所祠淵也。真宗天禧二年四月賜廟額「靈澤」。神宗熙寧十年六月封澤民侯。

【宋會要】東海龍祠。在朐山縣。神宗熙寧八年十月封靈德侯。

【宋會要】吳城山龍祠。在隆興府新建縣。真宗大中祥符六年封順濟侯，俗呼小龍。神宗熙寧九年七月，詔封順濟王。是年，王師征交趾，舟行多見其現者，詔遣知太常禮院林希祭謝。希還言：祭時有蛇墜廟祝肩，入石香合中。行禮之際，微露其首。祭畢，周旋案上，徐入帳中。形色屢變，觀者竦異。徽宗崇寧三年十月封英靈順濟王。四年十一月，詔加靈順昭應安濟王。宣和二年三月，封爲靈順昭應安濟惠澤王。

【宋會要】聖鍾渦龍祠。66 在平陸縣大河。神宗熙寧十年六月封潤民侯。

【宋會要】聖井龍祠。在紹興府山陰縣秦望山。神宗元豐三年封靈惠侯。是年因祈雨，獲金文龜，於井中出。

【宋會要】龍泉寺龍祠。在靜江府舊桂州。臨桂縣。神宗元豐五年十一月封淵侯〔二〕。徽宗崇寧元年九月賜廟額「靈源」。

【宋會要】百丈巖龍祠。在河中府。舊封會應侯。哲宗紹聖四年十月封惠感公廟。

【宋會要】易水龍祠。在歸信縣。哲宗元祐四年賜廟額「會應」。

【宋會要】

〔一〕原無此題，今擬補。
〔二〕「淵」字下疑脱一字。

洪澤鎮龍祠。在淮陰縣。哲宗元祐八年賜廟額「靈澤」。壽皇聖帝乾道三年六月封英濟侯。

【宋會要】

響潭龍祠。在湖州武康縣西。哲宗元符三年五月賜廟額「淵應」。

【宋會要】

層山龍祠。在澧州石門縣。崇寧元年十二月賜廟額「善濟」。

【宋會要】

潺水龍祠。在澧州澧陽縣。徽宗崇寧二年七月賜廟額「惠應」。

【宋會要】

九井龍祠。在舒州懷寧縣灊山司真洞。徽宗崇寧二年七月賜廟[67]額「神濟」。政和三年四月封仁貺侯。宣和四年七月封仁貺公。五年封豐濟公。

【宋會要】

石門山龍祠。在鄂州江夏縣。徽宗崇寧二年十二月賜廟額「嘉澤」。

【宋會要】

車箱潭龍祠。在華陰縣。徽宗崇寧三年封豐潤侯廟。

【宋會要】

石穴龍祠。在衡州衡陽縣。徽宗崇寧三年賜廟額「惠濟」。

【宋會要】

黃神潭龍祠。在華陰縣。徽宗崇寧三年封廣潤侯廟。

【宋會要】

天目山龍祠。在臨安府於潛縣。徽宗崇寧三年正月賜廟額「昭應」。政和三年九月封淵源侯。光堯皇帝紹興十年十二月封淵源平施侯。二十五年六月封靈濟王。以祈雨有應特封。二十九年，加封靈濟昭應王。

【宋會要】

安靈潭龍祠。在柳州融水縣。徽宗崇寧三年三月賜廟額「惠應」。大觀元年十二月封安靈侯。

【宋會要】

白池龍祠。在同谷縣。徽宗崇寧三年六月賜廟額「興澤」。

【宋會要】

石洞龍祠。在遼山縣龍子谷。徽宗崇寧三年十月賜廟額「普濟」。

【宋會要】

[68]壠井龍祠。在賀州臨賀縣。崇寧三年十一月賜廟額「惠濟」。五年二月封浸仁侯。

【宋會要】

楞伽巖龍祠。在桂陽縣。崇寧四年二月賜廟額「德潤」。

【宋會要】

石溝龍祠。在府谷縣步陀村。徽宗崇寧四年賜廟額「普澤」。

【宋會要】

峽江龍祠。在成都府金堂縣。徽宗崇寧四年七月賜廟額「靈澤」。

【宋會要】

二青龍祠。西山二青龍祠，在平山縣。徽宗崇寧四年並封侯，曰福應，曰利澤。

【宋會要】

臺池龍祠。在五臺縣北。徽宗政和六年三月賜廟額「殊應」，封豐澤侯。

【宋會要】

錢塘龍祠。在霸州文安縣。徽宗大觀元年四月賜廟額「鎮安」。

【宋會要】

北潭龍祠。在處州麗水縣。徽宗大觀二年十一月賜廟額「普施」。三年，封淵應侯。光堯皇帝紹興二十九年五月，加封淵應昭惠侯。

【宋會要】

焦氏臺龍祠。69 在順昌府(曲)〔舊〕潁州項城縣〔一〕。徽宗大觀三年八月賜贈廟額「敏應」。

【宋會要】

州城龍祠。在重慶府。大觀四年九月賜廟額「普施」。一在承州，大觀四年九月賜廟額「時應」。政和五年二月封時應侯。一在遵義軍〔二〕。政和二年十二月賜額「靈濟廟」。

【宋會要】

廣惠龍祠。在彭州九隴縣漢光武廟中。徽宗政和三年十月封廣惠侯。

【宋會要】

明月潭龍祠。在嘉慶府達州通川縣〔三〕。徽宗政和三年十二月賜廟額「明惠」。五年十一月封顯惠侯。孝宗乾道四年八月加封顯惠廣濟侯。

【宋會要】

玉泉龍祠。在當陽縣。政和四年十二月賜廟額「靈施」。五年十二月封感澤侯〔四〕。高宗紹興八年十月加封感濟豐澤侯。

【宋會要】

清潭龍祠。在長沙府寧鄉縣大潙山頂。徽宗政和五年八月十日賜廟額「靈澤」。

〔一〕按，項城縣宋屬陳州，不屬潁州。

〔二〕軍：原作「州」。按宋世遵義未曾置州。大觀二年置遵義軍及縣，宣和三年軍、縣俱廢，改置遵義砦，隸珍州，詳見《宋史》卷八九《地理志》五。今改。

〔三〕按，宋代無「嘉慶府」，宋代達州（今四川達州市）屬夔州路。

〔四〕感澤：據下文，疑當作「感濟」。

【宋會要】

澆潭龍祠。在興國軍大冶縣龍角山(一)。徽宗政和五年十一月十一日，賜額「昭濟廟」。

【宋會要】

70 小龍祠。在光化軍。壽皇聖帝隆興元年二月賜額「威濟」。

【宋會要】

桃竹溪龍祠。在樂源縣。孝宗隆興二年八月賜廟額「洞淵」。徽宗宣和三年十一月十三日併隸南平軍。

【宋會要】

横山龍祠。在潼川府。孝宗乾道元年八月賜廟額「昭濟」。

【宋會要】

潛潭龍祠。在鄂州咸寧縣。乾道九年閏正月賜廟額「靈惠」。

【宋會要】

石臼島龍祠。在鹽城縣、密州膠西。光堯皇帝紹興三十一年十一月賜廟額「威濟」，封佑順侯。先是於密州立廟，封爵賜額，其後以膠西隔絶，詔於楚州鹽城治海建祠焉。

【宋會要】

白龍祠。鎮江府金壇縣思湖白龍祠，徽宗崇寧四年八月賜廟額「靈濟」。大觀二年十一月封嘉澤侯。三年九月封敏應公。光堯皇帝紹興三年八月，加封昭澤敏應公，封龍母曰嘉惠夫人。二十六年七月，加封昭澤敏應神濟公。又蘇州常熟縣海隅山白龍祠，徽宗政和三年正月賜廟額「焕靈」。五年十月封宣惠侯。光堯皇帝紹興二十二年八月，加封宣惠通濟侯，仍封龍母曰慈懿夫人。

【宋會要】

五龍祠。71 在臨彰縣鎮西南三十里天平渠北岸。隋開皇元年，天平渠有五龍見，故立此祠於渠側。一在福州府閩縣，孝宗乾道三年閏七月賜額「靈澤」。

【宋會要】

金鷄山五龍祠。在信州上饒縣。神宗熙寧十年八月賜廟額「會應」，仍封龍母爲惠濟夫人。以知州事奏禱雨有應，故有是詔。至大觀二年十月，詔天下五龍神皆封王爵，其(祥)〔詳〕見東京會應廟。

【宋會要】

南山五龍祠。在朐山縣。神宗元豐二年七月封會應侯廟。

【宋會要】

龍泉五龍祠。南山龍泉五龍祠在成紀縣。哲宗元祐五年六月賜廟額「會應」。

【宋會要】

(一) 軍：原作「府」，按宋代未嘗置興國府，今改。

中嵬山五龍祠。在端氏縣。徽宗大觀三年封會應王廟。

【宋會要】

門外五龍祠。在饒州子城龍潭。壽皇聖帝乾道八年七月賜廟額「孚應」。

【宋會要】

九龍祠。盧氏縣有九龍祠，神宗熙寧四年三月賜廟額「普應」。徽宗崇寧五年十二月並封侯，一曰廣澤，二曰廣應，三曰廣潤，四曰靈施，五曰靈界，六曰靈滋，七曰顯祐，八曰顯 72 惠，九曰顯霈。

【宋會要】

龍神祠。光堯皇帝紹興二十六年二月賜廟額「昭應」。一在洋州興道縣，孝宗乾道三年八月賜廟額「靈澤」。

【宋會要】

總真洞龍神祠。在安喜縣大茂山。神宗熙寧九年二月封利澤侯。徽宗政和五年賜廟額「昭澤」。

【宋會要】

黑龍神祠。一在宜芳縣，徽宗崇寧二年十二月賜廟額「靈惠」。一在建康府城西北，徽宗崇寧三年十一月賜廟額「普潤」。一在建康府城北，光堯皇帝紹興三十年六月賜廟額「孚澤」。

【宋會要】

白龍神祠。在豐州城東。徽宗大觀二年六月賜廟額「靈霈」。

【宋會要】

赤砂湫龍神祠。在福津縣。徽宗大觀四年九月賜額「祥淵」。

【宋會要】

寧濟湖龍神祠。在復州。徽宗宣和間賜額「光應」。

【宋會要】

西位龍神祠。在武鄉縣。徽宗宣和四年六月封廣澤侯，賜額「應感」。

【宋會要】

白馬泉龍神祠。在雅州名山縣羅繩里。高宗紹興元年二月賜額「靈濟 73 廟」。十年七月封淵澤侯。

【宋會要】

嘉山潭龍祠。在常州武進縣。光堯皇帝紹興七年八月賜額「善利」。十二年十月封昭澤侯。

【宋會要】

放生池龍神祠。在六合縣。光堯皇帝紹興八年八月，令依舊稱今額「慈濟廟」。先是本廟徽宗政和間嘗賜額「慈濟」，緣火燒燬敕牒，至是本州乞別賜，故有是命。

【宋會要】

惠泉龍神祠。在〔荆門〕城西〔二〕。高宗紹興八年十月

〔二〕荆門：原無，據王之望《漢濱集》卷一四《蒙泉龍堂小記》補。

封善利侯。孝宗乾道二年三月，加封昭濟善利侯。

【宋會要】

仇湖龍神祠。在〔秦〕〔泰〕州海陵縣。光堯皇帝紹興十年十二月賜額「靈濟」。

【宋會要】

東湖龍神祠。在泉州府。紹興十一年七月賜額「福遠」。

【宋會要】

石井龍神祠。大侯源石井龍神祠，在處州遂昌縣。光堯皇帝紹興十一年九月賜額「博濟」。

【宋會要】

羊角潭龍神祠。在福州古田縣。紹興十三年十二月賜廟額「靈淵」。

【宋會要】

百匯湫龍神祠。〔在〕綿州彰明縣。高宗紹興十五年四月賜額「康濟」。孝宗隆 74 興元年三月封惠澤侯。

【宋會要】

大滌洞天龍神祠〔一〕。在臨安府餘杭縣天柱山洞霄宮〔二〕。光堯皇帝紹興十七年七月封善應侯。

【宋會要】

虎跳潭龍神祠。在延平府尤溪縣。高宗紹興二十年六月賜廟額「豐澤」。

【宋會要】

白霧潭龍神祠。在復州。紹興二十一年十月賜額「靈滋」。

【宋會要】

蒼林潭龍神祠。〔在〕復州。高宗紹興二十一年十月賜廟額「靈潛」。

【宋會要】

雷洞龍神祠。在崇興府石泉縣〔三〕。高宗紹興二十四年十二月賜額「靈應」。十九年二月封廣潤侯〔四〕。

【宋會要】

龍鶴山龍神祠。在眉州丹稜縣。紹興二十四年五月賜額「顯濟」。

【宋會要】

乳洞山龍神祠。在兩當縣。光堯皇帝紹興二十九年十二月賜額「靈濟」。

【宋會要】

龍洞龍神祠。羅紋峽龍洞龍神祠，在忠州墊江縣。乾道二年八月賜廟額「靈澤」。

【宋會要】

〔一〕滌：原作「條」，據《咸淳臨安志》卷二四改。

〔二〕天：原作「大」，據《咸淳臨安志》卷二四改。

〔三〕崇興府：按宋代石泉縣有二，一屬綿州，一屬金州，均無「崇興府」之稱，歷朝亦未嘗置「崇興府」。

〔四〕十九年：疑當爲「二十九年」。

靈溪洞龍神祠。在襄陽府南漳縣。壽皇聖帝乾道四年三月賜額「威濟」。75 又云：靈溪西洞龍神祠，在襄陽府南漳縣，壽皇聖帝乾道四年三月賜額「興澤廟」。

【宋會要】

霧池龍神祠。在襄陽府襄陽縣。壽皇聖帝乾道四年三月賜額「靈澤」。

【宋會要】

湫水龍神祠。鵜公潭湫水龍神祠，在洋州興道縣。乾道五年十一月賜額「興濟」。

【宋會要】

落狗洞龍神祠。在梁山縣。乾道八年四月賜額「膏澤」。

【宋會要】

五龍神祠。大靈潭五龍神祠，在桂陽縣。高宗紹興十四年八月賜額「靈濟」。　崇福宮五龍神祠，在開江縣盛山，紹興二十九年二月賜額「協應」。　五龍潭龍神祠，在歸州，孝宗乾道九年四月賜廟額「靈濟」。

【宋會要】

八龍神祠。在眉州青神縣。紹興二十八年六月賜額「慈濟」。孝宗乾道二年八月封八龍神：第一位封善澤侯，第二封善感侯，第三封善應侯，第四封善貺侯，第五封善佑侯，第六封善利侯，第七封善慶侯，第八封善陰侯。

【宋會要】

九龍神祠。在隆慶府武連縣。高宗紹興二十三年六月賜額「善澤」。

【宋會要】

龍洞神祠。76 在同慶府綿谷縣〔一〕。高宗紹興十一年正月賜額「清濟」。　一在遂城縣龍山之陽，神宗元豐四年八月封霈澤侯廟。

【宋會要】

蒼龍洞神祠。在林慮縣天平山。神宗元豐八年十二月封靈澤侯廟。

【宋會要】

白山洞神祠〔二〕。在嚴州壽昌縣仁豐鄉。相傳爲吳司徒祠。徽宗崇寧二年封靈應王廟。

【宋會要】

師子洞神祠。在同谷縣文王山。徽宗崇寧二年六月賜額「靈感」。

【宋會要】

礌龍洞神祠。在涪陵縣七里，有礌龍洞神祠，淵通侯。徽宗崇寧三年四月賜額「普潤」。高宗紹興十年十一月加封淵通廣澤侯。

〔一〕按同慶府（成州）有同谷縣而無綿谷縣，綿谷縣則屬利州，未知爲何者之誤。

〔二〕白山洞：原作「白洞」，據本書禮二一之四八、雍正《浙江通志》卷二二四補。

【宋會要】

青龍洞神祠。在平涼縣笄頭山。徽宗崇寧三年九月賜額「廣惠」。四年七月封豐濟侯。

【宋會要】

九遞山龍洞神祠。在南平軍隆化縣。宋徽宗崇寧四年二月賜額「普濟」。高宗紹興十五年十月，封第一潭曰善利侯，第二潭曰廣利侯。

【宋會要】

大龍鳴洞神祠。77在夔州府清水縣〔一〕。徽宗崇寧四年八月賜額「神濟」。

【宋會要】

小龍鳴洞神祠。在開州清水縣。崇寧四年八月賜額「靈濟」。

【宋會要】

高溪龍洞神祠。在咸淳府忠州臨江縣。崇寧五年二月賜額「孚霈」。高宗紹興十九年十月封嘉應侯。

【宋會要】

蟠龍洞神祠。在梁山軍梁山縣金藏澤。徽宗政和二年五月賜額「仁應」。孝宗乾道八年四月封利澤侯。

【宋會要】

達活泉龍洞神祠。在信德府龍崗縣。徽宗政和四年九月賜廟額「廣源」。

【宋會要】

斜崖山龍洞神祠。在合州石照縣。徽宗政和四年九月賜廟額「顯澤」。高宗紹興五年十一月封靈潤侯。

【宋會要】

巾子山龍洞神祠。在沔州長舉縣〔二〕。紹興五年閏二月賜廟額「靈助」。

【宋會要】

鐵山龍洞神祠。在河池縣。光堯皇帝紹興五年閏二月賜額「孚佑」。

【宋會要】

英山龍洞神祠。在昌州永川縣〔三〕。高宗紹興十年三月賜額「靈濟」。十四年八月封惠濟侯。

【宋會要】

伍山龍洞神祠。78在同谷縣。光堯皇帝紹興十一年十二月賜額「神應」。

【宋會要】

三洞神祠。芝溪源龍龜三洞神祠，在衢州西安縣玉泉鄉。西臺龍龜洞，吳莊山朝陽洞，赤岸山聰洞。光堯皇帝紹興十六年十一月賜額「靈澤」。

【宋會要】

〔一〕按明代始稱「夔州府」，宋代清水縣屬夔州路開州。
〔二〕沔州：原作「文州」，據《宋史》卷八九《地理志》五改。
〔三〕昌州：原作「紹興府」。按永川縣屬潼川府路昌州，不屬紹興府，徑改（依明代政區則當作「重慶府」）。英山洞在永川縣西，見《方輿勝覽》卷六四。

龍門山龍洞神祠。在龍州江油縣。高宗紹興十九年十月賜額「靈淵」。【宋會要】

赤岸山龍洞神祠。在成都府新都縣。紹興二十年三月賜廟額「潛靈」。【宋會要】

官池龍洞神祠。在嘉慶府巴渠縣官池里〔一〕。宋高宗紹興二十九年正月賜額「靈澤」。三十二年十一月封昭澤侯。【宋會要】

龍孔村龍洞神祠。在開州開江縣。孝宗乾道元年三月賜額「廣施」。【宋會要】

青溪龍洞祠。在涪州涪陵縣。孝宗乾道三年八月賜額「靈濟」。【宋會要】

東關灘龍洞祠。在涪州武龍縣。乾道三年八月賜額「靈澤」。【宋會要】

龍泉神祠。在威勝軍銅鞮縣伏牛山。神宗元豐七年三月賜額「靈顯」。徽宗崇寧元年七月封惠澤侯。五年八月封黃仁公〔二〕。政和五年九月封顯濟王。武(卿)〔鄉〕縣龍泉神祠。徽宗崇寧三年正月賜額「仁濟」。大觀元年二月封敷應侯。屯[79]留縣龍泉神祠。徽宗崇寧四年十月賜額「惠應」。隰州隰川縣城北龍泉神祠。徽宗政和二年二月賜額「嘉貺」。【宋會要】

白龍泉神祠。在鎮江府丹徒縣長山，白龍泉神昭濟公祠。神宗元豐六年賜額「靈淵」。光堯皇帝紹興二十三年十二月，加封靈應昭濟公。白兆山白龍泉神祠，在德安府安陸縣舊安(門)〔州〕。洪濟廟。徽宗崇寧二年八月封靈澤侯。四年六月賜廟額「洪濟」。五年六月封深仁公。高宗紹興二年四月加「敷澤」二字，九年八月又加「永濟」二字。二十六年六月，加封深仁敷澤永濟靈應公。赤土陂白龍泉神祠，在府谷縣。徽宗政和五年四月賜額「靈潤」。【宋會要】

黑龍泉神祠。在麟州新秦縣。徽宗崇寧三年二月賜額「昭貺」。【宋會要】

碧龍泉神祠。在定戎寨。徽宗崇寧四年十二月賜額「靈源」，封豐利侯。【宋會要】

石龍泉神祠。在保定府保塞縣抱陽山。徽宗崇寧四

〔一〕按，巴渠縣屬夔州路達州，歷代並無「嘉慶府」。
〔二〕黃：疑當作「廣」。

年八月賜額「顯濟」，以本州言，龍泉有大小青蛇二，祈求有應故也。五年八月，一封神惠侯，一封嘉霈侯。

【宋會要】

五龍泉神祠。在皐蘭山法泉寺。徽宗大觀元年四月賜額「神源」。

【宋會要】

羅鎮龍淵神祠。80 在隰川縣。徽宗政和二年二月賜額「福津」。

【宋會要】

東山龍淵神祠。黎州漢源縣東山龍淵神祠，高宗紹興二十八年八月賜廟額「靈澤」。孝宗隆興元年九月封昭濟侯。

【宋會要】

石室龍澤神祠〔一〕。在房陵縣九室山。神宗元豐二年八月封靈澤侯廟。

【宋會要】

白龍潭神祠〔二〕。在台州臨海縣。徽宗政和五年八月賜廟額「德淵」。光堯皇帝建炎二年三月封滋榮侯〔三〕。

【宋會要】

白龍澗神祠。在壽春府壽春縣。徽宗崇寧（九月）〔元年〕十一月賜廟額「靈濟」。三年正月封普惠侯。大觀四年五月改封敏澤侯。

【宋會要】

龍穴神祠。在黎陽縣大伾山西陽明洞。徽宗崇寧二年賜廟額「豐澤」。

【宋會要】

龍宮神祠。在果州南充縣。徽宗崇寧四年三月賜廟額「靈澤」。政和三年八月封淵感侯。高宗紹興二十四年五月，加封淵感昭濟侯。

【宋會要】

龍浦神祠。在莆田縣東厢。高宗建炎四年九月賜廟額「顯應」。紹興四年七月封助順侯。三十一年八月，加封「威惠」二字，并封 81 妻曰靈祐夫人。

【宋會要】

龍湫神祠。在天水縣太祖山。龍湫神祠靈澤公，光堯皇帝紹興七年加封「昭應」二字。十三年四月賜廟額「廣潤」。十六年八月又加「豐源」二字。二十七年四月，加豐源昭應靈澤普惠公。壽皇聖帝乾道二年二月封英顯王。

【宋會要】

龍渡山神祠。在桂陽軍舊桂陽監。平陽縣。神宗熙寧八年六月封明應侯。高宗紹興十四年五月賜廟額「靈潤」。

【宋會要】

〔一〕澤：似當作「潭」。
〔二〕潭：原作「澤」，據《赤城志》卷三一改。
〔三〕榮：原作「滎」，據《赤城志》卷三一改。

龍安嶺神祠。在袁州宜春縣。高宗紹興十年二月賜廟額「靈衛」。

【宋會要】

龍巖神祠。南源龍巖神祠，在南安軍大庾縣。高宗紹興十七年四月賜廟額「靈澤」。

【宋會要】

龍窟祠。在泉州府同安縣。乾道三年正月賜廟額「昭應」。

【宋會要】

龍王神祠。在清州。高宗紹興三十年四月封惠濟侯，賜廟額「豐澤」。

【宋會要】

走馬山龍王祠。達州(明通)〔通明〕縣走馬山有宣漢鹽井龍王祠，紹興十八年十一月賜廟額「惠濟」。孝宗乾道二年四月封顯應侯。

【宋會要】

風伯潭龍王祠。[82]在衡州(來)〔耒〕陽縣。徽宗宣和三年十一月封淵靈侯，賜廟額「靈澤」。

【宋會要】

南海龍王祠。在廣南東路廣州府。其配明順夫人，徽宗宣和六年十(十)一月封顯仁妃；長子封輔靈侯，次子封贊寧侯，女封惠佑夫人。其洪聖廣利昭顯王，自初封至加封年月並未見〔一〕。高宗紹興七年九月加封洪聖廣利昭順威顯王。

【宋會要】

順濟龍王廟。在平江府吳江縣。光堯皇帝紹興十五年七月賜廟額「安惠」，即隆興府彭蠡龍王靈順昭應安濟惠澤王別祠也。

【宋會要】

惠澤龍王祠。懷安縣山口鎮有靈順昭應安濟惠澤龍王祠，壽皇聖帝隆興元年十月賜廟額「廣祐」。

【宋會要】

五龍王祠。鋸山五龍王祠，在明州府象山縣。光堯皇帝建炎四年十月賜廟額「普濟」。

【宋會要】

張龍公祠。(穎)〔潁〕上縣有龍公張路斯祠，神宗熙寧十年四月封昭靈侯。徽宗崇寧二年正月賜廟額「普澤」。

【宋會要】

龍子祠。在平陽府舊晉州。臨汾縣晉源鄉。神宗熙寧八年十二月[83]封靈濟公。(以上《永樂大典》卷一二三四)

山神祠〔二〕

【宋會要】

〔一〕按，南海神康定元年封洪聖廣利王，皇祐五年加封洪聖廣利昭順王，備見《宋史》卷一〇二《禮志》五。而此云「未見」，蓋此注爲《永樂大典》編者所加，未檢《宋史》等書。

〔二〕原無此題，今擬補。

[84]蔣山神祠。在建康府上元縣。哲宗元祐六年二月賜廟額「忠烈」。初，孫權爲子文立廟鍾山，封蔣侯，改鍾山爲蔣山。一在太平州星子縣西上神都中〔一〕，俗傳蔣子文之後。神宗熙寧八年六月封豐利侯。

【宋會要】

仰山神祠。仰山二神蕭氏祠，在袁州宜春縣，仲父大分，季子隆。真宗大中祥符二年四月，袁州〔言〕：仰山廟見分二殿，乞賜封崇。（昭）〔詔〕正殿封靈濟王，夫人李氏封齊國夫人；西殿封明顯公，夫人潘氏封楚國夫人。神宗熙寧八年七月，宰臣韓絳言：「頃奉使江南，到袁州，禱于仰山靈濟上廟，即時雨降，浹於鄰部，望賜褒崇。」詔特封福善靈濟王。哲宗元符二年八月賜廟額「孚惠」。徽宗大觀四年六月，詔福善靈濟王加「顯仁」二字，福善明顯公封康濟王。宣和三年四月，封〔佑德〕顯仁福善靈濟王、（應）〔英〕顯康濟王。〔英顯康濟王〕考爲安惠侯〔二〕，妣爲顯慈夫人。佑德顯仁福善靈濟王「顯仁」二字與顯仁皇后謚號同，有司申請改曰「顯慈」。正配李氏靈澤妃，高宗紹興元年七月加「佑順」二字，十年閏六月加封明懿佑順靈澤妃。西位季子隆英顯康濟王，紹興元年七月加「威仁」二字，十年六月加封敷德威仁英顯康濟王。配潘氏康應妃，紹興元年六月加「英淑」二字，十年閏六月加封英淑廣助康應妃。王考安惠侯，紹興元年七月加「慶嘉」二字，十年閏六月又[85]加「昭遠」二字，二十一年十二月加封慶嘉昭遠安惠啓祐侯。王妣顯慈夫人，紹興元年七月加「慶善」二字，十年閏六月又加「協祥」二字。王子二位，紹興六年九月並封侯，祐德顯（烈）〔仁〕福善靈濟王子曰濟美，威仁英顯康濟王子曰世惠。十年十月各加二字，曰「贊幽」，曰「陰功」。二十一年十二月各又加二字，曰「永寧」，曰「昭應」。王子婦二位，紹興十年閏六月並封夫人，濟美侯妻曰福昌，世惠侯妻曰福寧。孝宗乾道元年五月，〔慶嘉昭遠安惠啓祐侯〕封慶遠公，妣慶善協祥顯慈夫人加封慶善協祥顯慈昭應夫人。子贊幽濟美永寧侯加封贊幽濟美永寧廣祐侯，子妻福昌夫人加封福昌靜惠夫人；子陰功世惠昭應侯加封陰功世惠昭應順成侯，子妻福寧夫人加封福寧柔惠夫人。

【宋會要】

廣德山神祠。廣德山神張渤祠，在廣德軍廣德縣。真宗景德二年六月，監察御史崔憲上言：「祠山廟素號靈應，民多以牛爲獻。僞命時聽鄉民（祖）〔租〕賃，每牛歲輸絹一疋，供本廟費。邇來絹悉入官，望特給以葺祠宇。」詔本軍葺之，以官物給費。天禧二年五月，知軍陳覃上言：「祠山廟承前民施牛三百頭，並僦於民，每牛歲輸絹一疋。經三十年，斃而猶納僦絹。欲望歷十五年以上者並蠲放。」從之。仁宗康定元年三月，詔廣德軍祠山廣德王廟祈求有

〔一〕按星子縣即今江西星子，宋代屬南康軍，不屬太平州。
〔二〕惠：原作「慧」，據後文改。

應，未被真封，宜封靈濟王。徽宗崇寧三年，賜廟額「廣惠」。大觀元年[86]十二月，封其子爲敷澤侯。政和四年五月，封其配李氏爲靈惠妃。宣和三年五月，靈濟王封忠祐靈濟王，光堯皇帝紹興二年四月加「昭烈」二字，五年十二月加封正順忠佑靈濟昭烈王。紹興十一年十月，王祖、父並封侯，祖曰顯慶，父曰慈應。十九年，加封二字，曰「垂休」，曰「潛光」。二十六年十二月，又加封祖曰顯慶垂休昭遠侯，父曰慈應潛〔元〕〔光〕儲祉侯。王祖母、王母，紹興十三年並封夫人，曰顯應，曰慈惠。十九年六月，加封祖母顯應起家夫人，母曰慈〔慧〕〔惠〕嗣徽夫人。王妻李氏昭助靈惠妃，紹興二年加「順應」二字，五年十二月加封正寧昭助靈惠順應妃。王之諸子，紹興二年四月，長子威顯公加封「永佑」二字；次子四位，靈顯、英顯、勇顯、惠顯侯各加二字，曰永澤、永康、永嘉、永濟侯。五年十二月，長子又加「贊順」二字，次子又各加二字，曰翊順、保順、崇順、敷順侯。九月，又加封長子曰贊順威顯永佑廣利公；次子四位，曰翊順靈顯永澤廣寧侯，曰保順英顯永康廣慈侯，曰崇順勇顯永嘉廣惠侯，曰敷順惠顯永濟廣愛侯〔一〕。十年正月，詔改「〔廣〕惠」作「廣恩」，字與廟額同故也。十九年六月，又加封長子曰承烈王；次子四位，曰嗣應公、濟美公、紹休公、善繼公。王女一位，紹興九年十一月封淑顯夫人，十九年六月加封淑顯柔嘉夫人。王弟九位，紹興十年正月並封侯爵，曰靈貺，曰善利，曰[87]順成，曰康衛，曰靖鎮，曰休應，曰明濟，曰昭祐，曰嘉惠。十九年六月，加封曰靈貺普濟侯，曰善利通貺侯，曰順成孚佑侯，曰康衛昭應侯，曰靖鎮豐利侯，曰休應豐澤侯，曰明濟福謙侯，曰昭祐通濟侯，曰嘉惠予直侯。王五子之妻，紹興十一年十月並封夫人，長子贊順威顯永祐廣利公妻曰贊福，第二子翊順靈顯永澤廣寧侯妻曰翊福，第三子保順英顯永康廣慈侯妻曰保福，第四子崇順勇顯永嘉廣惠侯妻曰崇福，第五子敷順惠顯永濟廣愛侯妻曰敷福。十九年六月，又加封曰承祀贊福夫人，嗣嬪翊福夫人，濟順保福夫人，紹姒崇福夫人，善行敷福夫人。王九弟之妻，紹興十一年十月並封夫人，靈貺侯妻曰靈德，善利侯妻曰善德，順成侯妻曰順德，康衛侯妻曰康德，靖鎮侯妻曰靖德，休應侯妻曰休德，〔昭〕〔明〕濟侯妻曰〔濟〕〔明〕德，昭佑侯妻曰昭德，嘉惠侯妻曰嘉德。十九年六月，又加封二字，靈德曰「昭惠」，善德曰「助惠」，順德曰「衍惠」，康德曰「順惠」，靖德曰「淑惠」，休德曰「敷惠」，〔濟〕〔明〕德曰「綏惠」〔二〕，昭德曰「静惠」，嘉德曰「柔惠」。王嬪二位，天水郡君趙氏、河東郡君柳氏，紹興二年四月封曰協惠夫人，曰協順夫人。五年十二月各加二字，曰「應濟」，曰「承濟」。九年十一月，各又加二字，曰「慈昭」，曰「慈佑」。十九年六

〔一〕濟：原脱，據上文補。
〔二〕綏：原作「綏」，據文意及字形改。

月，加封曰協惠應濟慈昭廣懿夫人，曰協順承濟慈佑廣助夫人。

【宋會要】

龜山神祠。88 龜山祠在泗州。真宗大中祥符三年九月詔遣重修。

【宋會要】

昭亭山神祠。昭亭山神梓華祠，在寧國府宣城縣。真宗景德元年五月，知州裴莊上言昭亭山神請加朝命，詔封廣惠王號，賜額「敏應」。山在州北十里，宋元嘉二年，有錢塘神姓梓名華，居東境，友人雙霞識之爲神，遂同住廟中，更具酒食會宴。別後，縣令盛疑之，縱火焚之，來託此山。百姓祭祀，自此號昭亭山，(士)〔土〕人祈禱多驗。唐相崔龜從嘗通於夢寐，後觀察使鄭薰遇亂〔一〕，亦獲冥助。景福中封昭威侯，僞唐保大中封昭威王。徽宗崇寧四年九月封昭明廣惠王。政和元年賜額。宣和三年閏五月，進封忠護昭明廣惠王。光堯皇帝紹興六年六月，加封誠應忠護昭明廣惠王。

【宋會要】

嘉嶺山神祠。嘉嶺山神祠在膚施縣。仁宗康定元年，劉平與石元孫皆戰歿，而延、慶將陷，范雍禱嘉嶺山神。其夜天大雪，又城上若鬼神被甲之狀，賊遂驚而退。雍以其事聞，三月，詔曰：「崛彼靈峰，寔(推守)〔惟宋〕祀。遘梯衝之內侮，興雨雪而外淩。闇冥之交，髣髴有覩。狂寇驚潰，堅壘妥安。捍民成功，蒙福斯厚。而名爵未著，牢具不豐，非所以重依人、尊受職也。宜加封號威顯公。」神宗治平四年十二月封王。徽宗大觀二年加封英烈徽美王。政和八年九月改封徽美顯靈王。唐天成二年正月，刺史高萬金因祈雨有應立廟。趙元昊入寇，劉平戰歿，圍城將陷，范雍 89 禱于神。夜大雪，城上有巨人被甲之狀，虜驚引去。元豐五年，王師西討，盛冬無烈風大雪，米脂之戰，軍大克捷。

【宋會要】

青神山神祠。青神山神祠在眉州青神縣。神宗熙寧元年十一月賜廟額「廣福」。孝宗乾道三年正月封靈惠侯。

【宋會要】

明山神祠。明山神祠在沅州盧陽縣，神宗熙寧六年六月封順應侯。以察訪荆湖南北路章惇言：明山王係懿州新城主山神，祈禱有應。故有是詔。　一在梅州程鄉縣〔二〕，崇寧二年賜廟額「應感」。　明山神劉氏祠，在桂林陽朔縣，徽宗崇寧五年賜廟額「和濟」。

【宋會要】

〔一〕本句「使鄭薰」以下至條末八十餘字，自本書禮二〇之五八移來，而原有「十一月」至「威助侯」約八十字顯爲錯簡，已移至本書禮二〇之一四六「晉桓彝祠」條。按《新唐書》卷一七七《鄭薰傳》云：「出爲宣歙觀察使。牙將素驕，共謀逐出之，薰奔揚州。」《文獻通考》卷九〇云：「廣惠王廟，宣州昭亭山神也。唐景福中封昭威侯，僞唐保大中加爲王。」皆可證「使鄭薰」以下一段文字必爲此處之錯簡，移來則若合符契。

〔二〕梅州：原作「慶州」，按宋慶州無程鄉縣，程鄉屬梅州，因改。

北山神祠。北山神祠在泉州府同安縣。神宗熙寧八年六月封靜應侯。徽宗宣和六年七月賜廟額「廣利」。高宗紹興六年十二月，加「威顯」二字，仍封妻曰贊佑夫人。孝宗隆興元年二月加封靜應威顯昭護侯，贊佑夫人加封贊佑敷惠夫人。　一在廉州合浦縣，崇寧元年九月賜廟額「惠澤」。

【宋會要】

土山神祠。土山神祠在同官縣。神宗熙寧八年六月封德應侯。　一在合淝縣，徽宗政和三年十二月賜廟額「德惠」。

【宋會要】

高崗山神祠。高崗山神祠在威州保寧縣。神宗熙寧八年六月封寧應侯。高宗紹興二十七年九月賜廟額「康佑」，三十二年 90 十月加「孚惠」二字。

【宋會要】

圓山神祠。圓山神祠在漳州府龍溪縣。神宗熙寧八年六月封通應侯。徽宗宣和四年九月賜額「昭仁」。高宗紹興十二年四月加封通應康濟侯。

【宋會要】

射遼山神祠。射遼山神祠在鬱林州南流縣。熙寧八年六月封（林）〔休〕應侯。

【宋會要】

思靈山神祠。思靈山神祠在潯州桂平縣。宋神宗熙寧八年十月，詔明達廟特封顯應侯。徽宗大觀元年賜廟額「廣佑」。高宗紹興五年三月，加封「普惠」二字。三十二年十月，加封顯應普惠靈澤侯。

【宋會要】

梨山神祠。梨山神祠在榮州榮德縣。神宗熙寧八年十月封靈應侯。哲宗元符元年十月賜廟額「靈澤」。徽宗崇寧二年進封靈應公。高宗紹興二十三年六月，加封靈應廣澤公。

【宋會要】

竈君山神祠。竈君山神祠在魯山縣。宋神宗熙寧八年十一月封靈佑侯。徽宗崇寧四年七月賜廟額「普濟」。

【宋會要】

五龍山神祠。五龍山神祠在隆德府。舊潞州。神宗熙寧十年四月，詔 91 五龍山祠特賜廟額「會應」。

【宋會要】

醮壇山神祠。醮壇山神祠在資州盤石縣。神宗熙寧十年封靈惠侯。徽宗大觀四年三月賜額「豐應」。政和二年二月封昭濟公，四年八月封靈應王。

【宋會要】

白崖山神祠。白崖山神祠在紹州府新明縣〔一〕。神宗熙寧十年十月封孚惠侯。哲宗元符二年四月封公。孝宗

〔一〕紹州府：按古無此政區，宋新明縣乃屬潼川府路廣安軍（今四川廣安）。

乾道八年加封孚惠靈應公，賜額「顯濟」。

【宋會要】

析城山神祠〔一〕。析城山神祠在澤州陽城縣。神宗熙寧十年封誠應侯。

【宋會要】

蜀山神祠。蜀山神祠在廬州合肥縣。神(寧)〔宗〕熙寧十年封靈顯侯。元豐七年八月封公。徽宗崇寧四年賜額「永濟」。大觀三年十一月加「應誠」二字。宣和二年封淵濟王。光堯皇帝紹興二十三年三月，加封淵濟廣惠王。

【宋會要】

鳳凰山神祠。鳳凰山神祠在金州漢陰縣。神宗元豐元年正月封威應侯。光堯皇帝紹興六年七月，特封昭烈公。八年十月賜廟額「靈惠」。

【宋會要】

牛頭山神祠。牛頭山神祠在鴈門縣。神宗元豐元年封順應侯。徽宗[92]崇寧四年十月賜廟額「利澤」。五年八月封佑順公。政和五年二月封廣佑王。

【宋會要】

龍鼉山神祠。龍鼉山神祠在德慶府陽江縣〔二〕。僞漢封光聖廣德王。神宗元豐元年閏正月改封靈德善應王。

【宋會要】

大洪山神祠。大洪山神宣澤靈駿公祠，在隨州隨縣。神宗元豐元年十一月賜廟額「鎮安侯」。光堯皇帝紹興三年二月，加「宣澤」二字；本山土地昭護侯、龍神施普侯、五道將軍信助侯、神子〔大〕將軍嗣應侯、二將軍友應侯、三將軍協應侯各加二字，曰廣濟昭護侯，曰靈顯施普侯，曰昭貺信助侯，曰嘉貺嗣應侯，曰昭濟友應侯，曰惠祐協應侯。以知州李道言「金人侵犯本州，虜騎至山下，神變靈異，賊寇潛遁。收復之初久旱，祈禱降雨，民獲秋稔」故也。十三年九月，宣澤靈駿公加「顯佑」二字；本山土地、龍神、五道將軍、山神子將軍六位各加二字，曰善應，曰植德，曰靈感，曰普潤，曰廣利，曰靈通。壽皇聖帝乾道六年十一月，加封昭應顯佑宣澤靈駿公，本山土地善應廣濟(照)〔昭〕護侯加封嘉惠善應廣濟昭護侯，龍神植德靈顯施普侯加封孚貺植德靈顯施普侯，五道將軍靈感昭貺信助侯加封威顯靈感昭貺信助侯，山神子大將軍普潤嘉貺嗣應侯加封靈惠普潤嘉貺嗣應侯，二將軍廣利昭濟友[93]應侯加封□□廣利昭濟友應侯〔三〕，三將軍靈通惠佑協應侯加封孚濟靈通惠佑協應侯。本山崇寧保壽禪院急脚子苟雲，乾道九年正月封翊應將軍。

【宋會要】

商山神祠。商山神祠在商洛縣。神宗元豐元年七月

〔一〕析城山：原作「析神山」，據金李俊民《莊靖集》卷八《陽城縣重修聖王廟記》改。下同。山在陽城縣西南。
〔二〕按陽江縣實屬南恩州，而非德慶府。
〔三〕加封□□廣利昭濟友應侯：原脱，據上下文例補，惟□□二字不可補。

封靈鎮侯。

【宋會要】

相山神祠。相山神祠在宿州符離縣。神宗元豐二年九月賜廟額「顯通」。

【宋會要】

韓山神祠。韓山神祠在同州韓城縣。神宗元豐三年封奕應侯。

【宋會要】

霸山神祠。霸山神祠在信陽軍信陽縣。神宗元豐三年二月封昭惠侯。

【宋會要】

芝山神祠。芝山神祠在饒州鄱陽縣。神宗元豐三年九月封寶福侯。

【宋會要】

麗陽山神祠。麗陽山神祠在（虞）〔處〕州麗水縣。神宗元豐三年十月封普利侯。徽宗大觀二年十一月封博濟公。四年封王。光堯皇帝紹興二十九年七月賜額「靈顯廟」。

【宋會要】

梨山李頻祠。唐刺史李頻祠在建寧府建安縣黎山。神宗元豐三年 94 十月封忠惠公。徽宗崇寧五年七月賜額號「澤民廟」。大觀三年，改賜今額「廣烈」。

【宋會要】

金山神祠。金山神祠在藍田縣輞谷口〔一〕。神宗元豐三年封順澤侯。

【宋會要】

靈山神祠。舊號鎮海廣德王。靈山神祠在瓊州昌化縣。神宗元豐五年七月封峻靈王。

【宋會要】

飛山神祠。飛山神祠在靖州渠陽縣。神宗元豐六年十月賜廟額「靈惠」。高宗紹興三十年四月封威遠侯。

【宋會要】

鹿門山神祠。鹿門山神祠在襄陽府舊襄州。襄陽縣。神宗元豐六年十二月賜廟額「宣澤」。徽宗崇寧三年十一月封靈濟侯。高宗皇帝紹興元年十一月加封宣澤靈濟昭應侯。

【宋會要】

崑湖山六神祠。崑湖山六神祠在桂陽縣。神宗元豐七年正月賜廟額「集靈」。

【宋會要】

聊屈山神祠。聊屈山神祠在郢州京山縣。哲宗元祐七年賜廟額「豐應」。徽宗大觀二年五月封惠康侯。政和四年八月封善利公。壽皇聖帝乾道二年六月加封善利顯佑公。

【宋會要】

〔一〕輞：原作「輞」，據《類編長安志》卷五改。

胡公山神祠。[95] 胡公山神祠在石州離石縣。哲宗元符二年十一月賜額「靈佑」。

【宋會要】

天都山神祠〔一〕。天都山神祠，哲宗元符二年五月封順應侯〔二〕，仍賜廟額「順應」。以涇原路經畧使章楶言：「進築秋葦川、洒水平、南牟會（寺）〔等〕城寨。天都山本漢唐故地，久陷異域，今復歸中國。林木茂潤，氣象雄偉，神靈所宅，實鎮西土。方出塞進築，有禱必應，乞建廟賜額，仍乞封爵。」故有〔是〕命。

【宋會要】

軍山神祠。軍山神祠在建昌府南豐縣。哲宗元符三年六月賜廟額「靈感」，封嘉惠侯。一在饒州樂平縣，俗傳李將軍廟。徽宗政和八年六月賜廟額「靜應」。

【宋會要】

寶山神祠。在潭州瀏陽縣。哲宗元符三年賜廟額「寶衍」。

【宋會要】

自鳴山神祠。自鳴山神石敬純祠，在信州貴溪縣。哲宗元符三年十二月賜廟額「孚惠」。徽宗崇寧四（月）〔年〕九月封廣利侯。光堯皇帝建炎三年封威惠王。四年三月加封「善濟」兩字。紹興二十一年五月加「廣佑」二字，仍封妻曰靖懿夫人。三十年三月，加封威惠善濟廣佑忠烈王，妻靖懿翊惠夫人。

【宋會要】

精舍山神祠。在均州鄖鄉縣。哲宗元符三年十二月賜廟額「靈佑」。徽[96]宗大觀元年六月封廣施侯。

【宋會要】

馬鞍山神祠。馬鞍山神祠在平江府崑山縣慧聚寺。徽宗崇寧元年閏六月賜廟額「惠應」。大觀三年正月封靜濟侯。光堯皇帝紹興五年加封靜濟永應侯。

【宋會要】

智惠山神祠。智惠山神祠在義寧縣。崇寧元年九月賜廟額「惠寧」。高宗紹〔興〕二十六年七月封義寧侯。三十二年閏十二月加封義寧靈澤侯。

【宋會要】

鍛竈山神祠。鍛竈山神祠在共城縣。徽宗崇寧二年賜廟額「應顯」。

【宋會要】

樂山神祠。樂山神祠在（碓）〔確〕山縣。徽宗崇寧二年六月賜廟額「靈應」。四年十二月封崇仁侯。大觀二年八月封仁勇公。

【宋會要】

黑鹿山神祠。黑鹿山神祠在共城縣北。徽宗崇寧二

〔一〕都：原作「覩」，據《長編》卷五一〇改。下同。
〔二〕順應：原倒，據《長編》卷五一〇乙。下同。

年八月賜廟額「靈濟」。五年十二月封澤潤侯。

【宋會要】

南山神祠。舊號甘澤公。南山神祠在貴州鬱林縣。徽宗崇寧二年八月賜廟額「嘉惠」。高宗紹興十年七月封廣潤侯。一在福州閩清縣。紹興二年四月賜廟額「德懷」，其從神聖者封懷遠將軍。二十年十一月加英惠靈顯侯。

【宋會要】

97 古龐山神祠。舊號清源公。古龐山神祠在貴州鬱林縣。崇寧二年八月賜廟額「靈信」。高宗紹興十年七月封濟遠侯。

【宋會要】

速山神祠。速山神祠在廣安軍岳池縣。徽宗崇寧二年九月賜廟額「靈濟」。孝宗乾道三年正月封孚惠侯。

【宋會要】

高觀山神祠。高觀山神祠在鄠縣。徽宗崇寧二年十一月賜廟額「崇仁」。

【宋會要】

名山神祠。名山神祠在名山縣。崇寧二年十二月賜廟額「靈感」。五年五月封崇惠侯。政和二年正月封廣信公。孝宗乾道元年九月加封昭惠廣信公。

【宋會要】

牛心山神祠。牛心山神祠在龍州江油縣。崇寧二年十二月賜廟額「顯濟」。高宗紹興二十六年六月封垂休侯。孝宗乾道二年十月加封垂休永濟侯。

【宋會要】

頤岳山神祠。頤岳山神祠在鄧州淅川縣。徽宗政和五年六月賜廟額「廣仁」。

【宋會要】

磨嵯山神祠。磨嵯山神祠在嘉慶府清江縣[一]。徽宗崇寧三年三月賜 98 廟額「佑國」。初，浦蠻曰夢神以兵陰助有軍[二]，靈迹顯著，故有是命。

【宋會要】

紫府山神祠。紫府山神祠在鴈門縣鳳凰山各竹谷，徽宗崇寧三年賜廟額「昭貺」。

【宋會要】

蒙山神祠。蒙山神祠，秦蒙恬祠，在樂平縣。徽宗崇寧三年五月賜「普潤」。

【宋會要】

鶴鳴山神祠。僞蜀封大寧王。在邛州大邑縣。徽宗崇寧三年五月賜廟額「靈顯」。

【宋會要】

橫山神祠。橫山神祠在建寧府建陽縣。徽宗崇寧三

[一] 按此清江縣指夔州路施州之清江縣。《永樂大典》妄將夔州路稱爲「嘉慶府」（見前文）。

[二] 此句文字有誤。《方輿勝覽》卷六〇云：「洛浦蠻犯邊，神每以陰兵助官軍擊賊。」據此，原文似當作「洛浦蠻犯邊，神以陰兵助官軍」。

年六月賜廟額「靈應」。政和三年二月封靈安侯。高宗紹興十八年五月加封靈安惠澤侯。

【宋會要】

工山神祠。工山神何浪公神祠，在建康府南陵縣〔一〕。徽宗崇寧三年八月加封（冲真）顯貺侯。光堯皇帝紹興三年八月加封冲真顯貺侯。

【宋會要】

鵠鳴山神祠。鵠鳴山神祠在遂寧府小溪縣。徽宗崇寧三年九月賜廟額「顯應」。大觀元年七月封顯惠侯。四年四月加封惠民公。宣和六年七月封普惠王。

【宋會要】

三峻山神祠。99 三峻山神祠在屯留縣。徽宗崇寧三年十二月賜廟額「靈貺」。

【宋會要】

鵝湖山神祠。鵝湖山神祠在信州鉛山縣。徽宗崇寧四年賜廟額「通濟」。大觀二年封昭濟侯。宣和三年封威顯公。光堯皇帝建炎二年封威顯王。紹興六年六月加封孚惠威顯王。十一年八月，廟中右殿急使孫氏封靈助將軍，以本縣言其神靈顯著故也。

【宋會要】

重壁山神祠。重壁山神祠在重慶府〔壁〕山縣。舊恭州、渝州。唐趙延之爲渝〔二〕、合、資、瀘等州經畧巡撫使，有功於民，以疾終于壁山，縣人爲立廟，號壁山大王。咸通二年封威烈侯。徽宗崇寧四年賜額「普澤廟」。高宗紹興九年正月封威濟侯。二十八年加封威濟顯佑侯。

【宋會要】

仙潛山神祠。仙潛山神祠在漢陽縣。徽宗崇寧四年四月賜廟額「英顯」。五年八月封孚惠侯。大觀三年七月封靈濟公。宣和五年八月封仁顯王。

【宋會要】

龍泉山神祠。龍泉山神祠在秦鳳路龍泉寨。徽宗崇寧四年四月建，仍賜廟額「靈濟」。

【宋會要】

葛泰山神祠。葛泰山神祠在杭州新城縣廣陵鄉。

【宋會要】

100 馬鳴山神祠。馬鳴山神祠在豐陽縣。徽宗崇寧四年五月賜廟額「豐濟」。

【宋會要】

茗山神祠。茗山神祠在望江縣。徽宗崇寧四年十月賜廟額「崇惠」。

【宋會要】

屈吳山神祠。屈吳山神祠在定戎寨鹽池〔三〕。徽宗崇

〔一〕按南陵縣（今安徽南陵）宋屬寧國府（宣州），不屬建康府。
〔二〕趙延之：原作「趙廷之」，據《明一統志》卷六九、《蜀中廣記》卷七五改。
〔三〕鹽：原作「監」，據《長編》卷五一四改。

寧四年十二月賜廟額「靈助」，繼封崇惠侯。

【宋會要】

房山神祠。房山神祠在房州房陵縣。徽宗崇寧四年十二月賜廟額「崇貺」。壽皇聖帝乾道二年六月封威顯侯。

【宋會要】

大散開山神祠。大散開山神祠在梁泉縣。舊號嘉陵廟，俗傳嘉陵江源發於廟下。徽宗崇寧五年二月賜廟額「宣靈」。光堯皇帝紹興六年封善濟侯。三十二年十二月加封英顯善濟侯。

【宋會要】

浮山神祠。浮山神祠在朱陽縣。徽宗崇寧五年三月賜廟額「豐濟」。

【宋會要】

王屋山神祠。舊曰總靈天王。神祠在〔王〕屋縣。徽宗崇寧五年四月賜額「昭顯」。

【宋會要】

白彪山神祠。白彪山神後魏賀魯將軍祠〔一〕，在汾州西河縣。徽宗崇寧 101 五年六月賜廟額「永澤」。

【宋會要】

霍山神祠。霍山神山陽侯長子祠，在趙城縣。徽宗崇寧五年十二月賜廟額「明應」。霍山神山陽侯第二子祠，在霍邑縣。徽宗崇寧五年十二月賜廟額「宣貺」。霍山神山陽侯第三子祠，在岳陽縣。徽宗崇寧五年十二月賜廟額「康惠」。

【宋會要】

龍角山神祠。龍角山東峰神祠，在神山縣。徽宗崇寧五年十二月賜廟額「顯施」。

【宋會要】

堠山神祠。堠山神祠在福州古田縣，堠山神劉强祠。徽宗崇寧中賜廟額「惠應」。政和二年四月封順寧侯。孝宗（興隆）〔隆興〕二年十月加封順寧正應侯。

【宋會要】

谷口山神祠。谷口山神祠在解縣白逕嶺。徽宗大觀元年正月賜廟額「崇佑」。

【宋會要】

壺公山神祠。壺公山神祠在莆田縣。徽宗大觀元年賜廟額「神應」。

【宋會要】

茅山神祠。茅山元符萬寧宮神祠，在建康府句容縣。徽宗大觀元年三月封護聖侯。

【宋會要】

繖蓋山神祠。102 繖蓋山神祠在興元府閬中縣〔二〕。徽

〔一〕賀魯：原作「賀虜」，據雍正《山西通志》卷二〇改。按賀魯部爲古代北方部族，見兩《唐書》。

〔二〕按閬中縣屬利州路閬州，興元府雖亦屬利州路，但與閬中縣并無隸屬關係。

宗大觀元年八月賜廟額「靈覆」。高宗紹興十四年十月封惠蔭侯。二十八年五月加封惠蔭靈澤侯。

【宋會要】

龍巖山神祠。龍巖山神蕭氏祠在陽朔縣明德鄉。徽宗大觀元年九月賜廟額「惠佑」。

【宋會要】

聰明山神祠。聰明山神祠在(忙)〔洺〕州永年縣。徽宗大觀元年九月賜廟額「昭惠」。

【宋會要】

光源山神祠〔一〕。光遠山神祠在懷仁縣。徽宗大觀二年賜廟額「光施」。政和四年六月封顯惠侯。

【宋會要】

峯子山神祠。峯子山神祠在池州建德縣。徽宗大觀二年八月賜廟額「康濟」。宣和三年六月封威佑侯。

【宋會要】

思靈山神祠，舊號顯應侯。思靈山神祠在平涼府涇州〔二〕。徽宗大觀二年十一月賜廟額「廣佑」。

【宋會要】

七里山神祠。舊號石三郎廟。七里山神祠在信州弋陽縣。徽宗大觀二年十一月賜廟額「崇濟」。宣和三年封武濟侯。光堯皇帝紹興六年九月，加封武濟昭應侯。壽皇聖帝乾道二年三月，加封嘉 103 惠武濟昭應侯。

【宋會要】

豐壽山神祠舊號霹靂廟。豐壽山神祠在德慶州封川縣〔三〕。徽宗大觀三年二月賜廟額「順澤」。

【宋會要】

浮槎山神祠。浮槎山神祠在梁縣，光堯皇帝紹興三十二年改正今名。徽宗大觀三年五月賜廟額「巽濟」。政和三年十二月封誠應侯。

【宋會要】

九華山神祠。九華山神祠在池州青陽縣。徽宗(正)〔政〕和元年二月賜廟額「協濟」。光堯皇帝紹興十年十月，封第一位曰永寧侯，第二位曰永利侯。十九年八月，各加封二字，曰「靖應」，曰「嘉貺」。并封永寧侯妻曰靖慧夫人，永利侯妻曰嘉懿夫人。二十六年正(曰)〔月〕，加封曰靖應永寧靈潤侯、嘉貺永利靈澤侯。

【宋會要】

敖山神祠。敖山神祠在武岡軍武岡縣。徽宗政和元年三月賜廟額「敦濟」。六年四月封廣應侯。

【宋會要】

翔高山神祠。翔高山神祠在翼城縣。徽宗政和元年六月賜廟額「喬澤」。

〔一〕光源：下作「光遠」，當有一誤。

〔二〕按宋代涇州屬秦鳳路，金代始置平涼府，元、明因之，非宋代建置。

〔三〕宋代封川縣屬封州，僅紹興七至十年改隸德慶府，然亦不稱「德慶州」。

【宋會要】

頻山神祠。104頻山神祠在美原縣。徽宗政和二年八月賜廟額「美應」。

【宋會要】

商餘山神祠。商餘山神祠在龍興縣。徽宗政和三年八月賜廟額「珍符」。

【宋會要】

馬嶜山神祠。馬嶜山神祠在莒州南馬嶜山。宋政和四年勅額「惠感廟」。

【宋會要】

熊耳山神祠。熊耳山神祠在商州上洛縣。徽宗政和四年八月賜廟額「顯施」。

【宋會要】

高山神祠。高山神祠在潼川府鹽亭縣。徽宗政和四年十月賜廟額「昭格」。六年三月封靈昭侯。《中興會要》云顯濟公。高宗紹興元年加「威惠」二字，十二年六月又加「普應」二字。十七年十二月，加封顯濟威惠普應康庇公。二十三年二月，封孚惠王，并妻曰恭懿夫人。二十九年六月加「靈澤」二字，曰孚惠靈濟王〔一〕。孝宗乾道二年十月，父封垂休侯，母封贊福夫人。

【宋會要】

鄖城山神祠。鄖城山神祠在均州武當縣。徽宗政和五年四月賜廟額「隨應」。

【宋會要】

禅牛老人祠〔二〕。105禅牛老人祠在常德府龍陽縣。政和五年十月賜額「英護」。

【宋會要】

賈谷山神祠。賈谷山神祠在密縣。徽宗政和六年正月重修，仍賜廟額「精格」。以京畿轉運使言，明堂石採於此山，上有金色，自然「明」字。

【宋會要】

旺山神祠。旺山神祠在嚴州壽昌縣。徽宗政和中賜廟額「靈貺」。光堯皇帝紹興三十年七月封威濟侯。

【宋會要】

洪口山神祠。洪口山神祠在涇陽縣。徽宗大觀四年賜廟額「仁濟」。（以上《永樂大典》卷一二三五）

【宋會要】

106方巖山神祠〔三〕。方巖山神兵部侍郎胡則祠，在婺州永康縣。徽宗宣和四年四月封佑順侯。光堯皇帝紹興三十二年閏二月，賜廟額「赫靈」。

【宋會要】

〔一〕上作「靈澤」，此作「靈濟」，當有一誤。
〔二〕「禅牛」二字費解，疑有字誤。
〔三〕方：原作「萬」，據雍正《浙江通志》卷二二三改。下同。

豐山神祠。徽宗宣和六年四月賜廟額「表豐」。

【宋會要】

藥山神祠。藥山神祠在施州清江縣。徽宗宣和六年十二月賜廟額「敏濟」。

【宋會要】

三神山神祠。三神山神祠在潮州。徽宗宣和七年八月賜廟額「明貺」。

【宋會要】

圓峰山神祠。圓峰山神祠在明州象山縣。光堯皇帝建炎四年十月賜廟額「昭應」。紹興三十年八月封靈澤侯。

【宋會要】

牛山神祠。牛山神祠在隨州。光堯皇帝紹興二年正月賜廟額「威顯」。十三年封忠應侯。

【宋會要】

巫山神祠。巫山神祠在建康府江寧縣。光堯皇帝紹興二年閏四月十日賜廟額「正烈」。

【宋會要】

平山神祠。平山神祠在文州興鳳州界〔一〕。高宗紹興五年閏二月賜 107 廟額「明應」。

【宋會要】

龍井山神祠。龍井山八郎君祠在寧國府歙縣〔二〕，光堯皇帝紹興十年十二月賜額「忠助」。父祁門縣顯靈英濟王，孝宗皇帝隆興二年閏十一月加封信順顯靈英濟王〔三〕。乾道四年三月加封信順顯靈英濟廣惠王。夫人錢氏，乾道五年六月封靈惠夫人。長子建，歙縣龍井山忠助廟神，乾道八年五月封忠惠侯。第二子琛，封忠利侯。第三子達，封忠應侯。第四子廣，封忠濟侯。第五子游，封忠澤侯。第六子逢，封忠仁侯。第七子爽，封忠德侯。第八子俊，封忠祐侯。

【宋會要】

青山神祠。青山神祠在泉州府惠安縣守節里。紹興五年十二月賜廟額「誠應」。紹興十九年八月封靈惠侯。

【宋會要】

黃牛山神祠。黃牛山神祠在峽州夷陵縣洛川。高宗紹興七年閏十月賜廟額「靈感」。十九年八月封保安侯。孝宗乾道元年八月加封嘉應保安侯。七年十二月加封澤潤嘉應保安侯。

【宋會要】

五山神祠。五山神祠在長泰縣。紹興十二年三月賜廟額「威澤」。五山謂良岡山、曷山〔四〕、鼓鳴山、雙髻山、西峯山，共爲一廟。

【宋會要】

〔一〕「興」或當作「與」，然文州（治今甘肅文縣）與鳳州（治今陝西鳳縣東）相去甚遠，仍不可通。

〔二〕按歙縣屬徽州，不屬寧國府（宣州）。

〔三〕二年：原作「三年」，按隆興僅有二年，且閏月亦在二年，因改。

〔四〕「良岡山」原作「良山」，「曷山」原作「昌山」，據弘治《八閩通志》卷八補改。

玉壘山神祠。108玉壘山神祠在茂州汶川縣。高宗紹興十二年五月賜廟額「顯應」。二十九年六月封廣利侯。

【宋會要】

紫崖山神祠。紫崖山神祠在果州西充縣油井鎮。紹興十六年四月賜廟額「利應」。

【宋會要】

霸山神祠。霸山神祠昭應侯在信陽軍。舊隸京西北路信陽縣。高宗紹興二年十一年閏四月賜廟額「嘉應」。

【宋會要】

陽山神祠。陽山神祠在潭州衡山縣。紹興二十五年五月賜廟額「孚惠」。

【宋會要】

白兆山神祠〔一〕。白兆山神祠在德安府安陸縣。紹興二十九年五月賜廟額「廣濟」。

【宋會要】

明山王神祠。明山王神祠在桂林陽朔縣都巍村。紹興二十九年閏六月賜廟額「靈惠」。

【宋會要】

王巖山神祠。王巖山神祠在仙遊縣。孝宗隆興元年八月賜廟額「靈輝」。乾道三年七月封昭應侯。

【宋會要】

盤龍山神祠。盤龍山神祠在永康縣。隆興二年六月賜廟額「嚴應」。

【宋會要】

109登天山神祠。登天山神祠在瀘州合江縣安樂溪口。孝宗乾道元年二月賜額「義濟廟」。

【宋會要】

佳山神祠。佳山神祠在隆興府。孝宗乾道二年六月賜廟額「孚應」。

【宋會要】

西山蟠藤祠。護國西山蟠藤祠在吉州安福縣。孝宗乾道二年七月賜廟額「靈祐」。

【宋會要】

錫山神祠。錫山神祠在鄂州通城縣。乾道七年十二月賜廟額「善濟」。

【宋會要】

楊梅山神祠。楊梅山神祠在信州鉛山縣鉛山場。壽皇聖帝乾道八年五月賜廟額「神寶」。

【宋會要】

銀銅山神祠。貌平銀銅山神祠在信州。壽皇聖帝乾道八年五月賜廟額「雙南」。

【宋會要】

千福山神祠。在廣靈縣西北三里，縣民四時祀之。

〔一〕「白」字原脱，據《方輿勝覽》卷三〇補。下同。

110《羊士諤集·會稽山神祠南鎮永興公祠堂碑》〔一〕：「越部凡七郡三十有八邑，提封所加，旁合溟海。由是崇元侯之命，建東征之府。其鎮曰會稽山，其神爲永興公。國朝接周漢之統，玄化大備，禮兹百神，受職祀典，錫以嘉號，視爲諸侯。貞元九年夏四月，連率安定皇甫公以前月丁酉詔旨，奉玄玉制幣，禱于靈壇。勤報誠之享，循每歲之法，致齋野次，虔捧祝册。夜漏未盡，禮成三獻。君子謂公能宣命以展敬，故祀神而降祉，克靖甌越，大康東南。我修德刑，以牧黔首；神作雷雨，用登有年。明訓式敷，幽贊斯效。觀夫高麓迴抱以蔽景，大澤下浸而蒸雲。沈潛龍虎之姿，泱漭風霆之氣。靈衛交戟，閟宮洞門，神其在焉，寵彼侯服。是宜札瘥不生，水旱罔沴，允荅宸慮，長于衆山。乃銘石壖垣，以代彝器。其辭曰：天秩喬岳，奠兹南方。精舍晦明，化備柔剛。帝念下土，延神致祥。清廟既闢〔二〕，華袞有光〔三〕。乃卜元辰，爰詔方伯：爾克精享，神其昭格。蘋薦惟誠，金奏匪樂。時臻泰和，人受景福。玄德孔鑒，虔恭肅祇。陳信不匱，形乎正辭。」

水神祠〔四〕

【宋會要】

111石甕神祠〔五〕。在平定軍豐濟廟，平定縣師子山石甕神祠。徽宗崇寧三年五月賜額「豐濟」。

【宋會要】

海神祠。一在温州永嘉縣。徽宗崇寧元年十二月賜廟額「善濟」。政和五年三月封靈施侯。哲宗元祐中神現夢於郡守范絢，自謂唐李德裕。光堯皇帝建炎四年七月加封寧惠英烈公。紹興二年閏四月加「忠亮」二字。二十四年九月加封寧惠英烈忠亮孚應公。壽皇聖帝乾道九年十月封順應王。

【宋會要】

東海神祠。在寧波府定海縣，海神助順廣德王祠。神宗元豐二年八月加號淵聖。徽宗大觀四年六月加今封。元豐元年十一月奉使高麗國信使安燾言：「東海之神已號廣德王，而歲時祭享獨無廟貌，乞立祠海瀕。」從之。三年五月，詔知制誥鄧潤甫撰記。崇寧二年，國信使劉逵奏〔六〕，乞本廟歲度道士一人奉香火。大觀四年六月，國信使王襄言：「海中遭黑風，祈禱獲應，願增王號，以報靈德。」詔加助順淵聖廣德王，仍令轉運判官監葺廟宇，及建風雨神祠。宣和五年八月，風神封寧順侯，雨師封寧濟侯。光堯皇帝建炎四年二月，加助順祐聖淵德顯靈王，以車駕巡幸時加

〔一〕按此爲唐《羊士諤集》中之文，蓋《永樂大典》以其有關神祠，輯録於此卷。徐松輯《宋會要》時，書吏不察，亦予録出。既與《宋會要》無關，應予删除。
〔二〕廟：原脱，據《全唐文》卷六一三補。
〔三〕袞：原作「蟲」，據《會稽掇英總集》卷一七改。
〔四〕原無此題，今擬補。凡海、河、湖、湫、潭、池、泉、井等一切水之神皆屬之。
〔五〕按，據《清一統志》卷一一二，山西平定州石甕神祠，乃「石穴若井，上覆以石，名曰石甕。遇旱往禱，舉杖挑石，石開即雨，因立神祠。」則是水神。
〔六〕逵：原作「達」，據《宋史》卷三五一《劉逵傳》改。

封。壽皇聖帝乾道五年十月，加封助順孚聖廣德威濟王。以太常少卿林栗等言，李寶昨海州立功〔一〕，112神靈助佑，請加封號，故有是命。其元封號内二字犯欽宗皇帝號，乃改「淵」爲「孚」。

【宋會要】

東海王祠。在楚州山陽縣，漢東海恭王彊祠。徽宗崇寧二年賜廟額「惠濟」。三年九月封豐濟侯。六年封顯惠公。

【宋會要】

王口江神祠。在柳州融江寨〔二〕，土人曰三王廟。神宗元豐七年八月賜廟額「順應」。徽宗崇寧四年十月封，一曰寧遠王，二曰綏遠王，三曰惠遠王。廟中三神祖母封靈佑夫人。

【宋會要】

章江神祠〔三〕。在隆興府南昌縣。徽宗大觀二年二月賜廟額「霈澤」。

【宋會要】

漢江神祠。在襄陽府襄陽縣。徽宗政和二年十月賜廟額「崇濟」，仍封昭應侯。

【宋會要】

鎮江神祠。會稽蕭山縣西興鎮江神祠，徽宗政和三年正月(縣)〔賜〕廟額「寧濟」。六年封順應侯。宣和三年封武濟公〔四〕。光堯皇帝紹興十四年六月加「忠應」二字。三十年正月，加封武濟忠應翊順公。

【宋會要】

三江口神祠。在德慶府封(山)〔川〕縣。紹興十二年五月賜廟額「昭靈」。

【宋會要】

沿江神祠。在吉州廬陵縣。唐封惠明侯。紹興三十年三月改封嘉應侯。

【宋會要】

113土河神祠。在武鄉縣。徽宗崇寧五年八月賜廟額「時濟」。

【宋會要】

回河神祠。在(榮)〔滎〕澤縣廣武埽。徽宗大觀四年三月賜廟額「昭佑」。

【宋會要】

昭顯后祠。在白馬縣截堰舊河口。徽宗政和五年七月賜廟額「靈護」。

【宋會要】

〔一〕寶：原作「實」，據《宋史》卷三七〇《李寶傳》改。
〔二〕按《元豐九域志》卷九，融江寨屬融州（治今廣西融水），在州東北三百里，不屬柳州。
〔三〕章江：原作「漳江」，據《方輿勝覽》卷一九改。按，即今贛江，源出豫章，故一名章江，不可作「漳」。
〔四〕「宣和」句：原無，據《會稽志》卷六補。按，無此句則下文文意不貫。

中潭河伯祠。在孟州。徽宗大觀二年九月賜廟額「寧濟」，仍封靈順侯。

【宋會要】

黑水神祠。一在光山縣壩陂。徽宗崇寧元年二月賜廟額「靈澤」。政和四年五月封廣澤侯。光堯皇帝紹興三十一年正月，加封昭應廣澤公。一在平定縣。徽宗崇寧三年賜廟額「普澤」。大觀元年封善應侯。政和五年六月封靈源公。

【宋會要】

甘水谷神祠。在慶陽府環州〔一〕。神宗熙寧十年六月封惠濟侯。徽宗大觀四年八月賜廟額「甘澤」。

【宋會要】

浸水神祠。在桂林府荔（蒲）〔浦〕縣。徽宗崇寧元年九月賜廟額「靈淵」。

【宋會要】

淥水神祠。在潯州平南縣。徽宗崇寧二年封惠應侯，併賜廟額「靈淵」。

【宋會要】

114 聖水神祠。在興元府洋州西鄉縣湫池〔二〕。徽宗崇寧四年賜廟額「惠澤」。

【宋會要】

涇水神祠。在涇陽縣。徽宗大觀四年賜廟額「普貺」。

【宋會要】

水口神祠〔三〕。在衢州府開化縣。光堯皇帝紹興二十六年八月賜廟額「利澤」〔四〕。

【宋會要】

水口神祠。在建寧府建陽縣崇政鄉水口。高宗紹興五年十二月賜廟額「扶正」。九年九月封英惠侯。

【宋會要】

湧泉膽水神祠。在信州鉛山場鎖山門。壽皇聖帝乾道八年五月賜廟額「金泉」。

【宋會要】

洞庭湖神祠。在岳州巴陵縣。唐天祐二年封利涉侯，晉天福二年封靈濟公。宋真宗大中祥符八年三月，詔入內高班王承信重修廟宇。承信言：合用土，已移文本州掘取。帝慮其擾人，詔並以係省錢充用。哲宗元祐二年賜廟額「安濟」。

【宋會要】

青草湖神祠。在岳州巴陵縣。唐天祐二年封安流侯。晉天福二年封廣利公。哲宗元祐二年賜廟額「通濟」。徽宗政和五年

〔一〕按宋代環州與慶陽府（慶州）平列，并非隸屬關係。甘水谷在環州，見雍正《甘肅通志》卷四六。

〔二〕按宋代洋州并不隸于興元府。

〔三〕水口：原作「水石」，據雍正《浙江通志》卷二二四改。

〔四〕二：原作「一」。按雍正《浙江通志》卷二二四云：「舊名水口廟。宋紹興二十七年邑令喻仲遠重修且請額。」蓋二十六年賜額，二十七年重修畢。據改。

六月封烈惠侯。高宗建炎[115]四年二月，青草湖神德濟(靈)公加封「威顯」二字。紹興二十六年十二月又加「靈敏」二字。孝宗乾道三年六月加封威顯德濟靈敏永利公。

【宋會要】

庵山石湖神祠。庵山石湖神祠在建寧府建陽縣。徽宗崇寧元年閏六月賜廟額「寧濟」。三年二月封昭應侯。孝宗隆興二年二月加封靖正昭應侯。

【宋會要】

惡溪神祠。在梅州程鄉縣。舊號助國宣化永昌王。徽宗崇寧三年六月賜廟額「安濟」。

【宋會要】

鍾溪神祠。在叙州慶符縣横江寨。孝宗乾道八年三月賜廟額「忠和」。

【宋會要】

要册湫神祠。在寧州真寧縣。太宗太平興國二年閏七月，詔以帝在晉邸日，嘗有神告之應，特封顯聖王，別建祠宇，春秋奉祀，仍立碑以紀其事。或歲旱，必遣内侍致禱。三年二月，有龍跡自湫出，(徧)〔偏〕列廟庭。五年、六年，皆有五色雲出湫中。九年四月，令有司改造禮衣、冠、劍及祭器，遣使齎往。端拱二年冬旱，祈禱，即日大雨雪，遣内侍送銀香爐等。真宗天禧二年夏，乾州旱，取湫水禱之，得雨，詔本州虔設祭醮。廟在真寧縣，即要册湫。《漢書·郊祀志》祠官所領湫[116]淵，祠安定朝那者是也。其後要册湫有靈應，朝那遂廢。唐乾符中，封神爲應聖侯。光化二年封普濟王。哲宗元祐五年加號「昭佑」。徽宗大觀元年賜廟額「孚澤」。宣和五年八月，加封靈濟昭佑顯聖王。

【宋會要】

亂石湫神祠。在水洛城隴山。神宗熙寧八年五月〔封〕利民侯。徽宗大觀元年八月賜廟額「豐澤」。一在德順軍隴干縣北山。神宗元豐元年八月封嘉潤侯〔一〕。徽宗宣和三年六月封嘉潤公。光堯皇帝紹興三十二年八月〔二〕，加封顯應嘉潤公，以本軍與金人大戰，風雨助順故也。

【宋會要】

太白山湫神祠。在郿縣。仁宗至和二年七月封濟民侯。哲宗紹聖三年改封濟遠侯。

【宋會要】

常家山湫神祠。在康樂寨。神宗熙寧八年五月封利澤侯。

【宋會要】

岐棘山湫神祠。在京西南路鄧州穰縣。神宗熙寧十

〔一〕嘉潤侯：原脱，據周必大《文忠集》卷九六《亂石(秋)〔湫〕神嘉潤公加封顯應嘉潤公敕》補。

〔二〕八月：原作「九月」。按《文忠集》周必大原注云：「壬午(紹興三十二年)八月八日敕。」據改。又按此時孝宗已即位，當云「壽皇聖帝」。

年四月封嘉顯侯，並賜廟額「普潤」。

【宋會要】

木硤山湫神祠。在張義堡。神宗元豐三年十月賜廟額「靈澤」。哲宗紹聖四年十月封靈濟侯。

【宋會要】

太祖山湫神祠〔一〕。117 在栗亭縣。（徽）〔神〕宗元豐四年二月封靈源侯。徽宗宣和中封靈澤公。

【宋會要】

漫頂山湫神祠。在西安州定戎寨。徽宗崇寧三年二月賜廟額「潤澤」，封貽貺侯。

【宋會要】

高山（神湫）〔湫神〕祠。在藍田縣。徽宗崇寧三年賜廟額「惠濟」。

【宋會要】

龍湫神祠。在隰川縣。徽宗崇寧二年十月賜廟額「豐濟」。大觀四年十二月封順應侯。　一在武當山。徽宗崇寧三年十月賜廟額「廣潤」。　一在桂陽縣。徽宗崇寧四年二月賜廟額「惠濟」。　一在岷州懷遠鄉。徽宗政和六年正月賜廟額「靈澤」。　一在處州青田縣金田山石井。光堯皇帝紹興八年六月賜廟額「惠澤」。　一在秭歸縣蒼雲山。紹興二十四年九月封敷澤侯，并賜額「顯惠」。　一在將利縣平落上社大崖〔二〕。光堯皇帝紹興三年十月賜廟額「顯濟」。　一在漢初縣玉馬鄉玉馬潭。孝宗隆興二年十月賜額「潛應」。

【宋會要】

金龍湫神祠。在懷德軍九羊寨聖景山。徽宗崇寧四年十二月賜廟額「靈潤」。

【宋會要】

黃龍湫神祠。118 在上津縣。徽宗崇寧四年賜廟額「惠澤」。

【宋會要】

白龍湫神祠。在漢州德陽縣。紹興十五年十二月賜額「仁濟」。二十八年十月封敷澤侯。

【宋會要】

合龍谷湫神祠。在西寧州舊鄯州〔三〕。宣威城西山。徽宗大觀元年六月賜廟額「靈佑」，封順應侯。

【宋會要】

古龍湫神祠。在會州會寧關。徽宗大觀四年八月封惠澤侯，仍賜廟額「靈顯」。

【宋會要】

古湫神祠。在隆慶府金牛鎮白崖洞。孝宗隆興二年

〔一〕太：原作「大」，據《方輿勝覽》卷六九、《明一統志》卷三五改。又「湫」原無，據前後各條例補。按此祠實即本書禮二〇之八一所載天水縣太祖山龍湫神祠，蓋太祖山跨栗亭、天水二縣境。

〔二〕將：原脱，據《元豐九域志》卷三補。

〔三〕鄯：原作「蔀」，據《宋史》卷八七《地理志》三改。

二月賜廟額「潛應」。一在常山。徽宗宣和六年六月賜廟額「昭德」。一在隆慶府大安軍壺子臺〔一〕。隆興二年二月賜廟額「廣澤」。一在高州南寧。紹興五年十一月賜廟額「靈澤」。

【宋會要】

混牛（神湫）〔湫神〕祠。在敷政縣招安寨西。神宗元豐七年四月賜廟額「顯惠」。

【宋會要】

白馬湫神祠。在原州臨涇縣。徽宗崇寧三年二月賜廟額「豐利」。

【宋會要】

安湫神祠。在保定縣。神宗元豐元年五月賜廟額「顯濟」，封顯濟夫人。

【宋會要】

119 湫神祠〔二〕。在保定縣。元豐二年七月封豐澤侯。

【宋會要】

太平湫神祠。在延安府平戎寨。哲宗元符元年賜廟額「靈淵」。徽宗崇寧三年封靈應公。五年八月封順惠王。

【宋會要】

天魏湫神祠。在同慶府文州曲水縣〔三〕。徽宗崇寧五年八月賜廟額「敏澤」。大觀二年十一月封豐安侯。高宗紹興二十九年閏六月加封靈惠豐安侯。

【宋會要】

赤崖湫神祠。在閆井寨。徽宗政和二年四月賜廟額「宣澤」。

【宋會要】

朝那湫神祠。在臨涇縣。徽宗大觀元年六月賜廟額「麗澤」。

【宋會要】

龍潭神祠。滁州清流縣豐山龍潭神祠，神宗元豐七年賜額「會應」。龍州同慶縣涪水西龍潭神祠〔四〕，神宗元豐二年八月封顯應侯。遂寧府蓬溪縣高洞灘龍潭神祠，崇寧元年十月賜額「豐澤」。二年九月封惠應侯。《中興會要》云靈貺公。高宗紹興二十三年四月加封靈貺廣澤公。孝宗乾道元年七月加封靈貺廣澤惠應公。八年九月加封靈貺廣澤惠應永利公。蘄州蘄春縣東西二龍潭祠，徽宗崇寧二年七月賜廟額「合光」。宣和四年封東龍淵豐侯，西龍淵
120 施侯。光堯皇帝紹興八年七月各加二字，曰「廣濟」、「廣惠」。十九年十月，加封曰淵豐廣濟昭貺侯，曰淵施廣惠孚澤侯。壽皇聖帝乾道八年三月，東龍淵豐廣濟昭貺侯加封善利淵豐廣濟昭貺侯，西龍淵施廣惠孚澤侯加封善應淵施

〔一〕按宋隆慶府（治今四川劍閣舊縣城）與大安軍（治今陝西寧强西北陽平關）無隸屬關係。
〔二〕「湫」上當有脱字。
〔三〕同慶府即成州，與文州并無隸屬關係。
〔四〕按兩宋龍州均只轄江油、清川二縣，無同慶縣。元、明亦無此縣。

廣惠孚澤侯。　榮州威遠縣龍潭神祠，崇寧二年十一月賜額「惠澤」。　紹熙府南溪縣蘇溪龍潭神祠〔一〕，崇寧二年十一月賜廟額「霈澤」。大觀二年三月封靈澤侯。　秀州海鹽縣陳山龍潭祠，徽宗崇寧三年四月賜（廣）〔廟〕額「顯濟」。宣和五年八月封淵靈侯。　延平府尤溪縣龍潭神祠，徽宗崇寧三年七月賜額「利澤」。　夔州路奉節縣龍洞里龍潭神祠，徽宗崇寧四年賜廟額「普利」。宣和五年八〔月〕封潛應侯。　瀘州江安縣照子山龍潭神祠，徽宗崇寧四年賜廟額「靈施」。　黔江縣蓬江龍潭神祠，徽宗大觀元年五月賜廟額「廣澤」。　普州安居縣龍潭神祠，大觀元年五月賜額「靈泉」，政和五年七月封豐惠公。　舒城縣龍鄉龍潭祠，徽宗政和五年五月賜額「靈佑」。　彭水縣計議鄉腰鼓洞龍潭神（詞）〔祠〕，高宗紹興七年三月賜額「靈應」。　夷陵縣石門洞龍潭神祠，高宗紹興九年五月賜額「靈濟」。　信州玉山縣懷玉山下八際龍潭神祠，光堯皇帝紹興十年閏六月賜額「德施」。　循州龍川縣螯古龍潭神祠，高宗紹興十四年七月賜額「龍應」，二十三年七月封昭濟侯。　衡山縣淨福寺龍潭[121]神祠，紹興十九年三月賜額「時蘇」。　贛縣龍潭神祠，紹興十九年四月賜額「潛靈」，三十一年四月封廣潤侯。　隆慶府普安縣龍海鄉駢池龍潭神祠，高宗紹興十九年五月賜廟額「廣濟」。　孝宗乾道五年十二月封順澤侯。　處州麗水縣大於胡梯兩源龍潭神祠，光堯皇帝紹興二十一年三月賜額「靈淵」。　普州樂至縣普慈鎮龍潭神祠，高宗紹興二十二年四月賜廟額「惠澤」。孝宗乾道二年十月封靈澤侯。　果州相（知）〔如〕縣福緣里灘子溪龍潭神祠，紹興二十九年六月賜額「顯濟廟」。　巴州同慶縣老君山龍潭神祠〔二〕，紹興三十一年十二月賜廟額「靈應」。　處州龍泉縣延慶鄉九際山龍潭祠，孝宗皇帝隆興二年十月賜額「神祐」。

【宋會要】

古龍潭神祠。飛烏縣歸寨山下古龍潭神祠，高宗紹興十七年八月賜廟額「惠濟」。　巴州化城縣古龍潭神祠，高宗紹興三十年九月賜〔額〕「靈濟」。孝宗乾道四年九月封興澤侯。

【宋會要】

白龍潭神祠。在衛縣。哲宗紹聖二年十二月賜額「惠澤」。　林慮縣天平山白龍潭神祠，哲宗元符三年七月賜額「昭惠」。徽宗大觀元年八月封淵澤侯。　台州黃巖縣黃巖山白龍潭神祠，徽宗政和八年六月賜額「昭應」。　常州無錫縣神護鄉陽山頂白龍潭神祠，光堯皇帝紹興三年四月[122]賜額「顯應」。　（阮）〔沅〕州盧陽縣白龍潭神祠，高宗紹興八年四月賜額「潛靈」。

【宋會要】

〔一〕按紹熙府即榮州（今四川榮縣），而南溪縣（今四川南溪）屬戎州，兩不相涉。

〔二〕按，宋代巴州無「同慶縣」。

赤龍潭神祠。在淮寧府舊陳州。宛丘縣。徽宗崇寧四年賜額「靈澤」。

【宋會要】

黑龍潭神祠。潁昌府陽翟縣具茨山黑龍潭神祠，徽宗崇寧三年二月賜額「惠應」。　華陰縣華岳蓮花峰黑龍潭神祠，徽宗崇寧三年封顯潤侯。　和尚原黑龍潭神祠，光堯皇帝紹興元年十月封安肅侯，並賜廟額曰「護國」。紹興十二年十一月賜額「敷澤」。　興元府利州黑龍潭神祠〔一〕，紹興八年五月賜額「惠濟」，十三年十二月封靈潤侯，十八年三月加「淵施」二字。孝宗乾道四年四月加封淵施靈潤廣澤侯。　萬州南（蒲）〔浦〕縣黑龍潭神祠，孝宗乾道四年三月賜廟〔額〕「興霖」。

【宋會要】

龍鬚潭神祠。在處州青田縣大峙山。光堯皇帝紹興十一年八月賜額「嘉澤」。

【宋會要】

魚潭神祠。在建昌〔軍〕南城縣藍田鄉大馗山。徽宗大觀元年五月賜廟額「靈澤」。

【宋會要】

五龜潭神祠。在紹熙府富順監〔二〕。徽宗大觀四年八月賜額「升澤」。

【宋會要】

123 白馬潭神祠。在雅州嚴道縣。哲宗元符三年八月賜額「昭應」。徽宗崇寧二年八月封豐澤侯。

【宋會要】

龍馬潭神祠。在瀘川縣。高宗紹興十六年四月賜「顯仁」廟額。三十年正月改賜廟額「顯烈」。以與顯仁皇后謚號同故也。

【宋會要】

狗溪潭神祠。在興元府城固縣。徽宗宣和中賜額「淵靈」。高宗紹興七年閏十月封昭應侯。

【宋會要】

下流潭神祠。在大昌縣長江磧。崇寧四年閏二月賜額「興澤」。

【宋會要】

潭口神祠。廣州連山縣。崇寧四年七月賜廟額「普利」。

【宋會要】

罾潭神祠。嚴州建德縣。徽宗宣和三年賜廟額「威濟」。

【宋會要】

溪水潭神祠。興元府褒城縣大埧山。紹興七年閏十月賜廟額「濟惠」。孝宗乾道二年十月封靈惠侯。

〔一〕按，興元府與利州無隸屬關係。
〔二〕按，紹熙府與富順監平級，無隸屬關係。

【宋會要】

雷公潭祠。在興元府西縣。孝宗乾道三年八月賜廟額「靈濟」。

【宋會要】

霹靂潭祠。興元府西縣。乾道三年八月賜廟額「靈惠」。

【宋會要】

124聖池神祠。在曲陽縣黄山仁會寺華嚴集。神宗熙寧九年二月封利民侯。

【宋會要】

五龍池祠。在榮州榮德縣榮黎山頂〔一〕。高宗紹興二十五年十月封孚濟侯。

【宋會要】

白龍池神祠。在宜芳縣大萬山。神宗元豐三年七月封靈淵侯。

【宋會要】

龍池神祠。(在)榮州資官縣鐵山龍池神祠，崇寧二年十一月賜額「豐利」。武當縣鄖城龍池神祠，徽宗政和五年四月賜額「時應」。建康府句容縣茅山天聖觀龍池神祠，光堯皇帝紹興三十年六月賜額「廣濟」。

【宋會要】

慈母池神祠。在茂州。神(完)〔宗〕元豐七年賜額「善應」。

【宋會要】

湫池神祠。渠州鄰山縣。徽宗崇寧二年十一月賜額「嘉澤」，五年十二月封英濟侯。

【宋會要】

水池神祠。隆慶府伏虞縣北。徽宗崇寧二年十二月賜額「惠應」。

【宋會要】

華池神祠。在神山〔縣〕龍角山西峰。徽宗崇寧五年十二月賜廟額「孚125祐」。一在平陽府臨汾縣城東四十里漫天嶺上。

【宋會要】

寶山池神祠。在大寧(府)〔監〕大昌縣。徽宗政和五年七月賜廟額「富源」。高宗紹興二十年十月封豐利侯。

【宋會要】

石馬池神祠。在興元府南鄭縣中梁山。紹興十五年九月賜額「澤潤」。二十年十月封休應侯。

【宋會要】

馬營池神祠。在代州城中。徽宗大觀四年賜額「淵澤」。

【宋會要】

玉華池神祠。在簡州陽安縣玉女山希夷觀。孝宗乾

〔一〕黎：原作「梨」，據《方輿勝覽》卷六四改。

道二年三月賜〔額□□〕。

【宋會要】

劍池神祠。在南昌府豐城縣大江南岸上流。紹興二年閏四月賜廟額「龍津」。

【宋會要】

鹽池神祠。在解縣。舊號靈慶廟。徽宗崇寧四年閏二月賜額「顯慶」。大觀元年正月封博利侯，閏十月加封廣惠公。二年，封寶源王。一，河東解州安〔吉〕〔邑〕縣定戎塞鹽池神祠，徽宗崇寧四年十二月賜額「寶貺」。

【宋會要】

126 渌沼神祠。在渠州流江縣。徽宗政和四年十月賜廟額「明應」。

【宋會要】

鹽井神祠。湧鹹源鹽井三神祠，在大寧〔監〕大昌縣。〔貞〕〔真〕宗大中〔詳〕〔祥〕符二年四月並封王，曰普濟、曰善利、曰廣惠。徽宗政和五年七月賜廟額「寶源」。高宗紹興二十年十月加封曰普濟瑞澤王，曰善利靈助王，曰廣惠阜成王。

【宋會要】

靈鰻井神祠。在明州鄞縣阿育王山廣利寺。哲宗元祐元年賜額「淵靈」。

【宋會要】

五龍井神祠。五龍井五老祠在道州營道縣。徽宗大觀四年正月賜廟額「崇應」。政和四年十月並封侯，曰壽靈、壽通、壽寧、壽成、壽應。

【宋會要】

龍井神祠。在劍浦縣五港。井上平夷，可坐數十人，草木光潤。歲旱，鄉民齋心苦禱，令釋子諷經呪三匝，頃刻，水中自然噴成雲霧，有物似〔蜴蜥〕〔蜥蜴〕，甚小，微露角距，浮水面，旋即入井，而風霆往往挾雨以至，歲亦大稔。鄉民爲立祠，白其狀於臺府，檄官覈〔寶〕〔實〕以聞，于廟祀之，香火〔寢〕〔寖〕盛。一，〔大〕〔太〕湖縣桐山龍井神祠，徽宗大觀元年十一月賜廟額「昭濟」。政和五年九月封靈惠侯。臨安府臨安縣徑山能仁127禪院龍井神祠，光堯皇帝紹興八年五月賜額「靈澤」。十一年三月封廣潤侯。十八年三月加封廣潤昭應侯。〔二〕十年七月，封孚佑王。以祈雨感應特封也。三十年十一月，加封顯應孚佑昭濟王。杭州府錢塘門外風篁嶺龍井神祠，光堯皇帝紹興十八年七月賜廟額「東濟」。漢州綿竹縣無爲山龍井神祠，孝宗隆興元年八月賜廟額「順濟」。乾道三年九月，龍神封靈澤侯。

【宋會要】

烏龍井神祠。在臨安府鹽官縣黃灣今三山。光堯皇帝紹興十一年正月賜廟額「福濟」。

【宋會要】

泉水神祠。在神泉寨榆木川。哲宗紹聖五年五月賜額「神泉」。

【宋會要】

古泉神祠。在柳州馬平縣宴山。徽宗大觀元年十一月賜廟額「孚應」。

【宋會要】

護泉神祠。在柳州鎮寧寨。大觀二年六月賜廟額「歸德」，封靈顯侯。

【宋會要】

落水泉神祠。在深州静安縣。舊號擔生廟。徽宗崇寧二年十月賜廟額「靈感」。

【宋會要】

流泉神祠。在憲州静樂縣桃子山〔一〕。徽宗崇寧二年十二月賜廟額 128 「靈濟」。四年，封顯應侯。

【宋會要】

石眼泉神祠。在夔州奉節縣龍洞里。徽宗崇寧四年賜廟額「普濟」。宣和五年八月封静應侯。

【宋會要】

漳源泉神祠。在長子縣發鳩山。徽宗政和元年八月賜廟額「靈湫」。

【宋會要】

太子泉神祠。在遼山縣。徽宗崇寧三年十月賜廟額「普惠」。

【宋會要】

郎君泉神祠。在和順縣合山。徽宗崇寧三年十月賜額「普澤」。

【宋會要】

玉女泉神祠。在（解）〔鄜〕州鄜城縣。神宗元豐八年賜廟額「靈源」。

【宋會要】

娘子泉神祠。在和順縣合山。徽宗崇寧三年十月賜額「普潤」。

【宋會要】

舒姑泉神祠。在池州石埭縣。光堯皇帝紹興十七年七月賜廟額「顯濟」。

【宋會要】

湧金泉神祠。在夏縣。徽宗大觀元年二月賜廟額「靈泉」。二年十二月封清安侯。

【宋會要】

靈井泉神祠。在（穎）〔潁〕昌〔府〕陽翟縣。徽宗政和元年五月賜額「孚濟」。

【宋會要】

129 瑶泉神祠。在淮南東路定邊軍城西〔二〕。徽宗政和三年十二月賜廟額「靈澤」。

【宋會要】

〔一〕桃：原作「挑」，據雍正《山西通志》卷二六改。
〔二〕按淮南東路無定邊軍，疑有誤。

寒泉神祠。古靈湫寒泉神祠，在梁泉縣紫柏山〔一〕。壽皇聖帝乾道二年五月賜廟額「普潤」。

【宋會要】

羚羊泉神祠。在重慶府江津縣縉雲山崇教寺。神宗熙寧十年封靈成侯。徽宗宣和四年三月賜廟〔額〕「康濟」。高宗紹興十一年九月加「昭應」二字。十五年九月，加封德施靈成昭應侯。

【宋會要】

白馬泉神祠。在贊皇縣。哲宗元符三年八月賜廟額「靈施」。徽宗崇寧二年七月封顯濟侯。政和元年八月封駿澤公。

【宋會要】

木馬泉神祠。在南鄭縣崋山，舊號靈祚夫人。紹興七年閏十月賜廟額「顯應」。孝宗隆興二年十月封柔惠夫人。

【宋會要】

牛頭山泉神祠。在興元府。高宗紹興七年閏十月賜廟額「惠濟」。

【宋會要】

洛源神祠。在洛南縣洛源。神宗元豐元年七月封靈濟侯。

【宋會要】

臨海灘神祠。在東海縣。舊號渤海。徽宗崇寧四年賜廟〔額〕「豐濟」。

【宋會要】

130 慈母灘神祠。在遼山縣黃河。徽宗政和元年二月賜廟額「淑惠」。

【宋會要】

瀘灘洞神祠。在達州新寧縣。徽宗政和三年十二月賜廟額「順應」。五年十一月封通澤侯。

【宋會要】

白山洞神祠〔二〕。在嚴州壽昌縣仁豐鄉，相傳爲吳司徒祠。徽宗崇寧二年封靈應王廟。

【宋會要】

師子洞神祠。在同谷縣文王山。徽宗崇寧二年六月賜廟額「靈感」。

【宋會要】

聖水洞神祠。同谷縣雞頭山聖水洞神祠，徽宗崇寧三年六月賜額「惠應」。光堯皇帝紹興八年八月封靈惠侯。梁泉縣君子山聖水洞神祠，宋光堯皇帝紹興二十九年六月賜額「慈感」。

【宋會要】

古仙洞神祠。在岳州臨湘縣。徽宗政和八年六月賜

〔一〕紫柏山：原作「紫桓山」，據《太平寰宇記》卷一三四改。

〔二〕「山」字原脱，據本書禮二一之四八、雍正《浙江通志》卷二二四補。按此條及下條本卷前文禮二〇之七六已有，此處重出。

廟額「崇惠」。

【宋會要】 白甲洞神祠。在開江縣。紹興十五年九月賜廟額「善應」。

【宋會要】 清潤洞神祠。在涪州。乾道四年正月賜額「威澤」。

【宋會要】 連洞神祠。131在沅州盧陽縣浮洞山。乾道七年正月賜廟額「威顯」。

【宋會要】 應靈侯神祠。在潼川府郪縣。徽宗大觀元年五月賜廟額「時佑」。孝宗乾道元年八月，加封通濟應靈侯。（以上《永樂大典》卷一二三六）

雜神祠〔一〕

【宋會要】 132望帝祠。在懷安（軍）金水縣金臺山，蜀王杜宇祠。舊號望仙帝。徽宗政和二年十一月賜廟額「靈安」。

【宋會要】 水帝祠。在江州德化縣。神宗元豐四年賜廟額「會濟」。

【宋會要】 天王祠。在延安府西城。徽宗崇寧四年賜廟額「佑順」。

【宋會要】 大王祠。灌口大王祠，在夔州雲安縣西。徽宗崇寧四年七月封昭惠靈顯王廟。 衝大王祠，在隨州城東門。徽宗大觀元年十二月賜廟額「明應」。 揚州江都縣瓜（州）〔洲〕鎮有迎潮大王祠，封靈信（應）侯。徽宗政和二年賜廟額「顯濟」。光堯（王）〔皇〕帝紹興十二年九月加封靈信應昭侯。 護國明真大王祠，在嚴州遂安縣。徽宗宣和二年五月封助順侯。 二神王山大王祠，在吉州廬陵縣永和鎮。紹興五年十二月賜廟額「輔順」。十五年七月封威遠侯。孝宗隆興二年六月加封肅應威遠侯。 感通大王祠，在福州福清縣。高宗紹興二十六年正月賜廟額「靈感」。孝宗乾道二年十二月封昭應侯。

【宋會要】 神應王祠。光堯皇帝紹興十七年別建太醫局於臨安府，依在京133舊制修建神應王殿宇。十八年畢工，奉神像于殿，并奉善濟公即岐伯也。於東廡。元在東京崇化坊〔二〕。

134《臨汀志》〔三〕：靖王祠。在臨汀（蓬）〔蓮〕城縣南。嘉定間敕賜廟額。按：王淮陰人張有嚴之子。唐開元元年

〔一〕原無此題，今擬補。
〔二〕元：原作「見」，據本書禮二一之二一「神應王廟」條改。
〔三〕按，此條乃録《臨汀志》，非《宋會要》之文。

八月十八日生，十四年七月二十五日入滅爲神，護國救民，封成濟侯。宋太祖親征太原，川水泛溢，上憂之，冰忽合，師遂濟，空中見神來朝，加征應護聖使者。熙寧五年，陸濟物侯。宰相王荆公令有司勘會靈顯事跡，再封忠懿文定武寧嘉應侯。南渡以來，神復響答於浙間，而此方尤顯著，累封東平忠靖王，邑人尊事之。殿基舊卑隘，淳熙九年重建。

【宋會要】

廣福王祠。在泉州府南安縣，舊號靈嶽顯應王。神宗熙寧八年六月封崇應公。徽宗政和四年二月賜廟額「昭應」。宣和三年九月封通遠王。高宗紹興二十四年六月封通遠善利王。孝宗乾道四年正月加封通遠善利廣福王。

【宋會要】

英烈王祠。在延安府解州嘉嶺山〔一〕。徽宗大觀元年正月賜額。二年十二月封應聖護國英烈王。

【宋會要】

顯聖王祠。在雷州海康縣。徽宗大觀元年五月賜廟額「孚澤」。

【宋會要】

感應王祠。在建寧府甌寧縣安樂鄉。高宗紹興元年四月賜廟額[135]「靈佑」。

【宋會要】

白渚神祠。在城南上〔二〕，舊號靈顯王。紹興六年正月賜廟額「威濟」。

【宋會要】

閩越王祠。在建寧府浦城縣。紹興十二年十一月賜廟額「昭佑」。

【宋會要】

岷山王祠。在(義)〔茂〕州汶川縣。紹興十五年十一月賜廟額「應誠」。

【宋會要】

水平王神祠。在蘇州府吴江縣。光堯皇帝紹興十五年七月賜廟額「永利」。

【宋會要】

昭化王祠。在延平〔府〕將樂縣。感應靈通武德〔三〕，僞閩所封。紹興十六年二月賜廟額「昭佑」。

【宋會要】

雷神威德王祠。在雷州海康縣。紹興三十一年十二月賜廟額「顯震」。孝宗乾道三年十一月，加封威德顯昭王。本廟石神土地封協應侯。

【宋會要】

林法王祠。在仙遊縣。乾道四年二月賜廟額「興福」。

【宋會要】

〔一〕按，延安府（治今陕西延安）與解州（治今山西運城西南）並無隸屬關係，嘉嶺山在延安，與解州無涉。

〔二〕城南：不知何城，疑有脱文。

〔三〕「武德」下當脱「王」字，因前後文之神均封王。

安濟王行祠。靈順昭應安濟王別祠，在贛州贛縣。徽宗政和二年七月賜廟額「神惠」。一在常州，徽宗政和六年六月賜廟額136「靈濟」。

【宋會要】

平威靈王祠。建寧府松溪縣。孝宗隆興二年九月賜廟額。

【宋會要】

護國王祠。護國王劉氏祠，在荔浦縣白面山。徽宗崇寧元年九月賜廟額「順應」。孝宗乾道六年正月封威惠侯。又云，護國興都王祠，在合州子城外西南門。高宗紹興六年九月賜廟額「靈惠」。

【宋會要】

金城王祠。哲宗紹聖四年賜廟額「歸德」。以鍾傳言：蘭州修築金城關〔一〕，三月合浮橋，有一舟入流不正，衝橋，船脫。尋禱河神。橋欲合間，挽船泝流而上，徑塞橋合。萬衆瞻歎，皆云神行助大兵濟流渡，往還無慮。已臨河建河伯廟，及於金城關上建金城王廟，故合賜額。

【宋會要】

閩王郢之子祠。在福州府閩縣，舊號鱔溪神。神宗熙寧八年封沖濟廣應王。高宗紹興十一年九月，加封沖濟廣應靈顯王，仍賜廟額「永寧」。

【宋會要】

王延稟祠。在邵武縣。徽宗崇寧三年九月賜廟額「靈感」。政和四年八月，封顯正英烈王，其配張氏封順應夫人。高宗紹興七年八月，加封顯正英烈佑順王，王妻（應順）〔順應〕夫人張氏137加封「昭化」二字。十七年九月，加封王曰顯正英烈佑順善濟王，夫人曰順應昭化慈惠夫人。

【宋會要】

巴王祠。在忠州。偽蜀廣政中封爲巴國永順王。紹興十一年正月賜廟額「功顯」。孝宗乾道八年十一月改封靈惠侯。以偽蜀封爵，故改之。

【宋會要】

鎮吳王祠。在楚州瀆頭鎮〔二〕。壽皇聖帝乾道三年六月賜額「顯濟」。六年正月封靈威王。

【宋會要】

趙武靈王祠。在嵐州樓煩縣。徽宗崇寧三年二月賜廟額「保寧」。

【宋會要】

徐偃王祠。在衢州西安縣。徽宗政和五年五月賜廟額「感應」。光堯皇帝紹興二十七年四月加封靈惠慈仁王。

【宋會要】

上宮神祠。在廉州府欽州安遠縣〔三〕。神宗熙寧八年

〔一〕金城關：原作「金州關」，據《長編》卷四八五改。

〔二〕楚州：原作「楚泗州」。考《元豐九域志》卷五楚州淮陰縣有瀆頭鎮，是瀆頭鎮在楚州不在泗州，「泗」字衍，據刪。

〔三〕按宋廉州不稱府，欽州亦不隸廉州。安遠爲欽州屬縣。

封聰正王廟。

【宋會要】

石澾閘神祠。在朐山縣東南。徽宗崇寧三年十二月封英靈順濟王廟。

【宋會要】

靈感元應公祠。在清源縣。徽宗崇寧二年五月賜廟額「宣濟」，封元應公。大觀元年十月加封靈感元應公。

【宋會要】

138 順應公祠。在杷樓谷。徽宗政和四年六月賜廟額「順應」。一在眉州丹稜縣東館鎮，乾道三年十一月賜（應）〔廟〕額「順應」。

【宋會要】

順政公祠。在彭縣。高宗紹興十三年三月賜廟額。

【宋會要】

嘉應公祠。在杭州百戲巷，今秀義坊。

【宋會要】

趙瑩明靈公祠。在定胡縣晉趙瑩祠。神宗元豐四年九月封明靈侯。哲宗元符二年十月進封公。

【宋會要】

楊班湫廣應公祠〔一〕。在鄜城縣。神宗元豐八年賜廟額「靈源」。徽宗二年七月封靈應侯〔二〕。政和四年十月封廣應公。

【宋會要】

林公祠。乾道三年八月賜廟額「靈惠」。

【宋會要】

廣澤神祠。在復州景陵縣。神宗熙寧二年封惠澤侯。徽宗宣和二年封孚應公，三年賜（靈）額「靈澤」。高宗紹興二十四年正月（封）〔加〕封孚應顯濟公。孝宗乾道四年七月加封孚應顯濟廣惠公。

【宋會要】

朐嶺神祠。在朐山縣。神宗熙寧八年封慶佑侯。徽宗政和三年八139月賜額。宣和三年封顯濟公。

【宋會要】

部臺神祠。在銀川城柏株山〔三〕。哲宗紹聖中封靈應侯。徽宗崇寧四年復故地〔四〕，築州城及龍泉新寨畢，封褒順公廟。

【宋會要】

〔一〕湫：原無，據晁説之《景迂生集》卷五《楊班湫神恩加廣應公以其誥祭之》詩補。

〔二〕二年：「二年」之前脱「崇寧」或「大觀」。

〔三〕柏株山：按下條與本書禮二〇之一四四「慕奈神祠」條均作「柏林山」，疑「株」爲「林」之誤。《宋史》卷八七《地理志》三綏德軍有柏林堡，當即以山爲名。此山在今陝西米脂境。

〔四〕四年：原作「三年」，據《宋史》卷八七《地理志》三改。《宋史》云：「元豐四年收復銀州，築銀川砦，尋陷於西夏，「崇寧四年收復，仍爲銀州。五年，廢爲銀川城。」是也。按銀川城屬綏德軍，見《記纂淵海》卷二四。

寶臺神祠〔一〕。在延安府綏德軍龍川城柏林山〔二〕。哲宗元符二年賜額「靈佑」。徽宗崇寧四年封褒順公。

【宋會要】

茶陵節侯訢祠。在茶陵縣，漢長沙定王子。徽宗崇寧四年賜額「福濟」。高宗紹興七年八月加封「明靈」二字。十四年九月又加封「威護」二字。十八年三月，加封明靈廣澤威護仁惠公。

【宋會要】

鹽宗神祠。在平陽府解州安邑縣〔三〕。崇寧四年閏二月賜廟額「開利」。大觀元年正月封興寶侯，二年封美利公。

【宋會要】

偃雲嶺神祠。在平陽府解州安邑縣。崇寧四年閏二月賜廟額「靈濟」。大觀元年正月封仁施侯。二年十二月封節潤公。

【宋會要】

梁將武平祠。（澧）〔澧〕州慈利縣武靈神梁將武平祠，崇寧三年二月賜廟額「惠惠」〔四〕。政和二年十月封慈應侯。宣和中封惠烈公。

【宋會要】

護國石人大公祠。在信州上饒縣靈山。光堯皇帝建炎三年十月封靈助140侯。紹興三年三月加封「威濟」二字。

【宋會要】

招輯坊神祠。在洋州興元城内〔五〕，（裹）〔舊〕號靈顯廟。高宗紹興九年五月賜廟額「威顯」。二十四年五月封惠應侯。二十八年七月加封「豐澤」二字。三十二年十月又加「靈貺」二字。孝宗乾道五年十月加封惠應豐澤靈貺昭濟侯。九年十二月封昭應公。

【宋會要】

東晉宋益祠。在黃梅縣黃齡洞。益學道日居黃齡洞，隱身石間，時號爲「石使君」，人爲立祠。徽宗崇寧二年十二月賜廟額「靈應」。光堯皇帝紹興九年五月封昭德侯。

【宋會要】

縣令周鵬舉祠。在紹興府上虞縣。徽宗大觀四年賜廟額「遺德」。宣和七年八月封感惠侯。

【宋會要】

〔一〕按，此條與上條當是一事。「部臺」與「寶臺」只是譯音之異。二條之神同在一地，又同時封褒順公，明是一神。此二條宜與本書禮二〇之一四四「慕奈神祠」條相參看。

〔二〕按宋代綏德軍與延安府並列，並非隸屬關係。龍川城：疑是「銀川城」之誤。《宋史》卷八七《地理志》三叙綏德軍之城砦極詳，並無龍川城；而崇寧五年廢銀州爲銀川城之後，其地正屬綏德軍，見《記纂淵海》卷二四。

〔三〕按宋解州不屬平陽府。

〔四〕兩「惠」字當有一誤。

〔五〕洋州：原作「浄州」。按宋代無浄州。考周必大《文忠集》卷九六有《洋州威顯廟惠應豐澤侯加封惠應豐澤靈貺侯敕》，自注：「壬午三月十四日。」題中廟額、封號、加封號、年代（紹興三十二年壬午）與此條所述一一吻合，則「浄州」爲「洋州」之誤無疑，因改。

魯國唐行旻祠。在永州零〔陽〕〔陵〕縣。徽宗崇寧元年賜廟額「靈顯」。宣和三年五月封應惠侯。高宗紹興二十年七月加「順成」二字。十九年七月，加封應惠順成昭烈侯。

【宋會要】

後唐廖茂祠。在邵武縣。舊號石鼓感應廟。徽宗崇寧中賜廟額「顯應」。高宗紹興七年八月封顯化侯，仍封其妻朱氏曰昭順夫人。三十一年十二月，侯加「惠濟」二字，夫人加「協德」二字。顯化141惠濟侯，孝宗乾道三年五月加封顯化惠濟永利侯，妻昭順協德夫人加封昭順協德靈應夫人。

【宋會要】

後唐陸大巖祠。在邵武縣烏田。舊號水南石岐廟。徽宗政和元年賜廟額「豐應」。高宗紹興七年八月封昭應侯，妻崔氏封顯順夫人。二十六年十二月加封曰昭應靈佑侯，妻加封顯〔順〕靈佑夫人。

【宋會要】

師子神祠。在府谷縣百勝寨。仁宗景祐三年十月，府州言，州西有師子神，愆雨祈求，甚有靈應，詔賜廟額「靈感」。徽宗政和三年三月封昭佑侯。

【宋會要】

郎君神祠。永康崇德廟廣祐英惠王次子。仁宗嘉祐八年八月，〔昭〕〔詔〕永康軍廣濟王廟郎君神特封靈應侯〔一〕，差官祭告。神即李冰次子，川人號護國靈應王。開寶七年命去王號，至是軍民上言，神嘗贊助其父除水患，故有是命。哲宗元祐二年七月封應感公。徽宗崇寧二年加封昭惠靈顯王。政和八年八月改封昭惠靈顯真人。高宗紹興元年十二月依舊封昭惠靈顯王，改普德觀爲廟。舊號護國靈應王，徽宗崇寧二年加封昭惠靈顯王。政和八年八月改封昭惠靈顯真人，賜普德觀額。至是〔宣〕撫處置使張浚言：真人之號，悉從仙儀，非威靈護國，血食一方之意。於是有詔改封焉。六年四月，加「威濟」二字。二十七年九月，加封英烈昭惠靈顯威濟王。王子142曰十五郎、十八郎，紹興七年閏十月並封侯，曰通利侯、勇應侯。二十七年九月，加封曰濟美通利侯、昭貺勇應侯。廟中從神郭舍人威濟侯妻，紹興七年閏十月封正利夫人。

【宋會要】

王仝祠。在潭州安化縣司徒嶺。神宗熙寧八〔月〕〔年〕正月賜額「嘉應」〔侯〕。

【宋會要】

阜頭神祠。在鄭縣。神宗熙寧七年九月封顯應侯。

【宋會要】

右堠祠。在隆興府分寧縣。神宗熙寧八年六月封利順侯，仍賜廟額「靈應」。

【宋會要】

〔一〕應：原作「惠」，據本書禮二〇之二四改。

陳元光祠〔一〕。在漳州漳浦縣。神宗熙〔年〕〔寧〕八年六月封忠應侯。徽宗政和三年十月賜廟額「威惠」。宣和四年三月封忠澤公。高宗建炎四年八月加封「顯佑」二字。紹興七年正月又加「英烈」二字。十二年八月，加封英烈忠澤顯佑康庇公。十六年七月，進封靈著王。二十三年七月，加封「順應」二字。三十年，又加「昭烈」二字。王父政、母吐萬氏，紹興二十年六月封父曰胙昌侯〔二〕，母曰厚德夫人。王妻种氏，建炎四年八月封恭懿夫人，紹興二十年六月加封「肅雝」二字。王子珦，紹興二十七年四月封昭貺侯。靈著順應昭烈[143]王，孝宗乾道四年九月加封靈著順應昭烈廣濟王。考胙昌侯加封胙昌開祐侯；妣厚德夫人加封厚德流慶夫人；妻恭懿肅雝夫人加封恭懿肅雝善護夫人；子昭貺侯加封昭貺通感侯；曾孫詠封昭仁侯，謨封昭義侯，訏封昭信侯。

【宋會要】

白柱神祠。在德慶府陽春縣〔三〕。元豐元年三月封嘉應侯。一在黔州彭水縣，神宗元豐元年四月封嘉澤侯。徽宗建中靖國元年賜廟額「孚利」。

【宋會要】

靈鎮侯祠。在江陵府城南息壤。神宗元豐元年封靈鎮侯。徽宗政和四年十月賜廟額「豐惠」。

【宋會要】

大家峽神祠。在英州真陽縣。元號順天富國進寶大王廟，舊傳神郭氏。神宗元豐五年九月賜廟額「峽山」。徽宗崇寧四年四月封靈燮侯。

【宋會要】

蓋竹村神陳涯祠。在建寧府建陽縣。唐封保疆侯。神宗元豐七年封威靈侯。徽宗政和五年八月賜廟額「威懷」。高宗紹興五年十二月加封「翊順」二字。十年閏六月，加封顯靈翊順威惠侯，仍封妻董氏曰慈懿夫人；子三人並封侯，曰協義，曰協信，曰協濟。

【宋會要】

伏墩陳汪二神祠。[144]在建寧縣。神宗元豐七年三月賜廟額「孚應」。哲宗元符元年十一月，封陳氏靈符侯，汪氏靈佑侯。徽宗政和二年四月，陳氏封寧惠公，汪氏封靈順公。宣和六年七月，汪氏封廣順王，陳氏封廣惠王。高宗紹興二十四年八月，加封曰廣惠英顯王、曰廣順英顯王。

【宋會要】

洪澤鎮三神祠。在淮陰縣。俗傳馬、王、康舍人嘉應侯。哲宗元祐八年賜廟額「會應」。

【宋會要】

平夏城三神祠。哲宗紹聖四年築平夏城，有蜥蜴三見

〔一〕陳元光：原作「陳元先」，據《輿地紀勝》卷九一、弘治《八閩通志》卷五九改。按陳元光，唐高宗、武后間將軍，始奏置漳州者。
〔二〕胙：原作「助」，據下文改。
〔三〕按宋陽春縣隸南恩州，不屬德慶府（康州）。

于此，居民祠之，水旱禱即應。徽宗崇寧四年十一月賜廟額「昭順」，及封其一曰順應侯，二曰順貺侯，三曰順佑侯。

【宋會要】

慕奈神祠。在膚施縣暖泉寨〔一〕。本唐御史，寶臺人。哲宗元符二年七月賜廟額「靈佑」。徽宗崇寧四年封昭順侯。以鄜延路經畧使呂惠卿言：「暖泉寨新置巡綽人馬，在慕奈神廟側。廟在柏林山上，訪聞永洛之役〔二〕，軍人常毁伐其廟林木，遂憑人身語以後日之禍，自此邊人畏其神靈。今雖已〔在〕界内，緣慕奈之名係是夷語，乞賜名額，庶新疆之鬼神不失廟食，以〔因〕〔固〕一〔方〕疆埸。」故有是詔。

【宋會要】

七寶神祠。在韶州曲江縣岑水場。哲宗元符二年賜額。徽宗崇寧五年八月封豐應侯。孝宗乾道八年二月加封通利豐[145]應侯。

【宋會要】

漢源鎮神祠。在黎州。徽宗崇寧元年賜廟額「惠濟」。政和元年三月封嘉淵侯。

【宋會要】

蒔竹城神祠。在武岡。徽宗崇寧元年賜廟額「靈應」。大觀元年四月封威德侯。

【宋會要】

龍巖神祠。在南雄州保昌縣楊歷山〔三〕。崇寧元年九月賜廟額「靈巖」。大觀元年五月封顯施侯。

【宋會要】

烈石谷神祠。在太原府陽曲縣。徽宗崇寧元年九月賜廟額「靈泉」。大觀元年十月封英濟侯。

【宋會要】

父子谷神祠。在梁泉縣豆積山。徽宗崇寧元年十二月賜額。宣和五年，封父忠護侯，子忠嗣侯。

【宋會要】

晉桓彝祠〔四〕。在建康府涇縣湖山〔五〕。徽宗崇寧二年賜廟額「靈惠」。大觀元年九月封忠烈公。宣和三年閏五月封忠顯王。光堯皇帝紹興十五年七月加「康濟」二字，三十一年十二月又加「佑正」二字。妻孔氏，十六年八月封懿順夫人。又封王諸子，次男西陽太守、贈平南將軍雲爲嗣慶侯，第三[146]男荊州刺史、贈司空豁爲温恭侯，第四男散騎常侍秘爲靖易侯，第五男侍中、車騎將軍、贈太尉沖爲端懿侯；將軍、贈興古太守俞縱爲武愍侯。先是紹興十六年八月，有司擬彝長男南郡公温封宣威公，繼而臣僚論列，撤去

〔一〕按暖泉寨在今陝西米脂東，宋屬綏德軍，而不屬膚施（今延安）。其詳見《宋史》卷八七《地理志》三永興軍路綏德軍。

〔二〕永洛：原作「永治」，據史實與字形改。按，永洛即永樂城，「樂」一寫作「洛」。此城在米脂西北，距暖泉寨僅百餘里。永樂之役爲元豐五年宋與西夏之一大戰役。

〔三〕南雄州：原作「南雄府」。南雄州在宋代屬廣南東路，明代始升爲府。

〔四〕桓：原無，據《晉書》卷七四《桓彝傳》補。此是南宋人避欽宗諱省字。

〔五〕按涇縣即今安徽涇縣，屬寧國府，不屬建康府。

温像，寢其命，詳見《雜録》。壽皇聖帝乾道三年閏七月，加封佑正忠顯康濟英烈王。妻懿順夫人，乾道八年（封）十一月加封懿順翊惠夫人，第二子嗣慶侯加封嗣慶靈佑侯，第三子温恭侯加封温恭通感侯，第四子靖易侯加封靖易協應侯，第五子端懿侯加封端懿贊利侯。裨將俞將軍武愍侯，加封武愍威助侯〔一〕。

【宋會要】

齊蓋祠。在永寧軍博野縣。徽宗崇寧三年八月賜廟額「靈貺」。四年二月封嘉惠侯。

【宋會要】

漢扶廷尉神祠〔二〕。在夔州雲安縣北。崇寧三年二月賜廟額「豐利」。政和六年十月封昭利侯。

【宋會要】

石蟾神祠。在邛州蒲江縣長秋山太清觀。崇寧四年三月賜廟額「貞濟」。高宗紹興十二年七月封昭應侯。

【宋會要】

山口神何昌期祠。在廣州陽山縣〔三〕。崇寧四年三月賜廟額「仁應」。孝宗乾道二年十月封善利侯。

【宋會要】

水南神胡雄祠。在贛州虔化縣。徽宗崇寧四年四月賜廟額「博濟」。五年十二月封靈著侯。高宗紹興十四年二月加「勇護」二字，147 二十九年九月又加「廣澤」二字。孝宗乾道四年三月，加封勇護靈著廣澤水濟侯。

【宋會要】

雲頂山神李遂祠。在懷安（軍）金水縣，僞蜀封利國王。并子李承榮祠。徽宗崇寧四年六月賜廟額「惠應」。政和二年九月封遂昭佑侯，承榮靈助侯。高宗紹興二十八年，山神昭佑侯加封昭佑靈濟侯，子靈助侯加封靈助順成侯；又封佐神安仲吉曰通濟侯。孝宗隆興二年六月，昭佑靈濟侯妻封靈慶夫人，子靈助順成侯妻封翊佑夫人，佐神通濟侯妻封顯德夫人。

【宋會要】

雷唐神祠。在柳州馬平縣。徽宗崇寧五年正月賜廟額「解澤」。高宗紹興二十七年六月封昭應侯。

【宋會要】

何道者祠。在光澤縣龍興院。崇寧中賜廟額「真應」。高宗紹興二十六年正月封靈顯侯。

【宋會要】

顯惠（侯）祠。在真寧縣。侯乃昭祐顯聖王長子。徽宗大觀元年賜廟額「豐澤」。

【宋會要】

〔一〕本條「乾道八年」以下原僅有一「封」字，「十一月」以下七十八字乃自本書禮二〇之八八移來。移補内容與上文契合，當無疑義。

〔二〕漢：原作「溪」，據文意改。扶廷尉，指漢初扶嘉。扶嘉，朐䏰（今重慶雲陽縣西）人，曾爲廷尉，見葛洪《西京雜記》。

〔三〕按陽山屬連州，不屬廣州。

廣澤侯祠。在真寧縣。侯乃昭祐顯聖〔王〕次子。徽宗大觀元年賜廟額「廣澤」。

【宋會要】

148 盎漿神祠。在解縣壇道山。徽宗大觀元年正月賜廟額「靈滋」。二年封仁惠侯。

【宋會要】

松花神祠。在虞鄉縣方山。徽宗大觀元年三月賜額「昭祐」。二年十月封積仁侯。

【宋會要】

旱神李氏祠。在衡州常寧縣。徽宗大觀元年四月賜廟額「顯惠」。高宗紹興六年十月封普濟侯。

【宋會要】

山洞神銀氏祠。在陽朔縣都樂鄉東。宋大觀元年九月賜廟額「應誠」。高宗紹興十一年正月封威武侯，仍封其廟白馬靈神曰威顯侯。

【宋會要】

延壽溪神吳興祠。在莆田縣。大觀元年十一月賜廟額「孚應」。高宗紹興二十一年十二月封義勇侯。

【宋會要】

陳元初祠。在婺州武義縣。徽宗大觀二年賜廟額「彰惠」。光堯皇帝紹興二年十月封昭靈侯，又封本廟龍女三娘爲濟濟夫人〔一〕。

【宋會要】

臨河埽神祠。在臨河縣。徽宗大觀二年賜廟額「宣濟」，仍封靈順侯。

【宋會要】

149 鄉社神祠。在莆田縣官弄村。舊號大官。徽宗大觀元年五月賜廟額「祥應」。宣和四年封顯惠侯。

【宋會要】

黃沙嶺神祠。在上洛縣。舊號靈澤侯。徽宗大觀二年五月賜廟額「光澤」。

【宋會要】

三莫神祠。在觀州。高宗紹興四年九月十一日廢爲高峯寨，隸宜州寶積監。莫廷浪、莫廷湧、莫廷相三神祠。徽宗大觀二年七月，賜廟額「靈助」，並封侯，曰廣威，曰廣化，曰廣寧。

【宋會要】

松溪神朱徹祠。在臨安府新城縣。隋封通靈侯。徽宗政和元年正月賜廟額「廣利」。宣和三年六月封威顯（王）〔侯〕。壽皇聖帝乾道九年十一月加封威顯敏應侯。

【宋會要】

李太保祠。在建寧府建陽縣。徽宗政和元年賜廟額「庇民」。宣和五年八月封靈貺侯。

【宋會要】

〔一〕濟濟：當有一「濟」字誤。

袁玘祠。在常州宜興縣，漢陽羨令袁玘祠。徽宗政和元年賜廟額「果利」。光堯皇帝紹興九年九月加封〔嘉〕惠侯。二十六年二月，加封嘉惠字人侯。壽皇聖帝隆興二年六月，加封明應嘉惠字人侯。乾道六年二月，加封明應嘉惠永濟字人侯。

【宋會要】

150 張太保祠。在臨安府昌化縣。徽宗政和二年八月封靈佑侯。

【宋會要】

黃岡神祠。在武岡縣。政和三年七月賜廟額「嘉應」。宣和四年六月封普應侯。

【宋會要】

曹靖祠。在湖州。徽宗宣和三年閏五月封昭應侯，仍賜廟額「靈佑」。

【宋會要】

光口神鄧氏祠。光口舊傳神鄧氏祠，在真陽縣。徽宗政和四年六月賜廟額「靈川」。七年二月封德濟侯。

【宋會要】

宵郎君祠。在衡州子城瀟湘門外。徽宗政和五年三月賜廟額「靈孚」。高宗紹興二十六年十二月封明益惠濟侯。

【宋會要】

屈坦祠。在台州。坦乃《吳書》屈晃子也〔一〕，坦爲城隍神〔二〕。徽宗政和中賜廟額「鎮安」。光堯皇帝建炎二年三月封顯佑侯。三年，加「通應」二字。紹興八年正月，又加「靈惠」二字。壽皇聖帝乾道四年三月，加封顯祐通應靈惠昭貺侯。

【宋會要】

稻田神祠。在贛州寧都縣。高宗建〔安〕〔炎〕二年八月賜廟額「孚惠」。紹興三十二年九月封靈應侯。

【宋會要】

151 李先鋒祠。在延平府城東。高宗建炎三年正月賜廟額「靈佑」。紹興四年八月封威勝侯。三十二年，加封「顯應」二字。孝宗乾道三年六月，加封威勝顯應英濟侯。

【宋會要】

洑口神祠。在福州永福縣。太祖開寶五年封靈通護境王〔三〕，世傳漢丞相陳平之後。高宗紹興元年二月賜廟額「威靈」〔四〕。十九年六月封靈貺侯〔五〕。

【宋會要】

忠烈侯祠。在温州樂清縣。光堯皇帝建炎四年七月

〔一〕吳書：原作「唐書」。按屈晃，三國吳尚書僕射，見《三國志·吳書·孫和傳》，兩《唐書》無此人，因改。
〔二〕隍：原作「聖」，據《赤城集》卷一一《台州城隍封誥》改。
〔三〕靈通：《淳熙三山志》卷九、弘治《八閩通志》卷五八作「通靈」。
〔四〕威靈：《淳熙三山志》卷九、弘治《八閩通志》卷五八作「威顯」。
〔五〕十九年：《淳熙三山志》卷九、弘治《八閩通志》卷五八作「九年」。

賜廟額。

【宋會要】

官莊神祠。在仙遊縣。高宗紹興元年三月賜廟額「顯佑」。孝宗乾道二年十二月封神惠侯。

【宋會要】

源陂神祠。在撫州府崇仁縣〔一〕。紹興二年五月加封嘉顯孚濟侯。

【宋會要】

梅川神祠。福州閩清縣梅川神祠，封梅川侯。紹興二年四月賜廟額「德威」，從神聖者封梅川將軍。紹興三十年十一月加封梅川昭顯侯。

【宋會要】

巨板神祠。在建寧府建陽縣。紹興四年五月賜廟額「敏應」。十一年八月封德威侯。

【宋會要】

顯助侯祠。152在潭州衡山縣南嶽北門。高宗紹興五年閏二月封顯助侯。十七年十月，封其妻曰昭順夫人。

【宋會要】

楊花二神祠。在泉州府同安縣九躍山，楊氏、花氏二神祠。紹興六年十二月賜廟額「威祐」。二十六年二月，封楊氏曰昭惠侯，妻曰翊惠夫人；花氏曰威濟侯，妻曰協濟夫人。

【宋會要】

靈濟顯祐侯祠。在眉州眉山縣漢光武廟內之側。高宗紹興七年四月封靈濟侯。孝宗乾道三年十二月加封靈濟顯祐侯。

【宋會要】

弋陽三神祠。在定城縣弋陽城西隅〔二〕。三神祠，正〔曰〕弋陽大王，東曰冀公大神，西曰土地正神。光堯皇帝紹興九年四月賜廟額「威衛」。二十五年八月，並封侯，中位神曰威惠，東位神〔曰〕昭惠，西位神曰靈(應)〔惠〕。三十一年正月，各加二字，曰「顯應」、「順應」、「孚應」。三十二年九月，加封曰英格威惠顯應侯、武格昭惠順應侯、忠格(孚)〔靈〕惠(靈)〔孚〕應侯。

【宋會要】

御焙張氏祠。在建寧府建安縣北苑。高宗紹興十年六月封美應侯。二十年八月加封「效靈」二字，二十六年十月又加「潤物」二字。孝宗乾道二年三月，加封美應效靈潤物廣祐侯，妻范氏封協濟夫人。

【宋會要】

御焙蔣氏祠。153在建寧府建安縣北苑。高宗紹興十年六月封敷澤侯，仍賜廟額「靈滋」。二十年十月加封「昭順」二字，二十六年十月又加「顯濟」二字。孝宗乾道二年

〔一〕按宋代撫州不稱府，元代始升爲府。

〔二〕城：原無。按《元和郡縣志》卷九光州：「定城縣，本漢弋陽縣。自漢至蕭齊，常爲弋陽城。」是此處所謂「弋陽西隅」當指古弋陽城西隅，據補「城」字。

三月，加封敷澤昭順顯濟應靈侯，妻周氏封佑德夫人。（以上《永樂大典》卷一一二三七）

【宋會要】

154 錢清鎮神祠。在紹興府蕭山縣。光堯皇帝紹興十四年賜廟額「冥護」，三十一年封顯佑侯。

【宋會要】

北嶺神祠。在紹興府蕭山縣。光堯皇帝紹興十四年六月封顯應侯。三十年十月加封靈助顯應侯。

【宋會要】

任使君祠。在雅州嚴道縣長濆江口。高宗紹興十五年閏十一月賜廟額「順應」。孝宗乾道三年十二月封靈應侯。

【宋會要】

福頂神祠。在福州侯官縣。高宗紹興十九年二月封普濟侯，賜廟額「昭惠」〔一〕。三十一年正月加「威顯」二字。孝宗乾道二年十二月，加封靈應威顯普濟侯。

【宋會要】

何穆祠。在莆田縣。高宗紹興二十七年八月賜額。孝宗乾道五年正月封善應侯。

【宋會要】

上堂山胥公祠。在寧國府黟縣〔二〕。光堯皇帝紹興二十七年十二月賜廟額「靈惠」。壽皇聖帝乾道二年正月封善應侯。

【宋會要】

陳堯道祠〔三〕。在光澤縣西館。紹興三十年十二月賜廟額「惠應」。孝宗155乾道三年九月，陸堯道封靈濟侯，妻封贊福夫人。

【宋會要】

古神祠。巴州（同慶）難江縣。紹興三十一年十一月賜廟額「威德」。乾道四年正月封靈威侯。

【宋會要】

柳太保祠。紹興府長寧軍〔四〕。舊淯井監。崇應侯，紹興三十一年五月加封崇應威顯侯，仍賜廟額「忠佑」。

【宋會要】

石柱神祠。在福州長樂縣。紹興三十年六月賜廟額「顯應」。孝宗隆興二年十一月封淵肅侯。

【宋會要】

西宮神祠。在泉州府德化縣。（爲）〔僞〕閩封護邑侯。紹興七年四月賜廟額「威惠」。十九年五月封靈助侯。三十二年十月，加封嘉顯〔靈〕助侯。

【宋會要】

〔一〕按《淳熙三山志》卷九云：「政和八年賜額『昭惠』，紹興十九年封普濟侯，二十九年加『威顯』，乾道三年又加『靈應』。」年代多異，未知孰是。

〔二〕按黟縣屬徽州，不屬寧國府。

〔三〕陳：下文作「陸」，當有一誤。

〔四〕按長寧軍在今四川珙縣東，宋屬潼川府路，「紹興府」大謬。

威濟侯祠。在崇慶府新津縣修覺山。舊蜀州。孝宗隆興元年二月賜廟額「惠侯」。

【宋會要】

忠烈侯祠。在臨安府新城縣塔山。壽皇聖帝乾道三年十一月賜廟額「靈惠」。

【宋會要】

高聖三郎祠。在隆興府奉新縣。孝宗隆興二年十月賜廟額「葆光」。乾道八年十二月，高聖三郎封忠惠侯，四郎封英惠侯，五156郎封壯惠侯，七郎封烈惠侯。

【宋會要】

二使者祠。建康府茅山元符萬寧宮二使者祠，徽宗大觀元年三月封靈佑、靈護侯。

【宋會要】

三石神祠。江山縣江郎山三石神祠，徽宗大觀四年三月賜廟額「靈石」。政和七年五月封，一曰靈(濟)〔澤〕侯，二曰靈潤侯，三曰靈浹侯。光堯皇帝建炎二年五月封靈澤侯曰廣澤公，靈潤侯曰豐潤公，靈浹(公)〔侯〕曰惠浹公。壽皇聖帝乾道四年五月，加封(惠)〔廣〕澤公曰博濟廣澤公，豐潤公加封豐潤周施公，惠浹公加封惠浹普洽公。

【宋會要】

五峯神祠。在嘉慶府施州清江縣連珠山〔一〕。徽宗政和三年二月賜廟額，九月封嘉惠侯。

【宋會要】

五郎侯祠。在建寧縣，五郎田靖共、田靖獻、田靖國、田靖方、田靖邦祠。徽宗宣和六年七月賜額。世傳戰國田單之後。高宗紹興十一年三月並封侯，田靖共曰武平侯，田靖獻曰武泰侯，田靖國曰武順侯，田靖方曰武信侯，田靖邦曰武威侯。二十三年五月，各加封二字，曰威顯、靈顯、英顯、勇顯、惠顯。三十年四月，又各加二字，曰廣利、廣濟、廣休、廣應、廣祐。孝宗乾道四年四月，武平威顯廣利侯加封157武平威顯廣利昭德侯，武泰靈顯廣濟侯加封武泰靈顯廣濟昭烈侯，武順(廣)〔英〕顯廣休侯加封武順英顯廣休昭義侯，武信勇顯廣應侯加封武信勇顯廣應昭貺侯，武威惠顯廣祐侯加封武威惠顯廣祐昭績侯。

【宋會要】

康穆二神祠。在常山縣水北。光堯皇帝紹興三十年十一月賜廟額「靈濟」。壽皇聖帝隆興二年七月，康將軍封昭佑侯，穆三郎封嘉惠侯。乾道五年三月，昭佑侯加封昭佑廣利侯，嘉惠侯加封(惠)〔嘉〕惠普澤侯。

【宋會要】〔二〕

三侯祠。在韓廟之側。乾道三年，曾侯汪以郡治之左有溪湍流，東西相距，綿亘五里，往來病涉，假舟而濟，一遇

〔一〕施州屬夔州路，無所謂「嘉慶府」。

〔二〕按此條叙潮州人爲曾、丁、孫三知州立祠事。其中孫叔謹知潮州，據雍正《廣東通志》卷三九，乃理宗寶慶三年事。而《永樂大典》所輯《宋會要》止於寧宗嘉定，則此條似非《宋會要》之文，或有後人添入之文。

風濤，多遭覆溺，始於中流甃石爲洲，東西編梁曰浮橋。行者(使)〔便〕焉，始立祠於登瀛門之旁。淳熙十七年，丁侯允元又自溪之西岸立石洲五，易舟爲梁，而屋其上，邦人德之。及侯新作韓廟，乃相與即廟而立生祠焉。嘉泰改元，判官曾愈始遷曾祠于今地，與丁祠並。其後孫侯叔謹爲政，有德於此，邦人相率立祠于二侯之側。今皆廢。

【宋會要】

五顯靈官祠〔一〕。在寧國府婺源縣，五通祠(祠)。徽宗大觀三年三月賜廟額「靈順」。宣和五年正月封，一曰通貺侯，二曰通佑侯，三曰通澤侯，四曰通惠侯，五曰通濟侯。光堯皇帝紹興二[158]年五月，各於侯爵上加二字，曰善應、善助、善利、善及、善順。十五年八月，各加二字，曰昭德、曰昭信、曰昭義、曰昭成、曰昭慶。是歲，信州别廟封，令一體稱呼。壽皇聖帝乾道三年九月，通貺善應昭德侯加封通貺善應昭德永福侯，通佑善助昭信侯加封通佑善助昭信永休侯，通澤善利昭義侯加封通澤善利昭義永康侯，通惠善及昭成侯加封通惠善及昭成永寧侯，通濟善順昭慶侯加封通濟善順昭慶永嘉侯。淳熙元年五月，通貺善應昭德永福侯封顯應公，通佑善助昭信永休侯封顯濟公〔二〕，通澤善利昭義永康侯封顯佑公，通惠善及昭成永寧侯封顯靈公，通濟善順昭慶永嘉侯封顯寧公。十一年二月，顯應公加封顯應昭慶公，顯濟公封顯濟昭貺公，顯佑公封顯佑昭利公，顯靈公封顯靈昭濟公，顯寧公封顯寧昭德公。

【宋會要】

張將〔軍〕祠，在閬州興元〔三〕。高宗紹興元年十二月封顯顯王〔四〕。是歲，以樞密、宣撫處置使司張浚言：邊人侵犯境上，陰佑中興，忠烈助順，英靈如在。其神舊封安國公，乞加王爵。一在建寧府政和縣，舊關隸縣〔五〕。徽宗崇寧三年六月賜廟額「英節」。大觀三年二月封昭烈侯。孝宗隆興二年二月加封昭烈惠應侯。

【宋會要】

楊大將軍祠。在階州福津縣，唐驃騎大將軍楊德舉祠。徽宗大觀三[159]年五月賜廟額「寧遠」。

【宋會要】

馮將軍祠〔六〕。在(榮)〔渠〕州流江縣。太祖開寶三年封應靈侯。神宗熙寧九年封應靈公。徽宗崇寧二年賜廟額「濟遠」，三(月)〔年〕九月封惠(順)〔應〕王。高宗紹興十五

〔一〕官：原作「觀」。按五顯之神宋徽宗始封侯爵，因封號皆有「通」字，故稱「五通」。至孝宗時加封公爵，封號皆有「顯」字，故又稱「五顯」。其後各地多立五顯廟，又稱「五顯靈官」。如宋常棠《海鹽澉水志》卷二，荆山有五顯靈官廟；明張寧《方洲集》卷一八有《白容縣五顯靈官廟碑》；雍正《浙江通志》卷二一七，杭州有五顯靈官廟。是「觀」字當作「官」，因改。

〔二〕濟：原作「洛」，據下文改。

〔三〕按閬州無興元縣，未知指何地。

〔四〕顯顯：當有誤。

〔五〕關隸：原作「開隸」，據《宋朝事實》卷一九改。

〔六〕按，此指東漢馮緄。

年七月，王父封惠安侯。二十二年四月，王弟降虜校尉允封協恭侯，王子孝廉、郎中鸞封濟美侯。三十年八月，封惠應王母曰衍慶夫人，王妻曰顯佑夫人，王弟協恭侯妻曰順佑夫人，王子濟美侯妻曰淑慎夫人。隆興元年九月改封曰淑静夫人，以本州言，所封「淑」字下一字犯孝宗嫌名，乞改封故也。孝宗乾道八年十一月，惠應王加封惠應昭澤王。一在贛州瑞金縣，紹興十七年八月賜廟額「英顯」。

【宋會要】

陳將軍祠。在新興縣，唐封崇靈公。真宗大中祥符二年五月，詔修葺所須官給。神宗熙寧十年改封昭惠公。

【宋會要】

通澤將軍祠。通澤將軍，錢氏所封〔一〕，祠在紹興府上虞縣釣臺山。神宗熙寧八年六月封廣利侯廟。

【宋會要】

客神將軍祠。在永康導（水）〔江〕縣崇德廟左。徽宗建中靖國元年二月賜廟額「勤濟」，以轉運司言，嘗佐李冰治水之功。大觀元年二月封寧惠侯。高宗紹興七年閏十月，封其妻曰静蔭夫人。十七年五月加「陰濟」二字，二十七年九月又加「翊160（翊）〔順〕」二字。孝宗隆興二年九月，加封翊順寧惠陰濟威武侯。

【宋會要】

焦將軍祠。在襄垣縣。徽宗崇寧二年二月賜廟額「靈濟」。大觀四年正月封甘澤侯。

【宋會要】

馬將軍祠。在黎州漢（陽）〔源〕縣大渡河。政和元年五月賜廟額「武威」，十一月封英惠侯。高宗紹興二十八年七月，加封「忠勇」二字。孝宗隆興元年九月，加封忠勇英惠昭濟侯。

【宋會要】

小將軍祠。在茂州。徽宗政和五年九月封揚靈侯。宣和七年五月封嘉應公。高宗紹興六年二月加封「普惠」二字。九年十月又加「永寧」二字。二十九年四月加封今號。西嶽別廟〔二〕。

【宋會要】

聶將軍祠。在臨江府清江鎮〔三〕。高宗紹興二年閏四月封顯應侯，并賜廟額「威惠」。

【宋會要】

王將軍祠。在隆興府新建縣樵舍鎮。高宗紹興二年閏四月賜廟額「應應」〔四〕。三十一年十二月封靈濟。

〔一〕「所封」二字原無，似以「通澤將軍錢氏」爲句。然按宋牟巘《陵陽集》卷一一《新廟記》云，此神乃「石晉之方石聖官，而吳越錢氏所封通澤將軍也」。《會稽志》卷六所記畧同。據二書，所謂「方石聖官」，實爲二石筍，乃錢氏所封，並非神姓錢氏也，因補「所封」二字。

〔二〕西：原脱，據本書禮二一之八補。

〔三〕臨江府清江鎮：當云「臨江軍清江縣」，即今江西清江。臨江至明代始稱府。

〔四〕應應：當有誤。

【宋會要】

閩越二將軍祠。在汀州。舊福州南臺二神。高宗紹興五年閏二月賜廟額「普應」。

【宋會要】

[161]保寧將軍祠。在湖州府德清縣新市鎮，土地。光堯皇帝紹興五年七月賜廟額「永靈」。九年五月封顯佑侯。

【宋會要】

郭將軍祠。在泉州府南安縣。紹興六年十一月賜廟額「威鎮」。十三年十二月封忠應侯。

【宋會要】

周將軍祠。在常州府宜興縣。舊號平西將軍處。光堯皇帝紹興七年正月賜廟額「英烈」。九年封忠勇侯。二十六年二月加封忠勇仁惠侯。神之父吳鄱陽太守魴，紹興九年封基德侯，二十六年二月封基德克昌侯。神之妻盛(字)〔氏〕封恭懿夫人。神之諸子，紹興九年並封侯：長曰靖，封濟美侯；次曰圯，封光業侯；次曰禮，封昭義侯；次曰碩，封承慶侯。二十六年二月，各加二字，長曰濟美廣應侯，次曰(廣)〔光〕業靈佑侯，次曰昭義奕載侯，次曰承慶永康侯。(忠惠仁勇)〔忠勇仁惠〕侯，壽皇聖帝隆興二年六月加封(忠惠仁勇)〔忠勇仁惠〕兼利侯。乾道六年正月加封(忠惠仁勇)〔忠勇仁惠〕兼利義濟侯。

【宋會要】

韓將軍祠。在信州永豐縣古城山。光堯皇帝紹興八年六月賜廟額「威信」。十五年八月封靈(威)〔惠〕侯。壽皇聖帝乾道四年正月加封靈惠顯應侯。

【宋會要】

蘇將軍祠。[162]在臨安府鹽官縣。光堯皇帝紹興十一年正月賜廟額「崇佑」。

【宋會要】

鄧將軍祠。在延平府沙縣〔一〕。高宗建炎中賜廟額「靈衛」。紹興二十三年十月封顯應侯。

【宋會要】

三將軍祠。在衡州耒陽縣。紹興二十六年正月賜廟額「靈顯」。孝宗隆興二年二月，第一位封明應侯，第二位封定應侯，第三位封靖應侯。

【宋會要】

五將軍祠。在龍平縣。高宗紹興三十年六月賜廟額「靈濟」。

【宋會要】

威南將軍祠。在桂林府陽朔縣。紹興三十一年六月賜廟額「忠惠」。

【宋會要】

景福將軍祠。在邛州大邑縣高山。乾道二年七月賜廟額「惠應」。

〔一〕延平府：按宋代稱南劍州，明洪武中始改稱延平府。

【宋會要】護境將軍祠。在處縣〔一〕。壽皇聖帝乾道二年十月賜廟額「靈應」。

【宋會要】靈應將軍祠。在延平劍浦縣長沙里。乾道二年四月賜廟額「顯佑」。

【宋會要】戴將軍祠。在安慶路桐城縣石潭里〔二〕。壽皇聖帝隆興元年十月賜廟額「順應」。

【宋會要】163 張府君祠。縣令張府君祠，在桐城縣。光堯皇帝紹興二十三年六月賜廟額「(昭)〔昭〕烈」。

【宋會要】西原府君祠。在柳州，唐西原府君蘇士評祠。高宗紹興十七年十二月賜廟額「遺烈」。孝宗乾道元年九月封昭應侯。

【宋會要】田府君祠。層山神田府君祠，在澧州石門縣。崇寧元年十二月賜廟額「靈貺」。

【宋會要】盧府君祠。在共城縣。在石門神顯聖靈源公廟中，父老傳爲(百)〔石〕門神壻。徽宗政和四年四月封宣澤侯廟。

【宋會要】陳明府君祠。在紹興府嵊縣。光堯皇帝紹興八年十月賜廟額「顯應」。壽皇聖帝乾道八年十一月封靈祐侯。

【宋會要】白府君祠。城隍白府君祠，在建康府溧水縣。光堯皇帝紹興十年正月賜廟額「顯正」。十七年六月詔封廣惠侯。

【宋會要】鄧明君祠。在華陰縣。徽宗崇寧三年封普潤侯廟。

【宋會要】索長官祠。在密縣。徽宗政和三年十二月賜廟額「德孚」。

【宋會要】164 顏長官祠。在泉州府德化縣。乾道六年正月賜廟額「忠應」。

【宋會要】薛長官祠。在紹興府嵊縣尖山下。壽皇聖帝乾道八年十一月賜廟額「靈輝」。

【宋會要】徐郎祠。在光澤縣鸞鄉。紹興二十九年五月賜廟額「昭應」。

【宋會要】

〔一〕處縣：按宋無處縣，「縣」疑爲「州」之訛，或是「處州□□縣」。
〔二〕按宋稱安慶府，元始稱安慶路。

馮大郎祠。在浙江臨安府。光堯皇帝紹興三十年七月賜廟額「順濟」。俗傳其神主浙江潮水舟楫事，鄉人欽事之。時以顯仁皇后梓宮渡江，祈禱感應，故賜額。

【宋會要】

范二郎祠。在臨安府新城縣。徽宗宣和三年閏五月賜廟額「靈佑」。

【宋會要】

四郎神祠。在簡州陽安縣。僞蜀封忠信王。重和元年十二月賜廟額「忠信」。

【宋會要】

張七郎祠。在(新)〔臨〕安府新城縣。徽宗宣和三年閏五月賜廟額「靈休」。

【宋會要】

蕭七郎祠。在衢州西安縣州城南。蕭七郎祠，光堯皇帝紹興二十七年十月賜廟額「廣祐」。

【宋會要】

二聖祠。在柳州融江寨〔一〕。崇寧二年賜廟額「善應」。

【宋會要】

165 三聖祠。在懷寧縣。徽宗大觀元年九月賜廟額「應感」。一在鄂州江夏縣。徽宗政和七年五月賜廟額「普應」。宣和三年十二月封，一曰會澤侯，二曰顯潤侯，三曰威潤侯。高宗紹興九年九月各加二字，曰慈濟，曰廣利，曰昭惠。孝宗乾道二年八月，會澤慈濟侯加封會澤慈濟孚應侯；顯潤廣利侯加封(廣利)〔顯潤〕廣利靈應侯；威潤昭惠侯加封威潤昭惠靈格侯。一，和尚原三聖祠，光堯皇帝紹興元年十月，威烈王封昭烈寧應王，威顯王封忠顯昭應王，威惠王封忠惠順應王。知樞密院事、宣撫處置使張浚言：是歲捍禦金賊，祈禱山神、土地、黑龍王潭祠，創立三聖神祠，四戰皆捷。移寨據黄牛嶺，本境小雨，虜寨大風雨雹，折木震屋，賊懼，遂遁去。乞加封爵焉。

【宋會要】

劉馬二神祠〔二〕。劉氏、馬氏二神祠，在柳州融江寨。徽宗崇寧二年六月賜廟額「善應」。

【宋會要】

曹村埽神祠。在濮陽縣。神宗元豐元年賜廟額「靈澤」。是年，河決曹村，有赤蛇見于埽，官吏迎置盤中，祝之，蛇亡而埽定。詔名埽曰「靈平」，因賜廟額。

【宋會要】

沙墩神祠。在盱眙縣。神宗元豐八年賜廟額「崇惠」。

【宋會要】

166 虎鄉神祠。在岳陽縣西山。徽宗崇寧二年賜廟額

〔一〕按融江寨在融州，不在柳州，見《宋史》卷九〇《地理志》六。下文「劉馬二神祠」條同。

〔二〕按，此條與上文「二聖祠」當是一事。

「顯仁」。

【宋會要】

杉岡神祠。在廣州府連山縣〔一〕。舊號封寧國號〔二〕。徽宗崇寧四年四月賜廟額「仁惠」。

【宋會要】

城東門神祠。在龍興縣。徽宗崇寧五年十月建，仍賜廟額「靈祥」。京畿轉運使言：北輔東門甕城微裂，有赤蛇見于土中，禱之，城以無壞，乞建廟崇之。

【宋會要】

嚴顔神祠。在隆州舊陵州、仙井監。翳嘶山。徽宗大觀二年賜廟額「孚貺」。孝宗乾道三年十二月加封英惠忠應侯。

【宋會要】

開劍神祠。在隆慶府劍門縣。大觀三年三月賜廟額「靖遠」。

【宋會要】

蘇明神祠。在紹興府嵊縣。徽宗宣和四年正月賜廟額「惠應」。

【宋會要】

靈澤神祠。在衢州江山縣。徽宗政和七年九月賜廟額「嘉澤」。

【宋會要】〔三〕

輔教神祠。舊在學政位之東，游居士侑焉。紹興間寓

公楊汝南有記。見《清漳集》。後遷文會堂之東。淳祐戊申，教授沈煇重建。

【宋會要】

李司空神祠。167在隆興府豐城縣。紹興二年閏四月賜廟額「威顯」。

【宋會要】

述陂神祠。在撫州府臨川縣招賢鄉。高宗紹興三年五月賜廟額「昭應」。

【宋會要】

聚四堂神祠。在嘉定府犍爲縣玉津鎮。紹興十三年十二月賜廟額「顯佑」。

【宋會要】

錢清鎮神祠。在紹興府山陰縣錢清鎮江南岸，助戰神祠。光堯皇帝紹興十四年六月賜廟額「靈助」。

【宋會要】

劉城神祠。在隆興府南昌縣。孝宗隆興二年十一月賜廟額「仁濟」〔四〕。

〔一〕廣州：原作「康州」。按連山縣，宋代屬連州，明代連州又屬廣州府，《永樂大典》按明代政區，可見「康州」本作「廣州」。因改。

〔二〕下「號」字疑誤，當是爵名「公」、「侯」之類。

〔三〕按，此條記事至理宗淳祐八年戊申，非《宋會要》之文。

〔四〕按雍正《江西通志》卷一〇八云：「劉城廟，祀漢揚州刺史劉繇。宋乾道七年以救溺功賜額『仁濟』。」所述賜額年代與此稍異。

【宋會要】

靈感神祠。西館靈感神祠。乾道二年九月賜廟額「惠應」。

【宋會要】

醫靈神祠。在泉州府同安縣。乾道二年十月賜廟額「慈濟」。

【宋會要】

赤崖神祠。在潼川府中江縣。乾道三年十二月賜廟額「靈威」。沅州盧陽縣花山綉崖下赤崖神祠，孝宗乾道七年正月賜廟額「英顯」。

【宋會要】

南宫神祠。在隆興府武寧縣巾口市。乾道四年十月賜廟額「發靈」。

【宋會要】

168 東門神祠。在邵武軍泰寧縣〔一〕。乾道五年十二月賜廟額「敏應」。

【宋會要】

沈槎神祠。在隆興府豐城縣。紹興二年閏四月賜廟額「靈槎」。孝宗皇帝乾道三年閏七月封顯應侯，左位神封善應侯，右位神封嘉應侯。

【宋會要】

楊班祠。神宗元豐八年賜廟額「感應」。徽宗崇寧二年七月封靈應侯。政和四年十月封廣應侯。

【宋會要】

郭成祠。徽宗崇寧元年賜廟額「仁勇」。

【宋會要】

折御卿祠。在宜芳縣。徽宗崇寧二年五月賜廟額「顯忠」。

【宋會要】

漢扶嘉祠〔二〕。在雲安軍雲安監。徽宗崇寧三年賜廟額「豐利」。扶嘉隱湯溪，嘗論其地當出鹽井，後果得鹹源，是爲雲安監。民資其利，立廟云。

【宋會要】

古鼈靈祠〔三〕。在（城）〔成〕都府金水縣。舊號開峽廟。徽宗崇寧三年正月賜廟額「開福」。

【宋會要】

昭顯后祠。在滑州白馬縣簽堤。徽宗政和二年十二月〔賜〕廟額「靈貺」。

【宋會要】

造父祠。169 在趙城縣。徽宗政和三年十二月賜廟額「慶祚」。

【宋會要】

〔一〕邵武軍：原作「興化軍」，據《宋史》卷八九《地理志》五改。

〔二〕扶：原作「符」，據葛洪《西京雜記》、《方輿勝覽》卷五八雲安軍改。

〔三〕鼈靈：原作「靈鼈」。按鼈靈爲傳説中的古代蜀王，見《後漢書·張衡傳》注引揚雄《蜀王本紀》，今據乙正。

巴子祠。在嘉定府武寧縣〔一〕。徽宗政和五年十一月十日賜廟額「承順」。

【宋會要】

史崇祠。在建康府溧陽縣。俗傳爲史祖。徽宗大觀元年正月賜廟額「顯惠」。

【宋會要】

陳亨祖祠。在淮寧府。光堯皇帝紹興三十二年六月贈容州觀察使，立廟，賜額「閔忠」。亨祖陷僞日久，於紹興三十一年冬奮發忠義，收復淮寧府，歸正，朝廷授官，令〔知〕府事（事）。據守孤城，累與金人接戰。因登城，中箭身殁。城破，全家被害。詔贈官，權於鄰近州軍立廟，（侯）〔候〕收復淮寧府了日，於本府建廟。

【宋會要】

范旺祠。在延平府順昌縣巡檢寨。高宗紹興六年立廟，二十八年八月賜廟額「愍節」。紹興初，建州狂賊范汝爲竊發，本縣弓手結謀應賊。旺不從，厲聲曰：「請受衣糧，妻兒皆得飽煖，今日不能爲國家殺賊，更欲作賊，豈不慙見天地耶！」逆黨怒其言，遂殺旺于市；其男不從，又殺之；劫其妻馬氏，亦不從，賊刳其五臟，解其肢體。賊平之後，旺屍迹在地，隱隱不没，郡人驚異，共置像於城隍廟内。本州保 170 奏，故贈官立祠。至是祈禱感應，又賜「愍節」廟額焉。

【宋會要】

陳勝祠。在蘄縣，秦末陳王勝古聖祠。光堯皇帝紹興十年五月賜廟額「英惠」。以本路諸司言，兵興以來，陰（護）〔獲〕神助，鄰境殘破，獨本縣賊不入境故也。

【宋會要】

應氏祠。在莆田縣。乾道三年十二月賜廟額「昭義」。

【宋會要】

周德威祠。在池州南一十里段柳村。（以上《永樂大典》卷一二三八）

【宋會要】

171 白馬祠。在隆德寨。徽宗政和二年四月賜廟額「英貺」。

衢州常山縣浮河鄉雙石塔山白馬三郎祠，光堯皇帝紹興八年四月賜廟額「昭應」。（以上《永樂大典》卷一二三九）

〔一〕嘉定府：按武寧縣在今重慶市萬州區西南，宋代屬夔州路萬州，不屬嘉定府（今四川樂山）。本書本卷中咸誤稱夔州路爲「嘉慶府」，此蓋又訛「慶」作「定」。

宋會要輯稿　禮二一

四鎮

【宋會要】

1 太祖乾德六年四月七日，詔問禮官五鎮見祭罷祭之由，太常禮院言：「按《隋書》，開皇十四年立冀鎮霍山祠。唐天寶十載，封沂山爲東安公，會稽山爲永興公，吳山爲成德公，霍山爲應聖公，醫無閭山爲廣寧公。又《郊祀録》，四鎮每歲一祭，各以五郊迎氣日。《開元禮》惟祭四鎮山，自天寶後始益霍山爲五鎮，後唐清泰初，封吳山爲靈應王，其祠饗同五嶽。自顯德四年後，止祭東鎮沂山，其諸鎮不行祭饗。徧檢禮書，亦無住祭月日。」詔自今祭准《開元禮》。時以會稽山在吳越國，禮院牒本國祭饗。醫無閭山在營州，未行祭饗。自後五鎮之祭復闕。

淳化二年二月十二日，秘書監李至言：「按五郊迎氣之日，皆祭逐方嶽鎮海瀆。自唐亂離之後，有不在封域者，遂闕其祭。國家克復四方，間雖奉詔特祭，未著常祀。望遵舊禮，就迎氣日各祭於所隸之州，長吏以次爲獻官〔一〕。」從之。其後立春日祀東嶽岱山天齊王於兖州，東鎮沂山東安公於沂州，東海廣德王於萊州，淮瀆長源公於唐州。立夏日祀南嶽衡山司天王於衡州，南鎮會稽山永興公於越州，南海廣利王於廣州，江瀆廣源公於成都府。立秋日祀西嶽華山金天王於華州〔二〕，西鎮吳山成德公於隴州，西海廣潤王、河瀆靈源公並於河中府，西海就河瀆廟望祭。立冬日祀北嶽常山安天王、北鎮醫巫閭山廣寧公，並於定州，北鎮就北嶽廟望祭；北海廣澤王、濟瀆清源公並於孟州，北海就濟瀆廟望祭。土王日祀中嶽嵩山中天王於河南府，中鎮霍山應聖公於晉州。

康定元年十月〔三〕。

神宗元豐三年，集賢校理陳侗言：「按《周禮》小宗伯之職：『兆五帝於四郊，四望、四類亦如之。』鄭氏注：四望，謂五嶽四瀆也；四類，日月星辰也。今四郊有五帝及日月星辰之壇，而獨四望之壇不建，或遇朝廷有祈焉，則設位皇地祇壇下，甚非古制。請依《周禮》建四望壇於四郊，以祭五嶽、四鎮、四瀆，庶合於經。」詔下詳定禮文所。詳定所「請以國朝《祠令》所載嶽鎮海瀆，兆四望於四郊〔四〕：岱山、沂山、東海、大淮於東郊，衡山、會稽山、南海、大江、嵩山、霍山於南郊，華山、吳山、西海、大河於西郊，常山、醫巫閭山、北海、大濟於北郊。每方嶽鎮則共爲一壇，海瀆則共

〔一〕以：原無，據《宋史》卷一〇二《禮志》五補。
〔二〕立秋：原作「立夏」，按《宋史》卷一〇二《禮志》五改。
〔三〕按，此下有脱文。
〔四〕自「神宗元豐」至此句「兆」字原脱，「四望於四郊」上直接「康定元年十月」，據《長編》卷三〇八及《文獻通考》卷八三補。

爲一坎〔一〕，以五時迎氣日祭之〔二〕。皆用血祭瘞埋，有事則請禱之。又以四方山川各附于本方嶽鎮海瀆之下，別爲一壇一坎，山共一壇，川共一坎，水旱則禱之。其北郊從祀及諸州縣就祭〔三〕，自如故事」。詔每方嶽鎮海瀆共爲一壇望祭，餘從之。

六年二月二十八日，禮部言：「嶽鎮海瀆宜准雨師〔四〕、馬祖，每位皆以一牢，於禮文大小相稱。」從之。

八年四月五日，陝府西路轉運司言：「吳山禱雨而應，乞加爵號。」詔封成德公爲成德王。

五鎮祠：東鎮沂山，沂州沂水縣，舊封東安公，（致）〔政〕和三年封王；南鎮會稽山，越州會稽縣，舊封永興公，（致）〔政〕和三年八月封永濟王；西鎮吳山，隴州吳山縣，舊封成德公，元豐八年四月封王；大觀元年三月，封其配爲順祐夫人，四子爲仁慈、靈禧、義濟、靈澤侯。北鎮醫巫閭山，中 2 山府曲陽縣，舊封廣寧公〔五〕，政和三年八月封王；中鎮霍山，晉州洪洞縣，舊封應靈公，政和三年八月封應靈王。

政和三年八月三十日，太常寺言：「大中祥符中，封五嶽爲帝，四海、四瀆爲王，獨五鎮封爵尚仍唐舊。元（封）〔豐〕八年，方封西鎮吳山爲成德王〔六〕，而未封四鎮。」詔並封王。《文獻通考》〔七〕：政和三年，議禮局上《五禮新儀》：五方嶽鎮海瀆壇，各高五尺，周四十步，四出陛，兩壝，每壝二十五步。壇飾依方色〔八〕。祭嶽鎮海瀆，設位南向，以西爲上；山川從祀西向，以北爲上。諸嶽鎮海瀆年別一祭，以祭五帝日祭之〔九〕。東嶽泰山於兗州界，東鎮沂山於青州界，東海於萊州界，東瀆大淮於唐州界；南嶽衡山於潭州界，南鎮會稽山於越州界，南海於廣州界，南瀆大江於益州界；中嶽嵩山於河南府界，中鎮霍山於晉州界；西嶽華山於華州界，西鎮吳山於隴州界，西海、西瀆大河於河中府界；北嶽常山、北鎮醫無閭山於定州界，北海、北瀆大濟於孟州界〔一〇〕。

紹興七年五月十一日，太常博士黃積厚言：「百神之祀，曠歲弗修。如中祀未舉者，嶽鎮海瀆中嶽、中鎮是也，望舉而行之。」從之。《文獻通考》：每歲以四立日、季夏土王日設祭。其禮料初依奏告例〔一一〕，後比擬舊制，用羊、豕各一口；籩十，菱、芡、栗、鹿脯、榛實、乾桃、乾䕩、乾棗、形鹽、魚鱐〔一二〕；簠二，稻、粱；簋二，黍、稷；鉶鼎三，鉶羹；登二，大羹；脂盤一，毛血；豆十，芹、筍、葵、菁、韭、魚醢、兔醢〔一三〕、豚

〔一〕共：原無，據《長編》卷三〇八、《文獻通考》卷八三補。
〔二〕五：原作「立」，據《長編》卷三〇八、《文獻通考》卷八三改。
〔三〕北郊從祀：原作「兆北郊從郊」，據《長編》卷三〇八、《文獻通考》卷八三刪改。
〔四〕雨：原作「兩」，據本書禮一九之六改。
〔五〕廣：原脱，據《宋史》卷一〇二《禮志》五補。
〔六〕德：原缺，據上文補。
〔七〕文獻通考：原無。按以下小注爲《文獻通考》卷八三之文，兹補書名。下條小注同。
〔八〕飾：原作「餘」，據《文獻通考》卷八三改。
〔九〕之：原脱，據《文獻通考》卷八三補。
〔一〇〕北瀆：原作「北濟瀆」，據《文獻通考》卷八三刪「濟」字。
〔一一〕初：原作「物」，據《文獻通考》卷八三改。
〔一二〕鱐：原作「繡」，據《文獻通考》卷八三改。
〔一三〕「兔」下原有「腸胃」二字，據《文獻通考》卷八三刪。

胎〔一〕、鹿臡、醓醢〔二〕；俎八，羊腥七體、羊熟十一、羊腥腸胃肺、羊熟腸胃肺、豕腥七體、豕熟十一、豕腥膚、豕熟膚；尊罍二十四，實酒，並同皇地祇。

（以上《永樂大典》卷五四八八）

封祀諸神〔三〕

【宋會要】〔四〕

3 宋真宗大中祥符元年，泰山封天齊王，加號仁聖，進封河瀆爲顯聖靈源公。

〔四年五月〕〔五〕，加號東嶽天齊仁聖帝〔六〕，南嶽司天昭聖帝，西嶽金天順聖帝，北嶽安天元聖帝，中嶽中天崇聖帝。四年十一月二十九日〔七〕，又加號東嶽淑明后，西嶽肅明后，南嶽景明后，北嶽靖明后〔八〕，中嶽正明后。

三水府神者〔九〕，僞唐保大中封馬當上水府爲廣祐寧江王，采石中水府爲濟遠定江王，金山下水府爲靈肅鎮江王。宋大中祥符二年八月，詔改封上水府爲福善安江王，中水府爲順聖平江王，下水府爲昭信泰江王。

杭州吳山廟，即濤神也。大中祥符五年，封神爲英烈王。

大中祥符六年，詔封梓州白崖山神爲公號。僞蜀封洪濟王。

大中祥符七年，上以京江多覆溺，以潤州焦山在江中，近海門，禱祈有應，詔封山神以公爵。

仁宗康定元年，加封東海爲淵聖，南海爲洪聖，西海爲通聖，北海爲沖聖，江瀆爲廣源王，河瀆爲顯聖靈源王，淮瀆爲長源王，濟瀆爲清源王。

〔元豐〕六年〔一〇〕，太常博士王古請：「自今諸神祠加封，無爵號者賜廟額，已賜廟額者加封爵。初封侯，再封公，次封王。生有爵位者從其本號〔一一〕。婦人之神封夫人，再封妃。其封號者初二字，再加四字。神仙封號，初真人，次真君。如此，則錫命馭神，恩禮有序。」從之。

神宗元豐三年，詔加封江州廬山 4 太平興國觀九天

〔一〕豚胉：原脱，據《文獻通考》卷八三補。
〔二〕醓：原脱，據《文獻通考》卷八三補。
〔三〕原稿於「宋會要」下批：「以下岳瀆諸廟。」然以「岳瀆諸廟」爲題與正文内容多不符，今姑以《大典》卷二九四五原目爲題。
〔四〕按以下諸條多有年無月，有月無日，或無年號，或時序顛倒，内容又往往首尾不具。當是《大典》雜抄諸書，非盡出於《宋會要》。
〔五〕四年五月：原無，據《長編》卷七五補。
〔六〕齊：原作「濟」，據《長編》卷七五改。
〔七〕地脚原批：「九字，寄據《大典》一萬七千三百二補。」按，屠寄所稱，見本書禮二一之六三。
〔八〕天頭原批：「靖明，寄案《大典》卷一萬七千三百二作『肅明』。」按，屠寄此按語非是，本書禮二一之六三「嶽后號」條録《大典》此卷文正作「靖明」，不作「肅明」，「肅明」乃上文西嶽后之號。
〔九〕按，此條乃抄自《文獻通考》卷九〇。《會要》記同一事之文自見本書禮二一之六三，《事物紀原》卷二亦引之。
〔一〇〕元豐：原無，據《長編》卷三三六補。
〔一一〕生：原作「先」，據《長編》卷三三六改。

採訪使者爲應元保運真君，蜀州青城山丈人觀九天丈人爲儲福定命真君。

徽宗建中靖國元年，封皮場土地廟神爲靈貺侯，其後累封明靈昭惠王。

〔崇寧〕四年〔一〕，封英靈順濟龍王爲靈順昭應安濟王。令禮部、太常寺修祀典：已賜爵者及曾封爵者爲一等，功德顯著無封額者爲一等，若民俗所建祠無功德者爲一等。各係上尚書省，參詳可否。若兩處廟號不同，取一高爵爲定。從之。

〔大觀二年十月〕〔二〕，詔天下五龍神皆封王爵，青龍神封廣仁王，赤龍神封嘉澤王，黄龍神封孚應王，白龍神封義濟王，黑龍神封靈澤王。

大觀四年，加東海以「助順」之號。

高宗紹興三十一年，加封江瀆爲昭靈孚應威烈廣源王。

欽宗靖康元年，詔佑聖真武靈應真君加號佑聖助順真武靈應真君。三聖廟靈威公進封威成王，靈佑公追封威烈王，靈顯公追封威惠王。

高宗建炎元年十一月丙寅郊赦〔三〕：「歷代聖帝明王、忠臣烈士，有功于民，載在祀典者，命所在有司祭之。」

紹興元年，言者請春秋仲月祠禹於越州告成觀，饗越王勾踐于其廟，以范蠡配。移蹕則命郡祀如故事。

紹興二年，駕部員外郎李愿奏：「程嬰、公孫杵臼于趙最爲有功。神宗皇帝初年，皇嗣未建，封嬰爲成信侯，杵臼爲忠智侯，命絳州立廟，歲時奉祀〔四〕，其後皇嗣衆多，垂祐萬世。今來廟宇隔絶，祭亦弗舉，欲令禮官討論，于行在春秋設位望祭。」從之。

5 十一年，中書舍人朱翌奏：「程嬰、杵臼雖存趙孤，然不絶趙祀而卒立武者，韓厥也。請以韓厥載祀典，與杵臼同宇。」下禮官討論。太常寺檢點《國朝會要》：絳州祚德廟，太平縣，晉程嬰、公孫杵臼、韓厥祠在墓側，元豐四年封侯賜額，崇寧三年封韓厥義成侯。今討論，欲從所乞，於行在卜地權創祠宇。契勘旌忠廟係秦州伏羌城之神，昨來朝廷已降指揮于臨安府建廟，今來祚德廟欲乞比附旌忠廟例，令臨安府踏逐地步修建施行。候祠宇畢日，就本廟春秋二仲依小祠禮致祭。

十六年，加嬰忠節成信侯，杵臼通勇忠智侯，厥忠定義成侯。

二十二年，又改封嬰（疆）〔彊〕濟公，杵臼英畧公，厥啓

〔一〕崇寧：原無。按本書禮二〇之六五：「吴城山龍祠，在隆興府新建縣。徽宗崇寧三年十月封英靈順濟王。四年十一月，詔加靈順昭應安濟王。」本書禮二一之二三所載亦同。據補。

〔二〕大觀二年十月：原作「八月」二字，據本書禮四之一九、二〇之七一、二一之三七改。

〔三〕按，此條乃抄自《文獻通考》卷一〇三。

〔四〕時：原無，據《宋史》卷一〇五《禮志》八補。

佑公。命兩浙漕臣建廟宇，升爲中祀。廟在净戒院故址，太一宮之南。

孝宗乾道四年，加封楚州顯濟廟靈感王，乃吳主孫皓祠。汪大猷等使虜還，言其靈感，故加封，仍命使人往來皆前期祭之。（以上《永樂大典》卷二九四五）

【宋會要】

6 哲宗元祐元年十二月十四日〔一〕，華州奏，鄭縣界小敷谷山頹傷居民，詔太常博士顔復詣西嶽致祭。

大中祥符元年六月，詳定所言：「按《漢書》〔二〕，八神：一曰天主，祠天齊淵，今青州臨淄縣有天齊池〔三〕；二曰地主，祠泰山梁甫，今兖州乾封縣東南八十里有梁甫城；三曰兵主，祠蚩尤，今鄆州中都縣西南四十五里有蚩尤塚；四曰陰主，祠三山，今萊州掖縣北五十里臨海山陽有祠；五曰陽主，祠梁山，今在登州牟平縣西北六十里；六曰月主，祠萊山，今登州黄縣南二十里有萊山；七曰日主，祠成山，今登州文登縣東北百六十里有成山祠；八曰四時主，祠琅邪，今密州諸城縣東南八十里有琅邪臺。其八神及禪山，望並依祭名山大川禮例遣官致祭。」（以上《永樂大典》卷四一六一）

諸神廟〔四〕

【宋會要】

7 孚佑王廟。汶川縣東界西嶽廟靈濟嘉應普惠永寧公，淳熙十六年封孚佑王。（以上《永樂大典》卷六七七三）

【宋會要】

8 西嶽别廟〔五〕。廟在汶川縣，廟内小將軍靈濟嘉應普惠永寧公，淳熙十六年二月加封孚佑王。（以上《永樂大典》卷一七一四〇）

【宋會要】

9 海神廟。仁宗康定二年十一月，詔封東海爲淵聖廣德王，南海洪聖廣利王，西海通聖廣潤王，北海冲聖廣澤王。（以上《永樂大典》卷一一〇四八）

【宋會要】

〔一〕天頭原批：「祭西嶽。」
〔二〕自「大中」至此句「按」字，原脱，據本書禮二一之一二補。
〔三〕池：原作「地」，據本書禮二一之一二改。
〔四〕原無此題，今擬添。
〔五〕天頭原批：「此紙與前複。」按，指禮二〇之一六〇「小將軍祠」條。

10 淮瀆廟。太祖改唐州上源桐柏廟爲淮瀆長源公，加守護者。仁宗康定元年，詔封淮瀆長源王。（以上《永樂大典》卷二四八八）

【宋會要】

11 廣惠靈濟侯廟。九隴縣大隋山白龍潭漢光武廟内龍祠廣惠侯[一]，紹熙四年六月加封廣惠靈濟侯。（以上《永樂大典》卷九二四九）

【宋會要】

12 英烈王廟。弋陽縣威濟善利孚應王，慶元二年六月加封威濟善利孚應英烈王。（以上《永樂大典》卷二二六七）

【宋會要】

13 惠民侯廟。廟在渭州。神宗熙寧八年七月，宰臣韓絳言：「頃奉使陝西，到渭州，祈雨于亂石湫神行廟，雨雷即降，功利及民，望賜褒崇。」詔封侯。

【宋會要】

利民侯廟。廟在定州。神宗熙寧九年二月，詔曲陽縣黄山八會寺華嚴集聖池特封侯。

【宋會要】

14 順惠侯廟。廟在江陵府。徽宗宣和五年八月封孚澤公。初封順惠侯，年月未見。

【宋會要】

15 利澤侯廟。廟在衢州府開化縣東南。神宗熙寧九年二月，詔大茂山總真洞龍池特封侯。

【宋會要】

16 昭靈侯廟。廟在蔡州（穎）〔潁〕上縣。神宗熙寧十年四月，詔（穎）〔潁〕上縣張公龍池特封侯。

【宋會要】[二]

18 靈貺順應侯廟。廟在建陽縣。靈貺侯，淳熙十六年五月加封靈貺順應侯[三]。（以上《永樂大典》卷一七一二七）

【宋會要】

17 顯祐、顯應真人廟。廟在豐都縣平都山景德觀。前漢王真人遠，嘉定七年十（年）〔月〕封顯佑真人；後漢陰真人長生，封顯應真人。

【宋會要】

五臺神龍廟。廟在大同府。徽宗宣和六年五月封五龍母顯慈順應神妃爲昭懿顯慈順應神妃，東臺龍神仁濟靈澤王爲元應仁濟靈澤王，西臺龍神義濟顯（濟）〔澤〕王爲利

[一]「隴」原作「龍」，「隋」原作「隨」，據《方輿勝覽》卷五四改。
[二] 按，下條在《大典》同一卷，原錯編於禮二一之一八，今移併於此。
[三] 此條之後原批添有「昭靈侯廟」一條，與上文重複，今刪。

應義濟顯澤王，南臺龍神昭濟惠澤王爲亨應昭濟惠澤王〔一〕，北臺龍神靈濟豐澤王〔二〕，中臺龍神崇濟順澤王爲通應崇濟順澤王。

通妙真人廟〔三〕。廟在成都府成都縣通真觀。張柏子真人，嘉定五年八月封。（以上《永樂大典》卷一七一六〇）

【宋會要】

19 洪聖廣利昭順威顯王廟。廟在廣南東路廣州南海龍王祠。其配明順夫人，徽宗宣和六年十一月封顯仁妃，長子封輔靈侯，次子封贊寧侯，女封惠佑夫人。其洪聖廣利昭順王自初封至加封年月並未見。高宗紹興七年九月，加封洪聖廣利昭順威顯王。

威德王廟。廟在廣南西路雷州海康縣雷神祠，神宗熙寧九年九月封。

【宋會要】

20 助順孚聖廣德威濟王廟。廟在兩浙路明州定海縣神助順廣德王祠。神宗元豐二年八月加號淵聖，徽宗大觀四年六月加今額。元豐元年十一月，奉使高麗國信使安燾言：「東海之神已號廣德王，而歲時祭享，獨無廟貌，乞立祠海瀕。」從之。三年五月，詔知制誥鄧潤甫撰記。崇寧二年，國信使劉逵奏乞本廟歲度道士一人奉香火〔四〕。大觀四年六月，國信使王襄言海中遭黑風，祈禱獲應，願增王號，以報靈德。詔加助順淵聖〔廣〕德王，仍令轉運判官監葺廟宇，及建風雨神祠。宣和五年八月，風神封寧順侯，雨師封寧濟侯。光堯皇帝建炎四年二月，加助順祐聖淵德顯靈王〔五〕。以車駕巡幸特加封。壽皇聖帝乾道五年十月，加封助順孚聖廣德威濟王。以太常少卿林栗等言：「李（實）〔寶〕乍海州立功，神靈助順，請加封號。」故有是命。其元封號內二字犯欽宗皇帝號，乃改「淵」爲「孚」。

徽美顯靈王廟。廟在陝西路延安府膚施縣嘉嶺山神祠。仁宗康定元年，劉平與石元孫皆戰没，而延、慶將陷。范雍禱嘉嶺山神，其夜天大雪，又城上若鬼神被甲之狀，賊遂驚而退。雍以其事聞，三月，詔曰：「崛彼靈峰，實惟守祀〔六〕，遘梯衝之内侮，興雨雪而外淩。闇冥之交，髣髴有覩，狂寇驚潰，堅壘妥安。捍民成功，蒙福斯厚。而名節未著，牢具不豐，非所以重依人、尊受職也。宜加封號威顯公。」神宗治平四年十二月封王。徽宗大觀二年加封英烈徽美王，政和八年九月改封徽美顯靈王。唐天成二年正月，刺史高萬金因祈雨有應立廟。趙元昊入寇，劉平戰没，圍城將陷，范雍禱于神。夜

〔一〕亨：原作「享」。按前二神封號用「元」、「利」字，當是用《易·乾》「元亨利貞」語，則此「享」字當作「亨」，乃形近而誤，徑改。

〔二〕據前後文例，此下當脱新加封號。按五神封號所加僅二字，其中「應」字爲通用，另一字則取「元亨利貞」，且以東南西北爲序，故此下可補「爲貞應靈濟豐澤王」八字。

〔三〕按，此條爲後來批添。

〔四〕逵：原作「達」，據《宋史》卷三五一《劉逵傳》改。

〔五〕助順：原倒，據前後文乙。

〔六〕惟：原作「推」，據《宋大詔令集》卷一三七改。

大雪，城上有巨人被甲之狀，虜驚引去。元豐五年，王師西討，盛冬無烈風大雪，米脂之戰，軍大克捷。

善利孚應王廟。威濟善利孚應王廟，在江南東路信州弋陽縣東嶽行宮内佐神康舍人威濟公祠。光堯皇帝建炎二年九月封威濟王。四年十二月加封「善利」二字，以王師收捕魔賊，陰助顯靈，從都統辛企宗請也。紹興二十六年正月，加封今號。

惠安明應王廟。廟在福建路福州閩縣烏石山。神，王審知封宣威感應王，神宗熙寧八年六月改今封。

【宋會要】

21 靈德善應王廟。廟在廣南東路南恩州陽江縣龍龜山神祠。僞漢封光聖廣德王，神宗元豐元年閏正月改今封。

顯應王廟。廟在福建路泉州。真宗天禧二年五月，泉州言：「當州有飛陽神廟。按圖經，廟在南安縣西一里。初置在晉江之南，太康五年，夜有雷電起于廟，遲明視之，其廟已移于江北之陽，故謂之飛陽廟。梁朝追封昭德王廟，乞賜封崇。」詔特封顯應王。

福應王廟。廟在秦鳳路鳳翔府郿縣太白山神魏崔浩祠。真宗大中祥符三年九月，詔遣使重修太白山神魏崔浩廟。仁宗至和二年七月，知府事李昭遘言，山下有湫，禱雨輒應，詔封濟民侯。嘉祐七年七月，封明應公，神宗熙寧八年六月加封王。

神應王廟。廟在兩浙路臨安府扁鵲祠。光堯皇帝紹興十七年，別建太醫局於臨安府，依在京舊制修建殿宇。十八年畢工，奉神像于殿，并奉善濟公即歧伯也。於東廡。元在東京崇化坊。

會應王廟。廟在河東路澤州端氏縣中嵬山五龍祠，徽宗大觀三年封。（以上《永樂大典》卷一七一〇二）

【宋會要】

22 靈懿廟。平樂縣誕山靈懿廟淑靜夫人，淳熙十六年正月加封淑靜善應夫人。一在臨桂縣。昭惠夫人，紹熙四年八月加封昭惠靈應夫人。嘉應妃，嘉定元年九月加封嘉應善利妃。

【宋會要】

普施廟。廟在處州。淵應昭惠侯，開禧三年八月加封淵應昭惠靈顯侯，左位白塔地主，賜「顯佑」廟額。

【宋會要】

廣施廟。廟在懷安縣。三神：汪孟卿，淳熙十年十一月封昭惠侯；汪仲卿，封昭佑侯；汪季卿，封昭貺侯。

【宋會要】

順正廟。廟在陝州平陸縣三門清澗渦北岸，祀汾陰幸其廟。大河南北岸有物如鐵石狀，河南者有物下徹，俗謂鐵牛，唐末因有王封，徽宗政和三年十月賜額。

【宋會要】

遺愛廟。廟在固始縣。遺愛侯，慶元五年三月加封遺愛安惠侯。（以上《永樂大典》卷一七一五七）

【宋會要】

23 皮場大王廟。徽宗建中靖國元年，封皮場土地廟神爲靈貺侯，其後累封明靈昭惠王。

【宋會要】

靈順昭應安濟惠澤王廟。廟在江南東路信州弋陽縣彭蠡順濟龍王別祠。光堯皇帝建炎四年十二月，詔依洪州神惠〔澤〕本廟王爵一體稱呼今號。

【宋會要】

昭惠靈顯王廟。廟在夔州路夔州雲安縣西灌口大王祠，舊封應感公，徽宗崇寧四年七月封。

【宋會要】

靈順昭應安濟王廟。廟在江南西路隆興府新建縣吳城山龍祠。真宗大中祥符六年封順濟侯，俗呼小龍。神宗熙寧九年七月，詔封順濟王。是年王師征交阯，舟行多見其現者，詔遣知太常禮院林希祭謝。希還言，祭夕有蛇墜廟祝肩，入石香合中。行禮之際，微露其首。祭畢，周旋案上，徐入帳中。形色屢變，觀者竦異。徽宗崇寧三年十月，封英靈順濟王。四年十一月，詔加靈順昭應安濟王。宣和二年三月，封爲靈順昭應安濟惠澤王。

【宋會要】

天王廟。天王廟在東京天漢橋北光化坊，載于祀典。

【宋會要】

峻靈王廟。廟在廣南西路昌化軍昌化縣靈山神祠，舊號鎮海廣德王，神宗元豐五年七月封。

【宋會要】

昭明太子廟。昭明廟，即蕭梁昭明太子也，諱統，爵封王，謚英濟昭烈廣利忠顯。治平中，邑民于池州請香火建祠于此，事載宣城文孝廟。

【宋會要】

忠烈明威廣祐王廟〔一〕。廟在廣南西路瓊州伏波將軍邳離侯路博德祠。徽宗宣和中封忠烈王，紹興五年九月加今封。（以上《永樂大典》卷一七一〇一）

【宋會要】

24 峻靈王廟〔二〕。廟在廣南西路昌化軍昌化縣靈山神祠。舊號鎮海廣德王，神宗元豐五年七月封。

英靈順濟王廟〔三〕。廟在淮南東路海州朐山縣東南石澾閘神祠，徽宗崇寧三年十二月封。

忠烈明威廣祐王廟。廟在廣南西路瓊州伏波將軍邳

〔一〕「明威廣祐」四字原無，據後文同條補，無此四字則下文「加今封」不可解。又按，此條與下第三條重複。
〔二〕按，此條亦與上第三條重複。
〔三〕以下二條均爲後來批添。

離侯路博德祠。徽宗宣和中封忠烈王，紹興五年九月加今封。（以上《永樂大典》卷一七一〇二）

【宋會要】

25 護國顯應公廟。廟在東京城北，即崔府君祠也。相傳唐滏陽令歿爲神，主幽冥事，廟在磁州。太宗淳化初，民有於此置廟。至道二年，晉國公主石氏祈禱有應，以其事聞，詔遣内侍修廟，賜名，并送衣物供具。真宗景德元年重修，春秋二祀。磁州廟，咸平元年重修，五年賜額曰「崔府君廟」。朝廷常遣官主廟事。仁宗景祐二年七月，封護國顯應公，仍令開封府、磁州遣官祭告，具上公禮服。一在西京慶州。神宗熙寧八年十二月，詔府君廟特加封號。

【宋會要】

明應英濟公廟。廟在鎮江府。壽皇聖帝乾道元年六月，加封明應英濟公。以父老等言其漲沙扞虜及風迅暴作，而脱民於厄，從守臣之請也。（以上《永樂大典》卷次原缺）

【宋會要】

26 永固廟。吳山城隍永固保順通惠顯佑侯，慶元四年四月封廣祐靈驗公，嘉泰元年正月加封廣祐靈驗福順公，是年三月加封廣祐靈（駿）〔驗〕福順泰寧。開禧元年七月進封顯正王，嘉定十七年四月加封顯正康濟王。

【宋會要】

威信廟。廟在永豐縣古城山。韓將軍靈惠顯應侯，淳熙十年八月加封靈惠顯應嘉貺侯。

【宋會要】

南山德懷廟。廟在閩清縣。英惠靈顯侯，淳熙十三年五月加封英惠靈〔顯〕善助侯，嘉定二年正月加封英惠靈〔顯〕善助嘉貺侯。

【宋會要】

濟美廟。廟在松溪縣。神嘉定元年封威勝侯，妻詹氏封贊惠夫人。七年三月封威勝忠利侯，妻加贊惠協正夫人。十四年十一月加封威勝忠利廣福侯，妻加封贊惠協正柔嘉夫人。

【宋會要】

威鎮廟。忠應侯，慶元三年六月加封忠應孚惠侯。

【宋會要】

顯震廟。慶元三年六月加封協應孚濟侯。

【宋會要】

昭格廟。顯應孚惠靈澤英濟王父垂休協濟侯，慶元四年正月加封垂休協濟衍澤侯，母贊福夫人加封贊福慈濟夫人，妻恭懿夫人加封恭懿翊惠夫人，長子靈佑侯加封靈祐濟美侯，次子〔靈惠侯加封〕靈惠孚慶侯，第三子封紹威侯，第四子封紹德侯。（以上《永樂大典》卷一七一六二）

【宋會要】

27二股河龍女廟。廟在東昌府高唐州恩縣〔一〕。神宗熙寧五年五月，詔賜額。

蒺藜山太陰廟。廟在文州。徽宗政和七年八月賜額。廟在水銀坑(治)〔冶〕，以利州轉運司言：「父老相傳，太陰常出見其下，採之遂得寶貨。」故有是命。

后土廟。廟在成都府。仁宗慶曆五年七月詔：「訪聞益州城北門外舊有后土廟，載于祀典，修建年深，彼方之民崇奉精至。近聞本州毀拆瓦木，添修州學，宜令以官(財)〔材〕依舊修蓋。」（以上《永樂大典》卷一七一三九）

【宋會要】

28威惠廟。廟在漳州府漳浦縣，一在雞江縣。靈感侯，慶元三年六月加封靈感昭應侯。

梁山永惠廟。廟在常德府武陵縣梁山。威貺公，淳熙十年九月封威貺顯佑公，十四年六月加封威貺顯佑昭濟公。（以上《永樂大典》卷一七一四九）

德濟廟。廟在無爲軍巢縣焦湖。孚顯靈〔應〕助順妃，淳熙十一年三月加封孚顯靈應助順昭惠妃。

仁濟廟。廟在安吉縣。輔世靈祐忠烈王，嘉定四年八月加封輔世靈佑忠烈(廟)廣惠王，妻封協惠夫人，子封紹威侯，季子封紹休侯。一在德陽縣。敷澤侯，慶元元年三月加封敷澤廣靈侯。一在南昌縣。神慶元二年十月，第一位封昭應侯，第二位封靈侯〔二〕。

義濟廟。廟在合江縣。神慶元三年六月封靈貺侯。

清濟廟。廟在綿谷縣朝天程龍程〔三〕。神嘉定二年四月封惠濟侯。

福濟廟。嘉定十四年七月加封孚佑昭應王。一在安岳縣鐵29山，隋將姚景徹祠。安惠顯佑王，淳熙十六年五月加封安惠顯佑順助。

善濟廟。廟在温州府。海神順應靈佑王，嘉泰二年五月加封順應靈佑廣惠王。

威濟廟。廟在漳浦縣。廟神陳大忠，淳熙十一年正月封靈佑侯；陳大節，封顯佑侯；陳大智，封善佑侯；陳大勇，封昭佑侯。

靈濟廟。洞庭西山龍王，淳熙十年九月賜額，十四年十二月封孚應侯。一在臨海縣蒼山龍潭，淳熙八年十一月賜額。一在江夏縣八公山飛錫泉。龍神，淳熙十四年八月封嘉澤侯。一在光化縣龍限灘，五龍神，壽皇聖帝乾道二年八月賜額。一在建安縣登仙里，神顯應侯嘉定

〔一〕東昌府高唐州恩縣：按，此爲明代區劃，宋爲河北東路恩州，治清河縣，在今河北清河縣西。

〔二〕靈侯：似當作「昭靈侯」。

〔三〕龍程：疑當作「龍洞」。按朝天程即今四川廣元北朝天驛。《輿地紀勝》卷一八四載，自朝天程入谷十五里有龍門三洞，其水下合嘉陵江。疑此廟即龍洞神之廟也。

七年十月加封顯應孚祐侯。　一在龍巖縣龍門潭，神嘉定元年七月賜額。　一在岳池縣。昭應孚惠利澤侯，開禧二年三月加封忠靖昭應孚惠利澤侯。　一在成化縣古龍潭，神興澤侯，淳熙十年閏十一月加封興澤通利侯。　一在夔州府奉節縣瞿唐關，白帝神，嘉定三年十月賜額。　一在中江縣，靈顯王，嘉定十三年六月加封顯靈孚祐王。　一在彭山縣石筒堰，龍女祠，嘉定元年八月賜額。　一在瀏陽縣道吾山。龍神，開禧二年九月封敷澤侯，嘉定元年 **30** 十二月加封敷澤昭應侯，十年十月加封敷澤昭應靈顯侯。

慈濟廟。廟在同安縣。忠顯侯，嘉定元年五月加封忠顯英惠侯。　一在火井縣。惠澤夫人，嘉定十三年五月加封惠澤靈應夫人。

孚濟廟。廟在同安縣。護驥神，嘉定三年閏二月賜額。

協濟廟。廟在嚴州府城内大市。濟衆井祠，淳熙十二年二月賜額。　一在麗水縣。護堰龍神，徽宗政和四年八月賜額。

顯濟廟。嘉興府海鹽縣廣惠淵靈威佑侯，嘉定二年七月加封廣惠淵靈威祐孚澤侯，母慶善薦福夫人加封慶善薦福慈惠夫人，妻封順懿夫人，第一子封嗣靈侯，第二子封慈惠侯，第三子封嗣澤侯，第四子封嗣烈侯。　廟在新建縣。神慶元三年六月封孚惠侯。　一在長樂縣。廣威通濟王廟，開禧二年五月賜額。　一在江油縣牛心山。忠澤公，嘉定元年七月加封忠澤善應公，妻淑靖夫人加封淑靖柔惠夫人，長子英信封襲休侯，次子英該封襲慶侯，第三子英謂封襲德侯。至嘉定十三年七月，累封忠澤善應廣惠孚佑公，妻累封淑靖柔惠助順協應 **31** 夫人，長子加封襲休忠顯侯，次子加封襲慶昭顯侯，第三子加封襲德通顯侯，佐神加封顯佑普濟侯。

崇濟廟。廟在弋陽縣。神嘉惠武濟昭應侯，淳熙十三年五月加封（嘉封加）嘉惠武濟昭應靈濟侯。

平濟侯廟。廟在浙江。龍神，慶元四年四月封助順侯，六年十二月加封助順靈貺侯，嘉泰元年二月加封助順靈貺昭佑侯。在錢塘縣界。

寧濟廟。廟在建陽縣。靖正昭應靈潤侯，開禧二年十二月加封靖正昭應靈潤善利侯。嘉定十四年十二月進封昭應公，父封廣利侯，母封慈惠（封）〔夫〕人，妻封助順夫人，嘉惠侯加封嘉惠顯應侯，嘉澤侯加封嘉澤昭佑侯，嘉貺侯加封嘉貺普惠侯。　一在惠安縣。昭佑靈（貺）安通貺侯，嘉定十四年二月加封昭佑靈安通貺福應侯，妻敷福休德夫人加封敷福休德順利夫人。

康濟廟。廟在綿州彰明縣。惠澤侯，慶元三年十二月加封惠澤昭應侯，嘉定十四年五月加封惠澤昭應孚佑侯。

順濟廟。靈佑公第二子馮松年封助寧侯，舊係鹽官縣廣福廟，**32** 賜今額。　浙江善利侯，紹熙四年二月加封善利忠〔□侯〕。　一在興化府莆田縣白湖。靈惠昭應崇福善利夫人，紹興四年十二月封靈惠妃。寧海鎮神女靈惠昭應崇福夫人，淳熙十二年二月加封靈惠昭應崇福善利夫人。靈惠助順妃，嘉定元年八月加封靈惠助順顯惠衛妃〔一〕。一在難江縣。西遊龍神，淳熙十年閏十一月賜額。（以上《永樂大典》卷一七一五〇）

【宋會要】

33 黎山澤民廟。澤民廟，〔在〕建安縣。靈祐王，慶元六年六月加封靈佑善應〔王〕。至開禧三年九月，累封靈佑善應廣濟昭惠王。（以上《永樂大典》卷次原缺）

【宋會要】

34 嘉應廟。廟在莆田縣。昭順永利侯，嘉定二年十一月加封昭順永利顯靈侯，妻順助夫人加封順助協惠夫人。一在黃陂縣。恭順護國將軍，嘉定三年四月封佑順侯。

冲應廟。廟在仙遊縣，即蕭氏廟，淳熙十四年五月賜今額。

顯應廟。廟在臨安縣牢山巖，白龍神祠，淳熙十六年五月賜額。一在建昌軍新城縣，黎僕射祠，淳熙十六年五月賜額。一在黃梅縣。昭德惠蔭侯，嘉定二年七月加封昭德惠蔭善濟侯。一在興化軍。英濟公，嘉定二年五月加封英濟廣利公，妻靈佑孚惠順正善利夫人進封靖明妃。一在莆田縣。興福社神助順威惠昭德侯，妻靈佑敷惠夫人，淳熙十四年七月加封助順威惠昭德孚應侯，妻加封靈佑敷惠順正夫人。一在灌陽縣。黃龍廟，開禧元年七月改賜今額。一在福州長樂縣。石柱神淵肅侯，淳熙十一年三月加封淵肅孚濟侯，嘉定十七年四月加封淵肅孚濟廣祐侯。一在漳州府龍溪縣黃林保，神趙堂，嘉定三年六月賜額，十年九月封英濟侯。

敏應廟。廟在錢塘縣大雄山。白龍神，嘉定八年五月賜額，仍封顯靈孚濟侯，十年二月加封顯靈孚濟惠澤侯，是月特進封顯靈惠濟公，十五年加封顯靈惠濟廣應公。

順應廟。廟在奉新縣。太史都尉〔二〕，孝宗乾道二年十月封靈惠侯，淳熙二年十一月加封昭應靈惠侯。一在丹稜縣東館鎮。神忠應顯靈昭佑公，嘉定八年九月加封忠應顯靈昭佑廣濟公，妻協濟夫人郭氏加封協濟淑德夫人，協惠夫人石氏加封協惠嘉德夫人。十三年十二月，進封忠祐王，妻郭氏加封協濟淑德嘉懿夫人，石氏加封協惠嘉德靖應夫人。一在四川叙州府慶符縣南廣鎮。馬將軍祠，淳熙十六年五月賜額，嘉定八年三月加封英濟廣惠侯。

孚應廟。惠濟靈助侯，開禧三年六月加封昭應惠濟靈助侯，妻協順夫人加封昭助協順夫人。一在泰寧縣。靈

〔一〕「衛」字疑衍。

〔二〕太：原作「大」。按雍正《江西通志》卷一〇八：「順應廟，在奉新縣南，祀吳太史慈。」是「大」當作「太」。據《三國志·吳書·太史慈傳》，慈曾爲建昌都尉，故稱「太史都尉」。

佑廣惠英顯王，嘉定元年七月加封靈祐廣惠英顯助順王，妃嘉静夫人加封嘉静協應夫人。　靈應廣順威顯王加封靈應廣順威顯助信王，妃衍慶夫人加封衍慶協濟夫人。　一在眉州 35 青神縣長泉鎮。　神慶元元年三月封嘉惠侯，累封嘉惠靈應昭烈顯佑侯。　嘉定七年九月進封崇福公，十三年六月加封崇福顯濟公。　一在青神縣長水鎮。　洪毅將軍祠，淳熙十六年三月賜額。

南雷孚(廟)應廟。　孚應廟在餘姚縣。　南雷應瑞王廟，嘉定十五年十二月賜額。

昭應廟。　廟在於潛縣天目山龍池。　神靈濟昭應王，淳熙十二年正月加封靈濟昭應孚惠王，嘉泰元年五月加封靈濟昭應孚惠廣祐王。　一在麗水縣，桑相公祠，淳熙十一年四月賜額。　一在新建縣。　神嘉定二年十一月封靈助侯。　一在光澤縣，淳熙十一年二月封義寧侯。　一在古田縣，何夫人祠，嘉定二年十月賜額。　一在同安縣，龍窟祠，淳熙十年十二月第一位封善澤侯，第二位封善濟侯，第三位封善利侯，第四位封善貺侯，第五位封善惠侯，第六位封善佑侯。　一在臨川縣。　神淳熙十五年十一月封孚惠侯。

靈應廟。　廟在紹興府。　攢宮土地，慶元元年二月封昭佑侯，至嘉定元年閏四月，累封昭佑嘉應福順英顯侯。　永祐陵攢宮北土地神祠，淳熙十五年四月賜額。　一在處州。　忠嘉威烈惠濟廣靈王父，嘉定四年八月封協應侯，(每)〔母〕封協惠夫人，妻封靖顯夫人，繼室封昭順夫人，子封順助侯。　一在歸安縣。　東林土地昭惠侯，嘉定四年七月加封昭惠仁濟侯，昭順侯加封昭順仁溥侯，昭利侯加封昭利仁澤侯。　一在興化軍。　廟神開禧三年三月封顯惠侯。　一在將樂縣。　莊惠靖應永濟廣澤侯，嘉定四年正月進封靈佑公，十四年八月加封靈佑顯應公。　一在建陽縣。　靈安惠澤侯，開禧二年三月加封靈安惠澤助順侯。　一在莆田縣。　祐民顯濟孚澤侯，淳熙十六年五月加封祐民顯濟孚澤廣惠侯，妻協(助)〔惠〕夫人加封協惠柔應夫人。　一在保寧府巴州。　一在化成縣。　龍神，淳熙十年閏十一月封敷澤侯。　一在峨眉縣聖婆山大天池。　龍神，嘉定二年十一月封嘉澤侯。　一在蒲江縣。　善應侯，開禧二年四月加封昭貺善應侯，累封靈顯公，嘉定十三年八月加封孚祐靈顯公，妻封慈順夫人。　劍州梓潼縣七曲山晉張惡子祠，英顯武烈忠佑廣濟王子嗣慶永寧侯，淳熙元年六月加封靈顯嗣慶永寧侯，次子奕載順應侯加封靈貺奕載順應侯，佐神義勇昭應侯加封翊順義勇昭應侯。　二年十二月，英顯武烈 36 忠佑廣濟王父義濟善惠侯加封顯佑義濟善惠侯，英顯武烈忠佑廣濟王妻英惠夫人加封助順英惠夫人。　十年九月，廣濟王父加封顯佑義濟善惠順應侯，母柔應贊佑夫人加封柔應贊佑助順夫人，子加封靈顯嗣慶永寧昭貺侯，次子加封靈顯奕載順應孚應侯，佐神加封翊順義勇昭應佑濟侯。　英顯武烈忠佑廣濟王父顯佑義濟善惠順應侯，十五年正月加封貽慶公，母柔應贊佑助順夫人封柔應贊佑助順静正夫人，妻助順英惠夫人封助順英惠柔正夫人，子靈顯嗣慶永寧昭貺侯封濟美公，妻特封善助夫人，次子靈貺奕載順應孚惠侯封承裕公，妻封順助夫人。　又英顯武烈忠佑廣濟王父貽慶孚惠順濟公，嘉定元年四月加封貽慶孚惠順濟嘉應公，子濟美廣澤公加封濟美廣澤翊順公，次子承裕顯祐公加封承裕顯佑正應公，佐神靈佑廟威烈翼順公加封威烈翼順孚應公，子佐信孚惠昭貺侯加封佐信孚惠昭貺廣佑侯，次子佑濟通感廣福侯加封佑濟通感廣福昭應侯。　六年八月，英顯武烈忠佑廣濟王改封英顯武烈文昭忠濟王。　一在梓潼縣鳳凰山，神今封忠文仁武孝德聖烈王。

惠應廟。　廟在寧海縣。　白龍潭神祠，淳熙十二年四月賜額，十六年五月封孚澤侯。　一在仙遊縣。　永利昭順顯靈侯，嘉定十四年四月加封永利昭順顯靈嘉貺侯，妻順助協惠夫人加封順助協惠淑正夫人。　一在蓬州蓬池縣頂山。　靈惠侯，嘉定四年五月加封靈惠敷濟侯。　一在四川彭縣。　廟神慶元三年六月封普濟侯。　一在新津縣修覺山。　威濟侯，淳熙十二年正月加封威濟昭順侯。　静濟永應侯，淳熙十年十一月加封静濟永應昭德侯。　一在邵武縣，唐太守歐陽祐祠〔一〕。　明應威信廣佑福善王父啓慶侯，淳熙十五年九月加封啓慶衍澤侯，母啓佑夫人封啓佑迪順夫人。　長子嗣慶侯封嗣慶崇濟侯，妻嗣佑夫人封嗣佑隆順夫人；　次子紹應侯封紹應顯濟侯，妻廣順夫人封廣順靈懿夫人。

明應廟。　廟在昌化縣永豐鄉龍井。　龍神，嘉定九年九月賜額。

通應廟。　廟在興化府東厢烏石。　恭正廟神，淳熙十六年五月賜額。

誠應廟。　廟在惠安縣。　靈惠廣濟通澤侯，嘉定十四年二月加封靈惠廣濟通澤永 37 康侯，妻昭順協應夫人加封昭順協應寧德夫人，幹神羊譽封感應將軍。

感應廟。　廟在永春縣桃源。　感應大王，紹興八年十月賜額，二十六年八月封威應侯。

護應廟。　廟在慶元縣，馬夫人廟，嘉定五年三月賜額。

會應廟。　廟在東京城東春明坊。　五龍祠，太祖建隆三年自〔元〕〔玄〕武門徙于此。　國朝緣唐祭五龍之制，春秋常行其祀，用中祀禮。　真宗大中祥符元年四月，詔修飾神帳。　哲宗元祐四年七月，賜額。　先是熙寧十年八月，信州有五龍廟，禱雨有應，賜額曰「會應」，自是五龍廟皆以此名額云。　徽宗大觀二年十月，詔天下五龍神皆封王爵，青龍神封廣仁王，赤龍神封嘉澤王，黄龍神封孚應王，白龍神封義濟王，黑龍神封靈澤王。

神應廟。　廟在建安縣東廟〔二〕〔之〕東，紹興二年七月

〔一〕歐陽祐：原作「歐佑」，據元劉壎《隱居通議》卷三〇、雍正《福建通志》卷三〇改。《宋史全文》卷一四作「歐陽祐民」，「民」字疑衍。

賜額。一在莆田縣。神顯應侯，嘉定十二年閏三月加封顯應宣惠侯。

善應廟。廟在漳浦縣。炎津廟，淳熙十一年三月賜額。一在汶川縣。滋茂池龍神，淳熙十三年五月封興澤侯。滋茂龍池興澤侯，慶元六年十一月加封興澤孚濟侯，開禧二年七月加封興澤孚濟永利侯，嘉定四年十二月加封興澤孚濟永利顯祐侯。

潛應廟。廟在青田縣。黄澳源龍祠，淳熙十六年五月賜額。

嚴應廟。廟在永康縣。威濟侯，嘉定十三年十二月加封威濟廣祐侯。

慈應廟。廟在林桂縣〔一〕。静嘉顯佑昭德協濟夫人，嘉定十三年八月進封嘉應妃。（以上《永樂大典》卷一七一五五）

【宋會要】

38 壯武廟。廟在監利縣懷義鄉。

善利廟。廟在贛縣狗脚灘。順濟嘉應侯行宫廟，紹興二年閏四月賜額。

普利廟。廟在四川夔州府奉節縣。龍洞神潛應侯，淳熙十二年五月加封潛應孚惠侯。

恭利廟。廟在建安縣北苑里。美應效靈潤物廣佑侯，慶元三年六月（建）〔加〕封世濟公，妻協濟夫人加封協濟昭惠夫人。至嘉定八年八月，累封世濟惠應廣佑公，妻累封協濟昭惠順應靖德夫人。

廣利廟。廟在同安縣。神静應威顯昭護侯、贊祐敷惠夫人，淳熙十一年二月加封静應威顯昭護永利侯、贊祐敷惠慈順夫人。嘉定四年十月，進封靈佑公，妻贊祐敷惠慈順夫人加封贊祐敷惠慈順協濟夫人。

昭利廟。廟在龍泉縣，蔣揮祠，淳熙十一年三月賜額。

顯利廟。廟在臨邛縣。龍神，慶元三年六月封敷澤侯。

惠澤廟。廟在興化縣。神慶元元年三月封順濟侯。一在臨賀縣。浸仁侯，嘉定四年八月加封浸仁垂休侯。一在綿竹縣胡鼻山，龍神祠，淳熙十六年五月賜額。

顯澤廟。廟在合州石照縣扶山鎮斜崖山。靈潤侯，淳熙十六年五月加封靈潤孚濟侯。

靈澤廟。廟在臨安縣徑山能仁禪院。龍井神顯應孚佑昭濟王，淳熙十五年六月加封顯應孚佑昭濟廣澤王。先是六月八日，上謂輔臣曰：「徑山龍祠禱雨應驗，可加封二字。」至是進呈徑山靈澤廟顯應孚佑昭濟王加封「廣澤」，上曰：「可謂廣澤。」一在寧鄉縣。龍神，開禧三年十月封昭應侯。一在靈川縣海陽巖廟，淳熙元年八月賜額，十一年二月封惠濟侯。神母龍母廟 39 賜「靈潤」爲額。一在景陵縣。廣澤神孚應顯濟廣惠公，淳（化）熙元年八月加

〔一〕林桂：歷代無此縣名，疑爲「臨桂」之誤。

封善利孚應顯濟廣惠公，十年九月封孚惠王。

利澤廟。廟在福州懷安縣甌冶池龍洞，乾道三年閏七月賜額。一在陽安縣玉女山希夷觀玉華池祠，淳熙十一年三月封昭濟侯。

孚澤廟。廟在巴川縣。龍神祠，淳熙十一年八月賜額。

豐澤廟。〔在〕蓬溪縣。英濟昭顯王，慶元四年八月加封英濟昭顯順應王，妻静惠夫人加封静惠敷福夫人，父慶善侯加封慶善孚濟侯，母福昌夫人加封福昌濟順夫人，長子衍慶侯加封衍慶施普侯，妻廣祐夫人加封廣祐贊福夫人；次子承慶侯加封承慶信助侯，妻廣順夫人加封廣順助惠夫人。龍潭神靈貺廣澤惠應永利公，淳熙十年九月封英濟王。

霈澤廟。廟在四川叙州府宜賓縣蘇波溪。龍神靈應侯，嘉定八年三月加封靈應普濟侯。

普澤廟。廟在壁山縣。威濟顯佑侯，紹熙四年二月加封威濟顯佑忠應侯，又封英顯公。開禧元年七月，加封英顯〔廣〕利公。嘉定元年四月，加封英顯廣利協濟公，妻封順惠夫人，長子大郎君封翊順侯，次子六郎君封靈助侯。十三年三月，英顯廣利協濟孚應公進封顯應王。

忠惠廟。廟在松溪縣，朱侍中祠，嘉定三年五月賜額。

顯惠廟。廟在射〔紅〕〔洪〕縣。佑德助順靈濟昭烈王妻靈應柔惠夫人，慶元元年三月加封靈應柔惠協濟夫人，父孚佑順應顯靈王加封孚佑順應顯靈積善王，母顯懿協順夫人加封顯懿協順啓佑夫人。長子忠惠嘉澤王加封忠惠嘉澤濟美王，妻衍惠淑德夫人加封衍惠淑德順濟夫人；次子忠應廣惠王加封忠應廣惠成德王，妻協惠嘉靖夫人加封協惠嘉靖順利夫人；第三子永利嘉佑侯加封永利嘉佑廣澤侯，妻昭惠順正夫人加封昭惠順正柔利夫人。佐神順贊昭應豐澤侯加封順贊昭應豐澤廣靈侯，妻順惠顯助夫人加封順惠顯助嘉應夫人。嘉定元年七月，靈應柔惠協濟夫人 40 加封靈應柔惠協濟翊正夫人，母顯懿協順啓佑夫人加封顯懿協順啓佑垂裕夫人。長子加封忠勇嘉澤濟美繼德王，妻加封衍惠淑德順濟嗣徽夫人；次子加封忠應廣惠成德繼昌王，妻加封協惠嘉靖順利嗣淑夫人；第三子累封靈顯繼善公，妻加封昭惠順正柔利嗣慶夫人。佐神順贊昭應豐澤廣靈侯進封協忠公。至嘉定十五年七月，第三子加封靈顯繼善宣烈威濟公，佐神加封協忠孚衛公，妻加封順惠顯助嘉應衍福夫人。一在宜黄縣吴坊龍須王廟，嘉定六年正月賜額。（以上《永樂大典》卷一七一四七）

昭惠廟。廟在宿松縣。威濟福應侯，淳熙十年九月加封威濟福應永寧侯，妻顯佑夫人加封顯佑淑惠夫人，男嗣應侯加封嗣應嘉貺侯，女順佑夫人加封順佑協濟夫人。一在龍泉縣。蔣超祠，淳熙十一年三月賜額。一在侯官縣福頂。神靈應威顯普濟侯，淳熙十三年三月加封靈應威顯普濟永寧侯，慶元三年正月封廣澤公。　一在莆田縣。（順）〔昭〕應夫人，開禧三年四月加封靈順昭應夫人，嘉定十四年加封靈順昭應嘉福夫人。　一在興化縣，紹熙四年四月封順應夫人。　一在縣西門外，吳氏神祠，淳熙元年三月賜額。

廣惠廟。　廟在江夏縣，順濟龍祠，淳熙十五年九月賜額。

靈惠廟。　廟在新城縣玉山鄉，龍神，嘉定九年九月賜額。　一在黃州府黃岡縣。孚濟侯，慶元三年五月加封孚濟昭應侯。　一在荻蘆寨，王公神祠，淳熙十三年五月賜額。　一在永福縣。社廟神，嘉（祐）〔定〕元年十二月賜額，十三年二月封佑順侯。　一在四川成都府簡〔陽〕縣，五龍神祠，紹熙四年四月賜額。　一在化城縣。龍潭女神，嘉定五年五月封順應夫人。

仁惠廟。臨安府五大龍神，嘉定四年十一月賜額。

孚惠廟。　廟在淳安縣，何文祠，淳熙十三年五月賜額。一在德清縣。　新塘土地神，淳熙元年二月封昭應侯。一在貴溪縣。　威惠善濟廣祐忠烈王父，慶元二年十一月封靈貺侯，母封昭順夫人，妻封靖懿翊惠順利夫人，兄封協信侯，子封忠信侯。

41 英惠廟。　廟在莆田縣。　善應侯，慶元二年六月加封善應孚濟侯，妻封協惠夫人。

嘉澤廟。　廟在渠州。　昭應霈澤公，嘉定五年八月加封昭應霈澤永祐公。（以上《永樂大典》卷一七一四八）

42 嘉澤廟錢鏐碑[一]。　蓋聞四靈表瑞，則龍神功濟於生民；百穀熟成，則水旱事關於陰騭。而況浙陽重鎮，是古吳都，襟帶溪湖，接連江海，賦輿甚廣，田畝至多，須資灌溉之功，用泰耕桑之業。錢塘湖者，西臨靈隱，東枕府城，澄千頃之波瀾，承諸山之源派。梁大同中，湖廟嘗置[二]；唐咸通年，刺史崔彥曾重修。鑿石爲門，蒸沙起岸。自予翊扶聖運，移建節旄，舊日湖隄盡改爲城宇，澄滓有同於鏡水，濟時每及於生靈。一郭軍民，盡承甘潤，逐年開割，淼漢泓汪，長居一丈之深淫，不竭亢陽之失度。其中菰蓮鬱茂，水族孳繁，蒸黎寔賴以畋魚，河道常資於灌注。壯金城之一面，不異湯池；潤綠野之萬家，常如甘澤。固有神龍居止，水府司存，降景祐於生靈，興旱涸之風雨。原其自編祀典，積有歲年，雖陳奠酹之規，未施展敬之所。況錢塘湖龍君與洞庭龍君、青草龍君，雁行之序，各通天波，風雲歲歲之去來，陰騭長施於萬派，古之典籍，曾靡記焉。日月滋深，元無祠廟，蓋爲古來藩侯牧守不能建立殿堂。予統吳越山河，綰天下兵柄，前後累申祈禱，皆致感通，既荷陰功，合崇祠宇。昨乃特於湖際選定基坰，創興土木之功，建立

[一] 按，此碑非《宋會要》之文。
[二] 湖廟：原作「胡子」，據《咸淳臨安志》卷七一改。

欒櫨之制。至於殿庭廊廡，門檻階墀，悉親起規模，指揮擘劃，俱臻壯麗，以稱精嚴。然後慎選良工，塑裝神像。威容赫奕，冠劍森森，陳將僚侍衛之儀，列鐘鼓豆籩之位。以至車轝僕馬，帳幄盤筵〔一〕，祭器爨厨，無不臻備，馨香薦獻，不闕四時。況鏡水清流，煙波浩渺，其湖周百餘里，源派數千餘川，濟物於人，功能及衆，亦無龍君之廟貌。予遂與錢塘龍君一時建立殿堂，同表奏聞，乞加懿號，果蒙天澤，並降徽章。其所奉勑旨〔二〕，具録如後：「勑：錢塘重地，會稽名邦，垂古今不朽之基，繫生聚無疆之福。有茲舊蹟，特創新規，豈曰神謀，實因心匠。蓋水土受天之職，庇民之功，歲時罔闕於牲牢，祈禱必覿於肹蠁。得一方之義化，致兩境之安康。錢鏐普扇仁風，久施異政，至誠所切，遂致感通。其錢塘湖龍王廟，宜賜號廣潤龍王；鏡湖龍王廟，宜賜號贊雨龍王。牒至准勑旨。」若夫人唯神贊，神實人依，信冥陽共理之言，乃幽顯相須之義。今者式嚴廟貌，永受烝嘗，四時之殷薦不虧，萬姓之禱祠無闕。神其受大朝之寵號，千古之光輝，嘗鎮吳邦，預銷災沴。必使原田肥沃，克昌「廣潤」之名；穀稼豐登，更表土龍之德。今則嚴禋已立，邃宇咸周，聊記歲年，刻於琬琰。後來觀者，其鑒之哉！時貞明二年歲丙子〔三〕，正月丙辰朔，十五日庚午建立。天下兵馬都元帥、淮南鎮海鎮東等軍節度使、尚父、守尚書令、吳越王錢鏐。（以上《永樂大典》卷一七一四七）

【宋會要】

43 義靈廟〔四〕。嘉定十七年，王守梃命司户惠孔時重修。

【宋會要】

永靈廟。廟在德清縣新市鎮。慶元二年八月加封顯佑通應侯，妻封協惠夫人。

【宋會要】

顯靈廟。廟在靖州渠陽縣飛山。威遠侯，淳熙十五年五月加封威遠英濟侯。一在蒲江縣鶴鳴山。神威貺侯，嘉定四年十二月加封威貺善利侯。一在大邑縣。顯靈廟神，淳熙十一年三月封威貺侯。

【宋會要】

焕靈廟。廟在常熟縣。白龍宣惠通濟侯，淳熙九年十月加封靈澤宣惠通濟侯，龍母慈懿夫人加封靈順慈懿夫人。十二年五月，加封靈澤宣惠通濟孚應侯，神母加封靈順慈懿顯佑夫人。

【宋會要】

昭靈廟。廟在莆田縣。威濟侯，慶元元年三月加封廣

〔一〕筵：原作「延」，據《咸淳臨安志》卷七一改。
〔二〕奉：原作「奏」，據《咸淳臨安志》卷七一改。
〔三〕貞明：原作「正明」，乃宋人避仁宗趙禎諱改字，今回改。貞明爲後梁末帝年號，時錢氏尚奉其正朔。
〔四〕按，此廟在台州，見《赤城志》卷三一。

應威濟侯，妻曹氏封佑應夫人。

【宋會要】

剛顯廟。廟在（候）〔侯〕官縣。神惠節侯，嘉定十四年五月加封惠節孚應侯。

【宋會要】

英顯廟。廟在甌寧縣新堂。神嘉定元年五月賜額，六年三月封靈惠侯。妻通氏，封寧順夫人。　一在莆田縣，嘉定三年三月封嘉惠侯。　一在射洪縣。佑德助順靈濟昭烈王父孚佑王，淳熙十年十月加封孚佑順靈王，佑德助順靈濟昭烈王長子永寧廣佑忠順普惠公封忠惠王，次子永康廣惠忠顯普應公封忠應王，佐神贊順侯加封贊順昭應侯。父孚佑順應王，淳熙十五年八月加封孚佑順應顯靈王，母顯懿夫人加封顯懿協順夫人。長子忠惠王加封忠惠嘉澤王，妻衍惠夫人加封衍惠淑德夫人；次子忠應王加封忠應和惠王，妻協惠夫人加封協惠嘉靖夫人；第三子永利侯加封永利嘉佑侯，妻昭惠夫人加封昭惠順正夫人。佐神贊順昭應侯加封贊順昭應豐澤侯〔一〕，妻順惠夫人加封順惠顯助夫人。

【宋會要】

惠顯廟。康祐廟神子善應侯，淳熙十三年五月加封善應順昭侯。　又依政縣曲山神祠，淳熙十一年二月賜額，嘉定二年三月封廣利侯。至十三年八月，44 累封廣利顯靈孚佑侯。

【宋會要】

忠顯廟。廟在建陽縣洪山。廟神，嘉定元年七月賜額，十三年四月封嘉應侯。　一在峨眉縣，廟即三將軍祠，嘉定二年九月賜額。　一在黄州。知州趙令茂，壽皇聖帝隆興元年七月立廟賜額。以令茂建炎中虜人攻城被執，厲聲罵賊，不受僞命及不拜，虜以鐵鞭擊之，罵不絶，遂被害。至是，父老有請故也。

【宋會要】

威顯廟。廟在永福縣。靈貺侯，淳熙十年十月加封靈貺英惠侯。嘉定二年八月加封靈貺英惠昭護侯。

【宋會要】

靈顯廟。廟在麗水縣。廣佑順澤王，開禧三年八月加封廣佑順澤昭應王。　一在新建縣西。上罕將軍，嘉定元年五月賜額。　一在興化縣，玖鯉龍祠〔二〕，淳熙十六年十月賜額。又興化縣靈顯廟神，嘉定四年三月封利澤侯。一在永州零陵縣，封應惠順成昭烈侯，淳熙十年九月加封應惠順成昭烈廣利侯，十四年正月加封孚佑公。

【宋會要】

功顯廟。廟在忠州臨江縣。靈惠侯，淳熙十六年五月

〔一〕兩「贊順」，原倒，據上文乙。

〔二〕玖鯉：指仙游縣東北九鯉湖，《元豐九域志》卷九、《明一統志》卷七七、雍正《福建通志》卷六二等均作「九」字，此似亦當作「九」。

加封靈惠孚應侯。

【宋會要】

祚德廟。廟在臨安府。强濟公，慶元三年四月加封忠翼强濟公，英畧公加封忠果英畧公，啓佑公加封忠烈啓佑公。六年四月，加封忠翼强濟孚佑公、忠果英畧孚應公、忠烈啓佑翊順公。開禧元年九月，加封忠翼强濟孚佑廣利公、忠果英畧孚應博濟公、忠烈啓佑翊順昭利公。（以上《永樂大典》卷一七一五三）

【宋會要】

45 昭濟廟。廟在閬州新井縣二龍里。可明神，孝宗乾道元年正月賜額。

【宋會要】

永濟廟。廟在儀（龍）〔隴〕縣。順助侯，開禧二年八月加封順助靈濟侯。至嘉定十年十一月，累封順助靈濟嘉應威武侯。

【宋會要】

世濟廟。廟在什邡縣楊村鎮洛口山。秦蜀郡守李冰長子昭應顯靈〔公〕，淳熙二年七月加封昭應（靈顯公）〔顯靈〕宣惠公。十年九月，加封昭應顯靈宣惠廣佑公。十六年五月，封昭顯王、昭靈廣惠王。嘉泰二年八月，加封昭靈廣惠孚佑王。

【宋會要】

真濟廟。廟在蒲江縣長秋山。昭應侯，淳熙十一年二月加封昭應永利侯。

【宋會要】

廣福廟。廟在鹽官縣海中。龍神，嘉定十七年四月封靜應侯。一在青神縣。靈惠侯，淳熙十六年五月加封靈惠善應侯。又昭應公，嘉定十四年十月加封昭應靈濟公。

【宋會要】

顯福廟。廟在眉山縣曲池院，三山神祠，嘉定十一年二月賜額。

【宋會要】

旌福廟。廟在建寧縣。武平威顯廣利昭德侯，開禧二年五月進封忠勇公，妻封慈惠夫人；武泰靈顯廣濟昭烈侯，進封忠順公，妻封慈濟夫人；武順應顯廣休昭義侯，進封忠顯公，妻封慈應夫人；武信勇顯廣應昭貺侯，進封忠烈公，妻封慈祐夫人；武威惠顯廣佑昭績侯，進封忠祐公，妻封慈貺夫人。嘉定十四年九月，忠勇公加封忠勇昭應公，妻封慈惠協慶夫人；子封永福侯，（姬）〔妻〕封衍慶夫人；忠順公加封忠順靈應公，妻加封慈濟協祐夫人；忠顯公加封忠顯孚應公，妻加封慈應協惠夫人；忠烈公加封忠烈通應公，妻加封慈祐協貺夫人；忠祐公加封忠祐嘉應公，妻加封慈貺協濟夫人。將樂縣莊惠侯，淳熙十六年五月加封莊惠靖應侯。

【宋會要】

興福廟。廟在仙遊縣。威應侯，嘉定十四年正月加封威佑彰應侯。（以上《永樂大典》卷一七一五一）

【宋會要】

靈佑廟。廟在閩縣。神開禧二年九月封昭惠侯。　一在侯官縣，高勝神祠，淳熙十年十月賜額。　一在莆田縣，興福社神助順威惠侯，孝宗乾道二年六月46賜額，九月加封助順威惠昭德侯，妻靈佑夫人加封靈佑敷惠夫人。又順應侯，淳熙十六年五月加封順應顯助侯。　神順應顯助昭濟侯，嘉定七年十一月加封順應顯助昭濟廣惠侯。廟在分水縣柳府君祠，嘉定十四年三月賜額〔一〕。　一在鹽亭縣。　顯應侯，嘉定四年二月加封顯應昭惠嘉貺侯。一在南陽府鄧州，高宗皇帝紹興元年二月賜額。　其神專主砲事，其賊馬攻圍本州，每發一砲，動傷百人，賊衆驚異退走故也。　一在梓潼縣。　翊順義勇昭應佑濟侯，淳熙十四年十二月賜額。

【宋會要】

威祐廟。廟在彭州。七聖將軍，慶元四年四月，第一位封威肅侯，第二位封顯應侯，第三位封昭德侯，第四位封嘉惠侯，第五位封協濟侯，第六位封武信侯，第七位封靈佑侯。　嘉泰元年正月賜額，開禧三年十一月加封威肅忠顯侯、顯應忠佑侯、昭德忠應侯、嘉惠忠靖侯、協濟忠感侯、武信忠順侯、靈佑忠濟侯。　嘉定六年四月，加封威肅忠顯武定侯、顯應忠佑安定侯、昭德忠應威定侯、嘉惠忠靖保定侯、協濟忠感嘉定侯、武信忠順永定侯、靈佑忠濟協定侯。十四年十一月，加封英烈威肅忠顯武定侯、英武顯應忠佑安定侯、英顯昭德忠應威定侯、英佑嘉惠忠靖保定侯、英惠協濟忠感嘉定侯、英濟武信忠順永定侯、英順靈佑忠濟協定侯。

【宋會要】

嘉祐廟。城隍清塞王祠，淳熙十一年十月賜額。

【宋會要】

康祐廟。廟在威州高碉山〔二〕。神孚惠寧應昭貺侯，淳熙十三年五月加封孚惠寧應昭貺永濟侯。　康祐廟孚惠寧應侯子，孝宗〔隆〕興元年五月賜額。　乾道四年七月封善應侯。

【宋會要】

顯祐廟。廟在平陽縣靜海戴侯祠，紹（禧）〔熙〕二年四月賜額，封威濟侯。　開禧二年四月加封威濟善應侯。　一在鶴鳴山西溪，神永利靈顯侯，嘉定四年十二月加封永利靈顯善應侯。　一在大邑縣西溪，八將軍神祠，淳熙十一年三月賜額。

〔一〕嘉定：原作「嘉慶」，據雍正《浙江通志》卷二二四改。
〔二〕碉：原作「稠」，據《方輿勝覽》卷五六改。

【宋會要】
孚祐廟。廟在甌寧縣黄畲。唐靈通廟，嘉定六年十月改賜今額。
【宋會要】
廣祐廟。廟在丹稜縣。竹王三郎廟，嘉定九年四月賜額。顯應普惠靈澤順濟侯，47嘉定十四年四月進封顯惠公。
【宋會要】
昭祐廟。廟在福州府羅源縣。廟神嘉定十四年十一月封靈惠侯。一在浦城縣，昭佑廟神，淳熙十五年五月加封孚惠王。
【宋會要】
應祐廟。廟在邵武縣。福靈古廟，淳熙十三年二月賜額。
【宋會要】
靈威廟。廟在中江縣。赤崖神祠，淳熙十三年五月封善利侯。
【宋會要】
雄威廟。廟在閬中縣。忠顯王，嘉定五年十二月加封忠顯英烈王，十七年五月加封忠顯英烈靈惠王。
【宋會要】
德威廟。廟在閩清縣〔一〕。昭顯侯，淳熙十三年五月加封昭顯永濟侯，嘉定二年正月加封昭顯永濟孚佑侯。
【宋會要】
昭烈廟。廟在桐城縣。張府君，淳熙元年七月封英烈侯。
【宋會要】
勇烈廟。廟在彭州。忠濟侯，慶元三年二月加封忠濟威顯侯，英節侯加封應節昭應侯。
【宋會要】
褒烈廟。廟在宣城縣北門外，資政殿學士上虞李公之祠。公諱光，字泰發，建炎初直龍圖閣、知宣州。潰卒叛亡，公(填)〔鎮〕撫之，民得按堵。戚方攻城，公率衆防托堅守閱二十有八日，城卒以全。宣人德公再生之恩，乾道九年，士民王霖等請於朝，詔賜今額，陳侍郎天麟撰廟記刻石。嘉定七年，總領胡槻捐金，命張侯忠恕鼎新殿宇，塑像，視昔增壯，時瀾譔記。（以上《永樂大典》卷一七一五二）
【宋會要】
48順靈王廟。廟在秦鳳路鎮戎軍，鎮國軍節度使李繼和祠。仁宗慶曆四年六月，鎮戎軍言：「鎮國軍節度使李繼和先知本軍，政有威惠，蕃夷畏服，軍民同立廟像。西賊寇境，戎人拜廟，不敢縱掠。乞賜封崇。」詔追封安國公，仍

〔一〕閩：原作「閬」，古無閬清縣，據《淳熙三山志》卷九改。《三山志》云：「閩清梅川廟，紹興元年賜額『德威』，三十年封昭顯侯。」即此。

以「安國廟」爲額〔一〕，差官祭告。徽宗崇寧四年二月封王。

靈濟王廟。廟在京東東路密州諸城縣，常山神祠。神宗熙寧九年七月封潤民侯，徽宗建中靖國元年二月封公，大觀四年十二月封王。

靈應王廟。廟在兩浙路嚴州壽昌縣仁豐鄉，白山洞神祠。相傳爲吴司徒祠，徽宗崇寧二年封。（以上《永樂大典》卷一七一〇二）

【宋會要】

49 靈貺廟。靈貺廟，臨平山濕洞神，嘉泰元年五月封昭惠侯。

【宋會要】

昭貺廟。浙江靈感安濟順應公，慶元四年四月加封靈感安濟順應顯祐公，六年十二月進封靈濟王，嘉泰元年二月加封靈濟顯祐王。

【宋會要】

靈康廟。白鶴山靈順顯祐廣惠王，慶元二年九月加封靈順顯佑廣惠善應王。開禧□年七月改封靈順顯佑廣惠威烈王，父忠澤侯加封顯慶忠澤侯，母贊祐夫人加封贊祐順應夫人，妻協順夫人加封昭助協順夫人。

【宋會要】

顯寧廟。廟在紹興府。城隍忠應昭順王，慶元元年十二月加封忠應昭順靈濟王。城隍神忠順昭佑孚應顯惠公，淳熙五年七月封忠應王，十五年十月加封忠應昭順王〔二〕。

【宋會要】

惠寧廟。廟在安仁縣。昭利休應孚祐侯，嘉定四年三月加封昭利休應孚佑英濟侯，妻封助惠夫人。一在饒州。徽宗宣和四年賜額，七年正月封昭利侯，壽皇聖帝隆興二年十二月加封昭利休應侯。一在義寧縣。廟神義寧靈澤侯，淳熙元年五月加封昭應義寧靈澤侯，十一年二月加封昭應義寧靈澤善佑侯。義寧靈澤昭應善佑侯，慶元三年六月進封英顯公，嘉定元年閏四月加封英顯孚濟公。

【宋會要】

仁感廟。廟在光州。神慶元三年五月封靈惠侯。

【宋會要】

慈感廟。古鉢嶺慈感廟神，淳熙十六年七月封淑惠夫人。

【宋會要】

孝感廟。廟在德陽縣。靈濟孝應昭佑侯，嘉定元年十二月加封靈濟孝應昭佑英烈侯，父通顯昭利嘉應侯加封通顯昭利嘉應世惠侯，侯母敷德靜惠順利夫人加封敷德靜惠

〔一〕安國廟：原作「安國公廟」，據《長編》卷一五〇刪。

〔二〕按，此條之二段實爲一廟。

順利啓祐夫人，妻贊佑順穆靈佑夫人加封贊佑順穆靈佑永寧夫人，子協濟侯加封協濟嗣慶侯。十四年四月，靈濟孝應昭佑英烈侯進封孝顯公，父進封宣慶公，子加封協濟嗣慶永福侯。

【宋會要】

慧感廟。廟在什邡縣。女神濟德夫人，嘉定八年五月加封濟德昭應夫人。

【宋會要】

50 靈感廟。廟在福清縣。昭應侯，開禧二年五月加封濟惠昭應侯。一在寧化縣。神威濟顯應侯，嘉定五年十二月加封威濟顯應孚助侯，十二年二月加封威濟顯應孚助宣靈侯。一在鹽亭縣湛塡龍潭廟，嘉定三年九月賜額。一在中江縣。善利敷濟侯，慶元四年十月加封善利敷濟廣澤侯。至嘉定七年十一月，累封靈佑忠衛顯濟昭順公。

【宋會要】

英節廟。廟在政和縣。神昭烈惠應侯，淳熙十七年七月加封昭烈惠應順助廣靈侯，開禧元年十一月封英惠公，嘉定三年閏二月加封英惠顯應公，十年九月加封英惠顯應博濟公，十四年四月加封英惠顯應博濟孚祐公。

【宋會要】

愍節廟。廟在同州郃陽縣城南東北隅，朝請大夫、直秘閣、知同州鄭驤，光堯皇帝紹興九年九月建廟，十一月賜額。金人侵犯，本州官屬皆遁，唯驤曰：「天子差驤守同州，所謂太守者，死守而已。」城陷被害。郡人感其忠義，出財葬之。至是，權知同州郝抃以事聞，刑部侍郎、陝西宣諭周聿亦以爲言，故有是命。

【宋會要】

靈豐廟。廟在南城縣。孚惠善應妙濟真人，嘉定二年三月加封孚惠善應妙濟保禧真人。顯祐夫人，開禧元年六月加封顯祐靈懿夫人。麻源山善應真人，淳熙元年九月加封孚惠善應真人。

【宋會要】

靈孚廟。廟在閬州蒼溪縣蒼溪谷，徽宗政和五年五月賜額。

【宋會要】

靈滋廟。廟在建安縣北苑里。敷澤昭順顯濟應靈侯，慶元三年六月進封孚佑公，妻佑德夫人加封佑德善利夫人。至嘉定八年八月，累封孚佑利濟顯應公，妻累封佑德〔善〕利協濟昭懿夫人。

【宋會要】

靈沛廟。廟在石泉縣。湫潭龍神廟，慶元元年三月賜額。

【宋會要】

廣潤廟。廟在平泉縣，瀨湖龍神祠，淳熙十三年五月賜額。

【宋會要】

靈助廟。廟在山陰縣。助戰神，淳熙十五年十月封顯應侯。

【宋會要】

51 靈源廟。廟在衛輝府〔一〕。真宗咸(年)〔平〕元年春，遣使祈雨有應。四月，詔曰：「衛州百門廟神靈攸居，貌像斯設，凡所請禱，必答勤誠，不有嘉名，孰謂昭報！宜賜廟額曰靈源。」廟在共城縣，唐長安置，即百門水所出。一在(城)〔成〕都府仁壽縣靈真夫人廟，開禧二年八月賜額。

靈石廟。嘉定十七年七月，加封廣澤博濟孚祐顯應公、豐潤周施廣祐昭應公、惠浹普洽協祐順應公。（以上《永樂大典》卷一七一四四）

【宋會要】

52 安瀆善利夫人廟。仁宗嘉祐四年四月，詔賜澶州龍女三夫人冠帔，仍賜廟額、封號。

順濟夫人廟。廟在河北東路。仁宗皇祐三年三月，詔齊賈埽寧津龍女廟特加封號〔二〕。

靈孝昭順夫人廟。廟在會稽曹娥祠墳基廟後。神宗熙寧十年十月詔載祀典，徽宗大觀四年封靈孝夫人，政和五年十一月加封。（以上《永樂大典》卷一七一三七）

【宋會要】

53 正王廟〔三〕。廟在廣南西路雷州安遠縣上宮神祠，神宗熙寧八年封。

襄王廟。大中祥符三年七月，詔：「近臣僚上言，襄邑縣(自)〔有〕宋襄王廟，棟宇隳頹，令中使檢討，依舊完之。」（以上《永樂大典》卷一七〇九九）

【宋會要】

54 周公廟。廟在兗州。大中祥符元年十一月一日，詔周公旦追封文憲王，於兗州曲阜縣建廟〔四〕，並春秋委本州長吏致祭。仍令有司擇日備禮册命。

【宋會要】

太公廟。太公廟，在兗州。大中祥符元年十一月一日，詔太公望加謚昭烈武成王，仍於青州特建祠廟。

【宋會要】

淵德公廟。廟在京東東路淮陽軍下邳縣巨山，漢韓稜祠，神宗元豐六年封。稜爲令有惠政。（以上《永樂大典》卷次原缺）

【宋會要】

55 光武廟。漢光武皇帝廟，在成都府彭州。廟内七聖都

〔一〕衛輝府：按，宋代稱衛州，明初始置衛輝府。
〔二〕埽：原作「掃」，據《長編》卷一七〇改。埽在通利軍。
〔三〕天頭原批：「諸祠廟。」
〔四〕建：原脱，據《文獻通考》卷一〇三補。

統將軍，淳熙十一年三月，加封第一善應將軍，第二惠應將軍，第三順應將軍，第四協應將軍，第五助應將軍，第六贊應將軍，第七孚應將軍。（以上《永樂大典》卷一七〇九五）

【宋會要】

56 忠烈王廟。廟在陝西永興軍路丹州。唐咸寧郡王渾瑊祠，神宗元豐二年封。

【宋會要】

普世忠烈王廟。廟在河北路磁州昭德鎮。唐李靖祠，石晉封靈顯王，徽宗大觀元年十一月改封。

商王河亶甲廟。廟在相州，城西北還慶曲有亶甲冢，哲宗元祐六年詔立廟。（以上《永樂大典》卷一七〇九八）

【宋會要】

57 周處廟。真宗景德四年二月，知宜興縣李若谷以修文宣王廟蓋林〔一〕，葺廟縣南長橋東，後邑人水旱疾疫禱之多應。大中祥符六年六月，帝聞其廟宇隘狹，命本州以官錢修葺。（以上《永樂大典》卷一七一三二）

【宋會要】

58 靈顯王廟。廟在東京管城縣東僕射陂側。是陂本後魏賜僕射李沖，唐末建廟，因陂爲名，俗傳李靖神也。後唐天成三年，册贈靖太保，晉加號靈顯王。建隆元年，太祖臨幸，因遣内侍葺祠宇，春秋二祀。太宗淳化元年七月，遣中使再修。至道三年五月，遣内侍送銀香合。真宗景德元年，又遣供奉官錢昭厚增修。二年，又修後殿。四年，車駕朝陵，命入内都知石知顒致祭。祀汾陰畢，親幸，登東北亭，觀陂水，又閲碑刻所載不得詳備，别命官作記。仁宗天聖二年，命鄭州馬至董役重修。慶曆六年，端明殿學士李（洲）〔淑〕知鄭州，表請完治，詔以縣官絶户錢增葺，刻石記事。（以上《永樂大典》卷一七一〇二）

【宋會要】

59 忠烈侯廟。廟在温州府。仁宗皇祐四年五月，詔：「唐右驍衛將軍田居邠仕于藩垣〔二〕，式遏强寇，盡力殺敵，以致捐軀。廟食彼疆，威靈有答。宜特追封忠烈侯，本州差官員祭告。」（以上《永樂大典》卷一七一二七）

【宋會要】

60 忠節廟。統領官王珙，壽皇聖帝隆興元年七月立廟賜額。珙與金人戰殁，都督張浚有請故也。一宣州觀察使朱勇，壽皇聖帝乾道四年三月立廟賜額，以宣撫使言勇力戰陷虜，駡賊而死故也。詳見雜録。一在廬州府，喬仲福、張璟廟，

〔一〕蓋林：似當作「餘材」。

〔二〕田居邠：萬曆《温州府志》卷四、雍正《浙江通志》卷二二五等均作「田居郃」，兩者當有一誤。

淳熙十五年十二月賜額。以禮部言：「轉運司奏，廬州舊有統制官喬仲福、張璟祠堂，緣本州屢經兵火，圖籍案牘無所考據。竊見邦人傳誦，紹興丁巳，統制酈瓊謀以衆叛歸于僞齊，與其黨吏甲挾刃，紿諸將同詣州治，劫之以兵。璟正色曰：『我輩本樵販，朝廷擢爲統制官，何負我輩，而忍爲此滅族計！』語畢，徑欲（拒）〔據〕所部拒賊。瓊黨持刃逐之，璟徒手被害。統制喬仲福方與諸軍入教，瓊等既執安撫呂祉，即趍教所，麾諸軍北出。仲福知其有變，譙責瓊等如璟語。羣賊懼其聚衆，白刃交下，併害其家。乞賜廟號，永著祀典，揭示邊民，以爲忠節之勸。」太常擬以忠節〔謚〕之，故有是命。　一在潭州，譙王、孟彥卿、趙民彥、劉玠、趙聿之（祀）〔祠〕，慶元元年正月賜額。

忠烈廟。廟在南康軍。威利善濟侯，嘉定六年七月加封威利善濟靈祐侯。　一在平陽縣，唐顏魯公祠，紹熙三年三月賜額。從湖（洲）〔州〕廟名。

忠義廟。廟在巽吉山，北宋先鋒張忠惠侯之神，四月初一日祭。

忠勇廟。果州團練使韓崇岳，孝宗皇帝乾道四年三月立廟賜額，以四川宣撫使言崇岳守城抗（勇）〔虜〕戰死故也。

忠利廟。廟在慶符縣横江寨鍾溪神祠，淳熙二年十月封昭惠侯。　昭惠靈貺助順廣澤侯，嘉定六年三月進封忠順公。至十四年九月，累封孚佑忠順赫靈公，佐神開鋒引戰將軍封英烈將軍，斬邪探事將軍封正利將軍。

忠濟廟。廟在澧州安鄉縣。孚澤公，淳熙十年十二月加封孚澤顯應公。

忠佑廟。廟在常德府。神故知州程昌禹，淳熙元年正月封威顯侯。

忠應廟。乃令尹子文之廟，在伊關縣之艮隅〔一〕。舊廟在縣西十里，地名於菟村，其後邑人以祈禱非便，遂遷新廟于此。宋朝皇祐四年，仁宗嘗降御香，遣守臣 61 辛若俞祈告，祝版猶在。元祐七年，本廟以歲旱禱雨有應具奏，勑賜忠應廟額。自（隋）〔隨〕、郢、光、黄州皆來祈報，饗祀不絕。

忠清廟。吳山忠武英烈威顯靈佑王，嘉定十七年四月改封忠武英烈威德顯聖王。　制詞〔二〕：顯仁太后龍輴將渡會稽，上聖孝出于天性，預恐風濤爲孽，遥於宫中默禱忠清廟。及篙御既戒，浪平如席，上命詞臣行制詞以封之，曰：「追惟文母，將祔祐陵〔三〕，閟殿告成，容車將發，深以大江之阻，具形群辟之憂。既竭予誠，亟孚神聽。某王一節甚偉，千古如存。帖然風濤，

〔一〕伊關縣：宋代無伊關縣，「伊關」二字必有誤。按《太平寰宇記》卷一三二安州雲夢縣：「有烏徒村（按『烏徒』即『於菟』之異譯），即楚鬭伯比外家處，生鬭穀於菟，爲楚令尹子文是也。」《明一統志》卷六一：「令尹子文廟，在雲夢縣西一十里於菟村，後遷於縣治東北，宋元祐間賜額『忠應』。」據此，「伊關」當爲「雲夢」之誤。

〔二〕「制詞」以下原作正文大字。按此制詞非嘉定十七年改封之制詞。據《建炎要録》卷一八五及本書禮二〇之二八，紹興三十年七月，「加封伍員爲忠壯英烈威顯王」，則此即其制詞。又按，以下文字，包括制詞及前後説明，全抄自李心傳《建炎以來朝野雜記》甲集卷一（又見《四朝聞見録》卷一，或是葉紹翁抄《建炎雜記》），並非《宋會要》之文。當是《大典》録《建炎雜記》爲注，今改爲小字。

〔三〕祐：原作「裕」，據《宋史》卷一二三《高宗紀》八改。

既賴幽冥之相〔一〕，焕乎天寵，用昭崇極之恩。尚綏予四方之民，以綿爾百世之祀。可特封忠壯英烈威顯王。」蓋於舊號四字上加「忠壯」二字。

【宋會要】

62 褒忠廟。褒忠廟，西津〔二〕，故右武大夫、果州團練使、閤門宣贊舍人魏勝，壽皇聖帝隆興二年十一月立廟賜額。以勝爲統制，與虜戰於楚州清河口，勠力陣歿。先於此建廟，候事定更建廟於楚州。淮從本路招撫使劉寶請也。　知州李誠之〔三〕，嘉定十五年二月封正節侯，通判秦鉅封義烈侯，仍立廟，賜今額。以虜人破城，全家死事故也。　一在丹稜縣皤鼇峽。史府君，嘉定元年二月封忠祐侯。　一在道州。贈廣州觀察使王政，孝宗乾道元年十月賜額。以政任衡道郴州桂陽軍都巡檢使日，與李金賊徒力戰遭害，本路帥臣有請故也。

【宋會要】

旌忠廟，護國三聖：忠烈靈應王，慶元三年六月〔加〕封忠烈靈應孚澤王；忠顯昭應王，加封忠顯昭應孚濟王；忠惠順應王，加封忠惠順應孚佑王。

【宋會要】

昭忠廟。廟在廬州府巢縣，和王楊存中祠，淳熙十三年五月賜額。

【宋會要】

閔忠廟。壽皇聖帝乾道三年二月立廟賜額，以陳亨祖知州日中箭死〔四〕，至是令淮西帥司行下光州立廟，從其弟成祖請也。

【宋會要】

愍忠廟。廟在陝州。朝議大夫、通判陝州、權州事鍾紹庭，光堯皇帝紹興九年十一月賜額。以刑部侍郎、陝西宣諭周聿言，靖康元年金人攻圍本州，紹庭守城，死節不屈故也。

【宋會要】

報忠廟。顯忠、報忠廟，和義郡王楊存中祖宗閔、父震，壽皇聖帝乾道二年三月賜額，以存中言其死節，有請故也。仍立廟於湖州境。（以上《永樂大典》卷次原缺）

【宋會要】

63 水府號〔五〕。大中祥符二年九月十七日，詔江州馬當上水府廣祐寧江王宜封福善安江王，太平州采石中水府濟遠定江王封順聖平江王〔六〕，潤州金山下水府靈肅鎮江王封昭信泰江王〔七〕。舊封江南保大中僞號，至是始易之。

〔一〕冥：原作「明」，據《建炎雜記》甲集卷一改。
〔二〕西津：按指鎮江西津渡，見《宋史》卷三六八《魏勝傳》、《方輿勝覽》卷三。
〔三〕知州：按指知蘄州，廟亦在蘄，見《宋史》卷四四九《李誠之傳》。
〔四〕陳：原無，據《宋史》卷四五三《陳亨祖傳》補。「知州」指知淮寧府，見《建炎要録》卷一九四。
〔五〕天頭原批：「復，校銷。」
〔六〕采：原作「採」，據《事物紀原》卷二引《會要》此條改。
〔七〕靈：原作「虚」，《事物紀原》卷二引亦作「虚」，今據《文獻通考》卷九〇改。

嶽后號〔一〕。大中祥符四年十一月二十九日，詔加上東嶽淑明后、南嶽景明后、西嶽肅明后、北嶽靖明后、中嶽正明后之號。（以上《永樂大典》卷一七三〇二）

靈應真君廟。靈應真君廟，在慶州。神宗熙寧八年十二月，詔大順城真武特加號。（以上《永樂大典》卷一三八〇九）

63 沖應二真君廟。神宗熙寧八年七月，詔崇仁縣上仙觀王、郭二真人特加封號。

文清顯靈廣佑真君廟。廟在羅江縣羅璝山。顯靈（廟）廣佑（貞）〔真〕君，嘉定十四年五月加封。（以上《永樂大典》卷次原缺）

〔一〕天頭原批：「山川神號，復，校銷。」按，見本書禮二一之三，但文字不同，《事物紀原》卷二引《國朝會要》正是本條，不可删。

封禪〔一〕

【宋會要】

1 太平興國九年四月八日，宰臣宋琪率文武百官、諸軍將校、蕃夷酋長、僧道耆壽詣東上閤門拜表，請東封，詔答不允。自是繼上三表。

十四日，内出御劄曰：「朕聞在昔帝王，虔膺命曆，罔不登封於岱嶽，降禪於云亭〔二〕，所以昭大業於寰區，告成功於穹昊。遠則軒皇、舜后，禋燔之迹可尋；近則漢武、玄宗，銘記之文斯在。國家承百王之大統，撫萬國之烝民，屬唐、梁離亂之餘，接漢、晉衰微之後，四方文軌尚未混同，萬里土疆猶多僭僞〔三〕。肆予小子，嗣守丕基。九域之中既恢於禹迹，八（絃）〔紘〕之内悉奉於周正。帝業於是會昌，人寰以之再造。加以俗無疵癘，歲有豐穰，蓋上帝之垂休，匪冲人之所及。方思日慎一日，安夫難安，粗答天休，敢言時邁！而宰衡庶尹，方嶽大臣，蕃夷酋長之徒，耆艾緇黄之輩，共排閶闔，三貢表章。謂爲治定功成，可以繼三五之迹；升中肆覲〔四〕，可以副億兆之心。其辭確然，無以遜避。且欲致孝以伸昭祀，祈福以庇蒼生，勉徇群情，良深愧畏。朕以今年十一月二十一日有事于泰山〔五〕。咨爾執事之臣，暨乎司禮之士，各揚其職，用副予懷。永惟對越上玄，要在誠慤，侈靡之飾，何所用焉。況仗衛素嚴，文物昭備，宜遵典故，勿致煩勞。諸道藩鎮不得以脩貢助祭爲名，輒有歛率，庶從儉德，以洽靈心。」先是，太宗嗣位以來，年穀豐稔，方内乂安，而臣庶上疏獻頌請封禪者不可勝紀。十五日，命翰林學士承旨扈蒙、學士宋白、賈黄中、右散騎常侍徐鉉、兵部員外郎張洎、太常丞呂端、殿中丞韓項同詳定封禪儀〔六〕。

十八日，以南作坊副使李神祐、北作坊副使劉承珪、通事舍人鄭偉、供奉官張文粲自京抵泰山，分成武、鄆州兩路相度道路。

二十日，以宰臣宋琪爲封禪大禮使，翰林學士承旨扈蒙爲禮儀使，學士宋白爲鹵簿使，賈黄中爲儀仗使，兼判橋道頓遞使事。

二十一日，以駕部員外郎劉蟠、監察御史索湘爲泰山路轉運使，儀鸞副使康仁寶、高品閻承翰、夏侯忠等六人部丁匠七千五百，修宫壇〔七〕，作石礎。

〔一〕「封禪」上原有「宋」字，蓋《永樂大典》原題，今删。
〔二〕降：原無，據《宋大詔令集》卷一一六補。
〔三〕僭：原作「侈」，據《宋大詔令集》卷一一六改。
〔四〕升：原作「外」，據《宋大詔令集》卷一一六改。
〔五〕朕：原無，據《宋大詔令集》卷一一六補。
〔六〕項：原作「琦」，據《宋朝事實》卷一一改。
〔七〕宫：原作「官」，據《太宗皇帝實録》卷二九改。

五月二十二日，命判四方館使田仁朗自京至泰山〔一〕，督治道之役。《宋朝事實》〔二〕：是月乾元、文明二殿災，上謂宰相曰：「封禪之廢已久，況今時和歲豐，行之固宜。數日前，烈火遽作延賓正殿，豈大事將舉，未符天意乎？況炎暑方熾，慮于勞人，徐圖亦未爲晚。」

六月十八日，詔：「封祀儀仗只告廟及泰山下陳設，沿路悉不用。」先是，宰臣言在路合排儀仗導駕〔三〕，帝曰：「此行蓋爲告謝天地，與蒼生祈福，如廣陳儀衛，即成勞擾，乃是自求嚴飾，非朕意也。」因有是詔。

二十三日，詔曰：「昨者文武羣官洎乎耆耋，盈庭抗疏，連袂扣閽，謂爲治平之時，請舉升中之禮。顧惟 2 涼德，豈所克堪，而陳請再三，因以俞允。載惟盛禮，終覺愧懷。況封禪之儀，廢之已久，百司祇奉，辦集尤難，萬姓供輸，勞擾斯甚。且令停罷，以俟後期。國門之南，圜丘素備，宜輟登封之禮，聿修柴燎之誠。朕以十一月二十一日有事於南郊。」

雍熙二年十二月十五日，詔曰：「瞻彼泰嶽，奠于魯郊。中外告成，歷代之儀斯在；泥金檢玉，往聖之迹猶存。將議封崇，宜若營護。先有發掘前代石檢，隳壞古之壇墠，並令修完如故，州縣常謹視之。」

【宋會要】

真宗大中祥符元年三月十三日，兗州父老僧道呂良等詣闕上表請東封，知州邵曄率屬官繼奉表陳請。帝引對良等於崇德殿，宣諭曰：「封禪大禮，歷代罕行，不可輕議。」賜曄等敕書，父老僧道敕牓，不允所請，仍賜緡帛而遣之。先是，良等三千餘人詣州陳請〔四〕，願奉表赴闕，本州以道路煩費，令知乾封縣吳仲儀部送千二百人至闕下。及引對，良等進而言曰：「國家受命五十年，功成治定，以致太平，天降祥符，以顯盛德，固宜告成岱嶽，以報天地。」帝復親諭之曰：「此大事，不可輕議。」良等又言：「時歲豐稔，華夏安泰，願上答靈貺，俯徇衆欲。」帝堅諭之，方退。因顧王旦曰：「登封盛禮，人情若此，朕何德以堪之？」良等入辭，復面上表陳請曰：「臣等殘年，喜逢太平，願見大禮，望陛下必從衆欲。」帝令陳堯叟宣諭曰：「爾等遠來，雖四方無事，年粟屢豐，盛禮難行，當悉朕意。」

十八日，諸道貢舉人進士李覺等詣登聞鼓院上表請封禪。二十一日，文武百官宰臣王旦等拜表繼請。自是至二十

〔一〕朗：原作「郎」，據《太宗皇帝實録》卷三〇改。
〔二〕按，此處及後文屢引《宋朝事實》，然多不見於今本。今本乃乾隆中輯自《永樂大典》，其時《大典》已不全，故有漏輯。
〔三〕導：原作「遵」，據《太宗皇帝實録》卷三〇改。
〔四〕三千：原作「三十」，據後文，部送進京者已達千二百人，此必「三千」之誤，因改。

七日，凡五上表固請，帝始允。批答曰〔一〕：「省表，具之。朕聿遵周制，思陳嚴配之儀；俯慰鄒人，乃議升中之典。惟上玄之錫祉，繫列聖之在天，垂慶使然，顧予何力！置器之喻，守文甚難，方懷抑畏而曲全，安敢崇飾而務（務）〔侈〕。卿等情敦愛戴，志切傾輸，爰率衆多，五陳章表，過形善頌，懇上鴻名。惟登邁以盛稱，豈眇沖之克荷。虛美豈增於否德，固拒亦沮於純誠。沈思久之，若爲裁處。又念發祥于瑞命，非專焜燿於朕躬，是知佩服天章，祇膺景貺，惟道所適，何用弗臧。與其終執于素心，曷若曲從于人欲。嘉乃稱君之善〔二〕，奉茲建顯之文，勉徇堅勤，良多愧惕。所請宜允。」

四月四日，內出御劄曰：「朕博考簡編，遐觀往昔，若乃誕膺帝籙，撫有中區，華裔底寧，珍符沓至，曷嘗不陟降東岱，對越上穹。益厚增高，讓德而崇祀；昭姓考瑞，建號以飛聲。由無懷以來，畧可概舉；逮開元之後，因而曠廢。我國家誕膺駿命，肇啓丕圖，太祖以神武濟三才，太宗以至仁綏六命，豐功美利，累洽重熙〔三〕，蓋五十年於茲矣。肆朕涼薄，獲承基構，懼德弗類，因時而惕，勵精以求治，虛己以納善，案節 3 以展義，潔粢以事神。仰畏高明，不遑中昃。賴宗祊之儲祉，荷靈祇之顧懷，鑒茲小心，介以景福。五兵載戢，百稼屢豐，寓縣謐清，王猷允穆。而又真官預告，祕檢下臨，示卜世之休期，表因天之眷命。恭承景祐，靡敢遑寧。期以大饗明堂，聿修郊禮，備伸昭事，以達至誠。不謂魯國諸生，東土黎老，罄陳傒望之懇，願舉升中之儀。而宰衡官師，嶽牧庶尹，緇黃將校，酋長耆年，不謀而同，奉疏來上，叙天人之交感，述方册之前聞。以爲登岱勒封，古之盛典；奉符行事，今也其時。五表繼陳，衆願惟確，荐加敦諭，難奪傾輸。若以荷無疆之休，當盛德之事，發揮茂實〔四〕，丕顯成功，益用愧懷，非所宜稱。止於報謝天地，備物而告虔；升配祖宗〔五〕，尊親而致孝。式揚先烈，以耀大猷，是爲素心，何敢崇讓〔六〕！朕以今年十月內，式遵典禮，有事於泰山。咨爾百執之臣，掌禮之士，各揚乃職，勿曠攸司。朕之是行，昭答神貺，匪求仙以邀福，在報本而潔誠。至乃珪幣所須，牲牷攸給，並資豐備，以格神明。其有司供帳之規，乘輿服御之物，悉從節減，勿致煩勞，式盡嚴恭，務遵簡儉。凡百費用，並支官物。一路止增修館驛〔七〕，就建行宮。經由州縣所

〔一〕曰：原在「具之」下，據批答類文字之通例乙。又按，細審以下批答之文，實非允封禪（允封禪在四月，見下條），而是允群臣請加尊號。考《長編》卷六九載，大中祥符元年六月二十八日丁巳，「群臣五上表加尊號，從之」。《宋大詔令集》卷三有此次批答之文，題爲《宰相等表上尊號第五表允批答》，時間在此年六月二十七日丙辰。其文自「與其終執」句以上與《宋會要輯稿》此文全異，而「與其終執」以下則同，或是此批答本有二稿。本書禮四九之九亦云：「大中祥符元年六月二十九日，宰臣王旦等拜表加上尊號，……表五上，詔答允。」據此，疑本條從「自是至二十七日」以下乃是錯收。

〔二〕嘉：原作「喜」，據《宋大詔令集》卷三改。

〔三〕累：原作「畧」，據《宋大詔令集》卷一一六改。

〔四〕發：原作「登」，據《宋大詔令集》卷一一六改。

〔五〕升：原作「外」，據《宋大詔令集》卷一一六改。

〔六〕讓：原作「護」，據《宋大詔令集》卷一一六改。

〔七〕修：原無，據《宋大詔令集》卷一一六補。

用什物，亦以官物置辦，不得差擾輒借，及有科率。諸司須索，非敕命，州縣不得供給。所在馳道，勿差丁夫廣有修葺。香臺畫襲，青繩欄干等，亦不須設。諸路長吏無得擅離本任，來赴行在。仍勿以修貢助祭爲名，輒有率斂。起居章表，附驛以聞。」時學士上御劄草，上覽之，謂宰臣王旦等曰：「朕覽御札草中所云『不求神仙，不爲奢侈』，此事亦不欲斥言前代帝王，宜云『朕之此行，昭答玄貺，匪求仙以邀福，期報本以潔誠』。」是日，以詔許封禪，遣官告天地〔一〕、太廟、社稷、太一宫，又徧告在京祠廟及嶽瀆。丙申〔二〕，王旦等奏封禪大禮合命大禮等五使，比郊禮舊制，以宰相爲大禮使〔三〕，翰林學士以下爲禮儀等使。

五日，以知樞密院事王欽若、參知政事趙安仁爲泰山封禪經度制置使，並判兖州，仍迭往乾封縣。先是，帝問宰臣東封置使故事〔四〕，王旦曰：「唐有檢校封禪使，先朝亦置大禮、禮儀、儀仗、鹵簿等使，惟不置橋道頓遞使。」帝曰：「今當遣大臣司其事，擇美名以授之。」故命欽若等，仍令且留嶽下檢校，稍辦集，可別命官知兖州。又命權三司使事丁謂計度糧草，引進使曹利用、宣政使李神福相度行宫道路，翰林學士晁迥、李宗諤、楊億、龍圖閣直學士杜鎬、待制陳彭年與太常禮院詳定儀注。

六日，以宰臣王旦爲大禮使、知樞密院事王欽若爲禮儀使、參知政事馮拯爲儀仗使、知樞密院事陳堯叟爲鹵簿使、參知政事趙安仁爲橋道頓遞使。禮儀、橋道頓遞使事，令拯洎堯叟分掌〔五〕，候逐使回日依舊〔六〕。宰臣言：「郊禋舊制，以宰臣爲大禮〔使〕，學士、中丞、4 尚書丞郎、知開封府分領禮儀等使。」帝曰：「升中大禮〔七〕，宜重其事，五使之職當於中書、樞密院以班次命之。」拯曰：「臣等叨居重位，復忝使名，慮未爲允，望仍舊貫。」帝曰：「大臣爲之，蓋重祀事也。」仍鑄封禪五使印及經度制置使印給之〔八〕。

是日，詔曰：「朕將陟介丘，祗答鴻貺，方遵先志，已諭至懷。而嶽鎮之宗，神靈攸處，尤宜安静，以表寅恭。慮草木之有傷，在斧斤之不入，庶致吉蠲之懇，式符茂育之仁。應公私不得於泰山樵採，違者重行科斷。」又詔：「山下工作，無得調發丁夫，止籍兖、鄆州兵級充役〔九〕。山上齋宫，山下行宫，除殿宇外，並張幕爲屋，覆以油帕。工作之所，務令清潔。應雜户、婦人得留止山下，仍增自京至泰山驛遞馬。」

〔一〕遣：原作「建」，據《長編》卷六八改。
〔二〕按：「丙申」即是六日，《宋會要》皆以數目記日，下文自有「六日」條，不應此處忽插入干支紀日，且内容與「六日」條重複，可知此下數句乃《永樂大典》據他書妄添。
〔三〕大禮：原作「六」，據《太常因革禮》卷四一改補。
〔四〕故：原作「政」，據《太常因革禮》卷四一改。
〔五〕令：原作「今」，據《太常因革禮》卷四一改。
〔六〕「候」原作「使」，「回」原作「面」，據《太常因革禮》卷四一改。
〔七〕大：原作「天」，據《長編》卷六八改。
〔八〕五：原作「王」，據《宋史》卷一〇四《禮志》七改。
〔九〕充：原脱，據《文獻通考》卷八四補。

七日，詔：「東封行在金帛、芻糧，委三司規度收市〔一〕，或轉輸供用。自餘所須之物，悉自京輦致，而不得輒有科率。令三司取汴、蔡御河舡入廣濟河，運儀仗什物赴兖州；發陝西上供木，由黄河浮筏至鄆州。給置頓之費，省輦送之役。」

八日，命龍圖閣待制戚綸、皇城使劉承珪、崇儀副使謝德權計度封禪發運事；（丞）〔以〕吏部員外郎判三司句院盧琰、兵部員外郎邵曄爲京東轉運使，祇奉祀事；轉運副使張知白掌本司常務〔二〕；殿中丞曹谷、吕言提舉行宫頓遞；太常博士文均、著作郎直史館李迪通判兖州；大理寺丞劉謹、章得象簽書兖州兩使判官事。遣使八人護鄆、濮等州河堤，巡護齊州升泰山路，禁止行人。

九（月）〔日〕，詔兖州月給公用錢二十萬。

十一日，詔應京東州軍刑獄務從寬恕，無得非法決罰。

十二日，詔：「東封路並禁採捕，其黏竿、網彈、鷹犬之類，扈從百司無得齎隨。修建行宫不得侵占民田。扈駕步騎輒蹂踐苗稼者，御史糾之。兖州户民供應東封外，免今年徭役及支移税賦。」

十六日，王欽若等言：「皇親、諸軍於東封程頓占據邸店，頗爲煩擾。」詔所在以行宫側官舍、佛寺爲宗室、輔臣宿頓之所。

十七日，曹、濟二州遣官部送僧（老）〔道〕、耆老詣闕，請車駕由本州東巡。賜器幣、緡錢慰勞以遣，仍詔諸州，復有來者，諭止之。

二十一日，詔曰：「自京至兖州〔三〕，敢有妄指民舍林木言營建行宫〔四〕、開修道路及託官司須索配市〔五〕、假借人夫車乘，乞取財物者，所在錮送赴闕。沿路諸州釀酒以備供頓。應三班使臣奉祀事能幹集者，俟異日優與差使〔六〕。」

二十二日，中舍夏侯晟上《漢武帝封禪圖》，繢金玉匱、石䃭距之狀，各有注釋。帝覽之，以所載與舊典小異，詔詳定所參較施行。是後，王曙上《前代封禪雜録》，劉炳上《封禪儀集》。

二十四日，詳定所上言：「准典禮，泰山上圜臺，社首各用石䃭三重。重方五尺，厚一尺。第二重中間（闊）方一尺七寸，深八寸。南、北面安檢三道，東、西面安檢二道，開闊一尺，深六寸。爲金繩道三，各闊寸半，深三分。石 5 檢各長三尺，闊一尺，厚六寸。開金繩道與石䃭相應，南面中間一道開方六寸、深二寸者三，上有石蓋。距石每面三重，各長一丈，闊二尺五寸，厚一尺，（斜）〔斜〕批其首，令與䃭隅相應。又壇壝之制，按《唐會要》：貞觀十五年，太常

〔一〕市：原作「布」，據《長編》卷六八改。
〔二〕白：原作「伯」，據《長編》卷六九改。
〔三〕自：原無，據《長編》卷六八補。
〔四〕宫：原作「官」，據《長編》卷六八改。
〔五〕託：原作「記」，據《長編》卷六八改。
〔六〕異日：原作「畢」，據《長編》卷六八改。

卿韋挺等奏議，山上舊圜臺高九尺，廣五丈。臺上又立方壇，高五尺，廣丈二尺。著作郎韋安仁駁之曰，圜臺高九尺，方壇高五尺，是爲總丈四尺。壇上又置方石，再累廣五尺，高三尺。若然，計方壇之上置方石訖，每邊惟餘四尺而已。按其儀，皇帝立於方壇上，北面跪，封玉牒以授尚書令，尚書令南面跪受。豈有四尺之廣，下臨丈四之危，而乘輿得於其上相對授受？古之所制，必不如此。又按唐高宗、明皇封禪儀注，並無圜壇之上更有方壇之説。欲望依故事，山上立封祀壇，徑五丈，高九尺，四出陛。壇上飾以青，四面依方色，一壝，隨地之宜。山上燎壇，在圜臺之東南〔一〕，量地之宜，壇高一丈二尺，方一丈，開上南出户，方六尺。山下封祀壇，三成，十二陛，如圜丘之制，壇上飾以玄，四面各依方色。壇外爲三壝。又準《郊祀録》，圜丘四成，各高八尺一寸，下成廣二十丈，再成廣十五丈，三成廣十丈，四成廣五丈。今參詳，《通禮》云三成，蓋取重累之義，《郊祀録》云四成，蓋取一累爲一成，而《通禮》不載每成丈尺。今請依《郊祀録》所載圜丘四成丈尺之制，其上飾及四面方色，即依《通禮》所載。燎壇同山上社首壇，準《通禮》如方丘之制，八角，三成，每等高四尺，上闊十六步，設八陛。上等陛廣八尺〔二〕，中等廣一丈，下等廣丈二尺。爲三壝，開四門。又《郊祀録》方丘壇再成，下成方十丈〔三〕，上成方五丈，八陛。今請依《通禮》三成之制。又爲瘞坞於壇之壬地外壝之内，取足容物。朝覲壇在行宮之南，方九丈六尺，高九尺，四出陛。南面兩陛，餘三面各一陛。一壝，二分在南，一分在北。欲望依禮修築。又按唐明皇封禪，備法駕。請準故事，告饗太廟，乘輿出京、封泰山、禪社首、御朝覲壇，并用法駕，所過州縣不備儀仗。又按《六典》，宫架之樂，宗廟殿庭三十六簴，郊丘及社二十簴。欲于泰山圜臺上設登歌鐘、磬各一簴，封祀壇設宫架二十簴，四隅立建鼓并設二舞。社首壇上設登歌如圜臺，壇下設宫架、二舞如封祀壇。其朝覲壇上設宫架二十簴，不用熊羆十二案。又按《六典》，天子之服冕：一曰大裘冕，無旒，裘以黑羊皮爲之，祀天神、地祇則服。二曰衮冕，垂白珠十有二，黝衣纁裳十二章，饗廟、告廟則服。今參詳，南郊合祭天地止服衮冕，欲望封禪日依南郊例。」並從之。

二十五日，命王旦撰《封祀壇頌》，王欽若撰《社首壇頌》，陳堯叟撰《朝覲壇頌》。

二十六日，詔：「祖宗朝諸路所獻祥禽異獸皆在苑囿，可上其數，俟禪祭禮畢縱之。」

二十七日，遣使齎詔撫問王欽若、趙安 6 仁及官吏等，賜役徒緡錢。自是至禮成，再遣使撫問，賜以茶藥，仍賜將士時服。泰山役徒兩月一賜緡錢，月給麻屨。又賜治

〔一〕在：原作「左」，據《宋史》卷一〇四《禮志》七改。
〔二〕八：原作「二」，據《宋史》卷一〇四《禮志》七改。
〔三〕「方」下原有「寸」字，據《唐會要》卷一〇上删。

道、輦送物色軍士緡錢，及役卒還營，給時服、緡錢遣之。後修圜封，月給兵匠茶藥、錢、鞋，及訖役復賜緡錢。

二十八日，詳定所言：「準《開寶通禮》，巡狩有燔柴告至之禮，皇帝親行事。又封祀至泰山下，柴告昊天上帝于圜壇，如巡狩告至之禮，有司攝事，即不載攝事之儀。將來車駕至泰山，合行告至，依皇帝出宮、有司攝事告圜丘之禮。太尉一員，用酒脯、幣帛於山下封祀壇告至。車駕所過山川及先代帝王、名臣、烈士，皆州縣致祭。所經十里内神祠、橋道，並合致祭，其數煩多，慮有司供祭不逮，請除名山大川、先代帝王功德赫奕者遣官外，餘委本州祭告。又光禄寺合用神厨，山上圜臺東三間，山下壇東南八間，社首壇東南三間，逐壇有井，請令創造。又陽燧取明火，陰鑑取明水，雖有舊文，據《唐書》云以陰鑑取水未有得者。又緣陰鑑制度久廢，慮臨事誤闕，所用明火、明水望并依南郊例施行。又《開寶通禮》，登封日自山上五步立一人至山下壇，遞呼萬歲爲節。今參詳，其日自山上圜臺立黄麾仗，五步一人至山下壇，傳呼爲節。登封日，侍中版奏請（黄）〔皇〕帝登山，用牙版一，文曰『請登山』，望令門下省製造。又按《通禮》，封祀設昊天上帝神座於山上，以三脊茅爲神藉。藉者，以茅藉神座也。又《管子》及《漢書》，皆云江淮之間一茅三脊爲神藉。《春秋左氏傳》云：『包茅不入，王祭不供，無以縮酒。』杜預注云：『束茅而灌之以酒，爲縮酒。』參詳舊史禮文之意，三脊茅既以藉神，又以縮酒。今請昊天上帝座藉以三脊茅，上加席縟。其縮酒亦用三脊茅。」並從之。仍詔遣使馳往岳州，精潔採茅三十束，束重十六斤。以九月下旬至闕，於上清宮擇静處掌之。是秋，諸王府侍講孫奭議，請封祀日白茅止用爲藉，不以縮酒。龍圖閣待制陳彭年上議：「謹按《周易》曰：『藉用白茅。』《春秋左氏傳》曰：『包茅不入，王祭不供，無以縮酒。』鄭玄注《周禮》云：『茅以供祭之苴，亦以縮酒。』此則茅有爲藉、縮酒二義也。鄭興注《周禮》云：『束茅立之，祭前沃酒其上，酒滲下去，如神飲之，故謂之縮。』杜預注《左氏傳》云：『束茅而灌之以酒，爲縮。』鄭玄注《周禮》云：『縮酒，泲酒也。』又注《禮記》云：『泲之以茅，縮去滓也。』此則又有灌酒、泲酒二義也〔一〕。今者詳定儀注之初，孫奭亦言此義，但緣經典有此互文，事苟涉於闕疑，禮難從於臆斷。是以儀注之内，兩存爲藉、縮酒之説。今奭以爲：『宗廟之祭有灌用鬱鬯之禮，故可束茅沃酒。學者不達此指，又見流俗有澆酹之儀，遂謂諸祠祭皆當束茅縮酒，甚爲失所。』竊詳《論語》疏云：『宗廟之祭，未殺牲，先酌鬱鬯酒，灌地以求神。』此則獨言以鬱鬯灌地，亦不指 7 言用茅也。如依鄭玄之言，則茅惟泲酒；如依鄭興、杜預之言，則天地、宗廟俱滲酒也。又《周禮》祀大神、祭大祇，饗大鬼，甸師之職云祭祀用蕭茅，《左傳》又云『包茅不共』。以祭言之，則通於天

〔一〕泲酒：原脱，據《長編》卷七〇補。

地、宗廟明矣。況鄭興、杜預已有束茅沃酒之言，許慎《説文》又云：『酹，醱祭也，醱祭酹酒。』此則酹酒之義，鄭興、杜預、許慎當漢晉之世已言之矣，安得謂之流俗哉？然而封禪之禮，前史不備，開元之制，最爲詳悉。按《玄宗實録》、《唐會要》並云：『其時撫州三脊茅生，上封者言齊桓公將欲封禪，管夷吾云江淮間三脊茅用以縮酒，乃可封禪。宰臣奏云，臣等博訪貢茅，沅江最勝，已牒岳州取訖。今稱撫州有茅，望令且進六束，與沅江相比用之。』此時宰臣即張説、源乾曜，刊撰官即説與徐堅、韋縚、康子元、侯行果，並該詳舊典，號曰碩儒，如封禪果無縮酒之義，當時豈無駁論？既令取茅充用，足驗於禮昭然。伏以沃茅之文，既經典攸載；酹酒之祭，又聖朝久行。如謂致爵方爲成禮，竊恐寅恭之志未及於宸心，改作之譏益生於輿誦。其孫奭所奏，伏請不行。」從之。

二十九日，詔東巡由鄆州臨鄲道北路赴泰山，禮畢幸兗州，取中都路還京。先是，自京抵兗州，有路二：由曹、單者爲南路，太宗朝嘗置頓於此，由濮、鄆者爲北路。時命王欽若、曹利用由南路，趙安仁、李神福由北路，同赴泰山，計功用之繁簡。且言南路雖近而用功多，北路郵傳有素而用功省〔一〕，故從北路焉。是日，龍圖閣待制戚綸請令修圖經官先修東巡所過州縣圖經，以備檢討，從之。

五月二日，詳定所言：「車駕出京前，親告太廟，遣官祭告天地、社稷，孝惠孝章淑德皇后、元德皇太后廟，望遣官奏告。」從之。

三〔月〕〔日〕，詳定所言：「按《唐・禮儀志》，明皇就望燎位，火舉，羣臣稱萬歲，傳呼至山下，聲動天地。又自山上布兵至於山下壇，傳呼辰刻及詔命來往，斯須而達。夜中然火相屬，山下望之，有如連星自地屬天。今參詳，已令軍士自圜壇立黄麾仗，五步一人，傳呼萬歲。再詳舊史，蓋是布兵傳呼，以爲祀事節候。今欲定爲三次傳呼。其（土）〔士〕兵排列，自山上大次圜壇壝外，下至封祀壇壝外。俟皇帝將行禮，各先令然火相屬，後依次傳（次）〔呼〕萬歲，以三呼爲節。一次，皇帝出大次，山上傳呼〔二〕，山下獻官各就版位行禮。二次，皇帝就望燎位，山（下）〔上〕傳呼，山下亦舉燎。禮畢，祀官歸版位。如山下祀畢，山上傳呼未至，獻官並先就望燎位以俟。三次，皇帝還大次，侍中版奏請解嚴訖，山上傳呼，山下羣官並退歸幕次，易公服，至行宮奉迎車駕。」帝以出次行禮，方在樓接神，務於嚴静，未欲傳呼，令别詳定。遂請爲漆牌朱字，以「公卿就位」爲文，命内臣二人付押當黄麾仗軍校，令傳至山下付太尉。又舉黄幡爲節，俟皇帝就望 8 燎位將舉燎時，及還大次請解嚴時，及出大次還宮時，並山（下）〔上〕傳呼。從之。

六日，詳定所言：「按《開寶通禮》，封祀玉牒長尺二

〔一〕鄆：原作「雖」，據《長編》卷六八改。
〔二〕山上：原作「山下」，據文意改。

寸，廣五寸，厚三分。又按唐貞觀中，顔師古奏請玉牒長尺三寸，廣、厚各五寸。朱子奢議，玉册長尺三，廣一寸五分，厚五分，每册五簡，俱編以金。麟德初，許敬宗與禮官等奏〔一〕，議用玉牒長尺二寸，廣寸二分，厚三分，編以金繩。用簡之數，隨文多少，盛以玉匱。國朝太平興國九年，詳定玉牒用兩副，每牒五簡，長尺二寸，廣五寸，厚三分，刻玉爲字，填以金，聯以金繩，盛以玉匱。竊詳制度，歷代不同。興國所定玉牒用五簡，乃是朱子奢所云玉册制度。又歷代玉牒元無金繩聯編之制，所用止是一副，即無兩副之制。今請爲玉牒，每牒各長尺二寸，廣五寸，厚一寸，刻牒爲字，以金填之，聯以金繩，緘以玉匱。又正座、配坐合用玉册六副，依《開寶通禮》制度，每簡長尺二寸，廣寸二分，厚三分，填以金，簡數量文多少。册文中書門下撰進，付中書省鐫刻。正座玉牒、玉册，並盛以玉匱，配座玉册盛以金匱。匱制並長尺三寸。檢厚二寸，闊五寸，長一尺三寸，纏以金繩五周，封以金泥。又爲石䃭以藏玉匱，用方石再累，各方五尺，厚一尺，鑿中石，廣深令容二玉匱。䃭傍施檢處，皆刻深七寸，闊一尺，南北各三，東西各二〔二〕，去隅皆七寸。纏繩處皆刻爲三道，廣寸五分，深三分。爲石檢十枚以檢石䃭，皆長三尺，闊一尺，厚七寸。皆刻爲三道，廣寸五分，深三分。當封處大小取容寶，其深二寸，皆有小石蓋，制與封刻處相應，以檢擫封。其檢立於䃭旁當刻處，又爲金繩三以纏石䃭，各五周，徑三分。爲石泥以封石䃭。距石十二枚，皆闊二尺，厚一尺，長一丈，斜刻其首，令與䃭隅相應，分距䃭四隅，皆再累。爲五色土圜封，以封石䃭，上徑丈二尺，下徑三丈九尺。又按唐開元中，金玉匱並封訖，皇帝以受命寶印之。又貞觀中，議更造玉璽一枚，方寸二分，文同受命寶。又按開元中，納玉匱於石䃭中，䃭際以『天下同文』印封之。今參詳，玉匱、金匱請依舊制，別造玉寶，方寸二分，文同受命寶。其封石䃭用『天下同文』之印，舊史元無制度，今請用金鑄，大小同御前之寶，以『天下同文之寶』爲文。緣寶法物，亦請依例製造。二寶俟封金玉匱、石䃭畢，並進内。其玉寶分寸當用黍累尺，慮難瑑刻，望用今尺爲準。其用石泥，按《開寶通禮》云，石泥以石末和方色土爲之，又以五色土爲圜封。按《禹貢》云：『徐州厥貢，惟土五色。』今緣徐州久廢此貢，望下經度，如徐州有此土，即取用；如無，依方色染用。又得中書省修製官王懷甫狀：『所造金泥別無古法，止是創意以金粉、乳香調和而成，印以受命寶。注：寶方一寸二分，今尺爲准，文曰「皇帝恭膺天命之寶」。封匱當寶處刻深二分，用[9]石䃭藏之。其䃭用石再累，各方五尺，厚一尺，鑿中，廣深令容玉匱。䃭旁施檢處，皆刻深七寸，闊一尺，南北各三，東西各二〔三〕，去隅皆七寸。纏

〔一〕敬：原作「恭」，據《玉海》卷八七改。此是宋人避趙匡胤祖父趙敬諱改字。
〔二〕二：原作「三」，據《長編》卷六九改。
〔三〕二：原作「三」，據《長編》卷六九改。

繩處皆刻三道，廣一寸五分，深三分。爲石檢十以擫䃮，皆長三尺，闊一尺，厚七寸，刻三道，廣深如纏繩。其當封處刻深二寸，取足容寶，皆有小石蓋與封刻相應。其檢立䃮旁當刻處，又爲金繩三以纏䃮，皆五周，徑三分。爲石泥封䃮，泥用石末和方色土爲之。用金鑄寶曰「天下同文」，如御前寶，以封䃮際。距石十二，分距四隅〔一〕，皆闊二尺，厚一尺，長一丈，斜刻其首，與䃮隅相應，皆再累。又爲五色土圜封䃮，上徑一丈二尺，下徑三丈九尺。望委内侍張承用與文思院監官試驗而用之。其玉牒、玉册並安於輿，以金吾街仗防禦，遣内侍一員援護，給事舍人一員押當，先車駕二日進發。每程次於行宫之静室，嚴其守衛。至泰山日，於奉高宫設次。迴日配座玉册防援、押當，一如上儀。至京日，先設次於太廟，次日藏於廟室。其封匱䃮玉金二寶，請與受命寶同發，次天書之後。配座玉册、金匱藏於太廟䃮室。』今參詳，如鑿壁爲埳，緣神道貴静，不欲施工，望依尊謚寶册置於神座側。」又言：「封禪行禮將畢，燔瘗之時合舉爟火相應，用爲節制。少府監所設望燎欅槹，蓋爟火之遺制也。欲望至時每壇各設槹欅三，以爲燔瘗之節。又封石䃮金繩，如純用金，虚脆而難纏，望止用塗金銀繩。」並從之。是日，詔：「封祀褥位，圜臺、社首壇正座用黄，配座用緋，皇帝褥用紫，并祭器並創造藏静室，以稱嚴奉。如聞沿路行宫多毁舊屋重造，宜令就加塗塈，不須别創。封祀以前不舉樂，經歷州縣毋令樂人迎候。」

七日，命王旦撰昊天上帝玉牒文，馮拯撰皇地祇玉册文，趙安仁撰祀昊天上帝及泰山、社首二壇配座太祖、太宗玉册文，仍各書之。帝諭旦等曰：「其文宜首叙上天降鑒〔二〕、符瑞沓委，次述爲民祈福之意。」詳定所言：「故事，封泰山玉牒書並秘，唐明皇則不秘，封祀畢内二玉匱於石䃮中。臣等參詳典禮，只載封玉册，不載封玉牒。明皇《開元録》云内二玉匱於石䃮中，是玉牒、玉册各匱，同封於石䃮中。玉牒今欲更不讀，先入玉匱中，承以案，置於昊天上帝神坐側。俟皇帝封玉册畢，太尉又跪奏，取玉册進皇帝，封印如儀。庶遵不秘之文，亦協同封之義。」帝曰：「朕之此行，更無他事，惟以昭答上玄，爲民祈福爲意，其玉牒亦(請)〔設〕於昊天上帝座前。」初議造册〔三〕，文思院玉工言如用真玉，碾字難成，請用階州玉石，可以速就。帝曰：「玉册用石，于理未正。況前代已有論議，必須真玉。」王旦曰：「前代詔敕具存，然唐明皇玉册亦止階玉。」遂命玉工於内府徧閲玉材。既而少中度者，復以追琢功大，慮不能就，宰臣以祀期甚近，望依玉工所[10]請。帝不得已，從之。未幾，階州進所採玉石，帝閲之，曰：「此碔砆之類，其實石也，目之曰玉以奉天，於禮可乎？」翌日，召馮拯等謂曰：

〔一〕四：原作「西」，據《長編》卷六九改。
〔二〕降：原重此字，據《長編》卷六九删。
〔三〕按，以下事，《長編》卷六九繫於七月。

「朕忽記即位初，有以內府文籍來上者，見其間有玉牒、玉册之目。因令中使徧召玉工詢之，果有工人趙榮言，太平興國中令至內府閱視美玉數十段，與衆工治爲牒册，歲餘方就，納于崇聖殿庫。亟命取之，明瑩光潤，與常玉不類。此蓋先帝聖謨已成，垂裕冲眇。」仍出示拯等。時王旦宿齋中書，上曰：「適已令中使馳諭王旦，聞之必甚喜。」拯、堯叟咸奏曰：「國家舉此大禮，以期近玉材難得，迫有司之(儀)〔議〕，取階石爲用。陛下雖勉從之，而(嘗)〔常〕以未合典禮爲念，今果有所獲，此乃陛下至誠寅奉、有開必先之應也。」上又曰：「朕自昨日得此册牒，猶慮工人以良玉難刻，因自書『東嶽』二字，令中使召玉工鐫刻。少頃，中使馳至，朕(必)〔心〕謂訴工之難刻也，暨至，則琢刻已畢，工用甚至。朕計其時刻，一日可琢數十字，至中秋畢工。」議者以爲穹昊幽贊，聖神開先，上至孝至誠，克繼(神)〔祖〕宗之志也。遣知制誥朱巽、內侍張承用就中書監視琢刻。

八日，詔出京日具小駕儀仗，太常寺三百二十五人，兵部五百六十六人，殿中省九十一人，太僕寺二百九十九人，六軍諸衛四百六十八人，左右金吾仗各一百七十六人，司天監三十七人。初，有司定告廟、出京、泰山、社首山並用法駕，帝以前詔惟祀事豐潔，餘從簡約，乃再命詳定，而用此制。

十一日，橋道頓遞使趙安仁言：「得太僕寺狀，金玉輅合先赴泰山，所經州縣門橋街道有隘狹處，請令修(拆)〔拆〕。」詔令於州縣城外過，有墳墓處避之。

十四日，帝以東封路供頓芻糧數廣，召權三司使丁謂，以扈駕兵籍示之，曰：「蓋有司不知此數，廣爲營備爾，曾不慮煩擾于下。其少數未須轉送，當俟秋成和市。」謂因請留河北轉運使李士衡在澶州管勾東封事，從之。

十七日，命宮苑使、勾當皇城司鄧永遷，內侍左班副都知閻承翰，西京左藏庫副使趙守倫，整肅隨駕禁衛。仍鑄印給之。是日，詳定所言：「封禪畢御朝覲壇，諸州所貢方物陳列如元正之儀，望令尚書户部告示，十月以前並集泰山下。」從之。

二十一日，內出封禪壇圖，於龍圖閣召宰臣示之。帝曰：「郊禋昊天上帝位不以正座〔一〕，蓋合祭皇地祇。今封祀日，宜當子位，天書置於東側〔二〕，太祖、太宗位比郊禋日次西北側，以申祖宗恭事之意。」

二十三日，詳定所言：「天書出內至泰山，合用儀衛。今參詳，自出京日創新褥置玉輅中，備儀仗導從七百五十人，前後部鼓吹〔三〕，中使二員夾侍，仍遣官充使。」命王旦爲天書儀衛使，王欽若、趙安仁爲副使，丁謂爲扶侍使，入內副都知藍繼宗爲扶侍都監，內侍周懷政、皇甫繼明爲夾

〔一〕位不：原缺，據《長編》卷六九補。
〔二〕天書置：原作「今」字而下空一格，據《長編》卷六九改補。
〔三〕吹：原脱，據《長編》卷六九補。

侍，仍鑄儀衛、扶侍使印。

二十11四日，命馮拯書封禪玉寶、金寶。

二十六日，詔役卒遇盛暑大雨，並令休憩。山上置門，非執事赴役者勿升。行宮無廣營造，自京送箔瓦，重有勞擾，以板瓦給用。

六月三日，詳定所上《儀注》四卷，帝覽之，曰：「此儀注久廢，非典禮具備，豈爲盡美？」即手劄疑互凡十七事，令與五使參議，釐正而行之。一、「告廟儀，注不言天書出内及太廟設次之所，今既奉符行禮以答靈貺，當隨宜具之，則有司易爲遵守。」遂請安於玉輅設次外。二、「封禪進發，服通天冠、絳紗袍，升輅，注云『今服韡袍進輦』。如韡袍升輦爲當，即合删去舊文，免彰今古禮有輕重；如必須絳紗袍升輅，亦當商議。朕無固必，務在折中。」遂請改用新儀。三、「祀前一日，以太牢祭泰山禮，注云以羊豕代。朝廷之意，蓋慮用犢稍少，代以羊豕。今舉大禮，如羊豕爲當，即合改云少牢；如以非常之祀，雖用太牢，亦無嫌也。」遂請以一牛一羊一豕爲太牢。四、「光禄卿監取明水、火，注云依南郊例。此有司掌事，不必具載。」遂請削去。五、「〔五〕方帝牲，注云以羊豕代。朕記《春秋》『牲牷肥腯』，恐不止牛爲牲，如須牛，亦當商議。」遂言：「準禮，牛羊豕將薦於神者，皆謂之牲。今五帝常祀，代以羊豕，如緣封禪，請用方色犢；如無方色，以純色代之。」六、「山上設東方刺史、縣令之位，今既不許擅離任所，亦須別爲商議。」遂請至日令鄰近長吏、兗州縣令陪祀，位在山下文官之東。七、「還宮乘輅，注云依南郊，常服乘輦。且封山大禮，不須約南郊爲比，如常服乘輦非便，亦當別議。」遂請不用乘輅舊文。八、「服大裘冕，注云今服衮冕之制。如不可行，亦不須載。」遂言大裘久不修製，亦請改去。又：「搢大圭，執鎮圭，大圭之制如何，於今可行，即議制之，免成闕禮。」遂言：「《周禮》大圭長二尺，禮雖有文，久不服用，望止以鎮圭書於儀注。」九、「山下壇行祀，且至圓壇，二黃麾仗，遞呼萬歲，以爲節候。近聞山路稍隘，且大次以上須設衛士，復間黃麾仗，必太迫隘。儀注之内令呼萬歲，亦以非便。」遂言黃麾仗請令衛士兼充，儀注但云傳呼以爲節候，餘委鹵簿使處分。十、「進熟取匜盥沃水及取盤承水，注云以金器代之。且古用何盤，如有制度，何必金器？」遂言少府備有匜、盥、盤之類，今請止用禮器。十一、「所用樂以《禧安》、《隆安》久行樂章，當用封禪之義易之，以明制作。」遂請昊天樂曰《封安》，皇地祇曰《禪安》。十二、「出大次前二刻，傳牌山下，獻官就位。隥道紆屈，轉送人多，必恐失時，當別舉應號以爲節制。」遂請量地勢高下遠近，增設爟火，仍先四刻傳牌。十三、「還宮服絳紗袍，乘金輅，注云『近儀韡袍乘輦』，如是反彰今禮之輕。如山下不可行輅，即以韡袍乘輦；如地平可乘輅，當別商議。」遂言：「皇帝登山如服絳紗袍乘輅，即從臣當（依）〔衣〕袴褶，別須設次更衣，登山太晚。12唐明皇大備法駕，至山下御馬而登，明是常服登山，無爽典故。今請改云『鞾袍乘輦』。」十四、「社首山神州設黝牲，亦以羊豕代。」遂請止用黝犢。十五、「朝覲肆赦，注云諸司囚徒各枷杻繫之。」遂請改云「應枷杻者去枷杻」。十六、「肆赦每一鼓投一杖，注云『舊儀擊千下而止』，不言今擊之數。」遂請改云「立雞擊鼓，立訖即止」，更不投杖。十七、「朝賀土貢之物，注云以户部貢物充。且每歲十二月土貢至備正仗，如止云天下所貢物，又皆金銀、駞馬之類。」遂言土貢諸物悉令集泰山下。

四日，詳定所言：「封祀社首壇石𥕍，準儀注，祀前一日陳于壇上，必恐不及。欲望製造畢，先置壇上，石檢置于其側，距石置於壇上，至時封祕如儀。又舊制，受命寶南郊日置于壇下黄道之南。今請封禪日隨車駕登山，置于壇下黄道之西。又封禪日，太尉跪置玉匱于石𥕍中，發石𥕍蓋下檢。望每壇選行宫司親從官四十人、將校一員，各服儀注衣，立于壇西階下，俟太尉置玉匱于石𥕍，即自西階升，蓋𥕍下檢畢，歸西階下。俟太尉封𥕍禮畢，車駕還大次，再升壇安距石後退。」並從之。

五日，詔：「泰山前代封禪基阯，摧圮者修完之。」雍熙初，内臣有自嶽下得唐明皇東封皇地祇玉册蒼璧，即送闕下，及罷封禪，因留内府。至是帝聞其事，遂令齎送欽若，于舊祀祭處如法瘗埋。

六日，詳定所言：「皇帝告廟，準典禮出乘玉輅，歸乘金輅。今緣奉安天書于玉輅，請往來並乘金輅。」從之。

七日，詔曰：「八神久存祀典，實福生民，方屬登封，特行告饗。其與歷代封禪帝王及所禪山，並於封祀前七日致祭。」詳定所言：「按《漢書》，八神：一曰天主，祠天齊淵，今青州臨淄縣有天齊池。二曰地主，祠泰山梁甫，今兖州乾封縣東南八十里有梁甫城。三曰兵主，祠蚩尤，今鄆州中都縣西南四十五里有蚩尤冢。四曰陰主，祠三山，今萊州掖縣北五十里臨海山陽有祠。五曰陽主，祠梁山，今在登州牟平縣西北六十里。六曰月主，祠萊山〔一〕，今登州黄縣南二十里有萊山。七曰日主，祠成山，今登州文登縣東北百六十里有成山祠。八曰四時主，祠瑯琊〔二〕，今密州諸城縣東南百八十里有瑯琊臺。又無懷、虙羲、神農、炎帝、高陽帝、佶〔三〕、堯、舜、禹、湯並禪云云，在兖州泗水縣北百里；黄帝禪亭亭，在兖州乾封縣西北五里；秦始皇禪梁甫，漢武禪肅然，在兖州萊蕪縣西北六十里。其八神及禪山，望並依祭名山大川禮例遣官致祭。其社首山今行禪祭，望别遣官以少牢致告。梁甫山止就八神之次，會稽山就命越州長吏，無懷至光武十五帝，又唐高宗、玄宗，並依祭先代帝王禮。」從之。其後秘書丞、直史館姜嶼上言：「泰山東南有徂徠山，盤礴高大，亞于岱宗，岡嶺相連，喬松

〔一〕山：原作「州」，據《漢書》卷二五上《郊祀志》上改。
〔二〕以上二句，「時」原作「祠」，「祠」原作「祀」，並據《漢書》卷二五上《郊祀志》上改。
〔三〕佶：原作「信」，據《史記·封禪書》改。佶即帝嚳。

茂石，經史具載，可謂名山。其山神 13 既無名位，闕於封崇，欲望封神爲秩祭之所。」詔特遣官致祭，如八神之禮。

九日，太常寺言：「大樂局樂工候告廟畢，先發往泰山，留樂工四十六人在寺。車駕離京後，欲望大祠權停用樂。」從之。

十五日，詳定所言：「與司天監同定三壇正座、從祀神位，伏請繪圖。山上圜壇設昊天上帝正座〔一〕，太祖、太宗配座；山下封祀壇設五方帝以下六百八十七位；社首壇設皇地祇正座，太祖、太宗配座，神州以下共七十二位。」從之。

十七日，學士院上奉天書入太廟、升泰山圜臺、社首山登歌《瑞文曲》樂章二首，封祀、社首壇樂章八首，詔付有司。《宋朝事實》〔二〕：二十一(月)〔日〕降德音：「門下：王者奉玄貺以臨民，聿敦至治〔三〕；順鴻禧而布澤，式表殊私〔四〕。顧以眇躬〔五〕，嗣承丕搆，守位敢忘於日慎，保邦期至於時雍。乃者寶籙誕彰，輿情固請，願舉勒成之典，肅陳昭報之儀〔六〕。瞻彼岱宗，首冠羣岳。因高展寀，將有事於雲封；永祚垂文，載儲祥於秘檢。當甘醴發源之地，顯圓穹眷命之仁。既福應以荐臻，見明靈之昭格。齋慄躬膺於景貺，寅威益勵於丹衷。式是魯邦，介於東夏，屬錫符而告瑞，思與物以同休。宜推在宥之恩，用洽自天之慶。云云。於戲！不測之神，荷靈祇之顧諟；曲成之道，俾樂土以昭蘇。諒爾衆心，體予行惠。(王)〔主〕者施行。」是日，太常寺言：「舊制，南郊警場人於大駕儀仗內分充，車駕巡幸即於府縣追集樂工。將來在路警場，欲望令法駕鼓吹軍士分番祇應。」詔選天武、神衛、神勇、虎翼軍士充，仍令步軍都軍頭張訓董之。

二十三日，詳定所言：「準詔旨取封禪之義易樂章之名，今參詳，望改酌獻《禧安》之樂，昊天上帝爲《封安》，皇地祇爲《禪安》，皇帝飲福酒爲《祺安》。」詔宜依，俟封禪禮畢仍舊。

二十六日，判太常寺錢惟演言：「六引開封牧〔七〕、令車，望改題牓爲兖州刺史、乾封(今)〔令〕。」從之。

二十八日，御輦院請別製升泰山天平輦，帝慮其太重而勞人，俾裁減之。所司言登陟峻險，恐不堅固，帝曰：「山路稍艱，朕當降輦步進。」又令別造寶匣盝，咸差小其制。

七月二日，詳定所言〔八〕：「準《開寶通禮》，封祀五帝、日月、中官、內官已下及諸星位並奉玉幣，又禪社首、嶽鎮海瀆之幣各從方色。今得太府寺牒，南郊用幣帛七十八段，天地、配帝、日月、五方帝、神州外，餘六十六段，用於內官則有餘，用於中外官、嶽瀆則不足。況禮文既言內官、外官、嶽鎮海瀆幣各從方色，即明皆有制幣。今參詳封祀壇

〔一〕正座：原脱，據下文皇地祇例補。
〔二〕按，以下德音見《宋大詔令集》卷一五一，而不見於今本《宋朝事實》。
〔三〕至：原作「致」，據《宋大詔令集》卷一五一改。
〔四〕表：原作「衷」，據《宋大詔令集》卷一五一改。
〔五〕以：原脱，據《宋大詔令集》卷一五一補。
〔六〕儀：原作「宜」，據《宋大詔令集》卷一五一改。
〔七〕開封：原作「門封」，據文意改。
〔八〕定：原脱，據《太常因革禮》卷四三補。

内官五十四座，中官一百五十八座，外官一百六座，社首壇，嶽鎮海瀆，望並依方色用幣。」從之。

四(月)(日)，以知制誥周起、閤門祇候侍其旭編排東封路進奉。先是，朝陵沿路士庶貢物，俟有司給賜，頗至稽滯，及是命起等主之。

六日，詳定所言：「南郊正位、配位每位用犢、羊、豕各一，五方帝每位用羊、豕各一，[14] 日月、神州每位羊、豕各二。從祀七百三十七位，皆不用牲，並以上件羊豕分充。今準詔，五方帝、日月、神州並特用方色犢，其舊用羊、豕二十二，望改充從祀牲。」從之。

十一日，以秘書丞、直史館劉鍇攝將作監，與入内殿頭高品張承素領徒封圜臺石𥕥〔一〕，仍令先至嶽下規度之。時請對便坐，以𥕥式進御，帝起更袍而視之，蓋奉祀崇嚴之至也。

十二日，詳定所言：「圜臺玉牒、玉册，望於車駕登山前一日先上泰山，於大次左右嚴静處别設次。」從之。

二十三日，詳定所言：「先準詔，九宮貴神升爲大祠。今參詳，如在本壇，即爲大祀，如當郊祭，元無此神。況位座不全，圭玉虚設，其九宮貴神於封祀壇不合用玉。望令三省官集議。」詔丞郎、給舍以上參議以聞。

八月三日，詔：「東封路軍馬無得下道蹂踐禾稼，違者罪其將校。如聞開封府界發民治道，可亟罷之。仍令諸色人非執事不得升山，升山路有大石難越者，築土平之，或委曲而過。木當道者，用綵帛縈其枝幹，咸勿傷動。泰山外七里内禁樵採，草莽許於山下一里外以時剪除，其耕墾如舊。」時王欽若言巖麓間多有靈跡，慮傷殘草木，故有是詔。

四日，詳定所言：「準太常寺牒，景德二年南郊，天皇大帝、北極二位升在第一等，與日月、五方帝位同用十籩十豆。封禪日，未審何等禮料。今參詳，日月、五方帝、神州地祇，準禮用犢。天皇大帝、北極，望令光禄寺於特牲内薦體，其籩豆禮料依第一等。」從之。

五日，詔：「封祀日，文宣王四十六世孫、同學究出身聖祐，令次京官陪位；兖州經省試舉人，令於朝覲壇陪位。」

十一日，詔扈從羣臣、諸班軍、諸色人裝錢，比巡幸加等給賜。

十二日，以車駕巡幸，京東西、陝西、淮南路諸州地當衝要者，權增屯兵，仍第賜緡錢及酒，令長吏犒設。以内殿崇班劉文質爲齊州駐泊都監兼都巡檢，以泰山北面有路抵齊州，故增警備也。

十三日，詔：「審刑院、開封府，自九月一日後勿奏大辟案，止令中書擬定施行。軍頭司引見罪人，悉具犯由聞奏，送開封府決遣。兖州大辟囚送鄆州處斷，俟東封回日依舊。」

〔一〕與：原無，據《長編》卷六九補。

十六日，詳定所言：「準唐明皇故事，封祀日備法駕，帝獨與宰臣、行禮官登山。初以靈山清潔，不欲人多，上欲令初獻於山上壇行事，親王亞獻、終獻於山下壇行事。召禮官賀知章等入講儀注，知章等以三獻合爲一處，於是亞、終獻悉於山上，羣臣並留谷口，從升者裁五十人。今如依古制，慮祇應不逮，欲望除親王爲亞獻、終獻及文武官升山行事外，餘並山下封祀壇立班。入內內侍省除掌事帶甲宿衛外，入內都知二人、內臣十人，內侍都知一人、內臣五人，帶御器械二人，行宮使、閤門使、通事舍人、尚藥奉御、翰林書待詔各一人，翰林御廚、儀鸞15司監官各一人。諸司職掌，令本司具數申奏，中書、樞密院房吏各二人，親王、輔臣、直省官押衛各一人。其從人，親王、兩府僕射已上不得過五人；三司使、學士、尚書丞郎已上，節、察、留後、上將軍，不得過四人；給諫、（如）〔知〕制誥、大卿監、龍圖閣待制、三司副使、樞密都承旨、防團、刺史、閤門使已上，不得〔過〕三人；餘不得過二人。津置禮衣至山上訖，五人者留二人，餘留一人。」從之。是日，詳定儀注官晁迥而下習泰山圜臺封祀儀於都亭驛。時禮官以封禪大禮曠廢已久，簡册所載不備，故先事肄習。後二日，再習於驛中。

十七〔日〕，詔：「應天下並禁屠宰壹月，以十月一日爲始。」己酉〔一〕，王欽若獻芝草，召輔臣同閱之。

九月三日，以兵部侍郎向敏中權東京留守，翰林侍講學士邢昺權判留司御史臺。

五日，禮儀使言：「準典禮，皇帝飲福酒以上樽，太尉而下以罍。今參詳，告廟及封禪日，皇帝所飲福酒，蓋上靈降祉，以交神明之福，望令尚食奉御一員於上樽酌酒以進，庶叶禮文。」從之。己未〔二〕，詔告太廟日以芝草、嘉禾、瑞木列於天書輦前及陳於六室。庚申，皇城使劉承珪詣便殿上新制天書法物，有鶴十四就舞於庭。

六日，以權三司使事丁謂爲行在三司使，鹽鐵副使林特副之，鹽鐵判官楊可、度支判官黃宗旦並爲判官，度支副（司）〔使〕崔端、户部副使宋摶同勾當留司三司事〔三〕。以（待）〔侍〕衛步軍都虞候鄭誠編排法駕鹵簿，殿前副都指揮使劉謙、馬軍都虞候張旻編排執儀仗軍士。謙仍兼行在馬軍司事，詔令先部前軍赴泰山。是日，奉天書於朝元殿，帝齋於殿之後閣。初，有司撰儀，止致齋一日，特詔散齋二日。

七日，扶侍使等奉天書升玉輅〔四〕，赴太廟神門內幄殿。帝酌獻訖，奠告六室。至太祖、太宗室，告以嚴配之意。是日〔五〕，有黃雲迎日，若橋梁狀，五色雲如錦。錢惟

〔一〕按，己酉爲二十一日，此實爲《玉海》卷九八之文，《永樂大典》添入於此。

〔二〕按，以下二日事亦爲《玉海》卷九八之文。己未爲二日，庚申爲三日，按日次亦不當在此。

〔三〕宋摶：原作「宋搏」，據《宋史》卷三〇七《宋摶傳》改。

〔四〕侍：原作「持」，據《長編》卷七〇改。

〔五〕按，自「是日」至「以美盛德」，亦爲《玉海》卷九八之文。

演、黄宗旦、宋綬、劉筠、邵焕、晏殊以靈瑞紛集，咸上讚頌，以美盛德。

十二日，詔儀仗内導駕官從人，親王、輔臣、宣徽、三司使四人，學士、尚書丞郎、節度使三人，給諫、知制誥、大卿監、三司副使、樞密承旨、客省閤門使副、金吾大將軍押仗鳴珂、内殿崇班已上二人。仍令官左右巡察之。

十三日，詳定所言：「舊制，車駕巡幸，皇帝坐晚朝〔一〕，國忌及假日不休務，親王、中書、樞密、三司使副、學士、節察防團使、刺史並隨駕，每日行宫合班起居，中路頻侍食，文武百官先發，至行宫前迎駕起居。今參詳，行在晚朝視事，羣臣不赴起居，龍圖閣待制依朝陵例，中路侍食。餘如舊制。」從之。

十四日，詔：「祀事醴酒，有司别擇器用，精加醞釀。至時進内，朕躬親題檢，以付有司。」

十六日，詔應文武官奉使至兖州，當升嶽者並公服。諸司奉祠升山人，官給衣服，祀日沐浴服之。令王欽若等察之。

十七日，16命諸司副使二員視嶽下諸壇牲牢、祭器〔二〕，有不恭其事者，遇赦不原。命宫苑使趙承煦、六宅使魏昭亮、御前忠佐馬步軍頭周美點檢山下諸壇牲牢祭饌，承煦仍點檢山上圜臺牢饌；内侍三班使臣、御前忠佐二十二員監視封禪諸壇牲器禮料；又命入内高班鄧守恩覆視諸壇牢饌。是日，詔：「皇帝自告廟即進疏食，從官、衛士至鄆州即禁葷茹，公私羊豕不得至嶽下〔三〕。」帝謂王旦等曰：「朕以封禪非常祀，自今日素膳。」旦等曰：「陛下方將涉道塗，冒寒沍，慮保衛聖體，未得其宜。況南郊亦祀天地，無聞預禁葷茹，望於致齋或散齋後議進蔬膳〔四〕。」帝曰：「嚴於齋潔，所冀盡誠耳。」旦等三表懇請，終不許。《宋朝事實》〔五〕：上於封祀，極其至誠。是日詔封祀有期，禁天下屠宰一月，其行事臣寮、樂工等於致齋日並齋戒沐浴，祭器委獻奠官躬親浣滌，隨駕官吏、軍兵不得將採捕罝羅、鷹鶻等隨行。自告太廟畢，上即蔬食清齋。王旦等奏曰：「昨日親奉德音，自此便素食，蓋陛下特於封祀備盡嚴恭。然日月尚遠，將涉長途，衝冒寒沍，況南郊亦祀天地，不聞預絶葷茹，乞於致齋或散齋後方進素饌。」上曰：「封禪大禮，固非常祀，先期齋潔，冀表至誠。」旦等復再拜懇言，上曰：「朕志已定，不煩重疊。」自告廟後不御前殿，詔審刑(部)〔院〕、開封府不奏大辟。上謂王旦等曰：「朕以登岱勒封，爲民祈福，應緣今來封禪事合斷罪人，卿喻有司，並從寬恕，不得過行刑責。」仍詔泰山社首、九宫貴神行事官并職事人，如奉祀懈慢，遇赦不原。上又謂陳堯叟曰：「朕虔心祀事，凡犯罪之人，不欲躬親裁決。又慮小民以朝廷方行大禮，輕犯憲令，可降宣命，應自今諸事諸色人或有違犯，並送行營量輕重決遣，更不聞奏。内有罪重者，亦一面依法斷遣，勿得奏來。」自訖事不戮一人，咸以謂上睿謀先見，得省刑愛人之旨。

二十二日，詔：「羣臣有期服未除、(思)〔緦〕麻已上服

〔一〕坐：原作「座」，據《長編》卷七〇改。
〔二〕視：原作「祀」，據《長編》卷七〇改。
〔三〕得：原無，據《長編》卷七〇補。
〔四〕「望」字原脱，「蔬」原作「疏」，據《長編》卷七〇補改。又按，此事《長編》繫於此年十月戊子朔。
〔五〕按，以下一段亦不見於今本《宋朝事實》。

未卒哭者，不得與祭。先遣執事者並令改易。敢有隱（慝）〔匿〕，遇赦不原。」繇是祀官吏部尚書張齊賢等數十人有服制者，皆改命焉。

二十四日，給升山行事官及衛士釘鞋，以山路險滑故也。是日，趙安仁獻芝草〔一〕。

二十五日，詔：「朕擇日於崇德殿習東封儀。」初，帝謂王旦等曰：「封禪重禮，故精擇儒臣詳定儀注，有司雖已講肄，而朕未嘗躬習。」旦曰：「凡祀事無帝王習儀之文。」帝曰：「王者事天，如子事父，貴極于嚴恭爾。」晁迥等復入奏：「升降之節，在于有司，不煩君上親習。」帝曰：「朕以達寅恭之意，豈憚勞也！」

二十七日，帝躬習封禪儀于崇德殿。以殿上擬封祀圜臺，設昊天上帝、天書、太祖、太宗位，仍設木製礠距、金玉匱。又設大次于殿庭，攝事公卿就列，有司贊引，帝出大次，陟降恭肅，盡其禮容。是日，帝既還宮，復出，召輔臣謂曰：
17「適因習儀，頗見典禮未便者：如天書未下圜臺〔二〕，朕已先降；又金匱先天書降壇，送神畢始奉玉册寘礠中〔三〕，禮儀使奏禮畢，在望燎前；置玉匱於礠中，即召親從卒升堂封固，頗懼喧雜〔四〕。卿等可與禮官、博士再議以聞。」於是詳定所言：「按《開寶禮》則燔燎畢封册，開元故事則封礠後燔燎。今如不對神封册，則未稱寅恭；或封礠後送神，則併爲喧黷。臣等參詳，請俟終獻畢皇帝升堂封册牒，跪置礠中，泥印訖，皇帝復位，飲福，樂止，燎火舉。天書降圜臺，金匱次降，禮儀使奏畢，俟封礠訖，皇帝再登壇省視。緣祀禮已畢，更不作樂，省訖降壇。」從之。

二十八日，奉祀官、從官習封社首壇儀于都亭驛。

十（有）〔月〕二日，詳定所言：「準儀注，泰山上圜臺一壝。望於圜臺四面相去一丈立筭柱一，圍以青繩，上下三道，對子、午、卯、酉四陛，各開一門。又封禪前七日，太尉誓百官於行在尚書省。山下行事官、職掌人，請以山下臣寮官高者一員攝太尉，擇嚴静公宇受封祀社首壇兩日誓戒。又泰山行禮在質明前，欲別置秉燭籠二，命從升内臣秉執。」並從之。又定朝覲壇在行宮南方九丈六尺，高九尺，四陛，南面兩陛，餘三面各一陛。一壝，二分在南，一分在北。

三日，以御史中丞王嗣宗攝御史大夫，爲考制度使；知制誥周起攝中丞，爲副使。所經州縣，採訪官吏能否、民間利病、市物之價，舉察儀制車服、權衡度量不如法則者。有奇才異行、隱淪不仕者，與所在長吏詢求論薦。鰥寡惸獨不能自存者，量加振卹。官吏政迹尤異、民受其惠，及不

〔一〕按《玉海》卷九八云：「（九月）庚辰，趙安仁獻芝草。」庚辰乃二十三日。此句實爲《永樂大典》據《玉海》添入，僅改「庚辰」爲「是日」，但誤以庚辰爲二十四日。
〔二〕下：原作「已」，據《長編》卷七〇改。
〔三〕奉玉册寘礠中：《長編》卷七〇作「奉玉匱寘礠石」。
〔四〕懼：原作「遽」，據《長編》卷七〇改。

守廉隅、昧於政理者，孝子順孫、義夫節婦爲鄉里所稱者，並條析以聞。命給事中張秉、知制誥王曾訪問所過耆老送閤門引見，上州縣繫囚所犯。

四日，有司宿設天書仗衛於乾元門，晝漏未上三刻，自宫奉天書升玉輅〔一〕，黄麾仗、前後部鼓吹、道門威儀、扶侍使導從而行〔二〕。帝服通天冠、絳紗袍，御大輦發京師。留司百官、京城父老奉辭於行宫門，留司諸軍列辭永泰門外。賜留司諸軍緡錢，父老錦袍、茶帛，自是所至皆然。

五日，奉天書先路而行，羣臣非常從者皆迎拜訖進發，車駕繼發。次日如之。所過州縣，官吏並城外更衣，幄次見辭，賜巡警及屯兵、郵傳、治道卒時服、錢、屨。所經率以爲例。是日，詔山上亞獻、終獻並特令登歌作樂。先是，帝習儀日，令中書傳旨問禮官，亞獻、終獻何不作樂，詳定所言：「按《開寶禮》，皇帝郊祀壇上設登歌，壇下設宫架。其登歌惟皇帝升降、奠獻、飲福則作，其宫架六變降神、迎俎、退文舞、引武舞、壇下迎送皇帝則作，亞獻、終獻升降在退文舞、引武舞之内。其餘大祀，有司攝事止用登歌，不設宫架、二舞，所以三獻升降並用登歌。今緣山上設登歌，山下設宫架、二舞，其山上亞獻、終獻準 18 皇帝躬祠禮例，無用登歌之文。」帝以對越天地，嚴配祖宗，不欲分等威，故有是命。

七日，判太常寺李宗諤上圜臺登歌亞獻〔三〕、終獻樂章二首。

八日，詳定所言：「登封日，山上下（詔）〔設〕黄麾仗，其天書仗更不上山。」詔天書法駕、黄麾仗相間序立。初詔黄麾仗自天門至山下每四步一人，後又益以親事卒，兩步一人。

十日，王欽若等言：「請令從祀官乘馬，京官至山門，朝官至迴馬嶺，知制誥、待制至黄峴亭中路，翰林學士至黄峴亭，親王、輔臣至御帳百步外，諸司使、副已下依此品。」從之。是日，詔：「應乘輿儀仗，如城門不可入者，由城外而過。」時大輦至澶州，有司以城門（庫）〔庳〕下，將撤之，帝不許，因有是詔。

十六日〔四〕，詔知鄆州馬元方、知齊州陳既濟、知沂州黄龜正〔五〕、知濟州李道、知單州李從政、知淄州郝大冲並赴泰山陪位。河北、京東轉運使及使還京朝官未見者，許門見陪位。帝以前詔諸州長吏不得擅離本任，而儀注云東方刺史、縣令悉陪位，因再令詳定，遂許鄰近長吏及兖州部内官吏陪祀訖歸任。

〔一〕「奉」原作「奏」，「輅」原作「輪」，並據《長編》卷七〇改。
〔二〕侍：原作「持」，據《長編》卷七〇改。
〔三〕諤：原作「愕」，據《宋史》卷二六五《李宗諤傳》改。
〔四〕按，以下事《長編》卷七〇繫於十一日戊戌。
〔五〕沂州：原作「忻州」。按下文云「許鄰近長吏陪祀」，則知此處所列諸州均爲鄰近泰山之州，而忻州乃在今山西忻縣，懸隔千里。以方位及字形推之，「忻」必爲「沂」之誤（沂州治今山東臨沂），因改。

十七日，詔：「扈從人宿頓之所，無得壞民舍、什物、林木，犯者重寘其罪。行事官、職掌人盡恭奉祀，有涉懈慢，令監察御史糾舉，遇赦不原〔一〕。」

十八日，詳定所言：「山上圜臺牲牢，俟山下省畢，方宰殺齎送上山，但委所司，慮失嚴潔，望遣內臣同其事。」詔入內高品邵文雅主之。

十九日，詔劉謙、趙守倫於山門閲視升嶽之人，著籍者許上〔二〕，齎掌法物人至嶽頂並還山下，俟禮畢呼集，令曹利用專領護之。翰林儀鸞御厨、內弓箭法酒庫、內酒坊三十七人升山，十二人中路頓，四十三人至山上却下。始定百五十六人，至是又差減之。

二十日，發翔鸞驛，至中路頓，備法駕入乾封縣奉高宮。攝太尉王旦告至于封祀壇場。辛卯〔三〕，車駕發京師。至鄆州，令從官及衛士皆蔬食。車駕所至，夜設警場，以鼓吹三千人奏嚴，歌《六州》〔四〕、《十二時》。

二十一日，帝齋于穆清殿。詳定所言：「先定儀注，皇帝乘輦升山。今覩行宮至山下道路平坦，伏望登山并赴社首山日乘輅，導駕官服袴褶，登山夜暫罷警場。」從之。

二十二日，知制誥朱巽捧玉牒、玉册，及圜臺行事官並先升山。帝以迴馬嶺至天門路頗峻絶，慮蹐陟者稍艱，令巡檢安守忠等爲版三尺，許兩首施綵帛，人各二，選親從卒推引而上。

二十三日，未明五刻，扶侍使奉天書升玉輅，至山下改輿升山。帝服通天冠、絳紗袍，乘金輅，備法駕。至山門幄次，改服鞾袍，乘步輦以登。鹵簿仗衛列于山下，黄麾仗衛士、親從卒自山阯盤道至太平頂，凡兩步一人，綵繡相間，樹木當道者勿伐，止以繒帛縈之。供奉馬止于中路御帳，亞獻寧王元偓、終獻舒王元偁、鹵簿使陳堯叟從升。

【宋會要】

19 神宗熙寧二年八月十七日，龍圖閣直學士傅永言：「奉符縣泰山下，真宗皇帝昔封禪日所立碑記，舊有屋宇，當時委本州常切修護。今屋宇寮陋，碑石損折，甚非所以尊奉祖宗一代告成盛事。乞下轉運司，支岱嶽廟施利錢修葺。」從之。

【宋會要】

政和三年十一月十一日，河南府言：「節次據管內屬縣命官、學生、道釋、耆老等六十六狀，咸言國家累聖相承，功成治定，是宜講修封禪之儀，以答天地之貺，奉符行事，誠不可稽。欲詣闕進表，恭請皇帝登封中嶽，告成天地。」

〔一〕按，「行事官」以下，《長編》卷七〇別作一詔，繫於十月四日辛卯。
〔二〕按此事《長編》卷七〇繫於十月九日丙申。
〔三〕按，自此以下至本條末非《宋會要》之文。辛卯乃十月四日，「發京師」事本書上文「四日」條自有詳細記載；「至鄆州」在本月十四日辛丑，見《長編》卷七〇。是「辛卯」以下與上下文叙事之時間次序不合，可見《永樂大典》抄録他書强加拼湊之痕迹，但不知抄自何書。
〔四〕州：原作「周」，據《宋史》卷一四〇《樂志》一五改。《六州》、《十二時》，鼓吹樂曲名。

詔許十二月十八日詣宣德門拜表。二十四日，於崇政殿引見，賜束帛、緡錢有差，所請不允。時本府以少尹一員部送請封人至闕，凡四千六百餘人。自是他州詣闕請封人，皆以官部送。

四年正月十七日，兖州命官、學生、道釋、耆老及至聖文宣王四十七代孫孔若谷等詣闕進表，請皇帝行登封之禮。詔許二月七日拜表，八日引見，並如河南府已得旨揮，賜〔束〕帛、緡錢各有差。內高年人成倩授承事郎，賜緋衣銀魚，張春授將仕郎，並致仕。所請不允。

二月六日，鄆、濮二州命官、學生、道釋、耆老等並詣闕進表，請車駕登封泰山。三月四日引見，賜錢帛如兖州例，所請不允。二州合八千六百餘人。自是，開德、興仁、（穎）〔潁〕昌府、鄭州、廣濟軍等處，並乞詣闕請封，止令遞表以聞，優詔不允。

四月二十五日，河南府命官、學生、耆老、道釋等再詣闕拜表，請中封。二十六日引見，賜束帛、緡錢各有差，內高年人張成特授將仕郎致仕，詔不允。

十月二十六日，鄆、兖二州命官、學〔生〕、耆老、道釋等並乞再詣闕恭請皇帝東封。

政和四年三月五日，永興軍言：「本州學生鈕昌言等詣州陳請，欲具表詣闕請皇帝登封，親祠后土。」詔免赴闕，只令進表。以上《宋會要》。（以上《永樂大典》卷一六八四九）

宋會要輯稿　禮二三

社稷

【宋會要】

1 仁宗天聖十年七月三日，判太常寺王隨言：「社、稷二壇，數經增補，恐闊厚不如舊制，請下太常禮院檢詳制度。」禮院言：「按唐《郊祀録》，太社壇廣五丈，高五尺，五色土爲之。稷壇在西，如社壇之制。社壇以石爲之主，其形如鐘，長五尺，方二尺，剡其上，培其下半。其社、稷四面宮垣飾以五色，面各一屋，三門，每門二十四戟〔一〕，四隅皆連飾罘罳，如廟之制，其中植槐。其壇三分宮之一，在南，無屋。」詔依舊制脩築，仍遣官祭告。

慶曆七年八月一日，〔詔〕諸州軍祭社物，今後並以省錢支給。

神宗元豐七年六月十七日，尚書禮部言：「先農正座帝神農氏祝文云『以后稷配神作主』，配座后稷云『作主侑神』。謹按《春秋公羊傳》曰：『郊則曷爲必祭稷？王者必以其祖配。王者則曷爲必以其祖配？自内出者無匹不行，自外至者無主不止。』何休曰：『天道闇昧，故推人道以接之。』然則古者作主配神之意，本施於祖宗。其間有雖非祖宗，而祝辭可以言作主配神者，如五人帝之於五帝，是推人道以接天神；勾龍之於社，后稷之於稷，是推人道以接土穀之祇，其祝辭俱云『作主』可也。若并爲外祭，而正〔二〕、配座又皆人鬼，則以正爲主，其配座但合食從祭而已〔三〕。伏請於神農祝文云『以后稷配』，於后稷云『配食於神』。高禖以伏犧、高辛配，祝文並云『作主配神』。神無二主，伏犧既爲主，2 其高辛祝文伏請改云『配食於神』。」並從之。

二十三日，禮部言：「社稷之祭，乞下有司依禮制造兩圭有邸二，以爲社、稷之禮器。」從之。

哲宗元祐七年三月十八日，太常博士孫諤言：「祭太社、太稷壇，亦設登歌樂，仍除去小牆。」詔令侍從官及尚書、侍郎、給舍、臺諫、禮官集議以聞。翰林學士顧臨等言：「按《開元禮》，祭社、稷設登歌〔四〕、鐘磬，今止於社壇設登歌，誠爲闕典，請如諤議。」從之。

徽宗大觀三年十二月，詔太社、太稷神門、齋室，各以弊陋，牆垣庳下，命提點後苑作所具圖以聞。

九日，給事中張閣等言，乞增崇社、稷，與宗廟一體。上曰：「宗社禮當嚴謹，當即脩崇。」遂從其請。

四年四月二十八日，議禮局言：「國朝祀儀，每歲春秋祭太社、太稷，牲用太牢，臘祭用羊、豕。按《禮記》：『天子

〔一〕四：原脱，據《宋史》卷一〇二《禮志》五補。
〔二〕正：原脱，據《長編》卷三四六補。
〔三〕已：原脱，據《長編》卷三四六補。
〔四〕登：原脱，據前後文意補。

社稷皆太牢，諸侯社稷皆少牢。』其多寡之數不同，亦惟其稱而已。今臘祭太社、太稷與春秋二仲之祭，所尊事者一神而有太牢、少牢隆殺之異，甚非禮經之意。伏請自今臘祭太社、太稷準春秋二仲之禮，牲用大牢。」從之。

十月，提點後苑作所言：「重脩太社、太稷神門、齋室畢功，舊止有郊社令一員及剩員三二人看管，全不嚴肅，未稱崇奉之意。欲令太廟官兼行管幹，其合行事，並依太廟已得指揮。」從之。

政和二年八月二十四日，太常寺言：「宗廟、太社、太稷並係大祠〔一〕，今太社〔二〕、太稷登歌而不設宮架樂舞〔三〕，獨爲未備，宜用宮架。切 **3** 緣太社、太稷迎神、送神樂曲，係兩壇齊奏，今用宮架樂舞，則迎神、送神、詣罍洗〔四〕、歸復位、捧俎、退文迎武，亞、終獻望燎樂曲，並合用宮架樂，設於北墉之北。」從之。

（十二）〔紹興十三〕年三月十八日〔五〕，詔令臨安府於城内擇地，依禮制建築社稷壇壝；其行事官致齋所，亦隨宜修蓋。自建炎至紹興初，臣僚奏請，有司但奉行祀典，不用牲牢，不設粢盛，止以尊罍籩豆以實酒脯鹿臡而已。至是，臣僚又請設建壇式，講明舊制。尋下禮部、太常寺討論，從所請，故有此詔〔六〕。以春秋二仲、臘前一日祭之。其禮料比擬舊制，用羊、豕各一口；籩十二，菱、芡、栗、鹿脯、榛實、乾桃〔七〕、乾䕩、乾棗、形鹽、魚鱐、糗餌、粉餈〔八〕；登二，大羹；鉶鼎三〔九〕，鉶羹〔一〇〕；盤一，毛血；簠二，黍〔一一〕、稷；簋二，稻，粱；豆十二，芹、筍、葵、菁、韭、酏食、魚醢、豚拍〔一二〕、鹿臡、醓醢、糁食、兔〔一三〕；俎八，羊腥七體、羊熟十一、羊腥胃肺，羊熟腸胃肺。豕腥七體、豕熟十一；豕腥膚，豕熟膚。尊罍二十四，實以酒。並同皇地祇。（以上《永樂大典》卷二〇四二二）

【中興禮書】

4 紹興元年二月五日，禮部、太常寺言：「討論裁定，每歲春秋二仲并臘前一日祭太社、太稷，乞於天慶觀設位望祭，每位尊、爵、籩、豆各一，實以酒、脯、鹿臡，權不用玉。幣依方色。以獻（一）官一員行禮。」詔依。詳見「祀上帝」門。

二年二月六日，太常少卿程瑀等言：「已降指揮，令臨

〔一〕大祠：原脱，據《宋史》卷一二九《樂志》四補。
〔二〕今：原脱，據《宋史》卷一二九《樂志》四補。
〔三〕宮架樂：原脱，據《宋史》卷一二九《樂志》四補。
〔四〕詣：原作「諸」，據《宋史》卷一二九《樂志》四改。
〔五〕「紹興」原無，「十三」原作「十二」，據《建炎要録》卷一四八補改。
〔六〕故有：原作「欲以」，據《建炎要録》卷一四八改。
〔七〕乾桃：原脱，據《文獻通考》卷八二補。
〔八〕餈：原脱，據《文獻通考》卷八二補。
〔九〕「鉶」下原有「脂」字，據《文獻通考》卷八二刪。
〔一〇〕羹：原脱，據《文獻通考》卷八二補。
〔一一〕黍：原作「粢」，據《文獻通考》卷八二改。
〔一二〕「豚」上原有「羹醢」二字，又「拍」原作「柏」，據《文獻通考》卷八二刪改。
〔一三〕兔：原作「鬼」，據《文獻通考》卷八二改。

安府於城内踏逐祭太社、太稷去處，今本府踏逐到城内天寧觀屋五間，可以充望祭等行事。」詔權於天寧觀望祭。

八年三月十六日，禮部、太常寺言：「春秋（社）祭太社、太稷，乞就惠照院致齋，設位行禮。」詔依。

十一月八日，禮部、太常寺言：「准勑，臣僚上言：『《王制》，天子祭社稷皆太牢；《周禮》以血祭祭社稷〔一〕，雖在喪制，猶越紼而行事。蓋其禮與天地等也。艱難以來，禮文曠闕，有司討論，省繁就簡，於祀社稷不用牲牢，不設粢盛，止陳尊、爵、籩、豆，實以酒、脯、鹿臡，雖云綿蕞，亦太草創。今天地、宗廟之祀，因時制宜，其文稍稱，惟是社稷尚稽血食，恐非所以重國體。況州縣之祭，各以羊豕，在天子之社，詎可簡乎？伏望下禮部、太常寺，參酌舊文，重行裁定。』詔依。禮部、太常寺今參酌裁定下項：一、依儀用牛犢二，羊、豕各四，今欲乞依見今祀祭天地禮例，權用羊、豕各四。一、依儀用籩、豆各十二，簠簋各二，今乞依見今祀祭天地禮例排設。一、依儀係差三獻，吏部尚書掌誓，刑部尚書涖誓，押樂太常卿，户部、兵部、工部郎中，監察御史，光禄卿、丞，奉禮、協律郎，太祝、太社、太官令。緣今樂舞未備，及牲牢止用羊豕，欲除 5 押樂太常卿、協律郎、捧牛俎户部郎中更不差官外，其行事官初獻差禮部尚書、侍郎、太常少卿，如闕，欲乞差禮、祠部郎官充。亞獻差太常卿少、禮祠部郎官，如闕，欲乞差太常丞、博士充。終獻差太常博士，如闕，欲乞報秘書省，差丞以下官充。掌誓差吏部尚書，如闕，欲乞差侍郎；又闕，差郎中。涖誓差刑部尚書，如闕，欲乞差侍郎；又闕，差郎官。捧羊、豕俎差兵部、工部郎中。如闕，乞以郎官充。監察御史、光禄卿丞、奉禮郎、太祝、太社、太官令并合排辦事件，乞從太常寺報所屬差官。一、依《儀禮》不屋而壇，緣今未曾修築壇壝，權於望祭齋宫殿前設位行禮。今既添用牲牢、祭器，其齋宫殿前地步窄隘，乞令臨安府委官移齋宫内櫺星門近南，及撤截修葺除治。」詔依。

十三年三月十八日，禮部言：「臣僚劄子奏：『臣竊考社稷之祠，王者所重。國家南渡以來，上戊之祭寓於佛祠，既非典禮，未有以副（陞）〔陛〕下祀神保民之意。伏望下禮官講明舊制，擇地爲壇，式備春秋之祀。古者天子巡狩，既歸則格於藝祖，廟社之留京師於此可見。若御軍以戰，則用命賞於祖，弗用命戮於社。是廟社之主與之偕行，師還則復仍其舊。二者謂一時巡狩、戰伐之際，故有是禮。今陛下南幸十有七年，郊廟之制既備，獨社稷不可以無壇，宜襲東漢永平故事施行。』詔令禮部討論。尋下太常寺勘會，依禮制其社稷壇在城内，今欲依臣僚所請，6 令臨安府於城内踏逐可以修建社稷壇并行事官致齋去處，隨宜修築施行。」詔依。十四年六月十七日，臨安府踏逐到觀橋東民户地一段，修建壇壝并行事官致齋去處。至十五年七月二十日修建畢工。

十五年七月七日，禮部、太常寺言：「勘會修建社稷

〔一〕血：原脱，據《周禮注疏》卷一八補。

壇，安立石主，依禮例合行祭告，其〔幣〕〔牲〕幣、祝文、差官、選日并應辦事，乞依自來禮例關報所屬施行。」詔依。太史局申，奉安石主宜用八月十日癸未丙時吉。

淳熙四年十月二十九日，禮部言：「太社令韓梃劄子：『已降指揮，太社令每月遍詣諸壇壝〔一〕、齋宮等處檢視，遇有損漏去處，申牒所屬修整。梃躬親前詣太社、太稷檢視得望祭殿宇、行事官齋位、神厨等屋年深損爛，望祭殿低小，乞下臨安府，委官鼎新修整。』後批：送部看詳。尋關工部，並下太常寺看詳，欲依本官所言，乞令臨安府鼎新修整。又令太社令依舊每月遍詣社稷壇壝等處點檢，若太社宮人吏不即檢視頹毀修整去處，從太社令申寺斷罪。」詔依。

祭社稷儀 時日、齋戒、陳設、省牲器、奠玉幣、進熟、望瘞。

時日。太常寺預於隔季以春秋社祭太社、太稷關太史局，若臘饗則預於隔季以季冬日臘日。太史局以其日報太常寺。太常寺參酌訖，具時日散告。

齋戒。前祭十日，受誓戒於尚書省。其日五鼓，贊者設位版於都堂下。吏部尚書在左，刑【7】部尚書在右，並南向。初獻、亞、終獻位於其南稍東，北向西上。監察御史位於其西稍北，東向。光禄卿、兵部、工部郎中、光禄丞位於其南稍西，北向東上。光禄丞位稍却。奉禮郎、太祝、太社、太官令位於其東，西向北上。質明，贊者引行事、執事官就位立定，禮直官引吏部尚書由都堂降階就位。禮直官贊揖，在位者對揖。吏部尚書搢笏讀誓文云：「某月某日，社，若臘祭即云臘前一日。祭太社、太稷。各揚其職，不共其事，國有常刑。」讀訖執笏，禮直官贊奉禮郎、太祝、太社、太官令先退，餘官對拜乃退。若大禮年遣官分祭，則祭官與親祠行事、執事、陪祠官同受誓戒於尚書省。散齋七日，治事如故。宿於正寢，不弔喪、問疾、作樂，判書刑殺文書，決罰罪人及與穢惡。致齋三日，光禄卿、丞、太官令齋一日。二日於本司，無本司者於太社宮齋舍，質明至。唯祭事得行，其餘悉禁。前祭一日質明，俱赴祠所齋宮，官給酒饌。祭官已齋而闕者，通攝行事。

陳設。前祭三日，儀鸞司設饌幔於北神門外道，東西向。前二日，有司牽牲詣祠所。前一日，太社令帥其屬掃除壇之上下，太常設神位席、太史設神位版於壇上，凡鋪設神位版，皆太社令監視。太常設祭器，凡設祭器，皆藉以席，籩、豆又加巾蓋。以俟告潔。既畢權徹。有司陳牲於北神門外，南向，祝史各位於牲後，太常設省牲位於牲南。三獻官在東，西向〔北〕上；光禄卿、兵部、工部郎中、【8】光禄丞、奉禮郎、太祝、太社令、太官令在西，東向，俱南上；凡設光禄丞以下位皆稍却。監察御史位於光禄卿之南，東向，少絶。太常陳禮饌於北神門外道東，南向，太常設省饌位版於禮饌之南。三獻

〔一〕詣：原稿存左半部作「月」，茲據下文改。

官在南，北向東上；監察御史在東，西向；光祿卿、兵部、工部郎中、光祿丞、奉禮郎、太祝、太社、太官令在西，東向南上。太常設登歌之樂於社稷壇上，稍北，南向。祭日丑前五刻，禮直官、贊者、諸司職掌各服其服。太常設神位席、太史設神位版於壇上。太社位南方，北向，稷壇設大稷位准此〔一〕。席以藁秸。后土勾龍氏位於其西，東向，稷壇設后稷位准此。席以莞。太常陳玉幣於神位之左，玉以兩圭有邸，盛以匣；配位不用玉。幣以黑，置諸篚。將奉奠，以玉加幣上。祝版各於神位之右〔二〕，置於坫。次設祭器，實之。每位各左十有二籩，爲三行，以右爲上。第一行形鹽在前，魚鱐、糗餌、粉餈次之；第二行榛實在前，乾桃、乾䕩、乾棗次之；第三行菱在前，芡、栗、鹿脯次之。右十有二豆，爲三行，以左爲上。第一行芹菹在前，筍菹、葵菹、菁菹次之。第二行韭菹在前，酏食、魚醢、兔醢次之；第三行豚拍在前，鹿臡、醓醢、糝食次之。俎二，一在籩前，實以羊腥七體，兩髀、兩肩〔三〕、兩脅并脊。兩髀在兩端，兩肩、兩脅次之，脊在中。一在豆前。實以豕腥七體，其載如羊。又俎四，在豆右，爲二重，以南爲上。第一重：一實以羊腥腸胃肺，離肺一在上端，刌肺三次之，腸三、9胃三又次之；一實以豕腥膚九，橫載。第二重：一實以羊熟腸胃肺，一實以豕熟膚，其載如腥。皆羊在左，豕在右。若配位即以西爲上。鉶三，在籩、豆前。實以羹，加芼滑。槃一，在鉶前。實以毛血。簠二、簋二，在籩、豆外，簠在右。簠實以稻、粱，粱在稻前；簋實以黍、稷，稷在黍前。設著尊二，一實明水，一實醴齊，初獻酌之。壺尊二，一實明水，一實盎齊，亞、終獻酌之。皆有罍，加勺、冪，爲酌尊。太尊二，一實泛齊，一實醴齊。山尊二，一實盎齊，一實醍齊。犧尊二，一實沈齊，一實事酒。象尊二，一實旨酒，一實清酒。皆有罍，加冪，設而不酌。並在壇上稍北，南向東上。每位各有爵坫。太常設燭於神位前，又設俎八於饌幔內，洗二於每壇西階之西，北向。盥洗在西，爵洗在東。罍在洗東，加勺，篚在洗西，北肆，實以巾，若爵洗之篚，即又實以爵，加坫。執罍篚者位於其後。又設揖位於北神門外，如省牲之位。唯不設光祿卿、丞位。開瘞坎二，各於子階之北壬地，方深取足容物，南出陛。設望瘞位於其南，如省饌之位。唯不設光祿卿、丞、太官令位。設三獻官席位於社壇子階北墉下，稍西，南向西上；兵部、工部郎中席位於社壇子階北墉下，稍西，南向東上；監察御史席位於（南）〔兩〕壇之間，奉禮郎、太祝、太社、太官令位於其後。又設監察御史位於社壇上樂虡南，在東，西向；奉禮郎、太祝、太社令位在稷壇上樂虡之南，在西，東向南上；太官令位於酌尊所，10俱南向。

省牲器。前祭一日，行事、執事官集初獻齋所肄儀。太祝習讀祝文、眡玉幣及神位版訖，禮直官、贊者分引行事、執事官詣北神門外省牲位凡初獻行事，禮直官引，餘官皆贊者引。立定，禮直官贊揖。次引監察御史詣社壇，（外）〔升〕自

〔一〕稷壇：原作「社壇」，據《政和五禮新儀》卷九三改。
〔二〕版：原脱，據《政和五禮新儀》卷九三補。
〔三〕兩肩：原脱，據《政和五禮新儀》卷五〇補。

西階，凡行事、執事官升降皆自西階。眡滌濯，執事者舉冪曰「潔」。次詣稷壇，如上儀，降，復位。禮直官稍前，曰「告潔畢，請省牲」。太祝出班，巡牲一帀，（請）〔詣〕初獻前，南向，躬曰「充」。退，復位。光禄丞出班，巡牲一帀，詣初獻前，南向，躬曰「腯」。退，復位。禮直官贊：「省牲畢，請就省饌位。」揖訖，引行事、執事官各就位立定，禮直官贊揖。所司省饌具畢，禮直官贊「省饌畢」，揖訖，俱還齋所。光禄丞、太祝以次牽牲詣厨，授太官令，次引監察御史詣厨省鑊，眡祭器滌溉，乃還齋所。未後一刻，太官令帥宰人以鸞刀割牲，祝史以槃取毛血，置於饌所，遂烹牲。晡後，太社令帥其屬掃除壇之上下訖，還齋所。

奠玉幣。祭日丑前五刻，行事春冬用丑時七刻，秋用丑時一刻。太社令先入視，設神位版訖，退。次太官令、光禄丞帥其屬實饌具畢，光禄丞還齋所。次引光禄卿入詣子階之北席位，南向立，贊者曰「再拜」，光禄卿再拜，升壇點視禮饌畢，退。次引監察御史升壇，點閲陳設，糾察不如儀者。凡點視及點閲，皆先詣正位。樂正帥登歌工人升西階，各就位。光禄卿還齋所，餘官各服祭服。次引行事、執事官各就北 11 （北）神門外揖位立定，禮直官贊揖。次引監察御史、奉禮郎、太祝、太社、太官令就子階北席位，南向立。次引三獻官、兵部、工部郎中入就壇下席位，南向立。禮直官稍前，贊：「有司謹具，請行事。」登歌作《寧安》之樂，八成止。太常瘞血。贊者曰「再拜」，在位者皆再拜。次引監察御史、奉禮郎、太祝、太社、太官令升壇，各就位立定。太官令就社壇正位酌尊所。次引初獻詣社壇盥洗位，《正安》之樂作。凡初獻升降行止，皆作《正安》之樂。至洗位南向立，搢笏，盥手，帨手，執（壇）〔笏〕，樂止。又登歌樂作，詣太社神位前，南向立，樂止。《嘉安》之樂作，搢笏，跪。次引奉禮郎搢笏，東向跪，執事者以玉幣授奉禮郎。奉禮郎奉玉幣授初獻，執笏，興，先詣后土勾龍氏神位前，南向立。初獻受玉幣，奠訖，執笏，俛伏，興，再拜，樂止。次詣后土勾龍氏神位前，西向立，酌獻詣配位准此。奠幣如上儀。奉禮郎先詣太稷神位前，東向立。初獻將降壇，樂作，降階，樂止。又登歌樂作，復位，樂止。次詣稷壇洗位，及升壇奉幣[一]，並如社壇之儀。奉禮郎復位，初獻將降壇，樂作，降階，樂止。又登歌樂作，復位，樂止。

進熟。祭日，有司帥進饌者詣厨，以匕升羊，載於一俎；肩、臂、臑在上端，肫、胳在下端，正脊一、直脊一、横脊一、長脅一、短脅一、代脅一，皆二骨以並，在中。次升豕如羊，各載於一俎，正、配位羊、豕各一俎。設於饌幔内。俟初獻既升奠玉幣訖，入陳於西階下，東向北上。次引兵部、12 工部郎中詣社壇西階下，搢笏奉俎。兵部奉羊，工部奉豕。升壇，《豐安》之樂作，詣太社神位前，南向跪奠。先薦羊，次薦豕，各執笏，俛伏，興。有

[一] 以上二句，「稷壇」原作「社稷」，「及」原作「又」，並據《政和五禮新儀》卷九二改。

司設於豆右腸胃膚之前。羊在左，豕在右。次詣后土勾龍氏位，西向，奉俎如上儀。樂止，俱降，復位。次詣太稷壇，奉俎並如社壇之儀。降，復位。初奠俎訖，引太祝取菹擩於醢，祭於豆間三，又取黍、稷、肺，祭如初，俱藉以茅。退，復位。次引太祝詣太社神位前，西向立。次引初獻再詣盥洗位，登歌樂作。至洗位，南向立，搢笏，盥手，帨手，執笏；詣爵洗位，南向立，搢笏，洗爵，拭爵；以爵授執事者，執笏，升壇，樂止。又登歌樂作，詣太社酌尊所東向立，樂止。《嘉安》之樂作，執事者以爵授初獻，初獻搢笏，跪，執爵。執尊者舉冪，太官令酌著尊之醴齊訖，先詣后土勾龍氏酌尊所南向立。初獻以爵授執事者，執笏，興，詣太社神位前南向立，搢笏，跪。執事者以爵授初獻，初獻執爵祭酒，三祭於茅苴，奠爵，執笏，俛伏，興，少立，樂止。次引太祝搢笏，跪，讀祝文。讀訖，執笏，興。先詣后土勾龍氏神位前，北向立，初獻再拜。次詣后土勾龍氏酌獻，並如上儀。太官令復詣稷壇正位酌尊所，太祝詣稷壇正位前立。初獻將降壇，樂作，降階，樂止。又登歌樂作，復位，樂止。次詣稷壇洗位及升壇酌獻〔一〕，並如社壇之儀。太官令、太祝復位。初獻將降壇，樂作，降階，樂止。又登歌樂作，復位，樂止。次引亞獻詣盥洗位，南向立，搢笏，盥13手，帨手，執笏；詣爵洗位南向立，搢笏，洗爵，拭爵；以〔爵〕授執事者，執笏升壇，詣太社酌尊所，東向立。登歌《文安》之樂作，執事者以爵(受)〔授〕亞獻，亞獻搢笏，跪，執爵。執尊者舉冪，太官令酌壺尊之盎齊訖，先詣后土勾龍氏酌尊所南向立。亞獻以爵授執事，執笏，興，詣太社神位前南向立，搢笏，跪。執事者以爵授亞獻，亞獻執爵祭酒，三祭於茅苴，奠爵，執笏，俛伏，興，再拜。次詣后土勾龍氏神位前，行禮並如上儀。樂止，降，復位。次詣太稷壇行禮，並如社壇之儀。降，復位。次引終獻詣洗及升壇行禮，並如亞獻之儀。降，復位。次引太祝徹籩、豆，籩、豆各一，少移於故處。《娛安》之樂作。卒徹，樂止。次引太社令束茅訖，俱復位。禮直官曰「賜胙」，贊者承傳曰「賜胙，再拜」，在位者皆再拜。送神《寧安》之樂作，一成止。

望瘞。初，《寧安》之樂畢，引三獻官、兵部、工部郎中詣社壇望瘞位，樂作。至位，樂止。有司各詣神位前〔二〕，取幣、祝版、饌物及牲之左髀、束茅置於瘞坎。次引監察御史、奉禮郎、太祝、太社令詣望瘞位立定。禮直官曰「可瘞」，寘土半坎。次詣稷壇望瘞位，並如上儀。次引初獻以下詣北神門外揖位立，禮直官贊「禮畢」，揖訖，退。太官令帥其屬徹禮饌，監察御史詣壇監視收徹訖，還齋所。光祿卿以胙奉進，監察御史就位展視，光祿卿望闕再拜，乃退。

（以上《永樂大典》卷二〇四二三）

〔一〕稷壇：原脱「壇」字，據《政和五禮新儀》卷九二補。
〔二〕前：原脱，據《政和五禮新儀》卷九二補。

【宋會要】

14 光宗紹熙三年八月十九日，監察御史曾三復言：「竊見社稷壇壝草萊蕪没，執事者不可陞降，雖專設官，久失司存，不復振舉，甚非所以示尊奉之誠也。乞下禮院討論制度，委守官幫築壇壝，塡疊級道，護以磚石，壇下地面悉以甃砌，以便行禮。仍專責太社令每月躬親巡視。」從之。

同日，又言：「州縣間社稷之位，士大夫不知先務，而昵于非祀，反以爲迂緩不切，僅存故事而已。乞行下應州縣社稷壇場，並加修葺，務在精嚴。春秋祠祭，須長官躬親行事，必即壇壝之所，不許於他處就便行禮。仍於壇側搭蓋屋宇，以備雨潦望祭。守令到官之初，謁詣廟祀，首詣社稷之所。凡有水旱，必先致禱，使知崇本，無愧有邦。」從之。

〔淳熙〕十年七月八日〔一〕，詔：「遇有水旱，令州縣先祈社稷。」從臣僚請也。（以上《永樂大典》卷二〇四二四）

〔一〕淳熙：原無，據《宋史全文》卷二七上、《玉海》卷九九補。

宋會要輯稿　禮二四

明堂御札

【宋會要】

1 仁宗皇祐二年二月十八日，帝謂輔臣曰：「孝莫大於嚴父，嚴父莫大於配天。今冬至日當親祀圜丘，欲以季秋有事于明堂，行饗帝饗親之禮，以極孝恭之意。卿等討尋典故，詳議其事。」文彥博等對曰：「此禮久墜，歷代未行，非聖慮深遠不能及此。容臣等退而講求其當，自聖朝行之。」後二日，彥博因對奏曰：「臣等檢討舊典，昊天上帝一歲四祭，皆於南郊，以公卿攝事，惟至日圜丘率三歲一親祀。開寶中，藝祖幸西京，以四月庚子有事南郊，行大雩之禮。淳化四年、至道二年，太宗皆以正月上辛躬行祈穀之祀〔一〕，悉如圜丘之禮，惟季秋大饗闕而未舉。真宗祥符初，以元符昭錫，議行此禮，用伸恭謝。屬東人徯來，即有事於岱宗，既而祀汾脽、曲里，聯講巨儀，故亦未遑於合宮之事，將上帝祖宗之意，遺以俟陛下乎！向者臣等始聞德音，卒遽不能上對，及閱見舊典禮經，乃知上聖有作，博究古今，非諸臣之淺所能。仰望清光，不勝大慶。」帝曰：「今舉希闊之禮，與卿等審議始終，先定其當，然後出命可也。」因曰：「明堂制度，自前代諸儒議論皆異，將安適從？」彥博等對曰：「於《孝經》則云宗祀文王于明堂以配上帝，於《禮記》則有《明堂位》，在《周官·考工》則有世室重屋之制，然文畧不備；餘皆漢後諸儒雜引緯書，各爲論議，故駁而不同。」帝曰：「明堂者，布政之宮，朝諸侯之位，2 然則天子之路寢乎，乃今之大慶殿是矣。況明道初祀天地於此，今之親祀，不當因循，尚於郊壝寓祭。其以大慶殿爲明堂，分五室於內。朕於祀事務罄嚴恭，餘以簡而中禮爲貴，亦須下禮官議之。」

三月一日，內出御劄曰：「事天事地，治國之善經；饗帝饗親，聖王之盛節。所以懋昭孝本，惇訓民先，致理之原，率繇茲舉。朕欽膺瑞命〔二〕，撫有中區，紹億載之基圖，席三后之謨烈，兢兢業業，罔或怠遑。賴高厚況臨，神祇協贊，方隅底屬，歲物順蕃。躋此汔康，莫匪靈貺。緬稽先憲，祗見昊穹，而祈穀于春，祭雩以夏；迨升禋於景至，嘗親展於國容。惟明堂布政之方，尊嚴父配天之禮，雖崇精饗，未即躬行。言念及茲，心焉載惕。今將涓季秋之令旦，舉宗祀之上儀，恭接神明，奉將牲幣。庶成繼孝，豈敢憚勤！宜示先期，式伸誕告。朕取今年九月內擇日有事於明堂，其今年冬至親祠南郊即宜輟罷。合行恩賞，並特就祀明堂禮畢，一依南郊例施行。至日，朕親御宣德門宣制。

〔一〕「辛」原作「幸」，「祀」原作「祝」，並據《玉海》卷九六改。
〔二〕瑞：原作「端」，據《宋大詔令集》卷一二四改。

仍令所司詳定儀注以聞，務遵典禮，勿俾煩勞。」

十一日，詔：「將來明堂大饗禮畢，臣僚不得請上尊號。」

十二日，詔：「明堂大饗，唯祇奉天地宗廟，率遵典禮；自餘乘輿服御諸物，令三司裁度，損約功費，務從簡儉。所不須雅飾物，毋得妄有申請，枉致勞費。」

同日，直龍圖閣王洙言：「國家因隋、唐制，每歲季秋大享，止於南郊壇寓祭，不合典禮。古者明堂、宗廟、[3]路寢同制，今大慶殿即路寢也。九月皇帝親祀，當於大慶殿行禮。」詔付禮官。

十五日，太常禮院言：「季秋有事于明堂，國朝初行此禮，事無舊比，恐諸司疑誤，未明詔旨，須更俟申嚴，始預行辦集。欲一準南郊例，合行事件，許諸司申請施行。」從之。

十六日，詔明堂祀昊天上帝、五天帝以真宗配座，並皇帝親行獻禮。

十七日，判太常寺兼禮儀事宋祁、楊安國、張揆等對于垂拱殿，言：「戊子詔書，今年九月有事于明堂。檢詳典禮，謹具條請，凡十一事：一、明堂者，古天子布政、朝諸侯之所，而前代諸儒以爲在國之陽。國朝以來，未遑修建，每季秋大饗，即有司攝事，沿隋、唐舊制，寓祭南郊壇。今皇帝既親祀，不容寓禮，宜即大慶殿以爲明堂〔一〕，其體一也。倣古便今，於儀爲允。況明道初，已曾就此殿恭謝天地。二、據明堂制，有五室。當大饗之時，即設昊天上帝座於太室中央，南向；配帝位於上帝東南，西向。青帝室在東，西向；赤帝室在南，北向；黃帝在太室內少西南，北向；白帝室在西，東向；黑帝室在北，南向。今大慶殿初無五室，欲權爲幔室，以準古制。每室爲四户、八牖。或不爲幔室，即止依方設版位，於禮亦不至妨闕。其五神位即設於庭中東南。三、《通禮》，昊天、配帝用蒼牲二，五方帝、五人帝各依方色，用牲十。緣國朝每南郊，雖神位至多，亦止用犢四、羊豕各十六。今明堂欲用犢七以薦上帝、配帝、五方帝，羊、豕各[4]五薦五人帝。四、燎壇設於殿庭東南隅，如《通禮》之制。五、禮郊用辛，取王者齋戒自新之義。《通禮》，大饗明堂用辛。今欲擇用辛日。六、明堂古制，南面三階，三面各二階。今大慶殿唯南向一面有兩階，其三面之制即難備設。欲於南面權設午階，以備乘輿登降。七、大次於大慶殿門外少東，南向，小次設於大慶殿下少東，西向，悉如舊制。八、皇帝致齋，請就文德殿，如南郊大慶殿齋宿之儀。百官致齋，兩省以上官宿於朝堂，文官設次左昇龍門外，武官設次右昇龍門外。京官仍舊不宿齋，大饗前一日令就百官幕次止宿，至日陪位。九、明堂大饗，唯真宗崇配，據禮合止告一室。伏緣乘輿入廟，仰對列聖，若事饗一室，禮未厭情。今欲罷有司今年孟秋時饗，請皇帝親行朝饗之禮，即七室皆徧，可盡恭虔，於禮爲便。其真宗室

〔一〕據《太常因革禮》卷三四，此下當有「今大慶殿乃古路寢明堂」句。

祝册兼告崇配之意。自餘齋宿如南郊之儀。禮畢，服通天冠、絳紗袍，乘玉輅還文德殿齋次。如乘輿不親行，即遣官告真宗一室如常禮。其景靈宫舊禮不著，若依南郊，即乘輿親行酌獻。十、《通禮》，明堂大饗用大駕，本緣明堂在外行禮。今乘輿前一日親饗七室，不緣前禮，當改用法駕。況太宗端拱二年將饗太廟，有司曾請用法駕，有詔從之。十一、南郊禮畢，自大次輦還帷宫，鈞容鼓吹導引。自帷宫還内，諸營兵夾路鼓吹奉迎。今明堂禮畢還文德殿，以須旦明登樓肆赦，緣宫禁近地，難用鈞[5]容鼓吹，其鈞容合在宣德門外排列，營兵鼓吹合在馳道左右排列。欲候禮成，乘輿離大次還文德殿時，自内傳呼出外，許鈞容及諸營鼓吹一時振作。俟乘輿至文德殿御幄，即傳呼令罷。所參詳舊禮有或未便，合行修正。伏緣祖宗著定大典，有司不得輒更，伏俟裁可。」詔：「明堂權爲幔室五室，方位再令檢詳典禮，繪圖以進。太廟七室，親行薦饗之禮。所有將來孟冬饗太廟宜權罷，其景靈宫亦親行酌獻之禮。明堂禮畢，鈞容班樂自大次前振作，由右昇龍門導還文德殿。餘悉恭依。」

二十五日，判太常寺、兼禮儀事宋祁言：「伏見詔書，有事明堂。國家三聖，未行此事，禮既希闊，尤須講求。直龍圖閣王洙久在史局，諳究制度，望令與禮官共力詳討，庶無闕失。」詔洙同判太常寺、兼禮儀事。

二十六日，詔用九月二十七日辛亥大饗明堂，以宰臣文彦博爲大禮使，宋庠爲禮儀使，樞密使王貽永爲儀仗使，樞密副使龐籍爲鹵簿使，參知政事高若訥爲橋道頓遞使。先是，禮官議王者郊用辛，蓋取齋戒自新之義。又《通禮》記明堂亦用辛，遂下司天擇日，而得辛亥吉，蓋九月二十七日也。

二十九日，判太常寺宋祁上《明堂通議》二篇，序畧曰：「上稽三代，旁搜漢、唐，禮之過者折之，説之謬者正之，以合開寶一王之典，聊佐乙夜觀書之勤。」其書自内出，尋復有詔進入。是後，閤門祗候劉舜臣上《明堂議》并圖一卷；資政殿學士范仲淹上建昌軍草澤李覯《明堂圖議》〔一〕，授試太學助[6]教；福州草澤鄭叔豹上《宗祀書》三卷〔二〕。

同日，太常禮院言：「卜用九月辛亥行大饗之禮，當奏告天地、廟社、諸陵及告内外神祠，得司天監狀，用四月八日吉。」從之。以樞密副使梁適攝太尉，望告天地於南郊壇。樞臣奏告非舊制，亦重其事也。時政府六員，五員充使，故以適奏告，同告謝，復增賜賚如五使焉。

四月四日，太常禮院上言：「將來明堂請如典禮，前大饗三日，皇帝於文德殿致齋。前二日，先詣景靈宫行薦饗之禮畢，赴太廟朝饗。禮畢還文德殿宿齋，次日行明堂之禮。」詔曰恭依。又言：「準三司牒，明堂行禮合排程頓，當預示處所，爲之辦治。當院詳慶曆七年郊例，宣德門、太廟、南郊壇各爲一頓。今緣止赴太廟行饗禮畢即還文德殿

〔一〕覯：原作「遘」，據《長編》卷一六九改。
〔二〕叔：原脱，據《長編》卷一六九補。

致齋，次日詣明堂行禮，其頓置合自致齋并太廟回日，宣德門共二頓，太廟一頓，欲准此移報。」從之。

五日，太常寺言：「大樂局止有常祀明堂樂章，今皇帝親行大饗，其樂章當別撰定。鼓吹局合排法駕儀仗，前後部所用歌辭、合宮等曲，望早賜宣下，準以習肄。」詔學士院以時撰進。禮院言：「將來法駕車輅仗衛、禮樂器服等有濫惡敝闇，請委內臣二員計會所由司，各以件言，速加修飾。仍下三司，副其須索。」從之。

六日，詔差諸州府官就祀方嶽、海瀆、宮廟，告以大饗之期，仍遣使齎香祝以往。

七日，太常禮院言：「季秋饗昊天上帝及五方帝於明堂，當用四圭有邸、青圭、赤璋、白琥、黝璜、黃琮各一，并薦饗景靈宮用四圭有[7]邸一，凡七玉。當院檢會慶曆七年郊制，昊天上帝玉用蒼璧。及詳《開寶通禮》，明堂祀昊天上帝，玉用四圭有邸，今請如《通禮》。望下三司，令所屬會少府擇嘉玉，預行修製。」詔禮官詳定禮神玉及燔玉制度以聞。

八日，太常禮院言：「明堂大饗，於大慶殿行禮，殿宇階廡及丹采之所，並當增修雅飾。望下修內司施行。」從之。

九日，內出手詔曰：「明堂之禮，前代並用鄭康成、王肅兩家義說，兼祭昊天上帝，已爲變禮。國朝自祖宗已來，三歲一親郊，即偏祭天地，而百神靡不從祀。故太祖皇帝雩祀，太宗皇帝、真宗皇帝祈穀，二禮本無地祇位，當時皆合祭天地，以祖宗並配，而百神從祀。今祀明堂，正當三歲親郊之期，而禮官所定止祭昊天、五帝，不及地祇，又配座不及祖宗，未合三朝之制。況比年以來，水旱、地震，稼穡不登，今移郊爲大饗，蓋亦爲民祈福，若祭天而不祭地，又祖宗不得偏配，於禮未安。其將來親祠明堂[一]，宜合祭皇地祇，奉太祖、太宗、真宗並配，而五帝、神州地祇亦親獻之，日月、河海諸神，悉如圜丘從祀之數，以稱朕恭事天地、祖宗、神靈之意。」時帝謂輔臣曰：「禮非天降地出，緣人情爾。今禮官習拘儒之舊傳，捨三朝之成法，非朕所以昭孝息民也。」宰臣文彥博曰：「惟上聖至明，爲能達禮之情，適禮之變，非臣等愚昧所及。」

十日，宰臣文彥博等奏曰：「以詔書所定親獻之禮，若周於五天帝、神州地祇，比[8]圜丘之位，恐陟降爲勞也，請命官分獻之。」帝曰：「朕於大祀，豈憚勞也！」又禮官議從祀諸神位未決，帝復諭彥博等曰：「郊壇第一龕者在堂，第二龕、第三龕者設於左右夾廡及龍墀之上，在壝內外者列於堂之東西廂及堂之後廡，以象壇壝之制。仍先繪圖以聞。」

十一日，詔：「明堂行禮所設褥位、祭器、祭食，應行事臣僚及諸司人毋得輒有踐躐及橫絶越過，違犯者具以罪

[一] 親：原作「新」，據《群書考索》卷二八改。

論。諸寺監應奉人等，令大禮使嚴行戒諭，須至時預先沐浴，服新潔衣。升殿行事職掌，差内臣管勾宿齋及支沐浴錢。務在嚴肅，不得慢易。」

十二日，禮儀使言：「准敕，應祭祀行事官吏有不遵典禮、罔事肅恭，令有司糾察聞奏。若已受誓戒，有廢闕者，不在赦原。將來逐處行禮日，其文武百官、使臣、軍校及諸司祇奉職掌等，慮不知有此條制，或至違犯，望下閤門、御史臺、宣徽院申明告示。」從之。

二十一日，太常禮院言：「奉詔旨，明堂祭玉令速具尺寸制度以聞。當院檢詳，今來明堂行禮唯蒼璧不用外，定用四圭有邸、黄琮、圭璧各二，青圭、赤璋、白琥、黝璜、兩圭有邸各一，凡十一玉，並各擇嘉玉，準《三禮圖》，參按《周禮義疏》制造。其慶曆七年禮官所定祭玉制度尺寸，謹詳録以聞。若用景表尺，即與黍尺差近。恐真玉難得大者，則請以本院先定，依聶崇義所説指尺爲度制造〔一〕。」從之。仍令勾當御藥内侍盧昭序領焉。

二十四日，太常禮院言：「乘【9】輿法駕詣景靈宮、太廟還，赴明堂行禮所經從道路，欲自宣德門直南，至開封府北轉仗東向，至景靈宮行禮畢，赴太廟宿齋。薦饗禮畢，由舊路行赴文德殿致齋。準郊例，前三日禁止都城内外喪葬哭泣之聲，禮畢次日復初。望下橋道頓遞使、都大提舉應奉司、開封府施行。宮廟習儀并行禮日，諸司寺監祇應職掌、樂工等，合給酒食，欲依慶曆七年郊例，食皆量直給錢，酒支本物。大饗禮畢，當賜福酒，望下三司準舊例支給。」並從之。

二十五日，詔差明堂都大提舉官管勾一行應奉公事二人，行宮使六人，權新舊城裏都巡檢使各二人，都大管勾大内公事三人，輦路黄道分面編排引駕臣僚六人，提點設食價錢公事、提點支散薦席各二人，管内黄道，點檢諸班内素食各一人，以閤門使副，祇候、通事舍人、正任遥郡、諸司使副、帶御器械、樞密承旨、内侍省都知、押班充。

二十八日，太常寺言：「得大樂局狀：『常歲季秋大饗明堂，五天帝位並屬分獻，即不用樂。今大饗明堂，五天帝皆皇帝親獻，禮堂並用樂。參詳典禮，五郊迎氣之時，各奏本音之樂，青帝以角，赤帝以徵，黄帝以宮，白帝以商，黑帝以羽。至上辛祀感生赤帝，樂即隨月用律。所有今來五天帝酌獻之樂，所用音律未敢專定。』本寺伏詳：今來明堂祀昊天上帝，合隨月用律，以無射爲宮。其五天帝既是報成，合各用迎氣所奏五音，青帝以姑【10】洗爲角，赤帝以林鐘爲徵，黄帝以黄鐘爲宮，白帝以太簇爲商，黑帝以南宮爲羽。」詔禮官議定以聞，既而上言：「詳據舊典，參以國朝制度，其天地配位，皇帝升降奉俎、亞獻、三獻、文武二舞，皆當隨月用律。九月以無射爲均，五天帝各用本音之樂。請如太常所定宣下。」詔可。

〔一〕度：原作「製」，據《玉海》卷九六改。

二十九日，太常禮院言：「準詔檢詳五室方位，今據典禮，明堂五帝位並爲幔室。緣奉事上帝，不容華侈，欲用青絹朱裏以爲旁帷上幕。其四户八牖，準《大戴禮》『赤綴户，白綴牖』，宜以朱白絹飾户牖。又按《周禮》『夏后氏世室』，鄭氏云堂上爲五室，象五行：木室於東北，火室於東南，金室於西南，水室於西北，土室在中央。崔靈恩説亦如之。欲依《周禮》鄭、崔義説，設五室於大慶殿中央及四隅，於行禮陟降、陳設爲便。」詔可。

五月一日，太常禮院言：「準詔詳定明堂禮神玉及燔玉制度，今禮官參議，當依典禮用二玉：一以禮神，置於神位，祀畢藏之少府，于後每祀供之；一以爲燔玉，加牲體之上，并燎燔之。並用美玉。」詔可。仍度以景表尺，如玉美而小，即用指尺。令内侍盧昭序領作。先是，帝謂輔臣曰：「前代禮神有祭玉、燔玉二品，今獨燔玉，無乃闕禮？」文彦博等奏曰：「唐太和中，太常卿王起以當時祀事止有燔玉而無禮神祭玉，請依禮下有司精求良玉，創造禮神蒼璧、黄琮等九器，祭訖藏之。燔玉依常制用珉。唐末以來，祀典廢闕，禮神之玉不復備 11 用，以至于今。」帝曰：「朕奉事天地、祖宗，盡物盡志，豈於寶玉有所惜耶？其令有司議如典禮，凡祀用玉者，爲祭、燔各一。」敕内府尋閲美玉。至是，適回紇貢玉璞數十，剖之，擇良美，命匠者制爲琮、璧九品，各二，内黝璜尤温粹。祭玉之備，始復於此也。

三日，太常禮院言：「明堂太廟陪位者，欲令鴻臚寺、四方館準郊例施行。景靈宮殿庭地近，度不能盡容班叙，望依例止令諸蕃進奉使副及致仕前資京朝官陪位，仍不過慶曆七年人數。」從之。

七日，太常禮院言：「昨赴大慶殿詳度陳列天地以下神位，今參比郊壇壝兆上下位叙如左：殿上五室内，太室中北昊天上帝位，皇地祇在左，皆南面；太祖、太宗、真宗位在東，西面；黄帝在太室中西南，北面〔一〕，人帝在左，少退；青帝、赤帝、白帝、黑帝各從本室，人帝在左，少退；神州地祇、日月、北極、天皇（太）〔大〕帝並設於五室之間，其位少退。五帝、神州、日、月、北極、天皇大帝，郊壇爲第一龕位。五官勾芒以下，設於明堂廷中少東南，别爲露幄。五緯十二次紫微垣内官、五方嶽鎮海瀆、歲星、真梠、鈎星以下七十二位，於東西夾廡下版設。於郊壇爲第二龕位。二十八舍黄道内天官，角宿、攝提、五方山林川澤以下一百七十九位，於丹墀、龍墀道東西版設。於郊壇爲第三龕位。黄道外天官及衆星、五方壝衍原隰以下四百九十六位，並東西廡周環殿後版設。以北爲上。於郊壇爲内壝之内外位。倣古明堂之制，又稍與壇壝位叙相類。及令修内司并 12 少府、司天監量廣深丈尺約陳列祭器，不至併隘。如得允當，望下司天監繪圖以進。又廢大慶殿御榻屏風，正當行禮及設神位，欲權奉置於殿後閤，覆以帟幕，禮畢仍舊。殿東西廡下有户牖處，恐非精

〔一〕北：原無，據《長編》卷一六八補。

潔，欲用青純朱裏幕並緋緑額遮衛。望下三司製造。又準乙丑詔敕：『明堂合祭皇地祇，奉三聖並配，朕躬行禮。五帝、神州亦特親獻。自餘日月、河海諸神從祀，悉如圜丘之數。』禮官前上奏議，既定牲數，今增奉禋配之位，則牲亦隨廣，請於七犢外更增四犢，所有羊、豕亦依郊例，各用十六以薦日、月以下從祀神位。」並詔可。

八日，太常禮院言：「準橋道頓遞使移問，明堂行禮，聖駕乘〈輿〉〔與〕不乘大輦由左右昇龍門往復，及更自何門闌出入，以須度視高廣能容過與否，亟以舉報。本院參詳，將來皇帝自文德殿齋次出殿門，由朝堂入右昇龍門，昇輅出宣德門，赴景靈宮薦饗，太廟宿齋。朝饗禮畢，還入宣德門降輅，歸文德殿宿齋。至大饗日，出文德殿門，由朝堂門入右昇龍門，赴大次以俟。入明堂行禮畢，還大次，歸文德殿，以次升樓。其明堂往回，宫禁地近，乞止乘常御小輦；所有景靈宮、太廟升降，輿輅所乘，一準郊例。皇帝致齋自二十二日，訖二十五日。百官宿朝堂、太廟，晨晡並給肉食。及將赴景靈，早饌請賜蔬素。太廟、明堂行禮畢，早饌亦賜羹肉。將來乘輿自太廟回，赴大慶殿行禮，即諸軍素隊合於馳 13 道左右排列，俟至日禮畢離大次，即傳呼，令軍樂振作。其在致齋之内，即依慶曆七年郊例，聖駕赴宫廟時，並禁作樂。望下殿前、馬、步軍司告諭。」並從之。

十二日，禮儀使言：「明堂行禮，奉祖宗徧配天地及五方上帝、神州地祇，並皇帝親行奠獻。準郊制，皇帝先詣天地位奠獻訖，次詣配帝位行禮。今請皇帝初詣昊天上帝位奠玉幣訖，次詣皇地祇，青帝、赤帝、黄帝、白帝、黑帝、神州地祇位奠玉幣，次詣太祖、太宗、真宗位奠幣。其酌獻之叙亦如之，欲載於儀注。」詔恭依。

十四日，太常禮院言：「準詔定五人帝神位版，今欲增博至一尺，厚二寸，其長如初。」從之。舊博七寸，厚五分，長尺三寸。以其菲陋，不稱嚴奉之禮，故增之。

二十二日，宰臣文彦博等上表，明堂大饗天地、祖宗五位酌獻樂章，乞御撰。詔答不允。

二十三日，内出御撰明堂樂曲及二舞名：降神曰《誠安之曲》，皇帝升降行止曰《儀安之曲》，昊天上帝、皇地祇、神州地祇位奠玉幣曰《鎮安之曲》，酌獻曰《慶安之曲》，太祖、太宗、真宗位奠幣曰《信安之曲》，酌獻曰《孝安之曲》，司徒奉俎曰《饎安之曲》，五天帝位奠玉幣亦曰《鎮安之曲》，酌獻曰《精安之曲》，皇帝飲福曰《胙安之曲》，退文舞、迎武舞曰《穆安之曲》，亞獻、三獻皆曰《穆安之曲》，徹豆曰《歆安之曲》，送神曰《誠安之曲》，歸大次曰《憩安之曲》，文舞曰《右文化俗之舞》，武舞曰《威功睿德之舞》。

二十四日，詔御撰樂曲名與常祀同者並更之。中書、樞密院 14 臣僚分撰明堂樂章：文彦博撰降神《誠安》、送神《誠安》、青帝《精安》，宋庠撰皇帝升降《儀安》、司徒奉俎《饎安》、赤帝《精安》，龐籍撰皇帝飲福《胙安》、亞獻三獻《穆安》、黄帝《精安》，高若訥撰武舞《穆安》、白帝《精安》、徹豆《歆安》，粱適撰皇帝還大次《憩安》、黑帝《精安》。

二十五日，詔更常所用圜丘寓祭明堂《誠安之曲》曰《宗安》，祀感生帝《慶安之曲》曰《光安》，奉慈廟《信安之曲》曰《慈安》。

二十八日，太常禮院言：「明堂合用竹册，昊天上帝、皇地祇、青帝、赤帝、黄帝、白帝、黑帝、神州地祇、太祖、太宗、真宗一十一副，景靈宫一副，太廟七副，請下中書省製造。」詔可。

六月四日，内出御撰明堂樂八曲，以君、臣、民、事、物配屬五音，正(到)〔倒〕旋復周始，凡二十聲爲一曲〔一〕；用宫變、徵變者，天、地、人、四時爲七音，凡三十聲爲一曲；以子母相生，凡二十八聲爲一曲。皆黄鐘爲均。又明堂月律，五十七聲爲二曲，皆無射爲均；又以二十聲、二十八聲、三十聲爲三曲，亦無射爲均，皆自黄鐘宫入無射。如合用四十八或五十七聲，即依前譜次第成曲，其徹聲自同本律。其御撰皷吹警嚴曲、《合宫歌》一闋，並下太常肄習之。

五(月)〔日〕，太常禮院言：「明堂行禮差官分祀九宫貴神，用兩圭有邸，凡九玉，制以珉。望下三司會少府施行。」其玉隨幣色，依九宫一白、二黑、三緑、四碧、五黄、六白、七赤、八白、九紫以爲之色。

七日，少府監言：「明堂行禮，皇帝親獻神位前，每座用塗金銀爐香合匕、漆案、朱羅案衣、奠酒塗金銀洗 15 鑼各一，本監舊藏止五副，緣今親獻神位十一，所闕者六副，并鍮石燭臺十八，望下三司製作。」從之。

八日〔二〕，翰林學士承旨王堯臣等言：「奉詔與太常寺參議阮逸所上編鍾四清聲譜法，請用之於明堂者。竊以律吕旋宫之法，既定以管，又制十二鍾，準爲十二正聲，以律計，自倍半。説者云：『半者，準正聲之半，以爲十二子聲之鍾，故有正聲、子聲各十二。』子聲即清聲也。其正管長者爲均，自用正聲；正管短者爲均，則通用子聲而成五音。然求聲之法，本之於鍾，故《國語》所謂『度律均鍾』者也。其編懸之法，則歷代不同。或以十九爲一簴者，蓋取十二鍾當一月之辰，又加七律焉；或以二十一爲一簴者，以一均聲更加濁倍；或以十六爲一簴者，以一均清正爲十四〔三〕，宫、商各置一副，是謂懸八用七也；或以二十四爲一簴，則清、正之聲備。故唐制以十六數爲小架，二十四爲大架，天地、宗廟、朝會等各有所施。今太常鍾懸十六者，舊傳正聲之外，有黄鍾至夾鍾四清聲。雖於圖典未明所出，然考之實有義趣。蓋自夷則至應鍾四律爲均之時，若盡用正聲則宫輕而商重，緣宫聲以下不容更有濁聲。一均之中，宫弱商強，是謂陵僭，故須用子聲乃得長短相叙。自角而下，亦循兹法。故夷則爲宫則黄鍾爲角，南吕爲宫則

〔一〕一：原作「小」，據《長編》卷一六八改。
〔二〕八日：《長編》卷一六八繫於十一日丙寅。
〔三〕一：原無，據《長編》卷一六八補。

大呂爲角，無射爲宫則黄鍾爲商、太簇爲角，應鍾爲宫則大呂爲商、夾鍾爲角。蓋黄鍾、大呂、太簇、夾 16 鍾，正律俱長，並當用清聲。如此，則音律相諧而無所抗，此四清鍾可用之驗也。至他律爲宫，其長短尊卑自序者，不當更以清聲間之。自唐末多故，樂文墜缺，考擊之法，久(以)〔已〕不傳。今若使匏、土、絲、竹四器盡求清聲，即未見其法。又據大樂諸工所陳，自磬、簫、琴、籥、巢笙五器本有清聲〔一〕，塤、篪、竽、筑、瑟五器本無清聲。五弦阮、九弦琴，則有太宗皇帝聖製譜法。至歌工引音極唱，止及黄鍾清聲。臣等參議，其清、正二聲既有典據，理當施行。自今大樂奏夷則以下四均正律爲宫之時，商、角依次並用清聲，自餘八均盡如常法。至於絲、竹等諸器舊有清聲者，(今)〔令〕隨鍾石教習；本無清聲者，未可創意求法，且當如舊。惟歌者本用中聲，故夏禹以聲爲律，明人皆可及；若彊所不至，足累至和。請止以正聲作歌〔二〕，應合諸器，亦自是一音，别無差戾。其阮逸所上聲譜，以清濁相應〔三〕，先後互擊，取音靡曼，似近鄭聲，不可用。」從之。

十一日，詔：「新製明堂樂九曲譜，令兩制與判太常寺官同加詳議，注入合用清聲以聞。」

十二日，内出御製黄鐘五音五曲，皆五十七聲，付太常寺按習行用。

十四日，鹵簿使言：「明堂大饗用法駕鹵簿，準《禮令》，法駕之數減大駕三分之一。得兵部狀，大駕用萬有八千二百五十六人，法駕減其一，用萬有二千一百七十人。檢大中祥符元年封禪法駕人數，即用萬有一千六百六十一人，有此不同。本部今無法駕字圖故本，復又文牘散逸，雖觕有其數，較之《禮令》，未能裁決。17 望令禮院官一員，與兵部官同共詳定圖本。」又禮院言：「準郊例，大駕有象六，在六引之先。今明堂行禮，若三分減一，即用四，亦在三引前。檢詳令文，但有象在大駕鹵簿前，一中道，餘分左右，即不言總數。又《國朝會要》：『象六，中道分左右。』恐舊文參桀，未知所從。」詔並令太常禮院與判兵部官同共詳定圖本以聞。後禮官等定法駕鹵簿，凡萬有一千八百八十八人。從之。素隊凡殿前、馬、步軍司兵士及樂兵共二百五十指揮，總五萬二百九十六人。

十六日，太常禮院言：「明堂行禮，自昊天上帝至神州地祇及配帝共十一位，皆皇帝親行奠獻，其罇罍籩豆簠簋之數，悉用大祠；天皇大帝、北極、大明、夜明，數用中祠。五人帝既從祀殿室，禮當差叙，欲準天皇大帝進用中祠。五官，據《通禮》陳設象罇各二，數與五人帝同，而位在階下，欲用小祠之數。其餘諸神，一準郊例陳設。」詔可。《宋史·禮志》：令輔臣、禮官視設神位。昊天上帝，堂下山罍各四。皇地祇，(泰)〔太〕尊、著尊、犧尊、山罍各二，在堂上室外神坐左；象尊二，壺尊二，山罍四，

〔一〕有：原作「自」，據《長編》卷一六八改。
〔二〕自「故夏禹」至此句「正聲」共二十六字原脱，據《長編》卷一六八補。
〔三〕相：原無，據《長編》卷一六八補。

在堂下中陛東。三配帝、五方帝，山罍各二，於室外神坐左。神州，(泰)〔太〕尊、著尊、山罍各二，在堂上神坐左。牲各用一犢，毛不能如其方，以純色代。籩豆，數用大祠。日、月、天皇大帝、北極，(泰)〔太〕尊各二，在殿上神坐左。籩豆，數用中祠。五官，數用小祠。內官，象尊各二，每方岳、鎮、海、瀆，山尊各二，在堂左右。中官，壺尊各二，在丹墀、龍墀上。外官，每方丘、陵、墳、衍、原、隰，概尊各二，衆星散尊各二，在東西廂神坐左右。配帝席蒲越，五人帝莞，北極以上藁秸加褥，五官、五星以下莞不加褥，餘如南郊。

二十三日，禮儀使言：「準郊例，車駕出京城日，十里內神祠及經從橋道並遣官祭告。今聖駕止詣太廟朝饗，回行明堂之禮，不出京城，無經由橋梁，欲止於車駕出內前一

18 日祭告京城內八廟。」至聖文宣王、昭烈武成王、五龍、二相公、天齊、城隍、浚溝祓。詔除軷祭并諸橋外，一準郊例差官祭告。

二十四日，詔以寧江軍節度使、同中書門下平章事、知大宗正事、汝南郡王允讓攝左衛上將軍〔一〕，爲明堂亞獻；武康軍節度使、同知大宗正事、北海郡王允弼攝右衛上將軍，爲三獻。

二十九日，翰林學士承旨王堯臣等言：「奉詔令兩制與太常寺官，將近降御製樂曲譜注入合用清聲以聞。準六月戊辰詔旨，今自大樂夷則已下四均正律爲宮之時，商、角依次並用清聲；自餘八均，悉如常法。今將近降御製大樂曲譜法共十九曲，合用清聲處，悉就律名下依詳注入；其舊譜曲調合用清聲處，亦旋令注入閱習。」詔付太常寺，與鄧保信等依此教肄。

仁宗皇祐二年(六)〔七〕月三日〔二〕，太常禮院言：「三班執毬仗使臣各服花，插折上巾，紫繡衣，當於祀前一日宿右昇龍門外幕次，以俟禮畢自大次前奉引乘輿還文德殿。準郊例用百人，今法駕省約三分之一，請用七十人。其宣德門肆赦，亦奉引排立。」詔止俟肆赦令於樓前排立，先日不須入宿。

六日，入內內侍省言：「準郊例，禮畢，諸班直及軍校皆賜花。今明堂禮畢，未審賜花與否。」詔準舊例三分省一，造作以賜。又太常禮院言：「明堂行禮前一日，望令鈞容樂宿右長慶門內，俟禮畢，即導迎乘輿還文德殿。及升樓肆赦禮畢，乘輿離大次，鈞容樂振作，即傳呼。今馳道左右

19 諸軍素隊樂并鼓吹亦振作〔三〕，乘輿至文德殿，乃權止。俟升樓肆赦，鈞容樂奉引，復傳呼振作。仍望差內侍一員管勾。」從之。

七日〔四〕，內出御製樂曲，五音七均相生，不隨次第用均律，止以順曲爲譜。成無射宮三曲，皆五十七字：五音一曲，明堂奉俎用之；二變七律一曲〔五〕，明堂飲福用之；

〔一〕允讓：原作「某」，據《長編》卷一六九改。
〔二〕七月三日：原作「六月三日」。按前已述及六月二十九日事，此處不當倒叙，且後「七日」條、「二十二日」條，據《長編》卷一六八、《宋史·樂志》二，皆爲七月中事，因改。
〔三〕道：原作「導」，據《文獻通考》卷七四改。
〔四〕七日：《長編》卷一六八繫於七月三日戊子。
〔五〕二：原脱，據《長編》卷一六八、《宋史》卷一二七《樂志》二補。

七律相生一曲，明堂退文舞、迎武舞、亞獻、徹豆籩用之。並景靈宮、太廟、明堂等行禮宮縣登歌奏樂之序，詔太常按習施行。景靈宮降聖、送真，並以《太安之曲》，降聖作《發祥流慶之舞》，升降行止以《乾安之曲》，奉香以《靈安之曲》，飲福以《報安之曲》，退文舞、迎武舞以《正安之曲》，降真〔作〕《觀德之舞》，亞獻以《冲安之曲》。太廟迎神、送神並以《興安之曲》，迎神作《文德之舞》，升降行止以《乾安之曲》，徧室奠瓚以《瑞文之曲》，奉俎、徹豆並以《豐安之曲》。酌獻僖祖室以《大善之曲》，順祖室以《大寧之曲》，翼祖室以《大順之曲》，宣祖室以《大慶之曲》，太祖室以《大定之曲》，太宗室以《大盛之曲》，真宗室以《大明之曲》，並作《文德之舞》。飲福酒以《僖安之曲》，退文舞、迎武舞、亞獻並以《正安之曲》，作《武功之舞》。明堂降神、送神並以《誠安之曲》，降神作《右文化俗之舞》，升降行止以《儀安之曲》，六天、二祇奠玉幣以《鎮安之曲》，三聖奠幣以《信安之曲》，奉俎以《饎安之曲》，昊天、地祇酌獻以《慶安之曲》，五天帝酌獻以《精安之曲》，三聖酌獻以《孝安之曲》，飲福以《胙安之曲》，退文舞、迎武舞、亞【20】獻、三獻並以《穆安之曲》，作《威功睿德之舞》，徹豆以《歆安之曲》，還大次以《憩安之曲》。

十七日，太常禮院言：「五人帝、日、月、北極、天皇大帝，凡從郊祀止用太府寺所供香。今既設位於堂室之間，欲各用内降香。仍令三司會太府寺改造香爐合匕，令少加閎大其制，庶與祀物宜稱。」從之。

二十二日，上封者言：「明堂酌獻五帝《精安之曲》，並用黄鍾一均聲，此乃國朝常祀五時迎氣所用舊法，若於親行大饗，即所未安。且明堂五室之位，木室在寅，火室在巳〔一〕，金室在申〔二〕，水室在亥，蓋木、火、金、水之始也；土室在西南，蓋土王之次也。既皆用五行本始所王之次，則獻神之樂亦當用五行本始之月律，各從其音以爲曲。其《精安》五曲，宜以無射之均：太簇爲角以獻青帝，仲呂爲徵以獻赤帝，林鐘爲宫以獻黄帝，夷則爲商以獻白帝，應鍾爲羽以獻黑帝。」詔兩制與太常寺詳定以聞。翰林學士承旨王堯臣言：「謹按《開寶通禮》，盡用周（堂）〔室〕舊制。凡祭天以夾鍾，降神則奏黄鍾，歌大呂；宗廟以黄鍾，饗神則奏無射，歌夾鍾。其祈穀、明堂，盡用祀天之樂。自先帝東封、西祀以前，並皆遵用，其後有司稍稍失傳。又據孫奭所撰《崇祀録》，五方帝降神之樂與昊天同，酌獻則各奏本方之音，皆隨月用律爲均。又云聖朝定禮，隨月用律，如十一月則升降奠獻皆以黄鍾爲均。今有司引用，祀五帝各用五音，青帝則姑洗角、赤帝則林鍾徵之【21】（之）類，以爲登歌，亦是傍緣舊典。又大禮日迫，慮諸工難爲調習，欲且仍舊施行。」詔俟過大禮，別加詳定。

〔一〕室：原作「色」，據《長編》卷一六八改。
〔二〕申：原作「金」，據《長編》卷一六八改。

同日，詔：「仗衛執儀軍士，各令按職行列，不得交雜往來。賫奉法物者，亦須整肅。其行事官并引從人，夜中不得出離次舍。至行禮時，仍各留人謹護火燭。令殿前侍衛司、行宮使、提舉應奉司嚴加告諭。」

二十三日，光禄寺言：「欲於左昇龍門外就三館厨以爲神厨，仍加塈飾，施陳鼎鑊、饌具、祭品，允得嚴潔。」從之。

二十五日，御史臺言：「準勑，文官齋宿於左昇龍門外。今審度，與神厨迫近，又餘地非廣，計不能容東班次舍。望令文武百官並於右昇龍門外，設次於中書門西。」從之。

二十八日，禮儀使司言：「將來九月自辛丑至甲辰，預祀陪位官以次赴景靈宫、太廟、明堂，宿宣德門習儀。俟至日，皇帝前後殿不坐。」詔可。

八月二日，詔中書、樞密院臣僚明堂行事，假羣牧上閑馬馴習者各一匹，圉人自隨之。

三日〔一〕，太常寺言：「準詔議定明堂文德殿致齋日警場，於禮可否。伏以警場，古之鼓鼜，千歷切。所謂夜戒守鼓也。近世以來，王者師行、吉行皆有此制。今崇奉大祀，乘輿宿齋於外，當設警嚴。蓋羽儀、仗衛本緣祀事而陳，則警場亦緣警戒儀衛之衆而設，非徒取觀聽之盛〔二〕，理不可輟。若以奏鼓之音切近神祀，即欲於宣德門外常所設處近南百步排列之。依舊制，俟行禮時罷奏一嚴。如此，則去明堂 22 稍遠，且不廢備物，亦足以稱虔恭祀事之意。」詔：祀前一夕邇於接神，宜罷奏警，餘從之。先是，帝謂輔臣曰：「明堂直端門，而致齋於内，奏嚴於外，恐失静恭之意，宜悉罷之。」宰臣曰：「須禮官議定。」至是議上，帝復謂輔臣曰：「既不可廢，則祀前一夕宜罷之。」

四日，都大提舉應奉司言：「明堂五室及丹墀、龍墀等周廡陳設神位，慮非行事官輒入廷中，或至升堂，有瀆嚴祀。望準郊例，差内侍六員於丹墀、龍墀、兩夾廡、明堂前後門分守按視，有犯者隨違糾舉。」

七日，禮儀使言：「先大禮〔前〕七日，未明，應行事公卿并從祀陪位文武百官受誓戒於尚書省。將質明，亞獻、三獻及陪位宗室受誓戒於中書門下。皆太尉讀誓文。望下太常禮院遍諭諸司，仍至日權放百官朝。」從之。

九日，禮儀使言：「九月戊戌，明堂五使赴開寶寺按試奏嚴警場。己亥，按閲(數)〔素〕隊，習法駕儀仗。自宣德門陳列至太廟，唯中道儀仗奉引至景靈宫，赴太廟朝饗禮畢，轉仗還宫。其左右道仗衛按部植列，各識常處，不得擅動。俟明堂行禮前一日，移仗南陳，自宣德門至朱雀門内填街宿設。是日，五使點閲畢放罷，俟戊申旦，如次陳(到)〔列〕，至夕裁留衛士宿仗所。己酉、庚戌夕，悉留守仗。請如舊

〔一〕三日：《長編》卷一六九繫於一日。
〔二〕徒取：原作「取壯」，據《長編》卷一六九改。

制。」從之。

十三日，教習音律所言：「奉詔依樂書製造洞簫成，望送中書詳視可否。」詔令與底簫並用，其按習清聲，須大禮前一月具精熟以聞。又〔言〕：「太常樂工習肄御製[23]明堂新曲及景靈宮、太廟樂曲凡九十一，頗已詳熟，欲自今依行禮節次日習一遍。望令五使會按大樂，比常準加早半月。」詔以九月朔五使赴太常按樂。

十四日，詔以明堂在近，特罷秋宴。俟禮畢，於十月中旬擇日賜飲福宴。

十八日，閤門言：「將來明堂，乞於右掖門外，西至圖畫院東，南至三司近北，各置綽(揳)〔楔〕門。兩省、臺官、大卿監、正任刺(使)〔史〕以上，於百官幕次東實幕壁門外上下馬，百官少卿監已下於右掖門裏武官幕次西下馬，右掖門外上馬。」詔依所奏，并於右掖門裏審刑院門東絞縛綽(揳)〔楔〕門，逐處置上下馬牌。自致齋日，各於指定處上下馬，令御史臺曉諭。

二十三日，詔：「隨駕禁衛諸班直及諸司職掌、執儀兵士、應奉人等，所給酒食須豐潔，其薪炭須燥重如數，無令主者有欺没。都大提舉應奉司嚴加督察，違犯隨舉，不以赦原。」

二十五日，太常禮院言：「黑帝及神州地祇皆當合祭於明堂，請罷立冬之祭。」帝以四時迎氣不可輟，止罷祠神州地祇。

二十六日，太常禮院言：「慶曆八年，禮官議郊壇第一龕陛，五帝、大明、夜明、神州地祇、天皇、北極位焉，舊用司天保章正等充獻行事，保章秩卑，接於尊神非稱，望改用少卿監、正郎，每位一員充獻。第二、第三龕陛用員外郎至(陛)〔陞〕朝官，每龕一員，神位多處稍增員數。壝之內外衆星，止命京官或保章等分奠。今明堂盛禮，望準此例。其五人帝及[24]日、月、天皇、北極既升祀於堂室，近接親獻之位，方常郊尤重，望差清望官分獻。」詔可。命觀文殿學士丁度獻軒轅，資政殿學士王舉正獻炎帝。帝以軒轅聖祖之別號，炎帝者感生之常配，故特於清望之中先選舊弼以充獻焉。

二十七日，詔以内侍林宗普等十二人分察明堂神位，當薦獻贊拜奠爵時，並令盡禮。仍前祀七日赴尚書受誓戒，散齋、致齋如儀。先祀之夕，沐浴潔衣，於堂室壖廡省展祀物及版位，悉須整肅。行禮時分立堂下四面，端笏恭莊，用心察視，毋輒離位觀矚。或敢違慢，當論如律。

二十八日，詔：「明堂神位所陳牲具、祭器、酒醴、燭炬等，比聞先日多至夜中即爲人私徹，委内侍梁起等七人檢邏察視。俟望燎畢，除玉帛、牲醴、祝册以時進徹外，餘須旦明，有司乃得收斂。」

二十九日，詔太常、太樂令、音律工、少府祠祭使，並賜中單襴袴有差，充行禮時所服。

九月二日，太常禮院言：「明堂行禮，諸司吏史服職久勤，詳習祀典，雖有妨故，難以曠輟。如居父母服被舉追在局者，欲望並聽權從吉服應奉。」詔依慶曆七年十一月禮官所定施行。禮儀使言：「宮、廟、明堂行禮，有司執事及樂工與升殿堂者，景靈宮凡四十三人：太常禮院禮直官三人，升降奉引；禮生一人，引太祝徹饌；中書省史一人，引册案；太常寺太樂令丞、樂正、登歌樂工共三十三人；史一人，引奉饌；太府寺史一人，供幣；光禄[25]寺史一人，酌亞獻、三獻酒并奉胙俎；少府監史一人，奉玉幣；史一人，奉亞獻、三獻福酒。太廟凡百三十七人：太常禮院禮直官三人，升降奉引；禮生七人，引太祝徹饌；宗正寺史七人，七室内守燈燭法物；行事官及史五十六人，奉俎押當；史二人，引押應奉；中書省行事官史十四人，奉册案；史七人，主席褥；史三人，引册、持燭；太常寺大樂令丞、樂正、登歌樂工三十三人；光禄寺史二人，酌亞獻、三獻酒并奉胙俎；少府監史一人，奉玉幣、玉爵及飲福金斝；史三人，奉亞獻、三獻飲福銀斝。明堂凡百七十四人：太常禮院禮直官四人，升降贊引；禮生十一人，引太祝徹豆；中書省史二十二人，奉册案；史十一人，主席褥；史二人，引册、持燭；太常寺大樂令丞、樂正、登歌樂工共三十三人；行事官五十五人，奉俎；史一人，引饌；司天監史三人，主設神位版；將作監史九人，供香火；光禄寺史四人，酌亞獻、三獻金斝并奉胙俎；太府寺史三人，供香幣；少府監史一人，助進玉、幣、匏、爵并飲福金斝；史二人，奉亞獻、三獻木爵及飲福銀斝；史三人，奉九位分獻官木爵。」

三日，帝服靴、袍御崇政殿，召近臣、宗室、館閣、臺諫官閱雅樂，自宮縣、登歌、舞佾之奏〔一〕，凡九十一曲徧作之，如行禮之次。因出太宗皇帝《琴阮譜》及御撰《明堂樂曲音譜》并《按習大樂新録》賜羣臣，又出新製頌塤、匏笙、洞簫，仍令登歌以八音諸器各奏一曲。遂召鼓吹[26]局按警場，賜太樂、鼓吹令丞至樂工、徒吏緡錢有差。帝自景祐初詔所司博訪通古知音之士，討論雅樂制度與歷代沿革，考正音器，作爲新書，成一朝之典。至是，謂輔臣曰：「作樂崇德，薦之上帝，以配祖考。今將有祀於明堂，然世鮮知音者〔二〕，其令太常益加講求。」於是内出改制樂曲名及譜法、樂章，令肄習之。

四日，少府監言：「奉詔以明堂禮神玉(符)〔付〕本監供設，此爲新制，有司前所未行。今將置於神座之前，或在左右，望示典禮如何。」詔太常禮院詳定以聞。禮官言：「《書》云『植璧秉圭』，又神道尚右，其禮神玉宜啓柙褐籍，致神座前位版之右。」詔可。

五日，詔：「明堂法駕乘新玉輅，其舊輅修飾完固，亦令從行。」初，慶曆七年，將郊祀，改造新玉輅，其制頗崇廣。

〔一〕奏：原作「奉」，據《宋史》卷一二七《樂志》二改。
〔二〕者：原無，據《長編》卷一六九補。

既進乘謁廟而不甚安平，禮畢，自廟適郊宮，乘舊輅以往。至是，詔較試二輅，新稍減其崇，舊輅亦加整飾，有司稟聞，故有是詔。及宿太廟，復詔朝饗禮畢乘舊玉輅以還。又命攝太僕、翰林學士趙槩登輅展省，審其安固以聞。仍令褰掛圈額，移禮帶稍外，減去香囊繸毬。

六日，禮儀使言：「準郊例，文武官有父母喪被起者不得入宗廟外，郊壇所聽權吉服行職事，但不得入壝門。今此明堂門與壝門同，請如例不入。」從之。學士院言：「奉詔撰明堂册，修寫進書。檢《正辭録》，五方上帝以人帝配，神州地祇以宣祖配，景祐定制以太宗配。今既合祭祀天地與五方上帝、27神州地祇，三聖配侑，並皇帝親獻，則與（帝）〔常〕祀不同，其天地八位祝册之末，欲以三聖帝號配神一等書寫。」詔太常禮院詳定以聞，禮官言：「明堂爲五帝之府，古者大饗必徧配五帝。今合祭六天二地於明堂，以三聖配座，皇帝並行親獻之禮。據禮經，大德配衆，小德配寡，既以祖宗皆侑，即合徧配八位，其册文並宜具配帝位號一等修寫。」詔可。

十一日，禮儀使言：「四方館、鴻臚寺致仕官，蕃客、進奉官，各準郊例陪位。今明堂行禮在宮禁中，未審如例與否。」詔致仕官依舊，其蕃客、進奉官止令宣德門陪位。舊例：景靈宮蕃客、進奉官各二十人，致仕官五人；太廟進奉官二十人，致仕官五人；郊壇宣德門蕃客、進奉官各五十人，致仕官五人。是日，詔太子太保致仕杜衍〔一〕、太子少傅致仕任布，特令赴闕陪位。令學士院降詔，仍命河南、應天府以禮敦遣至闕，下令於都亭驛錫慶院優備供帳、几杖。衍手疏以疾辭，布將就道，始以疾辭，遣中使賫賜醫藥〔二〕。先是，資政殿學士、知杭州范仲淹建言，祀明堂曠禮，宜召元老舊德陪位于庭，故有是命。

十二日，太常禮院言：「儀鸞司掌明堂供帳事，今既飾成五室，望令禮官恭行按視，知其能如制度。」詔可。

十四日，閤門言：「準舊儀，禮畢翊日，文武百僚當早入參問聖體。」詔特放參問。皇城司上新造文德殿門香檀魚契，請以左契留中，右契付本司。詔可。

二十一日，太常禮院言：「大慶殿（即）〔既〕爲明堂，當於殿牓加黑繒金28書〔三〕，爲『明堂』字，殿門牓加朱繒黑書，爲『明堂之門』四字，於禮爲便。」帝曰：「朕皆親書，二字金篆，四字飛白書。」是日，帝於禁中韡袍，親書二牓，自（畫）〔晝〕至夜而畢，宣示宰臣牓于門。大禮饗畢，詔以御書二牓去其周郭，表飾加軸，藏於宗正寺。於是明堂五使請各以御名書於二軸之後，許之。既而奉表稱謝，優詔嘉答，又詔模刻二牓爲副本，頒于二府，以及近侍。被錫者咸謂不世之遇，中外榮之。

二十二日，太常禮院言：「明堂行禮，皇帝詣五室奠玉

〔一〕太子：原作「天子」，據《長編》卷一六九改。
〔二〕醫：原作「衣」，據《長編》卷一六九改。
〔三〕牓：原作「傍」，據《玉海》卷九六改。下文「殿門牓」同。

幣畢，降(服)〔復〕版位，即令堂下諸位奠幣。至亞獻升，既酌獻，即令堂下諸位奠酒。恐臚傳聲譁，涉於不肅，欲以紗籠小炬自堂上照示墀廡諸位，以爲之節。」從之。

二十四日未漏上水一刻，文武百官朝服結佩，請皇帝齋于文德殿(閤)〔閣〕。中書、樞密及宗室夕于齋次。先是，積雨彌旬，將近大禮，滂注益甚，帝頗憂之，禁中齋禱，極於虔恭。前此一日，辰巳時雨猶霖晦，方午而霽。至夜，辰象炳然，無纖雲之翳，由此至於禮成，天日清潤，風和氣協。中外歡異，曰聖心虔禱，天意昭報，感應之速，有若期會。

二十五日，未明二刻〔一〕，鼓奏三嚴，諸衛各勒部隊，中書、樞密院入謁于齋次。帝服通天冠、絳紗袍，乘玉輅，稱警蹕，不鳴鼓吹，赴景靈宮，即齋殿服袞執珪，詣天興殿行薦饗之禮畢，詣太廟宿齋。是夕五鼓，初行朝饗之禮，質明復還文德齋次，乘輿仗衛如儀。

二十七日，未明三刻，帝服鞾袍，乘小輦，29殿中繖扇，侍衛至大次，服袞冕執圭，入自明堂中門。至版位，樂舞作，沃盥，自大階升，詣昊天上帝、皇地祇、五天帝、神州地祇、太祖、太宗、真宗座前奠玉幣，降階以俟。有司既進熟，帝再升，歷詣六天、二祇、三聖尊坫所酌汎(齋)〔齊〕，進詣神座前奠爵，皆中書侍郎讀文。帝再拜，飲福受胙，降階還位。亞獻、三獻以次升，奠獻如儀。帝每詣神座行禮畢，即鞠躬却行，須盡褥位，方改步移嚮，示肅恭之至也。贊導從升者皆約其數〔二〕，又令侍臣徧諭獻官及進徹俎豆者悉安徐謹嚴，無怠遽失恭。質明禮畢，方他時行禮加數刻之緩，所謂不樂麾蚤者也。帝還大次，解嚴，改服乘輦，御紫宸殿。宰臣百寮稱賀曰：「陛下嚴饗合宮，述成先志，天地並況，人神懌和，屢惟豐年，永有萬國。」制答曰：「禋侑五帝，允成盛典，兹惟丞弼及爾具僚咸罄一心，無曠祀事，與卿等中外同慶。」前一日，傳詔中書、禮院：「明堂禮畢，欲於文德殿御榻前權設扆座，服鞾袍受賀，此爲是否？」中書言非便，當就紫宸殿，詔可。帝常服御宣德門肆赦，文武內外官遞進官有差。宣制畢，宰臣、文武賀樓下，帝降座放仗，復命從臣升樓，臨閱諸軍馬隊，賜酒五行，罷。帝還宮，降詔：「中書門下：朕紹承駿烈，祗服先猷，蹈道以臨庶邦，謹憲而持大柄。馭之予奪，正以賞刑，悉任至公，靡容紊德。比有僥幸，肆興妄圖，或違理覬恩，或負罪希貸，率求內出，間亦奉行，蠹政污風，莫斯爲甚。雖30屢頒於詔約，曾未絕於私祈。兼慮臣庶之家，貴近之列，交通請託，巧詐營爲，陰致貨賕，密輸珍玩，夤緣結納，侵撓權綱，方務澄清，當嚴禁詰。儻復逾犯，斷在必行。重念成湯以六事責躬，女謁、包苴之先戒；管氏以四維正國，禮儀廉耻之具張。矧宗祀之涓成，屬祥釐之均被，嘉與中外〔三〕，紬此非

〔一〕未：原作「先」，據《宋史》卷一〇一《禮志》四改。
〔二〕導：原作「道」，據羅從彥《豫章文集》卷五改。
〔三〕與：原作「興」，據胡宿《文恭集》卷二四改。

衮，勉于自新，以隆至治。今後因内降指揮特與恩澤及原減罪犯，並仰中書、樞密院并所承受官司具前後詔條執奏，不得施行。及臣庶家如有潛行賄賂、結託貴近者，並令御史、諫官覺察論奏。咨爾丞弼，體朕意焉。」先是，帝謂輔臣曰：「將來明堂大禮，合肆赦恩，卿等廣詢民間利病，著爲條目，務從寬大，以稱朕勤恤之意。」又曰：「承前嘗有貴戚近習夤緣請託，以圖僥倖，雖頗抑絶，未免時有侵撓。因此大禮之後，嚴切禁止，便於赦文中載之。」宰臣等對曰：「陛下躬行大祀，惟新庶政，闢至公之路，杜私謁之蹊，實天下幸甚。然聖意丁寧，恐赦文之中不能備悉。」帝曰：「朕以爲潔齋虔誠，奉祀天地、祖宗，御端門，發大號〔一〕，因以澄清宿弊條於赦令之中，所貴示信天下。必謂赦文難以具載，則別爲詔書，與赦同降。」宰臣等再拜而退。及是降詔，中外欣聳。是日，詔有司以大禮方畢，百官侍祠甚勞，特許休假三日，賜百官福酒外有差。中書、樞密院文彦博等六人各進《大饗明堂禮畢》詩一首，兩禁、館閣及中外官以次上詩、賦、頌，凡奏御者[31]三十有八人，皆優詔褒答。

十月三日，詔以大禮慶成，開景靈宮諸宮觀三日，仍張樂，許臣寮、命婦、士女燒香遊觀，賜百司官吏休假一日。十一日，賜内外致仕文武升朝官以上粟、帛、羊、酒各有差：致仕丞、郎、大卿監曾任兩省近侍之職，賜絹三十匹、米十五石、麵十五石、羊三口、酒六瓶；大卿監不經任兩省近職者不賜絹，餘悉如數；少卿監至殿中丞、大將軍、將軍，賜米麵各十石、羊二口、酒四瓶；中允至洗馬、率府率、副率，賜米麵各五石、羊一口、酒二瓶。致仕太子太傅杜衍、太子少師任布服帶、器幣、酒餼、米麵有差：杜衍寬衣一襲，笏頭金帶一，銀器二百兩，絹二百匹，酒五十瓶，米麵各二十石，羊三十口；任布寬衣一襲，笏頭金帶一，銀器一百五十兩，絹一百五十匹，酒三十瓶，米、麵各十五石，羊二十口。四京、諸路州府男女年九十以上，人賜米麵各一石、酒一瓶，男紫綾錦袍一領，女子紫綾一匹、綿五兩。官司以時即賜，無致呼擾。

（十一月）四日〔二〕，詔飲福宴令有司擇日以聞。有司即言：「准乾元節宴例，百官赴坐外，軍校有未當與者給其餐錢。請以丙寅賜宴，望申告中外。」從之。

五日〔三〕，詔中書門下總領編次大饗明堂典禮以爲注記，仍命直龍圖閣、兼天章閣侍講王洙爲編修官。三年二月，

〔一〕發：原作「殿」，據文意改。《唐大詔令集》卷一〇六《放制舉人詔》：「朕自郊上玄，御端門，發大號，與天下更始。」即此語所本。

〔二〕「四日」上原有「十一月」三字。按本條云飲福宴令有司擇日，有司「請以丙寅賜宴」，而十一月甲申朔，當月無丙寅，丙寅乃十月十二日。《長編》卷一六九、《玉海》卷九六等書均載賜飲福宴於集英殿在十月丙寅。且以下三條亦均爲十月事，可證此處「四日」乃承上爲十月四日，而非十一月四日。蓋《大典》誤以爲上條之「十一日」另爲一條，疑此條日序不合，遂妄添「十一月」三字。今删。

〔三〕五日：《長編》卷一六九繫此事於十月辛未（十七日），與《會要》不同，而《玉海》卷九六遂揉合二書，記云：「二年十月辛未（原注：五日）」云云。不知十月乃乙卯朔，辛未乃十七日，並非五日，《玉海》誤矣。

書成二十卷、目一卷、《紀要》二卷，上之，御序冠篇。又詔明堂禮神玉，令少府監擇寬潔庫室，別置帳櫝奉藏〔一〕，遇(藏)祀用玉，依禮供設。以【32】明堂禮畢，遣官奏謝諸陵。就差諸州府官祀方嶽、海瀆，告以明堂禮畢謝成之意。仍遣使賫香燭以往，如郊儀。

七日〔二〕，以大饗慶成謁太平興國寺開先殿，行酌獻之禮。回，詣啓聖院、永隆殿、慈孝寺、彰德殿、萬壽觀，亦如之。賜從官食於行在。翌日，謁會靈觀謝成，因賜從官飲食，教坊樂進優戲。次詣天清寺、祥源觀，午時還宮。

十(三)〔二〕日〔三〕，宴百官於集英殿，特增酒一行。帝舉明堂福酒飲畢，遍賜百官飲福。内侍傳旨：「各令舉釂，與卿等均受其福。」殿上下皆再拜，稱萬歲，兩軍廂進伎(獻)〔戲〕，教坊作樂觀優。酒至九行罷。《宋史·樂志》，皇祐親享明堂六首：降神《誠安》：「維聖享帝，維孝嚴親。肇圖世室，躬展精禋。鏞鼓既設，豆籩既陳。至誠攸感，保格上神。」奠玉幣《鎮安》〔四〕：「乾亨坤慶育函生，路寢明堂致潔誠。玉帛非馨期感格，降康億載保登平。」酌獻《慶安》：「肅肅路寢，相維明堂。二儀鑒止〔五〕，三聖侑旁。靈期訢合，祠節齋莊。至誠並貺，降福無疆。」三聖配位奠幣《信安》：「祖功宗德啓隆熙，嚴配交修太室祠。圭幣薦誠知顧享，本支錫羨固邦基。」酌獻《孝安》：「藝祖造邦，二宗紹德〔六〕。肅雍孝享，登配圜極。先訓有開，菲躬何力！歆馨錫羨，保民麗億。」送神《誠安》：「我將我享，辟公顯助。獻終豆徹，禮成樂具。飾駕上遊，升禋高鶩。神保聿歸，介茲景祚。」

嘉祐七年七月三日〔七〕，内出御劄曰：「朕蒙上神之休，膺列聖之緒，兢兢業業，罔敢怠遑〔八〕。唯皇祐之再秋，薦五精於重宇，明有以教萬民之孝，幽有以通羣靈之歡。歷年于兹，又曠弗舉。今四時和豫，羣物茂豐，奉牲告成〔九〕，曷勤之憚！況夫容臺獻議，去並侑之煩；樂府考音，推至和之本。宜恢盛制，用戒先期。朕以今年季秋擇日有事于明堂，其合行恩賞〔一〇〕，並如南郊故事。」

六日，詔：「將來大饗明堂，羣臣無得上【33】尊號。」

七日，太常禮院言：「皇祐中親祠明堂，參用南郊禘祭百神之位，事出一時，不應祀法。傳曰『嚴父以配天』，宜如隋、唐舊制，設昊天上帝、五方帝位，以真宗皇帝配，而五人帝、五官神從祀〔一一〕，餘皆罷〔一二〕。」詔恭依。

〔一〕藏：原作「常」，據《玉海》卷九六改（《玉海》亦記此事於「十月辛未五日」，同誤）。

〔二〕七日：《玉海》卷九六亦載此事，時間作「十月癸酉（原注：七日）」。按癸酉乃十九日，非七日，《玉海》之誤一同上條。

〔三〕十二：原作「十三」。按上文云「請以丙寅賜宴」，《長編》卷一六九正繫此事於十月丙寅，而丙寅乃十二日，「十三」乃「十二」之誤，因改。

〔四〕鎮：原作「正」，據《宋史》卷一三三《樂志》八改。

〔五〕鑒：原作「監」，據《宋史》卷一三三《樂志》八改。

〔六〕紹：原作「造」，據《宋史》卷一三三《樂志》八改。

〔七〕三日：按《長編》卷一九七、《宋史》卷一二《仁宗紀》四俱繫於七月壬子，即七日；《玉海》卷九六又繫於七月丙午朔，未知孰是。

〔八〕罔：原作「同」，據《宋大詔令集》卷一二四改。

〔九〕成：原作「盛」，據《宋大詔令集》卷一二四改。

〔一〇〕合：原脱，據《宋大詔令集》卷一二四補。

〔一一〕官：原作「宮」，據《長編》卷一九七改。

〔一二〕餘：原作「從」，據《長編》卷一九七改。

八月一日，内出御製明堂迎神、送神樂章，下太常寺肄習之。

七日，太常禮院言：「皇祐二年九月二十七日祀明堂，前一日親饗于太廟，當時嘗停孟冬之薦。考詳典禮，宗廟四時之祭，未有因嚴配而輟者。今明堂去孟冬晝日尚遠，請復薦廟如舊儀。」詔恭依。

十五日，詔明堂五方帝位並行親獻之禮。《宋史·禮志》：有司言：「《開元》、《開寶》二禮，五帝無親獻儀。舊禮，先詣昊天奠獻，五帝並行分獻，以侍臣奠幣，皇帝再拜，次詣真宗神座，於禮爲允。」而帝欲盡恭於祀事，五方帝位並親獻焉。朝廟用犢一，羊七，豕七；昊天上帝、配帝犢各一，羊、豕各二；五方〔一〕、五人帝共犢五，羊五，豕五；五官從祀共羊豕十〔二〕。初，禮院請命官分獻，帝欲盡恭於祀事，故親獻之。

九月七日，大饗于明堂，以北海郡王允弼爲亞獻，華原郡王允良爲三獻，置使、宿齋、薦享景靈宮、朝饗太廟，並用皇祐儀制。

十月十三日，以明堂禮畢，大宴集英殿。《宋史·樂志》：嘉祐親享明堂二首：降神《誠安》：「爗爗房心〔三〕，下照重屋。我嚴帝親，匪配之瀆。西顥沆碭，夕景已肅。靈其來娭，嘉薦芳郁。」送神《誠安》：「明明合宮，莫尊享帝。禮樂熙成，精與神契。桂尊初闌，羽駕倏逝。遺我嘉祥，於顯萬世〔四〕。」

英宗治平元年正月二十五日，太常禮院言，請與兩制同議大行皇帝當配何祭。翰林學士王珪等奏：「唐代宗即位，用禮儀使杜鴻漸等議，季秋大饗明堂，以考肅宗配昊天上帝。德宗即位，亦以代宗配。王涇《郊祀録》注云，即《孝經》周公 **34** 嚴父之道。本朝祀儀，季秋大饗明堂，祀昊天上帝，以真宗配。今請以仁宗配，循用周公嚴父之道。」知制誥錢公輔議：「謹按三代之法，郊以祭天，而明堂以祭五帝。郊之祭，以始封之祖有聖人之功者配焉〔五〕；明堂之祭〔六〕，以創業繼體之君有聖人之德者配焉。故《孝經》曰：『昔者郊祀后稷以配天，宗祀文王於明堂以配上帝。』又曰：『孝莫大於嚴父，嚴父莫大於配天，則周公其人也。』以周公言之則嚴父也，以成王言之則嚴祖也。方是之時，政則周公，祭則成王，亦安在乎必嚴其父哉？《我將》之詩是也。後世失禮，不足考據，請一以周事言之。臣竊謂聖宋崛起，非有始封之祖也，則創業之君遂爲太祖矣。太祖則周之后稷，配祭于郊者也；太宗則周之文王，配祭于明堂者也〔七〕。此二配者，至大至重，萬世不遷之法也。真宗則周之武王，宗乎廟而不祧者也。雖有配天之功，而無配天之祭，未聞成王以嚴父之故，廢文王配天之祭而移於武王也。仁宗則周之成王也，雖有配天之業，而亦無配天之

〔一〕「方」下原有「五」字，據《宋史》卷一〇一《禮志》四刪。
〔二〕「五」原脱，「十」原作「一」，並據《宋史》卷一〇一《禮志》四補改。
〔三〕房：原作「方」，據《宋史》卷一三三《樂志》八改。
〔四〕萬：原作「百」，據《宋史》卷一三三《樂志》八改。
〔五〕功：原作「德」，據《宋名臣奏議》卷八六改。
〔六〕祭：原作「安」，據《長編》卷二〇〇改。
〔七〕者：原無，據《長編》卷二〇〇補。

祭，亦未聞康王以嚴父之故，廢文王配天之祭而移於成王也。以孔子之心推周公之志，嚴父也；以周公之心攝成王之祭，則嚴祖也。嚴祖、嚴父，其義一也。下至於兩漢，去聖未甚遠，而明堂配祭，東漢爲得。在西漢時，則孝武之世始營明堂，而以高帝配之，其後又以景帝配之。孝武之後無聞焉。在東漢時，則孝明始建明堂，而以光武[35]配之。其後孝章、孝安，又以光武配之。孝安之後無聞焉。當始配之代，適符嚴父之說。及時異事遷，而章、安二帝亦弗之變，此最爲近古而合禮者。有唐始在神龍時，則以高宗配之；在明皇時，則以睿宗配之；在永泰時，則以肅宗配之。禮官杜鴻漸、王涇輩不能推明經訓，務合古初，反雷同其論以惑時主，延及于今，牢不可破。當仁宗嗣位之初，儻有建是論者，則配天之祭常在乎太祖、太宗矣〔一〕。當時無一言者〔二〕，故使宗周之典禮不明於聖代，而有唐之曲學流蔽乎後人。願陛下深詔有司，博謀羣賢，使配天之祭不膠於嚴父，而嚴父之道不專乎配天，循宗周之典禮，替有唐之曲學。」於是又詔臺諫及講讀官與兩制、禮院再詳定以聞。觀文殿學士、兼翰林侍讀學士孫抃等議：「謹按《孝經》出於聖述，其談聖治之極則謂人之行莫大於孝，舉孝之大則謂莫大於嚴父而配天。仲尼美周公以居攝而能行天子之禮，尊隆於父，故曰『周公其人』，不可謂之『安在必嚴其父』也。又若止以太祖比后稷，太宗比文王，則宣祖、真宗向者皆不當在配天之序。推而上，則謂明堂之祭，真宗不當以太宗配，先帝不當以真宗配，今日不當以仁宗配，必配以祖也。臣等按《易·豫》之說曰：『先王作樂崇德，薦之上帝，以配祖、考。』蓋若祖若考，並可配天者也。茲又符於《孝經》之說，亦不可謂『安在乎必嚴其父』也。祖、考皆可配帝，郊與明堂不可同位，亦[36]不可謂『嚴祖、嚴父其義一也』。雖周家不聞廢文配而移於武，廢武配而移於成，然則《易》之配考〔三〕、《孝經》之嚴父，歷代循守，固不爲無說。魏明帝宗祀文帝於明堂以配上帝，史官謂是時二漢郊祀之制具存，魏所損益可知，則亦不可謂東漢章、安之後配祭無傳，遂以爲未嘗嚴父也。自唐至本朝，其間賢哲講求不爲少，所不敢以異者，捨周、孔之道無所本統也。今以爲《我將》之詩祀文王於明堂而歌者也，亦安知非仲尼刪《詩》，存周之全盛之頌，被於筦弦者獨取之也？仁宗繼體保成，置天下於大安者四十二年，德之於人可謂極矣。今祔廟之始，遂抑而不得配上帝之饗，甚非所以宣章陛下爲後嚴父之大孝。臣等參稽舊典，博考公論，敢以前所定議爲便。」知諫院司馬光、呂誨議：「竊以孝子之心，誰不欲尊其父者？聖人制禮以爲之極，不敢踰也。故祖已訓高宗：『典祀無豐于昵。』孔子與孟懿子論孝，亦曰『祭之以禮』。然則事親者，

〔一〕太祖：原脱，據《長編》卷二〇〇補。
〔二〕者：原無，據《長編》卷二〇〇補。
〔三〕然：原作「焉」，據《長編》卷二〇〇改。

不以數祭爲孝〔一〕，貴於得禮而已。先儒謂：禘、郊、祖宗〔二〕，皆祭祀以配食也。禘謂祀昊天於圜丘也，祭上帝於南郊曰郊，祭五帝、五神於明堂曰祖宗。故《詩》曰：『思文后稷，克配彼天〔三〕。』又《我將》：『祀文王於明堂。』此其證也，下此者不見於經矣。前漢以高祖配天，後漢以光武配明堂。以是觀之，古之帝王自非建邦啓土及造有區夏者，皆無配天之祭。故雖周之成、康，漢之文、景、明、章，其德業非不美也，然而[37]子孫不敢推以配天者，避祖宗也。《孝經》曰：『嚴父莫大於配天，則周公其人也。』孔子以周公有聖人之德，成太平之業，制禮作樂，而文王適其父也，故引之以證聖人之德莫大於孝，答曾子之問而已，非謂凡有天下皆當尊其父以配天，然後爲孝也。近世祀明堂者，皆以其父配五帝，此乃誤識《孝經》之意而違先王之禮，不可以爲法也。景祐二年，仁宗詔禮官稽按典籍，辯崇配之序，定二祧之位，仍以太祖爲帝者之祖，比周之后稷，太宗、真宗爲帝者之宗，比周之文、武。然則祀真宗於明堂以配五帝，亦未失古禮。今仁宗雖豐功美德洽於四海，而不在二祧之位，議者乃欲捨真宗而以仁宗配食明堂，恐於祭法不合。又以人情言之，是絀祖而進父也。夏父弗忌躋僖公，先兄而後弟，孔子猶以爲逆祀，書於《春秋》，況絀祖進父乎？必若此行之，不獨乖違典禮，恐亦非仁宗之意也。臣等竊謂宜遵舊禮，以真宗配五帝於明堂爲便。」詔從抃等議，以仁宗配饗明堂。

十月二十五日，翰林學士王珪等言：「殿中侍御史趙鼎奏：謹按本朝祀儀，冬至祀昊天上帝，夏至祭皇地祇，並以太祖配。正月上辛祈穀、孟夏雩祀、孟冬祭神州地祇，並以太宗配。正月上辛祀感生帝，以宣祖配。季秋大饗明堂，舊以真宗配，循用周公嚴父之道，最爲得禮。陛下純孝之誠，固已格於上下矣。臣聞孝者善繼人之志，善述人之事，陛下祗紹[38]大統，纂承洪業，固當繼先帝之志而述先帝之事也。仁宗臨御四十二年，配饗真宗於上帝者四十一祭，今一旦黜真宗之祀廟而不配，非所以嚴崇祖宗、尊事神明之義也。臣謹按《易》之《豫》曰：『先王以作樂崇德薦之上帝，以配祖考。』明此稱祖者，乃近親之祖，非專謂有功之始祖也。考《易》象之文，則真宗配天之祭亦不可闕也。臣竊詳有唐武德初，以元皇帝配饗明堂，兼配感生帝。至貞觀中，緣情革禮，奉祀高祖配明堂，遷世祖配感生帝，此則唐太宗故事，已有遞遷之典，最爲治古之道，有足考驗。臣伏請遞遷真宗配孟夏雩祀，以太宗專配上辛祈穀、孟冬神州地祇，循用有唐故事。如此，則列聖參侑，對越於昊天；厚澤流光，垂裕於萬祀。臣珪等按祀典，天地大祭有七，皆襲用歷代故事，以始封受命創業之君配神作主。至於明堂

〔一〕數：原脱，據司馬光《傳家集》卷六六補。
〔二〕祖宗：原倒，據司馬光《傳家集》卷六六乙。
〔三〕克：原作「堯」，據司馬光《傳家集》卷六六改。

之祭，用古嚴父之道，配以近考。故朝廷在真宗則以太宗配，在仁宗則以真宗配，今則以仁宗配。方仁宗始以真宗配明堂，罷太宗之配，而太宗先以配祈穀、雩祀、神州地祇，本非遞遷。今明堂既用嚴父之道，則真宗配天之祭於禮當罷，難議更分雩祀之配。」天章閣待制兼侍讀李受〔一〕、天章閣侍講傅卞言：「昨於學士院會議，竊有愚見，與衆不同，不敢不以聞。竊惟自唐末喪亂，及五代陵遲，中夏分裂，皇綱大壞。我太祖、太宗以神武英睿，一統海內，功業之大，上格皇天。真宗以盛[39]德大明纂承洪緒，恭儉御物，仁恕撫民，勤勞萬機，哀矜庶獄，綏懷二鄙，遂偃甲兵。因宇內之泰寧，興曠代之典禮，登封、汾祀，烜赫聲明。臨御永年，仁恩普浹，則是二聖定天下而真宗成之也。故先帝景祐詔書，令禮官議定，以真宗與太祖、太宗並爲萬世不遷之廟。然則侑配之道，是宜與國無窮矣，豈可甫及陛下而遂闕其禮乎？且禮不由天降，不由地出，合于人情而已矣。今若以人情揆之，則仁宗臨御四十二年，配饗真宗於上帝者四十一祭，又定爲萬世不遷之廟者，孝道之大可謂著明矣。今仁宗神靈在天，乃以配饗代真宗之舊而虛真宗之配〔二〕，則仁宗以子而代父，使父不得與於配侑，豈神靈之孝心可得安乎？議者乃謂遵用嚴父配天之道，臣等（謂）竊以爲所謂嚴父云者，非專謂考也。故《孝經》曰：『嚴父莫大於配天，則周公其人也。』下乃曰：『郊祀后稷以配天，宗祀文王於明堂以配上帝。』夫所謂天者，謂郊祀配天也；夫所謂帝者，謂五帝之神也。故上云『嚴父配天』，下乃云『郊祀后稷以配天』，則父者專謂后稷也。且先儒謂祖爲王父，亦曰大父，則知父者不專謂乎考也。議者又引唐制，代宗用禮儀使杜鴻漸等議，季秋大饗明堂，以考肅宗皇帝配昊天上帝，德宗亦以考代宗皇帝配，又稱王涇《郊祀録》注，云即《孝經》周公嚴父之道。夫杜鴻漸、王涇一時之言，豈可便爲萬世不移之議哉？臣等竊謂趙鼎[40]之議亦爲得禮，若以太宗配雩祀既久，不欲一旦遷侑，乞以仁宗與真宗並配明堂，亦爲合禮。謹按《孝經》：『郊祀后稷以配天，宗祀文王於明堂以配上帝。』又按《禮記·祭法》：『周人禘嚳而郊稷，祖文王而宗武王。』文武俱言祖宗者〔三〕，則知明堂之侑下及乎武王矣，是文、武並配於明堂也。故鄭氏曰：『祭五帝、五神於明堂曰祖宗。』祖宗，通言耳。國家祭祀既遵用鄭氏之義，固亦當稽鄭氏祖宗之説也。又《易》曰：『先王以作樂崇德薦之上帝，以配祖考。』是亦以祖、考並配上帝也。上帝之祭，正謂明堂宗祀耳。昔梁國子博士崔靈恩，該通之士，達於禮者也，總三《禮》諸儒之説而評之，爲《義宗》〔四〕，論議洪博，後世蓋鮮能及。其申明鄭義，亦謂九月大饗帝之時，以文、武二王泛配，謂之祖宗。祖者，始也；宗者，尊也。所

〔一〕待：原作「侍」，據《長編》卷二〇三改。

〔二〕而：原作「如」，據本書禮二五之九二改。

〔三〕祖：原脱，據《長編》卷二〇三補。

〔四〕義：原作「議」，據《長編》卷二〇三改。

以名祭爲尊、始者，明一祭之中有此二義。稽乎《孝經》、《祭法》、《周易》、《義宗》之言，則父子並侑可謂明著矣。或者謂父子並座，有乖禮制，臣等竊謂不然。昔唐朝故事，已有並侑之禮。況向來本朝祀典，太宗親祀昊天，奉太祖配；真宗親祀，奉太祖、太宗配；仁宗親祀，奉太祖、太宗、真宗同侑〔一〕。歷五六十載之間，本朝通儒不以爲非，則於此獨何疑哉？如是，則太宗既不失雩祀之配，真宗又不遷明堂之舊，得周家祖宗之義，合鄭氏九祭之説，神明安之，祖考饗之，而孝道盡矣。臣等學術淺薄，不足以議祖宗之事，謹據前典，條茲一義。」詔從珪等議。《通考》：或問朱子曰：「《我將》之詩，乃祀文王於明堂之 41 樂章。《詩傳》以爲物成形於帝，人成形於父，故季秋祀帝於明堂而以父配之，取其成物之時也。此乃周公以義起之，非古制也。不知周公以後，將以文王配耶？以時王之父配耶？」曰：「諸儒正持此二議，至今不決，看來只得以文王配。且周公所置之禮，不知在武王之時，在成王之時。若在成王時，則文王乃其祖也，亦自可見。」又問：「繼周者如何？」曰：「只得以有功之祖配之。」問：「周公郊祀后稷以配天，宗祀文王於明堂以配上帝，此説如何？」曰：「此是周公創立一箇法如此，將文王配明堂，永爲定例。以后稷配郊推之，自可見後來妄將嚴父之説亂了。」（以上《永樂大典》卷七一九九）

【宋會要】

42 神宗治平四年七月四日〔二〕，時神宗已即位。翰林學士承旨張方平等言：「准詔，以大行皇帝神主祔朝畢，所有時饗并南郊配座，下兩制與禮院官同定。臣等謹按《孝經》曰：『昔者周公郊祀后稷以配天，宗祀文王於明堂以配上帝。』又曰：『孝莫大於嚴父，嚴父莫大於配天。』國朝典禮循唐之舊，真宗、仁宗皆祀於明堂以配上帝。今季秋大饗於明堂，伏請以英宗皇帝配神作主，以合嚴父之議。」詔恭依。

熙寧五年四月三日〔三〕，中書門下言：「伏請奉僖祖神主爲太廟始祖，每歲孟春祀感生帝，以僖祖配。乞詔太常禮院詳定儀注。」詔恭依。先是，治平四年，太常禮院議遷僖祖神主藏於西夾室。至是，因議定廟祧之序，當爲太廟始祖，遂推侑感生之祀而罷宣祖配位（具）。

熙寧四年六月四日，出御劄曰：「朕荷二儀之休，履四海之富，經庶政之至治，秩將禮之彌文。欽惟五聖之謨，常躬三載之祀。自纘隆於大業，已肆類於圜丘。興言總章，未諧嘉饗。維仁祖之武，宜謹於遵修；惟文考之尊，宜嚴於陟配。況萬寶時楙，三光仰澄，官師協恭，萬寓底定。是

〔一〕自「配仁宗」至「真宗」凡十二字原脱，據《長編》卷二〇三補。
〔二〕天頭原批：「已鈔在郊祀配侑。」
〔三〕天頭原批：「明堂議論。」按，本條不但年分失次，且所敘史事亦可疑。據《長編》卷二四〇熙寧五年十一月戊辰（二十三日）條，此年四月三日，詔令兩制議遷僖祖神主事。至十一月，中書門下奏請奉僖祖爲太廟始祖，詔依。本書禮一五之三七、禮一五之四九所載與《長編》同。而本條將中書門下此奏並詔依繫於四月三日，與本書禮一五矛盾。但本書禮二五之七六有一條亦同本條，是《會要》中本有自相矛盾者，當以禮一五及《長編》爲是。

用稽仍路寢之制，涓選肅霜之辰。上以哀對天明，展昭事之重；下以敕厲民志，示追養之勤。持戒先期，以孚大號。朕取今年季秋擇日有事于明堂，其今年冬至更不行南郊之禮，恩賞並就明堂禮畢，準郊例施行。」

二十八日，太常 43 禮院言：「將來親祀明堂，合以英宗皇帝配座，所有神位，欲依禮例設昊天上帝位，次設五方〔帝〕位，次設五人帝、五官神從祀。」詔恭依。

七月三日，太常禮院言：「今明堂祀昊天上帝，英宗皇帝配座及五方帝，欲望依禮例並皇帝親獻；五人帝、五官神位，即差官分獻。欲修儀注。」詔恭依。

九月十日，大饗于明堂，以皇弟岐王顥爲亞獻，嘉王頵爲三獻。禮儀使司言：「至道二年南郊，皇太子爲亞獻，越王爲終獻，更不設上將軍。近歲獻官雖品秩已高，猶攝上將軍，今來明堂亞獻、終獻已差皇弟顥等，不當更設官。」詔可。餘置使、宿齋、行禮，並用皇祐儀制。

十月三日，以明堂禮畢，大宴集英殿。《宋朝事實》〔一〕：九月十日，大饗明堂畢，詔：「門下：王者尊親之禮，莫隆於昭配之嚴；聖人享帝之誠，莫善於靈承之實。朕惟席五聖之丕緒，荷二儀之眷休，永念守成之艱，敢忘《小毖》之義？曷嘗不體一元而端本，飭五事而承天？內屏遊田之娛，外親保惠之政。選任賢哲，付以輔相之宜；登顧俊良，責以事功之效。既黜陟以三考，又平成其九功。五年于兹，百度咸若。尚且慮一夫之弗獲，虞庶事之未康，每形引咎之言，深軫遇災之懼。天監明德，民懷至仁，陰陽和平，夷夏清晏。底此休功之盛，率予昭考之行。興言孝思，未舉宗祀，爰擇季秋之吉，以代至日之禋。勑四海之職，以相其儀；致九州之味，以備其薦。遠述周公之志，近循仁祖之規，按合宮之古圖，仍路寢之時制。哀對上帝，將以示民之有尊；賓延五精，不忘報祖之由出。況乃謁款清廟，奉祠紫宮，咸稱秩於無文，率先期而致告。禮樂明備，上有以懷柔百神；天人叶和，下得以緝熙純嘏。非予一人之能饗，惟爾萬方之綏成。宜均福釐，廣逮臣庶。可大赦天下，云云。於戲！親嚴之享，申憯怛於朕心〔二〕；在宥之恩，推愛慈於天下。庸示更新之令，期臻耻格之風。尚賴左右宗工，中外多士，同濟泰寧之治，永享無疆之休。」《宋史·樂志》：熙寧享明堂二首〔三〕：英宗奠幣《誠安》〔四〕：「於皇聖考，克配上帝。永言孝思，昭薦嘉幣〔五〕。」酌獻《德安》：「英聲邁古，德施在民〔六〕。久秩宗祀，賓延上神。」

元豐元年十一月五日，詳定郊廟 44 奉祀禮文所言：「《明堂儀注》，前祀三日，尚舍奉御設黃道褥位。謹按《開元禮》、《開寶通禮》，大享明堂，尚舍奉御設御座，即不設黃道褥。本局前奏親祠南郊、景靈宮、太廟，已奉詔旨不設黃道褥，今《明堂儀注》合依《開元禮》、《開寶通禮》修定。」從之。

三年四月二十三日，御劄：取今年季秋擇日有事于明堂。

六月二十一日，太常禮院言：「伏準御劄，今年九月二十二日有事于明堂。皇帝爲慈聖光獻皇后服，以日易月，

〔一〕按，下文不見於今本《宋朝事實》。
〔二〕申：原作「由」，據《古靈集》卷二改。
〔三〕二首：原作「一首」，據《宋史》卷一三三《樂志》八改。
〔四〕「英宗」句原無，據《古靈集》卷二補。
〔五〕幣：原作「弊」，據《宋史》卷一三三《樂志》八改。
〔六〕施：原作「旋」，據《宋史》卷一三三《樂志》八改。

雖已禫除，緣尚在三年之內，檢詳熙寧元年四月詔，依景德二年南郊故事，除郊廟、景靈宮合用樂外，所有鹵簿、鼓吹及樓前宮架、諸軍音樂皆備而不作。其逐處警場，止鳴金鉦鼓角而已。」詔依熙寧元年南郊例施行。

七月十四日，詔殿前副都指揮使、寧遠軍節度使楊遂都大提點明堂儀仗内捧日奉宸隊并法駕鹵簿。

八月四日，詳定郊廟奉祀禮文所言：「臣等看詳《明堂儀注》，設御洗於中階東南。謹按《儀禮》：『設洗南北以堂深，東西當東榮。』《燕禮》：『設洗篚于阼階東南，當東霤。』說者曰：『當東霤，人君爲殿屋也，亦南北以堂深。』《禮記》：『洗當東營，其水在洗東，祖天地之左海也。』《開元禮》、《開寶通禮》，大饗明堂，設御洗於東階東南，頗與禮合，而《皇祐大饗明堂儀注》則設於中階東南，是南北不以堂深，東西不當東霤，神位在北而南嚮盥，又奉盤匜授巾者皆北面，殊不應理。臣等以古制言之，鄉飲酒、鄉射禮，[45]主人南面，則賓北面盥以對主人。燕禮，公在堂上，則主人北面盥以對公。特牲少牢禮，神席在奧則尸入門左，北面盥以對神位，其奉槃者則東面于庭南，奉匜水者則西面于盤東，執巾者亦西面于匜北。所(以)〔有〕大饗明堂，伏請設御洗於阼階東南，當東霤；皇帝立於洗南，北向盥。」從之。先是，詳定郊廟奉祀禮文所言：「看詳儀注，景靈宮、太廟設皇帝版位於東階之東，又設御罍洗於版位之西。按《禮記》曰：『洗當東榮。』又曰：『其水在洗東，祖天地之左海也。』釋者以爲設洗於庭，當東榮。榮，屋翼也，殿屋則云東霤。伏請設洗于阼階下，當殿之東霤。」詔從之。至是，其制始備。

七日，詔：「朕惟先王制行以起禮，孝莫大於嚴父，嚴父莫大於配天。配天一也，而屬有尊親之殊，禮有隆殺之別。故遠而尊者祖，則祀於郊之圜丘而配天；邇而親者禰，則祀於國之明堂而配上帝。天足以及上帝，而上帝未足以盡天，故圜丘祀天則對越諸神，明堂則上帝而已。故其所配如此，然後足以適尊親遠近之義。昔者周公之所親行，而孔子以爲盛者也。事載典册，其理甚明，而歷代以來，合宮所配既紊於經，乃至雜以先儒六天之說，此皆固陋昧古，以失情文之宜，朕甚不取。其將來祀英宗皇帝於明堂以配上帝，餘從祀羣神悉罷。」

十三日，太常禮院言：「奉詔，將來祀英宗皇帝於明堂，惟以配上帝，餘從祀羣神悉罷。其祀事儀注，令[46]太常禮院、詳定郊廟奉祀禮文所詳定。謹按《周禮》有稱昊天上帝，有稱上帝，有稱五帝〔一〕。以義推之，稱昊天上帝者，一帝而已，如『祀昊天上帝則服大裘而冕，祀五帝亦如之』之類是也。稱上帝者，昊天上帝及五帝，如『類造上帝，封于大神』之類是也〔二〕。稱五帝者，昊天上帝不與，如『祀五

〔一〕有稱五帝：原脱，據《長編》卷三〇七補。
〔二〕大：原作「火」，據《長編》卷三〇七改。

帝則張大次小次』之類是也〔一〕。繇是而言，則經所謂『宗祀文王於明堂以配上帝』者，與《周禮》所稱上帝同矣。其將來祀英宗皇帝於明堂，合配昊天上帝及五帝，欲以此修入儀注。」并據知太常禮院趙君錫、楊傑〔二〕、王仲修，檢討楊完〔三〕、何洵直狀：「謹按《周禮》掌次職曰：『王大旅上帝則張氈案，祀五帝則設大次、小次。』又司服職曰：『祀昊天上帝則服大裘而冕，祀五帝亦如之。』明上帝與五帝異矣。則《孝經》所謂『宗祀文王於明堂以配上帝』者，非可兼五帝也。考之《易》、《詩》、《書》所稱上帝非一。《易》曰：『先王作樂崇德，薦之上帝，以配祖考。』《詩》曰：『昭事上帝，聿懷多福。』又曰：『上帝是祇。』《書》曰：『以昭受上帝，天其申命用休。』又曰：『惟皇上帝降衷于下民。』如此類者，豈可皆以五帝而言之？自鄭氏之學興，乃有六天之說，而事非經見。至晉泰始初，論者始以爲非，遂於明堂惟設昊天上帝一座而已。唐顯慶禮亦止祀昊天上帝於明堂。今大饗在近，議者猶以謂上帝可以及五帝，請如聖詔，祀英宗皇帝於明堂，惟以配上帝，至誠精禋，以稱皇帝嚴父之意。」詔如趙君錫等所議。《通考》：楊 47 氏曰：「愚按《孝經》曰：『昔者周公郊祀后稷以配天，宗祀文王於明堂以配上帝。』而注疏家言明堂者，皆曰祀五帝。然則上帝之與五帝，同乎？異乎？山陰黃度曰：『昊天上帝者，天之大名也。五帝，分王於四時者也。周人祀天於圜丘，祀上帝於明堂，皆報本也。祀五帝於四郊，所以致其生物之功也。《大宗伯》言禋祀昊天上帝而不言祀五帝，義可知矣。』由此觀之，則明堂祀上帝者，祀天也，非祀五帝也。而注疏家言明堂者皆曰祀五帝，其說何從始乎？遭秦滅學，專用夷禮，漢興襲秦，四時增之爲五時。自是以後，郊祀用新垣平之言則祠五帝，明堂用公玉帶之言則祠五帝，皆以五時爲主，不知有上帝、五帝之分也。成帝即位，用（康）〔匡〕衡之說改郊祀。明年，衡坐事免官，衆庶多言不當變動祭祠者，遂復甘泉泰時及雍五時如故。夫明堂祀五帝，自武帝首行之。光武中興以後，始建明堂，明帝、章帝、安帝遵行不變，大抵以武帝汶上明堂爲法，不知周人祀上帝於明堂之意矣。是故漢儒之註釋明堂者，皆云祀五帝，蓋其見聞習熟然也。其後晉泰始中，有言明堂、南郊宜除五帝坐，只設昊天上帝一位。未幾，韓楊建言，以漢魏故事兼祀五帝，無祀一天者，竟復明堂五帝位，是又習熟漢魏故事而然也。抑又有甚焉者，唐開元中，王仲丘奏，謂禋享上帝有合經義，而五帝並祀，行之已久，請二禮並行，以成大享之義。本朝皇祐中，宋祁奏以上帝〔四〕、五帝二禮並存，以明聖人尊天奉神之義，不敢有所裁抑。夫祀上帝於明堂，周禮也；祀五帝於明堂，漢禮也。合周、漢而並用之，既並祀五帝，其義何居？是說也，創於王仲丘，襲於宋祁，後之言禮者習熟見聞，又將循此以爲不易之典。甚矣！知天之學不明，諸儒惑於古今同異而莫知所決，行之既久而莫覺其誤也。肆我神祖，聖學高明，洞見周人明堂以文王配上帝之深意，屏黜邪說，斷然行之，不以爲疑，非聰明睿智不（感）〔惑〕之至，其能與於此哉！」《通考》〔五〕：詳定禮文所言：「祀帝於南郊，以天道事之；享帝於明堂，以人道事之。以天道事之，則雖配帝用犢，《禮》所謂『帝牛不吉，以爲稷牛』是也；以人道事之，則雖天帝用太牢，《詩》所謂『我將我享，維羊維牛』是也。梁儀曹郎朱异請明堂用特牛，故隋、唐因之，皆用特牲，非所謂以人道享上帝之意也。皇

〔一〕是：原無，據《長編》卷三〇七補。

〔二〕楊傑：原作「陽桀」，據《長編》卷三〇七改。

〔三〕完：原作「宇」，據《長編》卷三〇七改。

〔四〕祁：原作「祈」，據《文獻通考》卷七四改。下同。

〔五〕通考：原作「宋史禮志」。按以下一段實抄自《文獻通考》卷七四，《宋史》卷一〇一《禮志》四雖亦引此文，但有節畧，因改。

祐大享明堂，用犢七以薦上帝〔一〕、配五方帝，用豕各五以薦五人帝；熙寧中，禮院議昊天上帝、配帝用犢與羊、豕各一，五帝、五人帝用犢與羊、豕各五，皆未應禮。今明堂親祠上帝、配帝、五方帝、五人帝，請用牛、羊、豕各一。」

八月二十一日，詳定禮文所言〔二〕：「謹按晉摯虞議：『郊丘之祀，掃地而祭，牲用繭栗，器用陶匏，事反其始，故配以遠祖。明堂之祭，備物以薦，三牲並陳，籩48豆成列，禮同人理，故配以近考。』繇此言之，郊以遠人而尊，則當以天道事之；明堂以近人而親，則當以人道事之。故《宋書・志》曰：『《禮記》郊以特牲，《詩》稱明堂牛羊，吉蠲雖同，質文殊典。且郊有燔柴，堂無煙燎，則鼎俎彝簋，一用廟禮。』《隋書・志》亦曰：『明堂之禮，既方郊爲文，則不容陶匏。』《開元禮》、《開寶通禮》及見行儀注，明堂之饗，席用藁秸，器用陶匏，並與郊祀無別，殊非所謂『禮同人理、配以近考』之意。伏請以莞席代藁秸、蒲越，以玉爵代匏爵，其豆、登、簋、俎、尊、罍並用宗廟之器，但不裸，不當有彝瓚。」從之。

是日又言：「《明堂儀注》，設權火於望燎位之東南，皇帝就望燎位舉權火。謹按歷代祀明堂，送神樂止，悉無舉權火之文，唯皇祐大饗明堂則有之。況景靈宮薦享已削此儀，伏請將來明堂行禮，不設權火。」從之。

是日又言：「《明堂儀注》，上帝席以藁秸〔三〕，配帝以蒲越，上皆設褥。《開元禮》大享明堂，上帝席以藁秸，配帝以莞。夫以茵褥施於神位，其爲非禮明甚，伏請明堂神席上不設褥。」從之。《宋史・禮志》：監察御史裏行王祖道言：「前詔以六天之説爲非古，今復欲兼祀五帝，是亦六天也。禮官欲去四圭而廢祀神之玉，殊失事天之禮。望復舉前詔，以正萬世之失。」仍并詔詳定合用圭璧。」詳定所言：「宋朝祀天，禮以蒼璧，則燎玉亦用蒼璧；禮神以四圭有邸，則燎玉亦用四圭有邸。而議者欲以蒼璧禮神，以四圭有邸從燎〔四〕，義無所主。《開元》、《開寶禮》，祀昊天上帝及五帝於明堂，禮神燔燎皆用四圭有邸〔五〕。今詔惟祀上帝，則四圭有邸自不當設〔六〕。宜如南郊，禮神燔燎皆用蒼璧。」

閏九月一日，太常禮院言，明堂禮畢，合行恭謝禮。詔依熙寧元年故事。熙寧元年郊禮畢，詔更不恭謝，命執政、近臣分詣燒香。

〔四年〕十月49十一日〔七〕，詳定郊廟奉祀禮文所言：「國朝郊廟明堂禮，以郊社令設玉幣，太祝取玉幣以授侍中進皇帝，門下侍郎取爵進皇帝奠爵，皆未合禮。伏請郊廟明堂，命吏部尚書一員奉玉幣，吏部侍郎一員奉爵，以次從皇帝至神座前，左僕射闕即右僕射。以玉幣進皇帝奠於地。及酌獻，尚書左丞闕即右丞。以爵授僕射，僕射進爵皇帝。酌獻訖，侍郎受幣受爵以贊飲福及焚燎外，宗廟仍以尚書

〔一〕七：原作「牛」，據《文獻通考》卷七四改。
〔二〕「八月」至「所言」，原無，據《長編》卷三〇七補。
〔三〕席以：原倒，據《宋史》卷一〇一《禮志》四乙。
〔四〕「則燎玉亦用四圭」至此句「四圭有邸」凡二十三字，原脱，據《宋史》卷一〇一《禮志》四補。
〔五〕有邸：原脱，據《宋史》卷一〇一《禮志》四補。
〔六〕自：原無，據《宋史》卷一〇一《禮志》四補。
〔七〕四年：原無，據《長編》卷三一七補。

設玉几。」從之。《宋朝事實》〔一〕：元豐三年九月二十二日明堂禮畢〔二〕，詔：「門下：朕承五聖積累之基，接千載神靈之統。順迪古訓，惠綏黎元。玩心於幾微，儲思乎昭曠。夙興夜寐，永惟二帝之盛時；日就月將〔三〕，思繼三王之絶業。然而禮殘於商〔四〕、周之後，樂失於《韶》、《濩》之餘，究觀本原，寖紊彝制。祀事習行而恬於舛誤，祠官妄舉而闊不講修。廼者刺六經之文，采諸儒之議，袚飾漏典，發揮禬容，祗奉乎天地神祇之尊，答揚乎祖宗功德之懿。于時五韙來叙，三農屢豐，星氛彌消，民氣休静。乃涓路寢之室，乃度崇堂之筵。諏季秋之靈辰，備庶物之美報。念神莫帝之大，肇新專饗之儀；念人莫親之隆，載陳嚴配之禮。於是駕齋輅之潔，建鸞旗之華，被衮冕以款琳宫，執鬯圭以祼清廟。還登陽館之陛，大奏《我將》之詩。文物燦庭而輝煌，璧玉爛席而華絢。昭事上帝，克禋克祀而精意通〔五〕；燕及皇天，如幾如式而美祥下。悽然涼露之感，肅然榮光之臨。豈朕眇冲，敢私貺施！垂恩隤祉，既膺有昊之降康；蕩垢滌瑕，嘉與含生之均慶。可大赦天下。於（獻）〔戲〕！德隆報薄，無馨氣以動於神明；享厚施豐，有膏澤以洽于黎庶。保艾中外，輯寧邦家。尚賴三事協恭，羣公輸力，如股肱之衛予體，如符契之合予心。豈獨一時，天人助信順之至；又將百世，君臣同福禄之多。」

五年十一月二日，詳定郊廟奉祀禮文所言：「《周禮》小宗伯禱祠肄儀爲位〔六〕，後漢肄司徒府，皆不於祠所，所以遠慢戒瀆也。本朝親祠南郊，習儀於壇所，明堂於大慶殿，皆近於瀆。伏請南郊習儀於青城，明堂習儀於尚書省，以遠神爲恭。」從之。《宋續通鑑長編》：五年秋，太常寺言：「丙申 50 詔書：『季秋祀英宗於明堂，惟以配上帝〔七〕，其餘從祀羣神悉罷。』臣等以類推之，猶有未盡者。謹案《周頌·噫嘻》，春秋祈穀于上帝，而本朝啓蟄而雩，有司尚緣近制，皆以羣（臣）〔神〕從祀，恐與今詔意不同。臣等伏乞將來孟夏大雩惟祀上帝，以太宗配，餘從祀羣神悉罷，以明事天不二。」又言：「據禮，雩壇在國南，今寓圜丘非是，乞改築。」從之。

七年十月二十六日，尚書禮部言：「親祠儀注，享太廟、祀圜丘日，帝自齋殿赴大次，服通天冠、絳紗袍，然後改服祭服。看詳明堂大享，帝宿齋於文德殿，祭日之旦自齋殿赴大次，亦合服通天冠、絳紗袍，至大次改服祭服行事。」從之。《宋朝事實》〔八〕：先是，七月戊申，内降御劄曰：「朕蒙上神之休，膺列聖之緒，兢兢業業，罔敢怠荒。惟皇祐之再秋，薦五神于重屋，明有以教萬民之孝，幽有以通羣靈之歡。歷年于兹，久曠弗舉。今四時和裕，羣物茂豐，奉牲告（盛）〔成〕，曷勤之憚！况夫容臺獻議，去並侑之煩；樂府考音，推至和之本。宜恢盛則，用戒先期。朕以今年季秋擇日有事于明堂，其恩賞並如南郊故事。諸道州府不得以進奉爲名，輒行科率，致有煩勞。」禮畢肆赦：「門下：朕承三聖之基，履四海之貴，深惟持國之日久〔九〕，益念爲君之道艱。有臨聽之廑，庶以圖天下之佚；無奉養之靡，庶以資天下之豐。兢兢萬務之維微，勉勉前事之所戒。倚以左右輔弼之所正，予敢有弗欽？事于上下神祇之是明，予敢有弗肅？屬九穀登富，三辰昭華，象來桂海之祥，塵絶玉關之警。有邦之應，於朕豈功！恭念爲天之子者，必修報本之禋；爲人之子者，必懷追養之慕。重懷菲德，屢緝曠文。頃按明堂之圖，古如路寢之制。載經斯席，

〔一〕按，下文不見於今本《宋朝事實》。
〔二〕二十二：原作「二十」，據《宋大詔令集》卷一二五補。
〔三〕將：原脱，據《宋大詔令集》卷一二五補。
〔四〕殘：原作「殊」，據《宋大詔令集》卷一二五改。
〔五〕克禋：「克」原作「堯」，據《宋大詔令集》卷一二五改。
〔六〕肄儀：原倒，據《長編》卷三三一乙。
〔七〕惟：原作「推」，據本書禮二四之四五「十三日」條改。
〔八〕此下引文不見於今本《宋朝事實》。又所録二文皆仁宗嘉祐七年事，一已見前文禮二四之三二，一載《華陽集》，置此大誤。
〔九〕惟：原作「爲」，據王珪《華陽集》卷九改。

載度斯筵。直大火之騂芒，乘季秋之肅氣。物無上帝之稱，非躬祠不足詔乎虔；聖維文考之尊，非嚴配不足盡乎孝。於時備法物之駕，服六冕之章，格靈娛於真庭〔一〕，款清德於太宇。還祗宗祀之舉，共飭純誠之將。乃神光陸離，燭于薦鬯之夕；嘉氣休宴，被于欽柴之時。亶丕事之繼成，敢蕃祉之專（嚮）〔饗〕。宜孚廷煥，以契天心。可大赦天下。於戲！承神之祚，既均煇耀之微〔二〕；盪俗之瑕，復若風霆之布。蓋禮具則澤之博，孝至則勸以遐。尚賴秉文之英，經武之傑，厲同寅於王室，恢大洽于邦圖，共荷無疆之休，亦膺無窮之聞〔三〕。」

元祐元年二月二十六日〔四〕，吏部尚書呂大防等言：「謹按國朝之制，奉僖祖皇帝、太祖皇帝、太宗皇帝以配郊丘。季秋大饗，自唐及本 51 朝皆用『嚴父』之義〔五〕，伏請宗祀神宗皇帝於明堂以配上帝。」詔恭依。朱光庭進議曰〔六〕：「臣謹按《周頌·我將》，祀文王於明堂也，『我將我享，維羊維牛，維天其右之。』《孝經》曰：『孝莫大於嚴父，嚴父莫大於配天，則周公其人也。昔者周公郊祀后稷以配天，宗祀文王於明堂以配上帝。』臣詳二經之文，皆爲明堂而言也。在《我將》之頌，言天而不言上帝；《孝經》稱嚴父莫大於配天，又曰配上帝。又按《郊特牲》曰：『萬物本乎天，人本乎祖，禮所以配上帝也。郊之祭也，大報本反始也。』由是言之，則天之與上帝一也。推本始而祭之，則冬至萬物之始也，故於是日祀天，尊祖而配之。推成功而祭之，則季秋萬物之成也，故於是月祀上帝，嚴父以配之。祖配本始之祭，而父配成功之祭，其理然也。自漢以來，論明堂者衆矣。臣切究《周頌》、《孝經》、《郊特牲》之文，天之與上帝既一，則從祀之神不當有異，緣郊與明堂皆三年一大祭也，但内外配祖、考爲異爾。又《大司樂》曰：『樂六變則天神皆降。』則從祀之神固無疑矣。臣伏請將來九月宗祀神宗皇帝于明堂以配上帝，天神宜悉從祀，不惟正大饗之禮，蓋以隆配父之道也。伏望朝廷因此大祀，特下有司考正，以爲萬世法。」

三月十六日，御劄：取今年季秋擇日有事於明堂。

五月六日，詔將來明堂前二日朝獻景靈宮、天興殿〔七〕。以太常寺言：「準御劄，祀明堂前二日朝獻景靈宮，前一日親享太廟，當用三年不祭之禮，悉遣大臣攝事。看詳景靈宮、天興殿用天神之禮〔八〕，即不係廟享，於典禮別無妨礙。」故有是詔。

六月十五日，太常寺言：「蘇轍奏請明堂用皇祐典禮，今詳皇祐明堂雖嘗編纂，然嘉祐末已經仁宗釐正。至元豐三年宗祀英宗於明堂以配上帝，專用《孝經》嚴配之文，最爲得禮之正。蓋宗祀大典更累聖乃定，將來明堂宜遵元豐三年定制。」從之。

二十三日，詔：「將來明堂，除依禮例禮神用樂外，其鹵簿、鼓吹及樓前宮架、諸軍音樂，皆備而不作，警場止鳴金鉦鼓角。」以在 52 神宗皇帝禫祭中故也。

八月十四日，禮部言：「自來大禮，皇帝詣景靈宮、太

〔一〕娛：《華陽集》卷九作「貺」。
〔二〕耀：原作「翟」，據《華陽集》卷九改。
〔三〕聞：原作「問」，據《華陽集》卷九改。
〔四〕按，此條《長編》卷三六八繫於閏二月八日丙申。
〔五〕用嚴父之義：原作「嚴父子義」，據《長編》卷三六八改。
〔六〕按，《會要》本門他條無引臣僚之議爲注者。朱光庭此奏見於《國朝諸臣奏議》卷八六，文字全同，文末注明「元祐元年正月上」。此當是《大典》引上書爲注，非《會要》本有也。
〔七〕殿：原作「宮」，據《長編》卷三七七改。
〔八〕天神：《長編》卷三七七作「天地」。

廟，皆乘玉輅。今來明堂止詣景靈宮一處行禮，檢會嘉祐四年仁宗親行祫享及七年明堂詣景靈宮、太廟，往回皆乘大輦。欲依上件故事修入今次儀注。」從之。是日又奏：「自來明堂前三日，皇帝自内乘輦赴文德殿御幄，改服通天冠、絳紗袍升御榻，百官奏請致齋訖，降坐歸御幄。今來皇帝就垂拱殿致齋，緣本殿地步隘窄，陳設御幄外，難以安置御榻，欲請皇帝自垂拱殿改服，乘輦赴文德殿，並如常儀。俟百寮奏請畢，却歸垂拱殿宿齋。自餘幕次，悉依令式陳設。」從之。四年行明堂禮亦如之。

二十二日，詔：「今年明堂，諸軍素隊樂（而）不振作，更不支賜。」

九月六日，大享于明堂，以皇叔揚王顥爲亞獻，荆王頵爲終獻。

二十五日，宰臣、親王、執政、近臣等分詣觀寺恭謝，以明堂禮畢，皇帝在諒闇，不親行恭謝之禮也。《通考》：九月辛酉，帝大饗于明堂，詔：「明堂禮畢御紫宸殿，羣臣起居，不奏祥瑞，御樓惟行肆赦儀，稱賀並罷。」以太常寺言司馬光薨故也。　《宋朝事實》〔一〕：哲宗元祐元年九月六日，明堂禮畢，詔：「門下：聖人之德，無以加孝；帝王之典，莫大承天。朕以眇眇之身，煢煢在疚，永惟置器之重，惕若臨淵之深。承明繼成，思有以迪先王之烈；紹志述事，未足以慰天下之心。仰緊母慈，總攬政體，緝熙百度，和樂四方。賴帝況臨，浹寓寧乂〔二〕，三垂之兵靡警，萬邦之年屢豐。庶幾大同，光嗣成美。深惟六聖之制，必躬三歲之祠。惟兹肇禋，屬予訪落，喪有以權而從變，祭無以卑而廢尊。欽言總章，古重宗祀，以教諸侯之孝，以得萬國之心。我饗維天，《下武》式文王之典；大孝嚴父，孔子謂周公其人。追惟先猷，嘗講兹禮，包舉儒術，諮諏搢紳，刺六經放逸之文，斥衆言殽亂之蔽，嘉與四海，靈承一天。革顯慶之兼尊，隆永徽之專配，成于獨斷，畀予冲人〔三〕。尊遺教於前，[53] 著成法于後。涓選吉日，裒輯上儀，奉罍琳宮，奠玉路寢。神之弔矣，燕及皇天〔四〕；誰其配之，既右烈考。於時夙齋輅之駕，被衮冕之章，備庶物之微，追三牲之養。靈旂而風馬下，孝奏而日月光。惕然履霜，詎勝悽愴之意；僾然出户，如聞嘆息之音。秩祐賚我思成，侍臣助予惻楚。既迄成于熙事，敢專饗於閎休〔五〕！宜布洪恩〔六〕，以暨諸夏。可大赦天下。云云。於戲〔七〕！漢庭祀帝，著於即祚之踰年；唐室施仁，固以御門之吉日。蓋禮盛者文縟，澤大者流長。尚賴文武之英，屏翰之雋，叶恭政治〔八〕，以輔邦圖。」

四年三月七日，御劄：取今年季秋擇日有事于明堂。

五月四日，詔：今年明堂大禮，太廟更不排頓。

六月十四日，禮部言：「太常寺申：故事，明堂享太廟，雖遣官攝事，除供行事官罍洗之類並依常享外，其逐室所設祭器特用親祠器。將來明堂大禮，太廟差官攝事，其逐室所陳祭器及祠官罍洗之類，請依此。」從之。

八月十日，詔徐王顥爲亞獻，嗣濮王宗暉爲終獻。

〔一〕按，以下引文不見於今本《宋朝事實》，其詔見《東坡全集》卷一〇九、《宋大詔令集》卷一二五。

〔二〕寓：原作「寓」，據《東坡全集》卷一〇九改。

〔三〕畀：原作「卑」，據《東坡全集》卷一〇九改。

〔四〕天：原作「矣」，據《東坡全集》卷一〇九改。

〔五〕饗：原作「鄉」，據《東坡全集》卷一〇九改。

〔六〕洪：原作「沉」，據《東坡全集》卷一〇九改。

〔七〕戲：原作「獻」，據《宋大詔令集》卷一二五改。

〔八〕治：原作「路」，據《宋大詔令集》卷一二五改。

九月二十四日，帝以明堂禮畢，詣景靈宮行恭謝禮，次詣萬壽觀。二十五日，詣凝祥池、中太一宮、集禧觀、醴泉觀畢，宣從臣賜酒五行，次詣大相國寺〔一〕。《通考》〔二〕：先時，三省言：「按天聖五年南郊故事，禮畢行勞酒之禮，如元會之儀。今明堂禮畢，請太皇太后御會慶殿，皇帝於簾內行恭謝之禮。百僚稱賀訖，宣羣官升殿賜酒。」太皇太后不許，詔曰：「皇帝臨御，海內宴安，五經季秋，再講宗祀，以享天心，顧吾何功，獲被斯福！今有司因天聖之故事，修會慶之盛禮，將俾文武，稱慶于庭。吾自臨決萬機，日懷祗畏〔三〕，豈以菲薄之德，自比章獻之明？矧復皇帝致賀於禁中，羣臣奉表于閤左，禮文既具，夫又何求！前朝舊儀，吾不敢受。將來明堂禮畢，更不受賀，百官並內東門拜表。」《宋朝事實》〔四〕：元祐四年九月十四日，明堂禮畢，詔：「門下：治人莫急于重祭，嚴父孰大于配天。昔者周公，宗祀明堂而致孝；鴻惟仁祖，規（撫）〔橅〕路寢以尊親。參合古今之宜，兹謂情文之盡。肆我昭考，稱秩彝祠，周爰羣策之長，專崇一帝之配。聖作明述，事並功偕。稽《呂令》之文，則享以秋季；案《魯經》之載，則日用吉辛〔五〕。允協靈心，奉爲常憲。朕纂圖宸極，承訓慈闈，事舉于中，禮循其舊。嚮講親祠之制，54 一遵先聖之謨。對越上神，翕受純嘏，五韙來備，三稔于兹。屬方隅之底寧，嘉河流之順復，物無（庇）〔疵〕癘，民用平康。荷穹昊之降休，致涵生之蒙祉。復會一郊之歲，前詢七數之謀。而乾象垂文，晨觀房〔六〕、心之次；朝儀取法，是爲政教之宮。適及其時，兹用展采。陳千乘萬騎之儀衛，極四海九州之貢羞，皆欲有以致其嚴，猶懼無以稱其德。前期戒衆，各揚職以盡恭；先甲端誠，中集虛而思道。始欽柴於真館，旅備物於大庭。作主侑神，帝與親而並饗；奠匏及瓚，薦暨祼以交行。一純馨而高明歆，四氣和而諸福應。有司已事，祝嘏既告以孝慈；與物惟新，風霆爰布於號令。式均惠澤，溥被敷天。可大赦天下。於戲！合內朝之神事，既因錫羨以推仁；得萬國之歡心，又將使民而知孝〔七〕。蓋布德行惠者，非賢罔乂；任大守重者，惟后克艱。尚賴文武藎臣，股肱碩輔，共底緝熙之治〔八〕，庶成忠厚之風。咨爾群倫〔九〕，其體朕意。」

六年二月二十一日，太常博士趙叡言：「本朝親享之禮，自明道以來，即大慶殿以爲明堂，蓋得聖人之意。至於有司攝事之所，乃尚寓于圜丘。竊見南郊齋宮有望祭殿，其間屋地頗寬，乞將來季秋大享明堂，有司攝事只就南郊齋宮行禮。」從之。

紹聖二年四月二十五日，御劄：「取今年季秋擇日有事于明堂。」

五月二十六日，三省言：「禮部、太常寺狀，將來明堂，皇帝飲福受胙，乞依元豐三年郊廟禮制施行。」從之。

二十七日，詔依元豐三年例，明堂前三日致齋於文德殿。以元祐元年四月嘗致齋於垂拱殿，故有是詔。

六月二十日，禮部言：「將來明堂，乞依元豐三年明堂，車駕詣景靈宮、太廟，往回並乘玉輅。」從之。

二十五日，太常寺言：「今來明堂、景靈宮、太廟行禮，

〔一〕詣：原作「諸」，據《長編》卷四三三改。

〔二〕通考：原作「宋史禮志」。按《宋史》文字甚略，此下文字實引自《文獻通考》卷七四，因改。

〔三〕日懷：原脱，據《長編》卷四三三補。

〔四〕按，以下引文不見於今本《宋朝事實》，其詔見《蘇魏公文集》卷二一及《宋大詔令集》卷一二五。

〔五〕辛：原作「新」，據《蘇魏公文集》卷二一改。

〔六〕晨觀：《蘇魏公文集》同，《宋大詔令集》卷一二五作「辰集」。

〔七〕知：原作「致」，據《蘇魏公文集》卷二一改。

〔八〕治：原作「法」，據《蘇魏公文集》卷二一改。

〔九〕咨：原作「兹」，據《宋大詔令集》卷一二五改。

皇帝版位自合設於阼階之上。所有殿下小次，欲依元豐詳定郊廟奉祀禮文所議，不設。」詔太廟設小次，餘從之。

九月一日，詔皇叔祖濟陰郡 【55】 王宗景爲亞獻，皇伯保信軍節度觀察留後仲遷爲終獻。

十九日，宰臣章惇等言：「伏見皇帝自廟門降輅，步至齋宮，秋日尚炎，却繖弗御；薦獻至神宗廟室，涕泗沾服；禮畢復自齋宮却繖，步陞玉輅。〔乞〕宣付史官。」從之。

十月二日，以明堂禮畢，詣景靈宮行恭謝禮。三日，詣凝祥池、中太一宮、集禧觀、上清儲祥宮、大相國寺。唯第一日自景靈宮詣崇因閣，餘如元祐四年故事。《宋朝事實》〔一〕：紹聖二年九月十九日，明堂禮畢，詔：「門下：順考禮經，莫先於祭典；遹遵成業，益重於孝思。朕以眇躬，獲承休德。訪予落止，奉長信於簾帷；始初清明，紹先朝之矩矱。不懈于事，惟既乃心。延登儁良，修飭治具〔二〕，每懷兢慎，懼怵盈成。方海寓之宴寧，亦雨暘之順序。心存偃伯，誠在卲農，十有一年，允釐庶務。豈朕寡德，致此休嘉，洪惟禰宮，垂慈佑助。益勵從先之志，適丁親祀之期。配帝饗親，用周公之故事；明堂路寢，協神祖之宏規〔三〕。月用季秋〔四〕，日維辛吉〔五〕，備千乘萬騎之儀衛〔六〕，先有事于琳宮；極四海九州之貢羞，用親祼於太室。駿奔揚職，肸蠁薦誠，一純罄而高明歆，四氣和而福禧應。有司已事，慶熙洽之告成；與物惟新，布惠和而肆眚。式揚大號，爰及敷天。可大赦天下。於戲！毖祀總章，所以教諸侯之孝；推恩綿宇，所以致天下之和。更賴三事協恭，百官修職，共伸勵翼，永底丕平。」《塵史》〔七〕：紹聖乙亥季秋，大享明堂，余時貳軍器，從百官服朝服。前一日，皇帝致齋，御史臺吏具行禮次第，人印給一本。至是日，則曰「綪其佩」，仍注云「屈而結之」。在庭之臣亦有莫能省其音者〔八〕，或讀曰青，曰菁。余潛告曰：「當爲争。」有相顧而笑者。按《儀禮》作「竫」字，音義與此同。

元符元年十二月五日，尚書左丞蔡卞言：「昨季秋大享于明堂，充初獻〔九〕，就南郊望祭殿行禮〔一〇〕，竊見其殿制度隘窄，階級平夷，未足以仰稱嚴事之意。蓋聞明堂者，天子布政之宫，於以朝諸侯，而先王宗祀配帝乃就此者，所以致親親之義也。國家皇祐初講求墜典，始即大慶殿奉祠，至今循之，蓋得古者宗祀之遺意。【56】獨常歲寓祭位處有所未安〔一一〕。恭惟對越上神，配以烈考，大事也，雖遣官攝事，亦當如禮。伏見新作南郊齋宫端誠殿，實天子潔齋奉祠及禮畢見羣臣之所，在國之陽，高明邃深，可以享神。即此行禮，於古義爲有合。自今大禮自依舊制外，其常歲季秋大享，宜改就端誠殿。」從之。《宋史·樂志》：元符親享明堂樂章十一首：皇帝升降《儀安》：「嚴父配天，孝乎明堂。與奠升階，降音以將。天步有節，帝容必莊。辟公憲之，禮無不臧。」上帝位奠玉幣《鎮安》：「聖能享帝，孝克事親。於皇宗祀，盛節此陳。何以薦虔，二精有煒。何以致祥，上天鑒止。」

〔一〕按，以下引文不見於今本《宋朝事實》，其詔文見《宋大詔令集》卷一二五。
〔二〕飭：原作「飾」，據《宋大詔令集》卷一二五改。
〔三〕神：《宋大詔令集》卷一二五作「仁」。
〔四〕月：原作「日」，據《宋大詔令集》卷一二五改。
〔五〕辛：原作「新」，據《宋大詔令集》卷一二五改。
〔六〕千：原脱，據《宋大詔令集》卷一二五補。
〔七〕塵：原作「麈」，據今本《塵史》改。
〔八〕省其音：原作「音其綪」，據《塵史》卷上《禮儀》改。
〔九〕充：原作「克」，據《長編》卷五〇四改。
〔一〇〕殿：原脱，據《長編》卷五〇四補。
〔一一〕常：原作「嘗」，據《長編》卷五〇四改。

神宗奠幣《信安》：「合宮禮備，時維哲王。堂筵四敞，明德馨香。聖考來格，降福穰穰。承承繼繼，萬祀其昌。」奉俎《禧安》：「奕奕明堂，天子即事。奠我聖考，配于上帝。凡百有職，疇敢不祗！俎潔牲肥，其登有儀。」上帝位酌獻《慶安》：「惟禮不瀆，所以嚴親。惟孝不匱，所以教民。陟配文考，享于大神。重禧累福，祚裔無垠。」配位酌獻《德安》：「隆功駿德，兩有烈光。陟配宗祀，惠我無疆。」退文舞、迎武舞《穆安》：「舞以象功，樂維崇德。文經萬邦，武靖四國。一張一弛，其儀不忒。神鑒孔昭，孝思維則。」亞獻《穆安》：「於昭盛禮，嚴父配天。盡物盡誠，莫匪吉蠲。重觴既薦，九奏相宣。神介景福，億萬斯年。」飲福《胙安》：「莫尊乎天，莫親乎父。既享既侑，誠申禮舉。戛擊堂上，八音始具。天子億齡，飲神之胙。」徹豆《歆安》：「穆穆在堂，肅肅在庭。於顯辟公，來相思成。神既歆止，有聞無聲。錫我休嘉，燕及羣生。」歸大次《憩安》：「有奕明堂，萬方時會。宗子聖考，作帝之配。樂酌虞典，禮從周志。釐事既成，於皇來暨。」

大觀元年三月二十三日，御劄：取今年季秋擇日宗祀于明堂。

四月十三日，詔季秋宗祀于明堂，禮成宣制，恩賞並依南郊例施行。

五月六日，詔皇城司：「今後宗祀大禮，太廟行禮回，宿文德殿。次日，自文德門至右昇龍門外，并左昇龍門裏更衣殿至內藏西庫大次前，並鋪疊黃道。所有應干合增物件，本司應辦及應於他司差借者，並比類舊條施行。」

九月[57]二十八日，宗祀明堂，以皇弟魏王俁爲亞獻〔一〕，鄧王偲爲終獻。禮畢御樓肆赦，上遣中使以御製《宗祀禮成》詩賜宰輔以下，近臣畢和。

十月七日，宰臣蔡京等言：「伏見宗祀之月，久雨不止，齋宿之夕，雨尚滂注。翌日，祼獻宮廟，日光照耀，祇事總章，天無纖雲；肆赦之日，天氣晏温。望宣付史官。」從之。

十月十六日至十八日，以明堂禮畢，詣景靈宮西宮、上清宮行恭謝之禮。先是，崇寧四年，詔營建明堂，已度地鳩工，俟過來歲取旨興役。明年，以彗出西方，遂詔罷之。《宋史備要》：大觀元年九月辛亥，大饗明堂，以神宗皇帝配。大赦天下，應元祐係籍、上書邪等人，見今羈管、編管、安置者，並與量移近地，已量移者放還本鄉。應元祐係籍人子孫、兄弟，元非本犯，深原罰不及嗣之意。《宋朝事實》〔二〕：大觀元年九月二十八日，明堂禮畢，詔：「門下：帝爲大神，非精禋無以獲其格；親則皇考，非專饗無以極其嚴。鴻惟本朝，上稽周室，宗祀明堂而致孝，規圖廣殿以陳儀。涓選杪秋之良，卜用維辛之吉。協靈心而昭事，崇侑食以來寧。肆予菲躬〔三〕，紹乃大統，發揮古訓，率循舊章。禮緝熙、豐之討論，樂用崇、觀之制作。雖度筵猶因乎路寢，而均律已得乎中聲。矧政事之維醇，抑嘉祥之滋至。鉅河澄澈，咸若豐登，王德洽而狴犴清〔四〕，壬人退而蠻夷服。顧惟寡昧，底茲乂安，實賴謨烈之燕詒，與夫昊穹之眷佑。念無待而施報，在薦誠而必躬。是用朝獻殊庭，祼將太室，登還陽館之陛，大奏合宮之歌。駿奔之多士秉文，顯相之羣公咸一。故得明靈昭格，況施衍蕃，祝嘏並告乎孝慈，風馬胥來而肸蠁。既多受祉，誕膺帝命之休；用錫庶民，欽敷時斂之福。揚于端闕，賚爾多方。可大赦天下〔五〕。於戲！信順之助，丕應乎天人；祭祀之澤，均覃於海宇。茂爾臣民之賚慶，篤予邦國之榮懷。尚賴德惠流行，垢瑕掩滌，小大盡輸於忠義，

〔一〕俁：原作「娛」，據《宋史》卷二四六《宗室傳》三改。
〔二〕按，下文不見於今本《宋朝事實》，其詔見《宋大詔令集》卷一二五。
〔三〕躬：原作「曰」，據《宋大詔令集》卷一二五改。
〔四〕王：原作「生」，據《宋大詔令集》卷一二五改。
〔五〕可大赦天下：原無，據《宋大詔令集》卷一二五補。

邇遐咸奮於事功。永厎丕隆，並綏茀祿。」

《宋史·樂志》：大觀宗祀明堂五首：奠玉幣《鎮安》：「交于神明，内心爲貴。外致其文，亦效精意。嘉玉既陳，將以量幣。肅肅雝雝，惟帝之對。」「有邦事神，享帝爲尊。内心致德，外示彌文。嘉玉效珍，薦以量幣。恭欽伊何，惟以宗祀。」配位奠幣《信安》：「肇祀明堂，告成大報。顒顒祇祇，率見昭考。涓選休辰，齊明朝夕。於惟皇王，孝思罔極。」酌獻《孝安》：「若昔大猷，孝思維則。永言孝思，丕承其德。於昭明威，侑于上帝。賚我思成〔一〕，永綏福[58]祉。」配位酌獻《大明》：「於昭皇考，大明體神。憲章文思，宜民宜人。嚴父之道，陟配于天。躬行孝告，有孚于先。」

《宋朝事實》〔二〕：大觀四年十一月初三日，冬祀禮畢，詔：「門下：朕紹膺駿命，祇奉燕謀，永惟置器之艱，常軫臨淵之慮。躬攬萬務，兹越十年，荷上帝之降康，厎羣生之咸遂。禮制樂作，仁洽道豐。撫五緯以宣精，翕九河而順紀。干戈弗試，囹圄屢空。同雲應尺澤之祈，甘露協中臺之瑞。三登既格，六府允修。昭受閎休，敢忘大報？是用率循彝典，稱秩上儀，乘景至之熙辰，備星陳之法駕。祼獻清廟，初蠲饎以揭虔；竭款紫壇，遂欽柴而展采。推本烈祖，對越昊穹，表潔純犧，薦誠蒼玉。于時協氣充塞，高靈宴娭〔三〕，肅然精意之通，紛若美祥之下。惇崇元祀，屬熙事之涓成；申宥眚災，宜湛恩之誕布。可大赦天下。於戲！一人有慶，既敷錫於蕃釐；庶政惟和，其永綏於極治。尚賴輔弼勵相，官師交修，增隆不拔之基，益固無疆之祚。」

政和六年閏正月十二日，大晟府言：「神宗皇帝嘗命儒臣肇造玉磬，藏之樂府，（允）〔久〕不施用。乞令罯加磨礱，俾與律合，并造金鍾，專用於明堂，以薦在天之神。」從之。

七年四月十八日，禮制局言：「謹按《詩》稱郊祀天地而繼以宗祀文王，經稱郊祀后稷而繼以宗祀文王，《周禮》祀大神示而繼以享先王。然則祀大神者，圜丘也；祀大示者，方澤也；享先王則明堂在其中。三者備矣，而後事神示祖考之禮成。然非一日而能徧，蓋圓（兵）〔丘〕必俟冬至，方澤必俟夏至，明堂必俟季秋，千數百載，斯禮弗備。今圓壇、方澤繼展上儀，而明堂肇新，宗祀之期，理不可緩。伏請夏祭大禮後，季秋親祀明堂，以稱陛下昭事神示祖考之意。」又言：「謹按《禮記》，祀大神於冬至，祀大示於夏至，乃有常日，無所事卜。季秋大享帝，以先王配，則有常月而未有常日。所謂卜日者，卜其辛爾。萬物萌於甲，新於辛，故社用甲，郊用辛，以見成功必[59]歸諸天也。禮不卜常祀而卜其日，蓋月有上辛、次辛，謀及卜筮，所以極嚴恭之義也。伏請明堂大享以吉辛爲正。」又言：「昨夏祭前一日，宿方澤内殿致齋，太廟、景靈宫冬祀既已親祀，將來宗祀明堂，伏請依夏祭内殿致齋，前一日齋宿大慶殿。」又言：「《周禮》：『祀昊天上帝則大裘而冕，祀五帝亦如之，享先王則衮冕。』祀昊天上帝則郊祀是也，享先王則宗祀在其中。蓋于大裘舉正位以見配位，於衮冕舉配位以見正位，以天道事之，則舉卑明尊。大裘象道，衮冕象德。明堂以人道享上帝，與郊祀異，伏請明堂服衮冕。」又言：「謹按《禮記》『莞簟之安而蒲越、稾鞂之設』，釋者謂下莞上簟，祭天則蒲越、稾鞂。漢舊儀，祭天用六綵綺席六重。高帝配

〔一〕賚：原作「賴」，據《宋史》卷一三三《樂志》八改。
〔二〕按，下文不見於今本《宋朝事實》。其詔見《宋大詔令集》卷一二二。
〔三〕娭：原作「娱」，據《宋大詔令集》卷一二二改。

天用紺席。成帝初，丞相〔匡〕衡等言其非是，遂用藁秸。東漢用莞、簟，晉江左用蒯，隋祭天用藁秸，配帝用蒲越。唐麟德詔改用裀褥，《開元禮》、《開寶通禮》上帝用藁秸，配帝用莞、簟。景德中，孫奭請席皆加褥。慶曆祀儀，上帝以黄，配帝以緋。元豐中，從有司之議，始不設褥於明堂神席之上，又以莞代蒲越、藁秸。今郊祀正位設蒲越，明堂正、配位並莞，蓋取《禮記》所謂『莞簟之安』，明堂以人道享上帝故也。然莞、簟自是兩物，故曰下莞上簟。《周禮》祀先王亦無單用莞、簟之文，今既取《禮記》莞簟之安，乃止用莞而不設簟，未盡禮意。況郊用特而明堂用牛、羊，郊用匏爵而明堂用玉爵，其餘豆、登、簠、60俎、尊、罍並用宗廟之器，但不設彝不祼，則藉神席亦合盡用人情所安。兼東漢猶用莞、簟，晉、宋以後始單用莞，蓋循襲之誤。伏請明堂正、配位並依禮經用莞、簟。」又言：「《周禮》『以蒼璧禮天』，又曰：『四圭有邸，以祀天，旅上帝。』蓋蒼璧以象體，四圭有邸以象用，然於蒼璧言禮，於四圭有邸言祀。說者謂禮神在求神之初，祀神在禮神之後，蓋一祭而並用也。伏覩夏祭方澤，兩圭有邸與黄琮並用。將來明堂大享，蒼璧及四圭有邸亦合並用。」又言：「謹按《周禮》：『王搢大圭，執鎮圭。』蓋鎮圭顯諸仁，大圭藏諸用。《開元禮》、《開寶通禮》，明堂親祠皆搢鎮圭，非古也。元豐以來，謂覲禮奠圭於繅上。諸侯朝見天子奠圭，則天子祇事(事)上帝，亦當奠圭於繅上，遂奠鎮圭而執大圭。今圜丘、方澤，執(元)〔玄〕圭則搢大圭，執大圭則奠(元)〔玄〕圭。禮經，祀大神示、享先王如一，伏請明堂親祠如上儀。」又言：「明堂親享，正、配二位，每位合用籩二十六，豆二十六，簠八，簋八，登三，鉶三及柶槃一，神位席一，幣篚一，祝篚一，玉爵一及坫，瑶爵一及坫，牛鼎一，羊鼎一，豕鼎一，并局匕、畢、茅、冪、俎六，太尊二，山尊二，著尊二，犧尊二，象尊二，壺尊六，皆設而弗酌。尊加冪。犧尊五，象尊五，壺尊五，犧罍五，象罍五，壺罍五，加勺〔一〕、冪。御槃匜一，并篚，勺、巾。飲福受黍豆一，玉飾。飲福受胙俎一。亞獻、終獻盥洗罍一副，并篚、勺、巾。亞、終獻爵洗罍一副，并篚、勺、巾。神厨鸞刀一。」又言：「伏見61宗廟用九鼎，其三爲牲，其六爲庶羞。謹按《周頌·我將》，祀文王於明堂，曰『我將我享，維羊維牛』，此以人道享帝也。以此考之，則(堂)〔明〕堂所用牲而已，其庶羞之鼎不當設焉。何則？宗廟專享祖考，而明堂以配上帝，故宗祀之禮，方於郊則爲文，方於廟則爲質。爲其文也，故三牲備陳；爲其質也，故庶羞不設。然則庶羞之不設，以尊上帝故也。謹按元豐郊廟奉祀禮文，明堂牲牢，正配各用牛一、羊一、豕一。伏請宗祀止用三鼎，而不設庶羞之鼎，其俎亦止合用六焉。」又言：「看詳宗廟祭祀五齊三酒，有設而弗酌者，有設而酌者。設而弗酌，若《酒正》所謂『以法共五齊三酒，以實八尊』是也；設

〔一〕勺：原作「酌」，據《宋史》卷一〇一《禮志》五改。

而酌，若《司尊彝》所謂『醴齊縮酌〔一〕，盎齊涚酌，凡酒修酌』是也。《明堂位》曰：『泰，有虞氏之尊；山罍〔二〕，夏后氏之尊；著，商尊；犧、象，周尊。』蓋尊以世之遠近爲序，故致齊以次實之也。《聘禮》曰：『壺設於東序，北上，二以並〔三〕，南陳，醙、黍、清皆兩壺。』蓋醙、黍、清，三酒也。《詩》亦曰『清酒在壺』。此三酒實之壺尊也。《禮器》曰『廟堂之上，罍尊在阼，犧尊在西北』，實酌齊之尊也。又曰『君西酌犧象，夫人東酌罍尊』，此初獻酌酒之位也。《酒正》曰『大祭三貳，中祭再貳，小祭一貳』，此酌尊皆有貳也。然以五尊實五齊，則壺尊實三酒可知矣。以酌齊之尊在阼階之上，則酌酒之尊在阼階之下可知矣。蓋古者宗廟行九獻之禮，君與后各四，而諸臣一獻以終之，故謂之九獻。終獻之酌，酒是也。〔62〕王安石謂五齊以神事之，三酒以人養之，若止酌齊而不及酒，非所以全事養之義。三獻之禮雖畧於古，而齊酒之酌不可偏廢，則初獻酌醴，亞獻酌盎，終獻酌酒，而九獻之義備焉。然而夏之尊曰罍，周之尊曰犧象，《記》言罍尊在東，犧尊在西，此周禮也。周本先代之器，故初獻酌犧；後異代之器，故亞獻酌罍。今太廟、明堂之用，皆異代器也，當以近者爲貴，酌尊用犧象可也。若夫設而不酌之尊，宜以世之先後爲次而實之。伏請明堂以太尊實泛齊，山尊實醴齊，著尊實盎齊，犧尊實緹齊，象尊實沉齊〔四〕，壺尊實三酒〔五〕，皆爲不酌之尊。又以犧尊實醴齊爲初獻，象尊實盎齊爲亞獻，並陳於阼階之上，犧在西而象在東。壺尊實清酒爲終獻〔六〕，陳於阼階之下，皆爲酌尊。尊三〔七〕，其二以備乏少，此大祭之禮也。然三酒必酌清酒者，先儒以清酒爲祭祀之酒，其説然矣。」

又言：「《周官·大司樂》：『分樂而序之，以祭以享以祀。』冬日至於地上之圜丘奏之，若樂六變，則天神皆降；夏日至於澤中之方丘奏之，若樂八變，則地示皆出；於宗廟之中奏之，若樂九變，則人鬼可得而禮。蓋天神、地示、宗廟以聲類求之，其用樂各異焉。又按《孝經》稱：『郊祀后稷以配天，宗祀文王於明堂以配上帝。』蓋尊祖配天者，郊祀也；嚴父配帝者，明堂也。郊祀以遠人爲尊，故尊祖以配天；明堂以近人而親，故嚴父以配帝。雖尊祖以天道事之，嚴父以人道事之，然〔63〕配天與配上帝，所以求天神而禮之，其義一也。則明堂宜同郊祀，用禮天神六變之樂，以天帝爲尊焉。故《易》之《豫》以作樂崇德，必曰『薦之上帝以配祖考』也。若宗祀配上帝而用宗廟九變之樂，所以禮神者，非其義矣。且明堂之祀，以經考之：《我將》之詩

〔一〕醴：原作「禮」，據《周禮注疏》卷二〇改。
〔二〕山：原脱，據《禮記·明堂位》補。
〔三〕二：原脱，據《儀禮·聘禮》補。
〔四〕沉：原作「汎」，據《宋史》卷一〇一《禮志》四改。
〔五〕實：原脱，據《宋史》卷一〇一《禮志》四補。
〔六〕終：原作「亞」，據《宋史》卷一〇一《禮志》四改。
〔七〕尊：原脱，據《宋史》卷一〇一《禮志》四補。

曰『維羊維牛』，則以人道享上帝而用三牲也。惟用三牲，故豆、登、簠、俎、尊、罍、玉、爵並用宗廟之器。然明堂以配上帝，稽《周官》禋祀之禮，與宗廟異。若禮以蒼璧，祀以四圭有邸，幣放器色，燔燎升煙，大神不祼，所以享上帝者皆因象類，則宗祀大享用天神六變之樂，薦之上帝，以配烈考，於禮爲宜矣。今明堂大樂，欲乞宮架赤素用雷鼓、雷鼗。」又言：「圜丘、方澤，各有大樂宮架，自來宗祀明堂，就用大慶殿大朝會宮架。今明堂肇建，合行創置。」又言：「謹按皇祐已來，以大慶殿爲明堂，奏請致齋於文德殿，禮成受賀於紫宸殿。今明堂肇建，合於大慶殿奏請致齋，禮成於文德殿受賀。」又言：「謹按皇祐已來，明堂當一郊，故詣太廟、景靈宮行禮，陳法駕鹵簿。回宿文德殿，即轉仗自宣德門陳列，南至天漢橋。今明堂，郊享後次年行禮，故不詣太廟、景靈宮，即車駕不出皇城，惟列仗於宣德門外，所有鹵簿儀仗更不排設。」又言：「《周禮》夜三鼜以號戒，今奏嚴是也。乘輿宿齋，其儀衛本緣祀事，其奏嚴本緣警備。國朝之制，警嚴並列於逐頓宮門外。仁宗詔明堂直端門[一]，而奏嚴於外，64 恐失靜恭之意，於是齋夕權罷。今明堂肇建於寢之東南，不與端門直，將來宗祀，大慶殿齋宿，皇城外不設鹵簿儀仗，其警場伏請列於宣德門內大慶殿門外。」又言：「自來明堂親祀則寓於大慶殿，有司行事則寓於端誠殿。竊惟王者祀上帝，以天道事之，則於郊冬至而配以祖；以人道事之，則於明堂於季秋而配以禰。因其象類，義蓋不可勝窮。今既於季秋而配以禰，緣有司行事乃寓之於郊，誠恐未盡禮意。伏請非親祠歲，有司行事亦於明堂，庶以極人道事之之義。」並從之。

五月十八日，御劄曰：「燕及皇天，禮寔嚴於大享；率時昭考，孝莫重於宗祈。比稽治古之隆，肆考合宮之壯。相方視祉，于國之陽；面勢飭材[二]，循周之舊。哀對四時之序，甄陶二氣之和。達鄉重檐，昭合六經之墜緒；方輿圜蓋，是興萬世之閎摹。永觀厥成，不忝于素。顧豈人謀之可致，兹惟帝命之不違。爰念紫壇，暨於泰圻，屢格燎煙之歆，既修瘞祀之事，永爲繼志述事之圖，敢後嚴父配天之舉！況明靈之孚祐，方符瑞之旁臻。其圖太室之儀，用卜杪秋之吉[三]。侑登禰廟，對越上穹。賓延五府之神，祗薦九州之味。具申報本，斯昭萬寶之成；誕示寧親，以教諸侯之孝。亶孚有衆，咸告前期。朕以今年季秋宗祀于明堂。咨爾有司，各揚乃職，相予肆祀，罔或不恭。」

七月二十八日，詔季秋大享明堂登歌，並用道士。

八月十二日，內出御製宗 65 祀明堂及親祠五室奠幣、酌獻樂曲九章，其餘飲福等三章令學士院撰進。

十七日，詔以二十四日於明堂習儀，餘按嚴更、警場、

[一] 門：原作「明」，據《宋史》卷一〇一《禮志》四改。
[二] 飭：原作「飾」，據《宋大詔令集》卷一二四改。
[三] 杪：原作「秒」，據《宋大詔令集》卷一二四改。

雅樂、閱素隊並罷。

十八日，手詔：「宗祀明堂以配上帝，後世循沿末習，配於六天，而又徧以羣神從祀，違經失禮，瀆神爲甚。昔我烈考，下詔改革，是正禮經。今肇禋明堂，並依先帝詔旨，從祀悉罷。明堂五室，不可虛設，考之《周書》，有『大裘而冕』與『設大次、小次』之文，則義當親祠而不廢。有司以議來上〔一〕，嘉從其說，已降指揮，親祠五室，革末世瀆神之陋，上承先帝已行之旨，而協周人享帝之恭。」先是，八月八日，禮部尚書許光凝等奏〔二〕：「奉詔議明堂五室祀五帝。按《禮記·月令》『季秋大享帝』，説者謂『大饗者，徧祭五帝也』。《曲禮》『大享不問卜』，説者謂『祭五帝於明堂，莫適卜也』。《周官》太宰『祀五帝則掌百官之誓戒，與其具修』，説者謂『祀五帝於四郊及明堂』。而王安石以謂五帝者，五精之君，昊天之佐也。惟其爲五精之君，故分位於五室；惟其爲昊天之佐，故與享於明堂。自周以還，遭秦絶學，士之所見無復全經。神宗皇帝（廢）〔發〕德音，下明詔，唯以英宗配上帝，而悉去從祀群神。陛下稽古有作，取成於心，肇新宏規，得其時制，爰即季秋，肆躬大享。位五帝於其室，既無以禰槩配之嫌；止祀五帝，又無羣神從祀之黷。永爲善繼，是謂達孝。然則神考黜六天於前，陛下正五室於後，其揆一也。」故有是詔。

66 二十五日，詔將來宗祀大禮，更不設輅。

二十六日，詔明堂行禮，並依《五禮新儀》外，其禮制局議定所降指揮并禮例，有合添入《新儀》者，令太常寺修定。太常寺言：「儀注内『乘輿出稱警蹕，繖扇侍衛如常儀』，今貼去『稱警蹕』字。奠玉幣《右文化俗之舞》，今改作《寧親昭事之舞》。進熟《威功睿德之舞》，今改作《日靖四方之舞》。『户部、兵部、工部尚書捧俎』今改作『工部、兵部、户部尚書捧俎』。『先薦牛，次薦羊，又薦豕』，今改作『先薦豕，次薦羊，又薦牛』。」並從之。

九月六日，宗祀明堂，以皇弟燕王俁爲亞獻，越王偲爲終獻。

十二月十八日，詔每歲季秋大享，親祠明堂，其罷有司攝事。

八年四月二十七日，詔：「朕肇建合宫，稱秩元祀〔三〕。既右烈考，以配上帝，載稽國典〔四〕，參質時令，季秋大享，歲所常行，朕將躬執籩豆，承神致孝。自今以始，著爲定制。惟先王之世，大禮必簡，觀天下之物，無以稱其德，則以内心爲貴。帝親之奉，其敢弗欽！而明堂近在宮城，秋享實薦時事，行之久遠，宜極簡嚴。其每歲季秋親祠〔五〕，如孟月朝獻禮，更不差五使儀仗等。其合行事件，令所屬

〔一〕以：原脱，據《宋大詔令集》卷一二四補。
〔二〕凝：原作「疑」，據《宋史》卷一〇一《禮志》四改。
〔三〕稱：原作「秩」，據《宋大詔令集》卷一二四改。
〔四〕稽：原作「修」，據《宋大詔令集》卷一二四改。
〔五〕季秋：原作「秋季」，據《宋大詔令集》卷一二四乙。

條具申請。」

六月八日，太常寺上季秋親祠大享明堂儀：「皇帝散齋七日於別殿，致齋三日於內殿。有司設大次於齋明殿，設小次於明堂東階下。祀日，行事、執事、陪祠官立班殿下，東西相向。皇帝服衮冕，太常卿、東上閤門官、太常博士前導。禮部侍郎奏中嚴外辦，太常67卿奏請皇帝行禮。太常卿奏禮畢，禮部郎中奏解嚴。其禮器、牲牢、酒饌、奠獻、玉幣、升煙、燔首、祭酒、讀册、飲福、受胙并樂舞等，並如宗祀明堂儀。其行事、執事、陪祠官，並前十日受誓戒於朝堂。行事、執事官致齋三日，前一日並服朝服立班、省饌，祀日並祭服。陪位官致齋一日。祀前二日，仍奏告神宗皇帝配侑。」從之。

十三日，太常寺言：「明堂大享，以吉辛日爲正。太史局選到九月二日，其日係宣仁聖烈皇后忌前一日，已係祀畢，兼別無吉辛，望依太史局所定。」從之。

八月十九日，詔：「每歲季秋親祠明堂，比附宗祀大禮，參酌差官。行事官並選近上職位人充，餘應吏部差者，盡從朝廷差人。」

二十日，詔：季秋大享明堂，以太師蔡京爲禮儀使，以太宰鄭居中視滌濯，以嘉王楷告潔。楷以提舉皇城司職事當宿衛辭，遂命鄭居中告潔、視滌濯。

九月二日，大享明堂，以皇弟燕王俁爲亞獻〔一〕，越王偲爲終獻。宣和元年九月八日大享明堂、二年九月十三日、三年九月十日、四年九月五日、五年九月十一日、六年九月八日、七年九月十三日，歲皆親祀明堂〔二〕。

〔宣和〕三年九月十一日〔三〕，太宰王黼等言：「陛下肇建合宮，歲嚴宗享。今歲天宇清霽，祇肅寅恭，弗御小次。奠玉之初，有羣鶴翔集空際，從以羽物。乞拜表稱賀，宣付祕書省。」從之。《宋朝事實》〔四〕：享明堂畢，詔：「門下：祇承于帝，膺駿命者必昭大報之誠〔五〕；對越在天，竭孝思者必謹肇禋之舉。乃眷度筵之制，久隳考室之文。若昔大猷，稱秩元祀。規天矩地，遹追三代之隆；負陰抱陽，裒對一堂之68上。八牖以達八方之氣，四阿以施四序之和〔六〕。丕應旁臻，珍祺紹至。靈臺底曆，星占出柳之符；農扈儲祥，邕協維秠之薦。帝省山則隆棟來于靈壑〔七〕，嶽修貢則文石擬乎龜書。方程屬植之功，已考司空之辟〔八〕。是翳神策，匪直人謀。爰熙大室之崇，大饗肅霜之吉。右尊禰廟，嚴配昊穹。四海會同，用繼皇祐肇基之志；五位時序，益增元豐垂裕之光。工祝告親製之辭，備樂奏躬修之律。駿奔在庭者皆知秉德，祇栗于位者無有違心。苾苾芬芬，齊誠允格〔九〕；洞洞屬屬，神保是臨。方祲典之涓成，既繁禧之顯

〔一〕俁：原作「娛」，據《宋史》卷二四六《宗室傳》三改。
〔二〕「歲皆」句原無，據《宋史》卷一〇一《禮志》四補。
〔三〕宣和：原無，據《宋史·宰輔表》，王黼爲太宰在宣和年間，因補。
〔四〕按，下文不見於今本《宋朝事實》。所録之詔見《宋大詔令集》卷一二五，乃是政和七年九月六日明堂赦天下制，當移於上文禮二四之六六「九月六日」條後，不當置於此。
〔五〕報：原作「服」，據《宋大詔令集》卷一二五改。
〔六〕施：原作「旋」，據《宋大詔令集》卷一二五改。
〔七〕棟：原作「揀」，據《宋大詔令集》卷一二五改。
〔八〕考：原作「放」，據《宋大詔令集》卷一二五改。
〔九〕允：原作「永」，據《宋大詔令集》卷一二五改。

被，其敷惠術，誕霈恩綸。內均四守之微，外浹萬邦之衆。可大赦天下。於戲！上天孚佑，獲承帝親並享之休；下國駿厖〔一〕，敢後福禄攸同之錫！疇咨遐邇，共對榮懷。」

明堂制度

徽宗政和五年，上將建明堂，七月十日，手詔曰：「孝莫大於嚴父，嚴父莫大於配天。遠而尊，故配祖於郊；近而親，故配嚴父於明堂〔二〕。今三歲一郊，佑我烈祖，而宗祀明堂，以配上帝，寓於殿寢，禮蓋云闕。朕嗣承先烈〔三〕，君臨萬邦，罔極之懷，欲報無所，夙興夜寢，靡遑寧處。崇寧之初，嘗詔建立，去古既遠，歷代之規模無足循襲〔四〕。朕萬幾餘間，黜諸儒臆說，剌經稽古，度以九筵，分其五室，通以八風，上圜下方，參合先王之制，心庶幾焉。相方視址〔五〕，于寢之南，僝工鳩材，自我作古，以稱朕昭事上帝、率見昭考之心。咨爾中外，其體至懷。」

八月六日，詔：修建明堂，布告大廷，奏告天地、宗廟、社稷、宮觀、諸陵及五嶽四瀆。

十二日，詔移秘書省於他所，以其地爲明堂。以杭州觀察使陳彥言，明堂基宜正臨丙方稍東，以據福德之地，故有是詔。

十五日，手詔：「明堂之制，自三代以還，有爲之君雖欲稽法先王，終不能如古。蓋違經循俗，惑於衆說，失其旨意。朕永惟嚴父饗帝之禮尚闕未備，取《考工記》所 69
載〔六〕，考其互見之文，得其制作之本。命工伻圖，莫不備具，無一不合〔七〕。『夏后氏曰世室，堂脩二七，廣四修一。五室，三四步，四三尺。九階，四旁兩夾窗〔八〕』。考夏后氏之制，名曰世室，又曰堂者，則世室非廟堂。脩二七，廣四修一，則度以六尺之步，其堂脩十四步，廣十七步之半。又曰『五室，三四步，四三尺』者，四步益四尺，中央土室也；三步益三尺，木、火、金、水四室也。每室四户，户兩夾窗。此夏后氏之制也。『商人重屋，堂脩七尋，崇三尺，四阿重屋』。商人名曰重屋而又曰堂者，非寢也。度以八尺之尋，其堂修七尋。又曰『四阿重屋』者，阿者屋之曲也〔九〕，重者屋之複也，則商人有四隅之阿，四柱複屋，則知下方也。『周人明堂，度以九尺之筵』。三代之制不相襲，夏曰世室，商曰重屋，周曰明堂，則知皆堂也。『東西九筵，南北七筵，

〔一〕厖：原作「彪」，據《宋大詔令集》卷一二五改。
〔二〕「配」、「明」二字原脱，據《宋大詔令集》卷一二四、《長編紀事本末》卷一二五補。
〔三〕先：原作「元」，據《宋大詔令集》卷一二四改。
〔四〕規：原脱，據《長編紀事本末》卷一二五補。
〔五〕址：原作「此」，據《宋史》卷一〇一《禮志》四改。
〔六〕考工記所載：原作「考□所記載」，據《宋大詔令集》卷一二四改。
〔七〕一：原脱，據《宋大詔令集》卷一二四補。
〔八〕「兩」下原有「旁」字，據《宋史》卷一〇一《禮志》四刪。
〔九〕者：原無，據《宋史》卷一〇一《禮志》四補。

堂崇一筵，五室，凡室二筵』者〔一〕，九筵則東西長，七筵則南北狹，所以象天，則知上圜也。夏、商、周之名雖不相襲，其制則一，唯步、尋、筵廣狹不同而已。《考工記》所言三代之制，亦各互見。朕萬機之暇，取夏后氏益五室之度〔二〕，兼商人四阿重屋之制，從周人度以九尺之筵，上圜象天，下方法地，四户以合四序，八窗以應八節，五室以象五行〔三〕，十二堂以應十二朔〔四〕。九階、四阿，每室四户，夾以八窗，兼三代之制，黜諸儒之臆説。饗帝嚴父，聽朔布政於一堂之上，於古皆合，其制大備。宜令明堂使司遵圖建立，以稱朕意。布告中外，咸使70聞知。」於是内出明堂小樣於崇政殿，集百官宣示，命太師、魯國公蔡京爲明堂使，宣和殿學士蔡攸討論指畫制度，顯謨閣待制蔡儵、蔡翛、殿中監宋昪參詳。明堂使蔡京言：「三代之制，脩廣不相襲，夏度以六尺之步，商度以八尺之尋，而周以九尺之筵，世每近，制每廣。今若以二筵爲太室，方一丈八尺，則室之中設版位、禮器已不可容，理當增廣。今從周之制，以九尺之筵爲度，太室脩四筵，三丈六尺。廣五筵，四丈五尺。共爲九筵。木、火、金、水四室各脩三筵，益四五，三丈一尺五寸。廣四筵，三丈六尺。共七筵，益四尺五寸。十二堂古無脩廣之數，今亦度以九尺之筵。明堂、玄堂各脩四筵，三丈六尺。廣五筵，四丈五尺。左右个各脩廣四筵。三丈六尺。青陽、總章各脩廣四筵，三丈六尺。左右个各脩四筵〔五〕，三丈六尺。廣三筵，益四五。三丈一尺五寸。四阿各四筵，三丈六尺。堂柱外基各一筵〔六〕，九尺。堂總修一十九筵，一十七丈一尺。廣二十一筵。一十八丈九尺。」詔悉從之。先是，崇寧四年七月二十七日，宰臣蔡京等進呈庫部員外郎姚舜仁請自國丙巳之地建明堂，繢圖以獻。《九朝長編紀事本末》：崇寧四年八月丁亥，庫部員外郎姚舜仁言：「伏聞神宗皇帝嘗詔侍臣，欲考古三雍之制，開明堂、辟雍，以發政施仁，其初志蓋將以追配黄帝、三代之治。元祐紛擾之後，紀綱法度靡復存者。陛下天縱之聖，獨見於昭曠之先，而執政大臣相與發明神考之遺訓，肇建外學，規創辟雍，而弦誦之音徧於天下，兹盛德之舉也。」又曰：「今陛下恢復先烈，蒐講上儀。體虞庠之制，立近郊之學；即丁未之方，申辟廱之教。與夫區區之漢、唐增煥祈年之館，大營避暑之宮，萬萬相遼矣。臣伏願陛下上規黄帝、三代之遺制，下采《戴禮》經傳羣儒之碩論，即國之東丙巳之地，正明堂之大禮，革皇祐權宜之設，定崇寧不刊之規，具大駕之71鹵簿，備五輅之禮容。俾夫旗物舒布於國門，鼓吹徐引於馳道，萬國諸侯咸覲於縟禮，四方賓客咸覩於盛儀，則烈祖在天罔不來格，上帝時歆罔不顧諟。陛下雖未及登封泰、華之顛，禪地汾陰之北，而横經四學，閲禮三雍，臨（壁）〔璧〕水以擥群英之（網）〔綱〕，御明堂而受四海之贄，顧不盛哉！」又曰：「臣謹參考古禮，繪成圖式以獻。其制中爲一堂，上設重屋，太室居中，四阿重屋，四門四堂，各爲一室，共八空以通八方，以擬八封。外闢四門，以示明四目，達四聰之義。四面各爲五門，以應五行。皆法《禮記·明堂位》之文。堂脩十四步，其廣十四步二分步之一，應《周官》世室之制。其崇九尺，以應《周官》一筵之數。門堂取則於正堂三之二，其修九步

〔一〕室：原作「堂」，據《宋大詔令集》卷一二四改。
〔二〕「后」原脱，「五」原作「世」，據《宋大詔令集》卷一二四補改。
〔三〕象：原作「聚」，據《宋大詔令集》卷一二四改。
〔四〕應：原作「聽」，據《宋大詔令集》卷一二四改。
〔五〕「脩」下原有「廣」字，據《宋史》卷一〇一《禮志》四删。
〔六〕基：原作「其」，據《宋史》卷一〇一《禮志》四改。

三分步之一，其廣十一步三分步之二。其門堂各爲一室，取則於門堂三之一。其修三步十分步之一，其廣三步六十八步之五十三。室居中，其脩四步，其廣四步三分步之二。四阿重屋各爲一室，其脩三步，其廣三步二分步之一。每室爲四户，以法四時。四旁爲八窗，以象八節。皆法三代之制。總而計之，凡九室以象九州，三十六户以法三十六旬，七十二牖以應七十二氣。九階以用天之道九，上圓下方以體天地之形，四隅無壁以法皇道之四達，户設而不閉以示不藏。室覆以茅，貴其質也。東序西序，合二百一十有六，乾之策也。驗之於古則有稽，參之於禮則不悖。奢不至靡，儉不至陋。號爲崇寧明堂定制之圖。爰漢歷唐，茲禮殆廢，舉而行之，意在今日，千載一時，超絶邃古。臣愚妄議典禮，死有餘地。」上曰：「先帝嘗欲爲之，有圖見在禁中，然考究未甚詳。」京曰：「明堂之制，見於《禮記》、《周官》之書，皆三代之制，參錯不同，學者惑之。舜仁留心二十餘年，始知《周官·考工記》所載三代之制爲文各互相備，故得其法。今有二圖，其齋宮一悉南向，一隨四時方所向。」上曰：「可隨四時方所向，仍令將作監李誡(司)〔同〕舜仁上殿。」

八月十六日〔一〕，李誡、姚舜仁進《明堂圖》，上謂誡等曰：「聖人郊祀后稷以配天，配以祖，宗祀文王於明堂，配以考，兩者當並行。明堂之禮廢已久，漢、唐卑陋不足法，宜盡用三代之制，必取巨材，務要堅完，以爲萬世之法。」遂依舜仁等所奏《明【72】堂圖議》營建，唯不得科率勞民。仍令學士院降詔，曰：「朕若稽先王饗帝之義〔二〕、嚴父之禮、布政之居，夏有世室，商有重屋，周有明堂，對越在天，以孝以享。朕承祖宗積累之緒，永惟先帝盛德休烈，懼無以稱，而宗祀之報尚或闕焉，中夜以興，怵惕靡究。比詔有司，審加論定〔三〕，具圖來上，於禮有稽。追三代之墜典，黜諸儒之異説，作而成之，庶幾乎古。朕將秩禮祇載，昭事上帝，佑我烈考，歛時五福，用敷錫于庶民。有姚舜仁所奏《明堂圖》，可依所定營建。」《九朝長編紀事本末》：仍詔：「明堂功力浩大，須寬立期限營建，俟過來年丙戌妨礙外，取旨興功。仍令胡師文、梁子美各於本部出材木處，據合用造成熟材，搬輦上京。其見役工可權罷。」胡師文，淮南發運；梁子美，河北都運。《實録》但云詔修建明堂，俟過來歲興役，不顯因由，今用詔旨删修。八月二十四日，初下詔修建。

十月二日，蔡京等進呈修營明堂申請，上曰：「朕事天地有南北郊之禮，備矣，惟嚴父配天未有其所。前此以大慶殿權設幄次爲明堂，且大慶殿乃大朝會受賀之所，豈可爲嚴配之地？」京曰：「古人云明堂、路寢，其制一也。謂其制之同，非謂路寢即明堂也。《孟子》載齊王曰：『人皆謂我毀明堂，毀諸？已乎？』孟子對曰：『王欲行王政，則勿毀之矣。』齊去三代之制未遠，既別名曰明堂，又曰可毀，即非因路寢爲明堂可知矣。」脩建明堂討論指畫制度蔡攸言：「明堂五門并諸廊結瓦等，三代別無制度，漢、唐或蓋以茅，或蓋以瓦，或以木爲瓦，以夾紵漆之，其制不同。今酌古之制，適今之宜，蓋以素瓦，而五門用琉璃緣裹，及頂

〔一〕十六日：《長編紀事本末》卷一二五作「十八日」。
〔二〕稽：原作「昔」，據《長編紀事本末》卷一二五改。
〔三〕加：原作「嘉」，據《宋大詔令集》卷一二四改。

蓋73鴟尾綴飾之物，並以琉璃，庶文質得中。」詔從之。仍用銅火珠。又言：「宫殿四角垂鈴，古未嘗有，唯《漢武故事》神宇椽首皆作龍首銜鈴，無所經據，後世唯道釋祠宇往往用之。今明堂稽古制作，咸有法式，角鈴不當復用。至於鴟尾，亦起漢武時，以海中有魚虬尾似鴟，作象於尾以厭火祥。至唐永徽，乃施於明堂，合用鴟尾。然屋大脊高，鴟尾崇必踰丈，若更施拒鵲，或恐太高，風雨易損。欲乞明堂鴟尾不施拒鵲，其門廊即隨宜施用。」又言：「明堂之制，上圜象天，下方法地。《易》曰『天玄地黄』，古者取象，各以其類，故《周官》以蒼(壁)〔璧〕禮天，黄琮禮地。今明堂用瓦，上圜純青，下方純黄，取象其色，而合三代用蒼(壁)〔璧〕、黄琮之意。五門即用琉璃緣裏。」又言：「明堂下方法地，副階用黄琉璃結瓦，蓋天玄地黄即無間色。脊與鴟尾當純用黄。」詔悉從之，惟疊脊鴟尾上皆以青，下純用黄，砌地用五色石，各隨其方之色。又言：「明堂欄楯柱端所飾之物，於歷代無所稽考，恐合隨宜倣古文鹿或辟邪之象，以銅爲之，庶可持久。而明堂設色制度，考之於古，唯夏后氏世室曰盛以蜃灰堊牆而已，然不言畫繢之制也。《周官》繢事雜五色，東方曰青，南方曰赤，西方曰白，北方曰黑，天謂之玄，地謂之黄。雜四時五色之位以章之，謂之巧。故漢、唐以來，明堂四向各隨其方之色。伏乞如周繢事之制，明堂設飾雜以五色，而各以其方所尚之色爲主。五74室皆如之，太室以黄而各以相生之色因之，如東方青而仍以黑。上圜象天，以玄色爲主，而以青次之。八窗、八柱上施以緑，蓋青、黄間色爲緑，以應天地之氣交也。國朝以火德王，所尚者赤也，當以赤爲本。今堂、室、柱、門、欄楯並飾以朱，則遠以合三代之制，近以協所尚之色。」又言：「修造法式，殿基用石螭首。此於歷代無聞，唯唐有起居郎、舍人秉筆隨宰相入，分立殿下，直第二螭首，和墨濡筆，皆即坳處，時號螭頭。舍人殿設螭頭，蓋見於近世，其制非古，不可施用。」詔悉從之。

又詔討論明堂基作三級及改制火珠制度。攸言：「謹按堯舜堂高三尺，土階三等。《考工記》周明堂崇一筵，《呂氏春秋》周明堂茅茨蒿柱，土階三等。既一筵而階三等，則知堂三級，每級三尺，故後世有龍墀、沙墀、丹墀三墀之稱。欲乞堂爲三級，每級崇三尺，共爲一筵，如周之制，其廣狹隨宜。火珠之制不見於三代，自唐證聖重建明堂，凡高二百九十四尺，爲三層，上施寶鳳，俄以火珠代之，此不足法。今明堂之制，上圜象天。《易》曰『乾，天也，乾爲龍』，又曰『雲從龍』，欲乞改火珠爲雲龍之象。」詔悉從之。又言〔一〕：「明堂南門之内所餘地一十五丈有餘，宗祀樂舞已占一十五丈，而行事、陪祠文武班列及其他仗衛之類無地可容。今明堂近增兩墀三級，其一層增基依舊一筵外，餘四面第二、第三層並以四筵之數，基址稍移向北，與東、西、北三面

〔一〕言：原作「詔」，據文意改。

墀75前所餘丈尺廣狹相若。應門内空地比明堂東、西、北面稍多，可更移南門近外五間，東、西二門移與青陽、總章依舊相對。」

又詔討論五門立戟之制，攸言：「謹按《周禮》，王者會同之舍有棘門。先儒以『棘』爲『戟』。按《説文》，『戟』讀若『棘』。《左傳》『子都拔棘逐潁考叔』，注云：『棘，戟也。』則古者『棘』與『戟』通用。《周禮》戟門非正名爲明堂，然先王之時，朝覲會同之門乃有戟。漢文帝入未央宫，有持戟衛端門者，武帝居前殿則植戟，晉崇福門有鷄鳴戟，《周禮》戟門之制也。隋、唐宫門列戟二十四，國朝因之。元豐中，詔天興殿本以欽奉天神，更不立戟。竊詳戟所以自衛，今明堂饗帝嚴配，三代無立戟之制。」詔明堂青陽、總章、平朔及應門並不立戟。於是五室、十二堂、八窗、三十六柱，皆有成式矣，獨改玄堂爲平朔，門亦如之。仍以敷佑門曰左敷佑，左承天門曰右敷佑，右承天門曰平秩，更衣大次曰齋明殿。其明堂青陽、總章、玄堂、金、木、水、火、太室及五門，並御書大字牓之，宣示百官。

又詔討論堦庭所植之木，攸言：「大司徒以天下土地之圖周知九州之地域，制其畿疆而溝封之，設其社稷之壝而植之，各以其野之所宜木，因以名其社，殆與夏后氏以松、商人以柏、周人以栗同意。然而外朝所植有九棘焉，有三槐焉。蓋以棘之爲木，其華白，義行之發也；其實赤，事功之實也。棘在外以待事，故左九棘孤卿大夫位焉，右九棘公侯伯子76男位焉。槐之爲木也，其華黄，中德之暢也；其實玄，至道之復也；文在中，含章之義也，故三公位焉。則其所植，謂無所寓之義，可乎？臣嘗即《詩》推之，『植之榛栗，椅桐梓漆，爰伐琴瑟』，以見宫中所植者，皆可備禮樂之用也；『在彼杞棘』，則況剛實之令德；『其桐其椅』，則況柔良之令義；以至『有栲有杻』，則況强忍之材；『有杞有李』，則況養人之材。凡此者，亦莫不有所寓之義焉，矧明堂所植之木乎？且明堂者，政教之堂也，於斯宗祀以配上帝，以教天下之孝，政之使正，教之使傚，孰有大於斯者，則所植之木尤不可無所寓之義也。臣謹按《書》以《梓材》名篇，《考工記》以梓人名官，凡以梓爲木之王。《殷武》以『松柏丸丸』〔一〕，蓋松柏者，圓實之材，爲衆木之長，猶公爲百官之長也。而檜，柏葉松身，其葉與身皆曲而會之。莊子曰：『受命於天，唯松、柏獨正，檜兼松、柏之美而又土地所宜。』臣以謂明堂當植梓及松、柏之木，蓋梓爲木之王，松、柏爲木之長，以況王公論道之義，而檜兼松、柏之美而又土之宜，庶幾合古之義。」從之。《九朝長編紀事本末》：五年正月丙午，詔：「近以肇建明堂，下諸路和買材植物料，已買到者速償其價，漸次附綱送京師，未買者並罷。其拋造工作如已造或顧輸官者，依實直給價，未造者罷之。官司如敢督索，並科違制之罪。」仍詔〔二〕：「修製明堂〔三〕，國之

〔一〕殷：原作「商」，據《詩·商頌·殷武》改。此是宋人避太祖父弘殷名改字。
〔二〕按，據《長編紀事本末》卷一二五，此詔乃政和五年七月丁丑降。
〔三〕修製：原脱，據《長編紀事本末》卷一二五補。

大政，即與前後營造事體不同〔一〕，應有司官屬自當竭力奉上〔二〕，以成大功。如是修製所抽人匠，取索材料材植，如敢占吝隱諱，不即發遣應副者，監官不以官高低〔三〕，並行除名勒停，送廣南遠惡州軍編管。」

七年四月十九日上梁，御製文。

二十三日，手詔：「將來明堂專以配帝嚴父，以伸昭事孝思之心。」77 於是文武百寮太師、魯國公蔡京等五上表，恭請皇帝御明堂頒常視朔，負扆聽朝，皆批答不允。

六月六日，詔：「明堂告成，脩建所保明官屬，等第推恩。」既而分三等，第一等、第二等各轉一官，仍減一年磨勘；第三等各轉一官。討論參詳制度官皆推恩有差。《九朝長編紀事本末》：六月戊午，太師、魯國公蔡京進封陳魯國公。己未，童貫加檢校少傅、威武軍節度使，梁師成爲檢校少保、興德軍節度使，宣和殿學士蔡攸爲宣和殿大學士，太中大夫、開封尹王革遷三官，宣和殿學士、太中大夫盛章遷兩官，顯謨閣待制蔡儵、蔡翛並爲龍圖閣直學士。皆以明堂成推賞也〔四〕。明堂推賞，童貫及梁師成降制，蔡攸以下别降御筆。《實録》不書貫及師成，蓋疏畧也，今增入之。自餘轉正任横行者尚多，姑從《實録》，更不一一書之。　《萍州可談》：崇寧初，姚舜仁獻《明堂議》，以秘書少監修建明堂，專掌制度。姚議太室用茅覆，尊堯制也，竟不成。政和初，睿斷天成，遂建合宮之制，不用茅，可見姚論之迂。親祠北郊，自祖宗以來不得定議，議者多曰天子祭天地大裘而冕。傳云：大裘，黑羔裘也。夏至極暑，至尊御羔裘不便，遂中輟。政和初，始定夏祭之禮。聖人之於天道，宜自得之。

明堂頒朔布政

徽宗政和七年四月二十三日，手詔：「朕嗣承先志，考協禮經，肇建明堂，得其時制。蓋以欽若昊天，率見昭考，兢兢業業，懼不克欽。而末予冲人，負扆南面，以聽天下，其敢遑處！將來明堂，專以配帝嚴父，餘悉移於大慶、文德殿，以伸昭事孝思之心。」於是文武百僚太師魯國公蔡京等五上表，恭請皇帝御明堂頒常視朔，負扆聽朝。乃下詔曰：「朕嗣有令緒，遹追先猷，永言孝思，欲報之德，右我烈考，克配上帝，而宗祀明堂，久失時制。夙興夜寐，罔敢遑寧。取成於心，稽古有作，僝工度地，不日而成，事帝饗親，於是獲考。非（持）〔特〕予一人之慶，亦惟 78 爾萬邦之休。若稽先王，考古成憲，孔子不去告朔之餼，孟軻勿毁行政之堂，中夜以思，誠不可廢。視朔布政，可依所請；若負扆以朝諸侯，南面而聽天下，厥有路寢，豈必明堂？夫成而不居，朕之所志，百辟卿士，毋復有言。」

七月二十九日，禮制局奏，議明堂視朝聽朔奏告：「臣謹按，古者朔必告廟，故《論語》稱『告朔告廟，然後視朝』，《禮記》考廟、祖考廟皆祭，《國語》有月祀則告廟故也，示頒于天子者不自專，乃繼述之意。孔子不欲去告朔餼羊，吉月朝服而朝，其重朝禮也如此。今太廟朔祭正合古義，如遇明堂聽朔，合於太廟每室祀文奏告聽朔之意。」

〔一〕營：原作「勞」，據《長編紀事本末》卷一二五改。
〔二〕當：原作「雷」，據《長編紀事本末》卷一二五改。
〔三〕低：原作「依」，據《長編紀事本末》卷一二五改。
〔四〕明：原作「四」，據《長編紀事本末》卷一二五改。

議四時朝覲皆南鄉：「臣謹按《禮記》，朝諸侯于明堂之位，天子負斧扆南鄉而立，三公北面。蓋聽朔則各隨其方，朝覲皆負斧扆而南鄉，故經不稱青陽、總章之位而獨稱明堂位，夫是謂坐四星之中，向明而治。伏請每朝並御明堂而南鄉，朝退隨月御明堂布政，閏月則居門。」

議視朝并逐月御堂儀仗：「臣謹按黄麾大仗五千二十五人，自來大慶殿大朝會用之。今來明堂大朝會，五方各設半仗，環繞周徧，以極文物之盛。契勘黄麾仗旗幟并仗衛人袍衫抹額，其質有五方色。今來環繞周徧十二堂，雖兼用五方色，令各隨其方本色爲當。如得允當，請下有司豫辦施行。謂如東方半仗六分，青色用（用）一分，餘色各一分之類。仍乞下有司審度，量地之宜排設。如地有餘，即中央用黄麾大仗，79車輅設於南門之外。月朔視朝並用角仗。」

議修定時令：「臣謹按《玉藻》，天子聽朔於南門之外；《周官》太師，頒告朔於邦國。蓋聽朔則每月聽朔政于明堂，頒朔則以十二月朔政頒于諸侯。又按《周禮・月令》，天子居青陽、明堂、總章、玄堂，每月異禮。然《月令》之文，自顓帝改曆術，帝堯正人時，《大戴》有《夏小正》，《周書》有時訓，《呂氏春秋》有十二紀。《禮記・月令》雖本於呂氏，然其所載皆因帝王舊典，非呂氏所能自作也。唐開元中，删定《月令》，國朝亦載于《開寶通禮》，及以祠祭附爲《祠令》。今肇建明堂，稽《月令》十二堂之制，其時令宜參酌修定，使百官有司奉而行之，以順天時，和陰陽，誠王政之所先也。」

議每歲十月朔御明堂受來歲新曆頒之郡縣：「臣看詳太史局每年以十月朔就崇政殿進呈來歲曆日。謹按《月令》，以季秋之月爲來歲受朔日。考之夏以建寅爲正，商以建丑爲正，周以建子爲正，今以十月爲來歲，何也？蓋古者重穀敦本，三（歲）〔時〕務農大畢而歲功成，所以名一歲也。又以《詩》考之，『曰爲改歲，入此室處』，十月閉塞而成冬，故謂之『改歲』也。《月令》以季秋受來歲朔日，正以十月爲來歲。今擬以每歲十月朔明堂設仗，受來歲新曆，退而頒之郡縣。其有隨（身）〔月〕布政依此。」

議大朝會立班：「臣謹按《周官》朝士、司士、大僕掌外朝、治朝、燕朝之法而正其位，則三朝之位也。又按《禮記》，朝諸侯於明堂之位，天子負斧扆南鄉，三80公、諸侯、伯、子、男、九夷、八蠻、六戎、五狄、九采、四塞之國，各以内外尊卑爲位，則明堂朝諸侯之位也。蓋周制三朝皆有定位，其諸侯、四夷之朝會則於明堂焉。今若元正、冬至、仲夏朔及應大朝會，欲乞並御明堂，除遼使依賓禮，蕃國各隨其方，立於四門之外。」

議布政宣示御批手詔：「臣謹按孟子謂齊宣王曰：『明堂，王者之堂也，王欲行王政，則勿毁之矣。』是以古者皆謂明堂爲布政之宮。黄帝有合宮之議，舜有總章之訪，《黄帝内經》亦載坐明堂問臣下之事。今頒布政宮，若御批、手詔（令）〔合〕宣示下者，並乞於明堂宣示，然後出牓朝堂，頒布天下。」

議宣讀赦書、德音：「臣看詳赦書、德音，舊係文德殿宣。謹按《易》曰：『雷雨作解，君子以赦過宥罪。』蓋王者行慶施惠，與物惟新，若雷雨之動，無不被其澤者。自非上當天心，幽契神理，民或未孚。明堂者，上帝、皇考之所臨，霈澤之所施，即此而宣布，質諸鬼神而無疑者也。今乞除合御樓肆赦外，其餘赦書、德音並就明堂宣讀。」

議朝會遇節假等日不廢：「臣切惟朝會之禮，厥有典常，然或有時而罷者，爲大祠日也，爲忌前一日也，爲節假也，爲有故綴朝也，臣請論其不可廢者。伏見舊制，朝會適在大祠日，即改御崇政殿。然春朝、夏宗、秋覲、冬遇、時會、衆同，定制也，雖在大祠日，曷可廢哉？但其日樂備而不作可也。臣謂大祠日朝會之不可廢者以此。《祭義》曰：『忌日不用，非不祥 81 也，言夫日志有所至而不敢盡其私也。』據此，正謂忌日不用耳。視朝，禮之大者也，以細妨大，非所宜。臣謂忌前一日與節假不當罷朝會者以此。謹按慶曆五年〔一〕，曾公亮奏：『朝廷行輟朝禮，其日後殿須坐，則禮有輕重，自可畧輕而爲重，更不行輟朝之禮〔二〕。』諫院奏：『曾公亮所陳於輟朝之間適宜順變，然慮君臣恩禮之情有所未盡，欲乞除人使見辭、春秋二宴合行舉樂，即次日輟朝。餘依曾公亮所奏。』詔可。今明堂朝會，國之大經，或遇有故當輟，即依故事移就次日。臣謂朝會之不可廢者（如）〔以〕此。」

議差官屬：「臣謹按，古者掌明堂之事，載於經史可攷者，若《周官》大史掌『正歲年以叙事，頒之于官府及都鄙〔三〕，頒告朔于邦國，閏月，詔王居門終月』，蓋明堂聽朔、頒朔之事也。自三代以後，典禮廢缺。《漢志》明堂月令四人，各主一時之事，明言所職以和陰陽。宋及齊、梁置明堂令、丞，掌祀五帝之事。隋、唐始以郊社令、丞兼掌明堂之位，掃除内外及設燎壇。雖專置令、丞，殊非古制。今肇建明堂，統和天人，凡宗祀、聽朔、布政、朝會，遠法成周之制，欲乞置明堂頒政一員爲長，頒事二員爲（二）〔貳〕，頒朔每方二員，各掌遠方之事，以備太平盛典焉。其提舉、管勾官，亦令隨事置員。」從之。

政和七年九月一日，詔頒朔布政自十月爲始。

十月一日，皇帝御明堂平朔左箇，以是月天運、政治及八年戊戌歲運曆數布于天下。自是每月朔御 82 明堂，布是月之政，每歲十月以來歲運數布于天下。宣和二年，始用正月朔布是歲之運數，後以爲常，其文不能盡録。

九日，文武百僚太師魯國公蔡京等上表，恭請皇帝御明堂，負扆朝百辟，南面聽天下，批答不允。京等再上表陳請，始詔從之。

〔一〕五年：按《長編》卷一五二記此事於四年十月。
〔二〕更：原作「又」，據《長編》卷一五二改。
〔三〕及：原無，據《周禮注疏》卷二六補。

二十一日，詔：「應頒朔布政詔書入急脚遞，依赦降法。諸路監司、州縣依此。應頒朔布政詔書付吏部，差人吏、工匠、紙劄，限一日以事分下六曹，限一日下諸路監司，違者杖一百。應承受頒朔布政詔書，監司隨事檢舉下諸州，州下諸縣。牓諭訖，具已施行申州，州申所屬監司以聞。共不得過十日，違者杖一百。若檢舉不以時，施行不如令，加二等，不以赦降原減。」

十一月一日，皇帝御明堂，南面以朝百辟，退坐于平朔，頒政。

十二月二十一日，詔：「今後頒月令，頒政官當殿依降麻儀搢笏宣讀，舍人二員對展。」

二十五日，提舉京西北路常平等事時君陳奏：「共惟皇帝陛下肇建合宮，誕布仁政，每月穀旦行月令以順陰陽，德至渥也。内以詔書降付省部，外則委之監司、郡守，推而行之，孰敢不虔！然竊考成周之時，凡治教政刑之法，莫不垂於象魏，使萬民可觀。浹日以歛之，而又設官分職，月吉則屬民而讀邦法。臣愚欲乞今後以頒朔布政詔書並昭示於魏闕之下，使民拭目而觀，咸知陛下德意。諸路州縣集民宣讀，悉意奉行，印給黃牓，遍行曉諭。」詔都下於 83 河南北市、諸州軍於頒詔所牓示。（以上《永樂大典》卷七二〇〇）

【宋會要】〔一〕

84 政和三年三月八日，詔：「頒月之朔，使民知寒暑燥濕之化，而萬里之遠，雖驛置日行五百里，已不及時。千里外可前期十日先進呈，取旨頒布，諸州長吏封掌，候月朔宣讀。」

重和元年十二月二十三日，詔應千里外並前二十日頒降。

〔政和八年〕六月二十九日〔二〕，起居郎李彌遜奏：「契勘太史局、天文院、崇天臺、渾儀所隸祕書省，今來頒朔布政，既建府設官，則太史局等處慮合撥隸明堂頒朔布政府，庶幾體統相承，治以類舉。」從之。

宣和二年七月二十九日，詔：「頒政事、頒朔，人主之事，不可以爲官稱。可減罷頒政一員不置；頒事二員改置司常一員，掌受頒朔布政等事；頒朔四員改置司令二員，掌讀月令等事。以上並隸明堂頒朔布政府。」

八月十四日，詔明堂頒朔布政府詳定官並罷。

四年二月十四日，太宰王黼言：「今編類到明堂頒朔布政司政和七年十月止宣和三年十月頒朔布政詔書，及建府以來條例，并氣令應驗，《目録》一册，《編類》三册，《歲令》四册，《朔令》五十一册，《應驗録》四册，總六十三册，謹隨表上進以聞。」

〔一〕此下原批：「此條與禮書『明堂大禮』相連，蓋是明堂頒朔。」又天頭原批：「明堂頒朔。」

〔二〕政和八年：原無，據本書職官一八之八五補。

欽宗靖康元年二月十日，罷明堂頒朔布政〔一〕。（以上《永樂大典》卷七二〇一）

明堂大禮

【宋會要】

紹興元年二月十一日，禮部尚書秦檜等言：「明堂之禮尚或可舉，然而事大體重，更乞博採羣議，審擇其中。至於參稽沿革，討[85]論典禮，（真）〔直〕有司之職也，宜詔令禮部、御史臺、太常寺條具明堂合行事件。」十六日〔二〕，詔令有司參酌討論聞奏。

七月十二日，禮部言：「準詔參酌皇祐詔書，將來請合祭昊天上帝、皇地祇于明堂，奉太祖、太宗以配。合用神位四位，元係御筆明金青字出〔三〕，雕木縷金，五綵裝蓮花戲龍座，黄紗明金罩子，黄羅夾軟罩子，黄羅襯褥，朱紅漆腰掙套匣，黄羅夾帕，事件全。昨緣揚州渡江遺失，乞下所屬疾速製造。」從之。

〔九月〕十七日〔四〕，上致齋于内殿，文武百官各致齋于所司。

十八日，上合祭天地于明堂，奉太祖、太宗（酌）〔配〕。禮畢不受賀，文武百官拜表稱賀如儀。

二十五日，詔：明堂大禮，越州天慶觀差同知樞密院事富直柔，温州景靈宮差本州守臣，行恭謝之禮。太史局選用九月三十日，從之。

二年閏四月二十七日，太常少卿王居正等言：「九月二日，季秋祀昊天上帝前二日，奏告神宗皇帝配侑。居正等竊惟去歲明堂大禮，是時禮官仰稽神宗聖訓，及取司馬光、呂誨、王安石等説，皆以謂向者明堂配以近考，失《孝經》本旨，遂請以太祖、太宗配，而朝廷參用侍從、臺諫之議行之矣。其九月四日祀昊天上帝，實每歲季秋大饗明堂之禮，今既不敢因舊配以神宗，而去歲明堂緣奉詔書參酌皇祐故事，有合祭並配之禮，與今來每歲季秋祀上帝禮復不同。乞令禮官合議，取旨施行。」從之。已而權禮部侍郎趙子[86]晝等言：「謹按《孝經》：『郊祀后稷以配天，宗祀文王於明堂以配上帝。』前漢以高祖配天，後漢以光武配明堂，説者謂古之帝王自非建邦啓土、肇造區夏者，皆無配天之記。聖宋崛起，非有始封之祖，則創業之君太祖是矣。太祖則周之后稷配祭于郊者，太宗則周之文王配祭於明堂者。仰惟祖功宗德，萬世不遷，配帝配天，禮無易此。頃當三歲之親祠，爰奉祖宗而並配，雖爲舊典，其實權宜。自今

〔一〕天頭原批：「明堂頒朔止此，以下爲明堂大禮。」按，原稿下文與此緊接，今據原批之意另加標題，並添《永樂大典》卷次與「宋會要」。
〔二〕十六日：按《建炎要録》卷四二繫此詔於十一日戊寅，秦檜等奏在先。
〔三〕字出：原作「出字」，據《文獻通考》卷七四乙。
〔四〕此前原有「十八日上合」五字，顯與下條首五字重，删。九月：原脱，據《建炎要録》卷四七補。以下二條亦爲九月。又「十七日」，《建炎要録》作十六日己酉。

每歲季秋攝事，臣等伏請專祀昊天上帝，以太宗皇帝配侑。」詔依。

紹興四年四月六日，禮部、太常寺言：「禮部侍郎、兼侍講、兼權直學士院陳與義奏：『竊惟明堂之禮，有西漢武帝汶上之制，紹興元年實已行之，若再舉而行，適宜於今，無戾於古。』太常丞詹公薦、太常博士劉登奏：『竊考古之巡幸，自非封禪告成，未有行郊祀者。如漢武帝一時巡狩，不過祀明堂而已。今歲若且祀明堂，實得權時之義。』又貼黃稱：『紹興元年止設四位，即不曾從皇祐詔書兼祀百神。』詔將來行明堂大禮，令有司條具合行禮儀聞奏。今具下項：一、昨紹興元年以明堂大禮爲稱，今來大禮，欲依紹興元年體例施行。一、神位係設昊天上帝、皇地祇，配以太祖、太宗皇帝，共四位。并天皇大帝、神州地祇已下從祀共七百六十七位，總計七百七十一位，並合用神位版。乞下工部，指揮文思院，計會（大使）〔太史〕局指說，依數製造施行。一、祭器共計七百七十一位，合用陶器：豆六十隻，并蓋。內十二隻準備。[87]簠十二隻，并蓋。內四隻準備。簋十二隻，并蓋。內四隻準備。尊五十隻，內十隻準備。罍五十隻，內十隻準備。樿杓一百隻，登四百三十二隻。并蓋。內二十隻準備。銅器：鉶鼎二隻，并蓋。牛鼎四隻，羊鼎四隻，豕鼎四隻，局、畢、罩並全。（搏）〔摶〕黍豆一隻。并蓋。竹木器：籩一千八百隻，內十隻準備。豆千七百五十隻，內十隻準備。簠七百七十三隻，并蓋。內一隻準備。簋七百七十三隻，并蓋。內二隻準備。尊一百四十三隻，并杓。內二十隻準備。毛血盤二十五隻，內三隻準備。幣篚四十五隻；內六隻準備。匏爵并坫各十五副，內三副準備。盤匜一副，罍洗共十二副，內爵洗二副準備。爵盞并坫各七百七十五隻。內八隻準備。飲福俎一面，鐵燭臺八百一十六隻，大八隻，中十六隻，小七百九十二隻。俎九百一十面。內三十面準備。昨紹興元年明堂大禮，紹興府燒變制造到殿上正、配四位祭器，并文思院鑄造到牛羊豕鼎等，昨紹興府沿火燒毀不存。今來開坐到祭器名件，並合創造，乞令太常寺圖畫樣製，下兩浙轉運司，令所屬州軍均攤製造。所有陶器，乞下紹興府餘姚縣燒變，並乞于大禮前十六日起發赴太常寺送納。內係鑄造銅器，仍乞工部下文思院鑄造施行。一、大樂堂上登歌樂，編鍾一架，編磬一架，柷敔二，籥四，塤二，篪二，笛四，巢笙四，和笙四，簫二，搏拊鼓二，瑟二，麾幡一，一、三、五、七、九弦琴各二，已上樂器見在太常寺；七星、九曜、閏餘匏各一，見闕，乞下工部創造。其見在樂器內有損動、顏色故暗，乞令工部下所屬添修雅飾施行。一、朝服、祭服等，昨[88]應奉紹興元年明堂大禮，見有朝服一十三副，祭服六十二副，贊者衫幘二十三副〔一〕，供奉官衫幘一十二副外，合令創造下項，並乞下工部計料製造施行。分獻官五十八員，奉禮郎五員，以上合創造祭服六十三副；

〔一〕贊者：原作「貧者」，按祭祀官員無所謂「貧者」，據後文「贊者五十九人」句改。

贊者五十九人，合創造緋羅寬衫、分幘勒帛八十八副；宮架樂工合用二百九十四人，樂正二人，合創造絳公服二副；引舞樂二十二人，合創造武弁冠、緋繡抹額、緋繡鸞衫、銅革帶、履鞋二十二副；引舞色長二人，合創造紫繡袍、幞頭、紫繡抹額、執杖子二副；文郎、武郎共一百三十二人，合創造紫絁冕、皂繡袍、革帶、履鞋一百三十二副；執色樂工一百三十五人，合創造緋絹寬幘子、勒帛一百三十五副；掌器事三人，合創造緋絹寬衫、幘子、勒帛三副。一、昨來明堂大禮，依儀合用盥、洗、盤、匜；并皇帝位版二面，係黑漆金字；亞獻、終獻位版二面，係黑漆朱字；公卿位版八十片，黑漆；腰掆一副，黑漆蓋版；黄羅二幅，夾帕一條：並係工部行下文思院製造。所有擡擎位版兵士八人，係紹興府差禁軍充，於大禮前一日赴太常寺教習祗應。今契勘上件盤、匜、位版并腰掆、黄帕，昨經紹興府遺火焚燒，所有今來明堂大禮，合行創造，欲並依上件數目，令工部指揮文思院計會製造。内兵士乞令臨安府依例差撥施行。」詔陶器令紹興府餘姚縣燒變，餘令文思院製造，餘從之。

同日，臣寮上言：「伏望詔三 89 省，俾有司參酌損益，務崇簡儉，勿爲無益，徒有耗費，庶幾稱陛下欽祀天地以實而不以文〔一〕，乃爲盡善。」上謂宰臣朱勝非曰：「當此多事，固非制禮作樂之時。然祭天之禮，不可有闕，若禮數不備，不如不祭。」於是詔令禮部、太常寺條具。

五月七日，禮部、太常寺言：「昨揚州郊祀大禮并紹興元年明堂大禮，其實不曾設置，所有今來明堂大禮，合依上件禮例，即便不須設置。」從之。

六月十四日，上曰：「祖宗以來，每遇大禮，凡所觀見去處例皆雅飾。今多事之時，惟事天禮當嚴恭盡誠，其餘宜從簡省，所有雅飾可令並罷。」

七月十三日，禮部言：「將來明堂大禮，行禮合用黄羅拜褥，昨來係改用緋。」詔依例用緋。

二十四日，詔：「明堂禮畢，依紹興元年權宜之制，於常御殿宣赦。」

二十六日，詔明堂大禮使差朱勝非，禮儀使差孟庾〔二〕，禮衛使差趙鼎〔三〕，禮器使兼禮頓使差胡松年。餘依紹興元年例施行。

八月二十五日，後殿進呈户部侍郎、兼權臨安府梁汝嘉劄子，以明堂行禮殿成，乞提領官以次推賞。上曰：「朕愛惜名器以待戰士，豈因土木之功遽使轉官，但可等第支賜爾。」

九月十二日，致齋行事、執事官朝服，百僚常服，詣後殿起居，請上致齋。上宿齋於内殿，文武百官宿齋於本司。

〔一〕以文：「以」原脱，據《中興禮書》卷四六補。
〔二〕禮儀：原倒，據《中興禮書》卷六七乙。
〔三〕衛：原作「御」，據《中興禮書》卷六七改。

十三、十四日，上宿齋于内殿。

十五日，上合祭天地于明堂，以太祖、太宗配。嗣濮王仲湜亞獻，知(太)〔大〕宗正事士㒟終獻。禮畢，車駕還内，不受賀，文武百官90拜表稱賀如儀。

二十三日，詔軍頭引見司：「今月十五日明堂大禮迴，應隨駕諸班直、文武親從親事官、親兵五軍將校并諸色祗應人等失儀，拽斷圍子，排立交(牙)〔互〕，損壞儀注、軍器、衣甲、器械等，並特與放罪，仍免估剥陪償。」

紹興七年四月二十一日，禮部、太常寺言：「準三月二十七日詔，條具將來行明堂大禮合行禮儀：一、依自來大禮，前一日皇帝詣太廟親行朝饗之禮。昨紹興元年并四年大禮，緣太廟迎奉往温州奉安，其逐次大禮前一日，係朝廷差官詣温州奉安所分詣行禮。今來太廟已迎奉赴行在奉安，所有今來明堂大禮，合依禮例，皇帝前一日詣太廟行朝饗之禮。一、昨紹興四年明堂大禮所設神位，係設昊天上帝、皇地祇，配以太祖、太宗皇帝，共四位，并天皇大帝、神州地祇已下從祀共四百四十三位。所有今來明堂大禮，正、配四位所設神位，欲依紹興四年禮例施行。一、將來明堂大禮，正、配四位合用竹册四副，并前二日朝獻景靈宮合用竹册一副，前一日朝饗太廟合用竹册一十一副，欲乞並令工部依法式修製。」詔依。

二十七日，詔：「將來明堂大禮，前二日朝獻景靈宮，設位並於常御殿。」時車駕巡幸建康府，太常少卿吳表臣言：「紹興元年明堂大禮，係於常御殿設位，紹興四年係於射殿設位行禮，乞下有司相度。」至是，太常寺相度合常御殿，比之臨安府行禮殿91闊狹雖不同，可以隨宜趲那，(銅)〔鋪〕設祭器、大樂行禮，故有是命。

五月二十六日，詔大饗明堂〔用〕九月二十二日。以太史局言其日辛巳，係屬九月節用辛日也。

六月十八日，詔明堂大禮以射殿作(齊)〔齋〕室。

二十三日，臣寮言：「竊見紹興四年明堂大禮，前一日朝饗太廟。是時太廟、景靈宮寓温州，故委提點奉迎所差官行事。今來駕幸建康，見修太廟，陛下遭此大故，躬行三年之喪，則前期朝饗之禮更當考據。臣愚以謂將來明堂大禮前一日，皇帝宜依列聖故事，躬詣宗廟行朝饗之禮。其奏樂、受胙，特乞寢罷，庶合禮制。」詔：「將來明堂大禮，依已降旨前一日朝饗太廟，其奏樂、受胙，令禮部、太常寺同共討論。」既而禮部、太常寺〔言〕：「檢詳景德、熙、豐南郊故事，皆在諒闇之中。當時親郊行禮，除郊廟、景靈宮合用樂外，所有鹵簿、鼓吹及樓前宮架、諸軍音樂皆備而不作，其逐處警場止鳴金鉦鼓角而已。看詳逐件故事，即無去奏樂、受胙之文。兼祖宗故事所載，大饗明堂蓋亦爲民祈福，今討論奏樂、受胙，合且依祖宗累朝已行故事施行。」從之。

七月十七日，太常博士孫邦言：「得旨：『明堂大禮前二日朝饗景靈宮，前一日朝饗太廟。』今明堂行禮日并朝獻景靈宮，係在常御殿設位，可以依儀用丑時一刻。所有朝饗太廟，緣在行宫外修蓋，兼係車駕巡幸，竊慮難以依在内時刻行禮。謹按漢武帝郊泰時，平旦出宫。又《晉・禮樂志》：『江左多虞，不復92晨賀，夜漏未盡十刻開宣陽門，至平旦始開殿門。晝漏上五刻，皇帝乃出。』晉方多虞之時，雖朝會猶在平旦之後。今相度，欲依晉、漢故事，是日行宫比常日早二刻開門，以俟車駕出詣太廟行禮。」從之。

九月十八日，上致齋于内殿。是日，詔趙鼎特趁赴景靈宫、太廟、明堂大禮陪祠立（斑）〔班〕。

十九日，奏請上赴齋宫。

二十日，景靈宫行禮。

二十一日，上詣太廟行禮。是日，詔淮南西路安撫使張浚已到行在，特令趁赴明堂大禮陪祠立（斑）〔班〕。

二十二日，明堂行禮如儀。以（中）〔仲〕弼亞獻，士珸終獻。

三十日，太常博士孫邦言：「恭覩九月二十二日皇帝大饗明堂，致齋之日，並進素膳。及宿齋室，傳敕左右，祠殿在近，禁衛毋譁。前朝獻景靈宫、朝饗太廟，並遣内侍宣諭讀册官，至御名必讀，毋得迴避。初詣太廟，依儀乘輦施繖扇至大次，是夜車駕至廟南櫺星門外，即命却繖扇，入櫺星門，乃降輦步入大次。及行裸瓚畢，還版位，樂作，復遣内侍傳敕協律郎，樂備九奏，徐其音，毋得少有減促。三日祠事酌獻既畢，有司奏請還御小次，不聽。此皆帝王盛德之事，史册之所罕載，欲望付之史館。」從之。

紹興九年八月十五日，詔：「將來行明堂大禮，其祭服、禮器，令禮部、太常寺更加討論。」先是，進呈禮部、太常寺申審，郊祀、明堂皆祀天，來年係大禮，合預申明。秦檜等欲集議，上曰：「且依近制行明堂禮可也。」上因宣諭：「往年行禮，禮服、93禮器皆故弊不如法，如尊俎罍爵，形制皆不合古。」故有是命。

十年五月十三日，禮部、太常寺言：「準御劄，今年九月有事于明堂，太史局選用九月十日辛亥吉。」從之。

七月二十五日，太常少卿陳（桶）〔桷〕言：「自今大禮，依儀，户部、兵部、工部尚書奉俎入門，舉鼎〔官〕從入，至西階下，太官令以匕於鼎升熟體載於俎。今來明堂大禮，御藥院承指揮，令文思院造舉鼎官祭服三十二副。今欲乞從本寺申吏部，依上件已製祭服并自來大禮例，差明堂舉鼎官三十二員，依（議）〔儀〕舉鼎至殿西陛下出熟行事。」禮部、太常寺看詳，依自來大禮儀，合差舉鼎官舉鼎行事。從之。

八月七日，詔：「九月十日明堂大禮，應行事、執事官等，務在嚴肅，如有懈怠不恭，令閤門取旨送御史。」

九月五日，臣寮言：「皇祐詔書：『明堂行禮，禁衛之中務要嚴整，常令人前後謹察辯視，非預祀事者無得輒近禁衛。如有違慢，必行朝典。』又宣仗衛、執儀軍士，各令按（識）〔職〕行列，不得交雜往來。又大禮使言：『準郊例，非預祀事人闌入壇壝，當議處斬。』今慮行事臣寮，引接從人敢有輒至大次，預須約束。蓋爲至尊親行盛禮，出宫禁，勤步武，升降於壇殿之間，凡百侍衛之臣，尤宜儆戒周謹，夙夜嚴密，所以祖宗之朝特有前項處分。今來明堂宗廟大禮在近，望戒飭皇城内外官司嚴行覺察，不得少有疏畧懈怠。」詔依，令檢坐條法申嚴施行，仍出榜曉諭。

七日，94 文武百寮詣常御殿奏請皇帝赴齋室。八日，皇帝詣景靈宮行禮。九日，車駕詣太廟行禮。

十日，皇帝詣行禮殿行明堂禮，以同知大宗正事士㝁亞獻，嚴州觀察使安時終獻。

十九日，御史中丞何鑄言：「仰惟陛下寅畏上天，嚴恭祀事，聖德至孝，感格昭然。乃者宗祀明堂，宸衷翼翼，周旋中禮，罔不祇肅。至於久立版位，恭俟樂成而不即小次，薦饗廟室，孝思追感而淚墮裀褥。此皆前世人君稀闊難行，而陛下發於至誠，安而行之，是以神祇祖考，來饗來臨，昭格之迹，先後創見。爰自季秋改朔以來，陰雨不已，及至七日，羣臣奏請皇帝致齋，應時晴霽。八日詣行禮殿，九日出太廟，天宇晏温，風日彌爽。至十日丑時，陛下自齋宮詣明堂行禮，酌獻之次，陰景晦冥，密雲不雨，直至禮畢，乘輿還宮，甫入宮門，雨點欲零。洎儀衛、百執各歸其所，然後雨作。中外歡呼，稱歎感異。臣備數陪祠，躬覩殊應，願陛下承天之休，愈思警戒，飭躬修政，仰答上穹，用迎景貺。庶幾整軍經武，繕甲勵兵，待時而動，無不如志。大禮告成，有兹慶事，乞以臣章宣付史館。」從之。

三十年十月二十一日，禮部、太常寺言：「當郊之歲，季秋擇日，皇帝親行大饗徽宗皇帝於明堂，以配上帝。依儀皇帝散齋七日于別殿，致齋三日。一日于文德殿，一日于太廟，一日再赴文德殿。欲乞將射殿權作明堂殿設位行禮，後殿權作文德殿宿齋，應合行事務，依紹興十年明堂、紹 95 興二十八年南郊大禮，令有司檢照體例排辦。」從之。

三十一年二月二十七日，禮部、太常寺言：「將來明堂大禮并前二日朝獻景靈宮，前一日朝饗太廟，鹵簿、鼓吹、諸軍音樂、警場，并禮畢御紫宸殿群臣稱賀，次御門賜赦宮架，欲並依元豐三年、熙寧元年典故，備而不作。」詔免稱賀，餘並依。以顯仁皇后服制尚在三年之内故也。

四月一日，太常寺言：「將來明堂大禮，合行禮日辰，太史局選定九月二日辛未吉。」從之。

五月一日，上謂輔臣曰：「昨見臨安府所進明堂大禮排辦册子，可更令有司逐一看詳，内有不必創置及可免添修换造者，即不得枉費財用。」

七月二十四日，太常寺言：「奉詔：明堂大禮，朝饗景靈宮、太廟，遣大臣攝事行禮，皇帝親行大饗之禮。其合用册文，令學士院修撰書寫進書訖〔一〕，降付禮部。内景靈宮册文一首，述以明堂大禮前二日朝獻景靈宮遣官攝事之意。太廟册文一十一首，並述以明堂大禮前一日朝饗太廟遣官攝事之意。明堂大禮册文二首。並述以明堂大禮親饗之意。」從之。

〔一〕書寫：原作「晉寫」，據本書禮二之二〇改。

八月四日，太常寺言：「將來明堂大禮行事日，皇帝自齋殿服通天冠、絳紗袍，乘輿出齋殿，入新置便門裏明堂門外稍西，降輿步入大次，服衮冕。前導官前導皇帝出大次，入自正門，由宮架東升，自東陛至版位。」從之。

同日，太常寺言：「將來明堂大禮，前期朝獻景靈宮，朝饗太廟，遣大臣攝事，主上惟親行大饗之禮。鑾駕既不出宮，所有車路儀仗、供帳、宿頓之屬，更不排 96 辦。兼依乾興（事故）〔故事〕，樂舞以淵聖皇帝升遐備而不作。」從之。

九月二日，皇帝詣行禮殿行明堂禮，以皇子寧國軍節度使、開府儀同三司、建王瑋亞獻〔一〕，昭化軍節度使、嗣濮王士輵終獻。

淳熙六年三月九日，詔〔二〕：「今歲明堂大禮，令禮部〔三〕、太常寺詳議。」

十七日，辛執進呈禮部、太常寺奏，上曰：「明堂合祭天地，並侑祖宗、從祀百神並依南郊禮例，可依詳議事理施行〔四〕。」

十八日，詔：「明堂大禮，除事神儀物、諸軍賞給依舊制外，其乘輿服御及中外支費，並從省約。」九年、十五年如之。

四月十三日，禮部、太常寺言：「將來明堂大禮，依儀皇帝散齋、致齋，散齋七日，于别殿；致齋三日，一日于文德殿，一日于太廟，一日再赴文德殿。殿上設正、配位，親祠行禮；從祠神位，差官分獻行事。乞令太史局前期以神位次序具圖本申取指揮，降下（緋）〔排〕辦。其御劄降，祭告五嶽、四瀆及朝獻景〔靈〕宮，前二日。朝饗太廟别廟，前一日。應合行事務，乞令有司依淳熙三年郊祀大禮例，檢舉（緋）〔排〕辦。」從之。

十八日，禮部、太常寺言：「已降指揮，今次明堂大禮並排設大輦五輅。祀前一日，皇帝朝饗太（宗）〔廟〕畢，乘玉輅入麗正門，降輅乘輿，用平輦。歸文德殿宿齋。其大輦及四輅止合後從。」詔除大輦免行排設，餘依已降指揮。

五月六日，詔以權兩浙轉運判官韓彦質爲提點一行事務，仍依已降指揮，務從省約，更不差置屬官。自後同。

七月五日，詔：明堂大禮朝獻〔五〕、朝饗，亞獻差皇太子，終獻差永陽郡王居廣； 97 别廟初獻差嗣濮王士輵，亞獻差恩平郡王璩，終獻差保康軍節度使士歆。

二十三日，詔：「明堂大禮，應行事、執事等官務在嚴肅，有懈怠不恭者，令閤門取旨送御史臺。」

九月十三日，文武百僚詣文德殿，奏請皇帝詣齋殿。十四日，皇帝詣景靈宮行禮。十五日，皇帝詣太廟行禮。

十六日，皇帝詣行禮殿行明堂禮。同日，明堂禮成，宰臣趙雄等奏：「肇禋總章，積雨驟霽，熙事慶成，神天顧歆，

〔一〕瑋：原作「某」，乃避諱改字。按此人即宋孝宗，據《宋史》卷三三《孝宗紀》一，此時名「瑋」，因回改。

〔二〕詔：原作「昭」，據《中興禮書》卷五一改。

〔三〕部：原脱，據《中興禮書》卷五一補。

〔四〕理：原作「禮」，據《中興禮書》卷五一改。

〔五〕朝：原作「廟」，據文意改。按，「朝獻」即上文朝獻景靈宮。

景貺響答〔一〕，輿情胥悦。陛下拜跪虔恭，不御小次，聖躬良勞。」上曰：「敬事天地祖宗，初不覺勞。久雨即霽，星月燦然，殊可喜。」

淳熙九年六月八日，太常少卿余端禮等言：「太史局繳到《明堂神位圖》，數内『傳説得之』，本寺檢照《春秋正義》：『天策傳説星，《史記・天官書》之文，莊子云傳説得之〔二〕，以騎箕尾。傳説相商高宗，死而託神於此星，故名爲傳説。』及《政和五（體）〔禮〕新儀》，太史設神位版，『傳説』在寅階内壝之内，即不是『傳説』。此太史局循習謬誤，乞改正。」從之。

七月六日，詔：「明堂大禮，以皇太子惇充亞獻，嗣濮王士歆充終獻。」前一日饗別廟，初獻差少傅、静江軍節度使、充醴泉觀使、恩平郡王璩，亞獻差昭慶軍節度使、濮王位檢察尊長士岘，終獻差和州防禦使、知大宗正事不息。

九月十三日，車駕詣明堂行禮訖，文武百僚赴紫宸殿稱賀。質明，皇帝登門肆赦。畢，上帥文武百僚詣德壽宮上壽、飲福，稱賀。恭承太上皇帝聖旨，爲泥濘 98 免到宮。自紹興元年至此，並詳見後《中興禮書》。

十五年四月二十四日，太常寺言：「今年九月有事于明堂，檢照紹興三十一年六月十六日禮官議，按禮經喪三年不祭，惟祭天地、社稷，爲越紼而行事。元祐之初，大饗明堂，而哲宗居神祖之喪，禮官謂景靈宮、太廟當用三年不祭之禮，遣大臣攝事。或謂聖祖爲天神，非廟饗也，當時雖從其説，然黄帝實我宋之所自出，豈得不同於宗廟？今秋有事于明堂，以孝慈淵聖皇帝升遐，主上持斬衰之服，考之禮經及元祐已行故事，并當時禮官所議，竊謂前期朝獻景靈宮、朝饗太廟，皆當遣大臣攝事，主上惟親行大饗之禮。其玉帛、牲牢、禮料、器服、樂舞，凡奉神之物依典禮外，鑾駕既不出宮，所有車輅、儀仗、供張、宿頓之屬，令有司更不排辦。禮畢於殿庭宣赦，及朝（饗）〔獻〕景靈宮，朝饗太廟，緣皇帝在高宗聖神武文憲孝皇帝諒陰之内〔三〕，乞依上件典故。」從之。

五月十一日，權禮部侍郎尤袤等言：「逐次明堂大禮所設神位，沿革不一〔四〕。紹興四年、七年、十年，設昊天上帝、皇地祇、太祖皇帝、太宗皇帝并天皇大帝已下從祀四百四十三位；紹興三十一年，設昊天上帝、徽宗皇帝并五方帝〔五〕、五人帝、五官神從祀共一十七位；淳熙六年、九年，設昊天上帝、皇地祇、太祖皇帝、太宗皇帝并天皇大帝以下從祀共七百七十一位。今來緣高宗皇帝几筵未除，考於典禮，未合升配。」從之。

〔一〕響：原作「饗」，據文意改。
〔二〕傳：原作「傅」，據《春秋左傳注疏》卷一二改。
〔三〕武文：原作「文武」，據《文獻通考》卷七五乙。
〔四〕一：原脱，據《文獻通考》卷七五補。
〔五〕帝：原作「地」，據《文獻通考》卷七五改。

二十五日，宰[99]執進呈禮官申請明堂畫一〔一〕。上曰：「配位如何？」周必大奏：「禮官昨已申請，高宗几筵未除，用徽宗故事，未應配坐，且當以太祖、太宗並配〔二〕。他日高宗几筵既除，自當別議。大抵前代儒者多因《孝經》『嚴父』之説，便謂宗祀專以考配，殊不知周公雖攝政，而主祭則成王。自周公言之，故曰『嚴父』耳。晉紀瞻《荅秀才策》曰：『周制，明堂宗其祖以配上帝，故漢武帝汶上明堂，捨文、景而遠取高祖爲配。』此其證也。」留正奏：「『嚴父莫大於配天，則周公其人也』，是嚴父專指周公而言，若成王則其祖也。」上曰：「有紹興間典故在，自可參照，可以無疑。」

二十七日，太常寺言：「明堂大禮，緣在高宗聖神武文憲孝皇帝諒陰之内，將來行事合服吉服。今皇帝見服布素，乞自受誓戒以後，依典禮權易吉服，至禮畢仍舊。一、文武百僚應行事、執事、應奉官，并禁衛、執打從物等，自受誓戒以後，并合權易吉服，俟宣赦畢並依舊。一、九月一日、八日，緣係在受誓戒、散齋、致齋行事之内，免詣德壽宮高宗皇帝几筵前燒香。一、昨淳熙九年明堂大禮，大慶殿作明堂殿行禮，後殿作文德殿致齋，依儀樞密院以下詣垂(供)〔拱〕殿起居。一、皇帝散齋七日於別殿，致齋三日於文德殿。一、明堂大禮畢，紫宸殿受賀，欲依紹興三十一年免稱賀。一、本季内朝獻等，並依典禮權罷。一、恭謝景靈宮等處，依禮例分詣行事。一、明堂大禮，合于行禮殿習儀外，其朝獻景[100]靈宮、朝饗太廟，係遣官攝事，更不習儀。」從之。

七月四日，〔詔〕：「明堂大禮，以皇太子惇爲亞獻，嗣濮王士歆爲終獻。朝饗太廟，以皇太子惇爲初獻，少傅、榮陽郡王伯圭爲亞獻，士歆爲終獻。」

八月六日，禮部、太常寺言：「起居舍人鄭僑言：『大饗之禮，陛下身親行之，歌樂之作似不可廢。其他委官分獻與夫先期奏告之所有合用樂者，若設而不作，不亦可乎？今明堂典禮與其他祀事不同，若因而裁定，亦足爲將來之法。』奉旨令禮部、太常寺詳議以聞。檢照景德二年十一月有事于南郊，時羣臣上表請舉樂，詔郊廟用樂如禮，事畢復寢。熙寧元年，依景德二年故事，并除郊壇、太廟、景靈宮禮神用樂外，有鹵簿鼓吹、樓前宮架、諸軍音樂，皆備而不作。元豐三年，詔依熙寧元年南郊例施行。今詳議，將來明堂大禮，遣官朝(饗)〔獻〕景靈宮、朝饗太廟行禮，所設登歌、宮架、樂舞，緣祖宗已行典禮，欲除降神、奠玉幣、捧俎、酌獻、換舞、徹豆、送神依典禮作樂外，所有皇帝并三獻官盥洗、登降、行步導樂備而不作。」從之。先是，内降御札曰〔三〕：「朕荷神天之顧，賴宗祐之靈。嗣纘丕圖，久底

〔一〕請：原作「謂」，據《文獻通考》卷七五改。
〔二〕宗：原作「祖」，據《宋史》卷一〇一《禮志》四改。
〔三〕據《中興禮書續編》卷五，此詔乃四月十日降。

多方之乂；親承元祀，率循三歲之常。禮蓋重於合祛，誼并崇於陟配。念方在諒陰之疚，懼莫修肆類之恭，祇考前朝〔一〕，具存明憲，雖云宅恤，無敢廢尊。廼緣越紼之文，爰飭燔柴之敬。惟郊丘之夙講，宜路寢之間祠。位度九筵，務齋精而展事；正成萬寶，101資備物以將儀。庶申報本之誠，益茂函生之祉。肆浮大號，用戒先期。朕以今年九月有事于明堂。咨爾攸司，各揚其職，相予祀事，罔或不恭。」

《朝野雜記》：明堂者，仁宗皇祐中始行之，其禮合祭天地，並配祖宗，又設從祀諸神，如郊丘之數。政(合)〔和〕七年，既建明堂於大內，自是歲以九月行之。然獨祀上帝而配以神宗，惟五帝從祀。紹興元年，上在會稽，將行明堂禮，命邇臣議之。王剛中居正爲禮部郎官，首建合祭之議，宰相范覺民主之，乃以常御殿爲明堂〔二〕，但設天地、祖宗四位而已。四年，始設從祀諸神。七年，復祀明堂，而徽宗崩問已至，中書舍人傅崧卿請增設道君太上皇帝配位于太宗之次。禮部侍郎陳公輔言，道君方在几筵，未可配帝。乃不行。三十一年，始宗祀徽宗于明堂以配上帝，而祀五天帝、五人帝于堂上〔三〕，五官神于東廂，罷從祀諸神位，用熙寧禮也。乾道以後，説者以德壽宮爲嫌，止行郊禮。淳熙六年，用李仁父、周子充議，復行明堂之祭，並侑焉。逮十四年，高宗崩，明年秋季，乃用嚴父之典。今郊祀從紹興，明堂從皇祐，惟歲時常祀則以太祖配冬至圜丘，太宗配祈穀〔四〕、大雩，高宗配明堂宗祀，蓋尤延之爲禮官時所請云。

《宋史·樂志》〔五〕：紹興、淳熙，分命館職定撰十七首〔六〕：降神《景安》，圜鍾爲宮：「上直房、心，時維明堂。配天享親，宗祀有常。盛德在金，日吉辰良。享我克誠，來格來康。」黄鍾爲角：「合宮盛禮〔七〕，金商令時。備成熙事，蒐揚上儀〔八〕。駿奔在庭，精意肅祇。來享嘉薦，神靈燕娭。」太簇爲徵：「休德孔昭，靈承上帝。孝極尊親，嚴配于位。嘉薦芬芳，禮無不備。神其格思，享兹誠至。」姑洗爲羽：「霜露既降，孝思奉先。陟降上帝，禮隆九筵〔九〕。有馨黍稷，有肥牲牷。神來燕娭，想像肅然。」盥洗《正安》：「禮經之重，祭典爲宗。上公攝事，進退彌恭。庶品豐潔，令儀肅雝。百祥萃止，惟吉之從。」升殿《正安》：「皇祖配帝，歲祀明堂。冕服陟降，玉珮瑲瑲。疾徐有節，進止克莊〔一〇〕。明明太維時右享，日靖四方。」上帝位奠玉幣《嘉安》：「大享季秋，百執揚厲。明明太宗，赫赫上帝。祇薦忱誠，式嚴珪幣。祚我明德，錫兹來裔。」太宗位奠幣《宗安》：「穆穆皇祖，丕昭聖功。(肇)〔聲〕律身度，樂備禮隆。祇薦量幣，祀于合宮。玉帛萬國，驩心載同。」捧俎《豐安》：「備物昭陳，工祝告具。維羊維牛，孔碩孔庶。有嘉維馨，加食宜飫。歛時五福，永膺豐胙。」上帝位酌獻《嘉安》〔一一〕：「燁彼房、心，明明有融。維聖享帝，禮行合宮。祀事時止，粢盛潔豐。昭受申命，萬福攸同。」太宗位酌獻《德安》：「受命溥將，勳高百王。寰宇大定，聖治平康。有嚴陟配，宗祀明堂。神保是格，申錫無疆〔一二〕。」文舞退、武舞進《正安》：「温厚嚴凝，於皇上帝。文德武功，列聖並配。102舞綴象成，肅雝進退。秉翟踆踆，總干蹈厲。」亞、終獻《文安》：「總章靈承，維國之常。禮樂宣鬯，降升齋莊。竭誠盡志，薦兹累觴。於昭在上，申錫無疆。」徹豆《肅安》：「於皇上帝，肅然來臨。恭薦芳俎，以達高明。亯飪既事〔一三〕，享於克

〔一〕考：原作「朝」，據《中興禮書續編》卷五改。
〔二〕常：原作「帝」，據《建炎雜記》甲集卷二改。
〔三〕「堂」上原有「明」字，據《建炎雜記》甲集卷二刪。
〔四〕祈：原作「親」，據《建炎雜記》甲集卷二改。
〔五〕宋史樂志：原無，按下文見《宋史》卷一三三《樂志》八，據補。
〔六〕撰：原作「擇」，據《宋史》卷一三三《樂志》八改。
〔七〕禮：原作「德」，據《宋史》卷一三三《樂志》八改。
〔八〕上：原作「人」，據《宋史》卷一三三《樂志》八改。
〔九〕隆：原作「龍」，據《宋史》卷一三三《樂志》八改。
〔一〇〕止：原作「此」，據《宋史》卷一三三《樂志》八改。
〔一一〕酌：原作「昭」，據《宋史》卷一三三《樂志》八改。
〔一二〕疆：原作「彊」，據《宋史》卷一三三《樂志》八改。
〔一三〕既：原作「即」，據《宋史》卷一三三《樂志》八改。

誠。以介景福，惟德之馨。」送神《景安》：「帝在合宮，鑒觀盛禮。黍稷惟馨，神心則喜。禮備樂成，亦既歸止。億萬斯年，以貺多祉。」高宗位奠幣《宗安》：「赫赫高廟，于堯有光。覆被萬祀，冠冕百王。有量斯幣，蠲潔是將。在帝左右，維時降康。」酌獻《德安》：「炎運中興，蒼生載寧。九秩燕豫，三紀豐凝。精祀上帝，陟配威靈。錫羡胙祉，萬世承承。」孝宗親享明堂樂曲並同，唯天地位奠幣、酌獻及太祖酌獻、皇帝入小次、還大次〔一〕、亞獻、送神等篇，各有刪潤。又以太祖奠幣曲改名《廣安》，酌獻改名《恭安》，太宗奠幣改名《化安》，酌獻改名《英安》。

紹熙五年六月二十四日，詔：「今歲郊祀大禮改作明堂大禮，令有司除事神儀物〔二〕、諸軍賞給依舊制外，其乘輿服御及中外支費並從省約。仍疾速從實條具聞奏。」

二十五日，內降御札曰：「國家恢列聖之鴻緒，秩百王之彌文。天施地生，尤重合祛之報；祖功宗德，載嚴並侑之升。肆循三歲之常，間舉九筵之饗。朕自罹咎釁，方處棘艱。顧思道弗言之時，豈遑他務；惟越紼行事之誼，莫廢親祠。迺易圜丘之儀，近從路寢之禮。適農畝之屢稔，暨邊方之咸寧。萬寶臻成，庶備盛多之薦；前彝具在，一遵寅畏之謨。上以衍壽於重闈，下以祈安於兆姓。用頒丕號，俾戒先期。朕以今年九月有事於明堂。咨爾攸司，各揚其職，相予肆祀，罔或不恭。」

八月九日，禮部、太常寺言：「今年九月有事於明堂，朝獻景靈宮，朝饗太廟，緣皇帝〔在〕大行至尊壽皇聖帝喪制之內，乞並依紹興三十一年六月十六日、淳熙十五年四月二十四日典故施行。」從之。慶元六 103 年大行壽仁太上皇后喪制同。

十三日，禮部、太常寺言：「明堂大禮，緣在大行至尊壽皇聖帝喪制之內，將來行事合服吉服。今皇帝見服衰服，乞自受誓戒以後，依典禮權易吉服，至禮畢仍舊。一、文武百僚應行事、執事、應奉官，并禁衛、執打從物等，自受誓戒以後並合權易吉服，俟宣赦畢依舊。一、受誓戒、散齋、致齋行事之內，免詣大行至尊壽皇聖帝梓宮前燒香。一、昨來淳熙十五年明堂大禮，大慶殿作明堂殿行禮，後殿作文德殿致齋。一、皇帝散齋七日於別殿，致齋三日於文德殿。一、明堂大禮畢，依典禮免稱賀拜表。一、恭謝景靈宮等處，依禮例（依）〔分〕詣行事。一、明堂大禮合於行禮殿習儀外，其朝獻景靈宮、朝饗太廟，係遣官攝事，更不習儀。」從之。六年大行聖安壽仁太上皇帝喪制同。

二十三日，詔：「明堂大禮，以太師〔三〕、安德軍節度使、嗣秀王伯圭爲亞獻，寧遠軍承宣使師淳爲終獻。」師淳以疾，改命工部尚書彥逾。

九月二日，詔：「明堂大禮，朝獻景靈宮以右丞相趙汝愚爲初獻，知樞密院事、兼參知政事陳騤爲亞獻，參知政事余端禮爲終獻；朝饗太廟以檢校少保、興寧軍節度使師夔爲初獻，右監門衛大將軍、眉州防禦使不儔爲亞獻，右監門

〔一〕還：原脫，據《宋史》卷一三三《樂志》八補。
〔二〕事：原作「是」，據前後同類詔令文字改。
〔三〕太師：原作「大帥」，據《宋史》卷二四四《宗室傳》一改。

衛大將軍、蘄州防禦使不舍爲終獻。」

同日，殿前司言：「明堂大禮，依典禮鑾駕不出宮，欲依淳熙十五年例，有臨安府諸城門一十六座，欲差素隊官兵[104]守把，每座二十（八）〔人〕，計三百二十人，事畢依舊。」從之。

五日，主管侍衛馬軍行司公事張師顔言：「明堂大禮，依例差撥官兵三千人趁赴排立祇應，自車駕宿齋日，于麗正門外一帶東西兩壁守宿，乞照淳熙十五年體例排立。」從之。

九日，詔：「明堂大禮，朝獻景靈宮，宰執行事合宿齋去處，令就後殿門外。其合經由門户，比常早二刻開。」

十三日，詔：「馬軍行司官兵連日排立，依淳熙十五年明堂大禮例，使臣各特支三貫文，效用軍兵各支二貫文，令户部支給。」慶元六年亦如之。

慶元六年六月十三日，詔令歲郊祀大禮，令禮部、太常寺條具奏聞。

八月二十五日，詔：「明堂大禮，以太師、安德崇信軍節度使、充萬壽觀使、嗣秀王伯圭爲亞獻，昭慶軍節度使、開府儀同三司、吳興郡王抦爲終獻〔一〕。」

同日，詔明堂大禮，朝獻景靈宮以右丞相謝深甫爲初獻，知樞密院事、兼參知政事何澹爲亞獻，簽〔書〕樞密院事陳自强爲終獻。

九月三日，臣僚言：「伏見國家今歲多事，而明堂之禮不敢少緩，誠以祀天饗親，國之大事，此天子所以示萬方之孝，迓三靈之釐者也。是以三歲而後一舉，先事十日，行禮之官受誓戒于都省，重其事也。俎豆之實，必貴乎潔，所以薦馨；俯伏拜跪，必貴乎恭，所以盡誠也。散齋、致齋各有所，（以）欲其無敢褻也；凡百奔走執事有恪，欲其無敢慢也。考諸禮經，稽諸令甲，從古迄今，率[105]由斯道。近年以來，禮料之物取具臨時，牲牢取諸近甸，果燭之屬索之都城，官司既不償錢，則所供安得嘉旨？此不肅者一也。兩序分獻八十餘員，主獻十位或八位，每位六拜，獻官或憚煩，則併數位而拜之。此不肅者二也。所差倉場庫務等官，既不預宿齋宮，亦合各宿本局，今聞年來間有居家致齋。此不肅者三也。奔走執事，多是臨期差百司吏貼，樂工多是市井寄居，衣服藍縷，容止疏慢，此不肅者四也。夫元祀之重，而循習之弊至此，可不爲之革乎？乞申飭有司，繼自今應禮料等物，官中並先給錢，依價收買；所供牲牲務要肥美，所供果燭等務要精潔；分獻之官毋得仍前怠惰，拜跪須（導）〔遵〕儀式；所差監當等官，致齋之夕並就本局，不得私家止宿；所有百司吏貼，須前期差定；雖樂設不作，而樂工亦須預行戒諭，使澣濯衣服，閲習儀矩，務要嚴整。如有違戾，仰御史臺彈治。如此，則無小無大，各盡寅恭，祗服祀事，庶幾上帝顧歆，祖考來格，降祥隤祉，流慶

〔一〕抦：原作「柄」，據《宋史》卷三七《寧宗紀》一改。

無窮。」從之。先是，內降御札曰：「朕祇若大猷，率循成憲。接千歲之統，夙殫天明地察之誠；交三靈之歡，遹嚴祖功宗德之侑。肇啓總章之宗祀，嗣新泰畤之親〔詞〕〔祠〕。神其宴娭，帝均嘉〔嚮〕〔饗〕。爰屬當郊之次，載修肆類之恭。倏端慈壼之憂，方輯頌臺之典〔一〕。念攷明制度，具存損益之宜；而敬事鬼神，參酌尊卑之義。廼肅九筵之薦，式隆三舉之儀。練良日於用辛，106飭季秋於先甲。急於禮而重於祭，敢忘越紼之行；應以實而不以文，益謹奉盛之告。務專求於誠感，庸罔愧于靈承。欽戒先期，亶孚群聽。朕以今年九月有事于明堂。咨爾攸司，各揚厥職，相予肆祀，罔或不恭。」寧宗慶元六年大饗明堂〔二〕，以諒闇用紹熙禮。紹熙五年明堂，孝宗未卒哭，時趙汝愚朝獻景靈宮，嗣秀王伯圭朝享太廟，而上獨祀明堂。是年光宗之喪甫踰月，而當行大禮，乃命右丞相謝深甫款天興之祠，嗣濮王不儔攝宗廟之祭，蓋用紹熙禮云。

開禧二年四月七日，詔：「今歲明堂大禮，令有司除事神儀物、諸軍賞給依舊制外，其乘輿服御及中外支費並從省約。仍疾速從實條具聞奏。」嘉定二年、八年、十一年、十四年皆有是詔。

七月十九日，詔：「明堂大禮支賜，除師臣、宰執、侍從辭免依所乞外，餘並依已降指揮減半支給，更不許辭免。」

八月四日，詔：「明堂大禮并前二日朝獻景靈宮，前一日朝饗太廟并饗別廟，所差行事等官內職事稍重之人，往往推故乞改差，未稱嚴恭之意。令禮部、太常寺日下檢坐條法指揮申嚴，應被差行事等官，如敢依前避免、乞改差之人，委臺諫覺察，具名彈奏，取旨施行。」先是，內降御札曰：「朕丕承眷命，祇奉燕謀。慶衍重闈，賴上下神祇之祐；尊臨廣宇，席祖宗功德之休。深惟菲質之奚堪，益念鴻私之當報。茲以陰陽順序，人物遂宜，國勢日以安彊，朝綱日以清肅，不循三歲之祀，曷表一純之衷！是用稽紹興之成規，輯合宮之闕禮〔三〕。時秋必報，矧萬寶之方成；國典固存，宜九筵之間舉。誕孚群聽，明戒先期。朕107以今年九月有事于明堂。咨爾攸司，各揚乃職，相予肆祀，罔或不恭。」

嘉定二年正月二十八日，臣僚言：「臣聞古之王者父事天，母事地。一歲之間，冬夏日至，大雩大享，以及四時迎氣之類，無非躬行郊見之禮。後世彌文日增，乘輿出郊，儀衛之供，百物之須，賞賚之數，無名之費，不一而足，雖欲行禮如先王，不可得已。夫禮從宜，苟不失乎先王之意，而有得於事天之實，何害其爲禮也！恭惟藝祖在位十有七年，親郊者四；太宗在位二十二年，親郊者五；真宗以後，三歲一郊，遂爲定制。逮仁宗皇祐間，始有事於明堂，蓋稽之古典，斷自聖意而以義起也。陛下即位以來，圜丘、重屋，其禮迭舉。及茲三歲，又當親郊之期，有司文移督辦錢

〔一〕頌臺：原作「頒臺」，誤。按，古稱禮署、禮部爲「容臺」，而「頌」爲「容」之本字，故後世又多稱作「頌臺」，作「頒臺」則無義，因改。
〔二〕按，以下注文出《文獻通考》卷七五。
〔三〕闕：原作「闊」，據《群書考索》卷二八改。

物，固已旁午于道。州縣之間，以應奉爲名，抑配於民，不知其幾。軍旅之後〔一〕，旱蝗相仍，公私之積旦暮不繼。民生既竆，國力大屈。重以近日使命往來，其費逾倍，空匱之狀，可爲寒心。臣願陛下相時之宜，權停郊祀之禮，仍以季秋大享明堂，既無失於事天之誠，而可以省不急之費。古之行禮，視年之上下，正此意爾。昔咸平中，鹽鐵使王嗣宗奏郊祀費用繁重，望行謁廟之禮。當是之時，帑藏充溢〔二〕，天下富饒，嗣宗猶以爲請，況今日國計比之咸平萬萬不侔哉！檢照國朝故事，仁宗嘉祐元年恭謝天地于大慶殿，四年祫祭，七年明堂，蓋不行郊禋者九年。哲宗元祐繼舉明堂者再，108 高宗紹興繼舉明堂者五〔三〕。若陛下申講宗祀之儀，則於祖宗舊章不爲無據。欲望下臣此章，令禮部詳議施行。臣又聞真宗因王嗣宗之請，詔三司非（煙）〔禋〕祀所須，並行減省。是歲減應奉雜物十萬六千計，其數之可考若此，則必有條目而非漫然者矣。今若舉行明堂，其費較之郊丘雖已不等，然明堂祭祀儀物之外，賜予浮費豈無合從節約者？望併（昭）〔詔〕有司，取其凡目參酌考訂〔四〕，當減者減之，當去者去之，一切條畫，無爲具文。方國用窘乏、民力殫竭之餘，減千則吾之千也。若曰細微不足經意，則真宗全盛之時，視十萬六千何足道哉！惟陛下果斷而行之。」從之。

九月二日，臣僚言：「臣聞《棫樸》髦士奉璋峨峨，《思（齋）〔齊〕》群臣在廟肅肅，禋祀之貴乎敬尚矣。於穆昭代，肅將宗祀，萬乘親祠，群工顯相，上帝臨於斯，祖考格於斯，穹壤百神降於斯。凡（而）〔百〕奔走執役于斯地者，盡其慤（而慤）焉，盡其信而信焉，盡其敬而敬焉，猶恐其或失也，詎可有一容貌之惰、一舉動之慢哉！故禘自既灌，誠意少差，夫子以爲不足觀；有司臨祭，或至跛倚，子路以爲大不敬。況明堂大享非他祀比，所以駿奔乎左右，鱗集乎後先者，至不可忽也。竊聞往歲行禮之際，冕旒款謁，誠敬盡矣，而環尹衛卒或不免有褻慢之容；搢紳助祭，威儀肅矣，而禮生、樂工或不免有怠惰之失。登降方嚴，而醉嘔于旁者有之；薦獻未畢，而攫取其物者有之。109 夫陽館上儀，與郊間舉，天地鬼神，昭布森理，而小人之無忌憚者一至於此，甚非所以嚴大祀、敬明神也。今釐事在即，縟典惟新，凡行事、執事之官，講習禮儀亦既詳且悉矣，然下而執役等人，間有不盡其敬者，尤不可不預戒而嚴飭之也。乞下御史臺、閣門及太常寺，申明戒飭，務在嚴肅，有一不恭，必寘重憲。庶幾祀事有嚴，神明可交矣。」從之。　先是，内降御札曰：『朕祗奉詒謀，協臨大寶。荷天地施生之德，燕及多方；守祖宗積累之基，期于千載。居懷兢業，獲濟艱難。

〔一〕後：原作「厚」，據《文獻通考》卷七五改。
〔二〕充溢：原作「允濫」，據《文獻通考》卷七五改。
〔三〕五：原作「八」，《文獻通考》卷七五作「三」，俱誤。據《宋史·高宗本紀》，當作「五」。五舉明堂即紹興元年、四年、七年、十年、三十一年。因改。
〔四〕訂：原作「頂」，據《文獻通考》卷七五改。

屬邊鄙之輯寧，與黎元而休息。田萊寖闢，麰麥以登。方迎滋至之祥，敢後一純之報！遠稽元祐，近質淳熙，咸即合宫，載申宗祀。肆率遵於舊典，用丕闡於彌文。寅畏嚴恭，尚庶幾於對越；肅雝顯相，實允賴於交修。爰飭先期，亶孚衆聽。朕以今年九月有事于明堂。咨爾攸司，各揚乃職，相予肆祀，毋或不恭。」

嘉定八年九月十五日，先是内降御札曰：「朕纘承祖烈，哀對神休。惕思積累之難，無疆惟卹；祗畏監觀之赫，不顯亦臨。保邦常謹於萬微，更化已踰于八載。猥蒙丕佑，獲底小康。雖瞻仰昊天，方切側身之念；敬事上帝，敢稽報本之儀！率循舊章，聞秩宗祀。爰卜季商之吉，乃涓路寢之居。惟予一人，將舉親祠之典；凡爾百辟，各殫顯相之誠〔一〕。庶昭答於靈心，且茂迎於和氣。誕敷大號，明戒先期。朕以今年九月有事於明堂。咨爾攸司，各揚乃職，相予[110]肆祀，毋或不恭。」

十一年九月十二日，先是内降御札曰：「朕纘緒守成，既踰二紀；勵精更化，亦越十年。若涉淵冰〔二〕，靡遑夙夜。天地神示之森列，丕顯丕承；祖功宗德之兼隆〔三〕，是彝是訓。言念菲涼之質，每蒙保佑之恩。比者水旱不時，間臻中熟；邊隅多故，旋底小康。屬當舉于親祠，敢敬伸于昭報。載考累朝之典，洊修路寢之儀。廼卜季商，聿嚴熙事，以靈承於肸蠁，以迓續于休（詳）〔祥〕。祗告先期，誕孚群聽。朕以今年九月有事于明堂。咨爾攸司，各揚乃職，相予肆祀，毋或不恭。」

十四年九月十日，先是内降御札曰：「朕纂履鴻基，恪膺駿命。合祭天地，肆嚴三歲之彝；並侑祖宗，尤重九筵之禮。肇精禋于皇祖〔四〕，垂鉅典於後昆。雖圜丘、路寢，制名稍殊；而紫壇、清廟，報本則一。載惟涼菲，端荷貺臨。百穀屢豐，庶證叶叙。齊魯首陶于王化，輿地來歸；荆淮盡掃于胡塵，隻輪弗返。人心底定，國勢漸尊。顧列聖積累之所臻，豈一己圖回之能致？乃卜季商之吉，聿臻大饗之儀，以殫昭答之誠，以廣敷錫之慶。用孚羣聽，肅戒先期。朕以今年九月有事于明堂。咨爾攸司，各揚乃職，相予肆祀，毋或不恭。」（以上《永樂大典》卷七二〇一）

〔一〕殫：原作「憚」，據《群書考索》卷二八改。
〔二〕冰：原作「水」，據《群書考索》卷二八改。
〔三〕功宗：原作「宗功」，據《群書考索》卷二八乙。
〔四〕祖：原作「祐」，據《群書考索》卷二八改。